Das J2EE-Codebook

Thomas Stark, Karsten Samaschke

Das J2EE-Codebook

An imprint of Pearson Education

München • Boston • San Francisco • Harlow, England
Don Mills, Ontario • Sydney • Mexico City
Madrid • Amsterdam

Bibliografische Information Der Deutschen Bibliothek

Die Deutsche Bibliothek verzeichnet diese Publikation in der Deutschen Nationalbibliografie; detaillierte bibliografische Daten sind im Internet über <http://dnb.ddb.de> abrufbar.

Umwelthinweis:
Dieses Buch wurde auf chlorfrei gebleichtem Papier gedruckt. Die Einschrumpffolie – zum Schutz vor Verschmutzung – ist aus umweltverträglichem und recyclingfähigem PE-Material.

10 9 8 7 6 5 4 3 2 1

07 06 05

ISBN 3-8273-2176-X

Korrektorat: Sandra Gottmann, Münster
Lektorat: Frank Eller, feller@pearson.de
Herstellung: Elisabeth Prümm, epruemm@pearson.de
Satz: reemers publishing services gmbh, Krefeld
Umschlaggestaltung: Marco Lindenbeck, webwo GmbH (mlindenbeck@webwo.de)
Druck und Verarbeitung: Kösel, Krugzell (www.KoeselBuch.de)

Printed in Germany

Inhaltsverzeichnis

Vorwort und Danksagung

Ein Buch zu schreiben, ist keine einfache Sache. Insbesondere dann nicht, wenn man im Team arbeiten muss. Da muss die Chemie stimmen, da müssen die Themen gut aufeinander abgestimmt sein, da muss man anständig miteinander kommunizieren können.

Noch schwieriger wird es, wenn ein Codebook geschrieben werden soll, denn dann kommen noch die Ansprüche der Autoren, des Verlags und des Lektors hinzu: Das Buch muss relevant sein, muss jedem Leser etwas bringen können und – kurz gesagt – das beste Rezept-Buch zum Thema werden.

Wir, die Autoren dieses Buches, arbeiten schon seit Jahren mit Java und J2EE-Technologien. Wir haben den Anspruch, Ihnen ein Werk zur Verfügung zu stellen, das für Sie und Ihre Bedürfnisse relevant ist.

Rückblickend freuen wir uns, all diesen Ansprüchen gerecht geworden zu sein, und Ihnen ein zukünftig unentbehrliches Arbeitsmittel an die Hand geben zu können, das es in dieser Form für den J2EE-Bereich bisher auch noch nicht gegeben hat.

Beim Schreiben eines derartigen Buchs müssen Personen, die einem lieb sind, immer ein wenig leiden oder zurückstehen. Andere Personen sollten besonders heraus gehoben werden, denn sie waren in fachlicher Hinsicht unentbehrlich für das Entstehen eines derart umfangreichen und komplexen Buches. Deshalb an dieser Stelle unsere Danksagungen.

Thomas Stark dankt ...

... meiner bezaubernden Freundin Ulli. Ohne deine Kommentare und die großartigen Grafiken hätte das Schreiben nicht halb so viel Spaß gemacht. Du unterstützt mich bei all meinen verrückten Ideen und dafür liebe ich dich. Dir widme ich dieses Buch.

... meiner Familie dafür, dass ihr mir immer einen festen Stand im Leben bietet.

... meiner Schwester Tini und meinem Bruder Matze, denn ohne euch wäre das Leben viel langweiliger.

... Karsten Samaschke, für seinen Anteil an diesem Buch und die, wie immer großartige Zusammenarbeit.

... unserem Lektor Frank Eller und dem Verlag Addison-Wesley für die Möglichkeit dieses Buch zu schreiben und die gute Betreuung.

... meinen Freunden, für eure Treue und das Verständnis, dass ich euch hier nicht alle namentlich erwähnen kann :-)

... und nicht zuletzt Akdabas. Von keinem hab ich mehr über Gelassenheit gelernt, als von dir.

Karsten Samaschke dankt ...

... der süßen Dani und dem Schlawiner-Kind Johannes. Danke für die Geduld, die Unterstützung, das Zuhören, den Kaffee und für euch selbst. Natürlich widme ich euch das Buch!

... meinem Bruder in Lichtenberg. Alles Gute mit der kleinen Lina-Marie.

... meiner Mutter und meinem Vater. Nach Regen kommt auch wieder Sonne, immer!

... meiner Oma. Schade, dass man sich so selten sieht.

... Frank Eller natürlich. Nun schon zum vierten Mal haben wir uns er- und vertragen. Es war mir wie immer ein Vergnügen.

... Thomas Stark. Der ist nämlich ein Guter.

... meinen Freunden. Weil, ohne ist auch schlecht.

... Trulla. Weil Thomas Stark ja auch eine Katze grüßt.

Profil Thomas Stark

Thomas Stark beschäftigt sich seit Studienbeginn intensiv mit J2EE. Seit Jahren ist er ausschließlich in diesem Bereich unterwegs und besitzt einen enormen Fundus an Wissen, den er über Schulungen, Artikel und Bücher weitergibt.

Thomas Stark ist Autor des Buches »Masterclass J2EE« (ISBN: 3-8273-2184-0), das auch eine gute Grundlage für die Lektüre dieses Buchs bildet. Sie können Thomas Stark über seine Homepage *http://www.akdabas.de* und per Email unter *thomas@j2ee-codebook.de* erreichen.

Profil Karsten Samaschke

Karsten Samaschke ist selbstständiger Entwickler, Consultant und Berater in den Bereichen Java, J2EE und .NET. Seine Schwerpunkte liegen auch, aber nicht ausschließlich, in den Bereichen Internet- und Datenbankprogrammierung. Er arbeitet darüber hinaus als Fach-Autor und gibt sein Wissen in Schulungen und Coachings weiter.

Karsten Samaschke ist Autor der Bücher »Masterclass Java« (ISBN: 3-8273-2180-8), »ASP Codebook« (ISBN: 3-8273-1948-X, zusammen mit Stefan Falz) und »ASP.NET Codebook« (ISBN: 3-8273-2049-6, ebenfalls zusammen mit Stefan Falz). Sie erreichen Karsten Samaschke über seine Homepage *http://www.ksamaschke.de* und per Email unter *karsten@j2ee-codebook.de*.

Kontaktmöglichkeiten, Homepage

Die Autoren sind für Sie immer erreichbar. Entweder über den Verlag direkt oder per Email an *autoren@j2ee-codebook.de*. Errata und Korrekturen zum Buch finden Sie auf der speziell für dieses Buch eingerichteten Webseite *http://www.j2ee-codebook.de*.

Wir freuen uns auf Ihre zahlreichen Kritiken und Anmerkungen!

Berlin im März 2005

Thomas Stark und Karsten Samaschke

Teil I Einführung

1 Einleitung, Software, Installation

Die Abkürzung J2EE steht für *Java 2 Enterprise Edition* und stellt den großen Bruder der »normalen« J2SE (*Java 2 Standard Edition*, die derzeitige Version ist 5.0) dar. Salopp gesagt ist J2EE eines der am weitesten verbreiteten »Betriebssysteme« für Web- und Enterprise-Applikationen.

1.1 J2EE

Wenn es nicht salopp ausgedrückt werden soll, stellt sich schnell heraus, das J2EE im Gegensatz zur J2SE kein Produkt und keine konkrete Implementierung bezeichnet, sondern vielmehr einen Satz von Spezifikationen und Technologien darstellt. Diese sollen der Entwicklung von portablen, sicheren, stabilen und performanten Geschäfts-Applikationen dienen, sind aber natürlich nicht nur auf einen geschäftlichen Aspekt beschränkt, sondern können ebenso auch privat eingesetzt werden.

Umgesetzt und ausgefüllt werden die in der J2EE beschriebenen Spezifikationen von konkreten Anbietern, zwischen deren Implementierungen der Entwickler wählen kann. Neben großen und namhaften Firmen wie IBM, Oracle, SAP oder auch SUN selbst, tummeln sich in diesem Bereich auch viele Open Source- und Community-Lösungen, die über ein reines Nischen-Dasein schon lange hinaus gekommen sind und den etablierten Anbietern durchaus ernsthafte und manchmal auch unerwünschte Konkurrenz sind.

Den Kern der J2EE-Spezifikation bildet ein modulares und komponentenbasiertes Modell, dessen einzelne Bestandteile über standardisierte Schnittstellen miteinander kommunizieren und interagieren können. Dies ermöglicht einerseits das (in der Theorie) reibungslose Ersetzen von Komponenten und andererseits die nachträgliche Integration zusätzlicher Elemente ohne erhöhten Aufwand (Stichwort: Zukunftssicherheit) – Argumente, die insbesondere im Geschäftsumfeld zählen und zum Erfolg der J2EE beigetragen haben.

1.2 Client-Server-Architektur

Die Idee hinter vielen Spezifikationen im Internet oder anderen Netzwerken ist die Client-Server-Architektur, die den Erfolg von Netzwerken jeglicher Art erst ermöglicht hat. Sie erlaubt die Verteilung von Diensten: Der Client (egal, ob Browser, Applikation oder Web-Server) fordert die Erbringung eines bestimmten Dienstes (Ausliefern einer Webseite, Schreiben von Daten in eine Datenbank) vom Server an. Der Server erbringt diesen Service, wobei es für den Client völlig gleich ist, wie genau dies auf dem Server geschieht. Anschließend liefert der Service eine Rückgabe oder Statusmeldung aus, die vom Client verarbeitet werden kann:

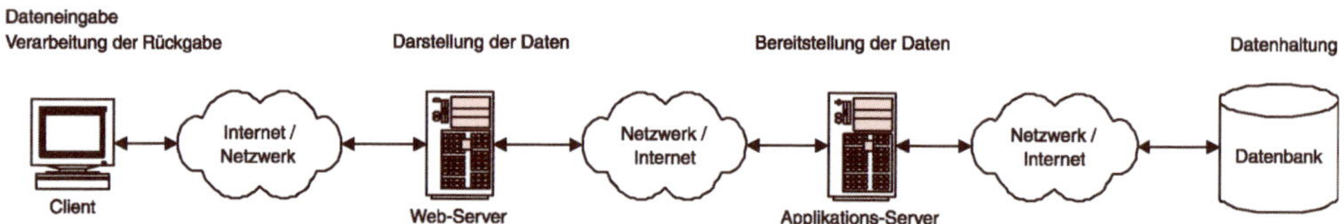

Abbildung 1.1: Client-Server-Architektur

Die Client-Server-Architektur erlaubt nicht nur die Kapselung von Diensten auf einem Server, sondern eine logische Trennung von Applikationen in Darstellung, Verarbeitung und Daten-Haltung. Dabei muss nicht immer ein Client den Endpunkt einer Kommunikation darstellen – gerade bei der Kapselung der Datenhaltung und der Persistenz stellen Server in der Regel Ausgangs- und Endpunkt einer Kommunikation dar.

Deshalb soll im weiteren Verlauf des Buches der Begriff Server einer Komponente entsprechen, die einen Dienst bereit stellt, den eine andere Komponente, die in diesem Kontext als Client bezeichnet wird, als nutzen kann. Der Client des einen Kontextes kann dabei in einem anderen Kontext einen Server darstellen.

1.3 API / SPI

Ein sich aus dem Ansatz der J2EE ergebendes Konzept ist API / SPI. Der Begriff API steht dabei für *Application Programming Interface* (Programmierschnittstelle) und stellt einen Satz abstrakter Klassen und Interfaces bereit. Der Begriff SPI steht für *Service Provider Implementation* und bezeichnet die konkrete Umsetzung des API. Dabei kann es stets nur ein API, aber mehrere SPI geben:

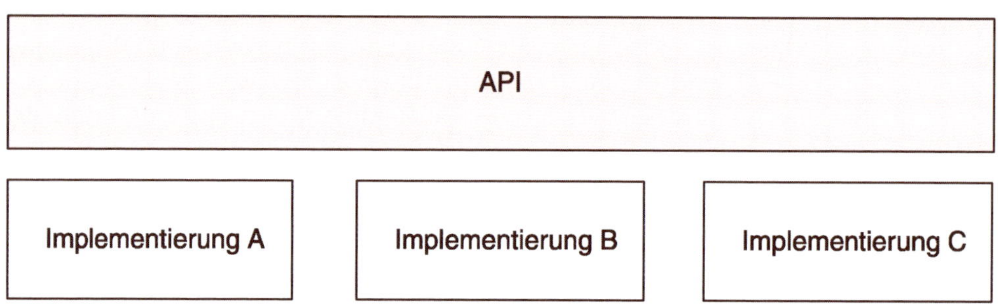

Abbildung 1.2: API / SPI

Der Vorteil dieser Architektur ist die resultierende Modularität der Software-Komponenten, denn diese können gegeneinander ausgetauscht werden. Der Entwickler muss sich um die konkreten Implementierungen nicht kümmern, sondern arbeitet mit den in der API definierten Klassen und Interfaces. Somit muss für eine API nicht einmal eine Referenz-Implementierung existieren – Sun kann es den einzelnen Anbietern überlassen, entsprechende Umsetzungen zu erstellen.

Die Einhaltung der durch die J2EE und deren APIs vorgegebenen Spezifikationen sichert Sun in umfangreichen Tests, nach deren Bestehen die entsprechende Implementierung ein Zertifikat (*Java Compatible Enterprise Edition Certificate*) erhält. Gelang dies anfangs nur wenigen kommerziellen Lösungen, gibt es nun auch mehr und mehr Open-Source- und Community-Lösungen, die sich diesen Tests stellen und sie letztendlich bestehen.

Das ausgestellte Zertifikat bezeugt, dass die entsprechende Applikation Suns Standards und dem Motto *Write once, run everywhere* entsprechen.

1.4 Zielgruppe dieses Buches, Voraussetzungen

Die Zielgruppe dieses Buches sind ambitionierte, fortgeschrittene Entwickler, die bereits erste Schritte mit der J2EE gemacht haben. Diesen Entwicklern (und natürlich auch Profis) stellt das Buch in seiner umfangreichen Rezept-Sammlung viele Ansätze, Tipps und Tricks bereit, die die Produktivität bei der Arbeit der J2EE und bei der Entwicklung von web- und komponentenbasierenden Applikationen deutlich steigern können.

Leider ist es unmöglich, hier auf Java-Grundlagen einzugehen. Dem interessierten Leser sei an dieser Stelle das Buch »Masterclass Java« von Karsten Samaschke (ISBN: 3-8273-2180-8) ans Herz gelegt, das den Leser in den Gebrauch der Sprache Java einführt und ihn schnell und kompetent auf seinem Weg vom Einsteiger zum Fortgeschrittenen oder gar Profi begleitet.

Ebenfalls müssen J2EE-Grundkenntnisse vorausgesetzt werden. Diese Kenntnisse können im Rahmen eines derartigen Buches auch nicht restlos vermittelt werden – allein der Platz macht ein derartiges Vorhaben schnell zunichte. Grund- und weiterführende Kenntnisse im Umgang mit J2EE vermittelt das Buch »Masterclass J2EE« von Thomas Stark (ISBN: 3-8273-2184-0) auf unterhaltsame Art und Weise.

HTML- oder andere Scripting-Kenntnisse werden für dieses Buch vorausgesetzt. Allerdings werden diese Kenntnisse im Rahmen dieses Buches auch nicht zu sehr strapaziert, sondern dienen mehr der Aufhübschung von generierten Ausgaben. Ebenfalls werden grundlegende XML-Kenntnisse vorausgesetzt.

Entwickler, die sowohl Java- als auch J2EE-Grundkenntnisse besitzen, werden in den weiteren Kapiteln in die vielen Tipps, Herangehensweisen, Konzepte und Lösungsszenarien der J2EE eingeführt.

1.5 Basis-Software

Um mit der J2EE arbeiten zu können, benötigen Sie einiges an Software. Diese befindet sich in den meisten Fällen auf der beiliegenden CD-ROM. Leider kann dies nicht für alle Komponenten gelten, denn teils verhindern restriktive Lizenzen oder auch nicht reagierende Firmen (Stichwort: MySQL) die Beilage der entsprechenden Software auf der Buch-CD.

1.5.1 J2SE

Die Java 2 Standard Edition in der aktuellen Version 5 wird benötigt, um überhaupt Java-Programme ausführen zu können. Hier benötigen Sie nicht das JRE (*Java Runtime Environment*), sondern das JDK (*Java Development Kit*), das Sie unter der Adresse *http://java.sun.com/j2se/1.5.0/download.jsp* zum Download angeboten bekommen. Laden Sie die J2SE herunter und installieren Sie sie entsprechend der Anleitung.

Die folgenden Aussagen beschränken sich auf Microsoft Windows 2000 oder höher. Die Installation für andere Systeme und Plattformen ist auf der Java-Homepage unter der Adresse *http://java.sun.com/j2se/1.5.0/install.html* ausführlich beschrieben.

PATH-Variable konfigurieren

Nach der Installation müssen Sie das JDK möglicherweise noch konfigurieren. Passen Sie zunächst die *PATH*-Umgebungsvariable an. Unter Windows 2000 / XP / 2003 finden Sie diese Variable unter Systemsteuerung | System | Erweitert | Umgebungsvariablen. Sollte sich dort weder unter den Benutzer- noch unter den Systemvariablen ein *PATH*-Eintrag finden lassen, dann fügen Sie den Pfad

<JDK-Installationsordner>/bin

als *PATH*-Umgebungsvariable hinzu:

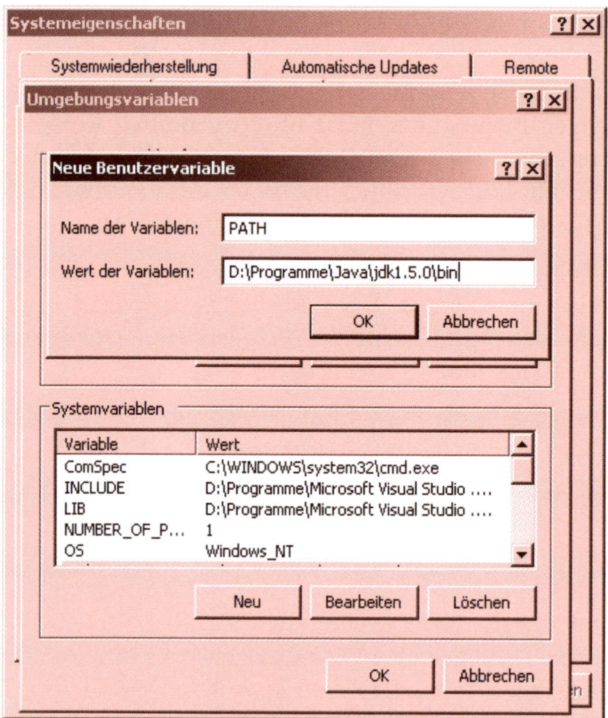

Abbildung 1.3: Setzen der Umgebungsvariable PATH mit dem Pfad zum JDK\bin-Ordner

Wenn eine *PATH*-Variable bereits existiert, fügen Sie den Pfad zum *bin*-Ordner des JDKs am Ende, getrennt durch ein Semikolon, ein.

CLASSPATH-Variable konfigurieren

Aus Bequemlichkeitsgründen sollten Sie ebenfalls eine *CLASSPATH*-Variable konfigurieren. Diese *CLASSPATH*-Variable sollte so aussehen:

.;<JDK-Installationsordner>\lib\tools.jar

Den Platzhalter für den JDK-Installationsordner sollten Sie natürlich durch den tatsächlichen Wert ersetzen. Das Vorgehen ist analog zum Hinzufügen oder Ergänzen der *PATH*-Variable.

1.5.2 J2EE

Die J2EE-API bildet den Grundstein für die Arbeit mit J2EE. Sie kann unter der Adresse *http://java.sun.com/j2ee* für viele Plattformen heruntergeladen und im Normalfall völlig problemlos installiert werden. Sie enthält weiterführende Tutorials und Dokumentationen, die sinnvollerweise gleich mit installiert werden sollten. Die zugehörige Bibliothek *j2ee.jar* muss nach der Installation noch in den Klassen-Pfad eingebunden werden.

1.5.3 Ant

Ant ist ein Projekt der Apache Foundation und steht unter deren Lizenz. Ant kann unter der Adresse *http://ant.apache.org* heruntergeladen werden. Das Ant-Projekt hat sich der Erstellung eines mächtigen Übersetzungs-Tools gewidmet, mit dessen Hilfe unter anderem J2EE-Projekte kompiliert werden können. Da Ant selbst komplett in Java geschrieben worden ist, beschränkt sich die Installation auf das Herunterladen und Entpacken.

1.5.4 Tomcat

Tomcat ist einer der populärsten Web-Server für J2EE überhaupt. Er dient der Auslieferung von Servlets und JSPs. Die Installation von Tomcat ist für viele verschiedene Systeme möglich – passende Binaries und im Quellcode vorliegende Versionen finden Sie unter der Adresse *http://jakarta.apache.org/tomcat.*

1.5.5 JBoss

JBoss ist einer der populärsten und mittlerweile auch leistungsstärksten Applikations-Server. Er beinhaltet einen Tomcat, mit dessen Hilfe sich Webseiten ausliefern lassen, und stellt die für die Verwendung von Enterprise Java Beans und JMS benötigten Komponenten bereit. Die aktuelle Version 4.0 des JBoss-Applikations-Servers läuft auch unter J2SE 5 und kann unter der Adresse *http://www.jboss.org* bezogen werden. JBoss selbst ist Open Source. Support kann über die kommerzielle JBoss Foundation bereitgestellt werden. Die Installation vom JBoss ist sehr einfach: Entpacken und in der Regel kann der Server gleich über sein Run-Script in *<Installationspfad>/bin* gestartet werden. Sollten Fehler auftreten, ist dies meist auf ein nicht installiertes oder nicht per PATH erreichbares JDK zurückzuführen. Ebenfalls sollte die Umgebungsvariable CLASSPATH überprüft werden. In dieser sollte zumindest *<JDK-Installationsordner>/lib/tools.jar* enthalten sein.

1.6 Komponenten

In diesem Buch werden viele Komponenten verwendet. Sämtliche Komponenten werden in den einzelnen Rezepten besprochen und deren Bezugsquellen werden dort ebenfalls genannt. Um einen leichteren Start und eine bessere Vorbereitung sicherzustellen, finden Sie hier eine Liste der wichtigsten Komponenten samt Bezugsquellen:

1.7 Entwicklungs-Umgebung

Jeder soll mit seiner eigenen Entwicklungs-Umgebung glücklich werden! So viele Entwickler es gibt, so viele unterschiedliche Meinungen über die perfekte Umgebung werden Sie finden können. Eine Empfehlung einer konkreten Entwicklungs-Umgebung gleicht für einen Autor deshalb einem Spießruten-Lauf oder einem Spaziergang über ein Minen-Feld, denn kaum ein anderes Thema (außer vielleicht die Frage, welches Betriebssystem warum das ultimativ richtige sei oder welche Programmiersprache die ultimativ beste sei) kann so kontrovers diskutiert werden.

Generell ist es völlig egal, womit Sie Ihre Codes schreiben – ein simpler Text-Editor oder ein Kommando-Zeilen-Tool erfüllen denselben Zweck, wie die komplexeste IDE: Sie helfen dem Entwickler, Java-Code zu erfassen. Alles anschließend folgende ist nur noch Arbeits-Erleichterung (oder Bevormundung, je nach Standpunkt): Syntax-Highlighting, Code-Completion, Wizards, Assistenten oder visuelle Debugger sollen dem Entwickler seine Arbeit vereinfachen. Wer es nicht nutzen will, muss nicht.

Im Folgenden sollen je eine kommerzielle und eine freie Entwicklungs-Umgebung kurz vorgestellt werden.

1.7.1 IntelliJ IDEA

IntelliJ IDEA in der Version 4.5 unterstützt J2SE 5 nativ. Der Download installiert auf Wunsch sogar das komplette JDK gleich mit und setzt die benötigten Klassenpfade. IntelliJ IDEA ist eine kostenpflichtige Entwicklungsumgebung, die aber für 30 Tage getestet werden kann. Sie unterstützt die Entwicklungstätigkeit durch AutoCompletion (Auto-Vervollständigung), IntelliSense (Klassen-Member und die Dokumentation einer Klasse werden angezeigt) und anpassbares Syntax-Highlighting.

Die IDE ist weitestgehend konfigurierbar und erlaubt es, Projekte für jede Java-Version anzulegen. Dies bedeutet für den Entwickler, dass auch nur Features und Schlüsselworte erlaubt sind, die für die jeweilige Java-Version zulässig sind. IntelliJ IDEA erlaubt ein komfortables Debuggen von Applikationen und unterstützt den Entwickler beim Verpacken und Weitergeben seiner Applikation. Unterstützung für die gängigen Hilfstools wie JUnit, Ant oder das CVS ist selbstverständlich vorhanden und sorgt zusammen mit dem leistungsfähigen Refactoring für ein sehr angenehmes Entwickeln.

IntelliJ IDEA kann unter der Adresse *http://www.jetbrains.com/idea/index.html* heruntergeladen und für 30 Tage getestet werden. Die Vollversion kostet 499,-- Dollar.

1.7.2 Eclipse

Eclipse ist die ultimative Open-Source-Entwicklungsumgebung für Java. Leider unterstützt Eclipse derzeit nur die Entwicklung von Applikationen bis J2SE 1.4 – eine Unterstützung von J2SE 5 ist erst für die Eclipse-Version 3.1 vorgesehen.

Allerdings gibt es ein Plug-In für Eclipse, das zumindest die Fehlermeldungen beim Schreiben von Java 5-Code unter Java 1.4 beseitigt und ein Kompilieren der Sourcen mit dem Compiler des JDK für Java 5 erlaubt. Sie können dieses Plug-In unter der Adresse *http://www.genady.net/forum/viewforum.php?f=6* herunterladen, nachdem Sie Eclipse und Java 5 installiert haben. Lesen Sie aber die Anleitung im Forum genau und befolgen Sie alle dort geschilderten Schritte – sonst wird das Plug-In nicht funktionieren.

Eclipse ist kostenlos und kann unter der Adresse *http://www.eclipse.org* heruntergeladen werden. Mit Hilfe verschiedenster Plug-Ins können Sie jede Menge zusätzlicher Features nutzen. Eine Sammlung sinnvoller Plug-Ins für Eclipse finden Sie unter der Adresse *http://www.eclipse-plugins.info*.

1.7.3 Text-Editoren

Wenn Ihnen eine Entwicklungsumgebung zu aufwändig oder zu unübersichtlich erscheint, können Sie Java-Applikationen mit jedem Text-Editor entwickeln. Damit die Arbeit mit dem Editor schnell und effektiv vonstatten geht, sollten Sie aber darauf achten, dass der Editor über Syntax-Highlighting für Java verfügt. Am besten bietet der Editor auch noch die Möglichkeit, eigene Word-Files nachzuladen, damit Sie immer auf dem aktuellen Stand der möglichen Schlüsselworte bleiben. Beliebte Editoren für Java sind *vi*, *emacs*, *UltraEdit* oder *jEdit*.

Teil II Rezepte

Java Server Pages

In diesem Kapitel finden Sie zahlreiche Rezepte, die Ihnen zeigen, wie Sie Ihre statischen HTML-Seiten mit dynamischen Inhalten versehen, um diese wiederverwendbar zu machen oder zu personalisieren. *Java Server Pages (JSP)* ermöglichen es Ihnen, reguläres HTML mit klassischem Java-Code zu kombinieren, um so Erscheinungsbild und Inhalt erst zur Laufzeit festzulegen. Im Gegensatz zum ebenfalls weit verbreiteten *JavaScript* wird der Code dabei nicht erst auf dem Client ausgeführt und vom darstellenden Browser interpretiert, sondern bereits vor der Auslieferung der HTML-Seite auf dem Server zur Ausführung gebracht, wodurch sich einige interessante Vorteile ergeben:

- Da der Browser lediglich reines HTML »sieht«, ist keine besondere Unterstützung wie etwa für JavaScript nötig.
- Durch das »Vorkompilieren« von JSPs, das Sie später kennen lernen werden, finden Sie Fehler bereits vor der Ausführung des Codes.
- Sie können weitere Services, wie den Zugriff auf eine Datenbank oder andere J2EE-Dienste wie *Enterprise JavaBeans (EJB)* oder *Java Data Objects (JDO)* in Ihre Anwendung integrieren.

Aber auch der Nachteil von JSPs gegenüber JavaScript sei nicht verschwiegen: Denn im Gegensatz zu Letzterem können Sie mit Java Server Pages eine HTML-Seite nur *vor* der Auslieferung manipulieren und den Inhalt anschließend nur nach einem erneuten Request verändern.

Zu Beginn werden Sie einige Grundlagen über das Internet und die hier verwendeten Protokolle erfahren, die Sie später in diesem und den folgenden Kapiteln benötigen werden. Keine Angst, wenn Sie beim ersten Lesen nicht alles verstehen, Sie sollen vielmehr ein gewisses Gefühl für die Funktionsweise des Internets bekommen und können später, etwa wenn Sie sich Cookies oder den verschiedenen Anfragemethoden zuwenden, hierher zurückkommen, um die Grundlagen für diese Techniken zu verstehen.

1 Wie funktioniert das Internet?

Das Internet wird gebildet durch den Zusammenschluss von weltweit vernetzten Rechnern, die über das *Hypertext Transfer Protokoll (HTTP)* miteinander kommunizieren. Man unterscheidet dabei zwischen so genannten *Servern*, die Daten oder Dienste bereitstellen, und Clients, die diese abrufen. Ein typischer Client ist dabei zum Beispiel Ihr Notebook, mit dem Sie sich die aktuellen Nachrichten Ihres Newstickers herunterladen. In verteilten Umgebungen, denen Sie in späteren Kapiteln begegnen werden, kann ein Rechner dabei sowohl Client als auch Server zugleich sein, doch in diesem genügt es, wenn Sie sich unter einem Client Ihren Arbeitsplatzrechner und unter einem Server einen Rechner vorstellen, der Dokumente und Dateien bereithält.

2 Das Hypertext-Transfer-Protokoll

Obwohl das globale Zusammenschließen und Vernetzen von Computern zwecks Informationsaustausch bereits Ende der 60er-Jahre mit dem vom amerikanischen Militär entwickelten *ARPA-Net* begann und 1973 mit der Einführung des *TCP/IP*-Protokolls auf die noch heute verwendete Grundlage gestellt wurde, ist die Geschichte des Internets, wie Sie es heute kennen, vergleichsweise kurz, und sie begann, im Gegensatz zur weit verbreiteten Auffassung, dass die Amerikaner das Internet erfunden hätten, hier in Europa.

1989 entwickelte *Tim Berners-Lee* am CERN, dem europäischen Kernforschungslabor in Genf, ein Übertragungsprotokoll, das den dort arbeitenden Wissenschaftlern den Zugang zu Informationen erleichtern sollte. Dieses Hypertext Transfer Protocol (HTTP) basierte auf Anwendungsebene, war in gewissem Maße objektorientiert und funktionierte nach einem simplen Frage-Antwort-Schema.

Da HTTP dabei auf andere, bereits etablierte Protokolle wie TCP/IP aufbaute, konnte es einfach implementiert werden und ermöglichte einen unkomplizierten Austausch von Informationen. Es erfreute sich wachsender Beliebtheit, die schnell über die rein wissenschaftlichen Anwendungen hinausging und damit die Erfolgswelle lostrat, die das Internet heute in nahezu jeden Haushalt der westlichen Welt gebracht hat.

Im Grunde beschreibt HTTP lediglich, wie Daten von einem Rechner auf einen anderen zu übermitteln sind. Die dabei zwischen den Computern stattfindende Kommunikation beginnt dabei immer auf Initiative des Clients, der einen *Request* (engl. für Anfrage) an den Server sendet. Der interpretiert diese und antwortet dem Client mit einem *Response* (engl. für Antwort).

Achtung

Da die Kommunikation auf Basis von HTTP immer vom Client ausgehen muss, kann ein Server nur dann antworten, wenn er vom Client per Request dazu aufgefordert wird. Damit kann der Server seine Clients nicht von sich aus darüber informieren, dass sich die bereitgestellten Daten beispielsweise geändert haben.

3 Der Request – wie fordern Sie eine Seite an?

Was passiert, wenn Sie in Ihrem Browser den URL *www.google.de* eingeben, um sich beispielsweise über Java und Java Server Pages zu informieren? Nun, zunächst wird Ihr Browser über das so genannte Domain Name System (DNS), das Sie im Kapitel über das *Java Naming and Directory Interface (JNDI)* näher kennen lernen, ermitteln, welcher Server die von Ihnen gewünschte Seite bereitstellt, und anschließend eine explizite Anfrage an diesen Server senden.

Eine einzelne Anfrage besteht dabei aus drei Teilen: Einer initialen Anfragezeile, einem Kopf (engl. *Header*) mit Metainformationen und einem Body, der den Inhalt der Anfrage, etwa eine zu verschickende Datei, enthält oder auch leer sein kann.

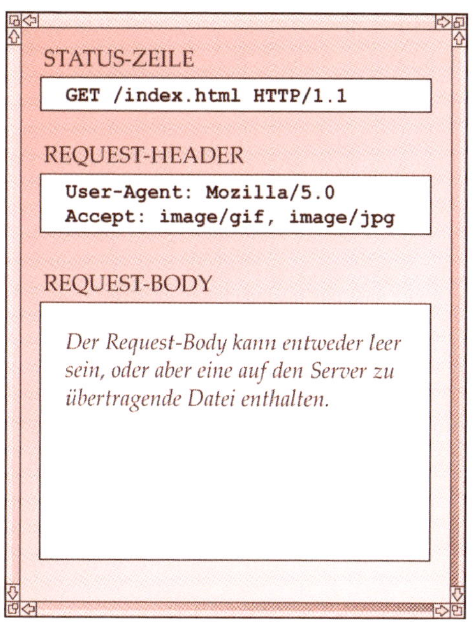

Abbildung 1: Schematischer Aufbau eines HTTP-Requests

Und da HTTP statt kryptischer binärer Formate alle Informationen textbasiert überträgt, lassen sich diese auch abdrucken. Ein typischer HTTP-Request zum Aufruf der Google-Startseite könnte damit folgende Form haben:

```
GET /index.html HTTP/1.1
User-Agent: Mozilla/5.0
Accept: image/gif, image/x-xbitmap, image/jpeg, */*
Accept-Language: de, en-us
Accept-Encoding: gzip, deflate
```

Listing 1: Ein einfacher HTTP-Request

Die erste Zeile teilt dem Server stets die für ihn wichtigsten Informationen mit:

1. Die Anfrage-Methode (`GET`)
2. Die angeforderte Ressource (*/index.html*)
3. Die vom Client verwendete Version des HTTP-Protokolls (`HTTP/1.1`)

Mit diesen Informationen ist der Server in der Lage, auf den Request zu antworten und die Startseite (*index.html*) von Google zu auszuliefern.

Damit der Server seine Antwort (Response) jedoch optimal auf Sie abstimmen kann, ist es in der Regel ratsam, ihm einige zusätzliche Informationen (Metainformationen) zukommen zu lassen. Diese teilen ihm beispielsweise den verwendeten Browser (*Mozilla*) und Ihre bevorzugten Sprachen (`de, en-us`) mit. Die Metainformationen werden als *Request-Header* bezeichnet, und Sie werden später lernen, wie Sie diese

Informationen nutzen können, um zum Beispiel die Menge der übertragenen Informationen zu reduzieren und wertvolle Bandbreite zu sparen.

Request-Header haben dabei immer die Form:

```
HeaderName: Wert_1, Wert_2
```

Listing 2: Aufbau eines HTTP-Request-Headers

Der Body des Requests ist in diesem Fall leer.

4 Response – wie antwortet der Server?

Jeden eingehenden Request beantwortet ein Server mit einer Response, die ganz analog zum Request ebenfalls aus drei Teilen besteht.

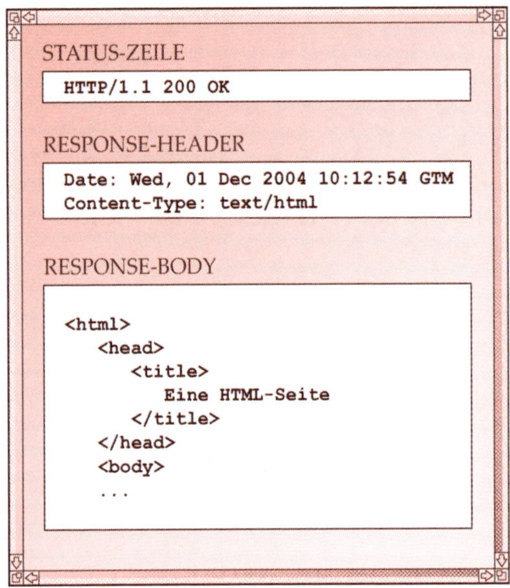

Abbildung 2: Schematischer Aufbau einer HTTP-Response

Oder im konkreten Beispiel:

```
HTTP/1.1 200 OK
Date: Wed, 01 Dec 2004 10:12:54 GMT
Content-type: text/html
<html>
   <body>Hello World</body>
</html>
```

Listing 3: Eine HTTP-Response

Auch die HTTP-Response beginnt mit einer Status-Zeile, die drei essenzielle Informationen enthält:

1. Die vom Server verwendete HTTP-Version des HTTP-Protokolls (HTTP/1.1)
2. Einen numerischen Statuscode (200), von denen die Kombination 404 für »Not found.« wohl die bekannteste sein dürfte
3. Eine kurze Beschreibung des Status in Textform (OK)

Später werden Sie lernen, eine solche Zeile zu manipulieren, um adäquat auf verschiedene Requests reagieren zu können.

Ebenso wie der Request kann auch die Response Metainformationen in Form von Response-Headern enthalten, über die Sie der Server mit zusätzlichen Informationen wie etwa dem Datum der Auslieferung (Date) oder dem Typ des Dokumentes (Content-Type) versorgt.

Den Abschluss der Response bildet hier der *Response-Body*, der in diesem Fall die angeforderte Webseite enthält, die schließlich durch den Browser dargestellt wird.

```
<html>
   <body>Hello World</body>
</html>
```

Listing 4: HTML-Seite in einem HTTP-Response

Die Kommunikation über HTTP basiert also auf einem Frage-Antwort-Spiel, bei dem Client und Server *Informationen*, z.B. eine HTML-Seite, und *Metainformationen*, wie die zu verwendende HTTP-Version, miteinander austauschen.

5 Was ist die Hypertext Markup Language (HTML)?

Natürlich sind Informationen in »Rohform« ohne die Möglichkeit, diese zu strukturieren, in den seltensten Fällen wirklich von Nutzen, denn wer möchte schon lange Aufsätze lesen, wenn er nur auf der Suche nach einer bestimmten Information ist?

Egal ob PDF-Dokument oder Word-Vorlage, nahezu jedes Textsatz-Programm speichert Informationen über die Anordnung und Formatierung von Bildern und Texten, und so existiert eine Unzahl verschiedener Formate, um diese abzulegen. Die meisten dieser Formate sind jedoch dafür gedacht, von Maschinen »geschrieben« und interpretiert zu werden, und damit ohne ein entsprechendes Werkzeug nicht zu erstellen. Deshalb ersann die Gruppe um Tim Berners-Lee ein einfaches, aber effektives Format, das rudimentäre Formatierungen ermöglichte und von einem entsprechend geschulten Menschen mit einem einfachen Texteditor erstellt werden konnte: die *Hypertext Markup Language* (HTML).

Diese bildet, obgleich sie inzwischen mehrmals überarbeitet und erweitert wurde, auch heute noch die Grundlage für über 90% der im Internet zur Verfügung gestellten Dokumente. HTML gehört zu den Auszeichnungssprachen (*Markup Languages*), denen wir uns im Kapitel über *XML* genau widmen werden, und legt Formatierungsinformationen in Form von so genannten Tags zwischen den eigentlichen Daten ab.

```
Das ist ein <font color="red"> formatierter </font> Text.
```

Listing 5: Markup – strukturierter Text

Hinweis

Der Name *Hypertext* (griechisch: hyper, deutsch: über) leitet sich übrigens aus der Eigenschaft her, dass der Text auf ein anderes Dokument verweisende Textpassagen enthalten kann. Diese »dahinter liegenden« Seiten geben dem Text damit in gewisser Weise die Dimension der »Tiefe.«

HTTP vs. HTML

HTTP und HTML: zwei so ähnliche Begriffe für zwei grundverschiedene Dinge:

- HTTP ist ein *Protokoll*, das beschreibt, in welcher Reihenfolge Daten über das Netz ausgetauscht werden, dass z.B. die Header vor dem Body gesendet werden müssen oder die Kommunikation immer beim Client beginnt.
- HTML ist eine *Beschreibungssprache*, die Ihr Dokument strukturiert und dem Browser Informationen über die gewünschte Darstellung gibt.

So können über HTTP beispielsweise auch PDF-Dokumente übertragen werden, während HTML-Seiten nicht zwingend über das Internet übertragen werden müssen.

Hinweis

Da sich dieses Buch J2EE und anverwandten Themen widmet, können die Autoren aus Platzmangel leider keine umfassende Einführung in HTML geben und setzen ein grundlegendes Wissen über diese voraus. Daneben möchten wir Sie auf das *SelfHtml*-Projekt unter *http://de.selfhtml.org/* verweisen oder Ihnen das Buch »*HTML & CSS lernen*«, erschien im Verlag Addison-Wesley, nahe legen.

6 Wie erstellen Sie eine einfache JSP?

Dieser Abschnitt zeigt Ihnen, wie Sie einfache Java-Strukturen in Ihre JSPs integrieren. Ausgangspunkt soll dabei das folgende (statische) HTML-Dokument sein:

```
<html>
   <head>
      <title>Eine statische HTML-Seite</title>
   </head>
   <body>
      <center>Hello World!</center>
      <ul>
         <li>Dies ist eine statische HTML-Seite.</li>
      </ul>
   </body>
</html>
```

Listing 6: Eine statische HTML-Seite

Dieses führt, wird es mit einem Browser Ihrer Wahl geöffnet, zunächst zu folgendem Ergebnis:

Abbildung 3: Interpretation der HTML-Seite durch einen Browser

Einfügen von Java-Anweisungen

Die HTML-Seite aus Listing 6 besteht nur aus klassischen HTML-Tags, die den darzustellenden Text umschließen und vom Browser interpretiert werden. Und um Java-Code zu integrieren, verwenden Sie nichts anderes als eine neue Form von Tags.

```
<html>
   <head>
      <title>Eine dynamische JSP-Seite</title>
   </head>
   <body>
      <center>Hello World!</center>
      <ul>
         <li>Dies ist eine dynamische JSP</li>
         <li>Es ist jetzt genau: <%= new java.util.Date() %></li>
      </ul>
   </body>
</html>
```

Listing 7: Eine einfache JSP

Das ist es also! Sie fügen eine Java-Anweisung einfach in die Seite ein und umschließen diese mit den Tags <% und %>. Doch wenn Sie diese Seite wie gewohnt über die ÖFFNEN-Funktion Ihres Browsers öffnen, erscheint das folgende (eher unerwartete) Resultat:

Abbildung 4: Interpretation einer JSP durch den Browser

Erinnern Sie sich an die eingangs erwähnten Worte? Der Java-Code Ihrer JSPs wird im Gegensatz zu JavaScript nicht durch den Browser, sondern vor der Auslieferung durch den Server interpretiert. Statt die lokal verfügbare Datei also einfach im Browser zu öffnen, müssen Sie diese von einem *Webserver* anfordern. Und da wir in diesem Buch davon ausgehen, dass Ihnen zum Bearbeiten der Beispiele nur ein Computer zur Verfügung steht, muss dieser eben beide Aufgaben (Server und Client) übernehmen und sich dabei gewissermaßen selbst einen Request schicken, was ohne Probleme funktioniert.

Installation der Webanwendung

Da wir die hier dargestellten Beispiele für jeden nachvollziehbar machen wollen, verwenden wir ausschließlich frei verfügbare (Open-Source-)Software, deren Bezug und Installation bereits in den vorherigen Kapiteln beschrieben worden ist. Als Server für die Auslieferung der JSPs haben wir uns dabei für den *Apache Tomcat* entschieden (*http://jakarta.apache.org/tomcat/*), der in allen wichtigen Punkten wie Leistung, Stabilität und der verfügbaren Dokumentation mit kommerziellen Produkten konkurrieren kann.

Achtung

In diesem Abschnitt werden Sie lernen, wie Sie den Apache Tomcat und Ihre Webanwendung konfigurieren. Die dabei beschriebenen Dateien und Pfade beschränken sich ausschließlich auf diesen Webserver! Sollten Sie sich für ein anderes Produkt entschieden haben (mit dem die Beispiele natürlich ebenso funktionieren), entnehmen Sie die entsprechenden Daten bitte dessen Dokumentation.

Nachdem Sie Ihren Apache Tomcat mit Hilfe des vorangegangenen Kapitels hoffentlich erfolgreich heruntergeladen und installiert haben, unterteilt sich die Installation der darauf basierenden Webanwendung in drei Schritte.

Schritt 1: Anlegen eines Arbeitsverzeichnisses

Zunächst benötigen Sie ein Arbeitsverzeichnis, in dem alle zur Anwendung gehörenden Daten abgelegt werden. Dieses kann einen beliebigen Namen haben und enthält folgende Unterverzeichnisse:

Abbildung 5: Anlegen eines Arbeitsverzeichnisses für die Applikation

Die einzelnen Ordner enthalten dabei folgende Dokumente:

- In *html* werden alle statischen HTML-Seiten abgelegt.
- *jsp* beinhaltet alle Java Server Pages (JSP).
- Das zwingend benötigte *WEB-INF*-Verzeichnis enthält die Konfigurationsdatei der Webanwendung und wird vom Apache Tomcat exakt in dieser Schreibweise erwartet.

Während das Verzeichnis *WEB-INF* zwingend existieren muss, dient die Trennung zwischen HTML-Seiten und JSPs nur der Übersicht. Neben diesen Ordnern könnten noch weitere etwa für *Cascading Stylesheets* (css) oder Bilder (*images*) existieren.

Schritt 2: Beschreiben der Anwendung über den Web Deployment Descriptor

Damit der Webserver Ihre Applikation im Netz verfügbar machen kann, muss er diese zunächst selbst kennen und gegebenenfalls benötigte Initialisierungen vornehmen. Für diese und andere Setup-Informationen dient hierbei der so genannte *Web Deployment Descriptor* (englisch: Deployment, deutsch: Aufstellung, Konfiguration) in Form der Datei *web.xml.*

Diese erwartet der Apache Tomcat im Unterverzeichnis *WEB-INF* und hat für das erste Beispiel zunächst folgende Form:

```
<?xml version="1.0" encoding="ISO-8859-1"?>

<!DOCTYPE web-app PUBLIC
   "-//Sun Microsystems, Inc.//DTD Web Application 2.3//EN"
   "http://java.sun.com/dtd/web-app_2_3.dtd">

<web-app>
   <display-name>Eine einfache Webanwendung</display-name>
   <description>
      Dies ist eine auf JSP basierende Beispielanwendung
   </description>
</web-app>
```

Listing 8: Web Deployment Descriptor (web.xml)

Der Web Deployment Descriptor besteht, wie es die Endung schon suggeriert, aus einer XML-Datei. Diesem Dateityp widmet sich ebenfalls ein eigenes Kapitel. Sollten Sie mit XML noch nicht vertraut sein, achten Sie bitte darauf, diese getreu zu übernehmen, und vergessen Sie insbesondere den bei HTML-Seiten obligatorischen `DOCTYPE` nicht.

Wie Sie sehen, bestehen die einzigen beiden Nutzinformationen der Anwendung zunächst aus einem symbolischen Namen (`display-name`) sowie einer kurzen Beschreibung (`description`).

Schritt 3: Konfiguration des Apache Tomcat

Schließlich müssen Sie Ihrem Apache Tomcat noch mitteilen, wo sich die von Ihnen erzeugte Webanwendung befindet. Diese geschieht über einen Eintrag in der Datei *server.xml*, die sich im *./conf*-Verzeichnis Ihrer Tomcat-Installation befindet.

```
<Server port="8005" shutdown="SHUTDOWN" debug="0">
...
  <Service name="Tomcat-Standalone">
...
      <Engine name="Standalone" defaultHost="localhost" debug="0">
...
      <Host name="localhost" debug="0" appBase="webapps"
            unpackWARs="true" autoDeploy="true">
...
         <Context path="/codebook/03_JSPs"
                  docBase="Pfad/zum/Arbeitsverzeichnis"
                  debug="0" reloadable="true"
                  crossContext="true" />
      </Host>
    </Engine>
  </Service>
</Server>
```

Listing 9: Die Konfigurationsdatei server.xml

Sie können über einen einzigen Webserver auch mehrere Webanwendungen parallel bereitstellen. Sie müssen dafür nur die bisherigen Schritte wiederholen und für jede Applikation einen eigenen Eintrag in der Datei *server.xml* anlegen. Beim Starten des Servers wird dieser jeden der unter `docBase` angegebenen Ordner nach einem Unterverzeichnis *WEB-INF* und dem darin enthaltenen Web Deployment Descriptor durchsuchen und anschließend die Applikation unter dem angegebenen Pfad (`path`) bereitstellen.

Hinweis

Neben dem Einbinden der Webanwendung dient die Datei *server.xml* auch der Konfiguration des Apache Tomcat, so können Sie hier zum Beispiel *Logger* einbinden oder *Datenquellen* bereitstellen. Hierfür existiert eine hervorragende Dokumentation innerhalb der Datei und auf der Homepage der *Apache Group*.

Test der JSP

Nach all dem Formalismus mit Arbeitsverzeichnissen und Konfigurationsdateien können Sie sich nun wieder den JSPs zuwenden, und die gute Nachricht an dieser Stelle ist, dass Sie die vorherigen Schritte in der Regel nur einmalig ausführen müssen und sich nun ganz auf die eigentlichen Seiten konzentrieren können.

Erinnern Sie sich? Das Problem war, dass Ihre JSP nicht mit einem normalen Browser geöffnet werden konnte und stattdessen über einen Webserver ausgeliefert und interpretiert werden musste. Nachdem Sie Ihren Webserver also nun konfiguriert und anschließend gestartet haben, können Sie Ihre Seite über einen ganz »normalen« Request anfordern. Dazu geben Sie folgende URL in die Adresszeile Ihres Browsers ein:

```
http://localhost:8080/codebook/03_JSPs/jsp/HelloWorld.jsp
```

Listing 10: URL Ihrer ersten JSP

Den Hostnamen `localhost` und den Port `8080` haben Sie dabei über die Datei *server.xml* festgelegt. Der Pfad setzt sich dann aus dem symbolischen Pfad der Anwendung *codebook/03_JSPs/* (vgl. Listing 9) sowie der tatsächlichen Verzeichnisstruktur Ihrer Anwendung (Abbildung 5) zusammen. Und das Ergebnis ist:

Abbildung 6: Korrekt interpretierte Darstellung Ihrer ersten JSP

An der Stelle, wo vorher Ihr JSP-Tag `<%= new java.util.Date() %>` stand, prangen nun, wenn auch noch unformatiert, das aktuelle Datum und die Uhrzeit, und ein Blick in den Seitenquelltext (SEITENQUELLTEXT ANZEIGEN) offenbart:

```
<html>
   <head>
      <title>Eine dynamische JSP-Seite</title>
   </head>
   <body>
      <center>Hello World!</center>
      <ul>
         <li>Dies ist eine dynamische JSP</li>
         <li>Es ist jetzt genau: Sun Sep 12 09:43:08 CEST 2004</li>
      </ul>
   </body>
</html>
```

Listing 11: Vom Browser interpretierter HTML-Code

Offensichtlich wurde also mit dem Webserver ein Java-Interpreter gestartet, der die JSPs vor der Auslieferung auf entsprechende Tags überprüft, den Java-Code ausführt und das Ergebnis in die HTML-Seite einfügt. Der Browser interpretiert anschließend ausschließlich reinen HTML-Code!

7 Welche Bausteine einer JSP gibt es?

In den vorherigen Beispielen haben Sie gesehen, wie Sie die Umgebung für Ihre JSPs installieren und konfigurieren und einfache Java-Anweisungen in Ihre HTML-Seiten integrieren, um diese in ihrem Aussehen dynamisch anzupassen. In diesem Abschnitt werden Sie weitere JSP-Tags kennen lernen, um damit zunehmend komplexere Dokumente zu gestalten.

JSP-Ausdrücke verwenden

Diese haben Sie bereits im ersten Beispiel kennen gelernt: *JSP-Ausdrücke* (englisch: JSP-Expressions) haben die Form:

```
<%= Eine einzelne Java-Anweisung %>
```

Listing 12: Allgemeine Form eines JSP-Ausdrucks

Wie es das Gleichheitszeichen bereits andeutet, dienen JSP-Ausdrücke dazu, einzelne Java-Anweisungen in den HTML-Quelltext zu integrieren. Diese werden dann durch das Resultat der Anweisung ersetzt (=). Haben Sie beim Ausprobieren des Date-Beispiels (Listing 7) einmal versucht, das verwendete Datum etwa durch einen `java.text.SimpleDateFormat` zu formatieren?

```
...
   <LI>Es ist jetzt genau:
   <%=java.text.SimpleDateFormat formatter = new
java.text.SimpleDateFormat();
      formatter.format(new java.util.Date()) %></LI>
...
```

Listing 13: Formatieren des Datums (erste Version)

Dies führt bei der Interpretation der Seite unweigerlich zu einem Fehler! JSP-Ausdrücke sind auf eine einzelne Anweisung beschränkt, wohingegen das folgende Listing zum Erfolg führt:

```
...
   <LI>Es ist jetzt genau:
      <%= new java.text.SimpleDateFormat().format(new java.util.Date())%></
LI>
...
```

Listing 14: Formatieren des Datums (zweite Version)

Als Eselsbrücke können Sie sich dabei merken, dass sich jede Anweisung, die Sie über einen JSP-Ausdruck in Ihre JSP integrieren, in einem vergleichbaren Java-Programm durch eine `System.out.print()`-Anweisung ausgeben lassen muss.

```
// Das führt zu einem Fehler
System.out.print(java.text.SimpleDateFormat formatter =
                 new java.text.SimpleDateFormat();
                 formatter.format(new java.util.Date()));

// Diese Version hingegen funktioniert
System.out.print(new java.text.SimpleDateFormat()
                                  .format(new java.util.Date()));
```

Listing 15: Ausgabe des formatierten Datums in einem Java-Programm

Das JSP-Tag <%= %> ist damit vergleichbar mit einer System.out.print()-Anweisung für die JSP! Daraus ergeben sich nun auch zwei weitere Konsequenzen:

1. Die Java-Anweisungen in JSP-Ausdrücken werden nie mit einem Semikolon (;) abgeschlossen, genau wie Anweisungen in System.out.print() nicht abgeschlossen werden.
2. Sie können in JSP-Ausdrücken nur Anweisungen aufrufen, die eine Zeichenkette (String) oder ein Objekt zurückgeben, wobei bei Letzteren die Methode toString() gerufen wird (vgl. Listing 7).

Die folgende Variablendefinition, die ebenfalls aus einer einzelnen Java-Anweisung besteht, ist also ebenso unzulässig:

```
...
  <li>Anzahl der Seitenaufrufe: <%= int i = 3 %> </li>
...
```

Listing 16: Unzulässige Ausgabe einer Ganzzahl

Dagegen führt folgender Code zum Erfolg, weil Sie hierbei ein Object erzeugen, das über die Methode toString() verfügt.

```
...
  <li>Anzahl der Seitenaufrufe: <%= new Integer("3") %> </li>
...
```

Listing 17: Zulässige Ausgabe einer Zahl

Schließlich können Sie durch JSP-Ausdrücke sogar Text in Form von Strings ausgeben, wofür im Augenblick allerdings zugegebenermaßen wenig Motivation existiert.

```
...
   <LI>Das ist ein <%= "dynamischer" %> Text</LI>
...
```

Listing 18: Ausgabe von Strings

Achtung

Wenn nicht nur die resultierenden HTML-Seiten, sondern auch Ihre JSPs (also Ihre Ausgangsdokumente) XML-konform sein müssen, gibt es eine *alternative Notation* für JSP-Ausdrücke.

Statt `<%= Ausdruck %>` können Sie auch folgende Notation verwenden

```
<jsp:expression>Ausdruck</jsp:expression>
```

Listing 19: Alternative Syntax für JSP-Ausdrücke

Dabei sind jedoch zwei Dinge zu beachten : Zum einen darf der verwendete Java-Ausdruck auch hier nur aus einer einzigen Java-Anweisung bestehen, die nicht mit einem Semikolon abgeschlossen wird, und zum anderen wird bei den Tags `<jsp:expression>` im Gegensatz zu den HTML-Tags zwischen Groß- und Kleinschreibung unterschieden.

Im Folgenden werden wir bis auf weiteres jedoch die, nach Meinung der Autoren, intuitivere Standardnotation `<%= Java-Ausdruck %>` verwenden.

Mehrzeilige Java-Anweisungen durch JSP-Scriptlets

Nun gibt es zugegebenermaßen eine verhältniswenig geringe Anzahl von Java-Ausdrücken, die für sich allein stehend ein sinnvolles Ergebnis liefern. Um wirklich sinnvoll programmieren zu können, benötigen Sie stattdessen wenigstens drei weitere Elemente:

1. Die Möglichkeit, lokale Variablen zu definieren, um Ergebnisse zwischenzuspeichern und Hilfsobjekte wie `Formatter` (Listing 14) an einen symbolischen Namen zu binden.
2. Die Möglichkeit, durch `if-else`-Strukturen Entscheidungen zur Laufzeit zu treffen.
3. Schleifen, um über Objekte variabler Länge wie Listen oder Arrays iterieren zu können.

All dies ermöglichen Ihnen *JSP-Scriptlets*. Diese haben die Form:

```
<% eine beliebige Folge von Java-Anweisungen %>
```

Listing 20: Allgemeine Form von JSP-Scriptlets

Sie können überall dort in das HTML-Dokument eingefügt werden, wo auch ein JSP-Ausdruck stehen könnte. In JSP-Scriptlets können Sie so programmieren, wie Sie es aus den main-Methoden Ihrer *Java-Applets* her gewohnt sind. Um beispielsweise drei Zufallszahlen zu erzeugen, die als RGB-Werte (Rot, Grün, Blau) das Aussehen Ihrer Webseite verändern sollen, schreiben Sie:

```
<html>
   <%
      java.util.Random generator = new java.util.Random();
      String red = Integer.toHexString(generator.nextInt(256));
      String green = Integer.toHexString(generator.nextInt(256));
      String blue = Integer.toHexString(generator.nextInt(256));
   %>
   <body style="background-color:#<%= red + green + blue %>">
      <center>Diese Seite hat eine dynamische Hintergrundfarbe.</center>
   </body>
</html>
```

Listing 21: JSP mit dynamischer Hintergrundfarbe

Zunächst erzeugen Sie einen Generator für Ihre Zufallszahlen und generieren mit diesem drei Zahlenwerte zwischen 0 und 255. Diese überführen Sie anschließend in Ihre hexadezimale Darstellung und stehen nun vor einem Problem:

JSP-Ausdrücke ermöglichen es, eine beliebige, durch Semikolon getrennte Folge von Java-Anweisungen zu definieren, die beim Aufruf der Seite abgearbeitet wird. Doch nun müssen Sie sich auch um die Ausgabe selbst kümmern, denn da nicht jede Ihrer Anweisungen eine sinnvolle oder gewünschte Repräsentation besitzt, »weiß« Java nicht, welche Zeilen an welcher Stelle auszugeben sind. So verfügt beispielsweise auch der generator über eine toString()-Methode, die in einem JSP-Ausdruck zu folgendem Resultat führt:

```
java.util.Random@eca36e
```

Listing 22: Ausgabe der toString()-Methode des java.util.Random-Generators

Wenig von Erfolg gekrönt ist auch die folgende Anweisung, die den resultierenden Zahlenwert statt in die HTML-Seite in das Logfile Ihres Apache Tomcat integriert.

```
System.out.println(red + green + blue);
```

Listing 23: Schreibt den aktuellen Farbwert in das Logfile Ihres Apache Tomcat

Die einfachste Möglichkeit, in JSP-Scriptlets definierte Variablen in die resultierende HTML-Seite zu schreiben, sind wieder JSP-Ausdrücke, denn innerhalb dieser können

Sie auf alle zuvor definierten Variablen zugreifen. Schon bietet die Ausgabe von Strings in JSP-Ausdrücken ungeahnte Möglichkeiten.

```
...
    <body style="background-color:#<%= red + green + blue %>">
       <center>Diese Seite hat eine dynamische Hintergrundfarbe.</center>
    </body>
...
```

Listing 24: Ausgabe von Variablen via JSP-Ausdruck (Auszug aus Listing 21)

So wird Ihre HTML-Seite bei jedem Aufruf mit einer neuen Hintergrundfarbe versehen, was durch mehrmaliges Betätigen des RELOAD-Buttons ausgiebig getestet werden kann.

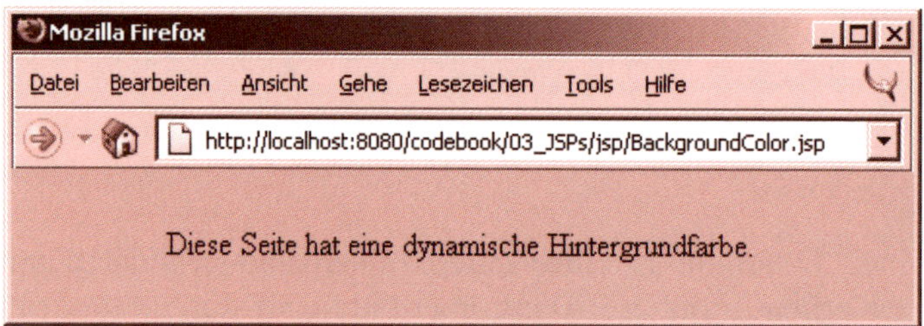

Abbildung 7: Eine der 16777216 verschiedenen Möglichkeiten

Natürlich existiert auch eine Möglichkeit, innerhalb großer JSP-Scriptlet-Blöcke eine HTML-Ausgabe zu erzeugen, schließlich wäre es ziemlich umständlich, wenn Sie für jede Anweisung das aktuelle Scriptlet unterbrechen müssten, um einen einzelnen JSP-Ausdruck einzufügen. Statt des Auszugs aus Listing 24 hätten Sie auch das folgende (einzeilige) JSP-Scriptlet verwenden können.

```
...
    <body style="background-color:#<% out.print(red + green + blue); %>">
       <center>Diese Seite hat eine dynamische Hintergrundfarbe.</center>
    </body>
...
```

Listing 25: Ausgabe von Variablen via JSP-Scriptlet

Die bereits in allen JSPs vordefinierte Variable `out` stellt Ihnen einen `Writer` ähnlich `System.out` zur Verfügung, der zur Ausgabe von Variablen dient. Dabei sind folgende zwei Dinge zu beachten:

1. Es handelt sich hierbei um ein einzeiliges JSP-Scriptlet, das mit dem Tag `<%` (kein =-Zeichen) eingeleitet wird.
2. Wie in jedem JSP-Scriptlet muss eine Anweisung auch hier mit einem Semikolon (;) abgeschlossen werden.

Schließlich demonstriert Ihnen Listing 25, dass Sie nicht nur in JSP-Ausdrücken auf zuvor definierte Variablen zurückgreifen können, sondern auch späteren JSP-Scriptlets alle zuvor definierten Objekte zur Verfügung stehen.

Hinweis

Die Ausgabe eines Objektes über ein JSP-Ausdruck und die `print()`-Methode der vordefinierten Variablen `out` sind vollkommen gleichwertig. In diesem Buch werden wir aber die nach Ansicht der Autoren intuitivere Schreibweise der JSP-Ausdrücke weiterverwenden.

Die vorangegangenen Beispiele haben Ihnen gezeigt, dass Sie mit JSP-Ausdrücken und -Scriptlets nicht nur Texte wie das aktuelle Datum in Ihre HTML-Seiten einfügen, sondern auf Metainformationen wie Attributwerte (z.B. die Hintergrundfarbe) Einfluss nehmen und diese zur Laufzeit manipulieren können. Denken Sie daran: Alle JSP-Anweisungen werden *vor* der Auslieferung Ihrer Seite vom Server interpretiert und ausgeführt. Alles, was der Browser des Clients »sieht«, ist statisches HTML, wie es erzeugt wurde, bleibt diesem verborgen.

Auf diese Weise können Sie z.B.:

- Texte und Formatierungen Ihrer HTML-Seiten manipulieren.
- Ganze Passagen ein- und ausblenden.
- Formulare, wie Combo- oder Select-Boxen, Radio-Buttons oder Input-Felder vorbelegen.

Hinweis

Es existiert natürlich auch eine XML-konforme Schreibweise für JSP-Scriptlets. Diese lautet:

```
<jsp:scriptlet> ... Java-Code ... </jsp:scriptlet>
```

Listing 26: XML-konforme JSP-Scriptlets

Diese sind ebenfalls vollkommen gleichwertig zur kurzen Form und unterliegen den gleichen Beschränkungen, wie `<jsp:expression>`.

Definieren von Java-Methoden durch JSP-Deklarationen

In den vorherigen Beispielen mussten Sie sich auf einzelne Java-Anweisungen und -Ausgaben beschränken, die bei jedem Aufruf Ihrer JSP von oben nach unten abgearbeitet worden sind. Dies gleicht der Main-Methode in Java-Applets, innerhalb der Sie ebenfalls Anweisungsfolgen und lokale Variablen definieren können und die beim Aufruf der Klasse über den Befehl `java Klassenname` wie ein Skript abgearbeitet werden.

Jetzt werden Sie lernen, wie Sie Ihre JSP zu einem vollwertigen Objekt im Sinne *objektorientierter Programmierung* machen können, indem Sie z.B. *globale Konstanten* und *Objektmethoden* definieren.

Ein einfacher Zugriffszähler

Haben Sie beim Herumexperimentieren mit Ihrem bisherigen Wissen über Java und JSPs vielleicht schon einmal versucht, einen Zugriffszähler für Ihre JSPs zu realisieren? Wenn, dann könnte der entsprechende Code vielleicht folgende Form besessen haben:

```
<html>
   <% int i = 1; %>
   <body>
      <center>Anzahl der Seitenaufrufe: <%= i++ %></center>
   </body>
</html>
```

Listing 27: Ein einfacher Zugriffszähler (erste Version)

Doch wenn Sie diesen Zugriffszähler testen, werden Sie vielleicht überrascht: Denn egal wie oft Sie den RELOAD-Button Ihres Browsers auch betätigen, das Ergebnis bleibt stets das gleiche.

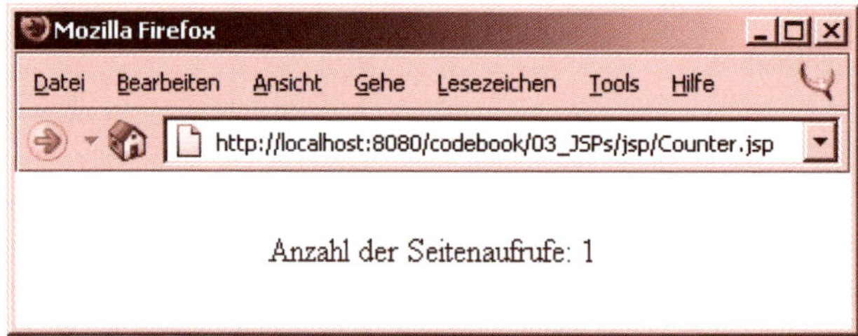

Abbildung 8: Ergebnis des Zugriffszählers (erste Version)

Um dieses Verhalten zu verstehen, müssen Sie sich vor Augen halten, dass es sich bei `i` nicht um eine globale, sondern um eine lokale Variable handelt, ähnlich den Hilfsvariablen, die Sie innerhalb von Methoden zur Speicherung eines Zwischenergebnisses verwenden. Damit wird `i` natürlich auch bei jedem Aufruf der JSP neu erzeugt und mit `1` initialisiert, und somit ist jeder Besucher der erste.

Um das gewünschte Resultat zu erzeugen, benötigen Sie eine Variable, die außerhalb der JSP-Scriptlets definiert ist und ihre Gültigkeit auch über mehrere JSP-Aufrufe hinweg behält. Dies ermöglichen *JSP-Deklarationen (Declarations)*, die folgende Form haben:

```
<%! Java-Code außerhalb von JSP-Ausdrücken/-Scriptlets %>
```

Listing 28: Allgemeine Form von JSP-Deklarationen

Wie Sie sehen, unterscheiden sich JSP-Deklarationen nur durch ein einleitendes Ausrufezeichen (!) von JSP-Scriptlets, doch die Wirkungsweise ist ein gänzlich andere. Ändern Sie Listing 27 ein wenig ab, und schon »funktioniert« Ihr Zähler:

```
<html>
   <%! int i = 1; %>
   <body>
      <center>Anzahl der Seitenaufrufe: <%= i++ %></center>
   </body>
</html>
```

Listing 29: Ein einfacher Zugriffszähler (zweite Version)

Durch das Ausrufezeichen (!) wird i zu einer globalen Variablen. Um dies zu unterstreichen, könnten Sie sie nun auch mit einem *Modifikator* versehen:

```
<%! private int i = 1; %>
```

Listing 30: Globale Variable mit Modifikator

Allerdings sei hier noch angemerkt, dass Ihr Zugriffszähler auf einer nicht persistenten, globalen Variablen basiert, die nur so lange existiert, wie die *Java Virtual Machine (VM)* im Speicher läuft. Nach einem Neustart des Servers wird auch diese neu initialisiert, und Sie begrüßen ein weiteres Mal Ihren ersten Besucher. In einem späteren Kapitel werden Sie lernen, wie Sie den Zustand von Objekten und Variablen auch dauerhaft (persistent) speichern können.

Ein erweiterter Zugriffszähler

Neben globalen Variablen können Sie in JSP-Deklarationen auch vollständige Methoden deklarieren, was in JSP-Ausdrücken und -Scriptlets vollkommen unmöglich ist. Um dies zu demonstrieren, werden Sie Ihren Zugriffszähler nun um die Angabe des letzten Neustarts erweitern. Dies realisieren Sie über eine weitere Variable und die Methode getStartDate(), die ein formatiertes Datum zurückgibt.

```
<html>
   <%!
      private static java.util.Date startDate = new java.util.Date();
      private int i = 1;
   %>

   <%!
      /* Dies ist eine Klassenmethode (static) */
      private static String getStartDate() {
         java.text.SimpleDateFormat formatter =
```

Listing 31: Erweiterter Zugriffszähler

```
                                        new java.text.SimpleDateFormat();
        return formatter.format(startDate);
     }
  %>

  <body>
     <center>
        Start des Webservers am: <%= getStartDate() %> <br/>
        Anzahl der Seitenaufrufe: <%= i++ %>
     </center>
  </body>
</html>
```

Listing 31: Erweiterter Zugriffszähler (Forts.)

Anhand dieses Listings können Sie viele Eigenschaften von JSP-Deklarationen nachvollziehen:

- Es sind mehrere JSP-Deklarationsblöcke pro JSP zugelassen.
- Sie gestatten Ihnen, neben der Deklaration von *Instanzvariablen* (*Member-Variablen*, nicht statische Variablen) auch die Definition von *Klassenvariablen* und *Klassenfunktionen* (`static`).
- Es ist möglich, in einer JSP-Deklaration mehrere Variablen und Methoden gemeinsam zu deklarieren.
- Es ist möglich, in JSP-Deklarationen auf Variablen und Methoden zuzugreifen, die in anderen JSP-Deklarationen definiert werden.
- Innerhalb von JSP-Ausdrücken und -Scriptlets können Sie deklarierte Methoden wie in Java aufrufen und auf globale (statische) Variablen zugreifen. Dabei ist es im Gegensatz zu JSP-Ausdrücken/Scriptlets egal, ob diese vorher oder nachher deklariert werden.

Folgende Dinge können Sie in JSP-Deklarationen allerdings *nicht*:

- Während Anweisungsfolgen in JSP-Scriptlets über mehrere Blöcke verteilt sein können (Listing 21 und Listing 25), müssen JSP-Deklarationen immer abgeschlossen sein. Das heißt, dass Methoden und Variablendeklarationen immer vollständig in *einer* Deklaration enthalten sein müssen und nicht in einer anderen fortgeführt werden können.
- Während Sie in JSP-Ausdrücken und -Scriptlets auf Variablen und Methoden in JSP-Deklarationen zugreifen können, ist dies umgekehrt nicht möglich. In JSP-Deklarationen stehen Ihnen *nur* die Variablen und Methoden zur Verfügung, die in (anderen) JSP-Deklarationen definiert werden.

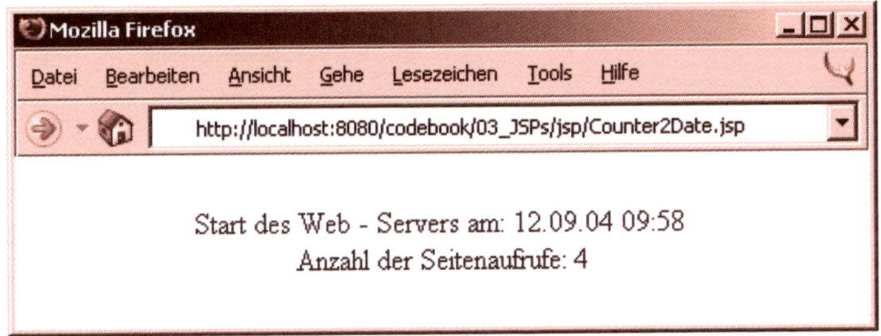

Abbildung 9: Ergebnis des Zugriffszählers (zweite Version)

Bevor die einzelnen Bestandteile von JSPs noch einmal zusammengefasst werden, probieren Sie doch einmal Folgendes:

Starten Sie Ihren Apache Tomcat, und testen Sie die zweite Version des Zugriffszählers (Abbildung 9) durch wiederholtes Drücken des RELOAD-Buttons. Anschließend öffnen Sie die entsprechende JSP und fügen einige Zeichen in den HTML-Quellcode ein. Dann betätigen Sie ein weiteres Mal den `RELOAD`-Button Ihres Browser, ohne den Tomcat neu zu starten!

Als Resultat werden Sie zwei Veränderungen gegenüber vorher feststellen:

1. Zum einen wird der Aufbau der Seite diesmal etwas länger als vorher dauern.
2. Zum anderen sind alle Variablen, sowohl der Zähler (nicht `static`) als auch das Datum (`static`), zurückgesetzt. Ganz so, als hätten Sie den Tomcat doch neu gestartet.

Warum dies so ist, werden Sie später im Abschnitt über das Vorkompilieren von JSPs erfahren. Im Augenblick können Sie jedoch festhalten, dass globale Variablen nach einer Änderung in der JSP immer neu initialisiert werden.

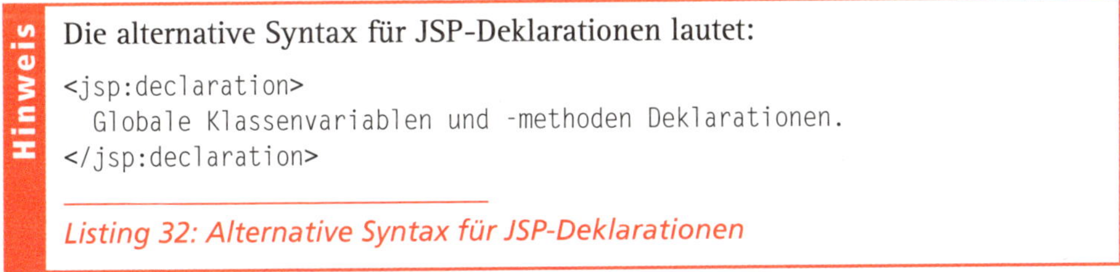
Hinweis

Die alternative Syntax für JSP-Deklarationen lautet:

```
<jsp:declaration>
  Globale Klassenvariablen und -methoden Deklarationen.
</jsp:declaration>
```

Listing 32: Alternative Syntax für JSP-Deklarationen

Vergleich zwischen Ausdrücken, Scriptlets und Deklarationen

In diesem Abschnitt werden die bisher bekannten Bestandteile von JSPs noch einmal miteinander verglichen:

	JSP-Ausdruck	JSP-Scriptlet	JSP-Deklaration
Deklaration	`<%= ... %>`	`<% ... %>`	`<%! ... %>`
Platzierung in der JSP	Beliebig zwischen HTML-Code platzierbar	Beliebig zwischen HTML-Code platzierbar	Beliebig zwischen HTML-Code platzierbar
Ausgabe in die JSP	Resultat der Anweisung wird direkt in die Seite integriert.	Ausgaben in die resultierende Seite erfolgen über die Variable `out`.	Ausgaben in die resultierende Seite sind nicht möglich.
Mögliche Anweisungen	Auf eine Ausgabe-Anweisung beschränkt	Anweisungsfolgen möglich	Vollständige Deklaration von Methoden
Abschluss einer Anweisung	Anweisung wird nicht abgeschlossen.	Alle Anweisungen werden von einem Semikolon (;) abgeschlossen.	Alle Anweisungen werden von einem Semikolon (;) abgeschlossen. Methoden müssen vollständig sein.
Definition von Variablen	Ist nicht möglich.	Lokale Variablen möglich	Globale Variablen möglich
Definition von Methoden	Ist nicht möglich.	Ist nicht möglich.	Ist möglich.
Zugriff auf Methoden und Variablen anderer Blöcke	Ist möglich.	Ist möglich.	Auf Methoden/Variablen anderer JSP-Deklarationen beschränkt
Variablen anderer Blöcke	Müssen vorher deklariert sein, wenn diese in JSP-Scriptlets stehen.	Müssen vorher deklariert sein, wenn diese in JSP-Scriptlets stehen.	Können an beliebiger Stelle deklariert sein

Tabelle 1: Vergleich zwischen JSP-Ausdrücken, -Scriptlets und -Deklarationen

Zur besseren Veranschaulichung können Sie sich dabei vorstellen, dass JSP-Ausdrücke und -Scriptlets eine zusammenhängende JSP-Methode bilden, die der `main()`-Methode in Java-Applets ähnelt. Durch JSP-Deklarationen können Sie Ihre JSP-Klasse dann um Member- und Klassenmethoden erweitern.

Tipp

Wenn Sie in Ihren resultierenden HTML-Seiten die Symbole `<%` und `%>` benötigen, die nicht von der Java VM des Servers interpretiert werden dürfen, können Sie diese entweder durch den JSP-Ausdruck `<%= "<%" %>` integrieren oder gleich die Schreibweise `<\%` bzw. `%\>` verwenden.

Kommentare erzeugen

Ein wichtiges Element fehlt Ihren JSPs allerdings noch: der Kommentar. Zwar gestattet auch HTML die Definition von Kommentaren:

```
<!-- Dies ist ein HTML-Kommentarkasten -->
```

Listing 33: Kommentare in HTML

Aber diese haben den Nachteil, dass sie, wenngleich sie durch den Browser nicht dargestellt werden, Teil der HTML-Seite sind und damit auch über das Netz übermittelt werden. Sie können die in einer HTML-Seite enthaltenen Kommentare beispielsweise über die Quelltext-Funktion Ihres Browsers (SEITENQUELLTEXT ANZEIGEN) sichtbar machen.

Da aber jeglicher Java-Code vor der Auslieferung der JSP vom Webserver interpretiert und damit entfernt wird, wäre es lästig, diesen mit HTML-Kommentaren versehen zu müssen, da diese anschließend an leerer Stelle im Dokument liegen würden. In diesen Fällen können Sie statt eines HTML-Kommentars auch einen JSP-Kommentar verwenden:

```
<%-- Die ist ein JSP-Kommentarkasten --%>
```

Listing 34: Ein JSP-Kommentar

Diese Kommentarkästen werden ebenfalls vor der Auslieferung der Seite vom Webserver entfernt und nicht mit übertragen. Sie sind kein Bestandteil des resultierenden Dokumentes.

Achtung

Innerhalb der Tags <% und %> gelten jedoch die Regeln der Java-Welt. Hier haben Kommentare weiterhin die Form (siehe auch Listing 31):

```
// Einzeiliger Kommentar
/*
 * Mehrzeiliger Kommentar
 */
```

Listing 35: Kommentare innerhalb von JSP-Scriptlets und -Deklarationen

8 Pendants zu klassischen Java-Strukturen

Egal, ob Sie nun Applets, Webserver oder JSPs implementieren, es gibt klassische Strukturen objektorientierter Sprachen, die Sie immer wieder benötigen: *Entscheidungen* und *Schleifen*.

Die if-else-Anweisung

Ohne die Möglichkeit, den Programmablauf durch Bedingungen zur Laufzeit zu beeinflussen, beschränken sich Ihre Programme auf das bloße Abarbeiten von Skripten. Die einfachste Möglichkeit, Entscheidungen zu implementieren, sind *if-else-Anweisungen*:

```
<html>
   <%!
      private static boolean isSunday() {
         java.util.Calendar now = java.util.Calendar.getInstance();
         boolean isSunday;
         if (now.get(now.DAY_OF_WEEK) == now.SUNDAY) {
            isSunday = true;
         } else {
            isSunday = false;
         }
         return isSunday;
      }
   %>

   <body>
      <center>
         <% if (isSunday()) { %>
            Es ist Sonntag, das heißt Frühstück, Brötchen und Cappuccino :-)
         <% } else { %>
            Kein Sonntag, das heißt, der Cappuccino muss noch warten :-(
         <% } %>
      </center>
   </body>
</html>
```

Listing 36: Beispiel für eine If-else-Anweisung

Zunächst deklarieren Sie eine Methode, die ermittelt, ob gerade zufällig Sonntag ist (`isSunday()`). Anschließend definieren Sie Ihre HTML-Seite und integrieren abhängig vom Resultat der Methode eine andere Information.

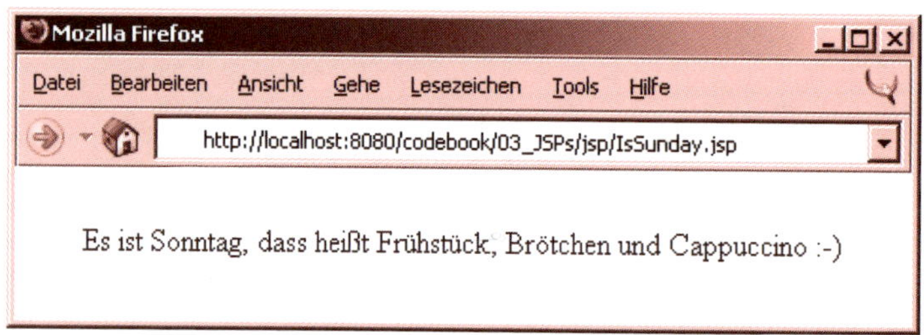

Abbildung 10: Cappuccino oder kein Cappuccino, das ist hier die Frage

if-else-Entscheidungen in JSPs haben folgende Form, wobei der else-Zweig bei Bedarf natürlich entfallen darf:

```
<% if (Bedingung) { %>
   HTML oder JSP-Code, wenn Bedingung erfüllt ist.
<% } else { %>
   HTML oder JSP-Code, wenn Bedingung nicht erfüllt ist.
<% } %>
```

Listing 37: Allgemeine Form von If-else-Entscheidungen

Dabei können sowohl der if- als auch der else-Zweig natürlich neben HTML-Code auch weitere JSP-Anweisungen (Scriptlets, Ausdrücke) enthalten. Diese werden allerdings nur ausgeführt, wenn auch der entsprechende Zweig durchlaufen wird. Sie können (ganz wie in Java) auch mehrere If-else-Entscheidungen ineinander schachteln, sofern alle öffnenden Zweige ({) auch wieder geschlossen werden (}).

Der case-Verteiler

Eleganter, als mehrere if-else-Entscheidungen ineinander zu verschachteln, ist die Verwendung eines case-Verteilers. Um den konkreten Wochentag auszugeben, können Sie Listing 36 beispielsweise auf folgende Weise anpassen:

```
<html>
   <%
         java.util.Calendar now = java.util.Calendar.getInstance();
         int day = now.get(now.DAY_OF_WEEK);
   %>

   <body>
      <center> Heute ist
         <% switch (day) {
               case  1 : %> Sonntag <%
                  break;
               case  2 : %> Montag <%
                  break;
               case  3 : %> Dienstag <%
                  break;
               case  4 : %> Mittwoch <%
                  break;
               case  5 : %> Donnerstag <%
                  break;
               case  6 : %> Freitag <%
                  break;
               case  7 : %> Samstag <%
            } %>
```

Listing 38: Beispiel für die Verwendung eines case-Verteilers

```
        </center>
    </body>
</html>
```

Listing 38: Beispiel für die Verwendung eines case-Verteilers (Forts.)

Diesmal verwenden Sie keine JSP-Deklaration, sondern arbeiten mit einer lokalen Variablen, wenngleich Sie die Ermittlung des Wochentages (`day`) auch in eine eigenständige Funktion auslagern könnten. Anschließend springen Sie, je nach Wert der Variablen, an einen anderen Punkt Ihres `case`-Verteilers.

Abbildung 11: Resultat des case-Verteilers

`case`-Verteiler haben in JSPs folgende Form, wobei jeder Zweig auch hier neben HTML-Code weitere JSP-Anweisungen beinhalten kann:

```
<% switch (arg) {
     case 0 : %> HTML oder weiterer JSP-Code <%
     case 1 : %> HTML oder weiterer JSP-Code <%
       break;
     case 2 : %> HTML oder weiterer JSP-Code <%
     default: %> HTML oder weiterer JSP-Code <%
} %>
```

Listing 39: Allgemeine Form eines Case-Verteilers

Schleifen

Ein weiteres, wichtiges Element zur Verarbeitung von Listen, Mengen und Feldern (Arrays) sind Schleifen. Sie dienen außerdem dazu, Code für eine feste Anzahl von Durchgängen zu wiederholen, und da man bestimme Dinge gar nicht oft genug sagen kann:

```
<html>
    <body>
        <center>
```

Listing 40: Beispiel für eine for-Schleife

```
        <% for (int i = 0; i < 3; i++) { %>
           Carpe Diem: Genieße den Tag! <br/>
        <% } %>
     </center>
  </body>
</html>
```

Listing 40: Beispiel für eine for-Schleife (Forts.)

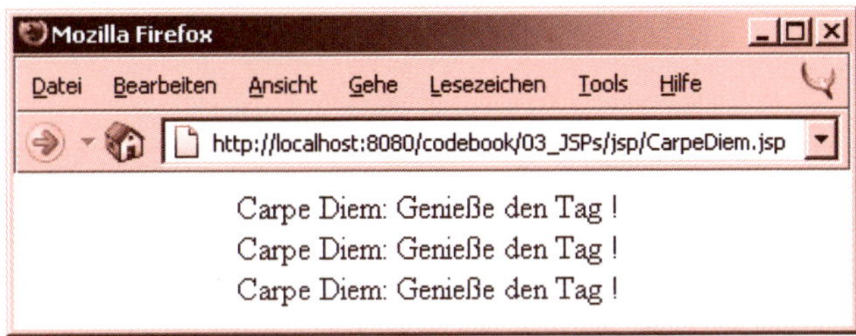

Abbildung 12: Resultat der For-Schleife

Die allgemeine Form für `for`-Schleifen ist:

```
<% for (int i = 0; i < 3; i++) { %>
   HTML und weiterer JSP-Code
<% } %>
```

Listing 41: Allgemeine Form für For-Schleifen

Und da wir Sie nicht mit Analogien langweilen wollen, werden die `while`- und die `do-while`-Schleife nur schematisch dargestellt.

```
<%-- Eine While-Schleife ... --%>
<% while (Bedingung) { %>
   HTML und weiterer JSP-Code
<% } %>

<%-- ... und ihr Do-While-Pendant --%>
<% do { %>
   HTML und weiterer JSP-Code
<% } while (Bedingung) %>
```

Listing 42: Allgemeine Form für While- und Do-While-Schleifen

9 Die verschiedenen Kontexte des Webservers

HTTP ist ein *zustandsloses Protokoll (Stateless Protocol)*, was bedeutet, dass der Server auf einen eingehenden Request mit einem Response antwortet, die Transaktion und damit den Client aber anschließend sofort wieder »vergisst«. Der Server kann damit nicht sagen, wie viele Clients er im Augenblick bedient. Das ist sehr nützlich, da der Verwaltungsaufwand für den Server gering bleibt und die viel gelobte Anonymität des Internets quasi fest eingebaut ist. Auf der anderen Seite kann ein Server (sofern ihm der Client keinen Tipp gibt) nicht sagen, ob die aktuelle Anfrage zu einem bestimmten Anwender gehört. Anwendungen, wie virtuelle Einkaufswagen oder Online-Überweisungen, die in der Regel mehrere Requests erfordern, wären damit nicht realisierbar.

Hinweis

Viele andere Kommunikationsprotokolle, wie beispielsweise das *File Transfer Protocol* (FTP), setzen deshalb eine feste Verbindung zwischen den Teilnehmern voraus. Dadurch kann der Server zu jedem Zeitpunkt feststellen, an wen er im Augenblick Daten übermittelt, wie viele Daten er bereits gesendet hat und ob der Aufbau einer weiteren Verbindung möglich ist. Diese Protokolle werden deshalb auch als *Zustandsprotokolle (Stateful Protocols)* bezeichnet.

Da sich komplexe Anwendungen bei absoluter Anonymität der Benutzer nur schwer realisieren lassen, haben sich im Laufe der Jahre verschiedene Konventionen entwickelt, die es dem Server gestatten, einen Client innerhalb bestimmter Grenzen wiederzuerkennen. Dazu können Sie sich Ihren Webserver als eine Art Empfangsdame einer großen Firma vorstellen. Diese nimmt alle eingehenden Anfragen von Kunden entgegen, überprüft, ob dieser bereits registriert ist, und leitet den Request anschließend an den zuständigen Mitarbeiter (die JSP) weiter.

Zur Unterstützung hat die virtuelle Empfangsdame neben Ihrem Telefon drei Notizblöcke liegen, auf denen sie sich bestimmte Informationen (*Attributes*) notieren kann. Zu bestimmten Zeitpunkten reißt sie ein bestimmtes Blatt aus einem der Blöcke heraus und beginnt ein neues. Alle Dinge, die auf diesem Blatt standen, müssen dann erledigt (gestrichen bzw. gelöscht) sein oder werden schlicht vergessen, die Informationen verlassen dann ihren *Gültigkeitsbereich* (Scope) und sind nicht weiter von Belang.

Der Application-Scope

Auf dem ersten der Notizblöcke steht Applikation (`application`), und auf diesem notiert sich die Sekretärin all die Dinge, die den ganzen Arbeitstag, also bis der Server neu gestartet wird, und für alle Mitarbeiter (JSPs) und Kunden (Clients) gleichermaßen gültig sind; also z.B. Informationen über das Unternehmen (die Webapplikation) selbst oder etwa die Buchhaltung, womit natürlich in diesem Fall die Datenbank gemeint ist.

Der Session-Scope

Der zweite Notizblock trägt den Titel *Session* (Sitzung) und ist dafür gedacht, kundenspezifische Informationen zu speichern. Ruft ein Kunde (Client) bei unserer Sekretärin an, so fragt ihn diese, ob er bereits eine Kundennummer besitzt. Verneint er dies, so vergibt die Sekretärin eine neue (eindeutige) Nummer (*Session-ID*), beginnt ein neues Blatt im Session-Block und notiert sich das Datum des Kontakts. Anschließend leitet sie den Kunden an die JSP weiter.

Besitzt ein Client bereits eine eindeutige Kundennummer und ist das zugehörige Blatt des Blocks vorhanden, so wird das Datum des letzten Kontakts mit dem aktuellen Datum überschrieben. Von Zeit zu Zeit durchsucht der Server den Session-Block nach Kunden, die sich lange nicht mehr gemeldet haben, und entfernt deren Blatt. Die Session-ID wird damit ungültig, und der Kunde bekommt beim nächsten Kontakt eine neue. Dies ist der so genannte *Session-Timeout*, der von Server zu Server unterschiedlich konfiguriert sein kann.

Achtung

Die Session-ID ist an den Browser gebunden und wird beim Schließen des Browsers gelöscht. Es ist also vollkommen egal, ob Ihre Verbindung zum Internet zwischen zwei Requests unterbrochen wird und Sie eine neue IP-Adresse bekommen haben, solange Sie zwischendurch Ihren Browser nicht schließen oder das Session-Timeout überschreiten.

Öffnen Sie hingegen einen neuen Browser und wiederholen den Request an den gleichen Server, so sind Sie für diesen stets ein neuer Kunde (Client). Sie können Ihren virtuellen Warenkorb also nicht von einem Browser in einen anderen transferieren.

Der Request-Scope

Das ist der Schmierblock unserer Sekretärin, auf dem sie sich Notizen zum aktuellen Anruf macht. Das sind z.B. Informationen darüber, mit wem der Client sprechen möchte (der angeforderte URL), mit wem er eventuell schon gesprochen hat (Sind Cookies vorhanden?) oder in welcher Sprache er die Antwort am liebsten hätte (Welche Request-Header sind vorhanden?).

Nachdem die virtuelle Sekretärin alle erforderlichen Informationen notiert hat, stellt sie diese den JSPs über vordefinierte Variablen zur Verfügung. Doch nicht nur der Client kann den Server dazu veranlassen, sich bestimmte Informationen zu notieren: So können Sie auch innerhalb Ihrer JSPs von Ihnen benötigte Informationen in jedem der drei Blöcke hinterlegen.

10 Variablen zur Kontrolle von JSPs

Dieser Abschnitt gibt Ihnen einen kurzen Überblick über die acht vordefinierten Variablen, mit denen Sie das Verhalten Ihrer JSPs auf den aktuellen Request abstimmen können. Alle Variablen werden Ihnen dabei vom Webserver unter dem angegebenen

Namen zur Verfügung gestellt und müssen nicht initialisiert werden. Nachfolgend werden die Variablen immer mit vollständigem Typ angegeben. Damit können alle Eigenschaften dieser auch in den *JavaDocs* z.B. unter *http://java.sun.com/j2ee/1.4/docs/api/index.html* im Package `javax.servlet` nachgeschlagen werden.

- `out` (Typ: `javax.servlet.jsp.JspWriter`)

  Diese Variable ähnelt dem *PrintWriter* `System.out`, den Sie vielleicht aus der klassischen Applet-Programmierung kennen, und dient dazu, Ausgaben in die JSP zu erzeugen.

- `request` (Typ: `javax.servlet.http.HttpServletRequest`)

  Über diese Variable können Sie Informationen über den aktuellen Request erhalten oder dessen Bearbeitung per *Forward* (Weiterleiten) an eine andere JSP weiterleiten.

- `response` (Typ: `javax.servlet.http.HttpServletResponse`)

  Über diese Variable können Sie auf die Antwort (HTTP-Response) des Servers an den Client Einfluss nehmen, indem Sie beispielsweise ein Cookie setzen oder den Statuscode manipulieren (siehe 12, »Das Hypertext-Transfer-Protokoll-Response«).

- `session` (Typ: `javax.servlet.http.HttpSession`)

  Diese Variable ist dafür gedacht, benutzerspezifische Informationen aufzunehmen. Über die Methoden `setAttribute()` und `getAttribute()` dieser Variablen haben Sie die Möglichkeit, bestimmte Informationen zum aktuellen Client zu hinterlegen bzw. wieder hervorzuholen.

- `application` (Typ: `javax.servlet.ServletContext`)

  Auch dieses Objekt kann über die Methoden `getAttribute()` und `setAttribute()` Objekte (`java.lang.Object`) speichern und restaurieren. Der Unterschied zum benutzerspezifischen Session-Objekt besteht darin, dass sich alle Clients ein und dasselbe Application-Objekt teilen.

Achtung

Verwenden Sie den Application-Scope zur Speicherung von Objekten mit Bedacht. Sicherlich ist es schön, Variablen zu besitzen, die so lange existieren, bis der Server neu gestartet wird, doch zum einen erhöht sich damit auch der Verwaltungsaufwand für den Webserver (*Overhead*), und zum anderen kann es bei unglücklicher Wahl des Variablennamens zu Kollisionen kommen, wobei der ältere Wert überschrieben wird.

Verwenden Sie diesen Scope also nur für Objekte, die wirklich für alle Clients gleichermaßen gültig sind, wie z.B. das Datenbank-Interface. Benutzerspezifische Informationen sollten immer im Session-Kontext abgelegt werden, damit werden diese nach Überschreiten des Timeouts auch automatisch aus dem Speicher des Servers gelöscht.

- `config` (Typ: `javax.servlet.ServletConfig`)

  Diese Variable gestattet Ihnen den Zugriff auf die serverseitigen Initialisierungsparameter, die vor allem in Servlets ausgiebig genutzt werden und die Sie zum Beispiel über den Web Deployment Descriptor (*web.xml*) setzen können.

- `pageContext` (Typ: `javax.servlet.jsp.PageContext`)

  Über das `pageContext`-Objekt haben Sie Zugriff auf wichtige Seitenattribute der JSP, die Sie im Abschnitt 22 kennen lernen werden. Es ermöglicht außerdem das Weiterleiten des Requests an eine andere JSP sowie das Einbinden (*Include*) von Seiten. Sie werden später in diesem Kapitel allerdings auch Techniken kennen lernen, mit denen dies leichter zu bewerkstelligen ist.

- `page` (Typ: `java.lang.Object`)

  Diese vordefinierte Variable ist für JSP-Programmierer sicherlich die uninteressanteste: Sie stellt nämlich nichts anderes als ein Synonym des Schlüsselwortes `this` in Java. Sie ist definiert worden, um Ihnen (in einer vielleicht fernen Zukunft) auch andere Skriptsprachen als Java zu ermöglichen.

11 Wie wird ein HTTP-Request ausgelesen?

Eine der interessantesten, vordefinierten Variablen ist der HTTP-Request. Über diesen können Sie innerhalb der JSP einige interessante Informationen über die aktuelle Anfrage erhalten, denn nur weil der Webserver den Request an diese JSP weitergeleitet hat, heißt dies noch lange nicht, dass Request gleich Request ist.

Das Auslesen eines Request-Parameters

Der Request wird vor allem benötigt, um die übermittelten Parameter auszulesen. Hierfür stellt Ihnen die vordefinierte Variable `request` die Methode `getParameter()` zur Verfügung. In den folgenden, veranschaulichenden Beispielen werden wir davon ausgehen, dass der Name des angemeldeten Benutzers im Request-Parameter `user` übermittelt wird.

```
<%
   String user = request.getParameter("user");
%>
<html>
   <body>
      <center>Arbeiten mit dem Request !</center>
      Sie sind angemeldet als: <%= user %>
   </body>
</html>
```

Listing 43: Auslesen und Ausgeben eines Parameters

Abbildung 13: Ausgabe eines Parameters

Wie Sie in Abbildung 13 sehen, sind *Request-Parameter* Teil des URL, den Sie z.B. in die Adresszeile Ihres Browsers eingeben, allerdings können auch die Werte aller sichtbaren und versteckten HTML-Inputfelder über die Methode `getParameter()` ausgelesen werden. Um dies zu demonstrieren, können Sie Ihre JSP aus Listing 43 zu einem Formular machen und dieses um ein entsprechendes Eingabefeld erweitern.

```
<%
   String user = request.getParameter("user");
%>
<html>
   <body>
      <form action="./ReadParam2.jsp">
         <center>Arbeiten mit dem Request !</center>
         Sie sind angemeldet als: <%= user %> <br />

         Anmelden als: <input type="text" name="user" />
                       <input type="submit" value="Anmelden" />
      </form>
   </body>
</html>
```

Listing 44: Aus- und Eingabe eines Request-Parameter

Wie Sie sehen, hat sich an der grundsätzlichen Struktur nichts geändert: Lediglich ein `<form>`-Tag ist hinzugekommen, das dem Browser angibt, wohin die eingegebenen Werte übermittelt werden sollen. In diesem einfachen Beispiel »zeigt« das Formular auf sich selbst:

```
<form action="./ReadParam2.jsp">
```

Damit wird nach dem Absenden des Formulars die gleiche Seite erneut aufgerufen. Prinzipiell können Sie den Request allerdings an jeden beliebigen URL weiterleiten.

Tipp

Eine gute und umfassende Online-Referenz für die verschiedenen HTML-Elemente, Formulare und Input-Felder finden Sie unter *http://de.selfhtml.org/*

Außerdem verfügt das erweiterte Listing 44 über ein Eingabefeld, das den Namen des Request-Parameters (`user`) hat, sowie über einen Absendebutton (`submit`).

```
<input type="text" name="user" />
<input type="submit" value="Anmelden" />
```

Rufen Sie diese Seite nun in Ihrem Browser auf, probieren Sie verschiedene Eingabewerte, und betätigen Sie den ANMELDEN-Button.

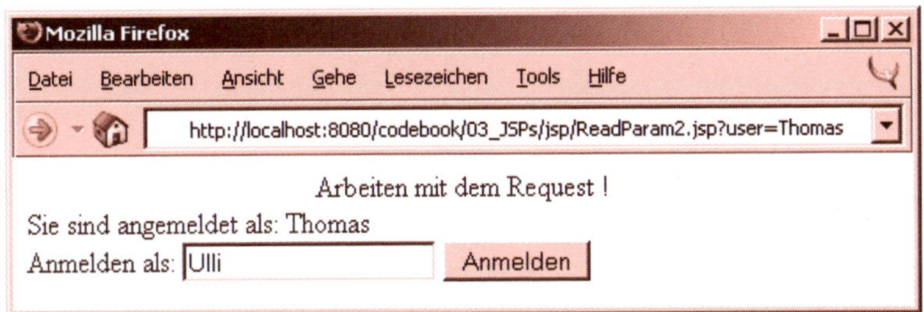

Abbildung 14: Aus- und Eingabe von Request-Parametern

Wie Sie sicher festgestellt haben, ist das Eingabeformular bei jedem Aufruf der JSP leer. Häufig ist es jedoch erwünscht, Eingabefelder mit bestimmten Werten vorzubelegen. Nichts leichter als das: Da Sie mit JSP-Ausdrücken die resultierende Seite nach Belieben verändern können, ist auch das Setzen von HTML-Attributen kein Problem. Das folgende Listing zeigt die entsprechenden Anpassungen:

```
Anmelden als: <input type="text" name="user" value="<%= user %>" />
```

Listing 45: Vorbelegen von Input-Feldern

Ist Ihnen auch aufgefallen, dass bei erstmaligem Aufruf der JSP bis zur ersten Anmeldung eine eher unschöne Bemerkung auf der Seite steht. Das nächste Listing fängt dies mit der weiter oben beschriebenen `if-else`-Entscheidung ab:

```
<%
   String user = request.getParameter("user");
   if (user == null) {
      user = "";
   }
%>
<html>
   <body>
      <form action="./ReadParamSafe.jsp">
         <center>Arbeiten mit dem Request!</center>
         Sie sind angemeldet als: <% if (user.length() != 0) { %>
                                    <%= user %>
                                  <% } else { %>
```

Listing 46: Sichere Ausgabe des Request-Parameters

```
                                  Unbekannter Benutzer.
                                <% } %> <br/>

          Anmelden als: <input type="text" name="user" value="<%= user %>" />
                        <input type="submit" value="Anmelden" />
      </form>
   </body>
</html>
```

Listing 46: Sichere Ausgabe des Request-Parameters (Forts.)

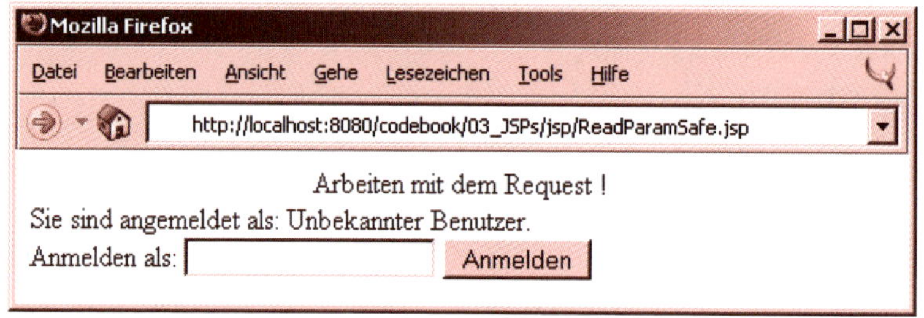

Abbildung 15: Und so sieht es im Browser aus

Das Auslesen aller übermittelten Request-Parameter

Neben der Methode `getParameter()` stellt die vordefinierte Variable `request` noch weitere Methoden zum Auslesen von Request-Parametern bereit, um beispielsweise alle gesetzten Parameter ohne Kenntnis über deren Anzahl oder Namen auszulesen.

Da Sie in der Regel allerdings wissen, welchen Wert Sie überprüfen, beschränken sich die Anwendungen in den meisten Fällen auf das Erzeugen von Debug-Informationen. Das folgende Listing demonstriert dies:

```
<html>
   <body>
      <center>Die folgenden Parameter sind gesetzt:</center>
      <ul>
         <%
           java.util.Enumeration params = request.getParameterNames();
           while (params.hasMoreElements()) {
              String param = params.nextElement().toString();
          %>
            <li><%= param %>: <%= request.getParameter(param) %></li>
         <% } %>
      </ul>

   </body>
</html>
```

Listing 47: Ausgabe aller Request-Parameter

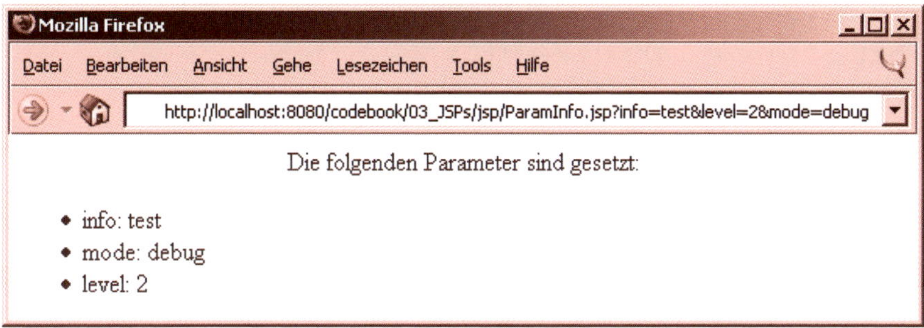

Abbildung 16: Auslesen aller gesetzten Parameter

Wie Sie wissen, können Request-Parameter an den URL angefügt werden. Sie werden dabei von einem Fragezeichen (?) eingeleitet und durch das kaufmännische Und (&) getrennt. Abbildung 16 zeigt deutlich, dass die Reihenfolge dabei nicht festgelegt ist und nicht mit der in der `Enumeration` übereinstimmt. Die Namen stimmen dabei mit vorhandenen Input-Feldern überein und können ebenfalls durch diese gesetzt werden. Je nach *Übertragungsmethode* (POST, GET ...), mit denen Sie sich im nächsten Kapitel über Servlets noch intensiv beschäftigen werden, müssen Request-Parameter allerdings nicht zwingend Teil des URL sein. Neben der Methode `getParameterNames()` stellt Ihnen `getParameterMap()` die gesetzten Request-Parameter auch als `java.util.Map` zur Verfügung.

Achtung

Verwechseln Sie die bisher beschriebenen Request-*Parameter* nicht mit den eingangs erwähnten Request-*Headern* des HTTP-Protokolls. Request-Header enthalten vom Browser automatisch erzeugte Metainformationen wie die bevorzugte Sprache und vom Browser darstellbare Dateiformate. Request-Parameter sind explizit erzeugte Informationen, die dazu dienen, einen Request zu personalisieren und um beispielsweise eine HTML-Seite mit unterschiedlichen Werten zu füllen.

Grundsätzliche Informationen des HTTP-Protokolls

Und um den Unterschied noch einmal zu verdeutlichen, zeigen Ihnen die nächsten Beispiele, wie Sie die verschiedenen, ebenfalls im Request enthaltenen Meta-Informationen wie Request-Header und die zu verwendende HTTP-Version ausgeben.

Zunächst können Sie über die Methode `getProtocol()` die vom Browser bevorzugte *Version* des HTTP-Protokolls auslesen:

```
Request - Protokoll: <%= request.getProtocol() %>
```

Listing 48: Auslesen der verwendeten HTTP-Version

Anschließend ermitteln Sie über die Methoden `getServerName()` und `getServerPort()` den kontaktierten *Server* und *Port*.

```
Server - Name: <%= request.getServerName() %>
Server - Port: <%= request.getServerPort() %>
```

Listing 49: Name und Port des Servers

Schließlich vervollständigen Sie über die Methoden `getRequestURI()` und `getServletPath()` den angeforderten URL. Der Unterschied lässt sich dabei gut an der Apache-Konfiguration (Listing 9) zeigen: `getRequestURI()` gibt den vollständigen lokalen Pfad des angeforderten URL zurück, während `getServletPath()` nur den relativen Pfad zur Webapplikation (`/codebook/03_JSPs`) ermittelt.

```
Request - URI: <%= request.getRequestURI() %>
Servlet - Path: <%= request.getServletPath() %>
```

Listing 50: Vollständiger und relativer Pfad der angeforderten Seite

Doch Sie können nicht nur Informationen über den Server ermitteln, über die Sie als Programmierer der JSP in der Regel sowieso verfügen. Auch der anfragende Client ist kein Unbekannter: Hierfür existieren die Methoden `getRemoteUser()`, `getRemoteAddr()` und `getRemoteHost()`. Diese ermitteln den angemeldeten *Benutzernamen* (so er existiert), die IP-Adresse sowie den Hostnamen des Clients:

```
Remote - User: <%= request.getRemoteUser() %>
Remote - Host: <%= request.getRemoteHost() %>
Remote - Address: <%= request.getRemoteAddr() %>
```

Listing 51: Identität des Clients

Diese grundsätzlichen Informationen können Sie über die folgende JSP gemeinsam auslesen.

```
<html>
  <body>
    <p>Informationen, die über den Request ausgelesen werden können.</ü>

    Informationen über den Server:
    <ul>
      <li>Request - Protokoll: <%= request.getProtocol() %></li>
      <li>Server - Name: <%= request.getServerName() %></li>
      <li>Server - Port: <%= request.getServerPort() %></li>
    </ul>

    Pfade:
    <ul>
```

Listing 52: Auslesen allgemeiner HTTP-Informationen

```
        <li>Request - URI: <%= request.getRequestURI() %></li>
        <li>Servlet - Path: <%= request.getServletPath() %></li>
    </ul>

    Informationen über den Client:
    <ul>
        <li>Remote - User: <%= request.getRemoteUser() %></li>
        <li>Remote - Host: <%= request.getRemoteHost() %></li>
        <li>Remote - Address: <%= request.getRemoteAddr() %></li>
    </ul>
  </body>
</html>
```

Listing 52: Auslesen allgemeiner HTTP-Informationen (Forts.)

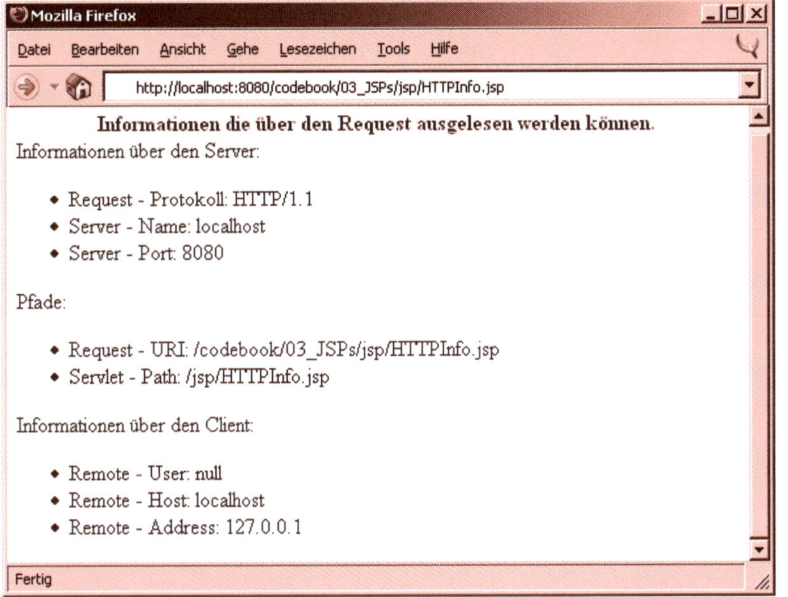

Abbildung 17: Allgemeine Informationen des HTTPServletRequest

Wie Sie in Abbildung 17 deutlich erkennen können, sind in diesem Fall Server und Client identisch (`localhost`), und auch der Remote-User muss nicht immer vorhanden sein.

Auslesen von Request-Headern

Außer den übermittelten HTTP-Parametern und den grundsätzlichen Informationen des Protokolls gestattet Ihnen das `request`-Objekt auch den Zugriff auf Request-Header. Auf diese vom Browser erzeugten Meta-Informationen haben Sie in der Regel keinen Einfluss. Sie können aber aus Sicht des Servers interessant werden, um die angeforderte Seite und deren Übertragung zu optimieren. Das folgende Listing zeigt Ihnen, wie Sie alle übermittelten Request-Header auslesen.

```
<html>
   <body>
      <center>Die folgenden Request-Header sind vorhanden:</center>
      <ul>
         <%
            java.util.Enumeration headers = request.getHeaderNames();
            while (headers.hasMoreElements()) {
               String header = headers.nextElement().toString();
          %>
            <li><%= header %> = <%= request.getHeader(header) %></li>
         <% } %>
      </ul>

   </body>
</html>
```

Listing 53: Auslesen aller Request-Header

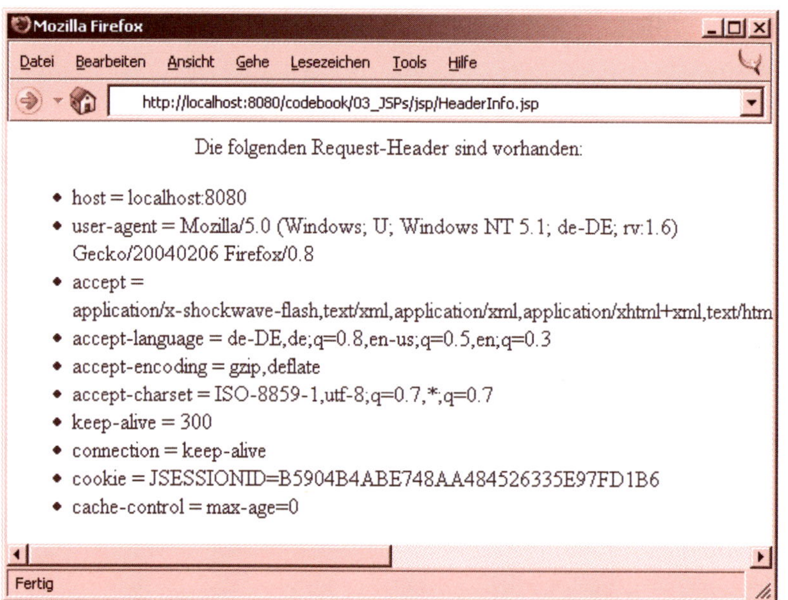

Mozilla Firefox
Datei Bearbeiten Ansicht Gehe Lesezeichen Tools Hilfe
http://localhost:8080/codebook/03_JSPs/jsp/HeaderInfo.jsp
Die folgenden Request-Header sind vorhanden:
host = localhost:8080
user-agent = Mozilla/5.0 (Windows; U; Windows NT 5.1; de-DE; rv:1.6) Gecko/20040206 Firefox/0.8
accept = application/x-shockwave-flash,text/xml,application/xml,application/xhtml+xml,text/htm
accept-language = de-DE,de;q=0.8,en-us;q=0.5,en;q=0.3
accept-encoding = gzip,deflate
accept-charset = ISO-8859-1,utf-8;q=0.7,*;q=0.7
keep-alive = 300
connection = keep-alive
cookie = JSESSIONID=B5904B4ABE748AA484526335E97FD1B6
cache-control = max-age=0
Fertig

Abbildung 18: Wie geschwätzig ist Ihr Browser: HTTP-Header

Wenn Sie jetzt denken, dass dies eine ganze Menge kryptischer Informationen ist, ohne deren Kenntnis Sie sich im Netz genauso wohl fühlen würden, stimme ich Ihnen zu. Doch während einige dieser Header Ihr Leben lang uninteressant bleiben, werden Ihnen andere später interessante Möglichkeiten zur Optimierung des Ergebnisses bieten. Diesen widmen wir uns jedoch vornehmlich erst in der Kategorie Servlets, und so sollen Sie zunächst nur verstehen, wie Sie an die übermittelten Informationen gelangen.

Analog zur Methode getParameterNames() liefert Ihnen die Methode getHeaderNames() zunächst eine Aufzählung (Enumeration) aller übermittelten Request-Header:

```
java.util.Enumeration headers = request.getHeaderNames();
```

Listing 54: Ermitteln aller übermittelten Request-Header

Über die Namen können die Werte der einzelnen Header dann über verschiedene Methoden ausgelesen werden. Je nach ausgelesenem Datentyp erweisen sich drei Methoden als nützlich. Wenn ein bestimmter Header existiert, so liefert Ihnen:

```
String header = request.getHeader("NameDesHeaders");
```

Listing 55: Auslesen eines Request-Headers als String

den Wert dieses Headers zurück, anderenfalls ist das Ergebnis null. Enthält der Wert des Headers einen Zeitstempel (Date), so gibt Ihnen die Methode

```
long header = request.getDateHeader("NameDesHeaders");
```

Listing 56: Auslesen eines Request-Headers als Zeitstempel

einen long-Wert zurück, der das Datum repräsentiert und beispielsweise über den folgenden Aufruf in das entsprechende java.util.Date-Objekt überführt werden kann.

```
Date date = new Date(request.getDateHeader("NameDesHeaders"));
```

Listing 57: Auslesen eines Request-Headers als Datum

Wenn Ihr Header schließlich eine Ganzzahl repräsentiert, spart Ihnen das folgende Listing die Konvertierung nach int:

```
int header = request.getIntHeader("NameDesHeaders");
```

Listing 58: Auslesen eines Request-Headers als Ganzzahl

Hinweis

Request-Header unterscheiden nicht zwischen Groß- und Kleinschreibung (Sie sind nicht case-sensitiv). So führen die Anweisungen getHeader("CONTENT-TYPE") und getHeader("content-type") stets zum gleichen Resultat.

Je nach verwendeter HTTP-Version dürfen gleiche Header mehrmals (HTTP 1.0) bzw. nur ein einziges Mal auftauchen (HTTP 1.1). Bestimmte Header übermitteln dabei allerdings mehr als einen Wert, wie etwa Accept oder Accept-Language in Abbildung 18. Damit Sie auch in diesem Fall alle gesetzten Werte auslesen zu können, hält das

HttpServletRequest-Objekt die Methode getHeaders() bereit, die ebenfalls eine Enumeration zurückgibt, nur diesmal eben mit den Werten.

```
java.util.Enumeration values = request.getHeaders("NameDesHeaders");
```

Listing 59: Auslesen von Headern mit mehreren Werten

Besonders häufig verwendete Request-Header

Abschließend sei schließlich noch erwähnt, dass einige Request-Header so häufig verwendet werden, dass sie über eigene Methoden ausgelesene werden können. Die Verwendung dieser anstelle von getHeader() macht Ihren Java-Code dann wiederum lesbarer. Zu diesen Methoden gehören:

- getContentType()

  Über diesen Header teilt Ihnen der Browser die von ihm akzeptierten Dokumentformate (*MIME-Types*) in der von ihm favorisierten Reihenfolge mit. Bevor Sie den Client also mit *PNG-Grafiken* oder *PDF-Dokumenten* überschütten, können Sie so überprüfen, ob dieser damit überhaupt etwas anfangen kann.

  MIME-Typen werden auch im nächsten Abschnitt noch eine wichtige Rolle spielen.

- getCookies()

  Cookies (Kekse) sind Name-Wert-Paare, über die Sie praktisch eigene Header erzeugen können. Diese werden zunächst vom Server erzeugt und anschließend vom Client zurückgesandt. Dadurch kann der Server verschiedene Clients voneinander unterscheiden.

  Cookies werden z.B. häufig für die Zuordnung von virtuellen Warenkörben und ihren Benutzern oder in Chat-Räumen verwendet.

- getLocale() und getLocales()

  Schließlich bevorzugen viele Anwender Dokumente in ihrer Muttersprache. Über diese Methoden können Sie die java.util.Locale des Clients in absteigender Wertigkeit ermitteln und so bei Dokumenten, die in unterschiedlichen Sprachen vorliegen, das jeweils günstigste wählen.

  Wird dieser Request-Header wider Erwarten einmal doch nicht übermittelt, so ist das Resultat die Standard-Locale des Servers.

12 Weiterleiten eines Clients

Über die vordefinierte Variable response Ihrer JSPs können Sie dem Browser einen *Redirect*-Befehl schicken, woraufhin dieser einen weiteren Request an den neuen URL sendet. Der folgende Code leitet den Browser beim Aufruf der Seite an die JSP HeaderInfo (Listing 53) weiter.

```
<html>
   <body>
      <center>Auf dieser Seite werden Sie weitergeleitet</center>
      <%
         String redirect =
                  "http://localhost:8080/codebook/03_JSPs/jsp/
HelloWorld.jsp";
         response.sendRedirect(redirect);
      %>
   </body>
</html>
```

Listing 60: Weiterleiten eines Requests

Abbildung 19: Weiterleiten des Requests auf eine andere Seite

Wie Sie in Abbildung 19 sehen, öffnet der Browser, so er Weiterleitungen unterstützt, sofort die neue Seite, wobei es sich dabei nicht um eine JSP handeln muss. Obwohl Sie also die URL *http://localhost:8080/codebook/03_JSPs/jsp/Redirect.jsp* aufgerufen haben, wird im Browser eine andere dargestellt, denn dieser hat ja auch einen weiteren Request ausgeführt.

Da das Feature der Weiterleitung nicht von allen Browsern gleichermaßen unterstützt wird, enthalten Seiten mit einem `Redirect` oft auch einen entsprechenden Hinweis und Link, mit dem der Benutzer selbstständig weiterklicken kann.

Das gleiche Ergebnis können Sie auch über das direkte Setzen des Refresh-Headers erreichen. Hierfür wandeln Sie das vorhergehende Listing einfach folgendermaßen ab:

```
<html>
   <body>
      <center>Auf dieser Seite werden Sie in 5 Sek. weitergeleitet</center>

      <%
         String time = "5; ";
         String redirect =
```

Listing 61: Verzögerte Weiterleitung

```
                    "http://localhost:8080/codebook/03_JSPs/jsp/
HelloWorld.jsp";
         response.setHeader("Refresh", time+redirect);
      %>

    </body>
</html>
```

Listing 61: Verzögerte Weiterleitung (Forts.)

Beim direkten Setzen des Headers haben Sie einige Vorteile gegenüber der vorherigen Lösung. Im Gegenzug verlangt Ihr Code dafür ein wenig mehr Verständnis für HTTP.

1. Sie können eine Zeitspanne (`time`) definieren, die der Browser wartet, bis er den neuen URL aufruft.
2. Sie können auf den URL der weiterzuleitenden Seite verzichten. In diesem Fall wird der Browser nach Ablauf der Zeitspanne einfach den vorherigen Request wiederholen (*Refresh*). Über diese Technik können Sie beispielsweise sich selbst aktualisierende Seiten erzeugen.

Tipp

Der Refresh-Header ist, auch wenn er sich längst eingebürgert hat, kein eigentlicher Bestandteil der HTTP-Spezifikation, sondern Teil der HTML-Sprache. Er wird vor der Auslieferung an den Client durch den Webbrowser in das folgende Meta-Tag umgewandelt:

```
<META HTTP-EQUIV="Refresh"
      CONTENT="5; http://localhost:8080/codebook/03_JSPs/jsp/
HelloWorld.jsp"/>
```

Listing 62: Meta-Tag zur Weiterleitung

13 Das Setzen von Response-Headern

Genau wie der `HTTPServletRequest` über drei Methoden zum Auslesen von Request-Headern verfügt:

```
public String getHeader(String NameDesHeaders);    // als String
public int getIntHeader(String NameDesHeaders);    // als int
public long getDateHeader(String NameDesHeaders);  // als long
```

Listing 63: 3 Methoden zum Auslesen eines Request-Headers

so existieren für den `HTTPServletResponse` drei Methoden zum Setzen von Response-Headern:

```
public void setHeader(String NameDesHeaders, String value);
public void setIntHeader(String NameDesHeaders, int value);
public void setDateHeader(String NameDesHeaders, long value);
```

Listing 64: Methoden zum Setzen von Response-Headern

Bis einschließlich der *Servlet-Spezifikation 2.1* existierten nur diese Methoden zum Setzen von Response-Headern. Dabei wurde stets ein neuer Header hinzugefügt, so dass durch mehrmaliges Aufrufen ein Header doppelt und dreifach vorkommen konnte (was die Servlet-Spezifikation durchaus erlaubt). Allerdings war es hierdurch nicht möglich, einen einmal gesetzten Response-Header wieder zu entfernen oder zu überschreiben. Deshalb erzeugen die Methoden in Listing 64 seit der *Servlet-Spezifikation 2.2* nur dann einen neuen Header, wenn dieser noch nicht existiert. Anderenfalls wird der gesetzte Wert überschrieben. Um dennoch ein mehrmaliges Setzen zu ermöglichen, wurden deshalb die Methoden:

```
public void addHeader(String NameDesHeaders, String value);
public void addIntHeader(String NameDesHeaders, int value);
public void addDateHeader(String NameDesHeaders, long value);
```

Listing 65: Weitere Methoden zum Setzen von Response-Headern

eingeführt, die sich wie die früheren Setter verhalten. Neben diesen Standardmethoden sieht auch der Response für einige Header zusätzliche Methoden vor, die den Code für häufig erzeugte Header vereinfachen sollen. Hierzu gehören z.B. Cookies oder der zu verwendende Zeichensatz (*Character Encoding*), die Sie später kennen lernen werden.

Um zu überprüfen, ob ein bestimmter Response-Header bereits gesetzt ist oder nicht, können Sie die Methode

```
public boolean constainsHeader(String "NameDesHeaders");
```

Listing 66: Überprüfen, ob ein bestimmter Header bereits existiert

des Response-Objektes verwenden. Hierüber erfahren Sie allerdings nur (`boolean`), ob ein solcher Header bereits existiert, nicht, welchen Wert er besitzt.

Neben dem Setzen von Request-Headern fallen dem `HttpServletResponse` noch zwei weitere wichtige Aufgaben zu:

1. das Codieren eines Uniform Resource Locators (URL)
2. das Setzen von Status- und Error-Codes

14 Das Codieren eines URL

Unterstützt ein Browser keine Cookies oder ist dieses Feature deaktiviert, müssen andere Mittel her, um den Request zu einer Session zuordnen zu können. Für diese Fälle stellt Ihnen das `HttpServletResponse`-Objekt die Methode `encodeRedirectURL()` zur Verfügung.

Unterstützt der Browser Cookies, so bleibt der URL unverändert. Anderenfalls erweitert die Methode diesen um die Session-ID, eine eindeutige Zeichenkette, die dem Webserver die Identifizierung des Anwenders ermöglicht. Wenn Sie also (unabhängig von Cookies) auch nach einer Weiterleitung noch auf das Session-Objekt des Benutzers zugreifen wollen, ändern Sie Listing 61 wie folgt:

```
<html>
   <body>
      <center>Auf dieser Seite werden Sie in 5 Sek. weitergeleitet</center>

      <%
         String time = "5; ";
         String redirect =
            "http://localhost:8080/codebook/03_JSPs/jsp/HelloWorld.jsp";
         String encodedURL =
            response.encodeRedirectURL(redirect);
         response.setHeader("Refresh", time + encodedURL);
      %>

   </body>
</html>
```

Listing 67: Weiterleitung mit codierter URL

Da die Methode selbstständig überprüft, ob das Anhängen der Session-ID nötig ist, müssen Sie zum Testen dieses Features die Unterstützung für Cookies abschalten:

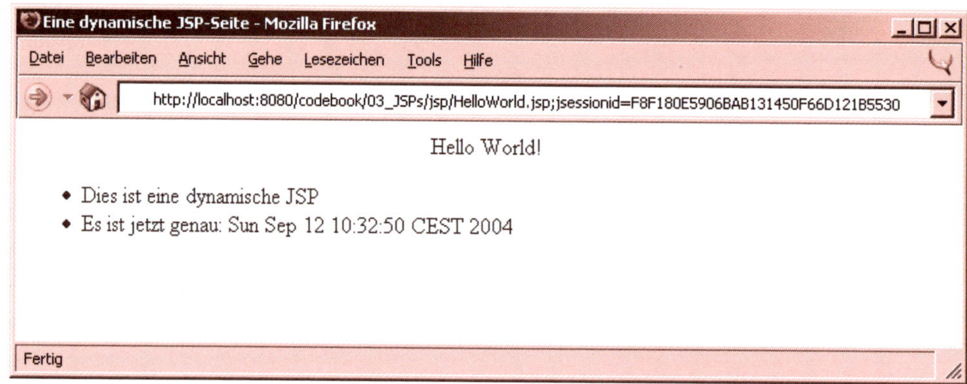

Abbildung 20: Codierter URL (siehe Browser-Zeile)

Neben der Methode `encodeRedirectURL()` stellt der `HTTPServletResponse` eine weitere zum Codieren von URLs: `encodeURL()` ist für alle anderen URLs gedacht, die Sie in Ihre Webseite integrieren, wie z.B. für Links etc.

Tipp

Das Codieren des URL mit einer Session-ID ist natürlich keine Garantie, anschließend wieder auf die Session-Variable des Clients zugreifen zu können, da diese z.B. nach dem (serverspezifischen) Session-Timeout entfernt wird. Auch kann die Session nicht von einem Server auf einen anderen übertragen werden. Die Session bleibt also nur bestehen, wenn die nächste Anfrage vom gleichen Server bearbeitet wird.

15 Setzen von Status- und Fehlercodes

Eine der nützlichsten Methoden des `HttpServletResponse`-Objektes sind `setStatus()` und `sendError()`, über die Sie *Status-* und *Error-Codes* setzen können, um einen Client beispielsweise abzuweisen oder ihm mitzuteilen, dass die gewünschte Ressource zeitweilig nicht verfügbar ist.

Um dem Client beispielsweise mitzuteilen, dass die angeforderte Seite keinen Inhalt enthält (no content.), verwenden Sie beispielsweise das folgende Codefragment:

```
...
    // sendet dem Browser den Status-Code 204
    response.setStatus(response.SC_NO_CONTENT);
...
```

Listing 68: Status – no content

Als Resultat wird eine Seite, die diese Zeile enthält, von den meisten Browsern nicht dargestellt werden, auch wenn sie gültiges HTML-Markup enthält. Weitere Statuscodes sind beispielsweise `200` (OK) oder `205` (Reset Content), zu denen ebenfalls Konstanten definiert sind.

Interessanter als das Setzen von Stati ist häufig allerdings das Melden eines Fehlers, etwa mangels Berechtigung des Clients (401 – Unauthorized) oder eines fehlerhaften URL (404 – Not Found). Hierfür existieren gleich zwei Methoden:

```
...
    // Sendet dem Browser den Status-Code 401
    response.sendError(response.SC_UNAUTHORIZED);
...
```

Listing 69: Error – nicht berechtigt (Unauthorized)

In diesem Beispiel verwendet der Webserver die zum Fehlercode dazugehörende Standardmeldung. Sie können diese allerdings auch selbst generieren (vgl. »Das Hypertext-Transfer-Protokoll-Response«).

```
...
   // Sendet dem Browser den Status-Code 401, samt eigenem Fehlertext
   String message = "Internal server authentication error";
   response.sendError(response.SC_UNAUTHORIZED, message);
...
```

Listing 70: Ein eigener Fehler

16 Arbeiten mit der Session

Die `HttpSession` (Sitzung) ist ein dem Benutzer zugeordnetes Objekt, in dem Sie Informationen zu diesem ablegen können und das Ihnen über die vordefinierte Variable `session` zur Verfügung gestellt wird. Eine Session wird dabei über eine eindeutige Nummer identifiziert, die entweder am URL angehängt sein kann (*URL-Encoding*, Listing 67) oder in Form eines Cookies übertragen wird.

Wird die Session eine längere Zeit nicht mehr benutzt (Session-Timeout), so verfällt sie und wird aus dem Speicher entfernt. Beim nächsten Aufruf erhält der Benutzer daraufhin eine neue (reinitialisierte) Session. Alle in der Session abgelegten Werte gehen dabei verloren.

Ein kleines Zahlenspiel

Das nächste Listing zeigt Ihnen anhand eines kleinen Ratespiels, wie Sie benutzerspezifische Werte in der Session ablegen und hervorholen können. Alles, was Sie hierfür brauchen, ist die folgende, etwas umfangreichere JSP:

```
<%!
   /* Returns a random Integer between 0..100 */
   private Integer guessNewNumber() {
      int result = new Double(Math.random() * 100).intValue();
      return new Integer(result);
   }

   /* Increments counter */
   private Integer inc(Integer counter) {
      int result = counter.intValue() + 1;
      return new Integer(result);
   }
%>

<html>
   <body>
      <form action='<%=response.encodeURL("./NumberGuess.jsp")%>'>
         <center>Ich denke mir eine Zahl zwischen 0 und 100. Welche?</center>
```

Listing 71: Ein Ratespiel

```
<%
   Integer guess = null;
   Integer number = (Integer)session.getAttribute("number");
   Integer counter = (Integer)session.getAttribute("counter");

   String param = request.getParameter("guess");
   if (param != null) {
      guess = new Integer(param);
   }

   if (number == null) {

      // new Game
      number = guessNewNumber();
      counter = new Integer(0);
      session.setAttribute("number", number);
      session.setAttribute("counter", counter);

   } else {

      // already in game
      counter = inc(counter);
      session.setAttribute("counter", counter);

      int result = number.compareTo(guess);
      switch (result) {
         case -1 : %> Die gesuchte Zahl ist kleiner. <%
            break;
         case  0 : %> Gefunden. Sie benötigten <%= counter %> Versuche.
                      Neues Spiel?! <%
            session.removeAttribute("number");
            break;
         case  1 : %> Die gesuchte Zahl ist größer. <%
      }
   }
 %>
 <br />Eingabe: <input type="text" name="guess" />
                <input type="submit" value="Versuchen" />
   </form>
 </body>
</html>
```

Listing 71: Ein Ratespiel (Forts.)

Bereits bekannte Strukturen

Zunächst definieren Sie über eine JSP-Deklaration zwei Methoden für den Umgang mit `Integern`:

```
<%!
   /* Returns a random Integer between 0..100 */
   private Integer guessNewNumber() {
      int result = new Double(Math.random() * 100).intValue();
      return new Integer(result);
   }

   /* Increments counter */
   private Integer inc(Integer counter) {
      int result = counter.intValue() + 1;
      return new Integer(result);
   }
%>
```

Listing 72: JSP – Deklaration in der Praxis

Anschließend erzeugen Sie ein auf sich selbst verweisendes Formular, wobei Sie den URL bei Bedarf codieren, um sich unabhängig von Cookies zu machen. Hierzu verwenden Sie einen JSP-Ausdruck:

```
...
   <form action='<%= response.encodeURL("./NumberGuess.jsp") %>'>
...
```

Listing 73: Kodieren eines festen URL

Und zu guter Letzt folgen verschiedene JSP-Scriptlets und Ausdrücke, die eine If-Entscheidung sowie einen Case-Verteiler enthalten und das Verhalten der JSP bestimmen. Dabei lesen Sie unter anderem einen Request-Parameter aus und wandeln diesen gegebenenfalls in einen Integer um.

```
...
   String param = request.getParameter("guess");
   if (param != null) {
      guess = new Integer(param);
   }
...
```

Listing 74: Auslesen eines Request-Parameters

Arbeiten mit der Session

Neben Altbekanntem zeigt Ihnen Listing 71 auch, wie Sie Objekte in Form von *Attributen* zu einer Session hinzufügen, aus dieser auslesen und schließlich wieder entfernen:

```
// Hinzufügen eines Session-Attributes
session.setAttribute("NameDesObjektes", Object);

// Auslesen eines Session-Attributes
session.getAttribute("NameDesObjektes");

// Entfernen eines Session-Attributes
session.removeAttribute("NameDesObjectes");
```

Listing 75: Arbeiten mit dem Session-Kontext

Auf diese Weise können Sie Benutzerdaten wie den Füllstand seines virtuellen Warenkorbes oder seinen Login von Request zu Request weiterreichen. Wie Sie sehen, werden Objekte in einer Session unter einem frei wählbaren, *symbolischen Namen* abgelegt und wiedergefunden, damit gleicht die Session einer `java.util.HashMap` (und wird bei manchen Webservern vielleicht auch über eine solche implementiert). Dies hat folgende drei Konsequenzen:

1. Der Name eines Objektes muss eindeutig sein. Das heißt, dass bei doppelter Verwendung ein und desselben symbolischen Namens das zuerst abgelegte Objekt der Session überschrieben wird und nicht mehr ausgelesen werden kann.
2. Es können nur vollwertige Objekte (`java.lang.Object`) in der Session abgelegt werden. Basistypen (`int`, `long`, `double` ...) werden nicht unterstützt. Deshalb arbeitet Listing 71 auch mit `Integern` statt mit `int`.
3. Alle Objekte, die Sie aus der Session auslesen, werden zunächst als Basistyp (Object) zurückgegeben und müssen bei Bedarf anschließend *gecastet* werden (siehe auch Listing 76):

```
...
   Integer number = (Integer) session.getAttribute("number");
...
```

Listing 76: Typecast nach Auslesen aus der Session (Auszug aus Listing 71)

Tipp

Ebenso wie in der Session können Sie auch im oben beschriebenen Request-Objekt über die Methoden `setAttribute()`, `getAttribute()` und `removeAttribute()` Objekte im Request-Scope ablegen, um beispielsweise Daten vor der Weiterleitung von einer JSP auf eine andere weiterzugeben. Diese existieren allerdings nur bis zum Abschluss des Requests und verfallen danach.

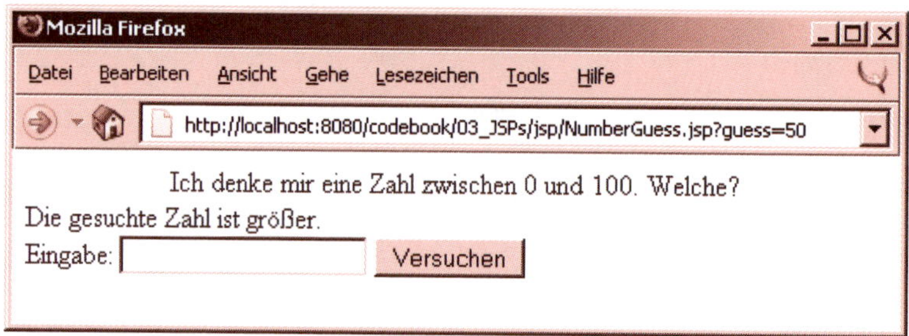

Abbildung 21: Ein kleines Zahlenratespiel

17 Wie verwendet man den Application-Scope?

Einige Daten benötigen Sie nicht nur von einem Request zum nächsten, sondern für alle Benutzer gleichermaßen. Typische Beispiele hierfür sind Konfigurationseinstellungen oder Datenbankverbindungen. Diese werden in der Regel von Servlets initialisiert und können anschließend in allen JSPs gleichermaßen verwendet werden.

Ein einfacher Chat

In diesem Abschnitt werden Sie den Application-Scope allerdings zunächst einmal dazu verwenden, Daten zwischen verschiedenen Benutzern auszutauschen, um einen (wirklich) simplen Chat-Room zu realisieren. Hierzu verwalten Sie die einzelnen Beiträge (`java.lang.String`) in einer Liste (`java.util.List`), die Sie in der vordefinierten Variablen `application` ablegen.

```
<%
   java.util.List list = (java.util.List) application.getAttribute("content");
   if (list == null) {
      list = new java.util.LinkedList();
      application.setAttribute("content", list);
   }

   // Hinzufügen eines neuen Beitrages
   String param = request.getParameter("submission");
   if (param != null && param.length() > 0) {
      list.add(param);
   }
%>

 x<html>
    <body>
       <%-- Ausgabe bisheriger Beiträge --%>
       <center>Bisherige Beiträge</center>
       <ul>
          <%
```

Listing 77: Ein einfacher Chat

```
            java.util.Iterator submissions = list.iterator();
            while (submissions.hasNext()) {
          %>
            <li><%= submissions.next() %></li>
         <% } %>
      </ul>

      <%-- Eingabe weiterer Beiträge --%>
      <form action="<%= response.encodeURL("./Chat.jsp") %>">

         Eingabe: <input type="text" name="submission" />
                  <input type="submit" value="Absenden" />
      </form>
   </body>
</html>
```

Listing 77: Ein einfacher Chat (Forts.)

Im oberen Teil der JSP versuchen Sie zunächst, die Liste (`list`) aus dem Application-Objekt (`application`) zu extrahieren:

```
java.util.List list = (java.util.List) application.getAttribute("content");
```

Gelingt dies nicht (weil noch kein solches Objekt existiert), legen Sie anschließend eine neue Liste an und fügen sie dem Application-Scope hinzu:

```
if (list == null) {
   list = new java.util.LinkedList();
   application.setAttribute("content", list);
}
```

Was nun folgt, kennen Sie bereits: Sie überprüfen, ob ein neuer Beitrag in Form eines Request-Parameters existiert, geben den Inhalt der Liste aus und schaffen durch ein Formular im unteren Bereich der JSP die Möglichkeit, weitere Eingaben zu tätigen. Et voilà:

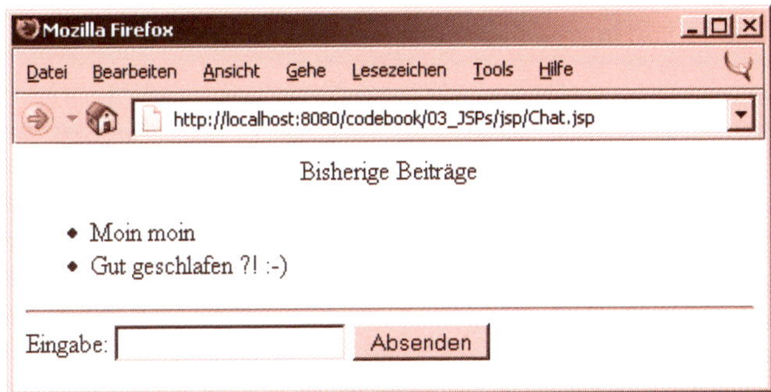

Abbildung 22: Ein kleiner Chat

Natürlich könnten Sie jetzt einwenden, dass Sie dies auch bisher schon durch eine globale Variable in Form einer JSP-Deklaration realisieren konnten, aber zum einen soll Ihnen dieses Beispiel auch nur die grundsätzliche Arbeit mit dem Application-Scope verdeutlichen, und zum anderen hat diese Lösung zwei Vorteile:

1. Sie können die Liste in jeder JSP Ihrer Anwendung extrahieren und weiterverwenden. Sie steht Ihnen überall zur Verfügung.
2. Manipulieren Sie Ihre JSP doch einmal im laufenden Betrieb, indem Sie zum Beispiel ein paar Zeichen einfügen. Erinnern Sie sich: Die globale Variable in Listing 31 wurde anschließend neu initialisiert. Die Variable `application` besteht, solange der Webserver läuft.

18 Ablegen von Datenbank- und Initialisierungsparametern

Initialisierungsparameter, wie etwa Informationen für den Zugriff auf eine Datenbank, legen Sie am einfachsten im *Web Deployment Descriptor* ab, da diese so auf einfache Art angepasst werden können. Hierfür fügen Sie zunächst folgende Zeilen ein. (Wenn Sie über eine eigene Datenbank verfügen, können Sie natürlich auch deren Daten verwenden.)

```
<?xml version="1.0" encoding="ISO-8859-1"?>

<!DOCTYPE web-app PUBLIC
   "-//Sun Microsystems, Inc.//DTD Web Application 2.3//EN"
   "http://java.sun.com/dtd/web-app_2_3.dtd">

<web-app>
   <display-name>Eine Webanwendung</display-name>
   <description>
      Dies ist eine auf JSPs basierende Beispielanwendung
   </description>

   <context-param>
      <param-name>jdbcClass</param-name>
      <param-value>com.mysql.jdbc.Driver</param-value>
   </context-param>

   <context-param>
      <param-name>dbURL</param-name>
      <param-value>jdbc:mysql://localhost/db</param-value>
   </context-param>

   <context-param>
      <param-name>dbUser</param-name>
      <param-value>scott</param-value>
   </context-param>
```

Listing 78: Erweiterung des Web Deployment Descriptors (web.xml)

```
    <context-param>
       <param-name>password</param-name>
       <param-value>tiger</param-value>
    </context-param>

</web-app>
```

Listing 78: Erweiterung des Web Deployment Descriptors (web.xml) (Forts.)

Wie Sie sehen, können Sie so über den Web Deployment Descriptor (*web.xml*) beliebig viele Initialisierungsparameter definieren:

```
<context-param>
   <param-name>Name</param-name>
   <param-value>Wert</param-value>
</context-param>
```

Listing 79: Allgemeine Form von Initialisierungsparametern

Jetzt werden Sie über die vordefinierte Variable `pageContext` Ihrer JSPs auf diese zugreifen und eine JDBC-Connection öffnen:

```
<html>
   <body>
      <center>Zugriff auf eine Datenbank via JDBC</center>
   <%
      javax.servlet.ServletContext context =
         pageContext.getServletContext();

      String jdbcClass = context.getInitParameter("jdbcClass");
      String dbURL = context.getInitParameter("dbURL");
      String dbUser = context.getInitParameter("dbUser");
      String dbPass = context.getInitParameter("password");

      // Laden des JDBC-Treibers
      Class.forName(jdbcClass).newInstance();

      // Öffnen der Connection
      java.sql.Connection conn =
         java.sql.DriverManager.getConnection(dbURL, dbUser, dbPass);

      // ab hier können Sie auf die Datenbank zugreifen
      // ...
```

Listing 80: Etablieren einer JDBC-Connection

```
    %>
    </body>
</html>
```

Listing 80: Etablieren einer JDBC-Connection (Forts.)

Wie Sie sehen, erhalten Sie über die Methode `getServletContext()`der vordefinierten Variablen `pageContext` Zugriff auf ein Objekt vom Typ `javax.servlet.ServletContext`, und dieses wiederum liefert Ihnen durch die Methode `getInitParameter()` die zuvor eingetragenen Werte der Datei *web.xml*.

Achtung

> Der Zugriff auf Initialisierungsparameter ist durch die Methode `getInitParameter()` des *ServletConfig-Objektes* zwar vereinheitlicht. Ihre physikalische Speicherung kann jedoch von Webserver zu Webserver variieren.
>
> So verwendet der Apache Tomcat den so genannten Web Deployment Descriptor (*web.xml*) und das JSWDK eine Property-Datei namens `servlet.properties`, die beim BEA WebLogic Application Server wiederum `weblogic.properties` heißt. Die genaue Konfiguration dieser entnehmen Sie dabei bitte der Dokumentation Ihres Webservers.

19 Einbinden zusätzlicher Bibliotheken

In der Regel benötigen Sie außer dem SDK weitere Bibliotheken, die Ihnen z.B. einen JDBC-Treiber für Ihre Datenbank oder eine API für das Rendern von PDF-Dokumenten zur Verfügung stellt. Diese Bibliotheken erhalten Sie in der Regel in Form eines JAR-Files, das sie anschließend in den Classpath der Virtual Machine (VM) des Webservers einbinden müssen. Hierfür erweitern Sie Ihr *WEB-INF*-Verzeichnis folgendermaßen:

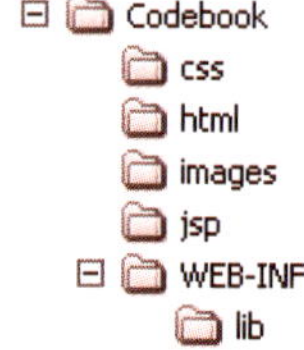

Abbildung 23: Anlegen eines Verzeichnisses für zusätzliche Java-Bibliotheken

Beim Start des Webservers wird dieser das *WEB-INF*-Verzeichnis jeder Applikation nach dem Ordner *lib* durchsuchen und alle darin enthaltenen JAR-Files dem Classpath dieser Anwendung hinzufügen. Das heißt, dass auch zwei parallele Webanwendungen, die sich auf dem gleichen Webserver befinden, gleichzeitig mit unterschiedlichen JAR-Files arbeiten können, ohne sich gegenseitig zu beeinflussen.

Hinweis

In den Kapiteln über das *Java Naming and Directory Interface (JNDI)* werden Sie lernen, wie Sie ohne die manuelle Etablierung einer JDBC-Connection auskommen, und nach der Lektüre des Kapitels *Java Data Objects (JDO)* werden Sie vielleicht sogar ganz auf eine Datenbank verzichten.

20 Einbinden von JSPs via Page Context

Ein schönes Feature von Java Server Pages ist das dynamische Einfügen von Inhalten. So können Sie beispielsweise Navigationselemente wiederverwenden, ohne auf HTML-Frames angewiesen zu sein, oder eingeblendete Banner zentral verwalten. Einige der in den vorangegangenen und auf der CD enthaltenen JSPs eignen sich gerade für die Entwicklungsphase von neuen JSPs: So können Sie bereits alle Request-Parameter übersichtlich auslesen (Listing 47), grundsätzliche Informationen über HTTP ermitteln (Listing 52) und schließlich die gesetzten Request-Header ausgeben (Listing 53). All das können wertvolle Informationen beim Debuggen und Testen neuer JSPs sein.

```
<html>
   <body>
      <p>Diese Seite ist um nützliche Debug-Informationen ergänzt!</p>

      <hr />
      <%
         pageContext.include("ParamInfo.jsp");
         pageContext.include("HTTPInfo.jsp");
         pageContext.include("HeaderInfo.jsp");
      %>
   </body>
</html>
```

Listing 81: Einbinden von Debug-Seiten

Über die Methode `include()`sendet der Webserver dabei einen weiteren Request an sich selbst, dessen Resultat anschließend in die aufrufende Seite integriert wird. Statt einem muss der Webserver nun also vier Requests bearbeiten.

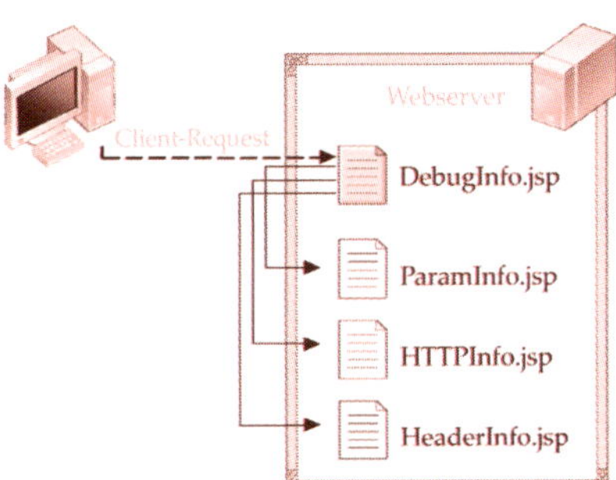

Abbildung 24: Einfügen von weiteren JSPs

Tipp

Bei den eingefügten Inhalten muss es sich natürlich nicht zwingend um JSPs handeln. Jede vom Webserver bereitgestellte Ressource (HTML, Bilder ...) kann eingefügt werden.

Der übergebene URL der Methode `include()` wird dabei stets relativ ausgewertet. Es ist also nicht möglich, auf diese Weise JSPs anderer Webserver einzubinden. Allerdings existieren dennoch zwei Varianten:

- Beginnt der relative URL mit einem Schrägstrich (»/«), so wird die Seite relativ zum Basisverzeichnis der Webanwendung (hier */codebook/03_JSPs/*) gesucht.
- Anderenfalls wird der URL relativ zur aktuellen Seite aufgelöst.

Das folgende Listing verdeutlicht den Unterschied (die JSPs liegen dabei im Unterverzeichnis */jsp*):

```
// relativ zur aktuellen Seite
pageContext.include("ParamInfo.jsp");

// relativ zur Webanwendung
pageContext.include("/jsp/ParamInfo.jsp");
```

Listing 82: Unterschiede des relativen URL

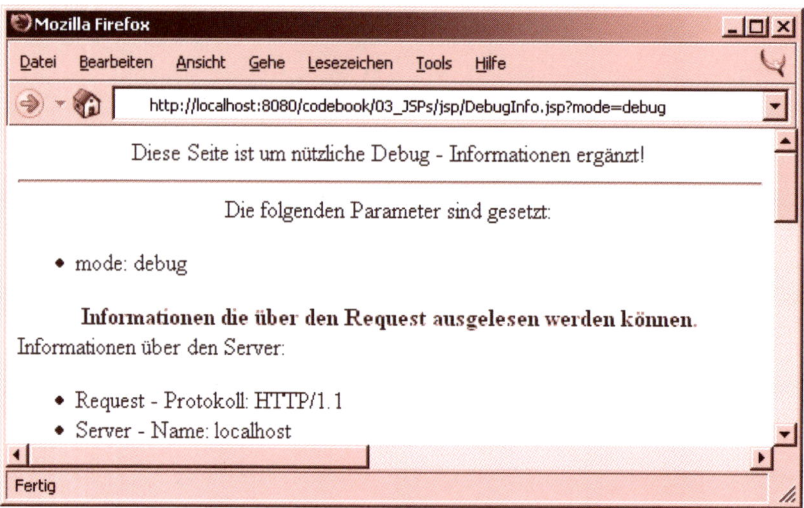

Abbildung 25: Ergebnis der Debug-Seite

Auf diese Weise erhalten Sie schnell wichtige Debug-Informationen, die Sie anschließend einfach auskommentieren können.

21 Weiterleiten von Requests via Page Context

Neben dem Einbinden von externen Ressourcen spielt das Weiterleiten von JSPs eine wichtige Rolle. So können Sie den Benutzer, z.B. nach drei misslungenen Anmeldeversuchen, auf eine andere Seite weiterleiten, statt mit großen `if-else`-Blöcken riesige JSPs zu erzeugen:

```
<html>
   <body>
      <center>Auf dieser Seite werden Sie weitergeleitet !</center>
      <%
         pageContext.forward("HelloWorld.jsp");
      %>
   </body>
</html>
```

Listing 83: (Internes) Weiterleiten eines Requests

Bevor Sie jetzt denken, dass Sie das nun auch schon mit Listing 60 leisten konnten, werfen Sie einen Blick auf die Browser-Zeile des Resultates (Abbildung 26):

Abbildung 26: (Internes) Weiterleiten eines Requests

Statt den Browser anzuweisen, einen weiteren URL aufzurufen, senden Sie den hierfür erforderlichen Request intern und binden das Resultat (analog zu Include) ein. Ergebnis: Der Client merkt nichts von der Weiterleitung, sondern bekommt die »neue« Seite unter dem »alten« URL. Der der `forward()`-Methode übergebene relative URL arbeitet dabei nach den gleichen Regeln wie `include()`.

Neben der Weiterleitung, dem Einbinden von Ressourcen und dem Zugriff auf Initialisierungsparameter stellt das `javax.servlet.jsp.PageContext`-Objekt z.B. auch Methoden zum Umgang mit `Exceptions` bereit. Diese und andere Eigenschaften von JSPs lassen sich jedoch eleganter mit den nun folgenden Direktiven behandeln.

22 Was sind Direktiven, und wie können sie genutzt werden?

In den vorangegangenen Beispielen haben Sie gesehen, wie Sie das Verhalten Ihrer JSP in Abhängigkeit von Parametern oder Request-Headern gestalten, globale Variablen und Methoden deklarieren, mit verschiedenen (Variablen-)Kontexten arbeiten und andere Ressourcen in Ihre JSP integrieren. Sie kennen nun alle wichtigen Strukturen, um Java-Code in Ihre JSPs einzubetten, und können mit den vordefinierten Variablen arbeiten.

In diesem Abschnitt geht es um die Eigenschaften Ihrer JSPs im Sinne von Java-Klassen. Sie werden lernen, wie Sie Packages importieren, den Typ Ihres Dokumentes festlegen und Fehler behandeln. Die Eigenschaften (Attribute) sind dabei in drei Klassen aufgeteilt: `page`, `include` und `taglib`, die unterschiedliche Blickwinkel auf JSPs ermöglichen.

- `page`

  Über diese Direktive beschreiben Sie die Eigenschaften Ihrer JSP im Sinne einer Java-Klasse wie Importe, Vererbung oder Pufferung im Speicher.

- `include`

  Diese Direktive erleichtert das Einfügen anderer JSPs.

- `taglib`

  Diese Direktive ermöglicht die Definition von eigenen Tags, um immer wiederkehrende Anweisungen zu kapseln. Sie ist dabei jedoch so umfassend und wichtig, dass ihr ein eigenes Kapitel (5) gewidmet wird.

Alle drei Direktiven haben stets die gleiche Form:

```
<%@ NameDerDirektive attribut="wert" %>          <%-- ODER --%>
<%@ NameDerDirektive attribut1="wert1" attribut2="wert2" ... %>
```

Listing 84: Allgemeine Form von Direktiven

Sie beginnen mit der Zeichenkette »`<%@`«, gefolgt vom Namen der Direktive. Anschließend können Sie verschiedene Attribute der jeweiligen Direktive definieren, z.B.:

```
<%@ include file="./Banner.jsp" %>
<%@ page isThreadSafe="false" session="true" autoflush="true" %>
```

Listing 85: Beispiele für JSP-Direktiven

Tipp

Natürlich existiert auch eine alternative Syntax für JSP-Direktiven. Sie hat die folgende Form, wobei Sie für `typ` die Werte `page`, `incluce` oder `taglib` einsetzen können.

```
<jsp:directive.typ attribut="wert" [attribut="wert]* %>
```

Listing 86: Alternative Schreibweise für JSP-Direktiven

23 Importieren von Klassen und Packages

Um nicht immer den vollständigen qualifizierenden Namen eines Java-Objektes angeben zu müssen, können Sie über die Page-Direktive `import` (analog zu Ihren Java-Klassen) einzelne Klassen oder auch ganze Packages importieren.

```
<%-- Importiert die Klasse Date auch dem Package java.util.* --%>
<%@ page import="java.util.Date" %>
...
   <%-- Nun können Sie Date auch ohne Angabe des Packages verwenden --%>
   <% Date myDate = new Date() %>
...
```

Listing 87: Import java.util.Date

In den bisherigen Listings waren Sie gezwungen, stets den vollständigen Pfad, wie z.B. `java.util.Date`, der verwendeten Klassen anzugeben. Import-Anweisungen, wie Sie sie aus der Applet-Programmierung kennen, schlugen dabei sowohl als JSP-Deklaration wie auch als JSP-Scriptlet fehl.

Über das Page-Attribut `import` haben Sie nun, ganz analog zu einer Java-Klasse, die Möglichkeit anzugeben, welche Klassen und Packages importiert werden sollen. Diese können dann ohne Pfad verwendet werden (vgl. Listing 31):

```
<%@ page import="java.util.Date" %>
...
<% Date myDate = new Date() %>
```

Listing 88: Import java.util.Date

Neben einzelnen Klassen können Sie dabei natürlich ganze Packages importieren oder mehrere Importanweisungen zusammenfassen:

```
<%@ page import="java.util.*" %>                    <%-- ODER --%>
<%@ page import="java.util.Date,java.text.SimpleDateFormat" %>
```

Listing 89: Beispiele für den Klassenimport

Achtung

`import` ist dabei das einzige Attribut der Page-Direktive, das innerhalb einer JSP mehrmals vorkommen darf.

24 Von einer Basisklasse ableiten

Über das Attribut `extends` haben Sie die Möglichkeit, Ihre JSPs von einer gemeinsamen Basisklasse erben zu lassen, um etwa gemeinsam genutzte Methoden zentral verwalten zu können. Die Superklasse muss dabei wiederum das Interface `javax.servlet.jsp.HttpJspPage` implementieren.

```
package de.codebooks.j2ee.jsp;

import javax.servlet.jsp.HttpJspPage;

public class MyJspBase implements HttpJspPage {

    // hier steht der gemeinsam benutzte Code
}
```

Listing 90: Schematischer Rumpf einer JSP-Basisklasse

Anschließend verwenden Sie in Ihrer JSP die Attribute `import` und `extends`, um Ihre JSP von dieser Basisklasse erben zu lassen.

```
...
<%@ page import="de.codebooks.j2ee.jsp.MyJspBase" extends="MyJspBase" %>
...
```

Listing 91: Superklasse einer JSP definieren

Achtung

Nicht alle Webserver unterstützen die Page-Direktive `extends`. Sie sollte deshalb nur mit Vorsicht eingesetzt oder ganz vermieden werden. Um gemeinsam genutzte Methoden zentral zu verwalten, können Sie diese in *JavaBeans* kapseln oder Servlets zur Erzeugung der Ausgabe einsetzen.

25 Paralleles Arbeiten oder Single-Thread

Haben Sie sich bereits gefragt, was passiert, wenn zwei Clients gleichzeitig den gleichen URL aufrufen? Arbeitet jeder Client mit einer eigenen Instanz der JSP, muss ein Request warten, bis der andere bearbeitet wird, oder wird der Java-Code parallel abgearbeitet?

Nun zunächst gibt es in jeder Webapplikation genau *eine Instanz* jeder JSP. Sonst wären globale Variablen wie der Zugriffszähler in Listing 31 ja auch sinnlos. Damit bleiben dem Webserver in obigem Fall nur noch zwei Alternativen:

- Ist die JSP in der Lage, mehrere Requests gleichzeitig sicher zu beantworten (`threadsafe`), so kann der zweite Request parallel bearbeitet werden.
- Anderenfalls muss der zweite Anrufer so lange in die Warteschleife gelegt werden, bis die entsprechende JSP wieder frei ist, was die Antwort natürlich verzögert.

Ob eine JSP mehrere Aufrufe gleichzeitig beantworten kann, steuern Sie über das Attribut `isThreadSafe`, wobei der Webserver standardmäßig davon ausgeht, dass keine konkurrierenden Zugriffe erfolgen bzw. dass Sie diese durch `synchronized`-Blöcke geschützt haben.

Ist der Code Ihrer JSP nicht *Thread-Safe*, können Sie die Bearbeitung mehrerer Requests durch Setzen des Attributes synchronisieren.

```
<%@ page isThreadSafe="false" %>
```

Listing 92: Setzen des Page-Attributes isThreadSafe

Dies zeigt dem Webserver an, dass Ihre JSP nur jeweils einen Request beantworten kann, worauf dieser alle anderen Anfragen so lange blockiert, bis der Response abgeschlossen ist. Da dies mitunter zu langen Wartezeiten führen kann, sollten Sie versuchen, alle kritischen Zugriffe selbst zu schützen.

26 Sessions vermeiden

Das Session-Objekt ist dafür gedacht, benutzerspezifische Daten von einem Request bis zum nächsten zu speichern. Doch in einigen Fällen ist dies eher hinderlich. Wenn Sie beispielsweise eine stark frequentierte JSP erstellen, die den aktuellen Euro-Kurs oder Börsendaten darstellen soll, ist es vollkommen egal, ob der Benutzer bereits bekannt ist oder die Seite zum ersten Mal aufruft. Was hier zählt, ist Geschwindigkeit. Im Gegenzug benötigt der Webserver immer mehr Ressourcen, um die verschiedenen Sessions zu verwalten.

Natürlich können Sie nun das Session-Timeout Ihres Webservers auf null setzen, aber damit sperren Sie die Session auch für andere JSPs. Eleganter ist der Einsatz der folgenden Page-Direktive in der entsprechenden JSP:

```
...
   <%@ page session="false">
...
```

Listing 93: Vermeiden von Sitzungen

Hierdurch teilen Sie dem Webserver mit, dass *diese Seite* nicht an Sitzungen teilnimmt. Der Webserver überprüft also nicht, ob bereits eine Session existiert (was durchaus der Fall sein kann), und erzeugt auch keine neue. Das Session-Objekt wird dabei keinesfalls gelöscht, sondern lediglich für diese Webseite gesperrt. Ruft der Benutzer anschließend eine Seite mit Session-Unterstützung (Default) auf, steht sie ihm anschließend wieder zur Verfügung.

Achtung

Nimmt eine JSP nicht an Sitzungen (Sessions) teil, so hat sie auch keinen Zugriff auf die vordefinierte Variable `session`. Verwenden Sie diese, produzieren Sie unweigerlich eine Fehlermeldung.

27 Spezifische Dokumenttypen erzeugen

Woher weiß der Browser eigentlich, dass es sich bei dem empfangenen Inhalt um eine HTML-Seite und nicht beispielsweise um ein PDF-Dokument handelt? An der Endung *.jsp* kann er es schließlich nicht erkennen.

Die Antwort ist der Response-Header *Content-Type*. Wenn Sie noch einmal zurückblättern und sich Listing 3 einmal genauer ansehen, entdecken Sie folgende Zeile:

```
Content-type: text/html
```

Listing 94: Der Content-Type-Header

Dieser Response-Header teilt dem Browser die Art des nachfolgenden Dokumentes (z.B. HTML), den so genannten *MIME-Type* mit. Anhand dieser Information entscheidet der Browser, wie er das Dokument rendert und ob zur Darstellung ein Plug-In benötigt wird. Das folgende Listing zeigt einige häufig verwendete MIME-Types. Eine (nahezu) vollständige Liste finden Sie z.B. unter *http://de.selfhtml.org/diverses/mimetypen.htm*.

```
text/html
text/plain
image/jpeg
application/pdf
application/vnd.ms-excel
```

Listing 95: Einige häufig verwendete MIME-Types

Von nun an können Sie also weitaus mehr als reine HTML-Seiten, sondern zum Beispiel auch dynamische XML-Dokumente erzeugen:

```
<%-- Zuerst setzen Sie den Dokument-Type ... --%>
<%@ page contentType="text/xml" %>

<%-- ... und hier kommt das XML --%>
<map>
   <entry key="key" value="<%= session.getAttribute("key")%>" />
   <entry key="date" value="<%= new java.util.Date() %>" />
</map>
```

Listing 96: XML per Java Server Page

Wie Sie sehen, können Sie auch weiterhin alle vordefinierten Variablen verwenden und auch beliebigen Java-Code einbetten, Sie ändern schließlich nur das Darstellungsformat.

Hinweis

Listing 96 zeigt auch, dass der Browser die Art der Darstellung nur über den Mime-Type bestimmt, denn obwohl Ihr Dokument ebenfalls die Endung *.jsp* hat, wird es ganz anders dargestellt.

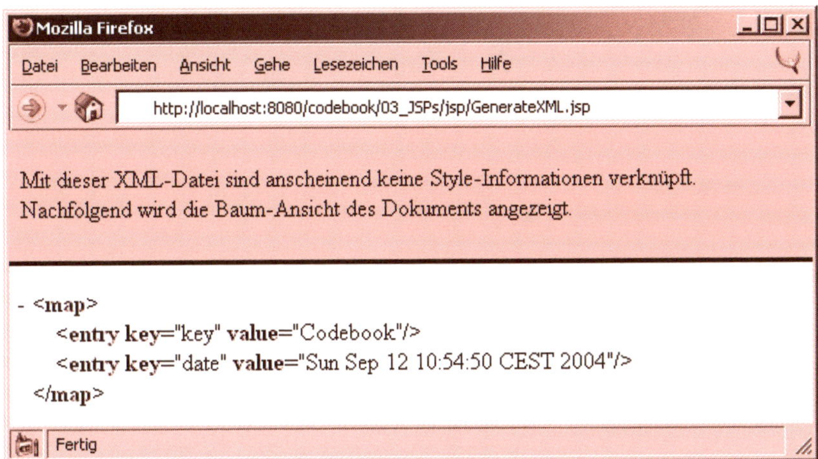

Abbildung 27: Gerendertes XML-Dokument

Neben XML können Sie so eine schiere Anzahl weiterer Dokumente erstellen. Um etwa eine Tabelle in die klassischen Office-Applikationen wie Excel einzubinden, eignen sich z.B. *Character Separated Values (CSV)*, die sich sehr einfach aus einem zweidimensionalen Array erzeugen lassen.

```
<%@ page contentType="application/vnd.ms-excel" %>

   int[][] array;

   ... // hier könnte das Array gefüllt werden

<%
   for (int i=0; i<array.length; i++) {
      for (int j=0; j<array[i].length; j++)
         print (array[i][j]+", ");
      println ();
   }
%>
```

Listing 97: Erzeugen einer Excel-Tabelle mittels CSV

Durch das Page-Attribut contentType wird der Browser hier dazu veranlasst, das Dokument nicht selbst zu darzustellen, sondern stattdessen das Excel-Plug-In zu laden. Das empfängt anschließend die CSV-Daten und konvertiert diese.

Und es kommt noch besser: Im Zuge der zunehmenden Vernetzung hält das WWW Einzug in die klassischen Standardapplikationen. So verstehen inzwischen auch die meisten Office-Programme rudimentäre HTML-Anweisungen und stellen sie ihren Möglichkeiten entsprechend dar. Auf diese Weise können Sie Ihre HTML-Seiten gleich doppelt verwenden.

```
<%@ page contentType="application/vnd.ms-excel" %>

<html>
   <body>
      <table>
         <tr>
            <th>Datum</th>
            <th>Seitenzugriffe</th>
         </tr>
         <tr>
            <td>01.12.2004</td>
            <td>1004</td>
         </tr>
         <tr>
            <td>02.12.2004</td>
            <td>1532</td>
         </tr>
      </table>
   </body>
</html>
```

Listing 98: Erzeugen einer Excel-Tabelle aus HTML

Auch in diesem Fall wird das Dokument vom Browser an das Excel-Plug-In weitergeleitet werden. Dieses ignoriert alle nicht verstandenen HTML-Tags wie <html> oder <body> und rendert die folgende Tabelle.

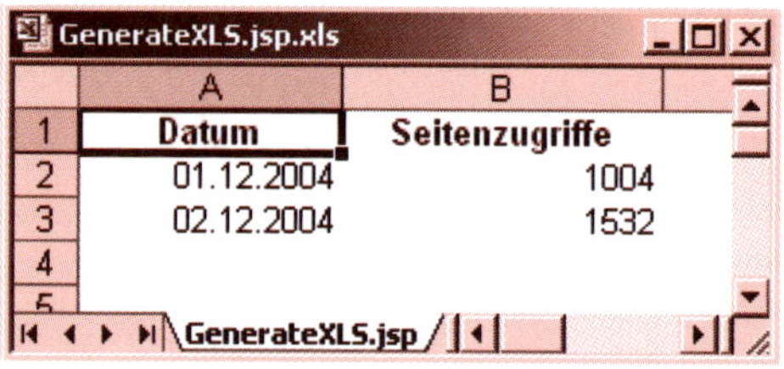

GenerateXLS.jsp.xls

	A	B
1	Datum	Seitenzugriffe
2	01.12.2004	1004
3	02.12.2004	1532
4		

GenerateXLS.jsp

Abbildung 28: Gerendertes Excel-Dokument

Achtung

Viele Office-Programme unterstützen nur sehr rudimentäres HTML. Bei komplexen Seiten (verschachtelte Tabellen etc.) erzeugen sie dabei oft Darstellungsfehler. Benutzen Sie für komplexe Excel-Tabellen besser Transformationen mittels *eXtensible Stylesheets (XSL)*, die Sie im gleichnamigen Kapitel kennen lernen werden.

Vielleicht sind Sie ja nun auf die Idee gekommen, das Darstellungsformat Ihrer JSP erst zur Laufzeit zu bestimmen und beispielsweise von einem Parameter abhängig zu machen. In diesem Fall könnte Ihr Listing folgende Zeilen enthalten:

```
<% if (request.getParameter("excel") != null) { %>
   <%@ page contentType="application/vnd.ms-excel" %>
<% } %>
```

Listing 99: »Erfolglose« Manipulation des MIME-Type zur Laufzeit

Doch wie bereits in den ersten Zeilen dieses Abschnittes erwähnt, werden JSP-Direktiven unabhängig vom Java-Code interpretiert. (Genau genommen werden Sie davor ausgeführt.) Dies bedeutet, dass der Webserver zuerst die Page-Direktive `contentType` finden und den MIME-Type setzen wird und anschließend nur eine leere If-Anweisung stehen bleibt:

```
<% if (request.getParameter("excel") != null) { %>

<% } %>
```

Listing 100: Resultierender Java-Code aus Listing 99

Egal ob der Parameter nur gesetzt wäre oder nicht, würde im obigen Beispiel das Dokument also immer als Excel-Tabelle ausgegeben werden. Aber Java wäre nicht Java, wenn es nicht doch die Möglichkeit einer solchen Manipulation ermöglichen würde: Denn wie Sie bereits wissen, wird der MIME-Type als Response-Parameter übermittelt und kann damit auch über die vordefinierte Variable `response` gesetzt werden.

```
<% if (request.getParameter("excel") != null) {
     response.setContentType("application/vnd.ms-excel");
} %>
```

Listing 101: »Erfolgreiche« Manipulation des MIME-Type zur Laufzeit

Achtung

Der Response-Header `contentType` darf natürlich nur ein *einziges Mal* gesetzt und *muss* (wie alle anderen Header) vor dem Inhalt des Dokuments übermittelt werden (Abbildung 2). Der oben dargestellte Code sollte also möglichst am Anfang der JSP platziert werden. Außerdem darf in diesem Fall die Page-Direktive natürlich nicht gesetzt sein.

28 Einstellen des zu verwendenden Zeichensatzes

Neben dem Dokumenttyp legt die Page-Direktive `contentType` auch den zu verwendenden Zeichensatz fest. Im so genannten *Character Set* wird definiert, welche binäre Codefolge welchem darzustellenden Zeichen zugeordnet ist. So wird die Folge `11101010` (`0xEA`) im hierzulande gebräuchlichen lateinischen Zeichensatz (ISO-8859-1, Latin-1) als »e mit Zirkumflex« gerendert. Mit dem Zeichensatz für kyrillische Buchstaben (ISO-8859-5) hingegen würde die gleiche Folge als »kleines Härtezeichen« interpretiert werden.

Über die folgende Page-Direktive können Sie den zu verwendenden Zeichensatz festlegen, doch Vorsicht vor allzu gewagten Experimenten, denn die wenigsten Browser unterstützen auf Anhieb das japanische *Kanji* :-)

```
<%@ page contentType="MIME-Type; charset=encoding" %>
```

Listing 102: Definition des zu verwendenden Zeichensatzes (schematisch)

oder konkret:

```
<%@ page contentType="application/vnd.ms-excel; charset=ISO-8859-1" %>
```

Listing 103: Beispiel zur Manipulation des Zeichensatzes

Da das in der westlichen Welt verbreitete ISO-System wegen der Fülle der zu kodierenden Zeichen bei asiatischen Sprachen versagt, wurde 1991 das Unicode-Konsortium gegründet (*http://www.unicode.org*) und mit der Aufgabe betraut, einen Zeichensatz zu entwickeln, der in der Lage ist, alle existierenden Zeichen in einem einheitlichen System abzubilden. Herausgekommen ist das *Unicode-System* (Abkürzung UTF-8), in dem alle Zeichen grundsätzlich mit 2 Byte codiert werden, was auch von Java intern verwendet wird. In Ihren JSP sollten Sie also nach Möglichkeit UTF-8 als Zeichensatz verwenden.

```
<%@ page contentType="text/html; charset=UTF-8" %>
```

Listing 104: Zeichensatz für JSP-Entwickler

Hinweis

Der Standardzeichensatz, wenn Sie keine Content-Type-Direktive bestimmen, ist übrigens `text/html` und `ISO-8859-1`.

Da auch der zu verwendende Zeichensatz als Response-Header übertragen wird, können Sie natürlich auch diesen erst zur Laufzeit bestimmen. Hierzu dienen die Methoden `setLocale()` und `setCharacterEncoding()` des `javax.servlet.ServletResponse`. Auch hier gelten die gleichen Regeln wie für das Setzen des Content-Types.

29 Die Puffer-Größe festlegen

Wenn Sie ein Dokument erzeugen und über den Webserver versenden, so wird nicht jede von Ihnen erzeugte Ausgabe sofort an den Client übermittelt. Ein Grund dafür ist z.B., dass alle über das Internet verschickten Seiten in einzelne Pakete unterteilt und separat losgeschickt werden, und damit die Datenpakete nicht nur halb gefüllt sind, müssen zunächst einige Daten gesammelt werden. Des Weiteren müssen HTTP-Header immer vor dem eigentlichen Dokument übermittelt werden, da sie sonst vom Browser ignoriert werden, und um Ihnen die Zeit zu geben, Code auszuführen und alle erforderlichen Header zu setzen, werden die Ausgaben vor der Übertragung in einem Puffer zwischengespeichert.

Dieser Pufferspeicher ist dabei Teil der vordefinierten Variablen `out` und kann über die folgende Direktive manipuliert werden.

```
<%@ page buffer="sizekb" %>     <%-- bzw. --%>
<%@ page buffer="none" %>
```

Listing 105: Anpassen der Puffergröße für JSPs

Die Standardgröße des Puffers ist abhängig vom verwendeten Webserver, sie beträgt jedoch mindestens 8 KB.

30 Weitere Manipulationen des Pufferspeichers

Neben der Größe können Sie auch in das Verhalten des Puffers eingreifen. Standardmäßig entleert sich der Puffer bei Bedarf (Puffer voll, Datei am Ende) selbstständig. Dies können Sie mit der Page-Direktive:

```
<%@ page autoflush="false" %>
```

Listing 106: Abschalten von Auto-Flush

ausschalten. In diesem Fall bleibt der Puffer so lange gefüllt, bis Sie die Methode `flush()` der vordefinierten Variablen `out` rufen. Wird ein gefüllter Puffer nicht geleert, wirft der Webserver eine `java.io.IOException`.

Achtung

Der Pufferspeicher erfüllt eine wichtige Funktion für das Setzen von Response-Headern. Manipulieren Sie ihn also mit Bedacht.

31 Das Attribut info

Über dieses Attribut haben Sie die Möglichkeit, Informationen zu Ihrer JSP in Form eines Strings (inklusive HTML-Auszeichnung) zu hinterlegen. Diese Informationen können von JSP-Entwicklungswerkzeugen und -Servern ausgelesen werden und sollen die Zuordnung von JSPs zu Applikationen ermöglichen. In der Praxis hat diese Direktive so gut wie keine Relevanz, auch wenn wir ihren Inhalt in JSP-Scriptlets über die Methode `getServletInfo()` auslesen können.

32 Eine Fehlerseite festlegen

Sie bedenken alles, und der Benutzer gibt trotzdem bei der Angabe der Menge einen Buchstaben statt einer Zahl ein ... Wenn Sie Java-Code zur Ausführung bringen und insbesondere wenn dieser Benutzereingaben verarbeitet, kann es immer wieder zu Ausnahmen (Typ `java.lang.Throwable`) kommen. Und da der Missetäter (User) in der Regel nichts mit der daraus resultierenden Fehlermeldung anfangen kann, können Sie ihn über die Page-Direktive `errorPage` auf eine von Ihnen bereitgestellte Fehlerseite weiterleiten.

```
<%@ page errorPage="Fehlerseite.jsp" %>
```

Listing 107: Festlegen einer Fehlerseite

Die Definition einer Fehlerseite bringt den Webserver dazu, im Fall der Fälle statt der ursprünglichen, fehlerhaften Seite auf die unter dem relativen URL `errorPage` angegebene Seite weiterzuleiten (`forward`).

Diese sollte dann wiederum die Page-Direktive:

```
<%@ page isErrorPage="true" %>
```

Listing 108: Deklarieren einer JSP als Fehlerseite

enthalten, um Zugriff auf die zusätzlich definierte Variable `exception` (Typ `java.lang.Throwable`) zu erhalten, hinter der sich nichts anderes als der aufgetretene Fehler verbirgt. Die folgenden beiden Listings verdeutlichen das Zusammenspiel von `errorPage` und `isErrorPage`.

```
<%@ page errorPage="HandleError.jsp" %>

<%
   if (request.getParameter("number") != null) {
      Double myDouble =
         new Double(request.getParameter("number"));
   }
```

Listing 109: Seite mit möglichem Fehler

```
%>
<html>
   <body>
      <form action="./ProduceError.jsp">
         <p>
            Wenn Sie in das folgende Feld keine Zahl eingeben,
            provozieren Sie einen Fehler:
         </p>

         Eingabe: <input type="text" name="number" />
                  <input type="submit" value="Absenden" />
      </form>
   </body>
</html>
```

Listing 109: Seite mit möglichem Fehler (Forts.)

Zunächst legen Sie die Fehlerseite für diese JSP fest. Anschließend versuchen Sie, den Parameter `number` in einen Double zu konvertieren. Dabei kann es durch Fehleingaben z.B. zu einer `NumberFormatException` kommen.

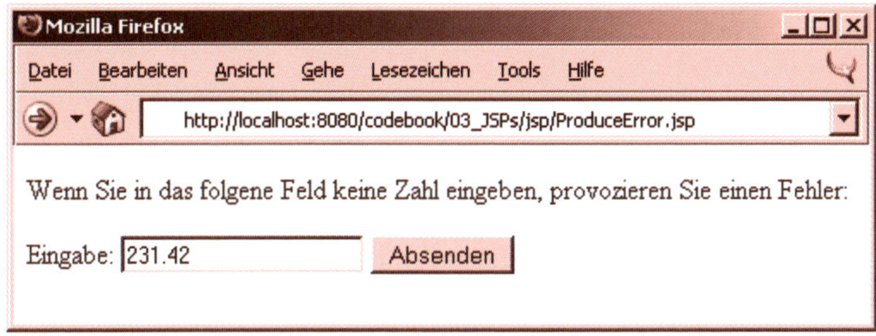

Abbildung 29: Seite mit potenziellem Fehler

```
<%@ page import="java.io.PrintWriter" %>
<%@ page isErrorPage="true" %>

<html>
   <body>
      Es ist zu folgender Ausnahme gekommen: <%= exception %> <hr/>
      Der Stacktrace lautet:
      <% exception.printStackTrace(new PrintWriter(out)); %>

      <hr />
      <a href="ProduceError.jsp">Erneut versuchen</a>
   </body>
</html>
```

Listing 110: Fehlerbehandlung

Zunächst importieren Sie die Klasse `java.io.PrintWriter`, um den *Stacktrace* der Exception in der JSP ausgeben zu können. Anschließend deklarieren Sie diese Seite als *ErrorPage*, um Zugriff auf die vordefinierte Variable `exception` zu erhalten.

Achtung

Die vordefinierte Variable `exception` existiert nur, wenn es tatsächlich zu einer Ausnahme gekommen ist.

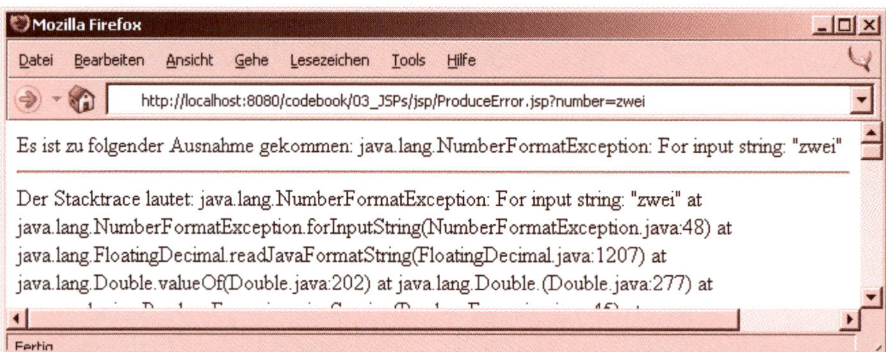

Abbildung 30: Ein abgefangener Fehler

Tipp

Wenn Sie eine JSP entwickeln, kann es immer zu einer unvorhergesehenen `Exception` kommen´, und in diesem Fall kann es sehr nervig sein, immer auf die Fehlerseite weitergeleitet zu werden, zumal Sie nicht genau ermitteln können, wo der Java-Interpreter abbricht. In diesem Fall empfehle ich Ihnen, das folgende Scriptlet um die gesamte JSP zu legen.

```
<%
   /* for development only */
   try {
%>
... hier steht die eingentliche JSP
<%
   /* for development only */
   } catch (Exception exc) {
     exc.printStackTrace();
   }
%>
```

Listing 111: Fehler beim Entwickeln abfangen

Sollte es nun zu einem Fehler kommen, wird die JSP bis zu diesem gerendert werden. Anschließend finden Sie den Stacktrace in den Log-Dateien Ihres Webservers oder der entsprechenden Konsole. Sobald Ihre JSP fertig und getestet ist, kommentieren Sie den `try-catch`-Block bis zur nächsten Überarbeitung aus.

33 Festlegen der Skriptsprache

Kennen Sie schon die vordefinierte Variable `page`, die irgendwann einmal andere Skriptsprachen als Java unterstützen soll? Das Page-Attribut `language` ist für J2EE-Entwickler ebenso uninteressant, denn der einzig gültige Wert ist gleichzeitig auch Standard:

```
<%@ page language="java" %>
```

Listing 112: Definition der Skriptsprache

34 Include per Direktive

Der in Ihren JSPs enthaltene Java-Code wird vor der Ausführung vom Webserver kompiliert und anschließend zur Ausführung gebracht. Wäre es dabei nicht sinnvoll, `include`-Anweisungen zu erkennen und die entsprechenden Seiten gleich zu integrieren, anstatt diese über einen weiteren Request vom eigenen Webserver anzufordern? Genau dazu dient die Include-Direktive, und so sieht das angepasste Beispiellisting aus (vgl. Listing 81):

```
<html>
   <body>
      <p>Diese Seite ist um nützliche Debug-Informationen ergänzt!</p>

      <hr />
      <%
         <%@ include file="ParamInfo.jsp" %>
         <%@ include file="HTTPInfo.jsp" %>
         <%@ include file="HeaderInfo.jsp" %>
      %>
   </body>
</html>
```

Listing 113: Dauerhaftes Einbinden der Debug-Seiten

In dieses Listing werden die einzubindenden Seiten während der internen Übersetzung des Java-Codes direkt integriert. Hierdurch haben diese Zugriff auf den umgebenden Java-Code wie definierte Variablen und Methoden. Als Merkhilfe können Sie sich vorstellen, dass die Include-Direktive durch die eigentliche Seite ersetzt wird, ganz so als würden Sie diese per Copy&Paste an dieser Stelle einfügen.

Diesen Komfort erkaufen Sie sich allerdings nicht ganz kostenlos: Da die externen Seiten beim erstmaligen Aufruf diese JSP fest einkompiliert werden, werden nachträgliche Änderungen an diesen natürlich nicht mit übernommen. Um Anpassungen einer eingebundenen JSP in alle importierenden Seiten zu übernehmen, müssen diese ebenfalls aktualisiert werden. Hierzu können Sie sich unter Linux beispielsweise des `touch`-Kommandos bedienen oder einfach alle betroffenen Seiten einmal öffnen und speichern. Diese Technik eignet sich daher eher für statische Seiten wie Menüs, Copyright-Informationen und dergleichen. Für oft wechselnde Inhalte wie Banner etc. ist sie ungeeignet.

35 Include per Tag

Um JSPs und andere Dokumente zur Laufzeit einzufügen, können Sie statt der Methode `include()` der Klasse `javax.servlet.jsp.PageContext` auch das Tag `<jsp:include>` verwenden (vgl. Listing 81).

```
<html>
   <body>
      <p>Diese Seite ist um nützliche Debug-Informationen ergänzt!</p>

      <hr />
      <jsp:include page="ParamInfo.jsp" />
      <jsp:include page="HTTPInfo.jsp" />
      <jsp:include page="HeaderInfo.jsp" />
   </body>
</html>
```

Listing 114: Include per Taglib

Kein Scriptlet, kein Java-Code, keine vordefinierten Variablen. Die Wirkungsweise dieser Zeilen kann auch von Java-Laien mühelos interpretiert werden. Dabei verhalten sich diese Tags exakt so, wie es in Listing 81 beschrieben ist. Es sind quasi andere Schreibweisen, das gilt auch für die Regeln des relativen Pfades.

Und es kommt noch besser. Sie können die einzubindenden JSPs auch problemlos parametrisieren und so Request-Parameter überschreiben. Das folgende Beispiel verdeutlicht dies. Hierbei wird die JSP `Caller` mit den Parametern `param1` und `param2` aufgerufen. Diese bindet ihrerseits die JSP `Callee` ein und überschreibt dabei den zweiten Parameter mit einem festen Wert.

```
<html>
   <body>

      Caller: <br/>
      param1: <%= request.getParameter("param1") %> <br/>
      param2: <%= request.getParameter("param2") %> <br/>

      <jsp:include page="Callee.jsp">
         <jsp:param name="param2" value="Overriden !" />
      </jsp:include>

    </body>
</html>
```

Listing 115: Caller

```
<html>
   <body>

      Callee: <br/>
      param1: <%= request.getParameter("param1") %> <br/>
      param2: <%= request.getParameter("param2") %> <br/>

    </body>
</html>
```

Listing 116: Callee

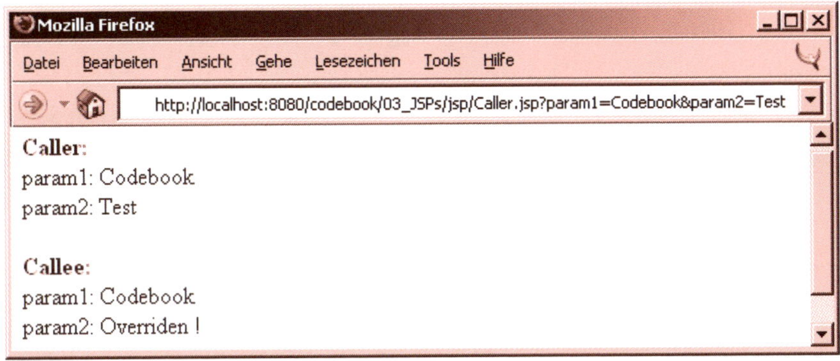

Abbildung 31: Überschreiben von Request-Parametern

36 Weiterleiten per Tag

Auch für das Weiterleiten (Forward) auf eine andere Seite können Sie statt der vordefinierten Variablen pageContext auf ein Tag zurückgreifen (vgl. Listing 83).

```
<html>
   <body>
      <center>Auf dieser Seite werden Sie weitergeleitet !</center>

      <jsp:forward page="HeaderInfo.jsp" />

   </body>
</html>
```

Listing 117: Alternative Definition eines Forwards

37 Eine JavaBean erzeugen

Eine JavaBean ist eine »gewöhnliche« Java-Klasse, die als Daten-Container fungiert und dazu gedacht ist, die Werte Ihrer JSP aufzunehmen. Diese Werte werden auch als

Attribute (engl. *Properties*) der JavaBean bezeichnet. Im folgenden Beispiel handelt es sich dabei um einen Namen und eine E-Mail-Adresse.

```
package de.codebooks.j2ee.beans;

import java.util.List;
import java.util.LinkedList;

/** Speichert und validiert die Daten eines HTML-Formulars */
public class FormBean {

   /** Der Name */
   private String name;
   public String getName() {
      return name;
   }

   public void setName(String aName) {
      name = aName;
   }

   /** Die E-Mail-Adresse */
   private String E-Mail;
   public String getEmail() {
      return eMail;
   }

   public void setEmail(String aAddress) {
      eMail = aAddress;
   }

   /** Möglicherweise aufgetretene Eingabefehler */
   private List errors = new LinkedList();
   public List getErrors() {
      return errors;
   }

   /** Flag, ob alle Angaben korrekt sind */
   boolean valid = false;
   public boolean isValid() {
      return valid;
   }

   /** Validiert die Eingaben */
   public boolean validate() {
```

Listing 118: Eine JavaBean

```
        // Zurücksetzen des Flags und der Fehlerliste
        valid = false;
        errors = new LinkedList();

        // Überprüfe den eingegebenen Namen
        if (name == null || name.length() == 0) {
           errors.add("Bitte geben Sie einen Namen ein.");
        }

        // Überprüfe die Syntax der E-Mail-Adresse
        if (eMail == null || eMail.length() == 0) {
           errors.add("Bitte geben Sie die E-Mail-Adresse ein.");
        }

        if (eMail != null && eMail.indexOf("@") == -1) {
           errors.add("Ungültige E-Mail-Adresse.");
        }

        // Fehler aufgetreten?!
        if (errors.size() == 0) {
           valid = true;
        }

        return valid;
    }
}
```

Listing 118: Eine JavaBean (Forts.)

Außer den Gettern und Settern für die Attribute der JSP stellt diese JavaBean noch zwei weitere (readonly) Attribute `isValid()` und `getErrors()` bereit. Diese werden von der JavaBean in Abhängigkeit der anderen Attribute gefüllt. Wie die Werte dieser beiden Attribute zustande kommen, bleibt dem Benutzer der JavaBean verborgen (*Kapselung*).

Die Methode `validate()` enthält dabei die so genannte *Business-Logik* der JavaBean. In dieser werden die Werte der Properties `name` und `email` überprüft und anhand dieser die beiden anderen `valid` und `errors` gesetzt. In der Kategorie über *Enterprise JavaBeans (EJB)* finden Sie weitere (tiefer gehende) Techniken der Kapselung von Business-Logik.

Übersetzen der JavaBean

Bei der oben beschriebenen JavaBean handelt es sich um kein JSP-Objekt, sondern um ein klassisches Java-Objekt, wie Sie es auch in anderen Applikationen finden. Es muss vor der Ausführung in einer *.java*-Datei gespeichert und vom *javac*-Compiler übersetzt werden.

Hierfür erweitern Sie Ihr Arbeitsverzeichnis zunächst ein weiteres Mal um die folgenden Ordner.

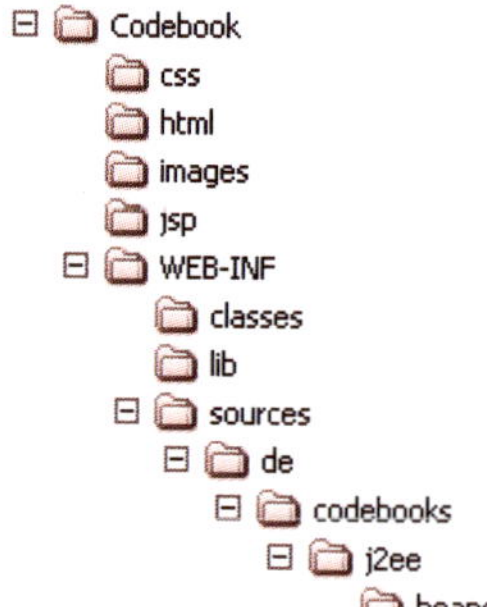

Abbildung 32: Erweitern des Arbeitsverzeichnisses für JavaBeans

Nachdem Sie die JavaBean ihrem Package entsprechend im *beans*-Ordner abgelegt haben, übersetzen Sie diese ins *classes*-Verzeichnis. Dazu verwenden wir in diesem Buch das freie Open-Source-Werkzeug *Ant* (*http://ant.apache.org*), das Sie auch auf der beiliegenden CD finden. Dazu kopieren Sie einfach das ebenfalls beiliegende Ant-Skript in Form der Datei *build.xml* in das Arbeitsverzeichnis und führen anschließend dort den Befehl `ant` aus.

38 Daten in einer JavaBean erfassen

Das folgende Listing zeigt Ihnen, wie Sie Daten aus der JSP in eine zuvor erzeugte JavaBean übertragen.

```
<%@ page import="java.util.Iterator" %>

<%-- Erzeugen der Bean --%>
<jsp:useBean id="form"
             class="de.codebooks.j2ee.beans.FormBean"
             scope="session" />

<%-- Setzen der Parameter --%>
<jsp:setProperty name="form"
                 property="name"
                 value="<%= request.getParameter("name") %>" />

<jsp:setProperty name="form"
                 property="email"
                 value="<%= request.getParameter("email") %>" />

<%
```

Listing 119: JSP zur Eingabe

```
    form.validate();
    if (form.isValid()) {
        response.sendRedirect("FormValid.jsp");
    }
%>

<html>
    <body>
        <form action="./Validate.jsp">
            <center>Bitte füllen Sie das folgende Formular aus!</center>

            <% if (!form.isValid()) { %>
                <UL>
                <%
                    Iterator i = form.getErrors().iterator();
                    while (i.hasNext()) {
                 %>
                     <LI> <%= i.next() %> </LI>
                 <% } %>
            <% } %>

            Name : <input type="text" name="name" /> <br/>
            eMail: <input type="text" name="email" /> <br/>

            <input type="reset" value="Reset" />
            <input type="submit" value="Absenden" />
        </form>
    </body>
</html>
```

Listing 119: JSP zur Eingabe (Forts.)

Verheiraten von JSP und JavaBean

Zunächst einmal müssen Sie die JSP und die JavaBean miteinander bekannt machen. Die einfachste Syntax hierfür ist:

```
<jsp:useBean id="form"
             class="de.codebooks.j2ee.beans.FormBean"
             scope="session" />
```

Listing 120: Einbinden einer JavaBean in die JSP

Hierdurch wird ein Objekt vom Typ `de.codebooks.j2ee.beans.FormBean` erzeugt und an den Namen `form` gebunden. Dieses Listing ist äquivalent zu:

```
<% de.codebooks.j2ee.beans.FormBean form =
                    new de.codebooks.j2ee.beans.FormBean(); %>
```

Listing 121: Äquivalentes Einbinden einer JavaBean

Das obige Listing hat dabei den Vorteil, dass kein direkter Java-Code zum Einsatz kommt und diese Form auch von Java-Laien schnell erlernt werden kann. Auf diese Weise können Java-Programmierer und Web-Designer effizient zusammenarbeiten: Der Java-Entwickler entwickelt und wartet die JavaBeans, während der Web-Designer das Layout verändern kann, ohne den Java-Code zu beeinflussen.

Das Tag `<jsp:useBean>` übernimmt dabei folgende vier Attribute:

- `id`

  Dieses Attribut enthält den symbolischen (Variablen-)Namen der JavaBean, über den sie anschließend referenziert werden kann.

- `class`

  Über dieses Attribut spezifizieren Sie den Namen und den vollständigen Pfad der JavaBean.

- `scope` (optional)

  Über dieses Attribut bestimmen Sie den Gültigkeitsbereich der JavaBean und binden diese an einen der oben genannten Kontexte. Mögliche Werte sind `page` (Standard), `session` und `application`.

- `type` (optional)

  Dieses Attribut verwenden Sie, wenn Sie Ihre JavaBean über ein Interface oder eine von ihr implementierte Superklasse ansprechen möchten. Äquivalent könnten Sie auch schreiben:

  ```
  <% type name = new class %>
  ```

Verschiedene Gültigkeitsbereiche einer JavaBean

Die Definition einer Variablen über das Tag `<jsp:useBean>` ist analog zur Definition einer Variablen via JSP-Scriptlet. Diese können Sie über die Methoden `setAttribute()` der vordefinierten Variablen an deren Gültigkeitsbereich knüpfen. Gleiches bewirkt das Setzen des Attributes `scope` mit einem der folgenden Werte:

- `page` (Standardwert)

  Diese Variablen sind analog zu lokal definierten Variablen nur innerhalb der aktuellen Seite gültig und werden wie diese verwendet, um Parameter auszuwerten oder Zwischenergebnisse zu speichern.

- `session`

  Variablen mit diesem Scope werden an das `session`-Objekt (siehe »Vordefinierte Variablen«) gebunden und sind ebenso lange gültig, d.h., bis etwa der Browser geschlossen oder das serverspezifische Timeout überschritten wird.

- `application`

  Während die vordefinierte Variable `session` benutzerspezifisch ist, ist das `application`-Objekt für alle Sessions dasselbe. Über diesen Scope können Variablen auch benutzerübergreifend verwendet werden. Ein Objekt, das innerhalb dieses Gültigkeitsbereiches abgelegt wird, kann bis zum nächsten Start des Webservers oder dessen expliziter Löschung verwendet werden

- `request`

  Diese Variablen werden für die Dauer eines Requests gebunden. Der Unterschied zum Scope `page` (Default) besteht darin, dass Aktionen wie `<jsp:include>` und `<jsp:forward>` als *ein* Request behandelt werden und diese Variablen daher beteiligten Seiten (der ursprünglichen wie der weitergeleiteten) zur Verfügung stehen.

Setzen von Variablenwerten

Nachdem die JavaBean erzeugt ist, können Sie auf deren Methoden und Attribute zugreifen. Bisher realisierten Sie diese z.B. durch:

```
<%
   form.setName(request.getParameter("name"));
   form.setEmail(request.getParameter("email"));
%>
```

Listing 122: Manuelles Setzen von Properties

Auch für das Setzen von JavaBean-Properties existiert ein entsprechendes Tag:

```
<jsp:setProperty name="form"
                 property="name"
                 value="<%= request.getParameter("name") %>" />

<jsp:setProperty name="form"
                 property="email"
                 value="<%= request.getParameter("email") %>" />
```

Listing 123: Setzen von Properties via <jsp:setProperty>

Das Tag `<jsp:setProperty>` benötigt drei Parameter, um den Wert einer eingebundenen JavaBean zu setzen:

- `name`

  Der Variablenname der JavaBean. Diese muss zuvor über das Tag `<jsp:useBean>` oder ein äquivalentes JSP-Scriptlet erzeugt worden sein.

- `property`

  Der Name der Properties, *nicht* der Name des Setters! Der übergebene Wert `email` wird vom Tag selbstständig in `setEmail` umgewandelt.

- `value`

  Der Wert, den das Property annehmen soll. Dabei kann es sich z.B. um eine konstante Zeichenkette oder einen per JSP-Ausdruck eingefügten Parameter handeln.

```
<jsp:setAttribute name="VariablenName"
                  property="PropertyNameOhneSet"
                  value="Wert" />
```

Listing 124: Schematische Form des <jsp:setAttribute>-Tags

Setzen aller vorhandenen Request-Parameter

Im obigen Beispiel benötigen Sie zum Setzen der vorhandenen Request-Parameter je einen JSP-Ausdruck. Es gibt jedoch auch eine kürzere Schreibweise zum gleichzeitigen Setzen aller Parameter: Sind HTML-Parameter und zugehöriges JavaBean-Property gleichnamig, so können Sie diese durch folgendes Tag synchronisieren:

```
<jsp:setProperty name="VariablenName" property="*" />
```

Listing 125: Setzen aller vorhandenen Request-Parameter

Das Ergebnis

Die restlichen Elemente aus Listing 119 sind Ihnen bereits bekannt. Auch die beiden verbleibenden JSP-Scriptlets (Weiterleiten und Fehlerausgabe) lassen sich durch Tags ersetzen, wodurch die JSP frei von Java-Code wird. Diese sind jedoch Kandidaten für eigene Tags in Form von Tag-Bibliotheken, die Sie in Kapitel 5 kennen lernen werden.

Nachdem Name und E-Mail-Adresse der JavaBean gesetzt sind, überprüfen Sie diese über die Methode `isValid()`. Sind alle Werte korrekt, leiten Sie den Request an die Seite `FormValid.jsp` weiter. Anderenfalls geben Sie die generierten Fehlermeldungen aus und ermöglichen dem Benutzer, diese zu korrigieren.

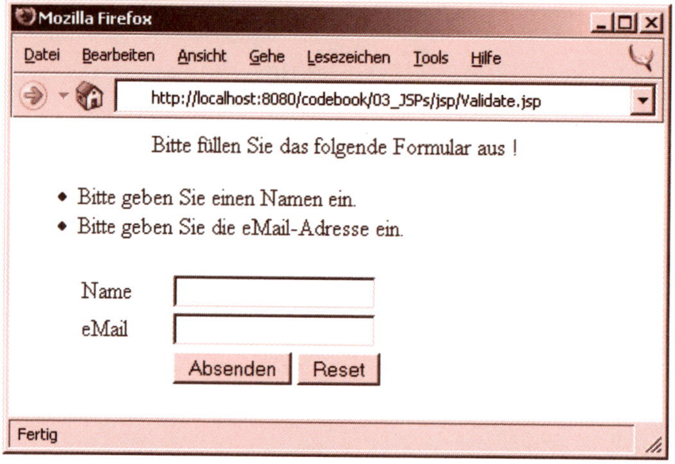

Abbildung 33: Eingabe und Validierung von Parametern

39 Ausgabe der Attribute einer JavaBean

Nachdem Sie die JavaBean über ein Tag oder *Scriptlet* erzeugt und eingebunden haben, können Sie natürlich auch auf die dort vorhandenen Getter zugreifen und diese beispielsweise über folgenden JSP-Ausdruck ausgeben:

```
<%= form.getName() %>   <%-- bzw. --%>
<%= form.getEmail() %>
```

Listing 126: Ausgabe von Properties vie JSP-Scriptlet

Eleganter realisieren Sie dies allerdings mit folgenden Tags:

```
<jsp:getProperty name="form" property="name" />  <!-- bzw. -->
<jsp:getProperty name="form" property="email" />
```

Listing 127: Ausgabe von Properties via Tag

Die Attribute haben dabei dieselbe Form wie beim analogen `<jsp:setProperty>`-Tag.

Ausgabe der Daten

Im obigen Beispiel (Listing 119) leiten Sie den Request nach einer erfolgreichen Validierung der Eingaben auf die JSP *FormValid.jsp*:

```
<%-- Erzeugen der Bean --%>
<jsp:useBean id="form"
             class="de.codebooks.j2ee.beans.FormBean"
             scope="session" />

<html>
   <body>
      <center>Erfolgreich angemeldet !</center>
      Name : <jsp:getProperty name="form" property="name" /><br/>
      eMail: <jsp:getProperty name="form" property="email" />
   </body>
</html>
```

Listing 128: FormValid.jsp

40 Fortgeschrittenes Erzeugen von JavaBeans

Um JavaBeans in JSPs zu erzeugen und an einen Variablennamen zu binden, verwenden Sie das Tag `<jsp:useBean>`. Dieses überprüft zunächst, ob der entsprechende Name im angegebenen Kontext (`scope`) bereits existiert:

- Existiert bereits ein Objekt mit diesem Namen, wird es an die lokale Variable der JSP gebunden.
- Anderenfalls erzeugt der Webserver durch Aufrufen des parameterlosen Konstruktors ein neues Objekt und legt dieses im entsprechenden Kontext ab.

Die folgenden beiden Codefragmente sind dabei vollkommen gleichwertig:

```
...
<%
   de.codebooks.j2ee.beans.FormBean form;
   if (session.getAttribute("form") == null) {
      form = new de.codebooks.j2ee.beans.FormBean();
      session.setAttribute("form", form);
   } else {
      form = (de.codebooks.j2ee.beans.FormBean)session.getAttribute("form");
   }
%>
...
<jsp:useBean id="form"
             class="de.codebooks.j2ee.beans.FormBean"
             scope="session" />
...
```

Listing 129: Manuelles vs. automatisches Erzeugen und Ablegen

Achtung

Auf eines müssen Sie jedoch in beiden Fällen achten: Hat die bereits vorhandene Variable einen anderen Typ als die neue (`class`), so wird eine Typumwandlung (*Cast*) vorgenommen. Bei zueinander inkompatiblen Typen kommt es dabei zu einer `java.lang.ClassCastException`.

Initialisierungsparameter setzen

JavaBeans werden, wie Sie bereits wissen, über den parameterlosen Konstruktor erzeugt. Dies macht es jedoch sehr umständlich, Initialisierungsparameter zu übergeben. Auch hier unterstützt Sie die Tag-Schreibweise mit einer besonderen Form:

Hinweis

Sollten Sie mit den Bezeichnungen geschlossene Form oder Rumpf eines Tags nicht vertraut sein, finden Sie in der Kategorie über die *eXtensible Markup Language (XML)* die benötigten Antworten.

Bisher verwendeten Sie das Tag `<jsp:useBean />` immer in seiner geschlossenen Form, ohne Rumpf. Dieser hat jedoch die Eigenschaft, dass er nur dann ausgewertet wird, wenn die JavaBean erzeugt wird (if-Zweig in Listing 129). Um also einen Initialisierungsparameter zu setzen, platzieren Sie einfach das entsprechende `<jsp:setAttribute>`-Tag im Rumpf.

```
<jsp:useBean id="NameDerBean" class="KlasseDerBean">
   <jsp:setProperty id="NameDerBean"
                    property="NameDesProperties"
                    value="InitialwertDesProperties"/>
</jsp:useBean>
```

Listing 130: Setzen eines Initialisierungsparameters

Tipp

Dieses Verhalten des Tags `<jsp:useBean>` kann Ihnen natürlich auch beim Debuggen einer JSP helfen. Um zu testen, wann ein Objekt neu initialisiert und wann lediglich neu gebunden wird, fügen Sie einfach eine entsprechende Ausgabe in den Rumpf des Tags ein. Diese wird nur nach dem Erzeugen des Objektes ausgegeben werden.

41 Welche Vorteile haben JavaBeans?

Prinzipiell können Sie alles bisher Gelernte auch ohne JavaBeans, durch die Verwendung von lokalen Variablen realisieren und diese anschließend, durch Bindung an die vordefinierten Variablen, »zu Fuß« mit dem benötigten Gültigkeitsbereich versehen. Doch gerade bei größeren Applikationen bietet die Verwendung von JavaBeans entscheidende Vorteile gegenüber der Selfmade-Methode:

- *Wiederverwendung von Software-Komponenten*

  Allein dieser Punkt würde die Verwendung von JavaBeans schon rechtfertigen. Durch die Kapselung der Logik zu einem sinnvollen Baustein können verschiedene Komponenten und JSPs auf diesen zugreifen, ohne eine Zeile seines Codes zu duplizieren.

- *Verständlichkeit der JSP*

  Durch die Verwendung von JavaBeans wird es auch Java-Unkundigen ermöglicht, den Inhalt einer JSP zu verstehen und, eine entsprechende Schulung vorausgesetzt, sogar zu verwenden. Ihre JSPs werden übersichtlicher und sind klarer strukturiert.

  Ein eingewiesener Web-Designer etwa kann die Darstellung des Internet-Auftrittes umgestalten, ohne eine Zeile Java-Code schreiben zu müssen, indem er einfach die Ausgabe-Tags an den richtigen Stellen der JSP einfügt.

- *Kapselung*

  Durch die Verlagerung der Applikationslogik wie Berechnungen, Umformungen etc. in JavaBeans wird diese von der Darstellungsschicht (den JSPs) getrennt, so dass beide unabhängig voneinander gewartet werden können.

Jede Schicht hat eine klare Aufgabe:

- JSPs interagieren mit dem Benutzer, sammeln Eingabewerte und stellen Ergebnisse dar.
- JavaBeans enthalten die Anwendungslogik. Sie berechnen Ergebnisse und speichern den aktuellen Zustand.

- *Konzentration zusammengehörender Daten*

  Durch JavaBeans werden zusammengehörende Daten, wie Name und E-Mail-Adresse eines Kontaktes, in einem gemeinsamen Container verwaltet. Die JavaBean bildet eine logische Einheit und kann in verschiedenen Kontexten wieder verwendet werden. Insbesondere können Sie aus Ihren einfachen JavaBeans immer komplexere zusammensetzen.

42 Wie können JSPs eigenständig kompiliert werden?

Was sind JSPs eigentlich? Haben Sie sich auch schon gefragt, wie der in die HTML-Seite integrierte Java-Code zur Ausführung gebracht wird? Aus der klassischen Java-Programmierung wissen Sie, dass der Java-Quellcode vor der eigentlichen Ausführung zunächst durch den *javac*-Compiler in geräteunabhängigen Bytecode übersetzt wird, der unabhängig vom zugrunde liegenden Betriebssystem vom Java-Interpreter (Java Virtual Machine) interpretiert werden kann, und genau das passiert auch bei Ihren JSPs, nur eben im Hintergrund.

Der Java-Quelltext

Öffnen Sie als Nächstes die Datei *..\work\Standalone\localhost\codebook_03_JSPs\jsp\HelloWorld_jsp.java* im Arbeitsverzeichnis Ihres Apache Tomcat:

```
package org.apache.jsp;

import javax.servlet.*;
import javax.servlet.http.*;
import javax.servlet.jsp.*;
import org.apache.jasper.runtime.*;

public class HelloWorld_jsp extends HttpJspBase {

  private static java.util.Vector _jspx_includes;

  public java.util.List getIncludes() {
    return _jspx_includes;
  }

  public void _jspService(HttpServletRequest request,
```

Listing 131: Java-Quelltext einer JSP

```
                                HttpServletResponse response)
        throws java.io.IOException, ServletException {

    JspFactory _jspxFactory = null;
    javax.servlet.jsp.PageContext pageContext = null;
    HttpSession session = null;
    ServletContext application = null;
    ServletConfig config = null;
    JspWriter out = null;
    Object page = this;
    JspWriter _jspx_out = null;

    try {
      _jspxFactory = JspFactory.getDefaultFactory();
      response.setContentType("text/html;charset=ISO-8859-1");
      pageContext = _jspxFactory.getPageContext(this, request, response,
                                                null, true, 8192, true);
      application = pageContext.getServletContext();
      config = pageContext.getServletConfig();
      session = pageContext.getSession();
      out = pageContext.getOut();
      _jspx_out = out;

      // Hier kommt der interessante Teil ...

      out.write("<html>\r\n   ");
      out.write("<head>\r\n      ");
      out.write("<title>Eine dynamische JSP-Seite");
      out.write("</title>\r\n   ");
      out.write("</head>\r\n   ");
      out.write("<body style=\"color:green\">\r\n      ");
      out.write("<center>Hello World!");
      out.write("</center>\r\n      ");
      out.write("<ul>\r\n         ");
      out.write("<li>Dies ist eine dynamische JSP");
      out.write("</li>\r\n         ");
      out.write("<li>Es ist jetzt genau: ");
      out.print( new java.util.Date() );
      out.write("</li> \r\n      ");
      out.write("</ul>\r\n   ");
      out.write("</body>\r\n");
      out.write("</html>\r\n");

      // ... Und?! Haben Sie es erkannt?

    } catch (Throwable t) {
```

Listing 131: Java-Quelltext einer JSP (Forts.)

```
        out = _jspx_out;
        if (out != null && out.getBufferSize() != 0) out.clearBuffer();
        if (pageContext != null) pageContext.handlePageException(t);
      } finally {
        if (_jspxFactory != null) _jspxFactory.releasePageContext(pageContext);
      }
    }
  }
```

Listing 131: Java-Quelltext einer JSP (Forts.)

Wenn Sie genau hinsehen, müssten Ihnen drei Dinge auffallen. Besonders wenn Sie dieses Listing mit Listing 7 vom Anfang dieses Kapitels vergleichen:

1. Der Name der Klasse (`HelloWorld_jsp`) lehnt sich stark an Ihre erste JSP an.
2. Im oberen Teil der `_jspService()`-Methode begegnen Ihnen Ihre acht vordefinierten Variablen wieder.
3. Im mittleren Teil werden alle HTML-Anweisungen der JSP über `out` an den Client gesandt.

Fazit: Der Webserver wandelt Ihre JSPs vor der Auslieferung in eine reine Java-Klasse um, wobei der HTML-Markup und die Texte als konstante Zeichenketten einkodiert werden. Deshalb dauert der erste Aufruf einer JSP immer etwas länger als alle folgenden, werden Variablen nach einer Änderung in der JSP zurückgesetzt und muss bei Änderung einer per Include-Direktive eingefügten Datei immer auch die importierende Datei aktualisiert werden.

Achtung

Wie Sie sich aus Listing 131 leicht erschließen können, sind Ihre JSP-Ausdrücke und -Scriptlets nichts anderes als Bestandteile der `_jspService()`-Methode der resultierenden Java-Klasse. Diese wird bei Aufruf der JSP vom Webserver aufgerufen und abgearbeitet. Sie dürfen deshalb die Methoden `_jspService()` oder `jspService()` niemals selbst implementieren.

Das Übersetzen der JSP in Java-Quellcode übernimmt beim Apache Tomcat die so genannte *Jasper 2 Engine* (*http://jakarta.apache.org/tomcat/tomcat-5.5-doc/jasper-howto.html*).

Precompile – manuelles Übersetzen der JSP

Statt das Übersetzen dem Webserver zu überlassen, können Sie dies auch selbst übernehmen: Viele Entwicklungsumgebungen (IDEs) bieten mittlerweile eine entsprechende Funktionalität an. Oder Sie verwenden auch hierfür das freie Apache Ant Tool. Eine Beispielkonfiguration für das Ant-Skript finden Sie z.B. auf der beiliegenden CD im Ordner *03 JSPs*.

Das entsprechende Target hat dabei folgende Form:

```
...
   <!-- Übersetze Java Server Pages für tomcat 5.0.x -->
   <target name="jspcDev">

      <!-- Definition des Ant-Tasks 'jasper2' -->
      <taskdef classname="org.apache.jasper.JspC" name="jasper2">
         <classpath id="jspc.classpath">
            <pathelement location="${java-home-dir}/lib/tools.jar"/>
            <fileset dir="${tomcat-home-dir}/bin">
               <include name="**/*.jar"/>
            </fileset>
            <fileset dir="${tomcat-home-dir}/server/lib">
               <include name="**/*.jar"/>
            </fileset>
            <fileset dir="${tomcat-home-dir}/common/lib">
               <include name="**/*.jar"/>
            </fileset>
         </classpath>
      </taskdef>

      <!-- Anlegen des Arbeitsverzeichnisses -->
      <mkdir dir="${tomcat-web-work}/${web-app-name}"/>

      <!-- Starten des Ant-Tasks 'jasper2' -->
      <jasper2
         validateXml="false"
         uriroot="${web-apps-dir}/${web-app-name}"
         webXmlFragment="${web-apps-dir}/${web-app-name}/
                         WEB-INF/generated_web.xml"
         outputDir="${tomcat-web-work}/${web-app-name}" />
   </target>

   <target name="jspCompileDev" depends="jspc">

      <!-- Kompilieren den resultieren Java-Dateien in Class-Dateien -->
      <javac destdir="${tomcat-web-work}/${web-app-name}"
             optimize="off"
             debug="on"
             failonerror="false"
             srcdir="${tomcat-web-work}/${web-app-name}"
             excludes="**/*.smap"
             fork="true"
             memoryInitialSize="256m"
             memoryMaximumSize="256m">

         <classpath>
```

Listing 132: Ant-Target zum Übersetzen von JSPs

```
                <pathelement location="${web-apps-dir}/${web-app-name}/
                                        WEB-INF/classes"/>
                <fileset dir="${web-apps-dir}/${web-app-name}/WEB-INF/lib">
                   <include name="*.jar"/>
                </fileset>

                <pathelement location="${tomcat-home-dir}/common/classes"/>
                <fileset dir="${tomcat-home-dir}/common/lib">
                   <include name="**/*.jar"/>
                </fileset>

                <pathelement location="${tomcat-home-dir}/shared/classes"/>
                <fileset dir="${tomcat-home-dir}/shared/lib">
                   <include name="**/*.jar"/>
                </fileset>

                <fileset dir="${tomcat-home-dir}/bin">
                   <include name="**/*.jar"/>
                </fileset>
             </classpath>
             <include name="**" />
             <exclude name="tags/**" />
          </javac>
       </target>
...
```

Listing 132: Ant-Target zum Übersetzen von JSPs (Forts.)

Das manuelle Übersetzen Ihrer JSPs geschieht dabei in zwei Schritten: Zuerst übersetzen Sie Ihre JSPs in reguläre Java-Klassen (`jspc`), die Sie anschließend mit dem Task `javac` übersetzen.

Umwandeln der JSPs in Java-Klassen

Das Target `jspc` übernimmt in obigem Beispiel die Umwandlung der JSPs in Java-Dateien. Dies geschieht normalerweise von Ihnen unbemerkt im Hintergrund des Webservers, und was liegt also näher, als dessen Klassen zu verwenden?

Hinweis

Sie sind natürlich nicht auf den Apache-Compiler angewiesen, und mittlerweile gibt es eine ganze Reihe von Produkten auf dem Markt, die diese Aufgabe unterschiedlich schnell bewerkstelligen.

Zunächst definieren Sie einen neuen Task mit dem Namen `jasper2`. Dieser ruft die Klasse `org.apache.jasper.JspC` mit einem umfangreichen Classpath auf:

```
<taskdef classname="org.apache.jasper.JspC" name="jasper2">
   <classpath id="jspc.classpath">
      <pathelement location="${java-home-dir}/lib/tools.jar"/>
      <fileset dir="${tomcat-home-dir}/bin">
         <include name="**/*.jar"/>
      </fileset>
      <fileset dir="${tomcat-home-dir}/server/lib">
         <include name="**/*.jar"/>
      </fileset>
      <fileset dir="${tomcat-home-dir}/common/lib">
         <include name="**/*.jar"/>
      </fileset>
   </classpath>
  </taskdef>
```

Listing 133: Definieren eines neuen Ant-Tasks

Anschließend rufen Sie diesen Task mit den folgenden Parametern auf:

```
<jasper2
   validateXml="false"
   uriroot="${web-apps-dir}/${web-app-name}"
   webXmlFragment="${web-apps-dir}/${web-app-name}/
                   WEB-INF/generated_web.xml"
   outputDir="${tomcat-web-work}/${web-app-name}" />
```

Listing 134: Aufruf des zuvor definierten Ant-Tasks

Übersetzen der JSP-/Servlet-Javaklassen

Nachdem Sie Ihre JSPs in Servlets umgewandelt haben, können Sie diese mit einem gewöhnlichen Java-Compiler (z.B. `javac`) übersetzen.

```
<javac destdir="${tomcat-web-work}/${web-app-name}"
       optimize="off"
       debug="on"
       failonerror="false"
       srcdir="${tomcat-web-work}/${web-app-name}"
       excludes="**/*.smap"
       fork="true"
       memoryInitialSize="256m"
       memoryMaximumSize="256m">
```

Listing 135: Kompilieren der resultierenden Java-Klassen mit dem Task javac

Verwendete Variablen

Die obigen Ant-Listings verwenden eine Reihe von Variablen, um das Listing leicht an verschiedene Umgebungen anpassen zu können.

Variable	Beschreibung	Beispiel
`java-home-dir`	Installationsverzeichnis des JDK	*/opt/java/jdk oder c:\Programme\jdk*
`tomcat-home-dir`	Installationsverzeichnis des Apache Tomcat	*/opt/tomcat* oder *c:\Programme\Tomcat*
`tomcat-web-work`	Arbeitsverzeichnis des Apache Tomcat	*${tomcat-home-dir}/work/Catalina/localhost*
`web-apps-dir`	Stammverzeichnis für Ihre Webanwendungen	*${tomcat-home-dir}/webapps*
`web-app-name`	Name der Webanwendung bzw. des Verzeichnisses der Anwendung	*codebooks*

Tabelle 2: Verwendete Ant-Variablen

Vorteile des manuellen Übersetzens

Je kritischer oder komplexer Ihre Webanwendung wird, desto eher sollten Sie dazu übergehen, diese vor dem Produktionseinsatz vorzukompilieren. Dies bringt zwei Vorteile:

- Im »normalen« Betrieb werden die einzelnen JSPs beim erstmaligen Aufruf übersetzt. Sollten sich dabei Fehler eingeschlichen haben, so bemerken Sie diese erst jetzt. Statt also vor einem Produktionseinsatz die gesamte Anwendung durchzuklicken, können Sie Ihre JSPs einfach vorkompilieren und bemerken Tippfehler in Property-Namen sofort.
- Da der Webserver alle JSPs bereits übersetzt vorfindet, spart er die Zeit zum Kompilieren. Die Antwortzeiten des jeweils ersten Requests verkürzen sich damit drastisch.

43 Goldene Regeln für die Verwendung von JSPs

Mit goldenen Regeln ist das so eine Sache, der eine bevorzugt das, ein anderer jenes. Nichtsdestotrotz wollen es die Autoren wagen und Ihnen zum Abschluss ihre sieben goldenen Regeln für JSPs mitgeben:

- Fassen Sie alle Page-Direktiven im oberen Teil der JSP zusammen, dies erhöht die Übersichtlichkeit.
- Lassen Sie die JSP-Deklarationen an die Page-Direktiven folgen.

- Im Anschluss an die JSP-Deklarationen folgt ein JSP-Scriptlet, in dem Sie alle benötigten Request-Parameter auslesen und Ergebnisse berechnen. Speichern Sie diese in lokalen Variablen oder JavaBeans, und verwenden Sie zwischen dem eigentlichen Markup nur JSP-Ausdrücke bzw. Getter der JavaBeans.
- Vermeiden Sie die Vererbung in JavaBeans. Nicht alle Webserver unterstützen dieses Feature sicher, und Ihre Anwendung wird hierdurch fehleranfällig. Lagern Sie häufig auftauchenden Code in andere JSPs oder besser in JavaBeans aus.
- Geben Sie JavaBeans den Vorzug vor »nackten« Werten in Form von Strings oder Integern. JavaBeans bilden leicht verständliche, logische Einheiten und können wiederverwendet werden. Dies macht den Mehraufwand beim Erstellen der JSPs schnell wieder wett.
- Kompilieren Sie Ihre JSPs vor. Dies hilft Ihnen, Fehler zu finden, und spart Ihnen viel Stress und Sucharbeit.
- Legen Sie die von Ihnen benötigten externen Bibliotheken nur im Verzeichnis *WEB-INF/lib* ab. Hierdurch ist sichergestellt, dass jede Webanwendung nur auf Ihren Bibliotheken arbeitet und auch die resultierenden *Web Archives (WAR)*, denen Sie im nächsten Kapitel begegnen werden, sind vollständig.

Servlets

44 Ein einfaches Servlet erstellen

Der Webserver übersetzt Ihre JSPs vor der Auslieferung in Java-Klassen und ruft anschließend die dort erstellte Methode _jspService() auf. Eine ähnliche Klasse können Sie natürlich auch von Hand erstellen:

```
package de.codebooks.j2ee.servlets;

import java.util.Date;
import java.io.PrintWriter;
import java.io.IOException;
import javax.servlet.http.HttpServlet;
import javax.servlet.http.HttpServletRequest;
import javax.servlet.http.HttpServletResponse;
import javax.servlet.ServletException;

public class HelloWorld extends HttpServlet {

   public void service(HttpServletRequest request,
                       HttpServletResponse response)
      throws IOException, ServletException {

      // Binden der Variablen out
      PrintWriter out = response.getWriter();

      out.println("<html><head><title>Eine dynamische Seite</title></head>");
      out.println("<body>");
      out.println("<center>Hello World!</center>");
      out.println("<ul>");
      out.println("<li>Diese Seite wird von einem Servlet erzeugt</li>");

      out.print("<li>Es ist jetzt genau ");
      out.print(new Date());
      out.println("</li>");

      out.println("</ul></body></html>");
      return;
   }
}
```

Listing 136: Ein erstes Servlet

Ein Servlet einbinden

Wenn Sie das Servlet wie bei einer JSP einfach in einen Ordner namens *jsp* ablegen und es über einen Request an den Webserver abrufen, erhalten Sie das folgende Ergebnis:

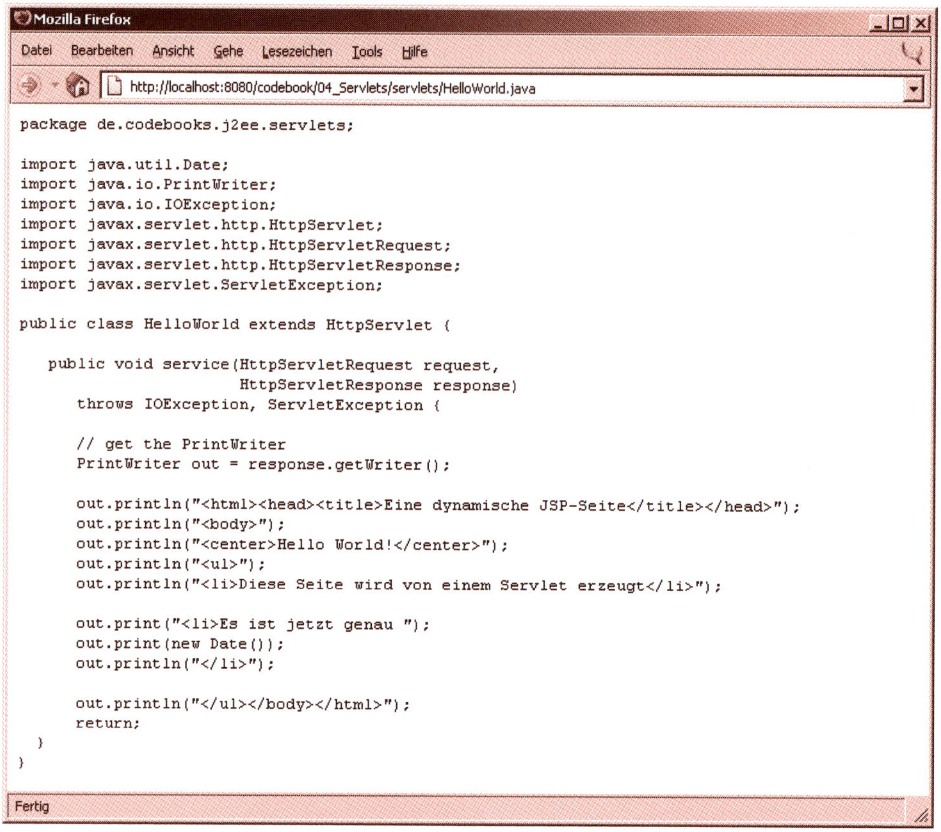

Mozilla Firefox

Datei Bearbeiten Ansicht Gehe Lesezeichen Tools Hilfe

http://localhost:8080/codebook/04_Servlets/servlets/HelloWorld.java

```
package de.codebooks.j2ee.servlets;

import java.util.Date;
import java.io.PrintWriter;
import java.io.IOException;
import javax.servlet.http.HttpServlet;
import javax.servlet.http.HttpServletRequest;
import javax.servlet.http.HttpServletResponse;
import javax.servlet.ServletException;

public class HelloWorld extends HttpServlet {

   public void service(HttpServletRequest request,
                       HttpServletResponse response)
      throws IOException, ServletException {

      // get the PrintWriter
      PrintWriter out = response.getWriter();

      out.println("<html><head><title>Eine dynamische JSP-Seite</title></head>");
      out.println("<body>");
      out.println("<center>Hello World!</center>");
      out.println("<ul>");
      out.println("<li>Diese Seite wird von einem Servlet erzeugt</li>");

      out.print("<li>Es ist jetzt genau ");
      out.print(new Date());
      out.println("</li>");

      out.println("</ul></body></html>");
      return;
   }
}
```

Fertig

Abbildung 34: Direkter Aufruf des Servlets

Offenbar genügt es bei Servlets nicht, diese in einem Unterverzeichnis abzulegen und anschließend aufzurufen. Verdeutlichen Sie sich an dieser Stelle die Arbeitsweise des Webservers:

1. Zunächst überprüft dieser, ob sich in seinem Arbeitsverzeichnis (vgl. Rezept 51) eine zugehörige, aus einer JSP erzeugte Java-Klasse befindet, und führt diese gegebenenfalls aus.
2. Existiert keine solche Datei, löst er über die Einträge der Datei *server.xml* (vgl. Rezept 45) den Pfad der angeforderten Ressource auf und überprüft, ob die Datei Tags der Form `<% JSP-Code %>` enthält. In diesem Fall übersetzt er diese Datei in eine Java-Klasse und führt diese aus.
3. Enthält die angeforderte Datei hingegen keinen JSP-Markup, liefert der Webserver diese (wie eine HTML-Seite) an den Client aus.

Da Ihr Servlet keine JSP-Tags enthält, »denkt« der Webserver, es handele sich um eine HTML-Datei, und liefert diese ohne weitere Bearbeitung aus. Auch das Einfügen eines entsprechenden Tags bringt Sie nicht weiter, da der Code einer JSP in die Methode `_jspService()` übernommen wird und in dieser weder `import`-Anweisungen noch Klassendefinitionen erlaubt sind.

Übersetzen des Servlets

Zunächst müssen Sie Ihr Servlet, wie jede andere Java-Klasse, von der Textform in interpretierbaren Bytecode übersetzen. Dazu verwenden Sie den Befehl `javac` von der Kommandozeile (Console), Ihre Entwicklungsumgebung (IDE) oder das in diesem Buch verwendete Werkzeug *Ant*. Ein entsprechend konfiguriertes Skript finden Sie im Beispiel zu diesem Kapitel auf der CD.

Anschließend legen Sie ein Arbeitsverzeichnis für Ihre Webanwendung an oder erweitern dieses (falls Sie zuvor Kapitel 3 durchgearbeitet habe) zu folgender Struktur:

Abbildung 35: Arbeitsverzeichnis für Servlet-Anwendungen

Die erzeugten Klassen legen Sie im *sources*-Ordner unterhalb von *WEB-INF* ab und übersetzen diese anschließend in das Verzeichnis *classes*. Die einzelnen Verzeichnisse haben dabei folgende Funktion:

- *WEB-INF*

  Dieses Verzeichnis enthält den Web Deployment Descriptor (*web.xml*), den Sie aus Kapitel 3 bereits kennen und dem Sie auch in diesem Kapitel wieder begegnen werden.

- *WEB-INF/sources*

  In diesen Ordner legen Sie alle Quelldateien (Java-Dateien) Ihrer Webanwendung.

- *WEB-INF/classes*

  In dieses Verzeichnis kompilieren Sie die Quelldateien. Es spielt für den Webbrowser eine entscheidende Rolle und wird an genau dieser Stelle erwartet.

- *WEB-INF/lib*

  Wenn Sie für Ihre Webanwendung zusätzliche Java-Bibliotheken in Form von JAR-Dateien benötigen, etwa um PDF-Dokumente zu rendern oder GIF-Bilder zu erzeugen, so kopieren Sie diese bitte in das Verzeichnis *WEB-INF/lib*. Jede Webanwendung erhält beim Start des Webservers einen eigenen Classpath, in den die Dateien dieses Ordners eingebunden werden.

- *deploy_lib*

  Dieses Verzeichnis enthält Bibliotheken, die Sie zwar zum Übersetzen, *jedoch nicht zur Laufzeitzeit der Anwendung benötigen*. Dazu gehören zum Beispiel die Basisklasse unserer Servlets `javax.servlet.http.HttpServlet`.

  Da der Webserver (Apache Tomcat) eine eigene Version dieser Klasse mitbringt und diese zueinander inkompatibel sein können, darf diese Klasse laut Servlet-Spezifikation 2.3 (Sektion 9.7.2.) nicht im Classpath der Webanwendung enthalten sein. Das auf der CD befindliche Ant-kcript ist bereits entsprechend vorkonfiguriert.

Neben diesen Verzeichnissen dürfen außerhalb des *WEB-INF*-Ordners natürlich beliebige weitere Verzeichnisse existieren, um beispielsweise Bilder, Stylesheets oder JSPs aufzunehmen.

Achtung

Gerade in Produktionsumgebungen ist es sehr gefährlich, die Source-Dateien über den Webserver verfügbar zu machen, da ein potenzieller Angreifer bei genauer Kenntnis des Codes natürlich gezielt nach Schwachstellen im System suchen und Firmengeheimnisse erspähen kann.

Zwar wird der Ordner *WEB-INF* durch den Webserver für Zugriffe von außen gesperrt, da jedoch auch andere Zugänge zum Dateisystem des Servers existieren können, gehören Ihre Quelldateien nicht auf das Produktivsystem. Niemals.

Des Weiteren benötigen Sie zum Übersetzen der Webanwendung und insbesondere für Servlets spezielle Klassen, die nicht in der *Java Standard Edition (J2SE)* enthalten sind. Diese befinden sich zum Beispiel in der Java-Bibliothek *j2ee.jar*, die mit der *Java Enterprise Edition (J2EE)* ausgeliefert wird, oder in der separaten Datei *servlet.jar*, die im Tomcat Bibliotheksverzeichnis (*/server/lib*) existiert.

Vor dem Übersetzen Ihrer Anwendung kopieren Sie bitte eine dieser Bibliotheken in das Verzeichnis *deploy_lib*

Konfiguration des Web Deployment Descriptors

Mit dem erfolgreichen Übersetzen Ihres Servlets in das *classes*-Verzeichnis sind Sie zwar einen großen Schritt weiter, aber noch nicht am Ziel. Denn nun müssen Sie Ihrem Webserver noch mitteilen, unter welchem URL Ihr Servlet erreichbar sein soll. Hierzu dient der Web Deployment Descriptor (*web.xml*), den Sie nun folgendermaßen erweitern müssen:

```
<?xml version="1.0" encoding="ISO-8859-1"?>

<!DOCTYPE web-app PUBLIC
  "-//Sun Microsystems, Inc.//DTD Web Application 2.3//EN"
  "http://java.sun.com/dtd/web-app_2_3.dtd">

<web-app>
  <display-name>Eine Web - Anwendung</display-name>
  <description>
    Dies ist eine auf Servlets basierende Beispielanwendung
  </description>

  <!-- Definition eines symbolischen Servlet-Namens -->
  <servlet>
    <servlet-name>helloWorldServlet</servlet-name>
    <servlet-class>de.codebooks.j2ee.servlets.HelloWorld</servlet-class>
    <load-on-startup>2</load-on-startup>
  </servlet>

  <!-- Binden des symbolischen Namens an eine URL -->
  <servlet-mapping>
    <servlet-name>helloWorldServlet</servlet-name>
    <url-pattern>/servlets/HelloWorld</url-pattern>
  </servlet-mapping>

</web-app>
```

Listing 137: Web Deployment Descriptor (web.xml)

Das Binden (englisch: *Mapping*) eines Servlets an einen frei wählbaren URL besteht immer aus zwei Einträgen in der Datei *web.xml*. Zunächst vergeben Sie über ein <servlet>-Tag einen symbolischen Namen für Ihre Klasse. Dieser muss innerhalb der Datei eindeutig sein.

```
<servlet>
  <servlet-name>EindeutigerSymbolischerName</servlet-name>
  <servlet-class>VollständigerPfadDerServletKlasse</servlet-class>
</servlet>
```

Listing 138: Vergeben eines symbolischen Namens

Neben den Elementen <servlet-name> und <servlet-class> kann das <servlet>-Tag noch weitere Tags zur Konfiguration enthalten, die Sie in späteren Abschnitten näher kennen lernen werden.

Nachdem Sie Ihr Servlet mit einem symbolischen Namen ausgestattet haben, binden Sie dieses über <servlet-mapping>-Elemente an die gewünschten URLs:

```
<servlet-mapping>
   <servlet-name>EindeutigerSymbolischerName</servlet-name>
   <url-pattern>ZuBindendeURLs</url-pattern>
</servlet-mapping>
```

Listing 139: Mapping auf einen eindeutigen URL

Dabei kann ein Servlet über verschiedene `<servlet-mapping>`-Einträge auch an mehrere URLs gebunden werden. Außerdem kann der angegebene URL auch aus einem regulären Ausdruck bestehen und das Servlet so an eine ganze Klasse von URLs binden.

```
<servlet-mapping>
   <servlet-name>helloWorldServlet</servlet-name>
   <url-pattern>/servlets/*.do</url-pattern>
</servlet-mapping>
```

Listing 140: Mapping auf eine Klasse von URLs

In obigem Fall antwortet das HelloWorld-Servlet beispielsweise auf alle Requests, die mit */servlets/* beginnen und auf *.do* enden.

Aufrufen des Servlets

Nachdem Sie Ihr Servlet nun erfolgreich übersetzt und an einen URL gebunden haben, genügt ein Neustart des Webservers, und schon können Sie Ihr Werk bewundern.

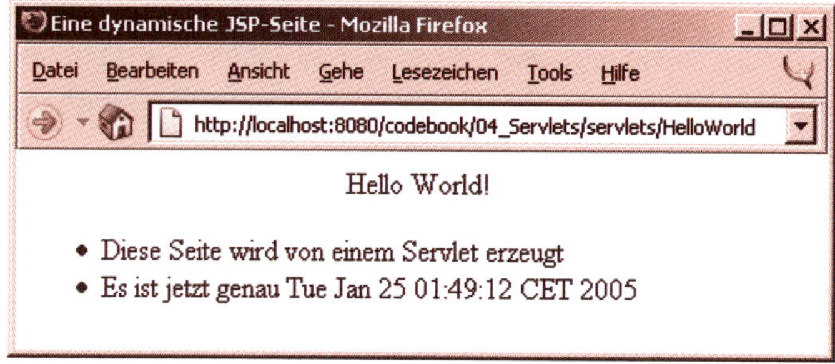

Abbildung 36: Ein einfaches Servlet

Tipp

Die Konfiguration des Webservers unterscheidet sich für JSPs und Servlets in der Regel nicht. Eine Beispielkonfiguration für den Apache Tomcat finden Sie auf der beiliegenden CD und im vorhergehenden Kapitel.

HelloWorld-Servlet vs. HelloWorld-JSP

Listing 136 leistet also dasselbe wie Ihre erste JSP. Wenn Sie jedoch den Aufwand für beide Lösungen vergleichen, werden Sie sicher ebenfalls zu dem Schluss kommen, dass JSPs deutlich leichter zu handhaben waren. Warum sollten Sie also Servlets einsetzen?

Nun, zunächst einmal sollten Sie wissen, dass Servlets, auch wenn wir sie in diesem Buch erst später behandeln, die ältere Technologie darstellen. Noch 1999 standen Java-Programmierern, um HTTP-Requests komfortabel zu beantworten, ausschließlich Servlets zur Verfügung. Da jedoch 99% der Anfragen dabei eine Antwort im HTML-Format erwarten und dies, wie im obigen Listing zu sehen ist, eine recht mühevolle Aufgabe sein kann, ergänzte Sun die Servlet-Spezifikation um Java Server Pages (JSP). Jetzt verstehen Sie auch, warum die Java-Packages für JSPs unter dem Namespace `javax.servlet.*` untergebracht sind. JSPs werden dabei zur Laufzeit in Servlets umgewandelt, kompiliert und verhalten sich anschließend wie Java-Klassen.

Wie Sie später sehen werden, gilt die Regel: Alles, was mit einer JSP realisierbar ist, kann auch von einem Servlet geleistet werden. Darüber hinaus bieten Servlets einige Vorzüge, die den Mehraufwand mehr als wettmachen. Im Augenblick unterscheiden sich Servlet und JSP vor allem in zwei Punkten:

- Die aus JSPs generierten Java-Klassen implementierten das Interface `HttpJspPage` und enthielten die Methode `_jspService()`, während diese Klasse von der Basisklasse `javax.servlet.http.HttpServlet` erbt und die Methode `service()` überschreibt.
- Die in JSPs vordefinierte Variable `out` muss bei Servlets selbstständig aus dem Response-Objekt gebunden werden. Zunächst stehen augenscheinlich nur `request` und `response` zur Verfügung.

45 Der Lebenszyklus eines Servlets

Ein Servlet durchläuft im Webserver einen fest vorgeschriebenen Lebenszyklus (Lifecycle), in dessen unterschiedlichen Stadien es Ressourcen belegen, mit diesen auf Requests reagieren und später wieder freigeben kann. Ein typisches Beispiel hierfür sind Verbindungen (`Connection`) zu einer Datenbank oder das Speichern von Informationen der aktuellen Sitzungen.

Die Init-Methode

Der Lebenszyklus eines jeden Servlets beginnt mit der Methode `init()`. Diese wird vom Webserver unmittelbar nach der Erzeugung des Servlets gerufen und dient dem Setup des Servlets. Das kann je nach Konfiguration unmittelbar nach dem Start des Webservers oder bei erstmaligem Aufruf des Servlets geschehen.

> **Achtung**
> Servlets werden über einen parameterlosen Konstruktor erzeugt. Verlagern Sie den Code, den Sie eigentlich im Konstruktor platzieren würden, in die Methode `init()`, zumal Sie in dieser, wie Sie gleich sehen werden, Zugriff auf Initialisierungsparameter haben.

Servlets

Die init()-Methode wird zwar nur ein einziges Mal gerufen, es existieren jedoch gleich zwei verschiedene Versionen von ihr:

```
public void init() throws ServletException {...}

public void init(javax.servlet.ServletConfig config)
                throws ServletException {...}
```

Listing 141: Signaturen der Init-Methode

Um Ihr Servlet zu initialisieren, müssen Sie lediglich eine der beiden Methoden überschreiben und den gewünschten Code einfügen. Wenn Sie keine Initialisierungsparameter benötigen, verwenden Sie die obere Signatur und müssen sich keine weiteren Gedanken machen. Die zweite Signatur ermöglicht es Ihnen, Ihr Servlet analog zu JSPs mit Parametern zu initialisieren.

Initialisieren einer Datenbankverbindung

Im vorhergehenden Kapitel haben Sie gelernt, wie Sie eine JSP über den Web Deployment Descriptor (*web.xml*) mit Parametern konfigurieren. Diese konnten anschließend über das ServletContext-Objekt ausgelesen werden. Der Nachteil dieser Lösung bestand darin, dass alle JSPs auf das gleiche ServletContex-Objekt zugreifen und damit die Gefahr einer Überschneidung von Parametern bestand. Servlets verfügen hingegen zusätzlich über spezifische Initialisierungsparameter.

In diesem Beispiel konfigurieren Sie Ihr Servlet mit serverspezifischen Datenbankdaten. Dazu erweitern Sie den Web Deployment Descriptor wie folgt:

```
<servlet>
  <servlet-name>DatabaseServlet</servlet-name>
  <servlet-class>de.codebooks.j2ee.servlets.DBConnect</servlet-class>
  <init-param>
    <param-name>jdbcClass</param-name>
    <param-value>com.mysql.jdbc.Driver</param-value>
  </init-param>
  <init-param>
    <param-name>dbURL</param-name>
    <param-value>jdbc:mysql://localhost/db</param-value>
  </init-param>
  <init-param>
    <param-name>dbUser</param-name>
    <param-value>scott</param-value>
  </init-param>
  <init-param>
    <param-name>password</param-name>
    <param-value>tiger</param-value>
```

Listing 142: Web Deployment Descriptor mit Initialisierungsparametern

```
    </init-param>

    <load-on-startup>2</load-on-startup>
  </servlet>
```

Listing 142: Web Deployment Descriptor mit Initialisierungsparametern (Forts.)

Tipp

Den vollständigen Code für dieses Datenbank-Servlet finden Sie weiter unten in diesem Absatz.

Im Gegensatz zu den JSPs, wo die Informationen in `<context-param>`-Tags enthalten waren, verwenden Sie in diesem Beispiel `<init-param>`-Tags innerhalb der Servlet-Konfiguration (`<servlet>`). Damit sind die Informationen ausschließlich für dieses Servlet sichtbar und können nicht von anderen Konfigurationen überschrieben werden.

Tipp

Der Webserver sperrt das *WEB-INF*-Verzeichnis für Zugriffe, so dass in diesem Verzeichnis abgelegte Dateien nicht über den Webserver ausgelesen werden können. Sofern Ihr Server also nicht anderweitig »von draußen« erreichbar ist, sind die im Web Deployment Descriptor abgelegten Daten und Passwörter für die Augen Dritter, sofern diese keinen anderen Zugang zum Server besitzen, unsichtbar.

Das folgende Listing zeigt Ihnen nun, wie Sie die oben konfigurierten Daten wieder auslesen können:

```
...
  /** DB-Connection */
  private Connection connection;

  /** Initialisieren der Datenbankverbindung */
  public void init(javax.servlet.ServletConfig config)
                  throws ServletException {

    // Init der Superklasse aufrufen
    super.init(config);

    // Parameter aus web.xml auslesen
    String driver = config.getInitParameter("jdbcClass");
    String dbURL =  config.getInitParameter("dbURL");
    String dbUser = config.getInitParameter("dbUser");
    String dbPass = config.getInitParameter("password");
```

Listing 143: Init-Methode zum Aufbau einer Datenbankverbindung

```
        try {
            Class.forName(driver);
            connection = DriverManager.getConnection(dbURL, dbUser, dbPass);
        } catch(Exception exc) {
            throw new ServletException("SQL-Exception in init()", exc);
        }
    }
...
```

Listing 143: Init-Methode zum Aufbau einer Datenbankverbindung (Forts.)

Servlets

Über die Methode `getInitParameter()` des `ServletContext`-Objekts können Sie die zuvor gesetzten Parameter der Servlet-Konfiguration auslesen. Nichtsdestotrotz stehen Ihnen natürlich auch die *Context-Parameter* zur Verfügung. Diese können Sie wie in den JSPs über das `ServletContext`-Objekt auslesen, das Sie über den Aufruf `getServletContext()` erhalten.

Achtung

Sie überschreiben hierbei die `init()`-Methode der Servlet-Basisklasse (`javax.servlet.Servlet`), die der Webserver unter anderem zur Registrierung des Servlets benötigt. Deshalb *muss* der *erste* Aufruf dieser Methode die `init()`-Methode der Superklasse sein.

```
public void init(javax.servlet.ServletConfig config)
                 throws ServletException {
    super.init(config);
    ...
    Eigener Initialisierungscode
    ...
}
```

Anderenfalls ist das Servlet auch nach erfolgreicher Initialisierung nicht unter dem angegebenen URL erreichbar.

Die Service-Methoden von Servlets

Die Service-Methoden stellen das Herz eines jeden Servlets dar. Der hier implementierte Code wird bei jedem Aufruf eines mit diesem Servlet verknüpften URL aufs Neue ausgeführt.

In Ihrem ersten Servlet implementierten Sie die Methode `service()`, um die gewünschte Funktionalität aufzunehmen. Diese stellt das Pendant zur Methode `_jspService()` dar, die Sie jedoch niemals selbst implementieren sollten. Alle Service-Methoden besitzen dabei die gleiche Signatur. Sie bekommen ein *Request*- und ein *Response*-Objekt und werfen im Fehlerfall eine `ServletException` oder `IOException`.

```
public void methodenName(HttpServletRequest request,
                         HttpServletResponse response)
                         throws ServletException, IOException {
   ... Code ...
}
```

Listing 144: Signatur der Service-Methoden

Wenn Sie Ihren Code in die Methode `service()` integrieren, überschreiben Sie dabei die gleichnamige Methode der Basisklasse `HTTPServlet`. Man spricht in diesem Fall jedoch von Service-Methoden, weil das HTTP-Protokoll zwischen unterschiedlichen Request-Typen unterscheidet und die Servlet-Spezifikation für jeden Typ eine eigene Behandlungsroutine vorsieht. Die folgende Tabelle listet die unterschiedlichen Typen auf:

Request-Typ	Verwendung	Service-Methode
GET	Mit diesem Request teilen Sie dem Server mit, dass der Client eine Ressource (z.B. eine Webseite) empfangen möchte.	`goGet()`
POST	Ein Post-Request zeigt an, dass der Client dem Server einige Informationen zur Verfügung stellt, wie es üblicherweise bei Formularen der Fall ist.	`doPost()`
HEAD	Über den Head-Request signalisiert der Client, dass er lediglich die Response-Header, nicht jedoch das resultierende Dokument empfangen möchte.	`doHead()`
PUT	Dieser Request-Typ ermöglicht es dem Client, Dokumente auf dem Server abzulegen.	`doPut()`
TRACE	Dieser Request-Typ ermöglicht das Aufspüren von Proxies zwischen Client und Server und wird vor allem zum Protokoll-Debugging verwendet.	`doTrace()`
OPTIONS	Mit diesem Request fragt der Client die zulässigen Request-Typen für dieses Dokument ab.	`doOptions()`
DELETE	Dieser Typ ist das Gegenstück zu PUT und wird dazu verwendet, Dokumente vom Server zu entfernen.	`doDelete()`

Tabelle 3: Verschiedene HTTP-Request-Typen

Natürlich muss ein Servlet nicht alle oben genannten Request-Typen unterstützen, und tatsächlich ist es sogar so, dass die Basisklasse `HTTPServlet` bereits einige nützliche Basisimplementierungen enthält.

Hinweis

Neben den oben angegebenen Request-Typen spezifiziert HTTP 1.1 noch einige weitere wie `LINK` und `UNLINK`. Für diese sieht die aktuelle Servlet-Spezifikation jedoch keine gesonderten Methoden vor.

Die am häufigsten verwendeten Request-Typen stellen GET und POST dar, wobei viele Server nicht zwischen diesen beiden unterscheiden.

Einzelne Service-Methoden implementieren

Statt wie im ersten Servlet die Methode `service()` zu überschreiben, die vom Webserver verwendet wird, um das Servlet zur Antwort zu veranlassen, können Sie den Code auch in eine der Service-Methoden integrieren. Da Sie hierbei ein Dokument zur Verfügung stellen, ist dies üblicherweise `doGet()`. Am einfachsten realisieren Sie dies, indem Sie die Methode `service()` umbenennen. Da nächste Listing zeigt Ihnen, dem Datenbank-Beispiel folgend, eine `doGet()`-Methode, die Datensätze aus einer Datenbank ausliest und als HTML-Tabelle ausgibt.

```
...
   /** Bearbeiten von GET-Requests */
   public void doGet(HttpServletRequest request,
                     HttpServletResponse response)
                     throws IOException, ServletException {

      // Binden der Variablen out
      PrintWriter out = response.getWriter();

      out.println("<html><head><title>Datenbankabfrage</title></head>");
      out.println("<body><center>Datensätze</center>");
      out.println("<table><tr><td>Name</td><td>Vorname</td></tr>");

      try {
         ResultSet rs = null;
         try {
            Statement stmt = connection.createStatement();
            rs = stmt.executeQuery("Select NAME, FIRST_NAME from ADRESS");

            while(! rs.isLast()) {
               out.println("<tr><td>" + rs.getString(1) + "</td>");
               out.println("<td>" + rs.getString(2) + "</td></tr>");
            }

         } finally {
            rs.close();
         }

      } catch(SQLException exc) {
         throw new ServletException("SQL-Exception", exc);
      }
```

Listing 145: Ausgabe von Datensätzen einer Datenbank

```
        out.println("</table></body></html>");
        return;
    }
...
```

Listing 145: Ausgabe von Datensätzen einer Datenbank (Forts.)

Doch wie erreichen Sie es jetzt, dass der Webserver GET-Request an die Methode `doGet()` weiterleitet? Das erledigt die `service()`-Implementierung der Basisklasse `HTTPServlet` für Sie. Diese enthält leere Methodenrümpfe für alle `doXxx()`-Methoden und ruft diese dem Request-Typ entsprechend auf. Wenn Sie nun eine der Methoden überschreiben, wird stattdessen Ihr Code ausgeführt.

Tipp Mehr zum Thema Datenbank und *Java Database Connectivity (JDBC)* erfahren Sie in der gleichnamigen Kategorie.

GET und POST gemeinsam behandeln

Wie bereits erwähnt, sind die häufigsten Request-Typen GET und POST, und wenn Sie mit der klassischen HTML-Programmierung vertraut sind, wissen Sie, dass Sie beispielsweise für Formulare (`<form>`) über das Attribut `method` festlegen können, ob diese via POST oder GET übermittelt werden sollen.

Wie stellen Sie jetzt also sicher, dass das Servlet die Daten des Formulars unabhängig vom gewählten Flag empfängt? Sie könnten natürlich zunächst die Methode `doGet()` entwickeln, anschließend den Code kopieren und in die Methode `doPost()` einfügen, eleganter ist es jedoch, wenn Sie in `doPost()` einfach die Methode `doGet()` aufrufen.

```
...
   /** Bearbeiten von POST-Requests mit GET */
   public void doPost(HttpServletRequest request,
                      HttpServletResponse response)
                      throws IOException, ServletException {
      doGet(request, response);
   }
...
```

Listing 146: Weiterleiten von POST-Requests an GET

Da alle Service-Methoden eine einheitliche Signatur besitzen, können Sie auf diese Weise die Behandlung beliebiger Request-Typen zusammenfassen.

Vorteile bei der Verwendung einzelner Service-Methoden

Wie Sie bereits gesehen haben, können Sie, insbesondere wenn Sie unterschiedliche Request-Typen gemeinsam behandeln möchten, entweder die vom Webserver gerufene Methode `service()` direkt überschreiben oder eine der gewünschten `doXxx()`-Methoden implementieren und diese von den anderen aus aufrufen. Im zweiten Fall überschreiben Sie nur die nötigsten Methoden und lassen den Webserver sonst mit der Default-Implementierung der Basisklasse `HTTPServlet` reagieren. Diese Lösung bringt folgende Vorteile mit sich:

- Es ist auch im Nachhinein möglich, etwa mit einer ableitenden Klasse spezielle Methoden für PUT- oder DELETE-Requests zu integrieren.
- Sie erhalten eine automatische Unterstützung für HEAD-Requests. Registriert die Service-Methode der Basisklasse einen HEAD-Request, so sendet sie einfach einen GET-Request, samt Request-Headern und Statuscodes, jedoch ohne HTML-Markup zurück. HEAD-Anfragen werden unter anderem von Link-Validierern eingesetzt, um z.B. tote Links zu ermitteln, da die hier erzeugte Netzlast deutlich geringer ist.
- Unterstützung für `If-Modified`-Requests. Diese werden von Proxies verwendet, um zu ermitteln, ob sich die zwischengespeicherte Seite inzwischen geändert hat und neu übertragen werden muss. Anderenfalls sendet der Server den Statuscode `304 Not-Modified`, und die Seite wird aus dem Proxy-Cache geladen.
- Automatische Unterstützung von TRACE-Requests. Dieser Request-Typ wird von Programmierern verwendet, um die Route eines TCP/IP-Paketes zu bestimmen. TRACE-Requests beantwortet die `service()`-Methode eigenständig durch Zurücksenden der erforderlichen Request-Header.
- Automatische Unterstützung von OPTIONS-Requests. Hier überprüft die `service()`-Methode das Vorhandensein einer `doGet()`-Methode. Existiert eine solche, so antwortet der Server mit einem *Allow-Header* für GET, HEAD, OPTIONS und TRACE.

Wie Sie sehen, müssen Sie in der Regel nur den spezifischen Code für POST und GET selbst implementieren, für alles andere sorgt die Basisimplementierung. Wenn Sie dennoch eine spezielle Antwort benötigen sollten, überschreiben Sie einfach die entsprechende Methode.

Die Destroy-Methode

Hin und wieder entscheidet der Webserver, dass es an der Zeit ist, ein zuvor instanziiertes Servlet wieder aus dem Speicher zu entfernen, etwa weil es zu lange nicht aufgerufen wurde und der Server wertvolle Ressourcen freigeben möchte oder weil der Server heruntergefahren wird. In diesem Fall ruft er zuvor die Methode `destroy()`, die das Pendant zu `init()` bildet.

```
...
   // Schließen der Datenbankverbindung
   public void destroy() {
      try {
```

Listing 147: Die Destroy-Methode

```
            connection.close();
        } catch(SQLException exc) {
            log("SQL-Exception in destroy()", exc);
        }
    }
...
```

Listing 147: Die Destroy-Methode (Forts.)

Im Datenbank-Beispiel dient die Methode `destroy()` natürlich dazu, die zuvor geöffnete Datenbankverbindung zu schließen. Weitere denkbare Beispiele sind das Speichern eines Zugriffszählers oder des Zustandes eines Chat-Systems, um diese wiederherstellen zu können.

Das vollständige Datenbank-Servlet

Nachdem Sie nun die am häufigsten verwendeten Methoden `init()`, `doPost()`/ `doGet()` und `destroy()` am Beispiel eines Datenbank-Servlets kennen gelernt haben, folgt hier noch einmal das vollständige Listing:

```
package de.codebooks.j2ee.servlets;

import java.io.PrintWriter;
import java.io.IOException;
import java.sql.Statement;
import java.sql.ResultSet;
import java.sql.Connection;
import java.sql.DriverManager;
import java.sql.SQLException;

import javax.servlet.http.HttpServlet;
import javax.servlet.http.HttpServletRequest;
import javax.servlet.http.HttpServletResponse;
import javax.servlet.SingleThreadModel;
import javax.servlet.ServletException;

public class DBConnect extends HttpServlet implements SingleThreadModel {

    /** DB-Connection */
    private Connection connection;

    /** Initialisieren der Datenbankverbindung */
    public void init(javax.servlet.ServletConfig config)
                     throws ServletException {

        // Init der Superklasse aufrufen
```

Listing 148: Vollständiges Listing des Datenbank-Servlets

```
      super.init(config);

      // Parameter aus web.xml auslesen
      String driver = config.getInitParameter("jdbcClass");
      String dbURL =  config.getInitParameter("dbURL");
      String dbUser = config.getInitParameter("dbUser");
      String dbPass = config.getInitParameter("password");

      try {
         Class.forName(driver);
         connection = DriverManager.getConnection(dbURL, dbUser, dbPass);
      } catch (Exception exc) {
         throw new ServletException("Exception in init()", exc);
      }
   }

   /** Bearbeiten von POST-Requests mit GET */
   public void doPost(HttpServletRequest request,
                      HttpServletResponse response)
                      throws IOException, ServletException {
      doGet(request, response);
   }

   /** Bearbeiten von GET-Requests */
   public void doGet(HttpServletRequest request,
                     HttpServletResponse response)
                     throws IOException, ServletException {

      // Binden der Variablen out
      PrintWriter out = response.getWriter();

      out.println("<html><head><title>Datenbankabfrage</title></head>");
      out.println("<body><center>Datensätze</center>");
      out.println("<table><tr><td>Name</td><td>Vorname</td></tr>");

      try {
         ResultSet rs = null;
         try {
            Statement stmt = connection.createStatement();
            rs = stmt.executeQuery("Select NAME, FIRST_NAME from ADDRESS");

            while(! rs.isLast()) {
               out.println("<tr><td>" + rs.getString(1) + "</td>");
               out.println("<td>" + rs.getString(2) + "</td></tr>");
            }
```

Listing 148: Vollständiges Listing des Datenbank-Servlets (Forts.)

```
        } finally {
          rs.close();
        }

      } catch(SQLException exc) {
        throw new ServletException("SQL-Exception", exc);
      }

      out.println("</table></body></html>");
      return;
  }

  // Schließen der Datenbankverbindung
  public void destroy() {
    try {

      connection.close();
    } catch(SQLException exc) {
      log("SQL-Exception in destroy()", exc);
    }
  }
}
```

Listing 148: Vollständiges Listing des Datenbank-Servlets (Forts.)

Vergleich zwischen GET und POST

Prinzipiell macht es zwar keinen Unterschied, ob Ihre HTML-Seiten oder JSPs Formulare via GET oder POST übermitteln, da sie (entsprechende Service-Methoden vorausgesetzt) im Servlet in der Regel die gleichen Methoden verwenden, dennoch unterscheiden sich beide Methoden historisch bedingt voneinander. Die folgende Tabelle listet die wichtigsten Unterschiede auf:

	GET	POST
Service-Methode	`doGet()`	`doPost()`
Verwendungszweck	Daten vom Server holen	Daten an den Server übermitteln und Antwort abwarten
Formulardaten	Werden in Form von Name-Value-Paaren an den URL angefügt.	Werden im Request-Body übermittelt und sind kein Bestandteil des URL.
Länge des Requests	Ist limitiert auf ~ 1 KB	Ist nicht limitiert
Daten	Benutzer »sieht« Formulardaten in der Adresszeile des Browsers.	Werden vor dem Benutzer verborgen.

Tabelle 4: Vergleich von GET- und POST-Requests

	GET	POST
Bookmarks	Können einfach gesetzt werden, alle Daten in URL codiert	Können weniger gut gesetzt werden, da Daten aus Formularfeldern nicht mit abgespeichert werden.
Verwendung	Wird in der Regel häufiger verwendet	Wird weniger häufig verwendet

Tabelle 4: Vergleich von GET- und POST-Requests (Forts.)

Wann wird ein Servlet geladen?

Jetzt, da Sie den Lebenszyklus eines Servlets kennen, ist es sicherlich interessant, wann ein Servlet tatsächlich geladen bzw. aus dem Speicher entfernt wird. Die schlechte Nachricht lautet: Sie haben fast keinen Einfluss darauf, da die Spezifikation hier viel Spielraum für die Serverimplementierungen lässt. Lediglich auf die Reihenfolge, in der Ihre Servlets geladen werden, können Sie einwirken.

Wie Sie vielleicht bemerkt haben, enthalten einige Servlet-Konfigurationen im Web Deployment Descriptor (*web.xml*) das optionale Flag `<load-on-startup>`, das eine Zahl einschließt. Dieses weist den Webserver an, das betreffende Servlet nicht erst bei einem entsprechenden Request, sondern unmittelbar nach dem Start des Webservers zu instanziieren, wobei die Zahl die Priorität bzw. Reihenfolge von 0 (wird zuerst geladen) bis 10 (wird zuletzt geladen) angibt.

```
...
   <servlet>
      <servlet-name>helloWorldServlet</servlet-name>
      <servlet-class>de.codebooks.j2ee.servlets.HelloWorld</servlet-class>
      <load-on-startup>2</load-on-startup>
   </servlet>
...
```

Listing 149: Priorität beim Laden eines Servlets

Auf dieses Weise können Sie sicherstellen, dass Servlets, die Daten für andere Servlets oder JSPs bereitstellen, vor diesen geladen werden.

Wie viele Instanzen eines Servlets existieren gleichzeitig?

Im Kapitel über JSPs hatten Sie gelernt, dass zu einer Zeit stets nur eine Instanz einer JSPs im Speicher existiert, und da JSPs im Hintergrund in Servlets umgewandelt werden, liegt der Schluss nahe, dass es stets auch nur eine Servlet-Instanz gibt, die den eingehenden Request der daran gebundenen URLs beantworten muss.

Hinweis

Der große Performance-Vorteil von Servlets zu klassischen CGI-Scripts besteht darin, dass stets nur eine einzige Instanz jedes Servlets existiert und dadurch die ressourcenintensive Erzeugung eines neuen Objekts entfällt. Eine Benutzeranfrage besteht lediglich aus einem weiteren *Java-Thread* im Webserver, der die Service-Methode der Instanz ausführt

Zusammenfassung des Servlet-Lebenszyklus

Die erste, unmittelbar nach dem Konstruktor aufgerufene Methode ist `init()`, wobei diese mit einem `ServletConfig`-Objekt parametrisiert wird, über das Sie Zugriff auf die im Web Deployment Descriptor hinterlegten Initialisierungsparameter erhalten. Dies ruft dann wiederum die parameterlose Version von `init()` aufruft, die Sie implementieren können, wenn Sie keinerlei Initialisierungsparameter benötigen. Sollten Sie die parametrisierte `init()`-Methode überschreiben, muss der erste Aufruf `super.init()` sein, da das Servlet sonst nicht erreichbar ist.

Hinweis

In diesem Buch verwenden wir ausschließlich den Apache Tomcat, der Webapplikationen über den Web Deployment Descriptor (*web.xml*) konfiguriert. Auch wenn der Zugriff auf Initialisierungsparameter und `ServletContext` über die API vereinheitlicht sind, unterscheiden sich die einzelnen Webserver hinsichtlich ihrer Konfiguration. So verwendet SUNs *JavaServer Web Development Kit (JSWDK)* eine Datei namens servlet.properties, die bei BEAs *WebLogic-Application-Server* wiederum weblogic.properties heißt.

Nachdem Ihr Servlet initialisiert ist, wird für jeden Request auf einen an das Servlet gebundenen URL die Methode `service()` aufgerufen. Die Basisimplementierung der Klasse `HTTPServlet` überprüft dabei die Art des Requests und ruft anschließend die dafür vorgesehene Service-Methode `doXxx()` auf, die Sie bei Bedarf überschreiben können. Die einzelnen Service-Methoden können dabei anschließend auch aufeinander verweisen, um beispielsweise `doGet()` und `doPost()` mit einer Methode zu verwalten. Dabei sollten keinen zyklischen Abhängigkeiten entstehen.

Bevor das Servlet aus dem Speicher entfernt wird, ruft der Webserver die Methode `destroy()` auf, in der das Servlet zuvor belegte Ressourcen freigeben und seinen inneren Zustand bei Bedarf auf ein persistentes Medium speichern kann.

46 Vergleich: Servlet vs. Java Server Pages

Dieser Absatz soll Ihnen die Gemeinsamkeiten und Unterschiede von Servlets und JSPs näher bringen und Sie gegebenenfalls endgültig von der Daseinsberechtigung für Servlets überzeugen. Denn obwohl die Unterschiede bisher eher marginal erscheinen und 99% der von Ihnen zu behandelnden Requests POST oder GET sein werden, bieten Servlets Ihnen an entscheidenden Stellen Vorteile, die JSPs einfach nicht leisten können.

Was Sie mit JSPs nicht machen können

Zunächst folgt eine Zusammenfassung der bisher besprochenen Eigenschaften, die Sie nur mit Servlets realisieren können. Zwar gibt es für jede nur erdenkliche JSPs ein entsprechendes Servlet (auch wenn dieses noch so komplex und unübersichtlich sein mag), aber andersherum finden Sie nicht für alle Servlets eine gleichwertige JSP.

Binäre Formate senden

Bisher waren alle dynamisch erzeugten Dokumente textbasiert und konnten problemlos über einen PrintWriter ausgegeben werden. Im Alltag haben Sie es jedoch fast ebenso oft mit binärcodierten Dokumenten wie Bildern oder PDF-Dateien zu tun. Java bietet Ihnen zahlreiche Möglichkeiten, diese ebenfalls erst zur Laufzeit zu erstellen und grafische Auswertungen (Charts) damit erst zum Zeitpunkt des Requests zu berechnen. Binärformate sind jedoch byteorientiert und können damit nicht über zeichenorientierte Ausgabeströme, zu denen alle *Writer* gehören, ausgegeben werden.

Da JSPs bereits bei ihrer Erzeugung durch die *JSP-Engine* eine zeichenorientierte Verbindung aufbauen und Sie sich für eins von beiden Ausgabeformaten entscheiden müssen, sind Sie bei binären Formaten immer auf Servlets angewiesen.

Binden mehrerer URLs

Während eine JSP immer über ihren tatsächlichen Pfad innerhalb der Webapplikation aufgerufen wird, werden Servlets über eine separate Konfigurationsdatei an einen oder mehrere URLs gebunden. Durch URL-Patterns können Sie ein Servlet auch an eine ganze Klasse von URLs binden.

Achtung

Da Servlets nicht über ihren tatsächlichen Speicherort (im Ordner *WEB-INF/classes*), sondern über einen daran gebundenen URL aufgerufen werden, müssen Pfade innerhalb des erzeugten Dokumentes entweder global oder relativ zum jeweiligen URL sein, da der Client nicht zwischen HTML-Dokument, JSP und Servlet unterscheiden kann.

Dies gilt insbesondere für eingebundene Bilder oder Cascading Stylesheets (CSS).

Verschiedene Service-Methoden für unterschiedliche Request-Typen

Auch wenn man nur selten zwischen unterschiedlichen Request-Typen und den jeweiligen Behandlungsmethoden unterscheiden muss, führt der einzige Weg, dies in Java zu tun, über Servlets. JSPs verfügen nur über eine innere `jspService()`-Methode, die immer aufgerufen wird.

Ein direkter Vergleich zwischen Servlets und JSPs

	JSPs	Servlets
Übersetzungs-zeitpunkt	Wird zur Laufzeit von der JSP-Engine erzeugt. Kann mit entsprechenden Tools vorkompiliert werden.	Muss vor dem Einsatz manuell übersetzt werden.
Konfiguration	Muss nicht explizit konfiguriert werden.	Muss vor der Verwendung konfiguriert werden.
Bindung an URL	Unter dem tatsächlichen Pfad innerhalb der Webapplikation erreichbar.	Wird über den Web Deployment Descriptor oder andere Konfigurationsdateien an einen oder mehrere symbolische URLs gebunden.
Initialisierungs-parameter	Nur allgemeine Kontext-parameter möglich.	Individuelle Initialisierungsparameter über Servlet-Konfiguration möglich.
Vordefinierte Variablen	Stehen von Anfang an zur Verfügung.	Müssen über Methoden aus dem *Request* und dem *Response* gebunden werden.
HTML-Code	Kann direkt zwischen JSP-Anweisungen eingefügt werden.	Muss über `print` oder `write` ausgegeben werden, dabei muss z.B. `"` durch `\"` ersetzt werden.
Dokumenttypen	Beschränkt auf textbasierte Dokumente.	Unterstützt sowohl Text- wie Binärformate.
Services	Beschränkt auf eine einzige Service-Methode.	Eigene Service-Methoden für jeden Request-Typ (PUT, GET, POST ...) möglich.
Umwandlung	Kann durch ein Servlet ersetzt werden.	Kann nur bedingt durch eine JSP ersetzt werden.

Tabelle 5: Vergleich zwischen Servlet und JSP

Fazit

Beim direkten Vergleich von HelloWorld-Servlet und HelloWorld-JSP stellen Sie fest, dass Sie das, was Sie im vorhergehenden Kapitel mit elf Zeilen erreicht haben, auch mit 33 Zeilen realisieren können, wobei der Code im letzten Fall unübersichtlicher und weniger verständlich wird. Daraus folgt, Servlets sind nicht für jedes dynamisch erstellte Dokument gleichermaßen gut geeignet. Umgekehrt ist auch eine JSP, die nur aus Java-Code besteht, in der Regel nur schwer zu warten, und es gibt gar Fälle, in denen Sie mit JSPs vollständig aufgeschmissen sind; scheinbar ist eine Kombination beider Techniken die sinnvollste Variante.

Nach Veröffentlichung der JSP-Spezifikation und ersten Referenzimplementierungen setzte ein unglaublicher Run auf JSP-basierte Webapplikationen ein. Endlich konnten Java-Entwickler und Web-Designer zusammenarbeiten, ohne zu viel vom jeweils anderen Thema verstehen zu müssen. Die Folge waren vor Code überquellende JSP-

Seiten, die auch der Autor bald nicht mehr verstand und die nur sehr mühsam zu warten waren. Der Einsatz von JavaBeans und Tag-Bibliotheken (denen sich das nächste Kapitel widmet) besserte die Lage zwar, behandelte jedoch nur die Symptome. Diese Webanwendungen, die ausschließlich aus JSPs, Tag-Bibliotheken und JavaBeans bestehen, werden unter dem Synonym *Model I* zusammengefasst. Dieses eignet sich vor allem für kleinere und mittlere Anwendungen, bei denen die zuständigen Entwickler sowohl über das nötige Java- als auch HTML-Know-how verfügen. Für den Einsatz von *Enterprise JavaBeans (EJB)* ist dieses Modell nicht geeignet, da eine echte Trennung zwischen Darstellung, Business-Logik und Controller nur schwer erreicht werden kann.

Nachdem der erste Hype der JSPs vorüber war, begannen Java-Entwickler, JSPs und Servlets zu mischen. Die Java-Logik wurde in Servlets und JavaBeans gekapselt, die ihrerseits mit EJB-Containern und Datenbanken kommunizierten und den Request anschließend zur Darstellung an eine JSP weiterleiteten. Die Steuerung übernahmen ein oder mehrere ausgezeichnete Servlets. Diese Anwendungen fasst Sun unter dem Begriff Model II zusammen, hinter dem sich nichts anderes als das bereits in den Achtzigerjahren unter Smalltalk entwickelte *Model-View-Controller*-Konzept (MVC) verbirgt, das Sie im Kapitel über Struts eingehend behandeln werden.

47 doPut() – Daten auf dem Server ablegen

Die Service-Methode `doPut()` dient dazu, Daten, die über einen Request an den Server gesendet werden, auf diesem abzulegen. Dieses Verfahren ähnelt der Übertragung via File Transfer Protocol (FTP).

Hinweis

Häufig wird ein Datei-Upload über einen POST-Request realisiert. Sie implementieren im folgenden Beispiel zwar die Methode `doPut()` und ermöglichen damit auch PUT-Requests, da Sie die Wirkung jedoch anhand eines einfachen HTML-Formulars demonstrieren möchten und diese auf POST und GET beschränkt sind, leiten Sie den POST-Request anschließend auf `doPut()` um.

Achtung

Ein Datei-Upload kann auch mit einem POST-Request realisiert werden, eine Übertragung via GET funktioniert hingegen nicht.

Das Basisformular

Zunächst benötigen Sie ein Formular, mit dem der Benutzer die zu verschickende Datei spezifizieren kann. Dabei kann es sich um eine HTML-Seite, eine JSP oder ein per Servlet erzeugtes Dokument handeln. Das folgende Listing beschränkt sich dabei auf das Nötigste.

```
<html>
   <body>
     <form enctype="multipart/form-data" method="post"
      action="http://localhost:8080/codebook/04_Servlets/servlets/
FileUpload">

        <input type="file" size="30" name="FileToUpload" value="Browse" />
        <br/>

        <input type="submit" value="Upload">
        <input type="reset" value="Reset">
      </form>
   </body>
</html>
```

Listing 150: Formular für den Datei-Upload

Beachten Sie dabei vor allem die Attribute des `<form>`-Tags:

- `enctype` – Gibt Mime-Type an, mit dem das Formular übertragen wird. Diese werden im RFC 2045 näher spezifiziert.
- `method` – Der zu verwendende Request-Typ. In der Regel GET (Default) oder POST.
- `action` – Gibt das URI an, an die das Formular (samt Daten) verschickt werden soll.

Das Servlet

Das Interessanteste ist natürlich das Servlet, das die Datei ausliest und in eine separate Datei des Servers speichert. Der Pfad der Datei ist in diesem Beispiel der Einfachheit halber fest vorgegeben (`out.txt`). Er kann jedoch auch dynamisch gesetzt werden.

Tipp

Beispiele im Umgang mit Request-Parametern finden Sie im vorhergehenden Kapitel über JSPs. Bei dem dort verwendeten Objekt handelt es sich ebenfalls um einen `javax.servlet.http.HttpServletRequest`, so dass alle dort beschriebenen Methoden für Servlets übernommen werden können.

```
package de.codebooks.j2ee.servlets;

import java.io.File;
import java.io.FileWriter;
import java.io.PrintWriter;
import java.io.BufferedReader;
```

Listing 151: Ein Servlet zur Behandlung von PUT-Requests

```
import java.io.InputStreamReader;
import java.io.BufferedInputStream;
import java.io.IOException;

import javax.servlet.SingleThreadModel;
import javax.servlet.http.HttpServlet;
import javax.servlet.http.HttpServletRequest;
import javax.servlet.http.HttpServletResponse;
import javax.servlet.ServletException;

public class FileUpload extends HttpServlet implements SingleThreadModel {

   /** Umleiten von doPost() auf doPut() */
   public void doPost(HttpServletRequest request,
                      HttpServletResponse response)
      throws IOException, ServletException {
      doPut(request, response);
   }

   /** Realisieren des Datei-Uploads */
   public void doPut(HttpServletRequest request,
                     HttpServletResponse response)
      throws IOException, ServletException {

      BufferedInputStream in = null;
      FileWriter fileOut = null;

      try {
         int i;
         in = new BufferedInputStream(request.getInputStream());
         fileOut = new FileWriter(new File("c:\\temp\\out.txt"));

         BufferedReader reader =
            new BufferedReader(new InputStreamReader(in));
         while ((i = reader.read()) != -1) {
            fileOut.write(i);
         }
      } finally {
         fileOut.close();
         in.close();
      }

      // Binden der Variablen out
      PrintWriter out = response.getWriter();
      out.println("<html><body>Datei erfolgreich hochgeladen!</body></
html>");
```

Listing 151: Ein Servlet zur Behandlung von PUT-Requests (Forts.)

```
        return;
    }
}
```

Listing 151: Ein Servlet zur Behandlung von PUT-Requests (Forts.)

Die Methode `getInputStream()` des `HTTPServletRequest`-Objekts liefert Ihnen dabei den Body diese Requests als binären Datenstrom. Aus diesem können Sie anschließend die Datei extrahieren (siehe Hinweise für den Upload einer Datei).

Die Spezifikation der Methode `doPut()` sieht vor, dass das Servlet den Statuscode `501 Not Implemented` zurücksendet, wenn es keinen Datei-Upload unterstützt. Erfreulicherweise ist dies ebenfalls in der Basisklasse `HTTPServlet` realisiert.

Konfiguration via Web Deployment Descriptor

Schließlich fehlt noch nur noch die Konfiguration des Servlets im Web Deployment Descriptor.

```
...
   <servlet>
      <servlet-name>fileUploadServlet</servlet-name>
      <servlet-class>de.codebooks.j2ee.servlets.FileUpload</servlet-class>
   </servlet>
...
   <servlet-mapping>
      <servlet-name>fileUploadServlet</servlet-name>
      <url-pattern>/servlets/FileUpload</url-pattern>
   </servlet-mapping>
...
```

Listing 152: Konfiguration des Web Deployment Descriptors

Achtung

Da sich das Muster der in den Web Deployment Descriptor einzufügenden Tags stets wiederholt, werden wir im Folgenden nur noch die jeweils relevanten Informationen abbilden. Die vollständige Konfiguration finden Sie auf der beiliegenden CD.

Das Resultat

Nachdem Sie das Servlet übersetzt, den Web Deployment Descriptor aktualisiert und den Tomcat neu gestartet haben, steht einem Test nichts mehr im Wege.

Abbildung 37: Formular für den Datei-Upload

Abbildung 38: Datei erfolgreich hochgeladen

Hinweise für den Upload einer Datei

Die in Listing 151 realisierte Methode `doPut()` öffnet einen InputStream zum Request-Objekt und schreibt dessen Inhalt 1:1 in eine fest vorgeschriebene Datei. Dabei enthält der `InputStream` jedoch außer der Datei noch weitere Informationen, die nicht zur Datei gehören; so könnte eine auf diese Weise hochgeladene Datei beispielsweise folgende Form haben:

```
-----------------------------24464570528145
Content-Disposition: form-data; name="FileToUpload"; filename="upload.txt"
Content-Type: text/plain

... Hier steht der Dateiinhalt ...

-----------------------------24464570528145--
```

Listing 153: Hochgeladene Datei

Zunächst kommt ein Hash-Wert (`24464570528145`), gefolgt von den Request-Headern, und schließlich folgt der Inhalt der Datei. Den Abschluss bildet eine Zeichenkette mit dem gleichen Hash-Wert wie in der initialen Zeile. Um die Datei aus diesem Strom von Daten zu extrahieren, müssen Sie die Methode `doPut()` aus obigem Listing leicht modifizieren.

```
/** Realisieren des File-Uploads */
public void doPut(HttpServletRequest request,
                  HttpServletResponse response)
   throws IOException, ServletException {

   BufferedInputStream in = null;
   FileWriter fileOut = null;
   try {
      String content;
      in = new BufferedInputStream(request.getInputStream());
      fileOut = new FileWriter(new File("c:\\temp\\out2.txt"));

      BufferedReader reader = new BufferedReader(new InputStreamReader(in));

      // Lesen der Markierung
      String mark = reader.readLine();

      // Filtern der Header
      while ((index = reader.readLine().indexOf(":")) != -1) {
         // Überspringen der Header
      }

      // Schreiben der Datei
      while (! (content = reader.readLine()).startsWith(mark)) {
         fileOut.write(content+System.getProperty("line.separator"));
      }

   } catch(Exception exc) {
      response.setStatus(HttpServletResponse.SC_BAD_REQUEST);
      return;
   } finally {
      fileOut.close();
      in.close();
   }

   // Binden der Variablen out
   PrintWriter out = response.getWriter();
   out.println("<html><body>Datei erfolgreich hochgeladen!</body></html>");
   return;
}
```

Listing 154: Modifizierte doPut()-Methode

Zunächst lesen Sie die gesuchte (End-)Markierung aus und speichern diese:

```
String mark = reader.readLine();
```

Die nun folgenden Request-Header haben alle eine einheitliche Form:

```
Header-Name: Wert des Headers
```

Wobei auch der Wert eines Header wiederum aus Name-Wert-Paaren bestehen kann. Diese Header filtern Sie zunächst aus, indem Sie überprüfen, ob die Zeile einen Doppelpunkt (:) enthält:

```
while ((index = reader.readLine().indexOf(":")) != -1) {
   // Überspringen der Header
```


Da zwischen den Request-Headern und dem eigentlichen Dokument stets eine Leerzeile steht und diese definitiv keinen Doppelpunkt enthält, ist sichergestellt, dass Sie auch bei Dateien, deren erste Zeile einen Doppelpunkt enthält, den Anfang nicht verpassen. Jetzt folgt der Inhaltsteil (Body), und diesen schreiben Sie in die Datei, bis Sie auf die gesuchte Endmarkierung stoßen.

```
while (! (content = reader.readLine()).startsWith(mark)) {
```

Die Spezifikation sieht vor, dass das Servlet bei falsch formatierten Dateien den Statuscode `400 Bad Request` zurücksendet und anschließend die Bearbeitung abbricht.

```
} catch(Exception exc) {
      response.setStatus(HttpServletResponse.SC_BAD_REQUEST);
      return;
}
```

Listing 155: Statusmeldung 400 Bad Request

48 Wie können Dateien heruntergeladen werden?

Das vorhergehende Rezept zeigt Ihnen, wie Sie eine Datei auf den Server laden. Nun ist es sicherlich auch interessant, wie Sie sie wieder herunterbekommen. Dazu dient das folgende Listing:

```
package de.codebooks.j2ee.servlets;

import java.io.File;
import java.io.FileInputStream;
import java.io.BufferedInputStream;
import java.io.BufferedOutputStream;
import java.io.IOException;

import javax.servlet.SingleThreadModel;
import javax.servlet.http.HttpServlet;
import javax.servlet.http.HttpServletRequest;
import javax.servlet.http.HttpServletResponse;
import javax.servlet.ServletException;

public class FileDownload extends HttpServlet implements SingleThreadModel {
```

Listing 156: Download einer Datei

```
    /** Umleiten von doPost() auf doGet() */
    public void doPost(HttpServletRequest request,
                       HttpServletResponse response)
      throws IOException, ServletException {
      doGet(request, response);
    }

    /** Realisieren des File-Downloads */
    public void doGet(HttpServletRequest request,
                      HttpServletResponse response)
      throws IOException, ServletException {

      BufferedOutputStream out = null;
      BufferedInputStream fileIn = null;
      try {
        int i;
        out = new BufferedOutputStream(response.getOutputStream());
        File file = new File("c:\\temp\\out.txt");
        FileInputStream fis = new FileInputStream(file);
        fileIn = new BufferedInputStream(fis);

        while ((i = fileIn.read()) != -1) {
          out.write(i);
        }
      } finally {
        fileIn.close();
        out.close();
      }
      return;
    }
}
```

Listing 156: Download einer Datei (Forts.)

Wie Ihnen sicher aufgefallen ist, ist die Variable `out` in diesem Listing nicht vom Typ `PrintWriter`, sondern vom Typ `OutputStream` und wird nicht über die Methode `getWriter()`, sondern über `getOutputStream()` des Response-Objekts gebunden.

Da Sie nicht wissen, ob es sich bei der Datei um eine Textdatei handelt, ist es in diesem Fall sicherer, diese über einen `InputStream` einzulesen und über einen `OutputStream` zu versenden, da die Java Virtual Machine (VM) den Inhalt sonst entsprechend dem eingestellten Zeichensatz codieren würde, was eine Binärdatei unbrauchbar macht. Für eben diesen Zweck, Binärdateien zu verschicken, ermöglicht das `HttpServletResponse`-Objekt statt des gewohnten `PrintWriters` das Öffnen eines `OutputStreams`.

Achtung

Sowohl das HttpServletRequest- als auch das HttpServletResponse-Objekt ermöglichen das Öffnen von zeichenbasierten Verbindungen (getReader(), getWriter()) und bytebasierten Verbindungen (getInputStream(), getOutputStream()). Dabei ist zu beachten, dass Sie für jedes Objekt *entweder* das zeichenbasierte Pendant *oder* das byteorientierte verwenden können. Wenn Sie erst das eine und dann das andere öffnen, wird der Webserver unweigerlich eine Exception erzeugen.

Damit haben Sie den ersten klaren Vorteil von Servlets gegenüber JSPs kennen gelernt. Denn in JSPs wird die Variable out bereits automatisch an den Response-Writer gebunden (vordefinierte Variable). Hierdurch wird der Verwendung des OutputStreams in JSPs ein Riegel vorgeschoben. Binärdaten können Sie also nur über ein Servlet versenden.

Zugehörige Konfiguration des Web Deployment Descriptors

Um das Download-Servlet einsetzen zu können, müssen Sie es natürlich ebenfalls registrieren. Dies sind die dafür erforderlichen Tags des Web Deployment Descriptors:

```
...
   <servlet>
      <servlet-name>fileDownloadServlet</servlet-name>
      <servlet-class>de.codebooks.j2ee.servlets.FileDownload</servlet-class>
   </servlet>
...
   <servlet-mapping>
      <servlet-name>fileDownloadServlet</servlet-name>
      <url-pattern>/servlets/FileDownload</url-pattern>
   </servlet-mapping>
...
```

Listing 157: Konfiguration des Download-Servlets

Setzen des Content-Types

Wenn Sie das obige Beispiel ausführen, werden Sie feststellen, dass der Browser nach dem Aufruf des URL, unabhängig davon, ob es sich bei der Datei um ein Textdokument, eine HTML-Seite oder eine Binärdatei handelt, versuchen wird, diese darzustellen. Um den Browser zu veranlassen, stattdessen einen SPEICHERN-Dialog anzuzeigen, müssen Sie dem Response lediglich einen MIME-Type geben, den der Browser nicht zuordnen kann. Häufig verwendet man hierfür den MIME-Type application/octet-stream, und diesen setzen Sie analog zu den JSPs über das Response-Objekt.

```
...
   /** Realisieren des File-Downloads */
   public void doGet(HttpServletRequest request,
                     HttpServletResponse response)
      throws IOException, ServletException {

      // Setzen des Content-Types
      response.setContentType("application/octet-stream");

      BufferedOutputStream out = null;
      BufferedInputStream fileIn = null;
      try {
         int i;
         out = new BufferedOutputStream(response.getOutputStream());
         File file = new File("c:\\temp\\out.txt");
         FileInputStream fis = new FileInputStream(file);
         fileIn = new BufferedInputStream(fis);

         while ((i = fileIn.read()) != -1) {
            out.write(i);
         }
      } finally {
         fileIn.close();
         out.close();
      }
      return;
   }
...
```

Listing 158: Download einer Datei mit gesetztem MIME-Type

49 Wann haben sich Daten zuletzt geändert?

Wie Sie bereits weiter oben gesehen haben, überprüft die Methode `service()` bei `If-Modified`-Request, ob sich die betreffende Ressource seit dem letztmaligen Abruf geändert hat und gegebenenfalls aus dem Cache eines Proxys geladen werden kann. In diesem müssen Sie die Seite nicht erneut generieren bzw. übertragen und können wertvolle Ressourcen sparen. Dazu ruft die Methode `service()` die Methode `getLastModified()` auf und überprüft das Datum der Seite im Cache mit dem zurückgegebenen Zeitstempel. Um anzuzeigen, wann sich der Zustand Ihres Servlets letztmalig geändert hat, überschreiben Sie einfach die letzte Methode mit folgender Signatur:

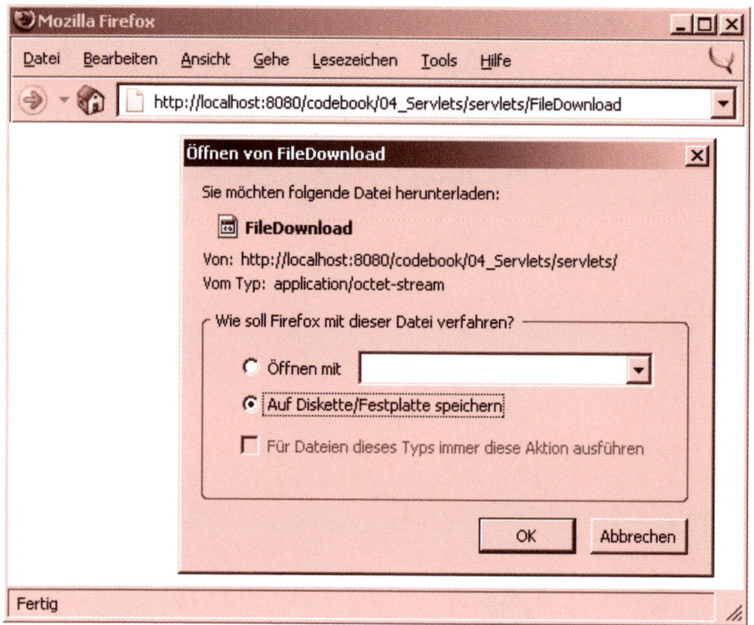

Abbildung 39: Download einer beliebigen (binären) Datei

```
public long getLastModified(HttpServletRequest request)
```

Listing 159: Signatur der Methode getLastModified()

Angenommen Sie würden den Upload und Download einer Datei aus dem obigen Listing mit einem Servlet realisieren, um den Austausch von Dateien zu ermöglichen. Da es sich hierbei auch um große Dateien handeln kann, wollen Sie diese natürlich nur im Bedarfsfall übertragen. Hierfür halten Sie in der `doPost()`-Methode einfach den Zeitpunkt des Uploads fest und geben diesen über die Methode `getLastModified()` zurück:

```
...
public class LastModifiedDemo extends HttpServlet implements
SingleThreadModel {

   /** Zeitstempel der letzten Aktualisierung */
   private Date uploadTime;

   /** Umleiten von doPost() auf doPut() */
   public void doPost(HttpServletRequest request,
                      HttpServletResponse response)
      throws IOException, ServletException {
```

Listing 160: Zeitstempel der letzten Aktualisierung

```
        doPut(request, response);
        uploadTime = new Date();
    }
...
    /** Zeitstempel der letzten Aktualisierung */
    public long getLastModified(HttpServletRequest request) {
        return uploadTime.getTime();
    }
...
```

Listing 160: Zeitstempel der letzten Aktualisierung (Forts.)

Wie Sie sehen, gibt die Methode dabei die Millisekunden des entsprechenden `Date`-Objekts zurück. Diese werden intern in das benötigte Format konvertiert und anschließend an den Client übertragen.

50 Zusätzliche Informationen hinterlegen

Mit der Methode `getServletInfo()` kann ein Servlet ein paar Informationen über sich preisgeben. Sie ist vergleichbar mit der Methode `toString()` Ihrer klassischen Java-Objekte und macht in der Regel Angaben zum Namen, zum Autor, Verwendungszweck etc. Die Default-Implementierung der Basisklasse gibt den leeren String `""` zurück.

```
public String getServletInfo() {
    return "Author: <a href=\"mailto:codebook@akdabas.de\">Thomas Stark</a>"
}
```

Listing 161: Eine Servlet-Info

Der zurückgegebene String kann dabei Text und HTML-Strukturen oder anderen Markup wie XML etc. enthalten.

51 Das Interface SingleThreadModel

Da die oben beschriebenen Beispiele alle mit Datei-Objekten arbeiten und diese keinen parallelen Zugriff gestatten, muss sichergestellt sein, dass zu jedem Zeitpunkt stets nur ein Request bearbeitet wird. Bei JSPs realisieren Sie dies durch die Page-Direktive `isThreadSafe`, deren Pendant bei Servlets das Interface `SingleThreadModel` ist, das von den oben beschriebenen Servlets implementiert wird.

Bei `javax.servlet.SingleThreadModel` handelt es sich um ein so genanntes Marker-Interface, das keine zu implementierenden Methoden beschreibt. Es markiert Ihr Servlet lediglich und teilt dem Webserver mit, dass dieses Servlet selbst nicht `thread-safe` ist und nur jeweils einen Request bearbeiten kann. Der Webserver blockiert parallele Request dann stets so lange, bis das Servlet wieder bereit ist.

Achtung

In der neuesten Servlet-Spezifikation ist das Interface `SingleThreadModel` als veraltet bezeichnet (`deprecated`) worden, da die gewünschte Funktionalität durch bestimmten Code unterlaufen werden kann. Nichtsdestotrotz unterstützen die meisten Webserver diesen Modus (noch).

Wenn Sie wirklich auf Nummer sicher gehen möchten, müssen Sie fortan alle zu schützenden Abschnitte selbst synchronisieren.

52 Arbeiten mit dem Servlet-Kontext

Über die Methode `getServletContext()`, einer Basisklasse von `HttpServlet`, erhalten Sie ein Objekt vom Typ `javax.servlet.ServletContext`. Anhand des Packages können Sie bereits erkennen, dass es sich um kein HTTP-spezifisches Objekt handelt, sondern dass dieses Objekt allen Servlets zur Verfügung steht. Über dieses Objekt kommunizieren Ihre Servlets und JSPs mit dem Webserver, der je ein `ServletContext`-Objekt für jede Webapplikation zur Verfügung stellt.

Mit dem `ServletContext` können Sie beispielsweise Ausgaben in die Log-Datei des Webservers umleiten, Initialisierungsparameter auslesen, den tatsächlichen Pfad Ihrer Webanwendung im Dateisystem ermitteln oder Java-Ressourcen einlesen. Also Funktionalitäten, die Ihnen sonst das Package `java.lang` zur Verfügung stellt. Sie haben sogar schon mit diesem Objekt gearbeitet, denn hinter der in JSPs vordefinierten Variablen `application` verbirgt sich nichts anderes als der `ServletContext` des aus der JSP resultierenden Servlets.

In den folgenden Beispielen werden Sie immer wieder auf das `ServletContext`-Objekt zurückgreifen.

53 Binden der Session-Variablen

Im Gegensatz zu JSPs, in denen das Session-Objekt (Typ `javax.servlet.http.HTTPSession`) bereits vom Webserver an die vordefinierte Variable `session` gebunden ist, müssen Sie dieses bei Servlets selbst binden. Hierfür stellt Ihnen das `HttpServletRequest`-Objekt zwei Methoden zur Verfügung:

```
// Gibt ein diesem Client zugewiesenes Session-Objekt zurück. Erzeugt bei
// Bedarf eine neue Session
public HttpSession getSession()

// Gibt ein diesem Client zugewiesenes Session-Objekt zurück. Existiert kein
// solches Objekt und ist der Parameter 'false', wird 'null' zurückgegeben
public HttpSession getSession(boolean create)
```

Listing 162: Signatur der Methoden getSession()

Existiert bereits ein gültiges `Session`-Objekt, sind beide Varianten äquivalent, nur während die erste bei Bedarf auf jeden Fall ein neues `Session`-Objekt erzeugt, können Sie dieses Verhalten über den Parameter `create` steuern. Ist dieser false und existiert keine gültige Session für diesen Client, liefert sie `null` zurück.

Achtung

Wird die Zuordnung von Session und Client über Cookies (siehe unten) realisiert, setzen beide Varianten beim Erzeugen einer neuen Session die dafür benötigten eindeutigen Response-Header. Da diese vor dem Body des Response übertragen werden, müssen Sie diese Methoden also aufrufen, *bevor* Sie Daten über den `Writer` oder den `OutputStream` senden.

54 Erzeugung und letztmaliger Zugriff auf die Session

Nachdem Sie die Session (erzeugt und) gebunden haben, können Sie über die Methoden `getCreationTime()` und `getLastAccessedTime()` ermitteln, wann die Session erzeugt und zum letzten Mal zuvor verwendet wurde.

```
...
    // Binden der Session-Variablen
    HttpSession session = request.getSession();

    // Datum der Erzeugung
    Date creationTime = new Date(session.getCreationTime());

    // Letztmaliger Zugriff dieses Clients
    Date lastAccess = new Date(session.getLastAccessedTime());
...
```

Listing 163: getCreationTime() und getLastAccessedTime()

55 Session-Timeout

Bei längerer Nichtbenutzung verfällt eine vom Webserver verwaltete Session wieder (*Session-Timeout*). Über die Methode `getMaxInactiveInterval()` können Sie diese Zeitspanne in Sekunden ermitteln. Ein negativer Wert zeigt dabei an, dass diese Session nie verfällt.

```
...
    // Binden der Session-Variablen
    HttpSession session = request.getSession();

    // Zeitspanne (in Sekunden), bis Session bei Nichtbenutzung verfällt
    int secondsTillInvalidate = session.getMaxInactiveInterval();
...
```

Listing 164: Lesen des Session-Timeouts

Wie groß das per Default eingestellte Session-Timeout eingestellt ist, hängt dabei von der Konfiguration Ihres Webservers ab. Sie können dieses jedoch über die Methode `setMaxInactiveInterval()` überschreiben. Auch hier bewirkt ein negativer Wert, dass die Session niemals verfällt, alle anderen Angaben sind in Sekunden:


```
...
    // Binden der Session-Variablen
    HttpSession session = request.getSession();

    if (Math.random() < 0.5) {

        // Diese Session bekommt ein TimeOut von 2 Stunden (7200 Sekunden)
        session.setMaxInactiveInterval(2 * 60 * 60);
    } else {

        // Diese Session verfällt nie
        session.setMaxInactiveInterval(-1);
    }
...
```

Listing 165: Setzen des Session-Timeouts

56 Ermitteln der Session-Identität

Jede Session wird über eine eindeutige Zeichenkette identifiziert, wie Sie sie z.B. auch über den Aufruf `new java.rmi.server.UID().toString()` erhalten können. Der Server nimmt Ihnen die Zuordnung zum entsprechenden Session-Objekt ab, aber natürlich können Sie die ID auch manuell auslesen.

```
...
    // Binden der Session-Variablen
    HttpSession session = request.getSession();

    // Auslesen der Session-ID
    String sessionId = session.getId();
...
```

Listing 166: Auslesen der Session-ID

Über die Methode `isNew()` können Sie schließlich ermitteln, ob diese Session soeben erzeugt oder nur neu gebunden wurde:

```
...
    // Binden der Session-Variablen
    HttpSession session = request.getSession();
```

Listing 167: Ist die Session neu?

```
    // wurde die Session soeben erzeugt?
    boolean isNew = session.isNew();
...
```

Listing 167: Ist die Session neu? (Forts.)

Hinweis

Wenn Ihr Webserver Session-Management nur auf Basis von Cookies unterstützt und der Client keine Unterstützung für diese bietet, ist die Session jedes Requests neu.

57 Eine Session für ungültig erklären

Nach Ablauf des Session-Timeouts erklärt der Webserver die Session eines Benutzers für ungültig (invalidate) und löst damit alle an diese Session gebundenen Objekte. Sendet der Client daraufhin einen neuen Request, wird er nicht mehr erkannt und erhält bei Bedarf ein neues (reinitialisiertes) `Session`-Objekt.

Natürlich können Sie in diesen Prozess auch manuell eingreifen, indem Sie entweder das Timeout für diese Session sehr niedrig (1 ms) ansetzen oder die Session gleich für ungültig erklären:

```
...
    // Binden der Session-Variablen
    HttpSession session = request.getSession();

    // Session für ungültig erklären
    session.invalidate();

    // eine neue Session erzeugen
    session = request.getSession();
...
```

Listing 168: Eine Session für ungültig erklären

Dies kann dann erforderlich sein, wenn eine Session, auch bei regelmäßiger Frequentierung, nach spätestens einem Tag erneuert werden soll:

```
package de.codebooks.j2ee.servlets;

import java.util.Date;
import java.io.IOException;
```

Listing 169: Erneuert »alte« Sessions

```
import javax.servlet.http.HttpSession;
import javax.servlet.http.HttpServlet;
import javax.servlet.http.HttpServletRequest;
import javax.servlet.http.HttpServletResponse;
import javax.servlet.ServletException;

/** Erklärt alte Sessions für ungültig, und erzeugt anschließend neue */
public class SessionInvalidate extends HttpServlet {

   /** Entfernen alter Sessions */
   public void doGet(HttpServletRequest request,
                     HttpServletResponse response)
      throws IOException, ServletException {

      // Binden der Session-Variablen
      HttpSession session = request.getSession();

      // Sessions, die älter als ein Tag sind, für ungültig erklären
      if (! session.isNew()) {

         // 24 Stunden zuvor (in Millisekunden)
         Date dayAgo = new Date(System.currentTimeMillis() - 24*60*60*1000);

         // Datum der Erzeugung
         Date creationTime = new Date(session.getCreationTime());

         if (creationTime.before(dayAgo)) {
            session.invalidate();
            session = request.getSession();
         }
      }

      // ...
      // weiterer Servlet-Code
      // ...
      return;
   }
}
```

Listing 169: Erneuert »alte« Sessions (Forts.)

58 Überwachung aktiver Sessions

Häufig möchte man vor einem Neustart des Webservers sicherstellen, dass alle an der Webanwendung angemeldeten Benutzer ihre Arbeit beendet haben und sich abmelden. Bei entsprechender Programmierung kann man dabei eine Mitteilung in der jeweiligen Benutzer-Session ablegen und beim nächsten Request des Clients darstellen.

Für ein solches Szenario ist es essenziell zu wissen, welche Sessions ihr Timeout noch nicht überschritten haben und gültig sind. Falls Sie mit den grafischen Bibliotheken AWT oder Swing vertraut sind wissen Sie, dass Benachrichtigungen in Java häufig über so genannte Listener realisiert werden, die über entsprechende Methoden über das Eintreten bestimmter Ereignisse (Events) informiert werden. Auch die Session-API folgt diesem Schema.

Das erste wichtige Interface ist der so genannte `HttpSessionListener`. Objekte, die dieses Interface implementieren, werden immer dann benachrichtigt, wenn eine Session erzeugt wird oder ihr Session-Timeout überschreitet und verfällt.

Das Interface HttpSessionListener

Die Schnittstelle des `javax.servlet.http.HttpSessionListener` definiert die folgenden Methoden:

```
package javax.servlet.http;

import javax.servlet.http.HttpSessionEvent;

/** Verfolgt das Erzeugen und Verfallen von HttpSession-Objekten */
public Interface HttpSessionListener {

   /** Wird gerufen, wenn eine Session erzeugt wurde */
   public void sessionCreated(HttpSessionEvent event)

   /** Wird gerufen, wenn eine Session verfällt */
   public void sessionDestroyed(HttpSessionEvent event)

}
```

Listing 170: Signatur des Interface HttpSessionListener

Die erste der beiden Methoden wird immer dann gerufen, nachdem eine neue Session erzeugt wurde, und die zweite, unmittelbar bevor eine `HttpSession` verfällt. Das dabei übergebene `HttpSessionEvent` enthält eine Referenz auf die jeweilige Session, die mit der Methode `getSession()` ausgelesen werden kann.

Ein Listener zum Loggen der aktiven Sessions

Um die Wirkungsweise zu demonstrieren, werden Sie nun einen eigenen Listener entwickeln, der die aktiven Sessions speichert.

```
package de.codebooks.j2ee.listeners;

import java.util.Map;
```

Listing 171: ActiveSessionsListener

```
import java.util.HashMap;

import javax.servlet.http.HttpSessionEvent;
import javax.servlet.http.HttpSessionListener;

/** Speichert aktive (gültige) Sessions */
public class ActiveSessionListener implements HttpSessionListener {

   /** Liste der aktiven Sessions */
   private static Map activeSessions = new HashMap();

   /** Wird gerufen, wenn eine Session erzeugt wurde */
   public void sessionCreated(HttpSessionEvent event) {
      System.out.println(" Session mit der ID " + event.getSession().getId()
+
                          " wurde erzeugt.");
      activeSessions.put(event.getSession().getId(), event.getSession());
   }

   /** Wird gerufen, wenn eine Session verfällt */
   public void sessionDestroyed(HttpSessionEvent event) {
      System.out.println(" Session mit der ID " + event.getSession().getId()
+
                          " verfällt.");
      activeSessions.remove(event.getSession().getId());
   }

   /** Ausgabe der aktiven Sessions*/
   public static Map getActiveSessions() {
      return activeSessions;
   }
}
```

Listing 171: ActiveSessionsListener (Forts.)

Der Listener wird dabei über den leeren Konstruktor erzeugt, den Sie entweder selbst implementieren oder von der Basisklasse erben können. Die Speicherung der aktiven Sessions ist für die Ausgabe über `System.out` nicht zwingend erforderlich, sondern dient dazu, die aktiven Sessions beispielsweise über ein Servlet ausgeben zu können.

Ein Servlet zur Ausgabe der aktiven Sessions

Als Nächstes sehen Sie ein Servlet, das zum Testen des oben gezeigten `ActiveSessionsListener` gedacht ist. Der Listener funktioniert aber auch ohne dieses Servlet, wenn die aktiven Sessions beispielsweise in einer Datenbank gespeichert werden.

```
package de.codebooks.j2ee.servlets;

import java.util.Map;
import java.util.Date;
import java.util.Iterator;
import java.io.PrintWriter;
import java.io.IOException;

import javax.servlet.http.HttpSession;
import javax.servlet.http.HttpServlet;
import javax.servlet.http.HttpServletRequest;
import javax.servlet.http.HttpServletResponse;
import javax.servlet.ServletException;

import de.codebooks.j2ee.listeners.ActiveSessionListener;

/** Dieses Servlet gibt die aktiven Sessions in Form einer HTML-Seite aus */
public class ActiveSessionsServlet extends HttpServlet {

   /** Gibt die aktiven Sessions in Form einer HTML-Seite aus */
   public void doGet(HttpServletRequest request,
                     HttpServletResponse response)
      throws IOException, ServletException {

      // Binden bzw. Erzeugen der Session-Variablen
      HttpSession session = request.getSession();

      // Binden der Variablen out
      PrintWriter out = response.getWriter();
      out.println("<html><body>");
      out.println("Derzeit sind folgende Sessions gültig: ");
      out.println("<ul>");

      Map activeSessions = ActiveSessionsListener.getActiveSessions();
      Iterator i = activeSessions.values().iterator();
      while (i.hasNext()) {
         HttpSession activeSession = (HttpSession)i.next();
         Date creationDate = new Date(activeSession.getCreationTime());
         out.println("<li>" + activeSession.getId());
         out.println(" erzeugt am " + creationDate + "</li>");
      }

      // Session-Timeout auf 10 Sekunden setzen
      session.setMaxInactiveInterval(10);

      out.println("</ul></body></html>");
```

Listing 172: Servlet zur Ausgabe der aktiven Sessions

```
        return;
    }
}
```

Listing 172: Servlet zur Ausgabe der aktiven Sessions (Forts.)

Zunächst stellen Sie hierbei sicher, dass der aktuelle Client über eine gültige Session verfügt. Diese wird nämlich nur bei Bedarf erzeugt.

```
HttpSession session = request.getSession();
```

Anschließend holen Sie sich über die Methode `getActiveSessions()` alle derzeit aktiven Sessions und geben deren `ID` nebst Zeitpunkt der Erzeugung in einer HTML-Seite aus. Um die Wirkungsweise besser demonstrieren zu können, setzen Sie anschließend das Session-Timeout auf 10 Sekunden.

```
session.setMaxInactiveInterval(10);
```

Konfiguration des HttpSessionListener

Abschließend müssen Sie über den Web Deployment Descriptor sowohl das Servlet als auch den `HttpSessionListener` konfigurieren. Denn da Letzterer vollkommen autark läuft und nicht etwa über ein Servlet erzeugt wird, muss der Webserver wissen, welche Klasse den Listener implementiert. Dazu lernen Sie nun ein weiteres Element des Web Deployment Descriptors kennen:

```
<web-app>
...
   <!-- Konfiguration eines HttpSessionListeners -->
   <listener>
      <listener-class>PfadDerListenerKlasse</listener-class>
   </listener>
...
<web-app>
```

Listing 173: Das Element <listener>

Genau wie ein `<servlet>`-Element dem Webserver mitteilt, welche Klassen die Basisklasse `HttpServlet` erweitern, wird jeder `HttpSessionListener` über ein `<listener>`-Tag konfiguriert. Das obige Beispiel-Servlet wird wie gewohnt konfiguriert und an einen URL gebunden.

```
<web-app>
...
   <!-- Konfiguriere ActiveSessionsListener -->
   <listener>
```

Listing 174: Konfiguration des ActiveSessionsListener

```
        <listener-class>de.codebooks.j2ee.listeners.
                        ActiveSessionsListener</listener-class>
    </listener>
...
    <servlet>
        <servlet-name>activeSessionsServlet</servlet-name>
        <servlet-class>de.codebooks.j2ee.servlets.
                        ActiveSessionsServlet</servlet-class>
    </servlet>
...
    <servlet-mapping>
        <servlet-name>activeSessionsServlet</servlet-name>
        <url-pattern>/servlets/ActiveSessionsServlet</url-pattern>
    </servlet-mapping>
...
</web-app>
```

Listing 174: Konfiguration des ActiveSessionsListener (Forts.)

Das Resultat

Nun können Sie das Servlet wie gewohnt aufrufen:

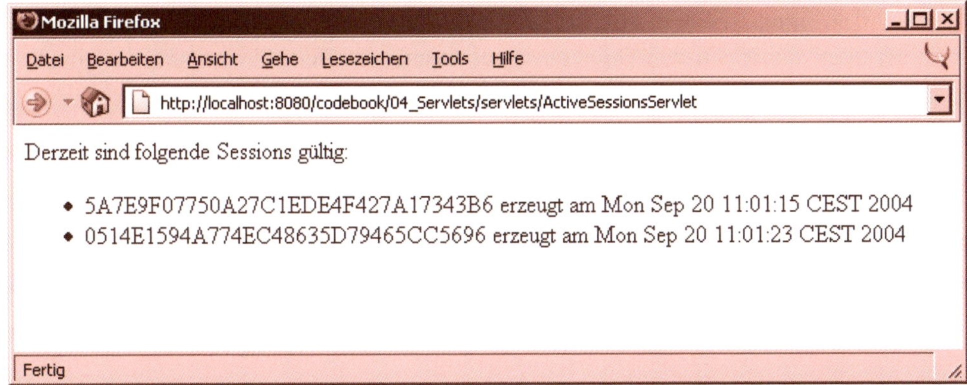

Abbildung 40: Ausgabe der aktiven Sessions

Interessant dürfte auch ein Blick auf die Konsole sein, auf welche die Ausgaben von `System.out` in der Regel weitergeleitet werden. Wenn Sie das Servlet in kurzer Folge mit zwei verschiedenen Browser-Fenstern öffnen, erhalten Sie folgendes Resultat:

```
Session mit der ID BE3C6FD79A1A7FC1F427B7084EE8F260 wurde erzeugt.
Session mit der ID 6F21A7B2837835B5BDF41E8D2ED58425 wurde erzeugt.
```

Listing 175: Ausgabe auf der Kommandozeile

Servlets

Nach etwa zehn Sekunden wird diese Ausgabe um die folgenden Zeilen ergänzt:

```
Session mit der ID BE3C6FD79A1A7FC1F427B7084EE8F260 wurde erzeugt.
Session mit der ID 6F21A7B2837835B5BDF41E8D2ED58425 wurde erzeugt.
Session mit der ID BE3C6FD79A1A7FC1F427B7084EE8F260 verfällt.
Session mit der ID 6F21A7B2837835B5BDF41E8D2ED58425 verfällt.
```

Listing 176: Ausgabe nach dem Session-Timeout

Auf diese Weise haben Sie nun ein probates Mittel in der Hand, mit dem Sie die gültigen Sessions ermitteln können.

Achtung

In diesem Beispiel speichern Sie (der Einfachheit halber) die aktiven Sessions in einer statischen Klassenvariablen, die von Instanzmethoden gefüllt wird. In Produktionsumgebungen empfehlen wir die Implementierung eines Singletons oder ähnlicher Zugriffsmethoden.

Hinweis

Die Überprüfung, ob Sessions mit abgelaufenem Session-Timeout existieren, geschieht normalerweise in einem gesonderten Thread der Java Virtual Machine, der nur von Zeit zu Zeit angestoßen wird. Deshalb wird eine Session nicht unmittelbar nach Ablauf des Session-Timeouts entfernt, und die Ausgaben über das Lösen von Objekten erscheinen gestaffelt, auch wenn die einzelnen Sessions natürlich selten zeitgleich ihr Timeout erreichen.

59 Objekte in den Sessions verfolgen

Mit dem Wissen der vorangegangenen Beispiele können Sie zwar aktive Sessions von verfallenen unterscheiden, jedoch können Sie keine Aussage darüber machen, welche Objekte in den Sessions gebunden werden.

Das Interface HttpSessionAttributeListener

Dies ermöglicht Ihnen das Interface `javax.servlet.http.HttpSessionAttributeListener` mit folgender Signatur:

```
package javax.servlet.http;

import javax.servlet.http.HttpSessionBindingEvent;

/** Verfolgt Änderungen innerhalb von HttpSession-Objekten */
public Interface HttpSessionAttributeListener {
```

Listing 177: Signatur des HttpSessionAttributeListeners

```
    /** Wird gerufen, wenn ein neues Objekt an die Session gebunden wurde */
    public void attributeAdded(HttpSessionBindingEvent event)

    /** Wird gerufen, wenn ein Objekt in der Session überschrieben wird */
    public void attributeReplaced(HttpSessionBindingEvent event)

    /** Wird gerufen, wenn ein Objekt aus der Session entfernt wird */
    public void attributeRemoved(HttpSessionBindingEvent event)

}
```

Listing 177: Signatur des HttpSessionAttributeListeners (Forts.)

Dieses Interface ist dazu gedacht, Änderungen innerhalb der `HttpSession`-Objekte zu verfolgen. Die drei deklarierten Methoden werden dabei gerufen, wenn ein Objekt an eine Session gebunden, von einem anderen Objekt überschrieben oder aus der Session entfernt wird (`remove()`).

Im Gegensatz zum `HttpSessionListener` werden diese Methoden jedoch mit einem `HttpSessionBindingEvent` parametrisiert. Dieser stellt Ihnen drei Methoden zur Verfügung:

- `public String getName()`

  Diese Methode gibt Ihnen den Namen (bzw. Key) zurück, unter dem das Objekt gespeichert, gelöscht oder überschrieben wurde.

- `public HttpSession getSession()`

  Diese Methode übergibt Ihnen (analog zum `HttpSessionListener`) eine Referenz auf die Session, die manipuliert wurde.

- `public Object getValue()`

  Diese Methode liefert Ihnen das gespeicherte, gelöschte oder überschriebene Objekt selbst.

Ein eigener HttpSessionAttributeListener

Auch die Wirkungsweise dieses Listeners soll an einem Beispiel verdeutlicht werden. Dabei verzichten Sie aber auf die explizite Speicherung der Session und beschränken sich auf die Ausgabe von Informationen:

```
package de.codebooks.j2ee.listeners;

import javax.servlet.http.HttpSessionBindingEvent;
import javax.servlet.http.HttpSessionAttributeListener;
```

Listing 178: Ein eigener HttpSessionAttributeListener

```
/** Verfolgt Änderungen der Session-Attribute */
public class MySessionAttributeListener
   implements HttpSessionAttributeListener {

   /** Wird gerufen, wenn ein neues Objekt an die Session gebunden wurde */
   public void attributeAdded(HttpSessionBindingEvent event) {
      System.out.print(event.getValue() + " wurde unter dem Namen ");
      System.out.print(event.getName() + " in der Session mit der ID ");
      System.out.println(event.getSession().getId() + " gebunden.");
   }

   /** Wird gerufen, wenn ein Objekt in der Session überschrieben wird */
   public void attributeReplaced(HttpSessionBindingEvent event) {
      System.out.print(event.getValue() + " wurde unter dem Namen ");
      System.out.print(event.getName() + " in der Session mit der ID ");
      System.out.println(event.getSession().getId() +" überschrieben");
   }

   /** Wird gerufen, wenn ein Objekt aus der Session entfernt wird */
   public void attributeRemoved(HttpSessionBindingEvent event) {
      System.out.print(event.getValue() + " wurde unter dem Namen ");
      System.out.print(event.getName() + " aus der Session mit der ID ");
      System.out.println(event.getSession().getId() + " entfernt.");
   }
}
```

Listing 178: Ein eigener HttpSessionAttributeListener (Forts.)

Ein Servlet zum Testen des Listeners

Das folgende Listing zeigt ein Servlet, das die Arbeitsweise dieses Listeners demonstriert. Da die Ausgabe des `MyHttpSessionAttributeListener` auf die Kommandozeile beschränkt ist, erzeugen Sie für den Client lediglich eine »fast« leere Seite:

```
package de.codebooks.j2ee.servlets;

import java.io.PrintWriter;
import java.io.IOException;

import javax.servlet.http.HttpSession;
import javax.servlet.http.HttpServlet;
import javax.servlet.http.HttpServletRequest;
import javax.servlet.http.HttpServletResponse;
import javax.servlet.ServletException;

/** Dieses Servlet testet das Verhalten des SessionAttributeListeners */
```

Listing 179: Servlet zum Testen des HttpSessionAttributeListeners

```
public class SessionAttributeServlet extends HttpServlet {

   /** Setzt, überschreibt und löscht einen Wert in der HttpSession */
   public void doGet(HttpServletRequest request,
                     HttpServletResponse response)
      throws IOException, ServletException {

      // Binden bzw. Erzeugen der Session-Variablen
      HttpSession session = request.getSession();

      // Setzt eine Attribut der Session
      session.setAttribute("Test", new Double(1.00));

      // Überschreibt dieses Attribut
      session.setAttribute("Test", "Test-String");

      // Löscht das Objekt wieder
      session.removeAttribute("Test");

      // Dieser Wert wird erst beim TimeOut von der Session gelöst
      session.setAttribute("DeleteOnTimeOut", new Boolean(true));

      // Session-Timeout auf 10 Sekunden setzen
      session.setMaxInactiveInterval(10);

      // Binden der Variablen out
      PrintWriter out = response.getWriter();
      out.println("<html><body>Eine leere HTML-Seite.</body></html>");
      return;
   }
}
```

Listing 179: Servlet zum Testen des HttpSessionAttributeListeners (Forts.)

Zunächst binden Sie die Variable `session`. Sollte zu diesem Zeitpunkt für diesen Client noch keine Session existieren, legt der Webserver eine neue Session an. Anschließend erzeugen Sie ein neues `Double`-Objekt und binden dieses unter der Bezeichnung `Test` an die Session. Dann überschreiben Sie dieses mit einem String, den Sie daraufhin wieder entfernen. Abschließend legen Sie unter dem Bezeichner `DeleteOnTimeout` ein weiteres Objekt vom Typ `Boolean` und setzen das Session-Timeout auf zehn Sekunden.

Konfigurieren des Servlets und Listeners

Auch der `HttpSessionAttributeListener` wird über ein `<listener>`-Element eingebunden. Die Konfiguration lautet dementsprechend äquivalent zum obigen Beispiel:

```
...
  <!-- Konfiguriere SessionAttributeListener -->
   <listener>
      <listener-class>de.codebooks.j2ee.listeners.
                      MySessionAttributeListener</listener-class>
   </listener>
...
   <servlet>
      <servlet-name>sessionAttributeServlet</servlet-name>
      <servlet-class>de.codebooks.j2ee.servlets.
                     SessionAttributeServlet</servlet-class>
   </servlet>
...
   <servlet-mapping>
      <servlet-name>sessionAttributeServlet</servlet-name>
      <url-pattern>/servlets/SessionAttributeServlet</url-pattern>
   </servlet-mapping>
....
```

Listing 180: Konfiguration des HttpSessionAttributeListeners

Das Resultat

Wenn Sie den `HttpSessionListener` aus dem vorhergehenden Beispiel immer noch eingebunden haben, erhalten Sie, nachdem Sie das Servlet aufgerufen und etwa zehn Sekunden gewartet haben, das folgende Ergebnis, anderenfalls entfallen die erste und letzte Zeile:

```
Session mit der ID 41D62920BBBAAB707B21C34568D386EF wurde erzeugt.
1.0 wurde unter dem Namen Test an die Session mit der ID
    41D62920BBBAAB707B21C34568D386EF gebunden.
1.0 unter dem Namen Test in der Session mit der ID
    41D62920BBBAAB707B21C34568D386EF wurde überschrieben.
Test-String wurde unter dem Namen Test aus der Session mit der ID
    41D62920BBBAAB707B21C34568D386EF entfernt.
True wurde unter dem Namen DeleteOnTimeOut an die Session mit der ID
    41D62920BBBAAB707B21C34568D386EF gebunden.
True wurde unter dem Namen DeleteOnTimeOut aus der Session mit der ID
    41D62920BBBAAB707B21C34568D386EF entfernt.
Session mit der ID 41D62920BBBAAB707B21C34568D386EF verfällt.
```

Listing 181: Ausgabe des HttpSessionAttributeListeners

Zunächst wurde die Session erzeugt und ein `Double`-Objekt unter dem Namen `Test` eingefügt. Da der `Test-String` ein vorhandenes Objekt in der Session überschreibt und der Bezeichner `Test` damit nicht neu vergeben wird, erfolgt kein Aufruf, dass Test *neu* gebunden wurde. Stattdessen erhalten Sie einen Event, dass das zuvor gebundene `Double`-Objekt überschrieben wurde. Wenn Sie das neue Objekt der Session erhalten wollen, müssen Sie dies über den Bezeichner in der Methode `attributeReplaced()` manuell extrahieren.

Wenn ein Objekt aus der Session entfernt wird, erfolgt der Aufruf `attributeRemoved()`, und zwar unabhängig davon, ob das Objekt zuvor ein anderes Objekt überschrieben hat.

An dieser Stelle müssen Sie nun etwa zehn Sekunden warten, bis das Timeout der Session überschritten wird und diese verfällt, und dann bemerken Sie etwas Überraschendes: Bevor das `HttpSession`-Objekt verfällt und aus dem Speicher entfernt wird, werden alle noch daran gebundenen Objekte entfernt.

60 Das Binden von Objekten verfolgen

Mit dem Wissen der vorangegangenen Rezepte können Sie verfolgen, wann eine `HttpSession` erzeugt wird, verfällt und welche Objekte hinzugefügt oder entfernt werden. Nun verhalten sich einige Objekte anders, wenn sie an eine Session gebunden sind. So könnte eine Datenbankverbindung etwa eine neue Transaktion für diesen Client starten und, nachdem sie aus dessen Session entfernt wurde, wieder beenden. Für solche Fälle ist es für das Objekt selbst wichtig, wann es an eine Session gebunden ist und wann nicht.

Hinweis

Natürlich könnten Sie dies auch mit entsprechenden `HttpSessionAttributeListener`-Objekten realisieren, doch bedenken Sie, welcher Verwaltungsaufwand dafür nötig wäre.

Das Interface HttpSessionBindingListener

Für den Fall, dass ein gebundenes Objekt selbst darüber informiert werden soll, wann es an eine `HttpSession` gebunden ist und wann nicht, definiert die Servlet-Spezifikation das Interface `HttpSessionBindingListener` mit folgender Signatur:

```
package javax.servlet.http;

import javax.servlet.http.HttpSessionBindingEvent;

/** Für Objekte, die zugleich ihren eigenen Event-Handler darstellen */
public Interface HttpSessionBindingListener {

   /** Wird gerufen, wenn dieses Objekt an eine Session gebunden wird */
   public void valueBound(HttpSessionBindingEvent event)

   /** Wird gerufen, wenn dieses Objekt von einer Session gelöst wird */
   public void valueUnbound(HttpSessionBindingEvent event)
}
```

Listing 182: Signatur des Interface HttpSessionBindingListener

Wenn Sie ein Objekt an eine Session binden, überprüft der Webserver, ob dieses das Interface `HttpSessionBindingListener` implementiert, und ruft gegebenenfalls die Methode `valueBound()`. Analog dazu werden Sie über die Methode `valueUnbound()` über das Lösen des Objekts von der Session informiert.

Diese Callbacks laufen dabei unabhängig von den oben genannten Events des `HttpSessionAttributeListeners`.

Ein eigener HttpSessionBindingListener

Das folgende Listing zeigt einen `HttpSessionBindingListener`, der analog zum ersten Beispiel alle Sessions, an die er gebunden ist, in einer `Map` speichert.

```
package de.codebooks.j2ee.listeners;

import java.util.Map;
import java.util.HashMap;

import javax.servlet.ServletContext;
import javax.servlet.http.HttpSessionBindingEvent;
import javax.servlet.http.HttpSessionBindingListener;

public class MySessionBindingListener
   implements HttpSessionBindingListener {

   /** Servlet-Context um z.B. log()-Ausgaben zu erzeugen */
   private ServletContext context;

   /** Liste der aktiven Sessions */
   private Map sessions;

   /** Constructor */
   public MySessionBindingListener(ServletContext aContext) {
      context = aContext;
      sessions = new HashMap();
   }

   /** Wird gerufen, wenn Objekt gebunden wird */
   public void valueBound(HttpSessionBindingEvent event) {
      context.log("Gebunden an Session mit der ID "+
                  event.getSession().getId());
      sessions.put(event.getSession().getId(), event.getSession());
   }

   /** Wird gerufen, wenn Objekt gelöst wird */
   public void valueUnbound(HttpSessionBindingEvent event) {
      context.log("Lösen von Session mit der ID " +
```

Listing 183: Ein HttpSessionBindingListener

```
                event.getSession().getId());
        sessions.remove(event.getSession().getId());
    }

    /** Ausgabe der an dieses Objekt gebundenen Sessions */
    public Map getBoundedSessions() {
        return sessions;
    }
}
```

Listing 183: Ein HttpSessionBindingListener (Forts.)

Um Log-Ausgaben erzeugen zu können (und die Möglichkeiten dieses Listeners gegenüber dem `HttpSessionAttributeListener` zu demonstrieren), erhält dieser Listener nun über seinen Konstruktor eine Referenz auf ein `ServletContext`-Objekt. Anschließend initialisiert er eine `Map` für die ihn bindenden Sessions:

```
public MyBindingListener(ServletContext aContext) {
    context = aContext;
    sessions = new HashMap();
}
```

Immer wenn dieser Listener an eine Session gebunden wird, führt der Webserver die Methode `valueBound()` aus. Das dabei übergebene `javax.servlet.http.HttpSessionBindingEvent` stellt Ihnen dabei die drei bereits bekannten Methoden zur Verfügung:

- `public String getName()`

  Diese Methode gibt Ihnen den Namen (bzw. Key) zurück, unter dem dieses Objekt gespeichert wurde. Dieser ist besonders dann interessant, wenn ein Objekt mehrmals gebunden wird.

- `public HttpSession getSession()`

  Diese Methode übergibt Ihnen eine Referenz auf die Session, in der das Objekt gespeichert wurde.

- `public Object getValue()`

  Diese Methode liefert Ihnen in diesem Fall das gespeicherte Objekt, also den Listener selbst zurück und stellt damit nichts anderes als die Referenz `this` dar.

Nach dem Entfernen oder Überschreiben dieses Objekts aus der Session wird die Methode `valueUnbound()` gerufen, die ein ähnliches `HttpSessionBindingEvent` erhält.

Neben dem Hinzufügen und Entfernen der Sessions erzeugt der Listener zusätzlich Debug-Informationen, welche die Wirkungsweise verdeutlichen sollen.

```
context.log("Gebunden an Session mit der ID " + event.getSession().getId());
```

Servlets

Ein Servlet zum Zählen der aktiven Sessions

Nun benötigen Sie lediglich ein Servlet, das ein solches Listener-Objekt erzeugt und bei Bedarf an die Session des Clients bindet.

```
package de.codebooks.j2ee.servlets;

import java.util.Map;
import java.util.Date;
import java.util.Iterator;
import java.io.PrintWriter;
import java.io.IOException;

import javax.servlet.http.HttpSession;
import javax.servlet.http.HttpServlet;
import javax.servlet.http.HttpServletRequest;
import javax.servlet.http.HttpServletResponse;
import javax.servlet.ServletException;

import de.codebooks.j2ee.listeners.MySessionBindingListener;

/** Gibt eine Liste der Sessions aus, an die der Listener gebunden ist */
public class SessionBindingServlet extends HttpServlet {

   /** Der SessionBindingListener */
   private MySessionBindingListener listener;

   /** Initialisieren des Listeners */
   public void init(javax.servlet.ServletConfig config)
      throws ServletException {

      // Init der Superklasse aufrufen
      super.init(config);

      // Erzeugen des Listeners
      listener = new MySessionBindingListener(config.getServletContext());
   }


   /** Bindet den Listener bei Bedarf an die Session */
   public void doGet(HttpServletRequest request,
                     HttpServletResponse response)
      throws IOException, ServletException {

      // Binden der Session-Variablen
      HttpSession session = request.getSession();
```

Listing 184: Servlet zum Zählen der aktiven Sessions

```
        // Überprüfen, ob der Listener bereits in Session enthalten ist
        if (session.getAttribute("listener.binding") == null) {
           session.setAttribute("listener.binding", listener);
        }

        // Binden der Variablen out
        PrintWriter out = response.getWriter();
        out.println("<html><body>");
        out.println("Derzeit sind folgende Sessions gebunden: ");
        out.println("<ul>");

        Map activeSessions = listener.getBoundedSessions();
        Iterator i = activeSessions.values().iterator();
        while (i.hasNext()) {
           HttpSession boundedSession = (HttpSession)i.next();
           Date creationDate = new Date(boundedSession.getCreationTime());
           out.println("<li>" + boundedSession.getId());
           out.println(" erzeugt am " + creationDate + "</li>");
        }

        // Setze Session-Timeout auf 10 Sekunden
        session.setMaxInactiveInterval(10);

        out.println("</ul></body></html>");
        return;
    }
}
```

Listing 184: Servlet zum Zählen der aktiven Sessions (Forts.)

In der init()-Methode erzeugen Sie ein neues Listener-Objekt und speichern es in der Instanz-Variablen listener.

In der Methode doGet() überprüfen Sie zunächst, ob der Listener bereits in der Session gebunden ist bzw. binden diesen bei Bedarf an die neue Session:

```
if (session.getAttribute("listener.binding") == null) {
   session.setAttribute("listener.binding", listener);
}
```

Anschließend erzeugen Sie eine HTML-Seite, in der Sie Auskunft über die derzeit aktiven Sessions geben. Dazu verwenden Sie die Methode getBoundedSessions(). Um die Wirkungsweise des Listeners zu verdeutlichen, setzen Sie auch hier versuchsweise das Session-Timeout auf zehn Sekunden.

Konfiguration der Servlets

Da ein HttpSessionBindingListener immer von einem Objekt implementiert wird, das manuell in eine Session eingefügt wird, muss er nicht über den Web Deployment

Descriptor konfiguriert werden. Es genügt, das Servlet zu konfigurieren und an eine Session zu binden.

```
...
   <servlet>
      <servlet-name>sessionBindingServlet</servlet-name>
      <servlet-class>de.codebooks.j2ee.servlets.
                         SessionBindingServlet</servlet-class>
   </servlet>
...
   <servlet-mapping>
      <servlet-name>sessionBindingServlet</servlet-name>
      <url-pattern>/servlets/SessionBindingServlet</url-pattern>
   </servlet-mapping>
...
```

Listing 185: Konfiguration des Servlets zum Test des HttpSessionBindingListeners

Das Resultat

Wenn Sie Ihr Servlet nun ein weiteres Mal zügig hintereinander mit zwei unabhängigen Browsern öffnen, erhalten Sie das folgende Resultat:

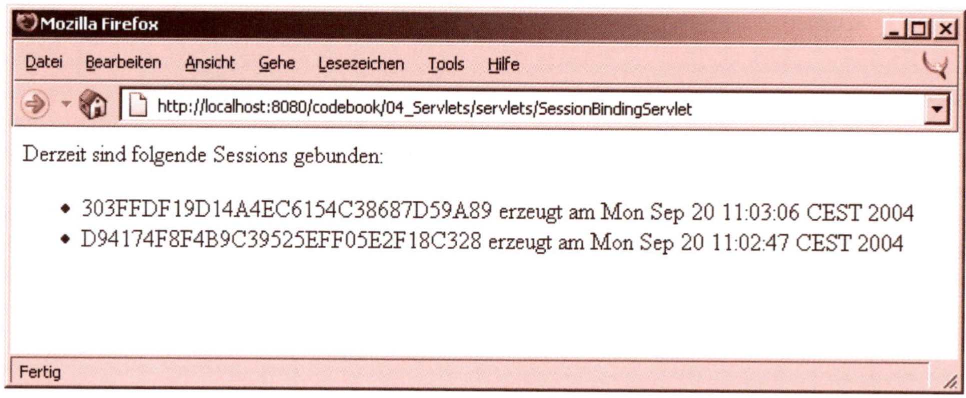

Abbildung 41: Es existieren zwei aktive Sessions

In diesem Beispiel erfolgt die Ausgabe nun statt auf der Kommandozeile in die Log-Datei des Webservers. Dort erscheinen zunächst die Zeilen:

```
Gebunden an Session mit der ID 5F27C49510A8A55AA541224B87533F2F
Gebunden an Session mit der ID EDF3FEBC6D9BD7EA768A6FEFC723351B
```

Listing 186: Ausgabe der Log-Datei nach Binden des Objekts

Diese werden etwa zehn Sekunden später zu folgender Ausgabe erweitert:

```
Gebunden an Session mit der ID 5F27C49510A8A55AA541224B87533F2F
Gebunden an Session mit der ID EDF3FEBC6D9BD7EA768A6FEFC723351B
Lösen von Session mit der ID 5F27C49510A8A55AA541224B87533F2F
Lösen von Session mit der ID EDF3FEBC6D9BD7EA768A6FEFC723351B
```

Listing 187: Ausgabe der Log-Datei nach Lösen des Objekts

61 Die Aktivierung und Deaktivierung der Session verfolgen

Einige Webserver unterstützen das (De-)Serialisieren von HttpSession-Objekten, entweder um einen Cluster von Webserver zu bilden oder eine Benutzer-Session nach einem Neustart des Servers wiederherstellen zu können. Sobald eine Session serialisiert wird, um übertragen oder gespeichert zu werden, wird sie abgeschaltet (englisch: passivate), um nach der Deserialisierung wieder aktiviert zu werden.

Diese Ereignisse können Sie über das Interface HttpSessionActivationListener verfolgen.

Das Interface HttpSessionActivationListener

Das Interface HttpSessionActivationListener verfügt über zwei Methoden, die folgende Signatur besitzen:

```
package javax.servlet.http;

import javax.servlet.http.HttpSessionEvent;

public Interface HttpSessionActivationListener {

   /** Wird gerufen, wenn die Session dieses Objekts reaktiviert wird */
   public void sessionDidActivate(HttpSessionEvent event)

   /** Wird gerufen, wenn die Session dieses Objekts abgeschaltet wird */
   public void sessionWillPassivate(HttpSessionEvent event)
}
```

Listing 188: Signatur des Interface HttpSessionActivationListener

Wenn Ihr Webserver über Mechanismen zur persistenten Speicherung von Sessions verfügt, wird die obere Methode gerufen, sobald eine solche Session wiederhergestellt wird. In jedem Fall ruft der Webserver jedoch die untere Methode, sobald er heruntergefahren wird.

Im Gegensatz zum HttpSessionBindingListener werden diese Methoden jedoch wieder mit einem HttpSessionEvent parametrisiert, das Ihnen ausschließlich die Methode getSession() zur Verfügung stellt.

Ein eigener HttpSessionActivationListener

Analog zum obigen Beispiel sehen Sie nun einen einfachen HttpSessionActivationListener, dessen Aktivität jedoch wiederum auf eine kurze Log-Ausgabe beschränkt ist.

```
package de.codebooks.j2ee.listeners;

import javax.servlet.ServletContext;
import javax.servlet.http.HttpSessionEvent;
import javax.servlet.http.HttpSessionActivationListener;

/**
 * Erzeugt Log-Ausgaben, wenn die Session, an die dieses Objekt gebunden ist,
 * (de-)serialisiert wird
 */
public class MySessionActivationListener
   implements HttpSessionActivationListener {

   /** Servlet-Context, um z.B. log()-Ausgaben zu erzeugen */
   private ServletContext context;

   /** Constructor */
   public MySessionActivationListener(ServletContext aContext) {
      context = aContext;
   }

   /** Wird gerufen, nachdem Session aktiviert wurde */
   public void sessionDidActivate(HttpSessionEvent event) {
      context.log("Session mit der ID " + event.getSession().getId() +
                  "wurde aktiviert.");
   }

   /** Wird gerufen, wenn Session deaktiviert werden wird */
   public void sessionWillPassivate(HttpSessionEvent event) {
      context.log("Session mit der ID " + event.getSession().getId() +
                  "wird deaktiviert.");
   }
}
```

Listing 189: Ein einfacher HttpSessionActivationListener

Ein Servlet, das den Listener installiert

Das Servlet, das den Listener aktiviert, ist analog zum obigen Beispiel. Auf eine großzügige Ausgabe wollen wir deshalb verzichten:

```
package de.codebooks.j2ee.servlets;

import java.io.PrintWriter;
import java.io.IOException;

import javax.servlet.http.HttpSession;
import javax.servlet.http.HttpServlet;
import javax.servlet.http.HttpServletRequest;
import javax.servlet.http.HttpServletResponse;
import javax.servlet.ServletException;

import de.codebooks.j2ee.listeners.MySessionActivationListener;

/** Demonstriert die Wirkungsweise des HttpSessionActivationListeners */
public class SessionActivationServlet extends HttpServlet {

   /** Der SessionActivationListener */
   private MySessionActivationListener listener;

   /** Initialisieren des Listeners */
   public void init(javax.servlet.ServletConfig config)
      throws ServletException {

      // Init der Superklasse aufrufen
      super.init(config);

      // Erzeugen des Listeners
     listener = new MySessionActivationListener(config.getServletContext());
   }


   /** Installiert den SessionActivationListener */
   public void doGet(HttpServletRequest request,
                     HttpServletResponse response)
      throws IOException, ServletException {

      // Binden der Session-Variablen
      HttpSession session = request.getSession();

      // Überprüfen, ob Listener bereits in Session enthalten
      if (session.getAttribute("listener.activation") == null) {
         session.setAttribute("listener.activation", listener);
      }

      // Binden der Variablen out
      PrintWriter out = response.getWriter();
```

Listing 190: SessionActivationServlet

```
        out.println("<html><body>Eine leere HTML-Seite.</body></html>");
        return;
    }
}
```

Listing 190: SessionActivationServlet (Forts.)

Die Konfiguration des Servlets

```
...
   <servlet>
      <servlet-name>sessionActivationServlet</servlet-name>
      <servlet-class>de.codebooks.j2ee.servlets.
                          SessionActivationServlet</servlet-class>
   </servlet>
...
   <servlet-mapping>
      <servlet-name>sessionActivationServlet</servlet-name>
      <url-pattern>/servlets/SessionActivationServlet</url-pattern>
   </servlet-mapping>
...
```

Listing 191: Konfiguration des SessionActivationServlets

Das Resultat

Im Gegensatz zum vorhergehenden Beispiel können Sie dieses Servlet mehrmals mit unterschiedlichen Browsern aufrufen, ohne dass Sie ein anderes Resultat als eine nahezu leere HTML-Seite erblicken werden. Die Wirkungsweise dieses Listeners offenbart sich erst, wenn Sie den Webserver herunterfahren. In diesem Fall erscheint zwischen vielen anderen Ausgaben der Log-Datei die folgende Zeile

```
Session mit der ID 633D86665145A7186AC064BD9A4955DA wird deaktiviert.
```

Listing 192: Ausgabe des SessionActivationServlets

An dieser Stelle hätten Sie nun die Möglichkeit, etwaige Datenbankverbindungen zu schließen oder sonstige nicht persistente Zustände in einen persistenten Zustand zu überführen. Das Verhalten Ihres Webservers beim nächsten Start hängt von dessen Konfiguration ab. Speichert und reaktiviert Ihr Webserver zuvor existierende Sessions, erhalten Sie die analoge Ausgabe, dass Ihre `HttpSession` wiederhergestellt wurde, anderenfalls beginnen Sie mit Ihren Sessions bei null, und es geschieht nichts.

Verwenden Sie dieses Interface für Objekte, die beim Initialisieren einer zuvor gespeicherten Session oder vor der Serialisierung Code ausführen müssen.

62 Was sind Filter, und wie werden sie eingesetzt?

Ein wichtiges Merkmal für die Erstellung effizienter Webanwendungen stellt die Möglichkeit der Filterung dar. Sie können sich einen Filter dabei als eine Art Tunnel vorstellen, den sowohl Request als auch Response auf ihrem Weg zwischen Client und Servlet durchlaufen müssen. Die folgende Abbildung verdeutlicht dies:

Abbildung 42: Schematischer Aufbau einer gefilterten Kommunikation

Filter ermöglichen Ihnen, flexible Webanwendungen zu erstellen, und verfügen über ein breit gefächertes Einsatzfeld. So werden sie z.B. verwendet, um

- Daten komprimiert zu übertragen,
- Request und Response zu loggen,
- Benutzereingaben aus Formularen zu validieren,
- Benutzer zu authentifizieren,
- Requests zu verteilen (RequestDispatching),
- XSL/T und Image-Conversion,
- ...

Das Interface javax.servlet.Filter

Alle Filter implementieren das Interface `javax.servlet.Filter`, das die folgende Signatur besitzt:

```
package javax.servlet;

import java.io.IOException;
```

Listing 193: Signatur des Filter-Interface

```
import javax.servlet.FilterChain;
import javax.servlet.FilterConfig;
import javax.servlet.ServletRequest;
import javax.servlet.ServletResponse;
import javax.servlet.ServletException;

/** Filtert die Kommunikation zwischen Client und Servlet */
public Interface Filter {

   /** Initialisierung des Filters */
   public void init(FilterConfig config);

   /** Filtert Request und Response */
   public void doFilter(ServletRequest request, ServletResponse response,
                        FilterChain chain)
      throws IOException, ServletException;

   /** Wirg gerufen, bevor der Filter aus dem Speicher entfernt wird */
   public void destroy();
}
```

Listing 193: Signatur des Filter-Interface (Forts.)

Beim genauen Hinsehen fällt die Analogie zu Servlets ins Auge:

- Filter durchlaufen den gleichen Lebenszyklus wie Servlets, wobei die einzelnen Methoden dieselben Aufgaben haben: Bereitstellen von Ressourcen, Service, Freigeben von belegten Ressourcen.
- Sie besitzen eine Service-Methode `doFilter()`, die mit den gleichen Objekten wie die Service-Methoden Ihrer Servlets parametrisiert wird und auch die gleichen Exceptions deklariert.
- Das `FilterConfig`-Objekt bietet nahezu die gleichen Möglichkeiten wie ein `ServletConfig`-Objekt.

Im Unterschied zu Servlets enthält das API keine Basisimplementierung für Filter, diese können Sie sich jedoch leicht selbst schaffen.

63 Einen einfachen Filter erstellen

Das folgende Listing zeigt wohl den einfachsten Filter, den Sie gleichzeitig als Basisimplementierung verwenden können: Er tut buchstäblich nichts:

```
package de.codebooks.j2ee.filters;

import java.io.IOException;

import javax.servlet.Filter;
import javax.servlet.FilterChain;
import javax.servlet.FilterConfig;
import javax.servlet.ServletRequest;
import javax.servlet.ServletResponse;
import javax.servlet.ServletException;

/** Basisimplementierung eines Filters */
public class BaseFilter implements Filter {

   /** Die Konfiguration des Filters */
   protected FilterConfig filterConfig;

   /** Speichert die Konfiguration des Filters */
   public void init(FilterConfig aConfig) {
      filterConfig = aConfig;
   }

   /** Leitet Request und Response weiter */
   public void doFilter(ServletRequest request,
                        ServletResponse response,
                        FilterChain chain)
      throws IOException, ServletException {

      chain.doFilter(request, response);
   }

   /** Tut nichts */
   public void destroy() {
      filterConfig = null;
   }
}
```

Listing 194: Basisimplementierung eines Filters

Dieser Filter speichert lediglich die Filterkonfiguration in der Variablen `config` und leitet alle `ServletRequest`- und `ServletResponse`-Objekte einfach weiter. Hierzu rufen Sie nur die Methode `doFilter()`.

Hinweis

Diese Basisimplementierung speichert die Filterkonfiguration in einer Variablen mit dem Scope `protected`, um Subklassen den Zugriff auf diese zu ermöglichen. Suns Design-Patterns folgend ist der Zugriff über Accessor- und Mutator-Methoden sicherer. Auf diese soll der Einfachheit halber hier jedoch verzichtet werden.

64 Einen Debug-Filter erstellen

Aufbauend auf dem vorangegangenen Rezept zeigt Ihnen das nächste Listing einen Filter, der Ihnen beim Testen Ihren Anwendung und der Fehlersuche behilflich sein kann, indem er die wichtigsten Informationen aus dem `ServletRequest`- und `ServletResponse`-Objekt ausliest und in eine Log-Datei schreibt.

```
package de.codebooks.j2ee.filters;

import java.io.IOException;
import java.util.Enumeration;

import javax.servlet.Filter;
import javax.servlet.FilterChain;
import javax.servlet.ServletContext;
import javax.servlet.ServletRequest;
import javax.servlet.ServletResponse;
import javax.servlet.ServletException;
import javax.servlet.http.HttpServletRequest;
import javax.servlet.http.HttpServletResponse;

import de.codebooks.j2ee.filters.BaseFilter;

/** Filter zum Erstellen von Debug- und Log-Informationen */
public class DebugFilter extends BaseFilter
   implements Filter {

   /** Gibt Informationen über Request und Response aus */
   public void doFilter(ServletRequest request,
                        ServletResponse response,
                        FilterChain chain)
      throws IOException, ServletException {

      // Binden des ServletContext
      ServletContext context = filterConfig.getServletContext();

      // Casten des ServletRequest -> HttpServletRequest
      HttpServletRequest httpReq = (HttpServletRequest) request;

      context.log("Request-Informationen");
      context.log("Request-URI: " + httpReq.getRequestURI());

      // Ausgabe der Request-Header
      Enumeration headers = httpReq.getHeaderNames();
      if (headers != null) {
         while (headers.hasMoreElements()) {
            String name = (String) headers.nextElement();
```

Listing 195: Ein Debug-Filter

```
            String value = httpReq.getHeader(name);
            context.log(name + "=" + value);
        }
    }

    // Weiterleiten und Verarbeiten des Requests
    chain.doFilter(request, response);

    // Casten des ServletResponse -> HttpServletResponse
    HttpServletResponse httpResp = (HttpServletResponse) response;

    context.log("Response-Informationen");
    context.log("buffer size: " + httpResp.getBufferSize());
    context.log("char encoding: " + httpResp.getCharacterEncoding());
  }
}
```

Listing 195: Ein Debug-Filter (Forts.)

Zuerst binden Sie wieder das ServletContext-Objekt, um Log-Ausgaben erzeugen zu können, und casten anschließend das übergebene ServletRequest-Objekt zu einem HttpServletRequest.

```
HttpServletRequest httpReq = (HttpServletRequest) request;
```

Dieser Schritt ist notwendig, weil Filter nicht auf HTTP-Requests beschränkt sind und die Methode doFilter() deshalb nur mit der Basisklasse ServletRequest parametrisiert wird. Wenn Sie sich jedoch sicher sind, dass alle durch den Filter laufenden Requests via HTTP-Protokoll erfolgen, können Sie diesen problemlos casten. Erst nach einem erfolgreichen Cast können Sie die erweiternden Methoden des HttpServletRequest-Objekts wie getRequestURI() und getHeaderNames() verwenden.

Nachdem Sie die für den Request relevanten Informationen ausgegeben haben, können Sie diesen zur Bearbeitung an sein Servlet oder seine JSP weiterleiten. Beachten Sie, dass es vollkommen egal ist, welche Ressource Sie durch den Filter anfordern. Es könnte sich sogar um statische Ressourcen wie Bilder, HTML-Seiten oder PDF-Dateien handeln.

```
chain.doFilter(request, response);
```

Die Methode doChain() kehrt nach der erfolgreichen Abwicklung des Requests wieder zurück. Nun können Sie die Daten des ServletRequest-Objekts auslesen. Ein Cast des ServletRequest- in ein HttpServletRequest-Objekt ist zwar bei den verwendeten Methoden nicht unbedingt nötig, soll aber noch einmal darauf hinweisen, dass Sie zunächst nur mit der Basisklasse arbeiten.

Servlets

Konfiguration des Filters

Filter haben nicht nur einen ähnlichen Lebenszyklus wie Servlets, sie werden auch ganz analog zu diesen konfiguriert. Zuerst wählen Sie einen eindeutigen symbolischen Namen und verknüpfen diesen mit der Filter-Klasse und binden diesen anschließend an einen oder eine Klasse von URLs:

```
<web-app>
...
   <!-- Filter an symbolische Namen binden -->
   <filter>
      <filter-name>EindeutigerSymbolischerFilterName</filter-name>
      <filter-class>VollständigerPfadDerFilterKlasse</filter-class>
   </filter>
...
   <!-- Symbolische Filter-Namen an URLs binden -->
   <filter-mapping>
      <filter-name>EindeutigerSymbolischerFilterName</filter-name>
      <url-pattern>zuBindendeURLs</url-pattern>
   </filter-mapping>
...
</web-app>
```

Listing 196: Schematische Konfiguration vom Filtern

Dabei kann der URL genau wie bei den Servlets entweder eindeutig sein oder eine ganze Klasse von URLs beschreiben, so wie in diesem Beispiel:

```
...
   <!-- Filter an symbolische Namen binden -->
   <filter>
      <filter-name>debugFilter</filter-name>
      <filter-class>de.codebooks.j2ee.filters.DebugFilter</filter-class>
   </filter>
...
   <!-- Symbolische Filter-Namen an URLs binden -->
   <filter-mapping>
      <filter-name>debugFilter</filter-name>
      <url-pattern>/*</url-pattern>
   </filter-mapping>
...
```

Listing 197: Konfiguration des Debug-Filters

Das Pattern `/*` bewirkt dabei, dass der Filter bei allen eingehenden Requests zwischengeschaltet wird.

Die Ausgabe

Nachdem Sie Ihren Webserver neu gestartet haben, können Sie nun einen beliebigen URL (z.B. das HelloWorld-Servlet) aufrufen und die Ausgabe in der Log-Datei beobachten:

```
2004-09-14 10:39:09 Request-Informationen
2004-09-14 10:39:09 Request-URI: /codebook/04_Servlets/servlets/HelloWorld
2004-09-14 10:39:09 host=localhost:8080
2004-09-14 10:39:09 user-agent=Mozilla/5.0 (Windows; U; Windows NT 5.1; de-
DE; rv:1.6) Gecko/20040206 Firefox/0.8
2004-09-14 10:39:09 accept=application/x-shockwave-flash,text/
xml,application/xml,application/xhtml+xml,text/html;q=0.9,text/
plain;q=0.8,video/x-mng,image/png,image/jpeg,image/gif;q=0.2,*/*;q=0.1
2004-09-14 10:39:09 accept-language=de-DE,de;q=0.8,en-us;q=0.5,en;q=0.3
2004-09-14 10:39:09 accept-encoding=gzip,deflate
2004-09-14 10:39:09 accept-charset=ISO-8859-1,utf-8;q=0.7,*;q=0.7
2004-09-14 10:39:09 keep-alive=300
2004-09-14 10:39:09 connection=keep-alive
2004-09-14 10:39:09 Response-Informationen
2004-09-14 10:39:09 buffer size: 8192
2004-09-14 10:39:09 char encoding: ISO-8859-1
```

Listing 198: Ausgabe des Debug-Filters

65 Request und Response manipulieren

Sie können mit Filtern Request und Response manipulieren, ohne dass die dahinter liegenden Servlets oder JSPs etwas davon merken. Dazu verwendet man in der Regel Wrapper-Klassen, die das gewünschte Objekt einhüllen und alle nicht veränderten Methoden-Aufrufe weiterleiten.

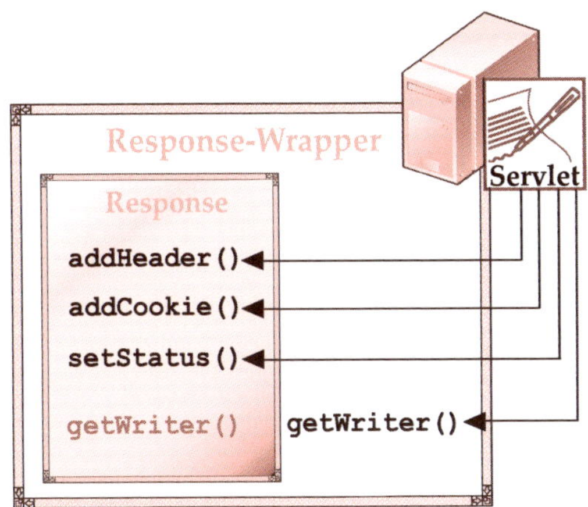

Abbildung 43: Funktionsweise eines Wrapper-Objekts

Hinweis

Wenn Sie mit den *Design-Patterns* (Entwurfsmustern) vertraut sind, werden Sie bemerken, dass Wrapper das *Decorator-Pattern* implementieren. Wenn nicht, empfehlen wir Ihnen das Buch »Entwurfsmuster« (ISBN 3827321999), erschienen bei Addison-Wesley.

Nun müssen Sie Ihren Wrapper nicht von Grund auf neu schreiben, da Java bereits zwei Basisimplementierungen mitbringt. Diese leiten alle von `HttpServletRequest` und `-Response` implementierten Methoden an das eingehüllte Objekt weiter, und Sie brauchen nur noch von diesen Klassen zu erben und Ihre gewünschte Methode überschreiben. Auf diese Weise können Sie beispielsweise Filter schreiben, die bestimmte Request-Parameter oder das Character-Encoding setzen oder wie im nächsten Beispiel die resultierende Seite formatieren.

Der ResponseFormatFilter

Dazu müssen Sie einen Filter schreiben, der die Ausgabe der Servlets und JSPs abfängt, anschließend formatiert und weiterleitet.

```
package de.codebooks.j2ee.filters;

import java.io.PrintWriter;
import java.io.CharArrayWriter;
import java.io.IOException;
import java.util.Enumeration;
import java.util.StringTokenizer;

import javax.servlet.Filter;
import javax.servlet.FilterChain;
import javax.servlet.ServletRequest;
import javax.servlet.ServletResponse;
import javax.servlet.ServletException;
import javax.servlet.http.HttpServletResponse;
import javax.servlet.http.HttpServletResponseWrapper;

import de.codebooks.j2ee.filters.BaseFilter;

/** Filter formatiert die Ausgabe */
public class ResponseFormatFilter extends BaseFilter
   implements Filter {

   /** Gibt Informationen über Request und Response aus */
   public void doFilter(ServletRequest request,
                 ServletResponse response,
                     FilterChain chain)
      throws IOException, ServletException {
```

Listing 199: Der ResponseFormatFilter

```
      // Erzeugen des Wrapper-Objekts
      ResponseWrapper wrapper =
        new ResponseWrapper((HttpServletResponse) response);

      // Weiterleiten und Verarbeiten des Requests
      chain.doFilter(request, wrapper);

      // Wurde der Writer verwendet
      if (wrapper.hasUsedWriter()) {

         // Binden der Variablen out
         PrintWriter out = response.getWriter();

         // Gespeicherte Seite holen
         String content = wrapper.getContent();

         // StringTokenizer zur Zerlegung in Worte
         StringTokenizer st = new StringTokenizer(content, " \t\n\r,.;");
         while (st.hasMoreTokens()) {
            String word = (String) st.nextToken();
            if (word.equals("Codebook")) {
               word = "<a href=\"http://j2ee.codebooks.de\">" + word + "</a>";
            }
            out.write(" " + word + " ");
         }

         // Schließen der Ausgabe
         out.close();
      }
   }
}

/** Wrapper zur Pufferung der Ausgabe */
class ResponseWrapper extends HttpServletResponseWrapper
   implements HttpServletResponse {

   /** Pufferspeicher für die Daten */
   private CharArrayWriter buffer;

   /** Flag, ob Writer verwendet wurde */
   private boolean usedWriter = false;

   /** Constructor */
   public ResponseWrapper(HttpServletResponse response){

      // Superklasse initialisieren
```

Listing 199: Der ResponseFormatFilter (Forts.)

Servlets

```
      super(response);

      // Puffer initialisieren
      buffer = new CharArrayWriter();
   }

   /** Umgeleitete Methode des Reponse-Objekts */
   public PrintWriter getWriter() {
      usedWriter = true;
      return new PrintWriter(buffer);
   }

   /** Wurde der Writer verwendet */
   public boolean hasUsedWriter() {
      return usedWriter;
   }

   /** Gibt die gepufferten Daten zurück */
   public String getContent() {
      return buffer.toString();
   }

}
```

Listing 199: Der ResponseFormatFilter (Forts.)

Dieser Filter enthält eine innere Klasse, die von `HttpServletResponseWrapper` ableitet und sich nach außen wie ein `HttpServletResponse`-Objekt verhält.

Innerhalb des Filters erzeugen Sie ein Objekt dieser Klasse und leiten den Request anschließend mit diesem Wrapper-Objekt weiter.

```
// Erzeugen des Wrapper-Objekts
ResponseWrapper wrapper = new ResponseWrapper((HttpServletResponse) response);

// Weiterleiten und Verarbeiten des Requests
chain.doFilter(request, wrapper);
```

Nun kann der Request von dem mit dem URL verknüpften Objekt in gewohnter Weise behandelt werden. Mit einer einzigen Ausnahme: Wird die Methode `getWriter()` gerufen, so leitet der Wrapper diese nicht weiter, sondern gibt stattdessen einen `PrintWriter` zurück, dessen Ausgabe in ein `CharArrayWriter` umgeleitet werden. Der Client erhält also noch keine Daten.

```
/** Umgeleitete Methode des Reponse-Objekts */
public PrintWriter getWriter() {
   usedWriter = true;
   return new PrintWriter(buffer);
}
```

Damit Sie später entscheiden können, ob Daten gespeichert oder stattdessen über den `OutputStream` verschickt wurden, setzen Sie das Flag `usedWriter`. Ist der Request fertig bearbeitet, kehrt die Methode `doFilter()` wieder zurück, und die Bearbeitung wird fortgesetzt. Hier überprüfen Sie nun, ob Daten über den Writer verschickt wurden, und trennen diese in einzelne Wörter (`word`) auf. Enthält der versendete Text das Wort `Codebook`, wird dieses um einen Hyperlink auf eine Webseite erweitert.

Eine Testseite

Da JSPs ihre Daten in jedem Fall über das `Writer`-Objekt versenden und um zu demonstrieren, dass Filter auch auf diese wirken, können Sie die Wirkungsweise Ihres Filters an folgender Beispiel-JSP verfolgen:

```
<html>
   <body>
      <center>Test für den ResponseFormatFilter!</center>
      <p>
         Diese Seite enthält die Zeichenkette Codebook, wobei
         die Mehrzahl Codebooks nicht ersetzt wird.
      </p>
   </body>
</html>
```

Listing 200: Test-JSP für den ResponseFormatFilter

Konfiguration des Filters

Dieser Filter soll zunächst nur für JSPs verwendet werden.

```
...
   <filter>
      <filter-name>responseFormatFilter</filter-name>
      <filter-class>de.codebooks.j2ee.filters.
                    ResponseFormatFilter</filter-class>
   </filter>
...
   <filter-mapping>
      <filter-name>responseFormatFilter</filter-name>
      <url-pattern>*.jsp</url-pattern>
   </filter-mapping>
...
```

Listing 201: Konfiguration des ResponseFormatFilter

Das Resultat

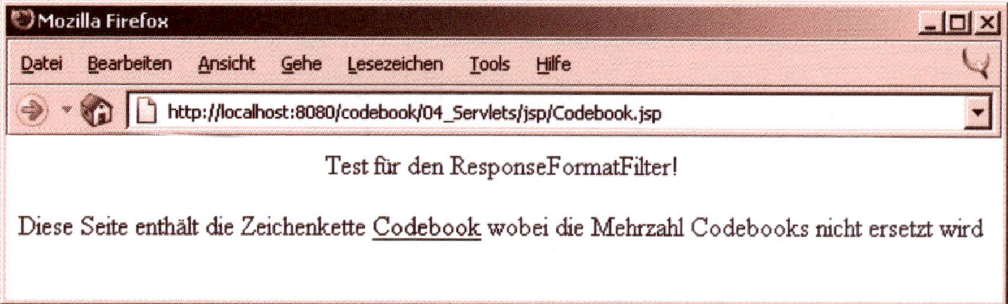

Abbildung 44: Eine formatierte HTML-Seite

66 Filter parametrisieren

Filter haben noch eine Gemeinsamkeit mit Servlets: Sie können sie mit Initialisierungsparametern beispielsweise über den Web Deployment Descriptor konfigurieren. Die Notation erfolgt analog zu Servlets:

```
...
   <filter>
      <filter-name>EindeutigerSymbolischerFilterName</filter-name>
      <filter-class>VollständigerPfadDerFilterKlasse</filter-class>
      <init-param>
         <param-name>ParameterName</param-name>
         <param-value>ParameterWert</param-value>
      </init-param>

      <!-- ... Weitere Parameter ... -->
   </filter>
...
```

Listing 202: Filter mit Initialisierungsparametern ausstatten

Ein Include-Filter

Um die Funktionsweise von Initialisierungsparametern zu demonstrieren, greifen wir ein Beispiel aus dem vorherigen Kapitel wieder auf. Dort haben Sie gelernt, dass es nützlich sein kann, während der Entwicklungsphase von JSPs ein Auge auf die wichtigsten Parameter von Request und Response zu haben, und bei Bedarf eine Include-Anweisung in der JSP einkommentiert. Dieses Verfahren erfordert jedoch Änderungen an der JSP und ist nicht sehr sicher (angenommen Sie vergessen es, die Debug-Seite auszukommentieren). Aus diesem Grund werden Sie die optionale Ausgabe von Debug-Informationen nun mit einem Filter realisieren, den Sie über den Web Deployment Descriptor konfigurieren.

```
package de.codebooks.j2ee.filters;

import java.io.IOException;

import javax.servlet.Filter;
import javax.servlet.FilterChain;
import javax.servlet.FilterConfig;
import javax.servlet.ServletContext;
import javax.servlet.ServletRequest;
import javax.servlet.ServletResponse;
import javax.servlet.RequestDispatcher;
import javax.servlet.ServletException;

import de.codebooks.j2ee.filters.BaseFilter;

/** Dieser Filter fügt eine Ressource in die Seite ein (Include) */
public class IncludeFilter extends BaseFilter
   implements Filter {

   /** URL der einzufügenden Ressource */
   private String includePage;

   /** Speichert die Konfiguration des Filters */
   public void init(FilterConfig config) {
      super.init(config);
      includePage = config.getInitParameter("include");
   }

   /** Fügt eine Ressource ein */
   public void doFilter(ServletRequest request,
                        ServletResponse response,
                        FilterChain chain)
      throws IOException, ServletException {

      // Weiterleiten und Verarbeiten des Requests
      chain.doFilter(request, response);

      // Einfügen der Ressource
      if (includePage != null) {

         // Binden des ServletContext
         ServletContext context = filterConfig.getServletContext();

         // Erzeugen des RequestDispatchers
         RequestDispatcher dispatcher =
            context.getRequestDispatcher(includePage);
```

Listing 203: Filter zum Einfügen einer Ressource

```
            // Einfügen der Ressource
            dispatcher.include(request, response);
        }
    }
}
```

Listing 203: Filter zum Einfügen einer Ressource (Forts.)

Dieser Filter erbt zwar ebenfalls von Ihrem `BaseFilter`, überschreibt aber auch die Methode `init()`, um die gesetzten Parameter auszulesen. Dazu verwenden Sie die Methode `getInitParameter()` des `FilterConfig`-Objekts.

```
config.getInitParameter("include");
```

Hinweis

Nähere Informationen über den `RequestDispatcher` sowie das Weiterleiten von Requests in Servlets erhalten Sie im Rezept 77.

Konfiguration des Filters mit Initialisierungsparametern

Das folgende Listing zeigt Ihnen, wie Sie Ihren Filter mit Initialisierungsparametern ausstatten. Auch dieser Filter wird zunächst nur für JSPs verwendet. Bei der Verwendung von Servlet müssen Sie darauf achten, ob der Inhalt binär verschickt wurde:

```
...
  <filter>
      <filter-name>includeFilter</filter-name>
      <filter-class>de.codebooks.j2ee.filters.IncludeFilter</filter-class>
      <init-param>
         <param-name>include</param-name>
         <param-value>/jsp/DebugInfo.jsp</param-value>
      </init-param>
   </filter>
...
   <filter-mapping>
      <filter-name>includeFilter</filter-name>
      <url-pattern>*.jsp</url-pattern>
   </filter-mapping>
...
```

Listing 204: Konfiguration des Include-Filters

Das Resultat

Nun können Sie den Filter testen, indem Sie beispielsweise die Codebook-Seite aus dem vorherigen Beispiel aufrufen.

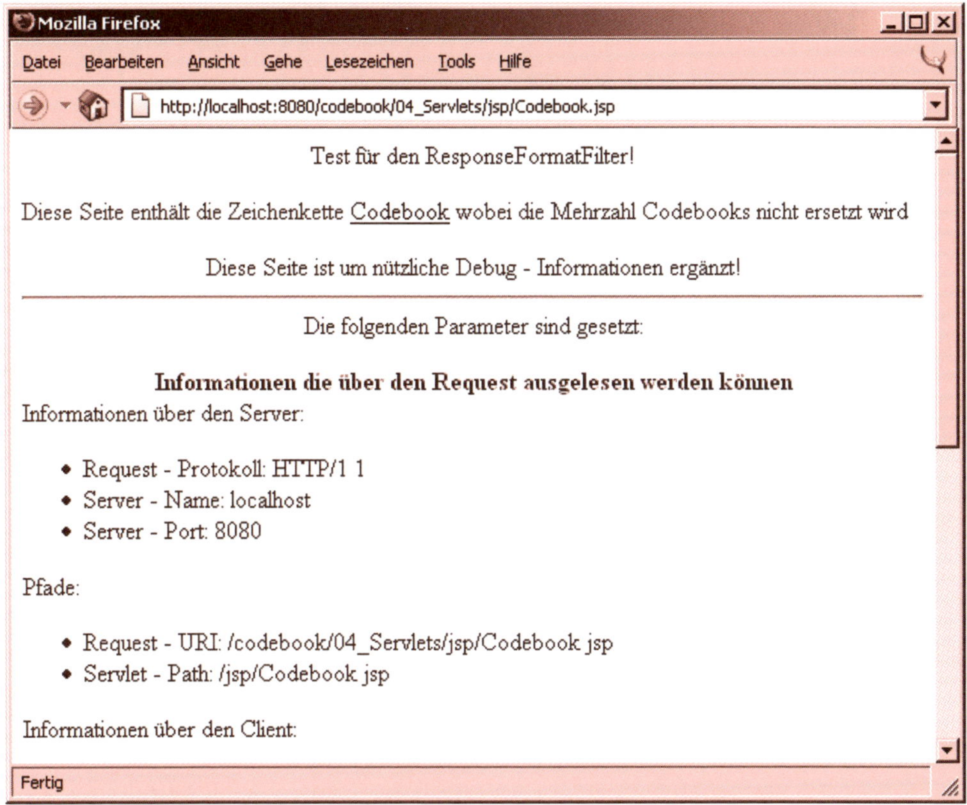

Abbildung 45: Original und Include sind nicht zu unterscheiden

Achtung

Zum Test dieses Beispiels benötigen Sie einige JSPs aus dem vorhergehenden Kapitel, aber natürlich funktioniert der Include auch mit jeder anderen Ressource.

67 Requests an spezielle Servlets filtern

Neben der Möglichkeit, Filter über ein URL-Pattern an einen oder mehrere URLs zu binden, können Sie diese auch direkt mit einzelnen Servlets verknüpfen. Dazu verwenden Sie im <filter-mapping> einfach statt des Patterns den symbolischen Namen des Servlets.

```
<web-app>
...
   <!-- Filter an symbolische Namen binden -->
   <filter>
      <filter-name>EindeutigerSymbolischerFilterName</filter-name>
      <filter-class>VollständigerPfadDerFilterKlasse</filter-class>
   </filter>
...
   <servlet>
      <servlet-name>EindeutigerSymbolischerServletName</servlet-name>
      <servlet-class>VollständigerPfadDerServletKlasse</servlet-class>
   </servlet>
...
   <!-- Symbolische Filter-Namen an URLs binden -->
   <filter-mapping>
      <filter-name>eindeutigerSymbolischerFilterName</filter-name>
      <servlet-name>EindeutigerSymbolischerServletName</servlet-name>
   </filter-mapping>
...
</web-app>
```

Listing 205: Filter für benannte Servlets

Diese Technik wird auch als Filterung benannter Servlets bezeichnet (filtering named servlet). Der Filter wird dabei nur für die URLs aktiv, an die auch das entsprechende Servlet gebunden ist.

68 Filter kombinieren

Wenn Sie noch einmal kurz Beispiel 66, Filter parametrisieren«, rekapitulieren, werden Sie feststellen, dass Sie dabei zwei Filter kombiniert haben. Zunächst haben Sie den Include-Filter eingesetzt, um eine Ressource mit Debug-Informationen zu erweitern, und anschließend eine JSP aufgerufen, deren Inhalt vom `ResponseFormatFilter` formatiert wurde. Beide Filter wurden dabei an das URL-Pattern `*.jsp` gebunden und werden demzufolge aktiv.

Wer filtert wen?

Das wirft die interessante Frage auf, wer nun wen filtert. Alle an einen bestimmten URL gebundenen Filter werden bei dessen Aufruf aktiv und bilden eine *Filterkette* (englisch: Filter Chain), durch die das `Request`-Objekt der Reihe nach durchgereicht wird, bis es schließlich von der eigentlichen Ressource beantwortet wird. Anschließend durchläuft das `Response`-Objekt dieselbe Kette in umgekehrter Reihenfolge.

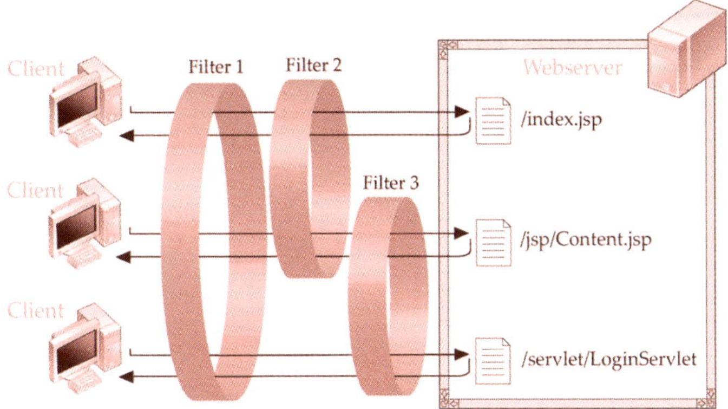

Abbildung 46: Schematischer Aufbau von Filterketten

Reihenfolge der Filter festlegen

Die Filter werden in der Reihenfolge geschaltet, in der sie im Web Deployment Descriptor definiert werden, dabei wird zwischen den an URLs gebundenen Filtern und Filtern für benannte Servlets unterschieden.

```
<web-app>
...
   <filter>
      <filter-name>ErsterURLFilter</filter-name>
      <filter-class>VollständigerPfadDerFilterKlasse</filter-class>
   </filter>

   <filter>
      <filter-name>EinServletFilter</filter-name>
      <filter-class>VollständigerPfadDerFilterKlasse</filter-class>
   </filter>

   <filter>
      <filter-name>ZweiterURLFilter</filter-name>
      <filter-class>VollständigerPfadDerFilterKlasse</filter-class>
   </filter>
...
   <filter-mapping>
      <filter-name>ErsterURLFilter</filter-name>
      <url-pattern>EinPattern</url-pattern>
   </filter-mapping>

   <filter-mapping>
      <filter-name>ZweiterURLFilter</filter-name>
      <url-pattern>EinPattern</url-pattern>
```

Listing 206: Filter im Web Deployment Descriptor

```
    </filter-mapping>

    <filter-mapping>
        <filter-name>EinServletFilter</filter-name>
        <servlet-name>EinSymbolischerServletName</servlet-name>
    </filter-mapping>
...
</web-app>
```

Listing 206: Filter im Web Deployment Descriptor (Forts.)

Würden Sie nun einen Request auslösen, der auf alle drei Filter passt, würde dieser zunächst `ErsterURLFilter` durchlaufen (er ist als erster definiert), dann `ZweiterURLFilter` (er ist der zweite an einen URL gebundene Filter) und anschließend `EinServletFilter` (den ersten Filter für benannte Servlets), bevor er vom Servlet beantwortet oder weitergeleitet wird. Die Response nimmt den ganzen Weg dann in umgekehrter Reihenfolge:

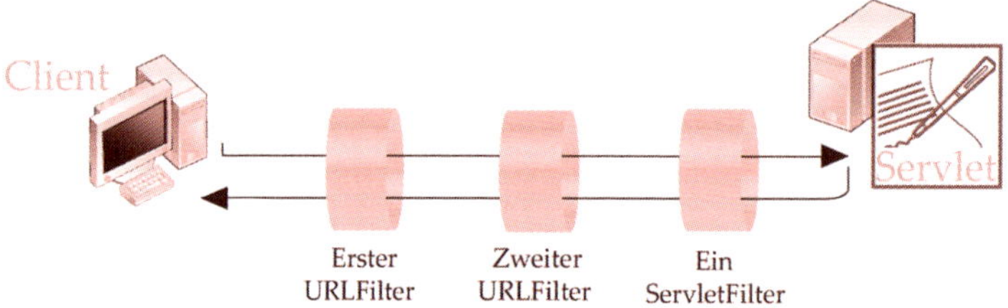

Abbildung 47: Aufbau gestaffelter Filter

69 Was sind Cookies, und wie werden sie eingesetzt?

Dieser Abschnitt soll sich um Cookies (Kekse) drehen, ein weiterer Hype früherer Webapplikationen, von denen heute kaum noch jemand direkt spricht. Cookies sind kleine Informationsbrocken in Form von Name-Wert-Paaren, die vom Server erzeugt und mit einer definierten Lebensdauer versehen werden. Der Server fügt diese Cookies als Header an den Response an, wo sie vom Client empfangen werden. Unterstützt der Client die Verwendung von Cookies, speichert er diese in einem bestimmten Speicher und fügt die Informationen für die gesamte Lebensdauer des Cookies an alle Requests an, für die der Cookie bestimmt ist.

Hinweis

Ein Browser akzeptiert dabei übrigens maximal 30 Cookies von einer Webseite.

Leider wurden Cookies in vielen Fällen dazu missbraucht eine Unmenge von Daten über den Client zu sammeln und gezielte Anwenderprofile zu erstellen. Dies zerstörte die oft gepriesene Anonymität der Benutzer und führte dazu, dass viele Anwender Cookies heutzutage abschalten oder nur noch sehr selektiv zulassen.

Mit einer Standardanwendung haben Sie bereits gearbeitet: dem Session-Kontext. Viele Webserver verwalten die Benutzer-Sessions über Cookies, indem sie die jeweilige Session-ID als Wert eines bestimmten Cookies übermitteln. Sendet der Client diese beim nächsten Request zurück, wird die ID vom Server erkannt und dem Request die entsprechende Session zugeordnet.

Tipp

In Kapitel 3 haben Sie bereits gelernt, wie Sie das Session-Management auch ohne Cookies durch die Methode `encodeURL()` des Response-Objekts verwenden können. Unterstützt der Browser des Clients keine Cookies, wird die Session-ID dabei als Parameter an den URL angefügt.

Cookies erstellen

Sie können in Ihren Servlets Cookies einfach als Java-Objekte über Ihren Konstruktor erstellen und anschließend in den Response einfügen. Der Konstruktor erwartet dabei zwei Parameter

```
Cookie cookie = new Cookie("NameDesCookie", "WertDesCookie");
```

Listing 207: Konstruktor für Cookie-Objekte

Beide Parameter müssen dabei vom Typ String sein und dürfen weder Leerzeichen noch eins der folgenden reservierten Sonderzeichen enthalten.

```
( ) [ ] = " / ? @ , ; :
```

Listing 208: Reservierte Sonderzeichen für Cookies

Um die Cookies verschiedener Clients unterscheiden zu können, müssen natürlich auch die gewählten Werte eindeutig sein. An dieser Stelle ist Ihr Cookie bereits einsatzfähig und kann an das `Response`-Objekt angefügt werden. Es ist jedoch sinnvoll, Ihre Cookies zuvor mit bestimmten Eigenschaften auszustatten.

Die Lebensdauer eines Cookies

Da Cookies in der Regel dazu dienen sollen, vom Server verwaltete Objekte einem Client zuzuordnen, ist es sinnvoll, eine maximale Lebensdauer für Ihren Cookie zu definieren. Dieser gibt die Zeitspanne an, in der er vom Client zurückgesandt wird. Überschreitet er diese, wird er vom Browser gelöscht. Auf diese Weise verhindern Sie, dass Ihr Server immer mehr nutzlose Objekte verwalten muss, auch wenn sich der betreffende Benutzer nur auf Ihre Webseite verirrt hat und nicht mehr zurückkehrt. Ist die Lebensdauer des Cookies überschritten, können Sie das damit verknüpfte Objekt einfach löschen.

```
cookie.setMaxAge(int LebensdauerInSekunden);
```

Listing 209: Lebensdauer eines Cookies definieren

Der Parameter gibt dabei die Sekunden an, bis das Cookie vom Browser gelöscht wird. Beim Standardwert `-1` bleibt der Cookie so lange bestehen, bis der Browser geschlossen wird. Eine `0` hingegen bewirkt, dass der Browser diesen Cookie sofort löscht.

Der Pfad eines Cookies

Über den Pfad eines Cookies können Sie bestimmen, an welche URLs der Cookie zukünftig angehängt werden soll. Im Standardfall ist das nur genau die Ressource, von welcher der Browser den Cookie empfangen hat, also z.B.:

```
localhost:8080/codebook/04_Servlets/servlets/HelloWorld
```

Das genügt zwar für die meisten Fälle, doch in größeren Webanwendungen ist es in der Regel erforderlich, dass *alle* Servlets der Domäne die Informationen empfangen. Über die Methode `setPath()` können Sie den Pfad verallgemeinern.

```
cookie.setPath("/04_Servlets/servlets/ ");
```

Listing 210: Verallgemeinerter Pfad

Damit wird das Cookie zukünftig an alle URLs auf unserem Server gesendet, die mit dem Pfad */03_Servlets/servlet/* beginnen.

> **Achtung**
>
> Es ist jedoch nur möglich, den augenblicklichen URL des Cookies zu *verallgemeinern*. Die Definition des Pfades */04_Servlets/jsp/* wäre also nicht möglich, da das Verzeichnis */jsp* nicht von */04_Servlets/servlets/HelloWorld* umfasst wird. Um ein Cookie an alle Ressourcen einer Webanwendung zu senden, verwenden Sie den Pfad /.

Die Domäne eines Cookies

Was für Verzeichnisse eines Servers gilt, gilt natürlich auch für den Server und seine Domäne selbst. So wird ein Cookie vom Server *cookies.IhreDomain.de* zunächst nur an den Server *cookies* in der Domäne *IhreDomain.de* zurückgesandt. Wenn Sie Ihre Cookies innerhalb der gesamten Domäne verwenden wollen, so können Sie diese ähnlich dem Pfad verallgemeinern.

```
cookie.setDomain(".IhreDomain.de"); // nur für Ihre Domain        ODER
cookie.setDomain("..de");           // für die gesamte .de-Domain
```

Um zu verhindern, dass Server Cookies für fremde Domains setzen, muss die Domäne mit einem Punkt ».« beginnen. Mehr über die Codierung von Domain-Namen erfahren Sie z.B. im RFC 2109 unter *http://www.rfc-editor.org*.

Cookie einfügen

Nachdem Sie Ihren Cookie konfiguriert haben, können Sie ihn auch als Header in den Response einfügen. Das übernimmt die Methode addCookie(). Das folgende Listing zeigt Ihnen die Erstellung und Konfiguration des Cookies noch einmal vollständig.

Achtung

Da auch Cookies als Response-Header übertragen werden, müssen diese vor dem eigentlichen Inhalt der Seite (Response-Body) erzeugt und eingefügt werden, da sie sonst eventuell nicht vom Client verarbeitet werden können. Erzeugen Sie Ihre Cookies also möglichst zu Beginn.


```
/** Setzen eines Cookies */
public void doGet(HttpServletRequest request, HttpServletResponse response)
   throws IOException, ServletException {

   // Erzeugen des Cookies
   Cookie cookie = new Cookie("TestCookie", "TestValue");

   // Lebensdauer in Sekunden setzen (hier 1 Tag)
   cookie.setMaxAge (60*60*24);

   // Pfad auf alle Servlets verallgemeinern
   cookie.setPath("/04_Servlets/servlets");

   // Cookie-Header einfügen (Cookie: TestCookie=TestValue)
   response.addCookie(cookie);

   // ...
   // weiterer Code
   // ...
   return;
}
```

Listing 211: Erzeugen und Konfigurieren eines Cookies

Nun können Sie beispielsweise ein zu verwaltendes Objekt mit dem frei gewählten (eindeutigen) Wert (TestValue) in einer HashMap ablegen und beim nächsten Request wieder zuordnen.

70 Cookies auslesen

Nachdem Sie Ihr Cookie beim ersten Request erzeugt und in den Response eingefügt haben, möchten Sie diesen und dessen Wert natürlich bei einem folgenden Request wieder auslesen. Dazu dient die Methode getCookies() des HttpServletRequest-Objekts. Da diese jedoch ein Array aller übermittelten Cookies zurückgibt und indem die Position Ihres Cookies stets variieren kann, ist es sinnvoll, eine Methode zum Auslesen von Cookies zu definieren und diese über Basisklassen oder JavaBeans bereitzustellen:

```
/**
 * Gibt den Wert des übergebenen Cookies, so vorhanden, zurück und liefert
 * anderenfalls null
 * @param HttpServletRequest Request - Objekt
 * @param String Name des zu extrahierenden Cookies
 * @return Wert des Cookies oder null, wenn Cookie nicht existiert
 */
private String getCookieValue(HttpServletRequest request, String name) {

   Cookie[] cookies = request.getCookies();
   if (cookies != null) {
      for (int i = 0; i < cookies.length; i++) {
         if (cookies[i].getName().equals(name)) {
            return cookies[i].getValue();
         }
      }
   }
   return null;
}
```

Listing 212: Methode zum Auslesen eines Cookie-Values

Diese universelle Methode kann zum Auslesen aller Cookies verwendet werden. Der übergebene Parameter `name` enthält dabei den zuvor bei der Erzeugung vergebenen Namen des Cookies (z.B. `TestCookie`).

Tipp

Ein häufiger Anwendungsfall von Cookies ist das Authentifizieren von Benutzern. Diese erhalten dabei nach erfolgreicher Anmeldung von einem Login-Servlet ein neues Cookie mit einer bestimmten Lebensdauer. Bei nachfolgenden Requests muss anschließend lediglich überprüft werden, ob ein solches Cookie existiert, den Wert des Cookies können Sie außerdem für die Zuordnung von Java-Objekten verwenden.

71 Benutzer-Authentifizierung einsetzen

Für viele Anwendungen ist eine Authentifikation der Benutzer nötig, um diese etwa verschiedenen Objekten zuordnen zu können oder beispielsweise über Rollen mit bestimmten Rechten zu versehen; schließlich sollten nur Sie die Möglichkeit haben, per Online-Banking auf Ihr Konto zuzugreifen. Oftmals wird dies über eine Login-Seite und ein entsprechendes Cookie realisiert. In diesem Kapitel werden Sie lernen, wie Sie eine rudimentäre Authentifikation mit Hilfe des Tomcat realisieren können, ohne eine Zeile Java implementieren zu müssen.

Abhörgeschützte Verbindungen via HTTPs

Das zur Übertragung von Internet-Ressourcen eingesetzte Hypertext Transfer Protocol (HTTP) stammt aus einer Zeit, als das Internet vornehmlich zum Informationsaustausch für wissenschaftliche Zwecke genutzt wurde. Es basiert dabei auf zwei bereits seit den 70er-Jahren existierenden Protokollschichten TCP/IP. Damals war das Internet ein sehr übersichtlicher Ort, und es gab quasi keine geschützten Bereiche.

Diese Basis ist jedoch denkbar ungeeignet für die Übertragung verschlüsselter Informationen, und bereits so ist es mit geringem technologischen Aufwand möglich, Informationen Dritter aus Formularen bei deren Übertragung auszulesen. Abhilfe kann hier der Einsatz des *Hypertext Transfer Protocol secure* (HTTPs) schaffen. Dabei wird zwischen der HTTP-Schicht und der TCP-Ebene (*Transmission Control Protocol*) eine SSL-Schicht eingeführt, über welche die Daten verschlüsselt werden.

Hinweis

Die Verschlüsselung basiert dabei auf einem *Diffie-Hellman-Schlüsselaustausch*, der über signierte Zertifikation realisiert wird. Bei der (in der Praxis leider üblichen) Verwendung unsignierter Zertifikate geht die Sicherheit von HTTPs weitestgehend verloren.

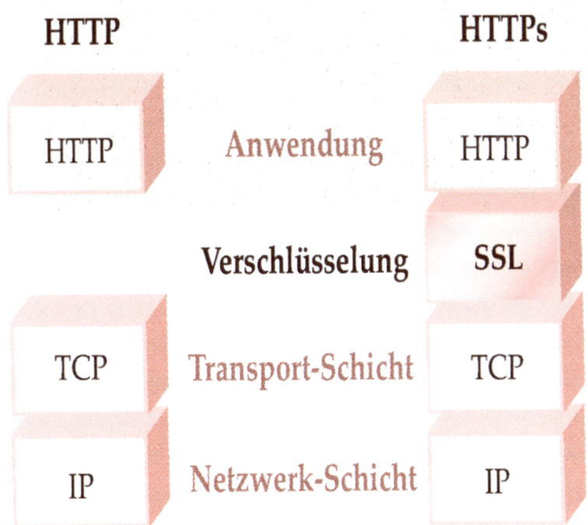

Abbildung 48: Protokoll-Stack für HTTP und HTTPs

Erstellen eines Zertifikates

Um das folgende Beispiel testen zu können, müssen Sie zunächst ein entsprechendes Zertifikat erstellen. Java liefert dazu das Programm `keytool` bereits seit dem JDK 1.4 mit aus. Um ein Serverzertifikat zu erstellen, führen Sie unter Windows folgenden Befehl auf der Kommandozeile aus:

```
%JAVA_HOME%\bin\keytool -genkey -alias tomcat -keyalg RSA
```

Listing 213: Erzeugen eines Zertifikates unter Windows

Unter Linux lautet der entsprechende Befehl:

```
$JAVA_HOME/bin/keytool -genkey -alias tomcat -keyalg RSA
```

Listing 214: Erzeugen eines Zertifikates unter Linux/Unix

Anschließend erfragt das Skript ein Passwort sowie verschiedene Angaben zu Ihrer Person, die später an den Client gesendet werden.

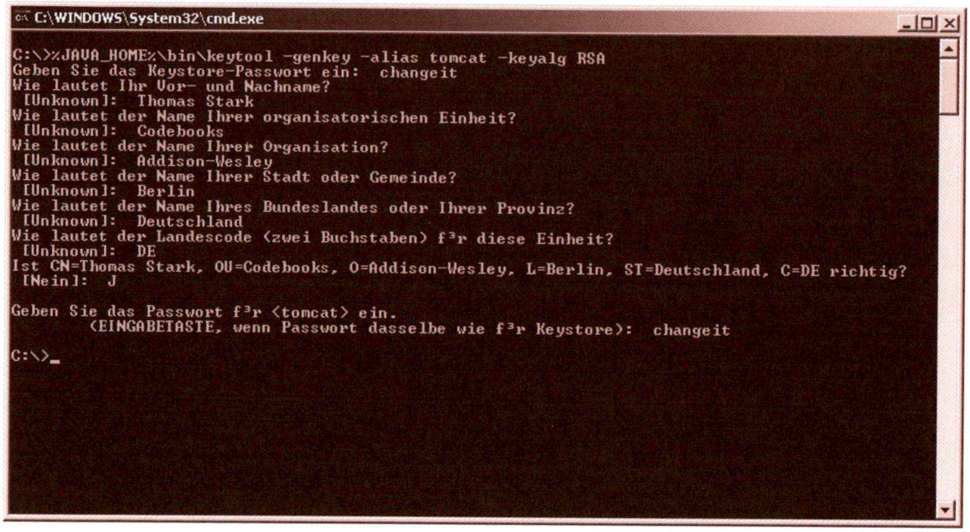

```
C:\WINDOWS\System32\cmd.exe
C:\>%JAVA_HOME%\bin\keytool -genkey -alias tomcat -keyalg RSA
Geben Sie das Keystore-Passwort ein:  changeit
Wie lautet Ihr Vor- und Nachname?
  [Unknown]:  Thomas Stark
Wie lautet der Name Ihrer organisatorischen Einheit?
  [Unknown]:  Codebooks
Wie lautet der Name Ihrer Organisation?
  [Unknown]:  Addison-Wesley
Wie lautet der Name Ihrer Stadt oder Gemeinde?
  [Unknown]:  Berlin
Wie lautet der Name Ihres Bundeslandes oder Ihrer Provinz?
  [Unknown]:  Deutschland
Wie lautet der Landescode (zwei Buchstaben) f³r diese Einheit?
  [Unknown]:  DE
Ist CN=Thomas Stark, OU=Codebooks, O=Addison-Wesley, L=Berlin, ST=Deutschland, C=DE richtig?
  [Nein]:  J

Geben Sie das Passwort f³r <tomcat> ein.
        (EINGABETASTE, wenn Passwort dasselbe wie f³r Keystore):  changeit

C:\>_
```

Abbildung 49: Daten des Zertifikates erfassen

Nachdem Sie das Skript erfolgreich beendet haben, befindet sich in Ihrem Home-Verzeichnis eine Datei *.keystore*, die das Zertifikat enthält. Diese Datei ist verschlüsselt, so dass Sie die Daten später nicht mehr auslesen können.

Hinweis

Die Verschlüsselung und das Passwort sind notwendig, damit sich Dritte nicht unerlaubt mit Ihrem Zertifikat »schmücken« können.

HTTPs-Konfiguration des Apache Tomcat

Nun müssen Sie den Tomcat entsprechend konfigurieren, damit dieser auch HTTPs-Verbindungen unterstützt. Öffnen Sie dazu die Datei *server.xml* im Verzeichnis *$TOMCAT_HOME/conf*.

Bereitstellen des Connectors

Als Erstes müssen Sie einen Eintrag für den HTTPs-Connector erstellen, der die HTTPs-Verbindung entgegennimmt. In der Regel ist ein solcher Eintrag bereits vorkonfiguriert und muss nur auskommentiert werden. Suchen oder erstellen Sie bitte folgenden `<Connetor>`-Eintrag:

```
<Server port="8005" shutdown="SHUTDOWN" debug="0">
...
  <Service name="Tomcat-Standalone">
...
    <!-- Define a SSL Coyote HTTP/1.1 Connector on port 8443 -->
    <Connector className="org.apache.coyote.tomcat4.CoyoteConnector"
                 port="8443" minProcessors="5" maxProcessors="75"
                 enableLookups="true"
                 keystoreFile="Pfad/zur/Datei/.keystore"
                 keystorePass="Tomcat/Passwort/des/Keystores"
                 acceptCount="10" debug="0" scheme="https" secure="true"
                 useURIValidationHack="false">
      <Factory
className="org.apache.coyote.tomcat4.CoyoteServerSocketFactory"
               clientAuth="false" protocol="TLS" />
    </Connector>
...
    <Engine name="Standalone" defaultHost="localhost" debug="0">
...
    </Engine>
  </Service>
</Server>
```

Listing 215: Konfiguration des HTTPs-Connectors

Über die beiden optionalen Parameter `keystoreFile` und `keystorePass` können Sie dabei die Datei und das zugehörige Passwort angeben. Per Default erwartet der Tomcat eine Datei *.keystore* im Home-Verzeichnis des aktuellen Benutzers mit dem Passwort `changeit`.

Tipp

Mehr über die HTTPs-Konfiguration des Apache Tomcat erfahren Sie unter: *http://jakarta.apache.org/tomcat/tomcat-5.5-doc/ssl-howto.html*

Konfiguration der Benutzer-Datenbank

Außer dem `Connector`, der eingehende HTTPs-Requests beantwortet, muss der Tomcat natürlich auch wissen, welche Benutzer autorisiert sind. Hierzu liefert der Tomcat eine Reihe von Möglichkeiten, vom *Namensdienst (Naming Service)* über Einträge in einer Datenbank bis zur XML-Datei. Diese speziellen »Datenbanken« werden unter Tomcat als `Realm` bezeichnet und sind in der Regel ebenfalls vorkonfiguriert. In diesem Beispiel werden Sie dabei die einfachste Konfiguration via XML-Datei verwenden. Da die Passwörter in diesem Fall in einer nicht verschlüsselten Datei abgelegt werden, ist dieser `Realm` nicht für Produktionsumgebungen geeignet, allerdings lässt sich damit die Arbeitsweise der Verschlüsselung gut demonstrieren.

Kommentieren Sie dazu bitte den folgenden Abschnitt der Datei *server.xml* ein, bzw. erstellen Sie einen solchen:


```
<Server port="8005" shutdown="SHUTDOWN" debug="0">
...
  <Service name="Tomcat-Standalone">
...
    <!-- Define a SSL Coyote HTTP/1.1 Connector on port 8443 -->
    <Connector className="org.apache.coyote.tomcat4.CoyoteConnector"
...
    </Connector>
...
    <Engine name="Standalone" defaultHost="localhost" debug="0">
...
      <Realm className="org.apache.catalina.realm.MemoryRealm"
             pathname="Pfad/zur/Benutzerdatei"
      />
...
    </Engine>
  </Service>
</Server>
```

Listing 216: Konfiguration der Benutzerdatenbank

Wenn Sie keine Benutzerdatei angeben, verwendet der Tomcat die Datei *tomcat-users.xml* im Verzeichnis *conf*.

Tipp

Eine Anleitung über die verschiedenen Realms und ihre Verwendung finden Sie beispielsweise unter: *http://jakarta.apache.org/tomcat/tomcat-5.5-doc/realm-howto.html*

Anlegen der Benutzer-Datenbank

Nun tragen Sie die autorisierten Benutzer in die »Datenbank« ein und weisen diesen entsprechende Rollen zu. Auf Grundlage dieser Rollen können Sie anschließend das Verhalten der Anwendung beeinflussen:

```
<?xml version='1.0' encoding='utf-8'?>
<tomcat-users>

   <!-- Definition der Rollen -->
   <role rolename="user"/>
```

Listing 217: Anlegen der Benutzer und Benutzerrollen

```
    <role rolename="admin"/>

    <!-- Zuweisen der Rollen -->
    <user username="tomcat" password="tomcat" roles="admin,user"/>
    <user username="Thomas" password="Stark" roles="user"/>
    <user username="Karsten" password="Samaschke" roles="user"/>
</tomcat-users>
```

Listing 217: Anlegen der Benutzer und Benutzerrollen (Forts.)

Dieses Beispiel sieht zwei Rollen (user, admin) vor, denen ein Benutzer angehören kann, und definiert drei autorisierte Benutzer durch einen Benutzernamen (username) und ein zugehöriges Passwort (password). Dabei sieht man, dass ein Benutzer auch verschiedene Rollen besitzen kann, so ist der Benutzer tomcat sowohl ein Anwender (user) als auch ein Administrator (admin). Benutzer, die mehreren Rollen angehören, besitzen die Privilegien aller ihnen zugeteilten Rollen.

Konfiguration der Webanwendung

Zum Abschluss müssen Sie lediglich bestimmen, welcher Teil Ihrer Anwendung vor unbefugtem Zutritt verborgen bleiben soll. Dies konfigurieren Sie im Web Deployment Descriptor. Fügen Sie dazu folgende Zeilen unterhalb des <servlet-mapping> ein:

```
</web-app>
...
   <security-constraint>
      <web-resource-collection>
         <web-resource-name>Eine geschuetzte Anwendung.</web-resource-name>
         <url-pattern>/servlets/*</url-pattern>
      </web-resource-collection>
      <auth-constraint>
         <role-name>user</role-name>
      </auth-constraint>
   </security-constraint>

   <login-config>
      <auth-method>BASIC</auth-method>
      <realm-name> Tomcat Benutzer-Datenbank </realm-name>
   </login-config>

   <security-role>
      <description>
         Eine in "conf/tomcat-users.xml" definierte Rolle.
      </description>
      <role-name>user</role-name>
```

Listing 218: Konfiguration der Anwendung

```
    </security-role>

</web-app>
```

Listing 218: Konfiguration der Anwendung (Forts.)

Hierdurch schützen Sie alle URLs unterhalb von */servlets* (also in diesem Fall all Ihre Servlets) mit einer Authentifikation. Benutzer, die auf eine Ressource unterhalb von */servlets* zugreifen möchten, müssen sich authentifizieren und der Rolle `user` angehören. Der Eintrag `<login-config>` legt dabei die Authentifikationsmethode fest: In diesem Fall verwenden Sie die einfache Authentifikation mit Passwort und Benutzernamen.

Ihre Anwendung ist nun (zum Teil) vor dem Zugriff fremder Personen geschützt, und wie Sie gesehen haben, ist hierfür nicht eine Zeile Java-Code nötig gewesen. Die Technik »weniger programmieren, mehr konfigurieren« ist ein Kennzeichen vieler J2EE-Applikationen, mit denen nicht jeder Programmierer glücklich ist. Sie können natürlich auch alles selbst programmieren, aber es existiert auch eine Vielzahl von gutem Code, der nur angepasst werden muss.

Test der Authentifizierung

Nun können Sie Ihren Tomcat wie gewohnt starten und auf Ihre JSPs und Servlets zugreifen. Wenn Sie z.B. via

```
http://localhost:8080/codebook/04_Servlets/jsp/HelloWorld.jsp
```

auf eine JSP zugreifen, werden Sie keinen Unterschied feststellen. Beim Zugriff auf den URL

```
http://localhost:8080/codebook/04_Servlets/servlets/HelloWorld
```

passiert jedoch etwas Ungewohntes, Sie werden dazu aufgefordert, einen Benutzernamen und ein Passwort einzugeben. Diese müssen in der Datei *tomcat-users.xml* (Listing 217) hinterlegt sein.

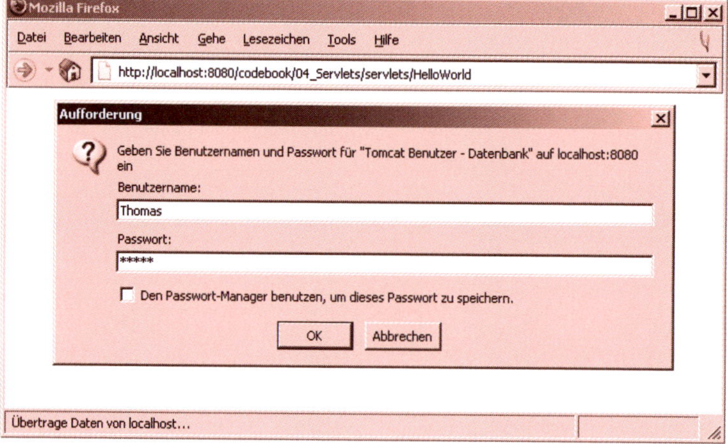

Abbildung 50: Authentifikation über HTTP

Aber Vorsicht, Sie übertragen die Daten in diesem Fall nicht verschlüsselt (HTTP), sondern im Klartext an den Server. Sie können dabei von jedem beteiligten Server ausgelesen werden. Da es sich bei diesem Beispiel höchstwahrscheinlich um einen Test handeln wird, bei dem Ihr Rechner sowohl Client als auch Server ist, können Sie es allerdings ruhigen Gewissens ausprobieren.

Für echte Anwendungen hingegen sollten Sie die Übertragung hingegen verschlüsseln. Dazu haben Sie den HTTPs-Connector auf Port 8443 konfiguriert. Wandeln Sie den URL deshalb folgendermaßen ab:

```
https://localhost:8443/codebook/04_Servlets/servlets/HelloWorld
```

Listing 219: Servlet-Aufruf via HTTPs

Beim erstmaligen Aufruf einer Ressource via HTTPs, handeln Client und Server die Schlüssel aus, mit denen Sie die zu übertragenden Daten ver-/entschlüsseln wollen. Zuvor werden Sie jedoch gefragt, ob Sie dem Aussteller des Zertifikates vertrauen und das Zertifikat akzeptieren. Über den Button ZERTIFIKAT UNTERSUCHEN... können Sie sich die Detaildaten des Zertifikates ansehen und die Fingerabdrücke (*Finger Prints*) mit dem Original vergleichen. Auf diese Weise können Sie sicherstellen, dass das Zertifikat nicht manipuliert wurde.

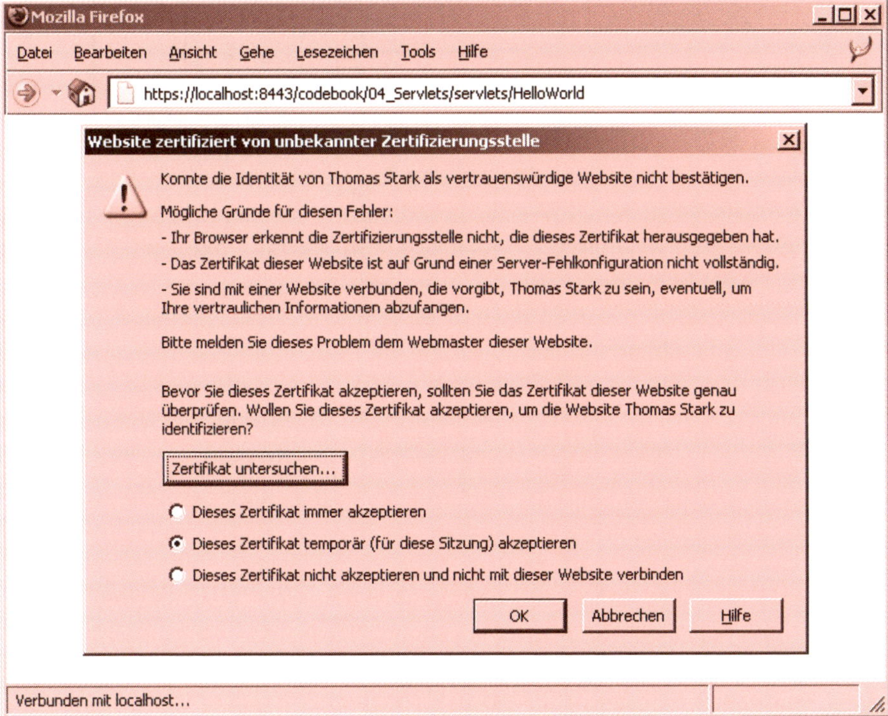

Abbildung 51: Wollen Sie dieses Zertifikat akzeptieren?

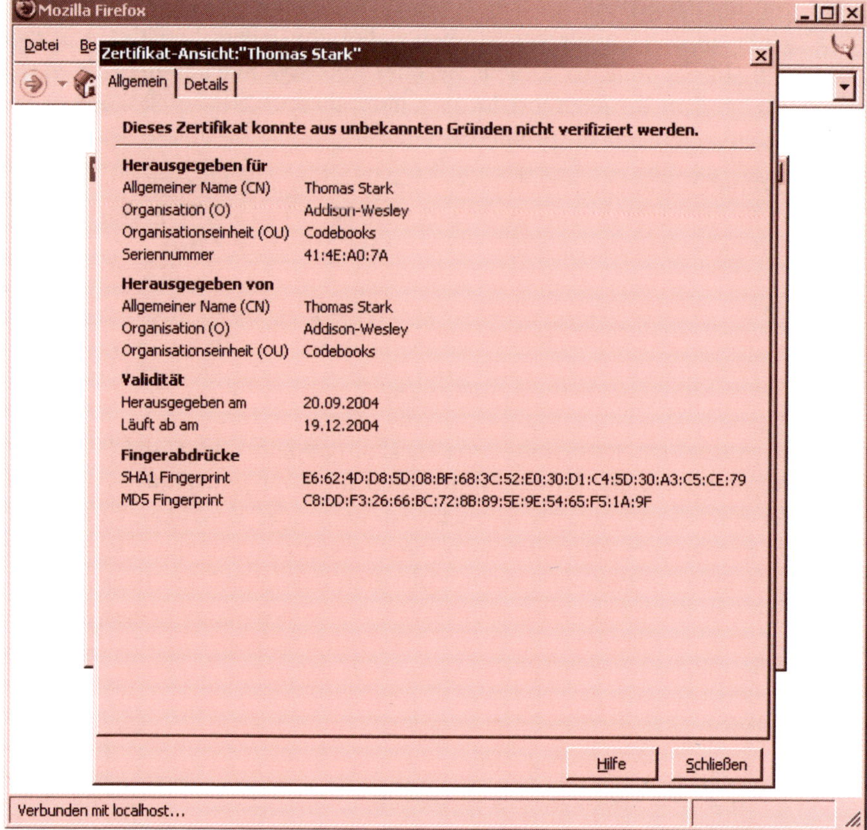

Abbildung 52: Detailansicht des Zertifikates

Nachdem Sie das Zertifikat (temporär) akzeptiert haben, erscheint beim erstmaligen Aufruf einer geschützten Ressource die gleiche Login-Aufforderung wie beim nicht verschlüsselten Zugriff (Abbildung 50).

Achtung

Das Zertifikat ist unabhängig davon, ob Sie auf eine geschützte (z.B. */servlet/**) oder ungeschützte (z.B. */jsp/**) Ressource zugreifen. Es wird nur für die Verschlüsselung der Übertragung benötigt, allerdings ist der Zugriff auf geschützte Ressourcen ohne Verschlüsselung wenig nützlich, da sowohl Passwort als auch Benutzername leicht von Dritten ausgelesen werden können.

72 Rollenabhängiges Verhalten der Webanwendung

Nachdem sich ein Anwender authentifiziert hat, können Sie über die Methoden `getRemoteUser()` und `isUserInRole()` seine Identität ermitteln und das Verhalten der Anwendung von den Privilegien seiner Rolle(n) abhängig machen. Dazu implementieren Sie die Service-Methoden Ihrer Servlets in der Regel nach folgendem Schema:

```
...
   public void doGet(HttpServletRequest request,
                     HttpServletResponse response)
      throws ServletException, IOException {

      // Verhalten für Rolle role1
      if (request.isUserInRole("role1")) {
         // Code für Rolle role1
      }

      // Verhalten für Rolle role2
      if (request.isUserInRole("role2")) {
         // Code für Rolle role2
      }

      // ...
      // Code für weitere Rollen
      // ...
   }
...
```

Listing 220: Schematischer Aufbau rollenbasierter Servlet-Logik

Ein Beispiel-Servlet

Im folgenden Beispiel entwickeln Sie ein Servlet, das den aktuellen Benutzernamen sowie die Zugehörigkeit zu den Gruppen `admin` und `user` ausgibt:

```
package de.codebooks.j2ee.servlets;

import java.io.PrintWriter;
import java.io.IOException;

import javax.servlet.http.HttpServlet;
import javax.servlet.http.HttpServletRequest;
import javax.servlet.http.HttpServletResponse;
import javax.servlet.ServletException;

/** Gibt Benutzerstatus nach der Authentifikation aus */
public class UserStatusServlet extends HttpServlet {

   /** Gibt Benutzerdaten der Authentifikation aus */
   public void doGet(HttpServletRequest request,
                     HttpServletResponse response)
      throws ServletException, IOException {
```

Listing 221: Benutzername und Rollenzugehörigkeit ermitteln

```
        // Binden der Variablen out
        PrintWriter out = response.getWriter();
        out.println("<html><body><center>Benutzer-Status</center><ul>");

        // Ausgabe des Benutzernamens
        out.println("<li>Sie sind: " + request.getRemoteUser() + "</li>");

        // Benutzer in Rolle user
        out.println("<li>Mitglied in Gruppe 'user': "
                    + request.isUserInRole("user") + "</li>");

        // Benutzer in Role admin
        out.println("<li>Mitglied in Gruppe 'admin': "
                    + request.isUserInRole("admin") + "</li>");

        out.println("</ul></body></html>");
        return;
    }
}
```

Listing 221: Benutzername und Rollenzugehörigkeit ermitteln (Forts.)

Konfiguration des Servlets

```
...
   <servlet>
      <servlet-name>userStatusServlet</servlet-name>
      <servlet-class>de.codebooks.j2ee.servlets.
                     UserStatusServlet</servlet-class>
   </servlet>
...
   <servlet-mapping>
      <servlet-name>userStatusServlet</servlet-name>
      <url-pattern>/servlets/UserStatusServlet</url-pattern>
   </servlet-mapping>
...
```

Listing 222: Konfiguration des UserStatusServlet

Das Resultat

Nachdem Sie den Webserver neu gestartet und sich erfolgreich angemeldet haben, können Sie Ihren Status über das Servlet ausgeben:

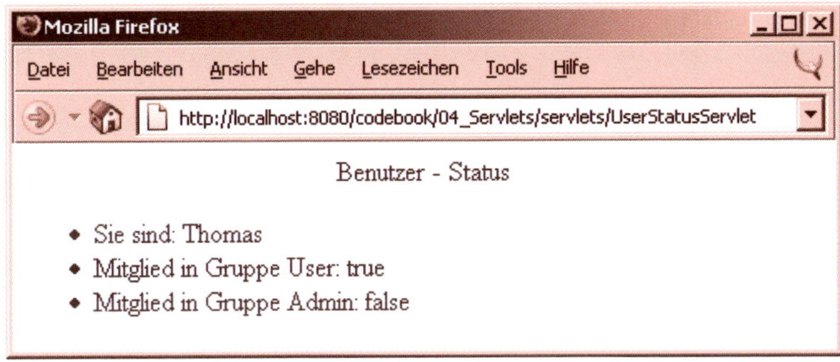

Abbildung 53: Status des angemeldeten Benutzers

73 Das Servlet-Logging verwenden

Protokollieren oder neudeutsch *Logging* ist eines der Zauberwörter der letzten Jahre. Statt während der Entwicklungsphase mehr und mehr `System.out`-Anweisungen in den Code einzubauen, um sie anschließend wieder zu entfernen, soll der Anwender sich konfigurierbarer Logging-Bibliotheken bedienen, deren Ausgaben auf Wunsch abgeschaltet werden können. Und obgleich eine Unzahl freier und kommerzieller Implementierungen um die Gunst der Programmierer buhlt, sind zwei Log-Methoden bereits in die Servlet-Spezifikation integriert.

```
public void log(String msg)
public void log(String msg, Throwable t)
```

Listing 223: Signatur der beider integrierten Logging-Methoden

Diese Methode der Basisklassen können Sie verwenden, um Ihre Ausgaben statt auf die Konsole in die Log-Datei des Webservers umzuleiten. Diese ist besonders für Windows-Programmierer interessant, deren Tomcat als Dienst ohne sichtbare Konsole läuft.

74 Formulardaten filtern

Wenn Sie Daten vom Benutzer entgegennehmen und anschließend innerhalb einer Webseite darstellen, ist es ratsam, diese zuvor zu filtern, da ein Benutzer sonst nicht beabsichtigten HTML-Code einschleusen kann. Stellen Sie sich im einfachsten Fall vor, Sie möchten ein Adressverzeichnis aller Benutzer anlegen, nehmen die Daten über ein Formular entgegen, und Max Müller gibt im Feld Name das Folgende ein:

```
<font size="7" color="red">Max Müller</font>
```

Listing 224: Zu filternde Eingabe

Wenn Sie die Namen nun ungefiltert in einer Tabelle ausgeben, könnte die resultierende Seite das folgende Fragment enthalten:

```
...
   <tr><td>Manuela Meier</td></tr>
   <tr><td><font size="7" color="red">Max Müller</font></td></tr>
...
```

Listing 225: Resultat bei ungefilterter Eingabe

Mit dem Resultat, dass Max Müller im Vergleich zu Manuela Meier riesig und außerdem in Rot erscheint, und das alles nur durch eine geschickte Eingabe im Formularfeld! Um diese recht harmlose und andere derartige Manipulationen zu unterbinden, sollten Sie alle Eingaben vor der Ausgabe auf »Sonderzeichen« filtern und diese gegebenenfalls ersetzen. Glücklicherweise liefert das JDK 1.4 eine komfortable Methode zum Ersetzen von Zeichenketten:

```
/** Filter Markup */
public static String filter (String input) {
   return input.replaceAll("&", "&amp;")
               .replaceAll("\"", "&quot;")
               .replaceAll("<", "&lt;")
               .replaceAll(">", "&gt;");
}
```

Listing 226: Methode zum Filtern von reservierten Zeichen in HTML

In diesem Fall führt die obige Manipulation nur zu einer unschönen Verunzierung des Eintrags von Max Müller, der sich damit selbst schadet.

75 Daten komprimiert übertragen

Die meisten Browser unterstützen eine komprimierte Übertragung von Dokumenten um die benötigten Netzwerkressourcen zu schonen. Und da auch Java ein ganzes Paket mit ZIP-Funktionalität (`java.util.zip`) mitbringt, was liegt da näher, als beides zu kombinieren?

Ermitteln der unterstützten Komprimierungsalgorithmen

Zunächst müssen Sie ermitteln, welche Komprimierungsalgorithmen vom Client unterstützt werden. Hierfür dient der Request-Header `Accept-Encoding`, der folgende Werte annehmen kann:

Wert	Bemerkung	Version
`x-gzip`	Komprimierungsalgorithmus nach GZip	HTTP/1.0
`x-compress`	Komprimierungsalgorithmus nach ZIP	HTTP/1.0
`gzip`	Entspricht `x-gzip` in HTTP/1.0	HTTP/1.1

Tabelle 6: Komprimierungsalgorithmen in HTTP

Wert	Bemerkung	Version
compress	Entspricht x-compress in HTTP/1.0	HTTP/1.1
deflate	Ein weiterer Komprimierungsalgorithmus	HTTP/1.1

Tabelle 6: Komprimierungsalgorithmen in HTTP (Forts.)

Unterstützt ein Client mehr als einen Komprimierungsalgorithmus, so sind die Angaben durch Komma getrennt. Fehlt dieser der Header `Accept-Encoding`, müssen die Daten unkomprimiert übermittelt werden.

Wenn der Server die Daten komprimiert übermittelt, teilt er dem Client über den Response-Header `Content-Encoding` den verwendeten Algorithmus mit.

Das Servlet

Das folgende Listing zeigt Ihnen, wie Sie die Variable `out` je nach Möglichkeit des Browsers an einen `PrintWriter` binden, der entweder mit dem GZip- oder dem ZIP-Algorithmus oder gar nicht komprimiert:

```
package de.codebooks.j2ee.servlets;

import java.io.PrintWriter;
import java.io.IOException;
import java.util.zip.ZipEntry;
import java.util.zip.ZipOutputStream;
import java.util.zip.GZIPOutputStream;

import javax.servlet.http.HttpServlet;
import javax.servlet.http.HttpServletRequest;
import javax.servlet.http.HttpServletResponse;
import javax.servlet.ServletException;

public class ZIPServlet extends HttpServlet {

   public void doGet(HttpServletRequest request,
                     HttpServletResponse response)
      throws ServletException, IOException {

      PrintWriter out = null;

      // Auslesen des Encoding-Headers
      String encodings = request.getHeader("Accept-Encoding");

      if (encodings != null && encodings.indexOf("gzip") != -1) {

         // Verwende GZip
```

Listing 227: Komprimierte Übertragung

```
            response.setHeader("Content-Encoding", "gzip");
            out = new PrintWriter(
               new GZIPOutputStream(response.getOutputStream()));
         } else if (encodings != null && encodings.indexOf("compress") != -1) {

            //  Verwende ZIP
            response.setHeader("Content Encoding", "x-compress");
            ZipOutputStream zos =
               new ZipOutputStream(response.getOutputStream());
            zos.putNextEntry(new ZipEntry("Dummy"));
            out = new PrintWriter(zos);
         } else {

            // Keine Kompression
            out = response.getWriter();
         }

         // Vary-Header für Proxy setzen
         response.setHeader("Vary", "Accept-Encoding");

         // ...
         // hier können Sie mit der Variablen out arbeiten
         // ...

         // out flushen und schließen
         out.flush();
         out.close();
         return;
      }
   }
```

Listing 227: Komprimierte Übertragung (Forts.)

Achtung

Das obige Listing überprüft der Übersichtlichkeit halber nur die Header von HTTP/1.1. Um auch HTTP/1.0 zu unterstützen, müssen deren Header ergänzt werden (vgl. Tabelle 6).

Nachdem Sie den Request-Header `Accept-Encoding` ausgelesen haben, überprüfen Sie ihn auf einen der unterstützten Algorithmen (GZip oder ZIP). Werden Sie fündig, so setzen Sie den entsprechenden `Content-Encoding`-Header und erzeugen das `PrintWriter`-Objekt.

```
response.setHeader("Content-Encoding", "gzip");
out = new PrintWriter(new GZIPOutputStream(response.getOutputStream()));
```

Falls ein Proxy die Seite zwischenspeichern möchte, muss er natürlich ebenfalls darüber in Kenntnis gesetzt werden, dass diese vom Header `Accept-Encoding` abhängt. Diese realisieren Sie über einen `Vary-Header`:

```
response.setHeader("Vary", "Accept-Encoding");
```

Anschließend können Sie wie gewohnt mit der Variablen `out` weiterarbeiten. Allerdings sollten Sie über ein explizites `flush()` und `close()` am Ende der Methode sicherstellen, dass die erzeugten Archive auch korrekt geschlossen werden.

Tipp Natürlich können Sie auch Binärdaten komprimiert versenden, auch wenn die Kompressionsrate bei diesen in der Regel sehr viel geringer ausfällt. In diesem Fall wandeln Sie das obige Listing einfach entsprechend ab.

76 Mit Server-Pfaden arbeiten

Hin und wieder müssen Sie die virtuellen Server-Pfade der URLs in echte Pfade übersetzen, etwa um eine Datei aus dem Dateisystem zu laden. In diesem Fall kann Ihnen die Methode `getRealPath()` des `ServletContext`-Objekts weiterhelfen.

```
...
   ServletContext context = getServletContext();
   String webAppRoot = context.getRealPath("/index.html");
...
```

Listing 228: Ermittlung des »echten« Pfades einer Ressource

Dieses Listing-Fragment liefert Ihnen das Stammverzeichnis Ihrer Webanwendung, da es die Datei *index.html* im Root-Context (/) sucht, die sich im Basisverzeichnis befindet. Der Pfad */jsp/HelloWorld.jsp* liefert Ihnen hingegen den echten Pfad des Verzeichnisses */jsp* Ihrer Anwendung im Dateisystem des Servers.

Ressourcen-Pfade

Die Methode `getRessourcePaths()` des `ServletConfig`-Objekts liefert Ihnen alle Ressourcen, die innerhalb eines Pfades zur Verfügung stehen. Angenommen, Ihre Webanwendung besitzt folgende Verzeichnisstruktur:

```
/index.html
/welcome.jsp
/jsp/HelloWorld.jsp
/jsp/DebugInfo.jsp
/jsp/images/Login.gif
/html/HelloWorld.html
/html/images/Logout.gif
/WEB-INF/web.xml
```

Listing 229: Beispielhafte Verzeichnisstruktur einer Webanwendung

Dann liefert Ihnen der Aufruf ein `java.util.Set` aller Ressourcen der obersten Ebene zurück:

```
...
   ServletContext context = getServletContext();
   java.util.Set rootRessources = context.getRessourcePaths("/");
...
```

Listing 230: Ausgabe aller Top-Level-Ressourcen

Das `Set` enthält in diesem Fall folgende `Strings`, wobei ein Schrägstrich (/) am Ende eines Eintrags ein Verzeichnis symbolisiert:

```
java.util.Set {"/index.html", "/welcome.jsp", "/jsp/", "/html/", "/WEB-INF/"}
```

Listing 231: Inhalt des Sets nach Aufruf von getRessourcePaths(»/«);

Ändern Sie den Aufruf hingegen in `context.getRessourcePaths("/jsp/")` ab, erhalten Sie folgendes Resultat:

```
java.util.Set {"/jsp/HelloWorld.jsp", "/jsp/DebugInfo.jsp", "/jsp/images/"}
```

Listing 232: Inhalt des Sets nach Aufruf von getRessourcePaths(»/jsp/«);

77 Weiterleiten und Einfügen mit Servlets

Im Kapitel über JSPs haben Sie verschiedene Techniken kennen gelernt, mit denen Sie externe Ressourcen einbinden (Include) oder den Request an diese weiterleiten (Forward) konnten. Dafür verwenden Sie in Servlets ein `RequestDispatcher`-Objekt, das Sie über den folgenden Aufruf erzeugen können:

```
...
   javax.servlet.RequestDispatcher dispatcher;
   dispatcher = request.getRequestDispatcher("PfadDerExternenRessource")
...
```

Listing 233: Erzeugen eines RequestDispatcher-Objekts

Hinweis

Für den Pfad des `RequestDispatcher`-Objekts gelten dabei die gleichen Konventionen wie für das `PageContext`-Objekt in JSPs:

- Beginnt der relative URL mit einem Schrägstrich (»/«), so wird die Seite relativ zum Basisverzeichnis der Webanwendung (hier */codebook/04_Servlets/*) gesucht.
- Anderenfalls wird der URL relativ zur aktuellen Seite aufgelöst.

Einfügen einer Ressource

Nachdem Sie ein `RequestDispatcher`-Objekt für die gewünschte, externe Ressource erzeugt haben, können Sie deren Inhalt an beliebiger Stelle über folgenden Aufruf einfügen:

```
...
   dispatcher.include(request, response);
...
```

Listing 234: Einfügen einer externen Ressource

Der `RequestDispatcher` führt dabei einen neuen Request an die angegebene Ressource aus und fügt deren Ausgaben in der aktuellen Variablen `out` hinzu.

Weiterleiten eines Requests

Ebenso leicht wie das Einbinden einer externen Ressource können Sie den Request an diese weiterleiten und von dieser bearbeiten lassen:

```
...
   dispatcher.forward(request, response);
...
```

Listing 235: Weiterleiten des Requests an eine externe Ressource

78 Wie kann ein Webarchiv (WAR) erstellt werden?

Um eine Webanwendung leicht von einem Server auf einen anderen zu übertragen oder neu zu installieren, bietet sich der Einsatz eines *Web Archive (WAR)* in Form einer WAR-Datei an. Analog zu einem *Java Archive (JAR)* enthält ein Web Archive in komprimierter Form alle für eine Webanwendung benötigten Ressourcen (JSP, Servlets, Bilder) und den Web Deployment Descriptor, über den der Webserver die Anwendung konfigurieren kann. Viele Webserver unterstützen eine automatische Installation (Deployment) von Webanwendungen aus Webarchiven heraus.

Den Apache Tomcat für Web Archive konfigurieren

Beim Apache Tomcat müssen Sie dabei beispielsweise nur das folgende Flag in der Datei *server.xml* setzen.

```
<Server port="8005" shutdown="SHUTDOWN" debug="0">
...
  <Service name="Tomcat-Standalone">
...
      <Engine name="Standalone" defaultHost="localhost" debug="0">
...
        <Host name="localhost" debug="0" appBase="webapps"
              unpackWARs="true" autoDeploy="true">
...
        </Host>
     </Engine>
   </Service>
</Server>
```

Listing 236: Konfiguration des Apache Tomcat

Mit diesen Einstellungen brauchen Sie Ihre Webanwendungen nur im Verzeichnis */webapps* Ihres Tomcat abzulegen und diesen neu zu starten. Der Tomcat vergleicht dann das Datum des Webarchivs mit der installierten Version und wird dieses bei Bedarf installieren. Anschließend steht Ihnen die im Webarchiv enthaltene Anwendung unter dem Namen des Webarchivs zur Verfügung.

Erstellen eines Webarchivs

Um aus den Beispielen der letzten beiden Kapitel ein Webarchiv zu erzeugen, übersetzen Sie zunächst alle eventuell vorhandenen Java-Dateien im Verzeichnis *WEB-INF/classes* und führen anschließend den folgenden Befehl aus:

```
Unter Windows:
   %JAVA_HOME%/bin/jar cfv NameDesArchivs.war *

Unter Linux:
   $JAVA_HOME/bin/jar cfv NameDesArchivs.war *
```

Listing 237: Erzeugen eines Webarchivs

Wobei Sie über den Archivnamen gleichzeitig auch den Namen der daraus erzeugten Webanwendung festlegen.

Tipp

Natürlich können Sie die WAR-Datei auch über verschiedene Tools oder mitunter direkt aus ihrer Entwicklungsumgebung (IDE) heraus erzeugen. Für Apache Ant existiert hierfür beispielsweise der Task WAR:

```
<war destfile="NameDesArchivs.war" webxml="WEB_INF/web.xml">
   <fileset dir="."/>
</war>
```

Listing 238: Ant-Task zur Erzeugung eines WAR-Archivs

79 Mit eigenen Clients kommunizieren

Zwar sind Servlets und auch JSPs primär dazu geschaffen worden, um dynamische Webseiten erzeugen zu können und diese an den Browser des Clients zu senden, aber natürlich sind Servlets dabei nicht ausschließlich auf Browser beschränkt, sondern können mit jedem Client, der eine entsprechende `java.net.HttpURLConnection` öffnet, kommunizieren und über den `OutputStream` des `Response`-Objekts beispielsweise serialisierbare Java-Objekte übertragen.

Servlet zur Kommunikation mit einem Client

Das folgende Servlet überträgt zum Beispiel ein `java.util.Date`-Objekt:

```
package de.codebooks.j2ee.servlets;

import java.util.Date;
import java.io.OutputStream;
import java.io.ObjectOutputStream;
import java.io.IOException;

import javax.servlet.http.HttpServlet;
import javax.servlet.http.HttpServletRequest;
import javax.servlet.http.HttpServletResponse;
import javax.servlet.ServletException;

/** Kommuniziert mit einem Java-Client */
public class ClientServlet extends HttpServlet {

   /** Sendet ein aktuelles Date-Object an den Client */
   public void doGet(HttpServletRequest request,
                     HttpServletResponse response)
      throws ServletException, IOException {

      // Binden der Variablen out
      OutputStream out = response.getOutputStream();
```

Listing 239: Servlet zum Übertragen eines Date-Objekts

Servlets

```
            // Erzeugen eines ObjectOutputStream-Objekts
            ObjectOutputStream oos = new ObjectOutputStream(out);

            // Erzeugen und Übertragen eines Date-Objekts
            oos.writeObject(new Date());

            // out flushen und schließen
            out.flush();
            out.close();
            return;
        }
    }
```

Listing 239: Servlet zum Übertragen eines Date-Objekts (Forts.)

Schema eines Java-Clients

Der `DateClient` kann natürlich nicht in der folgenden Form ausgeführt werden, es demonstriert aber, wie Sie Java-Objekte von einem Server empfangen können.

```
package de.codebooks.j2ee.clients;

import java.util.Date;
import java.io.InputStream;
import java.io.ObjectInputStream;
import java.io.IOException;

import java.net.URL;
import java.net.URLConnection;

/** Kommuniziert mit einem Servlet */
public class DateClient {

  /** Lädt ein Date-Objekt vom Server */
  public void getDate() throws IOException, ClassNotFoundException {

     // Erzeugen des URL
     URL url = new URL("URLDesServlets");

     // Erzeugen einer HTTP-Connection
     URLConnection connection = url.openConnection();

     // Öffnen des InputStreams
     InputStream in = connection.getInputStream();

     // Erzeugen eines ObjectInputStreams
```

Listing 240: Der Client für die Übertragung

```
        ObjectInputStream ois = new ObjectInputStream(in);

        // Lesen und Casten des Date-Objekts
        Date date = (Date) ois.readObject();
    }
}
```

Listing 240: Der Client für die Übertragung (Forts.)

80 Fehlerbehebung bei Servlets

Nichts ist frustrierender als ein Server, der nicht startet, ein Servlet das nicht erreichbar ist oder nicht das gewünschte Resultat liefert. Der letzte Absatz dieses Kapitels soll Ihnen deswegen einige Tipps zur Fehlersuche geben.

Der Server startet nicht

Wenn Sie den Webserver als Dienst im Hintergrund starten, erhalten Sie in der Regel keine Ausgabe, was eventuell schief gelaufen ist; versuchen Sie deshalb, zunächst den Tomcat mit folgendem Aufruf manuell zu starten, und beachten Sie die Ausgabe der Konsole:

```
Unter Windows:
%JAVA_HOME%\bin\java.exe -jar -Duser.dir="%TOMCAT_HOME%"
"%TOMCAT_HOME%\bin\bootstrap.jar" start

Unter Linux:
$JAVA_HOME/bin/java -jar -Duser.dir="$TOMCAT_HOME"
"$TOMCAT_HOME/bin/bootstrap.jar" start
```

Listing 241: Manuelles Starten des Apache Tomcat

Eine der häufigsten Fehlermeldungen des Apache Tomcat ist dabei:

```
SCHWERWIEGEND: Parse Error at line 215 column 11: The content of element type
"web-app" must match "(icon?,display-name?,description?,distributable?
,context-param*,filter*,filter-mapping*,listener*,servlet*,servlet-mapping*,
session-config?,mime-mapping*,welcome-file-list?,error-
page*,taglib*,resource-
env-ref*,resource-ref*,security-constraint*,login-config?,security-role*,env-
entry*,ejb-ref*,ejb-local-ref*)".
```

Listing 242: Falsche Reihenfolge in der Datei web.xml

Sie sagt aus, dass die Reihenfolge der Elemente Ihres Web Deployment Descriptors »falsch« ist. Während einige Webserver die Elemente in beliebiger Reihenfolge (und sogar durcheinander) akzeptieren, erwartet der Tomcat eine ganz bestimmte:


```
<web-app>
   <icon />
   <display-name />
   <description />
   <distributable />
   <context-param />,
   <filter />
   <filter-mapping />
   <listener />
   <servlet />
   <servlet-mapping />
   <session-config />
   <mime-mapping />
   <welcome-file-list />
   <error-page />
   <taglib />
   <resource-env-ref />
   <resource-ref />
   <security-constraint />
   <login-config />
   <security-role />
   <env-entry />
   <ejb-ref />
   <ejb-local-ref />
</web-app>
```

Listing 243: Vom Tomcat erwartete Reihenfolge der Elemente des Web Deployment Descriptors

Auch wenn Sie bisher nicht alle Elemente kennen gelernt haben und auch nicht immer alle Elemente vorhanden sein müssen, ist die Reihenfolge der vorhandenen beim Apache Tomcat fest vorgeschrieben.

Das Servlet ist nicht erreichbar

Der Tomcat verfügt über eine Vielzahl möglicher Logger, von denen einige bereits vorkonfiguriert sind. Werfen Sie deshalb einen Blick in die Dateien des Ordners */logs* im Tomcat-Verzeichnis. Versuchen Sie anschließend, ein anderes Servlet oder eine JSP dieser Webanwendung aufzurufen, und ist auch diese(s) nicht erreichbar, konnte der Webserver die Anwendung mit großer Sicherheit nicht korrekt initialisieren.

Sie erhalten ein unerwartetes Ergebnis

Wenn die Daten der resultierenden Webseite »inkorrekt« sind oder falsch formatiert werden, spricht dies für einen Programmierfehler. Werfen Sie dazu einen Blick auf den HTML-Quellcode (SEITENQUELLTEXT ANZEIGEN), und verwenden Sie einen Filter, der entsprechende Debug-Informationen hinzufügt (Listing 195).

Tag-Bibliotheken

In den vorherigen beiden Kapiteln haben Sie gelernt, wie Sie dynamische Webseiten mit JSPs und Servlets erstellen können. Dabei spielte Markup in Form von Tags eine große Rolle, doch wurden auch immer grundlegende Java-Kenntnisse benötigt, um die resultierenden Dokumente zu verstehen. Zudem ist eine Portierung einmal geschriebenen Codes in ein anderes Projekt nur schwer möglich. In diesem Kapitel werden Sie sich mit Ihren eigenen Tag-Bibliotheken befassen, durch die Sie die Möglichkeit haben, immer wieder benötigte Funktionalität in einer eigenen Klasse zu kapseln und diese dann durch ein einfaches und verständliches Tag in unsere JSPs einzubinden.

Hierdurch werden die JSPs nicht nur von lästigem Java-Code befreit, der sie häufig aufbläht und unübersichtlich macht, Sie können Ihren Code darüber hinaus wieder verwenden und leicht selbst über Projektgrenzen hinweg portieren. Außer Ihren eigenen Tag-Bibliotheken können Sie natürlich noch viele andere, bereits bestehende importieren, zu den bekanntesten gehören dabei:

- JSP Standard Tag Library (JSTL)

  Ein grundlegendes Set an Tags zur Manipulation von Datenbanken, zum Lesen von XML-Dateien, Internationalization (i18n) etc. *http://java.sun.com/products/jsp/taglibraries.html*

- Struts Tag Library

  Dieser Tag-Bibliothek werden Sie im Struts-Kapitel natürlich wieder begegnen. In Ihr finden Sie nützliche Tags, mit denen Sie das Model-View-Controller-Prinzip (MVC) gut in JSPs umsetzen können. *http://jakarta.apache.org/struts/*

- Regexp

  Bei dieser Tag-Bibliothek ist der Name Programm: Sie ermöglicht es, reguläre Ausdrücke (Regular Expressions) im Perl-Stil in Ihre JSPs zu integrieren. Mehr dazu finden Sie unter: *http://jakarta.apache.org/taglibs/doc/regexp-doc/*

Tipp

Apaches Jakarta-Projekt hostet ein eigenes Subprojekt, das sich ausschließlich mit Tag-Bibliotheken befasst, vom Benchmark bis zur Mail-Funktionalität, hier finden Sie nahezu alles: *http://jakarta.apache.org/taglibs/*

81 Ein eigenes Tag erstellen

Die ersten Beispiele der vorangegangenen Kapitel zeigten die jeweilige Funktionalität anhand der Ausgabe eines Datums, und auch dieses Kapitel soll mit dieser Tradition fortfahren. In diesem Abschnitt werden Sie die Ausgabe jedoch in ein eigenes Tag (`<date />`) kapseln. Hierdurch wird das Datums-Tag später auch ohne Java-Kenntnisse verfügbar sein.

Bei der Erstellung eigener Tag-Bibliotheken (Taglibs) sind dabei, ähnlich den Servlets, verschiedene Schritte notwendig, die Ihnen beim ersten Mal vielleicht aufwändig und umständlich erscheinen, später jedoch schnell zur Routine werden.

Erstellen der Java-Klasse

Als Erstes benötigen Sie eine Java-Klasse, welche die gewünschte Funktionalität aufnimmt, den so genannten *Tag-Handler*. Java stellt Ihnen dabei im Package `javax.servlet.jsp.tagext` verschiedene Interfaces bereit, die Sie verwenden können, um Tag-Handler mit unterschiedlichen Fähigkeiten zu implementieren.

Da die hier vorgestellten Klassen von Grund auf neu entwickelt werden und von keiner anderen Superklasse ableiten, können Sie allerdings darauf verzichten, alle in den Interfaces deklarierten Methoden selbst zu implementieren, und sich ganz auf die gewünschte Funktionalität konzentrieren. Die Klassen `TagSupport` und `BodyTagSupport` (ebenfalls in diesem Package) implementieren bereits alle Methoden. Sie brauchen also nur von diesen abzuleiten und die jeweilige Methode zu überschreiben.

Der Lebenszyklus eines Tags vom Typ TagSupport

Während die JSP-Engine ihr Tag später verarbeitet, wird sie dabei verschiedene Methoden aufrufen, in denen Sie die Möglichkeit der Interaktion mit der JSP haben. Ihr Tag durchläuft dabei analog zu den Servlets einen bestimmten vordefinierten *Lebenszyklus* (Lifecycle).

- `doStartTag()`

  Diese Methode wird bei einem öffnenden Tag (`<tag>`) gerufen, hier haben Sie die Möglichkeit, Ihre Tag zu initialisieren und festzustellen, ob das Tag an der richtigen Stelle innerhalb des Dokumentes verwendet wurde.

  Am Ende dieser Methode können Sie durch Rückgabe eines Parameters entscheiden, ob der Rumpf des Tags verarbeitet oder übersprungen werden soll. In letzterem Fall endet die Bearbeitung des Tags an dieser Stelle, und der Rumpf einschließlich des schließenden Tags (`</tag>`) wird schlicht ignoriert.

> **Tipp**
> Sie können das Überspringen des Rumpfes dabei auch als Vorsichtsmaßnahme verstehen: Sie verhindern hierdurch, dass Tags, die keinen Rumpf besitzen sollen, wie z.B. Ihr Datums-Tag, durch versehentlich im Rumpf eingefügten Code etwa unschön formatiert werden.

- `doAfterBody()`

  Diese Methode wird immer unmittelbar vor dem schließenden Tag (`</tag>`) gerufen und gibt Ihnen die Möglichkeit, den Rumpf des Tags zu modifizieren. An dieser Stelle können Sie außerdem entscheiden, ob Sie die Bearbeitung des Tags beenden wollen und zu `doEndTag()` weitergehen oder den (möglicherweise modifizierten) Inhalt des Tags noch einmal bearbeiten wollen. In diesem Fall beginnt die Bearbeitung des Tags und seines Inhaltes wieder unmittelbar nach dem öffnenden

Tag (dort, wo Sie standen, *nachdem* wir `doStartTag()` beendet hatten). Anschließend wird `doAfterBody()` erneut gerufen.

`doAfterBody()` wird nur ausgeführt, wenn das Tag tatsächlich einen Rumpf besitzt. Bei leeren Tags (`<tag />`) wird diese Methode übersprungen.

- `doEndTag()`

  Wenn Sie die Bearbeitung eines Tags nicht am Ende von `doStartTag()` abgebrochen, sondern fortgesetzt haben, wird das Tag durch die Methode `doEndTag()` abgeschlossen. Hier haben Sie die Möglichkeit, eventuell benötigte Ressourcen wieder freizugeben oder den Zustand des Tags in einer Datei zu speichern.

Hinweis

Als Rumpf eines Tags werden *alle Zeichen* (Markup und Text) bezeichnet, die sich zwischen dem öffnenden Tag (`<tag>`) und dem schließenden End-Tag (`</tag>`) befinden. Tags der Art `<tag />` besitzen also keinen Rumpf. Bei ihnen wird die Methode `doAfterBody()` nicht gerufen.

Ob die Bearbeitung des aktuellen Tags abgebrochen oder fortgesetzt wird, teilen Sie der JSP-Engine durch Rückgabe bestimmter Konstanten mit, die Sie später kennen lernen werden. Die folgende Abbildung verdeutlicht den Lebenszyklus des `TagHandler` noch einmal.

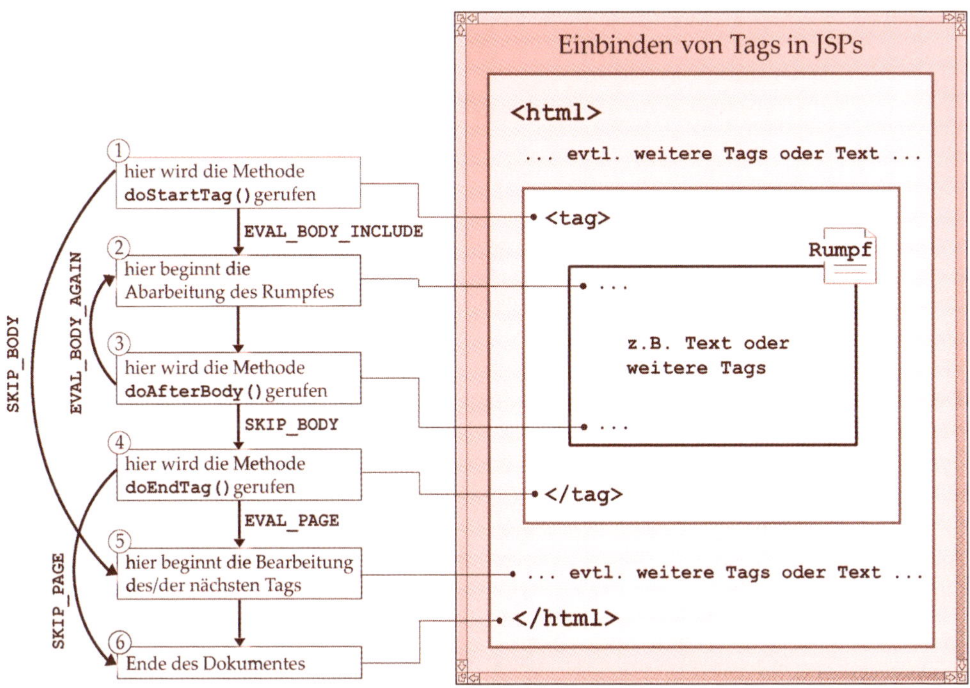

Abbildung 54: Lebenszyklus eines TagHandlers

Der Tag-Handler

Da das Tag `<date />` zunächst nur durch das aktuelle Datum ersetzt werden soll, genügt es, zunächst die Methode `doStartTag()` zu implementieren. Danach wird die Bearbeitung abgebrochen, und der Rumpf sowie ein eventuell vorhandenes End-Tag werden entfernt.

```
package de.codebooks.j2ee.tags;

import java.util.Date;
import java.io.IOException;
import javax.servlet.jsp.JspWriter;
import javax.servlet.jsp.tagext.Tag;
import javax.servlet.jsp.tagext.TagSupport;

/** Ersetzt das Tag <date /> durch das aktuelle Datum */
public class SimpleDateTag extends TagSupport implements Tag {

   /** Fügt das Tag ein */
   public int doStartTag() {

      try {

         JspWriter out = pageContext.getOut();
         out.print (new Date());

      } catch (IOException ioe) {
         pageContext.getServletContext().log("<date> - Error", ioe);
      }

      return (SKIP_BODY);
   }
}
```

Listing 244: Ein einfacher Date-Handler

Diese Klasse leitet von `TagSupport` ab und muss deshalb nur die gewünschten Methoden überschreiben. In diesem Fall ist dies `doStartTag()`. Dank der Superklasse `TagSupport` verfügen Sie automatisch über die dort definierte Variable `pageContext` vom Typ `javax.servlet.jsp.PageContext`, die es Ihnen z.B. ermöglicht, den Request weiterzuleiten (Forward) bzw. externe Ressourcen einzubinden (Include) und auf wichtige Objekte wie das Request- oder Response-Objekt, die Session oder den `PrintWriter out` zuzugreifen.

In obigem Listing erzeugen Sie einfach ein `Date`-Objekt und fügen dieses über den `PrintWriter` in die JSP ein. Um die JSP-Engine anschließend anzuweisen, den eventuell vorhandenen Rumpf zu überspringen (englisch: to skip) und die Bearbeitung zu beenden, geben Sie anschließend die vom Interface `Tag` deklarierte Konstante `SKIP_BODY` zurück.

Hinweis

Auch die zum Übersetzen Ihrer Tags benötigten Klassen und Interfaces befinden sich in der Datei *j2ee.jar* oder der Datei *servlet.jar* Ihres Apache Tomcat.

Konfiguration des Tag-Handlers

Nachdem Sie das Tag erfolgreich übersetzt haben, müssen Sie Ihrem Webserver natürlich noch mitteilen, für welches Tag er die Methode `doStartTag()` rufen soll. Analog zu den Servlets, die Sie über den Web Deployment Descriptor konfiguriert haben, existiert für Tag-Bibliotheken der so genannte *Tag Library Descriptor (TLD)*.

Ein TLD besteht aus einer meist auf dem Kürzel *.tld* endenden XML-Datei, die im Wesentlichen die Aufgabe hat, ihren Tags den jeweiligen Tag-Handler zuzuordnen (Mapping).

```
<?xml version="1.0" encoding="ISO-8859-1" ?>
<!DOCTYPE taglib PUBLIC
    "-//Sun Microsystems, Inc.//DTD JSP Tag Library 1.2//EN"
    "http://java.sun.com/dtd/web-jsptaglibrary_1_2.dtd">

<taglib>

   <tlib-version>1.0</tlib-version>
   <jsp-version>1.2</jsp-version>
   <short-name>codebook</short-name>
   <uri>www.codebooks.de</uri>
   <description>
      J2EE - Codebooks - Taglib
   </description>

   <tag>
      <name>date</name>
      <tag-class>de.codebooks.j2ee.tags.SimpleDateTag</tag-class>
      <description>Zeigt das aktuelle Datum</description>
   </tag>
</taglib>
```

Listing 245: Ein einfacher Tag Library Descriptor (TLD)

Einleitende Tags

Zunächst müssen Sie in Ihrem Tag Library Descriptor angeben, welche Taglib- (`<tlib-version>`) und JSP-Version (`<jsp-version>`) Ihr TLD unterstützt, anschließend können Sie zusätzlich eine kurze Beschreibung Ihrer Bibliothek hinterlegen.

Die unter dem Tag `<short-name>` abgelegte Zeichenkette gibt den Namensraum (*Namespace*) der Bibliothek an. Dieser ist notwendig, da innerhalb einer Webapplikation verschiedene Tag-Bibliotheken parallel zum Einsatz kommen können. Dabei könnte beispielsweise das Tag <date> in zwei Bibliotheken mit jeweils unterschiedlichem Verhalten definiert sein. Damit die JSP-Engine dennoch sicher feststellen kann, welches der beiden Tags gemeint ist, werden diese zu so genannten Tag-Familien zusammengefasst. Jede Tag-Familie besitzt dadurch einen einheitlichen (Nach-) Namen, über den ein Tag sicher zugeordnet werden kann.

Ein Beispiel für solche Namensräume haben Sie bereits in Kapitel 3 verwendet: Erinnern Sie sich, dass Sie statt <forward> und <include> stets <jsp:include> und <jsp:forward> schreiben mussten? Damit haben wir der JSP-Engine mitgeteilt, dass diese Tags in der Bibliothek mit dem Namespace jsp zu finden und nicht etwa Bestandteil von HTML sind.

Achtung

Die Namensräume java, javax, jsp, jspx, servlet, sun und sunw sind bereits reserviert und können nicht verwendet werden. Auch leere Präfixe sind wegen der Verwechslungsgefahr mit HTML-Tags nicht zulässig.

Da sich auch Namensräume, aufgrund der wenigen Zeichen, überschneiden können, wird jeder Namensraum mit einem URL verknüpft. Denn ein URL ist schon per se eineindeutig, so dass es zu keinen Überschneidungen kommen kann. Die unter <uri> angegebene Ressource kann frei gewählt sein und muss nicht wirklich existieren, es ist jedoch sinnvoll, unter dieser Adresse eine kurze Beschreibung des Namensraumes, wie zum Beispiel die entsprechende DTD, zu hinterlegen, der Sie im Kapitel über XML wieder begegnen werden.

Hinweis

Ein *Namensraum* (*Namespace*) ist ein Kontext, in dem ein konkreter Name nur ein einziges Mal existiert. Durch die Aufteilung von Ressourcen in einzelne Namensräume brauchen Sie sich keine Gedanken mehr darüber zu machen, ob der gewählte Name vielleicht mit einer Bezeichnung in einem anderen Teil der Applikation kollidiert.

Beispiele für Namensräume sind etwa die Packages in Java: Dort enthalten die Packages java.sql und java.util je eine Klasse Date, doch durch die Angabe des Namensraumes kann der Compiler beide voneinander unterscheiden.

In Markup-Dokumenten, wie HTML oder dem später besprochenen XML, erfolgt die Angabe des Namensraumes durch ein Präfix, das durch einen Doppelpunkt (:) vom Namen getrennt wird.

Das Mapping

Auf diese stets gleich bleibende Einleitung eines Tag Library Descriptors folgt das eigentliche Mapping von Tags auf Java-Klassen. Wichtig dafür sind ein konkreter Name (<name>) für das Tag sowie die Angabe des zugehörigen Tag-Handlers (<tag-class>). Außerdem können Sie zur Dokumentation eine konkrete Beschreibung der Funktionsweise des Tags hinterlegen (<description>).

```
<tag>
   <name>date</name>
   <tag-class>de.codebooks.j2ee.tags.SimpleDateTag</tag-class>
   <description>Zeigt das aktuelle Datum</description>
</tag>
```

Listing 246: Mapping eines Tags

In diesem Beispiel definieren Sie, dass der Tag-Handler `SimpleDateTag` Tags der Form `<date>` behandeln soll.

82 Eine Tag-Bibliothek einbinden

Es gibt zwei Möglichkeiten, den Tag Library Descriptor und damit die Tag-Bibliothek in Ihre Webanwendungen zu integrieren und die darin enthaltenen Tags damit verfügbar zu machen: über einen öffentlichen URL oder einen Eintrag in den Web Deployment Descriptor.

Einbinden über eine öffentliche URL

Um den TLD unter einem URL verfügbar zu machen, können Sie beispielsweise ein Verzeichnis */tlds* parallel zu den Verzeichnissen für die JSPs oder HTML-Seiten erzeugen und diesen darin ablegen.

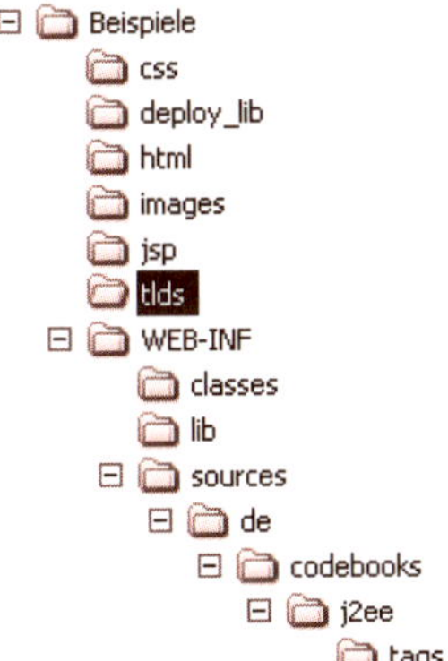

Abbildung 55: Veröffentlichen des Tag Library Descriptors

Damit ist Ihr TLD im gesamten Netz unter dem URL *http://IhrServer.IhreDomain/codebooks/tlds* verfügbar. Zwar werden alle Tags bereits vor der Übertragung an den Client durch die Ausgabe des jeweils zugeordneten Tags ersetzt, so dass der Browser nicht bemerkt, dass Ersetzungen vorgenommen wurden, allerdings kann nun jedermann nachvollziehen, welches Tag auf welche Klasse gemapped wird, was potenziellen Angreifern einen Angriffspunkt liefern kann.

Einbinden über den Web Deployment Descriptor

Um den TLD vor allzu neugierigen Blicken zu verbergen, können Sie den Ordner *tlds* beispielsweise in den Ordner *WEB-INF* verschieben:

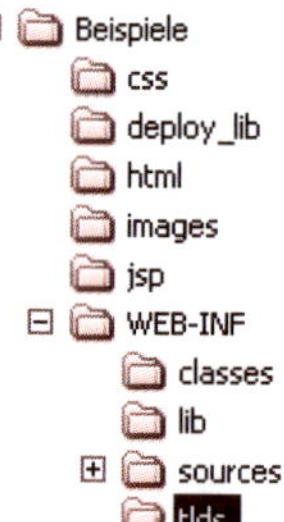

Abbildung 56: Indirektes Einbinden des Tag Library Descriptors

Um die im TLD beschriebenen Tags später dennoch verwenden zu können, erweitern Sie den Web Deployment Descriptor (*web.xml*) um folgenden Eintrag und machen den TLD damit unter einer symbolischen Adresse verfügbar.

```
<web-app>
...
   <servlet-mapping />

   <taglib>
     <taglib-uri>/codebook-tags</taglib-uri>
     <taglib-location>/WEB-INF/tlds/codebook.tld</taglib-location>
   </taglib>
...
</web-app>
```

Listing 247: Binden des TLD im Web Deployment Descriptor

Jetzt können Sie den Tag Library Descriptor innerhalb Ihrer JSPs unter dem symbolischen URL */codebook-tags* erreichen und die darin beschriebenen Tags verwenden.

83 Tags in einer JSP nutzen

Bei der Arbeit mit JSPs haben Sie vielleicht schon die *Page-Direktive* und die *Include-Direktive* kennen gelernt. Neben diesen gibt es eine dritte Direktive, die es Ihnen überhaupt erst ermöglicht, Tag-Bibliotheken in Ihre JSPs einzubinden: `taglib`. Dazu ergänzen Sie diese um die folgende Zeile:

```
<%-- Allgemeine Form der Taglib-Direktive --%>
<%@ taglib uri="URI des Tag Library Descriptors (TLD)"
```

Listing 248: Einbinden des Tag Library Descriptors in eine JSP

```
            prefix="Präfix der Tags dieser Direktive" %>

<%-- Konkrete Taglib-Direktive für die Beispiele in diesem Buch --%>
<%@ taglib uri="/codebook-tags" prefix="codebook" %>
```

Listing 248: Einbinden des Tag Library Descriptors in eine JSP (Forts.)

Durch diese Zeile weisen Sie die JSP-Engine an, für alle Tags des Namespace codebook nach einem Tag-Handler im TLD unter dem URL */codebook-tags* zu suchen und diesen auszuführen. Dabei kann es sich sowohl um einen öffentlichen als auch um einen symbolischen URL handeln.

Genau genommen muss das gewählte Präfix (codebook) nicht mit dem Namensraum dieser Tag-Bibliothek übereinstimmen, sondern kann frei gewählt werden, da es nur für diese Seite gültig ist. Zum besseren Verständnis empfehlen wir Ihnen jedoch, den gleichen Namen zu wählen.

Jetzt können Sie das Tag <date /> beliebig innerhalb der JSP verwenden. Fast so, als wäre es ein Bestandteil der HTML-Spezifikation.

```
<%@ taglib uri="/codebook-tags" prefix="codebook" %>

<html>
   <head><title>Eigene Tag-Bibliotheken</title></head>
   <body>
      <center>Eine eigene Tag-Bibliothek verwenden</center>
      <ul>
         <li>Es ist jetzt : <codebook:date /></li>
      </ul>
   </body>
</html>
```

Listing 249: Verwenden des <date>-Tags

Nun ist lediglich noch ein Neustart des Webservers notwendig, damit dieser die neu hinzugekommenen Einträge der Datei *web.xml* auslesen und verarbeiten kann, und schon sehen Sie Ihr erstes eigenes Tag in Aktion.

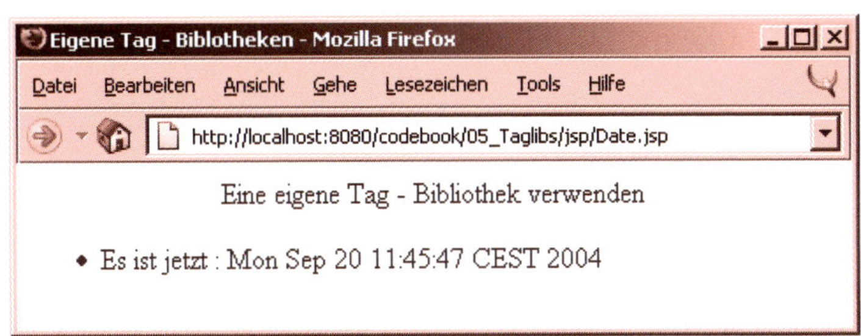

Abbildung 57: Das erste eigene Tag

84 Tag-Handler durch Attribute konfigurieren

Häufig werden Tag-Handler eher allgemein geschrieben und ihr Verhalten erst zur Laufzeit durch den Einsatz von Attributen definiert. Das macht sie flexibel und erweiterbar. Um dies zu demonstrieren, werden Sie das obige Beispiel ausbauen und um ein Attribut `format` erweitern, welches das Ausgabeformat des Datums enthalten soll.

Der erweiterte Tag-Handler

Um die Attribute des Tags auf den Tag-Handler übertragen zu können, müssen Sie analog zu JavaBeans entsprechende Setter-Methoden (Mutator-Methoden) deklarieren, über welche die JSP-Engine den jeweiligen Wert des Attributes setzt.

```
package de.codebooks.j2ee.tags;

import java.util.Date;
import java.text.SimpleDateFormat;
import java.io.IOException;
import javax.servlet.jsp.JspWriter;
import javax.servlet.jsp.tagext.Tag;
import javax.servlet.jsp.tagext.TagSupport;

/** Ersetzt das Tag <date format="???" /> durch das aktuelle Datum. */
public class FormattedDateTag extends TagSupport implements Tag {

   /** Das Format-Pattern */
   private String formatPattern;

   /** Setzt den Wert des Format-Attributes. */
   public void setFormat(String value) {
      formatPattern = value;
   }

   /** Fügt ein formatiertes Datum ein */
   public int doStartTag() {

      try {

         JspWriter out = pageContext.getOut();

         if (formatPattern == null) {
            out.print (new Date());
         } else {
            SimpleDateFormat dateFormat =
               new SimpleDateFormat(formatPattern);
            out.print(dateFormat.format(new Date()));
         }
```

Listing 250: Der erweiterte Tag-Handler

```
        } catch (IOException ioe) {
            pageContext.getServletContext().log("<formatted-date> - Error",
ioe);
        }

        return SKIP_BODY;
    }
}
```

Listing 250: Der erweiterte Tag-Handler (Forts.)

Registrieren des Tag-Handlers im TLD

Anschließend ändern Sie entweder den bereits bestehenden Eintrag im TLD oder fügen den neuen einfach hinzu.

```
<tag>
   <name>formatted-date</name>
   <tag-class>de.codebooks.j2ee.tags.FormattedDateTag</tag-class>
   <description> Display current formatted date </description>
   <attribute>
      <name>format</name>
      <required>true</required>
   </attribute>
</tag>
```

Listing 251: TLD-Eintrag für ein formatiertes <date>-Tag

Für jedes Attribut, das Sie vom Tag in den Tag-Handler übertragen wollen, müssen Sie ein `<attribute>`-Tag im Tag Library Descriptor angeben, das zumindest die Angabe des Attributnamens (`<name>`) enthält.

Das optionale Flag `required` (benötigt, erforderlich) gibt an, ab das jeweilige Attribut für die Arbeit des Tags essenziell ist. Wenn Sie den Wert auf `true` setzen und das Tag der JSP enthält kein solches Attribut, generiert die JSP-Engine eine entsprechende Fehlermeldung. Ein Beispiel für ein erforderliches Attribut haben Sie bereits im JSP-Kapitel beim Tag `<jsp:forward>` kennen gelernt: Vergessen Sie hier das Attribut `page` einzufügen oder verschreiben Sie sich dabei, kann die JSP-Engine den Request nicht weiterleiten.

> **Hinweis**
> Die Reihenfolge, in der Sie die Attribute eines Tag-Handlers definieren, ist egal, und es spielt auch keine Rolle, in welcher Reihenfolge Sie die Attribute in der JSP angeben, solange alle benötigten (`required`) Attribute vorhanden sind.

Taglibs

Verwendung innerhalb der JSP

Nun brauchen Sie dem neuen Tag `<formatted-date>` nur noch das Attribut `format` mitzugeben, und schon wird das aktuelle Datum wie gewünscht ausgegeben:

```
<%@ taglib uri="/codebook-tags" prefix="codebook" %>

<html>
   <head><title>Eigene Tag-Bibliotheken</title></head>
   <body style="color:green">
      <center>Eine eigene Tag-Bibliothek verwenden</center>
      <ul>
         <li>Es ist jetzt :
          <codebook:formatted-date format='dd.MM.yyyy HH:mm' />
       </li>
      </ul>
   </body>
</html>
```

Listing 252: Formatierte Ausgabe des Datums

Abbildung 58: Ausgabe des formatierten Datums

85 Vordefinierte Variablen

Häufig benötigen Sie innerhalb der Tag-Handler die gleichen Variablen wie in Ihren JSPs und Servlets. Im Gegensatz zu diesen steht Ihnen über die Basisklasse `TagSupport` zunächst nur die Variable `pageContext` vom Typ `javax.servlet.jsp.PageContext` zur Verfügung. Doch keine Angst, über diese können Sie sowohl auf das `ServletRequest`- als auch auf das `ServletResponse`-Objekt und damit auch auf alle anderen in der JSP vordefinierten Variablen (`Session`, `ServletContext` etc.) zugreifen. So können Sie beispielsweise den Wert von Request-Parametern auslesen oder Objekte in der Benutzer-Session ablegen.

Hinweis

Das `ServletContext`-Objekt haben Sie übrigens schon (unbemerkt) in den vorherigen beiden Tag-Handlern verwendet, um im Fehlerfall eine Log-Ausgabe zu erzeugen:

```
pageContext.getServletContext().log("...");
```

Listing 253: Verwenden des ServletContext-Objektes zur Ausgabe von Fehlern

Der Secure-Tag-Handler

Um den Zugriff auf den Request-Kontext zu demonstrieren, werden Sie nun ein Security-Tag entwickeln, das seinen Body nur in die resultierende Seite einfügt, wenn diese über eine verschlüsselte Verbindung HTTPs (siehe Kapitel Servlets) übertragen wird. Anderenfalls wird der Inhalt einfach übersprungen und so sicher aus der Seite entfernt.

```
package de.codebooks.j2ee.tags;

import javax.servlet.ServletRequest;
import javax.servlet.jsp.tagext.Tag;
import javax.servlet.jsp.tagext.TagSupport;

/** Filtert den Inhalt des Bodys, wenn dieser nicht per HTTPs übertragen */
public class FilterSecureTag extends TagSupport implements Tag {

   /** Filtert den Inhalt */
   public int doStartTag() {

      ServletRequest request = pageContext.getRequest();
      if (request.isSecure()) {
         return EVAL_BODY_INCLUDE;
      }

      return SKIP_BODY;
   }
}
```

Listing 254: FilterSecureTag

Über die Methode `isSecure()` des `ServletRequest`-Objektes können Sie ermitteln, ob zwischen Server und Client eine Verschlüsselung der Daten stattfindet. Ist die Verbindung sicher, gibt die Methode `doStartTag()` die Konstante `EVAL_BODY_INCLDUE` zurück, anderenfalls die schon bekannten `SKIP_BODY`.

Hinweis

Wie Sie an diesem Beispiel sehen, sind auch Tag-Handler nicht auf HTTP-Requests beschränkt, sondern können prinzipiell für verschiedene Request-Typen eingesetzt werden. Dafür müssen Sie allerdings auch in Kauf nehmen, dass die vom `pageContext` zurückgegebenen Objekte nur dem Typ der jeweiligen Basisklassen `ServletRequest` bzw. `ServletResponse` entsprechend und bei Bedarf eigenständig in `HttpServletRequest` bzw. `HttpServletResponse` gecastet werden müssen.

Rumpf einbinden oder überspringen

In obigem Listing entscheiden einzig die Konstanten `EVAL_BODY_INCLUDE` und `SKIP_BODY` darüber, ob der Rumpf des Tags in die resultierende Seite eingefügt oder übersprungen wird. Durch sie teilen wir der JSP-Engine das gewünschte Verhalten mit. Gültige Konstanten für die Methode `doStartTag()` sind dabei:

- `SKIP_BODY`

  Überspringt den Rumpf des Tags und setzt die Bearbeitung der Seite nach dem Tag fort. Die Methode `doEndTag()` wird nicht gerufen.

- `EVAL_BODY_INCLUDE`

  Setzt die Bearbeitung des Tags mit dem Rumpf fort. Eventuell dort enthaltene Tags werden ggf. ebenfalls ausgeführt. Abschließend wird die Methode `doEndTag()` ausgeführt.

Die Konfiguration

In der Konfiguration unterscheidet sich das Filter-Secure-Tag nicht von den vorhergehenden:

```
<tag>
   <name>is-secure</name>
   <tag-class>de.codebooks.j2ee.tags.FilterSecureTag</tag-class>
   <description>
      Shows content only if connection is secure (HTTPs).
   </description>
</tag>
```

Listing 255: Konfiguration des Filter-Secure-Tag

Eine Test-JSP

Um das Verhalten des Tag-Handlers zu testen, können Sie die folgende JSP einmal über HTTP und einmal über HTTPs aufrufen. Wie Sie Ihren Tomcat entsprechend konfigurieren und die erforderlichen Zertifikate erstellen, finden Sie im vorhergehenden Kapitel über Servlets.

```
<%@ taglib uri="/codebook-tags" prefix="codebook" %>

<html>
   <body>
      <center>Eine eigene Tag-Bibliothek verwenden</center>

      Der Inhalt dieser Seite wird nur über
      sichere Verbindungen dargestellt. <br />

      <codebook:is-secure>
         <p><b>Dies ist eine sichere Verbindung.</b></p>
      </codebook:is-secure>
   </body>
</html>
```

Listing 256: Anwendung des <is-secure>-Tags

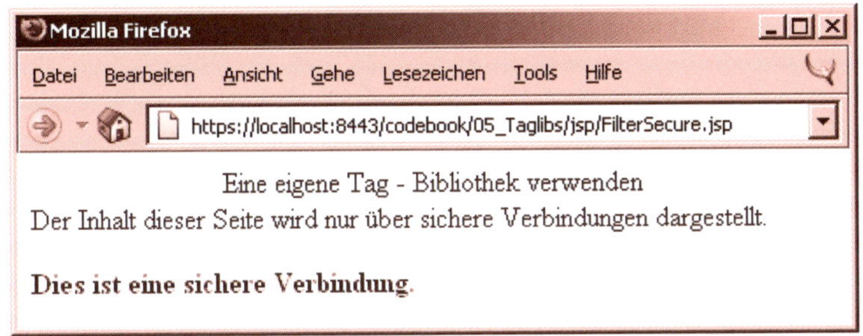

Abbildung 59: Aufruf über eine verschlüsselte Verbindung (HTTPs)

86 Den Rumpf eines Tags manipulieren

In den vorangegangenen Listings haben Sie Ihre Tag-Handler lediglich dazu verwendet, Inhalte in Ihre JSPs einzufügen und den Rumpf des Tags bei Bedarf zu überspringen. Dieses Beispiel zeigt Ihnen, wie Sie den Inhalt des Rumpfes auch differenziert bearbeiten können. Dazu erweitern die zukünftigen Klassen nicht mehr nur die Klasse `TagSupport`, sondern die Klasse `BodyTagSupport`, die bereits eine Subklasse von `TagSupport` darstellt.

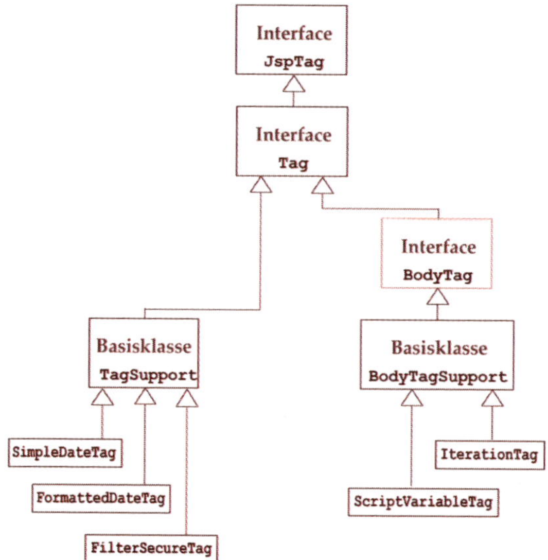

Abbildung 60: Bisherige und zukünftige Vererbungshierarchie

Die Klasse BodyTagSupport

Die Klasse `BodyTagSupport` erweitert nicht nur die Klasse `TagSupport` und implementiert damit das Basis-Interface `Tag`, sondern implementiert gleichzeitig die Schnittstelle `BodyTag` und stellt Ihnen über die Methode `getBodyContent()` ein Objekt vom Typ `javax.servlet.jsp.tagext.BodyContent` zur Verfügung, über dessen Methoden Sie den Rumpf des Tags gezielt manipulieren können.

- `getString()` – Diese Methode liefert Ihnen den Inhalt des Rumpfes (Text und Markup) als `String`.
- `clearBody()` – Diese Methode löscht den vorhandenen Inhalt aus der resultierenden Seite.
- `writeOut()` – Schreibt den aktuellen Rumpf-Inhalt in den übergebenen Writer (z.B.: den der JSP).

Ein Iteration-Tag

Um die Arbeit mit der Klasse `BodyTagSupport` kennen zu lernen, werden Sie nun ein Iteration-Tag entwickeln, das den enthaltenen Rumpf (ähnlich einer `for`-Schleife) für eine vorher festgelegte Anzahl wiederholt. Die dabei verwendete Methode `doAfterBody()` wird dabei bezeichnenderweise vom Interface `javax.servlet.jsp.tagext.IterationTag` deklariert.

```
package de.codebooks.j2ee.tags;

import java.io.IOException;
import javax.servlet.jsp.JspWriter;
import javax.servlet.jsp.tagext.BodyTag;
import javax.servlet.jsp.tagext.BodyContent;
import javax.servlet.jsp.tagext.BodyTagSupport;

/** Wiederholt den Inhalt des Rumpfes n-mal */
public class IterationTag extends BodyTagSupport implements BodyTag {

   /** Anzahl der Wiederholungen */
   private int iterations = 0;

   /** Setzt die Anzahl der Wiederholungen */
   public void setTimes(String value) {
      iterations = Integer.valueOf(value).intValue();
   }

   /** Wiederholt den Inhalt n-mal */
   public int doAfterBody() {

      BodyContent body = getBodyContent();
      JspWriter out = body.getEnclosingWriter();

      try {

         // Hat das Tag einen Rumpf ?!
    if (body != null) {
            for (int i=0; i<iterations; i++) {
               out.print(body.getString());
            }
         }
      } catch (IOException ioe) {
         pageContext.getServletContext().log("<iterate> - Error", ioe);
      }

      return SKIP_BODY;
   }
}
```

Listing 257: Ein Tag-Handler zum Iterieren des Rumpfes

Hinter dem vom `BodyContent`-Objekt über die Methode `getEnclosingWriter()` zurückgegebenen `PrintWriter` verbirgt sich dabei nichts anderes als die vordefinierte Variable `out` Ihrer JSPs, über die Sie in diesem Beispiel den Rumpf des Tags ausgeben. Dazu extrahieren Sie dessen Inhalt (Text und Markup) über die Methode `getString()` als Zeichenkette.

Achtung

Bevor Sie mit dem BodyContent-Objekt arbeiten, sollten Sie immer sicherstellen, dass dessen Wert *nicht* null ist.

Da Sie den Rumpf bereits in der For-Schleife n-mal ausgeben, überspringen Sie die weitere Bearbeitung des Tags am Ende der Methode mit der bereits vertrauten Konstanten SKIP_BODY.

Konfiguration im Tag Library Descriptor

Der TLD unterscheidet nicht zwischen Tag-Handlern, die von der Klasse TagSupport oder BodyTagSupport ableiten oder alle Interfaces »zu Fuß« implementieren, und so lautet der erforderliche Eintrag:

```
<tag>
   <name>iterate</name>
   <tag-class>de.codebooks.j2ee.tags.IterationTag</tag-class>
   <description> Iterates over body </description>
   <attribute>
      <name>times</name>
      <required>true</required>
   </attribute>
</tag>
```

Listing 258: Eintrag im Tag Library Descriptor

Test mit einer JSP

Nun können Sie das <iterate>-Tag dazu verwenden, sowohl Text als auch Markup beliebig oft zu vervielfältigen, und da man einige Dinge gar nicht oft genug sagen kann:

```
<%@ taglib uri="/codebook-tags" prefix="codebook" %>

<html>
   <body style="color:green">
      <center>Eigene Tag-Bibliotheken verwenden</center>
      <codebook:iterate times="3">
         <p><b> Carpe diem: Genieße den Tag ! </b></p>
      </codebook:iterate>
   </body>
</html>
```

Listing 259: <iterate>-Tag in Aktion

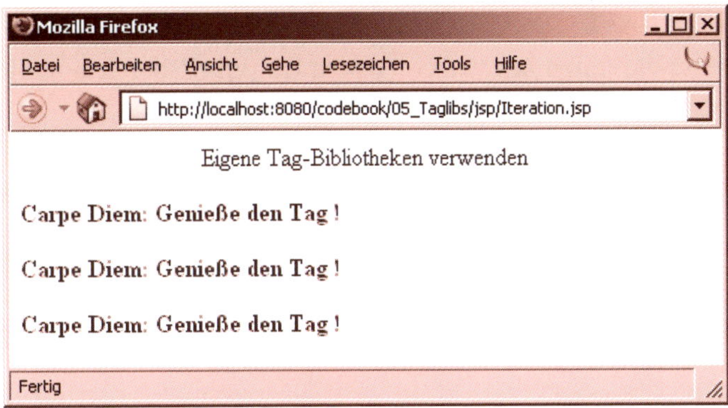

Abbildung 61: Das Resultat des <iterate>-Tags

Taglibs

87 Skript-Variablen verwenden

Sie können mit Ihren Tag-Handlern nicht nur auf die im jeweiligen Tag gesetzten Attribute zurückgreifen, Sie können ebenso in der JSP erzeugte Variablen manipulieren, um so direkt auf Ihre JSP-Scriptlets und -Ausdrücke (vergleiche JSP-Kapitel) einzuwirken.

Achtung

Die hier vorgestellte Technik funktioniert erst ab der JSP-Spezifikation 1.2.

Der Gültigkeitsbereich von Skript-Variablen

Jede Variable besitzt einen fest definierten Gültigkeitsbereich (Scope), innerhalb dessen sie erreichbar ist und referenziert werden kann. Außerhalb des Gültigkeitsbereichs ist die Variable unbekannt. Für Skript-Variablen, die durch Tag-Handler erzeugt werden, gibt es dabei drei Gültigkeitsbereiche:

Scope	Beschreibung	Gesetzt in
`AT_BEGIN`	Diese Variable ist nach dem öffnenden Tag `<tag>` bis zum Ende der JSP gültig.	`doInitBody()` / `doAfterBody()` wenn `BodyTagSupport` bzw. `doStartTag()` / `doEndTag()`.
`NESTED`	Diese Variable ist im Rumpf des Tags gültig.	`doInitBody()` / `doAfterBody()` wenn `BodyTagSupport`, sonst in `doStartTag()`.
`AT_END`	Diese Variable existiert erst nach dem schließenden Tag `</tag>`.	Definiert in `doEndTag()`.

Tabelle 7: Gültigkeitsbereiche für Skript-Variablen

Ein Tag-Handler für Skript-Variablen

Der folgende Tag-Handler setzt Variablen mit verschiedenen Gültigkeitsbereichen, die Sie später in der JSP verwenden können:


```
package de.codebooks.j2ee.tags;

import java.io.IOException;
import javax.servlet.jsp.JspWriter;
import javax.servlet.jsp.tagext.BodyTag;
import javax.servlet.jsp.tagext.BodyTagSupport;

/** Erzeugt verschiede Skript-Variablen für die JSP */
public class ScriptVariableTag extends BodyTagSupport implements BodyTag {

   /** Setzt den Wert der Variablen zu Beginn des Rumpfes */
   public void doInitBody() {
      pageContext.setAttribute("atBegin","doInitBody()");
      pageContext.setAttribute("nested","doInitBody()");
      return;
   }

   /** Setzt den Wert der Variablen am Ende des Rumpfes */
   public int doAfterBody() {
      pageContext.setAttribute("atBegin","doAfterBody()");
      pageContext.setAttribute("nested","doAfterBody()");
      try {
         bodyContent.writeOut(bodyContent.getEnclosingWriter());
      } catch (IOException ioe) {
         pageContext.getServletContext().log("<script> - Error", ioe);
      }
      return SKIP_BODY;
   }

   /** Setzt die Variable am Ende des Tags */
   public int doEndTag() {
      pageContext.setAttribute("atEnd","doEndTag()");
      return EVAL_PAGE;
   }

}
```

Listing 260: Tag-Handler für Skript-Variablen

Dieser Tag-Handler setzt die drei Variablen `atBegin`, `nested` und `atEnd`, die später mit den gleichnamigen Gültigkeitsbereichen ausgestattet werden, an verschiedenen Stellen des Tags. Um eine Variable zu setzen, fügen Sie sie einfach in den `PageContext` ein:

```
pageContext.setAttribute("VariablenName", VariablenObjekt);
```

Listing 261: Setzen einer Variablen

Des Weiteren lernen Sie in obigem Listing eine neue Methode des Tag-Lifecycles kennen, die ausnahmsweise `void` zurückgibt.

```
public void doInitBody()
```

Listing 262: Signatur der Methode doInitBody()

`doInitBody()` wird vom Interface `BodyTag` deklariert und soll der Initialisierung des Rumpfes dienen. Diese Methode wird nur ausgeführt, wenn das damit verknüpfte Tag auch tatsächlich einen Rumpf besitzt und die zuvor gerufen Methode `doStartTag()` nicht `SKIP_BODY` zurückgegeben hat.

Konfiguration des Tag-Handlers

In der Konfigurationsdatei teilen Sie der JSP-Engine nun alle benötigten Informationen wie den Name der Variablen, ihren Typ und natürlich den gewünschten Scope mit.

```
...
  <tag>
    <name>script-variable</name>
    <tag-class>de.codebooks.j2ee.tags.ScriptVariableTag</tag-class>
    <description> Configures some script-variables for the JSP</
description>
    <variable>
      <name-given>atBegin</name-given>
      <variable-class>java.lang.String</variable-class>
      <declare>true</declare>
      <scope>AT_BEGIN</scope>
    </variable>
    <variable>
      <name-given>nested</name-given>
      <variable-class>java.lang.String</variable-class>
      <declare>true</declare>
      <scope>NESTED</scope>
    </variable>
    <variable>
      <name-given>atEnd</name-given>
      <variable-class>java.lang.String</variable-class>
      <declare>true</declare>
      <scope>AT_END</scope>
    </variable>
```

Listing 263: Konfiguration der Skript-Variablen

```
  </tag>
...
```

Listing 263: Konfiguration der Skript-Variablen (Forts.)

Außer dem Namen des Tags und der Klasse des Tag-Handlers fügen Sie für jede Variable ein `<variable>`-Tag ein, das folgende Informationen enthält:

```
<variable>
   <name-given>NameDerVariablen</name-given>
   <variable-class>VollQualifizierendenNamenDerObjektKlasse</variable-class>
   <scope>Scope</scope>
</variable>
```

Listing 264: Schematische Konfiguration einer Variablen

Das oben zusätzlich angegebene Flag `<declare>` zeigt an, ob die JSP-Engine die Variable bei Bedarf neu erzeugen soll (Standard: `true`).

Eine Beispiel-JSP

Nun schreiben Sie eine einfache JSP, um die Funktionalität zu testen. Achten Sie dabei darauf, nur stets auf die Variablen zuzugreifen, die im entsprechenden Scope sichtbar sind, sonst erhalten Sie eine entsprechende Fehlermeldung:

```
<%@ taglib uri="/codebook-tags" prefix="codebook" %>

<html>
   <body>
      <center>Setzen von Skript-Variablen</center>

      <codebook:script-variable>
         <p>
            Skript-Variablen innerhalb des Tags. <br/>
            Variable mit dem Scope AT_BEGIN hat den Wert: <%= atBegin %>
            Variable mit dem Scope NESTED hat den Wert: <%= nested %>
         </p>
      </codebook:script-variable>

      <p>
         Skript-Variablen nach dem Tag. <br/>
         Variable mit dem Scope AT_BEGIN hat den Wert: <%= atBegin %> <br/>
         Variable mit dem Scope AT_END hat den Wert: <%= atEnd %>
      </p>
   </body>
</html>
```

Listing 265: JSP zum Test der Skript-Variablen

Die Variablen `atBegin` und `nested` sind innerhalb des Rumpfes sichtbar und können dort zum Beispiel ausgegeben werden. Nach dem schließenden Tag `</codebook:script-variable>` sind nur noch Variablen mit dem Gültigkeitsbereich `AT_BEGIN` und `AT_END` sichtbar.

Das Resultat

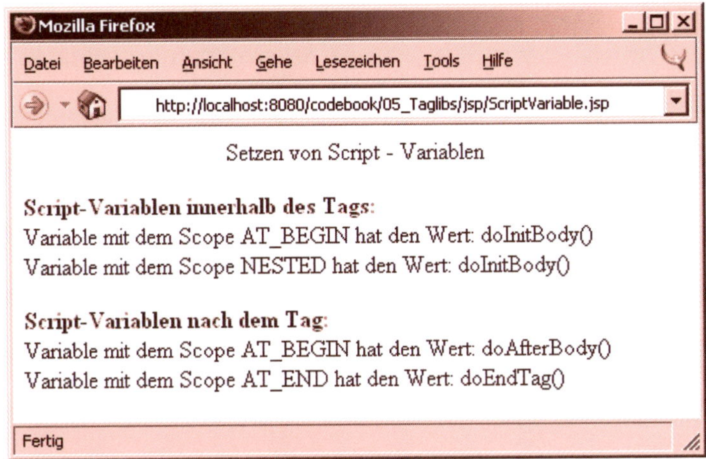

Abbildung 62: Resultat des <script>-Tags

Dabei können Sie deutlich sehen, wie der Wert der Variablen `atBegin` in der Methode `doInitBody()` überschrieben wird.

88 Mit dem Kontext des Tags arbeiten

Bisher haben Sie Ihre Tags und die damit verknüpften Tag-Handler nur für sich betrachtet und ihren jeweiligen Kontext außer Acht gelassen. Einige Tags ergeben jedoch nur in Kombination mit anderen eine sinnvolle Struktur. So beschreibt das `<td>`-Tag in HTML beispielsweise die Zelle einer Tabelle (Table Data), was nun wirklich nur Sinn macht, wenn es sich tatsächlich in einer solchen (`<table>`) befindet. In diesem Abschnitt soll es um diese geschachtelten Tags gehen.

Zugriff auf Elter-Tags realisieren

Tags, die das aktuelle Element umschließen, werden auch als *Elter-Tags* (Parent-Tags) bezeichnet. Analog sind alle Elemente innerhalb eines Rumpfes *Kind-Tags* (Child-Tags). Aus dieser vermenschlichten Interpretation leitet sich auch die Methode ab, mit der Sie die umschließenden Elemente (Vorfahren) Ihres aktuellen Tags finden können: `findAncestorWithClass()` (englisch: Ancestor, deutsch: Vorfahre, Ahne).

Diese sowohl von `TagSupport` als auch von `BodyTagSupport` unterstützte Methode liefert Ihnen stets die »jüngsten« Vorfahren unseres Tags zurück. Dieses Tag muss dabei auch in einer Tag-Library definiert und an einen Tag-Handler gebunden sein. Auf das Beispiel mit der HTML-Klasse gemünzt könnten Sie also innerhalb der Methoden des <td>-Handlers die Methode:

```
TableHandler = (TableHandler) findAncestorWithClass(this, TableHandler.class);
```

ausführen, um die umschließende Instanz (<table>) dieser Klasse (<td>) zu erhalten. Da die Methode `findAncestorWithClass()` nur ein verallgemeinertes `Object` zurückgibt, müssen Sie den entsprechenden Tag-Handler schließlich noch casten.

Tipp

Um einen weiter entfernten (»älteren«) Vorfahren unseres Tags zu erhalten, können Sie beispielsweise die Methode `findAncestorWithClass()` auf das zurückgegebene Elter-Objekt anwenden und so die Ahnenreihe »rückwärts« abarbeiten.

Die Methode `findAncestorWithClass()` erwartet folgende Parameter:

- `javax.servlet.jsp.tagext.Tag` From

  Diese Klasse gibt das Ausgangs-Tag an, bei dem Sie die Suche nach einem Vorfahren beginnen wollen. Dies kann der aktuelle Tag-Handler (`this`) oder zum Beispiel ein bereits gefundener Vorfahr sein.

- `java.lang.Class` Typ

  Dieser gibt die Klasse des zu suchenden Objektes bzw. Tag-Handlers an. Ein Cast des zurückgegebenen Tags auf diesen Typ ist in jedem Fall erfolgreich.

Tipp

Leider stellt Ihnen Java bislang keine Methode zum Auffinden bestimmter Kind-Elemente bereit. Sie können diese jedoch beispielsweise durch das Parsen (den Inhalt grammatikalisch bestimmen) des `BodyContent`-Objektes ermitteln. (Siehe auch das XML-Kapitel.)

Entscheidungen per Tag realisieren

Um die Arbeit mit Tag-Handlern und die Suche nach dem richtigen Vorfahren kennen zu lernen, werden Sie nun eine Reihe von Tags entwickeln, mit denen Sie Entscheidungen (`if-then-else`) analog zu Java implementieren können. Das folgende Listing verdeutlich den Einsatz des Tags schematisch:

```
<if>
   <condition> Hier steht später 'true' oder 'false'. </condition>
   <then> Nomen est omen! </then>
   <else> Der optionale Else-Zweig. </else>
</if>
```

Listing 266: Schematischer Aufbau Tag-basierter Entscheidungen

Dabei sollen die einzelnen Tags folgende Aufgaben erfüllen:

- <if>

  Das umschließende <if>-Tag hält den gesamten Verbund zusammen und hat die Aufgabe, den Zustand des <condition>-Tags zu speichern, da <then> und <else> dieses (als Geschwister-Tag) nicht direkt referenzieren können.

  Des Weiteren zeigt das Vorhandensein eines <if>-Tags den anderen drei Tags an, dass sie im richtigen Kontext verwendet worden sind.

- <condition>

  Dieses Tag enthält einen booleschen Wahrheitswert, von dem die Entscheidung abhängt. Da Sie dies in einem extra Tag (und nicht etwa durch ein Attribut des <if>-Tags) realisieren, können Sie den Inhalt später auch dynamisch, etwa über das Attribut einer JavaBean, ermitteln:

  ```
  <condition>
     <getParameter name="decision" property="value" />
  </condition>
  ```

- <then>

  In dieses Tag kommt der Markup, der ausgegeben werden soll, wenn der Wahrheitswert `true` ist. Ist der Wert `false`, wird der Inhalt übersprungen.

- <else>

  Dieses Tag ist (wie das <then>-Tag) optional. Es ermittelt zur Laufzeit den Zustand der Entscheidung und gibt seinen Inhalt aus, wenn der Zustand nichtwahr (`false`) ist.

Überprüfen des Tag-Kontextes

Die Tags <condition>, <then> und <else> ergeben nur einen Sinn, wenn sie innerhalb eines <if>-Tags verwendet werden. Deshalb überprüfen alle drei zu Beginn (`doStartTag()`) zunächst, ob ein solches Elter-Tag existiert, und speichern es gegebenenfalls zur späteren Verwendung in einer Instanz-Variablen.

```
/** Referenz auf das Elter-Tag  (<if>) */
private IfTag ifTag;

/** Sucht ein Elter-Tag (<if>) und überprüft so den Kontext */
public int doStartTag() throws JspException {

   ifTag = (IfTag) findAncestorWithClass(this, IfTag.class);
   if (ifTag == null) {
      throw new JspTagException("Could only used inside <if> !");
   }
   return EVAL_BODY_BUFFERED;
}
```

Listing 267: Überprüfen des Kontextes

Wurden die Tags nicht innerhalb eines `<if>`-Tags verwendet, kann die Methode `findAncestorWithClass()` keinen entsprechenden Elter finden, und die Tags quittieren ihren Dienst mit einer für diese Fälle vorgesehenen `JspTagException`.

Die Tags `<then>` und `<else>` müssen zusätzlich überprüfen, ob ein `<condition>`-Tag angegeben und eine Bedingung gesetzt wurde. Dies tun sie indirekt, indem sie testen, ob im `<if>`-Tag eine Entscheidung getroffen worden ist.

```
if (! ifTag.hasCondition()) {
   throw new JspTagException("No condition found!");
}
```

Listing 268: Test, ob eine Entscheidung getroffen wurde

> **Hinweis**
> Sie können diese Überprüfung auch weglassen und ein entsprechendes Standardverhalten für Ihre Tags definieren. Die folgenden Listings vereinfachen sich dadurch etwas.

Der <if>-Handler

Der `IfTag`-Handler entspricht, bis auf die Methode `doStartTag()`, einer JavaBean, die den Zustand des `<condition>`-Tags speichert. Sie müssen die Methode `doStartTag()` überschreiben, da die Standardimplementierung der Basisklasse `TagSupport` `SKIP_BODY` zurückgibt.

```
package de.codebooks.j2ee.tags;

import javax.servlet.jsp.tagext.Tag;
import javax.servlet.jsp.tagext.TagSupport;

/** Dieses Tag umschließt die anderen und speichert die Bedingung */
public class IfTag extends TagSupport implements Tag {

   /** Wert der Bedingung (<condition>) */
   private boolean condition;

   /** Flag, ob eine Bedingung gesetzt wurde */
   private boolean conditionSet = false;

   /** Speichert den Wert der Bedingung (<condition>) */
   public void setCondition(boolean cond) {
      condition = cond;
      conditionSet = true;
   }
```

Listing 269: Der <if>-Handler

```
    /** Gibt den Wert der Bedingung (<condition>) zurück */
    public boolean getCondition() {
        return condition;
    }

    /** Test, ob eine Condition gesetzt wurde */
    public boolean hasCondition() {
        return conditionSet;
    }

    /** Initialisiert das Tag */
    public int doStartTag() {
        return EVAL_BODY_INCLUDE;
    }
}
```

Listing 269: Der <if>-Handler (Forts.)

Der <condition>-Handler

Der IfCondition-Handler erweitert die Klasse BodyTagSupport, um Zugriff auf den Rumpf zu bekommen. Hierbei überprüfen Sie, ob der Rumpf in irgendeiner Weise der Zeichenkette true entspricht, und speichern das Ergebnis im <if>-Tag.

```
package de.codebooks.j2ee.tags;

import javax.servlet.jsp.JspException;
import javax.servlet.jsp.JspTagException;
import javax.servlet.jsp.tagext.BodyTag;
import javax.servlet.jsp.tagext.BodyContent;
import javax.servlet.jsp.tagext.BodyTagSupport;

import de.codebooks.j2ee.tags.IfTag;

/** Dieses Tag nimmt den Wert der Bedingung auf */
public class IfConditionTag extends BodyTagSupport implements BodyTag {

    /** Referenz auf das Elter-Tag (<if>)*/
    private IfTag ifTag;

    /** Sucht ein Elter-Tag (<if>) und überprüft so den Kontext */
    public int doStartTag() throws JspException {

        ifTag = (IfTag) findAncestorWithClass(this, IfTag.class);
        if (ifTag == null) {
            throw new JspTagException("Could only used inside if!");
```

Listing 270: Der <condition>-Handler

```
    }

    return EVAL_BODY_BUFFERED;
  }

  /** Überprüft den Wert der Condition und speichert diesen */
  public int doAfterBody() {

    BodyContent body = getBodyContent();
    if (body.getString().trim().equalsIgnoreCase("true")) {
      ifTag.setCondition(true);
    } else {
      ifTag.setCondition(false);
    }
    return SKIP_BODY;
  }
}
```

Listing 270: Der <condition>-Handler (Forts.)

Dieser Tag-Handler quittiert die Methode `doStartTag()` mit der Konstanten `EVAL_BODY_BUFFERED`. Diese kann von `BodyTag`-Objekten zurückgegeben werden und bewirkt, dass der Rumpf des Tags in einem Puffer (englisch: Buffer) zwischengespeichert wird und nachfolgend bearbeitet werden kann.

<then> und <else>

`<then>` und `<else>` unterscheiden sich von der Logik nur durch eine einzige Negation (`!`), dementsprechend ähnlich sind sich die beiden `doAfterBody()`-Methoden:

```
package de.codebooks.j2ee.tags;

import java.io.IOException;
import javax.servlet.jsp.JspWriter;
import javax.servlet.jsp.JspException;
import javax.servlet.jsp.JspTagException;
import javax.servlet.jsp.tagext.BodyTag;
import javax.servlet.jsp.tagext.BodyContent;
import javax.servlet.jsp.tagext.BodyTagSupport;

import de.codebooks.j2ee.tags.IfTag;

/** Dieses Tag nimmt die <then>-Klausel auf */
public class IfThenTag extends BodyTagSupport implements BodyTag {

  /** Referenz auf das Elter-Tag (<if>)*/
```

Listing 271: Der <then>-Handler

```
    private IfTag ifTag;

    /**
     * Sucht ein Elter-Tag (<if>) und überprüft, ob der Condition-Wert
     * gesetzt wurde
     */
    public int doStartTag() throws JspException {

       ifTag = (IfTag) findAncestorWithClass(this, IfTag.class);
       if (ifTag == null) {
          throw new JspTagException("Could only used inside if!");
       }

       if (! ifTag.hasCondition()) {
          throw new JspTagException("No condition found!");
       }

       return EVAL_BODY_BUFFERED;
    }


    /** Gibt den Inhalt aus, wenn die Bedingung true war */
    public int doAfterBody() {

       if (ifTag.getCondition()) {

          try {
             BodyContent body = getBodyContent();
             JspWriter out = body.getEnclosingWriter();
             out.print(body.getString());
          } catch (IOException ioe) {
             pageContext.getServletContext().log("<then> - Error", ioe);
          }
       }
       return SKIP_BODY;
    }
}
```

Listing 271: Der <then>-Handler (Forts.)

Um den Leser nicht zu langweilen, zeigt das nächste Listing lediglich die beiden Stellen des Codes, in denen sich der `<else>`-Handler unterscheidet:

```
public class IfElseTag extends BodyTagSupport implements BodyTag {
...
   public int doAfterBody() {
```

Listing 272: Unterschiede zwischen <then – und <else>-Handler

```
      if (! ifTag.getCondition()) {
 ...
 }
```

Listing 272: Unterschiede zwischen <then – und <else>-Handler (Forts.)

Konfiguration der Tags im Tag Library Descriptor

Natürlich müssen Sie jedes der vier Tags im Tag Library Descriptor einzeln konfigurieren. Da Sie jedoch keinerlei zusätzliche Variablen benötigen oder bereitstellen, können Sie sich dabei auf ein absolutes Minimum reduzieren:

```
<tag>
   <name>if</name>
   <tag-class>de.codebooks.j2ee.tags.IfTag</tag-class>
</tag>
<tag>
   <name>condition</name>
   <tag-class>de.codebooks.j2ee.tags.IfConditionTag</tag-class>
</tag>
<tag>
   <name>then</name>
   <tag-class>de.codebooks.j2ee.tags.IfThenTag</tag-class>
</tag>
<tag>
   <name>else</name>
   <tag-class>de.codebooks.j2ee.tags.IfElseTag</tag-class>
</tag>
```

Listing 273: Konfiguration der Tags

Ein Beispiel

Der Erstellung der `<if>`-, `<condition>`-, `<then>`- und `<else>`-Handler mag zwar umfangreich gewesen sein, doch das Resultat hat sich gelohnt. Ab jetzt können Sie Ihre JSPs mit klaren Entscheidungsstrukturen versehen, die auch ein Java-Unkundiger ohne Mühe versteht.

```
<%@ taglib uri="/codebook-tags" prefix="codebook" %>

<html>
   <body>
      <center>Verwenden des &lt;if&gt; - Tags</center>
      Diese Bedingung ist
```

Listing 274: Eine Beispiel-JSP

```
      <codebook:if>
         <codebook:condition>true</codebook:condition>
         <codebook:then>wahr !</codebook:then>
         <codebook:else>falsch !</codebook:else>
      </codebook:if>

   </body>
</html>
```

Listing 274: Eine Beispiel-JSP (Forts.)

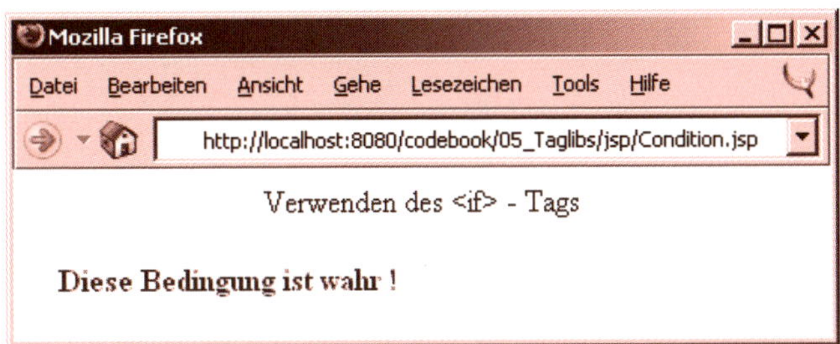

Abbildung 63: <if>, <condition>, <then> und <else> in Aktion

89 Wie überprüfe ich den Wert eines Cookies?

Wenn Sie die Authentifizierung von Benutzern mit Cookies realisieren, überprüfen Sie in der Regel, ob ein solches existiert und gegebenenfalls einen gültigen Wert besitzt. Das folgende Listing zeigt Ihnen ein Tag, das seinen Body nur einfügt, wenn das Cookie existiert und optional einen bestimmten Wert besitzt.

```
package de.codebooks.j2ee.taglibs;

import javax.servlet.http.Cookie;
import javax.servlet.http.HttpServletRequest;
import javax.servlet.jsp.JspException;
import javax.servlet.jsp.tagext.TagSupport;

/**
 * Überprüft, ob ein bestimmtes Cookie existiert und
 * einen gültigen Wert besitzt (optional)
 */
public class ExistsCookieTag extends TagSupport {

   /** Name des zu überprüfenden Cookies */
   private String name = null;
```

Listing 275: TagHandler zum Überprüfen von Cookies

```
/** Wert des Cookies (optional) */
private String value = null;

/** Setzt den Namen des zu überprüfenden Cookies */
public final void setName(String aName) {
   name = aName;
}

/** Setzt den zu überprüfenden Wert des Cookies (optional) */
public final void setValue(String aValue) {
   value = aValue;
}

/**
 * Fügt den Inhalt des Tags ein, wenn das angegebene Cookie existiert und
 * gegebenenfalls den angegebenen Wert besitzt. Anderenfalls wird der Body
 * übersprungen
 */
public final int doStartTag() throws JspException {

   boolean valid = false;

   // Referenzieren des Request-Objektes
   HttpServletRequest request =
      (HttpServletRequest) pageContext.getRequest();

   // Auslesen der gesetzten Cookies
   Cookie[] cookies = request.getCookies();

   // Durchlaufen der vorhandenen Cookies
   if(cookies != null ) {
      for(int i = 0; i < cookies.length; i++ ) {
         if( cookies[i].getName().equals(name) ) {
            Cookie cookie = cookies[i];

            // Überprüfen, ob es sich um das gesuchte Cookie handelt
            if (cookie.getName().equals(name)) {

               // ggf. Überprüfen des Attributwertes
               if (value != null) {
                  if (cookie.getValue() != null &&
                      cookie.getValue().equals(value)) {
                     valid = true;
                     break;
                  } else { // Wert stimmt nicht überein
                     break;
```

Listing 275: TagHandler zum Überprüfen von Cookies (Forts.)

```
                  }
               } else { // Kein Überprüfen des Wertes erforderlich
                  valid = true;
                  break;
               }
            }
         }
      }
   }

   // Bei erfolgreichem Test wird der Body eingefügt, sonst übersprungen
   if (valid) {
      return EVAL_BODY_INCLUDE;
   }

   return SKIP_BODY;
  }
}
```

Listing 275: TagHandler zum Überprüfen von Cookies (Forts.)

Zuerst referenzieren Sie über das `pageContext`-Objekt den damit verbundenen Request und casten diesen zum `HttpServletRequest`. Anschließend lesen Sie über die Methode `getCookies()` alle gesetzten Cookies aus und durchlaufen diese, bis Sie beim gesuchten angelangt sind (`name`). Ist das Attribut `value` vorhanden, überprüfen Sie, ob auch der Wert des Cookies übereinstimmt. Ist das Cookie gültig, binden Sie den Rumpf des Tags ein (`EVAL_BODY_INCLUDE`), anderenfalls überspringen Sie diesen (`SKIP_BODY`).

Die Konfiguration des TagHandlers

Um das obige Tag verwenden zu können, fügen Sie die folgenden Zeilen in Ihren Tag Library Descriptor (TLD) ein:

```
...
  <tag>
    <name>cookie-exist</name>
    <tag-class>de.codebooks.j2ee.tags.ExistsCookieTag</tag-class>
    <description> Test if Cookie exist </description>
    <attribute>
      <name>name</name>
      <required>true</required>
    </attribute>
    <attribute>
      <name>value</name>
      <required>false</required>
```

Listing 276: Konfiguration des TagHandlers

```
        </attribute>
    </tag>
...
```

Listing 276: Konfiguration des TagHandlers (Forts.)

Analog zu diesem TagHandler, können Sie durch leichte Abwandlungen des Quellcodes natürlich auch Tags definieren, die bestimmte Request- oder Session-Attribute überprüfen. Um ein vorhandenes Cookie zu überprüfen, fügen Sie nun folgende Tags in Ihre JSPs ein:

```
...
    <codebook:cookie-exist name="NameDesCookies" value="WertDesCookies">
        ... zu schützender HTML/JSP - Code ...
    </codebook:cookie-exist>
...
```

Listing 277: Test des TagHandlers

90 Wie erstelle ich ein Debug-Tag?

Beim Erstellen und Testen von neuen JSPs möchten Sie häufig Debug-Informationen erzeugen, um die Fehlersuche zu erleichtern. Statt diese Informationen über Filter oder das Einbinden von anderen JSPs auszugeben, können Sie diese auch über ein eigenes Tag erzeugen:

```
package de.codebooks.j2ee.tags;

import java.io.IOException;
import java.util.Enumeration;
import javax.servlet.http.Cookie;
import javax.servlet.http.HttpServletRequest;
import javax.servlet.jsp.JspWriter;
import javax.servlet.jsp.JspException;
import javax.servlet.jsp.tagext.TagSupport;

/** Fügt Debug-Informationen zum aktuellen Request ein */
public class DebugTag extends TagSupport {

    /**
     * Fügt Informationen über den aktuellen Request in die Seite ein
     */
    public int doStartTag() throws JspException {

        // Referenzieren des JspWriter-Objektes
```

Listing 278: Ein Debug-Tag

```
        JspWriter out = pageContext.getOut();

        // Referenzieren des Request-Objektes
        HttpServletRequest request =
           (HttpServletRequest) pageContext.getRequest();

        try {
           // Ausgabe von http-Statusinformationen
           out.println("<b>http-Statusinformationen: </b><br/>");
           out.println("Request-Protokoll: " + request.getProtocol()+"<br/>");
           out.println("Server-Name: " + request.getServerName() + "<br/>");
           out.println("Server-Port: " + request.getServerPort() + "<br/>");
           out.println("Request-URI: " + request.getRequestURI() + "<br/>");

           // Ausgabe der Request-Header
           out.println("<b>HTTP Request-Header: </b><br/>");
           Enumeration headers = request.getHeaderNames();
           while (headers.hasMoreElements()) {
              String name = headers.nextElement().toString();
              String value = request.getHeader(name);
              out.println(name + " = " + value + "<br/>");
           }

           // Ausgabe der vorhandenen Cookies
           out.println("<b>Vorhandene Cookies: </b><br/>");
           Cookie[] cookies = request.getCookies();
           if (cookies != null) {
              for (int i = 0; i < cookies.length; i++ ) {
                 String name = cookies[i].getName();
                 String value = cookies[i].getValue();
                 out.println(name + " : " + value + "<br/>");
              }
           }
        } catch (IOException ioe) {
           pageContext.getServletContext().log("Error in <debug>.", ioe);
        }

        // Verarbeitung der Seite fortsetzen
        return EVAL_BODY_INCLUDE;
     }
  }
```

Listing 278: Ein Debug-Tag (Forts.)

Dieser TagHandler liest die gewünschten Informationen aus dem HttpServletRequest-Objekt und gibt sie anschließend über den JspWriter aus. Um die Informationen zu strukturieren, müssen Sie dabei HTML-Markup (z.B.
) verwenden.

Taglibs

Konfiguration des TagHandlers

Bevor Sie das <debug>-Tag verwenden können, müssen Sie nun die folgenden Zeilen in Ihren Tag Library Descriptor (TLD) einfügen:

```
...
   <tag>
      <name>debug</name>
      <tag-class>de.codebooks.j2ee.tags.DebugTag</tag-class>
      <description> Inserts some Debug-Information </description>
   </tag>
...
```

Listing 279: Konfiguration des TagHandlers

Nun können Sie Ihre JSPs mit dem Tag <codebook:debug /> um zusätzliche Informationen ergänzen.

```
...
   <codebook:debug />
...
```

Listing 280: Verwendung des <debug>-Tags

91 Wie teste ich die Geschwindigkeit von JSPs?

Wenn Ihre JSPs trotz Vorkompilieren immer längere Antwortzeiten benötigen, ist es sinnvoll, den Code zu überprüfen und die Bearbeitungsdauer zu testen. Auf diese Weise können Sie überprüfen, ob es sich um eine fehlerhafte Konfiguration des Webservers handelt oder welcher Code in der JSP optimiert werden muss. Das folgende Tag misst die Zeit, welche die JSP-Engine zur Verarbeitung seines Rumpfes benötigt, und gibt diese anschließend aus.

```
package de.codebooks.j2ee.tags;

import java.io.IOException;
import javax.servlet.jsp.JspWriter;
import javax.servlet.jsp.JspException;
import javax.servlet.jsp.tagext.TagSupport;

/** Gibt die Bearbeitungszeit des Rumpfes aus */
public class DurationTag extends TagSupport {

   /** Zeitstempel zu Beginn der Verarbeitung */
   private long start;
```

Listing 281: Ein Tag zur Messung der Bearbeitungszeit

```
/** Hält den Startzeitpunkt fest und gibt ihn aus */
public final int doStartTag() throws JspException {

   // Referenzieren des JspWriter-Objektes zur Ausgabe
   JspWriter out = pageContext.getOut();

   try {
      // Ausgabe einer Statusmeldung
      out.println("<p>Beginn der Zeitmessung.</p>");
   } catch (IOException ioe) {
      pageContext.getServletContext().log("Error in <duration-test>.",
                                          ioe);
   }

   // Zeitstempel festhalten
   start = System.currentTimeMillis();

   // Verarbeitung der Seite fortsetzen
   return EVAL_BODY_INCLUDE;
}


/** Gibt die Dauer der Verarbeitung aus */
public final int doEndTag() throws JspException {

   // Zeitstempel festhalten
   long end = System.currentTimeMillis();

   // Differenz berechnen
   long duration = end - start;

   // Referenzieren des JspWriter-Objektes zur Ausgabe
   JspWriter out = pageContext.getOut();

   try {
      // Ausgabe der Bearbeitungsdauer
      long hours = duration / (1000 * 60 * 60);
      long minutes = (duration % (1000 * 60 * 60)) / (1000 * 60);
      long seconds = (duration % (1000 * 60)) / 1000;
      long millis = duration % 1000;

      out.print("<p> Ende der Zeitmessung. Verarbeitungszeit: ");
      out.print("" + hours + " Stunden, "+ minutes +" Minuten, ");
      out.print("" + seconds + "." + millis + " Sekunden. </p>");

   } catch (IOException ioe) {
```

Listing 281: Ein Tag zur Messung der Bearbeitungszeit (Forts.)

Taglibs

```
            pageContext.getServletContext().log("Error in <duration-test>.",
                                                ioe);
         }

         // Verarbeitung der Seite fortsetzen
         return EVAL_PAGE;
      }
   }
```

Listing 281: Ein Tag zur Messung der Bearbeitungszeit (Forts.)

Konfiguration des TagHandlers

Um das `<duration-test>`-Tag verwenden zu können, fügen Sie folgende Zeilen in Ihren Tag Library Descriptor (TLD) ein:

```
...
   <tag>
      <name>duration-test</name>
      <tag-class>de.codebooks.j2ee.tags.DurationTag</tag-class>
      <description> Shows duration time for tag-body. </description>
   </tag>
...
```

Listing 282: Konfiguration des <duration-test>-TagHandlers

Nun können Sie die verschiedenen Fragmente Ihrer JSP mit dem Tag `<duration-test>` umschließen und so den zu optimierenden Code immer weiter einschränken.

```
...
   <codebook:duration-test>
     ... zu testender HTML/JSP - Code ...
   </codebook:duration-test>
...
```

Listing 283: Verwenden des <duration-test>-Tags

Struts

Wer bisher Java Server Pages, Servlets und TagLibs kennen gelernt und eingesetzt hat, wird früher oder später über einige oder alle hier aufgeführten Nachteile dieses Entwicklungsansatzes gestolpert sein:

- Die Wiederverwendbarkeit ist meist minimal.
- Innerhalb jeder Seite/jedes Servlets müssen ähnliche Schritte immer wieder ausgeführt werden.
- Links müssen immer auf Servlets oder Java Server Pages gesetzt werden.
- Es gibt keine einheitliche Template-Engine, sondern die einzelnen Seiten implementieren das Layout immer wieder selbst.

Jeder dieser Punkte kann – für sich gesehen – durchaus nicht wirklich schwerwiegend sein, dennoch kann uns die Summe der negativen Eigenschaften der bisherigen Ansätze vor einige Probleme bei der Erstellung unserer Applikationen stellen.

Ein Ansatz zur Lösung dieser Probleme kann der Einsatz des Struts Frameworks sein. Dieses Framework bietet uns Möglichkeiten, alle oben beschriebenen Nachteile auszuräumen und gleichzeitig den Erstellungsaufwand zu minimieren.

92 Vorteile des Struts Frameworks

Das Struts Framework – ein Open-Source-Projekt der Apache Software Foundation – versucht alle oben genannten Nachteile zu eliminieren.

MVC-Prinzip

Hinter dem Struts Framework steht der `Model-View-Controller`-Ansatz. Demnach besteht eine Komponente einer Applikation aus ihrer Datenrepräsentation (`Model`), ihrer Darstellung (`View`) und einer Instanz, welche die Verarbeitung eventuell getätigter Eingaben überwacht und bei Bedarf weitere Verarbeitungsschritte initiiert (`Controller`).

Einem Entwickler erlaubt dies, die Applikation recht problemlos mehrschichtig zu gestalten und sich mehr auf die wesentlichen Aspekte der Entwicklungsarbeit zu konzentrieren: Datenrepräsentation, -validierung, Modellierung der Business-Logik und Definition der Abläufe. Ein Designer dagegen ist in der Lage, mehr Augenmerk auf das Look & Feel der Applikation zu legen – im Idealfall kommen seine JSP-Seiten oder Templates ohne weiterführenden Java-Code aus.

Nicht nur im Hinblick auf eine mögliche Arbeitsteilung birgt der durch das Struts Framework geforderte `MVC`-Ansatz Vorteile. Diese ergeben sich ebenfalls aus der deutlich diversifizierten Architektur – haben wir es doch hier mit einem Mehr-Schichten-

Ansatz zu tun, der insbesondere im Hinblick auf Skalier- und Wartbarkeit deutliche Gewinne gegenüber einem Zwei-Schichten-Ansatz, wie er bei Servlets oder JSPs angewendet werden kann, verspricht.

Internationalisierung

Das Struts Framework bietet auch in Hinblick auf Internationalisierung echte Fortschritte gegenüber den herkömmlichen Ansätzen – nicht weil etwas grundlegend Neues entwickelt worden wäre, sondern einfach aufgrund einer sehr weit gekapselten Umsetzung innerhalb einer Applikation. Dies führt dazu, dass der Einsatz sich in der Regel auf die Definition der Resourcen-Dateien, deren Deklaration in der Struts-Konfigurationsdatei und den Einsatz einer TagLib für die Ausgabe beschränkt. Damit verlieren mehrsprachige Anwendungen einen Großteil ihres potenziellen Schreckens.

Datenzentrierung

Bereits mehrfach ist erwähnt worden, dass das Struts Framework einen klassischen MVC-Ansatz verfolgt. Dies führt in der Konsequenz zu besserer Modellierung der Datenstrukturen und in der Regel zu entsprechenden Verbesserungen im Hinblick auf Performance, Wart- und Skalierbarkeit. Intern werden die Daten durch Beans repräsentiert – somit ergibt sich fast zwangsläufig eine Wiederverwendbarkeit der Objekte.

Template-Fähigkeit

Das Struts Framework bringt in der derzeit aktuellen Version gleich zwei Template-Engines mit: Struts Templates und Struts Tiles. Letzteres kann man sich als eine Art Oberklasse von Templates vorstellen – Syntax und Konfiguration stimmen weitestgehend überein, und als besonderes Highlight bietet Tiles eine integrierte Vererbung der Layout-Definitionen an. Somit sind Sie in der Lage, innerhalb einer Webapplikation eine globale Vorlage für das Look & Feel zu definieren und die einzelnen Elemente auf ihre reine Anzeigelogik zu beschränken.

93 Download und Installation

Die jeweils aktuelle Version des Struts Frameworks finden Sie unter der Adresse *http://struts.apache.org/download.cgi*. Nach Auswahl eines Mirrors können kompilierte und im Source-Code vorliegende Versionen sowie Beta-Versionen zukünftiger Releases heruntergeladen werden.

Nach dem Entpacken befinden sich die für den Einsatz benötigten jar-Files und Tag-Libs im Ordner *jakarta-struts-<Version>/lib*. Diese Elemente können einfach in das */WEB-INF/*`lib`-Verzeichnis einer Applikation, die Struts nutzen möchte, kopiert werden. Ebenfalls ist die Installation im */lib*-Verzeichnis des verwendeten Servlet-Containers möglich.

Im Ordner *jakarta-struts-<Version>/webapps* befinden sich Beispiel-Webapplikationen. Die Webapplikation *struts-blank.war* beinhaltet eine leere Struts-Applikation, die als Vorlage für das Schreiben eigener Anwendungen dienen kann.

Wenn Sie die Webapplikation *struts-documentation.war* auf dem Servlet-Container deployen, können Sie die Java-Docs des Frameworks und allgemeine Hilfen zum Einsatz von Struts über Ihren Servlet-Container abrufen – in der Regel reicht dann bei einem lokalen Tomcat oder JBoss der Aufruf von *http://localhost:8080/struts-documentation* aus:

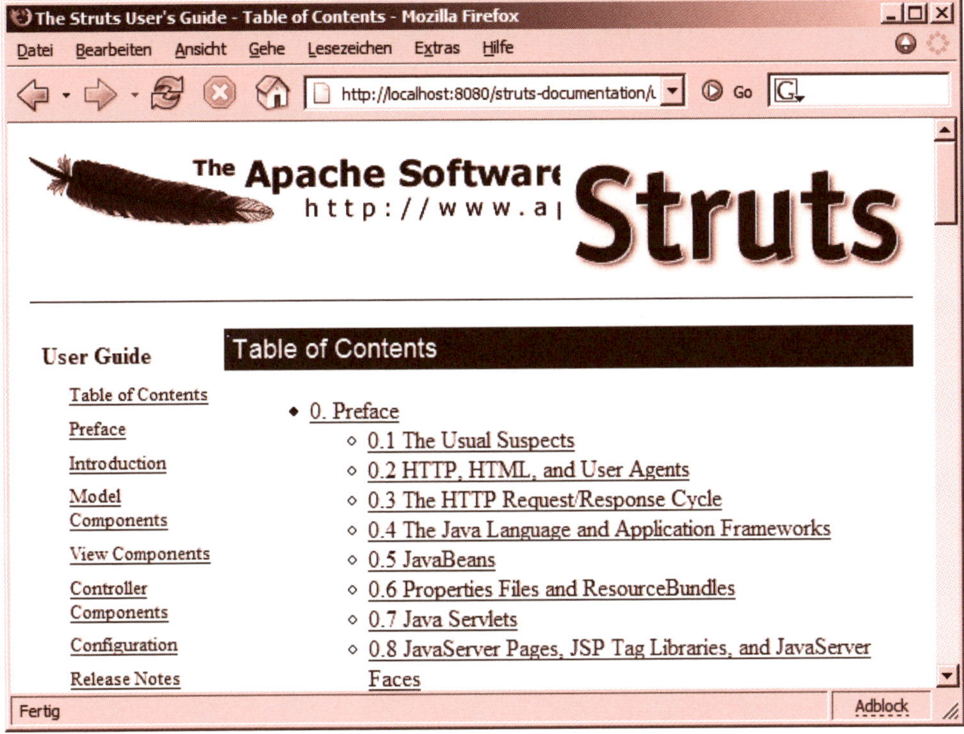

Abbildung 64: Struts-Dokumentation

Die ebenfalls mitgelieferte Webapplikation *struts-examples.war* beinhaltet einige Beispiele, die – wie bei Open-Source-Projekten üblich – natürlich auch im Quelltext vorliegen und den Einstieg in Struts erleichtern sollen.

Eine Business-Applikation wird mit der Applikation *struts-mailreader.war* mitgeliefert. Hier werden fortgeschrittene Techniken demonstriert, die der Praxis beim Einsatz von Struts entlehnt worden sind. Fortgeschrittene und Profis finden hier einige hilfreiche Tricks, Tipps und Best Practices.

94 Eine einfache Struts-Applikation

Eine Struts-Applikation ist zunächst eine einfache Webapplikation. Sie verfügt über ein spezielles Servlet – das `ActionServlet`. Dieses Servlet übernimmt die Abarbeitung aller auf das Struts Framework gemappten Requests. Die Konfiguration des Action-Servlets erfolgt wie für alle Servlets innerhalb des Deployment Descriptors */WEB-INF/web.xml*:

```
<?xml version="1.0" encoding="UTF-8"?>

<!DOCTYPE web-app
   PUBLIC "-//Sun Microsystems, Inc.//DTD Web Application 2.3//EN"
   "http://java.sun.com/j2ee/dtds/web-app_2_3.dtd">

<web-app>

   <servlet>
      <servlet-name>action</servlet-name>
      <servlet-class>
         org.apache.struts.action.ActionServlet
      </servlet-class>
      <init-param>
         <param-name>config</param-name>
         <param-value>/WEB-INF/struts-config.xml</param-value>
      </init-param>
      <load-on-startup>1</load-on-startup>
   </servlet>

   <servlet-mapping>
      <servlet-name>action</servlet-name>
      <url-pattern>*.do</url-pattern>
   </servlet-mapping>

</web-app>
```

Listing 284: Deployment Descriptor für die Konfiguration einer Struts-Applikation

Zwei Dinge müssen für die Konfiguration einer Struts-Applikation angegeben werden: der Typ des `ActionServlets` und das Servlet-Mapping.

Das Action-Servlet ist stets vom Typ `org.apache.struts.action.ActionServlet`. Es wird innerhalb eines `<servlet />`-Tags deklariert. Wesentlich ist die Angabe des `config`-Parameters, mit dessen Hilfe auf die Struts-Konfigurationsdatei der aktuellen Webapplikation verwiesen wird. Diese Konfigurationsdatei liegt meist im Ordner */WEB-INF* der aktuellen Webapplikation. Ihr Name lautet in der Regel *struts-config.xml*.

Per Konvention werden Struts-Requests stets auf die Endung **.do* gemappt. Dieses Mapping erfolgt innerhalb eines `<servlet-mapping />`-Konfigurationsabschnitts.

Bevor wir auf die eigentliche Konfiguration einer Struts-Applikation innerhalb der *struts-config.xml*-Datei eingehen, müssen wir Klarheit über deren wichtigste Bestandteile schaffen.

Actions, ActionForms und Co.

Folgende Komponenten werden bei Struts-Applikationen unterschieden:

Actions

Eine Struts-Applikation besteht meist aus einer Reihe von Aktionen (`Actions`), mit deren Hilfe Daten erfasst werden. Diese Aktionen werden durch Ableitungen der Klasse `org.apache.struts.action.Action` beschrieben. Sie repräsentieren die Geschäftslogik einer Struts-Applikation. In herkömmlichen Applikationen würden Sie dafür meist Servlets verwenden.

ActionForms

ActionForms sind spezielle JavaBeans, welche die zu sammelnden Daten repräsentieren. Sie werden verwendet, um Eingaben der Benutzer zwischenzuspeichern. Sinnvollerweise übernimmt das Struts Framework das Überführen der vom Benutzer eingegebenen Daten in die Beans (und bei Bedarf auch wieder aus ihnen heraus).

JSPs

Die JSP-Dateien übernehmen die Visualisierung der Daten und deren Erfassung. Sie enthalten – anders als bei herkömmlichen Webapplikationen – meist keine Scriptlets oder andere Deklarationen. Die Kommunikation zwischen den JSPs und der Applikation erfolgt in der Regel über JavaBeans und TagLibs.

TagLibs

Zusammen mit dem Struts Framework werden verschiedene TagLibs ausgeliefert, die eine Vielzahl sinnvoller und nützlicher Funktionen bietet. Sie kapseln den Zugriff auf Daten und Ressourcen und erlauben uns, oftmals komplett auf Java-Code innerhalb der JSPs zu verzichten.

ActionForwards

Aktionen werden über symbolische `ActionForwards` angesprungen. Diese `ActionForwards` werden innerhalb der Konfigurationsdatei *struts-config.xml* deklariert. Für uns bietet dies den Vorteil, dass keine Links in JSPs oder anderen Applikationselementen fest verdrahtet werden müssen. Somit können Komponenten ausgetauscht werden, ohne dass wir gezwungen sind, andere Elemente der Applikation anzupassen – ein einfaches Anpassen des Ziels des `ActionForwards` reicht meist aus.

ActionErrors

Auch bei sorgfältigster Programmierung kann meist nicht verhindert werden, dass Fehleingaben getätigt werden oder Fehler innerhalb der Applikation auftreten. Eine

Kapselung der Fehler und die Ausgabe der entsprechenden Fehlermeldungen kann mit Hilfe der `ActionErrors` erreicht werden, die ähnlich wie `ActionForwards` nur symbolische Verweise sind.

Ressourcen

Ein Merkmal, das Struts-Applikationen von herkömmlichen Webapplikation unterscheidet, ist der weitestgehende Verzicht auf Text innerhalb von JSPs. Erreicht wird dies durch den konsequenten Einsatz von Ressourcendateien, in denen die Texte sprachabhängig abgelegt werden. Dies ermöglicht uns:

- Überarbeitung von Texten, ohne die JSPs ändern zu müssen
- Nutzung von Texten über mehrere JSPs hinweg
- Mehrsprachigkeit innerhalb einer Applikation

Konfiguration innerhalb der struts-config.xml

Die Konfiguration einer Struts-Applikation erfolgt innerhalb der Konfigurationsdatei, auf die innerhalb des Deployment-Descriptors *web.xml* verwiesen wird. Meist ist es die Datei *struts-config.xml*, die sich in der Regel im Verzeichnis */WEB-INF* der Webapplikation befindet.

Eine einfache *struts-config.xml* könnte diesen Aufbau haben:

```
<?xml version="1.0" encoding="utf-8"?>


 <!DOCTYPE struts-config PUBLIC
    "-//Apache Software Foundation//DTD Struts Configuration 1.2//EN"
    "http://struts.apache.org/dtds/struts-config_1_2.dtd">

 <struts-config>

    <form-beans>
       <form-bean
          name="welcomeForm"
          type="codebook.j2ee.struts.basicStruts.WelcomeForm" />
    </form-beans>

    <action-mappings>
       <action path="/welcome"
          type="codebook.j2ee.struts.basicStruts.WelcomeAction"
          input="/welcome.jsp"
          name="welcomeForm">
          <forward name="success" path="/welcomeUser.jsp" />
          <forward name="failure" path="/welcome.jsp" />
```

Listing 285: Struts-Konfigurationsdatei struts-config.xml

```
    </action>
  </action-mappings>

  <global-forwards>
    <forward name="welcome" path="/welcome.do" />
  </global-forwards>

</struts-config>
```

Listing 285: Struts-Konfigurationsdatei struts-config.xml (Forts.)

Innerhalb des `<struts-config />`-Tags werden die einzelnen Elemente der Applikation konfiguriert. Im `<form-beans />`-Tag wird eine `ActionForm` mit dem Namen `welcomeForm` vom Typ `codebook.j2ee.struts.basicStruts.WelcomeForm` definiert. Diese `ActionForm` wird die Eingaben des Nutzers entgegennehmen und vorhalten. Weitere Form-Beans können analog definiert werden.

Die einzelnen Aktionen der Applikation – oder genauer gesagt: des Applikations-Workflows – werden innerhalb des `<action />`-Tags deklariert. Folgende Attribute stehen dabei innerhalb des zu verwendenden `<action-mapping />`-Tags zur Verfügung:

Attribute	Wert
`path`	Gibt den URI an, auf den diese Aktion hört.
`type`	Gibt den voll qualifizierten Namen der `Action`-Klasse an.
`name`	Name der zugeordneten `ActionForm`
`input`	Dateiname der per Default für die Darstellung zu verwendenden JSP
`scope`	Gibt den Gültigkeitsbereich der zugehörigen `ActionForm` an. Mögliche Werte sind: `request`: Die eingegebenen Daten (und die `ActionForm`) werden nur über den aktuellen Request hinweg persistent gehalten `session`: Die eingegebenen Daten (und die `ActionForm`) werden in der aktuellen Benutzersitzung persistiert.

Tabelle 8: Attribute des <action-mapping />-Tags

Jede Action kann mit Hilfe von untergeordneten `ActionForwards` auf andere Komponenten verweisen. Diese `ActionForwards` können global oder lokal definiert werden. Hier werden zwei ActionForwards mit Hilfe von `<forward />`-Tags deklariert, die folgende Attribute enthalten können:

- `name`: Symbolischer Name des Forwards
- `path`: Dateiname der für die Darstellung zu verwendenden JSP

Ebenfalls möglich ist die Deklaration globaler `ActionForwards`. Diese dienen meist dem Zweck, symbolische Links mit `Actions` zu verknüpfen. Für den Entwickler bietet diese auf den ersten Blick doppelte Arbeit den Vorteil, dass später das Ziel dieser

Links geändert werden kann und somit neue oder andere Komponenten ohne großen Änderungsaufwand eingefügt werden können.

Die globalen `ActionForwards` werden innerhalb des `<global-forwards />`-Tags deklariert. Einzelne Forwards werden mit Hilfe untergeordneter `<forward />`-Tags deklariert. Die möglichen Attribute entsprechen denen der lokalen Forwards, auf die wir etwas weiter oben eingegangen sind.

Deklaration der verwendeten TagLibs

Das Struts Framework bringt mehrere TagLibs mit, die bei richtigem Einsatz sehr effektiv und mächtig sein können. Diese TagLibs sollten im Deployment Descriptor der Webapplikation deklariert werden:

```
<?xml version="1.0" encoding="UTF-8"?>
<!DOCTYPE web-app
   PUBLIC "-//Sun Microsystems, Inc.//DTD Web Application 2.3//EN"
   "http://java.sun.com/j2ee/dtds/web-app_2_3.dtd">

<web-app>

   ...

   <taglib>
      <taglib-uri>/WEB-INF/struts-html.tld</taglib-uri>
      <taglib-location>/WEB-INF/tlds/struts-html.tld</taglib-location>
   </taglib>

   <taglib>
      <taglib-uri>/WEB-INF/struts-logic.tld</taglib-uri>
      <taglib-location>/WEB-INF/tlds/struts-logic.tld</taglib-location>
   </taglib>

   <taglib>
      <taglib-uri>/WEB-INF/struts-config_1_2.dtd</taglib-uri>
      <taglib-location>/WEB-INF/tlds/struts-config_1_2.dtd</taglib
location>
   </taglib>
</web-app>
```

Listing 286: Deklaration der Struts-TagLibs in der web.xml

Die Deklaration der TagLibs erfolgt wie gewohnt: Jede TagLib wird in einem `<taglib />`-Tag deklariert. Untergeordnet sind die Angabe des symbolischen Pfades per `<taglib-uri />`-Tag und der eigentlichen Position der TagLib per `<taglib-location />`-Tag. In diesem Fall befinden sich alle deklarierten TagLibs im Verzeichnis */WEB-INF/tlds*, werden aber über den symbolischen Pfad */WEB-INF/<Name der TagLib>.tld* angesprochen.

Die Darstellungslogik

Die Darstellungslogik wird in JSPs gekapselt. Innerhalb dieser Applikation werden drei JSPs verwendet: *index.jsp*, *welcome.jsp* und *welcomeUser.jsp*. Während die Datei *index.jsp* lediglich der Weiterleitung auf die Action `welcome` dient, gibt *welcomeUser.jsp* den vom Nutzer in der *welcome.jsp* eingegebenen Benutzernamen aus.

index.jsp

Die Datei *index.jsp* – die als Startseite der Applikation im Deployment Descriptor definiert ist – leitet direkt auf die einzige definierte globale Aktion weiter:

```
<%@ page contentType="text/html;charset=UTF-8" language="java" %>
<%@ taglib prefix="logic" uri="/WEB-INF/tlds/struts-logic.tld" %>
<logic:redirect forward="welcome" />
```

Listing 287: Die Datei index.jsp leitet auf die unter dem Namen welcome deklarierte Action weiter

Da der Aufbau der JSP recht übersichtlich ist, kann deren Funktionsweise ebenfalls in kurzen Worten beschrieben werden: Sie verwendet die Logic-TagLib, um mit Hilfe von deren `<logic:redirect />`-Tag eine Weiterleitung auf das Ziel des globalen ActionForwards `welcome` durchzuführen.

Eine Liste der wichtigsten Tags der Logic-TagLib finden Sie weiter unten in diesem Kapitel.

welcome.jsp

Die Datei `welcome.jsp` dient der Erfassung eines vom Nutzer frei wählbaren Namens. Sie ist die Default-Anzeigeseite der Action (was mit Hilfe des Attributs `input` in der Konfiguration der Action definiert worden ist). Ihr Aufbau ist schon etwas umfangreicher:

```
<%@ page contentType="text/html;charset=UTF-8" language="java" %>
<%@ taglib prefix="html" uri="/WEB-INF/struts-html.tld" %>
<html>
   <head>
      <title>Welcome to our application!</title>
      <html:base />
   </head>
   <body>
      <html:form action="/welcome">
         <h3>Please enter your name!</h3>
         <p>
            <strong>Your name</strong><br />
            <html:text property="userName" />
```

Listing 288: Erfassung eines Wertes in der Datei welcome.jsp

Struts

```
            </p>
            <html:submit />
        </html:form>
    </body>
</html>
```

Listing 288: Erfassung eines Wertes in der Datei welcome.jsp (Forts.)

Hier wird intensiv Gebrauch von den Möglichkeiten der HTML-TagLib gemacht. Lassen Sie uns deshalb die einzelnen hier eingesetzten Tags mit deren Funktionalitäten kurz besprechen:

- `<html:base />`: Fügt ein HTML-`<base />`-Tag ein, das auf die aktuelle JSP verweist
- `<html:form />`: Fügt ein HTML-Form-Tag ein. Folgende Attribute werden häufig verwendet (eine Liste aller Attribute finden Sie weiter unten in diesem Kapitel):
  - `action`: Action, auf die gepostet werden soll (Pflichtfeld)
  - `enctype`: Content-Encoding des Requests
  - `focus`: Gibt den Namen des untergeordneten Feldes an, das den initialen Eingabefokus erhalten soll
  - `method`: Gibt den Namen der Methode an, mit deren Hilfe die Daten wieder zurück zum Server gesandt werden. Zulässige Werte sind GET und POST.
  - `name`: Gibt den Namen der `ActionForm` an, mit der die eingegebenen Daten ausgetauscht werden sollen. Wenn nicht angegeben, wird der in der `Action`-Konfiguration definierte Name verwendet.
  - `type`: Gibt den voll qualifizierten Namen der ActionForm an, die verwendet werden soll.
- `<html:text />`: Gibt ein HTML-`<input />`-Feld zur Eingabe von Text aus. Folgende Attribute werden häufig verwendet (eine Liste aller Attribute finden Sie weiter unten in diesem Kapitel):
  - `maxlength`: Maximale Eingabelänge der Daten
  - `property`: Gibt den Namen der Eigenschaft an, mit welcher der Datenaustausch stattfinden soll.
  - `size`: Gibt die Breite des Elements an.
  - `value`: Gibt den Wert des Elements an. Wenn der Wert von `value` einer Property der `ActionForm`, an die das Formular gebunden ist, entspricht, wird deren Wert ausgegeben.
- `<html:submit />`: Stellt eine HTML-Submit-Schaltfläche dar. Wenn ein anderer als der Standardwert ausgegeben werden soll, kann dies entweder per `value`-Attribut oder per eingeschlossenem Text (beispielsweise `<html:submit>Absenden</html:submit>`) erfolgen.

Eine Übersicht der wichtigsten Bestandteile der HTML-TagLib finden Sie weiter unten in diesem Kapitel.

welcomeUser.jsp

Diese JSP gibt den vom User eingegebenen Text wieder aus:

```
<%@ page contentType="text/html;charset=UTF-8" language="java" %>
<html>
   <head>
      <title>Welcome!</title>
   </head>
   <body>
      <h3>Welcome, <%= request.getAttribute("userName") %></h3>
   </body>
</html>
```

Listing 289: Ausgabe der vom Nutzer eingegebenen Informationen

Die vom Nutzer eingegebenen Informationen werden im Kontext des aktuellen Requests erwartetet. Die Ausgabe erfolgt per verkürzter `write`-Notation (`<%= ... %>`).

Die Geschäftslogik

Die Geschäftslogik ist in zwei Java-Klassen gekapselt: die `ActionForm` und die eigentliche `Action`. Während die `ActionForm` die eingegebenen Daten entgegennimmt und für die Anzeige bereitstellt, kümmert sich die `Action` um die programmatische Verarbeitung der Anforderung.

Werfen wir zunächst einen Blick auf die `ActionForm`-Ableitung `WelcomeForm`, welche die Daten hält:

```
package codebook.j2ee.struts.basicStruts;

import org.apache.struts.action.ActionForm;
import org.apache.struts.action.ActionMapping;
import javax.servlet.http.HttpServletRequest;

public class WelcomeForm extends ActionForm {

   private String userName;

   public String getUserName() {
      return userName;
   }
```

Listing 290: Die ActionForm nimmt die eingegebenen Daten entgegen und stellt sie für den Abruf bereit

Struts

```
    public void setUserName(String value) {
      userName = value;
    }

    public void reset(
       ActionMapping actionMapping,
       HttpServletRequest httpServletRequest) {
       userName = null;
    }
}
```

Listing 290: Die ActionForm nimmt die eingegebenen Daten entgegen und stellt sie für den Abruf bereit (Forts.)

Struts

Wie bereits mehrfach erwähnt: Die `ActionForm`-Instanz hält die Daten vor, die vom User eingegeben worden sind oder die ihm angezeigt werden sollen. Sie erbt von der Basisklasse `org.apache.struts.action.ActionForm`. Neben den Methoden `getUserName()` und `setUserName()`, die den Zugriff auf die private Variable `userName` ermöglichen, existiert hier eine offensichtlich überschriebene Methode `reset()`, die den Benutzernamen in seinen Startzustand zurückversetzt. Diese Methode wird bei Bedarf vom Struts Framework eingebunden.

Neben der `ActionForm` existiert eine Ableitung der Klasse `org.apache.struts.action.Action`, welche die eingegebenen Daten im Hinblick auf Gültigkeit überprüft:

```
package codebook.j2ee.struts.basicStruts;

import org.apache.struts.action.*;
import javax.servlet.http.HttpServletRequest;
import javax.servlet.http.HttpServletResponse;

public class WelcomeAction extends Action {

   public ActionForward execute(
      ActionMapping actionMapping,
      ActionForm actionForm,
      HttpServletRequest httpServletRequest,
      HttpServletResponse httpServletResponse) throws Exception {

      // Referenz auf die ActionForm erstellen
      WelcomeForm form = (WelcomeForm)actionForm;

      // Standard-Forward definieren
      String resultForward = "success";

      // Eingegebene Daten überprüfen
```

Listing 291: Behandlung einer Action im Struts-Framework

```
        if(
            null == form.getUserName() ||
            form.getUserName().length() < 1) {

            // Daten nicht gültig - Fehler-Forward verwenden
            resultForward = "failure";
        } else {
            // Daten gültig - eingegebenen Wert im aktuellen
            // Anforderungskontext zwischenspeichern
            httpServletRequest.setAttribute(
                "userName", form.getUserName());
        }

        // ActionForward finden und zurückgeben
        return actionMapping.findForward(resultForward);
    }
}
```

Listing 291: Behandlung einer Action im Struts-Framework (Forts.)

Der hier dargestellte Workflow wiederholt sich oftmals, wenn Sie mit Struts arbeiten:

- Die Methode `execute()`, die vom Action-Servlet eingebunden wird, um zu bestimmen, welche JSP oder Action eingebunden werden soll, wird überschrieben.
- Die generische `ActionForm`-Instanz wird in ihren tatsächlichen Typ (in diesem Fall ist dies der Typ `codebook.j2ee.struts.basicStruts.WelcomeForm`) gecastet, damit die dort enthaltenen Daten ausgewertet werden können.
- Die Daten werden geprüft, und der symbolischen Forward-Name, der die JSP-Seite oder Action kennzeichnet, die anschließend eingebunden werden soll, wird definiert – dieser Forward-Name ist in der Konfigurationsdatei *struts-config.xml* entweder als globaler oder als lokaler `ActionForward` deklariert.
- Eventuell werden noch Daten im aktuellen Anforderungskontext gespeichert oder weitere Aktionen durchgeführt.
- Zuletzt wird die Instanz der `ActionForward`-Klasse, die das Ziel des symbolischen `Forward`-Namens repräsentiert, ermittelt und zurückgegeben.

Für die hier verwendete Konfiguration gibt es genau zwei Stati, die per Forward signalisiert werden können:

- `success`: Die eingegebenen Daten sind korrekt, und es wird die im gleichnamigen `Forward` definierte JSP *welcomeUser.jsp* zur Darstellung eingebunden (`<forward name="success" path="/welcomeUser.jsp" />`).
- `failure`: Die eingegebenen Daten sind nicht korrekt. Es wird die vom gleichnamigen Forward definierte JSP `welcome.jsp` zur Datenerfassung eingebunden (`<forward name="failure" path="/welcome.jsp" />`).

Struts

Damit ist die Konfiguration und Umsetzung der Struts-Applikation beendet. Wenn die Applikation nunmehr erstellt und auf dem Servlet-Container deployed wird, kann sie auch in Aktion bewundert werden:

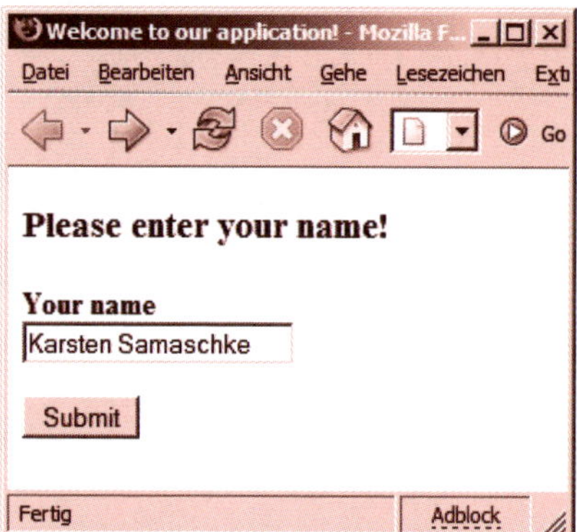

Abbildung 65: Startseite der Applikation

Nach der Eingabe des Namens und dem Klick auf die Submit-Schaltfläche werden die Daten an den Server übertragen, geprüft und in die entsprechende Ziel-JSP eingebunden. Falls mindestens ein Zeichen angegeben worden ist, wird der Name wieder ausgegeben:

Abbildung 66: Ausgabe des vom User eingegebenen Namens

95 Eine Standard-Action verwenden

Es muss nicht immer eine eigene Action sein, auf die verwiesen werden soll. Oft reicht es aus – etwa wenn nur eine Liste ausgegeben werden soll, die aus einer Datenbank generiert worden ist –, wenn eine Action als Ziel eines Forwards definiert und statt einer Datenprüfung einfach nur eine JSP zur Darstellung eingebunden wird. Meist werden derartige Actions über Hyperlinks und nicht durch Formulare angesprungen.

Die »Hauptarbeit« beim Einsatz einer Standard-Action findet bei der Konfiguration statt:

```
<?xml version="1.0" encoding="ISO-8859-1" ?>

<!DOCTYPE struts-config PUBLIC
   "-//Apache Software Foundation//DTD Struts Configuration 1.2//EN"
   "http://jakarta.apache.org/struts/dtds/struts-config_1_2.dtd">

<struts-config>

   <form-beans />

   <global-forwards>
      <forward name="welcome" path="/welcome.do"/>
      <forward name="displayDateTime" path="/displayDateTime.do" />
    </global-forwards>

   <action-mappings>
      <action path="/welcome" forward="/welcome.jsp" />
      <action path="/displayDateTime" forward="/dateTime.jsp" />
   </action-mappings>

</struts-config>
```

Listing 292: Verwenden von Standard-Actions in der struts-config.xml

Der Begriff »Hauptarbeit« ist irreführend: Die eigentliche Tätigkeit besteht im Weglassen der `type`-Angabe der Action-Einträge. Erfolgt diese Angabe nicht, wird die Standard-Action `org.apache.struts.action.Action` verwendet.

Die beiden Actions können nun innerhalb der Applikation verwendet werden. Zuerst wird dies sicherlich innerhalb der Startseite der Applikation der Fall sein:

```
<%@ page contentType="text/html;charset=UTF-8" language="java" %>
<%@ taglib uri="/WEB-INF/struts-logic.tld" prefix="logic" %>
<logic:redirect action="/welcome" />
```

Listing 293: Startseite der Applikation mit Verweis auf die Action welcome

Hier erfolgt eine Weiterleitung auf das Ziel der Action `welcome`, die innerhalb der Konfigurationsdatei definiert worden ist. Es handelt sich dabei um die JSP *welcome.jsp*, die vom Struts-Framework eingebunden wird:

```
<%@ page contentType="text/html;charset=UTF-8" language="java" %>
<%@ taglib uri="/WEB-INF/struts-html.tld" prefix="html" %>
<html:html>
  <head>
      <title>Welcome to our application</title>
      <html:base />
  </head>
  <body>
      <h3>Welcome to our application!</h3>
      <p>
         Please click <html:link
            action="/displayDateTime">here</html:link> to see the
         current date and time!
      </p>
  </body>
</html:html>
```

Listing 294: Die JSP welcome.jsp verfügt über einen Verweis auf die Action displayDateTime

Innerhalb der Begrüßungsseite *welcome.jsp* werden zwei neue Elemente der HTML-TagLib verwendet: `<html:html />` und `<html:link />`.

Das Tag `<html:html />` rendert das äußere `<html />`-Element der generierten Seite. Es unterstützt zwei Attribute:

- `locale`: Wenn auf den Wert `true` gesetzt, wird versucht, die Spracheinstellungen anhand des HTTP-ACCEPT-Headers zu setzen. Der Standardwert ist `false`.
- `xhtml`: Wenn auf den Wert `true` gesetzt, wird ein `xml:lang`-Attribut ausgegeben. Die Seite kann somit – falls korrektes XHTML verwendet wird – mit jedem XHTML-kompatiblen Browser angezeigt werden. Ebenfalls ist es dann möglich, die Seite per XML-Parser einzulesen und zu analysieren. Der Standardwert ist `false`.

Neben dem `<html:html />`-Tag kommt das `<html:link />`-Tag zum Einsatz, um einen Verweis auf die Action `displayDateTime` zu erzeugen. Folgende Attribute werden beim Einsatz des `<html:link />`-Tags oft genutzt:

- `action`: Gibt den Namen der Action an, auf die verwiesen wird.
- `forward`: Gibt den Namen des globalen Forwards an, auf den verwiesen wird.
- `href`: URL, auf die verwiesen wird.
- `page`: Name der JSP innerhalb der Applikation, auf die verwiesen wird.
- `target`: Browser-Fenster, in dem das Ziel des Links geöffnet wird.

Eine Übersicht der weiteren Attribute des `<html:link />`-Tags finden Sie weiter unten in diesem Kapitel.

Struts

Nach Klick auf den Link wird der Nutzer auf die in der Action `displayDateTime` definierte JSP *dateTime.jsp* weitergeleitet. Diese Seite hat folgenden Aufbau:

```
<%@ page contentType="text/html;charset=UTF-8" language="java" %>
<%@ taglib uri="/WEB-INF/struts-html.tld" prefix="html" %>
<html:html>
   <head>
      <title>Date and time</title>
      <html:base />
   </head>
   <body>
      <h3>Date and time</h3>
      <p>Current date and time: <%= new java.util.Date() %></p>
      <hr size="1" width="100%" noshade="noshade" />
      <html:link forward="welcome">Home</html:link>
   </body>
</html:html>
```

Listing 295: Verwenden des <html:link />-Tags mit dem forward-Attribut

Auf die Funktionsweise der Seite muss an dieser Stelle nicht weiter eingegangen werden – die Ausgabe von Datum und Uhrzeit ist weitestgehend trivial.

Beachten Sie, wie hier das Ziel des `<html:link />`-Tags definiert wird: Statt des Attributs `action` wird an dieser Stelle das `forward`-Attribut verwendet, das auf das globale Forward `welcome` verweist.

Abschließend sei an dieser Stelle noch einmal auf den Nutzen von Standard-Actions hingewiesen: Durch sie werden wir in die Lage versetzt, auf Komponenten unserer Applikation zu verweisen, ohne die Adressen dieser Komponenten fest verdrahten zu müssen. Für die Wartbarkeit der Applikation bedeutet dies einen deutlichen Vorteil gegenüber dem herkömmlichen Ansatz.

96 Wie und wozu verwendet man Ressourcen?

Ressourcen sind einer der wesentlichen Schlüssel für den Erfolg des Struts Frameworks. Selbstverständlich ist der Einsatz von Ressourcen für die Internationalisierung (`i18n`) in Java-Applikationen nichts wirklich Neues oder Weltbewegendes – das Struts Framework erleichtert »lediglich« den Einsatz dieser Ressourcen.

Ressourcendateien sind `Properties`-Dateien. Um sie nutzen zu können, muss zunächst ein Eintrag in der *struts-config.xml* gesetzt werden:

```
<?xml version="1.0" encoding="utf-8"?>

<!DOCTYPE struts-config PUBLIC
```

Listing 296: Struts-Konfiguration für den Einsatz von Ressourcen

Struts

```
    "-//Apache Software Foundation//DTD Struts Configuration 1.2//EN"
    "http://jakarta.apache.org/struts/dtds/struts-config_1_2.dtd">

<struts-config>

   <form-beans>
      <form-bean name="welcomeForm"
         type="codebook.j2ee.struts.struts_i18n.WelcomeForm" />
   </form-beans>

   <global-forwards>
      <forward name="welcome" path="/welcome.do" />
   </global-forwards>

   <action-mappings>
      <action path="/welcome"
         type="codebook.j2ee.struts.struts_i18n.WelcomeAction"
         input="/welcome.jsp" name="welcomeForm">
         <forward name="success" path="/welcomeUser.jsp" />
         <forward name="failure" path="/welcome.jsp" />
      </action>
   </action-mappings>

   <message-resources
      parameter="codebook.j2ee.struts.struts_i18n.AppResources" />

</struts-config>
```

Listing 296: Struts-Konfiguration für den Einsatz von Ressourcen (Forts.)

Das Tag `<message-resources />` gibt mit Hilfe seines Attributes `parameter` den Typ der Ressource an. Zwar ist die Ressourcendatei keine Java-Klasse, dennoch befindet sie sich analog zu Java-Klassen in einem Package. In diesem Fall handelt es sich um das Package `codebook.j2ee.struts.struts_i18n`. Die Ressourcendatei heißt in dieser Applikation laut Konfiguration `AppResources.properties`. Sie hat folgenden Aufbau:

```
welcomeTitleText=Welcome to my homepage!
welcomeHeadlineText=Please enter your name here!
welcomeFieldUsername=Your name
welcomeFieldSubmit=Send!
welcomeUserTitleText=You're logged in!
welcomeUserHeadlineText=Welcome {0}
```

Listing 297: Standardressource für die Struts-Applikation

Internationalisierung basiert darauf, dass für jede Sprache eine eigene Ressourcendatei existiert. Per Konvention heißt diese Datei ebenso wie die Standardressource, gefolgt von einem Unterstrich und dem Zwei-Buchstaben-Kürzel der Sprache. Die Dateiendung ist selbstverständlich ebenfalls *.properties*. Für eine deutsche Ressource würde der Dateiname also *AppResources_de.properties* lauten.

Die Schlüsselbezeichnungen sollten identisch zur Standardressource sein, da über diese Schlüssel die entsprechenden Werte referenziert werden. Sollte ein Schlüssel in der lokalisierten Ressource nicht vorhanden sein, wird der entsprechende Wert der Standardressource verwendet.

Die deutsch lokalisierte Ressource könnte so aussehen:

```
welcomeTitleText=Willkommen auf meiner Homepage!
welcomeHeadlineText=Bitte geben Sie hier Ihren Namen ein!
welcomeFieldUsername=Ihr Name
welcomeFieldSubmit=Absenden!
welcomeUserTitleText=Sie sind erfolgreich angemeldet worden!
welcomeUserHeadlineText=Hallo {0}!
```

Listing 298: Lokalisierte Ressource

Nachdem auch die deutschsprachige Ressource erstellt und im Ordner */codebook/j2ee/struts/struts_i18n* der Applikation als *AppResources_de.properties* gespeichert worden ist, können Ressourcen in den JSPs verwendet werden.

Sehen wir uns deshalb die beiden JSPs *welcome.jsp* für die Erfassung einer Eingabe und *welcomeUser.jsp* für die Ausgabe der erfassten Werte an.

Werfen wir zunächst einen Blick auf die Erfassung der Werte in der JSP *welcome.jsp*:

```
<%@ page contentType="text/html;charset=UTF-8" language="java" %>
<%@ taglib prefix="html" uri="/WEB-INF/struts-html.tld" %>
<%@ taglib prefix="bean" uri="/WEB-INF/struts-bean.tld" %>
<html:html>
   <head>
      <title><bean:message key="welcomeTitleText" /></title>
      <html:base />
   </head>
   <body>
      <html:form action="/welcome">
         <h3><bean:message key="welcomeHeadlineText" /></h3>
         <p>
            <bean:message key="welcomeFieldUsername" /><br />
            <html:text property="userName" maxlength="50" />
         </p>
         <html:submit>
            <bean:message key="welcomeFieldSubmit" />
         </html:submit>
```

Listing 299: Verwenden von Ressourcen in JSPs

Struts

```
      </html:form>
   </body>
</html:html>
```

Listing 299: Verwenden von Ressourcen in JSPs (Forts.)

Neben der bereits bekannten HTML-TagLib kommt hier die `Bean`-TagLib zum Einsatz. Diese erlaubt es uns, per `<bean:message />`-Tag die Werte aus der jeweils aktuellen Ressourcendatei auszugeben. Das Attribut `key` gibt dabei den Schlüssel des Wertes an.

Beachten Sie auch, wie innerhalb des `<html:submit />`-Tags die Beschriftung des Buttons generiert wird: Hier steht das `<bean:message />`-Tag nicht für sich alleine, sondern innerhalb des `<html:submit />`-Tags.

Im Browser ergibt sich folgende Ausgabe:

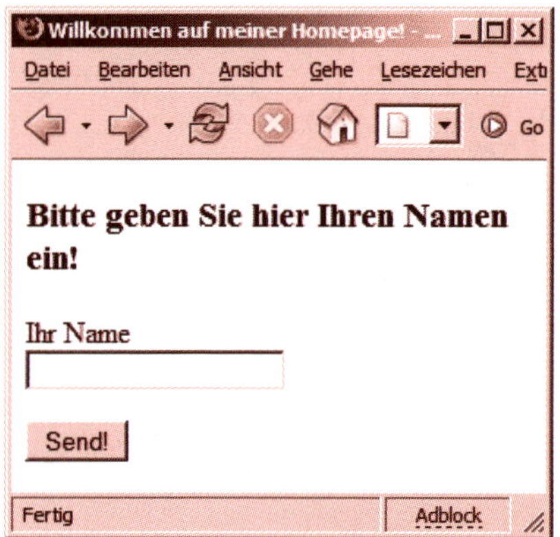

Abbildung 67: Lokalisierte Ausgabe

Wenn eine Eingabe erfolgt, leitet die Action auf die JSP *welcomeUser.jsp* weiter. Hier wird der eingegebene Wert wieder ausgegeben:

```
<%@ page contentType="text/html;charset=UTF-8" language="java"
   import="codebook.j2ee.struts.struts_i18n.WelcomeForm"  %>
<%@ taglib prefix="html" uri="/WEB-INF/tlds/struts-html.tld" %>
<%@ taglib prefix="bean" uri="/WEB-INF/tlds/struts-bean.tld" %>
<%
   WelcomeForm form =
      (WelcomeForm)session.getAttribute("welcomeForm");
%>
<html>
   <head>
      <title><bean:message key="welcomeUserTitleText" /></title>
   </head>
```

Listing 300: Verwendung von <bean:message /> mit parametrisierter Ausgabe

```
    <body>
       <h3><bean:message key="welcomeUserHeadlineText"
          arg0="<%= form.getUserName() %>" /></h3>
    </body>
</html>
```

Listing 300: Verwendung von <bean:message /> mit parametrisierter Ausgabe (Forts.)

Die Ausgabe des eingegebenen Wertes erfolgt hier nicht mehr direkt. Stattdessen wird eine parametrisierte Ausgabe verwendet. Das Attribut `arg0` nimmt dabei den Wert entgegen, der in der Ressourcen-Zeichenkette den dort vorhandenen Platzhalter ersetzt. Rufen Sie sich zu diesem Zweck noch einmal den Eintrag in der Ressourcendatei in Erinnerung:

```
welcomeUserHeadlineText=Welcome {0}
```

Die deutsche Entsprechung ist:

```
welcomeUserHeadlineText=Hallo {0}!
```

Der Platzhalter `{0}` wird dabei durch den in `arg0` übergebenen Wert ersetzt.

Generell sollten Sie versuchen, möglichst viel an Texten aus den JSPs heraus in die Ressourcendateien auszulagern. Sie gewinnen so deutlich an Flexibilität und haben vor allem eine sehr einfach einzusetzende Möglichkeit, Ihre Applikationen mehrsprachig zu gestalten.

97 Fehlerbehandlung

Trotz aller Sorgfalt kann nie ausgeschlossen werden, dass ein Nutzer Fehleingaben tätigt. Diese Fehleingaben könnten zwar ignoriert werden – die feine Art der Programmierung wäre ein derartiges Vorgehen aber sicher nicht.

Das Struts Framework gibt uns mit Hilfe von Ressourcen, Actions und ActionForms alle Komponenten an die Hand, die benötigt werden, um auf Fehler zu reagieren und diese Reaktion analog zu Forwards oder Ressourcen nicht fest in den Komponenten zu verdrahten.

Sehen wir uns zunächst die Ressourcen der Applikation an. Aus Platzgründen beschränken wir uns hier auf die deutsche Ressource *ApplicationResources_de.properties*:

```
# Application resources
errors.header=Bitte korrigieren Sie folgende Fehler:<ul>
errors.prefix=<li>
errors.suffix=</li>
errors.footer=</ul>
```

Listing 301: Ressourcendatei ApplicationRessources_de.properties

```
# Fehlermeldungen
errors.name=Der von Ihnen eingegebene Name ({0}) ist nicht gültig!
errors.name.required=Bitte geben Sie einen Namen ein!
errors.age=Das Alter muss zwischen 1 und 99 Jahren liegen.
errors.email={0} ist keine gültige E-Mail-Adresse!
errors.email.required=Bitte geben Sie eine E-Mail-Adresse ein!

# Applikations-Titel
app.title=Persönliche Daten

# Erfolgreich angemeldet
welcomeUser.headline=Willkommen {0}!
welcomeUser.message=Sie haben sich erfolgreich an unserer Applikation
angemeldet. Ihre E-Mail-Adresse ist: {0}.
welcomeUser.age=Ihr Alter ist {0} Jahre.

# Daten neu eingeben
welcome.headline=Bitte geben Sie Ihre Daten hier an!
welcome.name=Ihr Name
welcome.email=Ihre E-Mail-Adresse
welcome.age=Ihr Alter
welcome.submit=Absenden!
```

Listing 301: Ressourcendatei ApplicationRessources_de.properties (Forts.)

Beachten Sie die vier Einträge am Kopf der Datei:

```
errors.header=Bitte korrigieren Sie folgende Fehler:<ul>
errors.prefix=<li>
errors.suffix=</li>
errors.footer=</ul>
```

Die vier Schlüssel `errors.header`, `errors.footer`, `errors.prefix` und `errors.suffix` sind vom Struts Framework vordefiniert. Sie werden eingesetzt, um Fehlermeldungen per Ressourcendatei zu konfigurieren. Sie haben folgende Aufgaben:

- `errors.header`: Kopf der Fehlerausgabe
- `errors.footer`: Fuß der Fehlerausgabe
- `errors.prefix`: Text, welcher der eigentlichen Fehlermeldung vorangestellt wird
- `errors.suffix`: Text, der am Ende der eigentlichen Fehlermeldung angefügt wird

Die Ausgabe der Fehlermeldungen erfolgt am sinnvollsten innerhalb der Eingabeseite. In diesem Fall handelt es sich um die JSP *welcome.jsp*:

```
<%@ page contentType="text/html;charset=UTF-8" language="java" %>
<%@ taglib prefix="html" uri="/WEB-INF/struts-html.tld" %>
<%@ taglib prefix="bean" uri="/WEB-INF/struts-bean.tld" %>
<html>
   <head>
      <title><bean:message key="app.title" /></title>
      <html:base />
   </head>
   <body>
      <html:form action="/welcome">
         <h3><bean:message key="welcome.headline" /></h3>
         <html:errors />
         <p>
            <bean:message key="welcome.name" />:<br />
            <html:text property="name" maxlength="50" />
         </p>
         <p>
            <bean:message key="welcome.email" />:<br />
            <html:text property="email" maxlength="100" />
         </p>
         <p>
            <bean:message key="welcome.age" />:<br />
            <html:text property="age" maxlength="2" />
         </p>
         <html:submit>
            <bean:message key="welcome.submit" />
         </html:submit>
      </html:form>
   </body>
</html>
```

Listing 302: Erfassen von Daten und Ausgabe der auftretenden Fehlermeldungen

Die Ausgabe der Fehlermeldungen erfolgt mit Hilfe des `<html:errors />`-Tags aus der HTML-TagLib. Wie Sie feststellen, sind keine weiteren Attribute gesetzt. Offensichtlich kommen die darzustellenden Fehlermeldungen aus der Business-Logik und werden hier nur gesammelt dargestellt.

Die Business-Logik sorgt tatsächlich für die Validierung der Daten. Diese Validierung findet innerhalb der überschriebenen Methode `validate()` der `ActionForm`-Ableitung statt. Diese ActionForm hat folgenden Aufbau:

```
package codebook.j2ee.struts.errorStruts.forms;

import org.apache.struts.action.*;
```

Listing 303: Validierung von eingegebenen Daten in der Methode validate() der ActionForm

```
import javax.servlet.http.HttpServletRequest;
import java.util.regex.Pattern;
import java.util.regex.Matcher;

/**
 * Repräsentiert die Daten, die während der Ausführung
 * der Applikation entgegengenommen werden
 */
public class WelcomeForm extends
   org.apache.struts.action.ActionForm {

   // Private Member-Variablen
   private String name;
   private String email;
   private int age;

   // Öffentliche Getter und Setter
   public int getAge() {
      return age;
   }

   public void setAge(int age) {
      this.age = age;
   }

   public String getName() {
      return name;
   }

   public void setName(String name) {
      this.name = name;
   }

   public String getE-Mail() {
      return email;
   }

   public void setE-Mail(String email) {
      this.email = email;
   }

   // Validierung der Daten
   public ActionErrors validate(
      ActionMapping actionMapping,
      HttpServletRequest httpServletRequest) {
```

Listing 303: Validierung von eingegebenen Daten in der Methode validate() der ActionForm (Forts.)

```
        ActionErrors errors = new ActionErrors();

        // Name muss mindestens zwei Zeichen haben
        Pattern p = Pattern.compile("^[a-zA-Z]{2}[\\w\\W]*?$");
        Matcher m = p.matcher(getName());
        if (getName() != null && !m.matches()) {
           errors.add("Name",
              new ActionMessage("errors.name", getName()));
        } else if (getName() == null) {
           errors.add("Name",
              new ActionMessage("errors.name.required"));
        }

        // Alter muss eine Zahl zwischen 1 und 99 sein
        p = Pattern.compile("^[1-9][0-9]*$");
        m = p.matcher(String.valueOf(getAge()));
        if(!m.matches()) {
           errors.add("Age", new ActionMessage("errors.age"));
        }

        // E-Mail-Adresse ist ein klassischer regulärer Ausdruck
        p = Pattern.compile(
           "^[\\w-]+(?:\\.[\\w-]+)*@(?:[\\w-]+\\.)+[a-zA-Z]{2,7}$");
        m = p.matcher(getEmail());
        if(getEmail() != null && !m.matches()) {
           errors.add("Email",
              new ActionMessage("errors.email", getEmail()));
        } else if(getEmail() == null) {
           errors.add("Email",
              new ActionMessage("errors.email.required"));
        }

        return errors;
    }
}
```

Listing 303: Validierung von eingegebenen Daten in der Methode validate() der ActionForm (Forts.)

Die komplette Validierungslogik befindet sich innerhalb der Methode `validate()`. Diese Methode gibt eine `ActionErrors`-Instanz zurück, welche die aufgetretenen Fehler enthält.

Die eigentliche Validierung der Werte der drei Member-Variablen geschieht mit Hilfe von regulären Ausdrücken. Folgende Ausdrücke kommen zur Anwendung (beachten Sie, dass die Backslashes im Java-Code verdoppelt werden mussten):

Struts

- `^[a-zA-Z]{2}[\w\W]*?$`: Prüfung auf den Namen
  - Die Zeichenkette muss mit zwei Buchstaben beginnen.
  - Die Zeichenkette danach darf beliebige Buchstaben und Nichtbuchstaben (Leerzeichen, Ziffern etc.) enthalten.
- `^[1-9][0-9]*$`: Prüfung auf das Alter
  - Zulässig sind eine oder zwei Ziffern.
  - Die erste Ziffer muss zwischen 1 und 9 liegen.
  - Die zweite (optionale) Ziffer kann jede Zahl zwischen 0 und 9 repräsentieren.
- `^[\w-]+(?:\.[\w-]+)*@(?:[\w-]+\.)+[a-zA-Z]{2,7}$`: Prüfung auf die E-Mail-Adresse
  - Die Zeichenkette muss mit einem Buchstaben oder einem Minuszeichen beginnen.
  - Anschließend dürfen vor dem @-Symbol Punkte, Buchstaben, Ziffern oder das Minuszeichen folgen.
  - Nach einem Punkt vor dem @-Symbol muss ein Zeichen folgen.
  - Nach dem @-Zeichen muss die Angabe der Domain (Buchstaben, Ziffern, Bindestriche, Punkte) folgen.
  - Nach dem letzten Punkt müssen zwei bis sieben Buchstaben folgen, welche die Top-Level-Domain kennzeichnen.

Sollte eine der Prüfungen fehlschlagen oder einer der Werte `null` sein, wird eine Fehlermeldung generiert. Diese Fehlermeldungen werden durch den Namen der Property, deren Wert geprüft worden ist, und durch eine `ActionMessage`-Instanz repräsentiert. Die `ActionMessage`-Instanz beinhaltet den Schlüsselnamen der Fehlermeldung in den Applikationsressourcen.

Der Konstruktor der `ActionMessage`-Klasse ist mehrfach überladen. In diesem Beispiel kommen zwei Varianten zum Einsatz:

- `ActionMessage(String)`: Nimmt den Schlüsselnamen der Fehlermeldung in den Applikationsressourcen als Parameter entgegen.
- `ActionMessage(String, object)`: Nimmt den Schlüsselnamen der Fehlermeldung in den Applikationsressourcen und ein Objekt als Parameter entgegen. Ein eventueller Platzhalter in der repräsentierten Zeichenkette wird durch den Wert des übergebenen Objekts ersetzt. Der Wert wird mit Hilfe der bei jedem Objekt vorhandenen Methode `toString()` ermittelt.

Angestoßen wird die Prüfung innerhalb der `Action`-Implementierung:

```
package codebook.j2ee.struts.errorStruts.actions;

import codebook.j2ee.struts.errorStruts.forms.WelcomeForm;
import org.apache.struts.action.*;
import javax.servlet.http.HttpServletRequest;
import javax.servlet.http.HttpServletResponse;

public class WelcomeAction
   extends org.apache.struts.action.Action {

   // Prüft, ob der Request ausgeführt werden kann
   public ActionForward execute(
      ActionMapping actionMapping,
      ActionForm actionForm,
      HttpServletRequest httpServletRequest,
      HttpServletResponse httpServletResponse)
      throws Exception {

      ActionForward result =
         actionMapping.findForward("success");
      WelcomeForm wf = (WelcomeForm)actionForm;

      if(null != wf ) {
         ActionErrors errors =
            wf.validate(actionMapping, httpServletRequest);
         if(errors.size() != 0) {
            result = actionMapping.findForward("failure");
         } else {
            httpServletRequest.setAttribute("data", wf);
         }
      }

      return result;
   }
}
```

Listing 304: Bei der Ausführung der Action-Implementierung wird die Validierung der Daten angestoßen

Innerhalb der überschriebenen Methode `execute()` der `Action`-Implementierung findet die Validierung der eingegebenen Daten statt. Zu diesem Zweck wird die Methode `validate()` der `ActionForm`-Ableitung eingebunden. Deren Rückgabe ist eine `ActionErrors`-Instanz, welche die aufgetretenen Fehler repräsentiert. Anhand von deren Eigenschaft `size()` kann die Anzahl der Fehler abgelesen werden.

Sollte kein Fehler aufgetreten sein, wird die durch das lokale Forward `success` repräsentierte JSP eingebunden. Anderenfalls erfolgt die erneute Eingabe der Daten durch den Benutzer mit Hilfe der bereits besprochenen JSP *welcome.jsp*.

Wenn der Benutzer die Applikation ausführt, muss er zunächst seine Daten eingeben. Sollten dabei ein oder mehrere Fehler auftreten, wird der Benutzer diese Ausgabe erhalten:

Abbildung 68: Anzeige der Fehlermeldungen

Die hier gezeigte Art der Fehlerbehandlung mit Hilfe von `ActionErrors`, `ActionMessages`, der `Action`-Implementierung und der Validierung der Daten innerhalb der `ActionForm` ist sehr flexibel, schließlich überprüft die Bean, welche die Daten hält, deren Gültigkeit selbst. Andere Komponenten der Applikation müssen über die Interna dieser Prüfungen nicht Bescheid wissen. Das Halten der Fehlermeldungen innerhalb der Applikationsressourcen sorgt für eine verbesserte Wartbarkeit der Applikation, denn eine feste Verdrahtung der Fehlermeldungen innerhalb der Applikationskomponenten wird vermieden.

98 Bestimmte Fehlertypen global behandeln

Innerhalb der Konfigurationsdatei *struts-config.xml* können Sie mit Hilfe des `<global-exceptions />`-Tags festlegen, welche Fehlertypen von welchem Handler behandelt werden sollen:

```
<?xml version="1.0" encoding="ISO-8859-1" ?>

<!DOCTYPE struts-config PUBLIC
   "-//Apache Software Foundation//DTD Struts Configuration 1.2//EN"
   "http://jakarta.apache.org/struts/dtds/struts-config_1_2.dtd">

<struts-config>

   <global-exceptions>
      <exception key="errors.custom"
         type="codebook.j2ee.struts.CustomException"
         handler="codebook.j2ee.struts.customErrors.GenericExceptionHandler"
      />

      <exception key="errors.nfe"
         type="java.lang.NumberFormatException"
         path="/errors/nfe.do"  />
    </global-exceptions>

   <!-- Global Forwards -->
   <global-forwards>
      <forward name="welcome" path="/welcome.do" />
      <forward name="errors.display" path="/errors/display.do" />
   </global-forwards>

   <!-- Action Mappings -->
   <action-mappings>
      <action path="/errors/display"
         forward="/errors/display.jsp" />

      <action path="/errors/nfe" forward="/errors/nfe.jsp" />
   </action-mappings>

   <message-resources
      parameter="codebook.j2ee.struts.customErrors.MsgResources" />

</struts-config>
```

Listing 305: Globale Exceptions fangen bestimmte Ausnahmetypen für eine Applikation komplett ab

Innerhalb des `<global-exceptions />`-Tags werden die einzelnen `<exception />`-Elemente, welche die Reaktion auf eine Ausnahme konfigurieren, definiert. Dabei können zwei unterschiedliche Arten der Reaktion unterschieden werden:

- Reaktion per `ExceptionHandler`-Ableitung
- Reaktion per Ressourcentext und direkter Weiterleitung auf eine Anzeige-Komponente

Bei der Deklaration eines `<exception />`-Elements müssen Sie folgende Attribute angeben:

- `key`: Schlüsselname der Fehlermeldung in der Ressourcendatei der Applikation
- `type`: Voll qualifizierter Klassenname der abzufangenden Ausnahme

Zusätzlich können Sie je nach Bedarf weitere Attribute angeben, welche die Art der Fehlerbehandlung steuern:

- `handler`: Voll qualifizierter Klassenname einer `ExceptionHandler`-Ableitung, die den Fehler behandelt
- `path`: Virtueller Pfad einer Action, die den Fehler verarbeitet

Die beiden Arten der Reaktion unterscheiden sich primär darin, dass innerhalb einer `ExceptionHandler`-Ableitung zusätzliche Aktionen, etwa das Schließen einer Datenbankverbindung oder das Erzeugen einer Benachrichtigungs-E-Mail, durchgeführt werden können.

Reaktion per ExceptionHandler-Ableitung

Diese Art der Reaktion setzt etwas Programmieraufwand voraus, da eine Ableitung der Klasse `ExceptionHandler` implementiert werden muss:

```
package codebook.j2ee.struts;

import org.apache.struts.action.*;
import org.apache.struts.config.ExceptionConfig;
import javax.servlet.http.HttpServletRequest;
import javax.servlet.http.HttpServletResponse;
import javax.servlet.ServletException;

public class GenericExceptionHandler
   extends org.apache.struts.action.ExceptionHandler {

   public ActionForward execute(
      Exception e, ExceptionConfig config,
      ActionMapping mapping, ActionForm form,
      HttpServletRequest request, HttpServletResponse response)
      throws ServletException {

      request.setAttribute("error.message", e.getMessage());
      request.setAttribute("error.type", e.getClass().getName());
      return mapping.findForward("errors.display");
   }
}
```

Listing 306: ExceptionHandler-Ableitung

Innerhalb der Methode execute() unserer ActionHandler-Ableitung könnten wir nun notwendige Aufräumarbeiten vornehmen. Hier beschränken wir uns darauf, den Text und den Typ der Fehlermeldung im Request-Scope zu speichern und auf die unter dem Forward errors.display hinterlegte Komponente weiterzuleiten.

Die Methode execute() können Sie übrigens wie die gleichnamige Methode von Action-Ableitungen verwenden – sie müssen also nicht zwingend Aufräumarbeiten vornehmen oder den Nutzer über das Auftreten eines Fehlers informieren –, auch wenn Letzteres kein besonders guter Stil wäre.

Das globale Forward errors.display verweist auf die Action /errors/display, die ihrerseits die JSP-Datei */errors/display.jsp* zur Anzeige einbindet:

```
<%@ page contentType="text/html;charset=UTF-8" language="java" %>
<%@ taglib uri="/WEB-INF/struts-bean.tld" prefix="bean" %>
<%@ taglib uri="/WEB-INF/struts-html.tld" prefix="html" %>
<%@ taglib uri="/WEB-INF/struts-logic.tld" prefix="logic" %>
<%
   String errorMessage =
      (String)request.getAttribute("error.message");
   String errorType = (String)request.getAttribute("error.type");
%>
<html>
  <head>
      <title>
         <bean:message key="app.title" />
      </title>
      <html:base />
  </head>
  <body>
      <html:form action="welcome.do">
         <h3><bean:message key="errors.title" /></h3>
         <p>
            <bean:message key="errors.message" />
         </p>
         <p>
            <bean:message key="errors.display"
               arg0="<%= errorMessage %>"
               arg1="<%= errorType %>" />
         </p>
      </html:form>
  </body>
</html>
```

Listing 307: Ausgabe der Fehlermeldung innerhalb einer Anzeigeseite

Innerhalb der Ressourcendatei ist der Schlüssel errors.display mit zwei Platzhaltern definiert, die durch die Werte der Attribute arg0 und arg1 des <bean:message />-Tags ersetzt werden und dadurch den Text der Fehlermeldung und deren Quelle ausgeben.

Reaktion per Anzeige-Komponente

Die Reaktion per Anzeige-Komponente erfolgt innerhalb einer Action. Bei der Deklaration dieses Reaktionswegs geben Sie den virtuellen Pfad der Action an. Anschließend wird das Struts Framework die entsprechende Action ausführen.

Sinnvollerweise sollten Sie sich hier nur auf die Ausgabe der Fehlermeldung beschränken, da Aufräumaktionen oder andere Vorgänge besser in einer `ExceptionHandler`-Ableitung aufgehoben sind.

Als eine Art von Entschädigung können Sie dafür die aufgetretenen Fehler per `<html:errors />`-Tag ausgeben lassen:


```
<%@ page contentType="text/html;charset=UTF-8" language="java" %>
<%@ taglib uri="/WEB-INF/struts-bean.tld" prefix="bean" %>
<%@ taglib uri="/WEB-INF/struts-html.tld" prefix="html" %>
<%@ taglib uri="/WEB-INF/struts-logic.tld" prefix="logic" %>
<html>
   <head>
      <title>
         <bean:message key="app.title" />
      </title>
      <html:base />
   </head>
   <body>
      <h3><bean:message key="errors.title" /></h3>
      <p>
         <html:errors />
      </p>
   </body>
</html>
```

Listing 308: Ausgabe des aufgetretenen Fehlers per <html:errors />-Tag

Den auszugebenden Text müssen Sie zuvor in den Applikationsressourcen definiert und im `<exception />`-Tag mit Hilfe des `key`-Attributs definiert haben. Wenn Sie diese Voraussetzungen erfüllt haben, können Sie dem Nutzer Ihrer Applikation so für unterschiedliche Fehlermeldungen stets die gleiche Seite präsentieren.

99 Alle Fehlermeldungen über eine Fehlerseite abfangen

Das Abfangen aller nicht zuvor in der Applikation behandelten Fehler kann mit nur einem Eintrag in der *struts-config.xml* erreicht werden:

```
<?xml version="1.0" encoding="ISO-8859-1" ?>

<!DOCTYPE struts-config PUBLIC
   "-//Apache Software Foundation//DTD Struts Configuration 1.2//EN"
   "http://jakarta.apache.org/struts/dtds/struts-config_1_2.dtd">

<struts-config>

   <global-exceptions>
      <exception key="errors.unknown"
         type="java.lang.Exception"
         path="/errors/unknown.do"  />

      <exception key="errors.nfe"
         type="java.lang.NumberFormatException"
         path="/errors/nfe.do"  />
    </global-exceptions>

   <!-- Global Forwards -->
   <global-forwards>
      <forward name="welcome" path="/welcome.do" />
      <forward name="errors.display" path="/errors/display.do" />
   </global-forwards>

   <!-- Action Mappings -->
   <action-mappings>
      <action path="/errors/nfe" forward="/errors/nfe.jsp" />
      <action path="/errors/unknown" forward="/errors/all.jsp" />
   </action-mappings>

   <message-resources
      parameter="codebook.j2ee.struts.customErrors.MsgResources" />

</struts-config>
```

Listing 309: Globales Abfangen aller möglichen Exceptions

Das Abfangen aller Fehler erreichen Sie durch ein `<exception />`-Tag, dessen `type`-Attribut den Ausnahmetyp `java.lang.Exception` referenziert.

Für spezifische andere Ausnahmetypen können weitere `<exception />`-Tags definiert werden, die dann dafür sorgen, dass eine andere Art der Fehlerbehandlung durchgeführt wird.

100 Eine Datei zum Server hochladen

Das Hochladen einer Datei mit Hilfe des Struts Frameworks erfordert recht wenig Aufwand, denn viele sonst nötige Schritte werden schon vom Framework für uns erledigt.

Um Daten auf einen Server hochladen zu können, wird eine Form-Bean, welche die hochzuladende Datei aufnehmen soll, benötigt:

```
package codebook.j2ee.struts;

import org.apache.struts.upload.FormFile;
import org.apache.struts.action.*;
import javax.servlet.http.HttpServletRequest;

public class UploadBean extends org.apache.struts.action.ActionForm
{

   private FormFile file;

   public FormFile getFile() {
      return file;
   }

   public void setFile(FormFile file) {
      this.file = file;
   }

   public ActionErrors validate(
      ActionMapping mapping, HttpServletRequest request) {

      ActionErrors errors = new ActionErrors();
      if(null == getFile() || getFile().getFileSize() == 0) {
         errors.add("missingFile",
            new ActionMessage("errors.fileMissing"));
      }

      return errors;
   }
}
```

Listing 310: Die Form-Bean UploadBean nimmt die hochzuladende Datei auf

Die hochgeladene Datei wird intern durch eine Implementierung des Interface `FormFile` repräsentiert. Mit deren Hilfe kann innerhalb der Methode `validate()` überprüft werden, ob eine Datei hochgeladen worden ist. In diesem Fall müsste die Größe der Datei, welche die Methode `getFileSize()` der `FormFile`-Implementierung zurückgibt, größer als null sein.

Innerhalb der Action `UploadAction` kann nun die hochgeladene Datei gespeichert werden:

```
package codebook.j2ee.struts;

import org.apache.struts.action.*;
```

```
import org.apache.struts.upload.FormFile;
import javax.servlet.http.HttpServletRequest;
import javax.servlet.http.HttpServletResponse;
import javax.servlet.ServletContext;
import java.io.*;

public class UploadAction extends org.apache.struts.action.Action {

   public ActionForward execute(
      ActionMapping mapping,
      ActionForm form,
      HttpServletRequest request,
      HttpServletResponse response) throws Exception {

      String forward = "success";
      UploadBean bean = (UploadBean)form;

      if(bean.validate(mapping, request).size() != 0) {
         forward = "failure";
      } else {

         // FormFile-Implementierung erzeugen
         FormFile file = bean.getFile();

         // Dateiname ermitteln
         String fileName = file.getFileName();

         // Pfad ist per <init-param /> in der web.xml abgelegt
         // Über den ServletContext können wir den Wert abrufen
         ServletContext context = getServlet().getServletContext();
         String savePath =
            context.getInitParameter("fileSavePath");

         // Dateiname = Pfad + Dateiname
         fileName = savePath + fileName;

         // Wenn eine gleichnamige Datei bereits exististiert,
         // wird sie gelöscht
         File f = new File(fileName);
         if(f.exists()) {
            f.delete();
         }

         // Speichern des Dateiinhalts per BufferedOutputStream
         BufferedOutputStream bos = new BufferedOutputStream(
            new FileOutputStream(fileName));
```

Listing 311: Speichern der hochgeladenen Datei per Action

```
            // Bytes schreiben
            bos.write(file.getFileData(), 0,
               file.getFileData().length);
            bos.close();
         }

         return mapping.findForward(forward);
      }
   }
```

Listing 311: Speichern der hochgeladenen Datei per Action (Forts.)

Nach einer Überprüfung, ob eine Datei hochgeladen worden ist, wird der Inhalt der hochgeladenen Datei gespeichert. Aus Sicherheitsgründen sollte dies nie innerhalb der Applikation, sondern stets außerhalb des Applikationsverzeichnisses und – soweit möglich – sogar außerhalb des Server-Verzeichnisses geschehen.

Zu diesem Zweck wurde der Name des Verzeichnisses, in dem die hochgeladenen Dateien abgelegt werden sollen, im Deployment Descriptor der Applikation hinterlegt:

```
<?xml version="1.0" encoding="ISO-8859-1"?>

<!DOCTYPE web-app
  PUBLIC "-//Sun Microsystems, Inc.//DTD Web Application 2.2//EN"
  "http://java.sun.com/j2ee/dtds/web-app_2_2.dtd">

<web-app>
   <servlet>
      <servlet-name>action</servlet-name>
      <servlet-class>org.apache.struts.action.ActionServlet</servlet-class>
      <init-param>
         <param-name>config</param-name>
         <param-value>/WEB-INF/struts-config.xml</param-value>
      </init-param>

      <load-on-startup>2</load-on-startup>
   </servlet>

   <servlet-mapping>
      <servlet-name>action</servlet-name>
      <url-pattern>*.do</url-pattern>
   </servlet-mapping>

   <welcome-file-list>
```

Listing 312: Deployment Descriptor mit Parameter, der den Speicherort der hochgeladenen Dateien repräsentiert

```
      <welcome-file>index.jsp</welcome-file>
   </welcome-file-list>

   <taglib>
      <taglib-uri>/WEB-INF/struts-bean.tld</taglib-uri>
      <taglib-location>/WEB-INF/tlds/struts-bean.tld</taglib-location>
   </taglib>

   <taglib>
      <taglib-uri>/WEB-INF/struts-html.tld</taglib-uri>
      <taglib-location>/WEB-INF/tlds/struts-html.tld</taglib-location>
   </taglib>

   <taglib>
      <taglib-uri>/WEB-INF/struts-logic.tld</taglib-uri>
      <taglib-location>/WEB-INF/tlds/struts-logic.tld</taglib-location>
   </taglib>

   <taglib>
      <taglib-uri>/WEB-INF/struts-nested.tld</taglib-uri>
      <taglib-location>/WEB-INF/tlds/struts-nested.tld</taglib-location>
   </taglib>

   <context-param>
      <param-name>fileSavePath</param-name>
      <param-value>c:/temp/files/upload/</param-value>
   </context-param>
</web-app>
```

Listing 312: Deployment Descriptor mit Parameter, der den Speicherort der hochgeladenen Dateien repräsentiert (Forts.)

Das Hinterlegen des Parameters `fileSavePath`, der den Pfad enthält, in dem die hochgeladenen Dateien abgelegt werden, erfolgt innerhalb eines `<context-param />`-Tags. Hier werden mit Hilfe der Tags `<param-name />` und `<param-value />` Name und Wert des Parameters angegeben. Beachten Sie, dass bei einer Pfadangabe für Windows-Systeme die Windows-typischen Backslashes (»\«) durch vorwärts gerichtete Schrägstriche (»/«) ersetzt werden können und auch sollten, da Backslashes eigentlich speziellen Steuerzeichen zugeordnet sind und dementsprechend selbst maskiert werden müssten. Äquivalent zur Angabe `c:/temp/files/upload/` wäre demnach `c:\\temp\\files\\upload\\`.

Innerhalb der Form-Beans und Action-Klassen kann nun auf den so hinterlegten Parameter zurückgegriffen werden:

```
ServletContext context = getServlet().getServletContext();
String savePath = context.getInitParameter("fileSavePath");
```

Struts

Wenn Sie sich in Erinnerung rufen, dass Actions vom Struts-Controller, einem Servlet, eingebunden werden, wird klarer, was hier geschieht: Der Kontext der Action wird für die Ermittlung des Wertes verlassen und stattdessen der durch die `ServletContext`-Klasse repräsentierte Kontext des Struts-Controllers verwendet. Hier kann nun der Wert des Parameters `fileSavePath` mit Hilfe der Methode `getInitParameter()` der `ServletContext`-Instanz abgerufen werden. Dieser Wert wird später zum Speichern der hochgeladenen Daten verwendet.

Bevor allerdings die hochgeladenen Daten gespeichert werden können, sollte überprüft werden, ob eine gleichnamige Datei im angegebenen Verzeichnis bereits existiert. Diese Datei sollte gelöscht werden:

```
File f = new File(fileName);
if(f.exists()) {
   f.delete();
}
```

Anschließend kann das eigentliche Speichern der Daten mit Hilfe einer `BufferedOutputStream`-Instanz stattfinden. Diese verwendet intern eine `FileStream`-Instanz, die im Konstruktor Name und Pfad der zu speichernden Datei angegeben bekommen hat.

Die `FormFile`-Implementierung, die das Struts Framework zur Repräsentation der Daten verwendet, stellt uns diese Daten in Form eines `Byte`-Arrays zur Verfügung. Dies trifft sich gut, denn die `BufferedOutputStream`-Instanz, die zum Speichern der Daten verwendet wird, besitzt die Methode `write()`, die als Parameter ein `Byte`-Array, das gespeichert werden soll, die Startposition innerhalb des `Byte`-Arrays und die Anzahl der zu speichernden `Bytes` entgegennimmt:

```
// Bytes schreiben
bos.write(file.getFileData(), 0,
   file.getFileData().length);
```

Nachdem zuletzt die `BufferedOutputStream`-Instanz geschlossen worden ist, ist der Vorgang beendet. Die Datei kann nun weiterverwendet werden.

Die JSP zum Hochladen der Daten

Damit Daten hochgeladen werden können, müssen wir eine JSP bereitstellen, die über ein geeignetes Eingabefeld verfügt:

```
<%@ page contentType="text/html;charset=UTF-8" language="java" %>
<%@ taglib uri="/WEB-INF/struts-html.tld" prefix="html" %>
<%@ taglib uri="/WEB-INF/struts-bean.tld" prefix="bean" %>
<html:html lang="de" xhtml="true" >
   <head>
      <title>
         <bean:message key="app.title" />
      </title>
   </head>
```

Listing 313: JSP für den Upload einer Datei zum Server

```
    <body>
      <html:form action="/upload.do"
        enctype="multipart/form-data"
        method="POST">
        <h1><bean:message key="welcome.title" /></h1>
        <p>
          <strong>
            <bean:message key="welcome.description" />
          </strong>
        </p>
        <html:errors />
        <p>
          <bean:message key="upload.label" /><br />
          <html:file property="file" />
        </p>
        <html:submit>
          <bean:message key="submit.label" />
        </html:submit>
      </html:form>
    </body>
  </html:html>
```

Listing 313: JSP für den Upload einer Datei zum Server (Forts.)

Zwei Punkte sind an dieser JSP bemerkenswert:

- Innerhalb des `<html:form />`-Tags ist das Attribut `enctype` mit dem Wert `multipart/form-data` definiert worden. Die Methode des Formulars wurde darüber hinaus auf `POST` festgelegt.
- Die Auswahl der hochzuladenden Datei erfolgt mit Hilfe eines `<html:file />`-Tags. Dieser rendert später zu einem `<input />`-Tag mit dem Attribut `type="file"`.

Beide Punkte sind unabdingbar, wenn Dateien auf einen Server hochgeladen werden sollen: Das korrekte `enctype`-Attribut (das es in gleicher Form auch bei gewöhnlichem HTML gibt) muss gesetzt sein, und ein `<html:file />`-Tag, das die Auswahl der hochzuladenden Datei erlaubt, muss existieren.

Nach einem Klick auf den SUBMIT-Button kann die ausgewählte Datei dann an den Server übertragen und dort gespeichert werden.

Sicherheit ...

Der Upload einer Datei ist immer ein potenzielles Risiko. Dies gilt auch für den Fall, dass die hochgeladenen Dateien außerhalb der Applikations- oder gar Server-Verzeichnisstruktur gespeichert werden, denn ein großer Datei-Upload kann einen Server schon so beschäftigen und auslasten, dass dieser von außen nicht mehr erreichbar ist. Das ist dann zwar kein Risiko für das System an sich, aber für die Verfügbarkeit der Applikation.

Folgende Einstellungen und Schritte können Sie anwenden, um das Risiko für Ihre Applikation und Ihren Server zu minimieren.

Maximale Upload-Größe

Legen Sie eine maximale Größe für den Upload fest! Die Standardgröße beträgt satte 250 MB, was durchaus ausreichend ist, um ein normal ausgestattetes System in die Knie zu zwingen und den Netzwerkverkehr deutlich zu behindern.

Da beim Senden der Anforderung an einen Server die Größe der Anforderung als Header mitgesendet wird, kann der Server dies vor Annahme der Daten auswerten und entsprechend verhindern, dass er riesige Datenmengen verarbeiten muss.

Sie können die maximale Größe des Uploads mit Hilfe des Attributs `maxFileSize` des `<controller />`-Tags innerhalb der Konfigurationsdatei *struts-config.xml* festlegen. Die Angabe erfolgt in Bytes. Optional können die Buchstaben »K«, »M« und »G«, die für Kilo-, Mega- und Gigabyte-Angaben stehen, verwendet werden. Um die maximale Größe eines Uploads etwa auf 10 MB zu beschränken, sollten Sie die Angabe 10M verwenden:

```
<controller ... maxFileSize="10M" />
```

Sinnvolle Werte für die maximale Dateigröße werden in der Regel zwischen einigen Kilobytes bis hin zu wenigen Megabytes liegen.

Puffergröße

Der Server puffert die Daten beim Empfangen. Die Standard-Puffergröße liegt bei 4096 Bytes, also 4 KB. Manchmal kann diese Puffergröße (etwa bei großen Dateien) zu gering sein. Sie können die Größe des Puffers in der Struts-Konfigurationsdatei *struts-config.xml* innerhalb des `<controller />`-Tags mit Hilfe des Attributs `bufferSize` festlegen:

```
<controller ... bufferSize="8096" />
```

Temporäres Zwischenspeicherverzeichnis

Beim Hochladen speichert der Server die Daten in einem temporären Verzeichnis zwischen. In der Regel wird es das *Temp*-Verzeichnis des Systems sein, auf dem die Applikation läuft. Sie können diese Angabe in der Struts-Konfigurationsdatei *struts-config.xml* innerhalb des `<controller />`-Tags mit Hilfe des Attributs `tempDir` überschreiben:

```
<controller ... tempDir="c:/uploads/temp" />
```

Dateityp überprüfen

Bevor Sie die übermittelte Datei endgültig speichern, sollten Sie mit Hilfe des Eigenschaft `contentType` des `FormFile`-Interfaces prüfen, ob die Datei einem zulässigen Typ entspricht. Die Methode `getContentType()` liefert uns zu diesem Zweck einen String, der den Inhaltstyp beinhaltet.

```
String contentType = file.getContentType();
```

Diesen Typ können Sie nun gegen den oder die von Ihnen als akzeptabel oder erforderlich angesehenen Typen prüfen. Einige der typischsten Inhaltstypen sind:

- `application/gzip` (**.gz*): GNU Zip-Dateien
- `application/mac-binhex40` (**.hqx*): Macintosh Binärdateien
- `application/msexcel` (**.xls, *.xla*): Microsoft Excel-Dateien
- `application/mshelp` (**.hlp, *.chm*): Microsoft Windows-Hilfedateien
- `application/mspowerpoint` (**.ppt, *.ppz, *.pps, *.pot*): Microsoft PowerPoint-Dateien
- `application/msword` (**.doc, *.dot*): Microsoft Word-Dateien
- `application/octet-stream` (**.bin, *.exe, *.com, *.dll, *.class*): Ausführbare Dateien
- `application/pdf` (**.pdf*): Adobe PDF-Dateien
- `application/postscript` (**.ai, *.eps, *.ps*): Adobe PostScript-Dateien
- `application/rtf` (**.rtf*): Microsoft RTF-Dateien
- `application/x-macbinary` (**.bin*): Macintosh Binärdateien
- `application/x-shockwave-flash` (**.swf, *.cab*): Flash Shockwave-Dateien
- `application/zip` (**.zip*): Zip-Archivdateien
- `image/gif` (**.gif*): GIF-Dateien
- `image/jpeg` (**.jpeg, *.jpg, *.jpe*): JPEG-Dateien
- `image/tiff` (**.tiff, *.tif*): TIFF-Dateien
- `text/comma-separated-values` (**.csv*): Kommaseparierte Datendateien
- `text/css` (**.css*): CSS Stylesheet-Dateien
- `text/html` (**.htm, *.html, *.shtml*) HTML-Dateien
- `text/javascript` (**.js*): JavaScript-Dateien
- `text/plain` (**.txt*): Textdateien
- `text/richtext` (**.rtx*): Richtext-Dateien
- `text/rtf` (**.rtf*): Microsoft RTF-Dateien
- `text/tab-separated-values` (**.tsv*): Tabulatorseparierte Datendateien
- `video/mpeg` (**.mpeg, *.mpg, *.mpe*): MPEG-Dateien
- `video/quicktime` (**.qt, *.mov*): QuickTime-Dateien

Diese Liste ist bei weitem nicht vollständig. Eine Übersicht aller derzeit offiziell registrierten Inhaltstypen finden Sie unter der Adresse *http://www.iana.org/assignments/media-types/*.

Selbstverständlich steht es Ihnen frei, auch über die Dateiendung auf bestimmte Dateitypen zu prüfen. Jedoch sollten Sie zuvor bedenken, dass beispielsweise Apples Mac OS keine Dateiendungen erfordert – und Sie also von einem Mac-User nicht erwarten können, dass dieser entsprechende Dateiendungen vergeben hat. Im Sinne der Benutzerfreundlichkeit wäre es dennoch sinnvoll, entsprechende Dateien annehmen zu können.

101 Dateien zum Download anbieten

Das Gegenstück zum Upload ist der Download von Dateien. Nun ist es zwar recht simpel, Dateien zum Download bereitzustellen, die sich innerhalb der Webapplikation befinden, aus Sicherheitsgründen sollten hochgeladene Daten außerhalb von Applikation und Servlet-Container abgelegt sein, damit sie nicht durch direkten Zugriff ausgeführt werden können.

Wenn auf die Dateien aber kein direkter Zugriff möglich ist, muss dies anders geregelt werden. An dieser Stelle kommt die Klasse `org.apache.struts.Action.DownloadAction` ins Spiel, die mit der Version 1.2.6 des Struts Frameworks verfügbar ist. Mit deren Hilfe können Dateien zum Client gesendet werden, ohne dass dieser direkten Zugriff auf die Dateien bekommen muss.

Die dafür verwendete `Action`-Ableitung kann bei Bedarf darüber hinaus noch Sicherheitsüberprüfungen oder Protokollierungen vornehmen und damit weiteren Ansprüchen gerecht werden.

Es gibt mehrere Wege, einen Download zu ermöglichen. Am sinnvollsten erscheint die Definition einer `DownloadAction` unter Verwendung einer `FileStreamInfo`-Instanz, da diese Implementierung des Interface `StreamInfo` speziell für den Zugriff auf Dateien im Dateisystem geschaffen worden ist.

Eine derartige `DownloadAction`-Implementierung könnte so aussehen:

```
package codebook.j2ee.struts;

import org.apache.struts.action.ActionForm;
import org.apache.struts.action.ActionMapping;
import javax.servlet.http.HttpServletRequest;
import javax.servlet.http.HttpServletResponse;
import javax.servlet.ServletContext;
import java.io.File;
import java.io.InputStream;
import java.util.Properties;
```

Listing 314: Mit Hilfe dieser DownloadAction-Ableitung können Dateien ausgeliefert werden

```
public class DownloadAction
   extends org.apache.struts.actions.DownloadAction {

   protected StreamInfo getStreamInfo(
      ActionMapping mapping, ActionForm form,
      HttpServletRequest request, HttpServletResponse response)
      throws Exception {

      // Servlet-Kontext bestimmen
      ServletContext context =
         getServlet().getServletContext();

      // Speicherpfad einlesen
      String savePath =
         context.getInitParameter("fileSavePath");

      // MIME-Pfad einlesen
      String mimePath = context.getInitParameter("mimeList");

      // Dateiname aus Request einlesen
      String fileName = request.getParameter("file");

      // Datei suchen
      File f = new File(
         String.format("%s/%s", savePath, fileName));
      if(!f.exists()) {
         // Datei nicht gefunden - Exception werfen
         throw new FileDoesNotExistException();
      }

      // Dateiendung ermitteln
      String extension =
         fileName.substring(
            fileName.lastIndexOf(".") + 1).toLowerCase();

      // MIME-Liste laden
      Properties mime = new Properties();
      InputStream in =
         getServlet().getClass().getResourceAsStream(mimePath);
      mime.load(in);

      // Content-Type ermitteln
      String contentType =
         mime.getProperty(extension,
            "application/octet-stream");
```

Listing 314: Mit Hilfe dieser DownloadAction-Ableitung können Dateien ausgeliefert werden (Forts.)

```
        // Content-Disposition setzen
        response.setHeader("Content-disposition",
           String.format("inline;filename=%s", fileName));

        // FileStreamInfo-Instanz zurückgeben
        return new FileStreamInfo(contentType, f);
    }
}
```

Listing 314: Mit Hilfe dieser DownloadAction-Ableitung können Dateien ausgeliefert werden (Forts.)

Die `org.apache.struts.actions.DownloadAction`-Ableitung `codebook.j2ee.struts.DownloadAction` erlaubt es, beliebige Dateien aus einem festgelegten Verzeichnis herunterladen zu lassen. Vor dem Einsatz muss sie innerhalb der Struts-Konfigurationsdatei *struts-config.xml* deklariert werden, damit ein Zugriff möglich wird:

```
<action-mappings>
   <action path="/welcome" forward="/welcome.jsp"/>
   <action path="/download" type="codebook.j2ee.struts.DownloadAction" />
</action-mappings>
```

Zunächst ermitteln wir mit Hilfe der `ServletContext`-Instanz `context` die Werte der beiden Parameter `fileSavePath` und `mimeList`, die innerhalb des Applikations-Deployment-Descriptors *web.xml* hinterlegt sein müssen:

```
<context-param>
   <param-name>mimeList</param-name>
   <param-value>/codebook/j2ee/struts/MIME.properties</param-value>
</context-param>

<context-param>
   <param-name>fileSavePath</param-name>
   <param-value>c:/temp/upload</param-value>
</context-param>
```

Mit Hilfe dieser Parameter kann im weiteren Verlauf der Abarbeitung die `Properties`-Datei `MIME.properties` geladen und der Speicherort der hochgeladenen oder ganz allgemein zum Download bereitgestellten Dateien bestimmt werden.

Als Parameter wird beim Aufruf der Action der Name der angeforderten Datei erwartet. Dieser Dateiname wird im Rahmen der Anforderung durch den Parameter `file` übermittelt. Da aus Sicherheitsgründen grundsätzlich niemandem getraut werden sollte, wird mit Hilfe einer `java.io.File`-Instanz überprüft, ob die angeforderte Datei wirklich existiert. Sollte dem nicht so sein, wird eine `Exception` vom Typ `codebook.j2ee.struts.FileDoesNotExistException` geworfen:

```
File f = new File(
   String.format("%s/%s", savePath, fileName));
if(!f.exists()) {
   // Datei nicht gefunden - Exception werfen
   throw new FileDoesNotExistException();
}
```

Diese Exception wird auf Applikationsebene abgefangen, was innerhalb der Struts-Konfigurationsdatei *struts-config.xml* definiert worden ist:

```
<global-exceptions>
   <exception key="errors.fileNotFound"
      type="codebook.j2ee.struts.FileDoesNotExistException"
      path="/error.jsp" />
</global-exceptions>
```


Wenn kein Fehler aufgetreten ist, kann mit der Bestimmung des korrekten Inhaltstypen fortgefahren werden. Da dies nicht anhand der Datei selbst möglich ist, muss an dieser Stelle leider auf die Dateiendung zurückgegriffen werden – wissend, dass dies bei Dateien ohne Endung (wie sie etwa auf Apple-Systemen vorkommen) zu Problemen führen kann:

```
String extension =
   fileName.substring(
      fileName.lastIndexOf(".") + 1).toLowerCase();
```

Nun kann mit Hilfe einer `Properties`-Instanz der korrekten Inhaltstyp bestimmt werden. Die `Properties`-Instanz `mime` wird zu diesem Zweck neu erzeugt und bezieht ihre Daten aus der im Verzeichnis */WEB-INF/classes/codebook/j2ee/struts* befindlichen Datei *MIME.properties.*

Diese Properties-Datei beinhaltet einen Teil der weiter oben aufgeführten Inhaltstypen als Name-Wert-Paare aus Dateiendung und deren Typentsprechungen:

```
gz=application/gzip
hqx=application/mac-binhex40
xls=application/msexcel
hlp=application/mshelp
chm=application/mshelp
ppt=application/mspowerpoint
doc=application/msword
exe=application/octet-stream
bin=application/octet-stream
com=application/octet-stream
dll=application/octet-stream
class=application/octet-stream
pdf=application/pdf
rtf=application/rtf
swf=application/x-shockwave-flash
```

Listing 315: Liste mit Dateiendungen und deren MIME-Type-Entsprechungen

```
zip=application/zip
gif=image/gif
jpeg=image/jpeg
jpg=image/jpeg
jpe=image/jpeg
tiff=image/tiff
tif=image/tiff
csv=text/comma-separated-values
css=text/css
txt=text/plain
```

Listing 315: Liste mit Dateiendungen und deren MIME-Type-Entsprechungen (Forts.)

Aus Sicht der Action-Implementierung ist der Zugriff auf diese Liste sehr einfach und transparent: Die Methode `getResourceAsStream()` des ausführenden Servlets erledigt alles Nötige und stellt die geladenen Informationen in Form einer `InputStream`-Implementierung zur Verfügung. Diese kann der Methode `load()` der `Properties`-Instanz als Parameter übergeben werden:

```
Properties mime = new Properties();
InputStream in =
   getServlet().getClass().getResourceAsStream(mimePath);
mime.load(in);
```

Nach dem Laden der MIME-Liste kann der zurückzugebende Inhaltstyp bestimmt werden. Dabei wird die zuvor ermittelte Dateiendung als Parameter der Methode `getProperty()` der `Properties`-Instanz `mime` übergeben. Der zweite Parameter `application/octet-stream`, der hier mit angegeben wird, bezeichnet eine binär vorliegende Datei und ist der Standardwert, der zurückgegeben wird, falls die angegebene Dateiendung in der Liste nicht vorhanden ist:

```
String contentType =
   mime.getProperty(extension, "application/octet-stream");
```

Bevor die `FileStreamInfo`-Instanz zurückgegeben wird, welche die auszuliefernde Datei nunmehr genau spezifiziert, sollte noch der Header `Content-Disposition` mit dem Wert `inline;filename=<Dateiname>` gesetzt werden: Dies sorgt dafür, dass der Browser des Nutzers die ausgelieferte Datei im aktuellen Fenster anzeigt – soweit er dazu in der Lage ist. Sollte dies nicht möglich sein, wird die Datei dem Nutzer zum Download angeboten:

```
response.setHeader("Content-disposition",
   String.format("inline;filename=%s", fileName));
```

Nach der Rückgabe der `FileStreamInfo`-Instanz kümmert sich das Struts Framework um Auslieferung der Datei und Angabe des Inhaltstyps.

Die Auswahl der Daten kann innerhalb einer JSP-Datei erfolgen:

```
<%@ page contentType="text/html;charset=UTF-8" language="java" %>
<%@ taglib uri="/WEB-INF/tlds/struts-bean.tld" prefix="bean" %>
<%@ taglib uri="/WEB-INF/tlds/struts-html.tld" prefix="html" %>
<html>
   <head>
      <title>
         <bean:message key="app.title" />
      </title>
      <html:base />
   </head>
   <body>
      <h3><bean:message key="welcome.title" /></h3>
      <p>
         <strong><bean:message key="welcome.descr" /></strong>
      </p>
      <ul>
         <li><html:link
            href="download.do?file=test.zip">
               test.zip</html:link></li>
         <li><html:link
            href="download.do?file=test.pdf">
               test.pdf</html:link></li>
         <li><html:link
            href="download.do?file=test.doc">
               test.doc</html:link></li>
      </ul>
   </body>
</html>
```

Listing 316: Auswahlseite mit Verlinkung auf die Download-Action

Dem Nutzer werden auf dieser Seite drei Dateien zum Download angeboten:

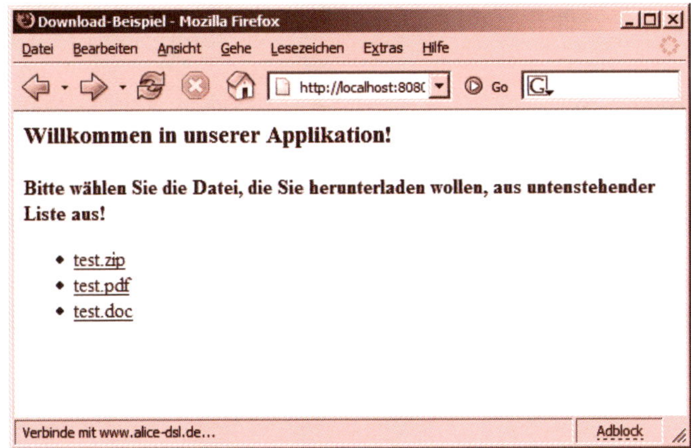

Abbildung 69: Auswahl der herunterzuladenden Dateien

Struts

Sollte der Nutzer die PDF-Datei oder – bei Verwendung des Internet Explorers – die Word-Datei herunterladen wollen, werden diese innerhalb des Browser-Fensters angezeigt:

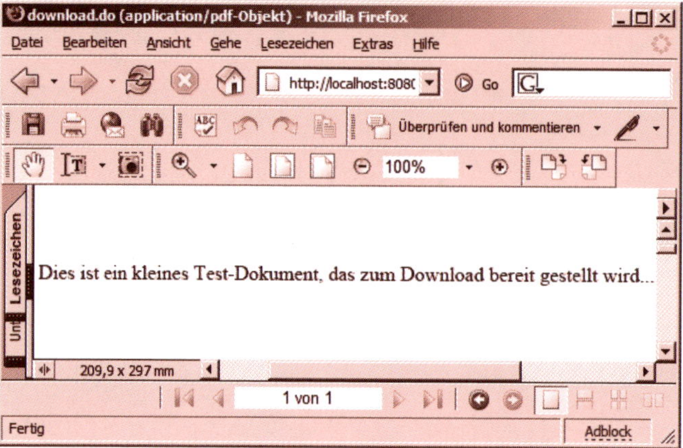

Abbildung 70: Inline-Anzeige einer PDF-Datei

Verantwortlich für dieses Verhalten sind sowohl der korrekt gesetzte Inhaltstyp als auch der Header Content-Disposition.

Erkennt der Browser anhand des Inhaltstyps, dass er die Datei trotz des `Content-Disposition`-Headers nicht im Browser-Fenster anzeigen kann, wird er sie in der Regel zum Download anbieten:

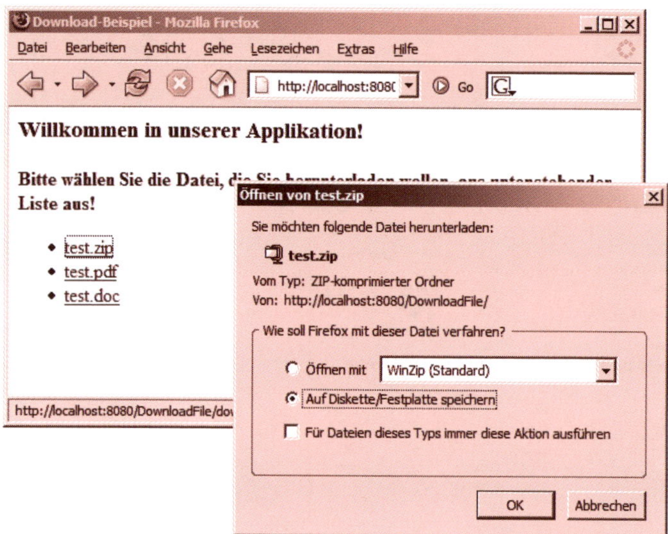

Abbildung 71: Der Browser bietet Dateitypen, die er nicht inline anzeigen kann, zum Download an

Beachten Sie, dass die Ableitung von org.apache.struts.actions.DownloadAction die Version 1.2.6 des Struts Frameworks voraussetzt.

102 Dateien mit einer Struts-Version vor 1.2.6 zum Download anbieten

In vielen Umgebungen verbietet es sich, jedem Release einer Komponente zu folgen – der Grundsatz »Never change a running system« hat gerade in Enterprise-Szenarien nicht zu Unrecht viele Anhänger.

Wenn Sie dies auf das Struts Framework übertragen, kann es durchaus vorkommen, dass Sie feststellen, dass die weiter oben verwendete Klasse org.apache.struts.actions.DownloadAction in der von Ihnen eingesetzten Version des Struts Frameworks nicht existiert, da sie erst seit Struts 1.2.6 verfügbar ist.

Mit recht geringem Aufwand können Sie dennoch auch mit älteren Struts-Versionen Dateien zum Download anbieten – Sie müssen nur die von der Klasse org.apache.struts.actions.DownloadAction ausgeführten Schritte selbst implementieren.

Bei älteren Struts-Versionen muss eine Ableitung von org.apache.struts.action.Action verwendet werden:

```
package codebook.j2ee.struts;

import org.apache.struts.action.*;
import javax.servlet.ServletContext;
import javax.servlet.http.HttpServletRequest;
import javax.servlet.http.HttpServletResponse;
import java.io.*;
import java.util.Properties;

public class ClassicDownloadAction
   extends org.apache.struts.action.Action {

   public ActionForward execute(
      ActionMapping mapping, ActionForm form,
      HttpServletRequest request, HttpServletResponse response)
      throws Exception {

      // Servlet-Kontext bestimmen
      ServletContext context =
         getServlet().getServletContext();

      // Speicherpfad einlesen
      String savePath = context.getInitParameter("fileSavePath");
```

Listing 317: Die Action ClassicDownloadAction liefert Dateien auch bei älteren Struts-Versionen zum Download aus

Struts

```
// MIME-Pfad einlesen
String mimePath = context.getInitParameter("mimeList");

// Dateiname aus Request einlesen
String fileName = request.getParameter("file");

// Datei suchen
File f = new File(savePath, fileName);
if(!f.exists()) {
   // Datei nicht gefunden - Exception werfen
   throw new FileDoesNotExistException();
}

// Dateiendung ermitteln
String extension =
   fileName.substring(
      fileName.lastIndexOf(".") + 1).toLowerCase();

// MIME-Liste laden
Properties mime = new Properties();
InputStream in =
   getServlet().getClass().getResourceAsStream(mimePath);
mime.load(in);

// Content-Type ermitteln
String contentType =
   mime.getProperty(extension,
      "application/octet-stream");

// Ausgabepuffer zurücksetzen
response.reset();
response.resetBuffer();

// Content-Disposition setzen
response.setHeader("Content-disposition",
   String.format("inline;filename=%s", fileName));

// Inhaltstyp setzen
response.setContentType(contentType);

// Inhaltslänge setzen
response.setContentLength((int) f.length());

// Daten laden
```

Listing 317: Die Action ClassicDownloadAction liefert Dateien auch bei älteren Struts-Versionen zum Download aus (Forts.)

```
        BufferedInputStream bin = new BufferedInputStream(
           new FileInputStream(f));
        byte[] data = new byte[4096];
        int length;
        while((length = bin.read(data)) > 0) {
           // Daten direkt ausgeben
           response.getOutputStream().write(data);
        }

        // InputStream schliessen
        bin.close();

        // Puffer leeren
        response.flushBuffer();

        return null;
     }
  }
```

Listing 317: Die Action ClassicDownloadAction liefert Dateien auch bei älteren Struts-Versionen zum Download aus (Forts.)

Auf den ersten Blick erkennbar ist der Unterschied hinsichtlich der überschriebenen Methoden: Handelte es sich dabei bei der Ableitung von `org.apache.struts.actions.DownloadAction` noch um die Methode `getStreamInfo()`, wird hier die Methode `execute()` der Standard-Action `org.apache.struts.action.Action` überschrieben.

Das Funktionsprinzip der Action ist dennoch weitestgehend analog zum letzten Beispiel: Zunächst werden Speicherpfad der zum Download bereitgestellten Dateien und der Pfad der Inhaltstypen-Liste bestimmt. Anschließend kann der Wert des Request-Parameters `file` ausgelesen werden. Dieser Parameter gibt den Namen der zum Download bereitzustellenden Datei an. Nun kann überprüft werden, ob die so bezeichnete Datei im angegebenen Verzeichnis existiert – wenn dies nicht der Fall ist, wird eine `FileDoesNotExistException` geworfen.

Sollte die Datei existieren, wird die Dateiendung bestimmt und der korrekte Inhaltstyp mit Hilfe der im Verzeichnis */WEB-INF/classes/codebook/j2ee/struts/MIME.properties* hinterlegten Liste mit Dateiendungen und deren Inhaltstyp-Entsprechungen bestimmt.

Nun ändert sich die Vorgehensweise im Vergleich zum letzten Beispiel: Statt eine `FileStreamInfo`-Instanz zurückzugeben, muss die angeforderte Datei nunmehr selbst geladen und ausgegeben werden. Zu diesem Zweck werden zunächst die Ausgabe und deren Puffer, in dem sich möglicherweise schon Daten befinden, zurückgesetzt:

```
response.reset();
response.resetBuffer();
```

Anschließend können der Content-Disposition-Header, der korrekte Inhaltstyp und die Länge des ausgelieferten Inhalts gesetzt werden. Zur Erinnerung: Der Inhaltstyp gibt dem User-Agent an, welche Daten er erwarten darf, die Content-Disposition teilt ihm dagegen mit, wie die Daten dargestellt werden sollen.

Der hier gesetzte Content-Disposition-Wert weist den Browser an, die Daten innerhalb des aktuellen Fensters anzuzeigen. Sollte dies nicht möglich sein, wird die Datei zum Download unter dem angegebenen Dateinamen angeboten werden:

```
// Content-Disposition setzen
response.setHeader("Content-disposition",
   String.format("inline;filename=%s", fileName));

// Inhaltstyp setzen
response.setContentType(contentType);

// Inhaltslänge setzen
response.setContentLength((int) f.length());
```


Jetzt wird die eigentliche Datei mit Hilfe einer BufferedInputStream-Instanz geladen. Dieser übergeben wir im Konstruktor eine FileStream-Instanz, die das eigentliche Laden der Daten von der Festplatte vornimmt – der BufferedInputStream puffert die Daten nur intern, um einen performanteren Zugriff sicherstellen zu können.

Die Daten werden in einen Puffer von 4 KB Größe geladen. Solange dies geschieht – erkennbar anhand der Rückgabe der Methode read() der BufferedInputStream-Instanz, welche die Anzahl der geladenen Bytes zurückgibt –, können diese Daten direkt wieder in den OutputStream der verwendeten HttpServletResponse-Instanz geschrieben und somit zum Browser gesendet werden:

```
BufferedInputStream bin = new BufferedInputStream(
   new FileInputStream(f));
byte[] data = new byte[4096];
int length;
while((length = bin.read(data)) > 0) {
   // Daten direkt ausgeben
   response.getOutputStream().write(data);
}
```

Nach dem Schließen der BufferedInputStream-Instanz bin wird der Ausgabepuffer zum Client hin explizit noch einmal geleert, damit wirklich sämtliche Daten übertragen werden.

Rein optisch ändert sich nichts zum Download per org.apache.struts.actions.DownloadAction:

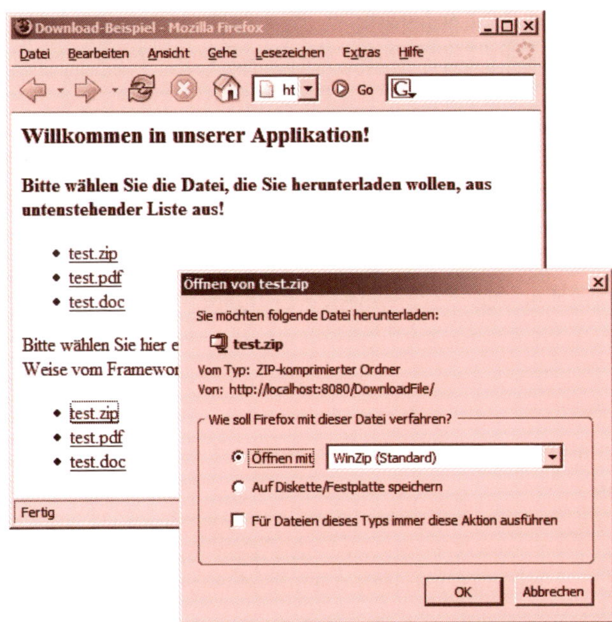

Abbildung 72: Download einer Datei, die auf klassischem Weg bereitgestellt worden ist

103 Daten in einer Datenbank speichern

Zum Speichern von Daten in einer Datenbank aus dem Struts Framework heraus bieten sich grundsätzlich mehrere Möglichkeiten an:

- Speichern der Daten mit Hilfe eines EJB-Containers
- Speichern der Daten mit Hilfe eines Persistenz-Frameworks
- Speichern der Daten mit Hilfe von JDBC

Die ersten beiden Punkte werden an anderer Stelle in diesem Buch beschrieben. Die einfachste und im Vergleich auch performantere Lösung besteht im Speichern der Daten in einer Datenbank per `JDBC`.

Downloads

Um mit Datenquellen innerhalb des Struts Frameworks arbeiten zu können, sollten zwei Bestandteile des `Commons`-Projekts heruntergeladen und installiert werden.

Es handelt sich dabei um die Pakete `Commons Pool` und `Commons DBCP`. Während `Commons Pool` eine Objekt-Pooling-API bereitstellt, gibt uns `Commons DBCP` unter anderem die Möglichkeit, mit einem generischen `JDBC`-Connection-Pool arbeiten zu können.

Die jeweils aktuellsten Versionen der beiden Commons-Projekte finden Sie unter den Adressen *http://jakarta.apache.org/commons/pool/* und *http://jakarta.apache.org/commons/dbcp/*.

Laden Sie die dort bereitgestellten Binärversionen herunter, entpacken Sie sie in einem Verzeichnis Ihrer Wahl, und kopieren Sie die JAR-Dateien *commons-pool-<Version>.jar* und *commons-dbcp-<Version>.jar* ins */WEB-INF/lib*-Verzeichnis Ihrer Applikation.

In diesem Buch verwenden wir die Versionen 1.2 der `Commons Pool` Library und die Version 1.2.1 des `Commons DBCP`-Projekts. Die entsprechenden Dateien heißen also `com`*mons-pool-1.2.jar* und *commons-dbcp-1.2.1.jar*.

Deklaration der Datenquelle

Da das Struts Framework unabhängig vom verwendeten Servlet-Container arbeitet, bietet es auch eine eigenständige Möglichkeit, Datenquellen zu definieren. Diese Definition erfolgt nicht im Deployment Descriptor der Webapplikation, sondern innerhalb der *struts-config.xml*. Zu diesem Zweck wird eine Datenquelle innerhalb des `<data-sources />`-Tags deklariert, die auf die zu verwendende Datenbank zeigt:

```
<?xml version="1.0" encoding="ISO-8859-1" ?>

<!DOCTYPE struts-config PUBLIC
          "-//Apache Software Foundation//DTD Struts Configuration 1.2//EN"
          "http://jakarta.apache.org/struts/dtds/struts-config_1_2.dtd">

<struts-config>

   <!-- Data-Sources -->
   <data-sources>
      <data-source
         type="org.apache.commons.dbcp.BasicDataSource">
         <set-property property="driverClassName"
            value="com.mysql.jdbc.Driver" />
         <set-property property="description"
            value="MySQL-DataSource" />
         <set-property property="url" value="jdbc:mysql://localhost:3306/
j2eecodebook?user=customerData&amp;password=password" />
      </data-source>
   </data-sources>

   <!-- Form Beans -->
   <form-beans>
      <form-bean name="dataForm"
         type="codebook.j2ee.struts.db.DataForm" />
   </form-beans>
```

Listing 318: Definition einer Datenquelle innerhalb der struts-config.xml

```
  <!-- Globale Forwards -->

   <global-forwards>
      <forward name="welcome" path="/welcome.do" />
      <forward name="list" path="/list.do" />
      <forward name="enter" path="/startEnter.do" />
      <forward name="save" path="/save.do" />
      <forward name="saved" path="/saved.do" />
   </global-forwards>

  <!-- Action Mappings -->
   <action-mappings>
        <action path="/welcome" forward="/welcome.jsp"/>
        <action path="/startEnter" forward="/enter.jsp" />

        <action path="/enter" name="dataForm" scope="request"
           type="codebook.j2ee.struts.db.EnterAction"
           input="/enter.jsp">
           <forward name="failure" path="/enter.jsp" />
        </action>

        <action path="/save" name="dataForm" scope="request"
           type="codebook.j2ee.struts.db.SaveAction">
           <forward name="error" path="/error.jsp" />
           <forward name="save" path="/save.do" />
        </action>

        <action path="/saved" forward="/saved.jsp" />

        <action path="/list" scope="request"
           type="codebook.j2ee.struts.db.LoadListAction">
           <forward name="error" path="/error.jsp" />
           <forward name="display" path="/displayList.jsp" />
        </action>

  <!-- Message Resources -->
  <message-resources parameter="codebook.j2ee.struts.db.MessageResources" />

</struts-config>
```

Listing 318: Definition einer Datenquelle innerhalb der struts-config.xml (Forts.)

Die Definition einer Datenquelle erfolgt innerhalb eines `<data-source />`-Tags. Dieses Tag nimmt als Attribut immer den Typnamen der einer Klasse entgegen, die das Interface `DataSource` implementiert. In unserem Fall (und in den meisten anderen Fällen) kann die generische `BasicDataSource` aus dem Package `org.apache.commons.dbcp` verwendet werden. Beachten Sie bitte, dass das entsprechende JAR-File in Ihrem */WEB-INF/lib*-Verzeichnis vorhanden sein muss.

Struts

Innerhalb einer Datenquellen-Deklaration können (und müssen!) per `<set-property />`-Tag verschiedene Informationen übergeben werden. Wir beschränken uns in diesem Beispiel auf folgende Angaben:

- `driverClassName`: Name des zu verwendenden Datenbanktreibers
- `description`: Beschreibung der Datenquelle
- `url`: `JDBC`-URL für den Zugriff auf die Datenbank

Beachten Sie, dass der `JDBC`-Treiber für den Datenbankzugriff entweder innerhalb des Servlet-Containers oder innerhalb der Applikation deployed werden muss. In unserem Fall handelt es sich um den `MySQL ConnectorJ` in der Version 3.0.16, den Sie unter der Adresse *http://www.mysql.de/downloads* herunterladen können. Dort erhalten Sie übrigens auch die neueste Version des Open-Source-Datenbanksystems.

Je nach Datenbanksystem können Sie die Angaben für Benutzername und Kennwort nicht im `JDBC`-URL übergeben. Dann sollten Sie auf die beiden Properties `username` und `password` zurückgreifen, denen Sie die entsprechenden Werte per `<set-property />`-Tag zuweisen können.

Folgende Eigenschaften werden in der derzeitigen Version der `BasicDataSource` aus dem `Commons DBCP`-Projekt unterstützt:

- `defaultAutoCommit` (`bool`): Gibt an, ob Statements automatisch commited werden.
- `defaultCatalog` (`String`): Gibt die Standard-Datenbank an, die von Verbindungen dieses Pools verwendet wird.
- `defaultReadOnly` (`bool`): Gibt an, ob Verbindungen schreibgeschützt sind.
- `defaultTransactionIsolation` (`int`): Gibt den `TransactionIsolation`-Status von Verbindungen des Pools an.
- `driverClassName` (`String`): Name des `JDBC`-Treibers
- `initialSize` (`int`): Anzahl der Verbindungen, die erstellt werden, wenn der Pool gestartet wird
- `maxActive` (`int`): Anzahl der Verbindungen, die gleichzeitig aktiv und geöffnet sein dürfen
- `maxIdle` (`int`): Anzahl der Verbindungen, die gleichzeitig aktiv sein dürfen, ohne dass neue Verbindungen erstellt werden. Wird hier der Wert 0 angegeben, gibt es kein Limit.
- `maxOpenPreparedStatements` (`int`): Anzahl der `PreparedStatements`, die gleichzeitig im Statement-Pool vorhanden sein dürfen. Wenn der Wert nicht limitiert werden soll, muss 0 angegeben werden.
- `maxWait` (`int`): Anzahl von Millisekunden, die der Pool wartet, wenn keine Verbindungen verfügbar sind, bevor eine Exception geworfen wird. Um unendlich zu warten, muss der Wert -1 angegeben werden.

- `minEvictableIdleTimeMillis` (`int`): Minimale Anzahl von Millisekunden, die ein Objekt im Pool ungenutzt sein kann, bis es als löschbar gekennzeichnet werden kann. Dieses Löschen erfolgt durch einen speziellen Prozess innerhalb des Pools und ist abhängig von der konkreten Implementierung.
- `minIdle` (`int`): Minimale Anzahl an Verbindungen, die innerhalb des Pools ungenutzt sein können, ohne dass neue Verbindungen erstellt werden müssten.
- `numTestsPerEvictionRun` (`int`): Anzahl an Objekten, die bei jedem Durchlauf des Aufräumprozesses untersucht werden. Nur wirksam, wenn tatsächlich ein derartiger Prozess existiert.
- `password` (`String`): Das Kennwort für den Zugriff auf das Datenbanksystem
- `poolPreparedStatements` (`bool`): Gibt an, ob `PreparedStatements` gepooled werden sollen.
- `testOnBorrow` (`bool`): Gibt an, ob Objekte überprüft werden sollen, wenn sie aus dem Pool entnommen werden.
- `testOnReturn` (`bool`): Gibt an, ob Objekte überprüft werden sollen, wenn sie wieder in den Pool eingefügt werden.
- `testWhileIdle` (`bool`): Gibt an, ob Objekte durch den Idle-Prozess überprüft werden sollen (so dieser Prozess existiert).
- `timeBetweenEvictionRunsMillis` (`int`): Anzahl der Millisekunden zwischen den Durchläufen des Idle-Prozesses.
- `url` (`String`): `JDBC`-Verbindungs-URL, die an den `JDBC`-Treiber zur Herstellung einer Datenbankverbindung übergeben werden soll.
- `username` (`String`): Der Benutzername für den Zugriff auf das Datenbanksystem.
- `validationQuery` (`String`): SQL-Statement, das zur Überprüfung der Funktionsfähigkeit von Connections verwendet werden soll, bevor diese an den Abrufer übergeben werden.

Die meisten dieser Parameter können Sie in den Standardeinstellungen belassen – wesentlich sind meist nur `url`, `username` und `password`.

Derartig konfiguriert, kann die Datenquelle in unserer Applikation eingesetzt werden.

Verwenden der Datenquelle zum Speichern von Daten

Unsere Struts-Applikation stellt mehrere Aktionen zur Verfügung. Eine dieser Aktionen ist das Erfassen eines neuen Datensatzes, der anschließend in der Datenbank gespeichert werden soll.

Die Repräsentation dieses Datensatzes erfolgt mit Hilfe der ActionForm `codebook.j2ee.struts.db.DataForm`, die diesen Aufbau hat:

```
package codebook.j2ee.struts.db;

import org.apache.struts.action.*;
import javax.servlet.http.HttpServletRequest;
import java.util.regex.Pattern;
import java.util.regex.Matcher;

public class DataForm extends org.apache.struts.action.ActionForm {

   private String name = "";
   private String email = "";
   private int age = 18;

   public String getName() {
      if(name == null)
         name = "";
      return this.name;
   }

   public void setName(String name) {
      if(name != null)
         this.name = name;
   }

   public String getEmail() {
      if(email == null)
         email = "";
      return email;
   }

   public void setEmail(String email) {
      if(email != null)
         this.email = email;
   }

   public int getAge() {
      return age;
   }

   public void setAge(int age) {
      this.age = age;
   }


   /*
    * Setzt die Werte auf Standardwerte zurück
```

Listing 319: Die ActionForm DataForm repräsentiert die zu erfassenden Daten

```
 */
public void reset(
   ActionMapping mapping, HttpServletRequest request) {
   name = null;
   email = null;
   age = 18;
}

/*
 * Überprüft die eingegebenen Daten
 */
public ActionErrors validate(
   ActionMapping mapping, HttpServletRequest request) {

   ActionErrors errors = new ActionErrors();

   // Name muss mindestens zwei Zeichen haben
   Pattern p = Pattern.compile("^[a-zA-Z]{2}[\\w\\W]*?$");
   Matcher m = p.matcher(this.getName());
   if(getName() != null && !m.matches()) {
      errors.add("Name",
         new ActionMessage("errors.name", getName()));
   } else if(getName() == null) {
      errors.add("Name",
         new ActionMessage("errors.name.required"));
   }

   // Alter muss eine Zahl zwischen 1 und 99 sein
   p = Pattern.compile("^[1-9][0-9]*$");
   m = p.matcher(String.valueOf(getAge()));
   if(!m.matches()) {
      errors.add("Age", new ActionMessage("errors.age"));
   }

   // E-Mail-Adresse ist ein klassischer regulärer Ausdruck
   p = Pattern.compile(
      "^[\\w-]+(?:\\.[\\w-]+)*@(?:[\\w-]+\\.)+[a-zA-Z]{2,7}$");
   m = p.matcher(getEmail());
   if(getEmail() != null && !m.matches()) {
      errors.add("Email",
         new ActionMessage("errors.email", getEmail()));
   } else if(getEmail() == null) {
      errors.add("Email",
         new ActionMessage("errors.email.required"));
   }
```

Listing 319: Die ActionForm DataForm repräsentiert die zu erfassenden Daten (Forts.)

```
        return errors;
    }
}
```

Listing 319: Die ActionForm DataForm repräsentiert die zu erfassenden Daten (Forts.)

Die Validierung der eingegebenen Daten wird von der Action `enter` durchgeführt. Diese Action wird durch die Klasse `codebook.j2ee.struts.db.EnterAction` repräsentiert:

```
package codebook.j2ee.struts.db;

import org.apache.struts.action.*;
import javax.servlet.http.HttpServletRequest;
import javax.servlet.http.HttpServletResponse;

public class EnterAction extends org.apache.struts.action.Action {

    public ActionForward execute(
        ActionMapping mapping, ActionForm form,
        HttpServletRequest request, HttpServletResponse response)
        throws Exception {

        DataForm df = (DataForm)form;
        String target = "save";
        ActionErrors errors = df.validate(mapping, request);
        if(errors.size() > 0) {
            target="enter";
        }

        ActionForward result = mapping.findForward(target);
        return result;
    }
}
```

Listing 320: Die Validierung der Daten wird von der Action EnterAction angestoßen

Falls ein Fehler aufgetreten ist, wird auf das im lokalen ActionForward `enter` definierte Ziel weitergeleitet. Bei korrekt eingegebenen Daten erfolgt eine Weiterleitung auf die Action `save`.

Diese Aktion wird durch die Klasse `codebook.j2ee.struts.db.SaveAction` implementiert:

```
package codebook.j2ee.struts.db;

import org.apache.struts.action.*;
```

Listing 321: Speichern eines Datensatzes in der Datenbank

Struts

```
import javax.servlet.http.HttpServletRequest;
import javax.servlet.http.HttpServletResponse;
import java.sql.PreparedStatement;
import java.sql.SQLException;

public class SaveAction extends org.apache.struts.action.Action {

   public ActionForward execute(
      ActionMapping mapping, ActionForm form,
      HttpServletRequest request, HttpServletResponse response)
      throws Exception {

      String target = "saved";
      javax.sql.DataSource dataSource;
      java.sql.Connection connection

      if(null != form && form instanceof DataForm) {
         DataForm df = (DataForm)form;
         ActionErrors errors = df.validate(mapping, request);
         if(errors.size() > 0) {
            target = "error";
         } else {
            try {

               // Referenz auf DataSource erzeugen
               dataSource = getDataSource(request);

               // Connection-Instanz erhalten
               connection = dataSource.getConnection();

               // PreparedStatement erzeugen
               if(null != connection) {
                  PreparedStatement stmt =
                     connection.prepareStatement(
                        "INSERT INTO customerData " +
                        "(name, email, age) VALUES (?, ?, ?)");

                  // Parameter zuweisen
                  stmt.setString(1, df.getName());
                  stmt.setString(2, df.getEmail());
                  stmt.setInt(3, df.getAge());

                  // Query absetzen
                  stmt.execute();

                  target="saved";
               }
```

Listing 321: Speichern eines Datensatzes in der Datenbank (Forts.)

Struts

```
            } catch (SQLException se) {
               ActionMessages messages = new ActionMessages();
               messages.add(ActionErrors.GLOBAL_MESSAGE,
                  new ActionMessage("errors.sql",
                     se.getMessage()));
               saveMessages(request, messages);
            }
         }
      }

      ActionForward result = mapping.findForward(target);
      return result;
   }
}
```


Listing 321: Speichern eines Datensatzes in der Datenbank (Forts.)

Zum Speichern des Datensatzes benötigen wir eine Connection-Implementierung. Diese Connection-Implementierung erhalten wir vom Connection-Pool, den wir innerhalb der Konfigurationsdatei *struts-config.xml* konfiguriert haben. Der Zugriff auf den Connection-Pool findet hier mit Hilfe der Methode getDataSource() statt, der als Parameter die aktuelle HttpServletRequest-Instanz übergeben wird. Die Rückgabe dieser Methode ist eine Instanz der Klasse javax.sql.DataSource:

```
dataSource = getDataSource(request);
```

Der zweite, optionale Parameter bezeichnet den Namen der zu verwendenden Datenquelle. Dies macht aber nur Sinn, wenn mehr als eine Datenquelle innerhalb der Applikation konfiguriert worden ist.

Die DataSource-Instanz kann nun verwendet werden, um eine Connection aus dem Connection-Pool zu erhalten. Mit Hilfe dieser java.sql.Connection-Implementierung kann anschließend der Zugriff auf die Datenbank erfolgen:

```
connection = dataSource.getConnection();
```

Das Speichern der Daten erfolgt mit Hilfe einer PreparedStatements-Implementierung, die vom verwendeten JDBC-Treiber bereitgestellt wird. Zum Sinn von PreparedStatement-Implementierungen können Sie mehr im JDBC-Kapitel lesen:

```
PreparedStatement stmt =
   connection.prepareStatement(
      "INSERT INTO customerData " +
      "(name, email, age) VALUES (?, ?, ?)");
```

Nach dem Zuweisen der Parameter, deren Werte aus der DataForm-Instanz kommen, kann der Datensatz in der Datenbank gespeichert werden:

```
stmt.setString(1, df.getName());
stmt.setString(2, df.getEmail());
stmt.setInt(3, df.getAge());

stmt.execute();
```

Damit ist das Speichern der Daten in der Datenbank beendet. Eingegebene Daten befinden sich nun in der Datenbank und können später wieder ausgelesen werden:

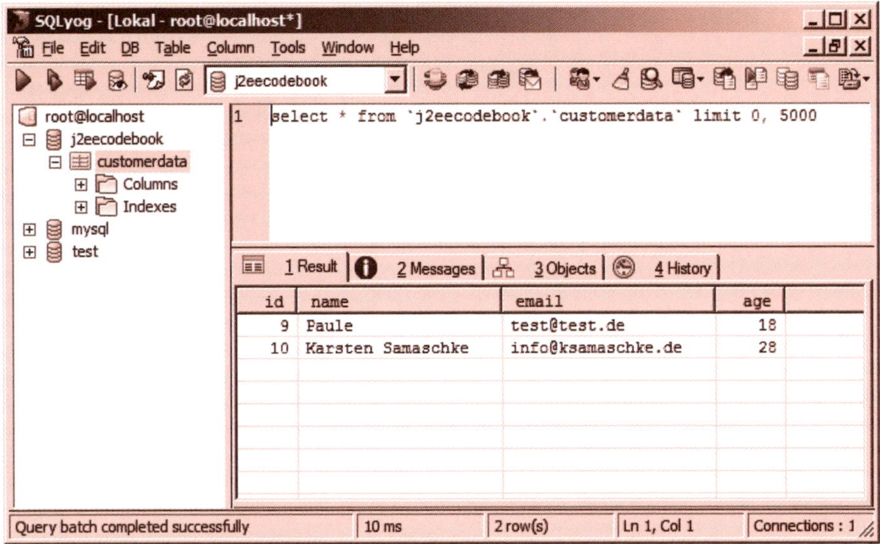

Abbildung 73: Die eingegebenen Daten befinden sich nun in der Datenbank

104 Daten aus einer Datenbank anzeigen

Nach dem Speichern in der Datenbank können die dort enthaltenen Daten auch wieder ausgelesen werden. Die Vorgehensweise ähnelt dabei prinzipbedingt dem Speichern der Daten:

- Anlegen einer DataSource in der *struts-config.xml*
- Erzeugen einer Action, in der die Daten eingelesen werden

Auf das Anlegen der DataSource soll in diesem Beispiel verzichtet werden – der Einfachheit halber verwenden wir die gleiche DataSource und auch die gleiche ActionForm zum Aufnehmen der Daten, wie dies beim vorherigen Beispiel der Fall war.

Die Daten werden mit Hilfe einer eigenen Action-Implementierung ausgelesen. In unserem Fall ist dies die Klasse `codebook.j2ee.struts.db.LoadListAction`:

```
package codebook.j2ee.struts.db;

import org.apache.struts.action.*;
import javax.servlet.http.HttpServletRequest;
import javax.servlet.http.HttpServletResponse;
import java.sql.*;
```

Listing 322: Auslesen von Daten aus einer Datenbank innerhalb einer ActionForm

```
import java.util.ArrayList;

public class LoadListAction extends org.apache.struts.action.Action
{

   public ActionForward execute(
      ActionMapping mapping, ActionForm form,
      HttpServletRequest request, HttpServletResponse response)
      throws Exception {

      String target="display";
      javax.sql.DataSource dataSource;
      java.sql.Connection connection;

      // DataSource-Instanz ermitteln
      dataSource = getDataSource(request);
      try {

         // Connection-Instanz erzeugen
         connection = dataSource.getConnection();

         // PreparedStatement erzeugen
         PreparedStatement stmt =
            connection.prepareStatement(
               "SELECT name, email, age FROM customerdata");

         // ResultSet und Ergebnisliste erzeugen
         ResultSet rs = stmt.executeQuery();
         ArrayList<DataForm> data = new ArrayList<DataForm>();

         // ResultSet durchlaufen
         while(rs.next()) {

            // Werte einer neuen DataForm-Instanz zuweisen
            DataForm item = new DataForm();
            item.setName(rs.getString(1));
            item.setEmail(rs.getString(2));
            item.setAge(rs.getInt(3));

            // DataForm-Instanz der Ergebnisliste hinzufügen
            data.add(item);
         }

         // ResultSet schliessen
         rs.close();
```

Listing 322: Auslesen von Daten aus einer Datenbank innerhalb einer ActionForm (Forts.)

```
            // Ergebnisliste im Kontext zur Verfügung stellen
            request.setAttribute("data", data);
        } catch (SQLException se) {
            ActionMessages messages = new ActionMessages();
            messages.add(
                ActionMessages.GLOBAL_MESSAGE,
                new ActionMessage("errors.sql", se.getMessage()));
            saveMessages(request, messages);
            target = "error";
        }

        ActionForward result = mapping.findForward(target);
        return result;
    }
}
```

Listing 322: Auslesen von Daten aus einer Datenbank innerhalb einer ActionForm (Forts.)

Um Daten abrufen zu können, benötigen wir eine `Connection`-Implementierung, die wir von einer `javax.sql.DataSource` erhalten können. Diese `DataSource`-Instanz liefert uns die Methode `getDataSource()` zurück:

```
dataSource = getDataSource(request);
```

Nun kann die `Connection`-Implementierung angefordert werden:

```
connection = dataSource.getConnection();
```

Die eigentliche Abfrage der Daten erfolgt mit Hilfe eines `PreparedStatements`, das – je nach Konfiguration der Datenquelle – in einem eigenen Pool zwischengespeichert werden kann:

```
PreparedStatement stmt =
    connection.prepareStatement(
        "SELECT name, email, age FROM customerdata");
```

Die Methode `executeQuery()` der `PreparedStatement`-Instanz führt das SQL-Statement aus und gibt eine `ResultSet`-Implementierung zurück, welche die selektierten Daten repräsentiert:

```
ResultSet rs = stmt.executeQuery();
```

Dieses `ResultSet` kann nun durchlaufen werden. Bei jedem Durchlauf wird je eine neue `DataForm`-Instanz erzeugt, welche die Daten repräsentiert:

```
while(rs.next()) {

    // Werte einer neuen DataForm-Instanz zuweisen
    DataForm item = new DataForm();
    item.setName(rs.getString(1));
    item.setEmail(rs.getString(2));
    item.setAge(rs.getInt(3));
```

```
    // DataForm-Instanz der Ergebnisliste hinzufügen
    data.add(item);
}
```

Die Ergebnisliste wird zuletzt als `Request`-Attribut abgelegt, damit die Daten von einer geeigneten JSP ausgegeben werden können:

```
request.setAttribute("data", data);
```

Wenn bis hierher kein Fehler aufgetreten ist, wird die durch das lokale Forward `display` repräsentierte JSP eingebunden. In der Datei *struts-config.xml* ist definiert worden, dass dies die JSP `displayList.jsp` sein soll:

```
<action path="/list" scope="request"
    type="codebook.j2ee.struts.db.LoadListAction">
    <forward name="error" path="/error.jsp" />
    <forward name="display" path="/displayList.jsp" />
</action>
```


Diese JSP hat folgenden Aufbau:

```
<%@ page contentType="text/html;charset=UTF-8" language="java" %>
<%@ taglib uri="/WEB-INF/struts-html.tld" prefix="html" %>
<%@ taglib uri="/WEB-INF/struts-logic.tld" prefix="logic" %>
<%@ taglib uri="/WEB-INF/struts-bean.tld" prefix="bean" %>
<html>
    <head>
        <title>
            <bean:message key="app.title" />
        </title>
    </head>
    <body>
        <h3>
            <bean:message key="list.headline" />
        </h3>
        <p>
            <bean:message key="list.message" />
        </p>
        <logic:notPresent name="data" scope="request">
            <p>
                <bean:message key="list.notPresent" />
            </p>
        </logic:notPresent>
        <logic:present name="data" scope="request">
            <table cellpadding="3" cellspacing="0" border="0"
                width="100%">
                <tr>
                    <td><strong>
                        <bean:message key="enter.name" /></strong></td>
                    <td><strong>
```

Listing 323: Ausgabe aller Datensätze aus der Datenbank

```
                <bean:message key="enter.age" /></strong></td>
             <td><strong>
                <bean:message key="enter.email" /></strong></td>
          </tr>
          <logic:iterate id="item" name="data" scope="request">
             <tr>
                <td>
                   <bean:write name="item" property="name" />
                </td>
                <td>
                   <bean:write name="item" property="age" />
                </td>
                <td>
                   <bean:write name="item" property="email" />
                </td>
             </tr>
          </logic:iterate>
       </table>
    </logic:present>
    <hr noshade="noshade" size="1" width="100%" />
    <html:link forward="welcome">
       <bean:message key="welcome.linkname" />
    </html:link>
  </body>
</html>
```

Listing 323: Ausgabe aller Datensätze aus der Datenbank (Forts.)

Diese JSP enthält zwei interessante Bereiche, die sich innerhalb der beiden Tags `<logic:notPresent />` und `<logic:present />` befinden. Beide Tags sind zueinander komplementär – `<logic:notPresent />` wird dann ausgeführt, wenn `<logic:present />` nicht ausgeführt werden kann. Es versteht sich von selbst, dass beide Tags auf die gleichen Elemente prüfen müssen, damit diese Aussage zutrifft.

Beide Tags überprüfen auf das Vorhandensein des mit Hilfe des Attributs `name` bezeichneten Request- oder Session-Attributs. Ob Request- oder Session-Kontext überprüft werden, wird mit Hilfe des Attributs `scope` festgelegt. Mögliche Werte sind dabei `request` oder `session`.

In unserem Beispiel erfolgt die Überprüfung darauf, ob im Request-Kontext ein Attribut `data` existiert, dessen Wert nicht `null` ist. Wenn das Element nicht gefunden werden konnte, wird der in `<logic:notPresent />` enthaltene Inhalt – in diesem Fall eine Fehlermeldung – ausgegeben:

```
<logic:notPresent name="data" scope="request">
   <p>
      <bean:message key="list.notPresent" />
   </p>
</logic:notPresent>
```

Der Inhalt von `<logic:present />` wird ausgegeben, wenn die Ergebnisliste aus der Aktion `LoadListAction` im Request-Scope vorhanden ist.

Interessant ist hier das Tag `<logic:iterate />`, das es erlaubt, über eine gegebene `Collection`-Implementierung zu iterieren:

```
<logic:iterate id="item" name="data" scope="request">
   <tr>
      <td>
         <bean:write name="item" property="name" />
      </td>
      <td>
         <bean:write name="item" property="age" />
      </td>
      <td>
         <bean:write name="item" property="email" />
      </td>
   </tr>
</logic:iterate>
```

Innerhalb des `<logic:iterate />`-Tags wird mit Hilfe des Attributs `id` angegeben, unter welchem Namen das aktuelle Element der `Collection`-Implementierung im Page-Scope abrufbar sein soll. Die `Collection`-Implementierung selbst wird mit Hilfe des Attributs `name` bestimmt – zusammen mit dem Attribut `scope` wird hier definiert, dass die durch das Request-Attribut `data` referenzierte `Collection`-Implementierung durchlaufen werden soll.

Der eingeschlossene Inhalt des `<logic:iterate />`-Tags wird nun für jedes Element der zu durchlaufenden `Collection`-Implementierung ausgegeben. Hier geben wir mit Hilfe von `<bean:write />`-Tags den Inhalt der durch das Attribut `property` definierten Eigenschaft (für die entsprechend eine Getter-Methode innerhalb der Bean existieren muss) der durch das Attribut `name` referenzierten Bean aus. In diesem Fall wird so nacheinander auf die Eigenschaften `name`, `age` und `email` des aktuellen Elements verwiesen.

Im Browser betrachtet wird die Funktionsweise noch klarer:

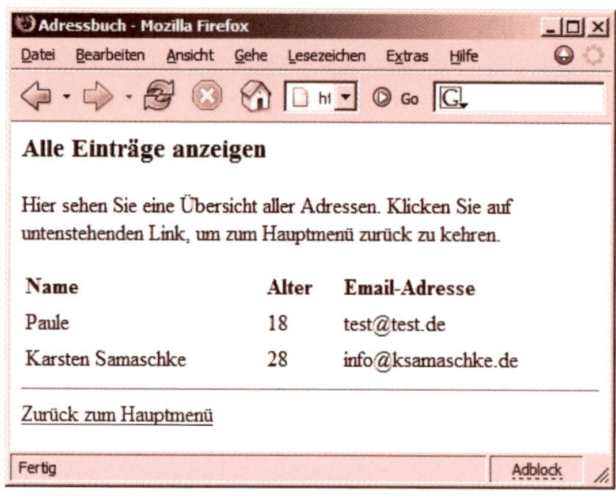

Abbildung 74: Anzeige aller Listen-Elemente

Eine Übersicht der wichtigsten Attribute der `<logic:notPresent />`-, `<logic:present/>`-, `<logic:iterate />`- und `<bean:write />`-Tags finden Sie weiter unten in diesem Kapitel.

105 Dynamische Beans (DynaBeans) verwenden

Alle bisherigen Beispiele beruhten darauf, dass stets eine komplette Form-Bean verwendet worden ist. Das mag zwar in Hinblick auf Applikationssicherheit, Performance und damit potenziell auch Stabilität sehr positiv sein, ist aber andererseits recht umständlich, denn jedes Element muss einzeln ausformuliert werden.

Die Lösung für dieses Problem sind dynamische Beans – im Jargon werden sie als `DynaBeans` bezeichnet. Diese Art von Beans erlaubt die Aufnahme aller benötigten Werte und spart gleichzeitig Zeit beim Entwickeln, denn die einzelnen Properties werden rein deklarativ angelegt.

Diese Vorteile werden mit einer Verringerung der Sicherheit der Applikation erkauft, denn aufgrund des nunmehr nicht mehr stattfindenden Zugriffs per Getter und Setter, sondern über Schlüssel können sich durchaus Schreibfehler einschleichen, die zu undefinierten Zuständen der Applikation führen können. Es ist also ratsam, stets vor Verwendung von Beans zu prüfen, ob sich deren Einsatz mit den Rahmenbedingungen der Applikation hinsichtlich Sicherheit und Wartbarkeit deckt.

Erster Schritt der Arbeit mit DynaBeans ist die Deklaration einer entsprechenden Bean in der Konfigurationsdatei *struts-config.xml*. Hier wird die Klasse `org.apache.struts.action.DynaActionForm` verwendet, die speziell für die Arbeit mit dem Struts Framework optimiert worden ist. Alternativ könnten Sie auch die Klasse `org.apache.commons.DynaBean` verwenden:

```
<?xml version="1.0" encoding="ISO-8859-1" ?>

<!DOCTYPE struts-config PUBLIC
   "-//Apache Software Foundation//DTD Struts Configuration 1.2//EN"
   "http://jakarta.apache.org/struts/dtds/struts-config_1_2.dtd">

<struts-config>

   <form-beans>
      <form-bean
         name="userInfoBean"
         type="org.apache.struts.action.DynaActionForm">
         <form-property
             name="username"
             type="java.lang.String" />
         <form-property
             name="email"
             type="java.lang.String" />
```

Listing 324: Deklaration der DynaActionForm in der struts-config.xml

```
      </form-bean>
   </form-beans>

   <global-forwards>
      <forward name="welcome" path="/welcome.do"/>
      <forward name="enter" path="/enter.do" />
      <forward name="hello" path="/hello.do" />
   </global-forwards>

   <action-mappings>
      <action path="/welcome" forward="/welcome.jsp"
         name="userInfoBean" />
      <action path="/enter" name="userInfoBean"
         input="/welcome.jsp"
         type="codebook.j2ee.struts.DynaBeanAction">
         <forward name="failure" path="/welcome.jsp" />
      </action>
      <action path="/hello" forward="/hello.jsp" />
   </action-mappings>

   <message-resources
      parameter="codebook.j2ee.struts.DynaResources" />

</struts-config>
```

Listing 324: Deklaration der DynaActionForm in der struts-config.xml (Forts.)

Bei der Deklaration der `DynaActionForm` wird mit Hilfe von `<form-property />`-Tags angegeben, welche Eigenschaften verfügbar sein sollen. Jedes `<form-property />`-Tag verfügt dabei über zwei Attribute, die den Namen (`name`) und den voll qualifizierten Klassennamen des Datentyps (`type`) angeben.

Aufgrund der Deklaration einer generischen Bean kann auf das Schreiben einer spezialisierten Bean verzichtet werden – Schreib- und Entwicklungsaufwand sinken merklich.

Allerdings ändert sich der Zugriff auf die Daten innerhalb der Action:

```
package codebook.j2ee.struts;

import org.apache.struts.action.*;
import javax.servlet.http.HttpServletRequest;
import javax.servlet.http.HttpServletResponse;

public class DynaBeanAction
   extends org.apache.struts.action.Action
{
```

Listing 325: Zugriff auf die Werte der DynaBean innerhalb der Action

Struts

```
    public ActionForward execute(
        ActionMapping mapping, ActionForm form,
        HttpServletRequest request, HttpServletResponse response)
        throws Exception {

        DynaActionForm dynaForm = (DynaActionForm)form;

        String redirect = "hello";
        String userName = (String)dynaForm.get("username");
        String email = (String)dynaForm.get("email");

        if(userName == null || email == null ||
            userName.length() < 3 || email.length() < 3) {
            redirect = "failure";
        }

        return mapping.findForward(redirect);
    }
}
```

Listing 325: Zugriff auf die Werte der DynaBean innerhalb der Action (Forts.)

Statt der bisher gebräuchlichen Variante eines Zugriffs auf die Eigenschaften einer Bean wird nunmehr auf die Methode `get()` der DynaBean zugegriffen. Diese nimmt als Parameter den Namen der Eigenschaft entgegen, deren Wert ausgelesen werden soll. Da die Rückgabe dieser Methode vom Typ `Object` ist, muss sie noch in den korrekten Datentyp gecastet werden:

```
String userName = (String)dynaForm.get("username");
String email = (String)dynaForm.get("email");
```

Der Rest der Applikationslogik und Verarbeitung folgt dem bekannten Schema. Nachteilig ist, dass innerhalb der DynaBean keine Validierung der Daten stattfindet – für den Entwickler bedeutet dies, dass er eine entsprechende Validierung innerhalb der `execute()`-Methode der Action-Instanz implementieren muss. Dies ist insofern nachteilig, als dass so auf die Verwendung des `<html:errors />`-Tags zur Ausgabe der Fehler verzichtet werden muss.

106 Eine generische Validierung von Daten

Die Verwendung der `DynaActionForm` ist hinsichtlich der Validierung der eingegebenen Daten recht unkomfortabel. Abhilfe schafft hier der Einsatz der Klasse `org.apache.struts.action.DynaValidatorForm`, die zusammen mit dem `Validator`-Plug-In die deklarative Angabe der zu validierenden Elemente samt zulässiger Datentypen erlaubt.

Die Konfiguration der Komponenten findet innerhalb der Konfigurationsdatei *struts-config.xml* statt:

```
<?xml version="1.0" encoding="ISO-8859-1" ?>

<!DOCTYPE struts-config PUBLIC
   "-//Apache Software Foundation//DTD Struts Configuration 1.2//EN"
   "http://jakarta.apache.org/struts/dtds/struts-config_1_2.dtd">

<struts-config>

   <form-beans>
      <form-bean
         name="userBean"
         type="org.apache.struts.validator.DynaValidatorForm"
         dynamic="true">
         <form-property
             name="username"
             type="java.lang.String"/>
         <form-property
             name="email"
             type="java.lang.String"/>
      </form-bean>
   </form-beans

   <global-forwards>
      <forward name="welcome" path="/welcome.do"/>
      <forward name="enter" path="/enter.do" />
      <forward name="hello" path="/hello.do" />
   </global-forwards>

   <action-mappings>
      <action path="/welcome" forward="/welcome.jsp"
         validate="false" input="/welcome.jsp" name="userBean" />
      <action path="/enter" name="userBean"
         input="/welcome.jsp" validate="true"
         type="codebook.j2ee.struts.DynaBeanAction">
         <forward name="failure" path="/welcome.jsp" />
      </action>
      <action path="/hello" forward="/hello.jsp" />
   </action-mappings>

   <message-resources
      parameter="codebook.j2ee.struts.DynaResources" />

   <plug-in
      className="org.apache.struts.validator.ValidatorPlugIn">
      <set-property property="pathnames"
```

Listing 326: Deklaration der DynaValidatorForm-Bean und des Validator-Plug-Ins in der struts-config.xml

```
        value="/WEB-INF/validator-rules.xml,/WEB-INF/validation.xml"/>
    </plug-in>

</struts-config>
```

Listing 326: Deklaration der DynaValidatorForm-Bean und des Validator-Plug-Ins in der struts-config.xml (Forts.)

Die Deklaration der DynaBean erfolgt wie üblich unter Angabe der virtuellen Properties, die diese Bean bereitstellen soll. Beachten Sie, dass statt der Klasse `org.apache.struts.action.DynaActionForm` nunmehr eine Instanz der Klasse `org.apache.struts.validator.DynaValidatorForm` zum Einsatz kommt.

Ein weiterer Unterschied im Vergleich zum Einsatz einer `DynaActionForm` ist das Vorhandensein einer `PlugIn`-Deklaration. Diese Deklaration sorgt dafür, dass die Klasse `org.apache.struts.validator.ValidatorPlugIn` eingebunden wird, die für die generische Validierung der Daten zuständig ist.

Dem Validator wird über dessen Property `pathnames` mitgeteilt, welche Dateien er verwenden soll, um eine Validierung durchzuführen:

- */WEB-INF/validator-rules.xml*: Regeln für die Validierung, Definition bestimmter Datentypen
- */WEB-INF/validation.xml*: Angabe aller zu validierenden Elemente

Die Datei */WEB-INF/validator-rules.xml* beinhaltet ein vordefiniertes Set an Regeln, das für die Validierung von Standardwerten völlig ausreichend ist. Unter anderem sind hier Validierungsmethoden für Zahlen oder auch komplexe Datentypen (etwa E-Mail-Adressen) hinterlegt. In der Regel werden Sie an dieser Datei keine Änderungen vornehmen müssen, denn nicht definierte Muster können unter Verwendung von regulären Ausdrücken definiert werden.

Die zweite Datei – */WEB-INF/validation.xml* – gibt dem Validator Auskunft über die zu prüfenden Beans samt deren Properties. Dabei können mehrere Bedingungen – etwa Pflichtfeld und Integer-Zahl – miteinander verknüpft werden, so dass eine Prüfung nur beim Zutreffen aller Bedingungen als gültig betrachtet wird.

Für dieses Beispiel hat die Datei */WEB-INF/validation.xml* folgenden Aufbau:

```
<?xml version="1.0"?>

<!DOCTYPE form-validation PUBLIC
   "-//Apache Software Foundation//DTD Commons Validator Rules Configuration 
1.0//EN"
   "http://jakarta.apache.org/commons/dtds/validator_1_0.dtd">

<form-validation>
```

Listing 327: Deklaration der zu prüfenden Felder einer Bean

Struts

```
    <formset>
       <form name="userBean">
          <field property="username"
             depends="required,minlength">
             <arg0 key="label.name" />
             <arg1 key="${var:minlength}" resource="false" />
             <var>
                <var-name>minlength</var-name>
                <var-value>3</var-value>
             </var>
          </field>
          <field property="email" depends="required,email">
             <arg0 key="label.email" />
          </field>
       </form>
    </formset>
</form-validation>
```

Listing 327: Deklaration der zu prüfenden Felder einer Bean (Forts.)

Der Aufbau der Datei ist hierarchisch: Innerhalb eines `<formset />`-Tags wird mit Hilfe eines `<form />`-Tags eine Bean deklariert, deren zu überprüfende Eigenschaften über `<field />`-Tags abgebildet werden. Das Attribut `name` des `<form />`-Tags verweist dabei auf den Namen der Bean, wie er in der Konfigurationsdatei *struts-config.xml* definiert worden ist.

Mit Hilfe des Attributs `property` des `<field />`-Tags wird die zu prüfende Eigenschaft der Bean festgelegt. Das Attribut `depends` gibt an, welche Bedingungen zutreffen müssen, damit die Prüfung als bestanden betrachtet wird. Mehrere Bedingungen müssen durch Kommata voneinander getrennt werden.

In der Standardkonfiguration können folgende Bedingungen verwendet werden:

- `required`: Prüfung auf ein Pflichtfeld
- `minlength`: Prüfung auf die minimale Länge einer Zeichenkette
- `maxlength`: Prüfung auf die maximale Länge einer Zeichenkette
- `byte`: Prüfung auf den Datentyp `Byte`
- `short`: Prüfung auf den Datentyp `Short`
- `integer`: Prüfung auf den Datentyp `Integer`
- `long`: Prüfung auf den Datentyp `Long`
- `float`: Prüfung auf den Datentyp `Float`
- `double`: Prüfung auf den Datentyp `Double`

- `date`: Prüfung auf einen Datumswert
- `range`: Prüfung auf ein Intervall
- `creditcard`: Prüfung auf eine Kreditkartennummer
- `email`: Prüfung auf eine E-Mail-Adresse
- `mask`: Prüfung anhand eines regulären Ausdrucks

Für manche der Bedingungen müssen zusätzliche Parameter definiert werden. Dies geschieht unter Verwendung des Tags `<var />`, dessen untergeordnete Tags `<var-name />` und `<var-value />` Name und Wert des erwarteten Parameters entgegennehmen:

```
<var>
   <var-name>minlength</var-name>
   <var-value>3</var-value>
</var>
```

Die Benennung der Parameter erfolgt dabei nicht willkürlich, sondern ist vom verwendeten Modul abhängig.

Die Validierung von Daten per Validator kann selbstverständlich auch Fehler generieren. Die Fehlermeldungstexte werden in den Applikationsressourcen erwartet, so dass bei Verwendung des Validator-Plug-Ins innerhalb der Applikationsressourcen folgende Werte hinzugefügt werden müssen (hier gleich mit deutscher Umschreibung der Fehlermeldung):

```
errors.required={0} ist ein Plichtfeld.
errors.minlength={0} kann nicht kürzer als {1} Zeichen sein.
errors.maxlength={0} kann nicht länger als {1} Zeichen sein.
errors.invalid={0} ist ungültig.

errors.byte={0} muss vom Datentyp byte sein.
errors.short={0} muss vom Datentyp short sein.
errors.integer={0} muss vom Datentyp integer sein.
errors.long={0} muss vom Datentyp long sein.
errors.float={0} muss vom Datentyp float sein.
errors.double={0} muss vom Datentyp double sein.

errors.date={0} ist kein gültiges Datum.
errors.range={0} ist nicht im Bereich von {1} bis {2}.
errors.creditcard={0} ist eine ungültige Kreditkartennummer.
errors.email={0} ist eine ungültige E-Mail-Adresse.
```

Listing 328: Fehlermeldungen des Validators innerhalb der Applikationsressourcen

Die meisten der so hinterlegten Fehlermeldungen arbeiten mit Platzhaltern. Die Werte dieser Platzhalter werden in der Datei */WEB-INF/validation.xml* mit Hilfe der verschiedenen `<arg />`-Tags gesetzt:

```
<field property="username" depends="required,minlength">
   <arg0 key="label.name" />
   <arg1 key="${var:minlength}" resource="false" />
   <var>
      <var-name>minlength</var-name>
      <var-value>3</var-value>
   </var>
</field>
<field property="email" depends="required,email">
   <arg0 key="label.email" />
</field>
```


Mit Hilfe des Attributs `key` wird angegeben, woher der Wert des Platzhalters bezogen werden soll. In der Regel wird dabei auf einen Schlüssel aus den Applikationsressourcen verwiesen – werden also `label.name` und `label.email` als Schlüsselwerte angegeben, müssen diese auch in den Applikationsressourcen hinterlegt werden:

```
label.name=Ihr Benutzername
label.email=Ihre E-Mail-Adresse
```

Eine weitere Möglichkeit ist, die Werte innerhalb von `<var />`-Tags lokal zu deklarieren. In diesem Fall wird das Attribut `key` einen Wert mit dem Format `${var:<Variablen-Name>}` beinhalten. Der Wert von `<Variablen-Name>` muss dabei dem Wert des Tags `<var-name />` eines der `<var />`-Tags des aktuellen Feldes entsprechen:

```
<arg1 key="${var:minlength}" resource="false" />
<var>
   <var-name>minlength</var-name>
   <var-value>3</var-value>
</var>
```

Zusätzlich muss das Attribut `resource` des `<arg />`-Tags den Wert `false` zugewiesen bekommen, damit keine externe Auflösung versucht wird.

Nach der Deklaration von Beans, Validierungsregeln und Fehlermeldungen können nunmehr Daten innerhalb einer JSP erfasst werden:

```
<%@ page contentType="text/html;charset=UTF-8" language="java" %>
<%@ taglib uri="/WEB-INF/tlds/struts-html.tld" prefix="html" %>
<%@ taglib uri="/WEB-INF/tlds/struts-bean.tld" prefix="bean" %>
<html>
   <head>
      <title>
         <bean:message key="app.title" />
      </title>
      <html:base />
   </head>
   <body>
```

Listing 329: Innerhalb der JSP welcome.jsp werden die Daten erfasst und eventuelle Fehlermeldungen wieder ausgegeben

```
      <html:form action="/enter">
         <h3><bean:message key="welcome.title" /></h3>
         <p>
            <strong><bean:message key="welcome.descr" /></strong>
         </p>
         <html:errors />
         <p>
            <bean:message key="label.name" /><br />
            <html:text property="username" />
         </p>
         <p>
            <bean:message key="label.email" /><br />
            <html:text property="email" />
         </p>
         <p>
            <html:submit>
               <bean:message key="label.submit" />
            </html:submit>
         </p>
      </html:form>
   </body>
</html>
```

Listing 329: Innerhalb der JSP welcome.jsp werden die Daten erfasst und eventuelle Fehlermeldungen wieder ausgegeben (Forts.)

Die hier entgegengenommenen Daten werden an die Action `enter` versandt. Hier wird die `org.apache.struts.action.Action`-Ableitung `DynaBeanAction` eingebunden. Diese Action ruft die Methode `validate()` der `DynaValidatorForm`-Instanz auf, die eine `ActionErrors`-Instanz zurückgibt, welche die aufgetretenen Fehler repräsentiert:

```
package codebook.j2ee.struts;

import org.apache.struts.action.*;
import org.apache.struts.validator.DynaValidatorForm;
import javax.servlet.http.HttpServletRequest;
import javax.servlet.http.HttpServletResponse;

public class DynaBeanAction extends Action {

   public ActionForward execute(
      ActionMapping mapping, ActionForm form,
      HttpServletRequest request, HttpServletResponse response)
      throws Exception {

      DynaValidatorForm dynaForm = (DynaValidatorForm)form;
```

Listing 330: Validieren der eingegebenen Daten

Struts

```
        String redirect = "hello";

        // Validierung der eingegebenen Daten
        ActionErrors errors =
           dynaForm.validate(mapping, request);

        // Auf das Forward "failure" weiterleiten, falls eine Prüfung
        // fehlgeschlagen ist
        if(errors == null || errors.size() != 0) {
           redirect = "failure";
        }

        return mapping.findForward(redirect);
    }
}
```

Listing 330: Validieren der eingegebenen Daten (Forts.)

Sollte kein Fehler aufgetreten sein – in diesem Fall ist die `ActionErrors`-Instanz `errors` entweder `null` oder enthält keine Elemente –, wird auf die Ausgabeseite weitergeleitet. Falls ein Fehler auftrat, wird auf das Ziel des Forwards `failure` weitergeleitet. Dort werden dann die entsprechenden Fehlermeldungen ausgegeben:

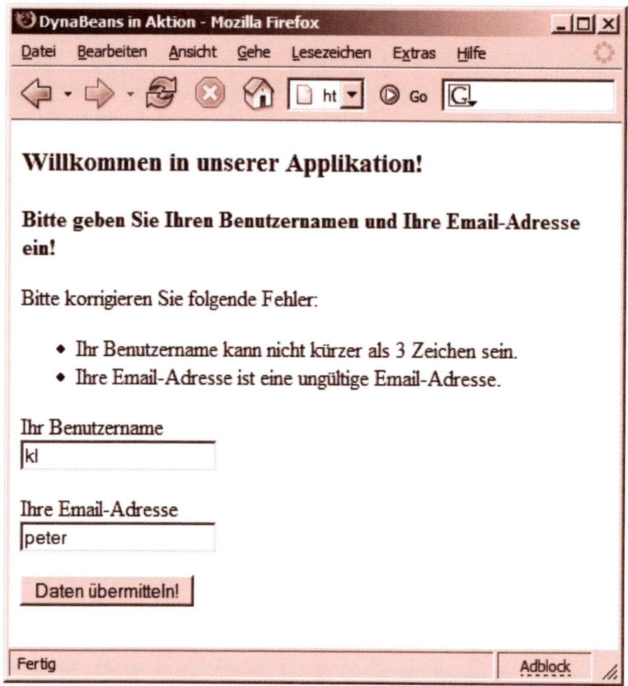

Abbildung 75: Die eingegebenen Daten sind offensichtlich nicht gültig ...

Lassen Sie uns kurz noch einmal einen Blick auf die Deklaration der Actions innerhalb der *struts-config.xml* werfen:

```
<action-mappings>
   <action path="/welcome" forward="/welcome.jsp"
      validate="false" input="/welcome.jsp" name="userBean" />
   <action path="/enter" name="userBean"
      input="/welcome.jsp" validate="true"
      type="codebook.j2ee.struts.DynaBeanAction">
      <forward name="failure" path="/welcome.jsp" />
   </action>
   <action path="/hello" forward="/hello.jsp" />
</action-mappings>
```

Diese Deklaration sieht weitestgehend wie gewohnt aus. Neu ist lediglich das Attribut `validate` bei der Deklaration der Actions `welcome` und `enter`. Dieses Attribut gibt Auskunft darüber, ob der Validator automatisch validieren soll, wenn die Action eingebunden wird – der Wert `false` verhindert diese automatische Validierung, während der Wert `true` dafür sorgt, dass diese Validierung stattfindet.

Es erscheint auf den ersten Blick recht unsinnig, bei der Action `enter` eine automatische Validierung zuzulassen – schließlich wird die Validierung innerhalb der Action-Implementierung per `<DynaBean>.validate()` explizit angestoßen, wodurch zusammen mit der automatischen Validierung zwei Prüfungen stattfinden, was im Hinblick auf Performance suboptimal sein dürfte:

```
ActionErrors errors = dynaForm.validate(mapping, request);
```

Was wie ein Fehler bei der Deklaration der Action aussieht, macht tatsächlich aber durchaus Sinn: Wenn eine DynaBean verwendet wird, werden die Fehlermeldungen der explizit angestoßenen Validierung auf der Ausgabeseite nicht mehr angezeigt. Wird dagegen die automatische Validierung eingeschaltet, werden die Daten vor der Anzeige noch einmal validiert, und die Fehlermeldungen können ausgegeben werden. Da aber anhand der im Code vorgenommenen Validierung festgelegt wird, auf welches Forward weitergeleitet werden soll, müssen in diesem Fall tatsächlich zwei Validierungen stattfinden.

107 Templates verwenden

`Templates` sind eine fortgeschrittene Technologie, die insbesondere auf Wiederverwendbarkeit von Layouts zielt. Mit ihrer Hilfe ist es möglich, Seiteninhalt und -layout weitestgehend voneinander zu trennen – das Ändern von Layouts wird somit deutlich vereinfacht.

Der Template-Mechanismus in Struts basiert auf der Verwendung der *struts-templates.tld*-TagLibrary, die ihrerseits drei Tags zur Verfügung stellt, mit deren Hilfe Templates umgesetzt werden können:

- `<template:insert />`: Wird verwendet, um die einzelnen Komponenten eines Templates zu gruppieren. Das Attribut `template` gibt dabei die JSP-Datei an, die den HTML-Code der Darstellungsseite enthält.
- `<template:put />`: Wird verwendet, um die einzelnen Komponenten des Templates zu definieren. Das Attribut `name` gibt den Namen an, über den die Komponente im Template referenziert werden kann. Das Attribut `content` gibt an, welche Datei den Inhalt des Template-Elements enthält.
- `<template:get />`: Wird innerhalb der Anzeige-Komponente des Templates verwendet, um definierte Werte ausgeben zu können. Mit Hilfe des Attributs `name` wird das Element referenziert, dessen Inhalt ausgegeben werden soll.

Die Verwendung von Templates erfordert die Deklaration der einzelnen Komponenten des Templates in einer eigenen JSP. Diese JSP kann beispielsweise folgenden Aufbau haben:

```
<%@ page contentType="text/html;charset=UTF-8" language="java" %>
<%@ taglib uri="/WEB-INF/tlds/struts-tiles.tld" prefix="template" %>
<template:insert template="/default.jsp">
   <template:put name="top" content="/top.jsp" />
   <template:put name="main" content="/middle.jsp" />
   <template:put name="navi" content="/navi.jsp"/>
</template:insert>
```

Listing 331: Definition eines Templates innerhalb der Datei welcome.jsp

Wenn nunmehr die Datei *welcome.jsp*, die das Template deklariert, aufgerufen wird, wird als Template die JSP *default.jsp* definiert und eingebunden. Über die benannten Attribute `top`, `main` und `navi` können innerhalb des Templates die untergeordneten Elemente eingebunden werden:

```
<%@ page contentType="text/html;charset=UTF-8" language="java" %>
<%@ taglib uri="/WEB-INF/tlds/struts-tiles.tld" prefix="template" %>
<%@ taglib uri="/WEB-INF/tlds/struts-bean.tld" prefix="bean" %>
<html>
   <head>
      <title>
         <bean:message key="app.title" />
      </title>
   </head>
   <style>
      ...
   </style>
   <body>
      <div id="main">
```

Listing 332: Die einzelnen Templates werden per <template:get /> eingebunden

```
        <template:get name="main" />
    </div>
    <div id="navi">
        <template:get name="navi" />
    </div>
    <div id="head">
        <template:get name="top" />
    </div>
  </body>
</html>
```

Listing 332: Die einzelnen Templates werden per <template:get /> eingebunden (Forts.)

Die Inhalte der einzelnen Templates werden nun per `<template:get />`-Tag eingebunden. Dabei werden die Seiten ausgeführt und der resultierende HTML-Code statt der Templates an den Client ausgeliefert. Somit können auch statische Inhalte per Template dargestellt werden.

Die beiden Template-Elemente `navi` und `top` definieren die statischen Bestandteile der Applikation. Interessant ist dabei die per `navi`-Element eingebundene JSP *navi.jsp*, die Verweise auf die einzelnen Bereiche der Seite beinhaltet:

```
<%@ page contentType="text/html;charset=UTF-8" language="java" %>
<%@ taglib uri="/WEB-INF/tlds/struts-bean.tld" prefix="bean" %>
<%@ taglib uri="/WEB-INF/tlds/struts-html.tld" prefix="html" %>
<div>
   <html:link action="welcome.do">
      <bean:message key="label.home" />
   </html:link>
</div>
<div>
   <html:link action="news.do">
      <bean:message key="label.news" />
   </html:link>
</div>
```

Listing 333: Navigation der Applikation

Werfen wir an dieser Stelle kurz einen Blick auf die Deklaration der Actions innerhalb der Datei *struts-config.xml*:

```
<global-forwards>
   <forward
      name="welcome"
      path="/welcome.do"/>
   <forward name="news"
      path="/news.do" />
</global-forwards>
```

```
<action-mappings>
   <action
      path="/welcome"
      forward="/welcome.jsp"/>
   <action
      path="/news"
      forward="/news.jsp"/>
</action-mappings>
```

Die einzelnen Aktionen verweisen jeweils stets auf ihre Template-Konfigurations-JSP: Die Action `welcome` leitet auf die Datei *welcome.jsp* weiter, während `news` auf `news.jsp` weiterleitet. Letztere Datei definiert die Elemente des Nachrichtenbereichs:


```
<%@ page contentType="text/html;charset=UTF-8" language="java" %>
<%@ taglib uri="/WEB-INF/tlds/struts-tiles.tld" prefix="template" %>
<template:insert template="/default.jsp">
   <template:put name="top" content="/top.jsp" />
   <template:put name="main" content="/news_content.jsp" />
   <template:put name="navi" content="/navi.jsp"/>
</template:insert>
```

Listing 334: Definition der Parameter für die Darstellung einer Nachrichtenseite

Während *top.jsp* und *navi.jsp* identisch mit dem letzten Beispiel sind und auch mit *default.jsp* das gleiche Template verwendet wird, verweist der Parameter `main` statt auf *middle.jsp* auf die Datei *news_content.jsp*.

Die Anzeige unterscheidet sich dementsprechend, während die anderen Bestandteile unverändert bleiben. Die Startseite der Applikation sieht so aus:

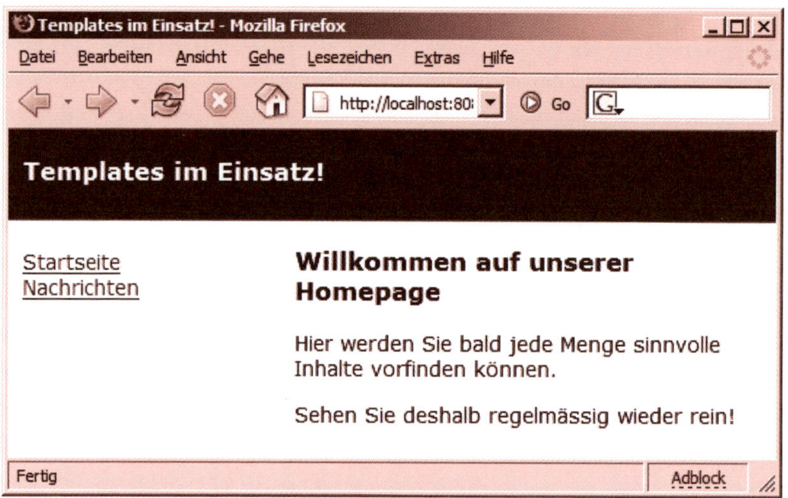

Abbildung 76: Startseite der Applikation

Wird nun die Action `news` eingebunden, erfolgt intern die Weiterleitung auf die Datei *news.jsp*, welche die Werte für das Template *default.jsp* setzt. Die Ausgabe sieht dementsprechend ähnlich aus:

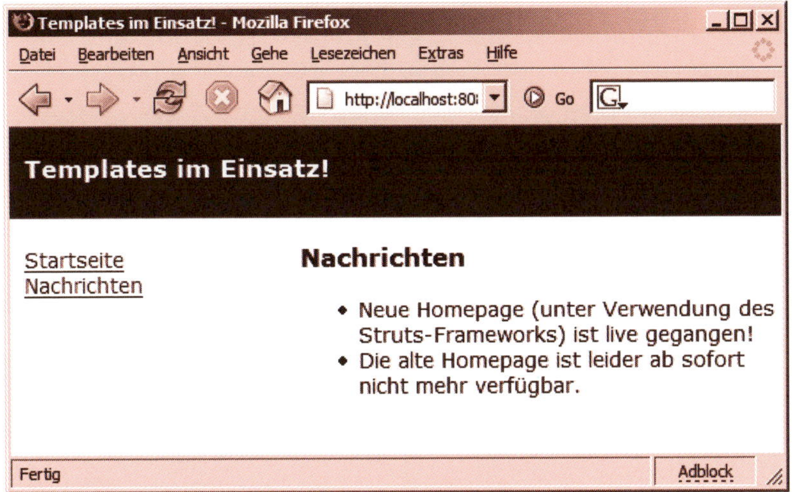

Abbildung 77: Anzeige einer anderen Seite im selben Template

Den Sinn von Templates erkennen Sie, wenn wir versuchen, das Layout aller Seiten zu ändern: Was sonst in jede Menge Arbeit an unterschiedlichen Stellen einer Applikation ausufert, wird bei Verwendung von Templates recht einfach: Alle Änderungen finden zentral an der Template-Datei statt. Um beispielsweise eine Suche bei Google zu integrieren, ändern wir lediglich den Code innerhalb der Datei *default.jsp* ein wenig ab:

```
<%@ page contentType="text/html;charset=UTF-8" language="java" %>
<%@ taglib uri="/WEB-INF/tlds/struts-tiles.tld" prefix="template" %>
<%@ taglib uri="/WEB-INF/tlds/struts-bean.tld" prefix="bean" %>
<html>
   <head>
      <title>
         <bean:message key="app.title" />
      </title>
   </head>
   <style media="screen" type="text/css">
      ...
   </style>
   <body>
      <div id="main">
         <template:get name="main" />
      </div>
```

Listing 335: Geändertes Template mit einer Suche bei Google

```
        <div id="navi">
            <template:get name="navi" />
            <div style="margin-top:20px;">
                <form method="GET" target="google"
                    action="http://www.google.com/search">
                    <bean:message key="search.google" /><br />
                    <input type="text" name="q" />
                </form>
            </div>
        </div>
        <div id="head">
            <template:get name="top" />
        </div>
    </body>
</html>
```


Listing 335: Geändertes Template mit einer Suche bei Google (Forts.)

Nach dem Deployment des Templates ändert sich die Ansicht aller darauf basierenden Seiten:

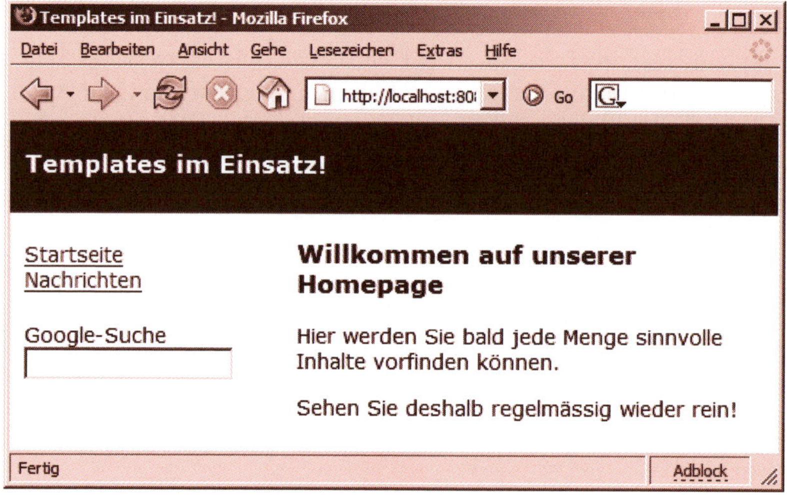

Abbildung 78: Geändertes Template im Einsatz

Der Hauptvorteil für den Entwickler sollte klar sein: weniger Aufwand, da die Änderungen im zentral abgelegten Template vorgenommen werden. Damit sinkt auch die Fehleranfälligkeit, und die Applikation bleibt besser wartbar.

Texte statisch definieren

Statt des Einbindens statischer oder nichtstatischer Seiten ist es ebenfalls möglich, innerhalb der Template-Definition Texte anzugeben. Diese Texte können per

`<template:get />` ausgegeben werden. Die Deklaration dieser Inhalte erfolgt analog zur Deklaration der untergeordneten Seiten des Templates mit Hilfe eines `<template:put />`-Tags, das zusätzlich über das Attribut `direct` mit dem Wert `true` verfügt:

```
<%@ page contentType="text/html;charset=UTF-8" language="java" %>
<%@ taglib uri="/WEB-INF/tlds/struts-tiles.tld" prefix="template" %>
<template:insert template="/default.jsp">
   <template:put name="title" content="This is the title"
      direct="true" />
   <template:put name="top" content="/top.jsp" />
   <template:put name="main" content="/news_content.jsp" />
   <template:put name="navi" content="/navi.jsp"/>
</template:insert>
```

Listing 336: Deklaration eines statischen Texts per <template:put />-Tag

Die Ausgabe eines so definierten Template-Elements erfolgt dann per `<template:get />`-Tag:

```
<template:get name="title" />
```

Da diese Ausgabe aber meist nicht sprachunabhängig ist und somit von den Internationalisierungs-Features des Struts Frameworks keinen Gebrauch macht, ist es sinnvoller, Texte per `<bean:message />`-Tag auszugeben.

108 Tiles verwenden

`Tiles` sind der inoffizielle Nachfolger von `Templates`. Sie sind ursprünglich entwickelt worden, um mehr Kontrolle und mehr Einflussmöglichkeiten bei der Verwendung von Templates zu haben, und entwickelten sich aufgrund ihrer Abwärtskompatibilität zur Struts-Template-Lösung schnell zum bevorzugten Mittel, wenn es um komplexere Template-Ansprüche geht.

Tiles sind mittlerweile sehr stark in das Struts Framework integriert. Sie können wie Templates verwendet werden (tatsächlich ist dies im vorherigen Abschnitt geschehen), bieten aber deutlich mehr Möglichkeiten, die dann aber ihrerseits mehr Konfigurationsaufwand erfordern.

Die wesentlichsten Vorteile von Tiles gegenüber Templates sind:

- Template-Definition können voneinander erben.
- Template-Definitionen können in externe Ressourcen ausgelagert werden.
- Tile-Templates können als Ziele für Action-Forwards dienen.

Alle drei Vorteile sollen im Folgenden anhand eines kleinen Beispiel-Portals verdeutlicht werden.

Zunächst muss die Konfiguration der Struts-Applikation für die Verwendung von Tiles geändert werden. Sehen wir uns dazu die Konfigurationsdatei *struts-config.xml* an:

```
<?xml version="1.0" encoding="ISO-8859-1" ?>

<!DOCTYPE struts-config PUBLIC
   "-//Apache Software Foundation//DTD Struts Configuration 1.2//EN"
   "http://jakarta.apache.org/struts/dtds/struts-config_1_2.dtd">

<struts-config>

   <global-forwards>
      <forward name="welcome" path="/welcome.do"/>
      <forward name="news" path="/news.do"/>
      <forward name="imprint" path="/imprint.do"/>
   </global-forwards>

   <action-mappings>
      <action path="/welcome" forward="mainPage"/>
      <action path="/news" forward="newsPage"/>
      <action path="/imprint" forward="imprintPage"/>
   </action-mappings>

   <controller
      processorClass="org.apache.struts.tiles.TilesRequestProcessor"/>

   <message-resources
      parameter="codebook.j2ee.struts.TilesResources" />

   <plug-in className="org.apache.struts.tiles.TilesPlugin" >
      <set-property property="definitions-config"
         value="/WEB-INF/tiles-defs.xml" />
   </plug-in>

</struts-config>
```

Listing 337: Konfiguration einer Webapplikation für die Verwendung mit Tiles

Um Tiles über den Rahmen der durch Templates vorgegebenen Funktionalität hinweg nutzen zu können, sollte als `Controller`-Servlet nicht mehr das Standard-Struts-Servlet dienen, sondern die für das Struts Framework abgeleitete Variante vom Typ `org.apache.struts.tiles.TilesRequestProcessor`. Dies wird mit Hilfe des `<controller />`-Tags definiert:

```
<controller
   processorClass="org.apache.struts.tiles.TilesRequestProcessor"/>
```

Weiterhin sollte das Tiles-Plug-In vom Typ `org.apache.struts.tiles.TilesPlugin` aktiviert werden. Dieses nimmt als Parameter für die Eigenschaft `definitions-config` den Speicherort der Konfigurationsdatei für die Tiles-Templates entgegen:

Struts

```
<plug-in className="org.apache.struts.tiles.TilesPlugin" >
   <set-property property="definitions-config"
      value="/WEB-INF/tiles-defs.xml" />
</plug-in>
```

Innerhalb der Tiles-Definitionsdatei werden nun die einzelnen Templates definiert:

```
<?xml version="1.0" encoding="ISO-8859-1" ?>

<!DOCTYPE tiles-definitions PUBLIC
   "-//Apache Software Foundation//DTD Tiles Configuration 1.1//EN"
   "http://jakarta.apache.org/struts/dtds/tiles-config_1_1.dtd">

<tiles-definitions>
   <definition name=".layout" path="/templates/default.jsp">
      <put name="top" value="/templates/top.jsp" />
      <put name="navi" value="/templates/navi.jsp" />
   </definition>

   <definition name="mainPage" extends=".layout">
      <put name="main" value="/content/main.jsp" />
   </definition>

   <definition name="newsPage" extends=".layout">
      <put name="main" value="/content/news.jsp" />
   </definition>

   <definition name="imprintPage" extends=".layout">
      <put name="main" value="/content/imprint.jsp" />
   </definition>
</tiles-definitions>
```

Listing 338: Definition der Tiles-Elemente innerhalb der Datei /WEB-INF/tiles-defs.xml

Die Definition der einzelnen Layouts erfolgt innerhalb von `<definition />`-Tags. Dieses Tag kann mehrere Attribute verwenden:

- `name`: Nimmt den Namen der Definition entgegen. Bei Definitionen, die nur intern verwendet werden, sollten Sie eine Notation mit einem Punkt am Anfang wählen, um sie von Definitionen abzusetzen, die als Forward-Ziele dienen sollen.
- `path`: Definiert die zu verwendende Layout-Datei relativ zur Wurzel der Applikation.
- `extends`: Gibt den Namen an, von dem die Definition erbt. Diese Vererbung ist analog zur Vererbung bei Objekten zu verstehen, denn auch hier können Elemente überschrieben und hinzugefügt werden. Nicht überschriebene Elemente behalten den Wert, den sie im Element hatten, von dem geerbt worden ist.

In obiger Definitionsdatei wurde eine Definition `.layout` deklariert. Diese beinhaltet zwei Elemente für Kopf- und Navigationsbereich, die auf die entsprechenden JSPs verweisen.

Die davon ableitenden Definitionen `mainPage`, `newsPage` und `imprintPage` setzen jeweils das Attribut `main` mit dem Namen der auszugebenden JSP, um den entsprechenden Inhalt ausgeben zu lassen.

Die in der Definition `.layout` angegebene Layout-Datei */templates/default.jsp* hat folgenden Aufbau:

```
<%@ page contentType="text/html;charset=UTF-8" language="java" %>
<%@ taglib uri="/WEB-INF/tlds/struts-tiles.tld" prefix="template" %>
<%@ taglib uri="/WEB-INF/tlds/struts-bean.tld" prefix="bean" %>
<html>
   <head>
      <title>
         <bean:message key="app.title" />
      </title>
   </head>
   <style media="screen" type="text/css">
      ...
   </style>
   <body>
      <div id="main">
         <template:get name="main" />
      </div>
      <div id="navi">
         <template:get name="navi" />
      </div>
      <div id="head">
         <template:get name="top" />
      </div>
   </body>
</html>
```

Listing 339: Layoutdefinition innerhalb der Datei /templates/default.jsp

Das Einbinden der Inhalte der in der Konfigurationsdatei definierten Elemente erfolgt per `<template:get />`-Tag. Dessen Attribut `name` bezeichnet dabei den in der Konfigurationsdatei vergebenen Namen des Attributs.

Die Navigationsdatei */templates/navi.jsp* definiert das Hauptmenü der Webseite:

```
<%@ page contentType="text/html;charset=UTF-8" language="java" %>
<%@ taglib uri="/WEB-INF/tlds/struts-bean.tld" prefix="bean" %>
<%@ taglib uri="/WEB-INF/tlds/struts-html.tld" prefix="html" %>
```

Listing 340: Navigation der Webseite

```
<div>
   <html:link action="welcome.do">
      <bean:message key="label.home" />
   </html:link>
</div>
<div>
   <html:link action="news.do">
      <bean:message key="label.news" />
   </html:link>
</div>
<div>
   <html:link action="imprint.do">
      <bean:message key="label.imprint" />
   </html:link>
</div>
```

Listing 340: Navigation der Webseite (Forts.)

An dieser Stelle scheint es schwierig zu werden: Wie können die verschiedenen Actions, die innerhalb der Navigationsdatei verlinkt sind, so angesprochen werden, dass die entsprechenden Inhalte im Template ausgegeben werden? Schließlich ist diese Unflexibilität einer der Hauptnachteile bei der Verwendung von Struts-`Templates`.

Zur Klärung der Frage sollten Sie einen zweiten Blick in die Konfigurationsdatei *struts-config.xml* werfen und sich dabei genau ansehen, auf welche Forwards die Action-Deklarationen zeigen:

```
<action-mappings>
   <action path="/welcome" forward="mainPage"/>
   <action path="/news" forward="newsPage"/>
   <action path="/imprint" forward="imprintPage"/>
</action-mappings>
```

Im Gegensatz zu allen bisherigen Beispielen, bei denen eine Action stets auf eine JSP oder eine andere Action gezeigt hat, erfolgt hier offensichtlich ein Verweis auf eine Tiles-Definition! Dieser Verweis wird vom `TilesRequestProcessor`-Servlet aufgelöst, und die entsprechende Layout-Datei wird eingebunden.

Für den Entwickler bedeutet dies, dass Templates zentral hinterlegt werden können. Die Deklarationen müssen nur mehr an einer Stelle erfolgen, und es ist nicht mehr nötig, für jede Seite eine eigene Deklaration innerhalb einer JSP-Datei abzulegen. Stattdessen kann nunmehr auf eine Tiles-Definition verwiesen werden, die ihre »statischen« Bestandteile erbt und nur noch die Deklaration der für diese Definition spezifischen Elemente enthält.

Dies bedeutet in der Konsequenz eine Verringerung des Schreibaufwands und aufgrund der Zentralisierung der Informationen eine Verbesserung der Wartbarkeit. Erkauft werden diese Vorteile mit einer komplexeren Konfiguration der Elemente.

Zur Laufzeit der Applikation werden die `<template:get />`-Tags durch die Inhalte ersetzt, auf die sie verwiesen haben. Im Browser betrachtet, sollte sich dieses Bild ergeben:

Abbildung 79: Webseite, die Tiles verwendet

Der Vorteil dieses Konzepts liegt neben Wartbarkeit und geringerem Schreibaufwand vor allem darin, dass einzelne Seiten trotz des Erbens von einer zentralen Vorlage komplett konfigurierbar bleiben – und das deklarativ und nicht codebasiert.

Die Vorteile von Tiles gegenüber Struts-Templates liegen in der Vielzahl der neuen Features und der Abwärtskompatibilität. Größter Nachteil ist die komplexere Konfiguration.

Falls Sie sich weiterführend mit diesem Thema auseinander setzen wollen, finden Sie hier gute Start-Punkte:

- Artikel zu Templates und Tiles:
  http://www.onjava.com/pub/a/onjava/2002/11/20/templatestruts.html
- Artikel zur Arbeit mit Tiles:
  http://www.developer.com/java/ent/article.php/2192411
- Homepage des Tiles-Erfinders samt kleinem Tutorial:
  http://www.lifl.fr/~dumoulin/tiles/index.html
- Vergleich verschiedener Templating-Mechanismen:
  http://www.javaworld.com/javaworld/jw-01-2002/jw-0104-tilestrut.html
- Beispielkapitel aus dem Buch »Programming Jakarta Struts« zum Thema »Tiles«:
  http://www.oreilly.com/catalog/jakarta/chapter/ch14.html

109 Tags der HTML-TagLib

Die HTML-TagLib definiert Tags für die Frontend-Darstellung mit Hilfe des Struts Frameworks. Die wichtigsten dieser Tags sollen hier kurz vorgestellt werden, wobei diese Auflistung keinen Anspruch auf Vollständigkeit erhebt.

Gemeinsame Attribute

Die meisten der im Folgenden vorgestellten HTML-Tags verfügen über die gleichen Attribute:

- `accesskey`: Tastenkürzel, nach dessen Druck der Eingabefokus auf das aktuelle Element springt (sollte in der Praxis nicht verwendet werden, da die meisten Browser unterschiedliche Tastenkürzel definieren und es hier zu Überschneidungen kommen könnte).
- `alt`: Alternativtext.
- `altKey`: Schlüsselname für den Inhalt des Alternativtextes in den Applikationsressourcen.
- `disabled`: Wenn der Wert true zugewiesen ist, wird das Element deaktiviert.
- `indexed`: Wenn der Wert true zugewiesen ist, wird innerhalb eines `<logic:iterate />-Tags` des internen Zählers in eckigen Klammern ausgegeben.
- `style`: CSS-Styles, die angewendet werden sollen.
- `styleClass`: CSS-Klasse, die angewendet werden soll.
- `styleId`: CSS-ID, die ausgegeben werden soll.
- `tabindex`: Tabulator-Reihenfolge (positive Zahlen in aufsteigender Ordnung).
- `title`: Erläuternder Text zum Element (wird in der Regel sichtbar, wenn der Mauszeiger über dem Element ruht).
- `titleKey`: Schlüsselname für den Inhalt des `title`-Tags in den Applikationsressourcen.

JavaScript-Event-Handler

Um per JavaScript auf clientseitige Ereignisse zu reagieren, können Sie folgende clientseitige JavaScript-Event-Handler für Ihre JavaScript-Codes verwenden:

- `onblur`: Wird beim Verlust des Eingabefokus ausgeführt.
- `onchange`: Wird ausgeführt, wenn sich der Wert des Elements ändert und der Eingabefokus weggenommen wird.
- `onclick`: Wird ausgeführt, wenn das Element mit der Maus angeklickt worden ist.

Struts

- `ondblclick`: Wird ausgeführt, wenn das Element mit der Maus doppelt geklickt worden ist.
- `onfocus`: Wird ausgeführt, wenn das Element den Eingabefokus erhält.
- `onkeydown`: Wird ausgeführt, wenn eine Taste gedrückt wird und das Element den Eingabefokus hat.
- `onkeypress`: Wird ausgeführt, wenn eine Taste gedrückt und losgelassen worden ist und das Element den Eingabefokus hat.
- `onkeyup`: Wird ausgeführt, wenn eine Taste gedrückt und losgelassen wird und das Element den Eingabefokus hat.
- `onmousedown`: Wird ausgeführt, wenn sich der Mauszeiger über dem Element befindet und eine Maustaste gedrückt wird.
- `onmousemove`: Wird ausgeführt, wenn sich das Element unter dem Mauszeiger befindet und dieser bewegt wird.
- `onmouseout`: Wird ausgeführt, wenn der Mauszeiger aus dem Bereich des Elements herausgeführt wird.
- `onmouseover`: Wird ausgeführt, wenn der Mauszeiger von außen über das Element geführt wird.
- `onmouseup`: Wird ausgeführt, wenn sich das Element unter dem Mauszeiger befindet und die Maustaste, die gedrückt worden ist, wieder losgelassen wird.

<html:base />

Rendert zum HTML-Element `<base />` und identifiziert die aktuelle Seite inklusive Protokoll und Namen des Webservers samt absolutem Pfad vom Wurzelverzeichnis des Servers. Dadurch werden die Adressen aller relativ adressierten Elemente der Seite korrekt aufgelöst. Das `<html:base />`-Tag befindet sich stets innerhalb des `<head />`-Tags.

Folgende Attribute werden unterstützt:

- `server`: Gibt den Namen des Servers an, der statt des angeforderten Servernamens ausgegeben werden soll.
- `target`: Standard-Target, wenn auf Links geklickt oder ein Formular abgesendet wird.

Beispiel:

```
<html:base target="_blank" />
```

<html:button />

Rendert zu einem `<input />`-Tag vom Typ `button`. Muss sich innerhalb eines `<html:form />`-Tags befinden. Folgende Attribute sind sinnvoll:

- Standardattribute
- Client-Events
- property: Name der Eigenschaft (Pflichtfeld)
- value: Anzeigewert des Buttons

Die Beschriftung des Buttons kann statt über das Attribut value auch durch den Rumpfinhalt bestimmt werden. Dies bietet sich an, wenn die Beschriftung durch einen Wert aus den Applikationsressourcen repräsentiert werden soll.

Beispiel:

```
<html:button property="buttonClick">
   <bean:message key="label.buttonClick" />
</html:button>
```


<html:cancel />

Rendert zu einem <input />-Tag vom Typ cancel. Dadurch wird das aktuelle Formular zurückgesetzt. Muss sich innerhalb eines <html:form />-Tags befinden. Sinnvolle Attribute:

- Standardattribute
- Client-Events
- value: Anzeigewert des Buttons

Die Beschriftung des Buttons kann statt über das Attribut value auch durch den Rumpfinhalt bestimmt werden.

Beispiel:

```
<html:cancel>
   <bean:message key="label.buttonCancel" />
</html:cancel>
```

<html:checkbox />

Rendert zu einem <input />-Tag vom Typ checkbox. Die verwendete Form-Bean gibt durch die per name-Attribut definierte Eigenschaft darüber Auskunft, ob das Element angekreuzt ist. Die entsprechende Eigenschaft sollte vom Typ bool sein. Muss sich innerhalb eines <html:form />-Tags befinden.

Sinnvolle Attribute:

- Standardattribute
- Client-Events
- name: Name der Bean, deren Eigenschaft ausgewertet werden soll

- `property`: Name der Eigenschaft, die ausgewertet werden soll
- `value`: Der zu übertragende Wert, wenn die Check-Box angekreuzt ist. Standardwert ist »`on`«.

Beispiel:

```
<html:checkbox property="isVisible"><br />
<bean:message key="label.isVisible" />
```

<html:errors />

Gibt die im Verarbeitungsprozess aufgetretenen Fehler (meist innerhalb der `validate()`-Methode einer Form-Bean erzeugt) aus. Zeigt nichts an, wenn keine Fehlermeldungen vorhanden sind.

Die Darstellung kann durch die Schlüssel `errors.header`, `errors.footer` (Kopf- und Fußzeile), `errors.prefix` (wird jedem Fehler vorangestellt) und `errors.suffix` (wird jedem Fehler nachgestellt) in den Applikationsressourcen beeinflusst werden.

Sinnvolles Attribut:

- `property`: Gibt den Namen der Eigenschaft an, zu der Fehlermeldungen angezeigt werden sollen. Wenn nicht angegeben, werden alle Fehlermeldungen ausgegeben.

Beispiele:

```
<html:errors />
<div>
   <html:errors property="email" />
   <bean:message key="label.email" /><br />
   <html:text property="email" />
</div>
```

<html:file />

Stellt ein Formularfeld für den Upload von Dateien bereit. Muss sich innerhalb eines `<html:form />`-Tags befinden, das die Attribute `enctype="multipart/form-data"` und `method="POST"` hat.

Sinnvolle Attribute:

- Standardattribute
- Client-Events
- `name`: Name der Form-Bean, die verwendet werden soll
- `property`: Name der Eigenschaft, die mit dem Feld verknüpft ist. Diese Eigenschaft muss vom Typ `FormFile` oder `String` sein. In ersterem Fall wird ihr die Datei übergeben, die hochgeladen worden ist, in letzterem Fall lediglich deren Dateiname.

Die meisten Browser ignorieren die weiteren Attribute accept (MIME-Types, die zulässig sind), maxlength (maximale Größe der hochzuladenden Datei) und value.

Beispiel:

```
<html:form action="submitFile"
   enctype="multipart/form-data" method="POST">
   ...
   <bean:message key="label.fileUpload" /><br />
   <html:file property="data" />
   ...
</html:form>
```


<html:form />

Stellt ein HTML-<form />-Tag dar. Verknüpft das Formular mit einer Form-Bean. Sinnvolle Attribute sind:

- action: URL, an den das Formular gesendet wird
- enctype: Codierungstyp
- focus: Name des Elements, dem der initiale Eingabefokus zugewiesen wird
- method: Methode, mit der die Daten übertragen werden. Mögliche Werte sind GET und POST.
- onreset: JavaScript-Code, der beim Zurücksetzen ausgeführt wird
- onsubmit: JavaScript-Code, der beim Versenden des Formulars ausgeführt wird
- target: Frame oder Fenster, an den oder das das Formular gesendet wird

Beispiel:

```
<html:form action="saveData" method="post">
   ...
</html:form>
```

<html:hidden />

Rendert ein HTML-<input />-Tag vom Typ hidden (also ein verstecktes Formularfeld). Vorgabewert ist der Wert der Eigenschaft, mit der das Feld per property-Attribut verknüpft ist. Sinnvolle Attribute:

- name: Name der Bean, mit der das Feld verknüpft ist
- property: Name der Eigenschaft der Bean, an die das Feld gebunden ist
- value: Expliziter Wert, mit der das Feld initialisiert werden soll

Beispiel:

```
<html:hidden property="hiddenValue" value="1" />
```

<html:html />

Stellt ein HTML-`<html />`-Element dar. Erlaubt optional die Angabe eines Sprachattributs und eines `xml:lang`-Attributs für die Verwendung von XHTML. Sinnvolle Attribute:

- `locale`: Wenn der Wert `true` gesetzt ist, wird ein `Locale` anhand der aktuellen Spracheinstellungen des Nutzers (erkennbar am `ACCEPT_LANGUAGES`-Header des Requests) gesetzt.
- `xhtml`: Wenn der Wert `true` gesetzt ist, wird ein `xml:lang`-Attribut für die Verwendung von XHTML gesetzt. Der Inhalt der Seite wird dann als XHTML interpretiert werden und muss wohlgeformtes und gültiges XML sein.

Struts

Beispiel:

```
<html:html xhtml="true" />
```

<html:img />

Stellt ein HTML-`<img />`-Tag zur Ausgabe eines Bildes dar. Der Basis-URL des Bildes wird entweder explizit angegeben (per `src`) oder in den Applikationsressourcen hinterlegt.

Sinnvolle Attribute:

- Standardattribute
- Client-Events
- `border`: Breite des umgebenden Rahmens in Pixeln
- `height`: Höhe des Bildes in Pixeln
- `hspace`: Horizontaler Abstand in Pixeln zu den Elementen, die links und rechts vom Bild liegen
- `name`: Name der Bean, aus der die QueryString-Parameter des Bildes ausgelesen werden sollen
- `page`: Pfad zum Bild relativ zum Wurzelverzeichnis der Applikation (mit »/« beginnend)
- `pageKey`: Schlüsselname in den Applikationsressourcen, der den relativen Pfad des Bildes beinhaltet
- `paramId`: Name des Parameters, der angehängt werden soll
- `paramName`: Name einer Bean, die einen Parameter definiert
- `paramProperty`: Eigenschaft der Bean, die den Wert des Parameters enthält
- `paramScope`: Gültigkeitsbereich der Bean, die verwendet werden soll

- property: Name der Eigenschaft, die eine Map-Implementierung zurückgibt. Diese Map-Implementierung enthält Name-Wert-Paare, die als QueryString-Parameter an die Adresse des Bildes angehängt werden sollen.
- src: Absoluter Pfad zum Bild
- srcKey: Schlüsselname in den Applikationsressourcen, der auf den absoluten Pfad des Bildes verweist
- vspace: Vertikaler Abstand des Bildes zu den Elementen über und unter ihm
- width: Breite des Bildes in Pixeln

Beispiele:

```
<html:img page="/images/button.gif" />
<html:img srcKey="images.german" border="0" vspace="5" />
<html:img src="/images/button2.gif" alt="label.image.button2" />
```

<html:link />

Rendert zu einem HTML-<a />-Tag, der entweder einen Namen hat oder auf ein Ziel verweist.

Neben dem Setzen des URL per action, forward, href oder page können Sie zusätzliche Parameter per name und property oder per paramId, paramName, paramProperty und paramScope setzen.

Folgende Attribute sind sinnvoll:

- Standardattribute
- Client-Events
- action: Name einer Action, auf die weitergeleitet werden soll. Wird ignoriert, wenn linkName angegeben wird.
- anchor: Anker-Name (ohne Raute »#«), der an den URL angehängt werden soll
- forward: Name des Forwards, auf das weitergeleitet werden soll. Wird ignoriert, wenn linkName angegeben wird.
- href: URL inklusive Protokoll, auf den verwiesen wird. Wird ignoriert, wenn linkName angegeben wird.
- linkName: Gibt den Namen des Anchor-Tags an. Sorgt dafür, dass der Link nicht klickbar ist, sondern eine Position innerhalb der Seite repräsentiert.
- name: Name der Bean, aus der die QueryString-Parameter des Links ausgelesen werden sollen
- page: Pfad zum Link relativ zum Wurzelverzeichnis der Webapplikation (mit »/« beginnend)

- `paramId`: Name des Parameters, der angehängt werden soll
- `paramName`: Name einer Bean, die einen Parameter definiert
- `paramProperty`: Eigenschaft der Bean, die den Wert des Parameters enthält
- `paramScope`: Gültigkeitsbereich der Bean, die verwendet werden soll
- `property`: Name der Eigenschaft, die eine `Map`-Implementierung zurückgibt. Diese `Map`-Implementierung enthält Name-Wert-Paare, die als QueryString-Parameter an die Adresse des Links angehängt werden sollen.
- `scope`: Gibt den Gültigkeitsbereich an, in dem nach der durch `name` bezeichneten Bean gesucht werden soll.
- `target`: Name des Fensters oder Frames, in dem der Link geöffnet werden soll

Beispiele:

```
<!-- Link auf nextStep.do?step=2 -->
<html:link action="nextStep" paramId="step"
   paramProperty="nextStepNumber">
   <bean:message key="labels.nextStep" />
</html:link>

<!-- Link auf nextStep.do mit den in der
     Eigenschaft params der Bean linkBean
     enthaltenen Parametern -->
<html:link action="nextStep" property="params" name="linkBean">
   <bean:message key="labels.nextStepLink" />
</html:link>

<!-- link auf externe Ressource -->
<html:link href="http://www.spiegel.de" target="_blank">
   <bean:message key="labels.link.de.spiegel" />
</html:link>

<!-- Benannter Link -->
<html:link linkName="top" />

<!-- Verweis auf benannten Link -->
<html:link action="nextStep" anchor="top" paramId="step"
   paramProperty="nextStepNumber">
   <bean:message key="labels.nextStep" />
</html:link>
```

<html:option />

Rendert zu einem HTML-`<option />`-Tag. Der angezeigte Text wird entweder im Rumpf des Elements ausgegeben oder per `key` in den Applikationsressourcen ermittelt. Das Tag ist nur gültig, wenn es sich innerhalb eines `<html:select />`-Tags befindet.

Sinnvolle Attribute:

- key: Schlüssel in den Applikationsressourcen, der den auszugebenden Anzeige-Text referenziert
- style, styleClass, styleId: Definieren CSS-Styles, CSS-Style-Klasse und CSS-ID.
- value: Wert des Elements

Beispiel:

```
<html:select property="address">
   <html:option label="labels.pleaseSelectSomething" valu
   <html:option label="labels.One" value="1" />e="" />
   <html:option label="labels.Two" value="2" />
</html:select>
```


<html:optionsCollection />

Stellt eine Gruppe von HTML-<option />-Elementen dar. Die einzelnen Elemente werden aus einer Collection von Beans gebildet. Mit Hilfe der Attribute label und value können die Eigenschaften einer einzelnen Bean definiert werden, welche die Anzeigetexte und die Werte enthalten.

Sinnvolle Attribute:

- label: Eigenschaft der Bean, die den Anzeigetext beinhaltet. Standardwert ist »label«.
- name: Name der Bean, welche die Liste von Beans enthält, die zur Anzeige kommen sollen
- property: Eigenschaft der Bean, welche die Collection-Implementierung mit den anzuzeigenden Beans enthält
- value: Eigenschaft der Bean, die den Wert enthält. Standardwert ist »value«

Beispiel:

```
<html:select property="address">
   <html:option label="labels.pleaseSelectSomething" value="" />
   <html:optionsCollection
      label="addressDisplayName" value="addressId"
      property="addresses" />
</html:select>
```

<html:password />

Rendert zu einem HTML-<input />-Element vom Typ password, bei dem die einzelnen Zeichen durch Sterne repräsentiert werden. Muss sich innerhalb eines <html:form />-Tags befinden.

Sinnvolle Attribute:

- Standardattribute
- Client-Events
- `maxlength`: Maximale Anzahl an Zeichen
- `name`: Name der zu verwendenden Bean
- `property`: Eigenschaft, an die das Element gebunden ist
- `readonly`: Wenn auf `true` gesetzt, dann kann der Wert nicht geändert werden.
- `redisplay`: Wenn der Wert `false` zugewiesen wird, wird kein Text in dem Element angezeigt. Dies betrifft nicht Text, der erst eingegeben wird, sondern den Inhalt der Property der Bean, an die das Element gebunden ist.
- `size`: Die Größe des Feldes in Zeichen
- `value`: Initialer Wert des Feldes

Beispiel:

```
<html:password redisplay="false" property="password" />
```

<html:radio />

Rendert zu einem HTML-`<input />`-Tag vom Typ `radio`. Ist nur gültig, wenn es sich innerhalb eines `<html:form />`-Tags befindet.

Sinnvolle Attribute:

- Standardattribute
- Client-Events
- `idName`: Wenn das Element innerhalb eines `<logic:iterate />`-Tags ausgegeben wird, referenziert `idName` die aktuell durchlaufene Bean über deren Namen.
- `name`: Name der Bean, die den Wert des Elements beinhaltet
- `property`: Eigenschaft der Bean, die den Wert des Elements repräsentiert
- `value`: Wenn innerhalb eines `<logic:iterate />`-Tags befindlich, verweist das Attribut `value` auf den Namen der Eigenschaft der aktuellen Bean, die den Wert des Elements repräsentiert. Wenn sich das Element nicht innerhalb eines `<logic:iterate />`-Tags befindet, kann per `value` der initiale Wert gesetzt werden.

Beispiele:

```
<!—Allein stehendes Radio-Element -->
<html:radio name="radioBean" property="isChecked" />

<!-- Radio-Element innerhalb einer <logic:iterate />-Schleife -->
```

```
<logic:iterate id="item" name="catalogForm" property="choices">
   <!-- Element ist angewählt, wenn sein Wert dem Wert der
        Eigenschaft selectedItem der Form-Bean entspricht -->
   <html:radio idName="item" value="itemNumber"
      property="selectedItem" />
   <!-- Anzeige-Wert ausgeben -->
   <bean:write name="item" property="itemName" />
</logic:iterate>
```

<html:select />

Rendert zu einem HTML-`<select />`-Element, das die Auswahl aus mehreren Werten erlaubt, die durch `<html:option />`-Elemente oder durch `<html:optionsCollection />`-Elemente repräsentiert werden. Muss sich innerhalb eines `<html:form />`-Tags befinden.

Sinnvolle Attribute:

- Standardattribute
- Client-Events
- `multiple`: Erlaubt eine Mehrfachauswahl, wenn der Wert `true` zugewiesen wird. Erfordert in diesem Fall eine Bean-Eigenschaft, die ein Array (beispielsweise `String[]`) repräsentiert.
- `name`: Name der Bean, welche die Auswahl beinhaltet
- `property`: Eigenschaft der Bean, welche die Auswahl beinhaltet
- `size`: Anzahl der Optionen, die gleichzeitig angezeigt werden
- `value`: Initiale Auswahl

Beispiel:

```
<html:select property="address" size="4" value="">
   <html:option label="labels.pleaseSelectSomething" value="" />
   <html:optionsCollection
      label="addressDisplayName" value="addressId"
      property="addresses" />
</html:select>
```

<html:submit />

Rendert zu einem HTML-`<input />`-Element vom Typ `submit`, welches das umgebende Formular absendet. Muss sich innerhalb eines `<html:form />`-Elements befinden.

Sinnvolle Attribute:

- Standardattribute
- Client-Events

- property: Gibt den Namen der Eigenschaft der Form-Bean an, welcher der per value gesetzte Wert zugewiesen wird. Ist optional.
- value: Anzeigewert des Elements. Kann auf einen Schlüssel der Applikationsressourcen verweisen. Wenn nicht gesetzt, wird der Inhalt des Rumpfes des Elements verwendet.

Beispiel:

```
<html:submit><bean:message key="labels.submit" /></html:submit>
```

<html:text />

Rendert zu einem HTML-<input />-Element vom Typ text, das die Eingabe eines Textes in einer Zeile erlaubt. Ist nur gültig, wenn es sich innerhalb eines <html:form />-Tags befindet.

Sinnvolle Attribute:

- Standardattribute
- Client-Events
- maxlength: Maximal erlaubte Zeichenanzahl
- name: Name der Bean, die den Wert des Elements beinhaltet
- property: Name des Eingabefeldes und gleichzeitig Name der Eigenschaft der Bean, die den Wert des Elements beinhaltet. Die Eigenschaft der Bean muss vom Typ String sein.
- readonly: Wenn der Wert true zugewiesen wird, kann in dem Feld keine Eingabe erfolgen.
- size: Größe des Feldes in Zeichen
- value: Initialer Wert des Feldes

Beispiel:

```
<html:text property="name" size="20" value="Paule" />
```

<html:textarea />

Rendert zu einem HTML-<textarea />-Tag, das die mehrzeilige Eingabe von Text erlaubt. Ist nur gültig, wenn es sich innerhalb eines <html:form />-Tags befindet.

Sinnvolle Attribute:

- Standardattribute
- Client-Events
- cols: Anzahl der anzuzeigenden Spalten

- `name`: Name der Bean, die den Wert des Elements beinhaltet
- `property`: Name der Bean-Eigenschaft, an die das Element gebunden ist
- `readonly`: Wenn der Wert `true` zugewiesen ist, kann in das Element kein Text eingegeben werden.
- `rows`: Anzahl der anzuzeigenden Zeilen
- `value`: Initialer Wert des Elements

Beispiel:

```
<html:textarea cols="40" rows="5" property="comment" />
```


110 Tags der Logic-TagLib

Die in der Logic-TagLib enthaltenen Tags kapseln Operationen und Bedingungen, die für den Vergleich von Werten, das Prüfen auf das Vorhandensein von Werten, String-Vergleiche, Meldungsprüfungen, die Anwendungssteuerung oder den Umgang mit Collections hilfreich sind.

Prüfungen auf das Vorhandensein von Werten, Meldungen oder auf leere Werte

Die Tags `<logic:empty />`, `<logic:notEmpty />`, `<logic:present />`, `<logic:notPresent />`, `<logic:messagesPresent />` und `<logic:messagesNotPresent />` erlauben es, auf leere Werte beziehungsweise das Vorhandensein von Werten oder Meldungen zu prüfen.

<logic:empty /> und <logic:notEmpty />

Das Tag `<logic:empty />` stellt seinen Rumpfinhalt nur dar, wenn die angegebene Variable den Wert `null` hat, ein Leerstring oder eine leere `Collection`- bzw. `Map`-Implementierung ist. Das Gegenstück `<logic:notEmpty />` stellt seinen Rumpfinhalt nur dann dar, wenn keine der oben genannten Bedingungen zutrifft.

Sinnvolle Attribute beider Tags:

- `name`: Name der Bean, die verwendet werden soll. Wird darüber hinaus das Attribut `property` gesetzt, wird nicht auf die Bean, sondern deren per `property` definierte Eigenschaft geprüft.
- `property`: Gibt den Namen einer Property an, deren Wert überprüft werden soll. Optional.
- `scope`: Gültigkeitsbereich, in dem die Bean gesucht wird. Wenn nicht angegeben, werden alle Gültigkeitsbereiche durchsucht.

Beispiele:

```
<!-- Keine Adressen vorhanden -->
<logic:empty name="addressManager" property="addresses">
```

```
   <bean:message key="errors.noAddressFound" />
</logic:empty>
<!-- Adressen ausgeben -->
<logic:notEmpty name="addressManager" property="addresses">
   <logic:iterate id="item" name="addressManager"
      property="addresses">
      ...
   </logic:iterate>
</logic:notEmpty>
```

<logic:present /> und <logic:notPresent />

Prüfen auf Vorhandensein oder Nichtvorhandensein einer Variablen oder Bean. Der Prüfbereich wird mit Hilfe der Attribute `cookie`, `header`, `name`, `parameter`, `role` oder `user` angegeben. Das Tag `<logic:present />` stellt seinen Rumpfinhalt dar, wenn die bezeichnete Variable vorhanden und ungleich `null` ist. Das Tag `<logic:notPresent />` stellt seinen Inhalt dar, wenn die bezeichnete Variable nicht vorhanden ist oder den Wert `null` besitzt.

Sinnvolle Attribute:

- `cookie`: Prüft auf die Existenz des Cookies mit dem angegebenen Namen. Groß-/Kleinschreibung werden beachtet.
- `header`: Prüft auf die Existenz des HTTP-Headers mit dem angegebenen Namen. Groß-/Kleinschreibung werden nicht beachtet.
- `name`: Prüft auf die Existenz der bezeichneten Bean. Wird das Attribut `property` darüber hinaus mit angegeben, wird der Wert der angegebenen Property der Bean überprüft.
- `parameter`: Prüft auf die Existenz des bezeichneten Anfrageparameters. Groß-/Kleinschreibung wird beachtet.
- `property`: Bezeichnet eine Eigenschaft einer Bean, deren Wert überprüft werden soll.
- `role`: Prüft, ob der derzeit angemeldete Benutzer eine der angegebenen Sicherheitsrollen besitzt. Auf mehrere Rollen kann mit Hilfe einer kommaseparierten Liste überprüft werden.
- `scope`: Bezeichnet den Gültigkeitsbereich, in dem nach der angegebenen Bean gesucht wird. Wenn nicht angegeben, werden alle Gültigkeitsbereiche untersucht.
- `user`: Prüft, ob der aktuell angemeldete User den angegeben Benutzernamen hat.

Beispiel:

```
<!-- Adress-Manager initialisiert -->
<logic:present name="addressManager">
   <!-- Keine Adressen vorhanden -->
   <logic:empty name="addressManager" property="addresses">
      <bean:message key="errors.noAddressFound" />
```

```
    </logic:empty>
    <!-- Adressen ausgeben -->
    <logic:notEmpty name="addressManager" property="addresses">
      <logic:iterate id="item" name="addressManager"
        property="addresses">
        ...
      </logic:iterate>
  </logic:notEmpty>
</logic:present>

<!-- Adress-Manager nicht initialisiert -->
<logic:notPresent name="addressManager">
  <bean:message key="errors.notInitialized" />
</logic:notPresent>
```

Struts

<logic:messagesPresent /> und <logic:messagesNotPresent />

Diese Tags zeigen ihren Rumpfinhalt nur an, wenn die bezeichneten Meldungen oder Fehlermeldungen vorhanden oder nicht vorhanden sind. Die gesuchten Meldungen werden mit Hilfe eines definierten Schlüssels benannt und können in einer `ActionErrors`-Instanz, einer `ActionMessages`-Instanz, einem Array aus Strings oder einer einzelnen `String`-Instanz gespeichert sein.

Sinnvolle Attribute:

- `message`: Wenn der Wert `true` zugewiesen worden ist, wird anhand des konstanten Schlüssels `Globals.MESSAGE_KEY` überprüft, ob generell Meldungen vorhanden sind. Der Wert des Attributs `name` wird dabei ignoriert. Der Standardwert ist `null` – es erfolgt also keine Prüfung.
- `name`: Gibt den Namen der Bean an, welche die auszugebenden Meldungen enthält. Der Standardwert ist `Globals.ERROR_KEY`, der auf die Bean verweist, welche die Fehlermeldungen der Applikation beinhaltet.
- `property`: Gibt den Namen der Eigenschaft der durch `name` bezeichneten Bean an, die auf das Vorhandensein von Meldungen überprüft werden soll.

Beispiele:

```
<logic:messagesPresent>
  <bean:message key="labels.messagesPresent" />
</logic:messagesPresent>
<logic:messagesNotPresent>
  <bean:message key="labels.messagesNotPresent" />
</logic:messagesNotPresent>
```

Vergleich von Werten

Mit Hilfe der Tags `<logic:equal />`, `<logic:notEqual />`, `<logic:greaterEqual />`, `<logic:greaterThan />`, `<logic:lessEqual />`, `<logic:lessThan />`, `<logic:notMatch />` und `<logic:match />` können Wertvergleiche so angestellt werden, dass die in den Tags eingeschlossenen Inhalte nur erscheinen, wenn die jeweilige Bedingung zutrifft.

Mit Hilfe des Attributs `value` wird jeweils der Wert definiert, mit dem verglichen werden soll. Die Attribute `cookie`, `header`, `name`, `parameter` und `property` (bei Verwendung einer durch `name` bezeichneten Bean) repräsentieren den Wert, der gegen den per `value` angegebenen Wert verglichen wird.

Sollten beide Werte vom Typ `long` oder `double` sein (oder in diese Typen konvertiert werden können), wird ein nummerischer Vergleich durchgeführt. Sollte dies nicht möglich sein, erfolgt ein Vergleich auf `String`-Ebene.

Sollte eine Bean explizit referenziert werden und kann aber nicht gefunden werden, wird eine Exception geworfen. Sollten `cookie`, `header`, `parameter` oder `property` `null`-Werte zurückgeben, wird keine Exception geworfen.

Sinnvolle Attribute:

- `cookie`: Name des Cookies, dessen Wert überprüft werden soll. Groß-/Kleinschreibung wird beachtet.
- `header`: Name des HTTP-Headers, dessen Wert überprüft werden soll. Groß-/Kleinschreibung spielen keine Rolle.
- `name`: Name einer Bean, deren Wert überprüft werden soll. Wird die Eigenschaft `property` gesetzt, wird der Wert dieser Eigenschaft zum Vergleich herangezogen.
- `parameter`: Name eines Anforderungsparameters, dessen Wert überprüft werden soll. Repräsentiert der Parameter mehrere Werte, wird nur der erste der Werte zum Vergleich herangezogen. Groß-/Kleinschreibung wird nicht berücksichtigt.
- `property`: Name einer Eigenschaft der durch `name` bezeichneten Bean, deren Wert zum Vergleich herangezogen werden soll.
- `scope`: Gültigkeitsbereich, in dem die durch `name` bezeichnete Bean gesucht werden soll. Wenn nicht angegeben, wird in allen Gültigkeitsbereichen gesucht.
- `value`: Wert, gegen den geprüft werden soll.

Beispiele:

```
<!-- Überschrift ausgeben, wenn in den Settings definiert -->
<logic:equal name="settings" property="displayHeadline" value="true">
   <h2><bean:message key="news.headline" /></h2>
</logic:equal>

<!-- Wenn Gesamtpreis grösser als 20,00 EUR,
     dann kostenloser Versand -->
<logic:greaterEqual name="allProducts"
   property="overallPrice" value="20.00">
   <strong><bean:message key="labels.freeShipping" />
</logic:greaterEqual>

<!-- Wenn Gesamtpreis kleiner als 20,00 EUR,
     dann kein kostenloser Versand -->
```

Struts

```
<logic:less name="allProducts"
   property="overallPrice" value="20.00">
   <strong><bean:message key="labels.noFreeShipping" />
</logic:less>
```

Teilstring-Vergleich

Ein Teilstring-Vergleich wird mit Hilfe der beiden Tags `<logic:match />` und `<logic:notMatch />` vorgenommen. Diese verfügen zusätzlich über das Attribut `location`, das angibt, von wo aus die Prüfung erfolgt:

- `start`: Zeichenkette muss mit der durch `value` angegebenen Zeichenkette beginnen.
- `end`: Zeichenkette muss mit der durch `value` angegebenen Zeichenkette enden.

Nicht-String-Werte werden mit Hilfe der Methode `toString()` in Zeichenketten konvertiert. Existiert der zu überprüfende Wert nicht oder ist er `null`, wird eine Exception geworfen.

Wenn die Prüfung erfolgt ist, wird der jeweilige Rumpfinhalt dargestellt.

Beispiele:

```
<logic:match parameter="name" location="start" value="Karsten">
   <bean:message key="labels.nameStartsWithKarsten" />
</logic:match>
<logic:notMatch parameter="name" location="start" value="Karsten">
   <bean:message key="labels.nameStartsNotWithKarsten" />
</logic:notMatch>
```

Anwendungssteuerung

Die Anwendungssteuerung erfolgt mit Hilfe der beiden Tags `<logic:forward />` und `<logic:redirect />`.

<logic:forward />

Leitet innerhalb der Applikation auf ein globales Forward weiter. Der Browser erfährt nichts von dieser Weiterleitung, da diese innerhalb des Servlet-Containers stattfindet. Der Name des Forwards wird per `name`-Attribut angegeben.

Beispiel:

```
<logic:forward name="welcome" />
```

<logic:redirect />

Das `<logic:redirect />`-Tag sendet den Browser auf ein bezeichnetes Ziel weiter. Die möglichen Attribute entsprechen in ihrer Anwendung weitestgehend denen des `<html:link />`-Tags:

- `anchor`: Ankername (ohne Raute »#«), der an den URL angehängt werden soll

Struts

- `forward`: Name des Forwards, auf das weitergeleitet werden soll
- `href`: URL inklusive Protokoll, auf den verwiesen wird
- `name`: Name der Bean, aus der die QueryString-Parameter des Links ausgelesen werden sollen
- `page`: Pfad zum Ziel relativ zum Wurzelverzeichnis der Applikation (mit »/« beginnend)
- `paramId`: Name des Parameters, der angehängt werden soll
- `paramName`: Name einer Bean, die einen Parameter definiert
- `paramProperty`: Eigenschaft der Bean, die den Wert des Parameters enthält
- `paramScope`: Gültigkeitsbereich der Bean, die verwendet werden soll
- `property`: Name der Property, die eine `Map`-Implementierung zurückgibt. Diese `Map`-Implementierung enthält Name-Wert-Paare, die als QueryString-Parameter an die Adresse der Weiterleitung angehängt werden sollen.
- `scope`: Gibt den Gültigkeitsbereich an, in dem nach der durch `name` bezeichneten Bean gesucht werden soll.
- `transaction`: Wenn der Wert auf `true` gesetzt wird, findet die Weiterleitung innerhalb des aktuellen Transaktionskontextes statt.

Beispiel:

```
<logic:redirect forward="nextStep" paramId="step"
   paramProperty="nextStepNumber" />
```

Collections

Listen werden mit Hilfe des `<logic:iterate />`-Tags durchlaufen. Mit Hilfe der Attribute `name` und `property` geben Sie an, welche Bean und welche Eigenschaft dieser Bean die zu durchlaufende Liste enthält. Die zu durchlaufende Liste muss ein Array, eine `Collection`-Implementierung, eine `Map`-Implementierung oder eine `Enumeration`-Implementierung sein. Das Attribut `id` gibt den Namen an, unter dem das aktuelle Element dieser Liste als Bean erreichbar ist.

Sinnvolle Attribute:

- `collection`: Laufzeitausdruck, dessen Auswertung eine Liste ergibt, die als Datenquelle genutzt wird
- `id`: Name der Bean im Page-Gültigkeitsbereich, unter dem das aktuelle Element abgelegt wird
- `length`: Maximale Anzahl der zu durchlaufenden Elemente
- `name`: Name der Bean, welche die zu durchlaufende Liste repräsentiert

- offset: Startpunkt des Durchlaufs (ab null gerechnet)
- property: Eigenschaft der angegebenen Bean, welche die zu durchlaufende Liste repräsentiert
- scope: Gültigkeitsbereich, innerhalb dessen die benannte Bean gesucht wird
- type: Voll qualifizierter Klassenname des Elements, das bei jedem Durchlauf als Bean zur Verfügung gestellt wird. Die Elemente der Liste müssen in den angegebenen Typ castbar sein, sonst wird eine Exception geworfen. Wird type nicht angegeben, wird keine Typkonvertierung durchgeführt.

Beispiel:

```
<logic:iterate id="item" name="addressManager"
   property="addresses">
   <li><bean:write name="item" property="name" /></li>
</logic:iterate>

<%
   String[] items = { "One", "Two", "Three" };
%>
<logic:iterate id="item" collection="<%= items %>">
   <li><bean:write name="item" /></li>
</logic:iterate>
```

111 Tags der Bean-TagLib

Die Bean-TagLib erlaubt den Zugriff auf JavaBeans, die Deklaration neuer Beans und die Ausgabe von Applikationsressourcen.

<bean:cookie />

Liest den Wert oder die Werte des benannten Cookies aus und stellt sie im Page-Scope in Form einer javax.servlet.http.Cookie-Instanz oder in einem Array aus javax.servlet.http.Cookie-Instanzen zur Verfügung.

Sinnvolle Attribute:

- id: Name, unter dem die javax.servlet.http.Cookie-Instanz verfügbar sein soll
- multiple: Falls ein Wert angegeben wird, erfolgt die Rückgabe in Form eines Arrays aus javax.servlet.http.Cookie-Instanzen. Wird kein Wert angegeben, wird eine einzelne javax.servlet.http.Cookie-Instanz im Page-Scope hinterlegt, die den Wert des Cookies repräsentiert beziehungsweise das erste Element der Cookie-Werte beinhaltet.
- name: Name des Cookies. Groß- und Kleinschreibung werden berücksichtigt.
- value: Standardwert, der zurückgegeben wird, wenn das Cookie nicht gefunden werden konnte.

Struts

Beispiel:

```
<bean:cookie id="cookie" name="count" value="1" />
<bean:write name="cookie" property="value" />
```

<bean:define />

Erzeugt im angegebenen Gültigkeitsbereich eine Variable oder Bean, die den per `value` angegebenen Wert hat, den Wert einer Bean oder einer Eigenschaft repräsentiert, die per `name` und optional per `property` definiert ist oder den im Rumpf definierten Inhalt verfügbar macht.

Sinnvolle Attribute:

- `id`: Name der zu definierenden Bean
- `name`: Name der Bean, deren Wert ausgelesen und repräsentiert werden soll
- `property`: Eigenschaft der per `name` definierten Bean, deren Wert repräsentiert werden soll
- `scope`: Gültigkeitsbereich, in dem die Suche nach der benannten Bean erfolgt. Wenn nicht angegeben, erfolgt eine Suche in allen Gültigkeitsbereichen.
- `toScope`: Gültigkeitsbereich der erzeugten Bean. Standardwert ist `page`.
- `type`: Der voll qualifizierte Klassenname des Typs, von dem die erzeugte Variable oder Bean ist. Kann nur angewendet werden, wenn Werte kopiert werden, also das `name`-Attribut gesetzt ist.
- `value`: Erzeugt eine Bean vom Typ String mit dem angegebenen Wert. Darf **nicht** zusammen mit `name` oder `property` verwendet werden, da sonst eine Exception geworfen wird!

Beispiele:

```
<!-- Wert per Rumpf festlegen -->
<bean:define id="content">
   Dies ist der Inhalt der Bean!
</bean:define>

<!-- Wert per value-Attribut festlegen -->
<bean:define id="myEmail" value="info@ksamaschke.de" />

<!-- Wert kopieren -->
<bean:define id="addresses" name="addressManager"
   property="addresses" />
```

<bean:header />

Liest einen oder mehrere Header-Werte aus dem Request aus und stellt sie in Form einer `String`-Instanz (oder einer `String[]`-Instanz) im Page-Gültigkeitsbereich zur Verfügung.

Struts

Sinnvolle Attribute:

- `id`: Name, unter dem der Wert verfügbar sein soll
- `multiple`: Falls ein Wert angegeben wird, erfolgt die Rückgabe in Form eines `String`-Arrays. Wird kein Wert angegeben, wird eine einzelne `String`-Instanz im Page-Scope hinterlegt, die den Wert des Headers beziehungsweise das erste Element der Header-Werte beinhaltet.
- `name`: Name des Headers. Groß- und Kleinschreibung werden nicht berücksichtigt.
- `value`: Standardwert, der zurückgegeben wird, wenn der Header nicht gefunden werden konnte.

Beispiel:

```
<bean:header id="lang" name="ACCEPT-LANGUAGE" />
```


<bean:include />

Führt eine interne Weiterleitung auf den angegebenen Forward oder das angegebene externe Ziel (innerhalb und außerhalb des Servlet-Conatiners) durch. Diese Weiterleitung ist für den Browser nicht sichtbar. Die Antwort der Weiterleitung (das generierte HTML) wird als Bean unter dem per `id` angegebenen Namen im Page-Kontext zur Verfügung gestellt. Sitzungsinformationen werden bei Weiterleitung per `forward` oder `page` weitergegeben.

Sinnvolle Attribute:

- `forward`: Name der globalen Forward-Deklaration, auf die weitergeleitet werden soll
- `href`: Absoluter URL der einzufügenden Ressource inklusive Protokoll
- `id`: Name, unter dem der Inhalt zur Verfügung gestellt werden soll
- `page`: Relativer Pfad zur Ressource von der Wurzel der Applikation (beginnend mit einem Schrägstrich »/«)
- `transaction`: Wenn auf den Wert true gesetzt, dann wird die Aktion als Teil einer Transaktion betrachtet.

Beispiel:

```
<bean:include forward="includeForward" id="includedContent" />
<bean:write name="includedContent" />
```

<bean:message />

Stellt eine Meldung aus den Applikationsressourcen dar, die mit Hilfe des Attributs `key` spezifiziert wird. Wenn `locale` nicht explizit angegeben wird, wird versucht, den Wert aus der Applikationsressource, welche die Sprache des Clients repräsentiert, zu ermitteln. Ist dies nicht möglich, erfolgt die Ausgabe anhand der Standardapplikationsressource. Ist auch dies nicht möglich, wird eine Exception geworfen.

Sinnvolle Attribute:

- arg0, arg1, arg2, arg3, arg4: Bezeichnet den entsprechenden Ersatzwert in der Zeichenkette.
- key: Schlüssel, unter dem die auszugebende Ressource gesucht werden soll
- locale: Sprachkennung, unter welcher der entsprechende Schlüssel gesucht werden soll
- name: Name der Bean, die den Schlüssel zurückgibt, unter dem die entsprechende Ressource gefunden werden kann
- property: Eigenschaft der Bean, die den Schlüssel zurückgibt, unter dem die entsprechende Ressource gefunden werden kann
- scope: Gültigkeitsbereich, in dem die per name bezeichnete Bean gesucht wird. Wenn nichts weiter angegeben worden ist, werden alle Gültigkeitsbereiche durchsucht.

Beispiel:

```
<bean:define id="cust" name="currentCustomer"
   property="lastName" type="java.lang.String" />
<!-- Wert der durch labels.welcome repräsentierten Ressource
     ausgeben -> die könnte beispielsweise
     "Hallo {0}, willkommen hier!"
     lauten
-->
<bean:message key="labels.welcome" arg0="<%= cust %>" />
```

<bean:page />

Ermöglicht den Zugriff auf die Elemente ServletContext, ServletConfig, ServletRequest, ServletResponse und HttpSession aus dem Kontext der aktuellen Seite. Das bezeichnete Element wird als Bean und Scripting-Variable zur Verfügung gestellt.

Sinnvolle Attribute:

- id: Name, unter dem die generierte Bean abgelegt wird
- property: Name der Eigenschaft, die ausgelesen werden soll. Gültige Werte sind:
  - application (ServletContext)
  - config (ServletConfig)
  - request (ServletRequest)
  - response (ServletResponse)
  - session (HttpSession)

Beispiel:

```
<bean:page id="cfg" property="config" />
```

<bean:parameter />

Liest einen oder mehrere Parameter der aktuellen Anforderung aus. Legt den Wert in einem Attribut vom Typ `String` oder `String[]` ab.

Sinnvolle Parameter:

- `id`: Name, unter dem der Wert verfügbar sein soll
- `multiple`: Falls ein Wert angegeben wird, erfolgt die Rückgabe in Form eines `String`-Arrays. Wird kein Wert angegeben, wird eine einzelne `String`-Instanz im Page-Scope hinterlegt, die den Wert des Parameters beziehungsweise das erste Element der Parameterwerte beinhaltet.
- `name`: Name des Parameters. Groß- und Kleinschreibung werden nicht berücksichtigt.
- `value`: Standardwert, der zurückgegeben wird, wenn der Parameter nicht gefunden werden konnte.

Beispiel:

```
<bean:parameter name="page" id="currentPage" value="1" />
<bean:write name="currentPage" />
```

<bean:resource />

Stellt den Inhalt der angegebenen Ressource entweder als `String` oder als `InputStream`-Instanz zur Verfügung.

Sinnvolle Attribute:

- `id`: Name der Bean, die den Wert repräsentierten soll
- `input`: Wenn ungleich `null`, wird eine `InputStream`-Instanz statt eines `Strings` verwendet.
- `name`: Name der Ressource ausgehend von der Wurzel der Applikation

Beispiel:

```
<bean:resource id="appResources"
   name="/WEB-INF/classes/ApplicationResources.properties" />
<pre><bean:write name="appResources" /></pre>
```

<bean:write />

Gibt den Inhalt einer Bean oder Bean-Eigenschaft aus. Ist der Wert keine Zeichenkette, sondern eine Zahl oder ein Datum, kann das Format mit Hilfe des Attributs `format` bestimmt oder in den Ressourcen per `formatKey` gesucht werden. Bei jedem anderen Typ wird die Methode `toString()` aufgerufen, um den Inhalt darzustellen.

Sinnvolle Attribute:

- `bundle`: Name des Ressourcen-Bündels, das verwendet werden soll. Per Default werden die Applikationsressourcen verwendet.
- `locale`: Explizite Sprachangabe für die Suche des per `formatKey` bezeichneten Ausgabeformats.
- `name`: Name der Bean, die dargestellt werden soll
- `property`: Name der Eigenschaft der Bean, deren Wert dargestellt werden soll
- `scope`: Gültigkeitsbereich, in dem nach der per `name` angegebenen Bean gesucht werden soll. Wenn nicht angegeben, werden alle Gültigkeitsbereiche durchsucht.
- `filter`: Wenn der Wert `true` zugewiesen wird, erfolgt eine Ersetzung der für die Ausgabe in HTML problematischen Zeichen. Der Standardwert ist `true`.
- `format`: Formatangabe für die Ausgabe von Zahlen und Datums-Angaben
- `formatKey`: Schlüssel, unter dem die Formatangabe für die Ausgabe von Zahlen und Datumsangaben in den Ressourcen gesucht werden soll
- `ignore`: Wenn der Wert `true` zugewiesen wird, wird ein Nichtvorhandensein der benannten Bean ignoriert. Anderenfalls wird eine Exception geworfen. Der Standardwert ist `false`.

Beispiel:

```
<bean:write name="myBean" property="name" />
<bean:write name="dateBean" property="current"
   formatKey="format.date" />
```

Java Server Faces

112 Was sind Java Server Faces?

Java Server Faces (*JSF*) ist Webapplikations-Framework, das auf den mit dem *Struts Framework* gemachten Erfahrungen beruht und um viele Komponenten und Ansätze erweitert worden ist.

Zu den Vorteilen dieser Technologie zählen:

- Klare Trennung zwischen Daten, Logik und Präsentation (MVC-Ansatz)
- Event-Verarbeitung
- Zustandshaltung über Requests hinweg
- Nutzung vorhandener Technologien (JSP, XML, Servlets)
- Modularer Aufbau, deshalb leichte Erweiterbar- und Wartbarkeit

Wer schon einmal mit den Standardelementen JSP, XML und Servlets gearbeitet hat, kann schnell in die Entwicklung mit Java Server Faces einsteigen. Auch wer in der Vergangenheit mit dem Struts Framework gearbeitet hat, wird einen leichten Einstieg haben.

Generelle Vorteile von JSF gegenüber anderen Frameworks sind die Trennung von Layout und Darstellung sowie der Verzicht auf explizite Controller-Elemente. Stattdessen werden Methoden von Beans angesprochen, die ihre Daten intern validieren und entsprechende Weiterleitungsziele zurückgeben, die dann vom Controller des JSF-Frameworks verarbeitet werden. JSF ist deutlich deklarativer als das Struts Framework ausgerichtet und bietet einen weniger formalen Einstieg in die Verarbeitung von Daten an.

MVC-Ansatz

JSF implementiert – wie bereits angedeutet – den *Model-View-Controller*-Ansatz (*MVC*) zur Strukturierung von Applikationen. Das zentrale Element dieser Architektur ist das `Faces`-Servlet, das bei jedem Request angesprochen wird. Hier erfolgt die Steuerung der Applikation (also das Weiterleiten auf die einzelnen Seiten). Ebenfalls werden hier benötigte JavaBeans initialisiert und mit Daten gefüllt.

Die Darstellungskomponenten sind in der Regel als JSPs umgesetzt. Diese JSPs beinhalten in der Regel selber keine Logik für den Zugriff auf Datenquellen oder das Auslesen von Informationen mehr, sondern haben lediglich darstellenden Charakter. Wird innerhalb der View eine Aktion ausgelöst oder durchgeführt, kümmert sich der Controller um deren Verarbeitung.

Drittes Element dieses Ansatzes sind JavaBeans, die das Model, also die Datenschicht, darstellen. Diese Beans werden vom Controller mit Daten gefüllt und kommunizieren mit diesem durch die Rückgabe von Methoden, die vom Controller eingebunden werden. Das Model versendet Nachrichten, falls sich Daten geändert haben. Diese Nachrichten können vom Controller verwendet werden, um die View zu ändern. Wichtig dabei ist, dass das Model die View nicht selbst ändert, sondern lediglich anzeigt, dass sich seine Daten geändert haben. Der Rest ist dann Aufgabe des Controllers, der die View-Schicht anweist, sich die Daten neu zu holen.

Die Vorteile des MVC-Ansatzes auf einen Blick:

- Bessere Trennung der einzelnen Applikationsschichten
- Bessere Wartbarkeit
- Unabhängige Ansichten für Daten möglich – etwa eine Client-Applikation auf Swing-Basis, eine Webapplikation, die HTML ausliefert, und eine Webapplikation, die WML für Mobiltelefone anbietet.
- Synchronisation der Daten über die Ansichten hinweg entfällt, da es eine gemeinsame Datenschicht gibt.
- Einzelne Komponenten können schnell ausgetauscht werden.

Als nachteilig könnte empfunden werden, dass der Entwicklungsaufwand gerade bei kleinen Applikationen zunächst steigt, schließlich müssen Beans definiert, Aktionspfade hinterlegt und unter Umständen mehrsprachige Ressourcen erstellt werden. Ebenso kann es durch die Fokussierung auf den Controller eher zu Ressourcenengpässen kommen, als dies bei einem völlig dezentralen Ansatz der Fall wäre. Und generell steigt natürlich der im Vorfeld nötige Aufwand deutlich an – schließlich muss die Applikation deutlich besser geplant werden, bevor es an die Umsetzung gehen kann.

Internationalisierung

Das `JSF`-Framework basiert auf den Erfahrungen, die mit dem Struts-Framework gewonnen worden sind. Insofern ist nur zu verständlich, dass die Internationalisierungs-Features, die schon Struts ausgezeichnet haben, hier ebenfalls eine wichtige Rolle spielen. Die Handhabung ist ähnlich intuitiv und erleichtert die Erstellung von mehrsprachigen Applikationen deutlich.

Datenzentrierung

Durch den klassischen MVC-Ansatz, den das JSF-Framework verfolgt, können sich Applikationen mehr auf die Daten, deren Repräsentation und deren Modellierung konzentrieren. Dies führt in der Konsequenz zu Verbesserungen im Hinblick auf Performance, Wart- und Skalierbarkeit. Wie schon beim Struts Framework werden die Daten intern durch Beans repräsentiert – somit ergibt sich fast zwangsläufig eine Wiederverwendbarkeit der Objekte.

Events

Durch das Einführen von Events ähnlich zu Swing/JFC können Model und View besser interagieren, ohne direkt aneinander gebunden zu sein. Dadurch wird die Reaktion auf bestimmte Ereignisse deutlich vereinfacht – dies ist übrigens einer der Hauptunterschiede zum Struts Framework.

113 Download und Installation

Die jeweils aktuellste Version des JSF-Frameworks können Sie unter der Adresse *http://java.sun.com/j2ee/javaserverfaces* herunterladen. Anschließend können Sie das heruntergeladene Archiv in ein Verzeichnis Ihrer Wahl entpacken.

Für die weitere Arbeit mit dem JSF-Framework benötigen Sie nur die im Verzeichnis *jsf_<Version>/lib* abgelegten Dateien, die Sie entsprechend in das */WEB-INF/lib*-Verzeichnis Ihrer Applikation, die auf JSF zurückgreifen soll, kopieren müssen.

Achtung

Mit den im Verzeichnis *jsf_<Version>/lib* liegenden Komponenten ist eine Java Server Faces-Applikation noch nicht lauffähig. Sie benötigen ebenfalls zwei Komponenten aus dem JSTL-Framework. Diese werden glücklicherweise mitgeliefert – allerdings nur im */Web/WEB-INF/lib*-Verzeichnis der Webapplikationen vorliegende Beispiele.

Entpacken Sie zu diesem Zweck eine der Beispielapplikationen, und kopieren Sie die beiden Archive *jstl.jar* und *standard.jar* aus dem */Web/WEB-INF/lib*-Verzeichnis der entpackten Applikation in das *jsf_<Version>/lib*-Verzeichnis.

Mitgeliefert werden vom JSF-Framework einige Beispielapplikationen, welche die Nutzung des Frameworks erläutern und besser verständlich machen sollen:

- *jsf-cardemo*: Anhand eines kleinen Online-Shops wird die Arbeit mit dem JSF-Framework demonstriert.
- *jsf-components*: Zeigt die Verwendung einiger Darstellungskomponenten
- *jsf-guessNumber*: Kleines Nummern-Ratespiel auf Basis der JSF-Technologie
- *jsf-nonjsp*: Zeigt, wie auf JSP-Seiten verzichtet werden kann

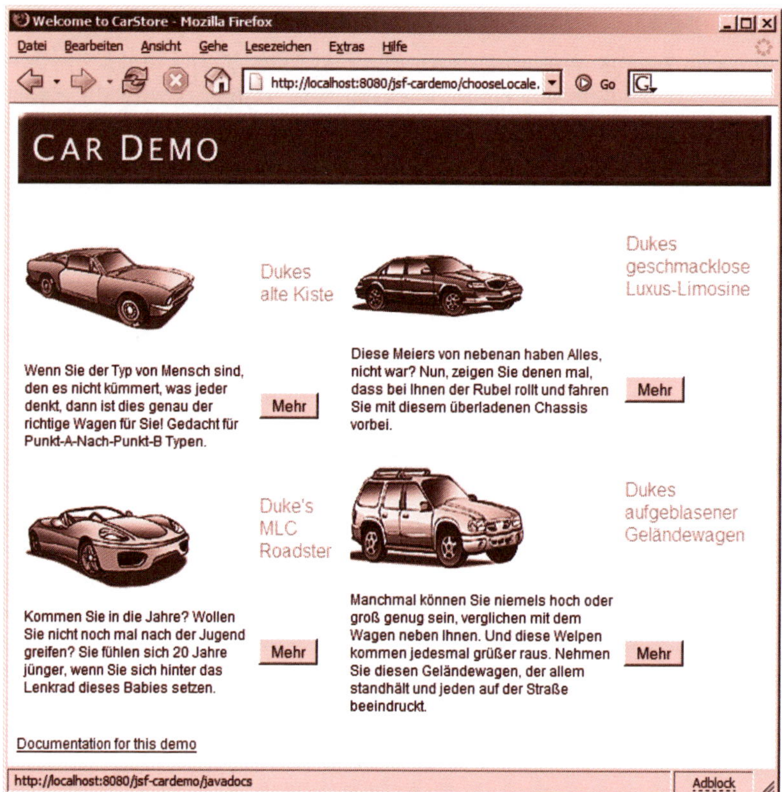

Abbildung 80: Die cardemo-Applikation im Einsatz

Diese Beispiele sollen bei dem Einstieg in das JSF-Framework helfen. Gründlich durchgearbeitet (die Quellcodes liegen bei) erweitern sie das Verständnis für die Eigenheiten des Frameworks.

114 Eine einfache Java Server Faces-Applikation

Eine einfache Java Server Faces-Applikation besteht aus den JSF-Komponenten, dem Deployment Descriptor und einer oder mehreren Beans, welche die eingegebenen Daten aufnehmen. Dazu kommen noch einige JSP-Dateien für das Frontend und die JSF-Konfiguration per *faces-config.xml*-Datei.

Sehen wir uns die einzelnen Bestandteile der Applikation anhand der Erfassung einiger Benutzerdaten einmal näher an.

Deployment Descriptor

Im Deployment Descriptor der Applikation wird das `Faces`-Servlet deklariert. Ebenfalls wird hier angegeben, auf welche Aufrufe dieses Servlet reagiert: auf alle Aufrufe, die mit dem Präfix */faces/* beginnen oder dem Suffix *.faces* enden:

```
<?xml version='1.0' encoding='UTF-8'?>

<!DOCTYPE web-app PUBLIC
   "-//Sun Microsystems, Inc.//DTD Web Application 2.3//EN"
   "http://java.sun.com/dtd/web-app_2_3.dtd">

<web-app>

   <context-param>
      <param-name>javax.faces.STATE_SAVING_METHOD</param-name>
      <param-value>client</param-value>
   </context-param>

   <context-param>
      <param-name>com.sun.faces.validateXml</param-name>
      <param-value>false</param-value>
   </context-param>

   <context-param>
      <param-name>com.sun.faces.verifyObjects</param-name>
      <param-value>false</param-value>
   </context-param>

   <servlet>
      <servlet-name>Faces Servlet</servlet-name>
      <servlet-class>
         javax.faces.webapp.FacesServlet
      </servlet-class>
      <load-on-startup> 1 </load-on-startup>
   </servlet>

   <!-- Faces Servlet Mapping -->
   <servlet-mapping>
      <servlet-name>Faces Servlet</servlet-name>
      <url-pattern>*.faces</url-pattern>
   </servlet-mapping>

   <servlet-mapping>
      <servlet-name>Faces Servlet</servlet-name>
      <url-pattern>/faces/*</url-pattern>
   </servlet-mapping>

   <!-- Welcome File List -->
   <welcome-file-list>
       <welcome-file>index.jsp</welcome-file>
```

Listing 341: Deployment Descriptor einer JSF-Applikation

```
    </welcome-file-list>

</web-app>
```

Listing 341: Deployment Descriptor einer JSF-Applikation (Forts.)

Managed-Bean zur Aufnahme der Daten

Die vom Nutzer einzugebenden Daten werden in einer so genannten `Managed-Bean` verwaltet. Dies entspricht dem klassischen MVC-Ansatz. Erweitert um eine oder mehrere Steuerungsmethoden (die keine Parameter entgegennehmen und einen String als Ergebnis zurückgeben), wird aus einer *Managed-Bean* eine so genannte *Backing-Bean*.

In dem hier vorgestellten Beispiel sollen Benutzerdaten gehalten werden. Zu diesem Zweck verfügt die Bean über die drei Eigenschaften `firstName`, `lastName` und `email`, die als Getter und Setter ausgeführt werden. Ebenso verfügt sie über die Backing-Methode `process()`, welche die eingegebenen Daten überprüft und einen String zurückgibt, der angibt, ob die Aktionsausführung erfolgreich war oder nicht:


```
package codebook.j2ee.jsf;

public class UserData {

   private String firstName;
   private String lastName;
   private String email;

   public String getFirstName() {
      return firstName;
   }

   public void setFirstName(String firstName) {
      this.firstName = firstName;
   }

   public String getLastName() {
      return lastName;
   }

   public void setLastName(String lastName) {
      this.lastName = lastName;
   }

   public String getEmail() {
```

Listing 342: Die Backing-Bean codebook.j2ee.jsf.UserData hält die Daten und steuert den Applikationsfluss

```
      return email;
   }

   public void setEmail(String email) {
      this.email = email;
   }

   /**
    * Die Methode process() wird ausgeführt, um
    * die Daten zu verarbeiten
    */
   public String process() {
      // Rückgabe definieren
      String result = "failure";

      // Überprüfen der eingegebenen Werte
      if(null != getFirstName() && null != getLastName() &&
         null != getEmail() && getFirstName().length() > 1 &&
         getLastName().length() > 1 && getEmail().length() > 1 &&
         getEmail().indexOf("@") > 0) {

         // Wenn eingegebene Werte korrekt, dann positive
         // Rückgabe erzeugen
         result = "success";
      }

      return result;
   }
}
```

Listing 342: Die Backing-Bean codebook.j2ee.jsf.UserData hält die Daten und steuert den Applikationsfluss (Forts.)

JSF

JSPs

Innerhalb der Applikation existieren drei JSP-Seiten, die unterschiedliche Aufgaben erfüllen. Den übersichtlichsten Auftrag hat die JSP *index.jsp*: Sie soll auf die Faces-Startseite *login.jsp* weiterleiten:

```
<%@ page contentType="text/html;charset=UTF-8" language="java" %>
<jsp:forward page="/faces/login.jsp" />
```

Listing 343: Die JSP index.jsp leitet auf die Faces-JSP login.jsp weiter

Um die JSP *login.jsp* (die sich übrigens im gleichen Verzeichnis wie die JSP *index.jsp* befindet) innerhalb des JSF-Frameworks ausführen zu lassen, wird das Präfix */faces/* vorangestellt. Dieses Präfix wird vom Framework beim Einbinden der JSP entfernt – die Datei *login.jsp* muss sich also im Wurzelverzeichnis der Applikation befinden.

login.jsp

Die Datei *login.jsp* stellt eine Eingabemaske für das Erfassen der durch die Bean `UserData` repräsentierten Daten bereit. Zu diesem Zweck werden zwei TagLibs eingebunden: Die `html_basic`-TagLib mit dem Präfix `h` (`h` steht für HTML) dient der Ausgabe aller Visualisierungselemente. Die `jsf_core`-TagLib mit dem Präfix `f` (`f` für Faces) stellt JSF-Funktionalitäten bereit, die der Steuerung der Applikation dienen. Die tatsächlich verwendeten Präfixe bleiben Ihrer Fantasie überlassen – die beiden Präfixe `h` und `f` haben sich jedoch eingebürgert. Es erleichtert somit die Lesbarkeit, diese Präfixe tatsächlich auch zu verwenden.

Die Bindung von Eingabeelementen an Eigenschaften der verwendeten Bean erfolgt mit Hilfe einer speziellen Daten- und Methoden-Bindungssyntax. Diese Syntax sieht stets so aus:

```
#{ <Bean-Name>.<Eigenschaft / Methode> }
```

Aus dem Kontext heraus ergibt sich, ob Daten ausgelesen oder zugewiesen werden.

Sämtliche Elemente, die zum JSF-Framework gehören und innerhalb einer JSP verwendet werden sollen, müssen sich dabei innerhalb eines `<f:view />`-Tags befinden. Ein `<h:form />`-Element umschließt dabei alle Eingabeelemente.

Um Eingaben des Nutzers in einem einzeiligen Textfeld zu erfassen, wird das `<h:inputText />`-Element verwendet. Dessen Attribut `value` wird per Bindungssyntax an das entsprechende Feld der Bean gebunden. Das Absenden des Formulars erledigt ein `<h:commandButton />`-Element, dessen `action`-Attribut an die Methode der Backing-Bean gebunden wird, welche die Daten validieren und den weiteren Fluss der Verarbeitung steuern soll:

```
<%@ page contentType="text/html;charset=UTF-8" language="java" %>
<%@ taglib uri="http://java.sun.com/jsf/html" prefix="h" %>
<%@ taglib uri="http://java.sun.com/jsf/core" prefix="f" %>
<html>
   <head><title>Welcome</title></head>
   <body>
      <h3>Please enter your data!</h3>
      <f:view>
         <h:form>
            <p>
               <strong>Your first name</strong><br />
               <h:inputText value="#{ UserData.firstName }" />
            </p>
            <p>
               <strong>Your last name</strong><br />
               <h:inputText value="#{ UserData.lastName }" />
            </p>
```

Listing 344: Die JSP login.jsp wird innerhalb des Faces-Kontextes ausgeführt und nimmt die Daten des Nutzers entgegen

JSF

```
            <p>
               <strong>Your email</strong><br />
               <h:inputText value="#{ UserData.email }" />
            </p>
            <p>
               <h:commandButton
                  action="#{UserData.process}" value="Send!!!" />
            </p>
         </h:form>
      </f:view>
   </body>
</html>
```

Listing 344: Die JSP login.jsp wird innerhalb des Faces-Kontextes ausgeführt und nimmt die Daten des Nutzers entgegen (Forts.)

welcome.jsp

Diese JSP zeigt die eingegebenen Daten an. Zu diesem Zweck werden die Eigenschaften der Bean `UserData` mit Hilfe von `<h:outputText />`-Elementen referenziert. Diese Elemente werden mit Hilfe ihrer `value`-Tags und der schon weiter oben vorgestellten Bindungssyntax an die entsprechenden Eigenschaften der Bean gebunden. Beachten Sie, dass auch hier sämtliche JSF-Elemente innerhalb eines `<f:view />`-Tags liegen. Auf ein `<h:form />`-Tag kann verzichtet werden, da keine Eingaben entgegengenommen werden sollen:

```
<%@ page contentType="text/html;charset=UTF-8" language="java" %>
<%@ taglib uri="http://java.sun.com/jsf/html" prefix="h" %>
<%@ taglib uri="http://java.sun.com/jsf/core" prefix="f" %>
<html>
   <head><title>Welcome</title></head>
   <body>
      <f:view>
         <h3>
            Welcome to our application,
            <h:outputText value="#{ UserData.firstName }" />
         </h3>
         <p>
            <strong>Your first name</strong><br />
            <h:outputText value="#{ UserData.firstName }" />
         </p>
         <p>
            <strong>Your last name</strong><br />
            <h:outputText value="#{ UserData.lastName }" />
         </p>
         <p>
```

Listing 345: Ausgabe der Werte der Eigenschaften der Bean UserData

JSF

```
            <strong>Your email</strong><br />
            <h:outputText value="#{ UserData.email }" />
         </p>
      </f:view>
   </body>
</html>
```

Listing 345: Ausgabe der Werte der Eigenschaften der Bean UserData (Forts.)

JSF-Konfigurationsdatei faces-config.xml

Die Java Server Faces-Konfiguration einer Applikation findet innerhalb der Konfigurationsdatei */WEB-INF/faces-config.xml* statt. Hier werden die zu verwendenden Beans, Ressourcen und Navigationsregeln definiert. Die Deklaration einer Managed- oder Backing-Bean findet dabei innerhalb eines `<managed-bean />`-Tags statt, dem zumindest die Elemente `<managed-bean-name />` und `<managed-bean-class />` untergeordnet sein sollten, denn diese definieren den per Bindungssyntax angegebenen Namen der Bean sowie den kompletten Klassennamen der Komponente.

Mit Hilfe von Navigationsregeln, auf die weiter unten noch genauer eingegangen wird, können die Abläufe innerhalb der Applikation gesteuert werden. Dies geschieht innerhalb von `<navigation-rule />`-Elementen. Hier kann mit Hilfe eines `<from-view-id />`-Tags angegeben werden, welches Element die Aktion anstößt. Mit Hilfe von `<navigation-case />`-Elementen können die verschiedenen Steuerungswerte (repräsentiert durch `<from-outcome />`-Elemente), die beispielsweise von einer Backing-Bean stammen können, ausgewertet und mit unterschiedlichen Zielen (repräsentiert durch `<to-view-id />`-Elemente) versehen werden.

Die hier verwendete *faces-config.xml*-Datei hat folgenden Aufbau:

```
<?xml version='1.0' encoding='UTF-8'?>

<!DOCTYPE faces-config PUBLIC
   "-//Sun Microsystems, Inc.//DTD JavaServer Faces Config 1.1//EN"
   "http://java.sun.com/dtd/web-facesconfig_1_1.dtd">

<faces-config>

   <!-- Beans -->
   <managed-bean>
      <managed-bean-name>UserData</managed-bean-name>
      <managed-bean-class>codebook.j2ee.jsf.UserData</managed-bean-class>
      <managed-bean-scope>request</managed-bean-scope>
   </managed-bean>

   <!-- Navigationsregeln -->
```

Listing 346: Konfiguration der JSF-Applikation per faces-config.xml

JSF

```
    <navigation-rule>
        <from-view-id>/login.jsp</from-view-id>
        <navigation-case>
            <from-outcome>failure</from-outcome>
            <to-view-id>/login.jsp</to-view-id>
        </navigation-case>

        <navigation-case>
            <from-outcome>success</from-outcome>
            <to-view-id>/welcome.jsp</to-view-id>
        </navigation-case>
    </navigation-rule>

</faces-config>
```

Listing 346: Konfiguration der JSF-Applikation per faces-config.xml (Forts.)

Ablauf der Applikation

Beim Start der Applikation wird der Nutzer auf die `Faces`-JSP `login.jsp` weitergeleitet. Hier kann er seine Daten eingeben:

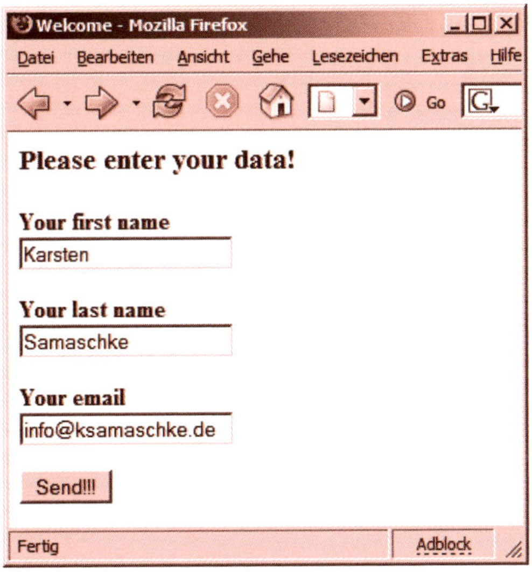

Abbildung 81: Eingabe der Daten

Nach dem Klick auf die Absenden-Schaltfläche wird die Methode `process()` innerhalb der Bean `UserData` eingebunden. Sollten die Kriterien für eine erfolgreiche Dateneingabe (keine `null`-Werte, alle Elemente müssen mindestens ein Zeichen Länge haben und innerhalb der E-Mail-Adresse muss sich ein `@`-Zeichen befinden) erfüllt sein, wird der Wert `success` zurückgegeben. Innerhalb der Navigationsregeln ist festgelegt worden, dass in diesem Fall die Faces-JSP *welcome.jsp* eingebunden werden soll, welche die eingegebenen Daten wieder ausgibt:

Abbildung 82: Ausgabe der eingegebenen Daten

115 Wie funktionieren Navigationsregeln?

Die in der *faces-config.xml*-Datei hinterlegten Navigationsregeln steuern, welche Seite nach einer Aktion angezeigt werden soll oder wie sich die Applikation nach Aktionen verhalten soll.

Beim Einsatz des Java Server Faces-Frameworks wird die Navigation weitestgehend deklarativ – also ohne feste Verdrahtungen in Beans oder JSPs – angegeben. Dies bietet vor allem den Vorteil der verbesserten Wartbarkeit, da die kompletten Navigationsprozesse zentral hinterlegt und über Aktionen gesteuert werden.

Aktionen werden entweder durch einen `CommandButton` oder einen `CommandLink` ausgelöst. Für die Bestimmung, welche Seite als Nächstes angezeigt wird, gibt es drei Parameter, die das Framework in seine Entscheidungsfindung einbezieht:

- Die Seite, die das Kommando ausgelöst hat
- Die Aktion selbst
- Rückgabe der eingebundenen Action-Methode

Mit Hilfe dieser drei Angaben können die kompletten Navigationsprozesse einer Applikation gesteuert werden. Zu diesem Zweck werden innerhalb der *faces-config.xml* `<navigation-rule />`-Elemente deklariert, die als untergeordnetes Element ein `<from-view-id />`-Tag besitzen sollten, das die Seite angibt, die das aktuelle Kommando ausgelöst hat:

```
<navigation-rule>
   <from-view-id>/login.jsp</from-view-id>
   <navigation-case>
      <from-action>#{UserData.process}</from-action>
```

```
        <from-outcome>failure</from-outcome>
        <to-view-id>/login.jsp</to-view-id>
    </navigation-case>

    <navigation-case>
        <from-action>#{UserData.process}</from-action>
        <from-outcome>success</from-outcome>
        <to-view-id>/welcome.jsp</to-view-id>
    </navigation-case>
</navigation-rule>
```

Mit Hilfe untergeordneter <navigation-case />-Elemente werden die einzelnen Navigationswege angegeben. Mit Hilfe eines <from-action />-Tags kann per Datenbindungssyntax angegeben werden, welche Action-Methode ausgelöst worden sein muss, damit Rückgabe und Weiterleitungsziel ausgewertet werden können. Diese Angabe ist optional – sie wird sinnvoll, sobald von einer Seite mehrere Aktionen ausgeführt werden können.

```
<navigation-rule>
    <from-view-id>/login.jsp</from-view-id>
    <navigation-case>
        <from-action>#{UserData.process}</from-action>
        <from-outcome>failure</from-outcome>
        <to-view-id>/login.jsp</to-view-id>
    </navigation-case>

    <navigation-case>
        <from-action>#{UserData.process}</from-action>
        <from-outcome>success</from-outcome>
        <to-view-id>/welcome.jsp</to-view-id>
    </navigation-case>
</navigation-rule>
```

Die erwartete Rückgabe der Action-Methode wird mit Hilfe des <from-outcome />-Tags angegeben. Das Element <to-view-id /> zeigt an, welches Ziel beim Zutreffen der Bedingung eingebunden werden soll:

```
<navigation-rule>
    <from-view-id>/login.jsp</from-view-id>
    <navigation-case>
        <from-action>#{UserData.process}</from-action>
        <from-outcome>failure</from-outcome>
        <to-view-id>/login.jsp</to-view-id>
    </navigation-case>

    <navigation-case>
        <from-action>#{UserData.process}</from-action>
        <from-outcome>success</from-outcome>
        <to-view-id>/welcome.jsp</to-view-id>
    </navigation-case>
</navigation-rule>
```

Hinweis

Die Angabe von Navigationsregeln ist komplett optional. Wird keine Regel für eine Aktion angegeben oder kann eine Rückgabe einer Action nicht zugeordnet werden, wird wieder auf die ursprüngliche Seite verwiesen. Dadurch findet kein Wechsel auf eine neue Seite statt, die angegebene Action wird aber eingebunden und ausgeführt.

WildCards

Manchmal ist es sinnvoll, nicht jede einzelne Quelle einer Action definieren zu müssen. Dies ist bei zentralen Komponenten – etwa einer Hilfeseite, die von allen Seiten einer Applikation erreichbar sein soll – der Fall. Hier wäre es äußerst ermüdend, für jedes Element der Applikation eigene Navigationsregeln mit entsprechendem <from-view-id />-Tag zu deklarieren.

Verwenden Sie stattdessen den Platzhalter *, um beliebige Quellen anzugeben:

```
<navigation-rule>
   <from-view-id>*</from-view-id>
   <navigation-case>
      <from-outcome>help</from-outcome>
      <to-view-id>/help.jsp</to-view-id>
   </navigation-case>
</navigation-rule>
```

JSF

Ebenfalls möglich ist die Angabe eines Verzeichnisses in Verbindung mit einem Platzhalter:

```
<navigation-rule>
   <from-view-id>/login/*</from-view-id>
   <navigation-case>
      <from-outcome>help</from-outcome>
      <to-view-id>/loginHelp.jsp</to-view-id>
   </navigation-case>
</navigation-rule>
```

Standardverhalten definieren

Um ein Standardverhalten für eine bestimmte Action zu definieren, können Sie innerhalb eines <navigation-case />-Elements das untergeordnete <from-outcome />-Tag auslassen. Wenn eine Action mehrere Rückgaben haben kann, eine Reaktion aber beispielsweise nur auf die Rückgabe success erfolgen soll, könnte dies so aussehen:

```
<navigation-rule>
   <from-view-id>/login.jsp</from-view-id>
   <navigation-case>
      <from-action>#{UserData.process}</from-action>
      <from-outcome>success</from-outcome>
      <to-view-id>/login.jsp</to-view-id>
   </navigation-case>
```

```
  <navigation-case>
    <to-view-id>/welcome.jsp</to-view-id>
  </navigation-case>
</navigation-rule>
```

Reihenfolge der Abarbeitung

Da es mehrere Navigationsregeln und innerhalb einer Navigationsregel mehrere Fälle geben kann, die voneinander unterschieden werden müssen, kann es vorkommen, dass sich einzelne Fälle oder Regeln überlappen. Um dennoch ein Ziel ermitteln zu können, werden die Einträge in dieser Reihenfolge abgearbeitet:

- Zunächst wird ein Navigationsfall gesucht, bei dem Aktion und Rückgabe übereinstimmen.
- Anschließend wird nur der Rückgabewert überprüft.
- Zuletzt wird auch das `<from-action />`-Tag einbezogen.

Wird keine oder keine eindeutige Entsprechung gefunden, wird wieder auf die gleiche Seite verwiesen, von der die ursprüngliche Anfrage kam.

JSF

Arten der Navigationssteuerung

`Java Server Faces` unterscheidet zwei Arten der Navigationssteuerung: statisch und dynamisch. Bei der statischen Navigationssteuerung wird der über das `<from-outcome />`-Tag angegebene Wert innerhalb der JSPs in `<h:commandLink />`- und `<h:commandButton />`-Elementen mit Hilfe von deren `action`-Attribut angegeben:

```
<h:commandLink action="help">Hilfe</h:commandLink>
```

Die dynamische Navigationssteuerung basiert auf der Auswertung der Rückgabe der eingebundenen Action. Die einzubindende Action wird ebenfalls unter Verwendung der `action`-Attribute von `CommandLink`- und `CommandButton`-Elementen deklariert – dabei jedoch mit Hilfe der Bindungssyntax angegeben:

```
<h:commandButton action="#{UserData.process}" value="Anmelden" />
```

Die so angegebene Methode darf über keine Parameter verfügen und muss einen String-Wert zurückgeben, der für die weitere Ablaufsteuerung herangezogen wird und gegen den Wert des `<from-outcome />`-Tags geprüft.

116 Internationalisierung verwenden

Internationalisierung (`i18n`) ist eines der interessantesten Features von `Java Server Faces` –allein weil es so einfach umzusetzen ist. Für die Internationalisierung können verschiedene Ressourcenbündel verwendet werden, die jeweils einen eindeutigen Namen haben müssen. Ressourcenbündel erlauben die Gruppierung von Meldungen, um so eine bessere Unterscheidbarkeit der Texte zu erlauben. Ein weiterer Vorteil:

Durch die zentrale Ablage der Daten steigt die Wartbarkeit der Applikation deutlich an, da keine Eingriffe mehr in Quellcodes nötig werden.

Eine Ressourcendatei ist eine einfache Textdatei, die mit der Endung `.properties` abgelegt wird. Sie beinhaltet pro Zeile ein Schlüsselwort und einen zugeordneten Text, die mit Hilfe eines Gleichheitsseichen voneinander getrennt werden. Eine beispielhafte Ressourcendatei könnte so aussehen:

```
appTitle=Sample application using JSF
firstname=Your first name
lastname=Your last name
email=Your email address
submit=Send data!
```

Listing 347: Beispielhafte Ressourcendatei GlobalMessages.properties

Diese Datei wird unter dem Dateinamen *GlobalMessages.properties* im Verzeichnis */WEB-INF/classes/codebook/j2ee/jsf* abgelegt. Nun könnte eine deutsche Ressource recht einfach hinzugefügt werden:


```
appTitle=Beispielapplikation mit JSF
firstname=Ihr Vorname
lastname=Ihr Nachname
email=Ihre E-Mail-Adresse
submit=Absenden!
```

Listing 348: Deutschsprachige Ressourcendatei GlobalMessages_de.properties

Die deutschsprachige Ressourcendatei wird unter dem Namen *<Ressourcen-Datei>_de.properties* abgelegt. Für dieses Beispiel heißt die Datei also *GlobalMessages_de.properties*. Analog können Sie verfahren, wenn Sie weitere Sprachen hinzufügen wollen.

Um aus einer Bean auf einen Wert aus einem Ressourcenbündel zuzugreifen, können Sie folgenden Code verwenden:

```
ResourceBundle b = null;
try {
   bundle = ResourceBundle.getBundle(
      "codebook.j2ee.jsf.GlobalMessages", context.getViewRoot().getLocale() );
} catch (Exception e) {
   // Ausnahme behandeln
}
String message = bundle.getString("appTitle");
```

Hinweis

Speichern Sie Ressourcendateien für das JSF-Framework immer unterhalb des Ordners */WEB-INF/classes* ab, da dies das Framework so erwartet. Liegt die Datei direkt im Verzeichnis */WEB-INF/classes*, erfolgt der Zugriff über den Namen der Ressource. Liegt sie stattdessen im Verzeichnis */WEB-INF/classes/codebook/j2ee/jsf*, so erfolgt der Zugriff über den Namen *codebook.j2ee.jsf.<Ressourcen-Name>*.

Beim Laden des Ressourcenbündels ist zu beachten, dass der Name der Ressourcendatei ohne Dateiendung angegeben werden muss. Als Parameter wird das zu verwendende Sprachkürzel übergeben. Mit Hilfe der Methode `getString()` kann anschließend der Wert des übergebenen Schlüssels ermittelt werden.

Um den Wert eines Schlüssels aus einer Ressource innerhalb einer JSP auszugeben, müssen Sie das zu verwendende Ressourcen-Bundle zunächst per `<f:loadBundle />` registrieren, das sich wie jedes JSF-Element innerhalb eines `<f:view />`-Tags befinden muss.

Das Attribut `basename` des `<f:loadBundle />`-Tags gibt den Namen der Ressource an. Mit Hilfe des Attributs `var` deklarieren Sie den Namen, unter dem Sie im weiteren Verlauf der Verarbeitung auf die Ressource zugreifen wollen.

```
<f:view>
   <f:loadBundle basename="codebook.j2ee.jsf.GlobalMessages" var="global" />
</f:view>
```

Nun wird das JSF-Framework die zur angegebenen Sprache passende Ressourcendatei laden. Um einen Wert auszugeben, können Sie die Bindungssyntax verwenden. Dabei wird der auszugebende Wert über den Namen der Ressource, gefolgt von einem Punkt und dem Namen des Schlüssels in der Ressource referenziert. Die Syntax sieht also so aus:

```
#{<Ressourcen-Name>.<Schlüssel>}
```

Die Ausgabe könnte demnach so erfolgen:

```
<!-- Ausgabe in einem CommandButton -->
<h:commandButton action="#{UserData.process}"
   value="#{global.submit}" />

<!-- Ausgabe in einem OutputText-Element -->
<h:outputText value="#{global.appTitle}" />
```

In den Anzeige-JSPs umgesetzt, könnte sich dies so auswirken:

```
<%@ page contentType="text/html;charset=UTF-8" language="java" %>
<%@ taglib uri="/WEB-INF/lib/html_basic.tld" prefix="h" %>
<%@ taglib uri="/WEB-INF/lib/jsf_core.tld" prefix="f" %>
<html>
```

Listing 349: JSP, die Internationalisierung verwendet

JSF

```
<f:view>
   <f:loadBundle
      basename="codebook.j2ee.jsf.GlobalMessages"
      var="global" />
   <f:loadBundle
      basename="codebook.j2ee.jsf.LoginMessages"
      var="local" />
   <head>
      <title>
         <h:outputText value="#{ global.appTitle }" />
      </title>
   </head>
   <body>
   <h3>
      <h:outputText value="#{ local.title }" />
   </h3>
      <h:form>
         <p>
            <strong>
               <h:outputText value="#{ global.firstname }" />
            </strong><br />
            <h:inputText value="#{ UserData.firstName }" />
         </p>
         <p>
            <strong>
               <h:outputText value="#{ global.lastname }" />
            </strong><br />
            <h:inputText value="#{ UserData.lastName }" />
         </p>
         <p>
            <strong>
               <h:outputText value="#{ global.email }" />
            </strong><br />
            <h:inputText value="#{ UserData.email }" />
         </p>
         <p>
            <h:commandButton action="#{UserData.process}"
               value="#{ global.submit }" />
         </p>
      </h:form>
   </body>
</f:view>
</html>
```

Listing 349: JSP, die Internationalisierung verwendet (Forts.)

Im Browser werden die Inhalte nunmehr entweder in der lokalisierten Version oder der Standardversion ausgegeben, was von den Spracheinstellungen des Browsers und natürlich den auf der Seite des Servers unterstützten Sprachen abhängig ist. Da weiter oben eine deutschsprachige Ressource angelegt worden ist, wird hier die Ausgabe in deutscher Sprache erfolgen:

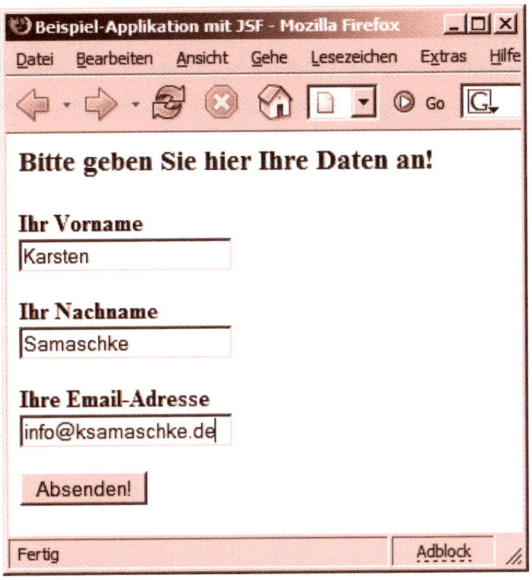

Abbildung 83: Lokalisierte Ausgabe

117 Managed-Beans deklarativ initialisieren

Innerhalb der JSF-Konfigurationsdatei *faces-config.xml* werden Managed-Beans deklariert. Dabei können gleichzeitig initiale Werte vergeben werden. Dabei müssen verschiedene Szenarien unterschieden werden, auf die im Folgenden kurz eingegangen werden soll.

String-Parameter

Die Initialisierung mit String-Parametern ist sicherlich die einfachste Variante, da hier keine Konvertierung vorgenommen werden muss.

Innerhalb eines `<managed-bean />`-Tags werden die einzelnen String-Parameter per `<managed-property />`-Tag übergeben:

```
<managed-bean>
   <managed-bean-name>UserData</managed-bean-name>
   <managed-bean-class>codebook.j2ee.jsf.UserData</managed-bean-class>
   <scope>request</scope>
   <managed-property>
      <property-name>firstName</property-name>
      <value>Karsten</value>
   </managed-property>
</managed-bean>
```

Beachten Sie, dass die Angabe des Eigenschaftsnamens in der korrekten Groß-/Kleinschreibung erfolgen muss.

Zahlen

Die Zuweisung von Zahlen als initiale Parameter ist ebenfalls nicht kompliziert. Wichtig ist, dass die referenzierte Eigenschaft der Klasse einen nummerischen Wert akzeptiert (alternativ geht selbstverständlich auch ein String-Wert). Um das Casting des übergebenen Wertes kümmert sich das JSF-Framework selbstständig:

```
<managed-bean>
   <managed-bean-name>CustomerData</managed-bean-name>
   <managed-bean-class>codebook.j2ee.jsf.CustomerData</managed-bean-class>
   <scope>request</scope>
   <managed-property>
      <property-name>zip</property-name>
      <value>13156</value>
   </managed-property>
</managed-bean>
```


Boolesche Parameter

Die Zuweisung von booleschen Parametern erfolgt analog zu den letzten Beispielen. Auch hier muss die referenzierte Eigenschaft den entsprechenden Typ besitzen – in diesem Fall also `boolean`. Anschließend kann die Deklaration des Wertes unter Angabe des Wertes (`true` oder `false`) erfolgen:

```
<managed-bean>
   <managed-bean-name>CustomerData</managed-bean-name>
   <managed-bean-class>codebook.j2ee.jsf.CustomerData</managed-bean-class>
   <scope>request</scope>
   <managed-property>
      <property-name>isActivated</property-name>
      <value>false</value>
   </managed-property>
</managed-bean>
```

Map-Parameter

Bei der Zuweisung von Parametern ist man nicht nur auf einfache Datentypen beschränkt. Ebenso ist es möglich, auch komplexere Typen – wie etwa `Map`-Implementierungen – zuzuweisen. Verwendet wird dabei das Tag `<map-entries />` innerhalb des `<managed-property />`-Elements. Mit Hilfe der untergeordneten Tags `<entry-class />` und `<value-class />` können optional die voll qualifizierten Klassennamen der Schlüssel- und Werteparameter angegeben werden. Einzelne Elemente innerhalb der Liste werden per `<map-entry />`-Element deklariert:

```
<managed-bean>
   <managed-bean-name>States</managed-bean-name>
```

```
    <managed-bean-class>codebook.j2ee.jsf.States</managed-bean-class>
    <scope>request</scope>
    <managed-property>
       <property-name>states</property-name>
       <map-entries>
          <entry-class>java.lang.Integer</entry-class>
          <map-entry>
             <key>1</key>
             <value>Baden-Württemberg</value>
          </map-entry>
          <map-entry>
             <key>2</key>
             <value>Bayern</value>
          </map-entry>
          <map-entry>
             <key>3</key>
             <value>Berlin</value>
          </map-entry>
          <map-entry>
             <key>4</key>
             <value>Brandenburg</value>
          </map-entry>
       </map-entries>
    </managed-property>
</managed-bean>
```

JSF

Array- oder List-Parameter

Diese Arten von Listen verfügen im Gegensatz zu den Map-Parametern nicht über Schlüssel, sondern enthalten nur ihre Werte. Diese werden innerhalb des <map-entries />-Tags in einem <list-entries />-Element angegeben. Die einzelnen Werte sind dabei in <value />-Tags eingefasst. Bei Bedarf kann der Datentyp der Werte per <value-class />-Element angegeben werden, worauf aber hier verzichtet wird:

```
<managed-bean>
   <managed-bean-name>Colors</managed-bean-name>
   <managed-bean-class>codebook.j2ee.jsf.Colors</managed-bean-class>
   <scope>request</scope>
   <managed-property>
      <property-name>colors</property-name>
      <list-entries>
         <value>Grün</value>
         <value>Rot</value>
         <value>Blau</value>
         <value>Gelb</value>
      </list-entries>
   </managed-property>
</managed-bean>
```

Initialisierung per im Deployment Descriptor hinterlegtem Wert

Auch Werte, die im Deployment Descriptor der Applikation per `<context-param />`-Element hinterlegt worden sind, können zur Initialisierung einer Bean herangezogen werden.

Im Deployment Descriptor wird zur Demonstration das aktuelle Jahr hinterlegt:

```
<context-param>
   <param-name>currentYear</param-name>
   <param-value>2005</param-value>
</context-param>
```

Nun kann dieser Wert mit Hilfe der Bindungssyntax als Init-Parameter einer Bean verwendet werden. Referenziert wird er mit folgender Syntax:

```
#{initParam.<Parameter-Name>}
```

Innerhalb der *faces-config.xml*-Datei könnte dies so aussehen:

```
<managed-bean>
   <managed-bean-name>CustomerData</managed-bean-name>
   <managed-bean-class>codebook.j2ee.jsf.CustomerData</managed-bean-class>
   <scope>request</scope>
   <managed-property>
      <property-name>year</property-name>
      <value>#{initParam.currentYear}</value>
   </managed-property>
</managed-bean>
```

JSF

Initialisierung über Referenzen

Statt des Deployment Descriptors können auch Eigenschaften anderer Managed-Beans zur Initialisierung herangezogen werden. Wichtig ist jedoch, dass Zirkelbezüge nicht erlaubt sind und zu einer Ausnahme führen.

Um den Wert einer Eigenschaft einer anderen Bean zur Initialisierung zu verwenden, können Sie die Bindungssyntax verwenden:

```
<managed-bean>
   <managed-bean-name>ShoppingCart</managed-bean-name>
   <managed-bean-class>codebook.j2ee.jsf.ShoppingCart</managed-bean-class>
   <scope>request</scope>
   <managed-property>
      <property-name>states</property-name>
      <value>#{States.states}</value>
   </managed-property>
</managed-bean>
```

118 Daten auf Länge oder Gültigkeitsbereich validieren

Daten können mit Hilfe verschiedener Validatoren auf Gültigkeit überprüft werden. Diese Validatoren erlauben es, deklarativ anzugeben, ob Elemente Pflichtfelder und welche Datentypen erlaubt sind. Ebenso können sie sich mit Hilfe von Ressourcendaten in das Internationalisierungskonzept einfügen und ihre Fehlermeldungen somit lokalisiert ausgeben.

Beim Einsatz des Java Server Faces Frameworks finden alle Validierungen auf Seiten des Servers statt. Dies erlaubt auch das Testen auf komplexere Bedingungen und verhindert, dass der Client JavaScript-fähig sein muss. Mit Hilfe eigener Renderer können auch clientseitige Validierungen umgesetzt werden.

Im Lebenszyklus einer Java Server Faces-Seite finden die Prüfungen statt, bevor die Daten des zugrunde liegenden Models aktualisiert werden. So kann sichergestellt werden, dass nur gültige Daten zur Weiterverarbeitung kommen.

Das Framework bietet drei Standardvalidatoren an, die zumindest die Grundbedürfnisse erfüllen sollen:

Validator	Beschreibung
`ValidateLength`	Überprüft die Länge einer Zeichenkette
`ValidateLongRange`	Überprüfung auf einen Wertebereich anhand des Datentyps Long
`ValidateDoubleRange`	Überprüfung auf einen Wertebereich anhand des Datentyps Double

Tabelle 9: Validatoren des JSF Frameworks

Um die Validatoren einzusetzen, werden sie innerhalb der Tags des zu prüfenden Elements platziert. Um beispielsweise zu erzwingen, dass ein Elemente zwischen drei und 20 Zeichen lang ist, können Sie folgenden Code verwenden:

```
<h:inputText value="#{UserData.firstName}">
   <f:validateLength minimum="3" maximum="20" />
</h:inputText>
```

Die beiden Attribute `minimum` und `maximum` haben bei allen drei Validatoren die gleiche Funktion: Sie geben die Minimum- und Maximumgrenzen an – beim `Length`-Validator wird dies auf die Länge der zu überprüfenden Zeichenkette bezogen, bei den beiden nummerischen Validatoren bezieht sich diese Angabe auf deren Werte.

119 Pflichtfelder deklarieren

Die Deklaration eines Pflichtfeldes kann bei String-Zeichenketten auf zwei Wegen erfolgen: Entweder wird ein `Length`-Validator mit einer Mindestlänge von mehr als 0 Zeichen deklariert, oder der Wert des Attributs `required` der jeweiligen Eingabekomponente wird auf `true` gesetzt:

```
<!-- Validierung via ValidateLength -->
<h:inputText value="#{UserData.lastName}">
   <f:validateLength minimum="1" />
</h:inputText>

<!-- Validierung via required-Attribut -->
<h:inputText value="#{CustomerData.ZIP}" required="true" />
```

Während erstere Variante nur bei String-Werten funktioniert, kann die Überprüfung per `required`-Attribut unabhängig vom Datentyp eingesetzt werden. Letzterer Weg sollte im Interesse einer konsistenten Schreibweise vorgezogen werden.

120 Auf nummerische Datentypen überprüfen

Die `LongRange`- und `DoubleRange`-Validatoren erlauben eine Überprüfung der eingegebenen Werte hinsichtlich Datentyp. Zu diesem Zweck können sie einfach ohne `minimum`- und `maximum`-Attribute eingesetzt werden:

```
<!-- Validierung auf Long mit Minimum- und Maximum-Wert -->
<h:inputText value="#{CustomerData.ZIP}" required="true">
   <f:validateLongRange minimum="0" maximum="99999" />
</h:inputText>

<!-- Validierung auf Datentyp Long -->
<h:inputText value="#{CustomerData.ID}">
   <f:validateLongRange />
</h:inputText>
```


Analog funktioniert das Vorgehen beim Einsatz des `DoubleRange`-Validators:

```
<!-- Validierung auf Double mit Minimum- und Maximum-Wert -->
<h:inputText value="" required="true">
   <f:validateLongRange minimum="-5.1" maximum="5.1" />
</h:inputText>

<!-- Validierung auf Double -->
<h:inputText required="true">
   <f:validateDoubleRange />
</h:inputText>
```

121 Validierungsfehler ausgeben

Validierungsfehler werden per `Message`- oder `Messages`-Element ausgegeben. Während Ersteres die Fehlermeldungen für ein Eingabeelement ausgibt, erfüllt Letzteres denselben Zweck für alle Eingabeelemente der Seite. Sie können somit Fehlermeldungen sowohl lokal als auch zentral ausgeben – je nachdem, wie es gerade benötigt wird.

Wenn Sie eine Validierungsfehlermeldung lokal ausgeben wollen, benötigen Sie nichts weiter als ein Eingabeelement samt `id`-Attribut, einen Validator (oder das `required`-Attribut) und ein `Message`-Element, das auf die `id` des zu validierenden Elements zeigt:

```
<p>
   <strong>
      <h:outputText value="#{ global.firstname }" />
   </strong>
   <h:message for="firstName" /><br />
   <h:inputText id="firstName" value="#{ UserData.firstName }"
```

```
        required="true">
        <f:validateLength maximum="20" minimum="1" />
    </h:inputText>
</p>
```

Wichtig ist an dieser Stelle die Angabe des id-Attributs in der Deklaration des Eingabeelements. Auf den dort angegebenen Wert wird das Message-Element mit Hilfe seines for-Attributs gebunden.

Übertragen auf die weiter oben gezeigte JSP zur Eingabe von Benutzerdaten könnte dies dann im Browser so aussehen:

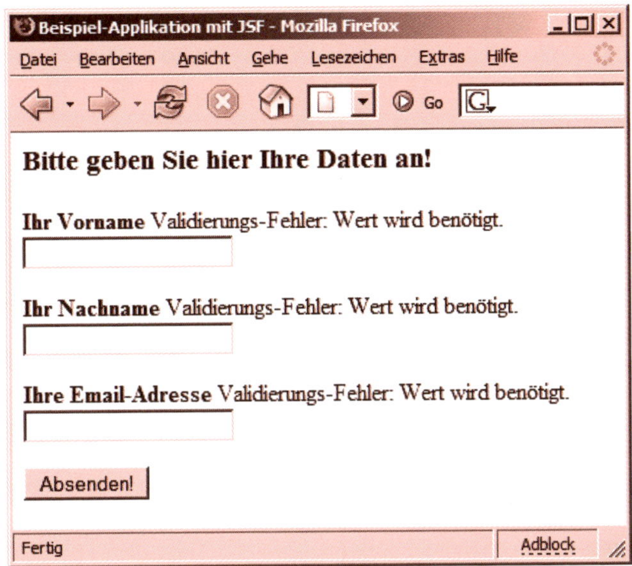

Abbildung 84: Ausgabe von Fehlermeldungen per Message-Element

Statt der Ausgabe einzelner Fehlermeldungen für alle Elemente bietet es sich manchmal an, alle Fehlermeldungen zentral auszugeben. Dies kann mit Hilfe des Messages-Elements erreicht werden:

```
<h:messages layout="table" />
```

Der Parameter layout gibt an, wie die Fehlermeldungen dargestellt werden sollen. Gültige Werte sind list (als Liste, Standardwert) oder table (als Tabelle). Sie sollten für eine vernünftige Darstellung die Daten als Tabelle anzeigen lassen – anderenfalls werden sie in der derzeitigen Version des Frameworks so gerendert:

Wenn das layout-Attribut auf den Wert table geändert wird, erfolgt die Ausgabe der Fehlermeldungen untereinander:

Die Darstellung der einzelnen Fehlermeldungen kann ebenso beeinflusst werden wie die Art der Fehler, die angezeigt werden sollen. Mehr dazu finden Sie in der Beschreibung der wichtigsten JSF-Tags weiter unten in diesem Kapitel.

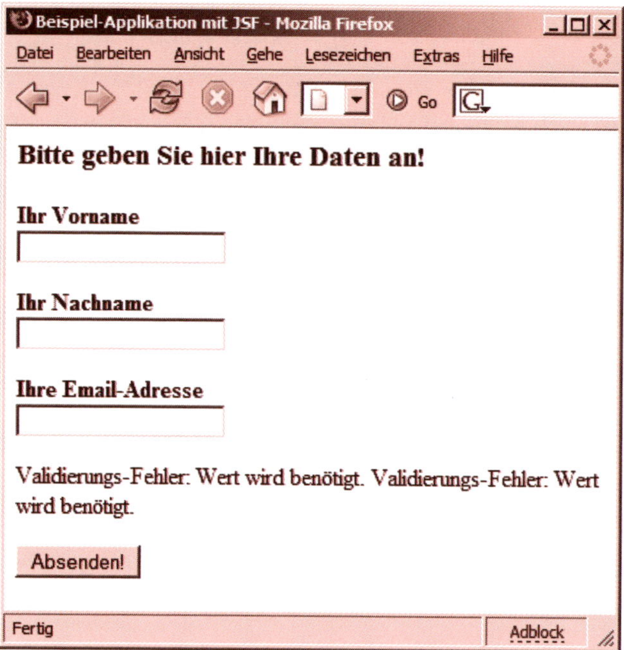

Abbildung 85: Anzeige der Fehlermeldungen als Liste

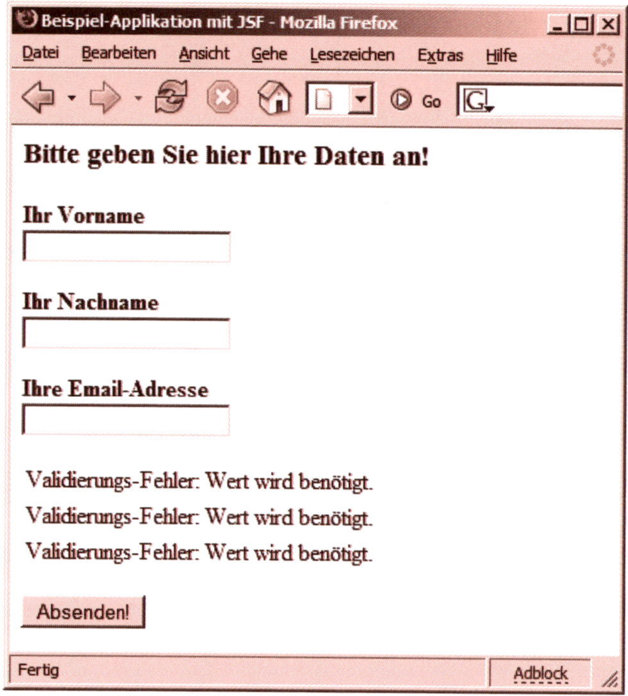

Abbildung 86: Anzeige der Fehlermeldungen als Tabelle

122 Validierungsfehlermeldungen übersteuern

Das JSF-Framework bringt für die vorgegebenen Validatoren eigene Ressourcen mit, um die Fehlermeldungen zumindest für die wichtigsten Sprachen lokalisiert ausgeben zu können. Um die auszugebenden Fehlermeldungen zu überschreiben, können Sie stattdessen auch eigene Ressourcen deklarieren. Diese müssen innerhalb der *faces-config.xml*-Konfigurationsdatei unterhalb des `<application />`-Elements deklariert werden:

```
<application>
   <message-bundle>codebook.j2ee.jsf.ErrorMessages</message-bundle>
</application>
```

Innerhalb der so angegebenen Ressource können die vorgegebenen Schlüssel mit eigenen Werten überschrieben werden. Folgende Schlüssel stehen zur Verfügung und können somit übersteuert werden:

Schlüssel	Standardtext
`javax.faces.validator.NOT_IN_RANGE`	Validierungsfehler: Spezifiziertes Attribut liegt nicht zwischen {0} und {1}.
`javax.faces.validator.DoubleRangeValidator.LIMIT`	Validierungsfehler: Spezifiziertes Attribut kann nicht in einen Double-Typ umgewandelt werden.
`javax.faces.validator.DoubleRangeValidator.MAXIMUM`	Validierungsfehler: Wert ist größer als zulässiges Maximum {0}.
`javax.faces.validator.DoubleRangeValidator.MINIMUM`	Validierungsfehler: Wert ist kleiner als zulässiges Minimum {0}.
`javax.faces.validator.DoubleRangeValidator.TYPE`	Validierungsfehler: Wert ist nicht vom richtigen Datentyp.
`javax.faces.validator.LengthValidator.LIMIT`	Validierungsfehler: Spezifiziertes Attribut kann nicht in korrekten Typ umgewandelt werden.
`javax.faces.validator.LengthValidator.MAXIMUM`	Validierungsfehler: Wert ist größer als zulässiges Maximum {0}.
`javax.faces.validator.LengthValidator.MINIMUM`	Validierungsfehler: Wert ist kleiner als zulässiges Minimum {0}.
`javax.faces.component.UIInput.REQUIRED`	Validierungsfehler: Wert wird benötigt.
`javax.faces.component.UISelectOne.INVALID`	Validierungsfehler: Wert nicht gültig.
`javax.faces.component.UISelectMany.INVALID`	Validierungsfehler: Wert nicht gültig.
`javax.faces.validator.RequiredValidator.FAILED`	Validierungsfehler: Wert wird benötigt.
`javax.faces.validator.LongRangeValidator.LIMIT`	Validierungsfehler: Spezifiziertes Attribut kann nicht in korrekten Typ umgewandelt werden.

Tabelle 10: Standard-Fehlermeldungen der Validatoren

Schlüssel	Standardtext
javax.faces.validator.LongRangeValidator.MAXIMUM	Validierungsfehler: Wert ist größer als zulässiges Maximum {0}.
javax.faces.validator.LongRangeValidator.MINIMUM	Validierungsfehler: Wert ist kleiner als zulässiges Minimum {0}.
javax.faces.validator.LongRangeValidator.TYPE	Validierungsfehler: Wert ist nicht vom richtigen Datentyp.

Tabelle 10: Standard-Fehlermeldungen der Validatoren (Forts.)

Unter Angabe der obigen Schlüsselnamen und unter Beachtung der Platzhalter können diese Werte nun im angegebenen Ressourcenbündel überschrieben werden. Dabei müssen nicht alle Schlüssel überschrieben werden – es reicht aus, nur den Schlüssel anzugeben, der tatsächlich geändert werden soll:

```
javax.faces.component.UIInput.REQUIRED=Bitte geben Sie den benötigten Wert an!
javax.faces.validator.LengthValidator.MINIMUM=Die Länge des angegebenen Wertes
ist kleiner als die erforderliche Mindestlänge von {0} Zeichen.
```

Im Browser führt diese Änderung zu wesentlich freundlicheren Fehlermeldungen:

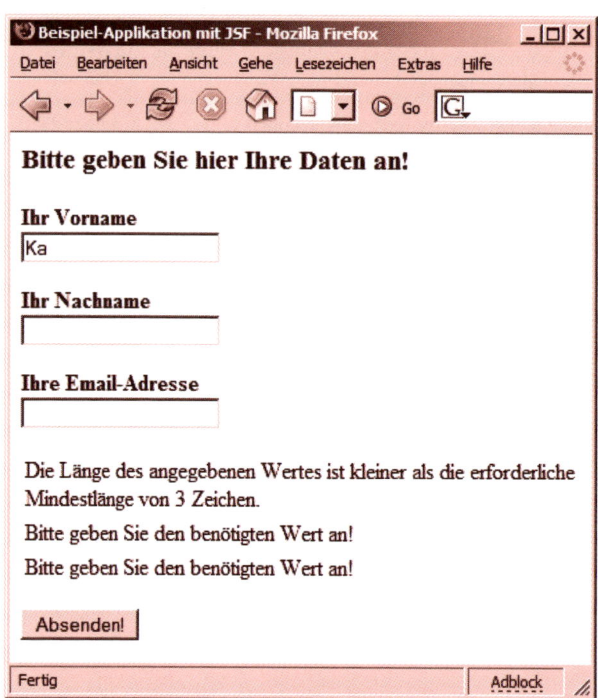

Abbildung 87: Angepasste Fehlermeldungen

123 Eigene Validierungen vornehmen

Intern werden Fehlermeldungen durch Instanzen der Klasse FacesMessage repräsentiert. Diese können dem aktuellen Faces-Kontext der Applikation zugeordnet und dann per Messages-Element ausgegeben werden. Vordergründig erscheint es dabei als nicht möglich, lokalisierte Fehlermeldungen auszugeben. Jedoch kann dies bei explizitem Laden einer Ressource dennoch erreicht werden.

Angenommen, eine eingegebene E-Mail-Adresse soll auf syntaktische Korrektheit überprüft werden. Dies würde am besten per regulärem Ausdruck erfolgen. Der entsprechende Ausdruck hätte folgenden Aufbau:

```
^[\w-]+(?:\.[\w-]+)*@(?:[\w-]+\.)+[a-zA-Z]{2,7}$
```

Ohne hier speziell auf die Syntax von regulären Ausdrücken eingehen zu wollen, sei Ihnen die Webseite *http://www.regexlib.com* ans Herz gelegt, wenn Sie reguläre Ausdrücke nicht umständlich selbst erzeugen, sondern lieber per Copy & Paste nutzen wollen.

Der hier gezeigte Ausdruck überprüft die E-Mail-Adresse syntaktisch – so wird definiert, dass am Anfang mindestens ein Buchstabe kommen muss, dem durchaus ein Punkt folgen kann – allerdings müssen auch nach diesem Punkt wieder mindestens ein Wortzeichen oder das Minuszeichen kommen. Dies kann sich beliebig oft wiederholen. Nach dem obligatorischen @-Symbol erfolgt die Angabe von Sub- und Haupt-Domain, gefolgt von einem Punkt und der Top-Level-Domain mit zwei bis sieben Zeichen Länge. E-Mail-Adressen, die diese Syntaxregeln einhalten, werden im Folgenden als gültig betrachtet.

JSF

Sollte die E-Mail-Adresse kein gültiges Format aufweisen, soll eine entsprechende Fehlermeldung ausgegeben werden. Diese wird in der Datei ErrorMessages.properties (und deren sprachspezifischen Geschwistern) im Package codebook.j2ee.jsf definiert und hört auf den Schlüssel codebook.j2ee.jsf.Errors.EMAIL:

```
javax.faces.component.UIInput.REQUIRED=Bitte geben Sie den benötigten Wert an!
javax.faces.validator.LengthValidator.MINIMUM=Die Länge des angegebenen Wertes
ist kleiner als die erforderliche Mindestlänge von {0} Zeichen.
codebook.j2ee.jsf.Errors.EMAIL=Die angegebene E-Mail-Adresse ist syntaktisch
nicht korrekt!
```

Die Validierung wird durch die Action process() der UserData-Bean angestoßen und innerhalb von deren privater Methode validateEmail() vom Typ boolean durchgeführt. Diese Methode überprüft mit Hilfe des weiter oben erklärten regulären Ausdrucks die syntaktische Korrektheit der E-Mail-Adresse.

Sollte die Adresse die Prüfung nicht bestehen, wird das Ressourcenbündel codebook.j2ee.jsf.ErrorMessages geladen und der Inhalt von dessen Schlüssel codebook.j2ee.jsf.Errors.EMAIL in den Faces-Kontext der Applikation geschrieben. Zu diesem Zweck wird er einer neuen FacesMessage-Instanz über deren Konstruktor übergeben. Anschließend kann die FacesMessage-Instanz im Kontext der Applikation registriert werden. Dies geschieht mit Hilfe der Methode addMessage() der FacesContext-Instanz, die als Parameter den ID-Wert des überprüften Elements und die FacesMessage-Instanz erwartet:

```
package codebook.j2ee.jsf;

import javax.faces.context.FacesContext;
import javax.faces.application.FacesMessage;
import java.util.regex.Matcher;
import java.util.regex.Pattern;
import java.util.ResourceBundle;

public class UserData {

   private String firstName;
   private String lastName;
   private String email;

   public String getFirstName() {
      return firstName;
   }

   public void setFirstName(String firstName) {
      this.firstName = firstName
   }

   public String getLastName() {
      return lastName;
   }

   public void setLastName(String lastName) {
      this.lastName = lastName;
   }

   public String getEmail() {
      return email;
   }

   public void setEmail(String email) {
      this.email = email;
   }

   private boolean validateEmail() {
      // Regex-Pattern definieren
      String pattern =
         "^[\\w-]+(?:\\.[\\w-]+)*@"
         + "(?:[\\w-]+\\.)+[a-zA-Z]{2,7}$";

      // Pattern-Instanz erzeugen
      Pattern p = Pattern.compile(pattern);
```

Listing 350: Benutzerdefinierte Überprüfung einer E-Mail-Adresse

JSF

```
        // Auf Gültigkeit überprüfen
        Matcher m = p.matcher(this.getEmail());
        if(m.matches()) {

            // E-Mail-Adresse ist gültig
            return true;
        }

        // Faces-Kontext ermitteln
        FacesContext ctx = FacesContext.getCurrentInstance();

        // Ressourcen-Bundle laden
        ResourceBundle bundle = null;
        bundle = ResourceBundle.getBundle(
            "codebook.j2ee.jsf.ErrorMessages",
            ctx.getViewRoot().getLocale()
        );

        // Fehlermeldung auslesen
        String errorKey = "codebook.j2ee.jsf.Errors.EMAIL";
        String errorMsg = bundle.getString(errorKey);

        // Fehlermeldung im Kontext speichern
        FacesMessage msg = new FacesMessage(errorMsg);
        ctx.addMessage(ctx.getViewRoot().getClientId(ctx), msg);

        // E-Mail-Adresse ist ungültig
        return false;
    }

    public String process() {
        // Rückgabe definieren
        String result = "failure";

        // Überprüfen der eingegebenen Werte
        if(null != getFirstName() && null != getLastName() &&
            null != getEmail() && getFirstName().length() > 1 &&
            getLastName().length() > 1 && validateEmail()) {

            // Wenn eingegebene Werte korrekt, dann positive
            // Rückgabe erzeugen
            result = "success";
        }

        return result;
    }
}
```

Listing 350: Benutzerdefinierte Überprüfung einer E-Mail-Adresse (Forts.)

Wird nun eine nicht korrekte E-Mail-Adresse im Frontend eingegeben, erfolgt eine entsprechende Reaktion mit der im Ressourcenbündel deklarierten Fehlermeldung:

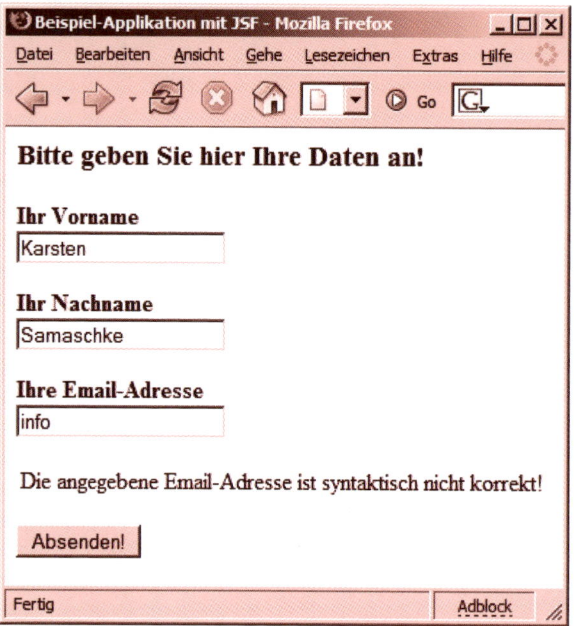

Abbildung 88: Ausgabe des Ergebnisses der benutzerdefinierten Validierung

124 Einen eigenen Validator schreiben

Die Wiederverwendbarkeit einer Validierungslösung, die auf einer Methode einer Bean beruht, ist nicht optimal. Besser wäre es, eine eigene `Validator`-Implementierung schreiben und verwenden zu können. Eine derartige Implementierung basiert darauf, dass eventuell aufgetretene Fehler per `ValidatorException` gemeldet werden. Die `ValidatorException`-Instanz nimmt als Parameter eine `FacesMessage`-Instanz entgegen, die ihrerseits nach Möglichkeit lokalisiert und anpassbar sein sollte, was mit Hilfe einer Ressource erledigt werden kann:

```
package codebook.j2ee.jsf;

import javax.faces.context.FacesContext;
import javax.faces.component.UIComponent;
import javax.faces.validator.ValidatorException;
import javax.faces.application.FacesMessage;
import java.util.regex.Pattern;
import java.util.regex.Matcher;
```

Listing 351: Ein benutzerdefinierter Validator für die Überprüfung von E-Mail-Adressen

```
import java.util.ResourceBundle;

public class EmailValidator
   implements javax.faces.validator.Validator {

   // Validiert den Wert von o
   public void validate(
      FacesContext ctx, UIComponent component, Object o)
      throws ValidatorException {

      // Ressourcen-Bundle laden
      ResourceBundle bundle = null;
      bundle = ResourceBundle.getBundle(
         "codebook.j2ee.jsf.ErrorMessages",
         ctx.getViewRoot().getLocale()
      );

      // Fehlermeldung auslesen
      String errorKey = "codebook.j2ee.jsf.Errors.EMAIL";
      String errorMsg = bundle.getString(errorKey);

      // Fehlermeldung im Kontext speichern
      FacesMessage msg = new FacesMessage(errorMsg);

      if(null == o) {
         throw new ValidatorException(msg);
      }

      String pattern =
         "^[\\w-]+(?:\\.[\\w-]+)*@(?:[\\w-]+\\.)+[a-zA-Z]{2,7}$";
      String email = (String)o;

      // Pattern-Instanz erzeugen
      Pattern p = Pattern.compile(pattern);

      // Auf Gültigkeit überprüfen
      Matcher m = p.matcher(email);
      if(!m.matches()) {
         // Wert nicht gültig
         throw new ValidatorException(msg);
      }
   }
}
```

Listing 351: Ein benutzerdefinierter Validator für die Überprüfung von E-Mail-Adressen (Forts.)

Bevor der Validator nun eingesetzt werden kann, muss er innerhalb der *faces-config.xml*-Datei mit einem eindeutigen Schlüssel registriert werden. Ebenso muss der voll qualifizierte Klassenname des Validators angegeben werden. In der Regel wird der eindeutige Schlüssel einen Kurznamen oder auch den voll qualifizierten Klassennamen des Elements deklarieren:

```
<validator>
   <validator-id>codebook.j2ee.jsf.EmailValidator</validator-id>
   <validator-class>codebook.j2ee.jsf.EmailValidator</validator-class>
</validator>
```

Listing 352: Deklaration eines Validators in der Konfigurationsdatei faces-config.xml

Nun kann der Validator per `<f:validator />`-Tag für ein Element registriert werden. Das Attribut `validatorId` muss dabei dem Wert des `<validator-id />`-Elements der Konfigurationsdatei entsprechen:

```
<h:inputText id="emailData" value="#{UserData.email}" required="true">
   <f:validateLength maximum="20" minimum="2" />
   <f:validator
      validatorId="codebook.j2ee.jsf.EmailValidator" />
</h:inputText>
```

JSF

125 Welche Konverter gibt es, und wie werden sie eingesetzt?

HTML kennt keine Datentypen, Managed-Beans schon. Dies kann ein Dilemma werden, wenn man bedenkt, dass sämtliche Eingaben im Frontend in Textform und in der Bean in ihrem ursprünglichen Datentyp vorliegen. Um die Daten aus der Präsentations- in die Datenschicht zu überführen, finden deshalb Konvertierungen statt. In der Regel übernimmt die Komponente selbst die Datenkonvertierung, so dass sich ein Anwendungsentwickler nicht darum kümmern muss. Manchmal macht es jedoch Sinn, die Art der Konvertierung und damit auch Ausgabe- und Eingabeformate selbst festzulegen.

Das JSF-Framework stellt einige vordefinierte Konverter bereit, die sich alle im Paket `javax.faces` befinden:

- `BigDecimalConverter`
- `BigIntegerConverter`
- `BooleanConverter`
- `ByteConverter`
- `CharacterConverter`
- `DateTimeConverter`
- `DoubleConverter`

- FloatConverter
- IntegerConverter
- LongConverter
- NumberConverter
- ShortConverter

Alle diese Konverter implementieren das Interface `javax.faces.convert.Convert`, das die Methoden `getAsObject()` und `getAsString()` deklariert, die für die Konvertierung der Daten eingesetzt werden können.

Um bei den Standardkomponenten des JSF-Frameworks Konverter explizit anzugeben, können Sie zwei Möglichkeiten nutzen:

- Geben Sie in der Eingabekomponente mit Hilfe von deren Attribut `convert` den zu verwendenden Konverter an.
- Fügen Sie einen Konverter mit Hilfe von Konverter-Tags hinzu.

Converter-Attribut

Das `converter`-Attribut kann verwendet werden, um einen Konverter explizit anzugeben. Sinn macht dies, wenn Eingaben zwingend in ein bestimmtes Format gewandelt werden müssen, dabei aber keine weiteren Informationen bezüglich Formatierung oder konverterspezifischer Attribute übergeben werden müssen.

Für die Eingabe einer Postleitzahl könnte beispielsweise ein `Integer`-Konverter explizit angegeben werden:

```
<h:inputText id="zip" value="#{UserData.zip}"
   required="true" converter="javax.faces.Integer" >
   <f:validateLongRange maximum="99999" minimum="0" />
</h:inputText>
```

Sollte nun ein dem Datentyp nicht entsprechender Wert eingegeben worden sein, wird nicht etwa eine Exception geworfen, sondern innerhalb eines `Message`- oder `Messages`-Element eine Fehlermeldung ausgegeben:

JSF

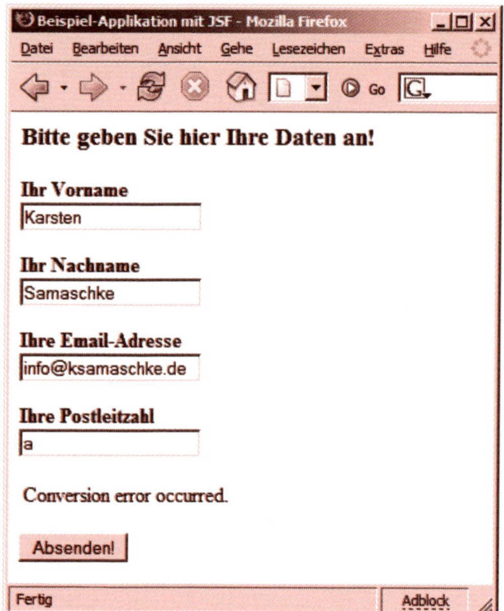

Abbildung 89: Fehlermeldung aufgrund falsch eingegebener Daten

Konverter-Tag

Wenn Sie an Datumswerte denken, werden Sie sicherlich zustimmen, dass es da unzählige Möglichkeiten gibt, wie ein Datum ausgedrückt werden kann. Dementsprechend dürfte es schwierig sein, die entsprechenden Möglichkeiten mit nur einem Attribut auszudrücken.

Aus diesem Grund sind mehrere Konverter-Tags eingeführt worden, die derartige Aufgaben erleichtern:

- `ConvertDate` zur Konvertierung in Datumswerte
- `ConvertNumber` zur Konvertierung in nummerische Werte

Angenommen, Sie wollten die Eingabe eines Datums erlauben, dann könnte dies so umgesetzt werden:

```
<h:inputText id="birth" value="#{UserData.birth}"
   required="true">
   <f:convertDateTime dateStyle="short" type="date" />
</h:inputText>
```

Der DateTime-Konverter bietet folgende Attribute:

Attribut	Typ	Bedeutung
dateStyle	String	Legt das Datumsformat fest. Mögliche Wert sind: ▶ default ▶ short ▶ medium ▶ long Wird kein Wert angegeben, wird default angenommen.
parseLocale	String oder Locale	Gibt an, welche Locale verwendet werden kann. Per Default wird die Locale verwendet, die im aktuellen FacesContext definiert wird.
pattern	String	Legt das Muster für ein benutzerdefiniertes Datums- und Zeitformat fest. Wenn ein Muster angegeben worden ist, werden die Werte der Attribute dateStyle, timeStyle und type ignoriert.
timeStyle	String	Legt das Format für die Zeit fest. Mögliche Werte sind: ▶ default ▶ short ▶ medium ▶ full Wird kein Wert angegeben, wird default angenommen.
type	String	Gibt an, ob der Wert als Datum, Zeit oder eine Kombination aus beidem interpretiert wird. Mögliche Werte sind: ▶ date ▶ time ▶ datetime Wird hier kein Wert angegeben, wird date verwendet.

Tabelle 11: Attribute des DateTime-Konverters

Wollten Sie einen nummerischen Wert konvertieren, können Sie auf einen Number-Konverter zurückgreifen. Am Beispiel einer Preisangabe könnte dies so aussehen:

```
<h:inputText id="price" value=""
   required="true">
   <f:convertNumber
      maxFractionDigits="2" maxIntegerDigits="3"
      minFractionDigits="2" minIntegerDigits="1"
      type="currency" />
</h:inputText>
```

Hier eingegebene Werte dürften maximal drei Vorkomma- und maximal zwei Nachkomma-Stellen haben, andererseits muss mindestens eine Vorkomma-Stelle vorhanden sein. Und der Wert muss als Währung formatiert sein – ein entsprechendes Währungssymbol sollte also mit angegeben werden. Aber Vorsicht: Erlaubte Währungssymbole sind von der Locale-Einstellung abhängig – in der Euro-Zone wird nur das Euro-Symbol akzeptiert, und andere Währungssymbole erzeugen Fehlermeldungen.

Folgende Attribute stehen beim Number-Konverter zur Verfügung:

Attribut	Typ	Bedeutung
currencyCode	String	ISO 4217-Ländercode, der jedoch nur bei der Formatierung von Währungen zur Anwendung kommt.
currencySymbol	String	Währungssymbol. Kommt nur bei der Formatierung von Währungen zur Anwendung.
groupingUsed	boolean	Gibt an, ob Tausender-Trenner verwendet werden.
integerOnly	boolean	Gibt an, ob nur ganzzahlige Werte verwendet werden.
maxFraction Digits	int	Maximale Anzahl der Nachkomma-Stellen, die formatiert werden
maxIntegerDigits	int	Maximale Anzahl der Vorkomma-Stellen, die formatiert werden
minFraction Digits	int	Minimale Anzahl der Nachkomma-Stellen, die formatiert werden
minIntegerDigits	int	Minimale Anzahl der Vorkomma-Stellen, die formatiert werden
parseLocale	String oder Locale	Gibt an, welche Locale verwendet werden kann. Per Default wird die Locale verwendet, die im aktuellen FacesContext definiert wird.
pattern	String	Legt ein benutzerdefiniertes Muster fest
type	String	Gibt an, ob der Wert als Nummer, Währung oder Prozentangabe interpretiert werden soll. Mögliche Werte sind: ▶ number ▶ currency ▶ percentage Die Default-Angabe ist number.

Tabelle 12: Attribute des Number-Konverters

Die beschriebenen Konverter können (und sollen) nicht nur für die Eingabe, sondern auch für die Ausgabe von Daten verwendet werden:

```
<%@ page contentType="text/html;charset=UTF-8" language="java" %>
<%@ taglib uri="/WEB-INF/lib/html_basic.tld" prefix="h" %>
<%@ taglib uri="/WEB-INF/lib/jsf_core.tld" prefix="f" %>
<html>
   <f:view>
      <f:loadBundle basename="codebook.j2ee.jsf.GlobalMessages"
         var="global" />
      <f:loadBundle basename="codebook.j2ee.jsf.WelcomeMessages"
         var="local" />
```

Listing 353: Formatierung von Ausgaben per Number- und DateTime-Konverter

```
<head>
   <title>
      <h:outputText value="#{ global.appTitle }" />
   </title>
</head>
<body>
   <h3>
      <h:outputText value="#{ local.title }" />,
      <h:outputText value="#{ UserData.firstName }" />
   </h3>
   <p>
      <strong>
         <h:outputText value="#{ global.firstname }" />
      </strong><br />
      <h:outputText value="#{ UserData.firstName }" />
   </p>
   <p>
      <strong>
         <h:outputText value="#{ global.lastname }" />
      </strong><br />
      <h:outputText value="#{ UserData.lastName }" />
   </p>
   <p>
      <strong>
         <h:outputText value="#{ global.email }" />
      </strong><br />
      <h:outputText value="#{ UserData.email }" />
   </p>
   <p>
      <strong>
         <h:outputText value="#{ global.birth }" />
      </strong><br />
      <h:outputText value="#{ UserData.birth }">
         <f:convertDateTime
            dateStyle="short" type="date" />
      </h:outputText>
   </p>
   <p>
      <strong>
         <h:outputText value="#{ global.price }" />
      </strong><br />
      <h:outputText value="#{ UserData.price }">
         <f:convertNumber
            maxFractionDigits="2" maxIntegerDigits="3"
            minFractionDigits="2" minIntegerDigits="1"
            type="currency" />
```

Listing 353: Formatierung von Ausgaben per Number- und DateTime-Konverter (Forts.)

```
            </h:outputText>
         </p>
      </body>
   </f:view>
</html>
```

Listing 353: Formatierung von Ausgaben per Number- und DateTime-Konverter (Forts.)

Im Browser betrachtet, sollten Sie folgende Ausgabe erhalten:

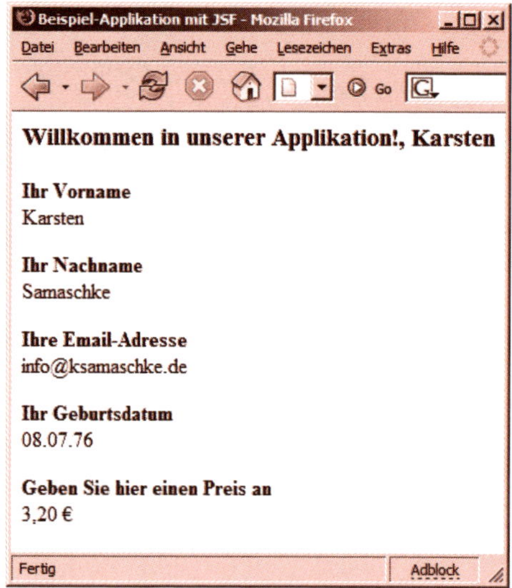

Abbildung 90: Eingegebene Daten werden formatiert wieder ausgegeben

JSF

126 Welche Events gibt es, und wie können sie eingesetzt werden?

Im Gegensatz zum Struts-Framework erlauben Java Server Faces das Binden an verschiedene Events, auf die mit Hilfe von Event-Handlern reagiert werden kann. Damit verhält sich das JSF-Framework analog zum Swing-Framework.

An folgende Events kann gebunden werden:

Event	Beschreibung
`ActionEvents`	Werden beim Eintreten bestimmter Aktionen erzeugt – etwa dem Klicken auf einen `CommandButton`.
`ValueChangedEvents`	Werden geworfen, wenn sich der Wert innerhalb einer Komponente ändert.

Tabelle 13: Events im JSF-Framework

Event	Beschreibung
Data-Model-Events	Werden bei der Auswahl einer neuen Reihe in einer UIData-Komponente geworfen.

Tabelle 13: Events im JSF-Framework (Forts.)

Um auf einen Event reagieren zu können, sind folgende Schritte nötig:

- Erzeugen einer Listener-Klasse, die auf das Ereignis reagiert
- Binden des Listeners an die Komponente

Zusätzlich kann per Bindungssyntax gearbeitet werden, wenn auf das Erstellen einer eigenen Listener-Implementierung verzichtet werden soll.

Action-Events

Action-Events werden von den `UICommand`-Komponenten (`CommandButton` oder `CommandLink`) ausgelöst. Sobald ein Kommando durch Aktivierung des Buttons oder des Links ausgelöst worden ist, wird das entsprechende Ereignis erzeugt und an die registrierten Listener-Instanzen übergeben.

Eine Listener-Instanz für ein `Action`-Ereignis implementiert das Interface `javax.faces.event.ActionListener`. Dieses definiert genau eine Methode, die zu implementieren ist:

```
public void processAction( ActionEvent event )
```

Sobald ein Listener registriert und das Event erzeugt worden ist, wird diese Methode eingebunden:

```
package codebook.j2ee.jsf;

import javax.faces.event.AbortProcessingException;
import javax.faces.event.ActionEvent;
import javax.faces.context.FacesContext;
import javax.faces.application.FacesMessage;

public class CustomActionListener
   implements javax.faces.event.ActionListener {

   public void processAction(ActionEvent event)
      throws AbortProcessingException {

      FacesContext ctx = FacesContext.getCurrentInstance();
      FacesMessage fm = new FacesMessage("Action processed!");
      ctx.addMessage(event.getComponent().getClientId(ctx), fm);
   }
}
```

Listing 354: ActionListener für das Binden an Action-Events

JSF

Das Binden an das Element findet deklarativ mit Hilfe eines `ActionListener`-Tags statt. Dabei wird im Attribut `type` der komplette Klassenname des Listeners angegeben:

```
<h:commandButton
   value="#{ global.submit }">
   <f:actionListener
      type="codebook.j2ee.jsf.CustomActionListener" />
</h:commandButton>
```

Wenn das Ereignis ausgelöst wird, weil der Button angeklickt worden ist, bindet das JSF-Framework den `ActionListener` ein, und dessen Meldung wird ausgegeben:

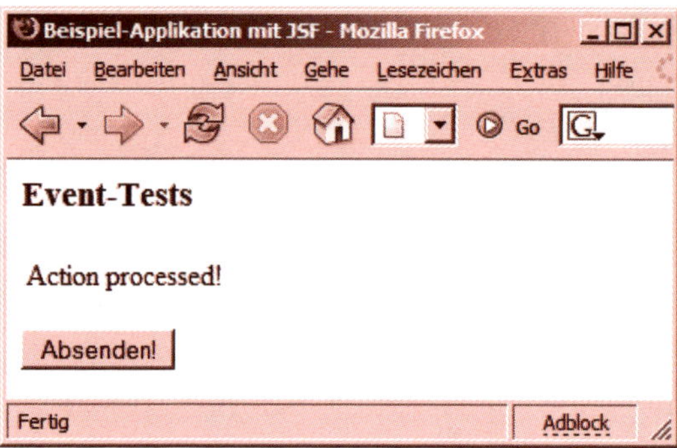

Abbildung 91: Der ActionListener ist eingebunden worden

Action-Event an Bean binden

Zielführender als das Erstellen einer eigenständigen `ActionListener`-Implementierung ist das Binden des Events an die Bean, die ohnehin die Daten hält und eventuell sogar eine eigenständige Validierung durchführt.

Um dies zu ermöglichen, muss eine Methode deklariert werden, die folgende Bedingungen erfüllt:

- Sie muss öffentlich (`public`) sein.
- Sie darf nur `void` als Rückgabewert haben.
- Sie muss als Argument eine `ActionEvent`-Instanz entgegennehmen.

Sinnvoll ist dies insbesondere für Validierungszwecke:

```
package codebook.j2ee.jsf;

import javax.faces.context.FacesContext;
import javax.faces.application.FacesMessage;
import javax.faces.event.ActionEvent;
```

Listing 355: Validierung von Bean-Eigenschaften über die Methode checkData, die als ActionListener eingebunden wird

```
import java.util.regex.Matcher;
import java.util.regex.Pattern;
import java.util.ResourceBundle;

public class UserData {

   private String firstName;
   private String lastName;
   private String email;
   private boolean dataValid = false;

   // Getter und Setter
   // ...

   // E-Mail-Validierung
   private boolean validateEmail() {
      // ...
   }

   public void checkData(ActionEvent event) {
      // Member-Variable dataValid ist nur dann true,
      // wenn alle Felder Werte besitzen und eine
      // gültige E-Mail-Adresse eingegeben worden ist
      dataValid = (
         null != getFirstName() && null != getLastName() &&
         null != getEmail() && getFirstName().length() > 1 &&
         getLastName().length() > 1 && validateEmail());
   }

   public String process() {
      // Rückgabe definieren und zurückgeben
      return (dataValid ? "success" : "failure");
   }
}
```

Listing 355: Validierung von Bean-Eigenschaften über die Methode checkData, die als ActionListener eingebunden wird (Forts.)

Die Methode `checkData()` setzt den Wert der lokalen Member-Variablen `dataValid` auf `true`, wenn alle Prüfungen erfolgreich waren. Sollte eines der Elemente keinen Wert haben, den Anforderungen nicht entsprechen oder die E-Mail-Adresse syntaktisch nicht korrekt sein, wird `dataValid` den Wert `false` erhalten.

Der Wert von `dataValid` wird innerhalb der Methode `process()` ausgewertet, die als `Action`-Ziel eingebunden wird:

```
<h:commandButton action="#{UserData.process}"
   value="#{ global.submit }"
   actionListener="#{UserData.checkData}" />
```

Sollte die Prüfung nicht erfolgreich sein, wird dies entsprechend ausgegeben:

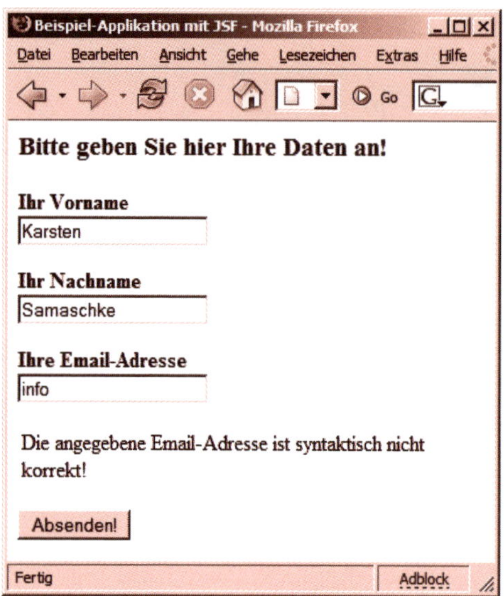

Abbildung 92: Die Validierung der Elemente fand per Event-Handler statt

ValueChanged-Events

Diese Events werden geworfen, sobald sich der Wert der Komponente, an die sie gebunden sind, geändert hat. Da die komplette Verarbeitung auf dem Server stattfindet, kann dies allerdings erst nach einem Zurücksenden an den Server ausgewertet und das entsprechende Event geworfen werden.

Die Implementierung der Event-Handler geschieht hier analog zur Implementierung von `ActionListenern`. Dies gilt auch für den Einsatz in Backing-Beans, der in der Praxis häufiger anzutreffen sein wird als ein eigenständiger Einsatz per `ValueChangedListener`.

Um einen Handler für das `ValueChanged`-Ereignis in einer Backing-Bean zu erzeugen, reicht es aus, eine Methode zu implementieren, die folgende Bedingungen erfüllt:

- Sie muss öffentlich (`public`) sein.
- Ihr Rückgabewert muss `void` sein.
- Sie muss einen Parameter vom Typ `ValueChangedEvent` entgegennehmen.

Die `ValueChangedEvent`-Instanz, die als Parameter übergeben wird, verfügt über zwei Methoden, mit denen der Zugriff auf den vorherigen und den aktuellen Wert der Komponente möglich ist: `getOldValue()` gibt den vorherigen Wert und `getNewValue()` den neuen Wert der Komponente zurück.

Das `ValueChanged`-Event bietet sich an, um auf Veränderungen eines Feldes gezielt zu reagieren. Dies ist auch im Sinne von Validierungen sinnvoll, soll hier aber nur zur Ausgabe einer Meldung genutzt werden:

```
public void emailChanged(ValueChangeEvent event) {
   FacesContext ctx = FacesContext.getCurrentInstance();
   FacesMessage msg = new FacesMessage(
      String.format("Email changed from %s to %s.",
      event.getOldValue(), event.getNewValue()));
   ctx.addMessage(ctx.getViewRoot().getClientId(ctx), msg);
}
```

Gebunden wird der Handler per Bindungssyntax:

```
<h:inputText id="emailData" value="#{UserData.email}"
   required="true"
   valueChangeListener="#{UserData.emailChanged}" >
   <f:validateLength maximum="20" minimum="2" />
</h:inputText>
```

Ändert sich nun der Wert des E-Mail-Feldes in der View, wird dies entsprechend kommentiert:

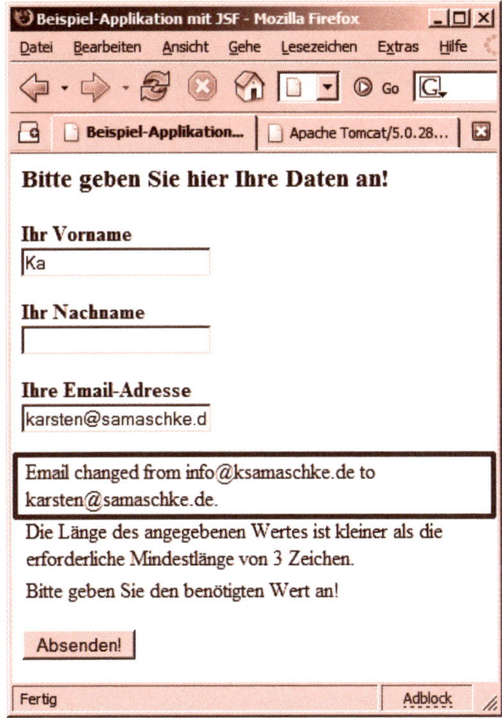

Abbildung 93: Die E-Mail-Adresse hat sich geändert

127 Welche Core-Tags gibt es?

Die `jsf_core`-TagLib dient dem Zweck, übergreifende Funktionalitäten deklarativ bereitzustellen. Folgende Elemente stehen zur Verfügung:

<f:actionListener />

Registriert eine `ActionListener`-Instanz an der Komponente. Sinnvolle Attribute:

Attribut	Typ	Bedeutung

`type`	String	Gibt den voll qualifizierten Klassennamen der `ActionListener`-Implementierung an.
		Beispiel:
		`<f:actionListener`
		`    type="codebook.j2ee.jsf.CustomListener" />`

Tabelle 14: Attribute des ActionListener-Elements

<f:attribute />

Fügt der übergeordneten Komponente ein Attribut hinzu.

Attribut	Typ	Bedeutung
`name`	String	Name des Attributs
`value`	String	Wert des Attributs

Tabelle 15: Attribute des Attribute-Elements

<f:convertDateTime />

Registriert einen `DateTime`-Konverter an der übergeordneten Komponente. Sinnvolle Attribute:

Attribut	Typ	Bedeutung
`dateStyle`	String	Legt das Datumsformat fest. Mögliche Wert sind: ▶ `default` ▶ `short` ▶ `medium` ▶ `long` Wird kein Wert angegeben, wird `default` angenommen.
`parseLocale`	String oder Locale	Gibt an, welche Locale verwendet werden kann. Per Default wird die `Locale` verwendet, die im aktuellen `FacesContext` definiert wird.
`pattern`	String	Legt das Muster für ein benutzerdefiniertes Datums- und Zeitformat fest. Wenn ein Muster angegeben worden ist, werden die Werte der Attribute `dateStyle`, `timeStyle` und `type` ignoriert.

Tabelle 16: Attribute des DateTime-Konverters

Attribut	Typ	Bedeutung
timeStyle	String	Legt das Format für die Zeit fest. Mögliche Werte sind: ▶ default ▶ short ▶ medium ▶ full Wird kein Wert angegeben, wird default angenommen.
type	String	Gibt an, ob der Wert als Datum, Zeit oder eine Kombination aus beidem interpretiert wird. Mögliche Werte sind: ▶ date ▶ time ▶ datetime Wird hier kein Wert angegeben, wird date verwendet.

Tabelle 16: Attribute des DateTime-Konverters (Forts.)

<f:convertNumber />

Deklariert einen Number-Konverter für die übergeordnete Komponente. Sinnvolle Attribute:

Attribut	Typ	Bedeutung
currencyCode	String	ISO 4217-Ländercode, der jedoch nur bei der Formatierung von Währungen zur Anwendung kommt.
currencySymbol	String	Währungssymbol. Kommt nur bei der Formatierung von Währungen zur Anwendung.
groupingUsed	boolean	Gibt an, ob Tausender-Trenner verwendet werden.
integerOnly	boolean	Gibt an, ob nur ganzzahlige Werte verwendet werden.
maxFractionDigits	int	Maximale Anzahl der Nachkomma-Stellen, die formatiert werden
maxIntegerDigits	int	Maximale Anzahl der Vorkomma-Stellen, die formatiert werden
minFractionDigits	int	Minimale Anzahl der Nachkomma-Stellen, die formatiert werden
minIntegerDigits	int	Minimale Anzahl der Vorkomma-Stellen, die formatiert werden
parseLocale	String oder Locale	Gibt an, welche Locale verwendet werden kann. Per Default wird die Locale verwendet, die im aktuellen FacesContext definiert wird.
pattern	String	Legt ein benutzerdefiniertes Muster fest.

Tabelle 17: Attribute des Number-Konverters

Attribut	Typ	Bedeutung
type	String	Gibt an, ob der Wert als Nummer, Währung oder Prozentangabe interpretiert werden soll. Mögliche Werte sind: ▶ number ▶ currency ▶ percentage Die Default-Angabe ist number.

Tabelle 17: Attribute des Number-Konverters (Forts.)

<f:converter />

Registriert eine Converter-Implementierung für die übergeordnete Komponente:

Attribut	Typ	Bedeutung

converterId	String	Voll qualifizierter Klassenname der Converter-Implementierung:
		`<h:inputText ...>`
		`  <f:converter`
		`    converterId="javax.faces.Integer" />`
		`</h:inputText>`

Tabelle 18: Attribute des Converter-Elements

<f:facet />

Definiert eine (Kopf-)Spalte innerhalb der umgebenden Komponente:

Attribut	Typ	Bedeutung
name	String	Name des generierenden Elements

Tabelle 19: Attribute des Facet-Elements

<f:loadBundle />

Lädt ein Ressourcen-Bundle für das Locale der aktuellen Ansicht und stellt es als Map innerhalb der Request-Attribute-Auflistung des aktuellen Requests zur Verfügung.

Attribut	Typ	Bedeutung
basename	String	Name der zu ladenden Ressource (ohne Sprachangabe und ohne Endung) .properties
var	String	Name innerhalb der Request-Attributes-Auflistung, unter der die Ressource abgelegt werden soll.

Tabelle 20: Attribute des LoadBundle-Elements

<f:param />

Fügt einen Parameter zum umgebenden Element hinzu.

Attribut	Typ	Bedeutung
id	String	ID-Wert der zu generierenden Parameter-Instanz
name	String	Name des Parameters
value	String	Wert des Parameters

Tabelle 21: Attribute des Param-Elements

<f:selectItem />

Fügt ein Auswahlelement der übergeordneten Komponente hinzu.

Attribut	Typ	Bedeutung
id	String	ID-Wert der zu generierenden SelectItem-Instanz
itemDescription	String	Beschreibung des Elements. Wird nur in unterstützenden Entwicklungsumgebungen genutzt.
itemDisabled	String	Gibt an, ob das Element angewählt werden kann.
itemLabel	String	Anzeigetext für die Komponente, der dem Nutzer bei seiner Auswahl angezeigt wird
itemValue	String	Auswahlwert der Komponente, der auf dem Server verarbeitet werden soll
value	String	Verweis auf eine SelectItem-Instanz, von der die Informationen für diese Komponente bezogen werden sollen. Wird in Bindungssyntax ausgegeben.

Tabelle 22: Attribute des SelectItem-Elements

Das SelectItem-Element wird in der Regel innerhalb von Auswahlkomponenten angezeigt. Sollte es außerhalb derartiger Elemente platziert werden, erfolgt keine Ausgabe.

<f:selectItems />

Fügt eine Liste von Auswahlelementen zur umgebenden Komponente hinzu. Sinnvolle Attribute:

Attribut	Typ	Bedeutung
id	String	ID-Wert der Liste
value	String	Angabe einer Bean-Eigenschaft per Bindungssyntax, die ein Array oder eine Liste von SelectItem-Elementen zurückgibt, an die gebunden werden soll.

Tabelle 23: Attribute des SelectItems-Elements

Das SelectItems-Element wird innerhalb von Auswahlkomponenten angezeigt. Sollte es außerhalb derartiger Elemente platziert werden, erfolgt keine Ausgabe.

<f:subview />

Stellt einen Container dar, der um alle dynamisch (beispielsweise per <jsp:include />) eingebundenen Elemente herum angelegt werden muss. Sorgt dafür, dass diese Komponenten ebenfalls vom Framework behandelt werden.

Attribut	Typ	Bedeutung
id	String	ID-Wert. Pflichtfeld
rendered	String	Gibt an, ob die eingebundene Komponente zu HTML gerendert werden soll. Muss zu einem booleschen Wert auflösbar sein.

Tabelle 24: Attribute des Subview-Elements

Beispiel:

```
<f:subview id="header">
   <jsp:include path="/header.jsp" />
</f:subview>
```


<f:validateDoubleRange />

Registriert einen DoubleRange-Validator für die übergeordnete Komponente.

Attribut	Typ	Bedeutung
minimum	String	Minimaler zulässiger Wert
maximum	String	Maximaler zulässiger Wert

Tabelle 25: Attribute des DoubleRange-Validator-Elements

Werden keine Attribute angegeben, erfolgt eine Überprüfung auf einen Double-Wert.

<f:validateLength />

Registriert einen Length-Validator für die Überprüfung der Länge von Zeichenketten.

Attribut	Typ	Bedeutung
minimum	String	Minimale zulässiger Länge (in Zeichen)
maximum	String	Maximale zulässiger Länge (in Zeichen)

Tabelle 26: Attribute des Length-Validator-Elements

<f:validateLongRange />

Registriert einen `LongRange`-Validator für die Überprüfung ganzzahliger Werte.

Attribut	Typ	Bedeutung
`minimum`	String	Minimaler zulässiger Wert
`maximum`	String	Maximaler zulässiger Wert

Tabelle 27: Attribute des LongRange-Validator-Elements

Werden keine Attribute angegeben, erfolgt eine Überprüfung auf einen ganzzahligen Wert.

<f:validator />

Registriert eine `Validator`-Implementierung für die übergeordnete Komponente.

Attribut	Typ	Bedeutung
`validatorId`	String	ID-Wert des Validators entsprechend der Deklaration in der `faces-config.xml` oder dem ID-Wert eines der mitgelieferten Validatoren

Tabelle 28: Attribute des Validator-Elements

<f:valueChangeListener />

Registriert eine `ValueChangeListener`-Implementierung für ein `ValueChange`-Event.

Attribut	Typ	Bedeutung

`type`	String	Gibt den voll qualifizierten Klassennamen der `ValueChangeListener`-Implementierung an.
		Beispiel:
		`<f:valueChangeListener`
		`type="codebook.j2ee.jsf.VCListener" />`

Tabelle 29: Attribute des ValueChangeListener-Elements

<f:verbatim />

Erzeugt eine Komponente, die eingeschlossene Inhalte aufnehmen und darstellen kann. Nur sinnvoll einsetzbar innerhalb von `<f:facet />`- oder `<h:column />`-Elementen.

Attribut	Typ	Bedeutung
`escape`	String	Gibt an, ob der Inhalt HTML-escaped dargestellt werden soll. Mögliche Werte sind `true` (Inhalt escapen) oder `false`.

Tabelle 30: Attribute des Verbatim-Elements

JSF

<f:view />

Container für alle untergeordneten JSF-Elemente einer Seite.

Attribut	Typ	Bedeutung
`locale`	String	Gibt an, welche `Locale`-Einstellung verwendet werden soll, und überschreibt damit die vom Nutzer mitgesendeten Informationen. Ausdruck muss entweder eine `Locale`-Instanz oder eine Zeichenkette sein, die zu einer `Locale`-Angabe konvertiert werden kann. Wert kann auch per Bindungssyntax an die Eigenschaft einer Bean gebunden werden.

Tabelle 31: Attribute des View-Elements

128 Welche HTML-Tags gibt es?

Die in der TagLib *html_base.tld* deklarierten HTML-Tags dienen der Darstellung in Views. Sie steuern nicht den Applikationsablauf, sondern sorgen für die Visualisierung von Inhalten.

JSF

Client-Events

Viele HTML-Komponenten unterstützen die Ausführung von clientseitigen Events per JavaScript. Dabei stehen in der Regel folgende Attribute zur Verfügung:

Attribut	Bedeutung
`onblur`	Wird ausgeführt, wenn das Element den Fokus verliert.
`onchange`	Wird ausgeführt, wenn sich der Wert des Elements ändert.
`onclick`	Wird ausgeführt, wenn das Element angeklickt worden ist.
`ondblclick`	Wird ausgeführt, wenn auf das Element ein Doppelklick ausgeführt worden ist.
`onfocus`	Wird ausgeführt, wenn das Element den Eingabefokus erhält.
`onkeydown`	Wird ausgeführt, wenn in oder über dem Element eine Taste gedrückt worden ist.
`onkeyup`	Wird ausgeführt, wenn in oder über dem Element eine Taste losgelassen worden ist.
`onmousedown`	Wird ausgeführt, wenn über dem Element eine Maustaste gedrückt worden ist.
`onmousemove`	Wird ausgeführt, wenn der Mauszeiger innerhalb der Elementgrenzen bewegt wird.
`onmouseout`	Wird ausgeführt, wenn der Mauszeiger das Elements nach außen verlässt.
`onmouseover`	Wird ausgeführt, wenn der Mauszeiger von außen über das Element geführt wird.
`onselect`	Wird ausgeführt, wenn der Text des Elements vom Benutzer selektiert wird.

Tabelle 32: Clientseitige Ereignisse

Welches dieser Events tatsächlich zur Verfügung steht, ist davon abhängig, welche HTML-Komponente letztendlich ausgegeben wird und wie die interne Implementierung des Elements aussieht.

Standardattribute

Einige Attribute kommen bei den meisten Komponenten zum Einsatz:

Attribut	Bedeutung
`readonly`	Gibt an, ob das Element schreibgeschützt ist und/oder ausgeführt werden kann.
`style`	CSS-Style(s), die auf das Element angewendet werden sollen.
`styleClass`	Liste der CSS-Style-Klassen, die auf das Element angewendet werden sollen. Mehrere Style-Klassen sind durch Leerzeichen voneinander zu trennen.
`tabindex`	Position des Elements in der Tab-Reihenfolge des Clients. Wert kann zwischen 0 und 32767 liegen.
`title`	Inhalt des title-Tags für das Element

Tabelle 33: Standardattribute

Ob und in welchem Umfang diese Attribute tatsächlich zur Verfügung stehen, hängt von der konkreten Implementierung des Elements ab.

<h:commandButton />

Rendert einen HTML-<`input` />-Button. Sinnvolle Attribute:

- Client-Events
- Standardattribute

Attribut	Bedeutung
`action`	Gibt die `Action`-Methode einer Bean an, die aufgerufen werden soll, wenn des Element aktiviert worden ist. Wird per Bindungssyntax angegeben.
`actionListener`	Gibt die `ActionListener`-Methode an, die eingebunden werden soll, wenn das Element aktiviert worden ist. Wird per Bindungssyntax angegeben.
`id`	ID-Wert für die Komponente
`value`	Wert der Komponente, kann auch per Bindungssyntax anhand einer Ressource gesetzt werden.
`disabled`	Gibt an, ob das Element ausgelöst (`true`) werden kann oder nicht (`false`).
`image`	Absoluter oder relativer Pfad zu einem Bild, das statt des Buttons angezeigt werden soll. Wenn angegeben, dann wird der Wert des Attributs zu `image`.
`type`	Typ des Buttons. Mögliche Werte sind `submit` (Standardwert – erzeugt einen Submit-Button) und `reset` (erzeugt einen Reset-Button).

Tabelle 34: Attribute des CommandButton-Elements

Beispiel:

```
<h:commandButton value="#{labels.submit}"
   action="#{UserBean.process}"
   actionListener="#{UserBean.validate}" />
```

<h:commandLink />

Render zu einem HTML-<a />-Tag, das sich wie ein `submit`-Button verhält, wenn es angeklickt worden ist. Sinnvolle Attribute:

- Client-Events
- Standardattribute

Attribut	Bedeutung
`action`	Gibt die `Action`-Methode einer Bean an, die aufgerufen werden soll, wenn des Element aktiviert worden ist. Wird per Bindungssyntax angegeben.
`actionListener`	Gibt die `ActionListener`-Methode an, die eingebunden werden soll, wenn das Element aktiviert worden ist. Wird per Bindungssyntax angegeben.
`coords`	Koordinaten des Links auf einer Image-Map.
`id`	ID-Wert für die Komponente
`value`	Wert der Komponente, kann auch per Bindungssyntax anhand einer Ressource gesetzt werden.
`disabled`	Gibt an, ob das Element ausgelöst (`true`) werden kann oder nicht (`false`).
`target`	Fenster, in dem das Link-Ziel geöffnet werden soll
`type`	Typ des Buttons. Mögliche Werte sind `submit` (Standardwert – erzeugt einen Submit-Button) und `reset` (erzeugt einen Reset-Button).

Tabelle 35: Attribute des CommandLink-Elements

Beispiel:

```
<h:commandLink value="#{labels.submit}"
   action="#{UserData.process}"
   target="_blank" />
```

<h:dataTable />

Renders ein HTML-<table />-Element, das die zugewiesenen Daten anzeigen soll. Besitzt für die Darstellung der enthaltenen Daten <h:column />-Elemente, die als Template für die Darstellung der enthaltenen Daten dienen.

Sinnvolle Attribute:

- Client-Events
- Standardattribute

Attribut	Bedeutung
first	Index der ersten anzuzeigenden Zeile der zugrunde liegenden Datenquelle
id	ID-Wert für die Komponente
rows	Anzahl der darzustellenden Zeilen
value	Wert des Elements
var	Name, unter dem die aktuelle Zeile der Datenquelle verfügbar gemacht wird
bgcolor	Hintergrundfarbe der Tabelle
border	Rahmengröße
cellpadding	Abstand der einzelnen Inhalte zur einschließenden Spalte
cellspacing	Abstand der einzelnen Spalten zueinander
columnClasses	CSS-Klassen, die auf die einzelnen Spalten angewendet werden sollen. Einzelne Klassen sind durch Kommata voneinander zu trennen.
footerClasses	CSS-Klassen, die auf den Footer angewendet werden sollen
frame	Gibt an, welche Rahmenseiten sichtbar sein sollen. Gültige Werte sind: ▶ none (keine Rahmen sichtbar, Standardwert) ▶ above (obere Seite) ▶ below (untere Seite) ▶ hsides (oben und unten) ▶ vsides (links und rechts) ▶ lhs (links) ▶ rhs (rechts) ▶ box (alle Seiten) ▶ border (alle Seiten)
headerClass	CSS-Klassen, die auf das Header-Element angewendet werden sollen
rowClasses	CSS-Klassen, die auf einzelne Zeilen angewendet werden sollen
rules	Gibt an, welche Trenner zwischen den einzelnen Zellen sichtbar sein sollen. Mögliche Werte sind: ▶ none (keine Trenner, Standardwert) ▶ groups (zwischen Zeilengruppen) ▶ rows (zwischen Zeilen) ▶ cols (zwischen Spalten) ▶ all (zwischen Zeilen und Spalten).
summary	Zusammenfassung des Zwecks der Tabelle, ist für User-Agenten gedacht, welche die nichtvisuellen Inhalte darstellen (Sprachausgabe, Blindenschrift).
width	Breite der Tabelle

Tabelle 36: Attribute des DataTable-Elements

Beispiel:

```
<h:dataTable
   columnClasses="list-column-center,list-column-center,
      list-column-center,list-column-center"
   headerClass="list-header"
   rowClasses="list-row-even,list-row-odd"
   styleClass="list-background"
   id="table"
   rows="20"
   binding="#{ResultSetBean.data}"
   value="#{ResultSetBean.list}"
   var="customer">

   <h:column>
      <f:facet name="header">
         <h:outputText value="Account Id"/>
      </f:facet>
      <h:outputText id="accountId"
         value="#{customer.accountId}"/>
   </h:column>
   <h:column>
      <f:facet name="header">
        <h:outputText value="Customer Name"/>
      </f:facet>
      <h:outputText id="name"
         value="#{customer.name}"/>
   </h:column>
   <h:column>
      <f:facet name="header">
         <h:outputText value="Symbol"/>
      </f:facet>
      <h:outputText id="symbol"
         value="#{customer.symbol}"/>
   </h:column>
   <h:column>
      <f:facet name="header">
        <h:outputText value="Total Sales"/>
      </f:facet>
      <h:outputText id="totalSales"
         value="#{customer.totalSales}"/>
    </h:column>
</h:dataTable>
```

<h:form />

Gibt ein HTML-<form />-Element aus. Sinnvolle Attribute:

- Standardattribute
- Client-Events

JSF

Attribut	Bedeutung
id	ID-Wert des Elements
accept	Liste von ContentTypes, die der Server akzeptiert, wenn das Formular verarbeitet wird.
enctype	ContentType, mit dem das Formular an den Server zurückgesandt wird. Standardwert ist application/x-www-form-urlencoded.
target	Fenster, in dem das Formular geöffnet werden soll

Tabelle 37: Attribute des Form-Elements

Beispiel:

```
<h:form target="_blank">
   <!-- Elemente -->
</h:form>
```

<h:graphicImage />

Rendert ein HTML-`<img />`-Element. Sinnvolle Attribute sind:

- Standardattribute
- Client-Events

Attribut	Bedeutung
id	ID-Wert des Elements
url	Relativer URL zum Bild
value	Relativer URL zum Bild
alt	Alternativer Text, falls das Bild nicht dargestellt werden konnte
height	Höhe des Bildes
usemap	Name einer clientseitigen Image-Map, die verwendet werden soll
width	Breite des Bildes

Tabelle 38: Attribute des GraphicImage-Elements

Beispiel:

```
<h:graphicImage onmouseover="JavaScript:switch(this);"
   url="/images/myImage.gif" />
```

<h:inputHidden />

Gibt ein HTML-`<input />`-Element vom Typ `hidden` aus. Sinnvolle Attribute sind:

- Standardattribute

Attribut	Bedeutung
converter	Konverter-Instanz für dieses Element
id	ID-Wert des Elements
immediate	Gibt an, ob das Element sofort (true) oder erst später (false) validiert werden kann.
required	Gibt an, ob das Element ein Pflichtfeld (true) oder nicht (false) ist.
validator	Per Bindungssyntax angegebene Methode, welche die eingegebenen Daten validieren soll
value	Wert der Komponente
valueChangeListener	Per Bindungssyntax angegebene Methode, die eingebunden wird, wenn sich der Wert des Elements geändert hat

Tabelle 39: Attribute des InputHidden-Elements

Beispiel:

```
<h:inputHidden value="#{UserData.hiddenKey}" id="hiddenKey" />
```


<h:inputSecret />

Gibt ein HTML-<input />-Element vom Typ password aus. Sinnvolle Argumente sind:

- Standardattribute
- Client-Events

Attribut	Bedeutung
converter	Konverter-Instanz für dieses Element
id	ID-Wert des Elements
immediate	Gibt an, ob das Element sofort (true) oder erst später (false) validiert werden kann.
required	Gibt an, ob das Element ein Pflichtfeld (true) oder nicht (false) ist.
validator	Per Bindungssyntax angegebene Methode, welche die eingegebenen Daten validieren soll
value	Wert der Komponente
valueChangeListener	Per Bindungssyntax angegebene Methode, die eingebunden wird, wenn sich der Wert des Elements geändert hat
maxlength	Maximale Eingabelänge in Zeichen
redisplay	Gibt an, ob der in der gebundenen Bean enthaltene Wert ausgegeben (true) oder nicht ausgegeben (false) werden soll. Aus Sicherheitsgründen ist der Default-Wert false.
size	Breite des Elements in Zeichen

Tabelle 40: Attribute des InputSecret-Elements

Beispiel:

```
<h:inputSecret value="#{UserData.password}" required="true"
   redisplay="false" />
```

<h:inputText />

Gibt ein HTML-`<input />`-Element vom Typ `text` aus. Sinnvolle Attribute:

- Standardattribute
- Client-Events

Attribut	Bedeutung
`converter`	Konverter-Instanz für dieses Element
`id`	ID-Wert des Elements
`immediate`	Gibt an, ob das Element sofort (`true`) oder erst später (`false`) validiert werden kann.
`required`	Gibt an, ob das Element ein Pflichtfeld (`true`) oder nicht (`false`) ist.
`validator`	Per Bindungssyntax angegebene Methode, welche die eingegebenen Daten validieren soll
`value`	Wert der Komponente
`valueChangeListener`	Per Bindungssyntax angegebene Methode, die eingebunden wird, wenn sich der Wert des Elements geändert hat

Tabelle 41: Attribute des InputText-Elements

Beispiel:

```
<h:inputText onkeypress="JavaScript:displayCustomerName(this);"
   value="#{UserData.customerName}" required="true" />
```

<h:inputTextarea />

Gibt ein HTML-`<textarea />`-Element aus. Sinnvolle Attribute sind:

- Standardattribute
- Client-Events

Attribut	Bedeutung
`converter`	Konverter-Instanz für dieses Element
`id`	ID-Wert des Elements
`immediate`	Gibt an, ob das Element sofort (`true`) oder erst später (`false`) validiert werden kann.

Tabelle 42: Attribute des InputTextarea-Elements

Attribut	Bedeutung
required	Gibt an, ob das Element ein Pflichtfeld (true) oder nicht (false) ist.
validator	Per Bindungssyntax angegebene Methode, welche die eingegebenen Daten validieren soll
value	Wert der Komponente
valueChange Listener	Per Bindungssyntax angegebene Methode, die eingebunden wird, wenn sich der Wert des Elements geändert hat
cols	Anzahl der Spalten
rows	Anzahl der Zeilen

Tabelle 42: Attribute des InputTextarea-Elements (Forts.)

Beispiel:

```
<h:inputTextarea value="#{Comments.comment}" id="comment"
   cols="40" rows="10" required="true" />
```


<h:message />

Gibt eine Nachricht für eine bestimmte Komponente aus. Sinnvolle Attribute:

Attribut	Bedeutung
for	ID des Elements, dessen Nachrichten angezeigt werden sollen
id	ID-Wert des Elements
showDetail	Gibt an, ob die Detailinformationen der Nachricht angezeigt werden sollen (true) oder nicht (false). Standardwert ist false.
showSummary	Gibt an, ob die Zusammenfassung der Nachricht angezeigt werden soll (true) oder nicht (false). Standardwert ist true.
errorClass	CSS-Klasse(n), die für die Ausgabe von Meldungen vom Typ ERROR verwendet werden
errorStyle	CSS-Stil, der auf Meldungen vom Typ ERROR angewendet werden soll
fatalClass	CSS-Klasse(n), die für die Ausgabe von Meldungen vom Typ FATAL verwendet werden
fatalStyle	CSS-Stil, der auf Meldungen vom Typ FATAL angewendet werden soll
infoClass	CSS-Klasse(n), die für die Ausgabe von Meldungen vom Typ INFO verwendet werden
infoStyle	CSS-Stil, der auf Meldungen vom Typ INFO angewendet werden soll
styleClass	CSS-Klasse(n), die auf das Element angewendet werden sollen
style	CSS-Stil, der auf das Element angewendet werden soll
title	Text, der per title-Attribut ausgegeben werden soll

Tabelle 43: Attribute des Message-Elements

Attribut	Bedeutung
tooltip	Flag, das angibt, ob die Detailinformationen der Nachricht als ToolTip angezeigt werden sollen (true) oder nicht (false)
warnClass	CSS-Klasse(n), die für die Ausgabe von Meldungen vom Typ WARN verwendet werden
warnStyle	CSS-Stil, der auf Meldungen vom Typ WARN angewendet werden soll

Tabelle 43: Attribute des Message-Elements (Forts.)

Beispiel:

```
<h:message for="textInput"
   errorClass="red" fatalClass="darkRed"
   infoClass="blue" warnClass="yellow" />
```

<h:messages />

Funktioniert analog zum Message-Element, aber gibt alle Meldungen aus. Sinnvolle Attribute:

Attribut	Bedeutung
globalOnly	Gibt an, ob nur Nachrichten, die über keine Client-ID verfügen, angezeigt werden (true) oder nicht (false). Standardwert ist false.
id	ID-Wert des Elements
showDetail	Gibt an, ob die Detailinformationen der Nachricht angezeigt werden sollen (true) oder nicht (false). Standardwert ist false.
showSummary	Gibt an, ob die Zusammenfassung der Nachricht angezeigt werden soll (true) oder nicht (false). Standardwert ist true.
errorClass	CSS-Klasse(n), die für die Ausgabe von Meldungen vom Typ ERROR verwendet wird
errorStyle	CSS-Stil, der auf Meldungen vom Typ ERROR angewendet werden soll
fatalClass	CSS-Klasse(n), die für die Ausgabe von Meldungen vom Typ FATAL verwendet wird
fatalStyle	CSS-Stil, der auf Meldungen vom Typ FATAL angewendet werden soll
infoClass	CSS-Klasse(n), die für die Ausgabe von Meldungen vom Typ INFO verwendet wird
infoStyle	CSS-Stil, der auf Meldungen vom Typ INFO angewendet werden soll
styleClass	CSS-Klasse(n), die auf das Element angewendet werden soll
style	CSS-Stil, der auf das Element angewendet werden soll
title	Text, der per title-Attribut ausgegeben werden soll

Tabelle 44: Attribute des Messages-Elements

Attribut	Bedeutung
tooltip	Flag, das angibt, ob die Detailinformationen der Nachricht als ToolTip angezeigt werden sollen (true) oder nicht (false)
warnClass	CSS-Klasse(n), die für die Ausgabe von Meldungen vom Typ WARN verwendet wird
warnStyle	CSS-Stil, der auf Meldungen vom Typ WARN angewendet werden soll
layout	Gibt an, wie die einzelnen Nachrichten angezeigt werden. Mögliche Werte sind list (hintereinander) oder table (in Tabellenform). Standardwert ist list.

Tabelle 44: Attribute des Messages-Elements (Forts.)

Beispiel:

```
<h:messages layout="table"
   errorClass="red" fatalClass="darkRed"
   infoClass="blue" warnClass="yellow" />
```


<h:outputFormat />

Gibt einen Text formatiert aus. Eignet sich insbesondere für HTML- oder XML-Fragmente, die escaped angezeigt werden sollen.

Sinnvolle Attribute:

Attribut	Bedeutung
converter	Konverter-Instanz für dieses Element
id	ID-Wert des Elements
value	Wert der Komponente
escape	Gibt an, ob der Inhalt escaped werden soll (true) oder nicht (false). Standardwert ist true.
styleClass	CSS-Klasse(n), die auf das Element angewendet werden soll
style	CSS-Styles, die auf das Element angewendet werden sollen
title	Text, der per title-Attribut ausgegeben werden soll

Tabelle 45: Attribute des OutputFormat-Elements

Beispiel:

```
<h:outputFormat>
   <data>123</data>
</h:outputFormat>
```

<h:selectBooleanCheckbox />

Gibt ein HTML-`<input />`-Element vom Typ `checkbox` aus. Sinnvolle Werte:

- Standardattribute
- Client-Events

Attribut	Bedeutung
`converter`	Konverter-Instanz für dieses Element
`id`	ID-Wert des Elements
`immediate`	Gibt an, ob das Element sofort (`true`) oder erst später (`false`) validiert werden kann.
`required`	Gibt an, ob das Element ein Pflichtfeld (`true`) oder nicht (`false`) ist.
`validator`	Per Bindungssyntax angegebene Methode, welche die eingegebenen Daten validieren soll
`value`	Wert der Komponente
`valueChangeListener`	Per Bindungssyntax angegebene Methode, die eingebunden wird, wenn sich der Wert des Elements geändert hat

Tabelle 46: Attribute des SelectBooleanCheckbox-Elements

Beispiel:

```
<h:selectBooleanCheckbox id="displayExtended"
   onchange="JavaScript:toggleExtended();" value="#{displayStatus.extended}">
   <f:selectItem displayValue="1" displayLabel="#{labels.toggleExtended}" />
</h:selectBooleanCheckbox>
```

<h:selectManyCheckbox />

Gibt eine Liste aus HTML-`<input />`-Elementen vom Typ `checkbox` aus. Sinnvolle Attribute:

- Standardattribute
- Client-Events

Attribut	Bedeutung
`converter`	Konverter-Instanz für dieses Element
`id`	ID-Wert des Elements
`immediate`	Gibt an, ob das Element sofort (`true`) oder erst später (`false`) validiert werden kann.
`required`	Gibt an, ob das Element ein Pflichtfeld (`true`) oder nicht (`false`) ist.

Tabelle 47: Attribute des SelectManyCheckbox-Elements

Attribut	Bedeutung
validator	Per Bindungssyntax angegebene Methode, welche die eingegebenen Daten validieren soll
value	Wert der Komponente
valueChange Listener	Per Bindungssyntax angegebene Methode, die eingebunden wird, wenn sich der Wert des Elements geändert hat
border	Rahmengröße um die umgebende HTML-Tabelle
layout	Gibt an, wie die Elemente dargestellt werden. Mögliche Werte sind pageDirection (vertikal) oder lineDirection (horizontal). Standardwert ist lineDirection.

Tabelle 47: Attribute des SelectManyCheckbox-Elements (Forts.)

Beispiel:

```
<h:selectManyCheckbox id="displayBoxes"
   value="#{displayStatus.boxes}">
   <f:selectItems value="#{displayData.items}" />
</h:selectManyCheckbox>
```


<h:selectManyListbox />

Gibt ein mehrzeiliges HTML-<select />-Element aus, das eine Mehrfachauswahl erlaubt. Sinnvolle Attribute:

- Standardattribute
- Client-Events

Attribut	Bedeutung
converter	Konverter-Instanz für dieses Element
id	ID-Wert des Elements
immediate	Gibt an, ob das Element sofort (true) oder erst später (false) validiert werden kann.
required	Gibt an, ob das Element ein Pflichtfeld (true) oder nicht (false) ist.
validator	Per Bindungssyntax angegebene Methode, welche die eingegebenen Daten validieren soll
value	Wert der Komponente
valueChangeListener	Per Bindungssyntax angegebene Methode, die eingebunden wird, wenn sich der Wert des Elements geändert hat
size	Anzahl der anzuzeigenden Zeilen

Tabelle 48: Attribute des SelectManyListbox-Elements

Beispiel:

```
<h:selectManyListbox id="itemSelector" size="5"
   value="#{displayStatus.items}">
   <f:selectItems value="#{displayData.items}" />
</h:selectManyListbox>
```

<h:selectManyMenu />

Gibt ein einzeiliges HTML-`<select />`-Element aus, das eine Mehrfachauswahl erlaubt. Sinnvolle Attribute:

- Standardattribute
- Client-Events

Attribut	Bedeutung
`converter`	Konverter-Instanz für dieses Element
`id`	ID-Wert des Elements
`immediate`	Gibt an, ob das Element sofort (`true`) oder erst später (`false`) validiert werden kann.
`required`	Gibt an, ob das Element ein Pflichtfeld (`true`) oder nicht (`false`) ist.
`validator`	Per Bindungssyntax angegebene Methode, welche die eingegebenen Daten validieren soll
`value`	Wert der Komponente
`valueChangeListener`	Per Bindungssyntax angegebene Methode, die eingebunden wird, wenn sich der Wert des Elements geändert hat

Tabelle 49: Attribute des SelectManyMenu-Elements

Beispiel:

```
<h:selectManyMenu id="itemSelector"
   value="#{displayStatus.items}">
   <f:selectItems value="#{displayData.items}" />
</h:selectManyMenu>
```

<h:selectOneListbox />

Gibt ein HTML-`<select />`-Element aus, das alle enthaltenen Elemente anzeigt und eine Einfachauswahl erlaubt. Sinnvolle Attribute:

- Standardattribute
- Client-Events

Attribut	Bedeutung
converter	Konverter-Instanz für dieses Element
id	ID-Wert des Elements
immediate	Gibt an, ob das Element sofort (true) oder erst später (false) validiert werden kann.
required	Gibt an, ob das Element ein Pflichtfeld (true) oder nicht (false) ist.
validator	Per Bindungssyntax angegebene Methode, welche die eingegebenen Daten validieren soll
value	Wert der Komponente
valueChangeListener	Per Bindungssyntax angegebene Methode, die eingebunden wird, wenn sich der Wert des Elements geändert hat
size	Anzahl der darzustellenden Elemente. Wenn nicht anders angegeben, dann werden alle Elemente dargestellt.

Tabelle 50: Attribute des SelectOneListbox-Elements

Beispiel:

```
<h:selectOneListbox id="itemSelector"
   value="#{displayStatus.items}">
   <f:selectItems value="#{displayData.items}" />
</h:selectOneListbox>
```

<h:selectOneMenu />

Gibt ein einzeiliges HTML-`<select />`-Element aus, das eine Einfachauswahl erlaubt. Sinnvolle Attribute:

- Standardattribute
- Client-Events

Attribut	Bedeutung
converter	Konverter-Instanz für dieses Element
id	ID-Wert des Elements
immediate	Gibt an, ob das Element sofort (true) oder erst später (false) validiert werden kann.
required	Gibt an, ob das Element ein Pflichtfeld (true) oder nicht (false) ist.
validator	Per Bindungssyntax angegebene Methode, welche die eingegebenen Daten validieren soll
value	Wert der Komponente
valueChange Listener	Per Bindungssyntax angegebene Methode, die eingebunden wird, wenn sich der Wert des Elements geändert hat

Tabelle 51: Attribute des SelectOneMenu-Elements

Beispiel:

```
<h:selectOneMenu id="itemSelector"
   value="#{displayStatus.items}">
   <f:selectItems value="#{displayData.items}" />
</h:selectOneMenu>
```

<h:selectOneRadio />

Gibt eine Liste von HTML-`<input />`-Elementen vom Typ `radio` aus. Erlaubt in dieser Liste nur eine Einfachauswahl.

Sinnvolle Attribute:

- Standardattribute
- Client-Events

Attribut	Bedeutung
converter	Konverter-Instanz für dieses Element
id	ID-Wert des Elements
immediate	Gibt an, ob das Element sofort (true) oder erst später (false) validiert werden kann.
required	Gibt an, ob das Element ein Pflichtfeld (true) oder nicht (false) ist.
validator	Per Bindungssyntax angegebene Methode, welche die eingegebenen Daten validieren soll
value	Wert der Komponente
valueChange Listener	Per Bindungssyntax angegebene Methode, die eingebunden wird, wenn sich der Wert des Elements geändert hat
border	Rahmengröße um die umgebende HTML-Tabelle
layout	Gibt an, wie die Elemente dargestellt werden. Mögliche Werte sind pageDirection (vertikal) oder lineDirection (horizontal). Standardwert ist lineDirection.

Tabelle 52: Attribute des SelectOneRadio-Elements

Beispiel:

```
<h:selectOneRadio id="itemSelector" layout="pageDirection"
   value="#{displayStatus.items}">
   <f:selectItems value="#{displayData.items}" />
</h:selectOneMenu>
```

JSF

<h:column />

Gibt eine Spalte in einem DataTable-Element aus. Die Spaltenüberschrift wird per `<f:facet />`-Element gesetzt. Sinnvolle Attribute:

Attribut	Bedeutung
id	ID-Wert des Elements

Tabelle 53: Attribute des Column-Elements

Beispiel:

```
<h:dataTable
   columnClasses="list-column-center,list-column-center,
      list-column-center,list-column-center"
   headerClass="list-header"
   rowClasses="list-row-even,list-row-odd"
   styleClass="list-background"
   id="table"
   rows="20"
   binding="#{ResultSetBean.data}"
   value="#{ResultSetBean.list}"
   var="customer">

   <h:column>
      <f:facet name="header">
         <h:outputText value="Account Id"/>
      </f:facet>
      <h:outputText id="accountId"
         value="#{customer.accountId}"/>
   </h:column>

   <!-- ... -->
</h:dataTable>
```

JDBC

JDBC ist Javas Schnittstelle zur Welt der Datenbanken. Mit JDBC können Sie fast jede relationale Datenbank an Java anbinden und aus Java-Applikationen heraus verwenden – egal, ob es sich um eine Oracle-Datenbank, IBM DB2, den Microsoft SQL Server oder die populäre Open-Source-Datenbank MySQL handelt. JDBC selbst stellt die API bereit, mit deren Hilfe Sie über Treiber auf die Datenbank zugreifen können. Die Abkürzung JDBC steht für `Java DataBase Connectivity`, und der Ansatz von JDBC orientiert sich am ODBC-Ansatz.

Hinweis

Alle Beispiele, Anmerkungen und Codes in diesem Kapitel werden auf Basis des Open-Source-Datenbanksystems MySQL erfolgen. Die Entscheidung für dieses Datenbanksystem fiel aus verschiedenen Gründen:

- MySQL ist sehr preiswert zu erstehen – selbst kommerzielle Lizenzen kosten deutlich weniger als die Lizenzen der meisten anderen Wettbewerber.
- MySQL ist schnell, sehr schnell. Jedenfalls soweit es SELECT-, INSERT-, DELETE- oder UPDATE-Statements anbelangt.
- MySQL wird konsequent weiter entwickelt.
- MySQL ist auf einer Vielzahl von Plattformen verfügbar.
- Für MySQL existieren native Type-4-Treiber.

Selbstverständlich sind die meisten hier aufgezeigten Lösungen und Ansätze genau so auch mit anderen Datenbanksystemen umsetzbar. Da MySQL aber über einen eigenen SQL-Dialekt verfügt (analog zu anderen Datenbanksystemen), kann es beim Einsatz anderer Datenbanksysteme geschehen, dass die SQL-Statements geändert werden müssen. Dies ist aber in der Regel kein großes Problem – und wir werden Sie an den Stellen, wo es relevant sein könnte, darauf hinweisen.

129 Das JDBC-Prinzip

JDBC stellt Methoden zur Verfügung, mit deren Hilfe wir eine Verbindung zu einer Datenbank herstellen sowie Daten einfügen, auslesen oder ändern können. JDBC greift nicht direkt auf die Datenbank zu, sondern verwendet datenbankspezifische Treiber (gerne auch `Provider` genannt).

JDBC unterscheidet zwischen vier Typen von Treibern, die jeweils spezifische Vor- und Nachteile haben:

- Typ-1-Treiber: Dies sind keine spezifischen JDBC-Treiber, sondern ODBC-Treiber. Diese können nicht direkt verwendet werden, sondern Java kommuniziert mit ihnen über die im Lieferumfang enthaltene JDBC-ODBC-Bridge. Typ-1-Treiber stellen die langsamste und fehlerträchtigste Variante des Zugriffs auf eine Datenbank dar – sind aber gleichzeitig oftmals die einzige Möglichkeit, um auf eine Datenbank zugreifen zu können, für die kein JDBC-Treiber existiert.
- Typ-2-Treiber: Typ-2-Treiber sind zwar selbst in Java programmiert, greifen aber intern auf datenbankspezifische Nicht-ODBC-Treiber zurück. Dies kann sehr problematisch werden, wenn für das System, auf dem die Java-Applikation läuft, gar kein datenbankspezifischer Treiber existiert.
- Typ-3-Treiber: Diese Art von Treibern ist komplett in Java geschrieben und erfordert keine Installation systemspezifischer Software. Typ-3-Treiber greifen allerdings nicht direkt auf die Datenbank zu, sondern nutzen eine interne Zwischenschicht. Diese Treibervariante ist deutlich performanter, als dies die Typ-1- oder Typ-2-Treiber sind.
- Typ-4-Treiber: Wenn ein JDBC-Treiber direkt in Java programmiert ist und darüber hinaus direkt mit einer Datenbank über deren spezifisches Kommunikationsprotokoll Verbindung aufnehmen kann, so ist er ein Typ-4-Treiber. Diese Art von Treibern ist die schnellste Variante des Zugriffs auf eine Datenbank und andererseits allerdings auch besonders komplex zu programmieren.

In der Praxis werden Sie recht selten auf Typ-1- und Typ-3-Treiber stoßen. Wesentlich häufiger anzutreffen sind Typ-2- und Typ-4-Treiber, wobei Letztere mittlerweile für jedes größere Datenbanksystem angeboten werden.

Leider sind die Treiber nicht immer kostenlos, aber beim Datenbankanbieter erhalten Sie in der Regel einen Typ-2- oder Typ-4-Treiber, der eventuell nicht so performant ist wie sein kostenpflichtiges Gegenstück, dafür aber eben auch nichts kostet.

Nachdem wir für unsere Datenbank einen Treiber heruntergeladen und bei Bedarf auch installiert haben, können wir auf eine Datenbank zugreifen. Diese Datenbankzugriffe finden in der Regel nach folgendem Schema statt:

- Treiber laden und instanziieren
- Verbindungsobjekt erzeugen und füllen
- Verbindung herstellen
- Aktionen durchführen (Daten anlegen, auslesen, ändern oder löschen)
- Verbindung zur Datenbank wieder schließen

Der **Zugriff auf Datenbanken** per `JDBC` findet unter Verwendung der Packages `java.sql.*` und `javax.sql.*` statt.

130 Per JDBC auf eine Datenbank zugreifen

Bevor Daten aus einer Datenbank abgerufen werden können, muss eine Verbindung zu dieser Datenquelle geöffnet werden. Zu diesem Zweck wird zuerst der `JDBC`-Treiber, der sich beim Treiber-Manager (`DriverManager`) registriert, um später Verbindungen aufbauen und handhaben zu können, geladen. Anschließend kann eine `Connection`-Instanz anfordern, welche die Verbindungsinformationen aufnehmen wird.

Treiber laden

Das Laden eines Treibers geschieht, indem sein kompletter Klassennamen inklusive Paketangabe an die statische Methode `forName()` der `Class`-Klasse übergeben wird. Für MySQL mit dem MySQL Connector-J-Treiber lautet der komplette Klassenname `com.mysql.jdbc.Driver`, so dass der Aufruf für die Registrierung des Treibers so aussieht:

```
Class.forName("com.mysql.jdbc.Driver").getInstance();
```

Der Aufruf von `Class.forName()` wird nur einwandfrei funktionieren, wenn das JAR-File `mysql-connector-java-3.0.14-production-bin.jar` im Klassenpfad definiert ist oder sich im Ordner */WEB-INF/lib* der aktuellen Applikation befindet.

Da beim Laden des Treibers eine `ClassNotFoundException` geworfen werden kann, sollte das Statement in einem `try-catch`-Block stehen.

JDBC

Verbindungsparameter übergeben

Nun kann ein `Connection`-Objekt angefordert werden, das die Verbindungsinformationen halten und später weitere Aktionen erlauben wird. Diese `Connection`-Instanz wird von der statischen Methode `getConnection()` der `DriverManager`-Klasse aus dem `java.sql`-Namensraum zurückgegeben, die mehrfach überladen ist:

```
public static Connection getConnection(String url)
   throws SQLException

public static Connection getConnection(
   String url, String user, String password)
   throws SQLException

public static Connection getConnection(
   String url, Properties info)
   throws SQLException
```

Alle Überladungen haben gemeinsam, dass sie einen ConnectionString entgegennehmen, der die Zugriffsinformationen zur Datenbank beinhaltet.

Der ConnectionString für den Zugriff auf eine MySQL-Datenbank hat folgenden Aufbau:

```
jdbc:mysql://[Host][:Port]/[database][?param][=wert][&param2][=wert2]...
```

Dabei ist Host durch den Namen oder die IP-Adresse des Servers zu ersetzen. Der Port einer MySQL-Instanz ist in der Regel 3306. Unter den anzugebenden Parametern sollten sich immer auch Benutzername und Kennwort befinden. Alternativ können diese Informationen auch in Form einer Properties-Instanz oder zweier Strings übergeben werden.

Für den Zugriff auf die Datenbank test der lokalen MySQL-Instanz unter Angabe des Benutzernamens und des Kennworts des Users j2eecodebook sollte der Connection-String so aussehen:

```
jdbc:mysql://localhost:3306/test?user=j2eecodebook&password=test
```

Beim Aufbau einer JDBC-Connection sollten sich sowohl das Registrieren der Treiberklasse als auch das Erzeugen der Connection innerhalb eines try-catch-Blocks befinden:

```
import java.sql.*;

String connStr =
   "jdbc:mysql://localhost:3306/" +
   "test?username=j2eecodebook&pwd=test";
Connection conn = null;

try {
   Class.forName("com.mysql.jdbc.Driver").newInstance();
   conn = DriverManager.getConnection(connStr);
} catch (ClassNotFoundException e) {
   e.printStackTrace();
} catch (SQLException e) {
   e.printStackTrace();
} catch (IllegalAccessException e) {
   e.printStackTrace();
} catch (InstantiationException e) {
   e.printStackTrace();
}
```

Sollte die Verbindungsherstellung nicht möglich sein – etwa weil die Zugriffsinformationen nicht korrekt waren –, wird eine SQLException geworfen, die abgefangen werden sollte. Ebenfalls möglich sind ClassNotFoundExceptions (falls der angegebene Treiber nicht gefunden worden konnte), IllegalAccessExceptions (Zugriff aus Sicherheitsgründen nicht erlaubt) und InstantiationExceptions (Fehler beim Erstellen der Instanz), die entsprechend abgefangen werden müssen.

131 Verbindungsinformationen in den Deployment Descriptor auslagern

Um die Klassen nicht jedes Mal neu kompilieren zu müssen, wenn sich die Verbindungsinformationen ändern, sollten diese in den Deployment Descriptor der Applikation ausgelagert werden.

Zu diesem Zweck werden im Deployment Descriptor zwei Parameter hinterlegt, die ConnectionString und Klassennamen aufnehmen:

```
<?xml version="1.0"?>

<!DOCTYPE web-app PUBLIC
   "-//Sun Microsystems, Inc.//DTD Web Application 2.3//EN"
   "http://java.sun.com/dtd/web-app_2_3.dtd">

<web-app>

   <welcome-file-list>
      <welcome-file>/index.jsp</welcome-file>
   </welcome-file-list>


    <servlet>
       <servlet-name>testServlet</servlet-name>
       <servlet-class>codebook.j2ee.jdbc.TestServlet</servlet-class>
    </servlet>

    <servlet-mapping>
       <servlet-name>testServlet</servlet-name>
       <url-pattern>/servlet/TestServlet</url-pattern>
    </servlet-mapping>

    <context-param>
       <description>ConnectionString fuer MySQL</description>
       <param-name>connection</param-name>
       <param-value>
          jdbc:mysql://localhost:3306/test?user=j2eecodebook&amp;password=test
       </param-value>
    </context-param>

    <context-param>
       <description>Treiber-Klasse</description>
       <param-name>driver</param-name>
       <param-value>com.mysql.jdbc.Driver</param-value>
    </context-param>

 </web-app>
```

Listing 356: Definition der Context-Parameter für den Datenbankzugriff

Innerhalb eines Servlets oder einer JSP können Sie nun die Verbindung unter Verwendung der oben definierten Parameter aufbauen:

```
package codebook.j2ee.jdbc;

import javax.servlet.http.HttpServletRequest;
import javax.servlet.http.HttpServletResponse;
import javax.servlet.ServletException;
import javax.servlet.ServletContext;
import java.io.IOException;
import java.io.PrintWriter;
import java.sql.*;

public class TestServlet extends javax.servlet.http.HttpServlet {

   protected void service(
      HttpServletRequest request, HttpServletResponse response)
      throws ServletException, IOException {

      ServletContext ctx = getServletContext();
      String jdbcUrl = ctx.getInitParameter("connection");
      String driver = ctx.getInitParameter("driver");

      Connection conn = null;
      if(null != jdbcUrl && null != driver) {
         try {
            Class.forName(driver).newInstance();
            conn = DriverManager.getConnection(jdbcUrl);
         } catch (ClassNotFoundException e) {
            e.printStackTrace();
         } catch (SQLException e) {
            e.printStackTrace();
         } catch (IllegalAccessException e) {
            e.printStackTrace();
         } catch (InstantiationException e) {
            e.printStackTrace();
         }
      }

      PrintWriter out = response.getWriter();
      out.print("<h2>Connection instantiated!</h2>");
   }
}
```

Listing 357: Herstellen einer Verbindung mit Hilfe von im Deployment Descriptor hinterlegten Informationen

Um auf die im Deployment Descriptor hinterlegten Parameter zugreifen zu können, muss eine Referenz aufden `ServletContext` mit Hilfe der geerbten Methode `getServletContext()` erzeugt werden. Deren Methode `getInitParameter()` können anschließend die Namen der im Deployment Descriptor hinterlegten Parameter übergeben werden, um die entsprechenden Werte ermitteln zu können.

Mit Hilfe der Informationen zu JDBC-ConnectionString und zu verwendendem Treiber kann danach die Connection-Instanz erzeugt und verwendet werden.

Diese Art der Verbindungsherstellung ist zwar deutlich flexibler im Einsatz, als wenn die Verbindungsinformationen fest verdrahten werden würden, verschenkt aber alle anderen Vorteile der verschiedenen JDBC-Treiber hinsichtlich Connection-Pooling und Statement-Caching.

132 Eine im Struts-Framework hinterlegte Datenquelle verwenden

Das Einrichten einer Datenquelle mit Hilfe des Struts-Frameworks ist relativ einfach zu bewerkstelligen. Die Hauptarbeit liegt in der Definition der Datenquelle in der Konfigurationsdatei *struts-config.xml*:

```
<?xml version="1.0" encoding="ISO-8859-1" ?>

<!DOCTYPE struts-config PUBLIC
   "-//Apache Software Foundation//DTD Struts Configuration 1.2//EN"
   "http://jakarta.apache.org/struts/dtds/struts-config_1_2.dtd">

<struts-config>

   <data-sources>
      <data-source type="org.apache.commons.dbcp.BasicDataSource">
         <set-property property="driverClassName"
            value="com.mysql.jdbc.Driver" />
         <set-property property="description"
            value="MySQL-DataSource" />
         <set-property property="url"
             value="jdbc:mysql://localhost:3306/
j2eecodebook?user=customerData&amp;password=password" />
      </data-source>
   </data-sources>

   ...

</struts-config>
```

Listing 358: Deklaration einer Datenquelle innerhalb der Konfigurationsdatei strutsconfig.xml

Die Deklaration geschieht hier innerhalb eines <data-sources />-Elements, das seinerseits die eigentliche Datenquellen-Definition enthält. Der Typ der Datenquelle muss eine javax.sql.DataSource-Implementierung sein. Soweit das verwendete

Datenbanksystem nicht über eine eigene Implementierung dieses Interfaces verfügt, wird in der Regel auf die Implementierung org.apache.commons.dbcp.BasicDataSource zurückgegriffen, die eine generische Implementierung für die Verwendung mit unterschiedlichsten Datenbanksystemen darstellt.

Diese BasicDataSource-Klasse entstammt dem Commons-DBCP-Paket, das unter der Adresse *http://jakarta.apache.org/site/binindex.cgi#commons-dbcp* zum Download bereitsteht. Zusätzlich muss das Paket Commons-Pool herunterladen werden. Dieses Paket finden Sie unter der Adresse *http://jakarta.apache.org/site/binindex.cgi#commons-pool*.

Die Installation beider Pakete ist simpel: Beide Archive sollten entpackt und die Dateien commons-pool-<version>.jar und commons-dbcp-<version>.jar in das */WEB-INF/lib*-Verzeichnis der Applikation kopiert werden. Alternativ können die *jar*-Dateien auch ins */lib*-Verzeichnis des Servlet- oder EJB-Containers kopiert werden.

Um auf die so deklarierte und eingerichtete Datenquelle aus einer Struts-Action heraus zugreifen zu können, sind nur wenige Codezeilen nötig:


```
import javax.servlet.http.HttpServletRequest;
import javax.servlet.http.HttpServletResponse;
import java.sql.*;

public class LoadListAction extends org.apache.struts.action.Action {

   public ActionForward execute(
      ActionMapping mapping, ActionForm form,
      HttpServletRequest request, HttpServletResponse response)
      throws Exception {

      String target="display";

      // DataSource- und Connection-Instanz deklarieren
      javax.sql.DataSource dataSource;
      java.sql.Connection connection;

      // DataSource-Referenz erzeugen
      dataSource = getDataSource(request);

      try {
         // Connection-Instanz erzeugen
         connection = dataSource.getConnection();

         // Zugriff auf die Daten
         // ...
      } catch (SQLException se) {

          // Exception verarbeiten
```

Listing 359: Erzeugen einer Connection-Instanz innerhalb einer Struts-Action

```
            // ...
        }

        // Weitere Verarbeitung innerhalb der Action
        // ...

        ActionForward result = mapping.findForward(target);
        return result;
    }
}
```

Listing 359: Erzeugen einer Connection-Instanz innerhalb einer Struts-Action (Forts.)

Das eigentliche Erzeugen der Referenz auf die zu verwendende Datenbankverbindung erfolgt mit Hilfe der überladenen Methode `getDataSource()`, die als Parameter eine `HttpServletRequest`-Instanz und bei Bedarf auch den Namen der zu verwendenden Datenquelle entgegennimmt.

Die Methode `getConnection()` der `DataSource`-Instanz gibt anschließend eine `Connection`-Instanz zurück, die für die weiteren Verarbeitungsschritte genutzt werden kann.

Der Hauptunterschied dieser Herangehensweise gegenüber dem manuellen Erzeugen der `Connection`-Objekte besteht darin, dass die Datenquelle `Connection-Pooling` unterstützt. Dies ist ein nicht zu unterschätzender Vorteil, denn gerade das Aufbauen einer Datenbankverbindung nimmt in der Regel jede Menge Zeit in Anspruch. Genau dieser Verbindungsaufbau aber unterbleibt beim Einsatz von Datenquellen unter Verwendung der `BasicDataSource`, denn die Verbindungen werden im Hintergrund aufgebaut, bevor die `Connection`-Instanz abgerufen und eingesetzt wird. Wenn die `Connection`-Instanz tatsächlich genutzt wird, ist die Datenbankverbindung bereits offen und muss nicht erst mühsam hergestellt werden.

Weiterer Vorteil: Der Einsatz der Struts-DataSource kann unabhängig vom verwendeten Servlet-Container geschehen. Damit ist es nicht relevant, ob die Applikation auf einem JBoss-Server, einem Tomcat oder einer JRun-Instanz läuft – die Konfiguration innerhalb der Konfigurationsdatei *struts-config.xml* funktioniert in der Regel unabhängig davon.

133 Eine im Servlet- oder EJB-Container hinterlegte DataSource verwenden

Anders als Datenquellen, die nur für eine Applikation konfiguriert worden sind, können in sämtlichen Servlet- oder EJB-Containern Datenquellen auch global hinterlegt werden. Das genaue Vorgehen ist vom verwendeten Container abhängig und kann somit sehr stark differieren – Tomcat erwartet die Deklaration einer globalen Datenquelle innerhalb der Konfigurationsdatei *server.xml*, während JBoss – auf den wir hier weiter eingehen wollen – einen anderen Weg per JCA wählt.

Der JBoss-Ansatz beruht auf einzelnen **-ds.xml*-Dateien, die innerhalb des Deployment-Verzeichnisses `/<Server-Instanz>/deploy` abgelegt werden. Das Muster `*-ds.xml` ist übrigens obligatorisch für die Dateinamen von im JBoss hinterlegten Datenquellen-Definitionen.

Diese Dateien, die per JCA eingelesen werden, definieren jeweils eine einzelne Datenquelle, die sich später per JNDI innerhalb einer Applikation ansprechen lässt. Innerhalb des Verzeichnisses *<Installationspfad>/docs/examples/jca* befindet sich eine Vielzahl an Beispiel-Datenquellen für unterschiedliche Datenbanktypen.

Um eine Datenquelle für den Zugriff auf eine MySQL-Datenbank einzurichten, kann diese Definition verwendet werden:

```
<?xml version="1.0" encoding="UTF-8"?>

<datasources>
   <local-tx-datasource>
      <jndi-name>j2eeCodebookDS</jndi-name>
      <connection-url>
         jdbc:mysql://localhost:3306/j2eecodebook
      </connection-url>
      <driver-class>com.mysql.jdbc.Driver</driver-class>
      <user-name>j2eecodebook</user-name>
      <password>test</password>

      <metadata>
         <type-mapping>mySQL</type-mapping>
      </metadata>
   </local-tx-datasource>
</datasources>
```

Listing 360: Deklaration einer DataSource für den Zugriff auf eine MySQL-Datenbank

Innerhalb des `<local-tx-datasource />`-Tags, das eine lokale, transaktionsfähige Datenquelle beschreibt, wird diese genauer beschrieben. Alternativ kann für Datenbanksysteme, deren Treiber verteilte Distributionen unterstützen, eine `XA`-Datenquelle mit Hilfe des `<xa-datasource />`-Elements konfiguriert werden. Die wesentlichen Parameter für die Konfiguration der Datenquellen sind glücklicherweise identisch – einige der gebräuchlichsten Parameter werden in Tabelle 54 vorgestellt:

JDBC

Tag	Zweck
`<jndi-name />`	Name, unter dem die Datenquelle später per JNDI gefunden werden kann
`<connection-url />`	Connection-String für den Zugriff auf die Datenbank
`<driver-class />`	Name des zu verwendenden Datenbanktreibers
`<user-name />`	Login-Name für den Zugriff auf die Datenbank
`<password />`	Kennwort für den Zugriff auf die Datenbank
`<application-managed-security />`	Gibt an, ob die Zugriffsdaten für den Zugriff auf die Datenbank von der Applikation selbst verwaltet werden (und etwa via `getConnection()` übergeben werden sollen). Standardwert ist `false`.
`<min-pool-size />`	Angabe der minimalen Pool-Größe
`<max-pool-size />`	Maximale Pool-Größe
`<blocking-timeout-millis />`	Gibt an, wie viele Millisekunden gewartet werden soll, bevor eine Exception geworfen wird, wenn auf eine Connection angefordert worden ist.
`<check-valid-connection-sql />`	SQL-Statement, das ausgeführt werden soll, um die Datenbankverbindung zu überprüfen
`<prepared-statement-cache-size />`	Anzahl der PreparedStatements, die zwischengespeichert werden sollen
`<idle-timeout-minutes />`	Gibt an, wie lange eine Connection ungenutzt bleiben kann, bevor sie geschlossen wird.

`<connection-property />`	Gibt zusätzliche Verbindungsparameter als Name-Wert-Paare an. Die Namen der Parameter werden in name-Attributen erfasst, die Werte vor dem schließenden </connection-property>-Tag:
	`<connection-property name="foo">`
	`bar`
	`</connection-property>`

`<type-mapping />`	Angabe des Mappings Datenbank-Datentypen – Java-Datentypen für die Datenbank
`<transaction-isolation />`	Gibt das Isolationslevel der Transaktion an. Gültige Werte sind: ▶ TRANSACTION_READ_UNCOMMITTED ▶ TRANSACTION_READ_COMMITTED ▶ TRANSACTION_REPEATABLE_READ ▶ TRANSACTION_SERIALIZABLE ▶ TRANSACTION_NONE

Tabelle 54: Übersicht der gebräuchlichsten Elemente bei der Deklaration von Datenquellen

Einen kompletten Überblick der verfügbaren Konfigurationsparameter erhalten Sie unter der Adresse: *http://docs.jboss.org/jbossas/jboss4guide/r2/html/ch7.chapt.html#ch7.jdbc.sect.*

Die Datei, welche die Datenquellen-Deklaration enthält, kann unter einem beliebigen Namen, der aber auf `-ds.xml` enden muss, im `/<Server-Instanz>/deploy`-Verzeichnis der JBoss-Instanz abgelegt werden.

Achtung

Die von der Datenquelle benötigten JAR-Dateien sollten sich im Ordner `<Installationspfad>/lib` befinden und ebenfalls im Klassenpfad der Server-Instanz eingetragen werden, da sonst ein Instanziieren der Verbindungen nicht möglich ist!

Die Start-Skripte für die verschiedenen JBoss-Versionen für Windows, Linux und andere Systeme befinden sich im Ordner `<Installationspfad>/bin`. Hier müssen die Dateien `run.bat` (für Windows) oder `run.sh` (für Linux) angepasst werden.

Der Pfad zum JAR-Archiv des Datenbanktreibers sollte der Variablen `JBOSS_CLASSPATH` hinzugefügt werden. Für Windows (`run.bat`) sollte dies dann so aussehen:

```
rem If JBOSS_CLASSPATH is empty, don't include it, as this will
rem result in including the local directory, which makes error tracking
rem harder.
if "%JBOSS_CLASSPATH%" == "" (
set JBOSS_CLASSPATH=%JAVAC_JAR%;%RUNJAR%
) ELSE (
set JBOSS_CLASSPATH=%JBOSS_CLASSPATH%;%JAVAC_JAR%;%RUNJAR%
)
set JBOSS_CLASSPATH=%JBOSS_CLASSPATH%;%JBOSS_HOME%/lib/mysql-connector-
java-3.0.16-ga-bin.jar
```

Für Linux-/Unix-Systeme könnte der Pfad zum Datenbanktreiber so hinzugefügt werden:

```
if [ "x$JBOSS_CLASSPATH" = "x" ]; then
    JBOSS_CLASSPATH="$JBOSS_BOOT_CLASSPATH:$JAVAC_JAR"
else
    JBOSS_CLASSPATH="$JBOSS_CLASSPATH:$JBOSS_BOOT_CLASSPATH:$JAVAC_JAR"
fi
$JBOSS_CLASSPATH="$JBOSS_CLASSPATH:$JBOSS_HOME/lib/mysql-connector-java-
3.0.16-ga-bin.jar"
```

Spätestens nach einem Neustart der JBoss-Instanz kann die Datenquelle nunmehr in eigenen Applikationen verwendet werden.

Die so erzeugte Datenquelle ist im JNDI unter dem unüblichen Namen `java:/<Datenquellen-Name>` erreichbar. Viele Webapplikationen setzen aber voraus, dass ihre Datenquellen unter `java:/comp/env/[jdbc/]<Datenquellen-Name>` erreichbar sind. Da dies auch gängige Programmierpraxis ist, muss ein Mapping vom JNDI-URI `j2eecodebookDS` auf den URI `comp/env/jdbc/j2eeCodebookDS` eingerichtet werden.

Dieses Mapping wird in der JBoss-spezifischen Konfigurationsdatei *jboss-web.xml* deklariert:

```
<?xml version="1.0" encoding="UTF-8"?>
<!DOCTYPE jboss-web PUBLIC
   "-//JBoss//DTD Web Application 2.4//EN"
   "http://www.jboss.org/j2ee/dtd/jboss-web_4_0.dtd">
<jboss-web>

   <resource-ref>
      <res-ref-name>jdbc/j2eeCodebookDS</res-ref-name>
      <jndi-name>java:/j2eeCodebookDS</jndi-name>
   </resource-ref>

</jboss-web>
```

Listing 361: Einrichten eines Mappings von java:/j2eeCodebookDS auf java:/comp/env/jdbc/j2eeCodebookDS in der Konfigurationsdatei jboss-web.xml

Das Mapping findet innerhalb eines `<resource-ref />`-Elements statt. Dabei wird mit Hilfe des Elements `<jndi-name />` der originale JNDI-Name angegeben. Das Element `<res-ref-name />` nimmt den URI innerhalb von `comp/env` auf, unter dem das Objekt erreichbar sein soll.

Zuletzt sollte die Verwendung der Datenquelle innerhalb des Deployment Descriptors der Applikation deklariert werden:

```
<?xml version="1.0"?>

<!DOCTYPE web-app PUBLIC
   "-//Sun Microsystems, Inc.//DTD Web Application 2.3//EN"
   "http://java.sun.com/dtd/web-app_2_3.dtd">
<web-app>

   ...

    <resource-ref >
      <res-ref-name>jdbc/j2eeCodebookDS</res-ref-name>
      <res-type>javax.sql.DataSource</res-type>
      <res-auth>CONTAINER</res-auth>
   </resource-ref>

</web-app>
```

Listing 362: Deklaration der Verwendung einer per JNDI gebundenen Datenquelle im Deployment Descriptor

Hier wird mit Hilfe eines `<resource-ref />`-Eintrags angegeben, dass über den JNDI-URL `comp/env/jdbc/j2eeCodebookDS` eine `javax.sql.DataSource`-Implementierung abgerufen werden kann. Die Details dieser Implementierung können an dieser Stelle sowohl Applikation als auch Entwickler recht egal sein – vorausgesetzt, es werden weitestgehend standardkonforme SQL-Statements oder datenbankspezifische Business-Schichten verwendet.

Um die Datenquelle nutzen zu können, ist wenig Code erforderlich, wie anhand eines Beispiel-Servlets gezeigt werden soll:

```
package codebook.j2ee.jdbc;

import javax.servlet.ServletException;
import javax.servlet.http.HttpServletRequest;
import javax.servlet.http.HttpServletResponse;
import javax.sql.DataSource;
import javax.naming.InitialContext;
import javax.naming.NamingException;
import java.io.IOException;
import java.io.PrintWriter;
import java.sql.Connection;
import java.sql.SQLException;

public class DSTestServlet extends javax.servlet.http.HttpServlet {

   protected void service(
      HttpServletRequest request, HttpServletResponse response)
      throws ServletException, IOException {

      DataSource ds = null;
      try {

         // InitialContext ermitteln
         InitialContext ctx = new InitialContext();

         // Datenquelle ermitteln
         ds = (DataSource) ctx.lookup(
            "java:comp/env/jdbc/j2eeCodebookDS");
      }
      catch (NamingException e) {
         e.printStackTrace();
      }

      PrintWriter out = response.getWriter()
      Connection conn = null;
      try {
         // Connection instanzieren
```

Listing 363: Erzeugen einer Datenbankverbindung mit Hilfe von JNDI

```
            conn = ds.getConnection();
            out.print("<h2>Connection instantiated!</h2>");
         }
         catch (SQLException e) {
            e.printStackTrace();
         }
      }
   }
```

Listing 363: Erzeugen einer Datenbankverbindung mit Hilfe von JNDI (Forts.)

Der Zugriff auf die Datenquelle erfolgt hier per JNDI. Zu diesem Zweck wird zunächst eine Referenz auf den JNDI-Kontext erzeugt. Mit Hilfe der Methode `lookup()` der `InitialContext`-Instanz kann die Datenquelle gesucht werden. Dabei kann eine `javax.naming.NamingException` auftreten, die abgefangen werden muss.

Mit Hilfe der so erzeugten `DataSource`-Instanz kann anschließend die Datenbankverbindung per `Connection`-Instanz referenziert und geöffnet werden. Dabei kann eine `java.sql.SQLException` auftreten – etwa wenn die Datenquelle nicht auf die Datenbank zugreifen konnte, weil die Credentials in der Datenquellen-Deklaration nicht korrekt waren oder weil die Datenbank schlicht nicht erreichbar ist.

Der große Vorteil des Hinterlegens von Datenquellen auf Ebene des Servlet- oder EJB-Containers besteht darin, dass die so hinterlegten Datenquellen von jeder Applikation auf dem Server gleichermaßen genutzt werden können und keine spezifischen Konfigurationen benötigen, die sonst bei wachsender Anzahl der Applikationen oder Server zu mangelnder Wartbarkeit der Lösungen führen würden.

Tipp

Wenn Sie vermeiden wollen, die JNDI-URIs fest in ihrer Applikation zu verdrahten, können Sie die URIs problemlos innerhalb des Deployment Descriptors per `<context-param />`-Element hinterlegen. Damit halten Sie Ihre Applikation noch einmal deutlich flexibler.

134 Datensätze selektieren

Hauptzweck einer Datenbank ist das Halten von Daten. Diese müssen meist ausgelesen und dargestellt werden. Dieses Auslesen findet mit Hilfe eines SQL-Statements statt, das die Datenbank anweist, alle Datensätze einer oder mehrerer Tabellen zu laden und zurückzugeben.

Der Begriff SQL steht dabei für *Structured Query Language*, also strukturierte Abfragesprache. Leider verfügt fast jedes Datenbanksystem über seinen eigenen SQL-Dialekt, der aber glücklicherweise meist auf dem genormten ANSI-SQL 92 beruht, so dass es dann doch noch genügend Gemeinsamkeiten zwischen den verschiedenen Dialekten gibt.

SQL versucht, die Abfragen recht umgangssprachlich zu beschreiben. Um alle Datensätze einer Datenbanktabelle zu selektieren, können Sie folgendes SQL-Statement zugrunde legen und anpassen:

```
SELECT <Felder> FROM <Tabelle>
```

Dabei wird der Platzhalter <Tabelle> durch den tatsächlichen Namen der Datenbanktabelle ersetzt. Wenn Sie also Daten aus der Datenbanktabelle customerData auslesen wollten, würde das Statement so aussehen:

```
SELECT * FROM customerData
```

Auch der hier verwendete Stern (»*«) ist nur ein Platzhalter. Dieses Zeichen steht für alle Spalten der Datenbank, was zwar bequem und einfach, meist aber vergleichsweise unperformant ist, denn das Datenbanksystem muss zuerst intern eine Liste alle Tabellenspalten aufbauen, die dann den Platzhalter ersetzen.

Hinweis

Im Folgenden werden wir häufig die Datenbanktabelle customerData verwenden. Diese Tabelle hat folgenden Aufbau:

```
CREATE TABLE 'customerdata' (
   'id' int(11) NOT NULL auto_increment,
   'name' varchar(50) NOT NULL default '',
   'email' varchar(255) NOT NULL default '',
   'age' int(11) NOT NULL default '0',
   PRIMARY KEY  ('id')
)
```

In einem Verwaltungstool Ihrer Wahl betrachtet (für MySQL können Sie unter Windows das Tool SQLyog verwenden, das als Freeware unter *http://www.webyog.com/sqlyog/index.php* herunterladbar ist), sollte die Tabelle so aussehen:

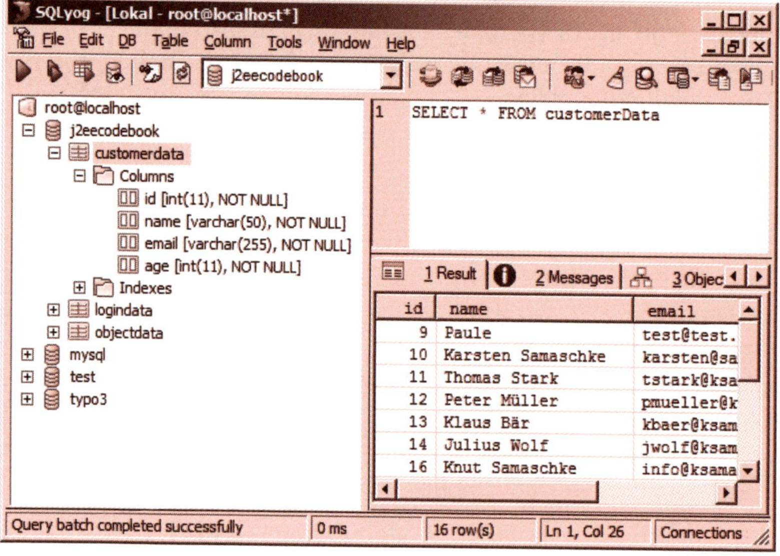

Abbildung 94: Ansicht der Datenbanktabelle in einem Management-Tool

Lange Rede, kurzer Sinn: Geben Sie die Spalten, die Sie interessieren, stets explizit an! Wenn Sie aus der Datenbanktabelle `customerData` die Spalten `id` und `email` aller Datensätze auslesen wollen, machen Sie das mit diesem Statement:

```
SELECT id, email FROM customerData
```

Hinweis

Informieren Sie sich vor dem Erstellen Ihrer SQL-Statements darüber, ob Ihr verwendetes Datenbanksystem Groß- und Kleinschreibung berücksichtigt oder nicht. MySQL ist es beispielsweise egal, ob Tabellennamen und Spalten in korrekter Groß-/Kleinschreibung angegeben sind – Oracle-Systeme würden dagegen Fehlermeldungen generieren, wenn eine Spalte `id` definiert wäre und Sie versuchen würden, eine Spalte `Id` abzufragen.

Leider sind diese SQL-Statements nur ein Teil der Lösung beim Zugriff auf Datenbankdaten. Dieser erfolgt in der Regel stets in mehreren Schritte:

- Aufbauen der Verbindung zur Datenbank
- Formulieren des SQL-Statements
- Senden des SQL-Statements an die Datenbank
- Abrufen der Ergebnismenge von der Datenbank
- Ausgabe oder Weiterverarbeitung der abgerufenen Daten

Wie eine Verbindung zur Datenbank aufgebaut werden kann, ist schon weiter vorn in diesem Kapitel beschrieben worden. Ebenso wissen Sie bereits, wie ein SQL-Statement formuliert werden kann.

Das Senden eines SQL-Statements per JDBC an die Datenbank geschieht mit Hilfe einer `java.sql.Statement`- oder `java.sql.PreparedStatement`-Instanz. Diese wird mit Hilfe der Methode `createStatement()` oder `prepareStatement()` einer initialisierten `Connection`-Instanz erzeugt. Sie können diesen mehrfach überladenen Methoden einen String, der Ihr SQL-Statement repräsentiert, übergeben.

Hinweis

Die beim Datenbankzugriff per `JDBC` verwendeten konkreten Implementierungen werden in der Regel nicht direkt angesprochen. Alle `JDBC`-Treiber implementieren die verschiedenen im Namensraum `java.sql` definierten Interfaces, mit denen im Code gearbeitet wird. Sämtliche Objekt-Instanzen, die hier genutzt werden, werden über ihre zugrunde liegenden Interfaces und nicht über die konkreten Implementierungen angesprochen. Dies erlaubt maximale Datenbank-Unabhängigkeit, sorgt aber auch für manche Irritation, denn die verschiedenen Implementierungen der Interfaces unterscheiden sich naturgemäß von Anbieter zu Anbieter. Deutlich wird dies in der Regel bei Exceptions – manch ein Treiber wirft so gut wie keine Exception, während andere Treiber da wesentlich auskunftsfreudiger sind.

Nachdem die `Statement`- oder `PreparedStatement`-Instanz erzeugt worden ist, kann das SQL-Statement mit Hilfe von deren `executeQuery()`-Methoden ausgeführt werden. Die Rückgabe von der Datenbank wird durch eine `java.sql.ResultSet`-Instanz repräsentiert, die den Zugriff auf die einzelnen Datensätze erlaubt.

Tritt bei diesen Vorgängen ein Fehler oder ein undefinierter Zustand auf, wird in der Regel eine `java.sql.SQLException` geworfen. Diese sollte abgefangen werden.

Die zurückgegebene `ResultSet`-Instanz erlaubt das Navigieren in den Datensätzen und sowohl typisiertes als auch untypisiertes Abrufen der enthaltenen Daten. Für die wichtigsten Datentypen gibt es dazu Getter.

Ein `ResultSet` befindet sich nach der Rückgabe durch die `executeQuery()`-Methode vor dem ersten Datensatz. Mit Hilfe seiner Methode `next()` wird immer auf den jeweils nächsten Datensatz gesprungen. Die Rückgabe dieser Methode ist ein boolescher Wert, der Auskunft darüber gibt, ob dieser Sprung erfolgreich war (Rückgabe ist dann `true`) oder nicht (Rückgabe ist dann `false`). Diese Information kann entsprechend ausgewertet werden.

Sollte sich der interne Positionszeiger des `ResultSets` vor dem ersten oder nach dem letzten Datensatz befinden und wird dennoch über die Getter versucht, Werte abzurufen, so wird eine Exception geworfen. Die Art der geworfenen Exception (und ob überhaupt eine Exception geworfen wird) hängt dabei aber stark von der zugrunde liegenden Implementierung des verwendeten JDBC-Treibers ab.

Sehen wir uns nun an, wie innerhalb eines Servlets Daten aus einer Datenbank abgerufen werden können. Die Datenquelle ist dabei im Servlet-Container deklariert und wird mit Hilfe von JNDI angesprochen. Innerhalb des Servlets ist dies in die Methode `getConnection()` ausgelagert worden, die eine `Connection`-Instanz erzeugt und zurückgibt. Diese `Connection`-Instanz wird verwendet, um ein `PreparedStatement` zu erzeugen, das den Abruf der Daten ermöglichen soll. Dieser Abruf findet durch den Aufruf der Methode `executeQuery()` des Statements statt, die ein `ResultSet` zurückgibt.

Wie bereits weiter oben beschrieben, befindet sich das `ResultSet` am Anfang vor dem ersten Datensatz und wird per `next()` auf den jeweils nächsten Datensatz gesetzt. Sollte dies nicht erfolgreich sein – etwa weil keine Daten selektiert worden sind –, würde diese Methode `false` zurückgeben. Dies ermöglicht es, die Ausgabe der Daten innerhalb einer `while`-Schleife durchzuführen, deren Abbruchbedingung die Rückgabe `false` der `next()`-Methode ist.

Die einzelnen Werte werden mit Hilfe der Getter `getInt()` und `getString()` entsprechend ihrer Datentypen abgerufen und ausgegeben:

```
package codebook.j2ee.jdbc;

import javax.naming.InitialContext;
import javax.naming.NamingException;
import javax.servlet.ServletException;
```

Listing 364: Selektion und Ausgabe aller Datensätze einer Datenbanktabelle

```
import javax.servlet.http.HttpServletRequest;
import javax.servlet.http.HttpServletResponse;
import javax.sql.DataSource;
import java.io.IOException;
import java.io.PrintWriter;
import java.sql.*;

public class SelectServlet extends javax.servlet.http.HttpServlet {

   protected void service(
      HttpServletRequest request, HttpServletResponse response)
      throws ServletException, IOException {

      // Connection erzeugen
      Connection conn = getConnection();

      // PrintWriter-Instanz für Ausgabe erzeugen
      PrintWriter out = response.getWriter();

      // HTML-Kram ausgeben
      out.print("<html>\n<head>\n<title>SELECT</title>\n</head>\n<body>\n");

      // SQL-Statement definieren
      String statement =
         "SELECT id, name, email, age FROM customerData";

      try {
         // PreparedStatement erzeugen
         PreparedStatement stmt =
            conn.prepareStatement(statement);

         // PreparedStatement ausführen und ResultSet erhalten
         ResultSet rs = stmt.executeQuery();

         out.print("<h2>Daten in der Datenbanktabelle</h2>");

         out.print("<table border=\"1\" "
            + "cellpadding=\"3\">\n<tr>\n<th>ID</th>\n"
            + "<th>Name</th>\n<th>Email</th>\n<th>Age</th>\n</tr>");

         // ResultSet durchlaufen
         while(rs.next()) {
            out.print("<tr>");

            // ID ausgeben
            out.print(String.format("<td>%s</td>", rs.getInt("id")));
```

Listing 364: Selektion und Ausgabe aller Datensätze einer Datenbanktabelle (Forts.)

```
            // Name ausgeben
            out.print(String.format("<td>%s</td>",
               rs.getString("name")));

            // Email ausgeben
            out.print(String.format("<td>%s</td>",
               rs.getString("email")));

            // Age ausgeben
            out.print(String.format("<td>%s</td>", rs.getInt("age")));
            out.print("</tr>");
         }

         out.print("</table>");
      }
      catch (SQLException e) {
         // SQL-Exception aufgetreten
         out.print("<h2>Exception occured!!!</h2>");
         e.printStackTrace(out);
      }

      out.print("</body>\n</html>");
   }

   /**
      Erzeugt eine neue Connection-Instanz
   */
   private Connection getConnection() {

      DataSource ds = null;
      try {
         InitialContext ctx = new InitialContext();
         ds = (DataSource)ctx.lookup(
            "java:comp/env/jdbc/j2eeCodebookDS");
      }
      catch (NamingException e) {
         e.printStackTrace();
      }

      Connection conn = null;
      try {
         conn = ds.getConnection();
      }
      catch (SQLException e) {
         e.printStackTrace();
```

Listing 364: Selektion und Ausgabe aller Datensätze einer Datenbanktabelle (Forts.)

```
        }

        return conn;
    }
}
```

Listing 364: Selektion und Ausgabe aller Datensätze einer Datenbanktabelle (Forts.)

Im Browser betrachtet, ergibt sich dieses Bild:

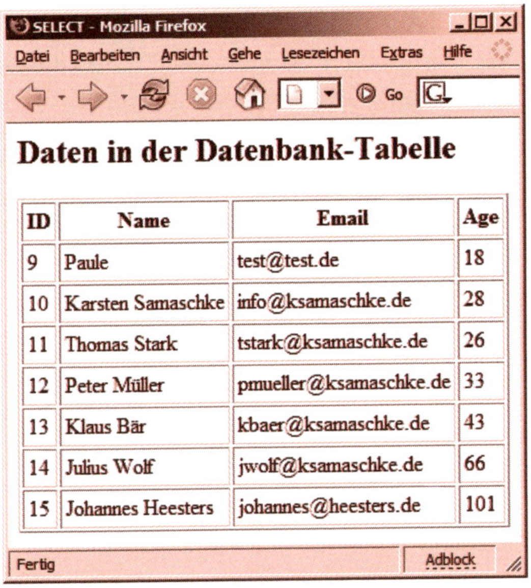
SELECT - Mozilla Firefox
Datei Bearbeiten Ansicht Gehe Lesezeichen Extras Hilfe
Go
Daten in der Datenbank-Tabelle
ID Name Email Age
9 Paule test@test.de 18
10 Karsten Samaschke info@ksamaschke.de 28
11 Thomas Stark tstark@ksamaschke.de 26
12 Peter Müller pmueller@ksamaschke.de 33
13 Klaus Bär kbaer@ksamaschke.de 43
14 Julius Wolf jwolf@ksamaschke.de 66
15 Johannes Heesters johannes@heesters.de 101
Fertig
Adblock

Abbildung 95: Ausgabe aller Daten aus einer Datenbanktabelle

135 Datensätze unter Einschränkungen selektieren

Meist werden nicht alle, sondern nur einige Datensätze aus einer Tabelle benötigt. Es wäre suboptimal, wenn es keine Möglichkeit gäbe, die Datensätze schon beim Abruf auf Seiten der Datenbank einzuschränken.

Nun, eine entsprechende Möglichkeit existiert natürlich. Die Einschränkung können dabei schon innerhalb des SQL-Statements übergeben werden. Das Datenbanksystem wird diese Einschränkungen verarbeiten und nur die Datensätze zurückgeben, die den angegebenen Bedingungen entsprechen.

Die Einschränkungen hinsichtlich der zu selektierenden Daten werden an das `SELECT`-Statement mit Hilfe des Schlüsselworts `WHERE` angefügt:

```
SELECT <Felder> FROM <Tabelle> WHERE <Bedingungen>
```

Mehrere Bedingungen können durch die Schlüsselwörter `AND` und `OR` verknüpft und durch Klammerungen gruppiert werden.

Um auf Gleichheit zu prüfen, können Sie den Operator = verwenden. Wenn Sie beispielsweise den Datensatz mit dem ID-Wert 10 selektieren wollten, könnten Sie dies mit Hilfe dieses SQL-Statements erledigen:

```
SELECT id, email, name, age FROM customerData WHERE id = 10
```

Wenn das Feld, auf dem die Einschränkung vorgenommen werden soll, einen alphanumerischen Wert hat, muss der Vergleichswert in Hochkommata eingeschlossen werden. Um alle Datensätze zu selektieren, bei denen die E-Mail-Adresse `info@ksamaschke.de` lautet, könnten Sie folgendes SQL-Statement einsetzen:

```
SELECT id, email, name, age FROM customerData
   WHERE email = 'info@ksamaschke.de'
```

Wollten Sie alle Datensätze selektieren, die den ID-Wert 10 und die E-Mail-Adresse `info@ksamaschke.de` hätten, würde das SQL-Statement so aussehen können:

```
SELECT id, email, name, age FROM customerData
   WHERE id = 10 AND email = 'info@ksamaschke.de'
```

Um Datensätze zu selektieren, die den ID-Wert 9 oder die E-Mail-Adresse `info@ksamaschke.de` hätten, könnte dieses SQL-Statement verwendet werden:

```
SELECT id, email, name, age FROM customerData
   WHERE id = 9 OR email = 'info@ksamaschke.de'
```


Erweiterte Suchbedingungen

Neben diesen Standardbedingungen können Sie auch weitere Vergleichsoperatoren nutzen:

Operator	Bedeutung
=	Gleichheit
>	Größer als
>=	Größer als oder gleich
<	Kleiner als
<=	Kleiner als oder gleich
<>	ungleich
BETWEEN	Suche nach einem Wertebereich
IN	Suche nach mehreren absoluten Werten
IS NULL	Prüfung auf NULL
IS NOT NULL	Prüfung auf ungleich NULL
LIKE	Suche nach Teil-Zeichenketten
NOT	Umkehrung der Bedingungen

Tabelle 55: Vergleichsoperatoren

Die Vergleichsoperatoren =, <, <=, >, >=, <>

Diese Operatoren sind Ihnen weitestgehend von der herkömmlichen Programmierung vertraut. Hauptunterschied zur Programmierung in Java ist, dass der Gleichheitsoperator = nur mit einem Gleichheitszeichen geschrieben wird und der Ungleich-Operator nicht != ist, sondern als <> ausgedrückt wird.

Um alle Datensätze zu selektieren, deren ID genau den Wert 10 hat, könnten Sie folgendes SQL-Statement verwenden:

```
SELECT id, email, name, age FROM customerData WHERE id = 10
```

Wollten Sie alle Datensätze selektieren, deren ID-Wert kleiner als 10 ist, würde das Statement so aussehen:

```
SELECT id, email, name, age FROM customerData WHERE id < 10
```

Möchten Sie die Grenze auf den ID-Wert 10 erweitern, würden Sie das Statement so deklarieren:

```
SELECT id, email, name, age FROM customerData WHERE id <= 10
```

Wollen Sie alle Datensätze ausschließen, deren ID-Wert genau 10 ist, würde das Statement so aussehen können:

```
SELECT id, email, name, age FROM customerData WHERE id <> 10
```

Alternativ wäre auch dieses Statement möglich:

```
SELECT id, email, name, age FROM customerData WHERE NOT (id = 10)
```

Dieses Statement wäre allerdings langsamer als das obige Statement, denn zunächst würde hier der Datensatz mit dem ID-Wert 10 selektiert und anschließend diese Selektion invertiert.

Um alle Datensätze zu selektieren, deren ID-Wert größer als 10 ist, würde Ihr Statement so aussehen können:

```
SELECT id, email, name, age FROM customerData WHERE id > 10
```

Um auch den Datensatz mit der ID 10 einzubeziehen, würden Sie den >= Operator verwenden:

```
SELECT id, email, name, age FROM customerData WHERE id >= 10
```

BETWEEN

Der `BETWEEN`-Operator bietet sich an, um auf Wertebereiche zu überprüfen. Um beispielsweise alle Datensätze zu selektieren, deren ID-Werte zwischen 10 und 15 liegen, könnten Sie dieses SQL-Statement verwenden:

```
SELECT id, email, name, age FROM customerData WHERE id BETWEEN 10 AND 15
```

Ebenfalls ist der `BETWEEN`-Operator auf alphanumerische Werte einsetzbar. In diesem Fall müssen die Vergleichswerte in Hochkommata eingeschlossen werden:

```
SELECT <Felder> FROM <Tabelle> WHERE <Suchspalte> BETWEEN 'A' AND 'E'
```

IN

Um nach mehreren Werten suchen zu können, die in exakt der angekommenen Schreibweise vorkommen dürfen, können Sie entweder mehrere Bedingungen per `OR` verknüpfen oder den `IN`-Operator verwenden.

Die Syntax beim Einsatz des IN-Operators sieht so aus:

```
SELECT <Felder> FROM <Tabelle> WHERE <Suchfeld> IN (<Werteliste>)
```

Einzelne Werte werden durch Kommata getrennt.

Um alle Werte einer Tabelle zu selektieren, deren ID-Spalte die Werte 10, 12, 15 und 16 hat, können Sie dieses Statement verwenden:

```
SELECT id, email, name, age FROM customerData WHERE id IN (10, 12, 15, 16)
```

Wollten Sie alle Datensätze selektieren, deren E-Mail-Adresse `info@ksamaschke.de`, `tstark@ksamaschke.de` oder `jwolf@ksamaschke.de` lautet, können Sie dieses Statement verwenden:

```
SELECT id, email, name, age FROM customerData
   WHERE email IN (
      'info@ksamaschke.de', 'tstark@ksamaschke.de', 'jwolf@ksamaschke.de')
```

JDBC

IS NULL, IS NOT NULL

Mit Hilfe der Operatoren `IS NULL` und `IS NOT NULL` können Sie auf Spalten prüfen, deren Werte `NULL` oder ungleich `NULL` sind. Um alle Datensätze zu ermitteln, deren Spalte `name` keinen Wert hat, können Sie dieses Statement verwenden:

```
SELECT id, email, name, age FROM customerData WHERE name IS NULL
```

Um diese Auswahl umzukehren, kann das Statement so aussehen:

```
SELECT id, email, name, age FROM customerData WHERE name IS NOT NULL
```

LIKE

`LIKE` ist ein sehr beliebter Operator, der eine Prüfung auf Teil-Zeichenketten erlaubt. Im Gegensatz zu den anderen Operatoren ist er nur auf nichtnummerische Tabellenspalten anwendbar.

> **Achtung**
>
> `LIKE` führt eine Volltextsuche innerhalb der angegebenen Spalte der Tabelle durch. Aus diesem Grund ist die Verwendung dieses Operators unter Umständen sehr performancefressend.

Benutzen Sie `LIKE` nur, wenn Sie wirklich sicher sind, dass Sie nach Teil-Zeichenketten und nicht kompletten Spalteninhalten suchen, die auch per `BETWEEN`, per Gleichheits- oder Ungleichheits-Operator oder per `IN` abgefragt werden könnten.

Der LIKE-Operator erlaubt die Verwendung der Platzhalterzeichen »%« und »_«:

Platzhalter	Bedeutung
%	Steht für mehrere beliebige Zeichen
_	Steht für genau ein beliebiges Zeichen

Tabelle 56: Platzhalter beim Einsatz von LIKE

Beide Platzhalter können an beliebigen Stellen innerhalb der Suchreihenfolge stehen. In Abhängigkeit von der Position kann es jedoch zu Performance-Unterschieden kommen – beim Einsatz der Platzhalter direkt am Ende des Suchbegriffs kann das Datenbanksystem seine Indizes für die Tabelle konsultieren und mit deren Hilfe die relevanten Datensätze finden. Wird ein Platzhalter jedoch am Anfang oder gar in der Mitte des Suchbegriffes eingesetzt, führt das Datenbanksystem einen so genannten `Full-Table-Scan` durch, bei dem alle Datensätze sequenziell abgearbeitet werden. Logisch, dass das insbesondere bei einer größeren Anzahl an Datensätzen Performance kosten kann.

Hinweis

`LIKE` unterscheidet in der Regel nicht nach Groß- und Kleinschreibung.

Wenn Sie alle Datensätze selektieren wollen, deren E-Mail-Adresse auf `ksamaschke.de` endet, könnten Sie dieses SQL-Statement einsetzen:

```
SELECT id, email, name, age FROM customerData
   WHERE email LIKE '%@ksamaschke.de'
```

Um alle Datensätze zu selektieren, deren Name mit `Karsten` beginnt, können Sie folgendes SQL-Statement verwenden:

```
SELECT id, email, name, age FROM customerData WHERE name LIKE 'Karsten%'
```

Um alle Datensätze zu suchen, deren name-Spalte auf `ustermann` endet und genau ein beliebiges Zeichen am Anfang besitzt, können Sie dieses Statement verwenden:

```
SELECT id, email, name, age FROM customerData WHERE name LIKE '_ustermann'
```

136 Datensätze sortieren

Die Sortierung von Datensätzen findet mit Hilfe der `ORDER BY`-Klausel statt. Diese Klausel ist optional. Sie wird nach den Einschränkungsbedingungen des Statements (soweit diese vorhanden sind) angegeben und hat folgenden Aufbau:

```
ORDER BY <Spalten-Name> ASC|DESC[, <Spalten-Name> ASC|DESC, ...]
```

Sie können mehrere Sortierspalten hintereinander angeben. Die Schlüsselwörter `ASC` und `DESC` dienen der Angabe der Sortierrichtung:

Schlüsselwort	Bedeutung
DESC	Absteigende Sortierung nach Wert oder Position im Alphabet
ASC	Aufsteigende Sortierung (optional)

Tabelle 57: Schlüsselwörter für die Angabe der Suchrichtung

Erfolgt keine Angabe eines Sortierrichtungs-Schlüsselwortes, wird stets aufsteigend sortiert. Um Datensätze aufsteigend nach E-Mail-Adresse zu sortieren, können Sie folgendes SQL-Statement verwenden:

```
SELECT id, email, name, age FROM customerData ORDER BY email
```

Bei Ausführung des Statements erhalten Sie im Browser diese Ausgabe:

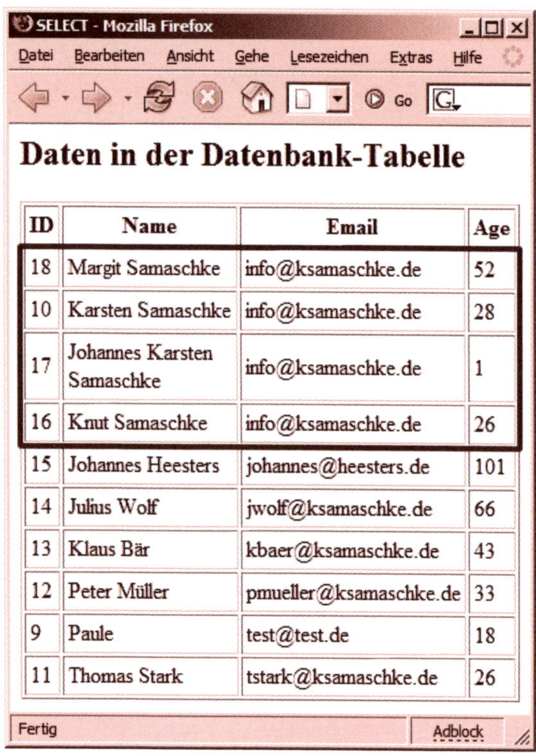

Daten in der Datenbank-Tabelle

ID	Name	Email	Age
18	Margit Samaschke	info@ksamaschke.de	52
10	Karsten Samaschke	info@ksamaschke.de	28
17	Johannes Karsten Samaschke	info@ksamaschke.de	1
16	Knut Samaschke	info@ksamaschke.de	26
15	Johannes Heesters	johannes@heesters.de	101
14	Julius Wolf	jwolf@ksamaschke.de	66
13	Klaus Bär	kbaer@ksamaschke.de	43
12	Peter Müller	pmueller@ksamaschke.de	33
9	Paule	test@test.de	18
11	Thomas Stark	tstark@ksamaschke.de	26

Abbildung 96: Sortierung von Beispieldaten nach der E-Mail-Adresse

Auch mehrfache Sortierungen sind möglich. Dabei wird zunächst nach der ersten Spalte sortiert und anschließend innerhalb dieser Sortierung nach der zweiten Angabe. Um beispielsweise nach E-Mail-Adresse und (bei gleicher E-Mail-Adresse) nach Namen absteigend zu sortieren, können Sie dieses SQL-Statement verwenden:

```
SELECT id, email, name, age FROM customerData ORDER BY email, name DESC
```

Wenn Sie dieses Statement ausführen, erhalten Sie folgende Ausgabe:

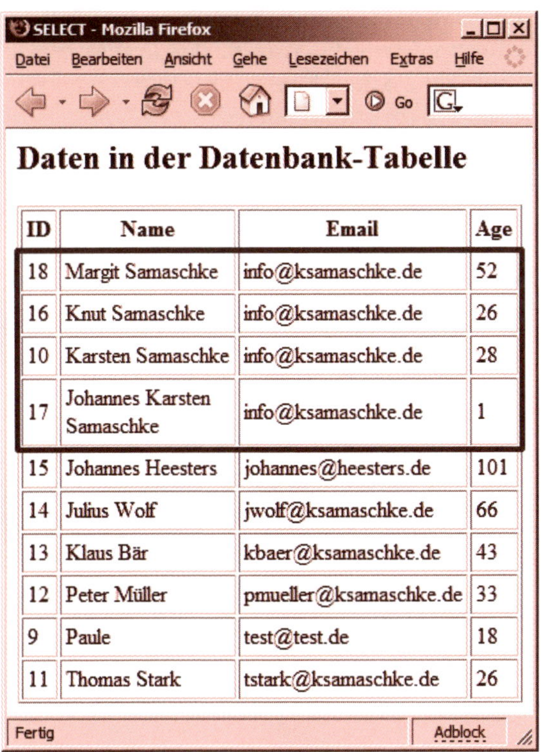

Daten in der Datenbank-Tabelle

ID	Name	Email	Age
18	Margit Samaschke	info@ksamaschke.de	52
16	Knut Samaschke	info@ksamaschke.de	26
10	Karsten Samaschke	info@ksamaschke.de	28
17	Johannes Karsten Samaschke	info@ksamaschke.de	1
15	Johannes Heesters	johannes@heesters.de	101
14	Julius Wolf	jwolf@ksamaschke.de	66
13	Klaus Bär	kbaer@ksamaschke.de	43
12	Peter Müller	pmueller@ksamaschke.de	33
9	Paule	test@test.de	18
11	Thomas Stark	tstark@ksamaschke.de	26

Abbildung 97: Sortierung der gleichen Daten nach E-Mail und absteigendem Namen

137 Durch ein ResultSet navigieren

Die Ergebnisse in `ResultSets` sind stets tabellarisch sortiert. Die `ResultSet`-Instanz merkt sich die Position innerhalb des `ResultSets` und verschiebt entsprechend der Anweisungen den internen Cursor.

Direkt nach dem Abrufen des `ResultSets` befindet sich dieser interne Cursor vor dem ersten Datensatz. Mit Hilfe der Methode `next()` kann er jeweils um eine Zeile weiter verschoben werden. Solange diese Zeile gültig und existent ist, wird die Rückgabe dieser Methode stets `true` bleiben, was sich für eine Auswertung innerhalb einer `while`-Schleife anbietet:

```
while(rs.next()) {
   // Daten ausgeben
   // ...
}
```

Statt des sequenziellen Vorwärts-Scrollens per `next()` kann eine bestimmte Zeile auch mit Hilfe der Methode `absolute()` angesprungen werden. Diese nimmt als Parameter die Nummer der anzuspringenden Zeile entgegen. Sollte versucht werden, eine ungültige Spalte anzuspringen, wird dies beim Abrufen von Daten mit einer Exception quittiert.

```
rs.absolute(10);
```

Um an die Position nach dem letzten Datensatz zu gelangen, kann man die Methode `afterLast()` verwenden. Dies ist sinnvoll, um etwa die Anzahl der Datensätze im `ResultSet` zu bestimmen. Um an die initiale Position vor dem ersten Datensatz zurückzugelangen, wird die Methode `beforeFirst()` verwendet:

```
// Ans Ende springen
rs.afterLast();

// Aktionen vornehmen
// ...

// Wieder zum Anfang zurück
rs.beforeFirst();
```

Um die Richtung zu ändern, in welche die Methode `next()` den Cursor verschiebt, können Sie die Methode `setFetchDirection()` verwenden. Diese nimmt als Parameter einen Integer-Wert entgegen, der dem Wert der Konstanten `ResultSet.FETCH_FORWARD` (vorwärts) oder `ResultSet.FETCH_REVERSE` (rückwärts) entsprechen muss. Die Verwendung dieser Methoden ist nicht ohne Gefahr, denn deren Funktionieren ist vom verwendeten Datenbanktreiber und dessen Limitationen abhängig. Um ein ResultSet rückwärts zu iterieren, könnten Sie dieses Codefragment verwenden:


```
rs.setFetchDirection(ResultSet.FETCH_REVERSE);
rs.afterLast();
while(rs.next()) {
   // Daten ausgeben oder verarbeiten
   // ...
}
```

Die Anzahl der Datensätze, die bei jedem Weiterbewegen des Cursors per `next()` abgerufen werden, lässt sich mit Hilfe der Methode `setFetchSize()` festlegen:

```
// Nur jeden zweiten Datensatz ausgeben
rs.setFetchSize(2);

while(rs.next()) {
   // Datensätze ausgeben oder verarbeiten
   // ...
}
```

138 Neue Datensätze per SQL-Statement in eine Tabelle eingefügen

Das Einfügen eines neuen Datensatzes in eine Datenbanktabelle geschieht mit Hilfe eines `INSERT`-Statements. Dieses Statement hat folgenden Aufbau:

```
INSERT INTO <Tabelle> (<Felder>) VALUES (<Werte>)
```

Der Platzhalter `<Tabelle>` ist dabei durch den Namen der zu verwendenden Datenbanktabelle zu ersetzen. `<Felder>` bezeichnet eine kommaseparierte Liste aller Felder, in die Werte eingefügt werden sollen. Der Platzhalter `<Werte>` steht für die einzufügenden Werte in der Reihenfolge der Felder. Alphanumerische Werte müssen in Hochkommata eingeschlossen werden, während Zahlen ohne derartige Kennzeichnung auskommen können.

Um Daten in die bereits bekannte Tabelle `customerData` einfügen zu können, können Sie folgendes SQL-Statement verwenden:

```
INSERT INTO customerData (name, email, age)
   VALUES ('Wolfgang Samaschke', 'wolfgang@samaschke.de', 54)
```

Die Ausführung eines derartigen Statements per JDBC erfolgt unter Verwendung einer `Statement`- oder `PreparedStatement`-Instanz:

```
import java.sql.*;

// Connection erzeugen
Connection conn = getConnection();

// SQL-Statement zum Einfügen eines Datensatzes
String insert =
   "INSERT INTO customerData (name, email, age) VALUES "
   + "('Wolfgang Samaschke', 'wolfgang@samaschke.de', 54)";

PreparedStatement stmt = null;
try {
   // PreparedStatement erzeugen
   stmt = conn.prepareStatement(insert);

   // Statement ausführen
   stmt.executeUpdate();
} catch (SQLException e) {
   // SQLException abfangen
   e.printStackTrace();
}
```

Listing 365: Einfügen von Daten in eine Datenbanktabelle

Nach dem Erzeugen der `Statement`- oder `PreparedStatement`-Instanz und dem Zuweisen des SQL-Statements, kann dieses Statement mit Hilfe seiner Methode `executeUpdate()` ausgeführt werden. Dabei kann eine `SQLException` auftreten, die entsprechend behandelt werden muss.

Wenn Sie sich noch einmal das Statement anschauen, sehen Sie, dass nicht in alle Spalten der Datenbanktabelle Werte eingefügt werden: Die Spalte `id` wird komplett außen vor gelassen. Dies macht durchaus Sinn, denn diese Spalte ist als ID-Wert deklariert – dieser Wert wird vom Datenbanksystem automatisch erhöht, wenn ein neuer Datensatz eingefügt wird.

139 Neue Datensätze per ResultSet in eine Datenbanktabelle einfügen

Das Einfügen neuer Datensätze in eine Tabelle per SQL-Statement ist sehr effizient und effektiv, wird aber bei größeren Tabellen durchaus unübersichtlich und fehlerträchtig. Viel einfacher wäre es doch, wenn neue Datensätze per `ResultSet` eingefügt werden könnten.

Tatsächlich funktioniert dieses Vorgehen leider nicht bei jedem Datenbanksystem, denn es ist vom verwendeten Treiber abhängig.

Voraussetzung für das Einfügen von Daten per `ResultSet` ist ein vorausgegangenes `SELECT`-Statement, mit dessen Hilfe alle relevanten Felder ermittelt werden. Wichtig dabei ist, dass alle Spalten, die den Wert `NULL` nicht annehmen dürfen, im SQL-Statement erfasst worden sind. Um die Datenbank nicht unnötig zu belasten, sollte ein derartiges SQL-Statement keinen einzigen Datensatz zurückliefern:

```
SELECT * FROM <Tabelle> WHERE FALSE
```

oder

```
SELECT * FROM <Tabelle> WHERE 1=0
```

sind gute Kandidaten für ein derartiges Statement. Ebenfalls nicht möglich ist die Verwendung von Abfragen, die über mehrere Tabellen (Joins) gehen. Beim Erzeugen des `ResultSets` müssen der Methode `createStatement()` oder `prepareStatement()` der verwendeten `Connection`-Instanz zwei weitere Parameter übergeben werden, die angeben, dass das `ResultSet` updatebar sein soll.

Nachdem eine `ResultSet`-Instanz erzeugt worden ist, kann diese zum Einfügen der Daten vorbereitet werden, indem der interne Positionszeiger auf die so genannte `Insert-Row` gesetzt wird. Diese `Insert-Row` ist nichts anderes als ein leerer Datensatz, der anschließend durch typsichere `Update`-Methoden (`updateString()`, `updateInt()`) mit Werten gefüllt wird. Auch hier kann das Einfügen eines Wertes für die als ID-Wert gekennzeichnete Spalte unterbleiben, da dies vom Datenbanksystem vorgenommen wird. Zuletzt muss die neue Zeile in die Datenbanktabelle eingefügt werden, was mit Hilfe der Methode `insertRow()` geschieht.

Im Code könnte dies dann so aussehen:

```
import java.sql.*;

// Connection erzeugen
Connection conn = getConnection();

// SQL-Statement zum Einfügen eines Datensatzes
String select = "SELECT * FROM customerData WHERE 1=0";

PreparedStatement stmt = null;
try {
```

Listing 366: Einfügen eines Datensatzes per ResultSet

JDBC

```
    // PreparedStatement erzeugen
    stmt = conn.prepareStatement(
       select,
       ResultSet.TYPE_SCROLL_INSENSITIVE,
       ResultSet.CONCUR_UPDATABLE);

    // Statement ausführen
    ResultSet rs = stmt.executeQuery();

    // ResultSet zum Insert vorbereiten
    rs.moveToInsertRow();

    // String- und Integer-Werte angeben
    rs.updateString("email", "karsten@samaschke.de");
    rs.updateString("name", "Karsten Samaschke");
    rs.updateInt("age", 28);

    // Daten einfügen
    rs.insertRow();

 } catch (SQLException e) {

    // SQLException abfangen
    e.printStackTrace();
 }
```

Listing 366: Einfügen eines Datensatzes per ResultSet (Forts.)

Das hier gezeigte Vorgehen ist vergleichsweise bequem, zumal die Notwendigkeit des Formulierens durchaus komplexer SQL-Statements nicht gegeben ist. Nachteil einer derartigen Vorgehensweise: Die Performance der Lösung ist geringer, denn es wird mindestens ein zusätzliches SQL-Statement ausgeführt.

140 Datensätze einer Tabelle per SQL-Statement ändern

Das Ändern von Datensätzen einer Datenbanktabelle kann über ein SQL-Statement mit folgendem Aufbau erfolgen:

```
UPDATE <Tabelle> SET <Feld> = <Wert>[, ...] [WHERE <Bedingungen>]
```

Die zu ändernden Werte sind bei einem `UPDATE`-Statement (anders als bei einem `INSERT`-Statement) als Name-Wert-Paare zu setzen. Zeichenketten werden dabei in Hochkommata eingeschlossen. Über eine oder mehrere Bedingungen können und sollten die zu ändernden Datensätze eingeschränkt werden, da sonst alle Datensätze der entsprechenden Tabelle geändert werden.

Um den Datensatz mit dem ID-Wert 10 in der Tabelle `customerData` zu ändern, könnten Sie folgendes SQL-Statement verwenden:

```
UPDATE customerData SET age = 29, name = 'Karsten Samaschke' WHERE id = 10
```

JDBC

Das Ändern von Daten per JDBC gestaltet sich analog zum Einfügen eines neuen Datensatzes: Nach dem Aufbauen einer Datenbankverbindung kann eine `Statement`- oder `PreparedStatement`-Instanz unter Übergabe des SQL-Statements erzeugt werden. Anschließend wird dieses Statement mit Hilfe seiner Methode `updateQuery()` ausgeführt:

```
import java.sql.*;

// Connection erzeugen
Connection conn = getConnection();

// SQL-Statement zum Einfügen eines Datensatzes
String insert =
   "UPDATE customerData "
   + "SET age = 29, name = 'Karsten Samaschke' WHERE id = 10";

PreparedStatement stmt = null;
try {
   // PreparedStatement erzeugen
   stmt = conn.prepareStatement(insert);

   // Statement ausführen
   stmt.executeUpdate();
} catch (SQLException e) {
   // SQLException abfangen
   e.printStackTrace();
}
```

Listing 367: Ändern eines Datensatzes per SQL-Statement

141 Datensätze einer Tabelle per ResultSet ändern

Analog zum Einfügen eines neuen Datensatzes per `ResultSet` findet das Ändern eines Datensatzes statt: Mit Hilfe einer `Connection`-Instanz wird eine `Statement`- oder `PreparedStatement`-Instanz erzeugt, die einen oder mehrere Datensätze selektiert und per RecordSet zurückgibt. Dessen Methode `executeQuery()` führt das `SELECT`-Statement aus und muss vom Typ `ResultSet.CONCUR_UPDATABLE` sein, also Änderungen unterstützen. Dies ist sowohl vom verwendeten Treiber als auch vom Typ der zugrunde liegenden Datenquelle abhängig.

Innerhalb des jeweiligen Datensatzes können mit Hilfe der verschiedenen `Update`-Methoden typsicher Werte geändert werden. Ein abschließendes `updateRow()` auf der aktuellen Zeile sorgt dafür, dass der Datensatz aktualisiert wird. Dabei können Ausnahmen auftreten, die entsprechend abgefangen werden müssen.

JDBC

Im Code sieht dies so aus:

```
import java.sql.*;

// Connection erzeugen
Connection conn = getConnection();

// SQL-Statement zum Einfügen eines Datensatzes
String select =
   "SELECT * FROM customerData WHERE id = 10";

PreparedStatement stmt = null;
try {

   // PreparedStatement erzeugen
   stmt = conn.prepareStatement(
      select,
      ResultSet.TYPE_SCROLL_INSENSITIVE,
      ResultSet.CONCUR_UPDATABLE);

   // Statement ausführen
   ResultSet rs = stmt.executeQuery();

   // ResultSet durchlaufen
   while(rs.next()) {

      // Daten updaten
      rs.updateString("email", "karsten@samaschke.de");
      rs.updateString("name", "Karsten Samaschke");
      rs.updateInt("age", 28);

      // Datensatz updaten
      rs.updateRow();
   }

} catch (SQLException e) {

   // SQLException abfangen
   e.printStackTrace();
}
```

Listing 368: Ändern eines Datensatzes per ResultSet

142 Datensätze einer Tabelle per SQL-Statement löschen

Das Löschen von Datensätzen geschieht mit Hilfe eines `DELETE`-Statements. Dieses Statement hat folgenden Aufbau:

```
DELETE FROM <Tabelle> [WHERE <Bedingungen>]
```

Beachten Sie, dass keinerlei Spaltennamen angegeben werden können. Das ist durchaus sinnvoll, denn die Werte einzelner Spalten löschen Sie bei Bedarf mit Hilfe eines `UPDATE`-Statements – `DELETE` arbeitet grundsätzlich auf Zeilenebene.

Mit Hilfe einer `WHERE`-Klausel können Sie Bedingungen angeben. Nur die Datensätze, die diese Bedingungen erfüllen, werden tatsächlich gelöscht.

Achtung

Wenn Sie keine Bedingungen beim `DELETE`-Statement angeben, werden alle Datensätze der entsprechenden Tabelle gelöscht!

JDBC

Ein `DELETE`-Statement kann auch fehlschlagen: Nämlich dann, wenn die Bedingungen der referenziellen Integrität nicht erfüllt sind – also Datensätze auf den zu löschenden Datensatz verweisen, die ihrerseits noch nicht gelöscht sind.

Hinweis

In vielen Szenarien werden keine Daten gelöscht, sondern lediglich mit Hilfe einer `UPDATE`-Anweisung ausgeblendet. Zu diesem Zweck existiert ein Feld `isDeleted` (meist vom Datentyp `BIT` oder einem anderen nummerischen Typ), dessen Wert auf 1 gesetzt wird. Das Abfragen der nicht gelöschten Datensätze geschieht dann per `SELECT`-Statement mit einer entsprechenden `WHERE`-Klausel:

```
SELECT <Felder> FROM <Tabelle> WHERE isDeleted = 0
```

Vorteile dieser Lösung: Auch »gelöschte« Datensätze können zur Auswertung von Daten einbezogen werden – es gehen keine Informationen verloren. Und die Integrität der Daten bleibt erhalten. Außerdem ist das Löschen eines Datensatzes so leicht rückgängig zu machen.

Um alle Datensätze der Tabelle `customerData` zu löschen, können Sie dieses Statement anwenden:

```
DELETE FROM customerData
```

Um dagegen nur die Datensätze mit den ID-Werten 10, 12, 15 und 16 zu löschen, können Sie dieses Statement einsetzen:

```
DELETE FROM customerData WHERE id IN (10, 12, 15, 16)
```

143 Datensätze einer Tabelle per ResultSet löschen

Das Löschen von Datensätzen kann per ResultSet vorgenommen werden. Die grundsätzliche Vorgehensweise ähnelt dabei dem UPDATE-Prozess per ResultSet:

- Erzeugen einer Statement- oder PreparedStatement-Instanz unter Angabe des ResultSet-Typs ResultSet.CONCUR_UPDATABLE
- Ausführen der entsprechenden SELECT-Abfrage per executeQuery() und Abrufen des ResultSets mit den Daten
- Durchlaufen des ResultSets
- Löschen des zu entfernenden Datensatzes per deleteRow() auf der ResultSet-Instanz

In Code umgesetzt, ergibt sich dieses Bild:

```
import java.sql.*;

// Connection erzeugen
Connection conn = getConnection();

// SQL-Statement zum Einfügen eines Datensatzes
String select =
   "SELECT * FROM customerData WHERE id = 15";

PreparedStatement stmt = null;
try {

   // PreparedStatement erzeugen
   stmt = conn.prepareStatement(
      select,
      ResultSet.TYPE_SCROLL_INSENSITIVE,
      ResultSet.CONCUR_UPDATABLE);

   // Statement ausführen
   ResultSet rs = stmt.executeQuery();

   // ResultSet durchlaufen
   while(rs.next()) {

      // Datensatz löschen
      rs.deleteRow();
   }

} catch (SQLException e) {

   // SQLException abfangen
   e.printStackTrace();
}
```

Listing 369: Löschen eines Datensatzes per ResultSet

144 Automatisch generierte Primärschlüssel auslesen

Seit Java 1.4 gibt es in den Interfaces `java.sql.Statement`, `java.sql.CallableStatement` und `java.sql.PreparedStatement` die Methode `getGeneratedKeys()`, die ein `ResultSet` mit nur einer Spalte zurückgibt. Diese `ResultSet`-Instanz enthält alle durch das Statement neu angelegten Primärschlüssel der Datenbanktabelle – in der Regel also den als Primärschlüssel gekennzeichneten ID-Wert.

Die Informationen dieses `ResultSets` können nach dem Einfügen eines Datensatzes (oder auch mehrerer per `addBatch()` zusammengefassten SQL-Statements) abgerufen und ausgegeben werden. Eine Einschränkung gibt es allerdings schon im Vorfeld zu berücksichtigen: Der hier gezeigte Weg per `getGeneratedKeys()` funktioniert nur, wenn Sie das zugrunde liegende SQL-Statement per `executeQuery()` ausführen – also den Datensatz nicht per `ResultSet` einfügen.

Die grundsätzliche Vorgehensweise ist diese:

- Erstellen einer Datenbankverbindung
- Ausführen des SQL-Statements zum Einfügen eines neuen Datensatzes
- Abrufen des `ResultSets` mit den generierten Schlüsseln mit Hilfe der Methode `getGeneratedKeys()`
- Durchlaufen des ResultSets und Weiterverarbeitung der eingegebenen Daten

JDBC

Der zugehörige Code sieht so aus:

```
import java.sql.*;

// Connection erzeugen
Connection conn = getConnection();

// SQL-Statement zum Einfügen eines Datensatzes
String select =
   "INSERT customerData (name, email, age) VALUES (?,?,?)";

PreparedStatement stmt = null;
try {
   // PreparedStatement erzeugen
   stmt = conn.prepareStatement(select);
   stmt.setString(1, "info@aspextra.de");
   stmt.setString(2, "Karsten Samaschke");
   stmt.setInt(3, 28);

   // Statement ausführen
   stmt.executeUpdate();

   // Generierte Primärschlüssel abrufen
```

Listing 370: Ermitteln der eingefügten Datensatz-ID

```
        ResultSet rs = stmt.getGeneratedKeys();
        while(rs.next()) {
           out.print(rs.getInt(1));
        }
    } catch (SQLException e) {

        // SQLException abfangen
        e.printStackTrace();
    }
```

Listing 370: Ermitteln der eingefügten Datensatz-ID (Forts.)

Im Browser betrachtet, ergibt sich dieses Bild:

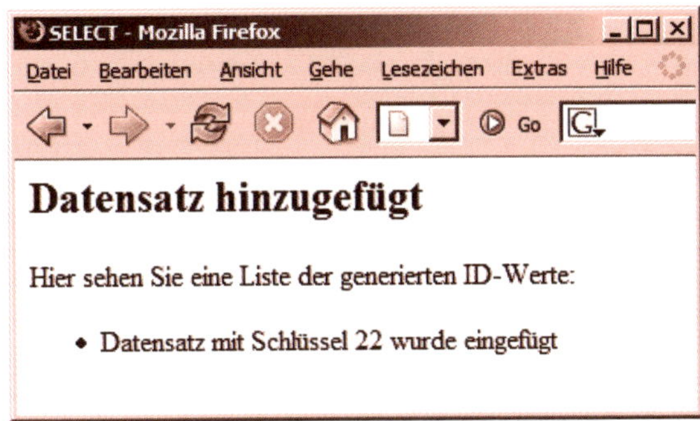

Abbildung 98: Ausgabe der ID eines eingefügten Datensatzes

145 Die Anzahl von Datensätzen per SQL-Statement bestimmen

Die Anzahl von Datensätzen, die von einem bestimmten `SELECT`-Statement betroffen sind, lässt sich mit Hilfe der SQL-Funktion `COUNT()` bestimmen:

```
SELECT Count(1) FROM <Tabelle>  [WHERE <Bedingungen>]
```

Diese Funktion nimmt als Parameter den Namen oder den Index der Spalte entgegen, die für das Ergebnis einbezogen werden soll. Da die Spalte aber für die Anzahl der Datensätze keine Rolle spielt, wird der Einfachheit halber der Spaltenindex 1 verwendet.

Wird keine Bedingung angegeben, wird die Anzahl aller Datensätze in der betreffenden Tabelle zurückgegeben.

In der Regel wird ein derartiges Statement vor dem Abrufen eines `ResultSets` an das Datenbanksystem gesendet werden. Anhand der Rückgabe kann dann beispielsweise vor dem Abrufen eines `ResultSets` bestimmt werden, ob sich dieses Abrufen tatsächlich lohnt – wenn dem nicht so wäre, könnten wertvolle Ressourcen eingespart werden, indem das Abrufen des `ResultSets` unterbliebe.

Der Ablauf beim Abrufen der Anzahl von betroffenen Datensätzen geschieht analog zum Senden eines gewöhnlichen SELECT-Statements:

- Erzeugen einer Datenbankverbindung
- Erzeugen einer Statement- oder PreparedStatement-Instanz
- Ausführen der Abfrage per executeQuery()
- Abrufen der Ergebnisse per ResultSet
- Durchlaufen des ResultSets

Im Code könnte dies dann so aussehen:

```
import java.sql.*;

// Connection erzeugen
Connection conn = getConnection();

// Die Variable itemCount hält die Anzahl der Datensätze
long itemCount = 0;

// Anzahl der Datensätze bestimmen
String count = "SELECT COUNT(1) FROM customerData";

try {
   // PreparedStatement erzeugen
   PreparedStatement stmt = conn.prepareStatement(count);

   // PreparedStatement ausführen und ResultSet erhalten
   ResultSet rs = stmt.executeQuery();

   // Anzahl der Datensätze ablesen
   while(rs.next()) {
      itemCount = rs.getLong(1);
   }

} catch (SQLException e) {

   // SQL-Exception aufgetreten
   e.printStackTrace();
}
```

Listing 371: Bestimmen der Anzahl von selektierten Datensätzen

In einer Webapplikation können Sie so die Anzahl der Datensätze ausgeben:

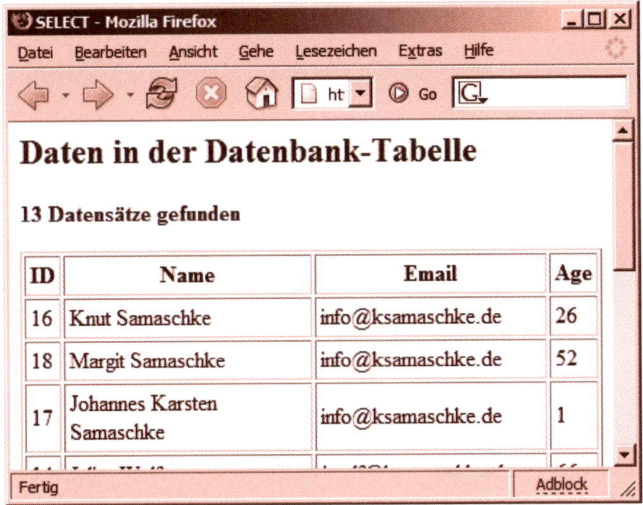

Abbildung 99: Ausgabe der Anzahl der selektierten Datensätze

146 Die Anzahl der Datensätze per ResultSet bestimmen

Wenn Sie per `ResultSet` erfahren wollen, wie viele Datensätze selektiert worden sind, haben Sie leider schlechte Karten: Das `ResultSet`-Interface bietet keine Methode `getRowCount()` oder `getRowsAffected()`. Die einzige bekannte Methode ist diese:

- Führen Sie ein SQL-Statement aus.
- Durchlaufen Sie das komplette `RecordSet` per `next()`, und lassen Sie dabei eine Zählvariable mitlaufen.
- Bewegen Sie das ResultSet per `beforeFirst()` auf die ursprüngliche Position vor den ersten Datensatz zurück.

Der Nachteil an diesem Ansatz: Alle Datensätze müssen abgerufen werden, bevor die Anzahl ermittelt werden kann. Dies kann hinsichtlich Performance deutlich langsamer sein, als die Anzahl der betroffenen Datensätze per SQL-Statement zu bestimmen.

Weiterer Nachteil: Wenn ein ResultSet nur vorwärts gerichtetes Arbeiten erlaubt (`ResultSet.TYPE_FORWARD_ONLY`), wird beim Aufruf von `beforeFirst()` eine Exception geworfen.

Wenn Sie diese Nachteile in Kauf nehmen wollen, können Sie die Anzahl der betroffenen Datensätze eines `SELECT`-Statements so bestimmen:

JDBC

```
import java.sql.*;

// Connection erzeugen
Connection conn = getConnection();

// SQL-Statement definieren
String statement =
   "SELECT id, name, email, age FROM customerData "
   "ORDER BY email";

try {
   // PreparedStatement erzeugen
   PreparedStatement stmt = conn.prepareStatement(statement);

   // PreparedStatement ausführen und ResultSet erhalten
   ResultSet rs = stmt.executeQuery();

   // Die Variable itemCount hält die Anzahl der Datensätze
   long itemCount = 0;

   // ResultSet durchlaufen und Zähler mitlaufen lassen
   while(rs.next()) {
      itemCount += 1;
   }

   // ResultSet zurücksetzen
   rs.beforeFirst();

   // Anzahl der Daten ausgeben
   // ...

   // ResultSet durchlaufen, Daten ausgeben
   while(rs.next()) {
      // Einzelnen Datensatz ausgeben
      // ...
   }
} catch (SQLException e) {

   // SQL-Exception aufgetreten
   e.printStackTrace();
}
```

Listing 372: Ermitteln der Anzahl von Datensätzen eines ResultSets

147 x Datensätze ab Position y laden (MySQL)

Das Datenbanksystem MySQL, das die Datenbankbasis für dieses Buch stellt, verfügt über das Schlüsselwort `LIMIT`, mit dessen Hilfe die Anzahl der zurückgegebenen Datensätze limitiert werden kann. `LIMIT` nimmt dabei zwei Parameter entgegen: die Anzahl der Datensätze, die zurückgegeben werden sollen, und die Position innerhalb der Ergebnisliste, ab der die zuvor bestimmte Anzahl an Datensätzen zurückgegeben wird:

```
SELECT <Felder> FROM <Tabelle> [WHERE <Bedingungen>] LIMIT <Start>, <Anzahl>
```

Der Parameter `<Start>` gibt dabei den nullbasierenden Index der per `<Anzahl>` definierten Menge an Daten an.

Um per `SELECT`-Statement von einer Tabelle `customerData` die Datensätze 3 bis 10 zurückzugeben, können Sie dies mit diesem SQL-Statement erledigen:

```
SELECT id, name, email, age FROM customerData LIMIT 2, 10
```

148 Welche Aggregatfunktionen gibt es, und wie können sie genutzt werden?

Mit Hilfe von so genannten Aggregatfunktionen können mathematische Auswertungen über nummerische Spalten einer Datenbanktabelle gefahren werden. Folgende Aggregatfunktionen stehen zur Verfügung:

Funktion	Zweck
`AVG()`	Durchschnittswert ermitteln
`COUNT()`	Anzahl der betroffenen Elemente ermitteln
`MAX()`	Maximalen Wert zurückgeben
`MIN()`	Minimalen Wert zurückgeben
`SUM()`	Summe der betroffenen Elemente ermitteln

Tabelle 58: Aggregatfunktionen

Die Verwendung der Aggregatfunktion `COUNT()` wurde bereits aufgezeigt. Die anderen Funktionen sollen im Folgenden kurz erklärt werden.

AVG()

Ermittelt den Durchschnittswert der angegebenen Spalte aller selektierten Datensätze. Syntax:

```
SELECT AVG(<Feld>) FROM <Tabelle>[ WHERE <Bedingungen>]
```

Um das Durchschnittsalter der innerhalb der Tabelle `customerData` erfassten Personen ausgeben zu lassen, könnten Sie dieses SQL-Statement verwenden:

```
SELECT AVG(age) FROM customerData
```

Um das Durchschnittsalter aller Samaschkes in der Tabelle `customerData` zu bestimmen, könnte dieses SQL-Statement zum Einsatz kommen:

```
SELECT AVG(age) FROM customerData WHERE name LIKE '%samaschke'
```

Der ermittelte Wert kann innerhalb eines ResultSets per `getInt(1)` ausgelesen werden. Alternativ können Sie die Spalte auch explizit benennen:

```
SELECT AVG(age) AS averageAge FROM customerData
   WHERE name LIKE '%samaschke'
```

Nun können Sie die Rückgabe der Funktion innerhalb des ResultSets per `getInt("averageAge")` auslesen.

MAX()

Ermittelt den maximalen Wert innerhalb der angegebenen Spalte aller selektierten Datensätze. Syntax:

```
SELECT MAX(<Spalte>) FROM <Tabelle>[ WHERE <Bedingungen>]
```

Um das maximale Alter aller innerhalb der Tabelle `customerData` erfassten Personen ausgeben zu lassen, könnten Sie dieses SQL-Statement verwenden:

```
SELECT MAX(age) FROM customerData
```

Um das maximale Alter aller mit der E-Mail-Adresse `info@ksamaschke.de` erfassten Personen zu bestimmen, könnte das Statement so aussehen:

```
SELECT MAX(age) FROM customerData WHERE email = 'info@ksamaschke.de'
```


MIN()

Ermittelt den minimalen Wert innerhalb der angegebenen Spalte aller selektierten Datensätze. Syntax:

```
SELECT MIN(<Spalte>) FROM <Tabelle>[ WHERE <Bedingungen>]
```

Um das minimale Alter aller innerhalb der Tabelle `customerData` erfassten Personen ausgeben zu lassen, könnten Sie dieses SQL-Statement verwenden:

```
SELECT MIN(age) FROM customerData
```

Um das minimale Alter aller mit der E-Mail-Adresse `info@ksamaschke.de` erfassten Personen zu bestimmen, könnte das Statement so aussehen:

```
SELECT MIN(age) FROM customerData WHERE email = 'info@ksamaschke.de'
```

SUM()

Ermittelt die Summer aller Werte der angegebenen Spalte der selektierten Datensätze. Die Syntax sieht so aus:

```
SELECT SUM(<Spalte>) FROM <Tabelle>[ WHERE <Bedingungen>]
```

Um die Summe der Altersangaben aller in der Tabelle `customerData` erfassten Personen zu berechnen, könnte dieses Statement eingesetzt werden:

```
SELECT SUM(age) FROM customerData
```

Um eine Einschränkung nur auf die Datensätze vorzunehmen, bei denen der ID-Wert zwischen 10 und 15 liegt, könnten Sie ein derartiges Statement verwenden:

```
SELECT SUM(age) FROM customerData WHERE id BETWEEN 10 AND 15
```

149 Daten gruppieren

Das Gruppieren von Datensätzen dient dazu, Ergebnisse zusammenzufassen. Folgende Schlüsselwörter dienen der Gruppierung von Datensätzen:

Schlüsselwort	Bedeutung
`DISTINCT`	Zusammenfassung der Spaltenwerte, so dass jeder Wert nur einmal vorkommt
`GROUP BY`	Gruppierung von Datensätzen für die Erstellung von Auswertungen, Statistiken etc.
`GROUP BY ... HAVING`	Gruppierung von Datensätzen mit anschließender Filterung über die gruppierten Datensätze

Tabelle 59: Schlüsselwörter zur Gruppierung von Datensätzen

DISTINCT

Der Aufbau eines `SELECT`-Statements unter Verwendung des `DISTINCT`-Schlüsselwortes sieht so aus:

```
SELECT DISTINCT <Spalten-Name> FROM <Tabelle>[ WHERE <Bedingungen>]
```

Dabei werden die angegebenen Spalten so zusammengefasst, dass jeder vorkommende Datensatz nur einmal angezeigt wird. Es ist durchaus möglich, bei einem `SELECT DISTINCT`-Statement mehrere Spalten anzugeben – jedoch erfolgt in diesem Fall die Gruppierung über alle angegebenen Spalten. Dies würde beispielsweise bei einer Gruppierung nach Name und E-Mail noch Sinn machen, wird jedoch bei einer Gruppierung von E-Mail und Alter recht unsinnig.

Sinn machen derartige Gruppierungen also nur bei einer überschaubaren Anzahl an Spalten, die darüber hinaus sinnvoll miteinander verknüpft werden können.

Sehen wir uns an, wie Sie aus der Tabelle customerData die unterschiedlichen E-Mail-Adressen extrahieren könnten:

```
SELECT DISTINCT email FROM customerData
```

Hier erhalten Sie alle E-Mail-Adressen in der Datenbanktabelle ausgegeben:

Wollten Sie alle E-Mail-Adressen und alle Namen gruppiert ausgeben, würden Sie dieses SQL-Statement verwenden:

```
ELECT DISTINCT email, name FROM customerData
```

Wenn Sie dieses SQL-Statement ausführen, ergibt sich schon ein deutlich anderes Bild:

Email-Adresse
info@aspextra.de
info@ksamaschke.de
jwolf@ksamaschke.de
karsten@samaschke.de
kbaer@ksamaschke.de
pmueller@ksamaschke.de
test@test.de
tstark@ksamaschke.de
wolfgang@samaschke.de

Abbildung 100: Ausgabe der verschiedenen E-Mail-Adressen in der Datenbank

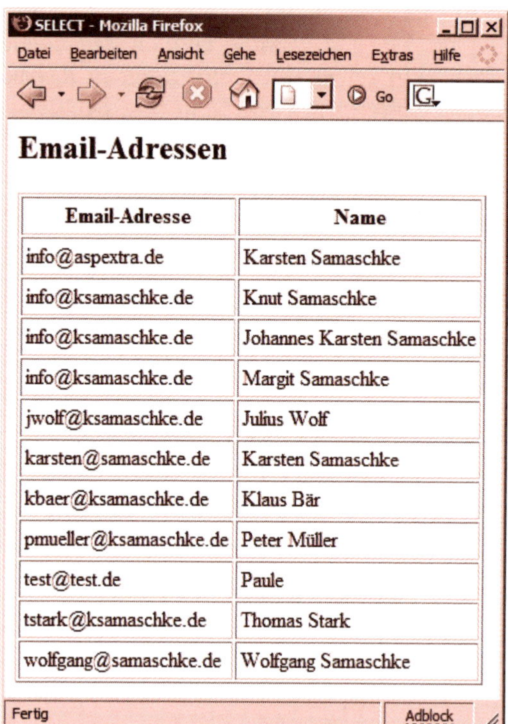

Email-Adresse	Name
info@aspextra.de	Karsten Samaschke
info@ksamaschke.de	Knut Samaschke
info@ksamaschke.de	Johannes Karsten Samaschke
info@ksamaschke.de	Margit Samaschke
jwolf@ksamaschke.de	Julius Wolf
karsten@samaschke.de	Karsten Samaschke
kbaer@ksamaschke.de	Klaus Bär
pmueller@ksamaschke.de	Peter Müller
test@test.de	Paule
tstark@ksamaschke.de	Thomas Stark
wolfgang@samaschke.de	Wolfgang Samaschke

Abbildung 101: Gruppierung nach zwei Spalten

Der Grund für die völlig unterschiedlichen Datenmengen, die hier ausgegeben werden, ist bereits weiter oben genannt worden: Beide Spalten, die im SQL-Statement angegeben worden sind, wurden für die Gruppierung zusammen herangezogen – die Datensätze werden also nur als unterschiedlich angesehen, wenn beide Spalten andere Werte als bei den anderen Datensätzen der Datenbank aufweisen.

GROUP BY

Mit Hilfe der `GROUP BY`-Klausel kann in Zusammenhang mit den weiter oben aufgeführten Aggregatfunktionen eine Gruppierung vorgenommen werden. Im Unterschied zum `DISTINCT`-Schlüsselwort bezieht `GROUP BY` die Aggregatfunktionen nicht mit in seine Gruppierungsliste ein.

Die Syntax bei Verwendung dieser Klausel sieht so aus:

```
SELECT <Spalten> FROM <Tabelle>[ WHERE <Bedingungen>] GROUP BY <Spalten>
```

Beachten Sie, dass die `GROUP BY`-Klausel erfordert, dass Sie hier die gleichen Spalten (mit Ausnahme der Aggregatfunktionen) angeben, wie dies innerhalb des `SELECT`-Abschnittes der Fall war. Folgendes Statement wäre also ungültig:

```
SELECT id, email FROM customerData GROUP BY email
```

Wollten Sie über beide Spalten gruppieren, sollten Sie statt der `GROUP BY`-Klausel das `DISTINCT`-Schlüsselwort einsetzen, da dieses performanter arbeitet und in der Funktionsweise kein Unterschied zwischen den beiden Varianten besteht.

Wollen Sie stattdessen alle E-Mail-Adressen samt deren Häufigkeit ermitteln, könnten Sie das mit Hilfe dieses Statements erledigen:

```
SELECT email, COUNT(1) AS emailCount FROM customerData
   GROUP BY email ORDER BY emailCount DESC
```

Wenn Sie dieses Statement innerhalb eines Servlets ausführen, könnten Sie folgende Ausgabe erhalten:

Auch möglich: Die Ausgabe aller E-Mail-Adressen samt deren Häufigkeit und des durchschnittlichen Alters des Adressbesitzers:

```
SELECT email, COUNT(1) AS elementCount, AVG(age) AS averageAge
   FROM customerData GROUP BY email ORDER BY elementCount DESC, averageAge ASC
```

Über den Sinn dieses Vorhabens lässt sich sicherlich trefflich streiten – möglich ist es jedoch, wie die Ausgabe im Browser zeigt:

GROUP BY ... HAVING

Die Erweiterung der `GROUP BY`-Klausel mit Hilfe des `HAVING`-Schlüsselwortes erlaubt eine Filterung der bereits gruppierten Datensätze. Die Syntax dieses Statements sieht so aus:

```
SELECT <Spalten> FROM <Tabelle>[ WHERE <Bedingungen>]
   GROUP BY <Spalten> HAVING <Bedingungen>
```

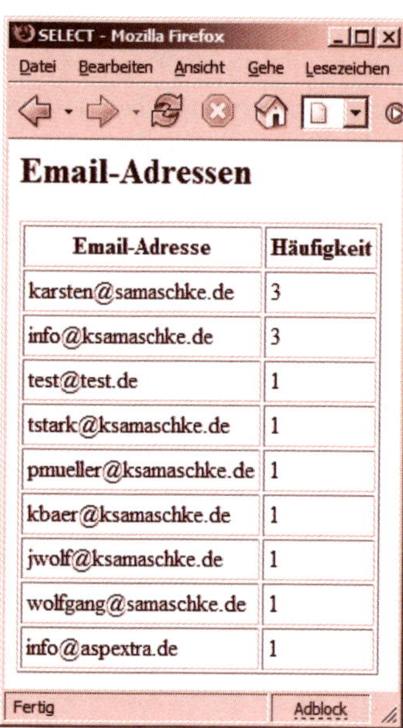

Email-Adressen

Email-Adresse	Häufigkeit
karsten@samaschke.de	3
info@ksamaschke.de	3
test@test.de	1
tstark@ksamaschke.de	1
pmueller@ksamaschke.de	1
kbaer@ksamaschke.de	1
jwolf@ksamaschke.de	1
wolfgang@samaschke.de	1
info@aspextra.de	1

Abbildung 102: Gruppierung von Daten per GROUP BY-Klausel

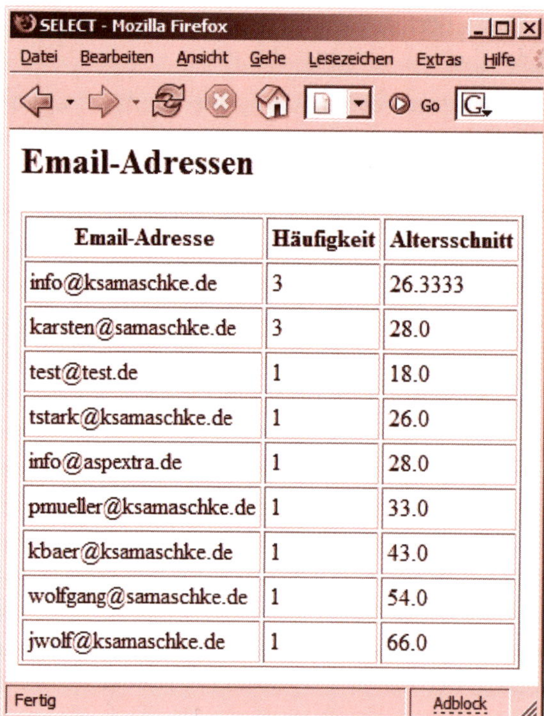

Email-Adressen

Email-Adresse	Häufigkeit	Altersschnitt
info@ksamaschke.de	3	26.3333
karsten@samaschke.de	3	28.0
test@test.de	1	18.0
tstark@ksamaschke.de	1	26.0
info@aspextra.de	1	28.0
pmueller@ksamaschke.de	1	33.0
kbaer@ksamaschke.de	1	43.0
wolfgang@samaschke.de	1	54.0
jwolf@ksamaschke.de	1	66.0

Abbildung 103: Gruppieren per GROUP BY-Klausel und Anwenden von Aggregatfunktionen

Die Verwendung des HAVING-Schlüsselwortes ist nicht an das Vorhandensein einer WHERE-Klausel geknüpft – Sie können also zunächst alle Datensätze selektieren, anschließend gruppieren und danach die Rückgabemenge einschränken.

Wenn Sie nach E-Mails gruppieren und sich dabei nur auf E-Mail-Adressen beschränken wollen, die mehr als einmal vorkommen, können Sie dieses Statement verwenden:

```
SELECT email, COUNT(1) AS elementCount, AVG(age) AS averageAge
   FROM customerData GROUP BY email HAVING elementCount > 1
   ORDER BY elementCount DESC, averageAge ASC
```

Die Ausgabe im Browser beschränkt sich tatsächlich auf die E-Mail-Adressen, zu denen es mehr als nur einen Eintrag gibt:

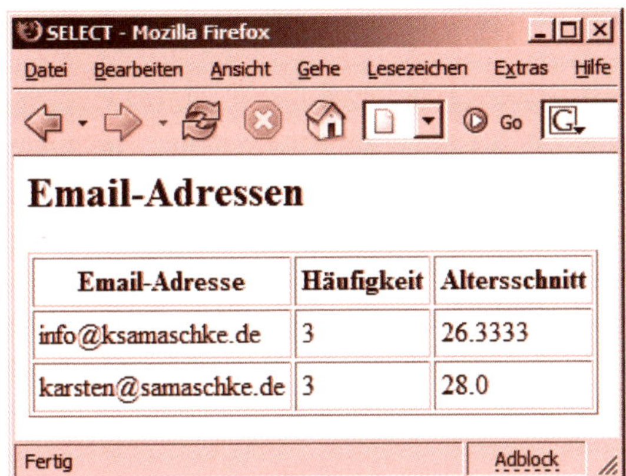

Abbildung 104: Das HAVING-Statement beschränkt die Anzahl der ausgegebenen Datensätze

150 Unterabfragen verwenden

Unterabfragen ermöglichen es, zwei oder mehrere SQL-Statements innerhalb einer Abfrage miteinander zu verknüpfen. Ein typischer Einsatzfall für Unterabfragen ist die Ermittlung von Duplikaten – etwa die Anzeige doppelter E-Mail-Adressen samt der zugehörigen Daten.

Das Ermitteln doppelter E-Mail-Adressen ist bereits weiter oben demonstriert worden: Ein SQL-Statement samt GROUP BY ... HAVING-Klausel erledigt dies zur Zufriedenheit:

```
SELECT email FROM customerData GROUP BY email HAVING COUNT(email) > 1
```

Dieses Statement liefert alle E-Mail-Adressen, die mehr als einmal in der Datenbanktabelle vorkommen. Und leider wird es in der Form auch nichts weiter tun – die entsprechenden Daten müssten nun händisch ermittelt werden – etwa durch dieses SQL-Statement:

```
SELECT id, name, email, age FROM customerData
   WHERE email = 'info@ksamaschke.de'
```

Leider müssten Sie dieses Statement für jede einzelne E-Mail-Adresse ausführen. Auch die Verwendung des IN-Operators bringt nur vorläufig Besserung:

```
SELECT id, name, email, age FROM customerData
   WHERE email IN ('info@ksamaschke.de', 'karsten@samaschke.de')
```

Das Problem bei einem derartigen Ansatz: Die E-Mail-Adressen werden nicht automatisch ermittelt, sondern müssen von Hand eingefügt werden.

Die Lösung dieses Problems sind so genannte Unterabfragen. Dabei werden zwei Abfragen ineinander geschachtelt. Für das beschriebene E-Mail-Duplikate-Problem könnte ein SQL-Statement zur Ermittlung der zugehörigen Datensätze so aussehen:

```
SELECT id, name, email, age FROM customerData WHERE email IN (
   SELECT email FROM customerData GROUP BY email HAVING Count(email) > 1 )
   ORDER BY email, name
```

Das Prinzip von Sub-Selects oder Unterabfragen ist dies: Die innere Abfrage (in diesem Fall die Ermittlung aller E-Mail-Adressen, die mehr als einmal in der Datenbank vorkommen) wird zuerst ausgeführt und gibt eine definierte Ergebnismenge – eine Liste aller doppelt vorkommenden E-Mail-Adressen – zurück, die innerhalb der WHERE-Klausel des äußeren SQL-Statements als Einschränkung verwendet wird.

Innerhalb eines Servlets könnten Sie alle Datensätze, die eine der mehrfach vorkommenden E-Mail-Adressen verwenden, so ausgeben:

```
package codebook.j2ee.jdbc;

import javax.naming.InitialContext;
import javax.naming.NamingException;
import javax.servlet.ServletException;
import javax.servlet.http.HttpServletRequest;
import javax.servlet.http.HttpServletResponse;
import javax.sql.DataSource;
import java.io.PrintWriter;
import java.io.PrintWriter;
import java.io.PrintWriter;
import java.io.PrintWriter;
import java.sql.*;

public class SubSelectServlet extends javax.servlet.http.HttpServlet {

   protected void service(
      HttpServletRequest request, HttpServletResponse response)
      throws ServletException, IOException {

      // Connection erzeugen
      Connection conn = getConnection();
```

Listing 373: Ausführen von einer Unterabfrage und Ausgabe des Ergebnisses

```
// PrintWriter-Instanz für Ausgabe erzeugen
PrintWriter out = response.getWriter();
// HTML-Kram ausgeben
out.print("<html>\n<head>\n<title>SELECT</title>\n</head>\n<body>\n");

// SQL-Statement definieren
String statement =
  "SELECT id, name, email, age FROM customerData "
      + "WHERE email IN ("
         + "SELECT email FROM customerData GROUP BY email"
         + " HAVING Count(email) > 1) "
      + "ORDER BY email, name";

try {
   // PreparedStatement erzeugen
   PreparedStatement stmt =
      conn.prepareStatement(statement);

   // PreparedStatement ausführen und ResultSet erhalten
   ResultSet rs = stmt.executeQuery();

   out.print("<h2>Datensätze mit doppelten E-Mail-Adressen</h2>");

   out.print("<table border=\"1\" "
      + "cellpadding=\"3\">\n<tr>\n<th>ID</th>\n"
      + "<th>Name</th>\n<th>Email</th>\n<th>Age</th>\n</tr>");

   // ResultSet durchlaufen
   while(rs.next()) {
      out.print("<tr>");

      // ID ausgeben
      out.print(String.format("<td>%s</td>", rs.getInt("id")));

      // Name ausgeben
      out.print(String.format("<td>%s</td>",
         rs.getString("name")));

      // E-Mail ausgeben
      out.print(String.format("<td>%s</td>",
         rs.getString("email")));

      // Age ausgeben
      out.print(String.format("<td>%s</td>", rs.getInt("age")));
```

Listing 373: Ausführen von einer Unterabfrage und Ausgabe des Ergebnisses (Forts.)

```
            out.print("</tr>");
         }

         out.print("</table>");
      } catch (SQLException e) {
         // SQL-Exception aufgetreten
         out.print("<h2>Exception occured!!!</h2>");
         e.printStackTrace(out);
      }

      out.print("</body>\n</html>");
   }

   private Connection getConnection() {
      // ...
   }
}
```

Listing 373: Ausführen von einer Unterabfrage und Ausgabe des Ergebnisses (Forts.)

Im Browser ausgeführt, werden Sie folgende Ausgabe erhalten:

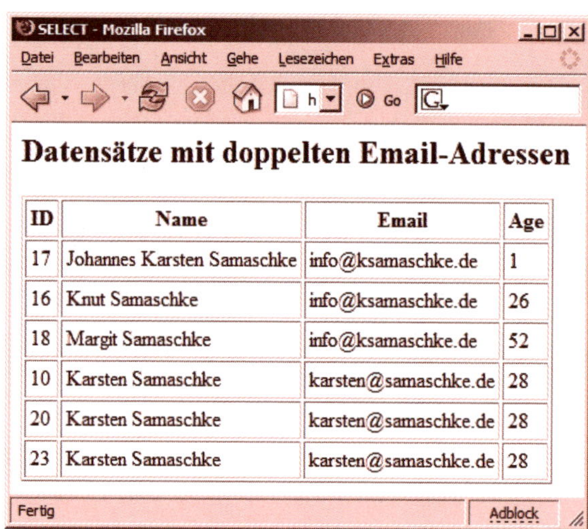

Datensätze mit doppelten Email-Adressen

ID	Name	Email	Age
17	Johannes Karsten Samaschke	info@ksamaschke.de	1
16	Knut Samaschke	info@ksamaschke.de	26
18	Margit Samaschke	info@ksamaschke.de	52
10	Karsten Samaschke	karsten@samaschke.de	28
20	Karsten Samaschke	karsten@samaschke.de	28
23	Karsten Samaschke	karsten@samaschke.de	28

Abbildung 105: Ausgabe von Datensätzen, die per Unterabfrage ermittelt worden sind

151 Was ist SQL-Injection, und wie kann man sich dagegen schützen?

`SQL-Injection` ist eines der größten Sicherheitsrisiken von Webapplikationen. SQL-Injection basiert darauf, dass SQL-Code in Datenbankabfragen eingeschleust wird, der diese Abfragen so manipuliert, dass ein Angreifer Zugriffsrechte auf das betreffende System oder auf Bereiche der betreffenden Applikation erlangt.

Was ist SQL-Injection, und wie funktioniert sie?

`SQL-Injection` kann am besten anhand eines kleinen Beispiels demonstriert werden. Erstellen wir zu diesem Zweck zunächst eine kleine Tabelle in unserer MySQL-Datenbank:

```
CREATE TABLE 'logindata' (
    'id' bigint(20) NOT NULL auto_increment,
    'login' varchar(50) NOT NULL default '',
    'pwd' varchar(50) NOT NULL default '',
    PRIMARY KEY  ('id')
)
```

Füllen Sie die Tabelle mit einigen Beispieldaten – die vom Autor verwendete Datenbanktabelle sah beispielsweise so aus:

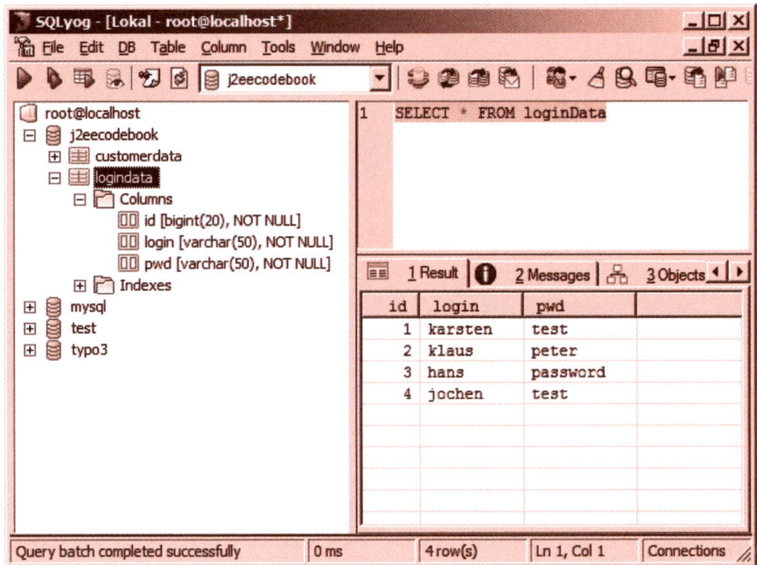

Abbildung 106: Tabelle mit Login-Daten

Nehmen wir eine JSP, die Login-Informationen entgegennimmt:

```
<%@ page contentType="text/html;charset=UTF-8" language="java" %>
<html>
   <head>
      <title>Login</title>
   </head>
```

Listing 374: Eingabe von Anmeldedaten in der JSP login.jsp

```
    <body>
      <form method="POST" action="Login">
        <h3>Login</h3>
        <p>
          Please enter your username and password and
          press the "Submit"-button!
        </p>
        <p>
          Username<br />
          <input type="text" name="username" />
        </p>
        <p>
          Password<br />
          <input type="password" name="password" />
        </p>
        <p>
          <input type="submit" value="Submit!" />
        </p>
      </form>
    </body>
  </html>
```


Listing 374: Eingabe von Anmeldedaten in der JSP login.jsp (Forts.)

Die hier eingegebenen Daten werden an das Servlet `codebook.j2ee.struts.LoginServlet`, das über den URI `/Login` erreichbar ist, gepostet. Hier werden die übergebenen Informationen eingelesen und das SQL-Statement zum Abrufen der kompletten Login-Informationen für den Nutzer generiert. Anschließend wird das Statement ausgeführt, das zurückgegebene `ResultSet` durchlaufen und – falls der Nutzer erfolgreich authentifiziert werden konnte – auf die JSP *secured.jsp* weitergeleitet. Sollte der Nutzer nicht erfolgreich angemeldet werden können, wird er auf die JSP *forbidden.jsp* weitergeleitet.

Das Servlet hat folgenden Aufbau:

```
package codebook.j2ee.jdbc;

import javax.naming.NamingException;
import javax.naming.InitialContext;
import javax.sql.DataSource;
import javax.servlet.http.HttpServletRequest;
import javax.servlet.http.HttpServletResponse;
import javax.servlet.*;
import java.sql.*;
import java.io.IOException;
```

Listing 375: Datenbankbasiertes Login in eine Applikation

```
public class LoginServlet extends javax.servlet.http.HttpServlet {

   protected void doPost(
      HttpServletRequest request, HttpServletResponse response)
      throws ServletException, IOException {

      String target="/forbidden.jsp";

      // Username auslesen
      String username = request.getParameter("username");

      // Angegebenes Login speichern
      request.setAttribute("login", username);

      // Kennwort auslesen
      String password = request.getParameter("password");

      // SQL-Statement definieren
      String statement =
         String.format(
            "SELECT id, login, pwd FROM loginData "
            + "WHERE login LIKE '%s' AND pwd='%s'",
            username, password);

      // Connection-Instanz abrufen
      Connection conn = getConnection();

      try {
         // Statement erzeugen
         Statement stmt = conn.createStatement();

         // ResultSet abrufen
         ResultSet rs = stmt.executeQuery(statement);

         // ResultSet durchlaufen
         while(rs.next()) {
            request.setAttribute("id", rs.getInt("id"));
            request.setAttribute("username",
               rs.getString("login"));

            target = "/secured.jsp";
         }
      }
      catch (SQLException e) {
         e.printStackTrace();
      }
```

Listing 375: Datenbankbasiertes Login in eine Applikation (Forts.)

```
        // Weiterleiten auf ermitteltes Ziel
        ServletContext ctx = getServletContext();
        RequestDispatcher rd = ctx.getRequestDispatcher(target);
        rd.include(request, response);
    }

    private Connection getConnection() {
        DataSource ds = null;
        try {

            // JNDI-Kontext erzeugen
            InitialContext ctx = new InitialContext();

            // DataSource-Instanz abrufen
            ds = (DataSource)ctx.lookup(
                "java:comp/env/jdbc/j2eeCodebookDS");
        } catch (NamingException e) {

            // Exception abfangen
            e.printStackTrace();
        }

        Connection conn = null;
        try {

           // Connection abrufen
           conn = ds.getConnection();
        } catch (SQLException e) {

            // Exception abrufen
            e.printStackTrace();
        }

        // Connection zurückgeben
        return conn;
    }
}
```

Listing 375: Datenbankbasiertes Login in eine Applikation (Forts.)

Die JSP *secured.jsp* gibt den Anmeldenamen des Nutzers aus und heißt ihn im gesicherten Bereich willkommen:

```
<%@ page contentType="text/html;charset=UTF-8" language="java" %>
<%
```

Listing 376: Mit Hilfe der JSP secured.jsp wird der Nutzername ausgegeben

JDBC

```
    String username =
        (String)request.getAttribute("username");

    String login = (String)request.getAttribute("login");
%>
<html>
    <head>
        <title>Access allowed</title>
    </head>
    <body>
        <h3>Welcome <%= username %></h3>
        <p>
            You logged in using your Username <%= login %> and your password.
            It's nice to have you here! :-)
        </p>
    </body>
</html>
```

Listing 376: Mit Hilfe der JSP secured.jsp wird der Nutzername ausgegeben (Forts.)

Die dritte JSP *forbidden.jsp* bittet den Nutzer, sich erneut am System anzumelden, da seine Benutzernamen-Kennwort-Kombination nicht korrekt sei:

```
<%@ page contentType="text/html;charset=UTF-8" language="java" %>
<html>
    <head>
        <title>Forbidden area</title>
    </head>
    <body>
        <h3>Sorry, you're not allowed to be here!</h3>
        <p>
            Please <a href="login.jsp">try again</a> with
            the correct username/password-combination!
        </p>
    </body>
</html>
```

Listing 377: Fehlerseite, falls falsche Zugangsdaten eingegeben worden sind

Diese Testapplikation entspricht prinzipiell also einer Vielzahl an Real-Life-Applikationen.

Wenn der Administrator sich am System anmelden möchte, wird er dies beispielsweise mit Hilfe des Benutzernamens `karsten` und des Kennworts `test` tun wollen:

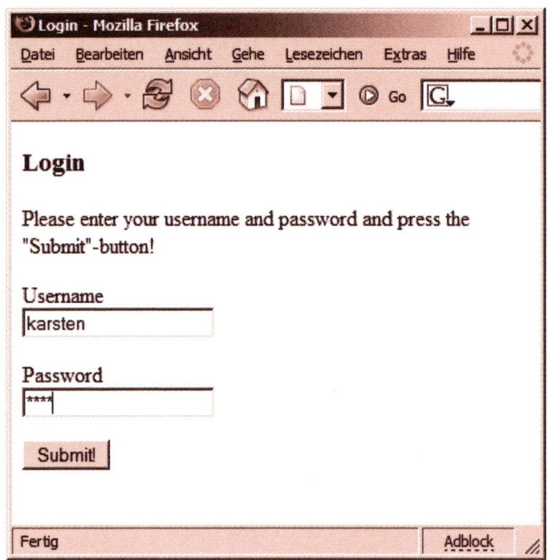

Abbildung 107: Eingabe von Benutzernamen und Kennwort

Sollten die eingegebenen Daten korrekt sein, wird die JSP *secured.jsp* eingebunden, und der Anmeldename wird ausgegeben:

Abbildung 108: Der Nutzer hat sich erfolgreich angemeldet

Sind diese Daten nicht korrekt, erhält der Nutzer die Fehlerseite angezeigt:

Abbildung 109: Die Anmeldung war nicht korrekt

JDBC

Spielen wir nun ein wenig Hacker: Falls Sie die Applikation überlisten und ohne bekannte Benutzernamen-Kennwort-Kombination eindringen wollten, würden Sie sicherlich eine Vielzahl an Wortkombinationen versuchen – das klassische Brute-Force-Prinzip. Leider ist dieses Prinzip auch mit Hilfe eines Wörterbuchs wenig effektiv, und so könnten Sie unter Umständen Stunden oder Tage damit zubringen, in eine so gesicherte Applikation einzudringen. Der obige Screenshot dürfte Ihnen dann häufiger begegnen, als Ihnen lieb ist.

Ein bösartiger Zeitgenosse könnte aber einfach folgenden Benutzernamen (mit einem Leerzeichen nach den beiden Bindestrichen) versuchen:

```
' OR 1=1 --
```

Sehr kryptisch, dieser Benutzername. Aber auch sehr effektiv:

Abbildung 110: Anmeldung per SQL-Injection

Was ist hier geschehen?

Um das Ergebnis zu verstehen, sollten Sie noch einmal einen Blick auf das Servlet werfen. Hier sollten Sie speziell zwei Stellen interessieren: Wie ist das SQL-Statement aufgebaut, und wie wird es an die Datenbank übergeben?

Das SQL-Statement wird so erzeugt:

```
String statement =
   String.format(
      "SELECT id, login, pwd FROM loginData "
      + "WHERE login LIKE '%s' AND pwd = '%s'",
      username, password);
```

Werden beispielsweise der Benutzername `karsten` und das Kennwort `test` eingegeben, sieht das komplette SQL-Statement so aus:

```
SELECT id, login, pwd FROM loginData
   WHERE login LIKE 'karsten' AND pwd = 'test'
```

Dies ist ein normales SQL-Statement mit zwei Einschränkungen: Der Benutzername muss *karsten* lauten, und das Password muss *test* lauten, damit ein Datensatz zurückgegeben wird.

Angenommen, jemand würde als Benutzername `' OR 1=1 --` eingeben. Dann würde das generierte SQL-Statement so aussehen:

```
SELECT id, login, pwd FROM loginData
   WHERE login LIKE '' OR 1=1 -- ' AND pwd = 'test'
```

Wenn Sie sich ein wenig mit der SQL-Syntax auskennen, wissen Sie, dass zwei aufeinander folgende Bindestriche einen Kommentar kennzeichnen – das Datenbanksystem wird alles danach Folgende ignorieren. Das SQL-Statement sieht also für das Datenbanksystem so aus:

```
SELECT id, login, pwd FROM loginData WHERE login LIKE '' OR 1=1
```

Und hier wird plötzlich eine ganz gemeine Bedingung formuliert: Der Datenbank-Server wird angewiesen, alle Datensätze zu selektieren, für die eine der beiden Bedingungen zutrifft:

- Entweder soll die Spalte login leer sein,
- oder der Wert von 1 soll gleich dem Wert von 1 sein.

Die erste Bedingung wird meist nicht erfüllt – aber die zweite Bedingung trifft in jedem Fall zu: Egal was zuvor bestimmt oder definiert worden ist – 1 wird immer gleich 1 sein!

JDBC

Das Ergebnis: Der Datenbank-Server wird sämtliche Datensätze aus der Tabelle zurückgeben! Da das `ResultSet` mit Hilfe einer `Statement`-Instanz erzeugt wird, kann an dieser Stelle auch nicht mehr regulierend eingegriffen werden:

```
// Statement erzeugen
Statement stmt = conn.createStatement();

// ResultSet abrufen
ResultSet rs = stmt.executeQuery(statement);
```

Das Problem bei Verwendung des `Statement`-Interfaces: Das übergebene SQL-Statement wird nicht weiter geprüft, sondern direkt an das Datenbanksystem übergeben.

Für einen Einbrecher ist das ein wundervoller Zustand: Der Login-Name `' OR 1=1 --` öffnet eine Menge Türen zu Bereichen, zu denen man sonst niemals Zutritt bekäme.

Schutz gegen SQL-Injection

Ein zuverlässiger Schutz gegen SQL-Injection ist sehr schnell und problemlos umsetzbar: Ersetzen Sie alle Statement-Instanzen gegen `PreparedStatement`-Instanzen, und verzichten Sie auf direkt in die SQL-Statements eingefügte Werte. Setzen Sie stattdessen Parameter ein.

Ersetzen Sie das Servlet `LoginServlet` durch sein gegen SQL-Injection gefeites Pendant `SecureLoginServlet`:

```
package codebook.j2ee.jdbc;

import javax.naming.NamingException;
import javax.naming.InitialContext;
import javax.sql.DataSource;
import javax.servlet.http.HttpServletRequest;
import javax.servlet.http.HttpServletResponse;
import javax.servlet.*;
import java.sql.*;
import java.io.IOException;

public class SecureLoginServlet extends javax.servlet.http.HttpServlet {

   protected void doPost(
      HttpServletRequest request, HttpServletResponse response)
      throws ServletException, IOException {

      String target="/forbidden.jsp";

      // Username auslesen
      String username = request.getParameter("username");

      // Angegebenes Login speichern
      request.setAttribute("login", username);

      // Kennwort auslesen
      String password = request.getParameter("password");

      // SQL-Statement definieren
      String statement =
         "SELECT id, login, pwd FROM loginData "
         + "WHERE login LIKE ? AND pwd = ?";

      // Connection-Instanz abrufen
      Connection conn = getConnection();

      try {
         // PreparedStatement erzeugen
         PreparedStatement stmt =
            conn.prepareStatement(statement);

         // Parameter setzen: Login-Name
         stmt.setString(1, username);

         // Parameter setzen: Password
         stmt.setString(2, password);
```

Listing 378: Das Servlet SecureLoginServlet ist gegen SQL-Injection gefeit

```
            // ResultSet abrufen
            ResultSet rs = stmt.executeQuery();

            // ResultSet durchlaufen
            while(rs.next()) {
               request.setAttribute("id", rs.getInt("id"));
               request.setAttribute("username", rs.getString("login"));

               target = "/secured.jsp";
            }
         } catch (SQLException e) {
            e.printStackTrace();
         }

         // Weiterleiten auf ermitteltes Ziel
         ServletContext ctx = getServletContext();
         RequestDispatcher rd = ctx.getRequestDispatcher(target);
         rd.include(request, response);
      }

      private Connection getConnection() {
         // ...
      }
   }
```


Listing 378: Das Servlet SecureLoginServlet ist gegen SQL-Injection gefeit (Forts.)

Das SQL-Statement sieht in diesem Servlet ein wenig anders aus, als dies beim ersten Login-Servlet der Fall war: An den Stellen, an denen zuvor die Werte direkt eingefügt worden sind, befinden sich nunmehr zwei Fragezeichen, die als Platzhalter dienen:

```
String statement =
   "SELECT id, login, pwd FROM loginData "
   + "WHERE login LIKE ? AND pwd = ?";
```

Ebenfalls konnte hier auf die Angabe der Hochkommata verzichtet werden.

Statt einer Statement-Instanz kommt nun eine `PreparedStatement`-Instanz zum Einsatz. Diese wird mit Hilfe der Methode `prepareStatement()` unter Angabe des SQL-Statements erzeugt:

```
PreparedStatement stmt =
   conn.prepareStatement(statement);
```

Das Zuweisen der Werte erfolgt nach dem Erzeugen der `PreparedStatement`-Instanz mit Hilfe von dessen typsicheren Settern. Diese nehmen als ersten Parameter stets die Position entgegen, an der sie eingefügt werden sollen (der erste einzufügende Parameter hat hier tatsächlich auch die Positionsnummer 1). Der zweite Parameter nimmt den Wert entgegen:

```
// Parameter setzen: Login-Name
stmt.setString(1, username);

// Parameter setzen: Password
stmt.setString(2, password);
```

Der Rest der Verarbeitung funktioniert wie gewohnt; mit dem einen Unterschied, dass mit dem Benutzernamen `' OR 1=1 --` keine Anmeldung mehr möglich ist:

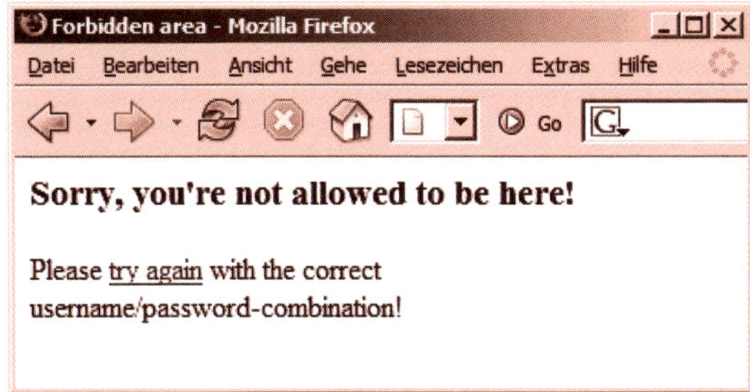

Abbildung 111: Nun kann man sich den Zugriff per SQL-Injection nicht mehr erschleichen

Tipp

Sie sollten nicht nur aus Sicherheitsgründen dem Interface `java.sql.PreparedStatement` den Vorzug gegenüber dem in vielen Büchern empfohlenen Interface `java.sql.Statement` geben: In Abhängigkeit von der verwendeten Datenbank können PreparedStatements die Ausführung von SQL-Statements deutlich beschleunigen, da der Datenbank-Server derartige Statements intern kompilieren und unter Umständen auch cachen kann.

Der Grund für die Verhinderung von SQL-Injection ist darin zu suchen, dass bereits der Datenbanktreiber derartige Parameterwerte, die potenziell schädlich sein könnten, so escaped, dass sie unschädlich werden. Aus `' OR 1=1 --` wird so intern die Zeichenkette `'' OR 1=1 --` , und die ist nicht mehr schädlich, denn das schließende Hochkomma am Anfang der vom Nutzer eingegebenen Zeichenkette ist verdoppelt und damit escaped worden. Damit wird auch das Kommentar-Token `--` ignoriert und als Bestandteil einer ganz gewöhnlichen Zeichenkette angesehen.

Solange niemand in Ihrer Applikation den Benutzernamen `' OR 1=1 --` hat, wird eine Anmeldung nicht möglich sein. Und selbst wenn dieser Benutzername vergeben wäre, müsste ein Einbrecher dann auch noch das Kennwort kennen.

152 Stored Procedures nutzen

Viele Datenbanksysteme erlauben das Anlegen und Verwenden von `Stored Procedures` – nur nicht MySQL, das wir für die Beispiele in diesem Kapitel verwendet haben.

Dennoch gelten die folgenden Aussagen für alle anderen Datenbanksysteme, die Stored Procedures unterstützen.

Stored Procedures bieten folgende Vorteile gegenüber zur Laufzeit gesendeten SQL-Statements:

- Die auszuführenden Statements können auf dem Datenbank-Server vorkompiliert und deshalb deutlich schneller ausgeführt werden, als dies bei interpretierten Statements der Fall wäre.
- StoredProcedures kapseln ihre innere Implementierung. Diese kann also geändert werden, ohne dass dies Einfluss auf den Aufruf oder die Verarbeitung seitens des Clients hätte.

StoredProcedures werden über Implementierungen der Klasse `CallableStatement` repräsentiert. Derartige Implementierungen erhalten Sie über die Methode `prepareCall()` der jeweils verwendeten `Connection`-Instanz.

Beim Aufruf von StoredProcedures unterscheidet JDBC zwei Arten des Aufrufs:

- Aufrufe, die ein ResultSet zurückgeben
- Aufrufe, die Werte mit Hilfe von so genannten OUT-Parametern zurückgeben

Die Aufrufe unterscheiden sich – abgesehen von der Syntax – nicht wesentlich von den gewohnten SQL-Statements, die per `Statement`- oder `PreparedStatement`-Instanz ausgeführt werden. Die Syntax der an das Interface `CallableStatement` übergebenen Aufrufe differiert jedoch je nach verwendeter Datenbank. Wenn ein Parameter als Rückgabewert deklariert werden soll, geschieht dies mit Hilfe der Methode `registerOutParameter()`. Nach dem Setzen der anderen Parameter kann der `Out`-Parameter per typsicherem Getter abgerufen werden.

Im Code könnte der Aufruf einer Stored Procedure auf einem Microsoft SQL Server so aussehen:

```
import java.sql.*;

// Connection erzeugen
Connection conn = getConnection();

// SQL-Statement definieren
String statement = "exec dbo.SELECTBYEMAIL ?";
try {

   // PreparedStatement erzeugen
   CallableStatement stmt = conn.prepareCall(statement);

   // Parameter setzen
   stmt.setString(1, "info@ksamaschke.de");
```

Listing 379: Verwenden einer Stored Procedure

```
      // PreparedStatement ausführen und ResultSet erhalten
      ResultSet rs = stmt.executeQuery();

      // ResultSet durchlaufen
      while(rs.next()) {

         // Daten ausgeben
         // ...

      }
   } catch (SQLException e) {
      // SQL-Exception aufgetreten
      e.printStackTrace();
   }
```

Listing 379: Verwenden einer Stored Procedure (Forts.)

153 Objekte in der Datenbank speichern und abrufen

Das Speichern und Abrufen von Objekten ist mit Java – im Gegensatz zu vielen anderen Programmiersprachen – sehr einfach unter Verwendung eines `OutputStreams` möglich. Dieser Vorgang nennt sich `Serialisierung`. Dabei wird nicht nur das Objekt selbst gespeichert, sondern auch untergeordnete Objekte werden serialisiert. Dabei bleiben deren Daten und Zustände erhalten.

Speichern

Um Objekte serialisieren zu können, wird auf Datenbankseite eine Spalte vom Typ `BLOB` vorausgesetzt. In diese Spalte werden dann die per `ObjectOutputStream` serialisierten Objektinstanzen gespeichert. Die verwendete `ObjectOutputStream`-Instanz speichert ihre Daten in eine `ByteArrayOutputStream`-Instanz, die dann ihrerseits als Byte-Array per `setBytes()` in der Datenbank gespeichert wird:

```
import java.io.*;
import java.sql.*;
import java.util.ArrayList;

// Connection erzeugen
Connection conn = getConnection();

// SQL-Statement definieren
String statement =
   "INSERT INTO objectData (data) VALUES (?)";
try {

   // PreparedStatement erzeugen
   PreparedStatement stmt =
```

```
        conn.prepareStatement(statement);

    // Dummy-Datensatz erzeugen
    ArrayList<String> data = new ArrayList<String>();
    data.add("Enter your data here");
    data.add("Next row");
    data.add("Some more data...");

    // Datensatz serialisieren
    ByteArrayOutputStream dataStream =
        new ByteArrayOutputStream();
    ObjectOutputStream serializer =
        new ObjectOutputStream(dataStream);
    serializer.writeObject(data);
    serializer.close();

    // Serialisierte Daten speichern
    stmt.setBytes(1, dataStream.toByteArray());

    // PreparedStatement ausführen
    stmt.execute();

} catch (SQLException e) {
    // SQL-Exception aufgetreten
    e.printStackTrace();
}
```


Einlesen von serialisierten Objekten

Das Einlesen von serialisierten Objekten erfolgt auf umgekehrtem Weg: Zunächst wird ein SQL-Statement ausgeführt. Aus dem zurückgegebenen `ResultSet` werden die noch serialisierten Daten per `getBinaryStream()` ausgelesen und mit Hilfe einer `ObjectInputStream`-Instanz deserialisiert:

```
import java.io.*;
import java.sql.*;
import java.util.ArrayList;

// Connection erzeugen
Connection conn = getConnection();

// SQL-Statement definieren
String statement = "SELECT data FROM objectData";
try {

    // PreparedStatement erzeugen
```

Listing 380: Deserialisieren von Objekten per ObjectInputStream

```
    PreparedStatement stmt =
       conn.prepareStatement(statement);

    // ResultSet abrufen
    ResultSet rs = stmt.executeQuery();

    // ResultSet durchlaufen und Daten ausgeben
    while(rs.next()) {

       // Daten per getBinaryStream abrufen
       InputStream is = rs.getBinaryStream(1);

       // Die ObjectInputStream deserialisiert die Daten
       ObjectInputStream deserializer =
          new ObjectInputStream(is);

       // Deserialisierte Objektinstanz abrufen
       ArrayList<String> data =
          (ArrayList<String>)deserializer.readObject();

       // Objektinstanz durchlaufen
       for(String item : data) {
          // Daten ausgeben oder verarbeiten
          // ...
       }
    }
 } catch (SQLException e) {
    // SQL-Exception aufgetreten
    e.printStackTrace();
 } catch (ClassNotFoundException e) {
    e.printStackTrace();
 }
```

Listing 380: Deserialisieren von Objekten per ObjectInputStream (Forts.)

154 Transaktionen nutzen

Transaktionen sind Gruppen von Statements und Anweisungen, die nur zusammen gültig sind – ganz oder gar nicht heißt hier die Devise: Entweder werden alle Statements und Anweisungen erfolgreich ausgeführt oder keine. Zu diesem Zweck wird in der Regel eine Transaktion eingeleitet, anschließend werden die Statements abgesetzt und ganz am Ende erfolgt ein so genannten *Commit*, mit dem die Statements und Anweisungen tatsächlich ausgeführt werden. Sollte nur ein Statement fehlschlagen, findet kein *Commit*, sondern ein so genanntes *Rollback* statt, durch das die an der Transaktion teilnehmenden Elemente wieder in den Ausgangszustand versetzt werden.

Per Default werden Statements im JDBC-Umfeld nicht als Transaktionen betrachtet, sondern automatisch ausgeführt (*Auto-Commit*). Um dies zu verhindern und eine

Transaktion zu starten, reicht es aus, der Methode `setAutoCommit()` der verwendeten `Connection`-Instanz den Wert `false` zuzuweisen. Ab diesem Zeitpunkt finden alle Statements, die diese `Connection`-Instanz verwenden, im Rahmen einer Transaktion statt. Per `commit()` werden die Änderungen durchgeführt. Mit Hilfe der Methode `rollback()` werden die Änderungen zurückgerollt und verworfen. Um Zwischenpunkte zu definieren, verwenden Sie die Methode `setSavePoint()`, die eine `SavePoint`-Instanz zurückgibt. Diese Instanz kann als Parameter an die Methode `rollback()` übergeben werden, um Änderungen bis zu diesen Speicherpunkten zurückzurollen.

Im Code umgesetzt, könnte die Verwendung von Transaktionen so aussehen:

```
import java.sql.*;

// Connection erzeugen
Connection conn = getConnection();

try {
   // Transaktion starten
   conn.setAutoCommit(false);

   // SQL-Statement zum Einfügen eines Datensatzes
   String insert =
      "INSERT INTO customerData (name, email, age) "
      + "VALUES ('Peter Pan', 'pp@samaschke.de', 13)";

   // SQL-Statement zum Einfügen eines Datensatzes
   String insert2 =
      "INSERT INTO customerData (name, email, age) "
      + "VALUES ('Jonas Meier', 'jm@ksamaschke.de', 87)";

   // SQL-Statement zum Einfügen eines Datensatzes
   String insert3 =
      "INSERT INTO customerData (name, email, age) "
      + "VALUES ('Rüdiger Mustermann', 'rm@ksamaschke.de', 21)";

   PreparedStatement stmt = null;

   // PreparedStatement erzeugen
   stmt = conn.prepareStatement(insert);

   // Statement ausführen
   stmt.executeUpdate();

   // PreparedStatement erzeugen
   stmt = conn.prepareStatement(insert2);
```

Listing 381: Verwendung von Transaktionen

```
        // Statement ausführen
        stmt.executeUpdate();

        // PreparedStatement erzeugen
        stmt = conn.prepareStatement(insert3);

        // Statement ausführen
        stmt.executeUpdate();

        // Transaktion durchführen
        conn.commit();

    } catch (SQLException e) {
        // SQLException abfangen
        e.printStackTrace();
    }
```

Listing 381: Verwendung von Transaktionen (Forts.)

Netzwerk, Streams und Co.

Der Zugriff auf das Netzwerk und die Arbeit mit Streams erlauben es Applikationen, mit anderen Applikationen zu kommunizieren, Informationen zu versenden und abzulegen. Die wenigsten Applikationen kommen heutzutage ohne Datei-Handling oder Datenbankabfragen aus. Und noch seltener werden Sie auf Applikationen treffen, die auf den Einsatz von Streams gänzlich verzichten können. Ebenso wichtig wie das Ablegen und Laden von Daten ist der Zugriff auf das Netzwerk. Dabei können sowohl die Inhalte von Ressourcen abgerufen als auch Informationen an den User gesendet werden.

155 Wie können Dateiinformationen ausgelesen werden?

Für den Umgang mit Dateien stellt Java die Klasse `java.io.File` zur Verfügung. Mit deren Hilfe kann plattformunabhängig auf das tatsächliche Dateisystem zugegriffen werden, ohne dass den Entwickler dessen tatsächliche Beschaffenheit interessieren müsste.

Die Klasse `File` stellt viele Methoden zur Verfügung, mit deren Hilfe Dateiinformationen eingelesen und manipuliert werden können. Sie erlaubt jedoch keinen direkten Zugriff auf die Dateiinhalte – dafür sind die verschiedenen Stream-Implementierungen gedacht.

Im Folgenden soll gezeigt werden, wie mit Hilfe einer `File`-Instanz verschiedene Informationen über die referenzierte Datei erfasst werden können:

Netzwerk

```
package codebook.j2ee.io;

import javax.servlet.http.*;
import javax.servlet.ServletException;
import java.io.*;

public class FileInfo extends HttpServlet {

   protected void service(
      HttpServletRequest request, HttpServletResponse response)
      throws ServletException, IOException {

      PrintWriter out = response.getWriter();
      out.print("<html><head><title>File-Info</title><head><body>");
      out.print("<h3>File-Info</h3>");
      out.print("<ul>");
```

Listing 382: Auslesen von Dateiinformationen

```
        // File-Instanz erzeugen und auf Datei zeigen lassen
        File file = new File("c:/temp/test.txt");

        // Datei existiert?
        out.print(String.format("<li>File existst: %s</li>",
           file.exists()));

        if(file.exists()) {
           // Dateigrösse
           out.print(String.format("<li>File length: %s</li>",
              file.length()));

           // Lesezugriff erlaubt?
           out.print(String.format("<li>Can read: %s</li>",
              file.canRead()));

           // Schreibzugriff
           out.print(String.format("<li>Can write: %s</li>",
              file.canWrite()));

           // Absoluter Pfad
           out.print(String.format("<li>Absolute path: %s</li>",
              file.getAbsolutePath()));

           // Versteckte Datei?
           out.print(String.format("<li>Is hidden: %s</li>",
              file.isHidden()));

           // Letzte Änderung
           out.print(String.format("<li>Last modified: %s</li>",
              file.lastModified()));
        }

        out.print("</ul></html></body>");
    }
}
```

Listing 382: Auslesen von Dateiinformationen (Forts.)

Die hier verwendeten Eigenschaften der `File`-Instanz geben Auskunft über folgende Informationen:

Eigenschaft	Bedeutung
`exists()`	Gibt an, ob die angegebene Datei tatsächlich existiert.
`length()`	Datei-Größe in Bytes.

Tabelle 60: Dateieigenschaften einer File-Instanz

Eigenschaft	Bedeutung
`canRead()`	Gibt an, ob aus der Datei gelesen werden kann.
`canWrite()`	Gibt an, ob in die Datei geschrieben werden kann.
`getAbsolutePath()`	Gibt den absoluten Pfad der referenzierten Datei zurück.
`isHidden()`	Gibt an, ob die referenzierte Datei versteckt ist.
`lastModified()`	Gibt den Zeitpunkt der letzten Änderung an der Datei als Unix-Zeitstempel (Sekunden seit dem 01.01.1970) zurück.

Tabelle 60: Dateieigenschaften einer File-Instanz (Forts.)

Im Browser ausgeführt, kann dies für die Datei *c:\temp\test.txt* so aussehen:

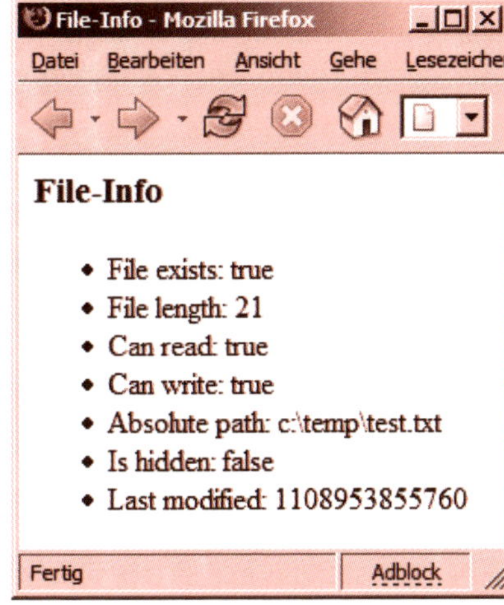

Abbildung 112: Anzeige der Informationen einer Datei

Netzwerk

Hinweis

Es ist sinnvoll, bei Pfadangaben auf Windows-Systemen stets vorwärts gerichtete Schrägstriche (/) statt der sonst üblichen Back-Slashes einzusetzen, denn einerseits erleichtert dies die Lesbarkeit durch Nicht-Windows-Programmierer, und andererseits (und das ist viel wichtiger) muss die Zeichenkette nicht escaped werden, denn Back-Slashes (\) dienen bei Java der Kennzeichnung von nicht druckbaren Sonderzeichen und speziellen Zeichen. Bei einer Pfadangabe müssten sie verdoppelt werden – aus *c:\temp\test.txt* würde *c:\\temp\\test.txt* werden müssen, anderenfalls gäbe es eine Exception. Schreiben Sie stattdessen also lieber *c:/temp/test.txt*.

156 Den absoluten Pfad einer Datei innerhalb der aktuellen Applikation ermitteln

Innerhalb einer Webapplikation möchte man in den seltensten Fällen absolute und fest verdrahtete Pfade verwenden, da dies die Wiederverwendbarkeit und Nutzbarkeit der Applikation stark einschränken kann.

In der Regel werden Ressourcen (von der Applikation referenzierte Dateien) innerhalb von deren Verzeichnis abgelegt – entweder unterhalb der Wurzel der Applikation oder innerhalb des */WEB-INF*-Verzeichnisses. Leider ist es nötig, für den Zugriff auf eine Datei deren absoluten Pfad zu kennen, da die Datei sonst innerhalb des Servlet-Containers und nicht innerhalb der aktuellen Applikation gesucht werden würde.

Um dieses Problem zu lösen, gibt es die Methode `getRealPath()` der aktuellen `ServletContext`-Instanz. Dieser `ServletContext` kann aus Servlets und JSPs mit Hilfe der Methode `getServletContext()` referenziert werden. Die Methode `getRealPath()` nimmt als Parameter den relativen Pfad zu einer Datei oder einem Verzeichnis entgegen und gibt deren absolutes Pendant zurück.

Der absolute Dateiname der Datei *test.txt*, die sich im Verzeichnis */resources* innerhalb der Applikation befindet, kann so ermittelt werden:

```
ServletContext ctx = getServletContext();
String path = ctx.getRealPath("/resources/test.txt");
```

Je nach Konfiguration Ihres Systems kann die Rückgabe von `getRealPath()` dann so aussehen:

```
D:\jboss-4.0.0\server\default\tmp\deploy\tmp4111001_File-
exp.war\resources\test.txt
```

Das ist ein Dateiname, den niemand fest verdrahten möchte; zumal er sich beim nächsten Deployment-Prozess oder beim nächsten Server-Neustart durchaus wieder ändern kann.

Netzwerk

157 Dateien anlegen, löschen und umbenennen

Es gibt zwei Möglichkeiten, Dateien anzulegen: entweder explizit mit Hilfe der Methode `createNewFile()` oder implizit durch Erzeugen einer neuen `FileOutputStream`-Instanz. Mit Hilfe der Methode `delete()` kann die so erzeugte Datei wieder gelöscht werden. Und die Methode `renameTo()` erlaubt das Umbenennen einer vorhandenen Datei.

Um eine neue Datei anzulegen, erzeugen Sie eine neue `File`-Instanz und übergeben dieser im Konstruktor den absoluten Namen der anzugebenden Datei. Anschließend rufen Sie die seit Java 1.2 vorhandene Methode `createNewFile()` auf, die einen booleschen Wert zurückgibt, der `true` ist, wenn die Datei noch nicht existierte und angelegt werden konnte:

```
String fileName = "c:/temp/test.txt";
```

```
// Neue File-Instanz erzeugen
File file = new File(fileName);

// Leere Datei anlegen
if(file.createNewFile()) {
   // Datei angelegt, weitere Verarbeitung vornehmen
   // ...
} else {
   // Datei existiert schon und ist auch nicht gelöscht worden!
   throw new Exception(
      String.format("Unable to create new file %s", fileName));
}
```

Alternativ können Sie die Datei implizit mit Hilfe einer `FileOutputStream`-Instanz erzeugen. Dies funktioniert mit jeder Java-Version:

```
String fileName = "c:/temp/test.txt";

// File-Instanz erzeugen
File file = new File(file);

// FileOutputStream erzeugen
FileOutputStream fos = new FileOutputStream(file);

// In Datei schreiben
// ...

// FileOutputStream-Instanz schliessen, WICHTIG!!!
fos.close();
```

Achtung

Schließen Sie die `FileOutputStream`-Instanz am Ende immer explizit! Sollten Sie dies nicht machen, können Sie zwar problemlos in die Datei schreiben, jedoch wird diese am Ende nicht physisch erzeugt. Ein abschließendes `close()` sorgt dafür, dass die Inhalte des Streams gespeichert werden.

Um eine Datei zu löschen, erzeugen Sie eine neue `File`-Instanz und rufen anschließend deren Methode `delete()` auf. Diese gibt einen booleschen Wert zurück, der `true` ist, wenn die Datei gelöscht werden konnte:

```
String fileName = "c:/temp/test.txt";

// File-Instanz erzeugen
File file = new File(file);
// Datei löschen
if(file.delete()) {
   // Datei ist gelöscht
   // ...
} else {
   // Datei ist nicht gelöscht worden
```

```
   throw new Exception(String.format("Unable to delete File %s", fileName));
}
```

Das Umbenennen einer Datei geschieht mit Hilfe der Methode `renameTo()` einer `File`-Instanz. Diese nimmt als Parameter eine `File`-Instanz entgegen, die mit dem neuen Namen erzeugt worden ist. Wenn das Umbenennen funktioniert hat, wird `renameTo()` den booleschen Wert `true` zurückgegeben, anderenfalls ist die Rückgabe `false`:

```
String fileName = "c:/temp/test.txt";
String newFileName = "c:/temp/example.txt";

// File-Instanz erzeugen
File file = new File(file);

// Neue File-Instanz für das Umbenennen
File newFile = new File(newFileName);

// Umbenennen
if(file.renameTo(newFile)) {
   // Datei ist umbenannt worden
   // ...
} else {
   // Datei konnte nicht umbenannt werden
   throw new Exception(String.format("Unable to rename file %s to %s",
      fileName, newFileName));
}
```


158 Verzeichnisse anlegen

Das Anlegen von Verzeichnissen – die ebenso wie Dateien durch eine `File`-Instanz repräsentiert werden – geschieht mit Hilfe der Methoden `mkdir()` und `mkdirs()`. Der Unterschied zwischen beiden Varianten besteht darin, dass `mkdir()` voraussetzt, das alle übergeordneten Verzeichnisse bereits existieren, während `mkdirs()` diese bei Bedarf mit anlegt.

Um ein neues Verzeichnis anzulegen, verwenden Sie die Methode `mkdir()`:

```
String dirName = "c:/temp/test";

// File-Instanz, die das Verzeichnis repräsentiert, erzeugen
File directory = new File(dirName);

// Verzeichnis anlegen
if(directory.mkdir()) {
   // Verzeichnis konnte erstellt werden
   // ...
} else {
   // Verzeichnis konnte nicht erstellt werden, etwa weil ein übergeordnetes
   // Verzeichnis nicht existierte
```

```
    throw new Exception(String.format(
        "Unable to create directory %s!", dirName));
}
```

Wenn Sie nicht sicher sind, ob die übergeordneten Verzeichnisse tatsächlich existieren, oder Sie eine tiefe Verzeichnisstruktur auf einen Rutsch erzeugen wollen, verwenden Sie die Methode `mkdirs()`:

```
String dirName = "c:/temp/test/of/the/mkdirs/method/in/java";

// File-Instanz, die das Verzeichnis repräsentiert, erzeugen
File directory = new File(dirName);

// Verzeichnisse anlegen
if(directory.mkdirs()) {
    // Verzeichnisse konnten erstellt werden
    // ...
} else {
    // Verzeichnisse konnten nicht erstellt werden
    throw new Exception(String.format(
        "Unable to create directories in path %s!", dirName));
}
```

159 Verzeichnisse auflisten

Das Auflisten von Dateien eines Verzeichnisses geschieht mit Hilfe der verschiedenen `list()`- und `listFiles()`-Methoden. Um die Auflistung etwas einzuschränken, können Sie eine `FileFilter`-Implementierung einsetzen, welche die Dateinamen nach Ihren Kriterien filtert:

```
package codebook.j2ee.io;

import java.io.FileFilter;
import java.io.File;

public class CustomFileFilter implements FileFilter {

    public boolean accept(File file) {
        // Dateinamen extrahieren
        String fn = file.getName().toLowerCase();

        // Ergebnis ist nur dann true, wenn der Datei-
        // name mit der Endung .txt endet und das
        // angegebene Objekt eine Datei ist
        return (file.isFile() && fn.endsWith(".txt"));
    }
}
```

Listing 383: FileFilter-Implementierung, die nur Textdateien zulässt

Diese `FileFilter`-Implementierung kann nun den Methoden `list()` und `listFiles()` als Parameter übergeben werden. Der Unterschied zwischen den Methoden liegt im Rückgabe-Datentyp: Die überladene `list()`-Methode gibt ein String-Array zurück, das aus den Dateinamen der Dateien besteht. Die überladene Methode `listFiles()` gibt dagegen ein Array aus `File`-Instanzen zurück.

Um alle Dateinamen eines Verzeichnisses auszugeben, können Sie diesen Code verwenden:

```
String directoryName = "c:\temp";

// File-Instanz erzeugen, die ein Verzeichnis repräsentiert
File directory = new File(directoryName);

// Dateien ermitteln und ausgeben
String[] files = directory.list();
for(String file : files) {
   // Dateinamen ausgeben
   out.println(file);
}
```

Um nur Textdateien auszugeben, erzeugen Sie eine `CustomFileFilter`-Instanz und übergeben diese als Parameter an die `list()`- oder `listFiles()`-Methode:

```
String directoryName = "c:\temp";

// File-Instanz erzeugen, die ein Verzeichnis repräsentiert
File directory = new File(directoryName);

// FileFilter-Instanz erzeugen
CustomFileFilter filter = new CustomFileFilter();

// Dateien ermitteln und ausgeben
File[] files = directory.listFiles(filter);
for(File file : files) {
   // Dateinamen ausgeben
   out.println(file.getName());
}
```


160 Eine Datei kopieren

Das Kopieren einer Datei erfolgt nicht über die `File`-Klasse, sondern mit Hilfe von `FileInputStream`- und `FileOutputStream`-Instanzen. Dazu wird ein Byte-Array als Puffer verwendet, in das Daten aus dem Quell-Stream geschrieben werden. Der Puffer wird direkt im Anschluss an das Lesen in den Ziel-Stream entleert. Dieser Prozess läuft so lange ab, bis keine Daten mehr aus der Quelldatei gelesen werden können. Zuletzt werden die verwendeten Streams geschlossen und somit die Zieldatei tatsächlich erzeugt:

```
String sourceFile = "c:/temp/test.txt";
String targetFile = "c:/temp/copy_of_test.txt";

FileInputStream in = null;
FileOutputStream out = null;

try {
   // File-Instanzen erzeugen, welche die Dateien repräsentieren
   File source = new File(sourceFile);
   File target = new File(targetFile);

   // Input- und OutputStreams erzeugen, welche die Daten lesen und speichern
   in = new FileInputStream(source);
   out = new FileOutputStream(target);

   // Puffer definieren: 8192 Bytes sollten ausreichen
   int bufferSize = 8192;
   byte[] buffer = new byte[bufferSize];

   // Daten einlesen, solange mehr als 0 Bytes gelesen werden können
   int bytes = 0;
   while((bytes = in.read(buffer)) > 0) {
      // Eingelesene Daten direkt wieder speichern
      out.write(buffer, 0, bytes);
   }
} catch (FileNotFoundException e) {
   e.printStackTrace();
} catch (IOException e) {
   e.printStackTrace();
} finally {
   // Streams schliessen (besonders bei OutputStream wichtig!)
   try {
      in.close();
      out.close();
   } catch (IOException e) { }
}
```

Listing 384: Kopieren einer Datei

161 Eine Datei in einen String einlesen

Das Einlesen einer Datei in einen String ist auf vielfältigste Art und Weise möglich. Die einfachste Variante ist sicherlich die Verwendung eines `FileReaders` und einer `StringBuffer`-Instanz. Dabei wird ein `Char`-Array zur Pufferung der geladenen Daten verwendet, und alle eingelesenen Daten werden im `StringBuffer` gehalten, der später weiterverwendet werden kann:

```
String fileName = "c:/temp/test.txt";

// File-Instanz erzeugen
File file = new File(fileName);

// FileReader zum Einlesen der Daten
FileReader reader = null;
try {
   reader = new FileReader(file);

   // StringBuffer zum Halten der Daten
   StringBuffer buffer = new StringBuffer();
   int bytes = 0;

   // Char-Array zum Zwischenpuffern der Daten
   char[] chars = new char[1024];

   // Daten einlesen
   while((bytes = reader.read(chars)) > 0) {
      buffer.append(chars);
   }

   // Daten ausgeben
   System.out.println(buffer.toString());
} catch (FileNotFoundException e) {
   e.printStackTrace();
} catch (IOException e) {
   e.printStackTrace();
} finally {
   try {
      reader.close();
   } catch (IOException e) {
      e.printStackTrace();
   }
}
```

Listing 385: Einlesen einer Textdatei

162 Binäre Daten lesen und speichern

Das Laden und Speichern von binären Daten geschieht mit Hilfe von `DataInputStream`- und `DataOutputStream`-Instanzen. Diese implementieren die Interfaces `DataInput` und `DataOutput`, die Methoden für das Laden und Speichern aller primitiven Datentypen und von Strings im UTF-8-Format definieren. Dabei legt das speichernde Programm das Format und die Reihenfolge der Daten selbst fest und muss auch selbst für das Auflösen der gespeicherten Daten sorgen.

Dieses Beispiel schreibt einige Daten per `DataOutputStream`:

```
String fileName = "c:/temp/data.txt";

// File-Instanz erzeugen
File file = new File(fileName);

try {
   // DataOutputStream zum Speichern der Daten
   DataOutputStream out = new DataOutputStream(
      new BufferedOutputStream(
         new FileOutputStream(file)));

   // booleschen Wert ausgeben
   out.writeBoolean(true);

   // String ausgeben
   out.writeUTF("Hello world!");

   // Integer-Wert ausgeben
   out.writeInt(2004);

   // String ausgeben
   out.writeUTF(
      "This is an UTF-8 encoded String " +
      "containing German Umlauts: äöüß");

   // Puffer leeren
   out.flush();

   // DataOutputStream schliessen
   out.close();
} catch (FileNotFoundException e) {
   e.printStackTrace();
} catch (IOException e) {
   e.printStackTrace();
}
```

Listing 386: Speichern von Daten per DataOutputStream

Wenn das Beispiel ausgeführt worden ist und die Datei *data.txt* in einem Editor geöffnet wird, ergibt sich das Bild aus Abbildung 113.

Das erneute Einlesen der Daten geschieht nun per `DataInputStream`-Instanz. Dabei werden die einzelnen Schritte des Speichervorgangs in genau der gleichen Reihenfolge wiederholt – nur wird hier gelesen statt geschrieben:

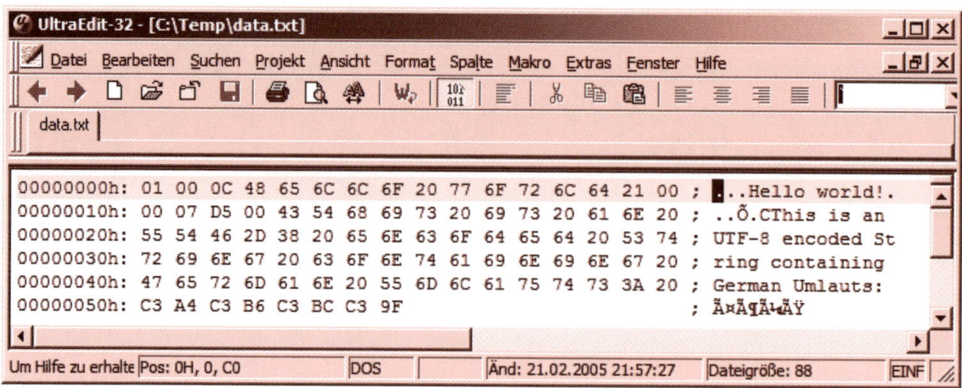

Abbildung 113: Per DataOutputStream gespeicherte Daten

```
String fileName = "c:/temp/data.txt";

// File-Instanz
File file = new File(fileName);

try {
   // DataInputStream zum Lesen der Daten
   DataInputStream in = new DataInputStream(
      new BufferedInputStream(
         new FileInputStream(file)));

   // Booleschen Wert einlesen
   boolean bool = in.readBoolean();

   // String einlesen
   String headline = in.readUTF();

   // Integer-Wert einlesen
   int year = in.readInt();

   // String einlesen
   String message = in.readUTF();

   // DataInputStream schliessen
   in.close();
} catch (FileNotFoundException e) {
   e.printStackTrace();
} catch (IOException e) {
   e.printStackTrace();
}
```

Listing 387: Einlesen von Daten per DataInputStream

163 Objekte serialisieren und deserialisieren

Für gewöhnlich existieren Objekte so lange im Speicher, bis sie vom Garbage Collector zerstört werden oder die JVM heruntergefahren wird. Wenn sie einmal zerstört sind, sind die von ihnen repräsentierten Informationen unwiderruflich verloren – es sei denn, die Informationen wurden zuvor gespeichert. Technisch ist es kein Problem, alle Informationen aus Objektinstanzen auszulesen und zu speichern. Praktisch ist es das auch nicht – nur ist es sehr ermüdend, dies für jede Art von Objekt einzeln zu implementieren.

Sinnvoller ist es, gleich komplette Objektinstanzen zu speichern, was mit Hilfe der Klasse `ObjectOutputStream` umgesetzt werden kann. Diese Klasse nimmt im Konstruktor eine `OutputStream`-Instanz entgegen, die das serialisierte Objekt speichert. Das eigentliche Speichern des Objekts geschieht mit Hilfe der Methode `writeObject()`:

```
// Hashtable zum Halten von Daten
Hashtable<String, String> data = new Hashtable<String, String>();
data.put("Karsten", "Samaschke");
data.put("Thomas", "Stark");
data.put("Christian", "Wenz");

String fileName = "c:/temp/object.bin";

// File-Instanz für den Zugriff auf Daten
File file = new File(fileName);

try {
   // FileOutputStream zum Speichern der Daten
   FileOutputStream  fos = new FileOutputStream(file);

   // ObjectOutputStream zum Serialisieren der Daten
   ObjectOutputStream out = new ObjectOutputStream(fos);

   // Speichern des Objekts
   out.writeObject(data);

   // Schliessen der Streams
   out.close();
} catch (FileNotFoundException e) {
   e.printStackTrace();
} catch (IOException e) {
   e.printStackTrace();
}
```

Listing 388: Serialisieren eines Objekts

Das Einlesen eines serialisierten Objekts und dessen Deserialisierung gestaltet sich ebenso einfach: Mit Hilfe einer `FileInputStream`-Instanz wird eine `ObjectInput-`

Stream-Instanz erzeugt, deren Methode readObject() die deserialisierte Object-Instanz zurückgibt. Diese muss noch in den korrekten Typ gecastet und kann danach weiter verwendet werden:

```
String fileName = "c:/temp/object.bin";

// File-Instanz für den Zugriff auf Daten
File file = new File(fileName);

try {
   // FileInputStream zum Laden der Daten
   FileInputStream fin = new FileInputStream(file);

   // ObjectInputStream zum Deserialisieren
   ObjectInputStream in = new ObjectInputStream(fin);

   // Objekt deserialisieren
   Object object = in.readObject();

   // Stream schliessen
   in.close();

   if(null != object && object instanceof Hashtable) {
      // Object-Instanz in den richtigen Typ casten
      Hashtable<String, String> data =
         (Hashtable<String, String>)object;

      // Deserialisiertes Objekt weiter verarbeiten
      // ...
   }
} catch (FileNotFoundException e) {
   e.printStackTrace();
} catch (IOException e) {
   e.printStackTrace();
} catch (ClassNotFoundException e) {
   e.printStackTrace();
}
```

Listing 389: Deserialisieren eines Objekts

164 Ein ZIP-Archiv entpacken

ZIP-Archive sind gerade im Webumfeld weit verbreitet, um Daten austauschen zu können. Java selbst verwendet verschiedene Archive, die alle ebenfalls auf dem ZIP-Algorithmus beruhen. Was also lag näher, als in Java die Möglichkeit des Umgangs mit ZIP-Archiven zu integrieren?

Das Paket `java.util.zip` enthält einige Klassen, mit deren Hilfe ZIP-Archive gelesen und entpackt werden können. Repräsentiert wird ein derartiges Archiv durch die Klasse `ZipFile`, die auch den Zugriff auf alle enthaltenen Elemente erlaubt. Mit Hilfe der Enumeration `entries` können die einzelnen Bestandteile des Archivs durchlaufen werden.

Jedes einzelne dieser Elemente wird durch eine Instanz der Klasse `ZipEntry` repräsentiert. Dabei muss unterschieden werden, ob es sich bei der aktuellen Instanz um die Repräsentation eines Verzeichnisses oder einer Datei handelt. Wenn das Archiv entpackt werden soll, muss das Verzeichnis angelegt werden. Sollte es sich um eine Datei handeln, muss sie extrahiert werden.

Dieses Extrahieren findet per `FileOutputStream` und einer `InputStream`-Instanz statt. Die `FileOutputStream`-Instanz speichert dabei die aus dem InputStream ausgelesenen Daten. Eine `InputStream`-Instanz wird durch die `ZipFile`-Instanz, die das gesamte Archiv repräsentiert, erzeugt – dabei muss die derzeit behandelte `ZipEntry`-Instanz als Parameter übergeben werden.

Der Rest ist dann reine Routine: Die `InputStream`-Instanz wird so lange ausgelesen, wie sie Daten zurückliefert. Dabei wird stets ein Puffer gefüllt, dessen Inhalt dann in den `OutputStream` geschrieben wird:

```
String fileName = "c:/temp/test.zip";

// File-Instanzen zur Repräsentation von
// ZIP-Archiv und Pfad
File file = new File(fileName);
File path = new File(file.getParent());

try {
   // Neue ZipFile-Instanz erzeugen
   ZipFile zip = new ZipFile(file);

   // Elemente des ZIP-Archivs durchlaufen
   Enumeration entries = zip.entries();
   while(entries.hasMoreElements()) {
      // Aktuelles Element abrufen
      ZipEntry current = (ZipEntry)entries.nextElement();

      // File-Instanz zum Speichern des Eintrags oder
      // zur Repräsentation eines Unterverzeichnisses
      File currentFile = new File(path, current.getName());

      // ZIP-Element entpacken
      if(current.isDirectory()) {
         // Unterverzeichnisse anlegen
         currentFile.mkdirs();
      } else {
```

Listing 390: Entpacken eines ZIP-Archivs

```
            // Inhalt entpacken und speichern
            FileOutputStream fout =
               new FileOutputStream(currentFile);

            // Datei per InputStream auslesen
            InputStream zin = zip.getInputStream(current);
            byte[] buffer = new byte[8192];
            int bytes = 0;

            // Auslesen der Daten in den Puffer
            while((bytes = zin.read(buffer)) > 0) {
               // Schreiben der Daten in den OutputStream
               fout.write(buffer, 0, bytes);
            }

            // Streams schliessen
            fout.close();
            zin.close();
         }
      }
   } catch (IOException e) {
      e.printStackTrace();
   }
```

Listing 390: Entpacken eines ZIP-Archivs (Forts.)

165 Eine Datei zum Browser senden, obwohl kein direkter Zugriff möglich ist

Nicht immer ist ein direkter Zugriff auf Dateien möglich oder sinnvoll. Stattdessen befinden sich manche Dateien oftmals außerhalb des direkt per Browser erreichbaren Bereichs einer Webapplikation, was insbesondere Sinn macht, wenn der Zugriff auf Dateien kontrolliert werden soll.

Mit Hilfe der bereits vorgestellten Techniken ist es problemlos möglich, auch Dateien zum Download bereitzustellen, die sich nicht in einem per Browser erreichbaren Bereich befinden. Angenommen, Sie wollten das PDF-Dokument *c:\temp\download.pdf* zum Download bereitstellen, dann könnten Sie dies mit einem Servlet umsetzen, das den Inhalt der Datei per `FileInputStream` lädt und über die Standard-`ServletOutputStream`-Instanz ausgibt. Wichtig dabei ist, dass der korrekte Inhaltstyp und die korrekte Content-Disposition gesetzt sind. Ersteres teilt dem Browser mit, was ihn erwartet, und letztere Information sagt ihm, wie er die empfangenen Daten behandeln soll:

```
package codebook.j2ee.io;

import javax.servlet.ServletException;
import javax.servlet.ServletOutputStream;
import javax.servlet.http.*;
import java.io.*;

public class DownloadServlet extends HttpServlet {

   protected void service(
      HttpServletRequest request, HttpServletResponse response)
      throws ServletException, IOException {

      String sourceFile = "c:/temp/download.pdf";

      // OutputStream ist der OutputStream
      // der HttpServletResponse-Instanz
      ServletOutputStream out = response.getOutputStream();

      // Inhaltstyp setzen
      response.setContentType("application/pdf");

      // File-Instanz zur Repräsentation der Datei
      File file = new File(sourceFile);

      // FileInputStream zum Einlesen der Daten
      FileInputStream in = new FileInputStream(file);
      byte[] buffer = new byte[16384];
      int bytes = 0;

      // Daten einlesen und direkt in den OutputStream schreiben
      while((bytes = in.read(buffer)) > 0) {
         out.write(buffer, 0, bytes);
      }

      // InputStream schliessen
      in.close();

      // Content-Disposition setzen
      response.addHeader(
         "Content-Disposition",
         String.format("inline;filename=%s", file.getName()));

      // Ausgabepuffer leeren
      response.flushBuffer();
   }
}
```

Listing 391: Ausgabe einer Datei per Servlet

Wenn das Servlet aufgerufen wird, sollte der Nutzer eine Ausgabe ähnlich dieser erhalten:

Abbildung 114: Das Dokument ist zum Browser gesendet worden, obwohl kein direkter Zugriff per Browser möglich ist

166 Auf Applikationsressourcen zugreifen

Der Zugriff auf Ressourcen einer Webapplikation kann direkt per `File`-Instanz und einem entsprechenden `FileInputStream` erfolgen. Viel eleganter ist jedoch, über den `ServletContext` einer Webapplikation zu gehen und die dort zur Verfügung gestellte Methode `getResourceAsStream()` zu nutzen.

Vorteil dieses Ansatzes: Der Name der Ressource kann relativ zur Wurzel der Applikation angegeben werden. Der Servlet-Container übernimmt das Erzeugen der benötigten Reader-Instanzen und gibt entweder eine initialisierte `StreamReader`-Instanz oder den Inhalt der angeforderten Ressource als String zurück.

Um auf den Inhalt einer Textdatei zuzugreifen, können Sie die Methode `getResourceAsStream()` verwenden und mit Hilfe eines `InputStreamReaders` einen `BufferedReader` erzeugen, der das Einlesen der Daten übernimmt. Dies kann zeilenweise geschehen, was das Handling deutlich erleichtert:

```
package codebook.j2ee.io;

import javax.servlet.ServletContext;
import javax.servlet.ServletException;
import javax.servlet.http.*;
import java.io.*;
```

Listing 392: Zugriff auf Ressourcen mit Hilfe der Methode getResourceAsStream()

```
public class ResourceAsString extends HttpServlet {

   protected void service(
      HttpServletRequest request, HttpServletResponse response)
      throws ServletException, IOException {

      String resourceName = "/resources/test.txt";

      // ServletContext referenzieren
      ServletContext ctx = getServletContext();

      // Ressourceninhalt per BufferedReader laden
      BufferedReader br = new BufferedReader(
         new InputStreamReader(
            ctx.getResourceAsStream(resourceName)));

      // StringBuffer zum Halten der geladenen Daten
      StringBuffer result = new StringBuffer();

      // Daten einlesen und direkt dem
      // StringBuffer für die weitere Verarbeitung
      // zuweisen
      String line = "";
      while((line = br.readLine()) != null) {
         result.append(line);
         result.append("\n");
      }

      // Stream schliessen
      br.close();

      PrintWriter out = response.getWriter();
      out.print("<html><head><title>Content</title><head>");
      out.print(
         String.format(
            "<body><h3>Content</h3><pre>%s</pre></html>",
            result.toString()));
   }
}
```

Listing 392: Zugriff auf Ressourcen mit Hilfe der Methode getResourceAsStream() (Forts.)

Analog zum Zugriff auf eine Textressource kann auch der Zugriff auf eine binäre Ressource erfolgen. Statt eines `BufferedReaders` samt `InputStreamReader` kommt hier eine `BufferedStreamReader`-Instanz zum Einsatz. Die geladenen Daten werden direkt in den Ausgabestrom geschrieben, um im Browser angezeigt zu werden:

```
package codebook.j2ee.io;

import javax.servlet.http.*;
import javax.servlet.*;
import java.io.*;

public class ResourceAsStream  extends HttpServlet {

   protected void service(
      HttpServletRequest request, HttpServletResponse response)
      throws ServletException, IOException {

      String resourceName = "/resources/download.pdf";

      // ServletContext referenzieren
      ServletContext ctx = getServletContext();

      // Ressourceninhalt per BufferedReader laden
      BufferedInputStream bin =
         new BufferedInputStream(
            ctx.getResourceAsStream(resourceName));

      // OutputStream referenzieren
      ServletOutputStream out = response.getOutputStream();
      byte[] buffer = new byte[16382];
      int bytes = 0;

      // Inhaltstyp setzen
      response.setContentType("application/pdf");

      // Content-Disposition setzen
      response.addHeader(
         "Content-Disposition",
         "inline;filename=download.pdf");

      // Daten einlesen und direkt wieder ausgeben
      while((bytes = bin.read(buffer)) > 0) {
         out.write(buffer, 0, bytes);
      }

      // Stream schliessen
      bin.close();
   }
}
```

Listing 393: Binäre Ressource ausgeben

167 Die einzelnen Informationen zu einem URL auslesen

Die Klasse `java.net.URL` kapselt Zeiger auf Ressourcen. Diese Zeiger können auf Ressourcen im Internet verweisen (Webseiten, Bilder etc), können aber ebenso gut auf lokale Ressourcen (Dateien) zeigen.

Die `URL`-Klasse selbst ist komplett ohne Verbindung zu einer derart bezeichneten Ressource – sie repräsentiert sie nur. Sie bietet einige Methoden an, mit deren Hilfe die Ressource und ihre Eigenschaften genauer bestimmt werden kann. Außerdem verfügt sie über die Methoden `getConnection()` und `getStream()`, die für das Herstellen einer Verbindung mit der bezeichneten Ressource genutzt werden können.

Die URL-Klasse verfügt unter anderem über folgende Methoden:

Methode	Beschreibung
`getHost()`	Gibt den repräsentierten Hostnamen oder die repräsentierte IP-Adresse zurück.
`getQuery()`	Gibt die enthaltene QueryString-Komponente oder null zurück.
`getPath()`	Gibt die enthaltene Pfadkomponente zurück.
`getPort()`	Gibt den repräsentierten Port zurück.
`getProtocol()`	Gibt das enthaltene Protokollkürzel zurück.
`getRef()`	Gibt die enthaltene Referenz (der Teil eines URL, der nach der Raute kommt und auf einen Teil des Dokuments verweist) zurück.
`getUserInfo()`	Gibt die enthaltene User-Information (in der Regel ist dies der für den Zugriff auf die Ressource zu verwendende Benutzername) oder null zurück.

Tabelle 61: Methoden der URL-Klasse

Um Informationen über eine Ressource zu erhalten, könnte das folgende Codefragment eingesetzt werden:

```
try {
   URL url = new URL("http://www.ksamaschke.de");

   // Protokoll ausgeben
   out.println(url.getProtocol());

   // Host ausgeben
   out.println(url.getHost());

   // Port
   out.println(url.getPort());

   // Pfad
```

Listing 394: Informationen über einen URL ausgeben

```
      out.println(url.getPath());

      // QueryString
      out.println(url.getQuery());

      // Referenz
      out.println(url.getRef());

      // Benutzer-Info
      out.println(url.getUserInfo());

   } catch (MalformedURLException e) {
      e.printStackTrace();
   }
```

Listing 394: Informationen über einen URL ausgeben (Forts.)

168 Die IP-Adresse zu einem URL ermitteln

Die Ermittlung der IP-Adresse, auf die ein URL verweist, wird von der Klasse `java.net.InetAddress` übernommen. Deren statische Methode `getByName()` nimmt einen Hostnamen oder eine IP-Adresse entgegen und gibt eine `InetAddress`-Instanz zurück. Diese `InetAddress`-Instanz verfügt über drei Methoden, die mehr über den Host verraten:

Methode	Beschreibung
`getHostname()`	Gibt den Host-Namen zurück
`getHostAdress()`	Gibt die IP-Adresse zurück
`isReachable()`	Gibt an, ob eine Verbindung zum angegebenen Host in der als Parameter übergebenen Zeitspanne in Millisekunden hergestellt werden konnte.

Tabelle 62: Methoden einer InetAddress-Instanz

Um mehr Informationen über einen Host zu gewinnen, könnte etwa dieses Code-Fragment eingesetzt werden:

```
InetAddress address =
   InetAddress.getByName(url.getHost());

out.println(String.format("Hostname: %s",
   address.getHostName()));
out.println(String.format("Host-Address: %s",
   address.getHostAddress()));
out.println(String.format("Is reachable: %s",
   address.isReachable(2000)));
```

169 Inhalt von einem URI abrufen

Der Abruf von durch eine URL-Instanz bezeichneten Inhalten geschieht unter Verwendung einer InputStreamReader-Instanz. Diese nimmt im Konstruktor die InputStream-Instanz entgegen, welche die URL-Instanz durch ihre Methode getStream() zurückgibt. Die zurückgegebenen Zeilen können so lange durchlaufen und verarbeitet werden, bis die InputStreamReader-Instanz keine Inhalte mehr zurückliefert:

```
try {
   URL url = new URL("http://www.ksamaschke.de");
   BufferedWriter bw =
      new BufferedWriter(response.getWriter())

   BufferedReader rdr = new BufferedReader(
      new InputStreamReader(url.openStream()));

   String line = null;
   while((line = rdr.readLine()) != null) {
      bw.write(line + "\n");
   }

   bw.close();
   rdr.close();
} catch (MalformedURLException e) {
   e.printStackTrace();
} catch (IOException e) {
   e.printStackTrace();
}
```


170 Binären Inhalt von einem URI abrufen

Der Abruf von binären Inhalten erfolgt ähnlich dem Abruf von Textinhalten, nur wird hier keine BufferedReader-Instanz verwendet, um die Daten zu laden, sondern eine BufferedInputStream-Instanz kommt zum Einsatz. Die Daten werden durch eine BufferedOutputStream-Instanz, die mit Hilfe eines FileOutputStreams erzeugt worden ist, gespeichert.

Der eigentliche Vorgang des Abrufens geschieht analog zum Laden einer Datei: Es werden so lange Daten aus den InputStream in den Puffer geschrieben, bis keine Daten mehr zurückgegeben werden. Der Puffer wird dabei direkt in den Ausgabestrom entleert. Sobald der Ausgabestrom geschlossen worden ist, ist die abgerufene Datei lokal verfügbar und kann verwendet werden.

Um die abgerufenen Daten als Datei zu speichern, können Sie dieses Codefragment einsetzen:

```
try {
   // File-Instanz, welche die zu speichernde Datei repräsentiert
   File file = new File(
      "c:/temp/downloaded.pdf");

   // URL-Instanz, welche die zu ladende Ressource repräsentiert
   java.net.URL url = new java.net.URL(
      "http://downloads.aspextra.de/download.pdf");

   // OutputStream(s) zum Speichern des Downloads
   BufferedOutputStream bos =
     new BufferedOutputStream(
        new FileOutputStream(file));

   // InputStream(s) zum Laden des Downloads
   BufferedInputStream bin =
      new BufferedInputStream(url.openStream());

   byte[] buffer = new byte[16382];
   int bytes = 0;

   // Einlesen und Speichern der Datei
   while((bytes = bin.read(buffer)) > 0) {
      bos.write(buffer, 0, bytes);
   }

   // Aufräumen
   bos.close();
   bin.close();
} catch (MalformedURLException e) {
   e.printStackTrace();
} catch (IOException e) {
   e.printStackTrace();
}
```

Listing 395: Speichern von binärem Content aus einer externen Ressource

171 Daten an eine Ressource senden

Mit Hilfe der `URLConnection`-Klasse können an eine Ressource Daten gesendet werden, etwa um das Ausfüllen von Formularfeldern zu simulieren. Eine Instanz dieser Klasse erhält man durch die Methode `openConnection()` einer `URL`-Instanz. Per `setDoOutput(true)` kann der `URLConnection`-Instanz mitgeteilt werden, dass Parameter übertragen werden sollen.

Diese Parameter werden als Name-Wert-Paare via `PrintWriter` an den anderen Webserver gesendet. Einzelne Name-Wert-Paare werden durch Ampersands (`&`) getrennt.

Netzwerk

Die Antwort kann mit Hilfe eines InputStreamReaders und einer BufferedInputStream-Instanz abgerufen und weiter verarbeitet werden:

```
try {
   // Repräsentation der Ressource, zu der connected werden soll
   java.net.URL url = new java.net.URL("...");

   // URLConnection instanziieren
   URLConnection conn = url.openConnection();

   // Output zulassen
   conn.setDoOutput(true);

   // PrintWriter erzeugen, mit dem in den Output
   // geschrieben werden kann
   PrintWriter out = new PrintWriter(
      new OutputStreamWriter(conn.getOutputStream()));

   // Parameter übergeben
   out.print("first-name=karsten&last-name=samaschke");

   // OutputStream schliessen
   out.close();

   // BufferedReader zum Einlesen der Rückgabe erzeugen
   BufferedReader in = new BufferedReader(
      new InputStreamReader(conn.getInputStream()));

   // Rückgabe einlesen und ausgeben
   String line = null;
   while((line = in.readLine()) != null) {
      System.out.println(line);
   }

   // Aufräumen
   in.close();

} catch (MalformedURLException e) {
   e.printStackTrace();
} catch (IOException e) {
   e.printStackTrace();
}
```

Listing 396: Senden von Daten an eine Ressource

172 Auf per Basic-Authentication geschützte Ressourcen zugreifen

`Basic-Authentication` ist eine häufige Form der Authentifizierung, die vom Benutzer die Eingabe von Benutzernamen und Kennwort verlangt. Sämtliche Webserver beherrschen diese Art der Authentifizierung, die durch den Statuscode 401 ausgelöst wird. Der Webserver erwartet die Benutzername-Kennwort-Kombination als `Base-64`-codiertes Name-Wert-Paar im Header der Anforderung.

Soweit die Theorie. Glücklicherweise muss man sich bei Java nicht mit derartigen Details auseinander setzen. Um sich an derart geschützten Seiten per Code anzumelden, reicht es aus, eine eigene `Authenticator`-Ableitung zu schreiben, welche die Methode `getPasswordAuthentication()` überschreibt. Im Sinne einer besseren Wiederverwendbarkeit sollen Benutzername und Kennwort im Konstruktor der Klasse übergeben werden:

```
package codebook.j2ee.io;

import java.net.*;

public class GenericAuthenticator extends Authenticator {

   private String username;
   private String password;

   public GenericAuthenticator(
      String username, String password) {

      // Zuweisung von Benutzernamen und Kennwort an
      // die Instanz-Member
      this.username = username;
      this.password = password;
   }

   protected PasswordAuthentication
      getPasswordAuthentication() {

      PasswordAuthentication result =
         new PasswordAuthentication(
            username, password.toCharArray());

      return result;
   }
}
```

Listing 397: Implementierung einer Authenticator-Ableitung

Wenn Sie nun auf eine geschützte Ressource zugreifen wollen, können Sie der statischen Methode `setDefault()` der `java.net.Authenticator`-Klasse eine Instanz des

Netzwerk

GenericAuthenticators übergeben, dessen Konstruktor die Angabe von Benutzername und Kennwort erwartet.

Die so übergebenen Credentials für den Zugriff auf geschützte Ressourcen werden nun so lange verwendet, bis andere Credentials zugewiesen werden. Sollte die Benutzername-Kennwort-Kombination nicht korrekt sein, wird eine Exception geworfen:

```
try {
   // Repräsentation der Ressource, zu der connected werden soll
   java.net.URL url = new java.net.URL("...");

   // URLConnection instanziieren
   URLConnection conn = url.openConnection();

   // GenericAuthenticator-Instanz erzeugen
   GenericAuthenticator auth =
      new GenericAuthenticator("Test", "test");

   // Authenticator aktivieren
   java.net.Authenticator.setDefault(auth);

   // Output zulassen
   conn.setDoOutput(true);

   // PrintWriter erzeugen, mit dem in den Output
   // geschrieben werden kann
   PrintWriter out = new PrintWriter(
      new OutputStreamWriter(conn.getOutputStream()));

   // Parameter übergeben
   out.print("first-name=karsten&last-name=samaschke");

   // OutputStream schliessen
   out.close();

   // BufferedReader zum Einlesen der Rückgabe erzeugen
   BufferedReader in = new BufferedReader(
      new InputStreamReader(conn.getInputStream()));

   // Rückgabe einlesen und ausgeben
   String line = null;
   while((line = in.readLine()) != null) {
      System.out.println(line);
   }

   // Aufräumen
   in.close();
```

Listing 398: Verwendung der Klasse GenericAuthenticator

```
} catch (MalformedURLException e) {
    e.printStackTrace();
} catch (IOException e) {
    e.printStackTrace();
}
```

Listing 398: Verwendung der Klasse GenericAuthenticator (Forts.)

173 Eine E-Mail senden

E-Mails werden aus Java heraus in der Regel über das von Sun bereitgestellte API `JavaMail` versendet. Dieses API, das den Namensraum `javax.mail` verwendet und deren aktuelle Version derzeit 1.3.2 ist, können Sie unter der Adresse *http://java.sun.com/products/javamail/downloads/index.html* herunterladen. Zusätzlich benötigen Sie noch Suns *Java Beans Activation Framework* (JAF), das Sie unter der Adresse *http://java.sun.com/products/javabeans/glasgow/jaf.html* finden können.

Das Versenden einer E-Mail per JavaMail geschieht immer nach dem gleichen Muster:

1. Erzeugen einer Mail-`Session`-Instanz, die Informationen zur Art des Versandes per Properties-Instanz zugewiesen bekommt
2. Erzeugen einer `Mail`-Instanz über die Mail-Session
3. Festlegen der Eigenschaften zu Absender, Empfänger, Betreff und Nachricht
4. Versenden der E-Mail über eine `Transport`-Instanz

In Code umgesetzt, kann der Versand einer E-Mail so aussehen:

```
try {

    // Server-Namen in Properties erfassen
    Properties settings = new Properties();
    settings.put("java.mail.host", "...");

    // Mail-Session erzeugen
    Session session = Session.getDefaultInstance(settings);

    // Nachricht erzeugen
    Message message = new MimeMessage(session);

    // Absender
    message.setFrom(new InternetAddress("info@ksamaschke.de"));

    // Empfänger
    message.setRecipient(Message.RecipientType.TO,
```

Listing 399: Versand einer E-Mail per JavaMail

```
new InternetAddress("info@aspextra.de"));

// Betreff
message.setSubject("Test-Email per JavaMail");

// Nachrichtentext
message.setText("Hallo,\n\n\n"
   + "Diese Nachricht ist per JavaMail generiert worden");

// Versenden
Transport.send(message);
} catch (MessagingException e) {
  e.printStackTrace();
}
```

Listing 399: Versand einer E-Mail per JavaMail (Forts.)

Die hier erzeugte E-Mail wird über den mit Hilfe des Schlüssels `java.mail.host` angegebenen Server versendet. Der Absender wird mit Hilfe der Methode `setFrom()` festgelegt. Seine E-Mail-Adresse wird durch eine Instanz der Klasse `javax.mail.InternetAddress` repräsentiert.

Mit Hilfe der Methode `setRecipient()` kann der Empfänger festgelegt werden. Deren erster Parameter nimmt einen Integer-Wert entgegen, der die Art des Empfängers (`TO`, `CC` oder `BCC`) kennzeichnet. Der zweite Parameter ist eine `InternetAddress`-Instanz, welche die E-Mail-Adresse des Empfängers aufnimmt.

Nach dem Setzen von Betreff per `setSubject()` und des Mail-Textes per `setText()` kann die E-Mail versendet werden. Dies geschieht über die statische Methode `send()` der `Transport`-Klasse.

Die generierte E-Mail sieht dann so aus:

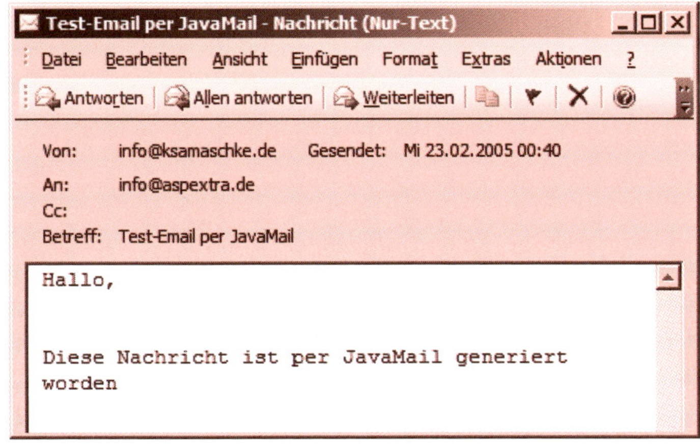

Abbildung 115: Per JavaMail generierte E-Mail

Netzwerk

174 Eine E-Mail über einen Server senden, der Authentifizierung erfordert

Der Versand über einen E-Mail-Server, der eine Authentifizierung des Absenders per Benutzername-Kennwort-Kombination erfordert, setzt voraus, dass eine Ableitung der Klasse `javax.mail.Authenticator` erzeugt wird.

Diese ähnelt weitestgehend der weiter oben gezeigten `java.net.Authenticator`-Instanz. Der einzige Unterschied ist der Konstruktor der Klasse `javax.mail.PasswordAuthentication`: Dieser erlaubt im Gegensatz zum Konstruktor von `java.net.PasswordAuthentication` die Übergabe eines Strings für das Passwort:

```
package codebook.j2ee.io;

import javax.mail.Authenticator;
import javax.mail.PasswordAuthentication;

public class MailCredentials extends Authenticator {

   private String username;
   private String password;

   public MailCredentials(String username, String password) {

      // Zuweisung von Benutzernamen und Kennwort an
      // die Instanz-Member
      this.username = username;
      this.password = password;
   }

   // Rückgabe der Credentials
   protected PasswordAuthentication getPasswordAuthentication() {

      PasswordAuthentication result =
         new PasswordAuthentication(username, password);

      return result;
   }
}
```

Listing 400: Die Klasse MailCredentials gibt die Informationen zurück, die zur Authentifizierung am Server benötigt werden

Beim Versand einer E-Mail über den gesicherten Server kann beim Erzeugen der Referenz auf die Session eine Instanz der `MailCredentials-Klasse` als Parameter übergeben werden:

```
try {
   // Server-Namen in Properties erfassen
   Properties settings = new Properties();
   settings.put("java.mail.host", "...");

   // Authenticator-Ableitung instanziieren, welche die Zugriffsinformationen
   // auf den Mail-Server hält
   MailCredentials auth = new MailCredentials("test", "test");

   // Mail-Session erzeugen
   Session session = Session.getDefaultInstance(settings, auth);

   // Nachricht erzeugen
   Message message = new MimeMessage(session);

   // Absender
   message.setFrom(new InternetAddress("info@ksamaschke.de"));

   // Empfänger
   message.setRecipient(
      Message.RecipientType.TO,
      new InternetAddress("info@aspextra.de"));

   // Betreff
   message.setSubject("Test-Email per JavaMail");

   // Nachrichtentext
   message.setText("Hallo,\n\n\n"
      + "Diese Nachricht ist per JavaMail generiert worden");

   // Versenden
   Transport.send(message);
} catch (MessagingException e) {
   e.printStackTrace();
}
```

Listing 401: Versand von E-Mails über einen gesicherten Mailserver

175 Eine HTML-E-Mail senden

HTML-E-Mails können relativ einfach per JavaMail versendet werden. Das Prinzip dahinter ist, dass eine E-Mail mit dem Inhaltstyp `multipart/alternative` erzeugt werden muss. Dieser Inhaltstyp gibt an, dass die E-Mail sowohl Text- als auch HTML-Code enthält und das E-Mail-Programm selbst entscheiden kann, welche Repräsentation es darstellt.

Der Multipart-Inhalt einer E-Mail wird mit Hilfe der Klasse `javax.mail.Multipart` repräsentiert. Der erste Teil einer derartigen Multipart-E-Mail ist dabei die reine Textform, die auch von älteren E-Mail-Programmen angezeigt werden kann und in der Regel als Fall-Back-Möglichkeit dient, falls die HTML-Anzeige nicht erwünscht oder möglich ist. Der zweite Teil ist der HTML-Code.

Die einzelnen Teile werden durch `javax.mail.BodyPart`-Instanzen repräsentiert. Deren Methode `setContent()` nimmt den Inhalt und den Inhaltstyp als Parameter entgegen. Nach dem Hinzufügen der einzelnen `BodyParts` an den `MultiPart` kann dieser an die Nachricht angehängt und die Nachricht versendet werden:

```
try {
   // Server-Namen in Properties erfassen
   Properties settings = new Properties();
   settings.put("java.mail.host", "...");

   // Mail-Session erzeugen
   Session session = Session.getDefaultInstance(settings);

   // Nachricht erzeugen
   Message message = new MimeMessage(session);

   // Absender
   message.setFrom(new InternetAddress("info@ksamaschke.de"));

   // Empfänger
   message.setRecipient(
      Message.RecipientType.TO,
      new InternetAddress("info@aspextra.de"));

   // Betreff
   message.setSubject("HTML-Email per JavaMail");

   // MultiPart-Instanz vom Typ alternative erzeugen
   Multipart mp = new MimeMultipart("alternative");

   // BodyParts erzeugen
   // 1. Textteil
   BodyPart part = new MimeBodyPart();
   part.setContent(
      "Hallo,\n\n\nDiese Nachricht ist "
         + "per JavaMail generiert worden",
      "text/plain");
   mp.addBodyPart(part);

   // 2. HTML-Teil erzeugen
```

Listing 402: Erzeugen einer HTML-E-Mail

Netzwerk

```
    part = new MimeBodyPart();
    part.setContent(
       "<html><body><h3>Hallo,</h3>"
          + "<p>Diese Email ist per JavaMail "
          + "generiert worden.</p>"
          + "</body></html>",
       "text/html");
    mp.addBodyPart(part);

    // Multipart-Instanz zuweisen
    message.setContent(mp);

    // Versenden
    Transport.send(message);
 } catch (MessagingException e) {
    e.printStackTrace();
 }
```

Listing 402: Erzeugen einer HTML-E-Mail (Forts.)

Der obige Code erzeugt diese HTML-E-Mail:

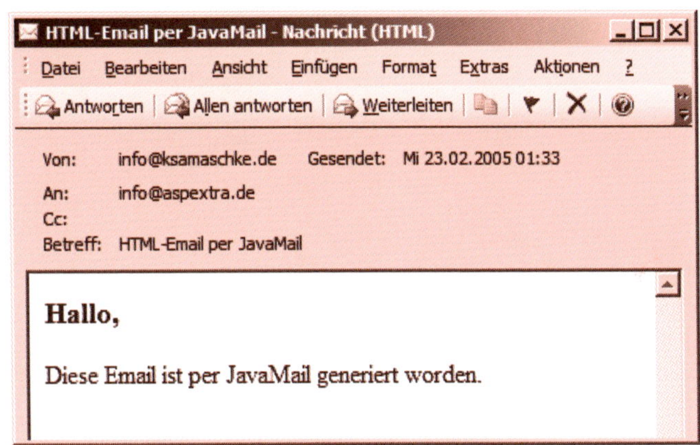

Abbildung 116: HTML-E-Mail, die per JavaMail generiert worden ist

176 Eine E-Mail mit Anhang versenden

Der Versand einer E-Mail mit Anhang erfolgt fast genau so wie der Versand einer HTML-E-Mail, jedoch mit dem Unterschied, das der E-Mail-Typ nicht multipart/alternative ist. Einzelne Dateien können über Instanzen der Klasse `javax.activation.FileDataSource` abgebildet und den einzelnen `BodyParts`, welche die Dateianhänge repräsentieren, zugewiesen werden. Der erste Teil einer derartigen Nachricht ist der anzuzeigende Text, der übrigens auch gerne HTML sein kann:

```
try {
   // Server-Namen in Properties erfassen
   Properties settings = new Properties();
   settings.put("java.mail.host", "...");

   // Mail-Session erzeugen
   Session session = Session.getDefaultInstance(settings);

   // Nachricht erzeugen
   Message message = new MimeMessage(session);

   // Absender
   message.setFrom(new InternetAddress("info@ksamaschke.de"));

   // Empfänger
   message.setRecipient(
      Message.RecipientType.TO,
      new InternetAddress("info@aspextra.de"));

   // Betreff
   message.setSubject("Attachment per JavaMail");

   // Multipart-Instanz erzeugen
   Multipart mp = new MimeMultipart();

   // BodyParts erzeugen
   // 1. HTML-Teil
   BodyPart part = new MimeBodyPart();
   part.setContent(
      "<html><body><h3>Hallo,</h3>"
         + "<p>Anbei finden Sie einen Datei-Anhang!</p>"
         + "</body>",
      "text/html");
   mp.addBodyPart(part);

   // 2. Datei anhängen
   part = new MimeBodyPart();
   FileDataSource fds = new FileDataSource(
      new File("c:/Temp/download.pdf"));
   part.setDataHandler(new DataHandler(fds));
   part.setFileName(fds.getName());
   mp.addBodyPart(part);

   // Multipart-Instanz zuweisen
   message.setContent(mp);
```

Listing 403: Erzeugen einer E-Mail mit Dateianhang

```
        // Versenden
        Transport.send(message);
    } catch (MessagingException e) {
        e.printStackTrace();
    }
```

Listing 403: Erzeugen einer E-Mail mit Dateianhang (Forts.)

So sieht die generierte E-Mail aus:

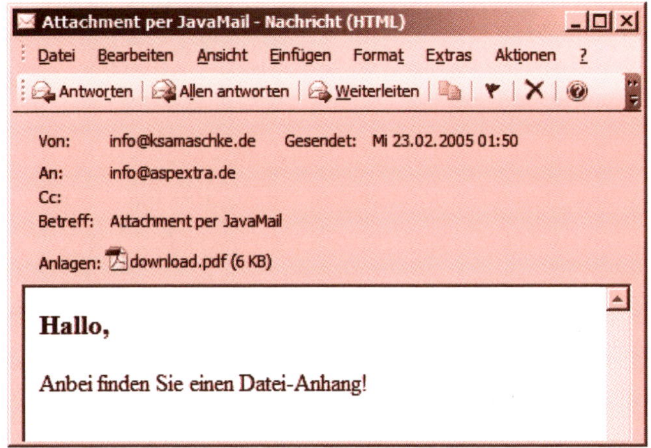

Abbildung 117: Die generierte E-Mail hat einen Dateianhang

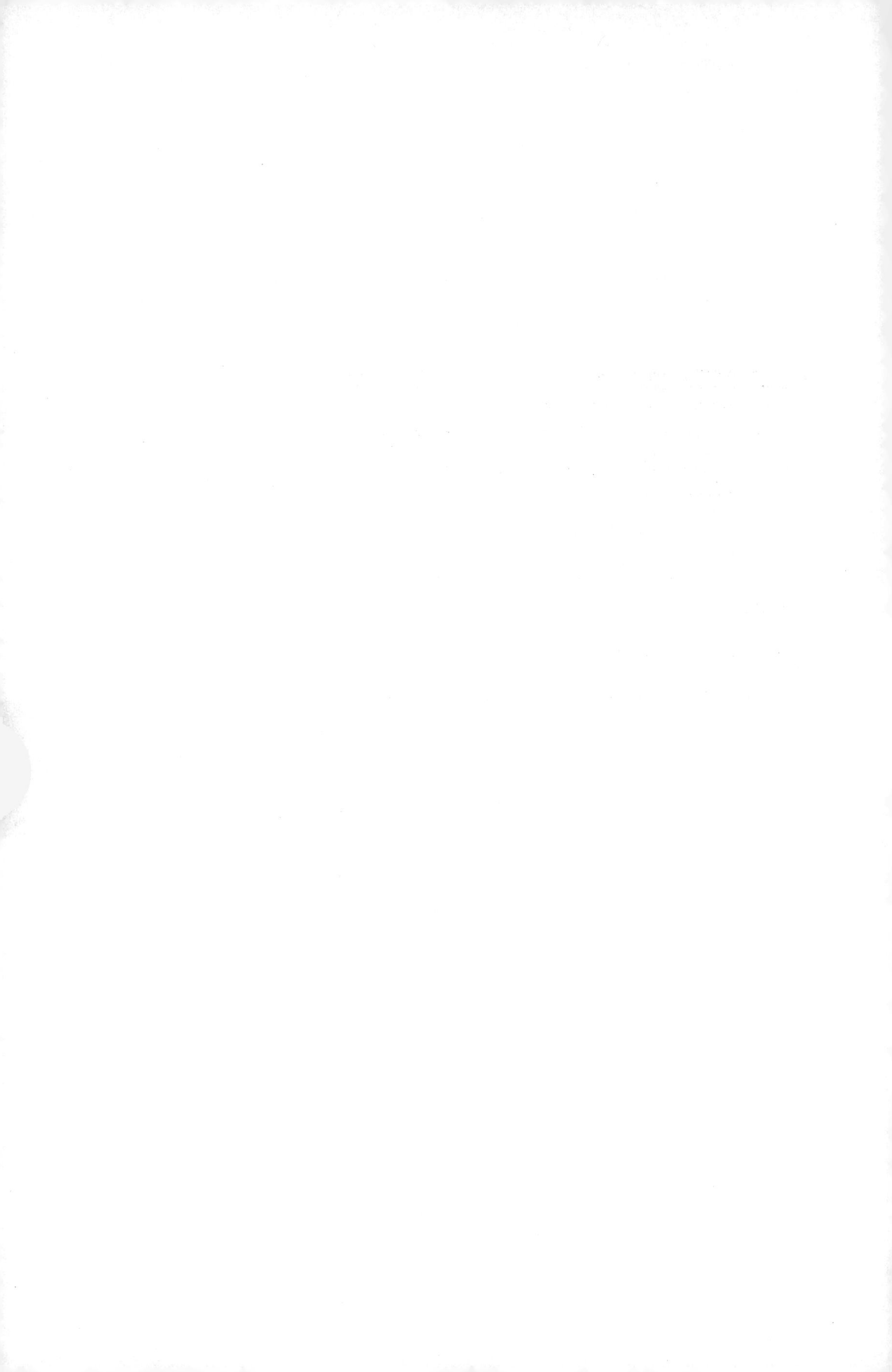

Java Naming and Directory Service

Eine der wichtigsten Aufgaben in großen J2EE-Applikationen ist die Bereitstellung von Diensten und Informationen. Die größte Herausforderung besteht dabei darin, diese Dienste und Informationen, die in der Regel von anderen Teilsystemen erbracht werden, aufzufinden. Egal ob es nun um die Authentifizierung eines Benutzers am Netzwerk oder der Zugriff auf eine Datenbank geht, ohne einfache und sichere Techniken, diese zu erreichen, sind beide Dienst nutzlos.

Damit einzelne Rechner oder Applikationen untereinander kommunizieren und Objekte austauschen können, müssen Sie wissen, welches System welchen Dienst erbringen kann und wo die Informationen abgelegt sind. Hierfür bedienen sich viele Anwendungen eines so genannten *Namens-* oder *Verzeichnisdienstes*; einer Technik, die mit dem städtischen Telefonbuch vergleichbar ist (wenngleich sie über wesentlich komfortablere Suchmethoden verfügt).

177 Funktionsweise des JNDI-API

Was verbirgt sich nun also hinter dem *Java Naming and Directory Interface (JNDI)*? Nun, zunächst handelt es sich dabei, wie es der Name schon andeutet, lediglich um eine Spezifikation, also einen Satz von Schnittstellen (*Interface*), die definieren, wie man mit Java auf verschiedene Namens- und Verzeichnisdienste zugreifen kann.

Hersteller von Namens- oder Verzeichnisdiensten sind nun dazu aufgefordert, Implementierungen dieser Schnittstelle bereitzustellen, die den Zugriff auf den jeweiligen Dienst gestattet, während Anwendungsentwickler nur die Regeln des Interface (JNDI) verstehen müssen und sich nicht mit Implementierungsdetails des jeweiligen Dienstes auseinander setzen müssen.

Sun liefert also nur Regelwerk, das durch verschiedene Gremien definiert wird, und liefert eine gemeinsame Plattform, auf der Anbieter und Anwender von Diensten zusammenarbeiten können. Die folgende Abbildung verdeutlicht dies schematisch.

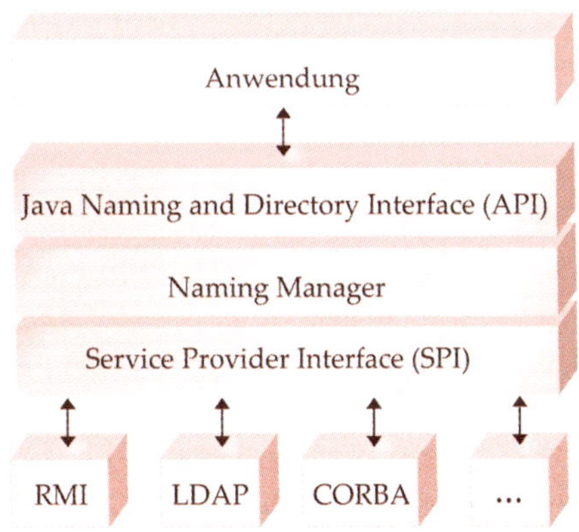

Abbildung 118: JNDI-Architektur (schematisch)

Während Sie Ihre Anwendung dabei auf Grundlage des *Application Programming Interface (API)* entwickeln, programmieren Anbieter von Namensdiensten entsprechende Schnittstellen auf Basis eines so genannten *Service Provider Interface (SPI)*. Sun stellt lediglich den so genannten *Naming Manager*, der die Aufgabe hat, zwischen beiden Schichten zu vermitteln.

Hinweis

JNDI ist im Übrigen nicht die einzige Technologie, bei der Sun lediglich eine Spezifikation für API und SPI bereitstellt. Diese Technik hat sich in vielen Bereichen etabliert, da sie den Standardisierungsprozess unterstützt und beiden Seiten (Herstellern wie Anwendern) Sicherheit bietet. Sie werden dieser Technik also noch an vielen Stellen in diesem Buch wieder begegnen.

Der große Vorteil dieser Architektur besteht in der einheitlichen Schnittstelle für Java-Programmierer. Egal ob Sie nun auf ein *LDAP-Verzeichnis*, die Funktionalität einer *Enterprise JavaBean (EJB)* oder gar eine Mail-Session zugreifen wollen, solange der entsprechende Service von einem SPI implementiert wird, können wir diesen über die JNDI ansprechen.

Ein API – zwei Services

Nachdem Sie nun verstanden haben, dass das JNDI-API immer nur das eine Ende eines Kabels sein kann und Sie stets einen Partner benötigen, der den Service erbringt, können wir uns endlich den eigentlichen Diensten zuwenden, auf die Sie später zugreifen werden.

- Ein Namensdienst (*Naming Service*)

  Hierunter versteht man die Abbildung eines Namens auf ein damit assoziiertes Objekt. So ordnet ein Dateisystem beispielsweise jedem Dateinamen ein entsprechendes Dateiobjekt zu.

- Ein Verzeichnisdienst (*Directory Service*)

  Ein Verzeichnisdienst ist im Prinzip die Erweiterung eines Namensdienstes, indem er neben der Zuordnung von Namen zu Objekten auch die Angabe von Attributen zum Objekt erlaubt. Das können beispielsweise Lese- und Schreibrechte zu einer Datei sein.

  Die zugeordneten Objekte sind hier Verzeichniseinträge, die, wie eine *HashMap*, aus einer Menge von Attribut-Werte-Paaren bestehen.

Beide Dienste ermöglichen es Ihnen dabei, die Objekte und ihre Attribute zu setzen, zu löschen, zu suchen oder aufzulisten. Dabei ist es auch möglich, dass ein Dienst statt des Objektes selbst lediglich eine *Referenz* (Adresse) auf dieses Objekt zurückliefert. So übersetzt der wohl meistbekannte Namensdienst *Domain Name Services (DNS)* einen URL wie *google.de* in die zugehörige IP-Adresse des Servers, die der Browser anschließend verwendet, um den eigentlichen Request abzuschicken.

178 Der Kontext

Ein zentraler Begriff, um den sich bei Namens- und Verzeichnisdiensten fast alles dreht, ist der *Kontext* (`Context`). Der Kontext wird dabei durch eine Anzahl von Bindungen zwischen Namen und Objekten gebildet. So bildet die Liste aller Namen von Dateien und Unterverzeichnissen eines Ordners den Kontext dieses Ordners. Ein Unterverzeichnis können Sie in diesem Zusammenhang dann als Subkontext auffassen, wodurch ein hierarchisches System von verschiedenen Kontexten entsteht.

Der Unterschied zwischen Namens- und Verzeichnisdiensten besteht in diesem Zusammenhang darin, dass bei einem Namensdienst (Naming Services) die Objekte aller Kontexte von ein und demselben Typ sein müssen. So enthält der DNS beispielsweise nur Einträge (IP-Adressen) von Servern, während Verzeichnisdienste (Directory Services) Spezialisierungen in Form von Attributen unterstützen.

Ein Kontext ermöglicht Ihnen dabei die Navigation durch die Hierarchie der Kontexte, die Suche (`lookup()`) und Auflistung (`list()`) von Objekten sowie das Erzeugen (`bind()`) und das Löschen (`unbind()`) von Einträgen.

Wie Sie sehen, ist das JNDI also nichts anderes als ein *verallgemeinertes Dateisystem*, bei dem Sie sich stets an einer bestimmten Stelle im Verzeichnisbaum (`tree`) befinden, von der aus Sie gegebenenfalls weiter nach oben oder unten navigieren können. An der jeweils aktuellen Position können Sie sich die dort gespeicherten Elemente ausgeben lassen, neue Elemente erstellen oder vorhandene löschen.

179 Wie arbeiten Namensdienste?

Ein Namensdienst (Naming Service) verbindet also eine Menge von Namen mit Objekten eines bestimmten Typs. Er ermöglicht es Ihnen, diese in einem Kontext abzulegen und später, eventuell zusammen mit anderen Objekten dieses Typs, wieder zu extrahieren. Damit gehören Naming Services zu den fundamentalsten Diensten in allen Computersystemen, da sie es ermöglichen, Objekte in komplexen, hierarchischen Strukturen abzulegen und über verständliche Namen wieder zu extrahieren.

Aufbau von Namen

Die Namen innerhalb eines Namensservice folgen bestimmten zuvor definierten Syntaxegeln, so genannten *Naming Conventions*, die sich von Service zu Service unterscheiden können. Beim Domain Name Service (DNS) des Internets bestehen die Namen zum Beispiel aus durch Punkte (.) getrennten Zeichenketten, die kein Leerzeichen enthalten dürfen, wohingegen in Ihrem lokalen Dateisystem die einzelnen Verzeichnisse, je nach Betriebsystem, entweder durch einen Schrägstrich bzw. Slash (/) oder Backslash (\) getrennt werden.

Auch die Leserichtung ist von Service zu Service unterschiedlich. Während der URL *java.sun.com* von rechts nach links aufgelöst wird, entschlüsseln Sie den Pfad der Datei */home/java/jndi* von links nach rechts. Auch Mischformen zwischen beiden Konventionen sind möglich, wobei diese dann von unterschiedlichen Services aufgelöst werden.

Die folgende Zeichenkette zeigt beispielsweise eine Mischform zwischen Domain Name System (DNS) und Dateisystem:

```
java.sun.com/products/jndi/index.jsp
```

Listing 404: Ein zusammengesetzter Name verschiedener Dienste

Die einzelnen Bestandteile des Namens werden nach folgenden Kriterien unterschieden:

- Atomic Name

  Der Atomic Name ist der elementare Name eines Objektes in einem bestimmten Kontext. Dieser Name ist nicht weiter zerlegbar. Die Zeichenkette `sun` bildet in obigem Beispiel einen solchen Atomic Name.

- Compound Name

  Als Compound Name (zusammengesetzter Name) bezeichnet man einen aus Atomic Names zusammengesetzten hierarchischen Namen eines Objektes. Dieser Name muss den Namenskonventionen des jeweiligen Namensraumes folgen. `java.sun.com` bzw. */products/jndi/index.jsp* sind Beispiele für Compound Names.

- Composite Name

  Ein Composite Name (zusammengefasster Name) ist schließlich das Resultat der beiden Compound Names zu *java.sun.com/products/jndi/index.jsp*. Ein Composite Name besteht aus den Compound Names unterschiedlicher Namensräume und wird von verschiedenen Service-Providern gemeinsam aufgelöst.

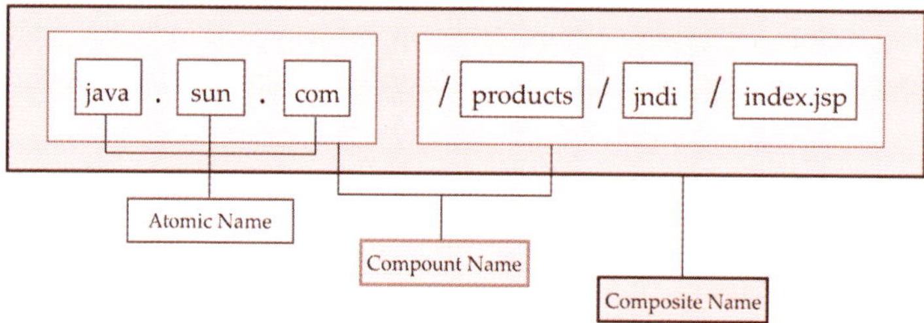

Abbildung 119: Aufbau von Namen

Namenskonventionen

Sun schlägt in der Spezifikation auch eine Konvention für Namen vor, unter der die verschiedenen Dienste abgelegt bzw. angeboten werden sollen. Danach sollen die Namen der Objekte, die über die JNDI referenziert werden können, mit folgenden Präfixen (die Sie später als Subkontexte identifizieren werden) beginnen:

- `java:comp/env/jdbc`

  Datenbankverbindungen, die über JNDI als `javax.sql.DataSource` verfügbar gemacht werden, sollen unter diesem Kürzel abgelegt werden.

- `java:comp/env/url`

  Dieses Kürzel dient der Ablage von `java.net.URL`-Objekten.

- `java:comp/env/jms`

  Den *Java Messaging Service (JMS)* werden Sie in einem späteren Kapitel kennen lernen.

- `java:comp/env/mail`

  Und auch die Objekte des JavaMail-Service bekommen einen eigenen Kontext.

- `java:comp/env/eis`

  Enterprise Information Systems (EIS) sind dazu gedacht, Informationen bereitzustellen. Dies können z.B. Kundendaten für E-Business-Anwendungen oder Wissensmanagement-Systeme für E-Learnig-Plattformen sein.

- `java:comp/env/eis/JAXR`

  Hinter dem Kürzel JAXR verbirgt sich die *Java API for XML Registry.* Diese ermöglicht das Auffinden und den Zugriff auf die Universal Description Discovery and Integration Services (UDDI). (Siehe auch das Kapitel über Web-Services.)

Zum Beispiel der Domain Name Service (DNS)

Der wohl meistbenutzte Namensservice ist der schon eingangs erwähnte Domain Name Service (DNS) des Internets, der die fantasievollen Domain-Namen auf feste IP-Adressen abbildet, die von Gremien wie der Denic (*www.denic.de*) verwaltet werden. Denn wie Sie bereits wissen, ist jeder Teilnehmer unter einer bestimmten Nummer, der *IP-Adresse*, an das Netz angebunden und ausschließlich unter dieser erreichbar. Sowohl Request- als auch Response-Pakete kennen lediglich diese Adresse und werden ausschließlich über diese verwaltet. Bevor der Browser den Request absenden und die von Ihnen gewünschte Ressource anzeigen kann, muss er zunächst ermitteln, welche IP-Adresse mit dem URL verbunden ist. Dies tut er mit Hilfe so genannter Namensserver, die Sie bei der Einwahl in der Regel automatisch zugewiesen bekommen.

Nun können sich die meisten Menschen Namen deutlich einfacher merken als Zahlenkolonnen, und auch die Werbung hätte wesentlich mehr Schwierigkeiten, statt *eBay* die Zeichenkette *66.135.192.71* zu vermarkten. Wie Sie sehen, sind *Namensdienste* mittlerweile so alltäglich für uns geworden, dass wir Ihre Verwendung kaum noch bemerken, aber vielleicht denken Sie bei der Erstellung Ihrer nächsten Java-Datei ja daran, dass sich dahinter genau genommen nichts weiter als ein auf bestimmte Weise magnetisierter Bereich Ihrer Festplatte verbirgt, den Sie anschließend mit einer Bezeichnung assoziieren.

180 Verzeichnisdienste?

Nachdem sich Namensdienste einfach aus der Neigung des Menschen entwickelt hatten, Objekte oder Referenzen auf Objekte unter logisch aufgebauten Namen abzulegen, wollte man diesen Einträgen auch bald bestimmte Attribute zuweisen, um diese genauer zu spezifizieren oder nach diesen Eigenschaften gruppieren zu können. Zu diesem Zweck wurden die Namensdienste zu Verzeichnisdiensten (Directory Service) erweitert.

Ein Verzeichnis (*Directory*) in einem Directory Service stellt, analog zu den Kontexten bei Namensdiensten, eine Menge von Verzeichnisobjekten (*Directory Entries*). Diese Einträge sind ebenfalls bestimmten Objekten oder Referenzen auf Objekte zugeordnet. Im Unterschied zu klassischen Namensdiensten können den Objekten aber auch zusätzliche Attribute zugeordnet sein.

Ein klassisches Beispiel für einen Directory Service ist das Telefonbuch. In diesem Verzeichnis sind Personen, die in diesem Fall Verzeichnisobjekte darstellen, anhand Ihres Nachnamens aufgelistet. Zusätzlich sind diesen Personen dann die Attribute Straße (optionales Attribut) und Telefonnummer zugeordnet, wobei jedem der Attribute auch mehrere Werte zugeordnet sein können.

In modernen elektronischen Telefonbüchern können wir beispielsweise alle Personen einer bestimmten Straße auflisten, wobei wir die Attribute aller Einträge unseres Telefonbuches mit einem bestimmten Muster (Straßenname) vergleichen. Unser Telefonbuch ist dabei immer für einen Landkreis oder eine Stadt gültig und enthält die Einträge einer bestimmten Vorwahl. So kann es beispielsweise in einer anderen Stadt einen identischen Eintrag geben, der dann allerdings ein anderes Objekt referenziert.

Verzeichnisdienst versus Datenbank

Vielleicht würden Sie das städtische Telefonbuch auch eher mit einem objektrelationalen Datenbanksystem (RDBMS) als mit einem Verzeichnisdienst assoziieren, und tatsächlich gibt es eine Reihe von Analogien zwischen beiden Technologien, wie beispielsweise Transaktionsunterstützung, Skalierbarkeit und Multi-User-Zugriffe. Daneben existiert jedoch, wie die nachfolgende Tabelle zeigt, auch eine Reihe markanter Unterschiede:

	RDBMS	Verzeichnisdienst
Abbildung der Daten	In Tabellen und Schemata	In hierarchischen Knoten
Art des Zugriffs	Lesende und schreibende Zugriffe	Überwiegend lesende Zugriffe
Suchkriterien	Nach fest definierten Attributen	Nach beliebigen Attributen
Häufigkeit der Attributwerte	Existiert zu jedem Datensatz genau einmal oder ist undefiniert (null).	Jedem Attribut können beliebig viele Werte zugeordnet sein.

Tabelle 63: Vergleich zwischen objektrelationaler Datenbank und Verzeichnisdienst

	RDBMS	Verzeichnisdienst
Beziehungen zwischen Datensätzen	Können über einen JOIN ermittelt werden.	Es können lediglich Aussagen über die Hierarchie gemacht werden.
Charakteristika	Komplexe Anfragen, lange Verbindungen mit dem Client	Triviale Anfragen (Existenz), kurze Client-Verbindungen
Typ. Anwendungen	Datenspeicher für Anwendungen	Verzeichnisse (Recherche)

Tabelle 63: Vergleich zwischen objektrelationaler Datenbank und Verzeichnisdienst (Forts.)

Sie können sich einen Verzeichnisdienst also durchaus auch als eine über das Netzwerk verteilte hierarchische Datenbank vorstellen, die auf einem Client-Server-Prinzip basiert, und tatsächlich existieren mit *IBM Research* oder *Open LDAP* auch LDAP-Implementierungen, die auf einem RDBMS basieren. Dabei sollten Sie jedoch bedenken, dass Verzeichnisdienste zwar für beliebige Daten, jedoch eher für den lesenden Zugriff optimiert sind.

LDAP – ein typischer Verzeichnisdienst

Derzeit existiert eine Reihe unterschiedlicher Verzeichnisdienste am Markt wie beispielsweise:

- Das *Active Directory* (ADS) in *Windows 2000*-Netzwerken
- *Novell Directory Services* (NDS) in *Novell*-Netzwerken
- Den *Network Information Service* (NIS) bei Unix
- Das *Lightweight Directory Access Protocol* (LDAP) als offener Standard mit vielen Implementierungen

Dabei war auch LDAP zunächst nur ein Protokoll, das 1995 an der Universität Michigan entwickelt wurde, um auf Daten im X.500-Standard zugreifen zu können. Der X.500-Standard beschreibt dabei den grundsätzlichen Aufbau eines Verzeichnisdienstes über den gesamten *ISO/OSI Stack*. Dies wiederum machte die Implementierung des X.500 Dienstes sehr aufwändig.

Das LDAP-Protokoll verzichtete auf die Beschreibung der Transport- und Netzwerkschichten und verwendete dafür das bereits etablierte TCP/IP-Protokoll. Daher kommt auch der Name *Lightweight* (leichtgewichtig).

Während vollwertige *Directory Access Protocols (DAP)* Mechanismen zur Internationalisierung, eine vollständige Benutzerauthentifizierung und ein Verzeichnis-Management implementieren, unterstützt LDAP im Wesentlichen lediglich den Zugriff auf Verzeichnisse mit diesem Standard und emuliert die anderen Funktionen lediglich. Hierdurch war es wesentlich einfacher zu implementieren, was sehr zur schnellen Verbreitung dieses Standards beitrug.

Hinweis

Das *OSI-Model (Open Systems Interconnection Reference Model)* ist ein in den 70er-Jahren entwickeltes Modell, das den Aufbau von Netzwerkprotokollen (TCP/IP, AppleTalk) beschreibt. Jede zu bewältigende Aufgabe wird dabei einer einzelnen, auf den anderen Schichten aufbauenden Schicht (Layer) übertragen.

Die einzelnen Schichten befassen sich dabei (von unten nach oben gelesen) mit:

- der physischen Übertragung (Physical Layer), einer Beschreibung der elektrischen Übertragung
- der Sicherung (Data Link Layer) und Fehlerkorrektur
- der Kommunikation über das Netzwerk (Network Layer), wie etwa der Vermittlung von Paketen
- dem Datentransport (Transport Layer), der für die Vermeidung von Staus verantwortlich ist
- der Sitzung (Session Layer), mit der Sie bereits bei Ihren Servlets und JSPs gearbeitet haben
- der Darstellung (Presentation Layer), etwa in Form einer Markup-Sprache wie HTML
- der auf diese Schichten aufbauenden Anwendung (Application Layer)

Und wer sich diese Reihenfolge noch nie merken konnte, dem hilft vielleicht der Merksatz aus dem Alltag eines Programmierers: »*P*lease *d*o *n*ot *t*hrow *s*alami *p*izza *a*way.«

Hinweis

Wie spannend dieses Thema ist, lässt sich auch an der Anzahl der Publikationen dazu erkennen, so finden Sie mehr zum Thema LDAP unter anderem in den RFCs 1777, 1823 und 1959.

181 Erzeugen eines initialen Kontextes

Zuallererst benötigen Sie stets einen Einstiegspunkt in das System, von dem aus Sie anschließend weiter navigieren können. Bei Zugriff auf ein Unix-Dateisystem ist der initiale Kontext zum Beispiel das Home-Verzeichnis des Benutzers.

Die Standardumgebung

Um den initialen Kontext der Standardumgebung zu erzeugen, genügt es, den leeren Konstruktor der Klasse `javax.naming.InitialContext` aufzurufen, wie es das folgende Listing zeigt.

```
...
   try {
      Context initCtx = new InitialContext();
   } catch (NamingException ne) {
      ne.printStackTrace();
   }
...
```

Listing 405: Initialisieren des Standardkontextes

Diese Umgebung wird häufig durch den verwendeten Application-Server (z.B. JBoss) initialisiert und ermöglicht Ihnen Zugriff auf dessen Namensdienst.

Anpassen der Standardumgebung per Kommandozeile

Sie können die jeweilige SPI-Implementierung, die als Standardumgebung verwendet wird, auch über einen Parameter bei Start der Applikation festlegen. Sie steuern das Verhalten über die Kommandozeilen-Option `-D`.

```
java -Djava.naming.factory.initial=com.sun.jndi.ldap.LdapCtxFactory Klasse
```

Listing 406: Setzt LDAP als Standardumgebung

Achtung

Natürlich muss die gewählte Klasse auch über den Classpath eingebunden sein. Anderenfalls erzeugt die JVM eine `ClassNotFoundException`.

Anpassen der Standardumgebung zur Laufzeit

Sie können die zu verwendende SPI-Implementierung natürlich auch erst zur Laufzeit bestimmen, indem Sie den Konstruktor des initialen Kontextes über eine `Hashtable` konfigurieren.

```
...
   try {
      // Erzeugen einer Hashtable zur Konfiguration
      Hashtable env = new java.util.Hashtable();

      // Spezifizieren des zu verwendenden Services
      env.put(Context.INITIAL_CONTEXT_FACTORY,
              "com.sun.jndi.ldap.LdapCtxFactory");
```

Listing 407: Konfiguration des LDAP-Services zur Laufzeit

```
        // Spezifizieren des zu verwendenden URL
        env.put(Context.PROVIDER_URL, "ldap://localhost:389");

        // Erzeugen des initialen Kontextes
        Context initCtx = new InitialContext(env);

    } catch (NamingException ne) {
        ne.printStackTrace();
    }
...
```

Listing 407: Konfiguration des LDAP-Services zur Laufzeit (Forts.)

182 Den Dienst konfigurieren

Namens- und Verzeichnisdienste werden in Java über eine `java.util.Hashtable` konfiguriert, die alle Einstellungen enthält. Hierfür definiert Ihnen das Interface `javax.naming.Context` eine Reihe von Konstanten.

Schlüssel	Verwendung
`INITIAL_CONTEXT_FACTORY`	Schnittstelle zum SIP. Mit diesem Schlüssel geben Sie die Klasse an, die den Service implementiert.
`PROVIDER_URL`	URL, unter dem der Service erreichbar ist
`URL_PKG_PREFIXES`	Liste der Präfixe der Java-Packages, die nach einer Implementierung durchsucht werden. Der Standardwert `com.sun.jndi.url` bleibt stets erhalten und wird hinten angefügt.
`LANGUAGE`	Eine nach RFC 1766 kodierte Zeichenkette, mit der Sie die von Ihnen bevorzugte Sprache einstellen
`SECURITY_PROTOCOL`	Typ des Verschlüsselungsprotokolls, zum Beispiel »SSL«
`SECURITY_AUTHENTICATION`	Gibt die Art des Authentifizierungsschemas an. Standard: `simple`.
`SECURITY_PRINCIPAL`	Benutzername ...
`SECURITY_CREDENTIALS`	... und das zugehörige Passwort

Tabelle 64: Konstanten zur Konfiguration des initialen Kontextes

Je nach verwendetem Service erfüllen die einzelnen Konstanten ihre Funktion oder nicht, so macht die Angabe von Benutzername und Passwort beispielsweise beim Zugriff auf das Dateisystem wenig Sinn. Die wichtigsten Schlüssel sind jedoch stets `INITIAL_CONTEXT_FACTORY`, mit dem Sie den Dienst angeben, und `PROVIDER_URL`, der die Adresse des Service enthält.

183 Die JNDI-Umgebung für den JBoss konfigurieren

Um mit dem Namensdienst des JBoss Application Servers zu arbeiten, können Sie die folgende Konfiguration verwenden:

```
...
   try {
      // Konfigurieren des Service-Providers (JBoss)
      Hashtable env = new Hashtable();

      // JBoss JNDI-Factory
      env.put(Context.INITIAL_CONTEXT_FACTORY,
              "org.jnp.interfaces.NamingContextFactory");

      // URL des Namensdienstes (JBoss-Standard-Port: 1099)
      env.put(Context.PROVIDER_URL, "localhost:1099");

      // Konfiguration der URL-Package-Präfixe
      env.put(Context.URL_PKG_PREFIXES,
              "org.jboss.naming:org.jnp.interfaces");

      // Erzeugen des initialen Kontextes
      Context ctx = new InitialContext(env);

      // ...
      // Hier können Sie mit dem Namensdienst arbeiten
      // ...

      // Freigeben der Verbindung
      ctx.close();

   } catch (NamingException nex) {
      nex.printStackTrace();
   }
...
```

Listing 408: Konfiguration der Umgebung für den JBoss Application Server

Anschließend müssen Sie die mit der JBoss-Distribution ausgelieferte Datei *jbossall-client.jar* in den Classpath einbinden, in dem die oben angegebenen Klassen enthalten sind.

Tipp

Natürlich müssen Sie die verwendeten Administered Objects auch konfigurieren. Beim JBoss tun Sie dies über die gut dokumentierten Dateien *jbossmq-service.xml*.

184 Mit dem Kontext arbeiten

Nachdem Sie das initiale `Context`-Objekt erzeugt haben, können Sie mit diesem auf den Dienst zugreifen und in diesem navigieren. Hierfür stellt Ihnen das Interface folgende Basismethoden bereit:

Operation	Beschreibung
`bind()`	Unter dem Binden (englisch: bind) versteht man das Ablegen eines Objektes im aktuellen Kontext.
`unbind()`	Diese Methode ist das Pendant zu `bind` und löscht ein Objekt aus dem Kontext.
`rebind()`	Verwenden Sie einen bereits vorhandenen Namen, um ein Objekt über `bind` abzulegen, wird das alte Objekt nicht automatisch gelöscht. Stattdessen wirft Java zur Sicherheit eine entsprechende `Exception`. `rebind()` unterbindet dies, indem es das alte Objekt überschreibt.
`createSubcontext()` und `destroySubcontext()`	Mit diesen Operationen erzeugen und entfernen Sie neue Subkontexte. Diese Operationen sind vergleichbar mit dem Anlegen und Löschen neuer Verzeichnisse im Dateisystem.
`list()`	Diese Operation listet alle gebundenen Objekte (inklusive Subkontexte) des aktuellen Kontexts auf. Sie entspricht damit den Befehlen `dir` (Windows) bzw. `ls` (Linux).
`listBindings()`	Diese Methode liefert im Gegensatz zu `list()` gleichzeitig auch Referenzen auf das gebundene Objekt.
`lookup()`	Das ist die vielleicht interessanteste Methode: Sie liefert Ihnen nämlich ein gebundenes Objekt zurück. Auch Subkontexte werden so gefunden.
`rename()`	Bindet ein bereits gebundenes Objekt unter einem neuen Namen.
`close()`	Beendet den Zugriff auf den Namens- und Verzeichnisdienst. Jeden Versuch, nach dem Rufen dieser Methode eine weitere Operation auf dem aktuellen Kontext auszuführen, quittiert Java mit einer Fehlermeldung.

Tabelle 65: Basisoperationen eines Namensdienstes

Das sind die Basisoperationen unseres Kontexts und des dahinter liegenden Namensdienstes. Bei Laufzeitfehlern erzeugen sie alle eine `javax.naming.NamingException` (respektive eine Subklasse davon), so dass Sie Fehler innerhalb der JNDI relativ leicht abfangen können.

185 Auflisten der Elemente eines Context

Eine typische Aktion nach dem Erzeugen eines `Context`-Objektes ist die Ausgabe aller an diesen Kontext gebundenen Objekte. Dazu verwenden Sie die Methode `list()`.

Hinweis

Dieses Beispiel verwendet zu Demonstrationszwecken – und weil nicht jeder Leser über einen LDAP-Verzeichnisdienst verfügt – Suns File-System-Implementierung (`com.sun.jndi.fscontext.RefFSContextFactory`). Sie können jedoch auch jede andere verwenden, sofern ein entsprechender Service verfügbar ist.

```
package de.codebooks.j2ee.jndi;

import java.util.Hashtable;
import javax.naming.Context;
import javax.naming.NameClassPair;
import javax.naming.InitialContext;
import javax.naming.NamingEnumeration;
import javax.naming.NamingException;

/** Listet alle an einen Context gebundenen Elemente auf */
public class ListContext {

    /** Listet die Elemente des InitialContext auf */
    public static void main (String[] args) {

      try {
         // Konfiguration der JNDI-Umgebung
         Hashtable env = new Hashtable();

        // Setzen des Service-Providers (FileSystem)
        env.put(Context.INITIAL_CONTEXT_FACTORY,
                "com.sun.jndi.fscontext.RefFSContextFactory");

        // Erzeugen des InitialContext
        Context ctx = new InitialContext(env);

        // Lesen und Ausgabe der Elemente dieses Kontextes
        NamingEnumeration list = ctx.list(".");
        while (list.hasMore()) {
           NameClassPair ncp = (NameClassPair) list.next();
           System.out.println(ncp);
        }

         // Schließen der Verbindung
         ctx.close();

      } catch (NamingException nex) {
         nex.printStackTrace();
      }
```

Listing 409: Auflisten der Elemente des InitialContext

```
        return;
      }
  }
```

Listing 409: Auflisten der Elemente des InitialContext (Forts.)

Nachdem Sie das `InitialContext`-Objekt erzeugt haben, können Sie über die Methode `list()` dessen Inhalt auslesen.

```
javax.naming.NamingEnumeration list = ctx.list(".");
```

Listing 410: Auslesen des Inhalts eines Context-Objektes

Die Klasse `NamingEnumeration` ist dabei eine Subklasse von `java.util.Enumeration`, die beim Lesen eines Kontextes aufgetretene Fehler zunächst zurückhält und erst dann weiter wirft, wenn alle Elemente der Enumeration durchlaufen wurden und die Methode `hasMore()` den Wert `false` zurückliefert. Die Elemente der zurückgegebenen Enumeration sind dabei vom Typ `javax.naming.NameClassPair`, der den Namen und die Klasse des gebundenen Objektes enthält.

Achtung

Das Beispiel zeigt Ihnen noch eine weitere Analogie zwischen JNDI und einer Datenbank: Nachdem Sie mit dem Service gearbeitet haben und die geöffnete Verbindung nicht mehr benötigen, sollten Sie diese über die Methode `close()` auch wieder schließen, um wichtige Ressourcen freizugeben.

JNDI

Ausführen der Klasse

Da sich die Beispiele in diesem Kapitel alle von der Kommandozeile ausführen lassen, müssen Sie die dafür benötigten JAR-Bibliotheken unter Umständen manuell angeben. Um das obige Listing, nachdem Sie es erfolgreich mit dem Ant-Skript übersetzt haben, starten zu können, wechseln Sie in das Verzeichnis `classes` und verwenden am besten folgenden Aufruf:

```
java -cp ../lib/jndi.jar;../lib/fscontext.jar;../lib/providerutil.jar;
de.codebooks.j2ee.jndi.ListContext
```

Listing 411: Aufruf des Beispiels

Die Bibliotheken `jndi.jar` und `providerutil.jar` enthalten dabei das API bzw. SPI, während die Implementierung in der Datei `fscontext.jar` steckt.

Das Resultat

Der initiale Kontext des File-System-Providers ist übrigens das Laufwerk-Stammverzeichnis (*C:*, *D:*) unter Windows bzw. Root (*/*) unter Linux, und da die Methode `list()` in diesem Service dem Befehl `dir` bzw. `ls` entspricht, erhalten Sie beispielsweise folgende Ausgabe:

```
Programme: javax.naming.Context
Ant: javax.naming.Context
ReadMe.txt: java.io.File
Recycled: javax.naming.Context
Projekte: javax.naming.Context
Music: javax.naming.Context
```

Listing 412: Ausgabe des initialen Kontextes

Wie Sie sehen, listet das obige Beispiel sowohl Dateien als auch enthaltene Ordner auf, die bei diesem Service Subkontexte darstellen.

186 Auslesen der Elemente eines Kontextes

Die im vorangegangenen Rezept verwendete `NamingEnumeration` ist vor allem dazu gedacht, den Inhalt eines `Context`-Objektes auszulesen. Die einzelnen Elemente vom Typ `NameClassPair` enthalten dabei zwar Informationen über das gebundene Objekt, jedoch keine Referenz auf das gebundene Objekt selbst. Dazu dient die Methode `listBindings()`:

Die Klasse

Die Klasse zum gleichzeitigen Referenzieren aller gebundenen Objekte ähnelt stark dem vorherigen Beispiel: Sie rufen jetzt lediglich die Methode `listBinding()`, die Ihnen eine Enumeration von `Binding`-Objekten zurückliefert.

```
package de.codebooks.j2ee.jndi;

import java.util.Hashtable;
import javax.naming.Context;
import javax.naming.Binding;
import javax.naming.InitialContext;
import javax.naming.NamingEnumeration;
import javax.naming.NamingException;

/** Gibt alle an einen Context gebundenen Elemente aus */
public class ListBindings {

    /** Gibt die Elemente des InitialContext aus */
    public static void main (String[] args) {

      try {
         // Konfiguration der JNDI-Umgebung
         Hashtable env = new Hashtable();
```

Listing 413: Ausgabe der Elemente des InitialContext

JNDI

```
            // Setzen des Service-Providers (FileSystem)
            env.put(Context.INITIAL_CONTEXT_FACTORY,
                    "com.sun.jndi.fscontext.RefFSContextFactory");

            // Erzeugen des InitialContext
            Context ctx = new InitialContext(env);

            // Lesen und Ausgabe der Elemente dieses Kontextes
            NamingEnumeration list = ctx.listBindings(".");
            while (list.hasMore()) {
               Binding binding = (Binding) list.next();
               System.out.println(binding.getName() + ":" + binding.getObject());
            }

            // Schließen der Verbindung
            ctx.close();

         } catch (NamingException nex) {
            nex.printStackTrace();
         }
         return;
      }
   }
```

Listing 413: Ausgabe der Elemente des InitialContext (Forts.)

Der Unterschied mag Ihnen akademisch vorkommen, zumal die hier verwendete Klasse von `Binding`-Objekten eine Subklasse von `NameClassPair` bildet. Diese ermöglicht es Ihnen jedoch nun, über die Methode `getObject()` auch auf die einzelnen Objekte des Bindings zuzugreifen.

```
System.out.println(binding.getName() + ":" + binding.getObject());
```

Listing 414: Referenzieren eines Objektes

Das Resultat

Nachdem Sie auch dieses Beispiel erfolgreich übersetzt und mit einem vom Klassennamen entsprechend abgewandelten Aufruf gestartet haben (Listing 409), erhalten Sie die folgende Ausgabe.

```
Programme : com.sun.jndi.fscontext.RefFSContext@863399
Ant : com.sun.jndi.fscontext.RefFSContext@13e205f
Recycled : com.sun.jndi.fscontext.RefFSContext@1bf73fa
```

Listing 415: Ausgabe von gebundenen Objekten

```
ReadMe.txt : D:\.\AdobeWeb.log
Recycled : jndi.fscontext.RefFSContext@5ac072
Projekte : com.sun.jndi.fscontext.RefFSContext@4a65e0
Music : com.sun.jndi.fscontext.RefFSContext@1cf8583
```

Listing 415: Ausgabe von gebundenen Objekten (Forts.)

Wie Sie an den Hash-Werten und der Ausgabe der Datei deutlich erkennen können, handelt es sich dabei um »echte« Objekte innerhalb der Java Virtual Machine (VM), mit der Sie auf Wunsch sofort weiterarbeiten können.

187 Umbenennen von Objekten

Das nächste Listing zeigt Ihnen anhand des File System Providers, wie Sie bereits gebundene Objekte umbenennen können. In diesem Fall benennen Sie die Datei *ReadMe.txt* in *LiesMich.txt* um. Das Listing funktioniert natürlich auch mit anderen (nicht auf Dateien basierenden) Namens- und Verzeichnisdiensten.

```
package de.codebooks.j2ee.jndi;

import java.util.Hashtable;
import javax.naming.Context;
import javax.naming.InitialContext;
import javax.naming.NamingException;

/** Bindet eine Objekt unter einem neuen Namen */
public class Rename {

    /** Benennt die Datei ReadMe.txt in LiesMich.txt um */
    public static void main (String[] args) {

      try {
        // Konfiguration der JNDI-Umgebung
        Hashtable env = new Hashtable();

        // Setzen des Service-Providers (FileSystem)
        env.put(Context.INITIAL_CONTEXT_FACTORY,
                "com.sun.jndi.fscontext.RefFSContextFactory");

        // Erzeugen des InitialContext
        Context ctx = new InitialContext(env);

        // Umbenennen der Datei
        ctx.rename("ReadMe.txt", "LiesMich.txt");
```

Listing 416: Umbenennen von Referenzen

```
            // Schließen der Verbindung
            ctx.close();

         } catch (NamingException nex) {
            nex.printStackTrace();
         }
           return;
      }
}
```

Listing 416: Umbenennen von Referenzen (Forts.)

Dateioperationen leicht gemacht: Anschließend heißt die Datei *ReadMe.txt* nun *LiesMich.txt*.

188 Entfernen von Objekten

Über die Methode `unbind()` können Sie gebundene Objekte auch aus dem Kontext entfernen. Beim File-System-Provider entspricht das dem Löschen der Datei oder des Verzeichnisses.

```
package de.codebooks.j2ee.jndi;

import java.util.Hashtable;
import javax.naming.Context;
import javax.naming.InitialContext;
import javax.naming.NamingException;

/** Entfernt eine Referenz aus dem Kontext */
public class Unbind {

    /** Löscht die Datei LiesMich.txt */
   public static void main (String[] args) {

      try {
         // Konfiguration der JNDI-Umgebung
         Hashtable env = new Hashtable();

         // Setzen des Service-Providers (FileSystem)
         env.put(Context.INITIAL_CONTEXT_FACTORY,
                "com.sun.jndi.fscontext.RefFSContextFactory");

         // Erzeugen des InitialContext
         Context ctx = new InitialContext(env);
```

Listing 417: Löschen einer Referenz

```
            // Löschen der Datei
            ctx.unbind("LiesMich.txt");

            // Schließen der Verbindung
            ctx.close();

         } catch (NamingException nex) {
            nex.printStackTrace();
         }
         return;
      }
   }
```

Listing 417: Löschen einer Referenz (Forts.)

189 Arbeiten mit Pfaden

In den vorangegangenen Rezepten haben Sie sich stets im initialen Kontext bewegt und auf den dort gebundenen Objekten operiert. Dabei haben Sie vielleicht bemerkt, dass an das `InitialContext`-Objekt weitere Objekte des Typs `java.naming.Context`, so genannte Subkontexte, gebunden sind. Sie könnten diese auch extrahieren (Rezept 10.10), zum `Context` casten und entsprechend verwenden, doch es geht auch einfacher: Geben Sie einfach einen Pfad durch die Kontexte an.

Ein Beispiel: Nehmen wir einmal an, Sie befänden sich in Ihrem Laufwerk-Stammverzeichnis und hätten folgende Ordnerstruktur:

Abbildung 120: Eine Struktur im Dateisystem

Wenn Sie nun die Datei *Context.java* aus dem Verzeichnis *spi/ldap* in das Verzeichnis *api* bewegen wollen, führen Sie folgenden Befehl aus.

```
move ./spi/ldap/Context.java ./api
```

Listing 418: Kopieren einer Datei in Subkontexten

Sie geben einfach einen Pfad in den gewünschten Kontext an. Dieser besteht aus einem so genannten Compound Name, der wiederum aus einzelnen Atomic Names zusammengesetzt ist. Die Regeln, nach denen diese Namen aufgebaut werden, sind dabei von Service zu Service verschieden.

JNDI

Verwenden von Pfaden

Auch bei der Verwendung des JNDI können Sie Pfade verwenden, um Objekte in Subkontexten zu referenzieren. Um das obige Beispiel mit dem File-System-Provider zu implementieren, erweitern Sie Listing 414 folgendermaßen:

```
package de.codebooks.j2ee.jndi;

import java.util.Hashtable;
import javax.naming.Context;
import javax.naming.InitialContext;
import javax.naming.NamingException;

/** Bindet ein Objekt unter einem neuen Namen */
public class Move {

    /** Benennt die Datei ReadMe.txt in LiesMich.txt um */
    public static void main (String[] args) {

      try {
         // Konfiguration der JNDI-Umgebung
         Hashtable env = new Hashtable();

         // Setzen des Service-Providers (FileSystem)
         env.put(Context.INITIAL_CONTEXT_FACTORY,
                 "com.sun.jndi.fscontext.RefFSContextFactory");

         // Erzeugen des InitialContext
         Context ctx = new InitialContext(env);

         // Bewegen der Datei von einem Kontext zum nächsten
         ctx.rename("./spi/ldap/Context.java", "./api/Context.java");

         // Schließen der Verbindung
         ctx.close();
      } catch (NamingException nex) {
         nex.printStackTrace();
      }
      return;
    }
}
```

Listing 419: Bewegen von Objekten in Subkontexten

JNDI

190 Ablegen von Objekten am Beispiel von Datenquellen

Dieses Rezept zeigt Ihnen, wie Sie eigene Objekte in einem Kontext ablegen. Ein typischer Anwendungsfall hierfür sind Datenbankverbindungen, die über einen Namensdienst verfügbar gemacht werden. Um dies zu demonstrieren, werden Sie zunächst eine solche erzeugen und anschließend an einen Kontext binden. Dieser Teil könnte beispielsweise von einem Dienst Ihrer Applikation übernommen werden, um den Rest der Applikation von der Datenhaltung zu trennen und diese auch nachträglich anpassen zu können.

Im anschließenden Rezept werden Sie diese Verbindung schließlich wieder aus dem Kontext extrahieren und für eine Datenbankanfrage verwenden. Doch zunächst müssen Sie Ihr Wissen um Datenbankverbindungen erweitern.

Vom Driver-Manager zur DataSource

Durch die Einführung des *Driver-Managers* (`java.sql.DriverManager`) vereinfachte Sun den Zugriff auf Datenbanken erheblich. Sofern der Hersteller seinerseits einen entsprechenden Treiber zur Verfügung stellte, konnte ein einheitliches Interface dazu verwendet werden, die unterschiedlichsten Typen von Datenbanken anzusprechen. Kommt Ihnen das System bekannt vor?!

Der Driver-Manager ermöglichte es zwar, verschiedene Datenbanken auf unterschiedlichen Servern anzusprechen, jedoch war die Datenzugriffsschicht weiterhin an spezifischen Code gebunden. Um die Verbindung zu einer MySQL-Datenbank aufzubauen, verwenden Sie beispielsweise folgende Codefragmente:

```
...
   // Datenbank-Treiber via Classloader laden
   Class.forName("com.mysql.jdbc.Driver");

   // Verbindung zur Datenbank herstellen
   java.sql.Connection connection =
      java.sql.DriverManger.getConnection
         ("jdbc:mysql://localhost:3306/mySQL", "userName", "password");
...
```

Listing 420: Aufbau einer Datenbankverbindung (klassisch)

Nun ist der Driver-Manager aufgrund seiner Architektur nicht geeignet, über einen Kontext verfügbar gemacht zu werden. Dann erweiterte Sun seine SQL-Unterstützung um eine verallgemeinerte Datenquelle: `javax.sql.DataSource`. Eine Datenquelle ist im Wesentlichen eine verallgemeinerte Datenbank und erfüllt die gleichen Aufgaben wie ein `DriverManager`; mit dem Unterschied, dass die `DataSource` explizit dafür entwickelt wurde, über einen JNDI-Service verfügbar gemacht zu werden. Das folgende Listing zeigt die Schritte, die notwendig sind, eine Datenbankverbindung aufzubauen. Diese sind zum Teil herstellerabhängig und können von Implementierung zu Implementierung variieren.

```
// Erzeugen einer neuen DataSource
com.mysql.jdbc.jdbc2.optional.MysqlDataSource dataSource =
   new com.mysql.jdbc.jdbc2.optional.MysqlDataSource();

// Setzen des Server-Namens
dataSource.setServerName("localhost");

// Setzen des Datenbanknamens
dataSource.setDatabaseName("test");

// Angabe des Ports
dataSource.setPortNumber(3306);

// Zugangsinformationen
dataSource.setUser("userName");
dataSource.setPassword("password");

// Aufbau der Verbindung
java.sql.Connection connection = dataSource.getConnection();
```

Listing 421: Aufbau einer Datenbankverbindung via DataSource

Ablegen der Datenquelle

Nachdem Sie ein `DataSource`-Objekt erzeugen können, müssen Sie nur noch lernen, wie Sie es in an einen JNDI-Kontext binden und über diesen verfügbar machen.

```
package de.codebooks.j2ee.jndi;

import java.util.Hashtable;
import javax.sql.DataSource;
import javax.naming.Context;
import javax.naming.InitialContext;
import javax.naming.NamingException;

/** Bindet ein konfiguriertes DataSource-Objekt an einen Kontext */
public class Bind {

    /** Bindet die DataSource an einen Kontext des File-Service-Provider */
    public static void main (String[] args) {

      try {
        // Erzeugen der Data-Source
```

Listing 422: Binden einer DataSource in einen JNDI-Kontext

```
        com.mysql.jdbc.jdbc2.optional.MysqlDataSource dataSource =
           new com.mysql.jdbc.jdbc2.optional.MysqlDataSource();

        // Konfiguration der Datenbankverbindung
        dataSource.setServerName("localhost");
        dataSource.setDatabaseName("test");
        dataSource.setPortNumber(3306);
        dataSource.setUser("user");
        dataSource.setPassword("password");

        // Erzeugen des InitialContext
        Hashtable env = new Hashtable();
        env.put(Context.INITIAL_CONTEXT_FACTORY,
                "com.sun.jndi.fscontext.RefFSContextFactory");

        Context ctx = new InitialContext(env);

        // Binden der DataSource
        ctx.rebind("comp/env/jdbc/mysql/dataSource", dataSource);

        // Schließen der JNDI-Verbindung
        ctx.close();

     } catch (NamingException nex) {
        nex.printStackTrace();
     }
     return;
   }
}
```

Listing 422: Binden einer DataSource in einen JNDI-Kontext (Forts.)

Dieses Listing legt die konfigurierte `DataSource` im Kontext *comp/env/jdbc/mysql/* unter dem Namen `dataSource` ab. Die Methode `rebind()` überschreibt dabei gegebenenfalls einen bereits unter dem gleichen Namen existierenden Eintrag, ohne einen Fehler zu erzeugen. Wenn Sie dies nicht wünschen, verwenden Sie das Pendant `bind()`.

```
ctx.rebind("comp/env/jdbc/mysql/dataSource", dataSource);
```

Listing 423: Definition eines Namens und eines Kontextes für die Datenquelle

Achtung

Beim Übersetzen und Ausführen von Listing 420 muss der Classpath neben den oben gezeigten JAR-Dateien auch die Datei *mysql.jar* enthalten.

Speicherung im Hintergrund

Haben Sie sich nun auch gefragt, wie eine JNDI-Implementierung, die für die Arbeit mit Dateien und Verzeichnissen ausgelegt ist, ein Objekt wie die `DataSource` speichert? Wenn Sie Listing 420 korrekt ausführen, arbeitet Ihr Rechner die Anweisungen ab und beendet das Programm dann ohne Ausgabe oder weitere Fehlermeldung. Dennoch können später gestartete Java-Programme nun auf die vorkonfigurierte Datenquelle zurückgreifen.

Der File-System-Service-Provider speichert Ihre gebundenen Objekte dabei in der versteckten Datei *.bindings* im `InitialContext`, also beispielsweise in dem Laufwerk-Stammverzeichnis. Da die erstellte Datei in Textform vorliegt, können Sie diese anschließend natürlich auch mit einem beliebigen Editor betrachten.

```
# This file is used by the JNDI FSContext.
# Wed Sep 22 13:55:21 CET 2004
comp/env/jdbc/mysql/dataSource/RefAddr/1/Type=password
comp/env/jdbc/mysql/dataSource/RefAddr/2/Type=serverName
comp/env/jdbc/mysql/dataSource/RefAddr/2/Encoding=String
comp/env/jdbc/mysql/dataSource/RefAddr/6/Content=false
comp/env/jdbc/mysql/dataSource/RefAddr/4/Content=test
comp/env/jdbc/mysql/dataSource/RefAddr/3/Type=port
comp/env/jdbc/mysql/dataSource/RefAddr/6/Encoding=String
comp/env/jdbc/mysql/dataSource/RefAddr/1/Content=password
comp/env/jdbc/mysql/dataSource/RefAddr/0/Encoding=String
comp/env/jdbc/mysql/dataSource/RefAddr/4/Type=databaseName
comp/env/jdbc/mysql/dataSource/RefAddr/5/Type=profileSql
comp/env/jdbc/mysql/dataSource/RefAddr/3/Encoding=String
comp/env/jdbc/mysql/dataSource/RefAddr/6/Type=explicitUrl
comp/env/jdbc/mysql/dataSource/RefAddr/7/Content=
   jdbc\:mysql\://localhost\:3306/test
comp/env/jdbc/mysql/dataSource/ClassName=
   com.mysql.jdbc.jdbc2.optional.MysqlDataSource
comp/env/jdbc/mysql/dataSource/RefAddr/7/Encoding=String
comp/env/jdbc/mysql/dataSource/RefAddr/5/Content=false
comp/env/jdbc/mysql/dataSource/RefAddr/1/Encoding=String
comp/env/jdbc/mysql/dataSource/RefAddr/3/Content=3306
comp/env/jdbc/mysql/dataSource/FactoryName=
   com.mysql.jdbc.jdbc2.optional.MysqlDataSourceFactory
comp/env/jdbc/mysql/dataSource/RefAddr/7/Type=url
comp/env/jdbc/mysql/dataSource/RefAddr/2/Content=localhost
comp/env/jdbc/mysql/dataSource/RefAddr/0/Content=user
comp/env/jdbc/mysql/dataSource/RefAddr/0/Type=user
comp/env/jdbc/mysql/dataSource/RefAddr/5/Encoding=String
comp/env/jdbc/mysql/dataSource/RefAddr/4/Encoding=String
```

Listing 424: Mit dem File-System-Provider gebundene DataSource

Wie Sie sehen, werden dabei verschiedene Informationen über das Objekt abgelegt, mit dem DataSource später wiederhergestellt werden kann. Die Reihenfolge spielt dabei nur eine untergeordnete Rolle:

```
...
comp/env/jdbc/mysql/dataSource/ClassName=
     com.mysql.jdbc.jdbc2.optional.MysqlDataSource
comp/env/jdbc/mysql/dataSource/RefAddr/7/Type=url
comp/env/jdbc/mysql/dataSource/RefAddr/7/Encoding=String
comp/env/jdbc/mysql/dataSource/RefAddr/7/Content=
     jdbc\:mysql\://localhost\:3306/test
...
```

Listing 425: Geordneter Auszug aus der Konfigurationsdatei des File-System-Providers

191 Extrahieren eines Objektes

Das vorangegangene Rezept hat Ihnen demonstriert, wie Sie Objekte (z.B. eine DataSource) in einem Namensdienst ablegen. In diesem Rezept werden Sie die im Beispiel zuvor abgelegte DataSource aus dem Kontext extrahieren, um damit anschließend eine Datenbankverbindung zu öffnen.

```
package de.codebooks.j2ee.jndi;

import java.sql.Connection;
import java.sql.SQLException;
import java.util.Hashtable;
import javax.sql.DataSource;
import javax.naming.Context;
import javax.naming.InitialContext;
import javax.naming.NamingException;

/** Extrahiert ein konfiguriertes DataSource-Objekt aus einem Kontext */
public class Lookup {

    /** Extrahiert die DataSource */
    public static void main (String[] args) {

      try {
         // Erzeugen des initialen Kontextes
         Hashtable env = new Hashtable();
         env.put(Context.INITIAL_CONTEXT_FACTORY,
                 "com.sun.jndi.fscontext.RefFSContextFactory");
```

Listing 426: Extrahieren eines Objektes aus einem Kontext

```
            Context ctx = new InitialContext(env);

            // Extrahieren der DataSource
            DataSource datasource = (DataSource)
             ctx.lookup("comp/env/jdbc/mysql/dataSource");

            // Schließen der JNDI-Verbindung
            ctx.close();

            // Öffnen einer Datenbankverbindung
            Connection connection = datasource.getConnection();

            //...
            // Hier können Sie mit der Datenbank-Connection arbeiten
            // ...

            // Schließen der Datenbankverbindung
            connection.close();

         } catch (NamingException nex) {
            nex.printStackTrace();
         } catch (SQLException exc) {
            exc.printStackTrace();
         }
         return;
      }
   }
```

Listing 426: Extrahieren eines Objektes aus einem Kontext (Forts.)

Zunächst erzeugen Sie wie gewohnt ein `InitialContext`-Objekt, um mit dem Service kommunizieren zu können. Dann extrahieren Sie das gewünschte Objekt über seinen Pfad mit der Methode `lookup()`.

```
DataSource datasource =
   (DataSource) ctx.lookup("comp/env/jdbc/mysql/dataSource");
```

Listing 427: Extrahieren und Casten eines Objekts aus dem JNDI

Da die Methode `lookup()` stets nur ein Objekt der Basisklasse `Object` zurückgeben kann, müssen Sie dieses anschließend entsprechend casten. Nachdem Sie alle gewünschten Objekte extrahiert haben, können Sie die Verbindung zu diesem Dienst schließen und anschließend mit den Objekten weiterarbeiten. In obigem Listing öffnen Sie beispielsweise anschließend eine Verbindung (`java.sql.Connection`) zur Datenbank, die Sie abschließend auch unbedingt wieder schließen sollten.

192 Eine JNDI-Lookup-Klasse

Viele Dienste, wie z.B. der *Java Message Service (JMS)* oder auch *Enterprise JavaBeans (EJB)*, verwenden einen Namens- oder Verzeichnisdienst, um Objekte abzulegen. Das folgende Rezept zeigt Ihnen eine universelle Klasse, mit der Sie Objekte extrahieren können.

```
package de.codebooks.j2ee.jndi;

import java.util.Hashtable;
import javax.naming.Context;
import javax.naming.InitialContext;
import javax.naming.NamingException;

/**
 * Extrahiert Objekte aus dem Namensservice
 */
public class Lookup {

   /** Konfiguration des Dienstes */
   private Hashtable config;

   /** Constructor */
   public Lookup(Hashtable aConfiguration) {
      config = aConfiguration;
   }

   /** Extrahiert das Objekt unter dem angegebenen Pfad */
   public Object lookup(String path) {

      Object object = null;

      try {
         // Erzeugen des initialen Kontextes
         Context ctx = new InitialContext(config);

         // Suchen des Objektes
         object = ctx.lookup(path);

         // Freigeben der Verbindung
         ctx.close();

      } catch (NamingException nex) {
         nex.printStackTrace();
      }
```

Listing 428: Hilfsklasse für den Zugriff auf den Name Service (JNDI)

```
        return object;
    }
}
```

Listing 428: Hilfsklasse für den Zugriff auf den Name Service (JNDI) (Forts.)

Die `Hashtable config` enthält dabei alle Informationen, um auf den Namensdienst zugreifen zu können. Das folgende Listing zeigt eine typische Konfiguration für den Zugriff auf den Namensdienst des JBoss Application Server:

```
...
   Hashtable env = new Hashtable();

   // JBoss JNDI-Factory
   env.put(Context.INITIAL_CONTEXT_FACTORY,
           "org.jnp.interfaces.NamingContextFactory");

   // URL des Namensdienstes (JBoss-Standard-Port: 1099)
   env.put(Context.PROVIDER_URL, "localhost:1099");

   // Konfiguration der URL-Package-Präfixe
   env.put(Context.URL_PKG_PREFIXES, "org.jboss.naming:org.jnp.interfaces");

   // Erzeugen der Lookup-Klasse
   Lookup lookup = new Lookup(env);
...
```

Listing 429: Konfiguration für den JBoss Application Server

193 Attribute des Verzeichnisdienstes LDAP

Da sich die nächsten Beispiele auf den wohl bekanntesten Verzeichnisdienst LDAP beziehen, folgt hier eine kurze Einführung in die gängigsten Attribute. LDAP-Einträge bestehen aus einer Reihe von Attributen, die zusammen den so genannten *Distinguished Name* (dn) bilden. Jedes der Attribute hat dabei einen bestimmten Typ, der in der Regel durch ein gängiges Kürzel definiert wird. Die folgende Tabelle listet die am meisten verbreiteten Kürzel auf:

Kürzel	Bezeichnung	Beschreibung
dc	Domain Context	Der Domain-Kontext, also ein *Atomic Name* des Domänennamens
cn	Common Name	Der vollständige Name einer Person
sn	Surname	Der Familienname der Person; in der Regel ein Teil des cn.
c	Country	Aus zwei Buchstaben bestehendes Länderkürzel wie z.B. de

Tabelle 66: Gebräuchliche Kürzel für LDAP-Einträge

Kürzel	Bezeichnung	Beschreibung
st	State	Der Bundstaat oder das Bundesland
l	Locality	Ein dem Eintrag zugeordneter Ort
o	Organisation	Eine Firma oder Organisation
ou	Organisation Unit	Eine Organisationseinheit oder Abteilung
title	Title	Ein Titel, wie CEO, Dr. ...
mail	eMail	Eine E-Mail-Adresse

Tabelle 66: Gebräuchliche Kürzel für LDAP-Einträge (Forts.)

Dabei kann jedes Attribut auch mehrmals, mit unterschiedlichen Werten vorhanden sein, wenn eine Person etwa an zwei Orten arbeitet oder für unterschiedliche Unternehmen tätig ist. Die gültigen Werte, die ein Attributeintrag dabei annehmen kann, hängen dabei stark vom jeweiligen Typ ab, so akzeptiert das Attribut `mail` eine E-Mail-Adresse, während sich hinter `photo` eine JPEG-Datei verbergen könnte.

Ein Beispiel für einen LDAP-Eintrag

Einem LDAP-Eintrag sind Sie übrigens schon im Kapitel über Servlets begegnet, als Sie sich über das Java-Programm `keytool` ein HTTPs-Zertifikat erzeugten. Das Programm erfragte verschiedene Informationen von Ihnen und erzeugte mit diesen ein auf Ihren Namen ausgestelltes Zertifikat. Der entsprechende Eintrag könnte dabei etwa folgende Form gehabt haben:

```
dn: cn=Thomas Stark, ou=Codebooks, o=Addison-Wesley, l=Berlin,
st=Deutschland, c=DE
```

Listing 430: Ein Distinguished Name für Ihr HTTPs-Zertifikat

Diesen Eintrag können Sie in den nächsten Beispielen nutzen, um nach bestimmten Attributen zu suchen.

Tipp

Wenn Sie einen guten und kostenlosen LDAP-Server suchen, versuchen Sie es doch einmal mit OpenLDAP unter *http://www.openldap.org/*

194 Ein DirContext-Objekt erzeugen

Prinzipiell funktioniert ein Verzeichnisdienst wie ein Namensdienst, und es ändert sich auch am Code zur Erzeugung des `InitialDirContext` wenig, außer dass Sie jetzt einige Klassen des Packages `javax.naming.directory`, einen anderen Provider verwenden und den URL des Dienstes angeben müssen.

```
package de.codebooks.j2ee.jndi;

import java.util.Hashtable;
import javax.naming.NamingException;
import javax.naming.directory.DirContext;
import javax.naming.directory.InitialDirContext;

/** Erzeugt ein DirContext-Objekt */
public class InitLdap {

   /** Erzeugt das InitialDirContext-Objekt */
   public static void main (String[] args) {

      try {
         // Konfiguration der JNDI-Umgebung
         Hashtable env = new Hashtable();

         // Setzen des Service-Providers (LDAP)
         env.put(DirContext.INITIAL_CONTEXT_FACTORY,
                 "com.sun.jndi.ldap.LdapCtxFactory");

         // Setzen des Provider-URL
         env.put(DirContext.PROVIDER_URL,
                 "ldap://localhost:389/o=Codebooks");

         // Erzeugen des InitialContext
         DirContext ctx = new InitialDirContext(env);

         // ...
         // Hier können Sie mit dem DirContext-Objekt arbeiten
         // ...

         // Schließen der Verbindung
         ctx.close();

      } catch (NamingException nex) {
         nex.printStackTrace();
      }
      return;
   }
}
```

Listing 431: Erzeugen eines InitialDirContext

195 Objekte im Verzeichnisdienst binden

DirContext stellt Ihnen die gleichen Methoden zum Suchen, Binden und Verschieben von Objekten zur Verfügung wie das Context-Objekt, außer dass es sich bei den Pfaden jetzt um Distinguished Names handelt. Das folgende Listing-Fragment speichert beispielsweise ein Applet unter dem Common Name (cn) applet.

```
...
   // Erzeugen eines beliebigen Applets
   java.applet.Applet applet = ...
...
   // Ablegen des Applets
   ctx.bind("cn=applet", applet);
...
```

Listing 432: Speichern eines Applets im LDAP

196 Suche nach Objekten mit vorgegebenen Attributen

Neben den Standardmethoden des Context-Objektes stellt Ihnen ein DirContext-Objekt auch komfortable Methoden zum Suchen nach bestimmten Objekten zur Verfügung. Diese gliedern sich dabei im Wesentlichen in zwei Gruppen:

- Der Suche anhand von definierten Attributen, um die es in diesem Abschnitt gehen soll.
- Der Suche über einen Filterausdruck, dem sich der nächste Absatz widmet.

Definieren von Attributen

Um anhand von definierten Attributen suchen zu können, müssen Sie diese natürlich zunächst definieren. Dazu erzeugen Sie zunächst ein Attributes-Objekt und füllen es anschließend mit den gewünschten Parametern.

```
...
   // Erzeugen des Attribut-Wrappers
   Attributes atts = new BasicAttributes(true);

   // Füllen des Attribut-Wrappers
   atts.put("ou", "Codebooks");
   atts.put("l", "Berlin");
...
```

Listing 433: Erzeugen eines Attributes-Objektes

Mit diesem Attributes-Objekt können Sie nun beispielsweise nach allen Einträgen suchen, deren Organisationseinheit (ou) Codebooks ist und die einen Locality-Eintrag (l) für Berlin besitzen. Der optionale Parameter des Constructors gibt dabei an, ob die Attribute (nicht die Werte) case-sensitiv behandelt werden sollen oder nicht. In diesem Listing soll es also egal sein, ob die Organisationseinheit mit dem Attribut ou oder OU hinterlegt wurde.

Eine Klasse zum Durchsuchen des Kontextes

Nachdem Sie nun wissen, wie Sie Attribute erzeugen können, ist die Suche damit ein Kinderspiel.

```
package de.codebooks.j2ee.jndi;

import java.util.Hashtable;
import javax.naming.NamingEnumeration;
import javax.naming.NamingException;
import javax.naming.directory.Attributes;
import javax.naming.directory.DirContext;
import javax.naming.directory.SearchResult;
import javax.naming.directory.BasicAttributes;
import javax.naming.directory.InitialDirContext;

/** Durchsucht einen Verzeichniskontext anhand von Attributen */
public class AttributeSearch {

   /** Durchsucht das InitialDirContext-Objekt */
   public static void main (String[] args) {

      try {
         // Konfiguration der JNDI-Umgebung
         Hashtable env = new Hashtable();

         // Setzen des Service-Providers (LDAP)
         env.put(DirContext.INITIAL_CONTEXT_FACTORY,
                 "com.sun.jndi.ldap.LdapCtxFactory");

         // Setzen des Provider-URL
         env.put(DirContext.PROVIDER_URL,
                 "ldap://localhost:389/o=JNDITutorial");

         // Erzeugen des InitialContext
         DirContext ctx = new InitialDirContext(env);


         // Erzeugen des Attribut-Wrappers
         Attributes atts = new BasicAttributes(true);

         // Füllen des Attribut-Wrappers
         atts.put("ou", "Codebooks");
         atts.put("l", "Berlin");

         // Suche nach den Objekten
         NamingEnumeration list = search(".", atts);
```

Listing 434: Durchsuchen eines Kontextes

JNDI

```
            while (list.hasMore()) {
                SearchResult result = (SearchResult) list.next();
                System.out.println(result.getName() + ":" + result.getObject());
            }

            // Schließen der Verbindung
            ctx.close();

        } catch (NamingException nex) {
            nex.printStackTrace();
        }
        return;
    }
}
```

Listing 434: Durchsuchen eines Kontextes (Forts.)

Die Methode `search()` des `DirContext`-Objektes übernimmt einfach einen Kontextpfad sowie das `Attributes`-Objekt und liefert die Ergebnismenge in Form einer `NamingnEnumeration` zurück, die Sie schon aus den vorangegangenen Beispielen kennen. Diese enthält jedoch dieses Mal Objekte vom Typ `SearchResult`, einer Subklasse von `Binding`. Eines dieser `SearchResult`-Objekte könnte dabei zum Beispiel den Eintrag aus Listing 428 enthalten, da dieser auf die angegebenen Attribute passt.

197 Suche mit einem Filter

Etwas anspruchsvoller, dafür natürlich auch wesentlich leistungsfähiger gestaltet sich die Suche mit Filtern. Ein Filter besteht dabei aus einer Zeichenkette, welche die zu suchenden Eigenschaften enthält.

Notation einfacher Filter

Um beispielsweise nach Einträgen mit der Organisationseinheit `Codebooks` zu suchen, definieren Sie:

```
(ou=Codebooks)
```

Listing 435: Ein einfacher Filter

Filter können jedoch bei weitem mehr, so können Sie nun zum Beispiel auch Muster für die zu suchenden Werte definieren:

```
(ou=Co*)
```

Listing 436: Musterbasierter Filter

Dieser Filter passt nun auf alle Einträge, deren `ou`-Attribut mit der Zeichenkette `Co` beginnt.

Arithmetische Ausdrücke

Sie können in gewissem Umfang sogar arithmetische Ausdrücke definieren. Angenommen ein Attribut `age` enthält das jeweilige Alter der zugehörigen Person, so können Sie über den folgenden Ausdruck alle volljährigen Personen ermitteln.

```
(age>=18)
```

Listing 437: Alter größer oder gleich 18

> **Achtung**
> Beachten Sie dabei, dass in der Spezifikation (siehe Tabelle 60) nur die Ausdrücke für gleich (=), kleiner-gleich (<=) und größer-gleich (>=) definiert sind. Sie könnten also nicht nach Personen suchen, deren Alter echt größer (>) als 17 ist. Passen Sie Ihren Ausdruck also entsprechend an, oder verknüpfen Sie zwei Bedingungen.

Verknüpfen von Ausdrücken

Über die Symbole `&`, `|` und `!` können Sie Ihre Filterausdrücke und-verknüpfen (`and`), oder-verknüpfen (`or`) und negieren (`not`). Die dabei verwendete Notation ist jedoch etwas gewöhnungsbedürftig, da erst der Operator und dann die zu verknüpfenden Ausdrücke kommen:

```
And - Verknüpfung
(&(erster Ausdruck)(zweiter Ausdruck))

Or - Verknüpfung
(|(erster Ausdruck)(zweiter Ausdruck))

Negation
(!(Zu negierender Ausdruck))
```

Listing 438: Einsatz der Operatoren

Um also nach Einträgen zu suchen, deren `age`-Eintrag echt größer als `17` ist, bemühen Sie etwas die boolesche Algebra und erhalten:

```
(!(age<=17))
```

Listing 439: Alter echt größer als 17

JNDI

Eine Klasse, die anhand von Filtern sucht

Das folgende Listing sucht nach allen Einträgen, die ein Locality-Attribut mit dem Wert Hamburg oder Berlin haben und deren Organisationseinheit mit der Zeichenkette `Co` beginnt.

```
package de.codebooks.j2ee.jndi;

import java.util.Hashtable;
import javax.naming.NamingEnumeration;
import javax.naming.NamingException;
import javax.naming.directory.DirContext;
import javax.naming.directory.SearchResult;
import javax.naming.directory.SearchControls;
import javax.naming.directory.BasicAttributes;
import javax.naming.directory.InitialDirContext;

/** Durchsucht einen Verzeichniskontext mit einem Filter */
public class FilterSearch {

   /** Durchsucht das InitialDirContext-Objekt */
   public static void main (String[] args) {

      try {
         // Konfiguration der JNDI-Umgebung
         Hashtable env = new Hashtable();

         // Setzen des Service-Providers (LDAP)
         env.put(DirContext.INITIAL_CONTEXT_FACTORY,
                 "com.sun.jndi.ldap.LdapCtxFactory");

         // Setzen des Provider-URL
         env.put(DirContext.PROVIDER_URL,
                 "ldap://localhost:389/o=JNDITutorial");

         // Erzeugen des InitialContext
         DirContext ctx = new InitialDirContext(env);

         // Erzeugen des Filters
         String filter = "(&(|(l=Hamburg)(l=Berlin))(ou=Co*))";

         // Erzeugen der Suchbedingungen
         SearchControls ctls = new SearchControls();

         // Suche nach den Objekten
         NamingEnumeration list = ctx.search(".", filter, ctls);
         while (list.hasMore()) {
```

Listing 440: Suche anhand eines Filterausdrucks

JNDI

```
            SearchResult result = (SearchResult) list.next();
            System.out.println(result.getName() + ":" + result.getObject());
         }

         // Schließen der Verbindung
         ctx.close();

      } catch (NamingException nex) {
         nex.printStackTrace();
      }
      return;
   }
}
```

Listing 440: Suche anhand eines Filterausdrucks (Forts.)

Das SearchControls-Objekt

Bei der Suche anhand von Filterausdrücken benötigen Sie stets ein `SearchControls`-Objekt. Dieses stellt Ihnen Methoden zur Verfügung, mit denen Sie zum Beispiel ein Zeitlimit (`setTimeLimit()`), die maximale Anzahl von Treffern (`setCountLimit()`) oder die zurückgegebenen Attribute (`setReturningAttributes()`) festlegen können. Wenn Sie mit den Standardwerten arbeiten wollen, erzeugen Sie das Objekt einfach über seinen parameterlosen Konstruktor und vergessen den Rest.

Übersicht über die Symbole der Filtersyntax

Symbol	Beschreibung	Schema
&	Und-Verknüpfung (Konjunktion)	(&(*Ausdruck*)(*Ausdruck*))
|	Oder-Verknüpfung (Disjunktion)	(|(*Ausdruck*)(*Ausdruck*))
!	Verneinung (Negation)	(!(*Ausdruck*))
=	Test auf Gleichheit (hängt vom Attributtyp ab)	(*AttributeName=Wert*)
~=	Test auf Ähnlichkeit (hängt vom Attributtyp ab)	(*AttributeName~=Wert*)
<=	kleiner-gleich (less or equal)	(*AttributeName<=Wert*)
>=	größer-gleich (greater or equal)	(*AttributeName>=Wert*)
=*	Test ob das Attribut vorhanden ist, der Wert ist egal.	(*AttributeName=**)
*	Platzhalter (Wildcard), dieses Zeichen steht für eine beliebige Anzahl von Zeichen.	(*AttributeName=Co**)
\	Escape-Zeichen, dieses Zeichen wird vor reservierten Symbolen eingefügt. um dies anzuzeigen.	(*AttributeName=\(*\()*

Tabelle 67: Filtersyntax

Tipp Die vollständige Beschreibung der Filtersyntax finden Sie im RFC 2254, zum Beispiel unter *http://www.rfc-editor.org/*

198 Datenquellen im Apache Tomcat

Auch wenn Ihr Apache Tomcat kein »vollwertiger« Application-Server im Sinne der J2EE-Spezifikation ist, stellt er Ihnen dennoch eine Reihe von nützlichen Diensten zur Verfügung. So zum Beispiel einen JNDI-Service, der allerdings nur den lokalen Webapplikationen zur Verfügung steht. Dieser Service ermöglicht es Ihnen, Datenquellen und andere Ressourcen über den Webserver vorzukonfigurieren, und erleichtert Ihnen so die Arbeit mit verschiedenen Umgebungen (Test, Produktion ...) durch:

- Integration des Services in den Apache Tomcat

  Da der vom Tomcat emulierte JNDI-Service bereits in den Webcontainer integriert ist, wird kein zusätzlicher Anbieter benötigt.

- Pooling der Verbindungen

  Bei der Verwaltung von Datenquellen verwendet der Apache Tomcat automatisch einen Connection-Pool, in dem vorhandene Datenbankverbindungen zur späteren Wiederverwendung zwischengespeichert werden können. Das spart Ressourcen für den Auf- und Abbau der Verbindung und bringt einen deutlichen Geschwindigkeitsgewinn.

Doch wie immer bekommt man nichts geschenkt in dieser Welt, und so erkaufen Sie sich diese Vorteile, indem Sie sich in eine Abhängigkeit vom Apache Tomcat begeben.

So wird eine so erstellte Webapplikation nach der Verwendung dieser Services nicht mehr ohne Anpassungen auf einem einfachen Webserver wie *Mort Bay's Jetty* (*http://jetty.mortbay.org*) laufen. Solche Abhängigkeiten treten allerdings bei der Verwendung aller webserverspezifischen Dienste auf, und wenn Sie sich einmal für einen solchen entschieden haben, steht einer Verwendung dieser Services nichts mehr im Wege.

JNDI

Konfiguration des Apache Tomcat

Zunächst müssen Sie Ihren Tomcat natürlich entsprechend konfigurieren und mit der Datenquelle bekannt machen. Dazu fügen Sie den folgenden Eintrag in die Konfigurationsdatei *conf/server.xml* ein:

```
<Server port="8005" shutdown="SHUTDOWN" debug="0">

  <Listener
    className="org.apache.catalina.mbeans.GlobalResourcesLifecycleListener"
  />

  <!-- Globale JNDI - Ressourcen -->
```

Listing 441: Konfiguration einer DataSource im Apache Tomcat

```
    <GlobalNamingResources>

        <!-- Connection Pool -->
        <Resource name="jdbc/mySQL" auth="Container"
                  type="javax.sql.DataSource"
                  description="Codebook mySQL RDBMS"/>

        <!-- database resource parameters -->
        <ResourceParams name="jdbc/myQSL">
           <parameter>
              <name>driverClassName</name>
              <value>com.mysql.jdbc.Driver</value>
           </parameter>
           <parameter>
              <name>url</name>
              <value>jdbc:mysql://localhost:3306/mySQL</value>
           </parameter>
           <parameter>
              <name>username</name>
              <value>userName</value>
           </parameter>
           <parameter>
              <name>password</name>
              <value>password</value>
           </parameter>
        </ResourceParams>
    </GlobalNamingResources>
...
    <!-- Define the Tomcat Stand-alone Service -->
    <Service name="Tomcat-Standalone">
...
       <!-- Define the top level container -->
       <Engine name="Standalone" defaultHost="localhost" debug="0">
...
          <!-- Define the default virtual host -->
          <Host name="localhost" debug="0" appBase="webapps"
                unpackWARs="true" autoDeploy="true">

             <!-- specific easyPlan Tomcat Context -->
             <Context path="/codebooks" docBase"webapps"
                      reloadable="false" crossContext="true">
...
                <ResourceLink name="applicationDB"
                              global="jdbc/mySQL"
                              type="javax.sql.DataSource"/>
...
```

Listing 441: Konfiguration einer DataSource im Apache Tomcat (Forts.)

JNDI

```
            </Context>
          </Host>
        </Engine>
      </Service>
    </Server>
```

Listing 441: Konfiguration einer DataSource im Apache Tomcat (Forts.)

Sie können im Top-Level-Element `<GlobalNamingResources>` beliebig viele JNDI-Ressourcen und Datenquellen ablegen und mit einem symbolischen Namen (hier `jdbc/mySQL`) versehen. Diese werden dann über das Element `<ResourceLink>` in den Kontext der jeweiligen Webapplikation eingebunden und dort verfügbar gemacht.

Zugriff aus der Applikation

In der Webanwendung können Sie nun wie gewohnt auf die Datenquelle zugreifen, wobei der Standarddienst jetzt der des Apache Tomcat ist.

```
...
   Context initCtx = new InitialContext();
   Context envCtx = (Context) initCtx.lookup("java:comp/env");
   DataSource dataSource = (DataSource) envCtx.lookup("applicationDB");
   Connection connection = dataSource.getConnection();
...
```

Listing 442: Zugriff aus der Anwendung

Innerhalb des Dienstes sind die einzelnen Datenquellen innerhalb des Subkontextes `java:com/env` abgelegt, den wir über die Methode:

```
Context envCtx = (Context) initCtx.lookup("java:comp/env");
```

finden. Und nachdem Sie den richtigen Kontext gefunden haben, ist das Extrahieren der Datenquelle ein Kinderspiel. Wir müssen einfach nur nach dem symbolischen Namen unseres `<ResourceLinks>` (nicht den der Ressource!) suchen, das zurückgegebene Objekt zur `DataSource` casten – fertig.

```
DataSource dataSource = (DataSource)envCtx.lookup("applicationDB");
```

Tipp

Wenn Sie Ihre DataSource nicht im Kontext finden, lassen Sie sich zu Debug-Zwecken doch einmal alle Objekte im Subkontext `java:comp/env` anzeigen. Häufig haben Sie in diesem Fall einfach nur den symbolischen Namen des `<ResourceLinks>` (*»applicationDB«*) mit dem der `<Resource>` (*»jdbc/mySQL«*) vertauscht.

Denken Sie immer daran, dass der Anwendung die konkrete Datenbank verborgen bleiben soll, um diese später austauschen zu können. Deshalb ist hier der Name `applicationDB` oder ähnlich gerechtfertigt. Innerhalb der Konfigurationsdatei deklarieren Sie jedoch unter Umständen verschiedene Datenquellen, weswegen Sie hier einer fest bestimmten (eigenen) Namenskonvention folgen sollten.

Vorteile für Webanwendungen

Wenn Sie Ihre Datenbankumgebungen über den Webserver verwalten, haben Sie einen weiteren Vorteil:

Größere Applikationen durchlaufen vor dem Produktiveinsatz häufig zunächst eine Art Testsystem und greifen dabei auf eine Test-Datenbank zu. Ist der jeweilige URL der Datenbank dabei fest in den Quelltext einkodiert oder beispielsweise im Web Deployment Descriptor hinterlegt, laufen Sie immer Gefahr, versehentlich auf die falsche Datenbank zuzugreifen, oder müssen Ihre Anwendung zwischen Test und Produktion sogar neu übersetzen.

Hinterlegen Sie Ihre Datenbankverbindungen jedoch in den jeweiligen Webservern, minimieren wir diese Gefahr ganz beträchtlich, da diese nur sehr selten umkonfiguriert werden. Außerdem können Sie auf ein erneutes Übersetzen bei der Produktivsetzung verzichten. Stattdessen müssen wir in diesem Fall nur das Anwendungsverzeichnis (oder die WAR-Datei, die es enthält) von einem Server auf den anderen übertragen, und schon greift die Anwendung auf die Produktionsdatenbank zu.

Dieses Kapitel sollte Ihnen an praxisnahen Beispielen verdeutlichen, wie Sie das JNDI einsetzen können, um Ihre Anwendungen effizienter und weniger fehleranfällig zu machen. Natürlich bietet der Apache Tomcat, wie viele andere Webserver auch, ein weitaus größeres Spektrum zur Nutzung von JDNI an. Eine umfassende Dokumentation über die Möglichkeiten erhalten Sie dazu unter *http://jakarta.apache.org/tomcat/tomcat-5.0-doc/jndi-resources-howto.html.*

199 Problembehebung

Es gibt natürlich viele Möglichkeiten, warum Ihre Anwendung nicht das gewünschte Resultat liefert, doch hier sind die Favoriten.

Fehler aufgrund inkompatibler Versionen

Wenn Sie Ihre Anwendung nicht übersetzen können, kann es an inkompatiblen Versionen des JNDI liegen. Sun nahm zwischen den Versionen 1.1 und 1.2 größere Veränderungen vor, so dass nicht alle Anbieter mit beiden Versionen harmonieren. Stellen Sie also sicher, dass Ihre Version von Ihrem Service-Anbieter unterstützt wird.

Eine Klasse oder ein Paket wird nicht gefunden

Zum Übersetzen des JNDI benötigen Sie zunächst nur das API in der Datei (`jndi.jar`). Um die Anwendungen jedoch mit einem konkreten Dienst zu testen, sind zusätzliche Bibliotheken erforderlich. Stellen Sie sicher, dass alle erforderlichen Klassen über den Classpath erreichbar sind.

Sie erhalten keinen InitialContext

Dies ist in der Regel ein anbieterspezifisches Problem, weswegen Sie zunächst in dessen Dokumentation nachschlagen sollten. Häufig sind die Umgebungsvariablen für die `PROVIDER_URL` oder `SECURITY_*` nicht korrekt gesetzt.

Fehler beim Binden eines eigenen Objektes

Welche Objekte in einem Namens- oder Verzeichnisdienst abgelegt werden können, ist ebenfalls vom Anbieter abhängig, und nicht jeder Dienst kann mit jedem Objekt umgehen. So können Sie im eingangs verwendeten File-System-Service beispielsweise keine `Date`-Objekte ablegen. Häufig müssen die zu bindenden Objekte serialisierbar oder referenzierbar sein.

Enterprise JavaBeans

»Beans!« (Bohnen) – so lautet Suns Antwort auf die Frage nach wiederverwendbaren Software-Komponenten. Wenn Sie bisher Webanwendungen entwickelt haben, dann haben Sie JavaBeans vielleicht dazu verwendet, um so genannte Business-Objekte wie die Adresse einer Person abzubilden. Über verschiedene Getter- und Setter-Methoden ermöglichen Sie es einem Anwender, diese Daten zu setzen bzw. auszulesen, wobei die interne Repräsentation der Daten verborgen bleibt. Auf diese Weise wird die JavaBean von der umgebenden Anwendung entkoppelt, so dass beide unabhängig voneinander weiterentwickelt werden können, solange die jeweiligen Schnittstellen der JavaBean erhalten bleiben.

Alle in einer JavaBean gesetzten Variablenwerte bilden dabei den *Zustand* oder die *Entität* der JavaBean. Diese unterscheidet sie von anderen Objekten des gleichen Typs. In diesem Abschnitt finden Sie Beispiele und Rezepte im Umgang mit den populärsten Vertretern dieser Gattung: den so genannten *Enterprise JavaBeans (EJB)*.

200 Wofür benötigen Sie Enterprise JavaBeans?

Gute und robuste Webanwendungen sind häufig dreischichtig aufgebaut und unterteilen sich in die Darstellung, die Geschäfts- oder Business-Logik und die Datenhaltung, die häufig mit objektrelationalen Datenbanken realisiert wird.

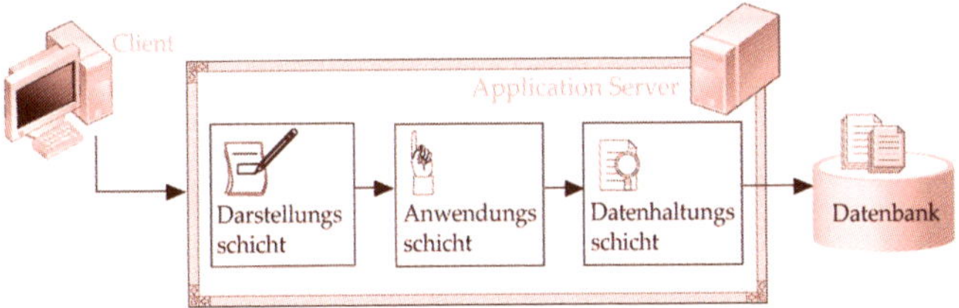

Abbildung 121: Schematische Darstellung einer dreischichtigen Anwendung

Diese Form der Abstraktion lässt sich nun natürlich beliebig fortsetzen, und so könnten Sie beispielsweise eine Schicht einführen, die über das Java Naming and Directory Interface (JNDI) mit anderen Systemen kommuniziert oder die Speicherung der Daten auf verschiedene Systeme verteilt. Auf diese Weise gelangen Sie von Drei-Schicht-Applikationen (Three-Tier-Applications) zu N-Tier-Applications.

Sun unterteilt JavaBeans hin und wieder in Objekte und Komponenten, wobei Letztere eine eigenständige Datenstruktur und Logik besitzen, wohingegen Objekte meist nur der Speicherung von zusammengehörenden Daten dienen. Obwohl der genaue Unterschied zwischen einem Objekt und einer Komponente nirgendwo fest definiert ist, handelt es sich bei Enterprise JavaBeans stets um Komponenten. Diese werden in einen *Container* integriert, der die einzelnen Komponenten verwaltet und die Dienste der enthaltenen Komponenten anbietet.

Kapselung der Geschäftslogik

Die Geschäftslogik bildet den zentralen Bestandteil aller Applikationen. Egal ob Bank, Rentenversicherer oder Maut-Betreiber: Auch wenn sich Darstellung und Datenhaltung hin und wieder ändern, ohne die in Code gegossenen Formeln zur Berechnung (*Workflow*), hinter denen sich häufig wichtige Betriebsgeheimnisse dieser Firmen verbergen, können Sie nicht arbeiten.

Enterprise JavaBeans ermöglichen es Ihnen, Ihre Business-Logik in einem zentralen Dienst zu kapseln und für alle darauf zugreifenden Frontend-Systeme zur Verfügung zu stellen.

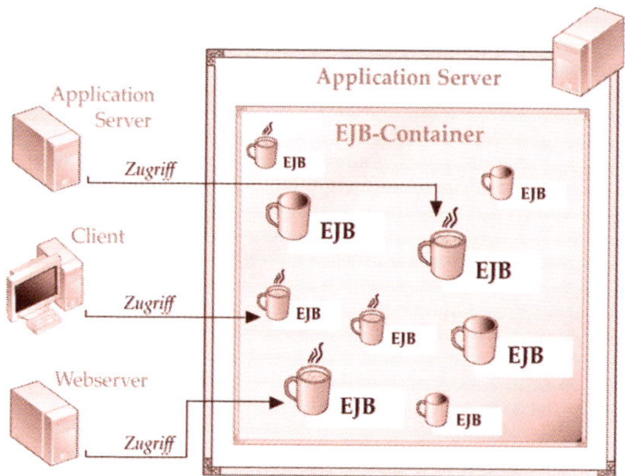

Abbildung 122: Kapselung des Workflows

Transaktionsmanagement

Wenn auf die Eingabe eines Benutzers verschiedene Dinge parallel geschehen müssen und entweder alle oder keines ausgeführt werden soll, benötigen Sie ein Transaktionsmanagement-System. Angenommen ein Reisebüro bietet online die Reservierung für Kreuzfahrten an. Findet nun eine solche Reservierung statt, muss sowohl der Betrag von einem Konto eingezogen als auch die Reservierung bei der Reederei erfolgen. Dabei dürfen Sie weder nur das eine noch nur das andere tun, kommt es bei einer der Aktionen zu einem Fehler (falsche Kontodaten ...), muss auch die andere storniert werden.

Viele Datenbanken unterstützen bereits Transaktionen, der Vorteil von Enterprise JavaBeans besteht darin, dass deren Transaktionen nicht allein auf Datenbanken beschränkt sind, sondern beispielsweise über den Java Message Service (JMS) auch Nachrichten an weit entfernte Teile einer verteilten Applikation (z.B. Server der Reederei) senden können. Kann das Geld nicht vom Einzugskonto abgebucht werden, ist sichergestellt, dass auch die (Buchungs-)Nachricht an die Reederei nicht ausgeliefert wird, da sie Bestandteil der aktuellen Transaktion ist.

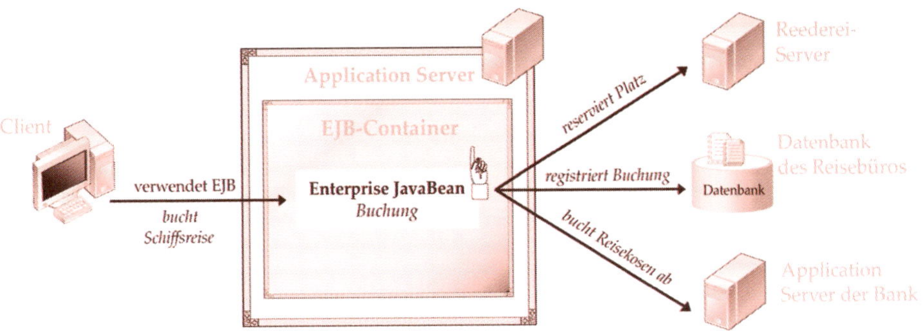

Abbildung 123: Transaktionsmanagement in verteilten Systemen

Load-Balancing

Unter Load-Balancing (Lastverteilung) versteht man Verfahren, bei denen eine große Menge von Aufgaben auf verschiedene Server verteilt wird, um die Überlastung eines einzelnen Servers zu vermeiden. Nach außen hin verhält sich dieser Rechnerverbund (Cluster) wie ein einzelner Rechner, so dass Clientsysteme nicht wissen, mit welchem Rechner sie gerade verbunden sind.

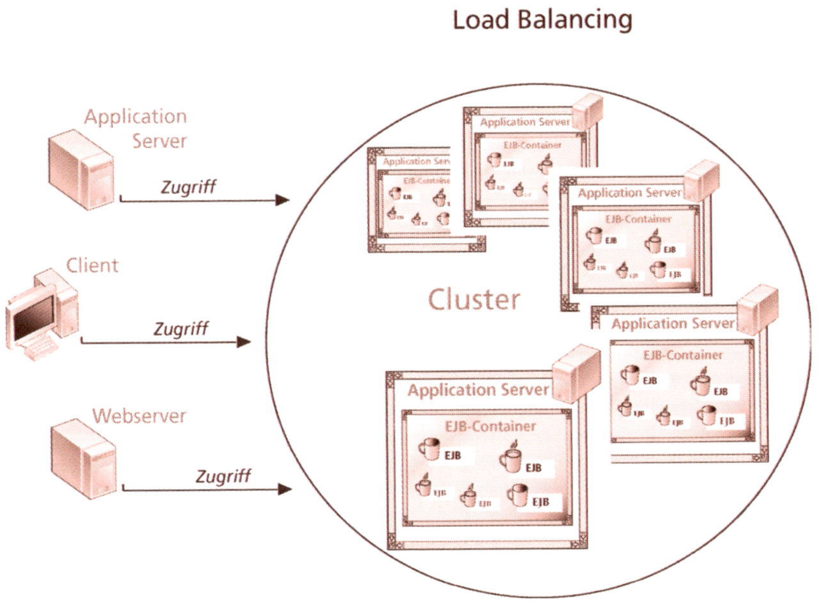

Load Balancing

Application Server
Zugriff
Client
Zugriff
Webserver
Zugriff
Cluster
Application Server
EJB-Container
EJB

Abbildung 124: Ein Rechnerverbund (Cluster) verteilt die Aufgaben

Da sich alle Rechner des Clusters nach außen hin identisch verhalten müssen, werden die Dienste des Clusters häufig mit Enterprise JavaBeans realisiert.

EJB

201 Vom Webserver zum J2EE-Application-Server

Wenn Sie bisher mit JSPs und Servlets gearbeitet haben, verwendeten Sie dafür in der Regel einen Webserver. Dieser enthält zum Beispiel den *Servlet-Container*, der die Laufzeitumgebung für Servlets und JSPs bildete. Genau wie diese benötigen auch Ihre *Enterprise JavaBeans* einen Platz, an dem sie erzeugt, mit Aufgaben betraut und schließlich wieder entfernt werden. Diese Laufzeitumgebung ist der so genannte *EJB-Container.*

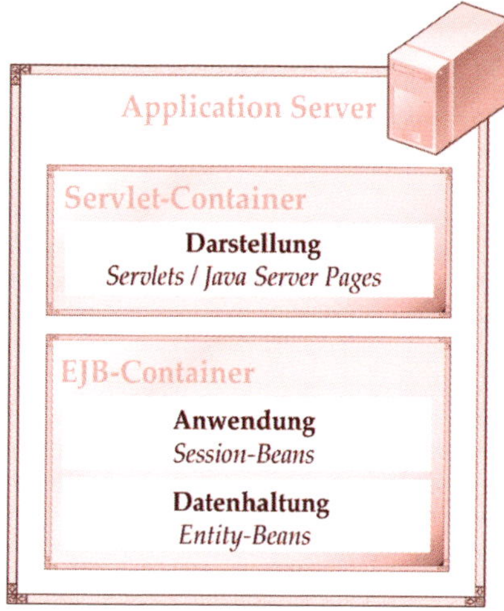

Abbildung 125: Aufbau eines J2EE-Application-Servers

Nun gibt es kaum einen Hersteller, der einen reinen EJB-Container anbietet. Dies liegt daran, dass eine Enterprise JavaBean als Logik-Container ohne Darstellungs- und Datenhaltungsschicht meist reichlich nutzlos wäre. So statten inzwischen auch viele Anbieter von Datenbanken, Transaktionsmonitoren oder CORBA-ORBs ihre Server mit einem EJB-Container aus.

EJB

Hinweis

CORBA steht für *Common Object Request Broker Architecture* und definiert plattformunabhängige Kommunikationsprotokolle, die nicht an eine bestimmte Programmiersprache gebunden sind. Über einen so genannten *Interface-Definition-Language-(IDL)*-Compiler werden dabei zunächst formale Objekte definiert und anschließend um die gewünschte Funktionalität erweitert, dazu wird diese dann in einer konkreten Programmiersprache implementiert.

Suns J2EE-Spezifikation fordert sogar, dass ein J2EE-konformer Application-Server sowohl einen Servlet- als auch einen EJB-Container und außerdem eine Reihe von unterstützenden APIs enthält: Damit scheidet der Apache Tomcat jedoch aus, da er zwar eine Reihe der Normen erfüllt und zahlreiche Dienste anbietet, aber eben keinen EJB-Container enthält.

Portabilität von Enterprise JavaBeans

Java, das steht auch für: *»Write once, run anywhere!«*, und natürlich sollte es laut Spezifikation möglich sein, EJB-Komponenten, die unter einem EJB-Container entwickelt wurden, problemlos auf einen anderen zu übertragen, so wie Sie auch von JSPs erwarten, dass das resultierende HTML-Dokument des *Jetty-Servers* identisch zu dem des *Apache Tomcat* ist.

So weit die Theorie, doch in Wirklichkeit entwickelt jeder Anbieter seinen J2EE-Server so, dass er möglichst harmonisch mit den anderen Komponenten zusammenarbeitet, und passt die Spezifikation entsprechend an. So können Oracle-Benutzer beispielsweise ihre EJBs wahlweise im *Internet Application-Server IAS* (vormals OAS) oder direkt in der Datenbank zum Einsatz bringen, wodurch ein deutlicher Performance-Gewinn erreicht werden kann und die aufwändige Administration des OAS entfällt. Man muss sich schon sehr zwingen, statt der vom Hersteller angebotenen Abkürzung immer den EJB-konformen Weg zu gehen.

Ob und inwieweit Sie Ihren EJB-Container austauschen können, hängt also stark davon ab, wie weit sich die Anbieter und *Sie* an die EJB-Spezifikation halten.

Auf der jährlich in San Francisco stattfindenden *JavaWorld* werden von einer unabhängigen Jury die besten Produkte in zehn Kategorien gewählt. Die Finalisten der Kategorie *»Best Java Application-Server«* lauten dabei seit Jahren:

- JBoss (*http://www.jboss.org*)
- BEA WebLogic (*http://www.bea.com*)
- IBM WebSpere (*http://www.ibm.com*)

Diese drei Kandidaten liefern sich jedes Jahr ein knappes Kopf-an-Kopf-Rennen und zeigen ein weiteres Mal, dass Open-Source-Software durchaus mit kommerziell entwickelten Produkten konkurrieren kann. Nicht ohne Grund haben wir uns in diesem Buch für den unter LGPL-Lizenz verfügbaren JBoss entschieden. Dieser frei verfügbare Application-Server beinhaltet gleich zwei Servlet-Container (Apache Tomcat und Mort Bay's Jetty) und den gleichnamigen EJB-Container.

Hinweis

Die *Lesser General Public License (LGPL)* ist eine Software-Lizenz der *Free Software Foundation*, unter der Open-Source-Programme vertrieben werden. Ein wesentlicher Unterschied zur *General Public License (GPL)* besteht darin, dass auf LGPL basierende Applikationen auch proprietär vertrieben werden dürfen.

Unterstützte APIs

Natürlich bietet jeder Anbieter besondere APIs (Application Programming Interfaces) an, um die Entwicklung von wiederverwendbaren EJB-Komponenten auf seinem System zu vereinfachen. Ein vollwertiger EJB-Container muss dem Entwickler jedoch seit der Spezifikation 2.1 zumindest folgende Programmierschnittstellen anbieten:

- Java 2 Standard Edition (J2SE), Version 1.3
- Enterprise JavaBeans, Version 2.1
- Java Messaging Service (JMS)-API, Version 1.0.2
- Java Naming and Directory Interface-API (JNDI), Version 1.2
- Die Erweiterungen der Java Database Connectivity-API (JDBC), Version 2.0
- User Transaction API (JTA), Version 1.0.1
- JavaMail-API, ab Version 1.1
- Java API for XML Processing (JAXP), Version 1.0

Solange Sie also lediglich die Services dieser APIs verwenden, besteht zumindest die Chance, Ihre EJBs von einem Container auf einen anderen übertragen zu können. Natürlich können Sie daneben noch weitere APIs etwa für das Logging oder die Erzeugung von PDF-Dokumenten verwenden, nur Sie müssen diese dann ebenfalls in die neue Umgebung übertragen.

Aufgaben eines EJB-Containers

Ein EJB-Container dient als Laufzeitumgebung für Ihre Enterprise JavaBeans (EJBs). Das verpflichtet ihn neben der Bereitstellung der oben beschriebenen APIs dazu, folgende Dienste anzubieten:

Überwachung des Lebenszyklus von EJBs

Genau wie Servlets durchlaufen auch EJBs einen bestimmten Lebenszyklus. Und analog zum Servlet-Container ist der EJB-Container in diesem Fall für den Übergang von einem Zustand in einen anderen verantwortlich und steuert diesen.

Instanzen-Pooling

Im Gegensatz zu Servlets, von denen zur Laufzeit stets nur eine einzige Instanz existiert, kann ein EJB-Container mehrere Instanzen einer *Enterprise JavaBean* auf Vorrat erzeugen und über einen Pool verwalten.

Namens- und Verzeichnisdienst

EJB-Container bieten die Dienste der integrierten Enterprise JavaBeans über einen Namensdienst an, der in der Regel vom Server selbst verwaltet wird. Mehr über Namens- und Verzeichnisdienste erfahren Sie im Kapitel über das Java Naming and Directory Interface (JNDI).

Transaktionsdienst

Komplexe Aufgaben bestehen in der Regel aus einer Menge von Teilaufgaben, die etwa ganz oder gar nicht ausgeführt werden. So besteht eine Überweisung beispielsweise aus dem Abbuchen eines Betrages vom Belastungskonto und der anschließenden Gutschrift dieses auf dem Gutschrift-Konto. Misslingt der zweite Schritt, etwa weil das Konto nicht existiert oder der verantwortliche Server nicht erreichbar ist, muss auch der erste Teil der Transaktion rückgängig gemacht werden.

Sie können die Abarbeitung einzelner EJBs auch zu Transaktionen zusammenfassen, die entweder alle erfolgreich ablaufen (*Commit*) oder alle rückgängig gemacht werden (*Rollback*).

Nachrichtendienst (Message Service)

Mit der Spezifikation 2.0 führte Sun die *Message Driven Beans* ein. Diese kommunizieren nicht via Prozedur-Fernaufruf, sondern über den *Java Message Service (JMS)* miteinander und ermöglichen so erstmals einen asynchronen Objektaustausch.

Persistenz

Hin und wieder kommt es vor, dass ein EJB-Container neu gestartet oder selten genutzte Komponenten aus dem Arbeitsspeicher ausgelagert werden, um benötigte Ressourcen freizugeben. In diesem Fall kann es erforderlich sein, dass ein Enterprise JavaBean nach der Reinstanziierung den gleichen Zustand wie vorher wiedererlangt.

Während einige Beans selbst dafür Sorge tragen können, dass ihr Zustand persistent gemacht wird (man spricht in diesem Fall von *BMP – Bean Managed Persistence*), beschreibt die EJB-Spezifikation einen Mechanismus, mit dem bestimmte Beans automatisch persistiert werden können (dies wird dann *CMP – Container Managed Persistence* genannt).

Die Art der Speicherung, ob nun in einer Datenbank, im Dateisystem oder gar über einen anderen EJB-Service, bleibt dabei dem Container überlassen, wichtig ist nur, dass das Objekt vollständig im Speicher wiederhergestellt werden kann.

202 Kurzer Überblick über die EJB-Technologien

In diesem Abschnitt werden Sie die Konzepte hinter JavaBeans und Enterprise JavaBeans sowie den Unterschied zwischen beiden kennen lernen. Denn obwohl beide augenscheinlich starke Ähnlichkeit in der Namensgebung besitzen, verfolgen sie gänzlich andere Ziele und stehen für verschiedene Konzepte der Software-Entwicklung, die sich allerdings vortrefflich ergänzen.

Beans, Beans, Beans

Beans, bei diesem Wort sollte inzwischen schon etwas in Ihren Ohren klingeln, denn schließlich begegnen Ihnen diese Software-Komponenten auf Schritt und Tritt. Doch Bean ist nicht gleich Bean, und deshalb sollten Sie die eine von der anderen unterscheiden können.

Beans

Unter einer *Bean* verstehen wir in Java nichts anderes als eine in sich geschlossene Software-Komponente, die einer Hand voll Bedingungen genügt. Dabei kann es sich prinzipiell um alles handeln, von einer Wrapper-Class, die nichts anderes tut, als ein Objekt zu kapseln und den Zugriff darauf zu steuern, bis hin zur vollständigen ERP-Lösung inklusive Buchhaltung und Lagerverwaltung.

> **Hinweis**
> *ERP* steht in der Informatik für *Enterprise Resource Planning* und bezeichnet Prozesse, die versuchen, alle in einem Unternehmen verfügbaren Ressourcen (z.B. Betriebsmittel, Kapital) möglichst effizient zu koordinieren und einzusetzen.

JavaBeans

Der wohl meist zitierte Satz zum Thema *JavaBeans* ist:

> *»Eine JavaBean ist eine wiederverwendbare Software-Komponente, die mit einem Builder-Tool visuell manipuliert werden kann.«*

Er steht in Suns JavaBeans-Spezifikation 1.01 aus dem Jahre 1997. Doch was verbirgt sich dahinter, und was versteht Sun unter einem Builder-Tool? Nun, wenn Sie je mit *Visual Basic* oder anderen Microsoft-verwandten Programmiersprachen und ihren meist grafischen IDEs zu tun hatten, dürfte der Begriff *Property* (Eigenschaft) keine Schwierigkeiten bereiten. Eine JavaBean ist dementsprechend nichts anderes als die Sammlung von Eigenschaften einer (grafischen) Komponente.

Für alle anderen kommt hier ein kurzer (und sehr persönlich interpretierender) Erklärungsversuch. Ende der Neunzigerjahre wurde eine neue Art der Software-Entwicklung populär. Grafische Benutzeroberflächen setzten sich mehr und mehr durch und hielten insbesondere Einzug in die Computer von Informatik-Studenten. Es wuchs eine neue Generation von Informatikern heran, für die Lochkarten und Assembler-Programmierung Saurier einer längst vergangenen Computer-Steinzeit waren. Mit den weit verbreiteten Hochsprachen *C/C++* und *Borland Pascal* ließen sich zwar alle möglichen und unmöglichen Algorithmen relativ komfortabel realisieren, doch die Programmierung von grafischen Benutzeroberflächen war weiterhin eine schwer zu meisternde Königsdisziplin.

Eben diese Lücke zwischen Programmieranspruch und Realität erkannte Microsoft und setzte sich mit seinen grafischen IDEs so schnell in bestimmten Märkten durch. Die vordefinierten Bibliotheken gestatteten es, relativ einfach zu erlernenden Basic-Code mit anspruchsvollen grafischen Elementen zu verknüpfen und diesen per Mausklick bestimmte Eigenschaften zuzuweisen, und eine gewisse Zeit war man der Meinung, dies sei die Zukunft der Programmierung (und darüber kann wieder jeder eigener Meinung sein). Doch egal ob es sich dabei nun um eine Antwort Suns auf Microsofts Standard oder lediglich um eine Lösung für einen ähnlichen Problemkreis handelte: *JavaBeans* sind gewissermaßen das Java-Gegenstück zu diesen *Properties*.

Durch die Namenskonventionen `<Typ> get<Eigenschaft>()` und `void set<Eigenschaft>(<Typ>)` war man in der Lage, per Reflection (`java.lang.reflect`) auch zur Laufzeit auf die Eigenschaften zuzugreifen und über einen Dialog zu verändern. Und so lässt sich zusammenfassen, dass eine JavaBean:

- ein Daten-Container ist, der bestimmte Eigenschaften eines Objektes repräsentiert,
- erlaubt, durch eine besondere Namenskonvention diese Eigenschaften auch dynamisch zu erkennen und per Reflection zu manipulieren,
- sich im Wesentlichen auf die Persistenz dieser Eigenschaften konzentriert.

Enterprise JavaBeans (EJB)

EJBs entstanden wiederum aus einem ganz anderen Software-Blickwinkel. Ihre Heimstätte war nicht der heimische PC, auf dem der Anwender optisch ansprechende Dialoge realisieren wollte, sondern die Mainframe-Rechner großer Recheninstitute.

Eines der großen Probleme serverseitiger Prozesse ist deren *Skalierbarkeit*. Darunter versteht man, wie gut ein System auf steigende Belastung reagiert bzw. wie viel mehr Ressourcen es benötigt. Ein gut skalierendes System benötigt, um die zehnfache Leistung zu erbringen, auch zehnmal mehr Ressourcen, während ein schlecht skalierendes System diese Ressourcen bereits bei doppelter Leistung beanspruchen würde und bei zehnfacher Last komplett versagt. ([Quelle Wikipedia])

Die EJB-Spezifikation beschreibt nun ein Framework, das die verteilte Verarbeitung von *transaktionsorientierter Geschäftslogik* ermöglicht. Dabei bleiben die Enterprise JavaBeans im Gegensatz zu »reinen« JavaBeans für den Benutzer stets verborgen. Statt Namenskonventionen und Eigenschaften werden EJBs also im Wesentlichen durch die Programmierschnittstellen (APIs) und angebotenen Dienste (Services) definiert.

Dabei verwenden EJBs zur Transaktion von Daten JavaBeans als Daten-Container, wobei diese dann oftmals auch als *Value Beans* oder *Wert-Objekte* bezeichnet werden.

Der Methoden-Fernaufruf

Kern der EJB-Technologie ist der Methoden-Fernaufruf (englisch: *Remote Method Invocation, RMI*). Darunter verstehen wir das Abarbeiten von Befehlen auf einem entfernten Rechner oder einer anderen Java Virtual Machine.

Die Befehle liegen dabei in Form einer Methode vor, die von einem Objekt im Speicher des entfernten Rechners implementiert wird. Sie kommunizieren mit diesem Objekt über eine vom entfernten Server bereitgestellte Schnittstelle (`Interface`), die diese Methoden deklariert und deren Aufruf über den Application-Server an das reale Objekt weiterleitet.

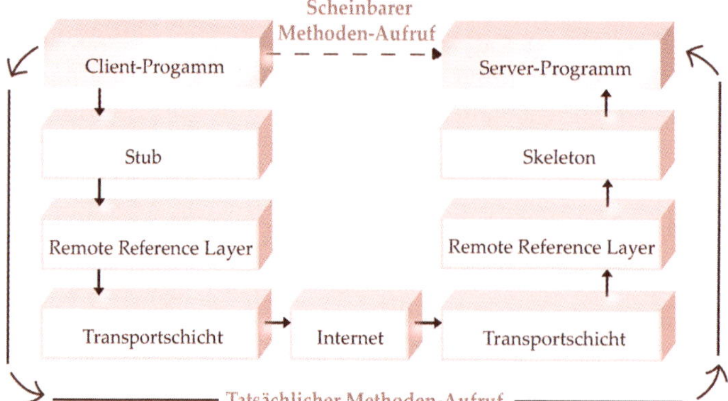

Abbildung 126: Remote Method Invocation (RMI) schematisch

Der dem Client lokal verfügbare, abstrakte Rumpf der Klasse wird als *Stub* (Stumpf) bezeichnet und entspricht in Java einem `Interface`. Zu diesem gehört ein passendes *Skeleton*: eine abstrakte Klasse, die einerseits dem `Interface` des Clients genügt und andererseits als Basis für die »echte« Klasse dient. Diese implementiert dann die gewünschte Funktionalität und liefert schließlich das »Fleisch« um das nackte Skelett (*Skeleton*), das im Wesentlichen nur die Methodensignaturen enthält.

Um die Funktionalität der entfernten Klasse bereitzustellen, bedarf es eines Maklers (*Broker*), der zwischen abstraktem Objekt und tatsächlicher Implementierung vermittelt. Bekannte Broker-Architekturen sind dabei:

- Common Object Request Broker Architecture (CORBA)

  Dieser wohl älteste Standard wurde von der Open Management Group (OMG) entworfen und ermöglicht den Datenaustausch und die Kommunikation zwischen Komponenten unterschiedlicher Programmiersprachen.

  Server, die CORBA-Dienste anbieten, werden hierbei als Object Request Broker (ORB) bezeichnet.

- Remote Method Invocation (RMI)

  Dieser bereits seit der Version 1.1 im JDK enthaltene Standard ermöglicht die Kommunikation von verteilten Java-Komponenten. Dies hat gegenüber CORBA den Vorteil, dass auch spezielle Java-Charakteristika (z.B. der Garbage Collector) berücksichtigt werden konnten. Außerdem entfällt das Erzeugen formaler Interface-Definition-Language(IDL)-Objekte, da ausschließlich Java-Komponenten ausgetauscht werden (können).

- Distributed Component Object Model (DCOM)

  Auch Microsofts Implementierung ermöglicht die Kommunikation von Komponenten, die in verschiedenen Sprachen geschrieben wurden. Hierfür wird allerdings die nicht auf allen Plattformen verfügbare DCOM-Laufzeitbibliothek benötigt.

Hinweis

Seit dem JDK 1.3 stellte Sun die Kommunikation seiner Architektur auf das CORBA zugrunde liegende *Internet Inter-ORB Protocol (IIOP)* um, wodurch es prinzipiell (wenn auch mit einigem Aufwand) möglich ist, über RMI auch Objekte anzusprechen, die nicht in Java implementiert sind (RMI-IIOP).

Um entfernte Objekte anzusprechen, bedienen sich die meisten Broker-Architekturen eines Namens- oder Verzeichnisdienstes. Der bedeutendste Service ist dabei der *COS Naming Service*.

Objektserialisierung

Wie Sie wissen, werden durch RMI die über ein `Interface` bereitgestellten Methoden eines entfernten Objektes auf einem entfernten Rechner zur Ausführung gebracht werden. Solange alle Methoden den Rückgabewert `void` haben, existiert bis dato auch noch kein Problem. Doch was passiert mit zurückgegebenen Objekten, seien es nun Strings oder eigene JavaBeans? Das Zauberwort heißt *Serialisierung*.

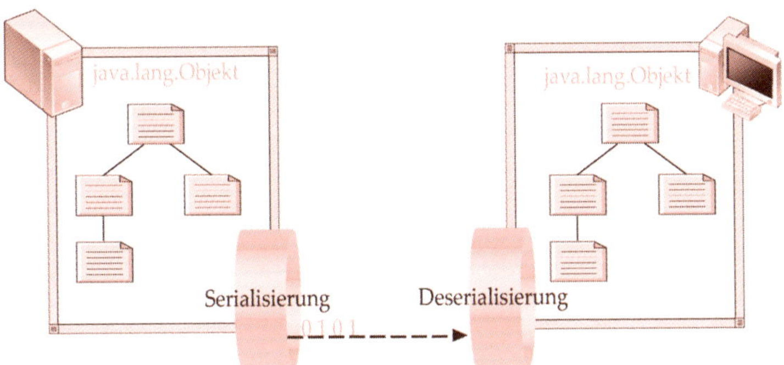

Abbildung 127: Objektserialisierung

Dabei wird ein Objekt bzw. seine Repräsentation im Speicher des entfernten Rechners in einen Datenstrom (z.B. über einen `java.io.DataOutputStream`) umgewandelt und an den lokalen Rechner gesendet. Dieser deserialisiert das empfangene Objekt anschließend wieder und übergibt dem Benutzer des `Interface` eine Referenz auf dieses, ganz so, als sei der Aufruf der Methode lokal erfolgt. Mit der Serialisierung und Deserialisierung kommt der Benutzer in der Regel nicht in Berührung. Dies erledigen die Klassen des Packages `java.rmi.*` für Sie.

Nun hat zwar jedes Objekt eine Repräsentation im Speicher, und dennoch können nicht alle Objekte serialisiert werden. So stellt eine JDBC-Verbindung beispielsweise eine lokal gebundene Referenz auf einen Datenbankdienst dar und kann damit nicht übertragen oder gar auf einem persistenten Speichermedium festgehalten werden.

Damit Ihre Objekte übertragen werden können, müssen Sie das Marker-Interface `java.io.Serializable` implementieren. Versuche, ein nicht serialisierbares Objekt per RMI zu übertragen, quittiert Java wie immer mit einer entsprechenden Fehlermeldung.

Restriktionen bei der Implementierung von EJBs

Damit Ihre EJB sicher von einem EJB-Container verwaltet werden kann, müssen Sie sich einigen Restriktionen unterwerfen. So darf eine Enterprise JavaBean unter keinen Umständen eines der folgenden Dinge tun:

- Mit Objekten aus dem Package `java.io` auf Dateien zugreifen.
- Einen `ServerSocket` erstellen oder manipulieren.
- Eigenen Threads erstellen oder starten.
- Native Bibliotheken laden.
- Über Klassen des AWT oder Swing-Paketes direkt mit dem Anwender in Verbindung treten.

Diese Einschränkungen sind nötig, da eine vom EJB-Container verwaltete EJB keine Angaben darüber machen kann, wann und in welchem Kontext sie erstellt wird.

203 Aufgaben von Entity-Beans

Entity-Beans bilden die Schnittstelle zur Datenbank oder zu anderen persistenten Speichermedien. Sie repräsentieren dabei ein Objekt in der Geschäftslogik (eine Adresse, ein Konto), auf dem diese dann operiert. Geschäftsprozesse, die entweder im Client oder z.B. über Session-Beans abgebildet werden, erzeugen oder manipulieren Entity-Beans, um diese anschließend zu speichern. Die Objekte, die eine Entity-Bean repräsentiert, können dabei auch auf verschiedene, über Relationen verknüpfte Tabellen der Datenbank verteilt sein.

Der EJB-Container hat dabei die Aufgabe, Transaktionskonflikte beim gleichzeitigen Zugriff auf identische Objekte aufzulösen. Er entscheidet, wann eine Entity-Bean geladen wird und ihre Daten zurück in die Datenbank speichert.

Schließlich können Sie sich bei Entity-Beans sogar entscheiden, ob Sie die Speicherung selbst übernehmen möchten (Bean Managed Persistence, BMP) oder dem EJB-Container übertragen (Container Managed Persistence, CMP). Ersteres ist zum Beispiel dann sinnvoll, wenn die zu speichernde Datenstruktur sehr komplex oder gar dynamisch ist, während Letzteres für triviale Insert- und Update-Statements gedacht sind und Ihnen mühsame Tipparbeit ersparen soll.

Da eine Entity-Bean ein Objekt in der Datenbank repräsentiert, muss es dabei immer über einen Primärschlüssel (Primary Key, PK) verfügen, der aus atomaren Typen (String, Double) oder zusammengesetzten Typen in Form einer einfachen JavaBean bestehen kann.

Lebenszyklus einer Entity-Bean

Beim Start des J2EE Application-Servers erzeugt der *EJB-Container* (je nach Konfiguration) eine Reihe von Entity-Beans und verwaltet diese in einem gemeinsamen

Pool. Wird per JNDI ein bestimmtes Objekt dieses Typs angefordert, so weist der Container einer Instanz des Pools dessen Identität zu und stellt sie anschließend dem Client zur Verfügung. In diesem Zustand pendelt die Bean (je nach Aktivität des Clients) zwischen einem *aktiven* und einem *passiven Zustand* hin und her.

Fordern verschiedene Clients zur gleichen Zeit dieselben Objekte an, so übergibt ihnen der EJB-Container stets die Referenz auf dasselbe Objekt. Ganz so, als würden die Clients auf einem Datensatz des Datenbanksystems operieren.

Nachdem die Entity-Bean nicht mehr benötigt wird, hält der Container ihren inneren Zustand auf dem persistenten Speichermedium (Datenbank) fest, anonymisiert sie anschließend, und die Bean wandert wieder zurück in den Pool.

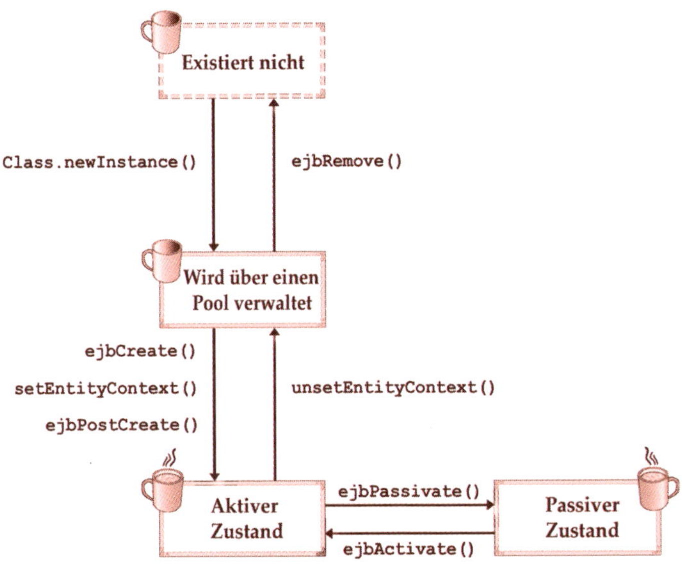

Abbildung 128: Lebenszyklus einer Entity-Bean

204 Aufgaben von Session-Beans

Während Entity-Beans dazu dienen, das Datenmodell in Java-Objekte abzubilden, werden Session-Beans dazu verwendet, Geschäftsprozesse zu implementieren. Wenn Entity-Beans beispielsweise ein Konto repräsentieren, dann können Sie ein Session-Bean für eine Überweisung zwischen den Konten verwenden. Der Client arbeitet dann mit einer Session-Bean, die wiederum auf den beiden Entity-Beans operiert.

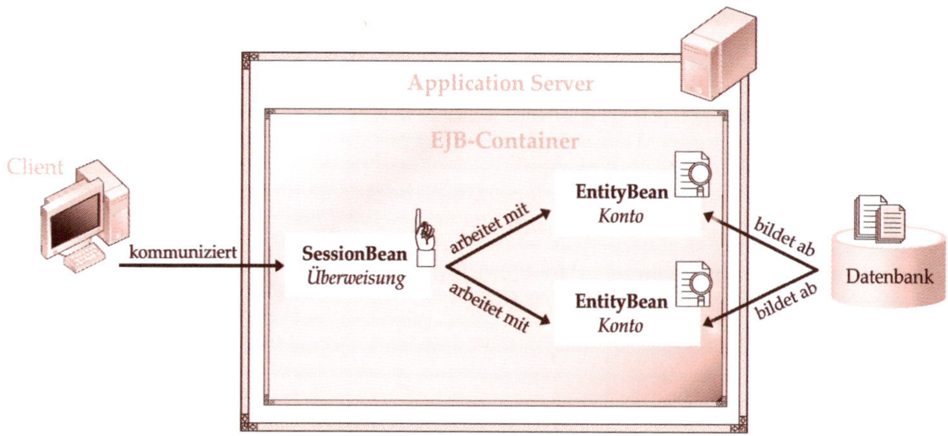

Abbildung 129: Eine Session-Bean operiert auf verschiedenen Entity-Beans

Eine Session-Bean kann auch direkt auf der Datenbank operieren, obwohl dieser Anwendungsfall eher selten anzutreffen ist. Je nachdem, ob eine Session-Bean zwischen zwei Methoden-Aufrufen Daten speichern kann oder nicht, wird zwischen Stateful Session-Beans und Stateless Session-Beans unterschieden; wobei Erstere, ähnlich dem Session-Kontext in JSPs und Servlets, für die gesamte Dauer der Session einem Client zugeordnet sind und Letztere, vom Client unbemerkt, auch innerhalb einer Session ausgetauscht werden können.

Aus dem Session-Objekt leitet sich auch der Name der Session-Beans her, da diese als Stateful Session-Beans die Sitzung eines Clients mit dem Server darstellt. Mit dieser können Sie beispielsweise einen virtuellen Warenkorb implementieren, der alle Waren des Benutzers enthält, die beim Bezahlen über Entity-Beans in die Datenbank geschrieben werden.

Obwohl sich der Name Session-Beans von den Benutzer-Sessions herleitet, werden auch Stateless Session-Beans als Session-Beans bezeichnet. Analog zu einer JSP ohne die Page-Direktive `session` erhalten diese kein Session-Objekt, was den Verwaltungsaufwand des Servers deutlich reduziert.

Lebenszyklus einer Stateless Session-Bean

Session-Beans gleichen in ihrem Verhalten einem Servlet, das Requests nicht unterscheiden kann und jede Anfrage aufs Neue beantwortet. Stateless Session-Beans vergessen, nachdem eine Operation abgeschlossen ist, den Client augenblicklich und können zu keinem Zeitpunkt entscheiden, ob sie mit dem aktuellen Client schon einmal verbunden waren. Ebenso kann ein Client die ihm zugewiesene Instanz einer Stateless Session-Bean nicht von einer anderen unterscheiden. Beide Partner arbeiten also eine gewisse Zeit lang zusammen, um sich anschließend sofort wieder zu vergessen.

Stateless Session-Beans (zustandslose Session-Beans) werden vom Container über einen Pool verwaltet. In diesem erzeugt der Container in der Regel eine gewisse Anzahl von Session-Beans auf Vorrat, um sie bei Bedarf mit einem Client zu verbinden. Da die

Bean auch zwischen zwei Methoden-Aufrufen (vom Client unbemerkt) ausgetauscht werden kann, ist es nicht möglich, Werte in Instanzvariablen zu speichern.

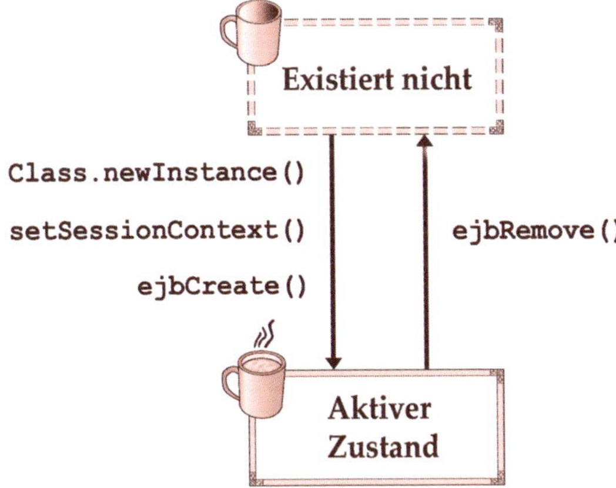

Abbildung 130: Lebenszyklus einer Stateless Session-Bean

Achtung

Da Stateless Session-Beans auch während einer Transaktion ausgetauscht werden können, dürfen Sie keine Instanzvariablen besitzen. Die von Ihnen bereitgestellten Methoden ähneln damit statischen (`static`) Klassenmethoden Ihrer »normalen« JavaBeans, nur dass Sie es hier eben trotzdem mit Objekten zu tun haben.

Lebenszyklus einer Stateful Session-Bean

Stateful Session-Beans (zustandsbehaftete Session-Beans) sind in der Lage, ihren Zustand in Instanzvariablen zu speichern. Dieser Speicher wird auch als *Konversationsgedächtnis* bezeichnet, da sich die Bean hierüber den Zustand ihrer Interaktion mit dem Client »merkt«.

Im Gegensatz zu Stateless Session-Beans, bei denen einem Client für jede Transaktion ein beliebiges Bean-Objekt zugewiesen wird, arbeitet dieser im Fall von Stateful Session-Beans stets mit der gleichen Instanz. Dies ist vergleichbar mit dem *Session-Objekt* Ihrer Servlets, die ebenfalls über verschiedene Requests des Clients hinweg eineindeutig waren.

Ein typisches EJB-Szenario für den Einsatz von Stateful Session-Beans ist ein virtueller Warenkorb, der natürlich einem Benutzer zugeordnet sein muss. Die Produkte in diesem Warenkorb könnten dann entweder Entity-Beans oder (da sie alle gleichwertig sind) Stateless Session-Beans sein.

Da sich der innere Zustand dieser Beans nun von Instanz zu Instanz unterscheidet und diese bei einer Transaktion nicht mehr beliebig gegeneinander ausgetauscht werden können, muss der EJB-Container wesentlich mehr Aufwand betreiben, um diese Beans zu verwalten. Deshalb der folgende Tipp: Wenn Sie bereits über ein Session-Objekt für Ihren Benutzer verfügen (etwa weil dieser über eine Web-Interface mit Ihnen kommuniziert und somit bereits ein `HttpSession`-Objekt vom Webserver verwaltet wird), ersparen Sie Ihrem EJB-Container diesen Zusatzaufwand. Er wird es Ihnen durch einen sparsameren Ressourcenverbrauch danken.

Stateful Session-Beans verfügen über einen inneren Zustand, der häufig den Zustand und Fortschritt eines bestimmten Geschäftsprozesses (z.B. ein virtueller Einkauf) darstellt. Stateful Session-Beans werden deshalb nach der Anforderung aus dem Pool jedem Client exklusiv zur Verfügung gestellt und wechseln dabei zwischen aktivem und passivem Zustand hin und her, bis sie nach Beendigung der Transaktionen wieder anonymisiert werden und zurück in den Pool wandern.

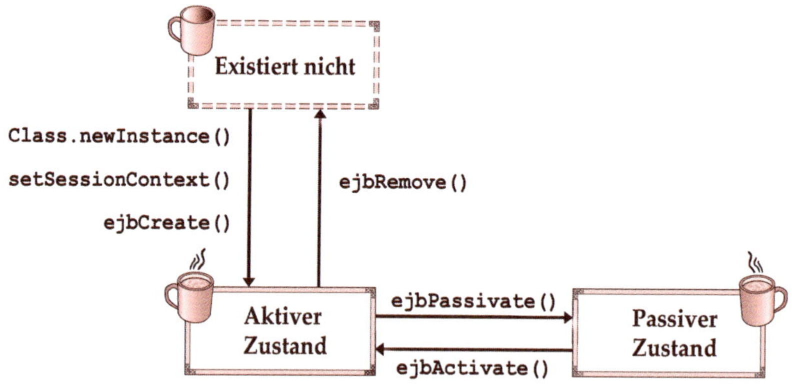

Abbildung 131: Lebenszyklus einer Stateful Session-Bean

EJB

205 Aufgaben von Message Driven Beans

Diese Beans sind die jüngsten Ableger in Suns Bohnenzucht. Seit der EJB-Spezifikation 2.0 (2001) ermöglichen diese eine asynchrone Kommunikation von EJB-Komponenten über den *Java Message Service (JMS)*. Message Driven Beans (MDB) sind dabei im Grunde erweiterte Stateless Session-Beans, bei denen die beiden Partner nicht mehr aufeinander warten müssen und stattdessen parallel weiterarbeiten können. Stattdessen hinterlassen sie einfach eine Nachricht, welche die gewünschte Operation enthält, im `MessageQueue` des Empfängers und schauen von Zeit zu Zeit in Ihrem Eingangskorb, ob eine Antwort vorliegt.

Da auch der Java Message Service (JMS) eine zentrale Rolle im J2EE-Umfeld spielt und MDBs lediglich eine besondere Spielart dessen darstellen, finden Sie weitere Rezepte im Umgang mit Message Driven Beans im Abschnitt über JMS.

Lebenszyklus einer Message Driven Bean

Message Driven Beans (MDB) werden wie alle anderen EJBs über das Java Naming and Directory Interface (JNDI) gefunden. Sie benötigen aber im Gegensatz zu diesen kein Home-Interface, da die Initialisierungsmethode `ejbCreate()` per Definition parameterlos sein muss. Da der Client im Fall einer MDB lediglich über eine `MessageQueue` (siehe Abschnitt über Java Message Service) mit der Bean kommuniziert, wird auch kein Remote-Interface benötigt.

Message Driven Beans verhalten sich in fast jeder Hinsicht wie Stateless Session-Beans. Da auch sie keinen inneren Zustand besitzen, könnte theoretisch eine Instanz der Bean alle eingehenden Nachrichten bearbeiten. In der Regel tun dies jedoch einige vom EJB-Container parallel verwaltete Instanzen.

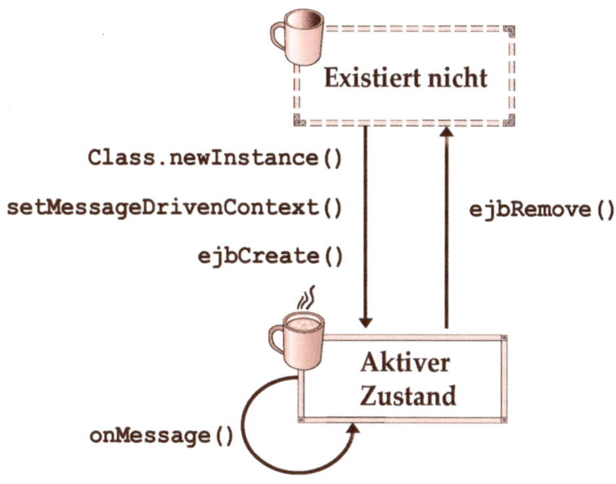

Abbildung 132: Lebenszyklus einer Message Driven Bean

206 Die Bestandteile einer Enterprise JavaBean

Enterprise JavaBeans dienen dazu, Prozesse der Geschäftslogik abzubilden. Dabei werden sie von einem lokalen Client aufgerufen und innerhalb des EJB-Containers auf einem entfernten Server zur Ausführung gebracht. Damit dies reibungslos funktioniert, besteht *eine* Enterprise JavaBean im Gegensatz zu gewöhnlichen JavaBeans aus mehreren Java-Klassen, die ihr Schnittstellen unter den verschiedenen Blickwinkeln repräsentiert.

Das Home-Interface

Dieses Interface dient dazu, die Bean zu erzeugen. Dabei fordert der Client beim EJB-Container dazu ein bestimmtes EJB-Objekt an. Anschließend erzeugt oder reinstanziiert der EJB-Container die gewünschte EJB und stellt sie dem Client zur Verfügung. Da der EJB-Container dabei auf dem gleichen Server wie die erzeugte EJB läuft, wird dieses Interface als Home-Interface bezeichnet.

Home-Interface einer Session-Bean

Das folgende Listing zeigt zunächst ein typisches Home-Interface einer Session-Bean:

```
import java.rmi.RemoteException;
import javax.ejb.EJBHome;
import javax.ejb.CreateException;
import javax.ejb.FinderException;

/** Home-Interface einer Session-Bean */
public interface MySessionHome extends EJBHome {

   /** Erzeugt eine neue Session-Bean vom Typ MySession */
   public MySession create() throws CreateException, RemoteException;
}
```

Listing 443: Home-Interface einer Session-Bean

Damit der EJB-Container mit den EJBs kommunizieren kann, muss jedes Home-Interface von EJBHome ableiten, wobei die Methoden des Home-Interface die gewünschten Objekte (MySession) oder eine Collection von solchen Objekten (siehe weiter unten) zurückgeben.

Da eine JavaBean laut Suns Spezifikation immer über einen leeren Konstruktor verfügen muss, über den sie erzeugt wird, können Sie Ihre EJB über die Methoden des Home-Interface auch mit den notwendigen Initialisierungsattributen versehen.


```
import java.rmi.RemoteException;
import javax.ejb.EJBHome;
import javax.ejb.CreateException;
import javax.ejb.FinderException;

/** Home-Interface einer Session-Bean */
public interface MySessionHome extends EJBHome {

   /** Erzeugt eine neue Session-Bean vom Typ MySession */
   public MySession create(String InitParam1, String InitParam2)
      throws CreateException, RemoteException;
}
```

Listing 444: Erweitertes Home-Interface einer Session-Bean

Home-Interface einer Entity-Bean

Das Home-Interface einer Entity-Bean muss neben einer `create()`-Methode zum Erzeugen einer solchen mindestens über die Methode `findByPrimaryKey()` mit einem Primärschlüssel als Parameter verfügen. Über diese kann ein bereits erzeugtes Objekt reinstanziiert werden.

```
import java.uti.Collection;
import java.rmi.RemoteException;
import javax.ejb.EJBHome;
import javax.ejb.CreateException;
import javax.ejb.FinderException;

/** Home-Interface einer Entity-Bean */
public interface MyEntityHome extends EJBHome {

   /** Erzeugt eine neue Session-Bean vom Typ MySession */
   public MyEntity create() throws CreateException, RemoteException;

   /** Reinstanziiert ein Entity-Objekt über seinen Primary Key */
   public MyEntity findByPrimaryKey(PrimaryKey primaryKey)
      throws FinderException, RemoteException;

   /** Sucht alle Entity-Objekte mit einer bestimmten Eigenschaft */
   public Collection findByAttribute(Attribute att)
      throws FinderException, RemoteException;
}
```

Listing 445: Home-Interface einer Entity-Bean

Neben der Methode `findByPrimaryKey()` definiert das Home-Interface von Entity-Beans häufig weitere Methoden, mit denen sich Objekte (`MyEntity`) mit einer bestimmten Eigenschaft wie beispielsweise alle Konten mit einem positiven Saldo oder alle Adressen mit einem bestimmten Nachnamen extrahieren lassen.

Da die Methodenaufrufe zwischen Client und Server entfernt ablaufen, müssen alle Methoden die Ausnahme `RemoteException` deklarieren, die geworfen wird, wenn z.B. die Verbindung nicht hergestellt werden kann. Darüber hinaus deklarieren Methoden zur Erzeugung (`create()`) eine `CreateException` und die Finder-Methode eine `FinderException`, die von der Business-Logik geworfen werden können, wenn z.B. die übergebenen Parameter ungültig sind.

Achtung

Die von den `create()`- und `findBy()`-Methoden zurückgegebenen Objekte (`MySession`, `MyEntity`) werden dabei nicht von der implementierenden Klasse, sondern vom Remote-Interface deklariert.

Das Remote-Interface

Über das Remote-Interface kommuniziert der Client mit der entfernten Enterprise JavaBean, daher leitet sich auch der Name *Remote* (entfernt) her. Das Interface deklariert dabei alle Methoden, die der Client auf dem Objekt aufrufen kann. Bei der oben beschriebenen Konto-Entity-Bean könnten dies beispielsweise Methoden zur Ausgabe der Kontonummer und zum Erhöhen oder Vermindern des Saldos sein:

```
import java.rmi.RemoteException;
import javax.ejb.EJBObject;

/** Remote-Interface der Entity-Bean für ein Konto (Account) */
public interface Account extends EJBObject {

   public String getAccountNumber() throws RemoteException;

   public double getBalance() throws RemoteException;

   public void incBalance(double amount) throws RemoteException;

   public void decBalance(double amount)
      throws RemoteException, MyAccountDecreaseException;
}
```

Listing 446: Remote-Interface einer Entity-Bean

Dies sind die Methoden, die Sie auch von einfachen JavaBeans gewohnt sind. Sie ermöglichen, den Zustand der Bean auszulesen oder zu manipulieren. Um vom EJB-Container verwaltet zu werden, leiten alle Remote-Interfaces vom Interface `EJBObject` ab, und da es auch hierbei um entfernte Methoden-Aufrufe handelt, müssen auch alle Methoden des Remote-Interface eine `RemoteException` deklarieren. Daneben haben Sie jedoch auch die Möglichkeit, eigene, von Ihrer Geschäftslogik abhängige Ausnahmen zu werfen (`MyAccountDecreaseException`).

Die EJB-Implementierung

Diese Klasse bildet schließlich den Kern Ihrer EJB-Anwendung, sie nimmt die gewünschte Geschäftslogik auf und implementiert die Methoden des Remote- *und* des Home-Interface, die erforderliche interne Repräsentation der Daten sowie Methoden, über die der EJB-Container die Bean verwaltet.

```
import javax.ejb.EntityBean;
import javax.ejb.EntityContext;
import javax.ejb.EJBException;
import javax.ejb.FinderException;
import javax.ejb.CreateException;
```

Listing 447: Methoden einer EJB-Implementierung

```
import javax.ejb.ObjectNotFoundException;

/** Implementierung der Geschäftslogik */
public class AccountBean implements EntityBean {

   /** Kontonummer des Accounts */
   private String accNumber;

   /** Saldo des Accounts */
   private double accBalance;

   /*
    * Methoden des Remote-Interface (Geschäftslogik)
    */

   /** Gibt die Kontonummer des Kontos zurück */
   public String getAccNumber() {
      return accNumber;
   }

   /** Gibt den aktuellen Saldo des Kontos zurück */
   public double getBalance() {
      return accBalance;
   }

   /** Erhöht den Saldo des Kontos um den Betrag amount */
   public void incBalance(double amount) {
      accBalance +=  amount.doubleValue();
   }

   /**
    * Vermindert den Saldo des Kontos um den Betrag amount
    * und wirft gegebenenfalls eine AccoutException
    */
   public void decBalance(double amount) throws MyAccountDecreaseException {
      ...
   }


   /*
    * Methoden des Home-Interface
    */
   /** Erzeugt einen neuen Account-Datensatz */
   public AccountKey ejbCreate()
      throws CreateException {...}
```

Listing 447: Methoden einer EJB-Implementierung (Forts.)

```
    /** Wird gerufen, nachdem ein neuer Account-Datensatz erzeugt wurde */
    public void ejbPostCreate()
       throws CreateException {...}

    /** Sucht einen Account anhand des übergebenen Primärschlüssels */
    public AccountKey ejbFindByPrimaryKey(AccountKey accountKey)
       throws FinderException {...}


    /*
     * Methoden des Interface EntityBean,
     * zur Verwaltung durch den EJB-Container
     */
    /** Wird gerufen, um Bean aus passivem in aktiven Zustand zu versetzen */
    public void ejbActivate() {...}

    /** Wird gerufen, um Bean aus aktivem in passiven Zustand zu versetzen */
    public void ejbPassivate() {...}

    /** Ermöglicht der Bean, ihre Daten aus der Datenbank zu laden */
    public void ejbLoad() {...}

    /** Ermöglicht der Bean, ihre Daten in die Datenbank zu schreiben */
    public void ejbStore() {...}

    /** Wird gerufen, bevor die Bean aus dem Speicher entfernt wird */
    public void ejbRemove() {...}

    /** Setzt den Bean-Kontext (Identität) dieser Bean */
    public void setEntityContext(EntityContext ctx) {...}

    /** Löscht den Bean-Kontext (Identität) dieser Bean */
    public void unsetEntityContext() {...}
}
```

Listing 447: Methoden einer EJB-Implementierung (Forts.)

Wie Sie sehen, unterteilt sich die Implementierung der EJB grundsätzlich in drei Abschnitte:

- Methoden des Remote-Interface

  Diese Methoden können Sie eins zu eins aus dem Remote-Interface übernehmen und anschließend die gewünschte Logik einprogrammieren.

- Methoden des Home-Interface

  Diese Methoden leiten sich aus dem Home-Interface her, erhalten jedoch das Präfix `ejb`. Dies bleibt dem Anwender jedoch verborgen, da ausschließlich der EJB-Container diese Methoden aufruft.

- Methoden zur Verwaltung (deklariert durch das Interface `EntityBean`)

  Die dritte Gruppe steuert schließlich den Lebenszyklus der EJB. Wie Sie später sehen werden, können Sie diese Methoden entweder selbst implementieren (Bean Managed Persistence) oder die entsprechende Funktionalität dem EJB-Container übertragen (Container Managed Persistence).

Achtung

Dabei implementiert (`implements`) die oben gezeigte Bean weder ihr Home- noch ihr Remote-Interface direkt. Dies ist kein Druckfehler, sondern gewollt: Da ausschließlich der EJB-Container direkt mit der Bean-Implementierung in Kontakt tritt und dieser über einen Deployment Descriptor weiß, welche Methoden diese EJB bereitstellt und dass einige der Methoden durch ein Präfix (`ejbCreate()`) umbenannt werden, darf die Bean die Schnittstellen nicht direkt implementieren, da sich sonst der `javac`-Compiler bei der Übersetzung beschwert. Der Nachteil ist, dass Sie Fehler durch vergessene oder falsch parametrisierte Methoden erst zur Laufzeit erkennen.

Der Bean-Kontext

Listing 445 enthält auch die Methoden `setEntityContext()` und `unsetEntityContext()`, die ein `EJBKontext`-Objekt übergeben bekommen. Dieses dient als Schnittstelle zwischen der Enterprise Bean und dem EJB-Container und ermöglicht ihr zu erfahren, welche Identität (Primary Key) sie gerade repräsentiert und mit welchem Client sie interagiert.

Der Deployment Descriptor

Ebenfalls noch nicht beschrieben wurde, wie der EJB-Container für die Enterprise JavaBeans konfiguriert wird. Genau wie für Ihre Servlets ein Web Deployment Descriptor (*web.xml*) und für Ihre Tag-Bibliotheken ein Tag Library Descriptor (TLD) existiert, werden EJBs über eine Konfigurationsdatei im XML-Format konfiguriert, die hier allerdings nur als *Deployment Descriptor* bezeichnet wird.

Der Deployment Descriptor enthält dabei Informationen, welches Home- und Remote-Interface zu welcher EJB-Implementierung gehört und was für Methoden diese bereitstellt.

Zusammenfassung

Wie Sie gesehen haben, besteht jede EJB aus mindestens drei Java-Klassen: dem Home-Interface, über das sie erzeugt wird, dem Remote-Interface, das die bereitgestellten Business-Methoden deklariert, sowie einer Implementierung, die den erforderlichen Code aufnimmt.

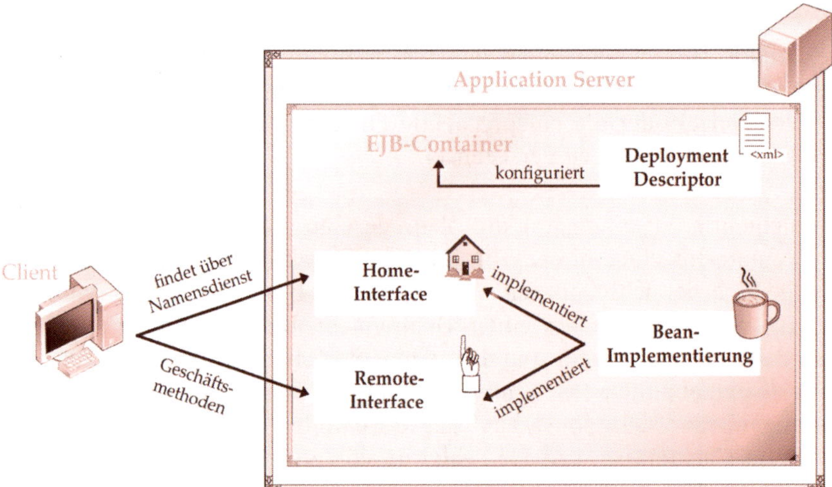

Abbildung 133: Zusammenspiel der EJB-Komponenten

Konfiguriert wird die EJB-Komponente dabei über den Deployment Descriptor in Form einer XML-Datei.

207 Elemente des Deployment Descriptors

Die folgende Übersicht beschreibt Ihnen die wichtigsten Elemente des *Deployment Descriptors*, über den eine EJB-Anwendung konfiguriert wird. Der Deployment Descriptor besteht dabei aus einer XML-Datei, deren Tags die Basisinformationen enthalten.

Zu den allgemeinen Optionen zählen die Ihnen vielleicht schon von den Servlets bekannten:

- `<display-name>`

  Über dieses Tag können Sie Ihre Anwendung mit einem symbolischen Namen versehen, der von verschiedenen IDEs angezeigt werden kann. Für die Anwendung hat er keine Bedeutung.

- `<small-icon>` und `<large-icon>`

  Die unter diesen URLs angegebenen Bilddateien können ebenfalls von IDEs zur Erstellung des Deployment Descriptors angezeigt werden. Auch diese Tags spielen für die resultierende Anwendung keine Rolle.

- `<description>`

  Schließlich können Sie, wie in Listing 449 gezeigt, auch eine kurze Beschreibung der Anwendung hinterlegen.

Die folgenden Tags dienen der Konfiguration Ihrer Enterprise JavaBeans, die im Tag `<enterprise-beans>` zusammengefasst werden.

- `<session>`, `<entity>` und `<message-driven>`

  Diese Container-Tags fassen die Konfiguration einer entsprechenden EJB zusammen.

- `<ejb-name>`

  Über dieses Tag statten Sie Ihre EJB mit einem eindeutigen, symbolischen Namen aus, mit dem sie anschließend weiter konfiguriert werden kann. Es entspricht dem Tag `<servlet-name>` Ihres Web Deployment Descriptors.

- `<home>`, `<remote>` und `<ejb-class>`

  Diese Tags nehmen den voll qualifizierenden Klassennamen für Home- und Remote-Interfaces sowie die Bean-Implementierung auf.

- `<session-type>`

  Über den Wert dieses Tags legen Sie fest, ob es sich bei dieser Bean um eine Stateless Session-Bean (`Stateless`) oder eine Stateful Session-Bean (`Stateful`) handelt.

- `<transaction-type>`

  Dieses Attribut zeigt an, ob eine Session-Bean bzw. eine Message Driven Bean ihre Transaktionen (so sie an diesen teilnimmt) selbst steuert (`Bean`) oder ob dies vom EJB-Container (`Container`) übernommen werden soll.

- `<persistence-type>`

  Dieses Tag ist das Pendant zum `<transaction-type>` für Entity-Beans. Hiermit unterscheiden Sie zwischen Bean Managed Persistence (`Bean`) und Container Managed Persistence (`Container`), deren Unterschiede Sie beim nächsten Beispiel kennen lernen werden.

- `<reentrant>`

  Dieses optionale Tag zeigt an, ob die Bean `threadsafe` ist, also mehrere Threads gleichzeitig bearbeiten kann (`True`) oder nicht (`False`). Es übernimmt damit die Aufgabe des Interface `SingleThreadModel`, das Sie vielleicht von Ihren Servlets her kennen.

- `<prim-key-class>`

  Dieses Tag enthält den voll qualifizierenden Klassennamen des Primary Keys für Entity Beans, die Sie im nächsten Abschnitt kennen lernen werden.

- `<cmp-field>`

  Dieses Tag wird für die Definition von Feldern bei Container Managed Persistence (CMP) benötigt (vgl. 210).

- `<cmp-version>`

  Da die CMP-Spezifikationen 1.1 und 2.0 nicht kompatibel zueinander sind, müssen Sie bei Container Managed Persistence (CMP) stets angeben, welchem Standard Ihre Entity-Bean entspricht. Im ersten Fall lautet der Wert `1.x` und im zweiten entsprechend `2.x`.

208 Eine Session-Bean erstellen

Dieses Rezept zeigt Ihnen, wie Sie eine Session-Bean entwickeln, die einen Namen übernimmt und eine Begrüßungsformel zurückgibt. An diesem Beispiel können Sie das Zusammenspiel der einzelnen Komponenten (einer Session-Bean) gut beobachten, ohne sich mit Datenbankverbindungen oder Entity-Beans auseinander setzen zu müssen.

Das Remote-Interface

Beginnen Sie die Entwicklung einer neuen EJB immer mit dem Remote-Interface, denn es enthält alle »Nutzfunktionen« der Bean:

```
package de.codebooks.j2ee.ejb;

import java.rmi.RemoteException;
import javax.ejb.EJBObject;

/** Remote-Interface der HelloWorld Session-Bean*/
public interface HelloWorld extends EJBObject {

   /** Gibt die Grußbotschaft zurück */
   public String getGreeting() throws RemoteException;

   /** Setzt den Namen in der Grußbotschaft */
   public void setName(String aName) throws RemoteException;
}
```

Listing 448: Das Remote-Interface

Dieses `Interface` zeigt bereits alle Merkmale eines typischen Remote-Interface:

- Es leitet von `javax.ejb.EJBObject` ab.
- Alle Methoden deklarieren eine `java.rmi.RemoteException`.

EJB

Das Home-Interface

Das Home-Interface deklariert alle Methoden, mit denen die EJB später erzeugt oder wiederhergestellt werden kann. In diesem Fall soll es sich um eine Stateful Session-Bean handeln, die den Namen der Grußbotschaft in der Instanzvariablen `name` speichert.

```
package de.codebooks.j2ee.ejb;

import java.rmi.RemoteException;
import javax.ejb.EJBHome;
```

Listing 449: Das Home-Interface

```
import javax.ejb.CreateException;

import de.codebooks.j2ee.ejb.HelloWorld;

/** Home-Interface der HelloWorld Session-Bean */
public interface HelloWorldHome extends EJBHome {

   /** Erzeugt eine HelloWorld-EJB mit Standardtext */
   public HelloWorld create()
      throws CreateException, RemoteException;

   /** Erzeugt eine HelloWorld-EJB mit dem übergebenen Namen */
   public HelloWorld create(String aName)
      throws CreateException, RemoteException;
}
```

Listing 449: Das Home-Interface (Forts.)

Die typischen Eigenschaften des Home-Interface lassen sich folgendermaßen zusammenfassen:

- Es leitet von `javax.ejb.EJBHome` ab.
- Es definiert Methoden zum Erzeugen (`create()`) und Wiederherstellen (`findBy()`) von EJBs.
- Diese geben Objekte des Remote-Interface (`HelloWorld`) oder eine Sammlung (`Collection`) dieser zurück.
- Die `create()`-Methoden definieren neben der obligatorischen `RemoteException` eine `CreateException` und *Finder-Methoden* (denen Sie in späteren Beispielen begegnen werden) eine `FinderException`.

Achtung

Das Home-Interface von Stateless Session-Beans enthält immer nur eine einzige, parameterlose `create()`-Methode, da sie per Definition keinen Zustand (`State`) besitzen und damit gegeneinander ausgetauscht werden können. Stateful Session-Beans, wie in diesem Beispiel, können hingegen auch parameterbehaftete `create()`-Methoden besitzen.

Die Implementierung

Die Implementierung einer Enterprise JavaBean besteht aus drei Teilen:

- den Business-Methoden des Remote-Interface
- den im Home-Interface definierten Methoden zur Erzeugung (`create()`) und gegebenenfalls zum Wiederherstellen (`findBy()`)
- Methoden, mit denen der EJB-Container den Lebenszyklus der EJB steuert

```
package de.codebooks.j2ee.ejb;

import javax.ejb.SessionBean;
import javax.ejb.SessionContext;
import javax.ejb.CreateException;

/** Implementierung der HelloWorld-EJB */
public class HelloWorldImpl implements SessionBean {

   /** In der Grußbotschaft verwendeter Name */
   private String name;

   /*
    * Methoden des Remote-Interface (Geschäftslogik)
    */
   /** Gibt die Grußbotschaft zurück */
   public String getGreeting() {
      return "Hello "+name;
   }

   /** Setzt in der Grußbotschaft verwendeten Namen*/
   public void setName(String aName) {
      name = aName;
   }


   /*
    * Methoden des Home-Interface
    */
   /** Erzeugt eine HelloWorld-EJB mit Standardtext */
   public void ejbCreate() throws CreateException {
      name = "Unbekannter Benutzer";
   }

   /** Erzeugt eine HelloWorld-EJB mit dem übergebenen Namen */
   public void ejbCreate(String aName) throws CreateException {
      name = aName;
   }


   /*
    * Methoden des Interface SessionBean,
    * zur Verwaltung durch den EJB-Container
    */
   /** Wird gerufen, um Bean aus passivem in aktiven Zustand zu versetzen */
   public void ejbActivate() {}
```

Listing 450: Die Implementierung

```
    /** Wird gerufen, um Bean aus aktivem in passiven Zustand zu versetzen */
    public void ejbPassivate() {}

    /** Wird gerufen, bevor die Bean aus dem Speicher entfernt wird */
    public void ejbRemove() {}

    /** Setzt den Bean-Kontext (Identität) dieser Bean */
    public void setSessionContext(SessionContext aContext) {}
}
```

Listing 450: Die Implementierung (Forts.)

An dieser sehr rudimentären Stateful Session-Bean können Sie Folgendes sehen:

- Sie implementiert das `Interface javax.ejb.SessionBean`. Hierdurch weiß der EJB-Container, um welchen Bean-Typ es sich handelt.
- Sie implementiert weder die Schnittstelle des Remote- noch des Home-Interface direkt, wenngleich Sie die dort definierten Methoden ausprogrammieren muss.
- Die im Home-Interface definierten `create()`-Methoden erhalten hier das Präfix `ejb`. und haben im Gegensatz zu diesen den Rückgabewert `void` und nicht `HelloWorld`.
- Keine der Methoden definiert eine `RemoteException`, da diese für den EJB-Container reserviert ist, falls er die Bean beispielsweise nicht finden kann. Alle anderen Ausnahmen (`CreateException`, `FinderException`, eigene) werden jedoch übernommen.

Tipp

Aufgrund der Namenskonventionen und dem eingefügten Präfix `ejb` ist es einer EJB nicht möglich, ihr Home-Interface direkt zu implementieren (`implements`). Es ist jedoch keinesfalls verboten, wenn auch nicht unbedingt erforderlich, dass die Bean ihr Remote-Interface offen implementiert. Der Vorteil hierbei ist, dass Sie der Compiler bei fehlenden oder falsch geschriebenen Methoden des Remote-Interface warnt.

Die Methoden zur Steuerung des Lebenszyklus (dritter Abschnitt) werden durch das Interface `SessionBean` deklariert und müssen implementiert werden. Auch wenn sie, wie in diesem Fall, keinen Code enthalten.

Tipp

Definieren Sie für die einzelnen Bestandteile Ihrer EJBs eine feste Namenskonvention, und halten Sie sich strikt an diese. Wenn Ihre Anwendung wächst, werden Sie sonst hoffnungslos nach den einzelnen Komponenten suchen. In diesem Buch werden wir:

- das Remote-Interface nach der Bean benennen (`HelloWorld`),
- dem Home-Interface das Suffix `Home` (`HelloWorldHome`) geben,
- der Bean das Suffix `Impl` (`HelloWorldImpl`) zufügen. Üblich sind auch Erweiterungen wie `Bean` oder `SB` (Session-Bean) bzw. `EB` (Entity-Bean).

Erstellen des Deployment Descriptors

Nachdem Sie alle erforderlichen Komponenten implementiert haben, müssen Sie diese nun zu einer EJB konfigurieren. Dazu schreiben Sie den so genannten Deployment Descriptor in Form der Datei `ejb-jar.xml`.

```
<?xml version="1.0" encoding="UTF-8"?>
<!DOCTYPE ejb-jar PUBLIC
     "-//Sun Microsystems, Inc.//DTD Enterprise JavaBeans 2.0//EN"
     "http://java.sun.com/dtd/ejb-jar_2_0.dtd">

<ejb-jar>
   <display-name> JBoss HelloWorld-Anwendung </display-name>
   <description> Eine einfache EJB-Anwendung: HelloWorld </description>

   <enterprise-beans>

      <session>
         <ejb-name>HelloWorld</ejb-name>
         <home>de.codebooks.j2ee.ejb.HelloWorldHome</home>
         <remote>de.codebooks.j2ee.ejb.HelloWorld</remote>
         <ejb-class>de.codebooks.j2ee.ejb.HelloWorldImpl</ejb-class>
         <session-type>Stateful</session-type>
         <transaction-type>Bean</transaction-type>
      </session>

   </enterprise-beans>
</ejb-jar>
```

Listing 451: Der Deployment Descriptor (ejb-jar.xml)

Der Deployment Descriptor enthält für jede Session-Bean ein `<session>`-Element, über das Sie die drei Komponenten Home-, Remote-Interface und Implementierung zusammenfassen und mit einem eindeutigen symbolischen Namen (`<ejb-name>`) versehen, über welche die EJB später erreichbar sein wird. Ein ähnliches Konzept haben Sie schon im Kapitel über Servlets kennen gelernt. Außerdem definieren Sie bei Session-Beans deren Typ (`<session-type>`), der zwischen `Stateless` und `Stateful` unterscheidet.

EJB

Tipp

Es existiert eine Reihe von Tools, die Sie bei der Erstellung des Deployment Descriptors unterstützen und die erforderlichen Dateien automatisch erstellen. So ist Suns `deploytool` bereits seit dem JDK 1.4 Teil der Distribution und kann im Verzeichnis *%JAVA_HOME%/bin* gestartet werden. Diese Tools sind jedoch häufig für einen bestimmten Application-Server optimiert, so dass unter Umständen nicht alle erzeugten Dateien verwendet werden können (siehe nächster Absatz). Der Deployment Descriptor (*ejb-jar.xml*) ist jedoch standardisiert und sollte von allen Implementierungen unterstützt werden.

Konfiguration des EJB-Containers

Die gute Nachricht lautet: Bis hierher ist das gesamte Vorgehen in der EJB-Spezifikation festgelegt und damit standardisiert. Die Konfiguration des jeweiligen Dienstes ist jedoch wieder dem Anbieter des EJB-Containers überlassen.

Achtung

Alle hier verwendeten Dateien und Formate beziehen sich auf den freien EJB-Container JBoss (*http://www.jboss.org*). Sollten Sie einen anderen EJB-Container verwenden, entnehmen Sie dessen Konfiguration bitte der beiliegenden Dokumentation.

Konfiguration des JBoss

Über die Konfigurationsdatei *jboss.xml* teilen Sie dem JBoss mit, in welchem Kontext und unter welchem Namen Ihre EJB später erreichbar sein soll. Dazu verwenden Sie den zuvor im Deployment Descriptor (*ejb-jar.xml*) definierten symbolischen Namen der EJB.

```
<?xml version="1.0" encoding="UTF-8"?>

<jboss>
   <enterprise-beans>
      <session>
         <ejb-name>HelloWorld</ejb-name>
         <jndi-name>ejb/HelloWorld</jndi-name>
      </session>
   </enterprise-beans>
</jboss>
```

Listing 452: JBoss Deployment Descriptor

In diesem Beispiel machen Sie die Session-Bean `HelloWorld` im Namensdienst (Naming Service) des Application-Servers im Kontext `comp/env/ejb` unter dem Namen `HelloWorld` verfügbar. Mehr über Namensdienste und Kontexte erfahren Sie im Kapitel über den *Java Naming and Directory Service (JNDI)*.

Zusammenstellen eines Java Archive (JAR)

Nun können Sie die EJB-Klassen zusammen mit dem Deployment Descriptor und der JBoss-Konfigurationsdatei zu einem Java Archive (JAR) zusammenfassen, um diese leichter zusammenhalten zu können. Dazu erstellen Sie beispielsweise folgende Verzeichnisstruktur:

```
HelloWorld
|- de
|  |- codebooks
|     |- j2ee
|        |- ejb
|           |- HelloWorld.class
|           |- HelloWorldHome.class
|           |- HelloWorldImpl.class
|- META-INF
   |- ejb-jar.xml
   |- jboss.xml
```

Listing 453: Verzeichnisstruktur der HelloWorld-Anwendung

Jetzt fassen Sie diese Struktur zu einem Java Archive (JAR) zusammen. Dazu verwenden Sie entweder ein handelsübliches Zip-Programm oder wechseln auf der Kommandozeile in das Verzeichnis HelloWorld und führen folgenden Befehl aus:

```
// Unter Windows:
%JAVA_HOME%/bin/jar cf HelloWorld.jar * META-INF

// Unter Linux:
$JAVA_HOME/bin/jar cf HelloWorld.jar * META-INF
```

Listing 454: Packen eines Java Archive (JAR)

Anschließend existiert im Verzeichnis *HelloWorld* die Datei *HelloWorld.jar*, die nun Ihre Applikation enthält.

Erzeugen eines Enterprise Archive (EAR)

Sie können die Applikation nun noch zu einem so genannten *Enterprise Archive (EAR)* zusammenfassen, das ähnlich einem Webarchiv (WAR) dazu gedacht ist, eine gesamte Applikation aufzunehmen, um diese leicht von einem Application-Server auf einen anderen zu übertragen. Dies ist zum Beispiel sinnvoll, wenn Ihre Anwendung neben EJB auch andere Komponenten enthalten soll.

Da sich auch hinter einem Enterprise Archive (EAR) nichts anderes als eine Zip-Datei mit dem Ordner *META-INF* versteckt, können Sie auch hierfür das Tool `jar` verwenden. Zuvor müssen Sie jedoch einen *Application Deployment Descriptor* (*application.xml*) definieren, über den der Application-Server die Anwendung und ihre Module später einbinden kann. Über ein Enterprise Archive können Sie auch verschiedene EJB-Komponenten (`<module>`) zu einer Anwendung zusammenfassen.

```
<?xml version= "1.0" encoding= "UTF-8"?>
<!DOCTYPE application PUBLIC
     "-//Sun Microsystems, Inc.//DTD J2EE Application 1.3//EN"
     "http://java.sun.com/dtd/application_1_3.dtd">

<application>
   <display-name>Hello World Application</display-name>
   <module>
      <ejb>HelloWorld.jar</ejb>
   </module>
</application>
```

Listing 455: Konfiguration der Module im Application Deployment Descriptor

Dieser Application Deployment Descriptor gibt nun beispielsweise an, dass in der Datei *HelloWorld.jar* eine EJB-Komponente samt Deployment Descriptor enthalten ist und eingebunden werden kann. Nun erstellen Sie die folgende Verzeichnisstruktur für Ihre (Gesamt-)Anwendung

```
HelloWorldApp
|- META-INF
|   |- application.xml
|- HelloWorld.jar
```

Listing 456: Verzeichnisstruktur der Anwendung

Anschließend wechseln Sie in das Verzeichnis *HelloWorldApp* und führen folgenden Befehl aus:

```
// Unter Windows:
%JAVA_HOME%/bin/jar cf HelloWorldApp.ear * META-INF

// Unter Linux:
$JAVA_HOME/bin/jar cf HelloWorldApp.ear * META-INF
```

Listing 457: Erstellen eines Enterprise Archive (EAR)

Nun haben Sie ein Archiv *HelloWorldApp.ear*, das wiederum Archive mit den Anwendungen (`<module>`) enthält. Auf diese Weise können Sie komplexe Anwendungen leicht aus einzelnen Komponenten zusammenstellen und vollständig auf einen Application-Server übertragen.

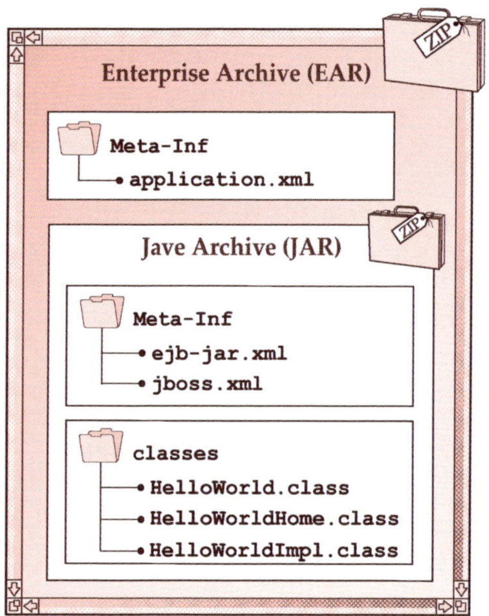

Abbildung 134: Aufbau komplexer Anwendungen mit Enterprise-Archiven (EAR)

Jetzt müssen Sie die Datei *HelloWorldApp.ear* nur noch in das Verzeichnis *JBOSS_HOME/server/default/deploy* kopieren und diesen starten. Wenn Sie alles korrekt gemacht haben, erhalten Sie unter anderem folgende Ausgabe auf der Konsole:

```
10:07:46,307 INFO  [EARDeployer] Init J2EE application:
   file:/D:/jboss-4.0.1RC2/server/default/deploy/HelloWorldApp.ear
10:07:47,258 INFO  [EjbModule] Deploying HelloWorld
10:07:47,699 INFO  [EJBDeployer] Deployed:
   file:/D:/jboss-4.0.1RC2/server/default/tmp/deploy/
tmp61609HelloWorldApp.ear
   -contents/HelloWorld.jar
```

Listing 458: Ausgabe beim Deployment der Anwendung

EJB

Der HelloWorld-Client

Gut, Ihre erste EJB-Anwendung ist fertig, und der Application-Server läuft. Nun benötigen Sie lediglich einen Client, der die Applikation testet. Dieser erzeugt über den Namensdienst des Application-Servers eine `HelloWorld`-Bean, setzt einen Namen und lässt sich eine Grußbotschaft generieren.

Achtung

In diesem Beispiel machen wir umfangreichen Gebrauch vom Java Naming and Directory Interface (JNDI), um damit auf den Service des Application-Servers zugreifen zu können. Mehr Rezepte zu diesem Dienst und seiner Konfiguration erfahren Sie im gleichnamigen Abschnitt.

```
package de.codebooks.j2ee.ejb;

import java.util.Hashtable;
import javax.naming.Context;
import javax.naming.InitialContext;
import javax.rmi.PortableRemoteObject;

import de.codebooks.j2ee.ejb.HelloWorld;
import de.codebooks.j2ee.ejb.HelloWorldHome;

/** Testet die HelloWorld-SessionBean */
public class HelloWorldClient {

   public static void main(String[] args) {
      try {

         // Konfigurieren des Service-Providers (JBoss)
         Hashtable env = new Hashtable();

         // JBoss JNDI-Factory
         env.put(Context.INITIAL_CONTEXT_FACTORY,
                 "org.jnp.interfaces.NamingContextFactory");

         // URL des Namensdienstes (JBoss-Standardport: 1099)
         env.put(Context.PROVIDER_URL, "localhost:1099");

         // Konfiguration der URL-Package-Präfixe
         env.put(Context.URL_PKG_PREFIXES,
                 "org.jboss.naming:org.jnp.interfaces");

         // Erzeugen des initialen Kontextes
         InitialContext ctx = new InitialContext(env);

         // Ermitteln der RMI-Referenz über den JNDI-Name der EJB
         Object objRef = ctx.lookup("ejb/HelloWorld");

         // Umwandeln der RMI-Referenz in ein Objekt (Cast)
         HelloWorldHome helloWorldHome = (HelloWorldHome)
            PortableRemoteObject.narrow(objRef, HelloWorldHome.class);

     // Erzeugen des Bean-Objektes über das Home-Interface
         HelloWorld bean = helloWorldHome.create("Thomas Stark");

         // Ausgabe der Grußbotschaft
     System.out.println(bean.getGreeting());
```

Listing 459: Der HelloWorld-Client

```
      // Ändert den Namen in der Grußbotschaft
      bean.setName("Karsten Samaschke");

      // Nachmalige Ausgabe der Grußbotschaft
      System.out.println(bean.getGreeting());

    } catch (Exception exc) {
      exc.printStackTrace();
    }
  }
}
```

Listing 459: Der HelloWorld-Client (Forts.)

Zugang zum Namensdienst

Zunächst konfigurieren Sie den Zugang zum Namensdienst des JBoss. Dazu verwenden Sie dessen `NamingContextFactory` und setzen den URL, unter dem dieser erreichbar ist. Um die vom JBoss-Namensdienst verwendeten Package-Präfixe auflösen zu können, müssen Sie auch die Konstante `URL_PKG_PREFIXES` setzen. Der Standardwert `com.sun.jndi.url` bleibt dabei ebenfalls erhalten und wird hinten angefügt.

Ermitteln des Home-Interface

Nachdem Sie den Namensdienst konfiguriert und den `InitialContext` erstellt haben, extrahieren Sie zunächst eine Referenz auf das gewünschte Objekt. Dazu verwenden Sie den im JBoss Deployment Descriptor (Listing 450) definierten JNDI-Name.

```
Object objRef = ctx.lookup("ejb/HelloWorld");
```

Listing 460: Extrahieren einer Referenz auf das Home-Interface

Da die EJB-Objekte jedoch via *Remote Method Invocation (RMI)* und damit über das RMI-IIOP-Protokoll übertragen werden, wobei sie zunächst serialisiert und anschließend wiederhergestellt werden, können Sie das zurückgegebene Objekt nicht direkt in das Home-Interface umwandeln (Casten). Hierfür verwenden Sie einen RMI-Cast via `narrow`:

```
HelloWorldHome helloWorldHome =
   (HelloWorldHome)PortableRemoteObject.narrow(objRef, HelloWorldHome.class);
```

Listing 461: »Casten« der Referenz via narrow

Erzeugen der Bean über das Home-Interface

Nun erhalten Sie Zugriff auf das Home-Interface der EJB, über dessen `create()`-Methode Sie Ihre Bean erzeugen können.

```
HelloWorld bean = helloWorldHome.create("Thomas Stark");
```

Listing 462: Erzeugen der EJB über das Home-Interface

Anschließend können Sie die EJB wie eine »normale« JavaBean verwenden. Ganz so, als würde sie in der lokalen Java Virtual Machine (VM) des Clients laufen und nicht in der des JBoss Application-Servers.

Achtung

Suchen Sie im JNDI-Kontext nie nach dem Remote-Interface der EJB. Verwenden Sie stattdessen deren Home-Interface, um eine EJB zu erzeugen oder zu reinstanziieren.

Test der Applikation

Nun können Sie den Client in eine *.class*-Datei übersetzen und anschließend die Anwendung testen. Die hierzu erforderlichen Java-Bibliotheken (Namensdienst des JBoss, JNDI etc.) finden Sie dabei beispielsweise in der Datei *jbossall-client.jar*, die Bestandteil der JBoss-Distribution ist.

```
java -cp ../lib/jbossall-client.jar; de.codebooks.j2ee.ejb.HelloWorldClient
```

Listing 463: Test der Applikation

Zusammenfassung

Wenn Sie nun bedenken, welcher Implementierungs- und Konfigurationsaufwand nötig gewesen ist, um diese wirklich einfache EJB zum Laufen zu bringen, sind Sie vielleicht verwundert, wie es EJBs jemals zu ihrer Verbreitung bringen konnten. Allein, viele der hier beschriebenen Schritte gehören zum Standardvorgehen und werden bei jeder EJB wiederholt. Umfangreiche Entwicklungsumgebungen und Assistenten unterstützen Sie bei der Erstellung Ihrer Anwendungen, so dass Ihnen der Unterschied zur »normalen« JavaBean bald nicht mehr auffällt.

Tipp

Wenn Sie die Entwicklungsplattform *Eclipse* (*http://www.eclipse.org*) und den JBoss Application-Server verwenden und viele EJBs erstellen müssen, sehen Sie sich doch einmal das Plug-In JBoss-DIE an, zu finden auf der JBoss-Homepage.

209 Bean Managed Persistence am Beispiel

Das nächste Rezept zeigt Ihnen anhand eines Bankkontos (`Account`) die Implementierung einer Entity-Bean unter Verwendung der *Bean Managed Persistence (BMP)*.

Ein Bankkonto wird durch eine Kontonummer und einen Betrag (Saldo) definiert, der entweder erhöht oder erniedrigt werden kann. Da sich die Bean meist auf einem geschützten Rechner (Host) befindet, hat der Anwender keine Möglichkeit, direkt auf die Bean zuzugreifen, sondern muss mit dieser über ein von EJB-Container bereitgestelltes Interface kommunizieren.

Voraussetzungen

Die in den nächsten Abschnitten implementierte Entity-Bean dient dazu, einen Datensatz in der Datenbank eines Host-Computers zu manipulieren. In dieser sind die Daten in Tabellen organisiert, die über Relationen und eindeutige Schlüssel (*Primary Key*) miteinander verknüpft sind.

Um das ohnehin schon sehr komplexe Beispiel übersichtlich zu halten, gehen wir davon aus, dass bereits eine entsprechende Datenbank mit der abzubildenden Tabelle `Accounts` existiert und via JDBC erreichbar ist. Mehr Rezepte zum Thema Datenbanken und dem Umgang damit erfahren Sie im Abschnitt über die *Java Database Connectivity (JDBC)*.

Spaltenname	Beschreibung	Primary Key?
ACCOUNT_NUMBER	Eineindeutiger, alphanumerischer Code	Yes
BALANCE	Saldo des Kontos	No

Tabelle 68: Schema der Datenbanktabelle Accounts

Eine JavaBean für den Primary Key

Der *Primary Key* besteht in diesem Fall zwar »nur« aus einer Zahl oder einer Zeichenkette und ließe sich auch problemlos über einen `String` oder `Integer` abbilden; um diesen jedoch auch im Nachhinein erweitern zu können und zu lernen, wo Sie den Primary Key einsetzen, werden Sie diesen in einer eigenen JavaBean kapseln:

EJB

```
package de.codebooks.j2ee.ejb;

import java.io.Serializable;

/** Primary Key der Tabelle Accounts */
public class AccountKey implements Serializable {

   /** Die Kontonummer */
   private String accNumber;

   /** Setzen der Kontonummer */
   public void setAccNumber(String aAccountNumber) {
      accNumber = aAccountNumber;
```

Listing 464: Implementierung des Primary Keys

```
    }

    /** Auslesen der Kontonummer */
    public String getAccNumber() {
        return accNumber;
    }

    /** Vergleicht zwei Primary Keys auf Gleichheit */
    public boolean equals(Object other) {
        if (other instanceof AccountKey) {
            AccountKey otherAccKey = (AccountKey) other;
            if(accNumber.equals(otherAccKey.getAccNumber())){
                return true;
            }
        }
        return false;
    }

    /** Methode toString(), nützlich für Debug-Ausgaben */
    public String toString() {
        return "KTO: "+accNumber;
    }
}
```

Listing 464: Implementierung des Primary Keys (Forts.)

Neben den üblichen Methoden zum Lesen und Schreiben der Eigenschaften (accNumber) zeichnet sich diese JavaBean durch zwei Besonderheiten aus:

- Zum einen implementiert sie das Interface java.io.Serializable, um per Serialisierung übertragen werden zu können.
- Zum anderen enthält sie die Methode equals(), in der Sie zunächst überprüfen, ob es sich bei dem übergebenen Objekt um ein AccountKey handelt und ob die Schlüsselattribute dieser gegebenenfalls identisch mit den eigenen ist.

Durch die Methode equals() sind Sie in der Lage, gegebenenfalls auch aus mehreren Attributen zusammengesetzte Schlüssel zu vergleichen.

Das Remote-Interface

Als Nächstes definieren Sie das Remote-Interface, dessen Methoden dem Benutzer später die Arbeit mit dem Account ermöglichen.

```
package de.codebooks.j2ee.ejb;

import java.rmi.RemoteException;
```

Listing 465: Remote-Interface des Accounts

```
import javax.ejb.EJBObject;

import de.codebooks.j2ee.ejb.AccountKey;
import de.codebooks.j2ee.ejb.AccountException;

/** Das Remote-Interface des Kontos definiert die Geschäftsmethoden */
public interface Account extends EJBObject {

    /** Gibt den aktuellen Saldo des Kontos zurück */
    public double getBalance() throws RemoteException;

    /** Gibt die Kontonummer des Kontos zurück */
    public AccountKey getAccountNumber() throws RemoteException;

    /** Erhöht den Saldo des Kontos um den Betrag amount */
    public void incBalance(double amount) throws RemoteException;

    /**
     * Vermindert den Saldo des Kontos um den Betrag amount
     * und wirft gegebenenfalls eine AccoutException
     */
    public void decBalance(double amount)
      throws RemoteException, AccountException;
}
```

Listing 465: Remote-Interface des Accounts (Forts.)

Da auch bei Entity-Beans alle Methodenaufrufe entfernt erfolgen, muss auch hier jede Methode die für den EJB-Container reservierte Ausnahme `RemoteException` deklarieren. Daneben definieren Sie eine weitere eigene Ausnahme (`AccountException`), die Sie werfen werden, wenn eine Verminderung des Betrages nicht möglich ist, weil das Konto beispielsweise überzogen wurde. Damit der EJB-Container das Interface verwalten kann, muss man auch dieses von der Basisschnittstelle `EJBObject` ableiten (vgl. Listing 446).

Implementierung einer eigenen Ausnahme

Natürlich kann man in der Realität ein Konto nicht um mehr als einen gewissen Dispositionskredit überziehen. Versucht ein Kunde dies dennoch, soll eine entsprechende Fehlermeldung erzeugt werden.

```
package de.codebooks.j2ee.ejb;

/** Ausnahme für Kontoüberziehungen  */
```

Listing 466: Eine eigene Ausnahme für Kontoüberziehungen

```
public class AccountException extends Exception {

   public AccountException(String msg) {
      super(msg);
   }

   public AccountException(String msg, Throwable exc) {
      super(msg, exc);
   }
}
```

Listing 466: Eine eigene Ausnahme für Kontoüberziehungen (Forts.)

Das Home-Interface

Auch bei einer Entity-Bean deklariert das Home-Interface Methoden, um diese zu erzeugen (`create()`) und damit einen neuen Datensatz anzulegen. Außerdem enthält sie Finder-Methoden, um bereits existierende Datensätze zu restaurieren.

```
package de.codebooks.j2ee.ejb;

import java.rmi.RemoteException;
import javax.ejb.EJBHome;
import javax.ejb.CreateException;
import javax.ejb.FinderException;

import de.codebooks.j2ee.ejb.Account;
import de.codebooks.j2ee.ejb.AccountKey;

/** Home-Interface des Accounts */
public interface AccountHome extends EJBHome {

   /** Erzeugt einen neuen Account-Datensatz */
   public Account create(String accountNumber, double balance)
      throws CreateException, RemoteException;

   /** Sucht einen Account anhand des übergebenen Primärschlüssels */
   public Account findByPrimaryKey(AccountKey accountkey)
      throws FinderException, RemoteException;
}
```

Listing 467: Das Home-Interface

Wie auch schon beim Remote-Interface deklarieren auch alle hier beschriebenen Methoden eine `RemoteException`. Außerdem deklarieren die Methoden zum Erzeugen eines neuen Datensatzes eine `CreateException`.

Die Methode `findByPrimaryKey()`, die von jeder Entity-Bean implementiert werden muss, übernimmt als Parameter einen Primärschlüssel (`AccountKey`) und liefert den dazu passenden Datensatz zurück. Daneben kann eine Reihe weiterer `findBy()`-Methoden existieren.

Wie bei jeder Enterprise JavaBean geben alle Methoden des Home-Interface entweder ein Objekt des Remote-Interface (`Account`) oder eine `Collection` dieser Typen zurück.

Die Implementierung

Nach all den Deklarationen ist es nun endlich so weit: Sie können sich an die Implementierung der eigentlichen EJB machen. Doch da die Anzahl der zu implementierenden Methoden inzwischen auf ein schwer zu überschauendes Maß angewachsen ist, zeigt Ihnen das nächste Listing zunächst den schematischen Aufbau der Entity-Bean.

```
package de.codebooks.j2ee.ejb;

import java.sql.Statement;
import java.sql.ResultSet;
import java.sql.Connection;
import java.sql.PreparedStatement;
import java.sql.SQLException;
import javax.sql.DataSource;

import javax.naming.Context;
import javax.naming.InitialContext;
import javax.naming.NamingException;

import javax.ejb.EntityBean;
import javax.ejb.EntityContext;
import javax.ejb.EJBException;
import javax.ejb.FinderException;
import javax.ejb.CreateException;
import javax.ejb.ObjectNotFoundException;

import de.codebooks.j2ee.ejb.AccountKey;
import de.codebooks.j2ee.ejb.AccountException;

/** Implementierung eines Accounts unter Bean Managed Persistence (BMP) */
public class AccountImpl implements EntityBean {

   /*
    * Instanzvariablen der Entity-Bean
    */
   /** Context und Name der DataSource (DB) */
   private final static String JNDI_DB_PATH = "java:comp/env/jdbc/AccountDB";
```

Listing 468: Schematischer Aufbau der Entity-Bean

```
/** Maximal verfügbarer Dispositionskredit  */
private final static double MAX_DISPO = 3000.00;

/** Bean-Context dieser Bean */
private EntityContext ctx;

/** DataSource dieser Bean */
private DataSource dataSource;

/** Kontonummer des Accounts */
private AccountKey accKey;

/** Saldo des Accounts */
private double accBalance;


/*
 * Methoden des Remote-Interface (Geschäftslogik)
 */
/** Gibt den aktuellen Saldo des Kontos zurück */
public double getBalance() {...}

/** Gibt die Kontonummer des Kontos zurück */
public AccountKey getAccountNumber() {...}

/** Erhöht den Saldo des Kontos um den Betrag amount */
public void incBalance(double amount) {...}

/**
 * Vermindert den Saldo des Kontos um den Betrag amount
 * und wirft gegebenenfalls eine AccoutException
 */
public void decBalance(double amount) throws AccountException {...}


/*
 * Methoden des Home-Interface
 */
/** Erzeugt einen neuen Account-Datensatz */
public AccountKey ejbCreate(String accountNumber, double balance)
   throws CreateException {...}

/** Wird gerufen, nachdem ein neuer Account-Datensatz erzeugt wurde */
public void ejbPostCreate(String accountNumber, double balance)
   throws CreateException {}
```

Listing 468: Schematischer Aufbau der Entity-Bean (Forts.)

```
    /** Sucht einen Account anhand des übergebenen Primärschlüssels */
    public AccountKey ejbFindByPrimaryKey(AccountKey accountKey)
       throws FinderException {...}


    /*
     * Methoden des Interface EntityBean,
     * zur Verwaltung durch den EJB-Container
     */
    /** Wird gerufen, um Bean aus passivem in aktiven Zustand zu versetzen */
    public void ejbActivate() {...}

    /** Wird gerufen, um Bean aus aktivem in passiven Zustand zu versetzen */
    public void ejbPassivate() {...}

    /** Ermöglicht der Bean, ihre Daten aus der Datenbank zu laden */
    public void ejbLoad() {...}

    /** Ermöglicht der Bean, ihre Daten in die Datenbank zu schreiben */
    public void ejbStore() {...}

    /** Wird gerufen, bevor die Bean aus dem Speicher entfernt wird */
    public void ejbRemove () {...}

    /** Setzt den Bean-Kontext (Identität) dieser Bean */
    public void setEntityContext(EntityContext aContext) {...}

    /** Löscht den Bean-Kontext (Identität) dieser Bean */
    public void unsetEntityContext() {...}


    /*
     * Interne Hilfsmethoden
     */
    /**
     * Initialisiert die Datenquelle (DB)
     * Diese wird ebenfalls über den Namensdienst bereitgestellt.
     * Mehr Rezepte zu diesem Thema finden Sie im Abschnitt über JNDI
     */
    private void initDataSource() {...}
}
```

Listing 468: Schematischer Aufbau der Entity-Bean (Forts.)

14 (!!!) öffentliche Methoden nur, um den Kontostand abfragen und Buchungen vornehmen zu können – wie Sie leicht sehen können, liegt die Hauptarbeit noch vor Ihnen. Doch keine Angst, Sie werden sich nun jeder Methode ausführlich widmen und Ihr EJB Stück für Stück entwickeln.

Eine Entity-Bean implementiert dabei weder ihr Home- noch ihr Remote-Interface direkt. Stattdessen implementiert sie die Schnittstelle `EntityBean`, über die der EJB-Container den Lebenszyklus der EJB steuert. Die Entity-Bean lässt sich dabei grob in fünf Bereiche aufteilen:

- Die Definition von Konstanten und Variablen, die den *inneren Zustand* und Eigenschaften der Bean repräsentieren.
- Die vom *Remote-Interface* deklarierten Methoden, die es dem Client ermöglichen, mit der Bean zu interagieren.
- Den Methoden des *Home-Interface*, über die Sie die Bean erzeugen oder reinstanziieren können.
- *Callback-Methoden* des Interfaces `EntityBean`, über die der EJB-Container den Zustand der Bean steuert.
- Nach außen hin nicht sichtbare (`private`) Hilfsmethoden für immer wieder benötigte Aufgaben.

Hinweis

Callback-Methoden sind Methoden, über die ein Container meist aufgrund geänderter, äußerer Umstände mit einem von ihm verwalteten Objekt kommuniziert, um dieses über den neuen Zustand zu informieren.

Der innere Zustand der Entity-Bean

Der innere Zustand, die so genannte Identität der Entity-Bean, wird durch zwei beanspezifische und zwei containerspezifische Variablen repräsentiert. Diese sind:

- Die Kontonummer (`accKey`)

  Diese Zeichenkette enthält die Nummer des Kontos, das die Bean gerade repräsentiert.

- Der Saldo des Kontos (`accBalance`)

  Diese Variable enthält das Guthaben oder die Last des aktuellen Kontos.

- Der `EntityContext` (`ctx`)

  In dieser Variablen halten Sie den aktuellen Kontext der `EntityBean` (Typ `javax.ejb.EntityContext`) fest. Dieser enthält bei diesem Typ Bean unter anderem den Primärschlüssel und ermöglicht es Ihnen, die Rolle des aktuellen Benutzers zu ermitteln.

- Die Datenquelle (`dataSource`)

  Da eine Entity-Bean in der Regel den persistenten Zustand eines bestimmten Objektes repräsentiert, benötigen Sie natürlich auch eine Datenquelle, über die der aktuelle Zustand ermittelt und Änderungen festgehalten werden können. Dies ist, wie sollte es anders sein, eine `javax.sql.DataSource`.

Das Remote-Interface

Nachdem die inneren Variablen der EJB definiert sind, können Sie sich gleich den Business-Methoden des Remote-Interface zuwenden. Da die Business-Methoden in der Regel nur auf lokalen Variablen der Bean operieren, unterscheidet sich der Code dieser Funktionen nicht von dem gewöhnlicher JavaBeans.

```
...
   /** Gibt den aktuellen Saldo des Kontos zurück */
   public double getBalance() {
      return accBalance;
   }

   /** Gibt die Kontonummer des Kontos zurück */
   public AccountKey getAccountNumber() {
      return accKey;
   }

   /** Erhöht den Saldo des Kontos um den Betrag amount */
   public void incBalance(double amount) {
      accBalance += amount;
   }

   /**
    * Vermindert den Saldo des Kontos um den Betrag amount
    * und wirft gegebenenfalls eine AccoutException
    */
   public void decBalance(double amount) throws AccountException {

      double maxAvailableAmount = getBalance() + MAX_DISPO;
      if (amount > maxAvailableAmount) {
         throw new AccountException
            ("Kontoüberziehung! Maximaler Betrag: "+maxAvailableAmount);
      }
      accBalance -= amount;
   }
...
```

Listing 469: Business-Methoden des Remote-Interface

Bei der Implementierung entfallen die vom Remote-Interface deklarierten Ausnahmen `RemoteException`. Lediglich die eigenen Ausnahmen (`AccountException`) müssen Sie übernehmen.

EJB

Die internen Hilfsmethoden

Um die Daten in Ihre EJB laden und nach erfolgreicher Manipulation wieder zurückschreiben zu können, müssen Sie mit der Datenbank kommunizieren. Hierzu verwenden Sie eine ebenfalls über den Namensdienst des Application-Servers bereitgestellte `DataSource`. Bevor Sie jedoch über diese eine Verbindung (`Connection`) zur Datenbank aufbauen können, muss sie aus dem Namensdienst gebunden und gecastet werden.

Am einfachsten wäre es, bereits im Konstruktor der EJB eine Verbindung aufzubauen und diese beständig offen zu halten. Es ist jedoch gut möglich, dass Ihre Entity-Bean über einen langen Zeitraum nichts zu tun bekommt und nur passiv im Pool des EJB-Containers verweilt. Um die Ressourcen unseres Servers zu schonen, werden Sie die Verbindung also nur öffnen, wenn sie auch tatsächlich benötigt wird.

Dieses hehre Ziel birgt natürlich einige Herausforderungen, denn da Sie bei einem Callback-Aufruf nur über den neuen Zustand informiert werden und nichts über den alten wissen, müssen Sie stets davon ausgehen, dass Ihre Datenquelle noch nicht initialisiert ist, und dies gegebenenfalls überprüfen. Da die dafür notwendigen Schritte auch immer die gleichen sind, kapseln Sie einfach alles in einer versteckten (`private`) Hilfsmethode.

```
...
   /** Context und Name der DataSource (DB) */
   private final static String JNDI_DB_PATH = "java:comp/env/jdbc/AccountDB"
...
   /**
    * Initialisiert die Datenquelle (DB)
    * Diese wird ebenfalls über den Namensdienst bereitgestellt.
    * Mehr zu diesem Thema finden Sie im Kapitel über JNDI
    */
   private void initDataSource() {

      if (dataSource == null) {
         try {
            Context jndiCtx = new InitialContext();
            dataSource = (DataSource) jndiCtx.lookup(JNDI_DB_PATH);
         } catch (NamingException exc) {
            throw new EJBException
               ("DataSource nicht gefunden: " + exc.getMessage());
         }
      }
   }
...
```

Listing 470: Eine Hilfsmethode zum Initialisieren der Datenquelle

Die Datenquelle selbst wird den JNDI-Regeln folgend (mehr dazu im Kapitel über *Java Naming and Directory Service*) im Subkontext `java:comp/env/jdbc/AccountDB` zur Verfügung gestellt.

EJB

Das Home-Interface

Wenn Sie jetzt an Halbzeit denken, werden Sie gleich feststellen, dass die umfangreichsten Abschnitte noch vor Ihnen liegen. Allerdings ist der hier verwendete Code in der Regel trivial, da er lediglich die Kommunikation mit der Datenbank via JDBC beschreibt. Die Methode `create()` dient der Erzeugung eines neuen Datensatzes mit einer Kontonummer und einem initialen Saldo. Sie kommt damit der Eröffnung eines Kontos gleich.

```
...
   /** Erzeugt einen neuen Account-Datensatz */
   public AccountKey ejbCreate(String accountNumber, double balance)
      throws CreateException {

      // Test, ob übergebene Kontonummer gültig ist
      if ((accountNumber == null) || (accountNumber.equals(""))) {
         throw new CreateException("Fehlende Kontonummer!");
      }

      // Initialisieren des Accounts
      accKey = new AccountKey();
      accKey.setAccNumber(accountNumber);
      accBalance = balance;

      // Initialisieren der Datenquelle
      initDataSource();

      // Anlegen des Datensatzes in der Datenbank
      Connection connection = null;
      PreparedStatement stmt = null;
      try {
         String preparedQuery =
            "INSERT INTO ACCOUNTS(ACCOUNT_NUMBER, BALANCE) VALUES (?, ?)";
         connection = dataSource.getConnection();
         stmt = connection.prepareStatement(preparedQuery);
         stmt.setString(1, accountNumber);
         stmt.setDouble(2, balance);
         stmt.executeUpdate();
      } catch (SQLException exc) {
         throw new CreateException(exc.getMessage());
      } finally {
         try { stmt.close(); } catch (SQLException exc) {}
         try { connection.close(); } catch (SQLException exc) {}
      }

      // Rückgabe des Primärschlüssels (AccountKey)
      return accKey;
   }
...
```

Listing 471: Die Methode ejbCreate()

EJB

Wenn ein Client per RMI ein neues `Account`-Objekt initialisieren möchte, ruft der EJB-Container dafür zunächst die im Home-Interface deklarierte `ejbCreate()`-Methode der EJB mit den gleichen Parametern auf. Diese hat die Aufgabe, die EJB zu initialisieren und einen neuen Datensatz auf dem persistenten Speichermedium (z.B. der Datenbank) zu erzeugen.

Während der Client als Rückgabewert stets ein Objekt des Remote-Interface (`Account`) übergeben bekommt, besteht der Rückgabewert der `ejbCreate()`-Methode aus dem jeweiligen Primärschlüssel des Datensatzes (`AccountKey`).

```
...
      accKey = new AccountKey();
      accKey.setAccNumber(accountNumber);
...
      return accKey;
...
```

Dieser Umstand resultiert aus der Tatsache, dass die EJB nach Aufruf der Methode `ejbCreate()` nicht direkt an den Client zurückgegeben wird. Stattdessen erzeugt der Container mit dem zurückgegebenen Primärschlüssel zunächst einen neuen `EntityContext` und macht diesen über die Callback-Methode `setEntityContext()` (siehe nächster Abschnitt) der Entity-Bean bekannt. Anschließend bekommt die Bean eine zweite Chance, sich (nun mit gesetztem `EntityContext`) weiter zu initialisieren.

Um die EJB mit gesetztem Kontext (Identität) zu initialisieren, wird die Methode `ejbPostCreate()` gerufen. Die folgende Abbildung verdeutlicht dieses Zusammenspiel noch einmal.

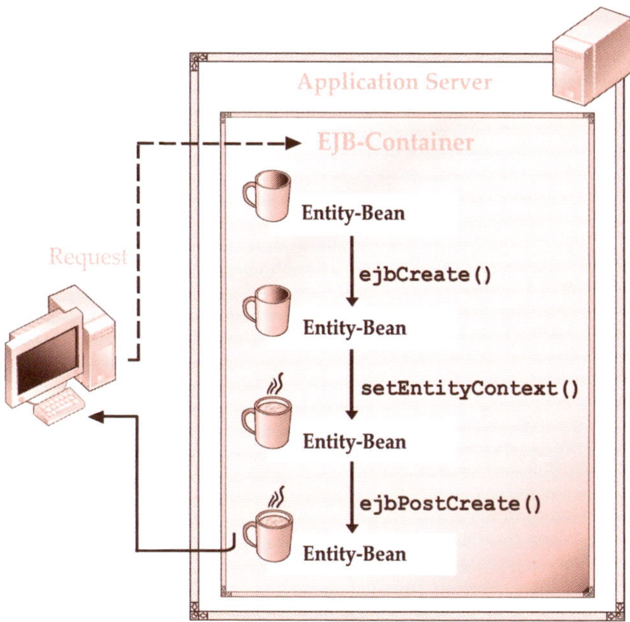

Abbildung 135: Initialisieren einer neu erzeugten Entity-Bean

Erst nachdem die Entity-Bean vollständig initialisiert wurde, übergibt der EJB-Container das resultierende Objekt per Serialisierung an den Client weiter. Da Ihre Entity-Bean in diesem Fall keiner weiteren Initialisierung bedarf, bleibt die Methode `ejbPostCreate()` dieser Implementierung leer.

```
...
  /** Wird gerufen, nachdem ein neuer Account-Datensatz erzeugt wurde */
  public void ejbPostCreate(String accountNumber, double balance)
     throws CreateException {}
...
```

Listing 472: Die Methode ejbPostCreate()

Die Methode `findByPrimaryKey()` hat die Aufgabe, einen bereits erzeugten Datensatz wiederherzustellen. Dazu ermittelt sie, ob ein Datensatz, dessen Primary Key identisch mit den Werten des `AccountKey`-Objektes ist, in der Datenbank existiert. Ist dem so, gibt sie das `AccountKey`-Objekt an den EJB-Container zurück. Anderenfalls wirft sie eine für diesen Fall vorgesehene Subklasse der `FinderException`, die `ObjectNotFoundException`.

```
...
  /** Sucht einen Account anhand des übergebenen Primärschlüssels */
  public AccountKey ejbFindByPrimaryKey(AccountKey accountKey)
     throws FinderException {

     // Initialisieren der Datenquelle
     initDataSource();

     // Suchen in der Datenbank
     Connection connection = null;
     PreparedStatement stmt = null;
     ResultSet resultSet = null;
     try {
        String preparedQuery =
            "SELECT ID FROM ACCOUNTS WHERE ACCOUNT_NUMBER = ?";
        connection = dataSource.getConnection();
        stmt = connection.prepareStatement(preparedQuery);
        stmt.setString(1, accountKey.getAccNumber());
        resultSet = stmt.executeQuery();

        if (! resultSet.next()) {
          throw new ObjectNotFoundException
             ("Datensatz nicht gefunden: "+accountKey);
        }
```

Listing 473: Die Methode findByPrimaryKey()

EJB

```
        } catch (SQLException exc) {
           throw new EJBException(exc.getMessage());
        } finally {
           try { stmt.close(); } catch (SQLException exc) {}
           try { resultSet.close(); } catch (SQLException exc) {}
           try { connection.close(); } catch (SQLException exc) {}
        }

        // Rückgabe des Primärschlüssels (AccountKey)
        return accountKey;
    }
 ...
```

Listing 473: Die Methode findByPrimaryKey() (Forts.)

Der Ablauf zwischen EJB-Container und Entity-Bean ist hier ganz ähnlich zur `create()`-Methode. Nach erfolgreichem Abschluss der Finder-Methode erzeugt der Container ebenfalls ein gültiges `EntityContext`-Objekt und stellt dieses der Bean über die Methode `setEntityContext()` zur Verfügung. Der einzige Unterschied zur `create()`-Methode besteht darin, dass der Container anschließend nicht etwa die Methode `ejbPostFindByPrimaryKey()`, sondern die Callback-Methode `ejbLoad()` ruft.

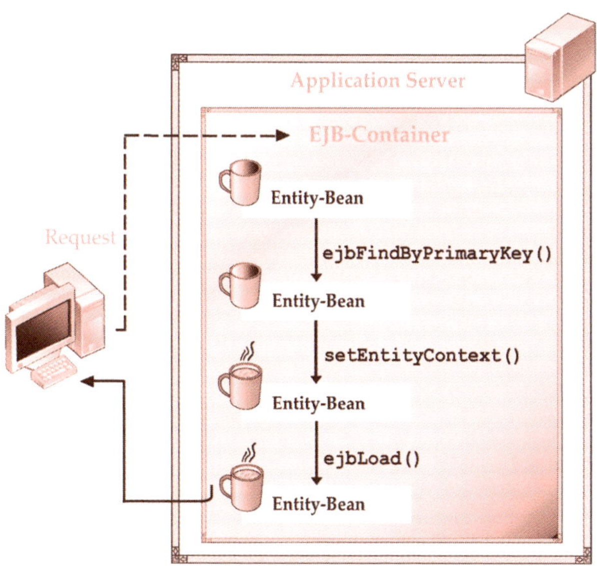

Abbildung 136: Reinitialisierung einer bereits vorhandenen Entity-Bean

Die Callback-Methoden

Jetzt fehlen der EJB nur noch die bereits erwähnten Callback-Methoden, durch die der Container die Bean von einem Zustand in den nächsten überführt. Beginnen wir mit den einfachsten.

```
...
   /** Setzt den Bean-Kontext (Identität) dieser Bean */
   public void setEntityContext(EntityContext aContext) {
      ctx = aContext;
   }

   /** Löscht den Bean-Kontext (Identität) dieser Bean */
   public void unsetEntityContext() {
      ctx = null;
   }
...
```

Listing 474: Die Identität der Entity-Bean

Beim `EntityKontext` handelt es sich um ein spezifisches, einer Bean zugeordnetes Objekt, das unter anderem den Primärschlüssel eines Datensatzes enthält. Erst ein gesetzter `EntityKontext` bewirkt, dass sich eine Instanz der `AccountBean` von einer anderen unterscheidet. Deshalb wird der Kontext in der Literatur häufig auch als Identität der Bean bezeichnet.

Nun, formal handelt es sich beim `EntityKontext` um ein Attribut (Property) der EJB, genau wie bei der `DataSource` oder der Kontonummer (`accountKey`). Und deshalb benötigen Sie lediglich zwei Methoden, dieses zu setzen und zu löschen, z.B. wenn die Bean nicht mehr benötigt und wieder zurück in den Pool überführt wird.

Um die Ressource Ihres Application-Servers und der Datenbank zu schonen, soll Ihre Bean im passiven Zustand keinerlei Verbindung zur Datenbank aufrechterhalten. Erst wenn sie benötigt wird (aktiver Zustand), werden Sie eine Verbindung aufbauen. Das folgende Listing zeigt den dafür notwendigen Code.

```
...
   /** Wird gerufen, um Bean aus passivem in aktiven Zustand zu versetzen */
   public void ejbActivate() {
      // Initialisieren der Datenquelle
      initDataSource();
   }

   /** Wird gerufen, um Bean aus aktivem in passiven Zustand zu versetzen */
   public void ejbPassivate() {
      dataSource = null;
   }
...
```

Listing 475: Aktivieren und Deaktivieren der Entity-Bean

Nachdem eine EJB über die Methode `findByPrimaryKey()` ermittelt hat, ob der zugehörige Datensatz bereits in der Datenbank existiert, lädt sie nicht etwa auch den

Saldo des Kontos. Hierfür verwenden Sie die Callback-Methode `ejbLoad()`. Und hier kommen die Methoden, an die Sie beim Wort Datenbank vielleicht zuerst denken: `SELECT`, `UPDATE` und `DELETE`.

```
...
  /** Ermöglicht der Bean, ihre Daten aus der Datenbank zu laden */
  public void ejbLoad() {

     // Ermitteln des Primärschlüssels der aktuellen Identität
     AccountKey accountKey = (AccountKey) ctx.getPrimaryKey();

     // Laden der Daten aus der Datenbank
     Connection connection = null;
     PreparedStatement stmt = null;
     ResultSet resultSet = null;

     try {
        String preparedQuery="SELECT ACCOUNT_NUMBER, BALANCE " +
                             "FROM ACCOUNTS WHERE ACCOUNT_NUMBER = ?";
        connection = dataSource.getConnection();
        stmt = connection.prepareStatement(preparedQuery);
        stmt.setString(1, accountKey.getAccNumber());
        resultSet = stmt.executeQuery();

        if (resultSet.next()) {
           accKey = new AccountKey();
           accKey.setAccNumber(resultSet.getString(1));
           accBalance = resultSet.getDouble(2);
        } else {
           throw new SQLException(accKey + " nicht gefunden!");
        }

     } catch (SQLException exc) {
        throw new EJBException(exc.getMessage(), exc);
     } finally {
        try { stmt.close(); } catch (SQLException exc) {}
        try { resultSet.close(); } catch (SQLException exc) {}
        try { connection.close(); } catch (SQLException exc) {}
     }
  }

  /** Ermöglicht der Bean, ihre Daten in die Datenbank zu schreiben */
  public void ejbStore() {

     Connection connection = null;
     PreparedStatement stmt = null;
```

Listing 476: Select, Update und Delete eines Kontos

EJB

```
      try {
         String preparedQuery =
            "UPDATE ACCOUNTS SET BALANCE = ? WHERE ACCOUNT_NUMBER = ?";
         connection = dataSource.getConnection();
         stmt = connection.prepareStatement(preparedQuery);
         stmt.setDouble(1, accBalance);
         stmt.setString(2, accKey.getAccNumber());
         stmt.executeUpdate();
      } catch (SQLException exc) {
         throw new EJBException(exc.getMessage());
      } finally {
         try { stmt.close(); } catch (SQLException exc) {}
         try { connection.close(); } catch (SQLException exc) {}
      }
   }

   /** Wird gerufen, bevor die Bean aus dem Speicher entfernt wird */
   public void ejbRemove() {
      Connection connection = null;
      PreparedStatement stmt = null;
      try {
         String preparedQuery =
            "DELETE FROM ACCOUNTS WHERE ACCOUNT_NUMBER = ?";
         connection = dataSource.getConnection();
         stmt = connection.prepareStatement(preparedQuery);
         stmt.setString(1, accKey.getAccNumber());
         stmt.executeUpdate();
      } catch (SQLException exc) {
         throw new EJBException (exc.getMessage());
      } finally {
         try { stmt.close(); } catch (SQLException exc) {}
         try { connection.close(); } catch (SQLException exc) {}
      }
   }
...
```

EJB

Listing 476: Select, Update und Delete eines Kontos (Forts.)

Zu diesen Methoden gibt es eigentlich am wenigsten zu sagen. Die Methoden `ejbLoad()`, `ejbStore()` und `ejbRemove()` tun genau das, was der Name verspricht, und nehmen den üblichen Datenbankcode auf.

Das einzig Erwähnenswerte an diesen Methoden ist, dass sie üblicherweise keinerlei `Exception` deklarieren und alle den Rückgabewert `void` besitzen. Alle auftretenden Ausnahmen werden vom EJB-Container abgefangen und in eine `RemoteException` verpackt an den Client gesendet.

Das Gesamtwerk

Wenn Sie später noch einmal zurückkommen wollen, um das Zusammenspiel der Methoden gemeinsam zu betrachten oder den erforderlichen Quelltext mit dem der Bean mit Container Managed Persistence vergleichen möchten (nächstes Rezept): Hier kommt das Gesamtwerk. (Anderenfalls blättern Sie einfach weiter.)

```
package de.codebooks.j2ee.ejb;

import java.sql.Statement;
import java.sql.ResultSet;
import java.sql.Connection;
import java.sql.PreparedStatement;
import java.sql.SQLException;
import javax.sql.DataSource;

import javax.naming.Context;
import javax.naming.InitialContext;
import javax.naming.NamingException;

import javax.ejb.EntityBean;
import javax.ejb.EntityContext;
import javax.ejb.EJBException;
import javax.ejb.FinderException;
import javax.ejb.CreateException;
import javax.ejb.ObjectNotFoundException;

import de.codebooks.j2ee.ejb.AccountKey;
import de.codebooks.j2ee.ejb.AccountException;

/** Implementierung eines Accounts unter Bean Managed Persistence (BMP) */
public class AccountImpl implements EntityBean {

   /*
    * Instanzvariablen der Entity-Bean
    */
   /** Context und Name der DataSource (DB) */
   private final static String JNDI_DB_PATH = "java:comp/env/jdbc/AccountDB";

   /** Maximal verfügbarer Dispositionskredit  */
   private final static double MAX_DISPO = 3000.00;

   /** Bean-Context dieser Bean */
   private EntityContext ctx;

   /** DataSource dieser Bean */
   private DataSource dataSource;
```

Listing 477: Die vollständige Implementierung der Entity-Bean

```
/** Kontonummer des Accounts */
private AccountKey accKey;

/** Saldo des Accounts */
private double accBalance;


/*
 * Methoden des Remote-Interface (Geschäftslogik)
 */
/** Gibt den aktuellen Saldo des Kontos zurück */
public double getBalance() {
   return accBalance;
}

/** Gibt die Kontonummer des Kontos zurück */
public AccountKey getAccountNumber() {
   return accKey;
}

/** Erhöht den Saldo des Kontos um den Betrag amount */
public void incBalance(double amount) {
   accBalance += amount;
}

/**
 * Vermindert den Saldo des Kontos um den Betrag amount
 * und wirft gegebenenfalls eine AccoutException
 */
public void decBalance(double amount) throws AccountException {

   double maxAvailableAmount = getBalance() + MAX_DISPO;
   if (amount > maxAvailableAmount) {
      throw new AccountException
         ("Kontoüberziehung! Maximaler Betrag: " + maxAvailableAmount);
   }
   accBalance -= amount;
}


/*
 * Methoden des Home-Interface
 */
/** Erzeugt einen neuen Account-Datensatz */
public AccountKey ejbCreate(String accountNumber, double balance)
   throws CreateException {
```

Listing 477: Die vollständige Implementierung der Entity-Bean (Forts.)

```
    // Test, ob übergebene Kontonummer gültig ist
    if ((accountNumber == null) || (accountNumber.equals(""))) {
       throw new CreateException("Fehlende Kontonummer!");
    }

    // Initialisieren des Accounts
    accKey = new AccountKey();
    accKey.setAccNumber(accountNumber);
    accBalance = balance;

    // Initialisieren der Datenquelle
    initDataSource();

    // Anlegen des Datensatzes in der Datenbank
    Connection connection = null;
    PreparedStatement stmt = null;
    try {
       String preparedQuery =
          "INSERT INTO ACCOUNTS (ACCOUNT_NUMBER, BALANCE VALUES (?, ?)";
       connection = dataSource.getConnection();
       stmt = connection.prepareStatement(preparedQuery);
       stmt.setString (1, accountNumber);
       stmt.setDouble (2, balance);
       stmt.executeUpdate();
    } catch (SQLException exc) {
       throw new CreateException(exc.getMessage());
    } finally {
       try { stmt.close(); } catch (SQLException exc) {}
       try { connection.close(); } catch (SQLException exc) {}
    }

    // Rückgabe des Primärschlüssels (AccountKey)
    return accKey;
 }

 /** Wird gerufen, nachdem ein neuer Account-Datensatz erzeugt wurde */
 public void ejbPostCreate(String accountNumber, double balance)
    throws CreateException {}

 /** Sucht einen Account anhand des übergebenen Primärschlüssels */
 public AccountKey ejbFindByPrimaryKey(AccountKey accountKey)
    throws FinderException {

    // Initialisieren der Datenquelle
    initDataSource();
```

Listing 477: Die vollständige Implementierung der Entity-Bean (Forts.)

```
        // Suchen in der Datenbank
        Connection connection = null;
        PreparedStatement stmt = null;
        ResultSet resultSet = null;
        try {
           String preparedQuery =
               "SELECT ID FROM ACCOUNTS WHERE ACCOUNT_NUMBER = ?";
           connection = dataSource.getConnection();
           stmt = connection.prepareStatement(preparedQuery);
           stmt.setString(1, accountKey.getAccNumber());
           resultSet = stmt.executeQuery();

           if (! resultSet.next()) {
             throw new ObjectNotFoundException
                ("Datensatz nicht gefunden: " + accountKey);
           }

        } catch (SQLException exc) {
           throw new EJBException(exc.getMessage());
        } finally {
           try { stmt.close(); } catch (SQLException exc) {}
           try { resultSet.close(); } catch (SQLException exc) {}
           try { connection.close(); } catch (SQLException exc) {}
        }

        // Rückgabe des Primärschlüssels (AccountKey)
        return accountKey;
     }


     /*
      * Methoden des Interface EntityBean,
      * zur Verwaltung durch den EJB-Container
      */
     /** Wird gerufen, um Bean aus passivem in aktiven Zustand zu versetzen */
     public void ejbActivate() {

        // Initialisieren der Datenquelle
        initDataSource();
     }

     /** Wird gerufen, um Bean aus aktivem in passiven Zustand zu versetzen */
     public void ejbPassivate() {
        dataSource = null;
     }
```

Listing 477: Die vollständige Implementierung der Entity-Bean (Forts.)

EJB

```
/** Ermöglicht der Bean, ihre Daten aus der Datenbank zu laden */
public void ejbLoad() {

   // Ermitteln des Primärschlüssels der aktuellen Identität
   AccountKey accountKey = (AccountKey) ctx.getPrimaryKey();

   // Laden der Daten aus der Datenbank
   Connection connection = null;
   PreparedStatement stmt = null;
   ResultSet resultSet = null;

   try {
      String preparedQuery="SELECT ACCOUNT_NUMBER, BALANCE "+
                           "FROM ACCOUNTS WHERE ACCOUNT_NUMBER = ?";
      connection = dataSource.getConnection();
      stmt = connection.prepareStatement(preparedQuery);
      stmt.setString(1, accountKey.getAccNumber());
      resultSet = stmt.executeQuery();

      if (resultSet.next()) {
         accKey = new AccountKey();
         accKey.setAccNumber(resultSet.getString(1));
         accBalance = resultSet.getDouble(2);
      } else {
         throw new SQLException(accKey + " nicht gefunden!");
      }

   } catch (SQLException exc) {
      throw new EJBException(exc.getMessage(), exc);
   } finally {
      try { stmt.close(); } catch (SQLException exc) {}
      try { resultSet.close(); } catch (SQLException exc) {}
      try { connection.close(); } catch (SQLException exc) {}
   }
}

/** Ermöglicht der Bean, ihre Daten in die Datenbank zu schreiben */
public void ejbStore() {

   Connection connection = null;
   PreparedStatement stmt = null;
   try {
      String preparedQuery =
         "UPDATE ACCOUNTS SET BALANCE = ? WHERE ACCOUNT_NUMBER = ?";
      connection = dataSource.getConnection();
      stmt = connection.prepareStatement(preparedQuery);
```

Listing 477: Die vollständige Implementierung der Entity-Bean (Forts.)

EJB

```
         stmt.setDouble(1, accBalance);
         stmt.setString(2, accKey.getAccNumber());
         stmt.executeUpdate();
      } catch (SQLException exc) {
         throw new EJBException(exc.getMessage());
      } finally {
         try { stmt.close(); } catch (SQLException exc) {}
         try { connection.close(); } catch (SQLException exc) {}
      }
   }

   /** Wird gerufen, bevor die Bean aus dem Speicher entfernt wird */
   public void ejbRemove() {
      Connection connection = null;
      PreparedStatement stmt = null;
      try {
         String preparedQuery =
            "DELETE FROM ACCOUNTS WHERE ACCOUNT_NUMBER = ?";
         connection = dataSource.getConnection();
         stmt = connection.prepareStatement(preparedQuery);
         stmt.setString(1, accKey.getAccNumber());
         stmt.executeUpdate();
      } catch (SQLException exc) {
         throw new EJBException(exc.getMessage());
      } finally {
         try { stmt.close(); } catch (SQLException exc) {}
         try { connection.close(); } catch (SQLException exc) {}
      }
   }

   /** Setzt den Bean-Kontext (Identität) dieser Bean */
   public void setEntityContext(EntityContext aContext) {
      ctx = aContext;
   }

   /** Löscht den Bean-Kontext (Identität) dieser Bean */
   public void unsetEntityContext() {
      ctx = null;
   }


   /*
    * Interne Hilfsmethoden
    */
   /**
    * Initialisiert die Datenquelle (DB)
```

Listing 477: Die vollständige Implementierung der Entity-Bean (Forts.)

```
     * Diese wird ebenfalls über den Namensdienst bereitgestellt.
     * Mehr zu diesem Thema finden Sie im Kapitel über JNDI.
     */
    private void initDataSource() {

        if (dataSource == null) {
            try {
                Context jndiCtx = new InitialContext();
                dataSource = (DataSource) jndiCtx.lookup(JNDI_DB_PATH);
            } catch (NamingException exc) {
                throw new EJBException
                    ("DataSource nicht gefunden: " + exc.getMessage());
            }
        }
    }
}
```

Listing 477: Die vollständige Implementierung der Entity-Bean (Forts.)

Konfigurieren der Entity-Bean

Nachdem die EJB nun vollständig implementiert ist, müssen Sie diese nun lediglich noch für Ihren Application-Server konfigurieren. Dies realisieren Sie über den Deployment Descriptor und einen JBoss Descriptor.

Der Deployment Descriptor

Über den Deployment Descriptor (*ejb-jar.xml*) teilen Sie dem Application-Server mit, aus welchen Klassen Ihre Entity-Bean besteht und was er so alles mit dem `Account` anfangen kann.

```
<? xml version="1.0" ?>
<!DOCTYPE ejb-jar PUBLIC
     "-//SUN Microsystems, Inc.//DTD Enterprise JavaBeans 2.0//EN"
     "http://java.sun.com/j2ee/dtds/ejb-jar_2_0.dtd">

<ejb-jar>

   <enterprise-beans>
      <entity>
         <ejb-name>AccountBMP</ejb-name>
         <home>de.codebooks.j2ee.ejb.AccountHome</home>
         <remote>de.codebooks.j2ee.ejb.Account</remote>
         <ejb-class>de.codebooks.j2ee.ejb.AccountImpl</ejb-class>
         <persistence-type>Bean</persistence-type>
         <prim-key-class>de.codebooks.j2ee.ejb.AccountKey</primary-key-class>
```

Listing 478: Der Deployment Descriptor (Bean Managed Persistence)

```
            <reentrant>False</reentrant>
            <resource-ref>
               <description>Konto-Datenbank</description>
               <res-ref-name>jdbc/AccountDB</res-ref-name>
               <res-type>javax.sql.DataSource</res-type>
               <res-auth>Container</res-auth>
               <res-sharing-scope>Shareable</res-sharing-scope>
            </resource-ref>
         </entity>
      </enterprise-beans>

      <assembly-descriptor>
         <container-transaction>
            <method>
               <ejb-name>AccountBMP</ejb-name>
               <mehtod-name>getAccountNumber</method-name>
            </method>
            <method>
               <ejb-name>AccountBMP</ejb-name>
               <mehtod-name>getBalance</method-name>
            </method>
            <method>
               <ejb-name>AccountBMP</ejb-name>
               <mehtod-name>incBalance</method-name>
            </method>
           <method>
               <ejb-name>AccountBMP</ejb-name>
               <mehtod-name>decBalance</method-name>
            </method>
            <trans-attribute>Required</trans-attribute>
         </container-transaction>
      </assembly-descriptor>
   </ejb-jar>
```

Listing 478: Der Deployment Descriptor (Bean Managed Persistence) (Forts.)

Im oberen Teil des Deployment Descriptors teilen Sie dem EJB-Container zunächst mit, welche EJBs Sie in der Anwendung verwenden wollen. Dazu erzeugen Sie innerhalb des `<enterprise-beans>`-Elements für jede Bean einen Eintrag, der die Art der Bean (`<entity>`), die zugehörigen Klassen (`<ejb-class>`) und Interfaces (`<home>`, `<remote>`) und einen symbolischen Namen (`<ejb-name>`) enthält.

Beim Persistenztyp können Sie zwischen `Bean` und `Container` wählen. Dieser obere Teil ist vergleichbar mit den `<servlet>`-Elementen eines Web Deployment Descriptors (*web.xml*).

Der Assembly Descriptor

Im optionalen zweiten Teil (`<assembly-descriptor>`) teilen Sie dem Container schließlich mit, welche Methoden welchen Rollen verfügbar gemacht werden sollen und ob die Entity-Beans an Transaktionen teilnehmen sollen. Wenn Sie zunächst mit den Standardwerten und ohne ein Rollenkonzept arbeiten wollen, kann dieser Teil entfallen.

Dabei verwenden Sie den vorher vergebenen, symbolischen Namen der EJB und den jeweiligen Methodennamen. Das `<trans-attribute>`-Element teilt dem Container mit, ob die genannten Methoden an SQL-Transaktionen teilnehmen sollen oder nicht. Mit dem Wert `Required` sind Sie auf der sicheren Seite, da der Abbruch einer Transaktion (z.B. durch einen Timeout) zu einem Rollback in der Datenbank führt. In diesem Modus benötigt der Container jedoch auch die meisten Ressourcen pro Bean, und im Einzelfall sollte überlegt werden, ob tatsächlich jede EJB an einer globalen Transaktion teilnehmen muss. Einzelheiten zu den Attributen erfahren Sie unter *http://java.sun.com/products/ejb/reference/api/*.

Konfiguration des JBoss

Über die Konfigurationsdatei *jboss.xml* teilen Sie dem JBoss mit, in welchem Kontext und unter welchem Namen Ihre EJB später erreichbar sein soll. Dazu verwenden Sie wieder den zuvor im Deployment Descriptor (*ejb-jar.xml*) definierten symbolischen Namen der EJB.

```
<?xml version="1.0" encoding="UTF-8"?>

<jboss>
   <enterprise-beans>
      <entity>
         <ejb-name>AccountBMP</ejb-name>
         <jndi-name>ejb/bmp/Account</jndi-name>
      </entity>
   </enterprise-beans>
</jboss>
```

Listing 479: JBoss Deployment Descriptor

Nun ist auch diese EJB konfiguriert und kann über den JNDI-Pfad `/comp/env/ejb/bmp/Account` eingesetzt werden. Abschließend könnten Sie die Komponente in eine größere Enterprise Application (EAR) einfügen oder einzeln verfügbar machen. Die hierfür notwendigen Schritte finden Sie im z.B. am Ende des ersten Rezeptes (`HelloWorld`) weiter oben in diesem Kapitel beschrieben.

Der Client

Der Client zum Testen Ihrer Entity-Bean verbindet sich mit dem Namensdienst des Application-Servers, extrahiert über den Pfad zunächst ein Home-Interface und erzeugt mit diesem das zugehörige Remote-Objekt (vgl. Listing 457).

```
package de.codebooks.j2ee.ejb;

import java.util.Hashtable;
import javax.naming.Context;
import javax.naming.InitialContext;
import javax.rmi.PortableRemoteObject;

import de.codebooks.j2ee.ejb.Account;
import de.codebooks.j2ee.ejb.AccountHome;

/** Testet die Entity-Bean */
public class Client {

   /** Erzeugt einen neuen Account */
   public void createRemoteAccount () {
      try {

         // Konfigurieren des Service-Providers (JBoss)
         Hashtable env = new Hashtable();

         // JBoss JNDI-Factory
         env.put(Context.INITIAL_CONTEXT_FACTORY,
                 "org.jnp.interfaces.NamingContextFactory");

         // URL des Namensdienstes(JBoss-Standard-Port: 1099)
         env.put(Context.PROVIDER_URL, "localhost:1099");

         // Konfiguration der URL-Package-Präfixe
         env.put(Context.URL_PKG_PREFIXES,
                 "org.jboss.naming:org.jnp.interfaces");

         // Erzeugen des initialen Kontextes
         InitialContext ctx = new InitialContext(env);

         // Ermitteln der RMI-Referenz
         Object objRef = ctx.lookup("java:comp/env/ejb/bmp/Account");

         // Casten des Home-Interface
         AccountHome accountHome = (AccountHome)
            PortableRemoteObject.narrow(objRef, AccountHome.class);

         // Erzeugen eines Accounts
         Account newAccount = accountHome.create("123456", 0.12);

         // ...
         // weitere Aktionen mit dem Account-Objekt
```

Listing 480: Ein Client zum Erstellen eines Kontos

```
            // ...

        } catch (Exception exc) {
            exc.printStackTrace();
        }
    }
}
```

Listing 480: Ein Client zum Erstellen eines Kontos (Forts.)

210 Container Managed Persistence am Beispiel

Wenn Sie bisher mit Bean Managed Persistence (BMP) gearbeitet haben und die Methoden `ejbLoad()`, `ejbStore()` und `ejbRemove()` (z.B. Listing 475) einmal genau ansehen, so werden Sie wahrscheinlich zwei Dinge feststellen:

- Diese Methoden machen gut die Hälfte des Codes aus.
- Sie werden sich bei verschiedenen EJBs nicht großartig verändern.

Warum sollte man das nicht auch einem Computer beibringen können? Dies war die Geburtsstunde der *Container Managed Persistence (CMP)*, wie wir sie heute kennen.

Das nächste Rezept zeigt Ihnen (wie schon das vorangegangene, vgl. 209) anhand eines Bank-Accounts, wie Sie eine Entity-Bean entwickeln – nur eben diesmal unter Verwendung der *Container Managed Persistence (CMP)*. Da der Client nichts über den jeweiligen Persistenzmechanismus weiß und auch nicht zwischen den einzelnen Implementierungen unterscheiden kann, bleiben Home- und Remote-Interface identisch, lediglich die Bean-Implementierung wird ausgetauscht.

Client, Home- und Remote-Interface

Damit Sie nicht ständig gezwungen sind, zwischen den einzelnen Rezepten hin und her zu blättern, folgen hier die Listings für Home- und Remote-Interface sowie für einen Client zum Testen und zusätzlich benötigte Java-Klassen. Nähere Erläuterungen finden Sie im vorangegangenen Rezept:

EJB

Eine JavaBean für den Primary Key

Die folgende »gewöhnliche« JavaBean dient als Primary Key für die Datensätze:

```
package de.codebooks.j2ee.ejb;

import java.io.Serializable;

/** Primary Key der Tabelle Accounts */
```

Listing 481: Implementierung des Primary Keys

```
public class AccountKey implements Serializable {

   /** Die Kontonummer */
   private String accNumber;

   /** Setzen der Kontonummer */
   public void setAccNumber(String aAccountNumber) {
      accNumber = aAccountNumber;
   }

   /** Auslesen der Kontonummer */
   public String getAccNumber() {
      return accNumber;
   }

   /** Vergleicht zwei Primary Keys auf Gleichheit */
   public boolean equals(Object other) {
      if (other instanceof AccountKey) {
         AccountKey otherAccKey = (AccountKey) other;
         if(accNumber.equals(otherAccKey.getAccNumber())){
             return true;
         }
      }
      return false;
   }

   /** Methode toString(), nützlich für Debug-Ausgaben */
   public String toString() {
      return "KTO: "+accNumber;
   }
}
```

Listing 481: Implementierung des Primary Keys (Forts.)

EJB

Implementierung einer eigenen Ausnahme

Um den Umgang mit eigenen `Exceptions` zu verdeutlichen, deklarieren Sie eine eigene Ausnahme:

```
package de.codebooks.j2ee.ejb;

/** Ausnahme für Kontoüberziehungen  */
public class AccountException extends Exception {

   public AccountException(String msg) {
      super(msg);
```

Listing 482: Eine eigene Ausnahme für Kontoüberziehungen

```
    }

    public AccountException(String msg, Throwable exc) {
        super(msg, exc);
    }
}
```

Listing 482: Eine eigene Ausnahme für Kontoüberziehungen (Forts.)

Das Remote-Interface

Das folgende Listing zeigt das Remote-Interface, über das Sie ein `Account`-Objekt verwalten:

```
package de.codebooks.j2ee.ejb;

import java.rmi.RemoteException;
import javax.ejb.EJBObject;

import de.codebooks.j2ee.ejb.AccountKey;
import de.codebooks.j2ee.ejb.AccountException;

/** Das Remote-Interface des Kontos definiert die Geschäftsmethoden */
public interface Account extends EJBObject {

    /** Gibt den aktuellen Saldo des Kontos zurück */
    public double getBalance() throws RemoteException;

    /** Gibt die Kontonummer des Kontos zurück */
    public AccountKey getAccountNumber() throws RemoteException;

    /** Erhöht den Saldo des Kontos um den Betrag amount */
    public void incBalance(double amount) throws RemoteException;

    /**
     * Vermindert den Saldo des Kontos um den Betrag amount
     * und wirft gegebenenfalls eine AccoutException
     */
    public void decBalance(double amount)
        throws RemoteException, AccountException;
}
```

Listing 483: Remote-Interface des Accounts

Das Home-Interface

Schließlich benötigen Sie ein Home-Interface, um Datensätze anzulegen oder zu restaurieren:

```
package de.codebooks.j2ee.ejb;

import java.rmi.RemoteException;
import javax.ejb.EJBHome;
import javax.ejb.CreateException;
import javax.ejb.FinderException;

import de.codebooks.j2ee.ejb.Account;
import de.codebooks.j2ee.ejb.AccountKey;

/** Home-Interface des Accounts */
public interface AccountHome extends EJBHome {

   /** Erzeugt einen neuen Account-Datensatz */
   public Account create(String accountNumber, double balance)
      throws CreateException, RemoteException;

   /** Sucht einen Account anhand des übergebenen Primärschlüssels */
   public Account findByPrimaryKey(AccountKey accountkey)
      throws FinderException, RemoteException;
}
```

Listing 484: Das Home-Interface

Die Implementierung einer CMP Entity-Bean

Der große Unterschied zu BMP-Implementierungen besteht darin, den generischen Teil der Programmierarbeit dem EJB-Container zu übertragen. Sie programmieren also nicht alle Teile der Bean selbst aus, sondern lassen einen Teil offen. Deshalb haben wir es bei CMP-Implementierungen mit abstrakten Klassen zu tun.

EJB

Hinweis

Unter einer abstrakten Klasse versteht man in Java ein Objekt, das nicht alle deklarierten Methoden selbst implementiert. Sie stellt damit eine Mischung aus einer Klasse und einem `Interface` dar, die einerseits wie »echte« Klassen über eigenen Code, in Form von ausprogrammierten Methoden, verfügen können, andererseits jedoch nicht alle deklarierten Methoden selbst implementieren müssen (`abstract`).

Abstrakte Klassen können (wie auch Interfaces) nicht instanziert werden, jedoch können Objekte, die eine abstrakte Klasse erweitern, auch über deren Schnittstelle angesprochen werden (*Down-Cast*). Der Vorteil von abstrakten Klassen gegenüber reinen Interfaces besteht in der Möglichkeit, bestimmte Methoden ausprogrammieren zu »können«. Damit eignen sie sich optimal für (in der Regel nicht instanziierbare) Basisklassen.

```
package de.codebooks.j2ee.ejb;

import javax.ejb.EntityBean;
import javax.ejb.EntityContext;
import javax.ejb.EJBException;
import javax.ejb.FinderException;
import javax.ejb.CreateException;
import javax.ejb.ObjectNotFoundException;

import de.codebooks.j2ee.ejb.AccountKey;
import de.codebooks.j2ee.ejb.AccountException;

/**
 * Implementierung eines Accounts unter Container Managed Persistence (CMP)
 */
public abstract class AccountImpl implements EntityBean {

   /*
    * Instanzvariablen der Entity-Bean
    */
   /** Maximal verfügbarer Dispositionskredit  */
   private final static double MAX_DISPO = 3000.00;


   /*
    * Methoden des Remote-Interface (Geschäftslogik)
    */

   /** Gibt die Kontonummer des Kontos zurück */
   public AccountKey getAccountNumber() {
      return getAccKey();
   }

   /** Gibt den aktuellen Saldo des Kontos zurück */
   public double getBalance() {
      return getAccBalance();
   }

   /** Erhöht den Saldo des Kontos um den Betrag amount */
   public void incBalance(double amount) {
      setAccBalance(getAccBalance() + amount);
   }

   /**
    * Vermindert den Saldo des Kontos um den Betrag amount
    * und wirft gegebenenfalls eine AccoutException
```

Listing 485: Implementierung eines Accounts mit Container Managed Persistence (CMP)

EJB

```
 */
public void decBalance(double amount) throws AccountException {

   double maxAvailableAmount = getAccBalance() + MAX_DISPO;
   if (amount > maxAvailableAmount) {
      throw new AccountException
         ("Kontoüberziehung ! Maximaler Betrag : " + maxAvailableAmount);
   }
   setAccBalance(getAccBalance() - amount);
}


/*
 * Methoden des Home-Interface
 */

/** Erzeugt einen neuen Account-Datensatz */
public AccountKey ejbCreate(String accountNumber, double balance)
   throws CreateException {

   // Test, ob übergebene Kontonummer gültig ist
   if ((accountNumber == null) || (accountNumber.equals(""))) {
      throw new CreateException("Fehlende Kontonummer!");
   }

   AccountKey newKey = new AccountKey();
   newKey.setAccNumber(accountNumber);
   setAccKey(newKey);
   setAccBalance(balance);
   return null;
}


/** Wird gerufen, nachdem ein neuer Account-Datensatz erzeugt wurde */
public void ejbPostCreate(String accountNumber, double balance)
   throws CreateException {}


/*
 * Methoden des Interface EntityBean,
 * zur Verwaltung durch den EJB-Container
 */

/** Wird gerufen, um Bean aus passivem in aktiven Zustand zu versetzen */
public void ejbActivate() {}
```

Listing 485: Implementierung eines Accounts mit Container Managed Persistence (CMP) (Forts.)

```
    /** Wird gerufen, um Bean aus aktivem in passiven Zustand zu versetzen */
    public void ejbPassivate() {}

    /** Ermöglicht der Bean, ihre Daten aus der Datenbank zu laden */
    public void ejbLoad() {}

    /** Ermöglicht der Bean, ihre Daten in die Datenbank zu schreiben */
    public void ejbStore() {}

    /** Wird gerufen, bevor die Bean aus dem Speicher entfernt wird */
    public void ejbRemove() {}

    /** Setzt den Bean-Kontext (Identität) dieser Bean */
    public void setEntityContext(EntityContext aContext) {}

    /** Löscht den Bean-Kontext (Identität) dieser Bean */
    public void unsetEntityContext() {}


    /*
     * Abstrakte Methoden des EJB-Containers
     */

    /** Setzt den zugehörigen Primärschlüssel */
    public abstract void setAccKey(AccountKey accKey);

    /** Lädt die Kontonummer aus der Datenbank */
    public abstract AccountKey getAccKey();

    /** Ändert den eingetragenen Saldo in der Datenbank */
    public abstract void setAccBalance(double balance);

    /** Liest den aktuellen Saldo dieses Kontos aus der Datenbank aus */
    public abstract double getAccBalance();
}
```

Listing 485: Implementierung eines Accounts mit Container Managed Persistence (CMP) (Forts.)

Wenn Sie zuvor das Rezept mit der Bean Managed Persistence durchgearbeitet haben: Keine Angst, Sie müssen die einzelnen Methoden jetzt nicht noch einmal Stück für Stück implementieren, diese Entity-Bean ist nämlich bereits vollständig und einsetzbar. Stattdessen erfahren Sie in den nächsten Abschnitten mehr über Gemeinsamkeiten und Unterschiede zwischen CMP und BMP, denn auch diese Implementierung lässt sich in fünf Abschnitte mit unterschiedlichen Aufgaben aufteilen:

- Konstanten der Entity-Bean, die bestimmte Eigenschaften definieren (maximaler Dispositionskredit)

- Methoden des Remote-Interface, um die Geschäftsmethoden zu implementieren
- Methoden des Home-Interfaces zur Erzeugung der Entity-Bean
- Callback-Methoden, um die Bean von einem Zustand in den nächsten zu überführen
- Abstrakte Methoden, die Sie später genauer kennen lernen werden

Konstanten für die Business-Logik

Dort, wo Sie bei der Bean Managed Persistence vielleicht innere Variablen, den Bean-Context oder eine `DataSource` verwaltet haben, stehen hier lediglich für die Business-Logik benötigte Konstanten (`MAX_DISPO`).

> **Hinweis**
>
> Hin und wieder benötigt Ihre Business-Logik Informationen über den aktuellen Client. So könnte ein rollenbasiertes Rechte-Management beispielsweise das Verhalten der Logik abhängig vom Benutzernamen und der ihm zugesicherten Rolle steuern. Da Sie diese Informationen über die Identität (`EntityContext`) der Bean erhalten, ist es in diesen Fällen durchaus üblich, das Kontextobjekt weiter in der EJB zu speichern.
>
> Es ist nicht verboten, Referenzen auf diese Variablen zu halten, aber Sie benötigen sie in diesem Fall einfach nicht.

Das Remote-Interface

An der Funktionalität der Business-Methoden: `getAccountNumber()`, `getBalance()`, `incBalance()` und `decBalance()` hat sich prinzipiell nichts geändert. Nur greifen Sie hier nicht direkt auf einzelne Instanzvariablen `accKey` oder `accBalance` zu (da diese auch gar nicht mehr existieren), sondern verwenden stattdessen die abstrakten und später vom Container bereitgestellten Methoden `getAccNumber()` bzw. `getAccBalance()` und `setAccBalance()`.

EJB

Die abstrakten Methoden des EJB-Containers

Zusätzlich verfügt Ihre Entity-Bean über vier abstrakte Methoden, über die Sie den (inneren) Zustand der EJB auslesen und manipulieren können. Statt die Werte also selbst zu speichern, deklarieren Sie einfach abstrakte Getter- und Setter-Methoden und verlassen sich darauf, dass der Container diese für Sie verwaltet.

```
...
    /** Setzt den zugehörigen Primärschlüssel */
    public abstract void setAccKey(AccountKey accKey);

    /** Lädt die Kontonummer aus der Datenbank */
    public abstract AccountKey getAccKey();
```

Listing 486: Abstrakte Methoden des EJB-Containers

```
    /** Ändert den eingetragenen Saldo in der Datenbank */
    public abstract void setAccBalance(double balance);

    /** Liest den aktuellen Saldo dieses Kontos aus der Datenbank aus */
    public abstract double getAccBalance();
...
```

Listing 486: Abstrakte Methoden des EJB-Containers (Forts.)

Das Home-Interface

Da das Home-Interface sich zwischen BMP und CMP nicht geändert hat (schließlich soll die Persistenzstrategie für den Client vollkommen transparent bleiben), besteht das Home-Interface auch in diesem Beispiel aus den beiden Methoden `create()` und `findByPrimaryKey()` mit ihren Entsprechungen `ejbCreate()` und `ejbPostCreate()`. Im Gegensatz zur BMP müssen Sie sich diesmal allerdings nicht um profane Dinge wie das Erzeugen eines Datensatzes in der Datenbank kümmern, sondern können sich ganz auf die Überprüfung der übergebenen Parameter konzentrieren, den Rest erledigt der EJB-Container:

```
...
    /** Erzeugt einen neuen Account-Datensatz */
    public AccountKey ejbCreate(String accountNumber, double balance)
       throws CreateException {

       // Test, ob übergebene Kontonummer gültig ist
       if ((accountNumber == null) || (accountNumber.equals(""))){
          throw new CreateException("Fehlende Kontonummer!");
       }

       AccountKey newKey = new AccountKey();
       newKey.setAccNumber(accountNumber);
       setAccKey(newKey);
       setAccBalance(balance);
       return null;
    }
...
```

Listing 487: Implementierung der Methode create()

Wie Sie sehen, überprüfen Sie ausschließlich Bedingungen Ihrer Geschäftslogik und schreiben nicht eine einzige Zeile SQL. Interessant ist lediglich, dass die Methode `ejbCreate()` zwar weiterhin den Rückgabewert `AccountKey` (Primary Key) deklariert, tatsächlich jedoch immer `null` zurückgibt. Damit hat es folgende Bewandtnis:

In der ursprünglichen EJB-Spezifikation (1.0) war der Rückgabewert aller `create()`-Methoden bei CMP `void`. Da der Primärschlüssel bei BMP-Beans von der Bean selbst verwaltet wurde, benötigte der Container diesen aber, um die Instanz der Entity-Bean nach erfolgreicher Instanziierung laden zu können.

Eine damals weit verbreitete Technik bestand darin, Attribute von Datensätzen per CMP zu steuern und Beziehungen (*Relationen*) zwischen diesen bzw. den daraus resultierenden EJBs selbst zu implementieren. Dazu wollte man am liebsten die eigenen BMP-Beans von containerverwalteten CMP-Beans ableiten, um sich wenigstens die Hälfte der Arbeit sparen zu können.

Da jedoch Java das Überladen von Methoden mit gleicher Signatur und unterschiedlichen Rückgabeparametern damals nicht unterstützte, war diesem (damaligen) Königsweg ein unüberwindlicher Riegel vorgeschoben. Deshalb änderte in EJB 1.1 kurzerhand die Spezifikation und ließ auch die CMP-basierten `create()`-Methoden zumindest formal den Primary Key zurückgeben.

Seit Spezifikation 2.0 versteht es der EJB-Container, Beziehungen (Relationen) zwischen Datensätzen aufzulösen, und kann Ihnen auch hier viel Arbeit abnehmen, weswegen die Technik des Erbens von CMP etwas in den Hintergrund rückt. Nichtsdestotrotz steht Ihnen diese Möglichkeit der Verbindung von BMP und CMP weiterhin offen.

Und für alle, die sich jetzt fragen, woran der Container die erfolgreiche Erzeugung des Datensatzes erkennt, sei erwähnt, dass dieser, solange Sie keine `CreateExcetpion` erzeugen, von einem erfolgreichen Abschluss der Operation ausgeht. (Da soll noch einmal jemand sagen, Computer seinen pessimistisch.)

Die Finder-Methoden

Bei den Finder-Methoden (`findBy()`) sieht die Sache ein wenig komplizierter aus: Da jeder Datensatz laut Spezifikation über seinen Primärschlüssel (Primary Key) gefunden werden kann, benötigt der Container bei CMP keine Unterstützung des Programmierers. Um Missverständnissen vorzubeugen, ist deshalb verboten, bei Container Managed Persistence die Methode `findByPrimaryKey()` zu implementieren. Da man einen Datensatz jedoch auch über andere Attribute auffinden kann, ist die Deklaration und Implementierung von beliebig vielen anderen `findBy<AttributName>()`-Methoden, die Ihnen Rezept 212 zeigt, möglich.

Der Rückgabewert von Finder-Methoden muss immer der Primary Key oder eine `java.lang.Collection` von Primary-Key-Objekten sein, um beispielsweise mehrzeilige Ergebnismengen zu verwalten. In jedem Fall übernimmt der EJB-Container anschließend das Laden der Objekte über die Callback-Methode `ejbLoad()`.

Die Callback-Methoden

Die Callback-Methoden haben bei CMP-Beans eine schöne Eigenschaft: Sie sind meistens leer. Da der Container die trivialen Arbeiten wie Laden, Speichern und Löschen abnimmt, bleibt in 90% der Fälle einfach nichts zu tun.

Der Deployment Descriptor

Und auch der Deployment Descriptor vereinfacht sich durch die Verwendung vom Container Managed Persistence ein wenig, schließlich müssen Sie Ihrer Entity-Bean jetzt keine Datenquelle mehr zuweisen, über die diese ihre Felder füllen kann. Stattdessen geben Sie nun einfach die gedachten internen Variablen, auf die Sie über die abstrakten Getter- und Setter zugreifen möchten, sowie den Primary Key des Datensatzes an (vgl. Listing 484):

```
<? xml version="1.0" ?>
<!DOCTYPE ejb-jar PUBLIC
     "-//SUN Microsystems, Inc.//DTD Enterprise JavaBeans 2.0//EN"
     "http://java.sun.com/j2ee/dtds/ejb-jar_2_0.dtd">

<ejb-jar>

   <enterprise-beans>
      <entity>
         <ejb-name>AccountCMP</ejb-name>
         <home>de.codebooks.j2ee.ejb.AccountHome</home>
         <remote>de.codebooks.j2ee.ejb.Account</remote>
         <ejb-class>de.codebooks.j2ee.ejb.AccountImpl</ejb-class>
         <persistence-type>Container</persistence-type>
         <prim-key-class>de.codebooks.j2ee.ejb.AccountKey</primary-key-class>
         <reentrant>False</reentrant>
         <cmp-version>2.x</cmp-version>
         <abstract-schema-name>Account<abstract-schema-name>
         <cmp-field>
            <description>Kontonummer (PK)</description>
            <field-name>accKey</fieldName>
         </cmp-field>
         <cmp-field>
            <description>Saldo</description>
            <field-name>accBalance</fieldName>
         </cmp-field>
         <primary-field>accKey</primary-field>
      </entity>
   </enterprise-beans>

</ejb-jar>
```

Listing 488: Der Deployment Descriptor (ejb-jar.xml)

Für jedes (virtuelle) Attribut der Entity-Bean legen Sie ein <cmp-field>-Element an, über das Sie den Namen des Attributes und der damit verbundenen Getter- und Setter-Methoden angeben. Außerdem können Sie über das Element <description> eine kurze Beschreibung des entsprechenden Feldes hinterlegen.

EJB

Des Weiteren ist es für den EJB-Container natürlich essenziell, welches der angegebenen Attribute den Primärschlüssel enthält. Diesen geben Sie über das Element `<primary-field>` an.

Achtung

Auf eines müssen Sie bei der Container Managed Persistence (CMP) und in Bezug auf den Primary Key allerdings ganz besonders achten: Da der Container in diesem Fall das Laden und Speichern des Objektes anhand des Primärschlüssels übernimmt, müssen dessen Attributnamen *identisch* mit denen der Entity-Bean sein, da dieser die Attribute sonst nicht zuordnen kann.

Der in diesem Beispiel verwendete `AccoutKey` muss also folgende Struktur besitzen:

```
package de.codebooks.j2ee.ejb;
import java.io.Serializable;
/** Primary Key der Tabelle Accounts */
public class AccountKey implements Serializable {
   /** Die Kontonummer */
   private String accNumber;

   /** Setzen der Kontonummer */
   public void setAccNumber(String aAccountNumber) {
      accNumber = aAccountNumber;
   }

   /** Auslesen der Kontonummer */
   public String getAccNumber() {
      return accNumber;
   }
   // ...
}
```

Listing 489: Zwingende Form des AccountKey

EJB

Konfiguration des JBoss

Um Ihre CMP-basierte Entity-Bean über einen JBoss Application Server verfügbar machen zu können, schreiben Sie folgenden Deployment Descriptor (*ejb-jar.xml*):

```
<?xml version="1.0" encoding="UTF-8"?>

<jboss>
   <enterprise-beans>
      <session>
         <ejb-name>AccountCMP</ejb-name>
         <jndi-name>ejb/cmp/Account</jndi-name>
```

Listing 490: Konfiguration des JBoss

```
    </session>
  </enterprise-beans>
</jboss>
```

Listing 490: Konfiguration des JBoss (Forts.)

Der Persistence Descriptor

Woher weiß der EJB-Container aber nun, wie Ihre Datenbank aufgebaut ist, welche Tabellen existieren und welche Attribute abgebildet wurden? Sie haben es sicher schon geahnt: Ganz ersatzlos können Sie Ihren Datenbankcode nicht zusammenstreichen. Die folgende Datei wird deshalb in der Literatur auch als *Persistence Descriptor* beschrieben.

Die gute Nachricht lautet, dass auch der Persistence Descriptor in der Regel lediglich aus einer XML-Datei mit einer bestimmten Syntax besteht. Die schlechte ist: Die Syntax des Persistence Descriptors ist vom verwendeten EJB-Container abhängig und nicht standardisiert. Zudem existieren auch innerhalb eines EJB-Containers häufig verschiedene Möglichkeiten, um das Datenbankschema abzubilden.

Tipp

Unser Tipp an dieser Stelle ist: Installieren Sie den von Ihnen favorisierten Application-Server, und arbeiten Sie anschließend die beiliegenden Tutorials durch. Nachdem Sie nun die Grundgedanken hinter Enterprise JavaBeans verstanden haben, benötigen Sie dafür höchstens ein bis zwei Stunden. Dafür sollten Sie anschließend mit den Charakteristika Ihres EJB-Containers vertraut sein und zumindest wissen, wie die entsprechenden Konfigurationsdateien heißen und wo sie abzulegen sind.

Das folgende Listing zeigt den Persistence Descriptor (*jbosscmp-jdbc.xml*) des hier verwendeten JBoss (vgl. Tabelle 61).

```
<?xml version="1.0" encoding="UTF-8"?>
<!DOCTYPE jbosscmp-jdbc PUBLIC
   "-//JBoss//DTD JBOSSCMP-JDBC 3.2//EN"
   "http://www.jboss.org/j2ee/dtd/jbosscmp-jdbc_3_2.dtd">

<jbosscmp-jdbc>
   <defaults>
      <datasource>java:comp/env/jdbc/AccountDB</datasource>
      <datasource-mapping>mySQL</datasource-mapping>
   </defaults>

   <enterprise-beans>
      <entity>
```

Listing 491: Persistence Descriptor des JBoss (jbosscmp-jdbc.xml)

```
            <ejb-name>AccountCMP</ejb-name>
            <table-name>ACCOUNTS</table-name>
            <cmp-field>
               <field-name>accNumber</field-name>
               <column-name>ACCOUNT_NUMBER</column-name>
            </cmp-field>
            <cmp-field>
               <field-name>accBalance</field-name>
               <column-name>BALANCE</column-name>
            </cmp-field>
         </entity>
      </enterprise-beans>
   </jbosscmp-jdbc>
```

Listing 491: Persistence Descriptor des JBoss (jbosscmp-jdbc.xml) (Forts.)

Dabei definieren Sie für jede vom EJB-Container verwaltete Entity-Bean deren symbolischen Namen (<ejb-name>) mit einer Tabelle (<table-name>) und deren Attribute (<field-name>) mit ihren Spalten (<column-name>).

211 Entity-Beans mit Relationen implementieren

Das folgende Rezept zeigt Ihnen, wie Sie Relationen zwischen den Datensätzen auf Ihre Entity-Beans (`Account`, `Persons`) übertragen können. Da Sie bei der Bean Managed Persistence jedoch sowieso alles über SQL-Logik selbst implementieren müssen, wird in diesem Abschnitt nur die Container Managed Persistence betrachtet. Dabei gehen wir davon aus, dass Sie die einzelnen Entity-Beans samt Remote- und Home-Interface bereits implementiert haben und auch *Deployment* und *Persistence Descriptor* in geeigneter Form vorliegen.

Aus Sicht der Entity-Beans handelt es sich bei den Relationen um nichts anderes als um weitere Eigenschaften des Datensatzes, die durch abstrakte Getter- und Setter-Methoden vom EJB-Container ausgefüllt werden. Der einzige Unterschied besteht nun darin, dass diese Methoden jetzt keine Zeichenketten oder Zahlen, sondern selbst Entity-Beans oder eine `Collection` von diesen zurückliefern.

EJB

Voraussetzungen

Um die Listings des folgenden Rezeptes verstehen zu können, gehen wir von folgenden Datenbanktabellen aus, wobei wir uns auf ein Beispiel aus dem Bank-Alltag stützen.

Eine Tabelle für Personeneinträge

Spaltenname	Beschreibung	Primary Key?
PERSON_NUMBER	Intern verwaltete Personennummer	Yes
NAME	Name der Person	No
ADDRESS_NUMBER	Primärschlüssel einer weiteren Tabelle, welche die Adresse der Person speichert	No

Tabelle 69: Schema der Tabelle Persons

Wie Sie sehen, besteht eine Person in diesem stark vereinfachten Beispiel aus einem Namen, einer internen Personennummer und der Referenz auf eine dritte Tabelle, die wiederum z.B. die Adresse der Person enthalten kann usw.

Eine Tabelle für Bankkonten

Die nächste Tabelle beschreibt die Datenbanktabelle `Accouts`, die Kontodaten und eine Referenz auf die diesem Konto zugeordneten Datensätze aus der Tabelle `Persons` enthält.

Spaltenname	Beschreibung	Primary Key?
ACCOUNT_NUMBER	Eineindeutiger, alphanumerischer Nummerncode	Yes
BALANCE	Saldo des Kontos	No
PERSON_NUMBER	Primärschlüssel der zugeordneten Person	No

Tabelle 70: Erweitertes Schema der Tabelle Accounts

Unidirektionale vs. bidirektionale Relationen

Relationen zwischen Datensätzen entstehen, wenn ein Datensatz einer Tabelle von einem oder mehreren Datensätzen einer anderen Tabelle »weiß«. Diese Information über die Existenz eines zugeordneten Datensatzes kann entweder einseitig (*unidirektional*) oder beidseitig (*bidirektional*) vorliegen.

Bei unidirektionalen Beziehungen kennt nur ein Partner die ihm zugeordneten Datensätze der anderen Tabelle. Wenn Sie ein solches Objekt instanziiert haben, können Sie sich die von ihm referenzierten Datensätze ausgeben lassen. Der umgekehrte Weg ist bei unidirektionalen Beziehungen nicht möglich, da die Datensätze der zweiten Tabelle nichts von der Relation wissen.

Um zwischen zwei miteinander korrelierten Tabellen in beliebige Richtung navigieren zu können, muss eine bidirektionale Relation zwischen den beiden Datensätzen existieren. Dabei können sich beide Partner zum Beispiel über eine dritte Tabelle gegenseitig referenzieren.

Eins-zu-eins-Beziehungen

Von *Eins-zu-eins-Beziehungen* (One-to-one Relations, 1 : 1) spricht man, wenn *jedem Datensatz* der einen Tabelle *genau ein Datensatz* der anderen Tabelle (und umgekehrt) zugeordnet ist. Alle Datensätze der ersten Tabelle bilden mit ihrem Partner der zweiten Tabelle genau einen gemeinsamen Datensatz.

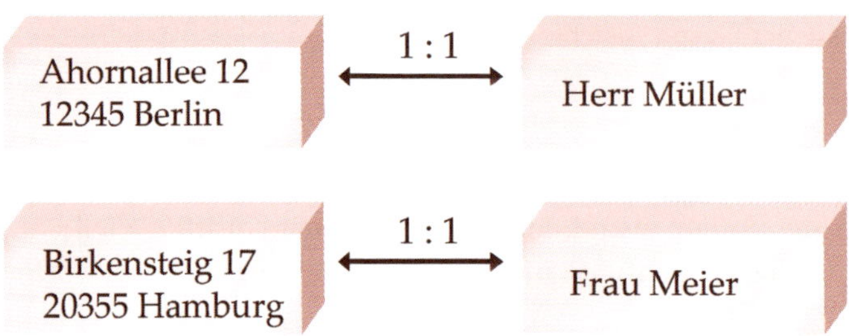

Abbildung 137: Eins-zu-eins-Beziehung zwischen Adressen und Personen

Abbildung 74 zeigt eine solche 1:1-Beziehung. Da eine Person bei ihrer Bank in der Regel nur mit einer Postanschrift registriert ist, referenziert jeder Eintrag in der Tabelle `Persons` einen Eintrag in der Tabelle `Addresses`.

Eins-zu-n-Beziehungen

In diesem Beispiel sind zwar alle Konten einer Person zugeordnet, jedoch können einige dieser Konten zur gleichen Person gehören. Wenn ein Datensatz einer Tabelle mit beliebig vielen Datensätzen einer anderen Tabelle korreliert ist, spricht man von *Eins-zu-n-Beziehungen* (One-to-many Relations, 1 : n).

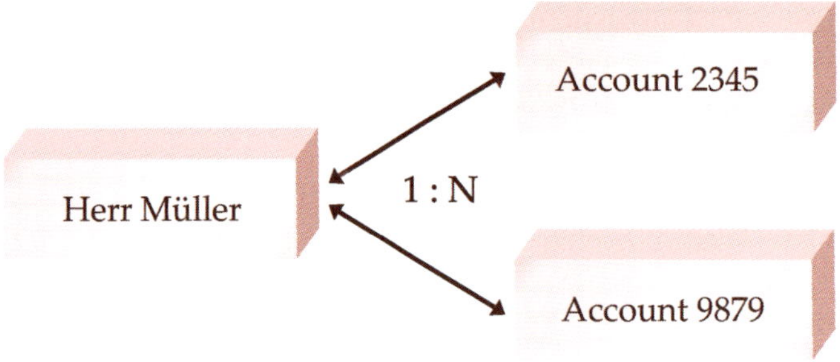

Abbildung 138: 1:n-Relation zwischen Personen und Konten

M-zu-n-Beziehungen

Wenn Ihre Bank schließlich doch Gemeinschaftskonten ermöglichen würde, die es auch mehreren Personen gestatten, gemeinsam ein Konto zu eröffnen, wäre die Zuordnung eines Kontos nicht mehr eindeutig. Ein `Account` kann dann mehreren Personen zugeordnet sein, die ihrerseits über verschiedene weitere (Gemeinschafts-)Konten verfügen würden.

EJB

Bei dieser Konstellation spricht man von *M-zu-n-Beziehungen* (Many-to-many Relations, m : n). Diesen Fall sieht das Beispiel zwar nicht vor, doch die folgende Abbildung zeigt eine solche Beziehung schematisch.

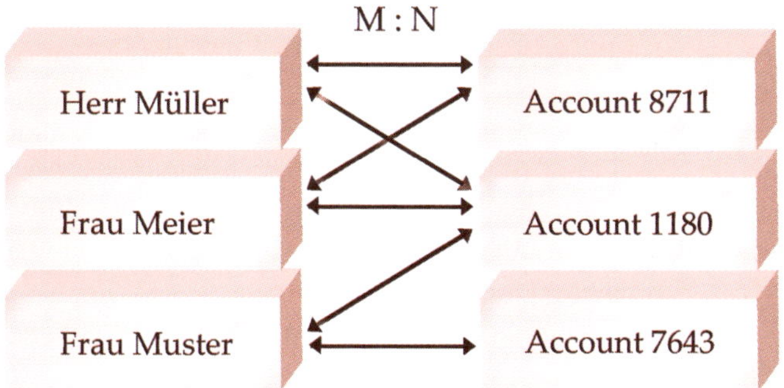

Abbildung 139: Many-to-many Relation

Eine erweiterte Account-Bean

Um ein `Account`-Objekt mit einem `Person`-Objekt zu verknüpfen, erweitern Sie dieses einfach um folgende abstrakte Methoden (vgl. Listing 483):

```
...
    /** Setzt den zugehörigen Primärschlüssel */
    public abstract void setAccKey(AccountKey accKey);

    /** Lädt die Kontonummer aus der Datenbank */
    public abstract AccountKey getAccKey();

    /** Ändert den eingetragenen Saldo in der Datenbank */
    public abstract void setAccBalance(double balance);

    /** Liest den aktuellen Saldo dieses Kontos aus der Datenbank aus */
    public abstract double getAccBalance();

    /** Setzt die diesem Account zugeordnete Person */
    public abstract void setPerson(Person person);

    /** Gibt die diesem Account zugeordnete Person zurück */
    public abstract Person getPerson();
...
```

Listing 492: Methoden, um einen Account einer Person zuzuordnen

Das war es! Damit können Sie von der Account-Bean auf das zugehörige Personenobjekt zugreifen.

EJB

Eine Entity-Bean zur Speicherung von Personen

Wenn das Person-Objekt ebenfalls in Form einer eigenständigen Entity-Bean samt Remote- und Home-Interface vorliegt, können Sie dessen abstrakte Methoden nun ebenfalls erweitern, um Zugriff auf die der Person zugeordneten Konten zu bekommen.

Da zu einer Person jedoch mehr als ein Konto gehören kann, verwalten Sie diese über eine java.util.Collection oder ein java.util.Set.

Tipp

Der Unterschied zwischen der Verwendung einer Collection oder eines Set besteht darin, dass eine Collection Duplikate eines Objektes enthalten kann, während in einem Set alle Objekte einmalig sind. Um dies zu gewährleisten, muss der Container die SQL-Statements dieser Objekte um einen DISTINCT-Zusatz erweitern, was das Datenbankmanagement-System (DBMS) erheblich mehr Ressourcen kostet.

Tipp: Wenn Sie sich schon aufgrund des Datenmodells sicher sein können, dass keine Dubletten existieren, verwenden Sie eine Collection, und sparen Sie die Ressourcen.

```
...
   /** Setzt den Primärschlüssel dieses Personenobjektes */
   public abstract void setPersNumber(String persNumber);

   /** Gibt den Primärschlüssel dieses Personenobjektes zurück */
   public abstract String getPersNumber();

   /** Liest den Namen der Person aus der Datenbank aus */
   public abstract void setPersNumber(String persNumber);

   /** Schreibt den Namen in der Entity-Bean in die Datenbank */
   public abstract String getPersNumber();

   /** Setzt die Referenz auf die Tabelle Address (weitere Entity-Bean) */
   public abstract void setAddress(Address address);

   /** Gibt die dieser Person zugeordnete Adresse zurück (Entity-Bean) */
   public abstract Address getAddress();

   /** Setzt die dieser Person zugeordneten Account-Objekte (Entity-Bean) */
   public abstract void setAccounts(Collection accounts);

   /** Liest die dieser Person zugeordneten Accounts aus (Entiy-Bean) */
   public abstract Collection getAccounts();
...
```

Listing 493: Persistence-Methoden einer Person

Wie Sie sehen, können Sie über eine Person auch die einem Konto zugeordnete Adresse (Address) ermitteln (vgl. Tabelle 62).

Konfiguration des Deployment Descriptors

Die eigentliche Arbeit steckt auch bei den Relationen in der Konfiguration. Damit der EJB-Container die abstrakten Methoden auch ausfüllt und die richtigen Objekte verknüpfen kann, müssen Sie ihn über die gewünschte Funktionalität natürlich auch informieren. Dies realisieren Sie über den Deployment Descriptor.

```
<?xml version="1.0" ?>
<!DOCTYPE ejb-jar PUBLIC
     "-//SUN Microsystems, Inc.//DTD Enterprise JavaBeans 2.0//EN"
     "http://java.sun.com/j2ee/dtds/ejb-jar_2_0.dtd">

<ejb-jar>

   <!-- Beschreibung der Enterprise JavaBeans -->
   <enterprise-beans>
      <entity>
         <ejb-name>Account</ejb-name>
         <home>de.codebooks.j2ee.ejb.AccountLocalHome</home>
         <remote>de.codebooks.j2ee.ejb.Account</remote>
         <ejb-class>de.codebooks.j2ee.ejb.AccountBean</ejb-class>
         <persistence-type>Container</persistence-type>
         <prim-key-class>de.codebooks.j2ee.ejb.AccountKey</primary-key-class>
         <reentrant>False</reentrant>
         <cmp-version>2.x</cmp-version>
         <abstract-schema-name>Account<abstract-schema-name>
         <cmp-field>
            <description>Kontonummer (PK)</description>
            <field-name>accKey</fieldName>
         </cmp-field>
         <cmp-field>
            <description>Saldo des Kontos</description>
            <field-name>accBalance</fieldName>
         </cmp-field>
         <primary-field>accNumber</primary-field>
      </entity>

      <entity>
         <ejb-name>Person</ejb-name>
         <home>de.codebooks.j2ee.ejb.PersonLocalHome</home>
         <remote>de.codebooks.j2ee.ejb.Person</remote>
         <ejb-class>de.codebooks.j2ee.ejb.PersonBean</ejb-class>
         <persistence-type>Container</persistence-type>
```

Listing 494: Konfiguration von Relationen im Deployment Descriptor

```
        <prim-key-class>de.codebooks.j2ee.ejb.PersonKey</primary-key-class>
        <reentrant>False</reentrant>
        <cmp-version>2.x</cmp-version>
        <abstract-schema-name>Person<abstract-schema-name>
        <cmp-field>
           <description>Eindeutige ID der Person (PK)</description>
           <field-name>persNumber</fieldName>
        </cmp-field>
        <cmp-field>
           <description>Name der Person</description>
           <field-name>name</fieldName>
        </cmp-field>
        <cmp-field>
           <description>Adresse der Person</description>
           <field-name>address</fieldName>
        </cmp-field>
        <primary-field>persNumber</primary-field>
     </entity>
  </enterprise-beans>

  <!-- Relationen zwischen den Enterprise JavaBeans -->
  <ejb-relationships>

     <ejb-relation>
        <ejb-relation-name>
             Account - Person
        </ejb-relation-name>
        <ejb-relationship-role>
           <multiplicity>Many</multiplicity>
           <relationship-role-source>
              <ejb-name>Person</ejb-name>
           </relationship-role-source>
           <cmr-field>
              <cmr-field-name>accounts</cmr-field-name>
              <cmr-field-type>java.util.Collection</cmr-field-type>
           </cmr-field>
        </ejb-relationship-role>
        <ejb-relationship-role>
           <multiplicity>One</multiplicity>
           <relationship-role-source>
              <ejb-name>Account</ejb-name>
           </relationship-role-source>
           <cmr-field>
              <cmr-field-name>person</cmr-field-name>
           </cmr-field>
        </ejb-relationship-role>
```

Listing 494: Konfiguration von Relationen im Deployment Descriptor (Forts.)

```
        </ejb-relation>

    </ejb-relationships>

</ejb-jar>
```

Listing 494: Konfiguration von Relationen im Deployment Descriptor (Forts.)

Zunächst werden die Entity-Beans im Element `<enterprise-beans>` mit dem EJB-Container bekannt gemacht und mit einem symbolischen Namen versehen. Anschließend können Sie die einzelnen Relationen definieren. Diese sind jeweils zu einem Element `<ejb-relation>` zusammengefasst und können wiederum folgende Elemente enthalten.

- `<ejb-relation-name>`

  Über dieses Element können Sie eine kurze Beschreibung zur folgenden Relation hinterlegen. Diese hat jedoch nur dokumentierenden Charakter und wird nicht zwingend benötigt.

- `<ejb-relationsschip-role>`

  Eine Beziehung wird immer zwischen zwei Partnern (Objekten oder Tabellen) gebildet. Die Eigenschaften dieser Partner werden jeweils in `<ejb-relationship-role>`-Elementen zusammengefasst.

- `<relationship-role-source>`

  In diesem Element benennen Sie einen der Partner. Dazu verwenden Sie wieder die symbolischen Namen der `<entity>`-Einträge.

- `<multiplicity>`

  Dieses Element gibt die Kardinalität pro Partner an. Die möglichen Werte sind `One` (für ein zugeordnetes Objekt) und `Many` (für ein `Set`/`Collection` von Objekten).

- `<cmr-field>`

  Und schließlich müssen Sie (analog zu den `<cmp>`-Einträgen der Entity-Beans) die Felder angeben, über die Sie die Beziehung verwalten wollen. Daraus erzeugt der EJB-Container dann die richtigen Getter- und Setter-Methoden.

  Wie bei den Entity-Objekten besteht ein solcher Eintrag mindestens aus dem Namen der Eigenschaft. Im Falle einer `One`-Kardinalität ist das Rückgabeobjekt dabei immer die jeweils andere Bean. Referenziert das Objekt jedoch mehrere andere Elemente (`1-n`, `m-n`), teilen Sie dem EJB-Container über das Element `<cmr-field-type>` den zu verwendenden Objekttyp (z.B. `java.util.Collection`) mit. Diese enthält dann Elemente der anderen Entity-Bean.

- `<cascade-delete>`

  Dieses Feld ist beim Löschen eines Datensatzes sehr interessant, denn wenn Sie eine Person aus der Datenbank entfernen wollen, wollen Sie natürlich sichergehen, dass auch alle dieser Person zugeordneten Konten ebenfalls gelöscht und die reservierten Kontonummern wieder freigegeben werden. Dieses *»Löschen in die Tiefe«* wird auch als *Cascade-Delete* (verkettetes Löschen) bezeichnet.

Umgekehrt müssen Sie jedoch verhindern, dass, nur weil etwa ein Konto aufgelöst wird, gleich auch die daran gebundene `Person` (samt aller weiteren Konten) ebenfalls mit gelöscht wird. Aus diesem Grund fügen Sie dieses Element nur in die `<relationship-role-source>`-Elemente ein, die beim Löschen des anderen Elementes mit gelöscht werden sollen.

Tipp

Um eine unidirektionale Relation zu erzeugen, verzichten Sie beim »unwissenden« Partner auf die Definition der abstrakten Methoden und lassen im Deployment Descriptor einfach den entsprechenden `<cmr-field>`-Eintrag weg.

Konfiguration des Persistence Descriptors

Laut Spezifikation sind wir jetzt fertig, doch natürlich benötigt auch der EJB-Container Informationen über das relationale Datenbankmodell, die Relationen und die referenzierenden Spalten. Dies realisieren wir über den containerspezifischen *Persistence Descriptor* (auch hier wieder speziell für den JBoss).

```
<?xml version="1.0" encoding="UTF-8"?>
<!DOCTYPE jbosscmp-jdbc PUBLIC
   "-//JBoss//DTD JBOSSCMP-JDBC 3.2//EN"
   "http://www.jboss.org/j2ee/dtd/jbosscmp-jdbc_3_2.dtd">

<jbosscmp-jdbc>
   <defaults>
      <datasource>java:comp/env/jdbc/AccountDB</datasource>
      <datasource-mapping>mySql</datasource-mapping>
   </defaults>

   <enterprise-beans>
      <entity>
         <ejb-name>Account</ejb-name>
         <table-name>ACCOUNTS</table-name>
         <cmp-field>
            <field-name>accKey</field-name>
            <column-name>ACCOUNT_NUMBER</column-name>
         </cmp-field>
         <cmp-field>
            <field-name>accBalance</field-name>
            <column-name>BALANCE</column-name>
         </cmp-field>
      </entity>
```

Listing 495: Erweiterter Persistence Descriptor (jbosscmp-jdbc.xml)

EJB

```
    <entity>
      <ejb-name>Person</ejb-name>
      <table-name>PERSONS</table-name>
      <cmp-field>
        <field-name>persNumber</field-name>
        <column-name>PERSON_NUMBER</column-name>
      </cmp-field>
      <cmp-field>
        <field-name>persName</field-name>
        <column-name>NAME</column-name>
      </cmp-field>
    </entity>
  </enterprise-beans>

  <ejb-relations>
    <ejb-relation>
      <ejb-relation-name>Account-Person</ejb-relation-name>
      <ejb-relationship-role>
        <key-fields>
          <key-field>
            <field-name>accKey</field-name>
            <column-name>ACCOUNT_NUMBER</column-name>
          </key-field>
        </key-fields>
        <batch-cascade-delete />
      </ejb-relationship-role>
      <ejb-relationship-role>
        <key-fields>
          <key-field>
            <field-name>persNumber</field-name>
            <column-name>PERSON_NUMBER</column-name>
          </key-field>
        </key-fields>
      </ejb-relationship-role>
    </ejb-relation>
  </ejb-relations>

</jbosscmp-jdbc>
```

Listing 495: Erweiterter Persistence Descriptor (jbosscmp-jdbc.xml) (Forts.)

Wie wir sehen, ist die Bezeichnung und Anordnung der Elemente an die des Deployment Descriptors (*ejb-jar.xml*) angelehnt, aber eben leider nicht durch eine Spezifikation standardisiert. Im Zweifelsfall ziehen Sie dafür die Dokumentation Ihres Application-Servers zurate.

212 Die EJB Query Language (EJB-QL) nutzen

EJB-QL ist eine an die *Structured Query Language (SQL)* angelehnte Abfragesprache, die es ermöglicht, Datensätze über beliebige Attributwerte oder Wertekombinationen zu ermitteln. Eine EJB-QL-Anfrage besteht aus folgenden Teilen:

- `SELECT`

  In diesem Teil geben Sie die Objekte an, die Ihre Ergebnismenge enthalten soll. Dabei kann es sich um *Entity-Beans* oder auch nur um bestimmte *Attribute* einer solchen handeln.

- `FROM`

  Natürlich müssen Sie dem Container auch mitteilen, auf welchen Objekten die Suche stattfinden soll. Dies tun Sie über die *From-Klausel* (*From Clause*).

- `WHERE` (optional)

  Abschließend können Sie die Suche schließlich noch durch die Angabe von Bedingungen, welche die Ergebnisobjekte erfüllen müssen, einschränken.

Um die vielfältigen Einsatzmöglichkeiten der EJB-QL an einem Beispiel zu veranschaulichen, werden Sie nun die hypothetische CMP Entity-Bean eines Bankkontos `Account` (das Rezept 210 in diesem Abschnitt beschäftigt sich beispielsweise mit einer solchen) um eine Finder-Methode erweitern, die Ihnen eine `Collection` der Konten zusammenstellt, deren Saldo im Plus ist.

Erweiterung des Home-Interface

Da die Funktionalität, Konten mit positiver Balance zu finden, dem Client über das Home-Interface zur Verfügung gestellt wird, müssen Sie auch nur dieses erweitern:

```
package de.codebooks.j2ee.ejb;

import java.util.Collection;
import java.rmi.RemoteException;
import javax.ejb.EJBHome;
import javax.ejb.CreateException;
import javax.ejb.FinderException;

import de.codebooks.j2ee.ejb.Account;
import de.codebooks.j2ee.ejb.AccountKey;

/** Erweitertes Home-Interface des Accounts */
public interface ExtendedAccountHome extends EJBHome {

   /** Erzeugt einen neuen Account-Datensatz */
   public Account create(String accountNumber, double balance)
```

Listing 496: Erweitertes Home-Interface des Accounts

```
      throws CreateException, RemoteException;

   /** Sucht einen Account anhand des übergebenen Primärschlüssels */
   public Account findByPrimaryKey(AccountKey accountkey)
      throws FinderException, RemoteException;

   /** Sucht Konten mit positivem Saldo */
   public Collection findByPositiveBalance()
      throws FinderException, RemoteException;
}
```

Listing 496: Erweitertes Home-Interface des Accounts (Forts.)

Konfiguration der Finder-Methode

Nachdem Sie die Methode im Home-Interface deklariert haben, hinterlegen Sie das damit verknüpfte EJB-QL-Statement einfach im Deployment Descriptor:

```
...
      <entity>
         <ejb-name>Account</ejb-name>
         <home>de.codebooks.j2ee.ejb.AccountLocalHome</home>
         <remote>de.codebooks.j2ee.ejb.Account</remote>
         <ejb-class>de.codebooks.j2ee.ejb.AccountBean</ejb-class>
         <persistence-type>Container</persistence-type>
         <prim-key-class>de.codebooks.j2ee.ejb.AccountKey</primary-key-class>
         <reentrant>False</reentrant>
         <cmp-version>2.x</cmp-version>
         <abstract-schema-name>Account<abstract-schema-name>
         <cmp-field>
            <description>Kontonummer (PK)</description>
            <field-name>accKey</fieldName>
         </cmp-field>
         <cmp-field>
            <description>Saldo des Kontos</description>
            <field-name>accBalance</fieldName>
         </cmp-field>
         <primary-field>accNumber</primary-field>

         <!-- Definition der EJB-QL-Statements für Finder-Methoden -->
         <query>
            <query-method>
               <method-name>findByPositiveBalance</method-name>
            </query-method>
            <ejb-ql>
                     SELECT OBJECT(p)
```

Listing 497: Hinterlegen des EJB-QL-Statements im Deployment Descriptor

EJB

```
                    FROM Account AS p
                    WHERE p.accBalance >= 0
                </ejb-ql>
            </query>
        </entity>
...
```

Listing 497: Hinterlegen des EJB-QL-Statements im Deployment Descriptor (Forts.)

Das war es! Schon stellt Ihnen der EJB-Container über das Remote-Interface eine `Collection` zusammen, die alle `Account`-Objekte mit positivem Saldo enthält.

Parametrisierte Anfragen per EJB-QL

Ihre Finder-Methoden müssen dabei natürlich nicht parameterlos bleiben. EJB-QL ermöglich es auch, Anfragen zur Laufzeit dynamisch zu steuern. Dies ist zum Beispiel bei einer `Person` sinnvoll, um diese über ihren Namen suchen zu können. Hierfür erweitern wir deren Home-Interface wie folgt:

```
...
   /** Erweitertes Home-Interface einer Person */
   public interface ExtendedPersonHome extends EJBHome {

      // ... weitere Methoden

      /** Sucht Personenobjekte anhand des Namens */
      public Collection findByName(String name)
         throws FinderException, RemoteException;
   }
...
```

Listing 498: Erweitertes Home-Interface Person

Die dahinter liegende Abfrage definieren Sie anschließend wie folgt:

```
...
   <entity>
      <ejb-name>ExtendedPerson</ejb-name>
      <home>de.codebooks.j2ee.ejb.ExtendedPersonHome</home>

      <!-- Parametrisiertes EJB-QL-Statement -->
      <query>
         <query-method>
            <method-name>findByName</method-name>
            <method-params>
```

Listing 499: Definition einer parametrisierten EJB-Q-Abfrage

```
                <method-param>java.lang.String</param>
            </method-params>
        </query-method>
        <ejb-ql>
                SELECT OBJECT(p)
                FROM ExtendedPerson AS p
                WHERE p.accBalance >= ?1
        </ejb-ql>
    </query>
</entity>
...
```

Listing 499: Definition einer parametrisierten EJB-Q-Abfrage (Forts.)

Wobei ?1 als Platzhalter für den ersten Parameter, ?2 für den zweiten usw. dient.

Java Message Service

Egal ob zwischen Browser und Servlet, Client und Enterprise JavaBean oder Applikation und Persistenzschicht, der Austausch von Informationen spielt im Alltag eines Programmierers eine große Rolle. Je verteilter das System, desto zuverlässiger muss dieses arbeiten, denn ein Vielleicht ist bei der Zustellung einer Nachricht inakzeptabel.

Wenn Sie bisher von miteinander kommunizierenden Komponenten sprachen, meinten Sie in der Regel, dass eine Komponente Methoden der anderen aufruft und bis zu deren Ende auf die Antwort wartet. Dies ist vergleichbar mit einem Telefongespräch, bei dem nur einer der beiden Partner reden kann, während der andere warten muss. Da sich beide Kommunikationsteilnehmer in gewisser Weise synchronisieren müssen, wird diese Art der Kommunikation als *synchrone Kommunikation* bezeichnet.

Wenn Sie beispielsweise an ein Servlet denken, das eine bestimmte HTML-Seite bereitstellt, muss dieses auf einen entsprechenden Request warten, auf den es antworten kann. Der Browser des Clients wiederum ist nach dem Absenden eines Requests so lange blockiert, bis er die Antwort des Servers hat. Ist das Servlet gerade beschäftigt, kann es nichts anderes tun als warten.

Beim Messaging hingegen spricht man von *asynchroner Kommunikation*, weil der Informationsaustausch zwischen beiden Parteien nicht in Echtzeit, sondern versetzt erfolgt: ein Verfahren, das eher an einen Briefwechsel oder E-Mail-Kommunikation erinnert. Dabei kann der Informationssender seine Nachricht verfassen, abschicken und sich weiteren Aufgaben widmen, während der Informationsempfänger nur regelmäßig sein Postfach auf neue Eingänge überprüfen muss.

Achtung

Wir werden bei den folgenden Rezepten manchmal eine Brücke zur gewohnten Kommunikation via E-Mail schlagen, um die Arbeitsweise nachrichtenbasierter Systeme zu verdeutlichen. Nichtsdestotrotz ist der Java Message-Service kein Ersatz für die JavaMail-API. Stattdessen wird die hier beschriebene Technik für die Kommunikation von getrennten Prozessen und zur asynchronen Abarbeitung von Befehlen (z.B. in großen Datenbanksystemen) verwendet.

Die Idee hinter Message-Systemen ist dabei ganz einfach: Anstatt dass Sender und Empfänger eines Methodenaufrufes direkt miteinander in Verbindung treten, wie es etwa bei der *Remote Method Invocation (RMI)* der Fall ist, kommunizieren beide mit einem Vermittler, dem so genannten Message-Broker. Dieser nimmt die Anforderung entgegen und stellt sicher, dass diese zu einem späteren Zeitpunkt dem Empfänger zugestellt wird.

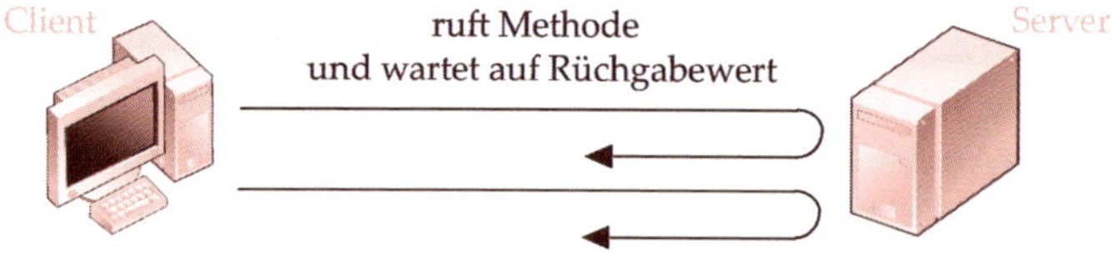

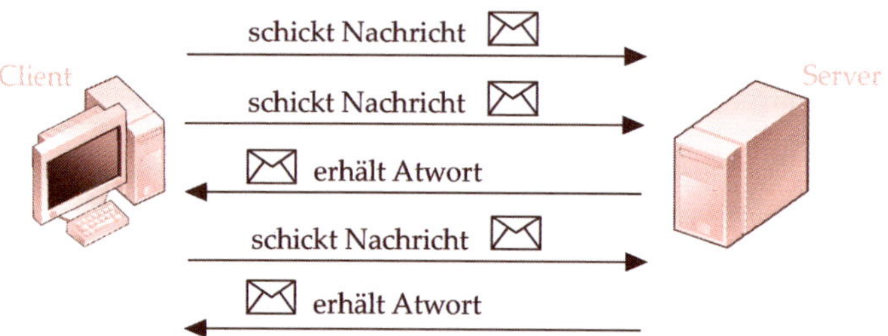

Abbildung 140: Klassischer Methoden-Fernaufruf vs. Messaging

213 Einführung in die asynchrone Kommunikation

Obwohl nachrichtenbasierte Kommunikation ein sehr altes Thema der Informatik ist und die Wurzeln *Message Oriented Middleware (MOM)* bis in die frühen Achtzigerjahre zurückreichen, gab es bis 1998 keine einheitliche API für die Kommunikation der Message-Broker. Zwar bieten einige Hersteller auch eigene Bibliotheken für den Zugriff auf ihr System an, und hin und wieder gab es auch eigene Implementierungen, den großen Durchbruch für Java-Entwickler brachte jedoch erst die Sun-Spezifikation für den *Java Message Service (JMS)*.

Die Herausforderung dieser bestand diesmal nicht in der Schaffung einer guten Referenzimplementierung, sondern darin, eine API zu definieren, die eine möglichst große Anzahl bereits etablierter Systeme unterstützen kann. So entstand eine sehr allgemeine und stark abstrahierende Bibliothek, die von Dienst zu Dienst mit individuellen Eigenschaften versehen werden kann.

Inzwischen ist JMS ein fester Bestandteil des J2EE-Kerns und Grundlage für weitere Technologien wie die Message Driven Beans, und so fordert Sun auch von jedem J2EE-konformen Application-Server, dass dieser mindestens über einen Message-Service verfügt. Dennoch ist die zugehörige API wie auch das Package des Java Naming and Directory Interface (JNDI) kein Bestandteil der J2EE-Distribution, sondern wird als eigenständiges Produkt unter *http://java.sun.com/products/jms/* vertrieben. Auf dieser Seite können Sie die Spezifikation, ein umfangreiches Tutorial sowie eine Liste bekannter Implementierungen herunterladen.

Ebenfalls vermissen werden Sie eine kostenfreie Referenzimplementierung wie etwa den FileSystem-Provider für JNDI. Stattdessen bietet Ihnen Sun eine 90-Tage-Testversion Ihres Application-Servers oder die aus diesem herausgelöste *Sun Java Message Queue* an. Wenn Sie bereits den JBoss Application Server installiert haben oder über einen anderen Application-Server verfügen, können Sie entweder dessen Message-Service verwenden, oder Sie probieren die freie Implementierung *OpenJMS* (*http://openjms.sourceforge.net/*).

Message Oriented Middleware

Den Kern nachrichtenorientierter Kommunikation bildet der so genannte Message-Broker, der die Nachrichten des Senders entgegennimmt und für ihre Zustellung verantwortlich ist. Dafür stellt er verschiedene Kanäle bereit, welche die Funktion von E-Mail-Adressen erfüllen.

Das System aus Message-Broker und Nachrichtenkanälen wird dabei als Message Oriented Middleware bezeichnet. Die Konfiguration und Basis dieser unterscheidet sich von Anbieter zu Anbieter, lediglich der Zugriff aus Java-Programmen heraus ist standardisiert.

Vorteile synchroner Kommunikation

Asynchrone Kommunikation hat gegenüber synchroner vor allem folgende Vorteile:

- Lose Kopplung der Systeme

  Wenn Sie einen Dienst auf zwei unterschiedliche Systeme verteilen, die beispielsweise über `ServerSockets` oder *Remote Procedure Invocation (RMI)* miteinander kommunizieren, und eines der beiden Systeme ausfällt, ist davon gleichzeitig auch das andere betroffen.

  Bei asynchroner, nachrichtengesteuerter Kommunikation hingegen arbeiten beide Systeme vollkommen autark und können auch getrennt voneinander reinitialisiert werden. Vom anderen System hinterlegte Nachrichten verbleiben bis zur Zustellung im System, lediglich die Auslieferung verzögert sich.

- Transparente Aufgabenverteilung

  Da der Sender einer Nachricht diese nicht an einen konkreten Empfänger sendet, sondern lediglich in einem »Eingangskorb« ablegt, kann er auch nicht entscheiden, wer diese letztendlich entnimmt und bearbeitet. Für ihn ist es vollkommen transparent, ob am anderen Ende der Leitung ein einzelner oder eine Gruppe von gleichberechtigten Empfängern die Bearbeitung der Informationen übernimmt.

  Hierdurch können auf einfache Art und Weise gut skalierende Systeme implementiert werden, die anstehende Aufgaben zunächst sammeln und ab einer genügend großen Anzahl auf einen Rutsch erledigen. Ein Beispiel hierfür sind Datenbank- oder Log-Operationen.

- Hohe Integrationsfähigkeit

  Durch die lose Kopplung ist Messaging vor allem für die plattform- und programmiersprachenübergreifende Kommunikation von Anwendungen geeignet. So kann ein verteiltes System leicht um neue Komponenten erweitert oder bestehende Teile können ausgetauscht und durch andere Systeme ersetzt werden.

214 Das Konzept von JMS

Analog zum Java Naming and Directory Interface (JNDI) oder zu den Java Data Objects (JDO) ist JMS als allgemeine API spezifiziert, deren Implementierung vom Anbieter eines Message-Dienstes erfolgt. Diese implementieren auf Grundlage eines Service Provider Interface (SPI) Adapter, die z.B. auch den Zugriff auf nicht-Java-basierte Message Oriented Middleware wie IBM MQSeries ermöglichen.

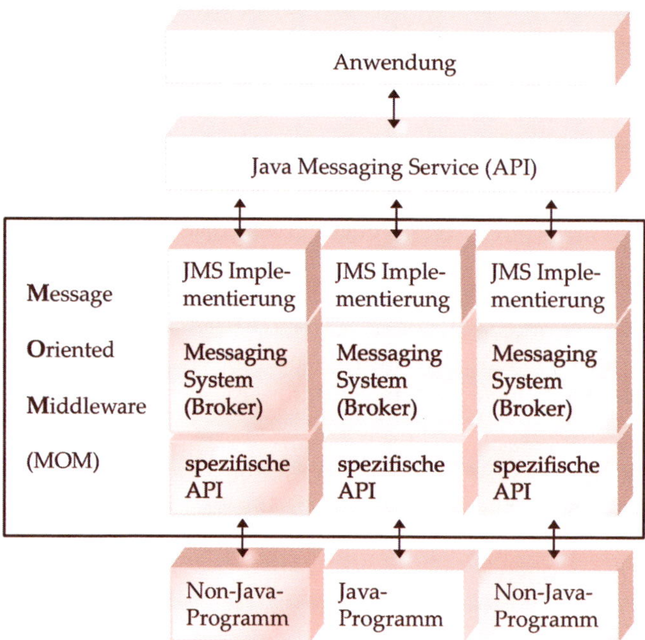

Abbildung 141: Aufbau und Zugriff auf Messaging-Systeme

Im Gegensatz zu JNDI und JDO werden bei der JMS herstellerspezifische Erweiterungen durch die JMS-Spezifikation ermöglicht und sogar erwünscht.

Kommunikationspartner

Eines der wichtigsten Konzepte beim Aufbau eines nachrichtenbasierten Systems ist die Anonymität. Sender und Empfänger kennen einander nicht, sondern kommunizieren einzig und allein mit ihrem Request-Broker. Zwischen diesen können dann wiederum weitere Broker liegen.

Da somit auch kein klassisches Frage-Antwort-Schema entsteht, bei dem auf einen Request eine Response erfolgen muss, verschwimmen auch die Grenzen zwischen Client und Server. Oftmals sind Nachrichtenempfänger gleichzeitig auch -sender und umgekehrt.

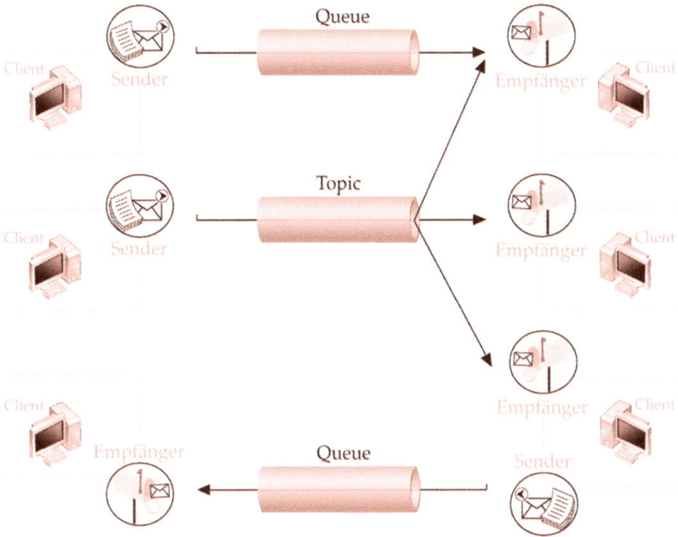

Abbildung 142: Kommunikation via Java Message Service

Zwar kann ein Message-Consumer nicht zwischen verschiedenen Sendern unterscheiden, wohl aber zwischen den verschiedenen Kanälen, über die er Nachrichten empfangen kann. Diese sind in zwei Gruppen (*Queue* und *Topic*) aufgeteilt, die zu unterschiedlichen Messaging-Konzepten gehören.

215 Unterstützte Messaging-Konzepte

Wenn Sie eine Frage oder ein bestimmtes Implementierungsproblem haben, können Sie in der Regel auf zwei Wegen zu einer Lösung gelangen:

- Sie kennen die E-Mail-Adresse von jemandem, der die Antwort mit Sicherheit weiß und Ihnen helfen wird.
- Sie kennen ein Forum, in dem Probleme dieser Art diskutiert werden.

Im ersten Fall verfassen Sie eine konkrete (persönliche) E-Mail an den Empfänger und hoffen auf baldige Antwort. Da bei dieser Art der Kommunikation sowohl Ausgangs- als auch Endpunkt genau definiert sind, wird sie als Punkt-zu-Punkt(*Point-to-Point*)-Kommunikation bezeichnet.

Im zweiten Fall versuchen Sie, das Problem einerseits zu verallgemeinern und trotzdem möglichst genau zu beschreiben, und veröffentlichen es beispielsweise in einer Newsgroup (*Publish*). Diese kann von verschiedenen Empfängern abonniert werden (*Subscribe*), wobei einer dieser Ihnen hoffentlich weiterhelfen kann. Eine Besonderheit dieses *Publish-and-Subscribe*-Systems ist dabei, dass Sie auf eine Anfrage unter Umständen mehrere Antworten erhalten können.

Point-to-Point-Kommunikation

Beim Point-to-Point-Modell wird Ihre Nachricht an genau einen Empfänger bzw. an genau ein konfiguriertes Postfach versandt. Der Empfänger kann den Sender der Nachricht allerdings nicht direkt identifizieren. Da der Empfänger in der Regel nur eine Nachricht bearbeiten kann, bevor er sich der nächsten zuwendet, gilt die Regel, wer zuerst schreibt, wird zuerst bearbeitet, und alle anderen stellen sich hinten an. So wird auch der Kanal, über den diese Nachricht versendet wird, als `Queue` (Warteschlange) bezeichnet.

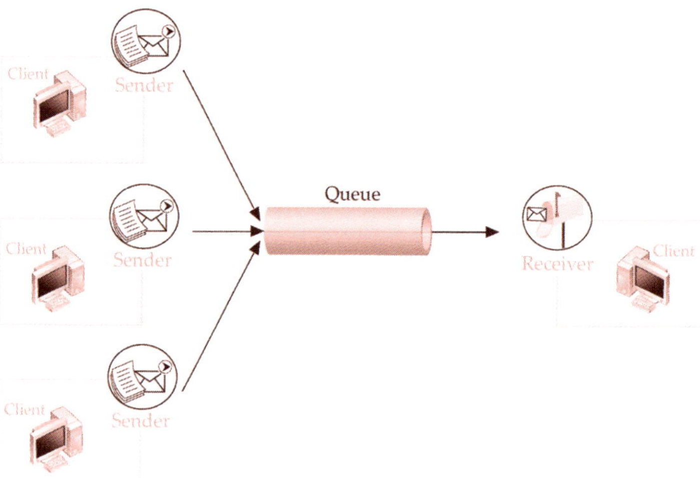

Abbildung 143: Point-to-Point-Kommunikation

Publish-and-Subscribe

Beim Publish-and-Subscribe-Modell müssen Sie lediglich darauf achten, die Nachricht an die richtige Gruppe von Konsumenten zu schicken. Da sich jede dieser Gruppen in der Regel mit genau einem Thema beschäftigt, werden diese `Topic` (Thema) genannt.

JMS

Schematischer Aufbau der Publish-and-Subscribe Kommunikation

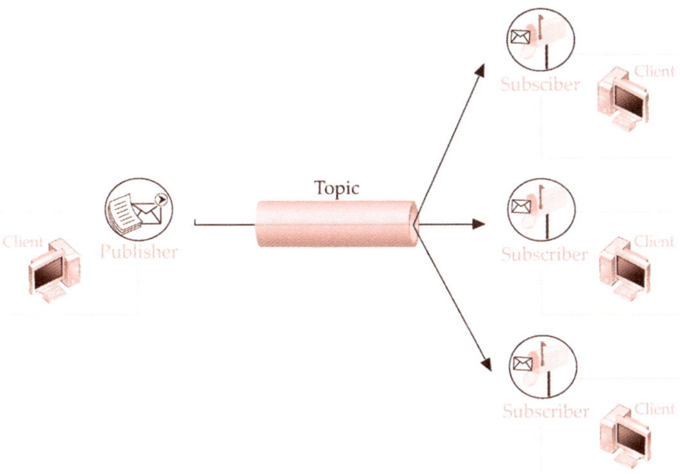

Abbildung 144: Publish-and-Subscribe-Modell

Unterstützung der unterschiedlichen Kommunikationsmodelle

Dabei unterstützen nicht Message-Systeme beide Kommunikationsvarianten. So benötigt ein Chat-System, wie Sie es später entwickeln werden, bei dem die ganze Kommunikation über einen einzigen Kanal abgewickelt wird, an dem alle Teilnehmer gleichberechtigt lauschen können, kein Point-to-Point-Protokoll.

Um dennoch eine einheitliche API für alle Systeme anbieten zu können, hat Sun die konkrete Ausprägung aller vorhandenen Klassen und Interfaces zweigeteilt - eine für jede Variante. So gibt es beispielsweise eine `TopicConnection` für Verbindungen zu einem Publish-and-Subscribe-Service und eine `QueueConnection`, die für Point-to-Point-Verbindungen zuständig ist.

Beide Schnittstellen erweitern dabei das Basis-Interface `Connection`, über dessen Methoden sie angesprochen werden, und verhalten sich in nahezu jeder Hinsicht (wenn man von den unterschiedlichen Empfängern absieht) identisch. Ein Anbieter, der nur einen Service unterstützen möchte, hat also die Möglichkeit, diesen zu implementieren, und kann Versuche, Nachrichten über die nicht unterstützte Variante zu versenden, einfach mit einer Fehlermeldung quittieren.

Konfiguration und Eigenschaften der Dienste

Über einen Message-Service können in der Regel beliebig viele Topics bzw. Queues gleichzeitig verwaltet werden, wobei die Konfiguration dieser sich von Anbieter zu Anbieter unterscheidet. Unterschieden werden die einzelnen Kanäle dabei ähnlich einer E-Mail-Adresse nach unterschiedlichen Namen, die in folgendem JNDI-Kontext bzw. Subkontexten definiert werden sollten:

```
java:comp/env/jms
```

Listing 500: JNDI-Kontext für JMS-Services

Hinweis

Mehr über den JNDI-Kontext und die Bedeutung seiner Pfade erfahren Sie im Kapitel über das Java Naming and Directory Interface (JNDI).

Vom jeweiligen Anbieter hängt auch das Verhalten des Message-Services im Fehlerfall (Server-Absturz o.Ä.) ab. Auf relationalen Datenbanken basierende Systeme speichern die noch nicht ausgelieferten Nachrichten in der Regel persistent ab und ermöglichen die Zustellung dieser auch nach einem Neustart des Servers. Andere Systeme wiederum, bei denen eine performante Zustellung der Daten wichtiger ist als die Garantie, jede Nachricht zustellen zu können, verzichten auf eine dauerhafte Zwischenspeicherung der Daten.

216 javax.jms.ConnectionFactory

Die `ConnectionFactory` dient dazu, Verbindungen (`Connection`) zum Nachrichten-Service aufzubauen. Häufig wird diese über einen Namens- oder Verzeichnisdienst zur Verfügung gestellt, obgleich nicht alle MOM-Hersteller einen solchen Namensdienst unterstützen.

Die `ConnectionFactory` hat außerdem die Aufgabe, dem Administrator die Möglichkeit zur Konfiguration des Dienstes zu geben, weswegen sie auch als Administered Object bezeichnet wird.

217 javax.jms.Connection

Eine Connection ist vergleichbar mit einer geöffneten Datenbankverbindung (`java.sql.Connection`). Sie wird über die `ConnectionFactory`, gegebenenfalls unter Angabe eines Benutzernamens samt Passwort, erzeugt und ermöglicht Ihnen die Kommunikation mit anderen Teilnehmern.

Mit einer geöffneten Connection ausgestattet, sind Sie im Message-Service unter einer eindeutigen Adresse (ähnlich einer IP-Adresse) bekannt und können beginnen, Nachrichten zu versenden oder zu empfangen. Sie besitzen an dieser Stelle zwar einen Internet-Anschluss, verfügen allerdings noch nicht über eine gültige E-Mail-Adresse.

Die zweite wichtige Aufgabe einer `Connection` besteht in der Bereitstellung eines `ConnectionMetaData`-Objektes, das Auskunft über den Status der aktuellen Verbindung, den verwendeten Anbieter, die Versionsnummer des Dienstes usw. gibt.

218 javax.jms.Session

Eine geöffnete Verbindung (Connection) ermöglicht es Ihnen nun, eine oder mehrere *Sessions* zu öffnen. Eine Session bildet dabei eine konkrete Verbindung mit einem oder mehreren (Nachrichten-)Kanälen. Dabei wird eine Session unter folgenden Gesichtspunkten konfiguriert:

1. Transaktionskontrolle

   Über diesen Parameter entscheiden Sie, ob die Session an Transaktionen teilnehmen soll oder nicht. Diese sind vergleichbar mit Datenbanktransaktionen.

   Entscheiden Sie sich dafür, werden alle in dieser Session erzeugten Nachrichten zwischengespeichert und erst über ein abschließendes Commit gemeinsam abgesendet bzw. über ein Rollback wieder gelöscht. Da eine solche Transaktionskontrolle jedoch (wie immer) erhebliche Ressourcen benötigt, sollten Sie diese nur einsetzen, wenn Sie sie auch zwingend benötigen.

2. Bestätigungsmodus

   Natürlich kann es sowohl für den Sender (Producer) als auch für den Message-Dienst wichtig sein zu erfahren, ob die verschickte Nachricht inzwischen beim Empfänger (Consumer) angekommen ist und erfolgreich verarbeitet werden konnte oder ob sie sich noch in irgendeiner Warteschlage befindet und auf ihre Zustellung wartet.

   Unterliegt die Empfangs-Session des MessageConsumer einer Transaktionskontrolle, übernimmt diese die Kontrolle und benachrichtigt Sie über den Zustand der Nachricht, anderenfalls vergeben Sie die Verantwortung dafür selbst. Sie können diese dabei dem Client oder der Session übertragen.

Über ein Session werden dabei sowohl Nachrichten versendet als auch empfangen. Dabei sollten Sie darauf achten, dass diese nicht threadsafe ist und sich somit nicht für den parallelen Zugriff durch verschiedenen Threads eignet.

Tipp

Da eine Session nicht threadsafe ist, müssen Sie insbesondere bei webbasierten Applikationen darauf achten, den Zugriff auf diese z.B. durch entsprechende synchronized-Blöcke »per Hand« zu synchronisieren. Eine andere Möglichkeit sieht das optionale Pooling von Sessions in einem ServerSessionPool vor. Überprüfen Sie allerdings vorher, ob Ihr Anbieter diesen Service unterstützt.

Um eine Nachricht zu versenden, benötigen Sie drei Objekte, die Sie alle über ein Session-Objekt erzeugen können.

- Eine Zieladresse (Destination)

  Damit die Nachricht zugestellt werden kann, benötigt sie ein konkretes Ziel (Destination). Dieses erhalten Sie in der Regel über einen Namens- oder Verzeichnisdienst, der dann als Adressbuch funktioniert.

  Bei der Zieladresse handelt es sich dabei, je nach verwendetem Kommunikationsmodell, entweder um eine Queue oder einen Topic.

- Einen Sender (`MessageProducer`)

  Dieser hat die Aufgabe, die Nachricht zu versenden. Dabei versucht er, zunächst die angegebene Zieladresse zu erreichen und die Nachricht zu übermitteln. Gelingt ihm dies nicht, hinterlässt er die Mitteilung, dass eine Nachricht vorliegt und abgeholt werden kann, oder versucht es nach einer gewissen Zeitspanne noch einmal.

  Über den `MessageProducer` können Sie die Nachricht auch konfigurieren und ihr beispielsweise eine Priorität zuordnen oder die Zeitspanne angeben, bis zu der unsere Nachricht ausgeliefert sein muss (*Timeout*). Wird diese Zeitspanne überschritten, verfällt die Nachricht und wird vom `MessageProducer`, ohne ausgeliefert zu werden, gelöscht.

- Eine Nachricht (`Message`)

  Welchen Sinn hätte die Kommunikation ohne Informationen und Objekte, die Sie übermitteln wollen? Der zentrale Bestandteil bleibt natürlich die Nachricht selbst. Dabei ist die Nachricht eines der wenigen Bestandteile des Frameworks, bei dem Sie nicht zwischen Point-to-Point-Kommunikation und Publish-and-Subscribe-Modell unterscheiden müssen. Eine Information bleibt eben eine Information.

Um Nachrichten empfangen zu können, erzeugen Sie mit dem `Session`-Objekt einen Empfänger (`MessageConsumer`), der einet bestimmten `Topic` oder `Queue` zugeordnet sein muss und auf eingehende Nachrichten wartet. Schließlich ermöglicht die Session es Ihnen auch, über einen `QueueBrowser` die in einer `Queue` gespeicherten Nachrichten aufzulisten oder nach bestimmten Kriterien zu filtern.

219 javax.jms.Destination

Eine `Destination` ist ein Zielpunkt, an den Nachrichten weitergeleitet werden. Er besteht entweder aus einer `Queue`, dem Pendant einer E-Mail-Adresse, oder einer `Topic`, was einer Newsgroup entspricht. Auch diese Objekte sind, wie die `ConnectionFactory`, zentrale Bestandteile der Infrastruktur und werden deshalb in der Regel von einem Administrator verwaltet und angelegt (Administered Objects).

In wirklich seltenen Fällen kann es nötig sein, eigene `Destinations` zu erstellen. Für diese Fälle stellt uns unsere Session jeweils zwei Methoden zur Erzeugung bereit:

1. `createTemporaryQueue()/createTemporatyTopic()`

   Diese Methoden erzeugen eine flüchtige `Destination`, die nach Beendigung der `Connection` automatisch gelöscht wird. Der Namen dieser `Topic/Queue` wird von der `Session` vergeben, wobei dieser automatisch den Namensregeln des zugrunde liegenden Providers entspricht.

   Sie können diese Zielpunkte verwenden, um verschiedene Clients innerhalb der Applikation miteinander kommunizieren zu lassen. Dazu legen Sie einfach die automatisch generierten Namen unter einem festen Schlüssel im Namensdienst ab. Nach Beendigung der Applikation wird der Name im Message-Service nicht mehr benötigt und kann getrost gelöscht werden.

2. `createQueue()`/`createTopic()`

   Diese `Session`-Methoden sind für die wirklich seltenen Fälle gedacht, in denen ein Client sich unter einer ganz bestimmten Adresse (`Queue` oder `Topic`) im System bekannt machen muss, um zum Beispiel mit anderen Applikationen, auf deren Verhalten Sie keinen Einfluss haben, in Verbindung treten zu können.

   Da die Erzeugung einer `Queue` bzw. `Topic` dem Administrator vorbehalten ist, sind auch die so erzeugten Zielpunkte nicht dauerhaft, sondern ermöglichen es Ihnen, lediglich so zu tun, als existiere eine ganz bestimmte `Queue`. Des Weiteren muss der gewählte Name den Regeln des Anbieters gehorchen (so kann es z.B. keine E-Mail-Adressen ohne `@`-Zeichen geben).

220 javax.jms.Message

Die `Message` ist der Kernbestandteil der Kommunikation, um die sich beim JMS letztendlich alles dreht. Sie dient dem Austausch von Nachrichten und Objekten und kann sogar zum Versand von XML-Dokumenten verwendet werden; und zwar über verschiedene Computer, Betriebssysteme und Programmiersprachen hinweg.

Jede `Message` setzt sich dabei aus folgenden drei Bestandteilen zusammen:

- Header

  Haben Sie sich schon einmal die Header einer empfangenen E-Mail ausgeben lassen? Im Kopf einer Nachricht hinterlässt dabei jeder am Versand beteiligte Server (für den Nutzer meist unsichtbare) Informationen, über die eine Nachricht identifiziert und ihr Weg (Route) rekonstruiert werden kann.

  So werden Header beispielsweise dazu verwendet, Empfangsbestätigungen einzelnen Nachrichten zuordnen zu können.

- Properties

  Während Sie beim Versand einer E-Mail in der Regel auf das Attribut `Priorität` beschränkt sind, ermöglicht es Ihnen JMS, jeder Nachricht eine beliebige Anzahl von Attributen mitzugeben um diese beispielsweise beim Empfang nach beliebigen Kriterien filtern zu können.

  Die frei wählbaren Attributnamen, die weder `null` noch leere Strings sein dürfen, können dabei beliebige Basistypen (`boolean`, `byte`, `short` usw.) oder Zeichenketten (`String`) zugeordnet sein, die über entsprechende Getter und Setter (`getBooleanProperty()` usw.) gesetzt und gelesen werden können.

- Body

  Der Body enthält den eigentlichen Inhalt der Nachricht. Dabei wird zwar nicht zwischen `Queue` und `Topic`, wohl aber nach dem Inhaltstyp unterschieden.

Die verschiedenen Nachrichtentypen

Die aktuelle JMS-Spezifikation unterscheidet zwischen fünf verschiedenen Ausprägungen einer Nachricht, deren Anwendungsgebiete sich teilweise überschneiden:

- `StreamMessage`

  Das Versenden einer Nachricht mit einer `StreamMessage` ist vergleichbar mit der synchronen Übertragung der Daten per `java.io.DataOutputStream`. Diese Nachricht stellt Ihnen Methoden zur Verfügung, mit denen Sie Basistypen und serialisierbare Objekte (`java.io.Serializable`) effektiv von A nach B übertragen können.

  Genau wie der `DataOutputStream` müssen die geschriebenen Objekte auch in der gleichen Reihenfolge ausgelesen werden. Sender und Empfänger müssen sich also vorher über diese einigen.

- `TextMessage`

  Diese Nachricht gleicht am ehesten einer E-Mail. Sie nimmt einen Text (`String`) auf und übermittelt diesen an den Empfänger. Diese Nachricht ist außerdem dazu geeignet, XML-Dokumente zu übertragen. So existieren inzwischen auch Parser, welche die enthaltenen Dokumente direkt aus einer `TextMessage` parsen.

- `ObjectMessage`

  Diese Klasse ermöglicht Ihnen die Übertragung *eines* beliebigen Java-Objektes, wobei dieses das Interface `java.io.Serializable` implementieren muss.

- `ByteMessage`

  Wenn Sie sich jetzt fragen, wo der Unterschied zwischen einer `ByteMessage` und einer `StreamMessage` zu suchen ist, kann ich Sie beruhigen: Solange Sie lediglich mit (Ihren eigenen) Java-Clients kommunizieren, werden Sie diese Nachricht nicht benötigen und können stattdessen immer auf eine `StreamMessage` zurückgreifen.

  Insbesondere bei der Kommunikation mit C/C++-Partnern gibt es jedoch Fälle, bei denen die Methoden der Klasse `StreamMessage` nicht ausreichen. So unterscheiden diese Programmiersprachen beispielsweise zwischen dem Datentyp `Byte` und `UnsignedByte`, was eine `StreamMessage` nicht tut.

  Nachrichten, die über eine `ByteMessage` empfangen und verschickt werden, werden als Rohdaten behandelt und auf keine Weise von der Java Virtual Machine interpretiert.

- `MapMessage`

  Egal ob es sich nun um Datenbank-Zugangsdaten oder die Ergebnisse einer statistischen Auswertung handelt: Manchmal besteht eine Nachricht aus nichts anderem als einer Menge von Attributen.

  Mit der JMS-Spezifikation 1.0 versendete man diese noch im Property-Teil einer ganz »normalen« `TextMessage`, deren Body dann einfach leer war. Da der Header und die Nachrichtenattribute jedoch auch zur Filterung von Nachrichten herangezogen werden, handelte man sich dabei oft einen großen Overhead an Vergleichen ein und bewirkte bei ungünstiger Attributwahl, dass seine Nachricht ihr Ziel nicht erreichte.

Deshalb wurde mit der Spezifikation 1.1 im Jahre 2002 dieser neue Nachrichtentyp, bestehend aus Name-Wert-Paaren, eingeführt. Dabei gelten die gleichen Einschränkungen wie für Nachrichten-Header, deren Namen aus nichtleeren Strings bestehen müssen, denen wiederum Java-Basistypen oder Strings zugeordnet sind.

221 Zusammenfassung des API

Die folgende Tabelle fasst die am Nachrichtenversand/-empfang beteiligten Objekte zusammen und stellt die Pendants zwischen Point-to-Point- und Publish-and-Subscribe-Modell gegenüber.

Allgemeine Basisklasse	Point-to-Point-Modell	Publish-and-Subscribe-Modell
`ConnectionFactory`	`QueueConnectionFactory`	`TopicConnectionFactory`
`Connection`	`QueueConnection`	`TopicConnection`
`Session`	`QueueSession`	`TopicSession`
`Destination`	`Queue`	`Topic`
`MessageProducer`	`QueueSender`	`TopicPublisher`
`MessageConsumer`	`QueueReceiver`	`TopicSubscriber`
`Message`	`StreamMessage`, `TextMessage`, `ObjectMessage`, `ByteMessage`, `MapMessage`	

Tabelle 71: Bestandteile des Nachrichtenversands

222 Eine Nachricht senden

Das folgende Rezept demonstriert Ihnen, wie Sie eine Nachricht über eine Queue versenden. Das Vorgehen im Publish-and-Subscribe-Modell ist ganz analog.

JMS

Achtung

Die in diesem Rezept verwendete Lookup-Klasse für das Java Naming and Directory Interface (JNDI) finden Sie im gleichnamigen Abschnitt.

Der schematische Ablauf

Bevor Sie sich in die Implementierung stürzen, wenden wir uns zunächst noch einmal dem schematischen Aufbau zu:

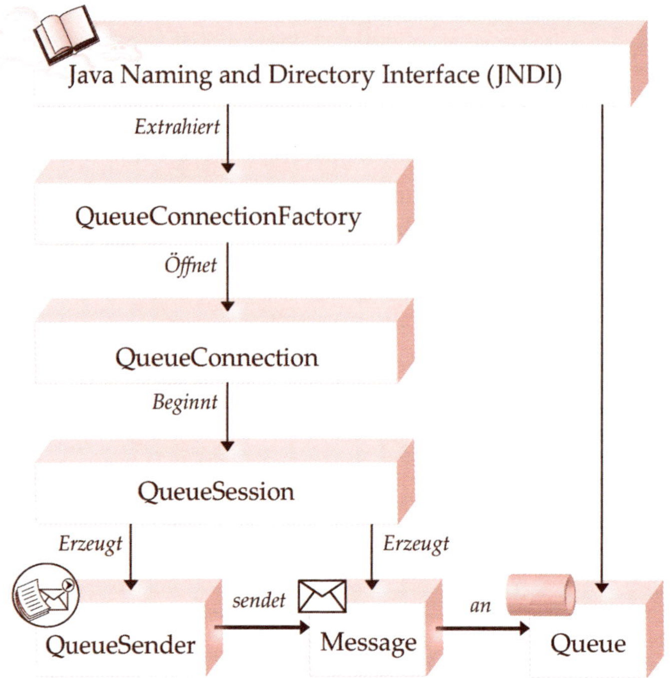

Abbildung 145: Schematischer Ablauf des Nachrichtenversands

Sowohl die `QueueConnectionFactory` wie auch die Zieladresse (`Queue`) werden dabei als *Administered Objects* vom Administrator des Services erstellt und über den Namensdienst verfügbar gemacht. Die `ConnectionFactory` ermöglicht es Ihnen, eine `Connection` zu öffnen und sich damit ins System »einzuwählen«. Dabei wird, von der Konfiguration des Dienstes abhängig, unter Umständen ein Benutzer und eine zugehöriges Passwort benötigt.

Über die geöffnete `Connection` können Sie anschließend beginnen, verschiedene Sessions zu starten. Eine `Session` ermöglicht es Ihnen schließlich, *MessageProducer* (`Sender`) und Nachrichten (`Message`) zu erzeugen und diese an die vorgegebene Zieladresse (`Queue`) zu senden.

Wenn Sie sich jetzt fragen, warum dass alles so komplex gestaltet ist und Sie Ihre Nachricht nicht beispielsweise direkt über eine `Connection` versenden und empfangen können, denken Sie daran, dass Sie innerhalb einer Applikation zwischen verschiedenen Nachrichten mit unterschiedlichen Prioritäten unterscheiden können: Einige Nachrichten sollen zusammen als Pulk versendet werden, wofür Sie eine Transaktion benötigen, für andere können Sie sich die dafür benötigten Ressourcen sparen. Bei wichtigen Nachrichten kann es erforderlich sein, eine Empfangsbestätigung (in Form einer weiteren Nachricht) zu erhalten etc. Um all diese komplexen Bedürfnisse mit einer API befriedigen zu können, muss diese eben auch zwischen verschiedenen Kanälen unterscheiden können.

Eine Session ist mit einem E-Mail-Client vergleichbar, mit dem Sie Nachrichten verfassen und anschließend versenden oder Postfächer auf neue Nachrichten überprüfen können.

Implementierung eines Message Producers

Nachdem Sie den schematischen Ablauf kennen, ist das Erzeugen einer neuen Nachricht ein Kinderspiel. Um das Beispiel übersichtlich zu halten und an gute Traditionen anzuknüpfen, handelt es sich bei Ihrer ersten Nachricht um eine TextMessage mit einer ganz bestimmten Botschaft.

```
package de.codebooks.j2ee.jms;

import javax.jms.Queue;
import javax.jms.Session;
import javax.jms.Message;
import javax.jms.TextMessage;
import javax.jms.QueueSender;
import javax.jms.QueueSession;
import javax.jms.QueueConnection;
import javax.jms.QueueConnectionFactory;
import javax.jms.JMSException;

import de.codebooks.j2ee.jndi.Lookup;

/** Erzeugt neue Textnachrichten */
public class MessageProducer {

   /** Sendet eine Nachricht an eine Queue */
   public static void main(String [] args) {

      QueueConnection qConnection = null;
      QueueSession qSession = null;
      QueueSender qSender = null;
      try {

         // Auslesen der ConnectionsFactory aus dem Namensservice
         QueueConnectionFactory qcFactory =
            (QueueConnectionFactory) Lookup.lookup("ConnectionFactory");

         // Auslesen der Zieladresse (Queue)
         Queue destinationQueue =
            (Queue) Lookup.lookup("queue/codebookQueue");

         // Aufbau der Verbindung
         qConnection = qcFactory.createQueueConnection();
```

Listing 501: Senden einer TextMessage

```
            // Erzeugen der Session
            qSession = qConnection.createQueueSession(false,
                                                      Session.AUTO_ACKNOWLEDGE);

            // Erzeugen des Senders
            qSender = qSession.createSender(destinationQueue);

            // Erzeugen der Nachricht
            Message message = qSession.createTextMessage("Hello Queue!");

            // Senden der Nachricht
            qSender.send(message);

         } catch (JMSException jmx) {
            jmx.printStackTrace();
         } finally {
            try { qSender.close(); } catch (Exception exc) { /* ignored */ }
            try { qSession.close(); } catch (Exception exc) { /* ignored */ }
            try { qConnection.close(); } catch (Exception exc) { /* ignored */ }
         }
      }
   }
```

Listing 501: Senden einer TextMessage (Forts.)

Vielleicht ist es Ihnen ja gar nicht aufgefallen, aber dieses Listing enthält nicht einen Operator `new`. Alle verwendeten Objekte sind entweder vorgegeben (Administered Objects) oder werden mit Hilfe dieser erzeugt. Sonst sollte Ihnen der Quelltext nach den vorangegangenen Bemerkungen (eventuell unter zu Hilfenahme der JavaDocs) keine Schwierigkeiten bereiten.

Bemerkungen zum Ressourcen-Management

JMS

An dieser Stellen sollten Sie sich einige Gedanken zum Thema Ressourcen-Management machen: Da sowohl die `Connection` als auch die `Session` und der `Sender` eigene Threads im Speicher des Application-Servers darstellen, belegen sie dabei eine ganze Reihe von Ressourcen. Zwar werden dieser nach einem definierten Timeout in der Regel beendet und die belegten Ressourcen wieder freigegeben. doch auch zu viele schlafende Threads können einen Server in die Knie zwingen. Besonders häufig tritt dies auf, wenn ein Programm einen Fehler enthält und an einer bestimmten Stelle terminiert.

Sie sollten sich deshalb wie bei einer Datenbankverbindung darum bemühen, alle gestarteten Threads durch die Verwendung diverser `close()`-Methoden auch wieder zu beenden. Dabei müssen Sie vor allem auf die richtige Reihenfolge des Schließens achten (zum Beispiel die `Session` vor der `Connection`, die `Sender` vor der `Session` usw.) und wiederum eigene Try-Catch-Blöcke verwenden, da auch beim Schließen der einzelnen Ressourcen Fehler auftreten können.

Bei der Frage, wann die geöffneten Ressourcen wieder freigegeben werden sollten, begeben wir uns auf eine schwierige Gratwanderung: Zum einen benötigen der Aufbau einer Verbindung und die Erzeugung eines neuen `Session`-Threads natürlich auch Ressourcen, zum anderen können Sie Nachrichten auch über Kanäle (`Queue`/`Topic`) versenden, an denen gerade kein Empfänger aktiv lauscht. Diese verbleiben, solange ihre Lebensdauer nicht überschritten wird, in dieser und werden anschließend bei erneuter Verbindung des Clients zugestellt.

Empfängt oder sendet ein Client regelmäßig Nachrichten, empfiehlt es sich, seine Verbindung und die damit verbundenen Sessions offen zu halten und erst beim Abschluss der Operation zu beenden. Werden Nachrichten jedoch zum Beispiel empfangen, um (seltene) Vorgänge, wie Fehlermeldungen o.Ä., zu protokollieren und wird keine direkte Reaktion des Empfängers erwartet, können Sie auf ein aktives Lauschen des Clients verzichten.

Konfiguration der Queue

Nachdem Sie den schematischen Ablauf kennen, ist das Erzeugen einer neuen Nachricht ein Kinderspiel. Um das Beispiel übersichtlich zu halten und an gute Traditionen anzuknüpfen, handelt es sich bei Ihrer ersten Nachricht um eine `TextMessage` mit einer ganz bestimmten Botschaft.

```
package de.codebooks.j2ee.jms;

import javax.jms.Queue;
import javax.jms.Session;
import javax.jms.Message;
import javax.jms.TextMessage;
import javax.jms.QueueSender;
import javax.jms.QueueSession;
import javax.jms.QueueConnection;
import javax.jms.QueueConnectionFactory;
import javax.jms.JMSException;

import de.codebooks.j2ee.jndi.Lookup;

/** Erzeugt neue Textnachrichten */
public class MessageProducer {

    /** Sendet eine Nachricht an eine Queue */
    public static void main(String [] args) {

        QueueConnection qConnection = null;
        QueueSession qSession = null;
        QueueSender qSender = null;
        try {
```

Listing 502: Senden einer TextMessage

```
      // Erzeugen der Lookup-Klasse
      Hashtable env = new Hashtable();

      // JBoss JNDI-Factory
      env.put(Context.INITIAL_CONTEXT_FACTORY,
              "org.jnp.interfaces.NamingContextFactory");

      // URL des Namensdienstes (JBoss-Standard-Port: 1099)
      env.put(Context.PROVIDER_URL, "localhost:1099");

      // Konfiguration der URL-Package-Präfixe
      env.put(Context.URL_PKG_PREFIXES,
              "org.jboss.naming:org.jnp.interfaces");

      Lookup lookup = new Lookup(env);

      // Auslesen der ConnectionFactory aus dem Namensservice
      QueueConnectionFactory qcFactory =
         (QueueConnectionFactory) lookup.lookup("ConnectionFactory");

      // Auslesen der Zieladresse (Queue)
      Queue destinationQueue =
         (Queue) lookup.lookup("queue/codebookQueue");

      // Aufbau der Verbindung
      qConnection = qcFactory.createQueueConnection();

      // Erzeugen der Session
      qSession = qConnection.createQueueSession(false,
                                       Session.AUTO_ACKNOWLEDGE);

      // Erzeugen des Senders
      qSender = qSession.createSender(destinationQueue);

      // Erzeugen der Nachricht
      Message message = qSession.createTextMessage("Hello Queue!");

      // Senden der Nachricht
      qSender.send(message);

   } catch (JMSException jmx) {
      jmx.printStackTrace();
   } finally {
      try { qSender.close(); } catch (Exception exc) { /* ignored */ }
      try { qSession.close(); } catch (Exception exc) { /* ignored */ }
      try { qConnection.close(); } catch (Exception exc) { /* ignored */ }
```

Listing 502: Senden einer TextMessage (Forts.)

JMS

```
        }
    }
}
```

Listing 502: Senden einer TextMessage (Forts.)

Vielleicht ist es Ihnen ja gar nicht aufgefallen, aber dieses Listing enthält nicht einen Operator `new`. Alle verwendeten Objekte sind entweder vorgegeben (Administered Objects) oder werden mithilfe dieser erzeugt. Sonst sollte Ihnen der Quelltext nach den einleitenden Hinweisen (eventuell unter Zuhilfenahme der JavaDocs) keine Schwierigkeiten bereiten.

Natürlich müssen Sie die `Queue` und die `QueueConnectionFactory` als Administered Objects auch über Ihren Service-Provider zur Verfügung stellen. Dies erledigen Sie beim JBoss durch folgenden Eintrag in die Datei *%JBOSS_HOME%/server/default/jms/jbossmq-destination-service.xml*.

```
...
  <mbean code="org.jboss.mq.server.jmx.Queue"
         name="jboss.mq.destination:service=Queue,name=codebookQueue">

    <depends optional-attribute-name="DestinationManager"
       >jboss.mq:service=DestinationManager</depends>
  </mbean>
...
```

Listing 503: Konfiguration und Bereitstellung der Queue

Damit wird eine Queue unter dem JNDI-Pfad `queue/codebookQueue` (vgl. Listing 499) bereitgestellt. Wenn Sie alles korrekt gemacht haben, erhalten Sie bei einem Neustart des Servers anschließend folgende Ausgabe:

```
...
INFO  [testQueue] Bound to JNDI name: queue/testQueue
...
```

Listing 504: Statusmeldung beim Start des JBoss

Test der Anwendung

Nun steht einem Test nichts mehr im Wege. Hierfür übersetzen Sie die Klasse (z.B. mit Hilfe des beiliegenden Ant-Skriptes) und führen sie anschließend mit folgenden Bibliotheken (JAR) aus:

```
java -cp ..\lib\jms.jar;..\lib\jndi.jar;..\lib\jbossall-client.jar;
de.codebooks.j2ee.jms.MessageProducer
```

Listing 505: Test des Nachrichtenversands

Da Sie in Listing 499 keine weiteren Ausgaben definiert haben, können Sie eine erfolgreiche Übertragung nur daran erkennen, dass keine Fehlermeldung erscheint.

223 Eine Nachricht empfangen

Das nächste Rezept zeigt Ihnen, wie Sie zuvor (z.B. über das vorangegangene Rezept) in einer `Queue` hinterlegte Nachrichten wieder abrufen. Das Vorgehen bei einer `Topic` ist ganz analog.

```
package de.codebooks.j2ee.jms;

import javax.jms.Queue;
import javax.jms.Session;
import javax.jms.TextMessage;
import javax.jms.QueueSession;
import javax.jms.QueueReceiver;
import javax.jms.QueueConnection;
import javax.jms.QueueConnectionFactory;
import javax.jms.JMSException;

import de.codebooks.j2ee.jndi.Lookup;

/** Empfängt Textnachrichten */
public class MessageConsumer {

   /** Empfängt eine Nachricht aus einer Queue */
   public static void main(String [] args) {

      QueueConnection qConnection = null;
      QueueSession qSession = null;
      QueueReceiver qReceiver = null;

      try {
         // Erzeugen der Lookup-Klasse
         Hashtable env = new Hashtable();

        // JBoss JNDI-Factory
        env.put(Context.INITIAL_CONTEXT_FACTORY,
                "org.jnp.interfaces.NamingContextFactory");
```

Listing 506: Empfang einer Nachricht

JMS

```
    // URL des Namensdienstes (JBoss-Standardport: 1099)
    env.put(Context.PROVIDER_URL, "localhost:1099");

    // Konfiguration der URL-Package-Präfixe
    env.put(Context.URL_PKG_PREFIXES,
            "org.jboss.naming:org.jnp.interfaces");

    Lookup lookup = new Lookup(env);

    // Auslesen der ConnectionFactory aus dem Namensservice
    QueueConnectionFactory qcFactory =
       (QueueConnectionFactory) lookup.lookup("ConnectionFactory");

    // Auslesen der Zieladresse (Queue)
    Queue destinationQueue =
      (Queue) lookup.lookup("queue/codebookQueue");

    // Aufbau der Verbindung
    qConnection = qcFactory.createQueueConnection();

    // Erzeugen der Session
    qSession = qConnection.createQueueSession(false,
                                     Session.AUTO_ACKNOWLEDGE);

    // Erzeugen des Consumers
    qReceiver = qSession.createReceiver(destinationQueue);

    // Empfang starten
    qConnection.start();

    // Empfangen einer Textnachricht (Timeout = 10 * 1000 Millisekunden)
    TextMessage tMessage =
       (TextMessage) qReceiver.receive((long) 10 * 1000);

    // Ausgabe neuer Nachrichten
    if (tMessage != null) {
       System.out.println("Neue Nachricht: " + tMessage.getText());

  // Empfang bestätigen
  tMessage.acknowledge();

    } else {
       System.out.println("Keine neuen Nachrichten in der Queue.");
    }

 } catch (JMSException jmx) {
    jmx.printStackTrace();
```

Listing 506: Empfang einer Nachricht (Forts.)

JMS

```
        } finally {
            try { qReceiver.close(); } catch (Exception exc) { /* ignored */ }
            try { qSession.close(); } catch (Exception exc) { /* ignored */ }
            try { qConnection.close(); } catch (Exception exc) { /* ignored */ }
        }
    }
}
```

Listing 506: Empfang einer Nachricht (Forts.)

Vielleicht bemerken Sie, dass das Vorgehen beim Empfang einer Nachricht ähnlich dem Versand mit dem Erzeugen eines neuen `Session`-Objektes beginnt. Anschließend erzeugen Sie einfach einen `Receiver` für die angegebene `Queue` und beginnen mit dem »Empfang neuer Nachrichten« (`start()`). Diese fragen Sie über die Methode `receive()` ab, wobei Sie über den Parameter optional ein Timeout festlegen können, bei dem der Aufruf gegebenenfalls auch ohne eine Nachricht empfangen zu haben zurückkehrt.

Tipp

In einigen Applikationen kann es sinnvoll sein, ganz auf den Timeout der Methode `revceive()` zu verzichten und nur aktuell vorliegende Nachrichten zu verarbeiten, etwa weil die Applikationslogik die verschiedenen `receive()`-Anfragen des Clients schon ausreichend verzögert. Für diese Fälle existiert die Methode `receiveNoWait()`, die mit oder ohne Nachricht sofort zurückkehrt.

```
MessageConsumer.receiveNoWait()
```

Listing 507: Verzögerungsfreier Empfang einer Nachricht

Da jedoch jede Anfrage mit einer gewissen Netzlast verbunden ist, sollten Sie diese Methode nur einsetzen, wenn die daraus resultierenden Anfragen wirklich verzögert sind, sonst erzeugt Ihr Client womöglich einen Denial-of-Service-Fehler, bei dem Ihre Nachricht gar nicht mehr zugestellt wird.

Da Sie nicht wissen, ob die Verarbeitung von `receive()` durch eine eingehende Nachricht oder ein Timeout veranlasst wurde, überprüfen Sie zunächst, ob tatsächlich eine Nachricht vorliegt, und können anschließend mit der Verarbeitung dieser beginnen.

Schließlich schließen Sie den Empfang durch eine Empfangsbestätigung (`acknowledge()`) ab.

Test des Empfangs

Das folgende Listing zeigt Ihnen, wie Sie die obige Klasse testen können.

```
java -cp ..\lib\jms.jar;..\lib\jndi.jar;..\lib\jbossall-client.jar;
de.codebooks.j2ee.jms.MessageConsumer
```

Listing 508: Test des MessageConsumers

224 Pull vs. Push – unterschiedliche Empfangskonzepte

Das vorangegangene Rezept zeigt Ihnen eine Krux des Nachrichtenempfanges: Sie müssen aktiv lauschen. Wenn Sie nicht nur eine einzelne Nachricht empfangen möchten und nicht genau wissen, wann eine neue Nachricht eintrifft, würden Sie vielleicht folgende Schleife implementieren:

```
...
   while (true) {

      TextMessage tMessage = (TextMessage) qReceiver.receive((long) 10*1000);
      if (message != null) {
         System.out.println(tMessage.getText());
         tMessage.acknowledge();
      }
   }
...
```

Listing 509: Empfang mit Pull

Dieses Codefragment überprüft ständig, ob neue Nachrichten vorliegen, wobei ein Timeout von zehn Sekunden vorgegeben ist. Dieses aktive Lauschen wird dabei als *Pull* bezeichnet.

Push, wenn der Postmann zweimal klingelt

Viel komfortabler, als ständig aktiv zu überprüfen, ob bereits neue Nachrichten vorliegen, wäre es doch, wenn Sie der Message-Service seinerseits informieren würde, ob es etwas zu empfangen gibt. Um an diesem Push-Verfahren teilzunehmen, implementieren Sie einfach das Interface `MessageListener`, über dessen Callback-Methoden Sie bei Eingang einer neuen Nachricht informiert werden. Das folgende Listing zeigt einen entsprechend abgewandelten `MessageConsumer`:

```
package de.codebooks.j2ee.jms;

import javax.jms.Queue;
import javax.jms.Session;
import javax.jms.Message;
import javax.jms.TextMessage;
import javax.jms.QueueSession;
import javax.jms.QueueReceiver;
import javax.jms.QueueConnection;
import javax.jms.MessageListener;
import javax.jms.QueueConnectionFactory;
import javax.jms.JMSException;
```

Listing 510: Empfang im Push-Verfahren

```
import de.codebooks.j2ee.jndi.Lookup;

/** Empfängt Textnachrichten */
public class PushReceiver implements MessageListener {

   /** Die Connection */
   private static QueueConnection qConnection = null;

   /** Die Session */
   private static QueueSession qSession = null;

   /** Der Empfänger */
   private static QueueReceiver qReceiver = null;

   /** Empfängt eine Nachricht aus der Queue */
   public static void main(String [] args) {
      try {

         // Erzeuge Push-Listener
         PushReceiver receiver = new PushReceiver();

         // Lausche für 1 Minute passiv
         long deadline = System.currentTimeMillis() + 60 * 1000;
         while (System.currentTimeMillis() < deadline) {}

      } catch (JMSException jmx) {
         jmx.printStackTrace();
      } finally {
         try { qReceiver.close(); } catch (Exception exc) { /* ignored */ }
         try { qSession.close(); } catch (Exception exc) { /* ignored */ }
         try { qConnection.close(); } catch (Exception exc) { /* ignored */ }
      }
   }


   /** Constructor, beginnt zu lauschen */
   public PushReceiver() throws JMSException {

      // Erzeugen der Lookup-Klasse
      Hashtable env = new Hashtable();

      // JBoss JNDI-Factory
      env.put(Context.INITIAL_CONTEXT_FACTORY,
              "org.jnp.interfaces.NamingContextFactory");

      // URL des Namensdienstes (JBoss-Standard-Port: 1099)
```

Listing 510: Empfang im Push-Verfahren (Forts.)

```
    env.put(Context.PROVIDER_URL, "localhost:1099");

    // Konfiguration der URL-Package-Präfixe
    env.put(Context.URL_PKG_PREFIXES,
            "org.jboss.naming:org.jnp.interfaces");

    Lookup lookup = new Lookup(env);

    // Auslesen der ConnectionFactory aus dem Namensservice
    QueueConnectionFactory qcFactory =
       (QueueConnectionFactory) lookup.lookup("ConnectionFactory");

    // Auslesen der Zieladresse (Queue)
    Queue destinationQueue = (Queue) lookup.lookup("queue/codebookQueue");

    // Aufbau der Verbindung
    qConnection = qcFactory.createQueueConnection();

    // Erzeugen der Session
    qSession = qConnection.createQueueSession(false,
                                          Session.AUTO_ACKNOWLEDGE);

    // Erzeugen des Consumers
    qReceiver = qSession.createReceiver(destinationQueue);

    // Setzen des MessageListeners
    qReceiver.setMessageListener(this);

    // Empfang starten
    qConnection.start();
 }


 /** Wird gerufen, wenn eine neue Nachricht vorliegt */
 public void onMessage(Message message) {

    try {
       // Casten der Message
       TextMessage tMessage = (TextMessage) message;

       // Ausgabe der Mitteilung
       System.out.println("Neue Nachricht: " +
                          tMessage.getText());

       // Empfang bestätigen
       tMessage.acknowledge();
```

Listing 510: Empfang im Push-Verfahren (Forts.)

JMS

```
        } catch (JMSException jmx) {
            jmx.printStackTrace();
        }
    }
}
```

Listing 510: Empfang im Push-Verfahren (Forts.)

In diesem Listing erzeugen Sie einen `MessageListener`, der eingehende Nachrichten über die Methode `onMessage()` ausgibt. Zwar läuft auch dieser Thread für eine Minute aktiv, allerdings werden dafür jetzt die Ressourcen des Clients und nicht mehr die des Servers verwendet. Außerdem können Sie mit dieser Technik z.B. auch Ihre Servlets zu einem `MessageListener` machen.

225 Ein konsolenbasierter Chat

Über einen Namens- bzw. Verzeichnisdienst lässt sich auch ohne weiteres ein Chatsystem betreiben, bei dem alle eingehenden Nachrichten über eine `Topic` an die anderen Teilnehmer gesendet werden. Der folgende kommandozeilenbasierte Chat kann natürlich auch in ein anderes System (z.B. eine Webanwendung) integriert werden.

```
package de.codebooks.j2ee.jms;

import java.io.BufferedReader;
import java.io.InputStreamReader;

import javax.jms.Topic;
import javax.jms.Session;
import javax.jms.Message;
import javax.jms.MapMessage;
import javax.jms.TopicSession;
import javax.jms.TopicPublisher;
import javax.jms.TopicSubscriber;
import javax.jms.TopicConnection;
import javax.jms.MessageListener;
import javax.jms.TopicConnectionFactory;
import javax.jms.JMSException;

import de.codebooks.j2ee.jndi.Lookup;

/** Empfängt Textnachrichten */
public class Chat implements MessageListener {

    /** Konstante, unter welcher der Name des Teilnehmers abgelegt wird */
```

Listing 511: Ein konsolenbasierter Chat

JMS

```
public final static String NAME = "name";

/** Konstante, unter welcher der Beitrag des Teilnehmers abgelegt wird */
public final static String MESSAGE = "message";

/** Kommando zum Verlassen des Chats */
public final static String EXIT = "exit";

/** Die geöffnete Topic-Connection */
private static TopicConnection tConnection = null;

/** Die geöffnete Topic-Session */
private static TopicSession tSession = null;

/** Ein Subscriber zum Emfangen von Nachrichten */
private static TopicSubscriber tSubscriber = null;

/** Ein Publisher zum Versenden von Nachrichten */
private static TopicPublisher tPublisher = null;

/** Name dieses Chat-Teilnehmers */
private static String name = null;

/** Empfängt eine Nachricht aus der Queue */
public static void main(String [] args) {
   try {

      // Name dieses Teilnehmers auslesen
      if (args.length < 1) {
         System.out.println("Starten mit %>java Chat Benutzername");
         System.exit(0);
      } else {
         name = args[0];
      }

      // Erzeuge Push-Listener
      Chat chat = new Chat();

      // Kommandos werden von der Kommandozeile gelesen
      BufferedReader commandLine =
         new java.io.BufferedReader(new InputStreamReader(System.in));

      boolean doChat = true;

      // Chatte, bis das Kommando EXIT erfolgt
      while (doChat){
```

Listing 511: Ein konsolenbasierter Chat (Forts.)

JMS

```
            String command = commandLine.readLine();
            if(command.equalsIgnoreCase(EXIT)){
               doChat = false;
            } else {
               chat.writeMessage(command);
            }
         }

      } catch (Exception exc) {
         exc.printStackTrace();
      } finally {
         try { tPublisher.close(); } catch (Exception exc) { /* ignored */ }
         try { tSubscriber.close(); } catch (Exception exc) { /* ignored */ }
         try { tSession.close(); } catch (Exception exc) { /* ignored */ }
         try { tConnection.close(); } catch (Exception exc) { /* ignored */ }
      }
   }

   /** Constructor, beginnt zu lauschen */
   public Chat() throws JMSException {

      // Erzeugen der Lookup-Klasse
      Hashtable env = new Hashtable();

      // JBoss JNDI-Factory
      env.put(Context.INITIAL_CONTEXT_FACTORY,
            "org.jnp.interfaces.NamingContextFactory");

      // URL des Namensdienstes (JBoss-Standardport: 1099)
      env.put(Context.PROVIDER_URL, "localhost:1099");

      // Konfiguration der URL-Package-Präfixe
      env.put(Context.URL_PKG_PREFIXES,
            "org.jboss.naming:org.jnp.interfaces");

      Lookup lookup = new Lookup(env);

      // Auslesen der ConnectionFactory aus dem Namensservice
      TopicConnectionFactory tcFactory =
         (TopicConnectionFactory) lookup.lookup("ConnectionFactory");

      // Auslesen der Zieladresse (Topic)
      Topic chatTopic = (Topic) lookup.lookup("topic/chatTopic");

      // Aufbau der Verbindung
      tConnection = tcFactory.createTopicConnection();
```

Listing 511: Ein konsolenbasierter Chat (Forts.)

```
      // Erzeugen der Topic-Session
      tSession = tConnection.createTopicSession(false,
                                                Session.AUTO_ACKNOWLEDGE);

      // Erzeugen des Publishers zum Versenden von Nachrichten
      tPublisher = tSession.createPublisher(chatTopic);

      // Erzeugen des Subscribers zum Emfangen von Nachrichten
      tSubscriber = tSession.createSubscriber(chatTopic);

      // Setzen des MessageListeners
      tSubscriber.setMessageListener(this);

      // Empfang starten
      tConnection.start();
   }

   /** Wird gerufen, wenn eine neue Nachricht vorliegt */
   public void onMessage(Message message) {

      try {
         // Casten der Message
         MapMessage mMessage = (MapMessage) message;

         // Ausgabe der Mitteilung
         System.out.println(mMessage.getString(NAME) + " : " +
                            mMessage.getString(MESSAGE));

         // Empfang bestätigen
         mMessage.acknowledge();
      } catch (JMSException jmx) {
         jmx.printStackTrace();
      }
   }

   /** Sendet einen neuen Beitrag an den Chat */
   private void writeMessage(String messageText) throws JMSException {
      MapMessage mMessage = tSession.createMapMessage();
      mMessage.setString(NAME, name);
      mMessage.setString(MESSAGE, messageText);
      tPublisher.publish(mMessage);
   }
}
```

Listing 511: Ein konsolenbasierter Chat (Forts.)

Wie Sie sehen, enthält dieser Chat sowohl einen `Subscriber` (Pendant zu `Receiver`) als auch einen `Publisher` (Pendant zu `Sender`), um sowohl Nachrichten senden als auch empfangen zu können.

Konfiguration und Test des Chats

Da der Chat auf einem Topic aufbaut, muss dieser natürlich entsprechend vorkonfiguriert werden. Dazu erweitern Sie die Datei *%JBOSS_HOME%/server/default/deploy/jms/jbossmq-destinations-service.xml* um folgenden Eintrag:

```
...
  <mbean code="org.jboss.mq.server.jmx.Topic"
     name="jboss.mq.destination:service=Topic,name=chatTopic">
    <depends optional-attribute-name="DestinationManager"
       >jboss.mq:service=DestinationManager</depends>
  </mbean>
  ...
```

Listing 512: Konfiguration einer Topic

Nun ist nach einem Neustart des JBoss die Topic `topic/chatTopic` verfügbar und kann mit folgendem Aufruf des Clients getestet werden.

```
java -cp ..\lib\jms.jar;..\lib\jndi.jar;..\lib\jbossall-client.jar;
de.codebooks.j2ee.jms.Chat Thomas
```

Listing 513: Starten des Chats

226 Gleichberechtigte Empfänger an einer Queue

Was passiert eigentlich, wenn der Empfänger einer `Queue` durch einen Programmierfehler in eine Endlos-Schleife läuft oder der Server, in dessen Speicher sich der `Receiver`-Thread befindet, nicht erreichbar oder überlastet ist?

Um in diesen Fällen Fehler zu vermeiden, ermöglichen es heute viele JMS-Implementierungen, auch mehrere Threads (`Receiver`) an einer `Queue` zu registrieren. Dennoch ist sichergestellt, dass nur jeweils *einer* der registrierten `MessageConsumer` tatsächlich mit der Verarbeitung der Nachricht betraut wird, wobei alle Empfänger gleichberechtigt sind.

In der Praxis wird dieses Verfahren oft zur Verteilung der Rechenlast (*Skalierung*) auf verschiedene Systeme ähnlich einem EJB-Cluster verwendet. Dabei kann der Client beim Versenden einer Nachricht nicht entscheiden, welches Teilsystem die Nachricht tatsächlich erhält.

Tipp

Mit diesem Wissen können Sie den parallelen Empfang von Nachrichten über eine `onMessage()`-Methode auch mit einem Thread realisieren: Wenn Sie auf globale Variablen verzichten können und die Methode auch sonst `threadsafe` ist, können Sie einfach verschiedene `Session`-Objekte erzeugen und je einen `MessageConsumer` öffnen. Damit »gaukeln« Sie dem `MessageBroker` verschiedene Clients vor.

227 Dauerhafte Speicherung von Nachrichten in Topics

`Topic` und `Queue` unterscheiden sich unter anderem in einem Gesichtspunkt: der Garantie, dass eine Nachricht auch gelesen wird! Um das E-Mail-Beispiel zu bemühen, bedeutet dies, dass Sie durch das Posten des Problems in einer Newsgroup (`Topic`) zwar prinzipiell wesentlich mehr potenzielle Empfänger erreichen können als bei einer konkreten E-Mail an einen Empfänger (`Queue`). Auf der anderen Seite müssen Sie dann aber auch damit rechnen, dass niemand die von Ihnen gewählte Newsgroup betreut (was bei einer E-Mail an eine bestimmte Person hoffentlich weniger häufig vorkommt).

So können Sie über die Methoden `start()` und `stop()` des `Connection`-Objektes das Empfangsverhalten eines `MessageConsumers` steuern, wobei dieser im Stopp-Zustand keine Nachrichten empfängt. Der Client befindet sich dann in einem inaktiven Zustand, obwohl er über geöffnete Sessions noch an verschiedenen *Topics* und *Queues* angemeldet sein kann.

Kann die Nachricht in einer `Queue` nicht sofort ausgeliefert werden, etwa weil der adressierte Client gerade beschäftigt oder inaktiv ist, so wird sie vom *Message-Broker* gespeichert, und zu einem späteren Zeitpunkt wird ein weiterer Übertragungsversuch durchgeführt. Bei Message-Brokern, die über persistente Speichermedien verfügen, gelingt dies sogar über einen Server-Neustart hinweg.

Nachrichten einer `Topic` hingegen werden nur einmalig und dann direkt an alle registrierten Clients weitergeleitet. Ist ein `MessageConsumer` zum Zeitpunkt der Nachricht mit einer anderen Nachricht beschäftigt, wird sie in seine Warteschlage gestellt, und er bekommt sie unmittelbar danach zugestellt. Ist er hingegen inaktiv, erreicht ihn die Nachricht gar nicht.

Damit ein `TopicSubscriber` sicherstellen kann, dass ihn alle an diese `Topic` gesendeten Nachrichten erreichen, muss er dennoch nicht dauerhaft aktiv sein. Für diese Fälle erzeugen Sie statt eines einfachen `TopicSubscribers` einen `DurableTopicSubscriber` (durable, englisch für dauerhaft, verlässlich).

```
TopicSubscriber subscriber = tSession.createDurableSubscriber(Topic);
```

Listing 514: Erzeugen eines »verlässlichen« Topic-Subscribers

JMS

Enthält eine Topic einen DurableTopicSubscriber, werden alle eingehenden Nachrichten, analog zu einer Queue, so lange gespeichert, bis diese von allen »verlässlichen Mitlesern« empfangen wurde. Möchte ein DurableTopicSubscriber nun allerdings auf den weiteren Empfang von Nachrichten auf diesem Kanal verzichten, muss er dies der Session explizit durch Aufruf der Methode unsubscribe() mitteilen. Dabei muss er den Namen der Topic verwenden.

```
tSession.unsubscribe(String topic.getTopicName())
```

Listing 515: Abmelden eines »verlässlichen« Topic-Subscribers

Vergisst ein DurableTopicSubscriber, sich abzumelden, ist das Verhalten der Anwendung undefiniert und kann insbesondere bei der Verwendung von Transaktionen zu Fehlern führen.

228 Die Priorität einer Nachricht setzen

Normalerweise gilt für alle Nachrichten: Wer zuerst kommt, wird zuerst gelesen. Nun sind manche Nachrichten jedoch wichtiger als andere. Beispielsweise ist in einer nachrichtenbasierten Datenbankapplikation die Mitteilung: »Tabelle ist voll, Speicherplatz muss erweitert werden.« viel wichtiger als das Speichern von Datensätzen in eben dieser Tabelle.

Es muss also einen Mechanismus geben, mit dem wichtige Nachrichten sich an der Schlange von unwichtigen Nachrichten vorbeischummeln können, um zum nächstmöglichen Zeitpunkt ausgeliefert zu werden. Dies realisieren Sie durch die Zuteilung von *Prioritäten*. Dazu verwenden Sie die Methode setJMSPriority():

```
Message message = tSession.createTextMessage(text);
message.setJMSPriority(20);
```

Listing 516: Setzen einer Priorität

JMS

Wobei Nachrichten mit einer höheren Priorität vor Nachrichten einer niedrigeren Priorität ausgeliefert werden.

229 Der Auslieferungsmodus einer Nachricht

Ein wichtiger Aspekt beim Senden einer Nachricht über einen Message-Service ist das Verhalten des Message-Brokers bei einem Systemausfall. Diesen können Sie zwar nicht verhindern (Sie können sich durch sparsames Ressourcenmanagement nur darum bemühen, dass es nicht so weit kommt), aber Sie können entscheiden, ob die Nachricht auch *nach* einem Ausfall des Systems noch zugestellt werden muss oder nicht.

Über den DeliveryMode (Auslieferungsmodus) können Sie Nachrichten in zwei Kategorien einteilen:

1. Nichtpersistente Nachrichten

   Zu dieser Kategorie gehören alle Nachrichten, um die sich das Message-System zwar bemühen sollte, deren Verlust die Persistenz der Applikation jedoch nicht (zu stark) beeinträchtigen würde. Dies können beispielsweise Debug oder Statusinformationen sein.

2. Persistente Nachrichten

   Es gibt jedoch auch Nachrichten, deren Verlust das System stark beeinträchtigt oder gar zu Fehlverhalten führt. Für diese als persistent gekennzeichneten Nachrichten schreibt die JMS-Spezifikation die gesicherte Übertragung vor.

Dabei garantiert der Message-Broker aber nur die Zustellung der Nachricht und nicht etwa die tatsächliche Verarbeitung im Zielsystem (MessageConsumer). Wird eine Nachricht an das Zielsystem weitergeleitet und kann dort nicht sofort an den tatsächlichen Adressaten weitergereicht werden, so wird sie in der dafür vorgesehenen Queue oder Topic zwischengespeichert. Ob dieser Speicher nun flüchtig oder persistent ist und nach einem Stromausfall wiederhergestellt werden kann, hängt vom verwendeten Provider und dessen Konfiguration ab.

So kann es beispielsweise sein, dass bei einem Speicherüberlauf einer Queue Nachrichten geringer Priorität gelöscht werden, um Platz für wichtige Informationen zu schaffen. Damit dient das Flag DeliveryMode in der Regel nur dem Message-Broker und ermöglicht es ihm abzuschätzen, ob es bei dieser Nachricht eher auf eine zügige und ressourcenschonende Übertragung (non persistent) oder die garantierte Zustellung (persistent) ankommt.

```
Message message = tSession.createTextMessage(text);
message.setJMSDeliveryMode(DeliveryMode.NON_PERSISTENT);
```

Listing 517: Festlegen des Delivery-Mode

230 Das Verfallsdatum einer Nachricht festlegen

Während einige Nachrichten eine unbegrenzte Lebensdauer besitzen und in jedem Fall zugestellt werden sollen, sind die Informationen bestimmter Nachrichten nur für eine begrenzte Zeitspanne gültig und verfallen zu einem bestimmten Zeitpunkt.

Achtung

Den Zeitpunkt, bis zu dem der Inhalt einer Nachricht gültig sein soll, legen Sie über die Methode setJMSExpiration() fest, wobei zu beachten ist, dass es sich bei dem übergebenen Parameter nicht um eine Zeitspanne, sondern um den tatsächlichen Zeitpunkt nach GMT (repräsentiert in Millisekunden seit 1970) handelt.

Um eine Nachricht mit einer tatsächlichen Lebensdauer von fünf Minuten (300.000 Millisekunden) auszustatten, definieren Sie:

```
Message message = tSession.createTextMessage(text);
long expirationDate = System.currentTimeMillis() + 5 * 60 * 1000;
message.setJMSExpiration(expirationDate);
```

Listing 518: Festlegen des Verfallsdatums

Soll die Nachricht hingegen unbegrenzt gültig sein, setzen Sie ihr Verfallsdatum einfach auf `0`.

Beim Erreichen oder Überschreiten des Verfallsdatums einer Nachricht entfernt der Message-Broker diese aus der `Topic` bzw. `Queue`. Die Nachricht wird nicht mehr zugestellt. Dabei ist zunächst kein Benachrichtigungsmechanismus vorgesehen, der Sie über die Löschung informiert, obwohl einige Service-Provider einen solchen implementieren.

Hinweis

Da sich die verschiedenen Implementierungen der einzelnen Anbieter in Bezug auf das Verfallsdatum sehr unterschiedlich verhalten und dieses bei einigen Produkten überhaupt nicht vorgesehen ist, schreibt die JMS-Spezifikation tatsächlich die Löschung der Nachricht nicht zwingend vor. Das *Expiration Dat*e hat eher einen empfehlenden Charakter ohne Garantie.

231 Identifikation einer Nachricht

Auch wenn die JMS-Spezifikation vorsieht, dass sich weder Sender noch Empfänger einer Nachricht kennen, gibt es dennoch eine Möglichkeit, verschiedene Nachrichten eindeutig einem bestimmten Sender zuordnen zu können. Dies ist immer dann nötig, wenn zwei aufeinander folgende Nachrichten miteinander in Verbindung stehen (korreliert sind).

Jede Nachricht wird von Hause aus mit einer Korrelationsnummer ausgestattet, die laut Vereinbarung mit dem Kürzel `ID:` beginnt. Diese können Sie bei Bedarf jedoch beliebig ändern, um verschiedene Nachrichten zu Gruppen zusammenzufassen.

Achtung

Bei diesem Verfahren müssen Sie natürlich sicherstellen, dass alle Nachrichten von einem `MessageConsumer` empfangen werden. Für Queues, an denen mehrer Empfänger registriert sind, ist es demnach nicht geeignet.

Tipp

Natürlich ist es über die Korrelations-ID auch möglich, Nachrichten verschiedener Clients zu einer Gruppe zusammenzufassen, indem alle Sender die gleiche Korrelations-ID verwenden. Bei größeren Gruppen ist es jedoch besser, für diese einen eigenen Kanal (`Topic`/`Queue`) zu öffnen und ausschließlich über diesen zu kommunizieren. Eine weitere Möglichkeit ist die Verwendung eines Attributes im Nachrichten-Header, das über Filter ausgewertet werden kann.

Prinzipiell sollten Sie Korrelations-IDs verwenden, um zusammengehörende Nachrichten eines Senders zu kennzeichnen.

232 Filter für Nachrichten definieren

Neben dem Kopfteil (Header) und dem Inhaltsteil (Body) können Sie jedes Nachrichten-Objekt (`Message`) mit verschiedenen Attributen versehen, die beim Empfang von Filtern ausgewertet werden können. Das folgende Beispiel zeigt Ihnen, wie Sie diese Attribute setzen und auslesen können.

Die in diesem Absatz besprochenen Properties können Sie dabei dazu verwenden, Nachrichten beim Empfang nach bestimmten Attributen zu filtern.

Setzen und Lesen von Filterattributen

Da Properties ein zentraler Bestandteil von Nachrichten sind, stellt Ihnen jede Nachricht verschiedene Methoden zum Setzen und Auslesen ihrer Eigenschaften zur Verfügung.

Da JMS jedoch auch dafür gedacht ist, die Kommunikation zwischen Programmen verschiedener Programmiersprachen zu ermöglichen, und deren Objekte (`java.lang.Object`) in der Regel zueinander inkompatibel sind, beschränken sich Properties auf bestimmte (überall verfügbare) Basistypen. Die folgende Tabelle zeigt Ihnen die dabei unterstützten primitiven Datentypen:

Datentyp	gesetzt als	empfangen als
`boolean`	`boolean, String`	`boolean, String`
`byte`	`byte, String`	`byte, short, int, long, String`
`short`	`short, String`	`short, int, long, String`
`int`	`int, String`	`int, long, String`
`long`	`long, String`	`long, String`
`float`	`float, String`	`float, double, String`
`double`	`double, String`	`double, String`
`String`	`String`	`String`

Tabelle 72: Datentypen für Nachrichten-Header

Der Versuch, ein gesetztes Attribut in einem nicht unterstützten Format auszulesen, resultiert dabei stets in einer `MessageFormatException`. Dies gilt insbesondere für die Typumwandlung beim Setzen als `String`.

JMS

Neben den Setter- und Getter-Methoden für Basistypen (z.B. `setFloatProperty()`, `getFloatProperty()`) existieren auch Methoden für Objekttypen.

```
setObjectProperty(String name, java.lang.Object object)
getObjectProperty(String name)
```

Listing 519: Setzen eines Objektes

Diese könnten Sie zu der Annahme verleiten, JMS würde auch `Object`-Header unterstützen. Diese Methoden sind nur für die Wrapper-Klassen der jeweiligen Basistypen (`java.lang.Long`, `java.lang.Float` usw.) gedacht. Der Versuch, andere Objekte über diese Typen zu setzen, wird ebenfalls unweigerlich zu einer `MessageFormatException` führen.

Ausgabe von Attributen

Nachdem eine Nachricht mit verschiedenen Properties ausgestattet wurde, können Sie diese zum Auswerten und Kategorisieren verwenden. Dazu stellt Ihnen das `Message`-Objekt zunächst einige Methoden zum direkten Auslesen bereit:

```
boolean getBooleanProperty(String name)
byte getByteProperty(String name)
usw.
```

Listing 520: Methoden zum Auslesen von Nachrichten-Headern

Da diese Methoden jedoch nur Basistypen zur Verfügung stellen, kann Ihnen Java das Fehlen eines Attributes nicht durch das Zurückgeben eines `null`-Wertes signalisieren. Stattdessen würden Sie immer den Initialisierungswert des Basistypen (bei vielen Datentypen `0`) erhalten und könnten nicht unterscheiden, ob dieser jetzt explizit gesetzt oder einfach vergessen wurde.

Überprüfen einzelner Attribute

Um ein daraus resultierendes Fehlverhalten des Empfängers zu vermeiden, schreibt die JMS-Spezifikation in diesem Fall das Erzeugen einer `JMSException` vor. Um diese zu vermeiden, können Sie auf zwei weitere Methoden zurückgreifen:

- `boolean existParam(String name)`

  Mit dieser Methode können Sie das Vorhandensein eines bestimmten Parameters überprüfen. Sie sagt jedoch nichts über den Typ des verwendeten Attributes aus.

- `Object getObjectProperty(String name)`

  Mit dieser Methode können Sie alle vorhandenen (und nicht vorhandenen) Attribute einer Nachricht auslesen. Existiert ein bestimmter Parameter nicht, gibt sie einfach `null` zurück und erfüllt somit Javas Anforderungen.

  Der zurückgegebene Typ ist dabei immer derselbe, unter dem der Wert auch abgelegt wurde, also `Float`, wenn `setFloatProperty()` verwendet wurde, usw.

Ausgabe aller vorhandenen Attribute

Natürlich können Sie auch eine Enumeration aller vorhandenen Attribute erzeugen. Um diese anschließend ausgeben zu können, können Sie beispielsweise das folgende Listing verwenden.

```
...
   java.util.Enumeration enum = message.getPropertyNames();
   while(enum.hasMoreElements()) {
      String nextAttribute = (String) enum.nextElement();
      System.out.println(message.getStringProperty(nextAttribute));
   }
...
```

Listing 521: Ausgabe aller gesetzten Attribute einer Nachricht

233 Anhand von Attributen filtern

In großen Systemen, in denen Nachrichtenempfänger mit einer Vielzahl von Nachrichten konfrontiert werden, ist es wichtig, aus diesem Strom die wirklich relevanten Nachrichten ausfiltern zu können.

Das Besondere an den Attributen ist, dass die JMS-Spezifikation einen eigenen Abfragemechanismus für Nachrichten-Header definiert, mit dem Sie die Nachrichten einer Queue bzw. Topic auf einfache Art und Weise kategorisieren können. Dazu verwenden Sie so genannte *Attributfilter.* Diese legen fest, welche Eigenschaften eine Nachricht besitzen muss, um empfangen werden zu können.

Ein einfaches Beispiel für die Verwendung dieser Attribute stellt eine Logging-Anwendung dar, die zuvor priorisierte Mitteilungen auf unterschiedlichen Speichermedien festhält. Dazu definieren Sie zunächst die drei Kategorien low, default und high, welche die Wichtigkeit der Log-Ausgabe darstellen, und lassen sich anschließend vom Administrator eine Topic erzeugen, an die alle Log-Informationen der Applikation gesendet werden sollen.

Jetzt müssen Sie nur noch darauf achten, alle an diese Topic versendeten Nachrichten mit folgendem Attributpaar zu versehen.

```
Message message = tSession.createTextMessage(text);
message.setStringProperty("prio", "high");
```

Listing 522: Setzen des prio-Attributes

Nun können Sie verschiedene Logger definieren, die Nachrichten unterschiedlicher Relevanz (prio) empfangen. So könnten Nachrichten mittlerer Priorität auf einem Terminal ausgegeben werden, während Nachrichten hoher Priorität zusätzlich in einer Datenbank festgehalten werden.

Statt jeden dieser Logger alle eingehenden Nachrichten empfangen zu lassen, um die Hälfte nach einer Prüfung des Attributes `prio` wieder zu verwerfen, können Sie jeden `MessageConsumer` so konfigurieren, dass er gleich nur die für ihn relevanten Nachrichten erhält. Das folgende Listing zeigt einen solchen Logger, der nur Nachrichten mittlerer (`default`) und hoher (`high`) Priorität empfängt und diese auf der Konsole ausgibt.

```
package de.codebooks.j2ee.jms;

import javax.jms.Topic;
import javax.jms.Session;
import javax.jms.Message;
import javax.jms.TextMessage;
import javax.jms.TopicSession;
import javax.jms.TopicSubscriber;
import javax.jms.TopicConnection;
import javax.jms.MessageListener;
import javax.jms.TopicConnectionFactory;
import javax.jms.JMSException;

import de.codebooks.j2ee.jndi.Lookup;

/** Empfängt Log-Nachrichten mittlerer und hoher Priorität */
public class DefaultLogger implements MessageListener {

   /** Die Connection */
   private static TopicConnection tConnection = null;

   /** Die Session */
   private static TopicSession tSession = null;

   /** Der Empfänger */
   private static TopicSubscriber tSubscriber = null;

   /** Empfängt eine Nachricht aus der Queue */
   public static void main(String [] args) {
      try {

         // Erzeugt den Logger
         DefaultLogger logger = new DefaultLogger();

         // Lausche für 10 Minuten
         long deadline = System.currentTimeMillis() + 10 * 60 * 1000;
         while (System.currentTimeMillis() < deadline) {}

      } catch (JMSException jmx) {
         jmx.printStackTrace();
      } finally {
```

Listing 523: Empfänger für Nachrichten mittlerer und hoher Priorität

```
            try { tSubscriber.close(); } catch (Exception exc) { /* ignored */ }
            try { tSession.close(); } catch (Exception exc) { /* ignored */ }
            try { tConnection.close(); } catch (Exception exc) { /* ignored */ }
        }
    }


    /** Constructor, beginnt zu lauschen */
    public DefaultLogger() throws JMSException {

        TopicConnectionFactory tcFactory =
            (TopicConnectionFactory) Lookup.lookup("ConnectionFactory");
        Topic logTopic = (Topic) Lookup.lookup("topic/logging");

        tConnection = tcFactory.createTopicConnection();
        tSession = tConnection.createTopicSession(false,
                                              Session.AUTO_ACKNOWLEDGE);

        // Definition der Filterattribute
        String filter = "prio IN ('default', 'high') ";
        boolean noLocal = true;
        tSubscriber = tSession.createSubscriber(logTopic,
                                             filter,
                                             noLocal);

        tSubscriber.setMessageListener(this);
        tConnection.start();
    }


    /** Wird gerufen, wenn eine neue Nachricht vorliegt */
    public void onMessage(Message message) {
        try {
            TextMessage tMessage = (TextMessage) message;
            System.out.println("Nachricht: " + tMessage.getText());
            tMessage.acknowledge();
        } catch (JMSException jmx) {
            jmx.printStackTrace();
        }
    }
}
```

Listing 523: Empfänger für Nachrichten mittlerer und hoher Priorität (Forts.)

Wie Sie sehen, definieren Sie den zu verwendenden Filter über einen String. Diese als `MessageSelector` bezeichnete Zeichenkette lehnt sich in ihrer Syntax und den verwendeten Elementen dabei stark an die *Structured Query Language (SQL)* an, die Sie vielleicht von Ihrer Datenbank her kennen.

234 Filterelemente

Die in Message-Filtern verwendete Syntax entspricht zwar im Wesentlichen dem SQL 92-Standard, doch da Sie hier statt auf Tabellen auf Attributen arbeiten, gibt es einige Unterschiede in den verwendeten Elementen.

Zeichenketten

Zeichenketten werden in den Filtern stets von einfachen Hochkommata (') eingeschlossen, was die Schreibweise im Java-Quellcode deutlich vereinfacht.

Zeichenketten werden vor allem verwendet, um Attributwerte auf bestimmte Werte zu überprüfen. Um in obigen Listing beispielsweise nur Nachrichten mit dem Attributpaar (prio/high) herauszufiltern, würden Sie folgenden Filter verwenden.

```
String filter = "prio = 'high'";
```

Listing 524: Ein Basisfilter

Attributnamen

Natürlich verwendet die Filterdefinition auch Attributnamen, deren Werte nun zu überprüfen sind. Dabei ist auf die korrekte Schreibweise zu achten: So unterscheidet Java beispielsweise zwischen den Attributen prio und Prio, und so würde keine Nachricht dem folgende Filter genügen.

```
String filter = "Prio = 'high'"; // Das funktioniert nicht
String filter = "prio = 'High'"; // Das ebenfalls nicht
```

Listing 525: Filter unterscheiden zwischen Groß- und Kleinschreibung

Arithmetische, logische und Vergleichsoperatoren

Und um den Wert eines Attributes mit einem anderen vergleichen zu können, benötigen Sie schließlich entsprechende Operatoren. Dabei unterscheidet man analog zu Java zwischen *Vergleichsoperatoren* =, >, >=, <, <= und <> (ungleich), *arithmetischen Operatoren* +, -, *, / und natürlich *logischen Operatoren* AND, OR und NOT.

Sie hätten in obigem Beispiel, um die gleiche Funktionalität zu realisieren, auch folgenden Filter verwenden können.

```
String filter = "prio = 'default' OR prio = 'high'"
```

Listing 526: Logische Operatoren

JMS

> **Achtung**
>
> Bei den *arithmetischen* und den *Vergleichsoperationen* müssen Sie dabei auf sinnvolle Typen achten, da die Multiplikation eines Strings mit einer Zahl beispielsweise kein Ergebnis bringt. Deshalb dürfen Sie bei den so verwendeten Zahlattributen *nicht* die `setStringProperty()`-Methode verwenden, da diese sonst nicht als Zahl zurückgegeben werden.

Sonstige Operatoren

SQL bietet neben den oben genannten Operatoren noch eine ganze Reihe weiterer, von denen einige übernommen wurden.

- `BETWEEN zahl AND zahl`

  Dieser Operator eignet sich hervorragend, um Wertebereiche von Zahlen einzugrenzen. So ist der Filterausdruck `"id >= 5 AND id <= 8"` identisch mit der Form `"id BETWEEN 5 AND 8"`.

- `IN ('Zeichenkette 1', 'Zeichenkette 2', ...)`

  Dieser Operator dient vor allem dazu, mehrere mögliche Zeichenketten zusammenzufassen. Sie haben ihn verwendet, um den Filter `"prio = 'default' OR prio = 'high'"` zu folgender Form zu verkürzen `"prio IN ('default', 'high')"`.

- `LIKE`

  Mit diesem Ausdruck können Sie eine gesuchte Zeichenkette durch reguläre Ausdrücke beschreiben. Dabei stehen der `_` (Unterstrich) für einen beliebigen einzelnen Buchstaben und `%` (Prozentzeichen) für eine beliebige Buchstabenfolge.

  Um also lediglich Nachrichten zu empfangen, deren `name`-Attribut mit `T` beginnt und mit einem `S` aufhört, verwenden Sie beispielsweise den Filter `"name LIKE 'T%S'"`.

- `IS NULL`

  Abschließend können Sie natürlich auch Nachrichten auf das Vorhandensein bestimmter Attribute überprüfen. Um alle Nachrichten ohne das Attribut `prio` zu empfangen, könnten Sie schreiben `"prio IS NULL"`, dessen Pendant natürlich `"prio IS NOT NULL"` ist.

Wie Sie sehen, ermöglichen Filter, auch die komplexesten Attributkombinationen schon bei der Zustellung der Nachricht sicherzustellen. Dabei können Sie allerdings nur auf die Attribute des Headers zurückgreifen. Die Attribute im Body einer `MapMassage` bleiben also außen vor.

Empfangen eigener Nachrichten

Filter werden oftmals in chat-basierten Message-Systemen angewendet, bei denen viele Clients über einen gemeinsamen Kanal (in der Regel eine `Topic`) miteinander kommunizieren, aber nur die wirklich für sie relevanten Informationen herausfiltern. Da innerhalb einer solchen `Topic` alle Clients sowohl als `MessageProducer` als auch `-Consumer` registriert sind, existiert ein besonderer Filter, um zu verhindern, dass Sie

Ihre eigenen Nachrichten selbst noch einmal empfangen. Das Flag `noLocal` aus Listing 521 steuert dieses Verhalten und hat in der Regel den Wert `true`.

```
...
   tSubscriber = tSession.createSubscriber(logTopic, filter, noLocal);
...
```

Listing 527: Filtern von eigenen Nachrichten

235 Sessions und Transaktionen

Bei jeder neuen über eine `Connection` geöffneten `Session` müssen Sie sich entscheiden, ob diese der Transaktionskontrolle des Message-Services unterliegen soll oder nicht. Entscheiden Sie sich dafür, so werden alle Nachrichten, die Sie anschließend über die `Session` an `Queues` bzw. `Topics` senden, zunächst zurückgehalten, bis Sie den Versand dieser mit einem `Commit` bestätigen. Erst dann wird die Nachricht durch den Message-Service übertragen und im »Eingangskorb« des Empfängers abgelegt.

Um eine Session mit Transaktionskontrolle zu erzeugen, übergeben Sie beim Erzeugen dieser als ersten Parameter den booleschen Wert `true`.

```
...
   // Erzeugt eine Session mit Transaktionskontrolle
   Session transactedSession =
      connection.createSession(true, Session.AUTO_ACKNOWLEDGE);
...
```

Listing 528: Erzeugt eine Session mit Transaktionskontrolle

Unterliegt ein `Session`-Objekt erst einmal der Transaktionskontrolle, können Sie diese nicht mehr ausschalten. Jedes `Commit` bzw. `Rollback` einer aktuellen Transaktion öffnet sofort eine neue, so dass keine Operation ohne abschließende Bestätigung ausgeführt wird. Sind Sie sich hingegen nicht mehr sicher, ob Sie sich innerhalb einer Transaktion befinden, die mit einem `Commit` abgeschlossen werden muss, können Sie dies über folgenden Methodenaufruf in Erfahrung bringen:

JMS

```
public boolean Session.getTransacted()
```

Listing 529: Nimmt die aktuelle Session an Transaktionen teil?

Neben transaktionsgesteuerten `Session`-Objekten zum gleichzeitigen Versenden von Nachrichten können Sie Transaktionen auch zum Empfangen von Nachrichten verwenden. In diesem Fall wirkt sich die Transaktion jedoch nicht auf den Sende-Zeitpunkt, sondern auf den Status der Nachricht als zugestellt oder eben nicht aus.

So können Sie innerhalb einer Transaktion nacheinander verschiedene Nachrichten empfangen und ihren Erhalt bestätigen, ohne dass diese bereits endgültig aus der

Queue bzw. Topic entfernt werden. Auf diese Weise sind Sie in der Lage, zusammengehörende Nachrichten zu bearbeiten und ihren Empfang erst nach vollständigem Abschluss der Operation zu quittieren.

Wird eine Nachricht zunächst über eine transaktionsgesteuerte Session empfangen und anschließend über ein Rollback zurückgesetzt, beginnt der Session-Thread von neuem, diese zuzustellen. Dabei kann es sich im Fall einer Queue mit mehreren registrierten Empfängern auch um einen anderen MessageConsumer mit einer möglicherweise nicht transaktionsgesteuerten Session handeln. Ob die aktuelle Nachricht bereits einmal empfangen und nach einem Rollback erneut zugestellt wurde, erfahren Sie über die Methode:

```
public boolean Message.getJMSRedelivered()
```

Listing 530: Wurde die Nachricht schon einmal zugestellt?

Wobei auch hier wieder einmal gilt, dass die JMS-Spezifikation dieses Verhalten zwar empfiehlt, im Hinblick auf die große Anzahl der unterstützten Message-Systeme jedoch nicht zwingend vorschreibt.

236 Empfangsbestätigungen

Wenn die Session eines MessageConsumers keiner Transaktionskontrolle unterliegt, müssen andere Mechanismen dafür sorgen, dass

1. die Nachricht zugestellt wird,
2. diese nach erfolgreicher Bearbeitung aus der Queue/Topic entfernt wird,
3. die Nachricht nach einem fehlgeschlagenen Bearbeitungsversuch erneut (an einen anderen Client) versendet wird.

Die Verantwortung für diese Verwaltungsaufgaben verteilen Sie durch das Setzen des Acknowledge-Modus beim Erzeugen der Session:

```
Session session =
    connection.createSession(boolean transacted, acknowledgeMode);
```

Listing 531: Festlegen des Bestätigungsmodus

Im Augenblick werden dabei drei verschiedene Modi unterstützt, durch die Sie die Verantwortung entweder in die Hände der empfangenden Session oder des Clients selbst legen.

javax.jms.Session.AUTO_ACKNOWLEDGE

Dieser Modus dürfte den Anforderungen der meisten nicht transaktionsgesteuerten Sessions genügen, da er die Verantwortung für das Entfernen einer Nachricht der empfangenden Session überträgt.

Dabei wird eine Nachricht sofort aus der entsprechenden `Queue` bzw. `Topic` entfernt, nachdem:

- die `onMessage()`-Methode eines registrierten `MessageConsumers` erfolgreich (d.h. ohne eine `Exception`) beendet werden konnte,
- zum ersten Mal die Methode `receive()` erfolgreich ausgeführt wurde.

In diesem Modus entspricht jede Nachricht einer atomaren Transaktion, die nicht rückgängig gemacht werden kann. Die `acknowledge()`- und `recover()`-Methoden des Clients, die Sie gleich kennen lernen werden, werden in diesem Modus ignoriert.

javax.jms.Session.CLIENT_ACKNOWLEDGE

Vielleicht haben Sie sich schon gefragt, warum die meisten Rezepte in diesem Abschnitt mit dem Aufruf `acknowledge()` beendet wurden?! Im `Client_Acknowledge`-Modus teilen Sie der Session durch diesen Aufruf ein erfolgreiches Verarbeiten der Nachricht mit, woraufhin diese die Nachricht umgehend aus der `Topic` (`Queue`) entfernt.

Das Gegenstück zur `acknowledge()`-Methode bildet die Methode `recover()`, die mit einem Rollback des Empfangs vergleichbar ist. Alle seit dem letzten `acknowlegde()`-Kommando ausgelieferten Nachrichten werden in diesem Fall wieder vorn in die `Topic` (`Queue`) eingestellt und anschließend erneut ausgeliefert.

Tipp

Übernimmt eine `Session` hingegen die Kontrolle der `Topic` (`Queue`) selbst, werden die `acknowledge()`- und `recover()`-Aufrufe einfach ignoriert. Mit diesem Wissen können Sie also getrost alle Clients mit einem `acknowledge()`-Aufruf ausstatten, womit Sie in der Lage sind, den Empfangsmodus auch im Nachhinein umzusetzen.

javax.jms.DUPS_OK_ACKNOWLEDGE

Dieser Modus hat den seltsamsten Namen: *»Dups ok«*, es ist dabei die Abkürzung für *»Duplicates o.k.!«* und beschreibt das Verhalten der Anwendung sehr treffend. Eine solche `Session` verhält sich prinzipiell genau wie im Modus `AUTO_ACKNOWLEDGE` und steuert das Entfernen der Nachrichten selbst. Der einzige Unterschied besteht darin, dass diese `Session` keine Aussage darüber macht, wann sie das tut. So kann es in diesem Modus vorkommen, dass die Nachricht einer `Queue` (die ja eigentlich nur für einen einzigen Empfänger gedacht ist) trotz erfolgreicher Verarbeitung durch den ersten Client zusätzlich an andere Empfänger ausgeliefert wird, weil sie sich noch in der Warteschlage befindet.

Um den Vorteil dieses Modus zu verstehen, müssen Sie wissen, dass eine `Session` in der Regel aus mehreren Threads für unterschiedliche Aufgaben (Empfangen, Senden, Löschen) besteht. Im `AUTO_ACKNOWLEDGE`-Modus kann dabei der eher unwichtige Lösch-Thread nicht vom zentralen Empfangsmechanismus getrennt werden, da jede Nachricht nach der Zustellung sofort entfernt werden muss. Bildet hingegen das mehrfache Zustellen einer bereits verarbeiteten Nachricht kein Problem, können beide Mechanismen voneinander losgelöst agieren, wodurch das Verhalten der Anwendung performanter wird.

237 Synchronisierte Nachrichten nutzen

Bei der Verwendung eines Message-Service werden Nachrichten in der Regel von einem `MessageProducer` versendet, verbleiben daraufhin eine Zeit lang in der `Queue` bzw. `Topic`, bis sie schließlich vom `MessageConsumer` empfangen werden. Damit wurde die Nachricht ihrer Bestimmung gerecht und konnte gelöscht werden.

Zweifelsohne gibt es eine ganze Reihe von Anwendungen, bei denen genau dieses Verhalten erwünscht ist, doch daneben gibt es auch Fälle, bei denen Sender und Empfänger in beide Richtungen miteinander kommunizieren müssen. So gibt es große Application-Server, die ihren Clients auf Wunsch komplexe Berechnungen abnehmen und die Ergebnisse anschließend über eine weitere Mitteilung zurücksenden. Dazu müssen jedoch sowohl Client als auch Server über einen gemeinsamen Kanal verfügen.

Hierfür sind die bereits eingangs erwähnten temporären Queues und Topics gedacht, die der Sender dem Empfänger über das `ReplyTo`-Feld zugänglich macht.

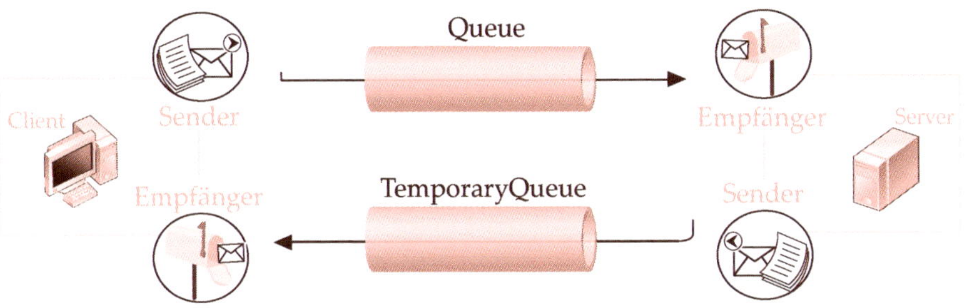

Abbildung 146: Request und Response

Da das manuelle Erzeugen und aktive Warten auf die Antwort auf Dauer recht umständlich wird, sieht die JMS-Spezifikation dabei gleich eine Klasse vor, die Ihnen (fast) die ganze Arbeit abnimmt.

JMS

> **Hinweis**
> Die folgenden Beispiele bauen auf dem Point-to-Point-Modell auf, wenngleich sie sich auch für das Publish-and-Subscribe-Modell eignen.

Ein QueueRequestor

Um die Funktionsweise synchronisierter Nachrichten demonstrieren zu können, benötigen Sie zunächst einen Client, der einen »Request« in Form einer Nachricht an einen »Server« sendet und anschließend auf dessen Antwort wartet. Das folgende Listing zeigt einen solchen Client:

```
package de.codebooks.j2ee.jms;

import javax.jms.Queue;
import javax.jms.Session;
import javax.jms.Message;
import javax.jms.TextMessage;
import javax.jms.QueueSession;
import javax.jms.QueueRequestor;
import javax.jms.QueueConnection;
import javax.jms.QueueConnectionFactory;
import javax.jms.JMSException;

import de.codebooks.j2ee.jndi.Lookup;

/** Sendet eine Nachricht an den Server und gibt dessen Antwort aus */
public class RequestClient {

   /** Sendet eine Nachricht an den Server */
   public static void main(String [] args) {

      QueueConnection qConnection = null;
      QueueSession qSession = null;
      QueueRequestor qRequestor = null;

      try {

         // Auslesen der ConnectionsFactory aus dem Namensservice
         QueueConnectionFactory qcFactory =
            (QueueConnectionFactory) Lookup.lookup("ConnectionFactory");

         // Auslesen der Zieladresse (Queue)
         Queue serverQueue = (Queue) Lookup.lookup("queue/serverQueue");

         // Aufbau der Verbindung
         qConnection = qcFactory.createQueueConnection();

         // Erzeugen der Session
         qSession = qConnection.createQueueSession(false,
                                                   Session.AUTO_ACKNOWLEDGE);

         // Erzeugen der Nachricht
         Message message =
            qSession.createTextMessage("Dies ist ein Request!");

         // Erzeugen eines QueueRequestors
         qRequestor = new QueueRequestor(qSession, serverQueue);
```

Listing 532: Ein blockierender Client

```
            // Senden der Nachricht und Empfangen der Antwort
            TextMessage answer = (TextMessage) qRequestor.request(message);

            // Ausgabe der Anwort
            System.out.println(answer.getText());

        } catch (JMSException jmx) {
            jmx.printStackTrace();
        } finally {
            try { qRequestor.close(); } catch (Exception exc) { /* ignored */ }
            try { qSession.close(); } catch (Exception exc) { /* ignored */ }
            try { qConnection.close(); } catch (Exception exc) { /* ignored */ }
        }
    }
}
```

Listing 532: Ein blockierender Client (Forts.)

Wie Sie sehen, ist das einzige neue Element der `QueueRequestor`, der an die Stelle des `QueueSenders` tritt. Der QueueRequestor verschickt Nachrichten dabei nicht über die Methode `send()`, sondern via `request()` und blockiert anschließend so lange, bis er eine Antwort (`Message`) erhalten hat. Diese empfängt er über eine temporäre `Queue`, die er automatisch im Hintergrund erzeugt und an das `ReplyTo`-Feld anhängt.

Dabei müssen Sie darauf achten, dass die Session dieses Clients *nicht* unter Transaktionskontrolle steht.

Ein Empfänger, der antwortet

Das Gegenstück zum `RequestClient` (Listing 530) bildet natürlich ein `MessageConsumer`. Dieser muss nun aber auch wissen, dass er auf die eingehende Nachricht antworten soll. Dazu modifizieren Sie Ihren `PushReceiver` (Listing 508) wie folgt:

```
package de.codebooks.j2ee.jms;

import javax.jms.Queue;
import javax.jms.Session;
import javax.jms.Message;
import javax.jms.TextMessage;
import javax.jms.QueueSender;
import javax.jms.QueueSession;
import javax.jms.QueueReceiver;
import javax.jms.QueueConnection;
import javax.jms.MessageListener;
import javax.jms.QueueConnectionFactory;
```

Listing 533: Ein Response-Client

```
import javax.jms.JMSException;

import de.codebooks.j2ee.jndi.Lookup;

/** Empfängt Textnachrichten und gibt eine Antwort zurück*/
public class ResponseClient implements MessageListener {

   /** Die Connection */
   private static QueueConnection qConnection = null;

   /** Die Session */
   private static QueueSession qSession = null;

   /** Der Empfänger */
   private static QueueReceiver qReceiver = null;

   /** Empfängt eine Nachricht aus der Queue */
   public static void main(String [] args) {
      try {

         // Erzeuge Push-Listener
         ResponseClient respClient = new ResponseClient();

         // Lausche für 1 Minute passiv
         long deadline = System.currentTimeMillis() + 60 * 1000;
         while (System.currentTimeMillis() < deadline) {}

      } catch (JMSException jmx) {
         jmx.printStackTrace();
      } finally {
         try { qReceiver.close(); } catch (Exception exc) { /* ignored */ }
         try { qSession.close(); } catch (Exception exc) { /* ignored */ }
         try { qConnection.close(); } catch (Exception exc) { /* ignored */ }
      }
   }

   /** Constructor, beginnt zu lauschen */
   public ResponseClient() throws JMSException {

      // Auslesen der ConnectionsFactory aus dem Namensservice
      QueueConnectionFactory qcFactory =
         (QueueConnectionFactory) Lookup.lookup("ConnectionFactory");

      // Auslesen der Zieladresse (Queue)
      Queue destinationQueue = (Queue) Lookup.lookup("queue/serverQueue");

      // Aufbau der Verbindung
```

Listing 533: Ein Response-Client (Forts.)

```
      qConnection = qcFactory.createQueueConnection();

      // Erzeugen der Session
      qSession = qConnection.createQueueSession(false,
                                            Session.AUTO_ACKNOWLEDGE);

      // Erzeugen des Consumers
      qReceiver = qSession.createReceiver(destinationQueue);

      // Setzen des MessageListeners
      qReceiver.setMessageListener(this);

      // Empfang starten
      qConnection.start();
   }


   /** Wird gerufen, wenn eine neue Nachricht vorliegt */
   public void onMessage(Message message) {

      try {
         // Casten der Message
         TextMessage tMessage = (TextMessage) message;

         // Ausgabe der Mitteilung
         System.out.println("Empfange Nachricht: " + tMessage.getText());

         // Antwort erzeugen
         TextMessage answer =
            qSession.createTextMessage("Request erhalten!");

         // Extrahieren der temporären Queue des anfragenden Clients
         Queue reply = (Queue) message.getJMSReplyTo();

         // Einen Sender erzeugen
         QueueSender replySender =qSession.createSender(reply);

         // Antwort versenden
         replySender.send(reply, answer);

         // Sender schließen
         replySender.close();

         // Empfang bestätigen
         message.acknowledge();
      } catch (JMSException jmx) {
         jmx.printStackTrace();
```

Listing 533: Ein Response-Client (Forts.)

```
        }
    }
}
```

Listing 533: Ein Response-Client (Forts.)

Nachdem er eine Nachricht empfangen hat, verhält sich dieser Empfänger wie ein klassischer Nachrichtensender (`MessageProducer`), indem er nach der »Verarbeitung« der Nachricht den Rückgabekanal ausliest, einen `QueueSender` erzeugt und die »verarbeitete« Antwort zurückschickt. Da der temporäre Kanal für die Antwort nur dem Sender und dem Empfänger bekannt ist, wird eine störungsfreie Antwort ermöglicht.

Request und Reply vs. Remote Procedure Call

Über den `QueueRequestor` (`TopicRequestor`) sind Sie nun in der Lage, auch klassische *Remote Procedure Call (RPC)*-Szenarien zu entwickeln, bei denen der Client seine Verarbeitung bis zum Eintreffen der Antwort unterbricht (synchrone Kommunikation).

Der Vorteil des Message-Services gegenüber RPC ist dabei, dass Client und Server nicht direkt miteinander in Kontakt treten, sondern nur über den Message-Broker miteinander kommunizieren. Hierdurch kann dieser die eingehenden Requests auf verschiedene Server verteilen, wodurch hoch skalierende und ausfallsichere Systeme realisiert werden können. Ein Anwendungsgebiet für diese Technik bilden die Message Driven Beans.

238 Wie funktionieren Message Driven Beans?

Mit den Message Driven Beans verheiratete Sun zwei erfolgreiche und etablierte Technologien. Diese Enterprise JavaBeans sind vergleichbar mit Stateless Session-Beans und dienen wie diese dazu, Geschäftsprozesse abzubilden.

Der Vorteil von Message Driven Beans besteht darin, dass sie bei gleicher Leistungsfähigkeit mit Stateless Session-Beans in der Regel leichter zu erzeugen und zu konfigurieren sind, da sie weder Home- noch Remote-Interface benötigen.

Message Driven Beans aus Sicht des Clients

Message Driven Beans implementieren nach außen genau eine Schnittstelle, die des `MessageListeners`, und unterscheiden sich für den Client durch nichts von anderen Komponenten nachrichtengesteuerter Prozesse. Sie werden mit Hilfe einer `ConnectionFactory` über den ohnehin in den Application-Server integrierten Namensdienst zur Verfügung gestellt und empfangen Anweisungen in Form von Nachrichten.

Da der tatsächliche Kommunikationspartner dem Client verborgen bleibt, können Sie mit dieser Technik auch leicht erste Testszenarien entwickeln, bei denen im Anfangsstadium ein anfangs eingesetzter, einzelner Prozess alle eingehenden Anfragen bearbeitet, der später durch einen vollwertigen EJB-Container mit EJB-Lifecycle ersetzt wird.

Typische Anwendungsgebiete für Message Driven Beans sind zum Beispiel Auswertungen von Datenbeständen umfangreicher Datenbanken. Dabei werden die einzelnen Operationen in Form einer Message hinterlegt und zu einem späteren Zeitpunkt abgearbeitet.

Message Driven Beans aus Sicht des Servers

Für den EJB-Container ist eine Message Driven Bean hingegen nichts anderes als eine Stateless Session-Bean mit einer speziellen Signatur. Da sie immer die gleichen Schnittstellen implementiert, benötigt sie dafür weder Home- noch Remote-Interface. Das folgende Listing zeigt die für alle Message Driven Beans einheitliche Schnittstelle schematisch:

```
package de.codebooks.j2ee.ejb;

import javax.ejb.*;
import javax.jms.*;

/** Signatur einer Message Driven Bean */
public class MessageDrivenBeanSchema
   implements MessageDrivenBean, MessageListener {

   /** Kontext der Message Driven Bean */
   private MessageDrivenContext mdContext;

   /** Einheitliches Home-Interface aller Message Driven Beans */
   public void ejbCreate() throws EJBException {...}

   /** Einheitliches Remote-Interface aller Message Driven Beans */
   public void onMessage(Message message) {...}

   /** Wird gerufen, bevor die Bean entfernt wird */
   public void ejbRemove() throws EJBException {...}

   /** Setzt den aktuellen Kontext der Message Driven Bean */
   public void setMessageDrivenContext(MessageDrivenContext ctx)
      throws EJBException {...}
}
```

Listing 534: Signaturen einer Message Driven Bean

Wie Sie sehen, implementiert die Message Driven Bean sowohl die EJB-Schnittstelle `MessageDrivenBean` als auch das JMS-Interface `MessageListener`. Erstere dient dabei der Kommunikation mit dem EJB-Container, während die zweite der Interaktion mit dem Client dient und die Rolle des Remote-Interface übernimmt.

Lebenszyklus einer Message Driven Bean

Eine Message Driven Bean wird wie jede andere JavaBean über einen parameterlosen Konstruktor erzeugt. In der Regel erzeugt der EJB-Container eine Reihe von MDBs und verwaltet diese über einen Pool. Hier noch einmal die zugehörige Grafik aus dem EJB-Kapitel:

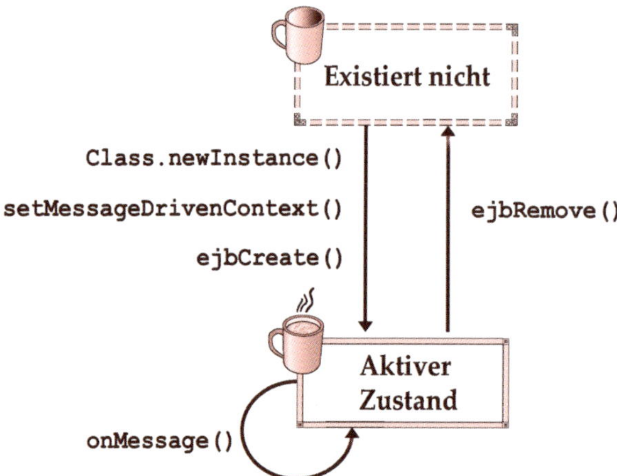

Abbildung 147: Lebenszyklus einer Message Driven Bean

Nachdem die Message Driven Bean instanziiert ist, wird sie vom EJB-Container zunächst mit einer Identität (`MessageDrivenContext`) versehen. Anschließend ruft er `ejbCreate()`, um die Bean zu initialisieren. Anschließend wandert diese in den Pool und kann von einem Client angefordert werden. Die in Abbildung 84 dargestellten Methoden haben dabei folgende Aufgaben:

- `setMessageDrivenContext()`

  Unmittelbar nach ihrer Erzeugung wird die MDB mit einer Identität (`MessageDrivenContext`) ausgestattet, die es ihr ermöglicht, mit dem Container zu kommunizieren und beispielsweise an Transaktionen teilzunehmen. Der `MessageDrivenContext` kann nach einmaligem Setzen während der gesamten Lebensdauer der Bean nicht mehr verändert werden, weswegen es keine Methode `unsetMessageDrivenContext()` (vgl. Entity-Beans) gibt.

- `ejbCreate()`

  Ist eine MDB erst einmal mit einer Identität ausgestattet, kann sie problemlos aktiviert werden. Dazu ruft der EJB-Container die Methode `ejbCreate()`. Diese ist bei Ihren Entity-Beans zwar Teil des *Home-Interfaces* und konnte mit verschiedenen Signaturen vorhanden sein.

  Da Message Driven Beans für den Client aber anonym sind und dieser somit auch keine speziellen Methodenparameter kennen kann, gibt es hier nur eine Variante.

  `ejbCreate()` ist vergleichbar mit dem Konstruktor der Nachrichtenempfänger aus Listing 530 oder Listing 531 und dient der Initialisierung von lokalen Variablen.

- `onMessage()`

  Wird die Bean vom Client angesprochen, ruft der EJB-Container die Methode `onMessage()`. Sie entspricht dem Remote-Interface anderer Enterprise JavaBeans und enthält den Code der Geschäftslogik.

- `ejbRemove()`

  Diese Methode dient dazu, eventuell zuvor belegte Ressourcen wieder freizugeben. Der EJB-Container ruft sie, bevor die MDB aus dem Speicher entfernt wird.

Kommunikation mit dem EJB-Container

Um mit dem EJB-Container kommunizieren zu können, startet dieser seine Enterprise JavaBeans mit einer Identität in Form eines `EJBContext`-Objektes (`SessionKontext`, `EntityKontext`, `MessageDriverKontext`) aus. Dieses ermöglicht zum Beispiel die Teilnahme an Transaktionen sowie Rückschlüsse auf den Client, mit dem die EJB gerade verbunden ist.

Obwohl alle drei Varianten Ihnen einen gemeinsamen Satz von Methoden zur Verfügung stellen, sind einige davon in Message Driven Beans verboten.

Achtung

Da Client und Message Driven Bean sich durch die lose Kopplung über den JMS nicht kennen, darf eine Message Driven Bean keine Methode aufrufen, die Rückschlüsse auf die Identität des Clients geben kann. Dazu zählen:

```
MessageDrivenContext.isCallerInRole()
MessageDrivenContext.getCallerIdentity()
MessageDrivenContext.getCallerPrincipal()
```

Listing 535: Verbotene Methodenaufrufe in Message Driven Beans

Da eine Message Driven Bean des Weiteren per Definition kein eigenes Home-Interface besitzt, wird daneben auch jeder Aufruf von

```
MessageDrivenContext.getEJBHome()
MessageDrivenContext.getEJBLocalHome()
```

Listing 536: Weitere verbotene Methodenaufrufe

in einer `java.lang.IllegalStateException` enden. Diese Methoden sind zwar über die Basisklasse `EJBContext` definiert, enthalten aber für Message Driven Beans keinen verwertbaren Wert.

Damit bleiben lediglich zwei verwendbare Methoden eines `MessageDrivenContext`-Objektes übrig:

- `setRollbackOnly()`

  Über diese Methode veranlassen Sie den Container, alle von dieser Message Driven Bean veranlassten Manipulationen (z.B. an Entity-Beans) rückgängig zu machen, sofern die Bean einer Transaktionskontrolle des Containers unterliegt.

- `getRollbackOnly()`

  Diese Methode bildet das Gegenstück zu `setRollbakcOnly()` und ermöglicht es Ihnen zu überprüfen, ob die Änderungen dieser Bean bereits zum Zurücksetzen vorgesehen sind. In diesem Fall können Sie sich weitere Änderungen sparen.

Ein Beispiel

Das folgende Beispiel zeigt eine einfache Message Driven Bean, die den Empfang einer `TextMessage` quittiert.

```
package de.codebooks.j2ee.ejb;

import javax.jms.Message;
import javax.jms.TextMessage;
import javax.jms.MessageListener;
import javax.jms.JMSException;

import javax.ejb.MessageDrivenBean;
import javax.ejb.MessageDrivenContext;
import javax.ejb.EJBException;

/** Eine einfache Message Driven Bean */
public class SimpleMessageDrivenBean
   implements MessageDrivenBean, MessageListener {

   /** Context der Message Driven Bean */
   private MessageDrivenContext mdContext;


   /** Initialisiert die Bean */
   public void ejbCreate() throws EJBException {
      // hier gibt es nichts zu initialisieren
   }


   /** Quittiert den Empfang einer Nachricht */
   public void onMessage(Message message) {
      try {
         // Casten der Message
         TextMessage tMessage = (TextMessage) message;

         // Ausgabe der Mitteilung
         System.out.println("Nachricht empfangen: " + tMessage.getText());

         // Empfang bestätigen
         message.acknowledge();
```

Listing 537: Eine Message Driven Bean

```
        } catch (JMSException jmx) {
            throw new EJBException("Fehler in onMessage()", jmx);
        }
    }


    /** Wird gerufen, bevor die Bean entfernt wird */
    public void ejbRemove() throws EJBException {
        mdContext = null;
    }

    /** Setzt den aktuellen Kontext der Message Driven Bean */
    public void setMessageDrivenContext(MessageDrivenContext ctx)
        throws EJBException {
        mdContext = ctx;
    }
}
```

Listing 537: Eine Message Driven Bean (Forts.)

Dieses Listing zeigt Ihnen, wie Sie drei zentrale J2EE-Technologien gemeinsam einsetzen, um ihre jeweiligen Stärken zu verbinden:

- Enterprise JavaBeans (EJB)

  Der Application-Server nimmt Ihnen das Erzeugen und Entfernen einzelner Beans ab und garantiert, dass diese einen fest vorgeschriebenen Lebenszyklus durchlaufen. Außerdem kann er durch parallel arbeitende Instanzen eine Lastverteilung auf verschiedene Systeme bewirken.

- Java Message Service (JMS)

  JMS dient als Proxy zwischen Server und Client. Durch die lose Kopplung dieser können beide unabhängig voneinander weiterentwickelt und sogar im laufenden Betrieb ausgetauscht werden. Außerdem ermöglicht er auf Wunsch eine asynchrone Kommunikation zwischen Server und Client.

- Java Naming and Directory Interface (JNDI)

  Dieser Service bringt die Partner schließlich zueinander. Als abstrakter Objektspeicher können Sie über diesen nahezu beliebige Objekte ablegen und rekonstruieren. Auch hier kann die konkrete Implementierung auch nachträglich ausgetauscht werden.

Konfiguration einer Message Driven Bean über den Deployment Descriptor

Zu guter Letzt sollen Sie schließlich noch erfahren, wie Sie Ihre MDB über den EJB Deployment Descriptor einbinden und so über den EJB-Container verfügbar machen.

Analog zu Ihren Session- und Entity-Beans erfolgt dies durch einen Eintrag in der Datei *ejb-jar.xml*.

```
<ejb-jar>
...
   <enterprise-beans>
      ...
      <message-driven>
         <ejb-name>SimpleMessageDrivenBean</ejb-name>
         <ejb-class>de.codebooks.j2ee.ejb.SimpleMessageDrivenBean</ejb-class>
         <transaction-type>Container</transaction-type>
         <message-driven-destination>
            <destination-type>javax.jms.Queue</destination-type>
         </message-driven-destination>
      <message-driven>
      ...
   </enterprise-beans>
...
</ejb-jar>
```

Listing 538: Konfiguration der Message Driven Bean (ejb-jar.xml)

Java Data Objects

Persistenz ist im Augenblick ein großes Thema und könnte unter Umständen in den nächsten Jahren einen ähnlichen Hype wie XML Ende der Neunzigerjahre auslösen. Dabei buhlen im Augenblick verschiedene Ansätze um die Gunst der Programmierer. Neben den hier vorgestellten *Java Data Objects (JDO)* existieren weitere populäre Projekte wie Hibernate (*http://www.hibernate.org*) und Castor (*http://www.castor.org*), die in etwa die gleichen Möglichkeiten bieten, jedoch z.B. mit der Reflection-API (`java.lang.reflect`) arbeiten.

Die beiden großen Vorteile von Java Data Objects sind dabei, dass diese Spezifikation vollständig vom persistenten Speichermedium abstrahiert, und so werden Sie für die Rezepte in diesem Abschnitt auch keine Datenbank benötigen.

239 Eine Einführung in die Technik

Um auf gespeicherte Objekte zugreifen zu können, verwenden Sie einen `PersistenceManager`, der die Aufgabe hat, die Werte aus dem Speicher zu lesen und in ein Objekt des angeforderten Typs zu übertragen. Da die JDO-Spezifikation dabei keine Angaben über den Typ des Speichermediums macht und vom Flat-File bis zur relationalen Datenbank nahezu alle Speichertypen unterstützt, werden wir an dieser Stelle den Begriff des Hintergrundspeichers einführen.

Der Hintergrundspeicher hat die Aufgabe, alle von Ihnen erzeugten Objekte dauerhaft, das heißt auch über den Neustart der Virtual Machine oder des Rechners hinweg, zu speichern, ganz gleich ob über Tabellen, Relationen oder EJBs.

Bytecode- Anreicherung

Das, was die JDO-Spezifikation von anderen, früheren Spezifikationen unterscheidet, ist die Technik, über die der `PersistenceManager` mit den zu speichernden Objekten kommuniziert. Statt über Callback-Methoden oder abstrakte Getter- und Setter-Methoden greift er dabei direkt auf die inneren Eigenschaften jedes Objektes zu.

Um dies zu ermöglichen, bedient er sich der so genannten Bytecode-Anreicherung. Dabei wird eine zuvor mit dem gewöhnlichen `javac`-Compiler erzeugte `class`-Datei anschließend noch einmal überarbeitet und der Bytecode um spezielle Methoden erweitert, die dem `PersistenceManager` später Informationen über den inneren Zustand des Objektes geben. Die Namen der Methoden sind dabei generisch und kommen in der Regel nicht mit ihren »üblichen« Methodennamen in Konflikt.

Die Technik der Bytecode-Anreicherung (*Bytecode Enhancing*) hat den großen Vorteil, dass Sie als Programmierer nichts davon mitbekommen und sich ganz auf die Logik der JavaBeans konzentrieren können. Kein Lebenszyklus, der zu beachten wäre, keine abstrakten Methoden, die Schreibarbeit kosten, Sie schreiben das Objekt einfach nach Lust und Laune, und die Bytecode-Anreicherung übernimmt den Rest.

* >javac de.codebooks.j2ee.jdo.Book.java

** >java sun.com.jdori.enhancer.Main -d enhanced de/codebooks/j2ee/jdo/Book.class de/codebooks/j2ee/jdo/Books.jdo

Abbildung 148: Bytecode-Anreicherung (schematisch)

Verschiedene Service-Provider

Ähnlich wie beim *Java Naming and Directory Interface (JNDI)* ist auch die JDO-API als abstrakte Schnittstelle definiert, die von verschiedenen Anbietern über ein Service-Provider-Interface (SPI) implementiert werden kann, und trotzdem die Spezifikation im Ganzen erst drei Jahre existiert, gibt es eine breite Palette freier und kommerzieller Implementierungen, die unterschiedliche Speichermedien unterstützen. Eine kleine Auswahl:

- TJDO

  TriActives TJDO (*http://tjdo.sourceforge.net*) ist die wohl meistbekannte freie JDO-Implementierung. Diese unter der Apache Software License vertriebene Software ist auf relationale Datenbanken spezialisiert und unterstützt alle gängigen Systeme von MySQL bis Oracle.

  Das Projekt wird stetig weiterentwickelt und ist auch für mittelgroße, kommerzielle Systeme geeignet.

- Apache Object Relational Bridge

  Apache's DB Project (*http://db.apache.org/ojb/*) möchte eine gemeinsame API für verschiedene Persistenzspezifikationen entwickeln. So soll das Projekt später vom Thin Client bis zur verteilten Anwendung samt Nameservice eingesetzt werden können. Die vollständige Unterstützung für Java Data Objects ist für das Release 2.0 geplant.

- JCredo

  Natürlich existiert neben den OpenSource-Projekten auch eine Reihe von kommerziellen Anbietern, deren Produkte sich gegenüber ihren freien Pendants natürlich vor allem durch eine umfassende Dokumentation und die Bereitstellung von Entwicklungstools auszeichnen.

  JCredo (*http://www.jdredo.com*) unterstützt wie TJDO die Speicherung von Objekten in relationalen Datenbanken und den Entwickler neben einer umfangreichen Dokumentation vor allem durch verschiedene Plug-Ins für den JBuilder, Eclipse und den JDeveloper sowie durch die Möglichkeit, die Komponenten in verschiedene Application-Server wie BEAs WebLogic, den JBoss oder WebSphere von IBM zu integrieren.

Der Vorteil der Trennung von API und SPI besteht auch hier darin, dass Sie den verwendeten Anbieter auch nachträglich austauschen und so die Art der Speicherung anpassen können.

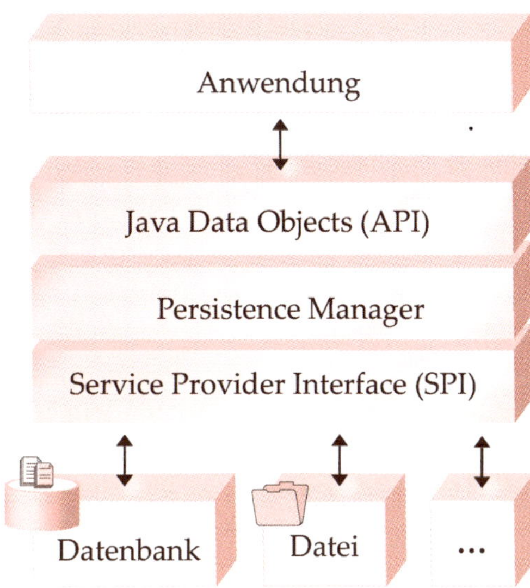

Abbildung 149: Trennung von API und SPI

Die in diesem Buch verwendeten Beispiele setzen dabei auf die Referenzimplementierung von Sun auf, die ihre Objekte (analog zum JNDI) über Dateien verwaltet. Da es jedoch das erklärte Ziel dieser Technologie ist, die Datenhaltung transparent zu machen, unterscheidet sich diese Lösung nur in vier Zeilen von ihrem TJDO-basierten MySQL-Pendant. Ein geflügeltes Wort, das in diesem Zusammenhang häufig verwendet wird, lautet: *»Write once,* `store` *anywhere.«*

Das Einzige, worin sich die verschiedenen Implementierungen unterscheiden, ist der so genannte `Enhancer`, der für die Bytecode-Anreicherung verantwortlich ist (Abbildung 85). Wenn Sie sich also im Nachhinein für einen anderen Anbieter entscheiden, müssen Sie lediglich die `class`-Dateien erneut anreichern.

Die Konfiguration

Bevor Sie so richtig loslegen können, müssen Sie Ihrem `PersistenceManager` lediglich mitteilen, welche inneren Eigenschaften (Felder) Ihrer Beans nun zu speichern sind und ob ein Attribut beispielsweise einen Primärschlüssel darstellt.

Hierfür sieht die Spezifikation wieder einmal eine XML-Datei vor, deren Syntax im Vergleich zur Konfiguration jedoch im Vergleich zu Enterprise JavaBean wesentlich leichter zu erlernen ist. Dieser *Data Object Descriptor (DOD)* heißt genau wie die Klasse, deren Eigenschaften sie beschreiben soll, und endet in der Regel auf dem Kürzel *.jdo*.

Hinweis

Verschiedene Service-Provider gehen sehr locker mit der Bezeichnung des Data Object Descriptors (DOD) um. Bei der hier verwendeten Referenzimplementierung von Sun muss dieser jedoch zwingend auf dem Kürzel *.jdo* enden.

240 Installation der Referenzimplementierung

Dieser Abschnitt beschäftigt sich mit dem Bezug, der Installation und den Eigenheiten der JDO Referenzimplementierung von Sun. Wenn Sie die Beispiele in einer anderen Umgebung, zum Beispiel mit TJDO und einer MySQL-Datenbank, testen möchten, können Sie ihn getrost überspringen.

Bezug der Implementierung

Zunächst einmal benötigen Sie natürlich die Implementierung. Diese kann von Suns Produkt-Homepage unter *http://java.sun.com/products/jdo/* heruntergeladen werden. Die Seite enthält neben der API und SPI auch zahlreiche Dokumentationen sowie ein Tutorial.

Während die API-Spezifikation in der Datei *jdo.jar* enthalten ist, steckt die Implementierung in den Dateien *jdori.jar* und *jdori-enhancer.jar*, wobei Letztere lediglich den `Enhancer` enthält und nur während der Bytecode-Anreicherung benötigt wird.

Achtung

Bevor Sie die Referenzimplementierung jedoch herunterladen können, bittet Sie Sun zur Registrierung im *Sun Developer Network*, dem man jedoch getrost beitreten kann.

Hinweis

Das *Sun Developer Network* ermöglicht Programmierern den Zugriff auf weitere Code-Beispiele und Tutorials, die für den Alltag gedacht sind. Des Weiteren unterstützt *Sun* registrierte Benutzer durch Referenzimplementierungen der unterschiedlichsten Technologien.

Ob man die Werbe- und Informationsdienste in Form von Newslettern nun in Anspruch nimmt oder nicht, sei jedem selbst überlassen, aber der Beitritt ist für jeden ernsthaften Java-Programmierer von der *Micro Edition (J2ME)* über Spezialthemen wie das *Java Wireless & Mobility Program* bis hin zur *Enterprise Edition (J2EE)* Pflicht.

Obwohl Sun die Referenzimplementierung selbst entwickelt und diese auf Wunsch sogar im Quellcode zur Verfügung stellt, setzt der *File Object Store (FO Store)*, so der Name, selbst auf anderen Produkten auf, die Sie zusätzlich benötigen.

Die Datenbank bTree

Netbeans Datenbank *bTree* bildet die Grundlage für Suns Implementierung. Sie realisiert die tatsächliche Speicherung der Objekte im Dateisystem und kann auch für andere Projekte verwendet werden. Die API liegt dem Sun-Paket bei, kann aber auch unter *http://www.netbeans.org* heruntergeladen werden.

Der Compiler Generator ANTLR

Diese Programmbibliothek kann Ihnen unter Umständen einiges Kopfzerbrechen bereiten, da sich die ersten Testprogramme auch ohne sie problemlos anreichern und ausführen lassen. Wenn Sie sich später jedoch mit den fortgeschrittenen Anwendungen beschäftigen, werden Sie plötzlich aus heiterem Himmel mit der Fehlermeldung »`ClassDefNotFound antlr/commonAST`« konfrontiert.

Dies passiert zum Beispiel, wenn Sie versuchen, erweiterte Anfragen (siehe 0) in die Applikation einzubinden. Diese werden nämlich erst zur Laufzeit in ausführbaren Java-Code übersetzt, und um dies zu bewerkstelligen, benötigen Sie einen entsprechenden Compiler, der den Code parst, übersetzt und ausführt, eben *ANother Tool for Language Recognition ANTLR.*

Achtung

Viel mehr gibt es zum ANTLR an dieser Stelle auch nicht zu sagen, außer dass er nicht der JDO-Distribution beiliegt, sondern separat über *http://www.antlr.org* heruntergeladen werden muss, und dass *Sun's FO Store* derzeit nur mit der Version 2.7.0 (aktuelle Version 2.7.5) zusammenarbeitet.

Binden Sie die Bibliothek *antlr.jar* einfach in Ihren Classpath ein, und schon können Sie loslegen.

241 Mit Java Data Objects arbeiten

Um die Arbeit mit Java Data Objects zu demonstrieren, benötigen Sie zunächst natürlich Objekte, deren Zustand es zu speichern gilt.

Eine einfache JavaBean

Hierfür entwerfen Sie eine einfache JavaBean, die Daten zu einem Buch speichern soll:

```
package de.codebooks.j2ee.jdo;

import java.util.Set;
import java.util.HashSet;
import java.util.Iterator;
```

Listing 539: Quellcode für JavaBean Book

```
/** Diese JavaBean speichert Daten zu einem Buch */
public class Book {

   /** Titel des Buches */
   private String title;
   public void setTitle(String aTitle) {
      title = aTitle;
   }

   public String getTitle() {
      return title;
   }

   /** ISBN des Buches (Primary Key) */
   private String isbnNumber;
   public void setIsbnNumber(String aIsbnNumber) {
      isbnNumber = aIsbnNumber;
   }

   public String getIsbnNumber() {
      return isbnNumber;
   }

   /** Liste der Autoren */
   private HashSet authors = new HashSet();
   public void addAuthor(String author) {
      authors.add(author);
   }

   public Set getAuthors() {
      return authors;
   }

   /** Nützlich zu Debug-Zwecken */
   public String toString() {
      String result = title + ", ISBN: "+ isbnNumber +", Autoren: ";
      Iterator iterator = authors.iterator();
      while (iterator.hasNext()) {
         result += (String) iterator.next();
         result += ", ";
      }
      return result;
   }
}
```

Listing 539: Quellcode für JavaBean Book (Forts.)

Wie Sie sehen, handelt es sich bei diesem Listing um eine gewöhnliche JavaBean, die weder Callback-Methoden bereitstellt noch irgendein Interface implementiert. Die ISB-Nummer soll dabei einen Primary Key darstellen, nach dem Sie später zum Beispiel suchen können.

Hinweis

Die in obigem Listing überschriebene Methode `toString()` ist optional und soll lediglich die Ausgaben der folgenden Listings vereinfachen.

Die Konfiguration des Data Object Descriptors

Hier kommt die Magie ins Spiel, mit der Sie die Speicherung von `Book`-Objekten ermöglichen. Der Data Object Descriptor (DOD) enthält alle dafür notwendigen Informationen.

```
<?xml version="1.0"?>
<!DOCTYPE jdo PUBLIC
   "-//Sun Microsystems, Inc.//DTD Java Data Objects Metadata 1.0//EN"
   "http://java.sun.com/dtd/jdo_1_0.dtd">

<jdo>
   <package name="de.codebooks.j2ee.jdo">
      <class name="Book">
         <field name="isbnNumber"
                persistence-modifier="persistent"/>
         <field name="title"
                persistence-modifier="persistent"/>
         <field name="authors">
            <collection element-type="java.lang.String"
                        embedded-element="true"/>
         </field>
      </class>
   </package>
</jdo>
```

Listing 540: Der Data Object Descriptor (DOD)

Wenn diese Syntax nicht wesentlich einfacher und intuitiver ist als ein vergleichbarer EJB Deployment Descriptor! Dennoch enthält dieses Listing bereits alle essenziellen Informationen:

Sie hinterlegen einfach das Package (`<package>`) und den Namen der Klasse (`<class>`) und erzeugen für jedes zu speichernde innere Attribut der JavaBean ein Element `<field>`. Das optionale Flag `persistent-modifier` gibt dabei an, ob das Attribut gespeichert werden soll. Gültige Werte sind:

- `persistent`

  Der Wert dieses Feldes wird in den Hintergrundspeicher übernommen und kann wiederhergestellt werden.

- `none`

  Ein so gekennzeichnetes Feld wird beim Speichern des Objektes ignoriert. Der Wert des Objektes verfällt, sobald das Objekt vom *Garbage Collector* entfernt wird, und kann nicht wiederhergestellt werden.

- `transcational`

  Der Wert dieses Feldes wird für dic Dauer einer Transaktion, die Sie später kennen lernen werden, gespeichert und kann anschließend durch ein `Rollback` wiederhergestellt werden. Er wird jedoch nicht in den Hintergrundspeicher übernommen und kann beim Laden eines Objektes nicht gesetzt werden.

Der Standardwert des Flags `persistent-modifier` ist `persistent`, es sei denn, das Attribut der JavaBean hat einen der folgenden Modifier: `final`, `static` oder `transient`. Damit verhält sich die Speicherung im Wesentlichen wie die Serialisierung eines Objektes.

Hinweis

Als `transient` markierte Attribute einer Klasse gehören nicht zum persistenten Zustand. Diese Attribute werden auch bei der serialisierten Übertragung (vgl. Enterprise JavaBeans) nicht mit übertragen und sind nach der Deserialisierung undefiniert (`null`).

Häufig enthält eine JavaBean Attribute vom Typ `Collection` oder `Map`, die wiederum eine Menge von Objekten enthalten können. In obigem Beispiel kann ein Buch mehrere Autoren haben, deren Name in Form eines `String` abgelegt ist.

Um dem `PersistenceManager` anzuzeigen, dass dieses Objekt eine Menge von Unter-Objekten enthalten kann, die gegebenenfalls mit gespeichert werden müssen, fügen Sie ein `<collection>`-Element ein und geben über das Attribut `element-type` den voll qualifizierenden Namen des Elementtyps an. Über das zusätzliche Attribut `embedded-element` können Sie dann steuern, ob die Unterobjekte zusammen mit dem Basisobjekt abgelegt (`true`) oder in einer eigenen »Tabelle« gespeichert werden sollen (`false`). Letzteres ist zum Beispiel dann sehr sinnvoll, wenn es sich bei diesen Objekten um weitere JavaBeans (z.B. `de.codebooks.j2ee.jdo.Autor`) handelt.

Definition eines Primary Keys

Zwar kann der oben definierte Data Object Descriptor schon eingesetzt werden, um die Arbeit mit den `Book`-Objekten zu konkretisieren, werden Sie abschließend noch einen Primary Key definieren, über den der `PersistenceManager` sicherstellen kann, dass ein Buch nicht doppelt vorkommt. Und da Bücher zwar einen ähnlichen Titel, jedoch eine eineindeutige ISBN besitzen, bietet sich dieses Attribut an. Um einen Primary Key zu definieren, erweitern Sie das obige Listing folgendermaßen:

```
<?xml version="1.0"?>
<!DOCTYPE jdo PUBLIC
   "-//Sun Microsystems, Inc.//DTD Java Data Objects Metadata 1.0//EN"
   "http://java.sun.com/dtd/jdo_1_0.dtd">

<jdo>
   <package name="de.codebooks.j2ee.jdo">
      <class name="Book"
             objectid-class="Book">
         <field name="isbnNumber"
                primary-key="true"
                persistence-modifier="persistent"/>
         <field name="title"
                persistence-modifier="persistent"/>
         <field name="authors">
            <collection element-type="java.lang.String"
                        embedded-element="true"/>
         </field>
      </class>
   </package>
</jdo>
```

Listing 541: Data Object Descriptor mit Primary Key

Über das Attribut `objectid-class` teilen Sie dem `PersistenceManager` mit, welche Klasse den Primärschlüssel (Primary Key) für dieses Objekt enthalten soll. Diesen könnten Sie beispielsweise ebenfalls in eine eigene JavaBean auslagern, die dann wiederum ein zu persistierendes Objekt sein muss. Anschließend markieren Sie das Primary-Key-Attribut mit dem gleichnamigen Flag.

Nun kann der `PersistenceManager` die Konsistenz der Anwendung auch hinsichtlich der ISBN überprüfen. Dabei werden sowohl Versuche, zwei Objekte mit gleichem Primärschlüssel in den Hintergrundspeicher zu schreiben, als auch Manipulationen am Primärschlüssel selbst mit einer entsprechenden Fehlermeldung geahndet.

Übersetzen und anreichern

Bevor Sie die JavaBean nun nach allen Regeln der Kunst testen können, müssen Sie diese zunächst übersetzen und den Bytecode anschließend anreichern. Zum Kompilieren verwenden Sie einfach das übliche Ant-Skript oder folgenden Befehl von der Kommandozeile:

```
%JAVA_HOME%/bin/javac -d ../classes de/codebooks/j2ee/jdo/Book.java
```

Listing 542: Übersetzen des Quellcodes

Die so erzeugte `class`-Datei können Sie nun mit dem `Enhancer` anreichern. Dazu kopieren Sie die Datei *Book.jdo* (Listing 539) ins gleiche Verzeichnis wie die Datei `Book.class` und führen folgendes Java-Programm der Bibliothek *jdori-enjancer.jar* aus:

```
java -cp jdo.jar;jdori.jar; jdori-enhancer.jar; com.sun.jdori.enhancer.Main
-d enhanced de/codebooks/j2ee/jdo/Book.class de/codebooks/j2ee/jdo/Book.jdo
```

Listing 543: Anreichern des Bytecodes

Anschließend existiert im aktuellen Verzeichnis ein Ordner *enhanced*, der eine identische Package-Struktur sowie die angereicherte Klasse *Book.class* enthält. Ein Blick auf die Größe lässt Sie erahnen, wie komplex eine konkrete SPI-Implementierung von »innen« aussieht, damit Ihnen das Framework die Persistenz vollständig abnehmen kann. Die vormals 2 KB große Class-Datei ist verschmolzen mit der 1 KB großen *Mapping-Datei* auf stolze 9 KB angewachsen, was einem Vergrößerungsfaktor von 3 entspricht.

Achtung

Wie Sie wissen, ist der jeweils zu verwendende `Enhancer`, und damit die Modifikationen, die an den Class-Dateien vorgenommen werden, vom Anbieter abhängig. (Eine Datei lässt sich nun anders verwalten als eine Datenbank.)

Das bedeutet, dass Sie bei einem Wechsel des Anbieters bzw. des Persistenzmediums zwar keine Anpassungen am Quellcode vornehmen, gleichwohl aber alle zu persistierenden Klassen aufs neue erweitern müssen, damit diese mit dem zugrunde liegenden JDO-Framework zusammenarbeiten können.

Tipp

Da das Anreichern per Kommandozeile sehr aufwändig ist, gibt es in der *Open-Source-Szene* eine Reihe von Tools, die Ihnen auch diese Arbeit abnehmen. Bevor Sie also auf die Idee kommen, seitenlange Batch- bzw. Shell-Skripte zu schreiben, überprüfen Sie doch einmal, ob nicht irgendwer schon einen *Ant-Task* entwickelt hat, der das Gleiche leistet.

Das war's. Nun können Sie nach Herzenslust mit der angereicherten Datei experimentieren. Sie verhält sich noch immer genau wie die einfache JavaBean, nur dass Sie sie zusätzlich über den `PersistenceManager` speichern können. Dazu muss dieser natürlich auch über den Classpath eingebunden sein.

242 Einen PersistenceManager erzeugen

Um mit dem Hintergrundspeicher arbeiten zu können, benötigen Sie zunächst Zugriff auf ein PersistenceManager-Objekt, das über eine PersistenceManagerFactory erzeugt wird. Diese wiederum finden Sie über die Klasse javax.jdo.JDOHelper.

javax.jdo.PersistenceManagerFactory für den FO Store

Um eine PersistenceManagerFactory zu erzeugen, definieren Sie eine Reihe von Attributen in einem Properties-Objekt. Diese enthalten Informationen über den zu verwendenden Provider, den URL des Hintergrundspeichers, einen Benutzer-Account usw.

```
...
    /** Erzeugt eine neue PersistenceManagerFactory */
    public PersistenceManagerFactory getPMFactory() {

        // Konfiguration des Service-Providers (Standard)
        java.util.Properties props = new java.util.Properties();

        // die zu verwendende Implementierung (Standard)
        props.put("javax.jdo.PersistenceManagerFactoryClass",
                  "com.sun.jdori.fostore.FOStorePMF");

        // Benutzername und Passwort (Standard)
        props.put("javax.jdo.option.ConnectionUserName", "userName");
        props.put("javax.jdo.option.ConnectionPassword", "password");

        // URL des persistenten Speichermediums
        props.put("javax.jdo.option.ConnectionURL","fostore:jdoriDB");

        // Soll die Datei bei Bedarf neu erzeugt werden (providerspezifisch)
        props.put("com.sun.jdori.option.ConnectionCreate", "true");

        // Erzeugen der PersistenceManagerFactory
        PersistenceManagerFactory pmf =
           JDOHelper.getPersistenceManagerFactory(props);

        return pmf;
    }
...
```

Listing 544: Referenzieren der PersistenceManagerFactory (Suns FO Store)

Wie Sie sehen, enthält die Konfiguration der PersistenceManagerFactory neben Attributen der JDO-Spezifikation (Standard) auch providerspezifische Attribute. Während die ersten vier von jeder JDO-Implementierung benötigt werden, wird das Flag ConnectionCreate lediglich vom FO Store benötig und gibt an, ob die Dateien bei Bedarf automatisch erzeugt werden sollen.

Hinweis

Vielleicht erscheint Ihnen die Angabe eines Benutzernamens sowie eines Passwortes für den Zugriff auf eine einfache Datei überdimensioniert. Nichtsdestotrotz werden Sie ohne diese Attribute bei der Erzeugung der `PersistenceManagerFactory` eine `NullPointerException` erhalten.

Über den `ConnectionURL` geben Sie schließlich an, auf welchen Hintergrundspeicher der `PersistenceManager` später zugreifen soll. In diesem Fall ist das die Datei `jdoriDB` im aktuellen Arbeitsverzeichnis. Auch wenn es auf den ersten Blick nicht so scheint, ermöglicht das von Sun verwendete `fostore`-Protokoll auch die Referenz einer entfernten »Datenbank« in einem Netzwerk. So können Sie beispielsweise auch folgenden URL verwenden:

```
// Schematisch
fostore://Host:Port/PfadImDateisystem

// Ein Beispiel
fostore://localhost:8080/Pfad/zur/jdoriDB
```

Listing 545: Referenzieren einer Datenbank über das Netzwerk

javax.jdo.PersistenceManagerFactory für MySQL

Eingangs haben wir erwähnt, einer der großen Vorteile von Java Data Objects sei der hohe Abstraktionsgrad vom jeweiligen Hintergrundspeicher, und so unterscheidet sich eine Lösung mit TJDO und einer MySQL-Datenbank in nur vier Zeilen (Zeilenumbrüche nicht mitgerechnet) vom Beispiel mit Suns FO Store.

```
...
   /** Erzeugt eine neue PersistenceManagerFactory */
   public PersistenceManagerFactory getPMFactory() {

      // Konfiguration des Service-Providers (Standard)
      Properties props = new Properties();

      // die zu verwendende Implementierung (Standard)
      props.put("javax.jdo.PersistenceManagerFactoryClass",
         "com.triactive.jdo.PersistenceManagerFactoryImpl");

      // Benutzername und Passwort (Standard)
      props.put("javax.jdo.option.ConnectionUserName", "userName");
      props.put("javax.jdo.option.ConnectionPassword", "password");

      // URL des persistenten Speichermediums
      props.put("javax.jdo.option.ConnectionURL",
```

Listing 546: Referenzieren der PersistenceManagerFactory (TJDO und MySQL)

```
                "jdbc:mysql://localhost:3306/db/mySQL");

        // Klasse des zu verwendenden Datenbanktreibers (providerspezifisch)
        props.put("javax.jdo.option.ConnectionDriverName",
                "com.mysql.jdbc.Driver");

        // Sollen Tabellen bei Bedarf automatisch erzeugen (providerspezifisch)
        props.put("com.triactive.jdo.autoCreateTables", "true");

        // Erzeugen der PersistenceManagerFactory
        PersistenceManagerFactory pmf =
          JDOHelper.getPersistenceManagerFactory(props);

        return pmf;
    }
 ...
```

Listing 546: Referenzieren der PersistenceManagerFactory (TJDO und MySQL) (Forts.)

Und, zu viel versprochen? Geändert haben sich lediglich der Service-Provider und der URL des Hintergrundspeichers sowie die beiden neu hinzugekommenen Attribute `ConnectionDriverName` für die Klasse des Datenbanktreibers und ein Flag, das anzeigt, ob auch TJDO bei Bedarf neue Tabellen anlegen soll (`autoCreateTables`).

Jetzt besteht der Hintergrundspeicher aus einer MySQL-Datenbank, was sich gegenüber dem dateibasierten FO Store vor allem in einem deutlichen Geschwindigkeitsvorteil bemerkbar macht.

Hinweis

Die hier gezeigte Kapselung der `PersistenceManagerFactory` in einer Methode, welche die Fabrik quasi vor jeder Transaktion neu erstellt, dient natürlich nur der Anschaulichkeit.

Die Erzeugung einer `PersistenceManagerFactory` benötigt gegenüber der Erzeugung eines `PersistenceManagers`-Objektes erheblich mehr Ressourcen, und in realen Projekten, in denen Sie viele Zugriffe auf den Hintergrundspeicher (und entsprechend viele `PersistenceManager`) benötigen, tun Sie gut daran, nur eine einzige *Factory* zu erzeugen und beispielsweise über ein *Singleton* global zu verwalten. Was das ist, erfahren Sie unter anderem im Buch »Entwurfsmuster« von Erich Gamma und anderen Mitgliedern der Gang of Four, erschienen bei Addison-Wesley.

243 Einen neuen Datensatz anlegen

Nachdem Sie sich (z.B. mit dem vorangegangenen Rezept) einen `PersistenceManagerFactory` erzeugt haben, können Sie über diese einen `PersistenceManager` erzeugen und mit diesem einen Datensatz anlegen.

```
...
   /** Erzeugt einen neuen Datensatz */
   public void saveNewBook() {

      // Erzeuge ein neues Buch (eine beliebige JavaBean)
      Book book = new Book();
      book.setTitle("Codebook J2EE");
      book.setIsbnNumber("382732176X");
      book.addAuthor("Karsten Samaschke");
      book.addAuthor("Thomas Stark");

      // Erzeuge eine Referenz auf die PersistenceManagerFactory (vgl.
      // entsprechendes Rezept)
      PersistenceManagerFactory pmf = ...;

      // Erzeuge einen PersistenceManager
      PersistenceManager pm = pmf.getPersistenceManager();

      // Beginn einer neuen Transaktion
      Transaction tx = pm.currentTransaction();
      tx.begin();

      // Festschreiben der Werte auf dem persistenten Speichermedium
      pm.makePersistent(book);

      // Festschreiben der Manipulationen in dieser Transaktion
      tx.commit();

      // Schließen der Verbindung, Freigabe der Ressourcen
      pm.close();
   }
...
```

Listing 547: Erzeugen eines neuen Datensatzes

Dieses Listing zeigt Ihnen bereits das übliche Vorgehen:

- Zunächst erzeugen Sie Ihre JavaBean-Objekte und statten sie mit den gewünschten Eigenschaften aus.
- Dann holen Sie sich eine Referenz auf die `PersistenceManagerFactory` und erzeugen mit dieser einen neuen `PersistenceManager`.
- Sie erzeugen ein `Transaction`-Objekt und beginnen eine neue Transaktion.
- In dieser Transaktion speichern Sie Ihre JavaBean mit der Methode `makePersistent()`.

- Nach Abschluss aller Manipulationen beenden Sie die zuvor geöffnete Transaktion mit einem `commit()`.
- Abschließend geben Sie die durch den `PersistenceManager` auf dem Hintergrundspeicher belegten Ressourcen über die Methode `close()` wieder frei.

Wie Sie später sehen werden, können Sie die Manipulationen innerhalb einer Transaktion statt durch Festschreiben (`commit()`) durch ein abschließendes `rollback()` auch allesamt rückgängig machen.

Hinweis

Unter einer Transaktion versteht man eine unteilbare Abfolge von Änderungsoperationen, die entweder allesamt erfolgreich ausgeführt oder rückgängig gemacht werden. Jede Änderungsoperation ist Teil einer Transaktion (auch wenn diese nur aus dieser einen Änderung besteht) und muss über ein abschließendes Commit bestätigt werden.

244 Mehrere Datensätze gleichzeitig speichern

Natürlich müssen Sie nicht jeden Datensatz einzeln speichern. Die Spezifikation bietet Ihnen einige komfortable Methoden, die es Ihnen z.B. auch ermöglichen, eine beliebige Menge von Datensätzen gemeinsam zu speichern:

```
...
  /** Erzeugt mehrere neue Datensätze auf einmal */
  public void saveSomeBooks() {

    // Erzeuge einen Vektor für die zu speichernden Objekte
    Vector books = new Vector();

    // Erzeuge einige Book-Objekte (beliebige JavaBean-Objekte)
    Book book1 = new Book();
    book1.setTitle("Masterclass Java");
    book1.setIsbnNumber("3827321808");
    book1.addAuthor("Karsten Samaschke");
    books.add(book1);

    Book book2 = new Book();
    book2.setTitle("Masterclass J2EE");
    book2.setIsbnNumber("3827321840");
    book2.addAuthor("Thomas Stark");
    books.add(book2);

    // Erzeuge Referenz auf die PersistenceManagerFactory (vgl.
    // entsprechendes Rezept)
    PersistenceManagerFactory pmf = ...;
```

Listing 548: Anlegen mehrerer Datensätze

```
        // Erzeuge einen PersistenceManager
        PersistenceManager pm = pmf.getPersistenceManager();

        // Beginn einer neuen Transaktion
        Transaction tx = pm.currentTransaction();
        tx.begin();

        // Speichert alle Elemente des Vektors
        pm.makePersistentAll(books);

        // Festschreiben der Manipulationen in dieser Transaktion
        tx.commit();

        // Schließen der Verbindung, Freigabe der Ressourcen
        pm.close();
    }
...
```

Listing 548: Anlegen mehrerer Datensätze (Forts.)

Um mehrere Datensätze mit einem Kommando auf den Hintergrundspeicher zu schreiben, fassen Sie diese zu einer `java.util.Collection` zusammen und übergeben diese an die Methode `makePersistentAll()`. Anschließend beenden Sie auch diese Transaktion mit einem `commit()`. Der Vorteil der gemeinsamen Speicherung ist der damit erreichte Geschwindigkeitsvorteil.

Tipp

Wird ein Datensatz in einer noch geöffneten Transaktion manipuliert, so ist dieser bis zur Beendigung dieser für alle anderen Transaktionen gesperrt. Andere Lese- und Schreiboperationen müssen dabei warten, bis die offene Transaktion durch ein *Commit* erfolgreich abgeschlossen oder ein *Rollback* zurückgesetzt wird.

Versuchen Sie deshalb, die Schreiboperationen auf den persistenten Hintergrundspeicher möglichst kurz zu halten, und schließen Sie diese so bald wie möglich mit einem `commit()` oder `rollback()` ab, um einen reibungslosen Ablauf zu gewährleisten.

245 Nach Datensätzen suchen

Nachdem Sie Datensätze angelegt haben, möchten Sie diese bei Bedarf natürlich auch wiederherstellen. Die einfachste Suche ist dabei die nach allen Objekten eines bestimmten Typs, die Ihnen das nächste Listing zeigt.

```
...
    /** Sucht nach allen Datensätzen vom Typ Book und gibt diese aus */
    public void searchForAllBooks() {

        // Erzeuge Referenz auf die PersistenceManagerFactory (vgl.
        // entsprechendes Rezept)
        PersistenceManagerFactory pmf = ...;

        // Erzeuge einen PersistenceManager
        PersistenceManager pm = pmf.getPersistenceManager();

        // Erzeuge einen Extent
        Extent extent = pm.getExtent(Book.class, false);

        // Durchlaufe den Extent
        Iterator books = extent.iterator();
        while (books.hasNext()) {
            System.out.println((Book) books.next());
        }

        // Schließen der Verbindung, Freigabe der Ressourcen
        pm.close();
    }
...
```

Listing 549: Ausgabe aller gespeicherten Datensätze

Da in diesem Listing keine Datensätze manipuliert werden, enthält es auch keine Transaktion (`Transaction`), die mit einem `commit()` oder einem `rollback()` abgeschlossen werden müsste. Stattdessen ermöglicht es Ihnen durch ein über den `PersistenceManager` erzeugtes `Extent`-Objekt die Suche nach Objekten eines bestimmten Typs. Der boolesche Parameter gibt dabei an, ob auch von diesem Objekt ableitende Objekte (Subklassen) gefunden werden sollen.

Zu beachten ist hierbei, dass die Datensätze nicht in der gleichen Reihenfolge ausgegeben werden, in der sie gespeichert wurden. Die Spezifikation sieht explizit die Möglichkeit vor, dass sich die Reihenfolge solcher Anfragen (`Extent`) auch über die Zeit hinweg ändert. Ohne die Möglichkeit, die Suche weiter eingrenzen zu können, müssten Sie, um also einen bestimmten Datensatz zu finden, die Liste so lange traversieren, bis Sie beim gewünschten Datensatz angelangt sind.

246 Erweiterte Suche nach Datensätzen

Die für Datenbanken verwendete Abfragesprache SQL hätte sich niemals so weit verbreitet, wenn sie nicht Möglichkeiten zur Eingrenzung einer Abfrage ermöglichen würde. Und auch bei Java Data Objects bedienen Sie sich hierfür einer so genannten `Query`. Das folgende Listing zeigt eine Suche nach `Book`-Objekten mit bestimmten Eigenschaften:

```
...
   /** Sucht nach allen Datensätzen vom Typ Book mit einer bestimmten ISBN */
   public void searchForIsbn() {

      // Erzeuge Referenz auf die PersistenceManagerFactory (vgl.
      // entsprechendes Rezept)
      PersistenceManagerFactory pmf = ...;

      // Erzeuge einen PersistenceManager
      PersistenceManager pm = pmf.getPersistenceManager();

      // Erzeuge einen Extent für Book-Objekte (beliebige JavaBeans)
      Extent extent = pm.getExtent(Book.class, false);

      // Definition der Abfragebedingung
      String condition = "isbnNumber == \"382732176X\"";

      // Erzeugen des Query-Objektes
      Query query = pm.newQuery(extent, condition);

      // Überprüfen und Kompilieren der Abfrage
      query.compile();

      // Ausführen der Anfrage
      Collection resultSet = (Collection) query.execute();

      // Durchlaufe die Ergebnismenge
      Iterator results = resultSet.iterator();
      while (results.hasNext()) {
         System.out.println((Book) results.next());
      }

      // Schließen der Verbindung, Freigabe der Ressourcen
      pm.close();
   }
...
```

Listing 550: Suche nach einer ISB-Nummer

Nachdem Sie ein `Extent`-Objekt erzeugt haben, definieren Sie über eine Zeichenkette (`condition`) die Bedingungen, denen die Datensätze genügen sollen. Dazu bedienen Sie sich der *JDO Query Language (JDO-QL)*.

Anschließend erzeugen Sie mit Hilfe der `Condition` und dem `Extent`-Objekt ein neues `Query`-Objekt, dessen Bedingung Sie mit dem Befehl `compile()` überprüfen und in Java-Code übersetzen. Hier kommt die eingangs erwähnte ANTLR-Bibliothek zum Einsatz.

```
query.compile();
```

Nachdem die Anfrage erfolgreich übersetzt werden konnte, führen Sie diese über das Kommando `execute()` aus. Die zurückgegebene `Collection` enthält dabei alle Elemente, die der Bedingung genügen.

Hinweis

Genau genommen müssen Sie die Anfrage an den `PersistenceManager` nicht kompilieren. Ein Blick in die JavaDocs offenbart, dass dieser auch Methoden zur direkten Erzeugung einer `Query` bereithält. Während der Kompilierung wird allerdings der zügigste Zugriffspfad zur gewünschten Operation ausgewertet und im `Query`-Objekt gespeichert, was bei umfangreichen Datenbeständen einen großen Performance-Vorteil bringen kann.

Achtung

Auch wenn Sie die Suche durch geeignete Bedingungen auf ein einzelnes Objekt eingrenzen, erhalten Sie als Ergebnismenge immer ein `Collection`-Objekt, das dann lediglich das gesuchte Objekt enthält. Dies liegt daran, dass der `PersistenceManager` zwar weiß, wie er die Datenbank ansprechen muss, ihren logischen Inhalt aber nicht versteht. Und so ist dem `PersistenceManager` zu Beginn einer Anfrage nicht klar, ob und wie viele Objekte den Suchkriterien entsprechen oder ob das Ergebnis vielleicht sogar leer ist.

247 Rollback vom Manipulationen

Das nächste Rezept zeigt Ihnen, wie Sie die Manipulationen innerhalb einer Transaktion durch ein `rollback()` rückgängig machen.

```
...
   /** Manipuliert einen Datensatz und setzt ihn anschließend zurück */
   public void rollbackExample() {

      // Erzeuge Referenz auf die PersistenceManagerFactory
      PersistenceManagerFactory pmf = ...;

      // Erzeuge einen PersistenceManager
      PersistenceManager pm = pmf.getPersistenceManager();

      // Ausgelesener Datensatz (vgl. entsprechendes Rezept)
      Book book = ...;

      // Beginn einer neuen Transaktion und Ausgabe des Originalzustands
      pm.currentTransaction().begin();
      System.out.println(book);
```

Listing 551: »Erfolgreiches« Rollback einer Transaktion

```
        // Manipulation des Titels
        book.setTitle("Kochbuch J2EE");
        System.out.println(book);

        // Vorläufiges Speichern der Manipulationen
        pm.makePersistent(book);
        System.out.println(book);

        // Rollback in den Ausgangszustand
        pm.currentTransaction().rollback();
        System.out.println(book);

        // Schließen der Verbindung, Freigabe der Ressourcen
        pm.close();
    }
...
```

Listing 551: »Erfolgreiches« Rollback einer Transaktion (Forts.)

Durch die zusätzlich eingefügten Debug-Ausgaben können Sie die einzelnen Zustände eines `Book`-Objektes (Beispiel) gut nachvollziehen.

```
Codebook J2EE, ISBN: 382732176X, Autoren: Thomas Stark, Karsten Samaschke,
Kochbuch J2EE, ISBN: 382732176X, Autoren: Thomas Stark, Karsten Samaschke,
Kochbuch J2EE, ISBN: 382732176X, Autoren: Thomas Stark, Karsten Samaschke,
Codebook J2EE, ISBN: 382732176X, Autoren: Karsten Samaschke, Thomas Stark,
```

Listing 552: Ausgaben von Listing 552

Am Anfang befindet sich das Objekt noch in seinem Ausgangszustand, den Sie anschließend zunächst im Arbeitsspeicher (`setTitle()`) und anschließend auch auf dem Hintergrundspeicher (`makePersistent()`) ändern. Doch da die aktuelle Transaktion noch nicht abgeschlossen ist, können Sie diese Manipulationen über ein `rollback()` auf beiden Medien rückgängig machen.

Nachdem Sie alle bisherigen Transaktionen durch ein abschließendes `commit()` erfolgreich beendet haben, werden Sie Ihre Manipulationen im nächsten Listing durch ein `rollback()` rückgängig machen. Dazu werden Sie den in Listing 548 gefundenen Datensatz erneut suchen, dann manipulieren und Ihre Änderungen abschließend rückgängig machen.

Achtung

Nach dem Rollback hat das `Book`-Objekt sowohl im Hintergrund- wie auch im Arbeitsspeicher die Ausgangswerte. Durch den Abbruch der Transaktion werden also nicht nur die Änderungen im Hintergrundspeicher rückgängig gemacht, sondern auch das Objekt im Arbeitsspeicher wird zurückgesetzt.

Hinweis

Wenn Sie zur Laufzeit mit der Fehlermeldung »`Transaction is not active.`« konfrontiert werden, überprüfen Sie, ob sie vielleicht gerade Änderungsoperationen an bereits persistierten Objekten vornehmen, ohne eine neue Transaktion gestartet (`begin()`) zu haben, bzw. ob Sie diese zuvor mit einem Commit/Rollback beendet haben. Im Zweifelsfall können Sie sich mit der Methode `isActive()` Klarheit über den Zustand Ihrer augenblicklichen Transaktion verschaffen.

248 Die Transaktionskontrolle deaktivieren

Hin und wieder kann es sinnvoll sein, auf die Möglichkeit eines Rollbacks der aktuellen Transaktion zu verzichten, da der *Transaktionsschutz* bei atomaren Aktionen, die sowieso nur aus einer einzigen Änderung bestehen, überflüssig ist, das Öffnen (`begin()`) und Schließen (`commit()`/`rollback()`) einer neuen Transaktion für den `PersistenceManager` aber immer einen gewissen Aufwand erfordert.

In diesen Fällen können Sie durch ein Ausschalten des Transaktionsschutzes die Performance erhöhen und gleichzeitig den Bedarf an Ressourcen verringern. Das folgende Listing zeigt eine solche »ungeschützte« Operation anhand eines neuen Datensatzes.

```
...
    /** Erzeugt einen neuen Datensatz (ohne Transaktionsschutz) */
    public void saveNewBookWithoutRollback() {

        // Erzeuge ein neues Buch (eine beliebige JavaBean)
        Book book = new Book();
        book.setTitle("Title: Unknown");
        book.setIsbnNumber("Unknown");
        book.addAuthor("Unknown");

        // Erzeuge eine Referenz auf die PersistenceManagerFactory (vgl.
        // entsprechendes Rezept)
        PersistenceManagerFactory pmf = ...;

        // Erzeuge einen PersistenceManager
        PersistenceManager pm = pmf.getPersistenceManager();

        // Ausschalten des Transaktionsschutzes
        pm.currentTransaction().setNontransactionalWrite(true);

        // Öffnen einer (ungeschützten) Transaktion
        pm.currentTransaction().begin();

        // Speichern des Datensatzes
```

Listing 553: Transaktion ohne Transaktionsschutz

```
        pm.makePersistent(book);

        // Abschließen der Transaktion
        pm.currentTransaction().commit();

        // Schließen der Verbindung, Freigabe der Ressourcen
        pm.close();
    }
...
```

Listing 553: Transaktion ohne Transaktionsschutz (Forts.)

Nach dem Setzen des *Nontransactional-Write-Flags* werden alle via `makePersistent()` gespeicherten Werte direkt in den Hintergrundspeicher übernommen. Die bedeutet auch, dass sich dieser nach einem unvorhergesehenen Systemausfall in einem inkonsistenten Zustand befinden kann und neu initialisiert werden muss.

Achtung

Auch wenn Sie den Transaktions-Schutz für eine Transaktion ausschalten und damit auf die Möglichkeit der Wiederherstellung von Daten durch ein Rollback verzichten, sind Sie dennoch verpflichtet, alle Änderungen *innerhalb einer geöffneten Transaktion* durchzuführen und diese mit einem *Commit* bzw. *Rollback abzuschließen*. Anderenfalls quittiert der `PersistenceManager` seinen Dienst mit einer entsprechenden Fehlermeldung.

249 Objekte löschen

Hin und wieder ist es notwendig, ein Objekt vollständig aus dem Hintergrundspeicher zu entfernen. Der einfachste Weg, das zu tun, ist, sich das entsprechende Objekt herauszusuchen und anschließend über die Methode `deletePersistent()` zu löschen. Analog zu `makePersistentAll()` existiert natürlich auch für das Löschen die Methode `deletePersistentAll()`, die gleich eine ganze Sammlung (`Collection`) von Objekten aus dem Hintergrundspeicher löscht.

Die folgende Methode beispielsweise löscht alle zuvor abgelegten `Book`-Objekte wieder, um das System wieder in den Anfangszustand zu überführen. Hierfür sucht sie zunächst alle entsprechenden Objekte heraus (vgl. entsprechendes Rezept), überführt diese in einen Vector und löscht Sie anschließend. Dabei ist zu beachten, dass auch Löschoperationen mit einem `commit()` abgeschlossen werden müssen.


```
...
    /** Löscht alle zuvor im Hintergrundspeicher abgelegten Objekte */
    public void deleteAll() {

        // Erzeuge Referenz auf die PersistenceManagerFactory (vgl.
```

Listing 554: Löschen aller Datensätze

```
        // entsprechendes Rezept)
        PersistenceManagerFactory pmf = ...;

        // Erzeuge einen PersistenceManager
        PersistenceManager pm = pmf.getPersistenceManager();

        // Collection aller Elemente
        Vector allBooks = new Vector();

        // Erzeuge einen Extent für Book-Objekte
        Extent extent = pm.getExtent(Book.class, false);

        // Durchlaufe den Extent
        Iterator books = extent.iterator();
        while (books.hasNext()) {
           allBooks.add((Book) books.next());
        }

        // Beginn einer Transaktion zum Löschen der Objekte
        pm.currentTransaction().begin();

        // Löschen der Objekte
        pm.deletePersistentAll(allBooks);

        // Abschluss der Transaktion
        pm.currentTransaction().commit();

        // Schließen der Verbindung, Freigabe der Ressourcen
        pm.close();
    }
...
```

Listing 554: Löschen aller Datensätze (Forts.)

Sie können die Objekte natürlich auch einzeln löschen. Wichtig ist nur, dass die im `Vector` enthaltenen Objekte auch auf dem persistenten Speicher existieren.

250 Die JDO Query Language (JDO-QL)

JDO-QL basiert auf der *Object Query Language (OQL)*, einem Standard der Open Database Management Group (ODMG). Im Gegensatz zu anderen Datenbank-Abfragesprachen, die sich in Syntax und Aufbau an die *Structured Query Language (SQL)* anlehnen, orientiert sich die JDOQL an Java-Syntax und ist daher besonders für Datenbank-Laien schnell erlernbar.

Ähnlich wie *SQL* ermöglicht die *OQL* die Definition von Bedingungen, denen ein Datensatz genügen muss, um in die Ergebnismenge aufgenommen zu werden. Darüber hinaus kennen beide Sprachen Elemente, die das Ergebnis nach bestimmten Kriterien (auf-/absteigend) sortieren.

Im Gegensatz zu den reinen Anfragesprachen *SQL* und *OQL*, in denen eine Query in der Regel durch eine einzige, nur durch Leerzeichen unterbrochene Anweisung ausgeführt wird, ist die Definition einer solchen in JDO-QL auf mehrere Methodenaufrufe verteilt. Grundlage bildet hierbei stets das über den `PersistenceManager` erzeugte `Query`-Objekt:

```
PersistenceManagerFactory pmf =
JDOHelper.getPersistenceManagerFactory(props);
javax.jdo.Query query = pmf.getPersistenceManager().newQuery();
```

Listing 555: Erzeugen eines Query-Objekts

Syntaxelemente der Abfragesprache

JDO-QL stellt dem Programmierer eine Reihe von Operatoren zur Definition von Filterausdrücken zur Verfügung. Das sind zunächst an Java angelehnten Vergleichsoperatoren

Operator	Unterstützte Datentypen	Beschreibung
`!`	`Boolean, boolean`	Negation des booleschen Ausdrucks. Entspricht `NOT` in SQL.
`&&`	`Boolean, boolean`	Und-Verknüpfung. Entspricht `AND` in SQL.
`||`	`Boolean, boolean`	Oder-Verknüpfung. Entspricht `OR` in SQL.

Tabelle 73: Logische Operatoren in JDO-QL

Neben den logischen Operatoren bilden die Vergleichsoperatoren die zweite wichtige Gruppe:

Operator	Unterstützte Datentypen	Beschreibung
`==`	Alle Basistypen sowie deren Wrapper-Klassen. `Date`, `Class` und `Array`.	Vergleicht die beiden übergebenen Werte. Insbesondere ist er auch geeignet, zwei `Date`-Objekte, Klasse und Arrays auf Gleichheit zu überprüfen.
`!=`	Alle Basistypen sowie deren Wrapper-Klassen. `Date`, `Class` und `Array`.	Negiertes Pendant zu ==. Prüft auf Ungleichheit. Entspricht <> in SQL.
> / >=	Alle Basistypen sowie deren Wrapper-Klassen und `String`.	größer/größer-gleich.
< / <=	Alle Basistypen sowie deren Wrapper-Klassen und `String`.	kleiner/kleiner-gleich

Tabelle 74: Vergleichsoperatoren in JDO-QL

Schließlich gibt es eine Reihe von arithmetischen Operatoren:

Operator	Unterstützte Datentypen	Beschreibung
+	Alle Basistypen sowie deren Wrapper-Klassen. `BigDecimal` und `BigInteger`.	Binäre Addition
-	Alle Basistypen sowie deren Wrapper-Klassen. `BigDecimal` und `BigInteger`.	Binäre Subtraktion
*	Alle Basistypen sowie deren Wrapper-Klassen. `BigDecimal` und `BigInteger`.	Multiplikation
/	Alle Basistypen sowie deren Wrapper-Klassen. `BigDecimal` und `BigInteger`.	Division
~	Alle Basistypen sowie deren Wrapper-Klassen. `BigDecimal` und `BigInteger`.	Betrag. Wandelt einen negativen Wert in einen positiven um.

Tabelle 75: Arithmetische Operatoren in JDO-QL

Außerdem unterstützt die API einige häufig benötigte Methoden der Klassen `Map`, `Collection` und `String`. Die Funktionsweise entspricht dabei der jeweiligen Java-Methode, weswegen wir hier auf eine gesonderte Beschreibung verzichten.

Methode	Unterstützte Datentypen	JDO-Standard
`startsWith(String prefix)`	`java.lang.String`	1.0.1
`endsWith(String suffix)`	`java.lang.String`	1.0.1
`indexOf(String str)`	`java.lang.String`	2.0
`indexOf(String str, int fromIndex)`	`java.lang.String`	2.0
`substring(int beginIndex)`	`java.lang.String`	2.0
`substring(int beginIndex, int endIndex)`	`java.lang.String`	2.0
`toLowerCase()`	`java.lang.String`	2.0
`toUpperCase()`	`java.lang.String`	2.0
`isEmpty()`	`java.util.Collection`	1.0.1
`contains(Object o)`	`java.util.Collection`	1.0.1
`isEmpty()`	`java.util.Map`	1.0.1
`contains(Object o)`	`java.util.Map`	1.0.1
`containsKey(Object key)`	`java.util.Map`	2.0
`containsValue(Object value)`	`java.util.Map`	2.0

Tabelle 76: Unterstützte Methoden

Was Ihnen in Tabelle 76 vielleicht auffällt, ist, dass Basisfunktionen wie `String.equals(String)` oder `Map.size()` nicht im JDO-Standard enthalten sind. Viele Anbieter beseitigen diesen Missstand, indem sie die Anzahl der unterstützten Funktionen deutlich erhöhen. Doch Vorsicht, bei Verwendung dieser ist Ihre Applikation nicht mehr standardkonform und arbeitet unter Umständen nicht mehr mit allen Service-Providern (SPI) zusammen.

Tipp

Wie Sie sicher wissen, ist der Vergleich zweier Zeichenketten (`String`) via == riskant und führt insbesondere bei zusammengesetzten Zeichenketten zu falschen Ergebnissen. Wenn Sie also wie in Listing 548 einen `equals()`-Vergleich mit `String` (hier `isbnNumber`) benötigen und Ihr Anbieter diesen nicht unterstützt, empfehlen wir Ihnen stattdessen die Verwendung des Filters `startsWith(name) && endsWith (name)`.

Auch hier können natürlich theoretisch »falsche« Objekte gefunden werden, aber die Praxis zeigt, dass solche Konstellationen sehr selten auftauchen, und gegebenenfalls können Sie den `equals()`-Vergleich ja auch direkt auf den gefundenen Objekten wiederholen.

Schließlich gibt es noch die folgenden, speziellen Operatoren, die kein Pendant in SQL haben:

- `()`

  Die runden Klammern können dazu verwendet werden, Objekte innerhalb Ihrer JavaBeans zu casten, um anschließend z.B. die in Tabelle 76 unterstützten Methoden anwenden zu können. Der `title` Ihrer `Book`-Objekte ist zwar schon vom Typ `String`, mit dem folgenden Codefragment könnten Sie es aber auch dahin casten.

  ```
  String filter = "((String) title).startsWith(\"Code\")";
  ```

- `.`

  Mit dem Punkt (.) können Sie auch innere Objekte Ihrer JavaBean weiter traversieren. Wenn Ihr `Book` nun noch verschiedene `Chapter`-Elemente enthalten würde, die ebenfalls einen `title` besitzen, so können Sie diesen zum Beispiel mit folgendem Fragment referenzieren.

  ```
  String filter = "chapter.title == \"01 Einführung\"";
  ```

Hinweis

Die Abfragesprache JDO-QL mag Sie aufgrund der Syntax und der vorhandenen Elemente und Funktionen an boolesche Ausdrücke z.B. für Ihre `if`-Bedingungen erinnern, und als Gedankenstütze ist diese Eselsbrücke sicherlich geeignet. Nichtsdestotrotz stehen Ihnen außer den oben aufgeführten Operatoren und Methoden keine anderen Sprachmittel zur Verfügung.

Auf der anderen Seite kann JDO etwas, was Java erst seit Version 5.0 kann: den Vergleich zwischen Basistyp und seiner Wrapper-Klasse.

251 Parameter für JDO-QL Abfragen deklarieren

Genau wie in einem PreparedStatement können Sie in Ihren Filter Platzhalter einbauen, die erst später durch konkrete Werte ersetzt werden. Statt die Platzhalter wie mit JDBC durch Fragezeichen (?) zu kennzeichnen, verwenden Sie in JDO-QL einfach den Namen des später deklarierten Parameters. Um beispielsweise ein in Book-Objekten hinterlegtes hypothetisches publicationDate mit dem aktuellen Datum zu vergleichen, können Sie folgenden Filter definieren.

```
String filter = "publicationDate <= today";
```

Listing 556: Verwendung eines Parameters

Jetzt müssen Sie nur noch festlegen, was sich hinter dem Parameter today verbirgt. Dazu importieren Sie, wie in Java, zunächst die Klasse des Parameters, damit der Compiler auch den Typ des Objektes versteht, deklarieren anschließend den Parameter und übergeben den tatsächlichen Wert erst der Methode execute().

```
...
   // Definition der Abfrage
   String filter = "publicationDate <= today";

   // Erzeugen der Query
   Query query = pm.newQuery(Book.class, filter);

   // Importieren der benötigten Klassen
   query.declareImports("java.util.Date");

   // Deklarieren des Parameters
   query.declareParameter("Date today");

   // Erzeugen des tatsächlichen Date-Objektes
   Date today = new Date();

   // Ausführen der Query
   Collection resultSet = (ResultSet) query.execute(today);
...
```

Listing 557: Verwendung und Deklaration des Filters

Neben diesem einfachen Beispiel können Sie beliebig viele Parameter verwenden und dann über execute()-Methoden mit verschiedenen Signaturen übergeben. Dabei müssen Sie darauf achten, die Klasse des Parameters zuvor zu importieren und den Parameter anschließend als solchen zu deklarieren (declareParameter()). Dann müssen Sie den Wert des Parameters nur noch der execute()-Methode übergeben und haben Ihr »PreparedStatement« für JDO.

252 Die Ergebnismenge sortieren

Die Reihenfolge, in der die Objekte im Hintergrundspeicher abgelegt sind, ist nicht statisch und kann sich sogar zur Laufzeit verändern. Nun wäre es natürlich sehr lästig, die Ergebnislisten bei Bedarf stets per Hand sortieren zu müssen. Glücklicherweise erleichtert Ihnen der `PersistenceManager` auf Wunsch auch hier das Leben. Dazu teilen Sie der `Query` einfach mit, nach welchem Parameter er die Liste sortieren soll.

```
...
    // Erzeugen der Query
    Query query = pm.newQuery(Book.class);

    // Sortiere nach dem Titel (aufsteigend)
    query.setOrdering("title ascending");
...
```

Listing 558: Sortiere nach dem Titel

Neben der aufsteigenden Sortierung (`ascending`) können Sie die Bücher natürlich auch absteigend (`descending`) anordnen.

eXtensible Markup Language

eXtensible Markup Language oder kurz (XML), so heißt der große Hype zu Beginn dieses Jahrtausends. Kaum sieben Jahre später ist diese Technologie aus keinem Computer-Buch mehr wegzudenken. Es gibt ganze Zeitschriften, die sich nur mit diesem Thema beschäftigen, und eine nicht enden wollende Anzahl von Diplomarbeiten eröffnet immer neue Möglichkeiten, XML zu gebrauchen.

Ob Sie nun ein wiederverwendbares XML-Dokument oder ein konfigurierbares XSL-Stylesheet benötigen, eine SVG-Grafik definieren oder eine Datenbank aufbauen, XML scheint eine Wunderwaffe für jedes Problem, und es vergeht kein Tag, an dem nicht irgendjemand eine neue Idee, samt eigens dafür entwickelter Abkürzung, präsentiert, mit der dann wieder alles schneller, schöner, kommunikativer und trotzdem einfacher realisiert werden könnte.

Informationen sind es, um die sich bei XML alles dreht, und der große Traum, diese über alle Plattformen und Programmiersprachen hinweg zu teilen. Egal ob von Computer zu Computer oder zwischen Maschine und Mensch: Sie soll frei definiert und auf intuitive Weise verstanden werden können. Dieses Kapitel zeigt Ihnen, was sich hinter der eXtensible Markup Language (XML) verbirgt, was sie zu leisten vermag und wie Sie sich ihre Eigenschaften zunutze machen können.

Hinweis

Bei den folgenden Rezepten werden wir gelegentlich ein XML-Dokument ausgeben, traversieren oder durchsuchen. Dieses soll dabei folgende Form haben:

```
<?xml version="1.0" encoding="ISO-8859-1" ?>
<book book-number="2176">
   <title>Codebook J2EE</title>
   <publishing-date format="dd.MM.yyyy">10.03.2005</publishing-date>
   <publishing-house>Addison-Wesley</publishing-house>
   <content>
      <chapter number="1">Kapitel 1</chapter>
      <chapter number="2">Kapitel 2</chapter>
   </content>
</book>
```

Listing 559: Ein Beispieldokument (book.xml)

253 Was ist XML?

XML ist, wie es der Name schon sagt, eine Markup Language oder zu Deutsch eine Auszeichnungssprache. Auszeichnungssprachen dienen dazu, textbasierte Dokumente zu verfassen und die Informationen zur Struktur und zum Layout zusammen mit dem Inhalt abzulegen. Die zusätzlichen Informationen werden dazu in so genannte Tags verpackt, die dem Betrachter bei der Darstellung in der Regel nicht mehr angezeigt werden.

Auszeichnungssprachen dienen dazu, textbasierte Dokumente zu verfassen und die Informationen zur Struktur und zum Layout zusammen mit dem Inhalt abzulegen. Die zusätzlichen Informationen werden dazu in so genannte Tags verpackt, die dem Betrachter bei der Darstellung in der Regel nicht mehr angezeigt werden.

Ein Tag besteht dabei aus einem Paar spitzer Klammern (<>), welche die Information in Form bestimmter Zeichenketten einschließen. Zu jedem Tag mit einem frei wählbaren Namen (`<tag>`) gehört dabei ein End-Tag mit folgender Struktur: `</tag>`. Diese sind in ein Dokument eingefügt, wobei die Zeichen zwischen Start- und End-Tag als Rumpf des Tags bezeichnet werden:

```
...
   <tag> ... Rumpf ... </tag>
...
```

Listing 560: Aufbau eines Tags

Eine Sonderform bildet dabei das so genannte leere Tag `<tag/>`, das Start- und End-Tag zusammenfasst und keinen Rumpf besitzt.

Die Ähnlichkeit zwischen XML und HTML kommt nicht von ungefähr, obgleich es zwei wesentliche Unterschiede gibt:

- XML ist erweiterbar.

  Während HTML über einen festen Satz von Tags verfügt, der im Standard der Sprache festgeschrieben ist und der abgesehen von Spracherweiterungen statisch ist, beschreibt die XML-Spezifikation lediglich, nach welchen Regeln Tags definiert werden können. Den Rest der Arbeit müssen Sie erledigen. Es gibt also nicht *die* XML-Tags in dem Sinne, in dem Sie von *den* HTML-Tags sprechen können.

  Oder auch mit anderen Worten: Im Gegensatz zu HTML, das auch über eine Semantik verfügt, d.h., neben jedem Tag auch dessen Bedeutung beschreibt, besteht XML lediglich aus einer Beschreibung der Syntax.

- XML ist strenger als HTML.

  Da die Elemente in XML nicht vorgegeben sind, kann jemand, der sie interpretiert (z.B. ein Browser), die Funktion dieser auch nicht in aus dem Kontext erschließen. Deshalb ist die XML-Spezifikation formaler und lässt insbesondere *keine* Ausnahmen zu.

  Wenn Sie beispielsweise in HTML erst eine neue Tabellenzeile (`<tr>`) und anschließend eine Tabellenzelle (`<td>`) öffnen und anschließend nur die Zeile beenden (`</tr>`), ist dem Computer klar, dass Sie damit auch die Zelle abgeschlossen haben, da eine Zelle nur innerhalb einer Zeile existieren kann. Viele Browser stelle eine solche Seite korrekt dar, obwohl das Dokument fehlerhaft ist. In XML kann ein solcher Kontext nicht erschlossen werden.

Die Geschichte der Markup-Sprachen

Nachdem Menschen dem Computer beigebracht hatten, Daten zu speichern und Ergebnisse zu berechnen, wollten sie diese natürlich auch ansprechend ausgeben. Da die Konsumenten in erster Linie wiederum Menschen waren, fassten die ersten elektronischen Formate vor allem die Darstellung ins Auge.

Diese meist binärcodierten Dokumente machten es Computern jedoch sehr schwierig, die Struktur der Dokumente zu erfassen oder ihren Inhalt gar zu verstehen. So sind *farbige* oder *kursiv gedruckte* Informationen, die sich vom Rest abheben und die Sie mit dem Auge sofort als wichtig erfassen, für den Computer nichts anderes als den Text unterbrechende Steueranweisungen. Der erste große Durchbruch auf diesem Weg war die Ersetzung der Formatierungscodes durch *generische Tags*, welche die wichtige Information »einklammerten.« Computer waren damit einen großen Schritt näher daran, `<i>Diese wichtige Information</i>` vom Rest des Textes unterscheiden zu können.

Seinen Ursprung hatte dieses Umdenken in einem IBM-Projekt der Siebzigerjahre. Die geistigen Urväter Charles Goldfarb, Edward Mosher und Raymond Lorie schufen mit ihrer *Generalized Markup Language (GML)* die Grundlage der Anfang der Achtzigerjahre entwickelten *Standard Generalized Markup Language (SGML)*.

SGML ist dabei ein allumfassendes und dennoch äußerst flexibles Kodierungsschema, das die standardisierte Definition aller nur denkbaren Dokumente ermöglicht, und so wurde es bald überall dort eingesetzt, wo es um das Verfassen und den Austausch von Dokumenten geht: in Verlagen und Zeitungen, aber auch im US-Verteidigungsministerium und der US-amerikanischen Steuerbehörde, die für eine Institution damals viel Mut zur Innovation zeigte.

Doch gerade die Allmächtigkeit von SGML wurde ihr bald darauf zum Verhängnis. Der Standard war umfangreich und voller komplexer Parameter, die sich gegenseitig beeinflussten. So wurde die Implementierung von entsprechenden Anwendungen aufwändig und teuer, und so suchte man bald nach Wegen, die Sprache zu vereinfachen, ohne die grundlegenden Ideen aufgeben zu müssen. Aus diesem Grund wird SGML oft auch als Mutter aller Auszeichnungssprachen bezeichnet.

Die erste große Vereinfachung gelang Tim Berners-Lee Anfang der Neunzigerjahre. Er entwickelte damals eine Auszeichnungssprache, die es den am CERN arbeitenden Wissenschaftlern erleichtern sollte, ihre Ergebnisse zu publizieren und Informationen auszutauschen. Die von ihm und seiner Gruppe entwickelte Hypertext Markup Language (HTML) wird noch heute für die allermeisten Dokumente des Internets verwendet.

HTML-Syntax ist leicht erlernbar, kennt kaum Ausnahmen und ist an keine Plattform gebunden. Die Entwicklung von Software zum Betrachten und Bearbeiten von HTML-Dokumenten war preiswert, und da sich die Funktion vieler Tags aus dem Kontext erschließen ließ, sahen viele Entwickler von einer allzu strengen Auslegung der Sprache ab. HTML ist also nichts anderes als SGML für Hypertext-Dokumente, und so wurde die zweite Version von HTML (1995) bereits vollständig über SGML definiert.

Nach dem großen Erfolg von HTML versuchten die unterschiedlichsten Arbeitskreise, diesen zu wiederholen und nun wiederum SGML webtauglich zu machen. Doch die allgemeine Spezifikation war zu unhandlich und umfangreich, um in kleine Browser-

Applikationen integriert zu werden, und so musste ein Mittelweg her, der einerseits so flexibel und allgemein war wie SGML und sich anderseits so leicht erlernen und implementieren ließ wie HTML: Dies war die Geburtstunde für XML.

Die Geburtsstunde von XML

1996 rief Sun eine Arbeitsgruppe unter Leitung von Jon Bosak ins Leben, deren Ziel die Definition eines flexiblen und plattformunabhängigen Standards für die Darstellung von Dokumenten – also quasi eine Art Java für Dokumente – war.

Das Resultat war eine Metasprache, die auf den Ideen von SGML aufbaute, jedoch darin enthaltene komplexe und selten genutzte Eigenschaften außen vor ließ. So definiert XML keine eigenen Tags, sondern beschränkt sich darauf zu beschreiben, wie diese aussehen. Außerdem setzen die XML-Urväter auf bereits in Java etablierte Technologien wie die Darstellung von Zeichen im Unicode-Format.

Mit diesem erweiterbaren Standard, auf dessen Grundlage nun wiederum eigene Sprachen definiert werden konnten, war man nun z.B. in der Lage, Informationen in einer sowohl von Maschinen wie auch von Menschen intuitiv zu erfassenden Form abzulegen. So sollten Sie, auch ohne weitere Einführung, keine Probleme haben, die folgende Information zu interpretieren:

```
<publishing-date format="dd.MM.yyyy">10.03.2005</publishing-date>
```

Listing 561: Ein einfaches Tag

Dabei wird eine komplexe Information in drei Teile gegliedert, die deren sichere Interpretation erlauben:

- Der Name des Tags (`<publishing-date>`)

  Da Sie Ihre Tag-Namen in XML frei definieren, können Sie Ihre Informationen bereits an dieser Stelle katalogisieren. Dabei geben Sie jeder Information quasi eine persönliche Klammer aus Start-Tag und End-Tag, die diese einschließt und eindeutig begrenzt.

  Diese Fähigkeit macht XML-Dokumente so intuitiv. Sie sehen auf den ersten Blick, welche Information vorliegt oder welche gegebenenfalls fehlt. Außerdem macht Sie Ihre Applikationen robust gegen das Vertauschen zweier Werte.

- Die Informationen im Rumpf des Tags (`10.03.2005`)

  Die Nutzinformationen eines Tags sind in der Regel im Rumpf enthalten. Dabei kann es sich sowohl um Text als auch um weitere Tags handeln.

- Ergänzende Attribute (`format`)

  Über Attribute ist es Ihnen möglich, beliebig viele Zusatzinformationen zu Ihrem Tag zu hinterlegen, die korrekte Interpretation sicherstellen.

Angenommen das obige Tag sei von einem Amerikaner erstellt worden und hätte nun die folgende Form:

```
<publishing-date format="MM/dd/yyyy">03/10/2005</publishing-date>
```

Listing 562: Gleiche Information, andere Formatierung

Ein menschlicher Betrachter hätte mit dem Wissen, dass es sich bei der Information um ein Datum handelt, auch bei dieser Form keine Probleme mit der Entschlüsselung des Tages, ein Computer wäre ohne die ergänzenden Informationen in Form von Attributen sicherlich hoffnungslos überfordert.

254 Regeln für XML

In Markup-Sprachen wird die eigentlich zu hinterlegende Information von Tags umschlossen, die ebenfalls Teil eines »äußeren« Tags sein können. Auf diese Weise können Sie Basisinformationen zu immer größeren Einheiten zusammenfassen, die weiterhin noch genauso leicht interpretiert werden können.

```
<book book-number="2176">
   <title>Codebook J2EE</title>
   <publishing-date format="dd.MM.yyyy">10.03.2005</publishing-date>
   <publishing-house>Addison-Wesley</publishing-house>
   <content>
      <chapter number="1">Kapitel 1</chapter>
      <chapter number="2">Kapitel 2</chapter>
   </content>
</book>
```

Listing 563: Ein zusammengesetztes XML-Dokument

Listing 563 zeigt bereits ein vollständiges XML-Dokument, an dem sich alle wichtigen Eigenschaften und Regeln zeigen lassen.

1. Alle Tags werden von einem Elter-Tag umschlossen.

   Alle in einem XML-Dokument auftretenden Tags werden wiederum von einem Tag umschlossen. Diese Reihe setzt sich bis zu einem einzelnen Wurzel-Element (Root-Tag) fort.

   Ein solches Root-Tag ist beispielsweise das `<html>`-Tag, das zwar formal immer gefordert, in der Praxis aber häufig sehr lässig gehandhabt wird. In obigem Beispiel heißt das Wurzel-Tag `<book>`.

2. Alle Start-Tags werden durch End-Tag geschlossen.

   Jedes geöffnete Tag wird durch sein Pendant geschlossen. Dieses Paar bildet eine Art Klammer um die von diesem Tag eingeschlossene Information (Rumpf), bei der es sich um Text oder auch weitere Tags handeln kann.

   Die einzige Ausnahme bildet hierbei das sich selbst schließende, leere Tag, z.B. `<title />`. Dieses Tag ist Start- und End-Tag zugleich und besitzt keinen Rumpf. Es ist eine übliche Kurzschreibweise für `<title></title>`.

3. Es dürfen keine Verschachtelungen von Tags auftreten.

   Tags müssen in ungekehrter Reihenfolge geschlossen werden, in der sie geöffnet wurden, so dass keine Verschachtelungen von Tags auftreten. Die folgende Kombination von Tags ist in XML-Dokumenten nicht gestattet und wird bereits beim Einlesen des Dokumentes moniert.

   ```
   <content><chapter></content></chapter>
   ```

4. Attributwerte werden von doppelten Anführungszeichen eingeschlossen.

   Auch diese SGML-Regel wird in HTML sehr lax gehandhabt. In XML-Dokumenten sind die Anführungszeichen ("") ohne Ausnahme Pflicht.

Erfüllt ein XML-Dokument diese Anforderungen, wird es als *wohlgeformt* bezeichnet.

Hinweis

Die in Listing 563 dargestellten Einrückungen (englisch: Indent) von eingeschlossenen Tags sind übrigens optional und dienen nur der besseren Lesbarkeit. Auch ein fortlaufender Strom von Tags ohne Einrückungen oder Zeilenumbrüche wäre immer noch wohlgeformtes XML, solange das Dokument den oben angegebenen vier Regeln gehorcht.

```
<book book-number="2176"><title>Codebook J2EE</title>
<publishing-date format="dd.MM.yyyy">10.03.2005</publishing-date>
<publishing-house>Addison-Wesley</publishing-house><content>
<chapter number="1">Kapitel 1</chapter><chapter number="2">Kapitel 2</
chapter>
</content></book>
```

Listing 564: Ebenfalls wohlgeformtes XML-Dokument

255 Dokumentzentriert vs. datenzentriert

XML ist vor allem eine Möglichkeit, Daten in eine bestimmte Form zu überführen und zu strukturieren. Da es inzwischen eine Vielzahl von Anwendungen für XML gibt, bei denen einmal die Daten selbst und einmal die Struktur der Daten im Vordergrund steht, prägen zwei Begriffe die Aufgabe des Dokumentes:

- Dokumentzentriert

  Bei diesen Dokumenten liegt das Hauptaugenmerk auf der Struktur der Daten und der Reihenfolge, in der diese abgelegt sind. Typische Anwendungen sind Präsentationen und HTML-Seiten.

- Datenzentriert

  Diese Dokumente dienen in der Regel dazu, Informationen zu speichern oder zu übertragen, statt sie zu präsentieren. Dabei spielt die Reihenfolge, in der Geschwister-Elemente angeordnet sind, in der Regel keine Rolle. Typische Anwendungen sind z.B. Inventur-Systeme oder auf XML basierende Datenbanken.

256 Vorteile von XML

XML ist der derzeit krönende Abschluss einer langen Erfolgsgeschichte von Auszeichnungssprachen. Obwohl dieser Standard noch sehr jung ist, hat er bereits Einzug in viele Bereiche des (Programmier-)Alltags gehalten und verdankt dies nicht zuletzt den folgenden Eigenschaften:

- XML ist allgemein und plattformunabhängig. Damit bildet es eine gute Basis für den Informationsaustausch sich immer mehr spezialisierender Anwendungen.
- XML ist textbasiert und leicht zu erstellen. Zwar gibt es inzwischen eine Unmenge verfügbarer IDEs. Doch was Sie zum Erstellen eines XML-Dokumentes eigentlich nur benötigen, ist ein einfacher Texteditor.
- XML ist strukturiert. Da die Informationen und Meta-Informationen zusammen abgelegt werden, können diese ohne großen Aufwand zusammengetragen werden. Komplexe Elemente lassen sich dabei aus einfacheren zusammensetzen.
- XML kann leicht durch Stylesheets formatiert werden. Dies ermöglicht es, über XML abgelegte Informationen leicht in verschiedene Formate zu transformieren.
- XML ist streng hierarchisch. Auf diese Weise kann jedes Element eines XML-Dokumentes eindeutig einem Kontext zugeordnet werden.
- XML ist einfach zu validieren. Aufgrund der simplen Regel, über die XML definiert wird und die keine Ausnahmen zulassen, können Sie die Syntax eines Dokumentes leicht überprüfen.

257 Der Prolog und XML-Anweisungen

Um ein XML-Dokument als solches zu identifizieren, muss es (in Dateiform abgelegt) stets mit einer initialen Zeile, dem so genannten *Prolog* beginnen. Dieser beschreibt die XML-Version sowie grundsätzliche Eigenschaften des Dokumentes.

```
<?xml version="1.0" encoding="ISO-8859-1" ?>
...
```

Listing 565: Prolog eines XML-Dokumentes

Diese Zeile ist vergleichbar mit einer Page-Direktive für JSPs: Sie enthält Verarbeitungsanweisungen, ist jedoch kein Teil des resultierenden Dokumentes. Jedes in Dateiform abgelegte XML-Dokument beginnt mit dem Prolog `<?xml ... ?>`, dessen Attribute dem Parser folgende Informationen geben:

- `version` – die verwendete XML-Version.

  Obwohl die Version 1.0 ohne Veränderung nun schon seit sieben Jahren zum Einsatz kommt, ist es gut möglich, dass auch dieser Standard eines Tages weiterentwickelt wird, um ihn neuen Gegebenheiten anzupassen.

- `encoding` – der verwendete Zeichensatz (optional).

  Per Default nimmt der Parser an, dass Ihr Dokument über UTF-8 codiert ist. Verwenden Sie nun aber in einem Kommentar deutsche Umlaute, bricht der Parser die Verarbeitung des Dokumentes mit einer entsprechenden Fehlermeldung ab, da er das empfangene Zeichen nicht versteht. Über das Attribut `encoding` können Sie den Zeichensatz des Parsers ändern.

XML Processing Instructions (PI)

Der obligatorische Prolog ist dabei eine Sonderform der sonst seltener anzutreffenden *Processing Instructions (PI)*. Diese Verarbeitungsanweisungen geben der Applikation weitere Hinweise, wie das vorliegende Dokument zu behandeln ist.

Ein Processing Instruction (PI) hat dabei immer folgende Form:

```
<?ziel Anweisungen ?>
```

Listing 566: Schematischer Aufbau einer Processing Instruction (PI)

Wobei das oben definierte Ziel `xml` für den XML-Parser selbst gedacht ist. Eine weitere Processing Instruction könnte beispielsweise eine XSL-Transformation beschreiben:

```
<?xml-stylesheet href="stylesheets/Java.html.xsl" type="text/xsl"?>
```

Listing 567: Processing Instruction für eine Stylesheet-Transformation

258 Verschiedene Ausprägungen eines Tags

Tags sind neben Zeichenketten der Hauptbestandteil von XML-Dokumenten und dienen dazu, diese zu strukturieren und mit Meta-Informationen zu versehen. Dabei unterscheidet man die folgenden Varianten:

- das gemeine/gewöhnliche Tag
- das leere Tag
- das Wurzel-Tag

Das gemeine Tag

Das gemeine oder gewöhnliche Tag ist in der Regel das, was Sie von Ihren HTML-Seiten oder JSPs her kennen. Es besteht aus einem Paar spitzer Klammern (<>), die den Namen des Tags und gegebenenfalls zusätzliche Attribute einschließen.

Das Tag teilt sich dabei in ein Start- und ein End-Tag auf, die beide denselben Namen haben müssen. Um ein End-Tag zu kennzeichnen, wird diesem ein Schrägstrich (/) vorangestellt.

```
<TagName> ... Rumpf des Tags ... </TagName>
```

Listing 568: Das gemeine Tag (Beispiel)

Alle Zeichenketten und Tags, die zwischen Start- und End-Tag stehen, werden als Rumpf des Tags bezeichnet, wobei dieser auch leer sein kann. Eine Kurzschreibweise dafür bildet das so genannte leere Tag.

```
<TagName></TagName>
```

Listing 569: Gemeines Tag ohne Rumpf (Beispiel)

Der Name eines Tags muss mit einem Buchstaben oder dem Unterstrich beginnen und darf beliebig viele Buchstaben, Zahlen, Punkte, Binde- und Unterstriche enthalten. Dabei wird zwischen Groß- und Kleinschreibung unterschieden.

Achtung

Die einzige Ausnahme bei der Bezeichnung Ihrer Tags bildet die Zeichenkette `xml`. Sie stellt gewissermaßen ein reserviertes Wort dar, und somit darf keines Ihrer Elemente mit den Buchstaben `xml` beginnen.

Das leere Tag

Das leere Tag ist eine Kurzschreibweise für ein Standard-Tag ohne Rumpf.

```
<TagName />
```

Listing 570: Ein leeres Tag (Beispiel)

Diese Schreibweise hebt deutlich hervor, dass dieses Tag keinen Rumpf besitzt, und kann Sie so vor Tippfehlern bewahren.

Das Wurzel-Tag

Sie wissen bereits, dass jedes in einem XML-Dokument enthaltene Tag von einem anderen Tag umschlossen werden muss, das dann auch als Elter-Tag bezeichnet wird. Diese Reihe setzt sich bis zu einem Wurzel-Tag (Root-Tag) fort, in dessen Rumpf sich alle anderen Elemente des Dokumentes befinden.

Das Root-Tag kann dabei auch ein leeres Tag sein, wobei das Dokument in diesem Fall keine weiteren Informationen enthält.

Achtung

Innerhalb eines Dokumentes kann es stets nur ein einziges Root-Tag geben. Wenn Sie mehrere gleichrangige Informationen speichern möchten, fassen Sie diese in einem neuen, gemeinsamen Elter-Element zusammen, das dann das Wurzel-Element bildet.

Attribute eines Tags

Jedes Start-Tag kann analog zu HTML mit beliebig vielen Attributen versehen werden, um die verarbeitende Applikation mit Zusatzinformationen zu versorgen. Ob diese ausgewertet werden, hängt dabei vom jeweiligen Programm ab.

Für die Namen von Attributen gelten die gleichen Regeln wie für Tag-Namen, wobei zusätzlich die folgenden Wörter reserviert sind und nicht verwendet werden dürfen:

Name	Mögliche Werte	Beschreibung
`xml:lang`	Sprachcode nach RFC 1766, also beispielsweise »`fr`«, »`en-US`« usw.	Dieses Attribute kann mit jedem Element verwendet werden und zeigt die Sprache des Rumpfes an. Es ist dafür gedacht, in mehrsprachigen Dokumenten das vom Betrachter am leichtesten verstandene Element zu finden.
`xml:space`	`default`, `preserve`	Dieses Attribut gibt an, ob führende oder schließende Leerzeichen (Tab, Space, Zeilenumbruch) ein Bestandteil des Elementes sind (`preserve`) oder entfernt werden können (`default`).
`xml:link`	`simple`, `document`, `extended`, `group`	Dieses Attribut verweist auf ein anderes XML-Element.

Tabelle 77: Reservierte Wörter für Attributnamen

259 Zeichenketten in XML verwenden

XML dient dazu, Informationen in Form von Zeichenketten abzulegen. Diese stehen im Rumpf eines Elter-Tags und können von weiteren Tags unterbrochen sein. Grundsätzlich können Sie in Ihren Zeichenketten jedes im eingestellten Zeichensatz (`encoding`) vorkommende Zeichen, inklusive Unicode-Sequenzen, verwenden. Da der Parser jedoch Tags und Attribute sicher unterscheiden können muss, müssen die folgenden fünf Sonderzeichen umschrieben werden:

Zeichen	Escape-Sequence	Beschreibung
<	`<`	Dieses Zeichen zeigt dem XML-Parser den Beginn eines neuen Tags an, weswegen Sie es innerhalb von Zeichenketten durch die Zeichenkette »`<`« (*less than*) ersetzen müssen.
>	`>`	Für das Tag-Abschlusszeichen gilt das Gleiche wie für <, weshalb Sie auch hier eine Umschreibung »`>`" (*greater than*) verwenden müssen.
&	`&`	Das kaufmännische Und (&) wird als Referenz auf ein anderes Element interpretiert. Diese Ausnahme gilt nicht für *Processing Instructions (PI)*.

Tabelle 78: Reservierte Sonderzeichen in HTML

Zeichen	Escape-Sequence	Beschreibung
"	`"`	Da Anführungszeichen (") Beginn und Ende eines Attributes anzeigen, können Sie diese nicht für Attributwerte verwenden.
'	`'`	Hier gilt das Gleiche wie für Anführungszeichen.

Tabelle 78: Reservierte Sonderzeichen in HTML (Forts.)

Die in der Tabelle dargestellten Umschreibungen für reservierte Zeichen werden in XML auch als Entity bezeichnet. Neben den fünf oben beschriebenen Entities können Sie auch eigene definieren. Zusätzlich dienen Entities dazu, nicht vom Zeichensatz abgedeckte Elemente einzubinden, sofern diese über eine Unicode-Darstellung verfügen.

```
&#Dezimalcode im Unicode-Zeichensatz;
&#xHexadezimalcode im Unicode-Zeichensatz;
```

Listing 571: Einsatz von Unicode in XML-Dokumenten

Um beispielsweise einen Zeilenumbruch (Code 13) einzufügen, können Sie folgende Entity verwenden:

```
<satz>Dies ist ein &#13; umbrochener Satz.</satz>
```

Listing 572: Verwendung einer Unicode-Entity

Hinweis

In der Standardeinstellung werden alle führenden und abschließenden Whitespace-Zeichen (SPACE, TAB, RETURN) ignoriert, sofern sie nicht durch die Option `xml:space` (Tabelle 70) geschützt werden.

Zeichenkette vs. Attribut

Häufig stehen Sie vor der Entscheidung, eine atomare Information mit einer Zeichenkette im Rumpf des Tags oder über ein Attribut des Tags zu hinterlegen. Beide Varianten haben dabei Vor- und Nachteile, wobei Sie Folgendes berücksichtigen sollten:

- Datenrepräsentation (DOM oder SAX)

  Je nachdem Sie XML-Dokument durch ein DOM-Modell oder über SAX-Events (die Sie in den folgenden Absätzen kennen lernen werden) abbilden, scheinen sich für Erstere eher Zeichenketten und für SAX-Events Attribute zur Ablage von Informationen zu eignen.

- Validierung (Gruppierung, Indizierung, Standardwerte)

  Kommt es auf die Validierung und Indizierung oder das Zuweisen von bestimmten Standard-Werten an, eignen sich Attribute besser, da Sie diese über eine Document Type Definition (DTD) überprüfen und setzen können.

- Kind-Elemente

  Besteht Ihre Information hingegen aus Text und weiteren Elementen, sind Attribute gänzlich ungeeignet, da Sie in diesen nur Zeichenketten ablegen können.

Hinweis

Processing Instructions (PI), Tags und Zeichenketten kommen in so ziemlich jedem XML-Dokument vor, während die folgenden Elemente nicht zwingend benötigt werden.

260 Kommentare in XML erzeugen

Um Ihr Dokument oder Teile davon auch nach Jahren zu verstehen oder ihre Funktion für andere zu dokumentieren, ist es sinnvoll, Kommentare einzufügen. Außerdem können Sie über diese (analog zu Java) bestimmte Elemente zeitweilig auskommentieren, was besonders in der Testphase nützlich sein kann.

Kommentare haben in XML-Dokumenten die Form:

```
<!-- Dies ist ein Kommentar -->
```

Listing 573: Kommentar in XML

Achtung

Laut der Spezifikation beginnen Kommentare mit der Zeichenkette `<!--` und werden mit `-->` abgeschlossen. Diese Definition verbietet es, insbesondere Kommentare ineinander zu verschachteln, da der Parser den zweiten öffnenden Kommentarkasten (`<!--`) übersieht und mit dem zweiten schließenden Kommentar (`-->`) nichts anzufangen weiß:

```
<!--
                    Die ist ein Kommentarkasten
   <!-- Dies ist ein verbotener Kommentar im Kommentar -->
                   endet der erste Kommentarkasten
-->
```

Listing 574: Verbotenes Schachteln von Kommentarkästen

Verschachtelte Kommentare dieser Art werden vom Parser immer mit einer Fehlermeldung quittiert.

Da Zeilenumbrüche in XML ignoriert werden, kann es auch keine Zeilenkommentare wie etwa die beiden Schrägstiche (//) in Java geben.

261 Wozu dienen Namensräume?

Da in XML jeder seine eigenen Tags definieren kann, kommt es natürlich dementsprechend häufig zu Überschneidungen, bei denen zwei Anwender Tags mit gleichem Namen für unterschiedliche Aufgaben vorsehen. Solange alle Tags nur in »ihrem« Dokument vorkommen und eine Anwendung nur Dokumente einer Quelle verarbeitet, treten keine Fehler auf. Kritisch wird es erst, wenn Sie beide Dokumente kombinieren und die Tags mischen. Dann kann die Anwendung beide Versionen nicht mehr unterscheiden (sie besitzen den gleichen Namen).

Bei der Entwicklung eigener Tag-Bibliotheken standen Sie vor einem ähnlichen Problem, und wie dort liegt die Lösung in der Definition von Namensräumen. Diese bilden gewissermaßen den »Nachnamen« für Tags und fassen diese zu so genannten Tag-Familien zusammen. Auf diese Weise können Sie die Tags trotzdem unterscheiden.

```
<j2ee:book book-number="2176" xmlns:j2ee="http://j2ee.codebooks.de/xml">
   <j2ee:title>Codebook J2EE</j2ee:title>
   <j2ee:publishing-date
         format="dd.MM.yyyy">10.03.2005</j2ee:publishing-date>
   <j2ee:publishing-house>Addison-Wesley</j2ee:publishing-house>
   <j2ee:content>
      <j2ee:chapter number="1">Kapitel 1</j2ee:chapter>
      <j2ee:chapter number="2">Kapitel 2</j2ee:chapter>
   </j2ee:content>
</j2ee:book>
```

Listing 575: XML-Namespace (Beispiel)

Über das Attribut `xmlns:j2ee` definieren Sie für das Tag `<book>` und seinen Rumpf einen Namensraum für den URL `http://j2ee.codebooks.de/xml` und verknüpfen diesen mit dem Präfix `j2ee`. Jedes Tag, dessen Name mit diesem Präfix ausgestattet wird, gehört danach diesem Namensraum an.

Achtung

Laut Spezifikation ist das Präfix nur ein Platzhalter für den URL des Namensraumes, der dann die eindeutige Zuordnung übernimmt. Zwei gleichnamige Tags, die über unterschiedliche Präfixe den gleichen URL referenzieren, sind demnach also identisch, auch wenn nicht jede Applikation diese Unterscheidung vornimmt.

Des Weiteren können Sie natürlich nur Präfixe verwenden die entweder in dem Element selbst oder zuvor in einem seiner Elter-Elemente deklariert wurden. Präfixe haben damit wie Variablen einen Gültigkeitsbereich, innerhalb dessen sie existieren, und können dort sogar überschrieben werden.

262 CDATA – Rohdaten speichern

Alles textbasiert ablegen zu können, ist zwar schön und gut, doch es gibt auch Daten, die nicht vom XML-Parser interpretiert werden dürfen, etwa weil es sich hierbei um binäre Daten oder SQL-Skripte handelt, in denen Sie nicht alle enthaltenen Sonderzeichen (vgl. Tabelle 71) umkodieren wollen.

In diesem Fall können Sie den Inhalt (oder Teile des Inhaltes) eines Tags als nicht zu interpretierende Zeichenkette (Character Data, `CData`) markieren, die wortwörtlich ins Dokument übernommen wird. Ein `CData`-Abschnitt beginnt stets mit der Zeichenkette `<![CDATA[` und wird mit `]]>` abgeschlossen.

```
<text><![CDATA[ Dieser Text wird wortwörtlich übernommen
              und nicht interpretiert]]></text>
```

Listing 576: Verwendung von Rohdaten (CData)

Ein `CData`-Block kann sowohl *Sonderzeichen (Entities)* als auch binäre Daten wie Bilder enthalten. In ihm enthaltene Elemente werden als Text gelesen und nicht interpretiert.

263 Verarbeitungsmodelle für XML

Es existieren zwei gängige Modelle, um XML-Dokumente mit Java verarbeiten zu können.

- Der baumorientierte Ansatz DOM bildet das Dokument als Menge von Knoten (für Tags, Zeichenketten etc.) über Listen und Maps ab. Das Dokument kann dabei in alle Richtungen traversiert werden.

  Da der Speicherbedarf bei diesem Modell wesentlich größer ist, eignet es sich vor allem für kleinere Dokumente.

- Das auf Ereignissen basierende SAX-Modell eignet sich aufgrund des erheblich geringeren Ressourcenbedarfs vor allem für umfangreiche Dokumente. Dafür können Sie diese nur vorwärts abarbeiten. Wenn Sie über eine Stelle einmal »hinweggelesen« haben, können Sie nicht mehr zu dieser zurückkehren.

Seit dem Java SDK 1.4 sind die Klassen zur Verarbeitung mit DOM und SAX sowie ein Parser zum Einlesen von XML-Dokumenten enthalten. Diese werden von Sun unter dem Oberbegriff *Java API for XML Processing (JAXP)* zusammengefasst. Daneben existieren viele andere Implementierungen, um ein Dokument in den Speicher zu überführen und dort zu traversieren.

Die Beispiele in diesem Kapitel verwenden dabei als Parser Apaches Referenzimplementierung Xerces, der von der Homepage *http://xml.apache.org/xerces2-j/* heruntergeladen werden kann und sich vor allem durch seine Geschwindigkeit und hohe Standardtreue auszeichnet. Um diesen oder einen anderen Parser verwenden zu können, laden Sie einfach die entsprechende JAR-Datei herunter und binden diese in den Classpath ein.

DOM vs. JDOM vs. DOM4J

Auch bei der Verarbeitung von XML-Dokumenten im DOM-Modell werden Sie in diesem Kapitel eine API kennen lernen, deren Komfort weit über der Standardimplementierung von Sun liegt.

Die DOM-API

Das ursprüngliche Document Object Model (DOM) ist eine plattform- und programmiersprachenunabhängige Spezifikation für die Verarbeitung von XML. Sie wurde vom W3C standardisiert und basiert auf der *Interface Definition Language* der Open Management Group (OMG).

Damit bildet DOM gewissermaßen den kleinsten gemeinsamen Nenner aller Spezifikationen, in der ein XML-Dokument sowohl in C++ als auch in Java und vielen weiteren Programmiersprachen durch eine Menge miteinander verknüpfter Knoten repräsentiert wird. Das bisher verwendete Beispieldokument hat hier die folgende Form:

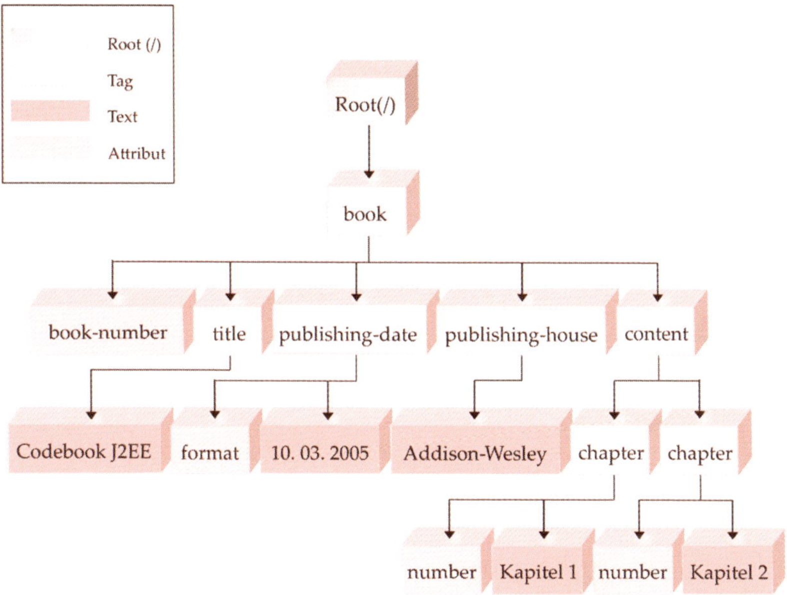

Abbildung 150: DOM-Repräsentation des Beispieldokumentes

Wie Sie deutlich erkennen können, gibt es im DOM-Modell verschiedene Knoten für die Wurzel (Root, /), Tags, Zeichenketten, Attribute etc. Damit ist dieses Modell auf der einen Seite sehr mächtig, auf der anderen aber auch sehr komplex. Da es außerdem für alle Programmiersprachen gleichsam gelten soll, kann es auch nicht auf komfortable Java-Funktionalitäten zurückgreifen.

Da die Arbeit mit diesem Modell deshalb oft schwerfällig ist, werden wir es hier nicht weiter betrachten. Wenn Sie dennoch mehr über den Umgang mit DOM lernen möchten, empfehlen wir Ihnen das Tutorial unter *http://www.w3schools.com/dom/*.

Die Java Document Object Model-API (JDOM)

Wenn Sie aufgrund des Namens nun einen erweiterten Standard von Sun erwarten, liegen Sie falsch. Hinter JDOM verbirgt sich eine weit verbreitete, freie Open-Source-API, die mit dem Ziel entwickelt wurde, die Verarbeitung von XML-Dokumenten unter Java möglichst einfach und trotzdem ressourcenschonend zu ermöglichen.

Die auch in späteren Beispielen verwendete API kann von der Homepage des Projektes unter *http://www.jdom.org/* heruntergeladen werden. Dort erfahren Sie ebenfalls, dass JDOM mit dem *Java Service Request 102 (JSR-102)* einen Standardisierungsprozess durchläuft und bei erfolgreichem Abschluss später in die Bibliothek von Sun aufgenommen werden wird.

Die DOM4J-API

DOM4J (*http://www.dom4j.org/*) ist neben JDOM eine weitere populäre Open-Source-API, um XML mit Java zu verarbeiten. DOM4J versucht aber im Gegenzug zu JDOM, möglichst nah an der DOM-Spezifikation zu bleiben, während JDOM Effizienz und Komfort in den Vordergrund stellt.

Für welche API Sie sich letztlich entscheiden ist Geschmackssache, da alle drei die Kommunikation mit anderen Applikationen nach W3C-Standard unterstützen. Wir favorisieren in diesem Buch den JDOM, wobei Sie sich mit dem Wissen dieses Kapitels und entsprechenden JavaDocs auch problemlos in die anderen Bibliotheken einarbeiten können sollten.

264 Erzeugen eines neuen XML-Dokumentes

Das folgende Listing zeigt Ihnen, wie Sie ein neues XML-Dokument im Arbeitsspeicher erzeugen können.

```
package de.codebooks.j2ee.jdom;

import org.jdom.Element;
import org.jdom.Document;

/** Erzeugt ein neues XML-Dokument */
public class CreateDocument {

   public static void main(String[] args) {
      Document doc = new Document();
      Element root = new Element("book");
      doc.setRootElement(root);
   }
}
```

Listing 577: Erzeugen eines neuen XML-Dokumentes

Zunächst erzeugen Sie ein `Document`-Objekt als Container für Ihr späteres Dokument. Anschließend erzeugen Sie das Wurzel-Element `book` und fügen es in den `Document`-Container ein. Während ein (Wurzel-)`Element` verschiedene Elemente enthalten darf, kann ein `Document` stets nur *ein* Wurzel-Element aufnehmen.

Wenn Sie Ihr Dokument an dieser Stelle ausgeben, würden Sie folgendes Resultat erhalten:

```
<?xml version="1.0" encoding="UTF-8" ?>
<book />
```

Listing 578: Form des ersten XML-Dokumentes

Kurzform der Erzeugung eines XML-Dokumentes

Einer der größten Vorteile der JDOM-API sind jedoch die Kurzformen, mit denen Sie Dokumente kurz und knapp definieren können. So können Sie die gleiche Funktionalität wie in Listing 575 auch mit folgendem »Einzeiler« formulieren:

```
...
   public static void main(String[] args) {
      Document doc = new Document(new Element("book"));
   }
...
```

Listing 579: Erzeugen eines neuen XML-Dokumentes (Kurzform)

265 Hinzufügen von Elementen

Nachdem Sie einen `Document`-Container und ein Wurzel-Element (`book`) erzeugt haben, können Sie weitere Elemente in dessen Rumpf einfügen. Dafür stellt Ihnen die Klasse `org.jdom.Element` zahlreiche `addContent()`-Methoden zur Verfügung. Das folgende Listing demonstriert den Aufbau des Beispieldokumentes aus Listing 563.

```
package de.codebooks.j2ee.jdom;

import org.jdom.Element;
import org.jdom.Document;

/** Demonstriert die Arbeit mit der JDOM-API */
public class CreateDocument {

   /** Erzeugt ein XML-Dokument von Grund auf */
   public static void main(String[] args) {
```

Listing 580: Aufbau des Beispieldokumentes (Listing 563)

```
// Erzeuge ein neues Document mit dem Root-Element <book>
Document doc = new Document(new Element("book"));

// Erzeuge das Element: <title>Codebook J2EE</title>
Element title = new Element("title");
title.addContent("Codebook J2EE");

// Erzeuge das Element:
// <publishing-date format="dd.MM.yyyy">10.03.2005</publishing-date>
Element publishingDate = new Element("publishing-date");
publishingDate.addContent("10.03.2005");
publishingDate.setAttribute("format", "dd.MM.yyyy");

// Erzeuge das Element:
// <publishing-house>Addison-Wesley</publishing-house>
Element publishingHouse = new Element("publishing-house");
publishingHouse.addContent("Addison-Wesley");

// Erzeuge das Element: <content>
Element content = new Element("content");

// Erzeuge das Element: <chapter number="1">Kapitel 1</chapter>
Element chapter1 = new Element("chapter");
chapter1.addContent("Kapitel 1");
chapter1.setAttribute("number", "1");

// Erzeuge das Element: <chapter number="2">Kapitel 2</chapter>
Element chapter2 = new Element("chapter");
chapter2.addContent("Kapitel 2");
chapter2.setAttribute("number", "2");

/* Zusammenfügen der Struktur */

// Referenzieren des Root-Elementes
Element book = doc.getRootElement();

// Setzen der ISB-Nummer
book.setAttribute("book-number","2176");

// Zusammenfügen des <content>-Elementes
content.addContent(chapter1);
content.addContent(chapter2);

// Zusammenfügen des <book>-Elementes
book.addContent(title);
book.addContent(publishingDate);
```

Listing 580: Aufbau des Beispieldokumentes (Listing 563) (Forts.)

```
        book.addContent(publishingHouse);
        book.addContent(content);
    }
}
```

Listing 580: Aufbau des Beispieldokumentes (Listing 563) (Forts.)

Wie Sie hier am Beispiel des Elementes <publishing-date> hervorgehoben sehen können, ist der Aufbau eines Dokumentes aus verschiedenen Tags ganz einfach. Zunächst erzeugen Sie das gewünschte Tag und statten es mit dem Inhalt und benötigten Attributen aus, und anschließend fügen Sie es einfach über die Methode `addContent()` in den Rumpf des Elter-Elementes ein:

```
...
        Element publishingDate = new Element("publishing-date");
        publishingDate.addContent("10.03.2005");
        publishingDate.setAttribute("format", "dd.MM.yyyy");
...
        book.addContent(publishingDate);
...
```

Listing 581: Einfügen eines Elementes (Beispiel)

Hinweis

Statt Text über die Methode `setText()` in den Rumpf eines Tags einzufügen, können Sie auch die Methode `addContent(new Text())` verwenden, wobei diese bereits vorhandene Elemente nicht entfernt oder überschreibt.

Kurzform für die Definition des Beispieldokumentes

Wie Sie sehen, kann das Erzeugen und Zusammenfügen der Elemente gerade bei großen Dokumenten sehr unübersichtlich werden. Aber JDOM hätte nicht den Ruf als kompakte API, wenn sich nicht auch diese Form deutlich vereinfachen ließe.

```
package de.codebooks.j2ee.jdom;

import org.jdom.Element;
import org.jdom.Document;

/** Demonstriert die Arbeit mit der JDOM-API */
public class CreateDocumentShort {

    /** Erzeugt ein neues XML-Dokument */
    public static void main(String[] args) {
```

Listing 582: Aufbau des Beispieldokumentes (Kurzform)

```
        // Erzeugt ein neues Dokument mit dem Root-Element <book>
        Document doc = new Document(new Element("book"));

        // Referenziert das Root-Element
        Element root = doc.getRootElement();

        // Erzeugt die gewünschte XML-Struktur
        root.setAttribute("isbn", "2176")
           .addContent((Element) new Element("title")
              .setText("Codebook J2EE"))
           .addContent((Element) new Element("publishing-date")
              .setText("10.03.2005")
              .setAttribute("format", "dd.MM.yyyy"))
           .addContent((Element) new Element("publishing-house")
              .setText("Addison-Wesley"))
           .addContent((Element) new Element("content")
              .addContent((Element) new Element("chapter")
                 .setText("Kapitel 1"))
              .addContent((Element) new Element("chapter")
                 .setText("Kapitel 2")));
    }
}
```

Listing 582: Aufbau des Beispieldokumentes (Kurzform) (Forts.)

Auf den ersten Blick werden Sie vielleicht etwas irritiert auf dieses Listing schauen und sich fragen, was das soll, aber wenn Sie nur ein wenig länger hinsehen, werden Sie feststellen, wie sich die Struktur des Dokumentes quasi von selbst erschließt. Wenn Sie mit dieser Kurzschreibweise arbeiten, können Sie auch später noch leicht neue Elemente hinzufügen oder ganze Zweige auskommentieren.

Diese Kurzform ist möglich, weil jede `addContent()`-Methode ein `Parent`-Objekt zurückgibt, hinter dem sich nichts anderes als das `Element` verbirgt, dessen `addContent()`-Methode Sie gerade aufgerufen haben. Sie müssen es nur noch zurück casten, und schon können Sie an dieser Stelle weitere Elemente einfügen. Das Casten ist deshalb nötig, da das `Parent`-Element des Root-Elementes (`book`) beispielsweise der `Document`-Container und eben kein `Element` ist.

XML

Bei der Klammerung und dem korrekten Einrücken können Sie sich inzwischen in den allermeisten Fällen einfach zurücklehnen und sich von Ihrer IDE unterstützen lassen. Praktisch alle gängigen Entwicklungsumgebungen (inklusive dem `vi` des Autors) verfügen über dieses Feature, und so brauchen Sie am Ende einer Zeile nur so viele schließende Klammern einzufügen, bis das Element an der richtigen Stelle der Struktur steht.

Achtung

Um Casting- und Verständnisprobleme zu vermeiden, empfehlen wir Ihnen, beim Zusammenstecken der Dokumente in dieser Kurzform bei der Konstruktion eines Elementes auf folgende Weise vorzugehen:

1. Erzeugen des Elementes mit dem Konstruktor `new` und gleichzeitiges *Casten* auf den Typ.
2. Setzen der Texte über die Methode `setText()`.
3. Hinzufügen der erforderlichen Attribute.
4. Hinzufügen weiterer Kind-Elemente, so vorhanden, nach eben diesem Schema.

Das folgende Listing verdeutlicht diese Schritte schematisch:

```
...
   .addContent((Element)new Element("Neues-Element")
      .setText("Text")
      .setAttribute("Attribut 1", "Wert des Attributes")
      .setAttribute("Attribut 2", "...")
      .addContent(... weitere Kind-Elemente ...)
      .addContent(...))
...
```

Listing 583: Aufbau eines neuen Elementes (schematisch)

Hinweis

Die in Listing 580 und Listing 582 vorgestellten Techniken, XML-Dokumente von Grund auf zu erzeugen, liefern exakt das gleiche Ergebnis, wobei man anschließend nicht mehr feststellen kann, welche Variante gewählt wurde. Die zweite Technik erfordert etwas Übung und den Mut, die gewohnten Pfade des Programmieralltags einmal zu verlassen; dabei werden Sie in der Regel gut durch Ihre IDE unterstützt. Gerade für große Dokumente ist diese Variante besser geeignet, da sich durch die regelmäßige Struktur zusätzliche Elemente und Attribute auch nachträglich leicht einfügen lassen.

266 Mischen von Text und Tags

In datenzentrierten Dokumenten enthält der Rumpf eines Tags in der Regel entweder eine Basisinformation oder weitere Tags. Demgegenüber treten Tags und Text in dokumentzentrierten Dokumenten häufig gemischt auf.

```
<td>Das ist ein <b>von Tags durchbrochener</b> Text.</td>
```

Listing 584: Tags und Zeichenketten gemischt

Da die Methode setText() eines Element-Objektes immer den bereits im Rumpf vorhandenen Inhalt überschreibt, müssen Sie hier mit dem Element org.jdom.Text arbeiten.

```
import org.jdom.Text;
import org.jdom.Element;
...
   Element td = new Element("td");
   td.addContent((Text) new Text("Das ist ein ")
     .addContent((Element) new Element("b")
        .addContent(new Text("von Tags durchbrochener")))
     .addContent((Text) new Text(" Text."));
...
```

Listing 585: Tags und Zeichenketten mit JDOM

Die Klasse Text ist das Pendant zum Textknoten CharacterData im DOM-Modell und ermöglicht es, Text und Elemente gemeinsam anzuordnen. Zu beachten sind hierbei lediglich zwei Dinge:

- Der mittlere Text steht im Rumpf des <b>-Tags und ist damit nur indirekt Bestandteil des Rumpfes von <td>.
- Die Parent-Elemente dieser addContent()-Methoden müssen dann natürlich in den Typ Text gecastet werden.

267 Einführen von Namensräumen

Das folgende Listing zeigt Ihnen, wie Sie die Tags des oben erzeugten Dokumentes mit einem gemeinsamen Namensraum versehen. Dazu erzeugen Sie sich zunächst ein Namespace-Objekt und übergeben dieses dem Konstruktor von Element-Objekten (vgl. Listing 575).

```
import org.jdom.Namespace;
...
   // Erzeugt ein Namespace-Element für den angegebenen URL
   Namespace ns = Namespace.getNamespace("j2ee",
                                         "http://j2ee.codebooks.de/xml");

   // Erzeugt ein neues Dokument mit dem Root-Element <book>
   Document doc = new Document(new Element("book", ns));

   // Referenziert das Root-Element
   Element root = doc.getRootElement();

   // Erzeugt die gewünschte XML-Struktur
```

Listing 586: Einsatz von Namensräumen

```
    root.setAttribute("isbn", "2176")
       .addContent((Element) new Element("title", ns)
          .setText("Codebook J2EE"))
       .addContent((Element) new Element("publishing-date", ns)
          .setText("10.03.2005")
          .setAttribute("format", "dd.MM.yyyy"))
       .addContent((Element) new Element("publishing-house", ns)
          .setText("Addison-Wesley"))
       .addContent((Element) new Element("content", ns)
          .addContent((Element) new Element("chapter", ns)
             .setText("Kapitel 1"))
          .addContent((Element) new Element("chapter", ns)
             .setText("Kapitel 2")));
...
```

Listing 586: Einsatz von Namensräumen (Forts.)

268 Einlesen eines vorhandenen XML-Dokumentes

In Praxis werden Sie aber, statt Ihre Dokumente immer von Grund auf neu zu erstellen, viel häufiger ein bereits in Dateiform vorliegendes XML-Dokument einlesen und anschließend mit der JDOM-API weiter bearbeiten.

Um ein Dokument einzulesen, benötigen Sie einen so genannten Parser, der das Dokument auf syntaktische Korrektheit überprüft und anschließend in den Speicher überführt. Die oben genannten Bibliotheken zur Verarbeitung können dabei mit einer beliebigen standardkonformen Parser-Implementierung verwendet werden, wobei wir uns in diesem und den nächsten Beispielen auf Apaches Xerces stützen.

Die Adapter-Klasse, um ein JDOM-Dokument einzulesen, ist der `SAXBuilder` im Package `org.jdom.input`. Dieser kann das Dokument dabei über verschiedene Eingabeströme wie `InputStream`, `Reader`, `URL` oder Objekte vom Typ `InputSource` parsen. Im folgenden Listing gehen wir dabei von einer Datei *book.xml* im aktuellen Arbeitsverzeichnis aus.

```
package de.codebooks.j2ee.jdom;

import java.io.File;
import org.jdom.Document;
import org.jdom.input.SAXBuilder;

/** Parst eine XML-Datei in ein JDOM-Dokument */
public class ParseDocument {

   /** Liest die Datei book.xml ein */
```

Listing 587: Einlesen eines vorhandenen Dokumentes

```
   public static void main(String[] args) {

      // Soll der Parser das Dokument validieren
      boolean validate = false;

      // Die zu verwendende Parser-Klasse
      String driverClass = "org.apache.xerces.parsers.SAXParser";

      // Die zu parsende Datei
      String pathToDocument = "book.xml";

      // Erzeugen des SAXBuilders
      SAXBuilder builder = new SAXBuilder(driverClass, validate);

      // Parsen des Dokumentes
      Document doc;
      try {
         doc = builder.build(new File(pathToDocument));
      } catch (Exception exc) {
         exc.printStackTrace();
      }
   }
}
```

Listing 587: Einlesen eines vorhandenen Dokumentes (Forts.)

Der Parameter `validate` teilt dem Parser mit, ob er das vorliegenden Dokument z.B. gegen eine DTD oder eine Schemadefinition auf semantische Korrektheit validieren soll. Den zu verwendenden Parser teilen Sie dem `SAXBuilder` über den voll qualifizierenden Klassennamen mit. Anschließend wählen Sie aus den verschiedenen `build()`-Methoden der Klasse eine passende aus (hier `File`), und schon können Sie Ihr Dokument einlesen.

Hinweis

Mit dem Überprüfen eines Dokumentes auf semantische Korrektheit beschäftigt sich der letzte Abschnitt dieses Kapitels.

Tipp

Im JAXP-Package von Sun ist ein Mechanismus implementiert, mit dem Sie einen beliebigen XML-Parser im Classpath auffinden können (javax.xml.parsers.SAXParserFactory). Wenn Ihnen die konkrete Implementierung also egal ist, lassen Sie den Parameter im Konstruktor des SAXBuilders einfach weg. Die API wird dann alle in den Classpath eingebundenen Bibliotheken nach einer geeigneten Klasse durchsuchen und die erste verwenden.

```
...
   SAXBuilder builder = new SAXBuilder(validate);
...
```

Listing 588: Erzeugen eines SAXBuilders ohne konkrete Parser-Implementierung

Dieses Verfahren ist zu Testzwecken sicherlich sehr komfortabel, für Produktionsumgebungen jedoch ungeeignet, da Sie nicht wissen, welche Implementierung gerade verwendet wird, und sich diese gerade in der Performance und dem Ressourcenbedarf stark unterscheiden.

269 Traversieren eines Dokumentes

Über die Methode getDescendants() eines Element- oder Document-Objektes können Sie die Kind-Elemente dieses Objektes in der Reihenfolge ihres Erscheinens durchlaufen. Das folgende Listing demonstriert dies anhand eines zuvor eingelesenen Dokumentes.

```
package de.codebooks.j2ee.jdom;

import java.io.File;
import java.util.Iterator;

import org.jdom.Document;
import org.jdom.input.SAXBuilder;

/** Gibt die Elemente eines Beispieldokumentes aus */
public class ParseDocument {

   /** Liest die Datei book.xml ein */
   public static void main(String[] args) {

      // Soll der Parser das Dokument validieren
      boolean validate = false;

      // Die zu verwendende Parser-Klasse
      String driverClass = "org.apache.xerces.parsers.SAXParser";
```

Listing 589: Traversieren des Dokumentes

```
        // Die zu parsende Datei
        String pathToDocument = "book.xml";

        // Erzeugen des SAXBuilders
        SAXBuilder builder = new SAXBuilder(driverClass, validate);

        Document doc;
        try {
            // Parsen des Dokumentes
            doc = builder.build(new File(pathToDocument));

            // Iterieren über alle Kind-Elemente des Dokumentes
            Iterator iterator = doc.getDescendants();
            while (iterator.hasNext()){
                System.out.println(iterator.next());
            }
        } catch (Exception exc) {
            exc.printStackTrace();
        }
    }
}
```

Listing 589: Traversieren des Dokumentes (Forts.)

Dieses Listing durchläuft alle Elemente des Rumpfes in der Reihenfolge ihres Erscheinens und gibt sie anschließend auf der Kommandozeile aus. Das folgende Beispieldokument:

```
<?xml version="1.0" encoding="ISO-8859-1" ?>
<book book-number="2176">
   <title>Codebook J2EE</title>
   <publishing-date format="dd.MM.yyyy">10.03.2005</publishing-date>
   <publishing-house>Addison-Wesley</publishing-house>
   <content>
      <chapter number="1">Kapitel 1</chapter>
      <chapter number="2">Kapitel 2</chapter>
   </content>
</book>
```

Listing 590: Das Originaldokument (book.xml)

würde dabei zu folgender Ausgabe führen (die eventuell zwischen den Tags vorhandenen Leerzeichen wurden der Übersichtlichkeit halber entfernt):

```
[Element: <book/>]
[Element: <title/>]
[Text: Codebook J2EE]
[Element: <publishing-date/>]
[Text: 10.03.2005]
[Element: <publishing-house/>]
[Text: Addison-Wesley]
[Element: <content/>]
[Element: <chapter/>]
[Text: Kapitel 1]
[Element: <chapter/>]
[Text: Kapitel 2]
```

Listing 591: Ausgabe von Listing 587

Die Methode `getDescendants()` können Sie übrigens auch auf ein `Element`-Objekt anwenden, wobei Sie einen `Iterator` über dessen Kind-Elemente erhalten.

270 Ausgabe der direkten Kind-Elemente

Häufiger als das Traversieren aller im Rumpf vorkommenden Elemente benötigen Sie die direkten Nachfahren eines Tags, also nur die Tags der nächsten Ebene. Angenommen Sie besitzen das folgende Beispieldokument:

```
<?xml version="1.0" encoding="ISO-8859-1" ?>
<book book-number="2176">
   <title>Codebook J2EE</title>
   <publishing-date format="dd.MM.yyyy">10.03.2005</publishing-date>
   <publishing-house>Addison-Wesley</publishing-house>
   <content>
      <chapter number="1">Kapitel 1</chapter>
      <chapter number="2">Kapitel 2</chapter>
   </content>
</book>
```

Listing 592: Ein Beispieldokument (book.xml)

Um beispielsweise alle Kind-Elemente des Wurzel-Elementes (`<book>`) auszugeben, schreiben Sie:

```
...
   Iterator iterator = doc.getRootElement().getContent().iterator();
    while (iterator.hasNext()){
```

Listing 593: Ausgabe der direkten Kind-Elemente des Wurzel-Elementes

```
        System.out.println(iterator.next());
    }
 ...
```

Listing 593: Ausgabe der direkten Kind-Elemente des Wurzel-Elementes (Forts.)

Die Methode `getContent()` liefert Ihnen dabei eine Liste (`java.util.List`) der Kind-Elemente eines `Element`-Objektes zurück, die Sie anschließend ebenfalls mit einem `Iterator` durchlaufen können.

```
[Element: <title/>]
[Element: <publishing-date/>]
[Element: <publishing-house/>]
[Element: <content/>]
```

Listing 594: Ergebnis aus Listing 593

271 Löschen von Elementen

Um ein Element dauerhaft aus dem Dokument zu entfernen, stehen Ihnen drei Methoden der Klasse `Element` zur Verfügung:

- `public List removeContent()`

  Diese Methode löscht alle direkten Kind-Elemente des aktuellen Elements und gibt diese als Liste zurück.

- `public Element removeContent(int index)`

  Löscht das Element an der angegebenen Position (bei `0` beginnend) und gibt dieses zurück.

- `public boolean removeContent(Content element)`

  Löscht das übergebene Element, sofern es ein direktes Kind-Element des aktuellen Elementes ist, und gibt den Erfolg der Löschoperation als `boolean` zurück.

Um also beispielsweise das erste Kind-Element des Wurzel-Elements zu löschen, schreiben Sie:

```
 ...
    // Entfernt das erste Kind-Element aus dem Dokument und gibt es zurück
    org.jdom.Content removedElement = doc.getRootElement().removeContent(0);
    System.out.println("Delete element: " + removedElement);
 ...
```

Listing 595: Entfernen des Elements <title> aus dem Dokument

Nach dem Entfernen des Elements aus dem Dokument können Sie dieses (`removedElement`), da zurückgegeben, entweder in ein anderes Dokument einfügen (`addContent()`) oder vom Garbage Collector entfernen lassen.

272 Herauslösen und Klonen eines Elementes

Einer der häufigsten Fehler betrifft das Kopieren oder Klonen eines Elementes. Um diesen zu verstehen, müssen Sie bedenken, dass ein `Element` nicht einfach eine Zeichenkette mit dem Namen des Tags, sondern ein bestimmtes Objekt im Arbeitsspeicher Ihres Computers darstellt. Dieses ist dabei durch eine Referenz mit seinem Elter-Element verknüpft, die Sie über die Methode `getParent()` auslesen können. Damit ist ein `Element` an eine feste Stelle innerhalb eines bestimmten Dokumentes eingebunden und kann nicht einfach in ein neues Dokument oder an eine andere Stelle eingefügt werden.

Um dies zu erreichen, müssen Sie sich einer der drei folgenden Methoden bedienen:

- Löschen des Elementes per `removeContent()`

  Die eben beschriebene Methode eignet sich hervorragend, um Elemente samt Kind-Elementen von einem JDOM in einen anderen zu überführen.

- Herauslösen des Elementes per `detach()`

  Wenn Sie nicht wissen, ob das aktuelle `Element` zu einem größeren Element gehört, und Sie dieses aber woanders einfügen möchten, können Sie die Methode `detach()` verwenden. Diese meldet das Element bei seinem früheren Elter (so vorhanden) ab und macht es damit für das nächste Elter-Tag frei. Hat das `Element` kein Elter-Tag, passiert gar nichts.

- Klonen des Elementes samt Kind-Elementen über `clone()`

  Möchten Sie Ihr Tag hingegen nicht von einem JDOM in einen anderen überführen, sondern explizit ein zweites Mal erstellen, verwenden Sie die Methode `clone()`. Diese erzeugt eine »tiefe Kopie« des `Element`-Objektes, indem sie alle direkten und indirekten Kind-Elemente mit kopiert. Der dabei entstandene Klon ist ungebunden und kann nach Belieben verwendet werden.

273 Filter verwenden

Wenn Sie große Dokumente verarbeiten möchten, wird der Einsatz von Filtern für die Suche nach bestimmten Elementen immer wichtiger. Das Package `org.jdom.filter` bietet Ihnen hierbei Unterstützung durch:

- `ElementFilter`

  Dieser Filter dient dazu, Element-Objekte mit einem bestimmten Namen und/oder Namensraum herauszufiltern. Er gibt ausschließlich Elemente des Typs `org.jdom.Element` zurück.

- `ContentFilter`

  Bei diesem Filter können Sie eine Maske für Elemente erstellen, die den Filter passieren können. Alle anderen Elemente werden ausgefiltert.

Richtig flexibel wird diese Funktionalität allerdings erst durch die Möglichkeit, diese Filter über `and()`, `or()` und `negate()` zu komplexen Ausdrücken zu verknüpfen.

ElementFilter

Mit dem nächsten Listing können Sie beispielsweise einen Filter erstellen, der nur die Elemente <publishing-date> und <publishing-house> durchlässt.

```
...
   // Definiere die Filter
   ElementFilter filter1 = new ElementFilter("publishing-house");
   ElementFilter filter2 = new ElementFilter("publishing-date");

   // Verknüpfe beide zu einem neuen Filter
   Filter orFilter = filter1.or(filter2);

   // Filtern der Elemente
   Iterator iterator = doc.getDescendants(orFilter);
   while (iterator.hasNext()){
      System.out.println(i.next());
   }
...
```

Listing 596: Konstruktion eines zusammengesetzten Filters

Zunächst erzeugen Sie zwei ElementFilter-Objekte, die jeweils auf genau ein Element passen. Anschließend verknüpfen Sie beide über die Methode or() zu einem neuen Filter. Wenn Sie diesen Filter verwenden und das Beispieldokument ausgeben, erhalten Sie nun folgende Ausgabe (vgl. Listing 591):

```
[Element: <publishing-date/>]
[Element: <publishing-house/>]
```

Listing 597: Ausgabe von Listing 596

ContentFilter

Der ContentFilter ist dazu gedacht, nur Elemente eines bestimmten Typs durchzulassen und alle anderen Typen herauszufiltern. Er kann mit den anderen Filtern kombiniert werden. Das nächste Listing konstruiert damit einen Filter, der nur auf Text- und Kommentar-Elemente passt.

```
...
   // Sollen zunächst alle Element durchgelassen werden
   boolean allVisible = false;

   // Konstruktion des Filters
   ContentFilter contentFilter = new ContentFilter(allVisible);
```

Listing 598: Konstruktion eines Filters für Text und Kommentar

```
    // Durchzulassende Elementtypen konfigurieren
    contentFilter.setTextVisible(true);
    contentFilter.setCommentVisible(true);

    // Filtern der Elemente
    Iterator iterator = doc.getDescendants(contentFilter);
    while (iterator.hasNext()){
       System.out.println(iterator.next());
    }
...
```

Listing 598: Konstruktion eines Filters für Text und Kommentar (Forts.)

Als Erstes entscheiden Sie über den Parameter im Konstruktor des Filters, ob zunächst alle Elemente gefiltert oder durchgelassen werden sollen. Anschließend konfigurieren Sie die gewünschte Funktionalität. Auch dieser Filter kann anschließend für alle `getDescendants()`- und `getContent()`-Methoden verwendet werden.

Tipp

Der `ContentFilter` speichert die gesetzten und gesperrten Elementtypen in einer *Bitmaske* (Typ `int`) ab. Dies ermöglicht es Ihnen, die vollständige Konfiguration über *bitweises Oder* schon im Konstruktor zu erzeugen. Aus den vier Anweisungen wird dann ein eleganter Einzeiler:

```
new ContentFilter(ContenFilter.TEXT | ContentFilter.COMMENT);
```

Listing 599: Kompakte Definition des Filters

274 Ein Dokument ausgeben

Mit den Klassen des Packages `org.jdom.output` können Sie ein `Document`- oder `Element`-Objekt über einen `OutputStream` serialisieren.

Hinweis

Wir werden den Baum in den nächsten Beispielen der einfachen Dokumentation halber auf die Konsole (`System.out`) ausgeben. Sie können die Beispiele natürlich auch adaptieren und die Ausgabe in eine Datei umleiten.

Unformatierte Ausgabe

Um ein Dokument als XML-Dokument auszugeben, verwenden Sie einfach eine Instanz der Klasse `XMLOutputter`, die ähnlich dem `SAXBuilder` mit verschiedenen Schnittstellen wie `Writer`, `OutputStream` etc. zusammenarbeiten kann.

```
...
   try {
      // Erstellen oder Parsen eines Document-Objektes
      Document doc = ...;

      XMLOutputter out = new XMLOutputter();
      out.output(doc, System.out);
   } catch (java.io.IOException exc) {
      exc.printStackTrace();
   }
...
```

Listing 600: Unformatierte Ausgabe des Dokumentes

Wenn Sie das Dokument neu erstellt und nicht von einer Datei geparst haben, liefert Ihnen dieser gut überschaubare Sechszeiler das folgende Resultat.

```
<?xml version="1.0" encoding="UTF-8"?><book book-
number="2176"><title>Codebook J2EE</title><publishing-date
format="dd.MM.yyyy">10.03.2005</publishing-date><publishing-house>Addison-
Wesley</publishing-house><content><chapter number="1">Kapitel 1</
chapter><chapter number="2">Kapitel 2</chapter></content></book>
```

Listing 601: Unformatierte Ausgabe

Dies liegt daran, dass das Dokument beim Erstellen ohne Einrückung (`indent`) erzeugt wird. Die Einrückungen eines geparsten Dokumentes bleiben jedoch, wenn diese nicht ausgefiltert werden, erhalten.

Wenn Sie das Aussehen Ihrer Dokumente nicht davon abhängig machen möchten, ob diese geparst oder neu erstellt wurden, können Sie dem `XMLOutputter` auch ein `Format` mitgeben, das die Ausgabe formatiert.

```
package de.codebooks.j2ee.jdom;

import java.io.File;
import java.util.Iterator;

import org.jdom.Document;
import org.jdom.input.SAXBuilder;
import org.jdom.filter.Filter;
import org.jdom.filter.ElementFilter;
import org.jdom.output.Format;
import org.jdom.output.XMLOutputter;

/** Parst eine XML-Datei in ein JDOM-Dokument und gibt es anschließend aus */
```

Listing 602: Formatierte Ausgabe eines Dokumentes

```
public class ParseDocument {

   /**
    * Liest die Datei book.xml ein und gibt sie formatiert auf
    * 'System.out'aus
    */
   public static void main(String[] args) {

      // Soll der Parser das Dokument validieren
      boolean validate = false;

      // Die zu verwendende Parser-Klasse
      String driverClass = "org.apache.xerces.parsers.SAXParser";

      // Die zu parsende Datei
      String pathToDocument = "book.xml";

      // Erzeugen des SAXBuilders
      SAXBuilder builder = new SAXBuilder(driverClass, validate);

      Document doc;
      try {
         // Parsen des Dokumentes
         doc = builder.build(new File(pathToDocument));

         // Erzeugen des XMLOutputter mit Format
         XMLOutputter out = new XMLOutputter(Format.getPrettyFormat());

         // Ausgabe
         out.output(doc, System.out);
      } catch (Exception exc) {
         exc.printStackTrace();
      }
   }
}
```

Listing 602: Formatierte Ausgabe eines Dokumentes (Forts.)

Neben den vordefinierten Formaten `RawFormat`, `PrettyFormat` und `CompactFormat` können Sie über die Klasse `Format` auch Ihren eigenen Stil konfigurieren. Mit obigem Listing erhalten Sie nun auf jeden Fall die Ausgabe:

```
<?xml version="1.0" encoding="UTF-8"?>
<book book-number="2176">
   <title>Codebook J2EE</title>
   <publishing-date format="dd.MM.yyyy">10.03.2005</publishing-date>
```

Listing 603: Formatierte Ausgabe des Dokumentes

XML

```
    <publishing-house>Addison-Wesley</publishing-house>
    <content>
        <chapter number="1">Kapitel 1</chapter>
        <chapter number="2">Kapitel 2</chapter>
    </content>
</book>
```

Listing 603: Formatierte Ausgabe des Dokumentes (Forts.)

275 Umwandeln von JDOM in DOM

Neben der Ausgabe des JDOM im XML-Format müssen Sie Ihren JDOM etwa zur Kommunikation mit anderen Anwendungen in einen spezifikationstreuen DOM (`org.w3c.dom.Document`) umwandeln können. Hier kommt das Package `org.jdom.adapters` ins Spiel.

Das folgende Listing wandelt Ihren JDOM mit Hilfe von Apaches Xerces-Parser in einen DOM um.

```
...
    try {
        // Erzeugen des Adapters
        DOMOutputter domOut =
            new DOMOutputter("org.jdom.adapters.XercesDOMAdapter");

        // Umwandeln des Dokumentes
        org.w3c.dom.Document dom = domOut.output(doc);
    } catch (JDOMException jex) {
        jex.printStackTrace();
    }
...
```

Listing 604: Umwandeln eines JDOMs in einen DOM

Achtung

Um diesen Code auszuführen, benötigen Sie neben der JDOM-API die Xerces-Implementierung und die DOM-Spezifikation. Beide finden Sie in den Dateien *xercesImpl.jar* und *xml-apis.jar* der Xerces-Distribution.

XML

276 Arbeitsweise von SAX

Eine weitere, besonders Ressourcen sparende Möglichkeit, XML-Dokumente zu verarbeiten, ermöglicht Ihnen die *Simple API for XML (SAX)*. Und dabei handelt es sich ausnahmsweise weder um ein Sun-Spezifikation noch um einen W3C-Standard. Die Technik hinter SAX wurde 1997 in der Mailing-Liste *XML-DEV* diskutiert und von der Open-Source-Gemeinde bis zur heutigen Version 2.0.2 weiterentwickelt.

SAX hat sich gerade bei der Verarbeitung von umfangreichen Dokumenten zu einen Quasistandard etabliert, bei dem Sie allerdings immer nur auf das aktuelle Element zugreifen und anschließend zum nächsten weitergehen können.

Wenn Sie das kompakte XML-Dokument aus Listing 562 ohne Kenntnis seiner Struktur durchlesen, entwickelt Ihr Gehirn vielleicht folgende Gedankengänge:

- Element `book` mit Attribut `book-number` beginnt.
- Öffnendes Tag von Element `title`.
- Dann folgt die Zeichenkette »`Codebook J2EE`«.
- Das Tag `title` wird geschlossen.
- ...

Das sind im Wesentlichen auch die Ereignisse, die der XML-Parser beim Parsen des Dokumentes registriert und zum Aufbau der internen DOM-Struktur verwendet. Beim SAX-Modell werden diese Ereignisse (englisch: Event) nun nicht zum Aufbau einer Struktur im Speicher verwendet, sondern über Callback-Methoden direkt an die verarbeitende Klasse weitergegeben.

277 Callback-Methoden für SAX

Das Interface `ContentHandler`, das Ihre Klassen implementieren müssen, um SAX-Events verarbeiten zu können, definiert eine Reihe von Callback-Methoden, wie sie über die verschiedenen Ereignisse beim Parsen eines Dokumentes auftreten.

- `startDocument()`

  Mit dieser Methode zeigt Ihnen der Parser den Beginn eines Dokumentes an. Sie wird nur ein einziges Mal gerufen und häufig zum Initialisieren der Klasse verwendet.

- `startElement()`

  Diese Methode zeigt ein öffnendes Tag an. Dabei werden Ihnen neben dem Namen und dem Namespace des Tags auch die vorhandenen Attribute übergeben.

- `characters()`

  Diese Methode enthält die in einem Tag enthaltenen Zeichen. Sie kann auch mehrmals hintereinander gerufen werden und muss den Inhalt eines Tags nicht vollständig beschreiben.

- `endElement()`

  Das Pendant zu `startTag()` zeigt Ihnen das Ende eines solchen an. Jetzt befinden Sie sich wieder im Rumpf des Elter-Tags.

- `endDocument()`

  Diese Methode wird als letzte gerufen, um den Abschluss des Dokumentes zu signalisieren.

Mit diesen fünf Methoden müssen Sie auf jeden Fall vertraut sein, da sie der Verarbeitung von Grundelementen jedes XML-Dokumentes dienen. Seltener genutzt werden hingegen die folgenden sechs zusätzlichen Methoden des Interface `ContentHandler`.

- `startPrefixMapping()`

  Zeigt den Beginn eines Namensraumes (z.B. `j2ee`) an. Diese Methode teilt Ihnen mit, dass die folgenden Tags mit dem Präfix `j2ee` dem ebenfalls übermittelten Namensraum angehören. Da diese Information aber auch von der Methode `startTag()` übergeben wird, benötigen Sie diese nur sehr selten.

  `startPrefixMapping()` wird unmittelbar *vor* der `startElement()`-Methode gerufen, in der dieser Namensraum definiert wird.

- `endPrefixMapping()`

  Diese Methode zeigt das Ende eines Namensraumes an. Sie wird unmittelbar nach dem den Namensraum schließenden Tag gerufen.

Hinweis

Enthält ein Tag mehr als eine Namensraum-Definition, so werden die Methoden `startPrefixMapping()` bzw. `endPrefixMapping()` mehrmals hintereinander gerufen. Die Reihenfolge, in der die einzelnen Namensräume dabei geöffnet und geschlossen werden, kann dabei variieren.

- `ignorableWhitespace()`

  Weiter vorn in diesem Kapitel haben Sie bereits gelernt, dass die Elemente eines XML-Dokumentes nicht zwingend eingerückt (`indent`) werden müssen. Diese ignorierbaren Leerzeichen (englisch Whitespace), zu denen auch Zeilenumbrüche und Tabulatoren gerechnet werden, werden über die Methode `ignorableWhitespace()` übermittelt.

- `processingInstruction()`

  Mit dieser Methode teilt Ihnen der Parser das Auftreten von *Processing Instructions (PI)* mit. Hier können Sie auf selbst definierte Anweisungen warten und anschließend entsprechend reagieren.

- `skippedEntity()`

  Mit dieser Methode übermittelt Ihnen der Parser gefundene Entities (vgl. 259).

- `setDocumentLocator()`

  Der `DocumentLocator` ist kein Bestandteil des XML-Dokumentes, sondern eine nützliche Hilfsklasse. Mit ihr können Sie die aktuelle Position (Zeile und Spalte) im XML-Dokument bestimmen. Dies ist besonders beim Debuggen nützlich, wenn Sie beispielsweise in Zeile 534, Spalte 4 ein verbotenes Zeichen verwenden und dieses nicht per Hand suchen möchten. Die Methode wird nur ein einziges Mal gerufen, um den `DocumentLocator` für dieses Dokument zu setzen.

278 SAX-Ereignisse ausgeben

Das folgende Listing zeigt Ihnen einen `ContentHandler`, der eine XML-Datei parst und auf alle SAX-Events mit einer Log-Ausgabe reagiert.

```
package de.codebooks.j2ee.sax;

import org.xml.sax.Locator;
import org.xml.sax.XMLReader;
import org.xml.sax.Attributes;
import org.xml.sax.ContentHandler;
import org.xml.sax.SAXException;
import org.xml.sax.helpers.XMLReaderFactory;

/** ContentHandler zur Ausgabe von SAX-Ereignissen */
public class LogContentHandler implements ContentHandler {

   /* Der DocumentLocator für dieses Dokument */
   private Locator documentLocator;

   /** Main-Methode zum Testen der Klasse */
   public static void main(String[] args) {

      try {
         // Zu verwendende Parser-Klasse
         String parserClass = "org.apache.xerces.parsers.SAXParser";

         // Reader erzeugen
         XMLReader reader = XMLReaderFactory.createXMLReader(parserClass);

         // Den Ereignisempfänger (Listener) für SAX-Events setzen
         LogContentHandler contentHandler = new LogContentHandler();
         reader.setContentHandler(contentHandler);

         // Parsen des Dokumentes
         reader.parse("book.xml");
      } catch (Exception exc) {
         exc.printStackTrace();
      }
   }

   /** Zeigt den Beginn des Dokumentes an */
   public void startDocument() throws SAXException {
      System.out.println("Call: startDocument()");
   }

   /** Zeigt ein öffnendes Tag an */
```

Listing 605: ContentHandler zur Ausgabe von SAX-Ereignissen

```
    public void startElement(String namespaceURI, String localName,
                             String qName, Attributes atts)
        throws SAXException {
        System.out.println("Call: startElement(), start tag " + qName + "'");
    }

    /** Übermittelt Zeichenketten */
    public void characters(char[] ch, int start, int length)
        throws SAXException {
        String text = new String(ch, start, length);
        System.out.println("Call: characters(), text '" + text + "'");
    }

    /** Zeigt das Ende eines Tags an */
    public void endElement(String namespaceURI, String localName,
                           String qName)
        throws SAXException {
        System.out.println("Call: endElement(), end tag " + qName + "'");
    }

    /** Zeigt den Abschluss eines Dokumentes an */
    public void endDocument() throws SAXException {
        System.out.println("Call: endDocument()");
    }

    /** Zeigt den Beginn eines Namensraumes an */
    public void startPrefixMapping(String prefix, String uri)
        throws SAXException {
        System.out.println("Call startPrefixMapping(), prefix " + prefix);
    }

    /** Zeigt das Ende eines Namensraumes an */
    public void endPrefixMapping(String prefix) throws SAXException {
        System.out.println("Call: endPrefixMapping(), prefix " + prefix);
    }

    /** Nicht zwingend erforderliche Whitespace-Zeichen */
    public void ignorableWhitespace(char[] ch, int start, int length)
        throws SAXException {
        String whitespace = new String(ch, start, length);
        System.out.println("Call: ignorableWhitespace(), '" + whitespace +
"'");
    }

    /** Übermittelt eine Processing Instruction (PI) */
    public void processingInstruction(String target, String data)
```

Listing 605: ContentHandler zur Ausgabe von SAX-Ereignissen (Forts.)

```
        throws SAXException {
        System.out.println("Call: processingInstruction(), target " + target);
    }

    /** Übermittelt eine Entity */
    public void skippedEntity(String name) throws SAXException {
        System.out.println("Call: skippedEntity(), name " + name);
    }

    /** Setzt den DocumentLocator für dieses Dokument */
    public void setDocumentLocator(Locator locator) {
        System.out.println("Call: setDocumentLocator()");
        documentLocator = locator;
    }
}
```

Listing 605: ContentHandler zur Ausgabe von SAX-Ereignissen (Forts.)

Zunächst benötigen Sie natürlich eine Klasse, welche die angegebene Datei (*book.xml*) parst und die SAX-Events an ihre Klasse weiterreicht, damit diese sie ausgeben kann. Dazu erzeugen Sie zunächst mit Hilfe der `XMLReaderFactory` und einer Parser-Klasse (Xerces) einen neuen `XMLReader` und registrieren Ihre Klasse als `ContentHandler`. Anschließend müssen Sie lediglich beginnen, das Dokument zu parsen.

Tipp

Wenn Ihnen die konkrete Implementierung egal ist, können Sie den `XMLReader` auch erzeugen, ohne eine Parser-Klasse anzugeben. In diesem Fall müssen Sie nur sicherstellen, dass sich wenigstens eine Implementierung in Ihrem Classpath findet.

```
import org.xml.sax.XMLReader;
import org.xml.sax.helpers.XMLReaderFactory;
...
    try {
        // Zu verwendende Parser-Klasse
        String parserClass = "org.apache.xerces.parsers.SAXParser";

        // Reader erzeugen
        XMLReader reader = XMLReaderFactory.createXMLReader(parserClass);

        // Den Ereignisempfänger (Listener) für SAX-Events setzen
        LogContentHandler contentHandler = new LogContentHandler();
        reader.setContentHandler(contentHandler);

        // Parsen des Dokumentes
```

Listing 606: Erzeugen eines Parser-Objektes

```
      reader.parse("book.xml");
   } catch (Exception exc) {
      exc.printStackTrace();
   }
...
```

Listing 606: Erzeugen eines Parser-Objektes (Forts.)

Da die Callback-Methoden eingangs schon erklärt wurden, sollte der Rest der Klasse kein (Interpretations-)Problem darstellen, und wir werden uns auf die folgenden beiden Feinheiten beschränken:

characters() und ignorableWhitespace()

Die übergebene Zeichenkette ist Teil des Character-Arrays. Sie beginnt beim Index `start` und ist `length` Zeichen lang, wobei `start` nicht immer `0` sein muss. Am besten erzeugen Sie vor der Verarbeitung der Zeichenkette zunächst einen `String`, dessen Konstruktor die Parameter übernimmt.

Hinweis

Um die langsamen Festspeicherzugriffe zu optimieren, lesen viele Parser zunächst einen Teil des Dokumentes in einen Block von beispielsweise 256 Zeichen und parsen diesen anschließend durch. Da die Zeichenketten jetzt schon in geeigneter Weise vorliegen, spart sich der Parser das Umkopieren und übergibt Ihnen einfach das Array sowie die Referenzen auf die Zeichen. Das Character-Array enthält also das vollständige XML-Dokument samt Tags und Attributen – oder zumindest einen Teil davon.

startElement() und endElement()

Da die Informationen über den Namensraum auch den Methoden `startElement()` und `endElement()` übergeben werden, erhalten diese folgende drei Parameter:

- String `namespaceURI`

  Dieser Parameter enthält den mit dem Präfix verknüpften URL. Er muss nicht übermittelt werden und kann `null` sein.

- String `localName`

  Hinter diesem Parameter verbirgt sich der tatsächliche Name des Tags ohne Präfix. Auch dieser Parameter ist in den Standardeinstellungen optional, er wird aber von fast allen Parsern übermittelt.

- String Qualified Name (`qName`)

  Der qualifizierende Name (`qName`) besteht aus der Zeichenkette `Präfix:TagName`. Existiert kein Namensraum, ist der `qName` gleich dem Attribut `name`. Der Qualified Name ist der einzige Wert, der immer übermittelt wird, er kann nie `null` sein.

Das Ergebnis

Wenn Sie Ihren LogContentHandler mit der formatierten Beispieldatei aus diesem Kapitel testen, erhalten Sie das folgende Ergebnis:

```
Call: setDocumentLocator()
Call: startDocument()
Call: startElement(), start tag 'book'
Call: characters(), text '
    '
Call: startElement(), start tag 'title'
Call: characters(), text 'Codebook J2EE'
Call: endElement(), end tag 'title'
Call: characters(), text '
    '
Call: startElement(), start tag 'publishing-date'
Call: characters(), text '10.03.2005'
Call: endElement(), end tag 'publishing-date'
Call: characters(), text '
    '
Call: startElement(), start tag 'publishing-house'
Call: characters(), text 'Addison-Wesley'
Call: endElement(), end tag 'publishing-house'
Call: characters(), text '
    '
Call: startElement(), start tag 'content'
Call: characters(), text '
        '
Call: startElement(), start tag 'chapter'
Call: characters(), text 'Kapitel 1'
Call: endElement(), end tag 'chapter'
Call: characters(), text '
        '
Call: startElement(), start tag 'chapter'
Call: characters(), text 'Kapitel 2'
Call: endElement(), end tag 'chapter'
Call: characters(), text '
    '
Call: endElement(), end tag 'content'
Call: characters(), text '
'
Call: endElement(), end tag 'book'
Call: endDocument()
```

Listing 607: Ausgabe des SimpleContentHandlers

XML

279 Eine Basisklasse für Ihre ContentHandler

Wie Sie sehen, ist das Interface `ContentHandler` sehr umfangreich, so dass die implementierenden Klassen sehr komplex werden können. Um dem Abhilfe zu schaffen, können Sie eine Basisklasse entwickeln, die das Interface vollständig implementiert, und müssen anschließend nur noch die gewünschten Methoden überschreiben.

Um die empfangenen SAX-Events weiterleiten zu können, soll sich an der Klasse `BaseContentHandler` ein weiterer `ContentHandler` registrieren können. Ist kein ContentHandler registriert, verfallen die Events.

```
package de.codebooks.j2ee.sax;

import org.xml.sax.Locator;
import org.xml.sax.Attributes;
import org.xml.sax.ContentHandler;
import org.xml.sax.SAXException;

/** Basisklasse zum Verarbeiten und Weiterleiten von SAX-Events */
public class BaseContentHandler implements ContentHandler {

   /** Der DocumentLocator für dieses Dokument */
   private Locator documentLocator;

   /** Registrierter ContentHandler */
   private ContentHandler listener;

   /** Registriert einen weiteren ContentHandler */
   public void setListener(ContentHandler aContentHandler) {
      listener = aContentHandler;
   }

   // ------------ Methoden des Interface ContentHandler -------------

   /** Zeigt den Beginn des Dokumentes an */
   public void startDocument() throws SAXException {
      if (listener != null) {
         listener.startDocument();
      }
   }

   /** Zeigt ein öffnendes Tag an */
   public void startElement(String namespaceURI, String localName,
                            String qName, Attributes atts)
      throws SAXException {
      if (listener != null) {
         listener.startElement(namespaceURI, localName, qName, atts);
```

Listing 608: Basisklasse für spätere ContentHandler

XML

```
      }
   }

   /** Übermittelt Zeichenketten */
   public void characters(char[] ch, int start, int length)
      throws SAXException {
      if (listener != null) {
         listener.characters(ch, start, length);
      }
   }

   /** Zeigt das Ende eines Tags an */
   public void endElement(String namespaceURI, String localName, String
qName)
      throws SAXException {
      if (listener != null) {
         listener.endElement(namespaceURI, localName, qName);
      }
   }

   /** Zeigt den Abschluss eines Dokumentes an */
   public void endDocument() throws SAXException {
      if (listener != null) {
         listener.endDocument();
      }
   }

   /** Zeigt den Beginn eines Namensraumes an */
   public void startPrefixMapping(String prefix, String uri)
      throws SAXException {
      if (listener != null) {
         listener.startPrefixMapping(prefix, uri);
      }
   }

   /** Zeigt das Ende eines Namensraumes an */
   public void endPrefixMapping(String prefix) throws SAXException {
      if (listener != null) {
         listener.endPrefixMapping(prefix);
      }
   }

   /** Nicht zwingend erforderliche Whitespace-Zeichen */
   public void ignorableWhitespace(char[] ch, int start, int length)
      throws SAXException {
      if (listener != null) {
```

Listing 608: Basisklasse für spätere ContentHandler (Forts.)

```
            listener.ignorableWhitespace(ch, start, length);
        }
    }

    /** Übermittelt eine Processing Instruction (PI) */
    public void processingInstruction(String target, String data)
        throws SAXException {
        if (listener != null) {
            listener.processingInstruction(target, data);
        }
    }

    /** Übermittelt eine Entity */
    public void skippedEntity(String name) throws SAXException {
        if (listener != null) {
            listener.skippedEntity(name);
        }
    }

    /** Setzt den DocumentLocator für dieses Dokument */
    public void setDocumentLocator(Locator locator) {
        documentLocator = locator;
        if (listener != null) {
            listener.setDocumentLocator(locator);
        }
    }
}
```

Listing 608: Basisklasse für spätere ContentHandler (Forts.)

280 Ein Beispiel für den Umgang mit SAX-Events

Das nachfolgende, etwas umfangreichere Beispiel soll die Arbeit mit SAX-Events verdeutlichen. Die Klasse `SampleContentHandler` soll überprüfen, ob es sich beim aktuellen Buch um eines aus der Reihe ***Codebooks*** handelt, und gegebenenfalls ein Tag einfügen, das einen Hinweis auf die Homepage enthält.

Da Sie für die Funktionalität der Klasse nicht alle Methoden des Interface `ContentHandler` benötigen, leiten Sie die Klasse einfach von `BaseContentHandler` (siehe vorhergehendes Beispiel) ab und überschreiben lediglich die benötigten Methoden.

XML

```
package de.codebooks.j2ee.sax;

import org.xml.sax.Attributes;
import org.xml.sax.SAXException;
import org.xml.sax.helpers.AttributesImpl;
```

Listing 609: Vorbestellung eines Buches

```
import de.codebooks.j2ee.sax.BaseContentHandler;

/**
 * Überprüft, ob es sich beim aktuellen Buch um ein Codebook handelt.
 * Fügt gegebenenfalls ein neues <homepage-url>-Tag ein.
 */
public class SampleContentHandler extends BaseContentHandler {

   /** Name des Tags <title> */
   public final static String TITLE_TAG = "title";

   /** Homepage für Codebooks */
   public final static String HOMEPAGE = "www.codebooks.de";

   /** Names des neu einzufügenden Tags */
   public static String HOMEPAGE_TAG = "homepage-url";

   /** Zeichenpuffer für das Tag <title> */
   private StringBuffer titleBuffer;

   /** Name des aktuellen Tags */
   private String currentTag;


   /**
    * Überprüft, ob es sich beim aktuellen Tag um das gesuchte Tag
    * <title> handelt.
    */
   public void startElement(String namespaceURI, String localName,
                            String qName, Attributes atts)
      throws SAXException {

     // Überprüfe, ob es sich beim aktuellen Tag um das gesuchte handelt
     if (qName.equals(TITLE_TAG)) {

         // Erzeugen eines neuen Puffers für die Zeichenketten
         titleBuffer = new StringBuffer();
      }

      // Speichern des aktuellen Tag-Namens
      currentTag = qName;

      // Weiterleiten des Events an die Basisklasse
      super.startElement(namespaceURI, localName, qName, atts);
   }
```

Listing 609: Vorbestellung eines Buches (Forts.)

```
/**
 * Überprüft, ob die aktuelle Zeichenkette zum gesuchten Tag gehört, und
 * speichert sie gegebenenfalls im Puffer.
 */
public void characters(char[] ch, int start, int length)
   throws SAXException {

   // Überprüfen, ob diese Zeichen im Tag <publishing-date> stehen
   if (currentTag.equals(TITLE_TAG)) {
      titleBuffer.append(ch, start, length);
   }

   // Weiterleiten des Events an die Basisklasse
   super.characters(ch, start, length);
}


/**
 * Überprüft, ob gerade das gesuchte Tag <title> beendet wurde, und
 * fügt gegebenenfalls ein neues Tag ein.
 */
public void endElement(String namespaceURI, String localName,
                       String qName)
   throws SAXException {

   // Weiterleiten des Events an die Basisklasse
   super.endElement(namespaceURI, localName, qName);

   // Wurde gerade das gesuchte Tag beendet
   if (qName.equals(TITLE_TAG)) {

      // Auslesen des Rumpfes
      String title = titleBuffer.toString();

      // Überprüfen, ob es sich um ein Codebook handelt
      if (title.startsWith("Codebook")) {

         // Einfügen eines <homepage-url>-Tags
         insertTag(namespaceURI, HOMEPAGE_TAG, HOMEPAGE_TAG, HOMEPAGE);
      }
   }

   // Zurücksetzen des aktuellen Tags
   currentTag = "";
}
```

Listing 609: Vorbestellung eines Buches (Forts.)

```
    /**
     * Fügt ein neues Tag in den Strom von SAXEvents ein
     *
     * @param String namespaceURI des neuen Tags
     * @param String localName des neuen Tags
     * @param String qName des neuen Tags
     * @param String content des neuen Tags
     */
    private void insertTag(String namespaceURI, String localName,
                           String qName, String content)
       throws SAXException {

       Attributes atts = new AttributesImpl();
       super.startElement(namespaceURI, localName, qName, atts);
       super.characters(content.toCharArray(), 0, content.length());
       super.endElement(namespaceURI, localName, qName);
    }
}
```

Listing 609: Vorbestellung eines Buches (Forts.)

Als Erstes überprüfen Sie in der Methode `startTag()`, bei welchem Tag Sie im Augenblick stehen. Ist es das in diesem Listing gesuchte Tag <`title`>, initialisieren Sie einen neuen `StringBuffer`, der den Rumpf des Tags zwischenspeichern soll. Da Sie das Tag nicht filtern wollen, rufen Sie anschließend die Methode `startTag()`der Superklasse.

Das Vorgehen in der Methode `characters()` ist ganz analog. Sie überprüfen, ob Sie sich innerhalb des <`title`>-Tags befinden, und speichern die übergebenen Zeichen in diesem Fall im initialisierten Puffer (`titleBuffer`). Auch hier ist es wichtig, dass Sie anschließend die `characters()`-Methode der Superklasse rufen, da der Inhalt des Rumpfes sonst nicht weitergegeben werden kann.

Die Methode `endElement()` ist schließlich die interessanteste. Nach der üblichen Prüfung, ob Sie gerade ein <`title`>-Tag abgeschlossen haben, testen Sie den Inhalt des Puffers auf die Zeichenkette `Codebook` und fügen gegebenenfalls ein neues Tag für die Homepage ein. Da diese nach dem schließenden <`title`>-Tag stehen soll, ist es hier wichtig, zuerst die Methode der Superklasse zu rufen, um den Event weiterzugeben.

Die allgemeine Methode `insertTag()` dient dazu, ein beliebiges neues Tag in den Strom aus SAX-Event einzufügen. Dazu erzeugt sie ein neues `AttributesImpl`-Objekt, welches das Interface `Attributes` (vgl. `startTag()`) implementiert, und ruft nacheinander die Methoden der Superklasse, um das Tag einzufügen.

- `startTag()` – Fügt ein öffnendes Tag ein.
- `characters()` – Fügt die Zeichenkette für den Rumpf ein.
- `endTag()` – Fügt ein schließendes Tag ein.

Achtung

Auch beim nachträglichen Einfügen von SAX-Events müssen Sie darauf achten, die Regeln für XML-Dokumente nicht zu verletzen. So muss jedes geöffnete Tag wieder geschlossen werden, wobei keine Verschachtelungen auftreten dürfen.

281 Eine SAX-Pipeline zusammensetzen

Im letzten Beispiel haben Sie gelernt, wie Sie die Tags in einem Strom aus SAX-Events auf bestimmte Eigenschaften überprüfen und gegebenenfalls neue Tags einfügen können, allerdings nutzt Ihnen das im Augenblick eher wenig, das Sie anschließend allesamt im Datennirwana verschwinden.

An dieser Stelle kommt der an der Basisklasse registrierte Listener (Listing 606) und damit eine der mächtigsten Eigenschaften von SAX-Events ins Spiel: Durch die Weitergabe der SAX-Events an einen Listener können Sie einfache `ContentHandler` zu beliebig langen Ketten von `ContentHandler`-Objekten, so genannte Pipelines, zusammensetzen.

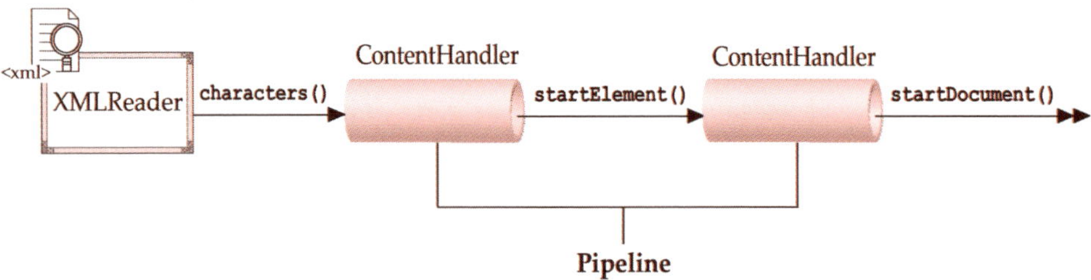

Abbildung 151: Eine Pipeline für SAX-Events

Einmal erstellt können Sie Ihre `ContentHandler` im Baukasten-Prinzip auf immer neue Art und Weise kombinieren, um aus einfachen Elementen komplexe Funktionalitäten zusammenzusetzen. Um dies zu demonstrieren, werden Sie als Nächstes die beiden in den vorangegangenen Beispielen entwickelten `ContentHandler` zu einer einfachen Pipeline zusammensetzen, welche die Arbeit des `SampleContentHandler` demonstriert.

```
package de.codebooks.j2ee.sax;

import org.xml.sax.ContentHandler;
import org.xml.sax.SAXException;
import org.xml.sax.XMLReader;
import org.xml.sax.helpers.XMLReaderFactory;
```

Listing 610: Aufbau einer Pipeline

XML

```
import de.codebooks.j2ee.sax.SimpleContentHandler;
import de.codebooks.j2ee.sax.SampleContentHandler;

/**
 * Testet die SAX-Pipeline aus SimpleContentHandler und
 * SampleContentHandler
 */
public class PipelineTest {

   /** Konstruiert die Pipeline und parst anschließend das Dokument */
   public static void main (String[] args) {
      try {
         // Zu verwendende Parser-Klasse
         String parserClass = "org.apache.xerces.parsers.SAXParser";

         // Reader erzeugen
         XMLReader reader = XMLReaderFactory.createXMLReader(parserClass);

         // Aufbau der Pipeline
         SimpleContentHandler simpleContentHandler =
                                            new SimpleContentHandler();
         SampleContentHandler sampleContentHandler =
                                            new SampleContentHandler();
         sampleContentHandler.setListener(simpleContentHandler);

         // Registrieren des Ereignisempfängers für die Events des Parsers
         reader.setContentHandler(sampleContentHandler);

         // Parsen des Dokumentes
         reader.parse("book.xml");
      } catch (Exception exc) {
         exc.printStackTrace();
      }
   }
}
```

Listing 610: Aufbau einer Pipeline (Forts.)

Wie Sie sehen, müssen keine Anpassungen an den vorangegangenen Klassen vorgenommen werden. Sie fügen die Klassen einfach aneinander und erhalten beim Test des Programms folgende Ausgabe:

```
...
Call: startElement(), start tag 'title'
Call: characters(), text 'Codebook J2EE'
Call: endElement(), end tag 'title'
Call: startElement(), start tag 'homepage-url'
Call: characters(), text 'www.codebooks.de'
Call: endElement(), end tag 'homepage-url'
...
```

Listing 611: Ausgabe der Pipeline

Tipp

Wenn Sie nun auf den Geschmack von Pipelines gekommen sind und mittlere bis große Applikationen damit planen, schauen Sie sich zuvor auf jeden Fall das *Apache Cocoon Framework* (*http://cocoon.apache.org/*) an, das diesen Gedanken aufgreift und uns mit einer großen Anzahl von Hilfsklassen von der Datenbankabfrage bis zur PDF-Erzeugung, unterstützt.

Der große Clou dieses Frameworks besteht jedoch darin, dass Sie den Aufbau der Pipelines nicht wie in Listing 608 in eine Java-Klasse programmieren, sondern wiederum durch XML definieren und damit auch zur Laufzeit ohne Neukompilieren verändern können.

282 Erweiterte SAX-Handler

Das `ContentHandler`-Interface stellt Ihnen alle Methoden zur Verfügung, die Sie benötigen, um Ihr Dokument, samt Namespace und Verarbeitungsanweisungen (Processing Instructions, PI) zu verarbeiten. Daneben definiert die SAX 2.0-Spezifikation eine Reihe zusätzlicher Interfaces, deren Callback-Methoden auch das Verarbeiten einer DTD, die Behandlung von Fehlern und das Auflösen von Entities ermöglichen.

- `org.xml.sax.DTDHandler`

  Dieses Interface definiert Methoden, die der Parser beim Verarbeiten einer DTD ruft. Sofern Sie keinen eigenen Parser oder Validator schreiben möchten, benötigen Sie dieses Interface in der Regel nicht.

- `org.xml.sax.ext.LexicalHandler`

  Dieser optionale Handler definiert Methoden zum Verarbeiten einer internen DTD. Außerdem können Sie über ihn CDATA-Sektionen (siehe letzter Abschnitt dieses Kapitels) ermitteln.

- `org.xml.sax.ErrorHandler`

  Wenn Sie bereits ein wenig mit Java und XML herumexperimentiert haben, sind Sie sicher schon über den einen oder anderen Fehler gestolpert, bei dessen Auftreten der `XMLReader` seinen Dienst einstellte.

Durch Registrieren eines eigenen `ErrorHandler` (`setErrorHandler()`) können Sie die Fehlerbehandlung selbst in die Hand nehmen, wobei die Spezifikation zwischen den drei Fehlergraden `warning`, `error` und `fatalError` unterscheidet.

- `EntityResolver`

  Dieses Interface verwendet der XML-Parser, wenn er auf externe Quellen eines XML-Dokumentes, wie ausgelagerte DTDs oder Entity-Definitionen, zurückgreifen will. Per Default lädt er diese eigenständig nach. Über dieses Interface haben Sie die Möglichkeit, in diesen Prozess einzugreifen und diesen nach Belieben zu steuern.

Die hier beschriebenen zusätzlichen Interfaces erlauben eine sehr anspruchsvolle Verarbeitung von XML-Dokumenten. Für den Programmieralltag spielen sie jedoch häufig eine eher untergeordnete Rolle.

283 Syntaxüberprüfung via Document Type Definition (DTD)

Gerade bei dynamisch erzeugten Dokumenten kann es erforderlich sein, die Struktur syntaktisch zu überprüfen, um Rückschlüsse auf die Gültigkeit des Inhaltes zu ziehen. So kann im hier verwendeten Beispiel ein Buch zwar einen oder auch mehrere Kapitel besitzen, das Element `<title>` sollte jedoch nur ein einziges Mal vorkommen.

Diese Strukturdefinition übernimmt bei XML-Dokumenten die so genannte Document Type Definition (DTD). In diese können Sie Art und Anzahl der Kind-Elemente oder auch Standardwerte von Attributen festlegen sowie eigene Entities definieren. Für das in diesem Kapitel verwendete Beispiel:

```
<book book-number="2176">
   <title>Codebook J2EE</title>
   <publishing-date format="dd.MM.yyyy">10.03.2005</publishing-date>
   <publishing-house>Addison-Wesley</publishing-house>
   <content>
      <chapter number="1">Kapitel 1</chapter>
      <chapter number="2">Kapitel 2</chapter>
   </content>
</book>
```

Listing 612: Struktur des Beispieldokumentes

könnte eine Document Type Definition beispielsweise folgende Form haben:

```
<!ELEMENT book (title, content, publishing-date*, publishing-house)>
<!ELEMENT title (#PCDATA)>
<!ELEMENT content (chapter+)>
<!ELEMENT chapter (#PCDATA)>
<!ELEMENT publishing-date (#PCDATA)>
<!ELEMENT publishing-house (#PCDATA)>
```

Listing 613: Beispiel-DTD

Wie Sie sehen, ist die Document Type Definition kein XML-Dokument, sondern folgt einer eigenen Syntax, die bereits in der ursprünglichen SGML-Spezifikation beschrieben wird. Hierbei werden nacheinander alle Elemente definiert und die Art und Anzahl ihrer Kind-Elemente angegeben.

Achtung

Bei der Verwendung von *Namensräumen (Namespaces)* müssen Sie die entsprechenden Präfixe auch in die DTD übernehmen. Aus `book` wird dann `j2ee:book`, `title` wird zu `j2ee:title` usw.

Art und Kardinalität der Kindelemente

Nach dem Präfix `<!ELEMENT` geben Sie zunächst das Element an, das Sie mit diesem Eintrag beschreiben wollen, worauf eine Liste mit möglichen Kind-Elementen des Rumpfes folgt. Möchten Sie keine Angabe über den Inhalt eines Tags machen, verwenden Sie einfach das Schlüsselwort `ANY`, das jeglichen Inhalt ermöglicht.

```
<!ELEMENT beliebiger-inhalt ANY>
```

Listing 614: Beliebigen Inhalt eines Tags zulassen

Zusätzlich zur Benennung der im Rumpf erlaubten Elemente können Sie über ein Suffix Angaben über die Kardinalität des Elementes machen.

Symbol	Kardinalität
ohne	Diese Elemente sind verbindlich (Pflichtelemente) und müssen genau einmal auftreten.
?	Mit einem Fragezeichen versehene Elemente sind optional und damit nicht verbindlich. Sie können null- oder einmalig auftreten.
*	Der Stern steht für eine beliebige, nicht verbindliche Anzahl dieses Elementes, das schließt das Fehlen dieses Elementes (nullmaliges Auftreten) ein.
+	Diese Elemente sind verbindlich, können allerdings beliebig oft auftreten, d.h. also ein- bis n-mal.

Tabelle 79: Kardinalität der Kind-Elemente

In obigem Beispiel muss ein `<book>`-Element aus Titel (`<title>`), Inhalt (`<content>`) und einem Verlag (`<publishing-house>`) bestehen, wobei die Angabe des Verlagsdatums (`<publishing-date>`) zwischen `0` (noch nicht erschienen) und `n` (verschiedene Auflagen) variiert.

Sequenzen vs. Alternativen

In Listing 613 definieren Sie eine durch Kommata getrennte Sequenz (Liste) von Kind-Elementen, die in einem `<book>`-Element vorhanden sein müssen. Dabei muss die Reihenfolge der angegebenen Elemente mit der in der DTD übereinstimmen. Um stattdessen eine Liste mit möglichen Elemente in beliebiger Reihenfolge zu deklarieren, trennen Sie die Elemente durch eine Pipe (|):

```
<!ELEMENT book (title|content|publishing-date*|publishing-house)?>
```

Listing 615: Liste mit beliebiger Reihenfolge

Dieses Listing definiert beispielsweise eine beliebige Liste verschiedener Elemente, die aus mindestens einem (?) der angegebenen Tags bestehen muss.

Text-Elemente

Enthält der Rumpf eines Elementes dagegen nur Text, markieren Sie den Inhalt als zu parsende oder nicht zu parsende Zeichenkette.

Symbol	Bedeutung
PCDATA	*Parsed Character Data*, diese Zeichenketten werden vom XML-Parser interpretiert, dabei werden vorhandene Entities aufgelöst.
CDATA	*Character Data*, diese Zeichenketten werden vom Parser zwar eingelesen, jedoch nicht interpretiert. Entitäten werden nicht aufgelöst.

Tabelle 80: CData vs. PCData

Leere Elemente

Neben den reinen Text-Elementen und zusammengesetzten Elementen, die sowohl Tags als auch Text enthalten dürfen, gibt es auch leere Elemente. Diese markieren Sie mit dem Schlüsselwort `EMPTY`, wobei egal ist, ob das leere Element voll ausgeschrieben (`<name></name>`) oder verkürzt dargestellt wird (`<name />`).

```
<!ELEMENT name EMPTY>
```

Listing 616: Definition eines leeren Tags

Attribute

Auch Art und Wertebereich von Attributen können Sie in der DTD auf ähnliche Art und Weise festlegen. Dazu definieren Sie analog zu den `<!ELEMENT>`-Einträgen *Attribut-Listen* der Form:

```
<!ATTLIST name-des-Elementes Atrribute1 Typ1 Modifier1
                             Attribute2 Typ2 Modifier2>
```

Listing 617: Schematischer Aufbau von Attribut-Listen

Für das in diesem Kapitel verwendete Beispiel mit seinen Attributen sähe die Definition also etwa folgendermaßen aus:

```
<!ATTLIST book book-number ID #REQUIRED>
<!ATTLIST publishing-date format CDATA mm.DD.yyyy>
<!ATTLIST chapter number #REQUIRED>
```

Listing 618: Attribut-Definition für das Beispieldokument

Attribut-Typen

Natürlich ist Attribut nicht gleich Attribut, manchmal können sie beliebige Werte annehmen, manchmal ist für unsere Werte ein bestimmter Wertebereich vorgegeben. Folgende Tabelle zeigt Ihnen die möglichen Attribut-Typen.

Typ	Beschreibung
`CDATA`	Dieser Typ steht für eine beliebige *Zeichenkette (Character Data).*
`(wert1|wert2|...)`	Diese Aufzählung von Alternativen beschreibt einen Wertebereich, den die Attribute einnehmen können.
`ID`	Dieser Wert steht für einen eindeutigen Bezeichner, der im gesamten Dokument nur ein einziges Mal für dieses Attribut verwendet werden darf. Dieser Typ entspricht formal einem Primary Key.
`IDREF`	Mit diesem Typ können Sie auf eine an anderer Stelle im Dokument definierte ID verweisen. Damit hat dieser Typ die Funktion eines Foreign Keys.
`IDREFS`	Dieser Sondertyp eines `ID`-Verweises (`IDREF`) spezifiziert eine durch Leerzeichen getrennte Liste von möglichen Verweisen.
`ENTITY`	Der Name dieses Typs verweist auf eine Entity.
`ENTITIES`	Liste von möglichen Entities, analog zu `IDREFS`.
`NMTOKEN`	Spezialfall eines `CDATA`-Elementes, bei dem die Zeichenkette den Namenskonventionen für Tags entsprechen muss. Wird häufig verwendet, um bestimmte Tags zu spezifizieren.
`NMTOKENS`	Liste von `NMTOKEN`-Elementen, vgl. `IDREFS`.
`NOTATION`	Dieser Datentyp ist ein Relikt aus SGML-Zeiten und hat heute praktisch keine Relevanz mehr. Er verweist auf eine externe SGML-Datenquelle.

Tabelle 81: Mögliche Attribut-Typen einer DTD

Standard-, Pflicht- oder Optional Attribute-Modifier

Neben dem Typ können Sie jedes Attribut auch mit einem *Modifier*, ähnlich den variablen Modifiern in Java, ausstatten. Diese haben folgende Funktion:

Modifier	Funktion
`#REQUIRED`	Deklariert das Attribut als Pflicht-Attribut, das vorhanden sein muss. Wird häufig für `ID` und `IDREF` verwendet.
`#IMPLIED`	Dies ist das Gegenteil von #REQUIRED und markiert unser Attribut als optional.
`#FIXED "Wert"`	Schreibt den Wert eines Attributes fest. Unser Element besitzt damit implizit ein Attribut mit dem angegebenen Wert. Geben Sie es trotzdem an, muss der Attributwert genau dem hier angegebenen entsprechen. Dieser Typ eignet sich hervorragend für Dokumente, die aus verschiedenen Datenquellen zusammengeführt werden, wobei jede Datenquelle über ihre DTD eine eindeutige ID bekommt.
`"Wert"`	Ohne Angabe eines Modifiers steht der angegebene Wert einfach für den Defaultwert des Attributes, der überschrieben werden kann.

Tabelle 82: Modifier für Attribute

Vordefinierte Abkürzungen – Entities

Es gibt neben Elementen und Attributen noch einen dritten Typ, den Sie über eine DTD definieren können: *Entities*. Dabei kennt die Spezifikation bereits fünf vordefinierte Entities für die reservierten Sonderzeichen (vgl. Tabelle 71).

Entities sind kurz gesagt einfache Platzhalter für immer wieder verwendete Zeichenketten und nehmen damit die Rolle von Konstanten oder Makros ein, die Sie an beliebigen Stellen im XML-Dokument verwenden können. Eine Entity hat dabei folgende Form: `<!ENTITY Name "Wert">` Um beispielsweise einen gemeinsamen Copyright-Vermerk für Dokumente zu erzeugen, würden Sie folgende Entity definieren:

```
<!ENTITY &copyright "&#xA9; by Addison-Wesley 2005">
```

Listing 619: Eine einfache Copyright-Entity

Die Entity `©` entspricht im Unicode-Zeichensatz dem *Copyright-Symbol* ©.

Nun könnten Sie die Zeichenkette `©right;` nach Belieben verwenden, um folgenden Text in Ihre XML-Dokumente zu integrieren: »`© by Addison-Wesley 2004`«

Wie Sie an Listing 618 auch sehen, können Sie Entities (`©`) auch verwenden, um weitere Entities zu definieren; dabei können Sie jedoch nur auf bereits existierende Entities zurückgreifen, womit zyklische Verweise ausgeschlossen sind.

Entities können aber noch mehr: Wenn Ihr Copyright-Text länger und komplexer wird, können Sie diesen auch aus der DTD in eine eigene XML-Datei auslagern und anschließend dynamisch in die Document Type Definition einfügen. Um anzuzeigen, dass sich der Inhalt der Entität unter dem angegebenen URL befindet, verwenden Sie das Schlüsselwort `SYSTEM`.

```
<!ENTITY &copyright SYSTEM "http://localhost/entity/copyright.xml">
```

Listing 620: Beispiel für eine komplexe Copyright-Entity

Achtung

Prinzipiell kann eine externe Entity-Definition zwar auch XML-Tags enthalten, doch werden diese vom Parser nicht interpretiert, sondern wie Text behandelt.

Einbinden der Document Type Definition (DTD)

Schließlich müssen Sie XML-Dokument und DTD noch zusammenführen. Auch hier haben Sie wieder die Qual der Wahl.

Einfügen in das XML-Dokument

Zunächst einmal können Sie die DTD in das XML-Dokument selbst integrieren. Hierdurch kann das Dokument ohne externe Quellen validiert werden:

```
<?xml version="1.0" encoding="ISO-8859-1" ?>
<!DOCTYPE book [
   <!ELEMENT book (title, content, publishing-date*, publishing-house)>
   <!ELEMENT title (#PCDATA)>
   <!ELEMENT content (chapter+)>
   <!ELEMENT chapter (#PCDATA)>
   <!ELEMENT publishing-date (#PCDATA)>
   <!ELEMENT publishing-house (#PCDATA)>

    <!ATTLIST book book-number ID #REQUIRED>
    <!ATTLIST publishing-date format CDATA mm.DD.yyyy>
    <!ATTLIST chapter number #REQUIRED>
]>
<book book-number="2176">
   <title>Codebook J2EE</title>
   <publishing-date format="dd.MM.yyyy">10.03.2005</publishing-date>
   <publishing-house>Addison-Wesley</publishing-house>
   <content>
      <chapter number="1">Kapitel 1</chapter>
      <chapter number="2">Kapitel 2</chapter>
   </content>
</book>
```

Listing 621: Interne Document Type Definition (DTD)

Auslagern in eine externe Datei

Eingefügte DTDs machen das Dokument zwar kompakt, aber die DTD nicht wieder verwendbar. Da DTDs in der Regel für viele Dokumente gültig sind, ist es häufig besser, diese in eine externe Datei auszulagern. Das macht die XML-Dokumente schlanker, und der Parser lädt die Definition nur bei Bedarf nach.

Bei externen DTDs haben Sie die Wahl zwischen privaten und öffentlichen DTDs, die in der Regel über das Internet jedermann zugänglich gemacht wird. Um auf eine private DTD zu verweisen, fügen Sie lediglich das folgende Tag in unser XML-Dokument ein.

```
<?xml version="1.0" encoding="ISO-8859-1" ?>
<!DOCTYPE book SYSTEM "book.dtd">
<book book-number="2176">
   <title>Codebook J2EE</title>
   <publishing-date format="dd.MM.yyyy">10.03.2005</publishing-date>
   <publishing-house>Addison-Wesley</publishing-house>
   <content>
      <chapter number="1">Kapitel 1</chapter>
      <chapter number="2">Kapitel 2</chapter>
   </content>
</book>
```

Listing 622: Externe, private Document Type Definition (DTD)

Wobei Sie hinter dem Schlüsselwort SYSTEM den URL der DTD angeben. Öffentliche DTDs unterscheiden sich davon nur im Schlüsselwort und besitzen zusätzlich einen symbolischen Namen, der vor dem URL eingefügt wird.

```
<?xml version="1.0" encoding="ISO-8859-1" ?>
<!DOCTYPE book PUBLIC "Book Exchange Format"
          "http://j2ee.codebooks.de/xml/book.dtd">
<book book-number="2176">
   <title>Codebook J2EE</title>
   <publishing-date format="dd.MM.yyyy">10.03.2005</publishing-date>
   <publishing-house>Addison-Wesley</publishing-house>
   <content>
      <chapter number="1">Kapitel 1</chapter>
      <chapter number="2">Kapitel 2</chapter>
   </content>
</book>
```

Listing 623: Externe, öffentliche Document Type Definition (DTD)

284 XML-Schema-Definitionen

Über *Document Type Definitions (DTDs)* können Sie ein abstraktes Schema für SGML-Dokumente erstellen, anhand dessen Sie deren Struktur überprüfen können. Dabei sind jedoch einige Hürden zu meistern:

- DTDs sind keine XML-Dokumente, sondern besitzen eine eigene, speziell zu erlernende Syntax.
- DTDs beschränken sich auf einige wenige Standardtypen. Komplexe Strukturen müssen über zum Teil gewagte Kombinationen abgebildet werden.
- Es existieren keine Standardwerte (Defaults) für Elemente.

Deshalb suchte das W3C nach dem sich abzeichnenden durchschlagenden Erfolg von XML, nach einem einfachen, dokumentorientierten Weg, die Struktur eines Dokumentes zu beschreiben, und brachte im Jahr 2001 die XML-Schema-Spezifikation heraus, die sich in folgende drei Teile teilt:

1. *XML Schema Primer (Part 0)*, der eine kurze Einführung in die Erstellung und Verwendung von XML Schemata (XS) liefert.
2. *XML Schema Structures (Part 1)* beschreibt die Formalismen des Standards und ist eher etwas für ganz hart Gesottene.
3. *XML Schema Datatypes (Part 2)*. Dieser Teil beschreibt die vorhandenen Datentypen und erklärt, wie Sie diese verwenden können, um weitere, komplexere Datentypen zu erstellen.

Alle drei Teile werden vom W3C unter *http://www.w3.org/XML/Schema* zur Verfügung gestellt, doch da Sie sich mit Sicherheit nicht durch die insgesamt 297 Seiten schlagen wollen, folgt hier eine kurze Einführung.

Tipp

Allen, denen die englische Sprache nicht ganz so flüssig von der Hand geht, und jene, die Texte lieber in ihrer Muttersprache statt in der Originalversion lesen, sei an dieser Stelle die *edition W3C.de* unter *http://www.edition-w3c.de* ans Herz gelegt.

Diese von *Stefan Mintert* mit Unterstützung des deutsch-österreichischen W3C-Büros in Zusammenarbeit mit dem Verlag *Addison-Wesley* herausgegebene Seite hat sich zum Ziel gesetzt, alle veröffentlichten W3C-Empfehlungen (*Recommendations*) in die deutsche Sprache zu übersetzen, und ist die einzige vom W3C legitimierte Publikation in Deutsch.

Grundstruktur eines XML-Schemas

Das zu einem XML-Dokument gehörende Schema ist wiederum eine XML-Datei, in der alle vorgesehenen Strukturen des Dokuments definiert sind.

```
<?xml version="1.0" encoding="ISO-8859-1"?>
<xs:schema xmlns:ns="http://www.w3.org/2001/XMLSchema">

   <xs:simpleType name="germanDateType" base="xs:string">
```

Listing 624: Schema-Definition für das Beispieldokument

```
      <xs:pattern="\d{2}.\d{2}\.\d{4}" />
   </xs:simpleType>

   <xs:simpleType name="publisherType">
      <xs:restriction base="xs:string">
         <xs:enumeration value="Addison-Wesley" />
         <xs:enumeration value="Markt und Technik" />
         <xs:enumeration value="Person Education" />
      </xs:restriction>
   </xs:simpleType>

   <xs:complexType name="contentType" abstract="false">
      <xs:element name="chapter" type="xs:string"
                  minOccurs="1" maxOccurs="unbounded" />
   </xs:complexType>

   <xs:complexType name="book" abstract="false">
      <xs:sequence>
         <xs:attribut name="book-number" type="xs:string" />

         <xs:element name="title" type="xs:string" />
         <xs:element name="content" type="contentType"
                     minOccurs="1" maxOccurs="1" />
         <xs:element name="publishing-date" type="germanDateType"
                     minOccurs="0" maxOccurs="unbounded" />
         <xs:element name="publishing-house" type="publisherType"
                     default="Addison-Wesley" />
      </xs:sequence>
   </xs:complexType>

</xs:schema>
```

Listing 624: Schema-Definition für das Beispieldokument (Forts.)

Wenn das nicht gleich viel ansprechender und übersichtlicher als die vergleichbare DTD ausschaut?!

Wie jedes XML-Dokument beginnt auch die Schema-Definition mit einem Prolog. Alle Elemente gehören zum Namespace *http://www.w3.org/2001/XMLSchema*, der üblicherweise mit dem Präfix xs oder xsd abgekürzt wird, und werden vom Root-Element <xs:schema> eingeschlossen.

Vordefinierte Datentypen

Die Schema-Spezifikation sieht eine Reihe von vordefinierten Datentypen vor, die Sie anschließend dazu verwenden können, eigene Strukturen zu definieren. Die folgende Tabelle zeigt die geläufigsten.

Name	Beschreibung	Beispiele
`string`	Eine beliebige Folge von Zeichen	`"Hello World"`
`language`	Ein Sprachkürzel nach ISO-1766	`de`, `fr`, `en-GB`,
`date`	Ein Datumswert ...	`1979-08-09`
`time`	... und die dazugehörige Zeit	`10:12:37-01:00`
`integer`	Eine Ganzzahl, ähnlich Java	`345`, `-876`, `0`
`double`	Eine reelle Zahl	`12.3`, `4.5e6`, `INF`
`boolean`	Sein oder Nichtsein, ein Wahrheitswert	`true`, `1`, `0`

Tabelle 83: Häufig verwendete Datentypen der XML-Schema-Definition

Hinweis

`INF` steht beim Datentyp `double` für *infinite* (englisch: unendlich).

Definition einfacher Datentypen

Diese einfachen Datentypen können Sie verwenden, um eigene Datentypen zu erzeugen. Hierzu stehen Ihnen drei Möglichkeiten zur Verfügung:

- Einschränkungen des Wertebereichs
- Listen oder Aufzählungen eines bestimmten Typs
- Vereinigungen und Kombination verschiedener Typen zu einem neuen Element

Listing 623 zeigt Ihnen bereits zwei Beispiele für einfache Datentypen. Zunächst erzeugen Sie uns ein einheitliches Muster, wobei `\d` für eine beliebige Zahl (englisch: Digit) steht, deren Häufigkeit von der dahinter stehenden Zahl angegeben wird.

```
<xs:simpleType name="germanDateType" base="xs:string">
   <xs:pattern="\d{2}.\d{2}.\d{4}" />
</xs:simpleType>
```

Listing 625: Definition eines Datumsformates

Außerdem grenzen Sie den Wertebereich der möglichen Verlage durch eine Aufzählung (`enumeration`) auf drei ein.

```
<xs:simpleType name="publisherType">
   <xs:restriction base="xs:string">
```

Listing 626: Einschränken der möglichen Werte durch eine Aufzählung (Enumeration)

```
        <xs:enumeration value="Addison-Wesley" />
        <xs:enumeration value="Markt und Technik" />
        <xs:enumeration value="Person Education" />
    </xs:restriction>
</xs:simpleType>
```

Listing 626: Einschränken der möglichen Werte durch eine Aufzählung (Enumeration) (Forts.)

Tabelle 76 zeigt einige der gebräuchlichsten Einschränkungen (*Restrictions*) für einfache Elemente, wobei alle die Form `<xs:Einschränkung value="Wert" />` haben

Einschränkung	Element-Typen	Beschreibung
`enumeration`	`string`	Aufzählung, das tatsächliche Element muss mit einem der aufgezählten exakt übereinstimmen.
`length`	`string`	Anzahl der Längeneinheiten einer Zeichenkette (`String`). Diese kann sich, bei abgeleiteten Datentypen, von der Länge der tatsächlich sichtbaren Zeichen unterscheiden.
`minLength`	`string`	Mindestzeichenzahl eines Strings
`maxLength`	`string`	Maximale Anzahl von erlaubten Zeichen
`minInclusive` / `maxInclusive`	`integer`	Minimum/Maximum der zulässigen Werte für dieses Element
`minExclusive` / `maxExclusive`	`integer`	Identisch mit `minInclusive`/`maxInclusive`, nur dass die Grenzen hier nicht zum gültigen Wertebereich gehören.

Tabelle 84: Gebräuchliche Einschränkungen (Restrictions) für XML-Schemata

Vererbung

Wie Sie sehen, basiert jeder neue Datentyp auf einem anderen. Die jeweilige Verwandtschaftsbeziehung geben Sie dabei über das Attribut `base` an.

```
<xs:simpleType name="germanDateType" base="xs:string" />
```

Listing 627: Definition eines Basistyps

Dabei erbt der neue Datentyp alle Eigenschaften und Einschränkungen des Basistyps, ganz analog zur Vererbung von Java-Klassen. Das Attribute `abstract` spielt bei der Vererbung von Elementen übrigens ebenfalls die gleiche Rolle wie bei Java-Klassen, so können Sie einfache Grundtypen definieren und deren Eigenschaften weitervererben, zugleich aber verhindern, dass diese in ihrer abstrakten Form im Dokument auftauchen.

Komplexe Datentypen

Nachdem Sie nun einfache Datentypen definiert haben, können Sie diese zu beliebig komplexen Strukturen zusammensetzen. Diesen Typ bezeichnet man als *Complex-Type*.

```
...
   <xs:complexType name="book" abstract="false">
      <xs:sequence>
         <xs:attribut name="book-number" type="xs:string" />

         <xs:element name="title" type="xs:string" />
         <xs:element name="content" type="contentType"
                     minOccurs="1" maxOccurs="1" />
         <xs:element name="publishing-date" type="germanDateType"
                     minOccurs="0" maxOccurs="unbounded" />
         <xs:element name="publishing-house" type="publisherType"
                     default="Addison-Wesley" />
      </xs:sequence>
   </xs:complexType>
...
```

Listing 628: Ein komplexer Datentyp

Hierbei können Sie neben der reinen Aufzählung der enthaltenen Elemente auch Angaben über die Anzahl machen. Standardmäßig muss jedes aufgeführte Element genau einmal vorkommen, wobei Sie diesen Wert über die Attribute `minOccurs` und `maxOccurs` ganz nach Bedarf steuern können. Die Zeichenkette `unboundet` (deutsch: ungebunden, unbegrenzt) steht für eine beliebig große Anzahl.

Sequenzen und Alternativen

Möchten Sie die Reihenfolge der Tags ebenfalls festlegen, klammern Sie die einzelnen Elemente in ein `<xs:sequence>`-Tag ein. Um stattdessen eine Auswahl zwischen verschiedenen Elementen oder Elementgruppen zu ermöglichen, verwendet man das Element `<xs:choice>`, wie es das folgende Listing demonstriert.

```
<xs:complexType name="alternativeType" abstract="false">
   <xs:choice>
      <xs:element name="alternative_1" type="xs:date" />
      <xs:element name="alternative_2" type="xs:string" />
      <xs:element name="alternative_3" type="xs:integer" />
   </xs:choise>
</xs:complexType>
```

Listing 629: Auswahl zwischen verschiedenen Elementen

Attribute

Attribute können, wie Elemente, einen beliebigen vordefinierten oder einfachen Datentyp sowie einen Default-Wert besitzen. Über die use-Eigenschaft können Sie zusätzlich die Art des Attributes bestimmen:

```
<xs:attribute name="book-number" type="string" use="required" />
```

Listing 630: Definition eines Attributes

Dabei unterscheidet man zwischen folgenden Typen:

- Zwingend erforderlich (required): Dieses Attribut muss in jedem Fall angegeben werden.

  ```
  <xs:attribute name="zwingend" use="required" />
  ```

- Nicht erlaubt (prohibited): Dieses Attribut darf nicht verwendet werden.

  ```
  <xs:attribute name="verboten" use="prohibited" />
  ```

- Optional (optinal): Das Attribut kann angegeben werden.

  ```
  <xs:attribute name="optinal" use="optional" />
  ```

- Fest (fixed): Dieses Attribut ist, auch wenn es nicht angegeben wird, implizit vorhanden und hat stets den angegebenen Wert.

  ```
  <xs:attribute name="fest" use="fixed" value="Wert"/>
  ```

- Standard (default): Auch dieses Attribut ist bereits implizit mit dem vorgegebenen Wert vorhanden, kann jedoch im Gegensatz zu fixed überschrieben werden.

  ```
  <xs:attribute name="standard" use="default" value="Wert"/>
  ```

Einbinden von XML-Schemata

Zu guter Letzt müssen Sie natürlich auch das XML-Schema mit den zugehörigen Dokumenten verknüpfen. Dazu fügen Sie folgende zwei Referenzen in das Wurzelelement (<book>) ein:

```
<?xml version="1.0" encoding="ISO-8859-1" ?>
<book book-number="2176"
   xmlns:xsi="http://www.w3.org/2001/XMLSchema-instance"
   xsi:noNamespaceSchemaLocation="http://localhost/schema.xsd"
>
   <title>Codebook J2EE</title>
   <publishing-date format="dd.MM.yyyy">10.03.2005</publishing-date>
   <publishing-house>Addison-Wesley</publishing-house>
   <content>
```

Listing 631: Verweis auf das XML-Schema (ohne Namespace)

```
        <chapter number="1">Kapitel 1</chapter>
        <chapter number="2">Kapitel 2</chapter>
    </content>
</book>
```

Listing 631: Verweis auf das XML-Schema (ohne Namespace) (Forts.)

> **Tipp**
>
> Statt einem vollständigen URL können Sie das XML-Schema auch durch Angabe der lokalen Datei, z.B. *schema.xsd*, referenzieren. Die Ablage auf einem zentralen Server und die URL-Referenz haben jedoch den Vorteil, dass sie weltweit eindeutig und erreichbar sind.

Den Namensraum `xsi` müssen Sie dabei nur einbinden, um Zugriff auf das Attribut `noNamespaceSchemaLocation` zu bekommen. Dieses ermöglicht, ein Schema für Elemente ohne Präfix und Namespace zu definieren. Als Parameter übergeben Sie dabei den URL, unter dem die zu verwendende Schema-Definition erreichbar ist.

Um Elemente eines bestimmten Namensraumes nach einem bestimmten XML-Schema zu validieren, fügt man folgenden Verweis in das Root-Element ein (vgl. Listing 584).

```
<?xml version="1.0" encoding="ISO-8859-1" ?>
<j2ee:book book-number="2184"
   xmlns:xsi="http://www.w3.org/2001/XMLSchema-instance"
   xsi:schemaLocation="http://j2ee.codebooks.de/xml/schema
                       http://localhost/schema.xsd "
   xmlns:j2ee="http://j2ee.codebooks.de/xml"
>
   <j2ee:title>Codebook J2EE</j2ee:title>
   <j2ee:publishing-date
         format="dd.MM.yyyy">10.03.2005</j2ee:publishing-date>
   <j2ee:publishing-house>Addison-Wesley</j2ee:publishing-house>
   <j2ee:content>
      <j2ee:chapter number="1">Kapitel 1</j2ee:chapter>
      <j2ee:chapter number="2">Kapitel 2</j2ee:chapter>
   </j2ee:content>
</j2ee:book>
```

Listing 632: Verweis auf das XML-Schema (mit Namespace)

Dabei verweist der erste Teil des `xsi:schemaLocation`-Attributes auf den URL, an den dieser Namensraum gebunden ist, während der zweite Teil den URL des Schemas selbst enthält.

```
...
   xsi:schemaLocation=
      "http://j2ee.codebooks.de/xml/schema http://localhost/schema.xsd "
...
```

Listing 633: Verweis auf die Schema-Definition

Beide sind durch ein Leerzeichen (Space) voreinander getrennt. Anschließend verknüpfen Sie den Namespace mit einem beliebigen Kürzel (`j2ee`), und schon können Sie Elemente zu diesem Namensraum hinzufügen.

Tipp

Um Elemente unterschiedlicher Namensräume zu unterstützen, verwenden Sie natürlich auch zwei `xsi:schemaLocation`- und `xmlns`-Attribute usw. Wenn Sie mehr über XML-Schema und die verschiedenen Möglichkeiten erfahren wollen, empfehlen wir Ihnen das Online-Tutorial unter *http://www.w3schools.com/schema/*

XSLT / XPath

Die beiden Schlagwörter XSLT und XPath stehen für mächtige Technologien, die es erlauben, Daten innerhalb von XML-Dokumenten zu selektieren, zu überprüfen, zu manipulieren und in neuen Kontexten wieder darzustellen.

XPath ist eine Abfragesprache, mit deren Hilfe es möglich ist, beliebige Knoten innerhalb eines XML-Dokuments zu selektieren. Dabei können Bedingungen definiert werden, die diese Knoten zu erfüllen haben – tun sie dies nicht, werden sie nicht selektiert. XPath erlaubt es, sowohl absolut zur Dokumentwurzel als auch relativ zum aktuellen Kontext zu navigieren und zu selektieren.

XSLT ist eine Abkürzung für eXtensible Stylesheet Language for Transformations und gibt Nutzern die Möglichkeit, XML-Dokumente oder auch nur Teilbereiche daraus zu transformieren – und zwar in nahezu jedes textbasierende Zielformat. Ob es sich dabei um HTML, XML, nur Text oder gar PDF handelt, spielt keine Rolle. Nur Umwandlungen in binäre Zielformate finden nicht (direkt) statt – Sie können also kein XML-Dokument ins proprietäre MS Word-Format umwandeln.

Für die folgenden Beispiele und Informationen soll im Wesentlichen dieses XML-Dokument die Grundlage bilden:

```
<?xml version="1.0" encoding="iso-8859-1"?>
<library>
   <book book-number="2184">
      <title>Masterclass J2EE</title>
      <abstract><![CDATA[Eine Einführung in J2EE]]></abstract>
      <author author-number="815">
         <name>Stark</name>
         <first-name>Thomas</first-name>
      </author>
      <publishing-date format="dd.MM.yyyy">14.10.2004</publishing-date>
      <publishing-house>Addison-Wesley</publishing-house>
      <price>39.90</price>
      <isbn>3-8273-2184-0</isbn>
   </book>
   <book book-number="2185">
      <title>Masterclass Java</title>
      <abstract><![CDATA[Eine Einführung in Java 5]]></abstract>
      <author author-number="816">
         <name>Samaschke</name>
         <first-name>Karsten</first-name>
      </author>
      <publishing-date format="dd.MM.yyyy">14.10.2004</publishing-date>
      <publishing-house>Addison-Wesley</publishing-house>
```

Listing 634: XML-Dokument, das die Vorlage für viele Beispiele bildet

```
        <price>39.90</price>
        <isbn>3-8273-2180-8</isbn>
    </book>
    <book book-number="2186">
        <title>J2EE Codebook</title>
        <abstract><![CDATA[Das J2EE-Kochbuch!]]></abstract>
        <author author-number="815">
            <name>Stark</name>
            <first-name>Thomas</first-name>
        </author>
        <author author-number="816">
            <name>Samaschke</name>
            <first-name>Karsten</first-name>
        </author>
        <publishing-date format="dd.MM.yyyy">15.03.2005</publishing-date>
        <publishing-house>Addison-Wesley</publishing-house>
        <price currency="EUR">99.90</price>
        <isbn>3-8273-2176-X</isbn>
    </book>
</library>
```

Listing 634: XML-Dokument, das die Vorlage für viele Beispiele bildet (Forts.)

285 XPath: Knoten selektieren

`XPath` hat für XML etwa die gleiche Bedeutung, wie dies SQL für die Abfrage von Datenbanken hat. Durch XPath können bestimmte Elemente eines XML-Dokuments mit Hilfe einer vergleichsweise einfach zu erlernenden Abfragesprache selektiert werden.

Angenommen, Sie wollten aus obigem XML-Dokument alle Bücher auszulesen, dann könnten Sie diesen XPath-Ausdruck verwenden:

```
//book
```

Der hier verwendete doppelte Schrägstrich steht dabei für einen beliebigen Pfad im XML-Dokument.

Um sicherzustellen, dass Sie nur `book`-Elemente selektieren, die sich unterhalb des `library`-Elements (und nirgendwo anders) befinden, können Sie diesen XPath-Ausdruck anwenden:

```
/library/book
```

Sollten Sie sich schon auf dem `library`-Knoten befinden, können Sie diesen mit einem Punkt referenzieren. Dem XPath-Ausdruck zum Selektieren untergeordnete `book`-Elemente sehen dann so aus:

```
./book
```

Die einzelnen Elemente haben also folgende Bedeutung:

Element	Bedeutung
//	Beliebiger Pfad innerhalb des XML-Dokuments
/	Oberste Ebene des XML-Dokumentenkörpers. Die XML-Deklaration wird hier nicht mit einbezogen. Absolute Pfadangabe.
.	Aktueller Knoten innerhalb des XML-Dokuments. Pfadangaben erfolgen ab hier relativ.
..	Eltern-Element des aktuellen Knotens. Pfadangaben sind relativ zum aktuellen Knoten.

Tabelle 85: XPath-Navigationselemente

Die Ergebnismenge eines XPath-Ausdrucks lässt sich durch die Angabe von Einschränkungen oder Bedingungen eingrenzen. Diese werden in eckigen Klammern am Element notiert, für das sie gelten sollen:

```
/library/book[isbn='3-8273-2176-X']
```

Hier würde das Buch selektiert, dessen `isbn`-Child-Element den Wert `3-8273-2176-X` hätte. Der selektierte Knoten wäre dabei `book`, und dessen untergeordneter Knoten `isbn` müsste die Bedingung erfüllen.

Um alle Bücher von Karsten Samaschke zu selektieren, könnten Sie folgenden XPath-Ausdruck verwenden:

```
/library/book[author/name='Samaschke']
```

Selbstverständlich kann innerhalb der so eingeschränkten Ergebnismenge weiter per XPath-Ausdruck navigiert werden. Um die Kurzbeschreibung des `J2EE Codebooks` zu selektieren, könnten Sie diesen XPath-Ausdruck verwenden:

```
/library/book[isbn='3-8273-2176-X']/abstract
```

286 XPath: den x-ten Knoten einer Liste selektieren

Weiter unten in diesem Kapitel wird auf nummerische Funktionen eingegangen, mit deren Hilfe recht einfach auf das erste oder letzte Element einer Liste/eines Node-Sets geprüft werden kann. Um aber auf das x-te Element einer Liste oder eines Node-Sets (beide Begriffe sollen im Folgenden synonym gebraucht werden) zurückzugreifen, können Sie die gleiche Syntax wie bei Java-Arrays verwenden:

```
/library/book[2]
```

Einen Unterschied gibt es allerdings – und der ist wesentlich: Bei Java-Arrays beginnt der Index stets an der Position 0, während bei XPath die Zählung bei 1 beginnt.

Um beispielsweise den ersten Autor des dritten Buchs der weiter oben gezeigten Bücherliste zu selektieren, können Sie diesen XPath-Ausdruck einsetzen:

```
/library/book[3]/author[1]
```

287 XPath: auf Werte von Attributen prüfen

Sie sind beim Selektieren von Elementen nicht darauf beschränkt, Einschränkungen auf den Knoten zu suchen. Ebenso ist es möglich, die Werte von Attributen zur Überprüfung mit heranzuziehen. Die Syntax entspricht weitestgehend der Selektion von Knoten mit Einschränkungen – die einzelnen Attribute werden aber durch ein vorangestelltes @-Symbol gekennzeichnet:

```
<XPath-Ausdruck>[@<Attribut-Name><Bedingung>]
```

Um alle Bücher, deren Attribut `book-number` den Wert `2186` besitzt, zu selektieren, können Sie diesen XPath-Ausdruck einsetzen:

```
/library/book[@book-number = 2186]
```

Um überhaupt auf das Vorkommen eines Attributs zu prüfen (nicht alle Attribute sind schließlich Pflichtfelder), reicht es aus, den Namen als Bedingung anzugeben:

```
/library/book/price[@currency]
```

Um den Wert eines Attributs zu selektieren, kann dieses einfach in den XPath-Path aufgenommen werden:

```
/library/book/price/@currency
```

Um die Währungsangabe nur dann zu selektieren, wenn sie tatsächlich vorhanden ist, könnte dieser XPath-Ausdruck verwendet werden:

```
/library/book/price[@currency]/@currency
```

288 XPath: alternative XPath-Syntax einsetzen

Neben den absoluten Pfadangaben können ebenso relative Pfade verwendet werden. Angenommen, das Element `book` wäre selektiert, dann könnten die Nachnamen der Buchautoren per

```
./author/name
```

selektiert werden. Ebenso wäre es möglich, komplett auf den Punkt und den nachfolgenden Schrägstrich zu verzichten und das `author`-Element direkt zu referenzieren:

```
author/name
```

Welche Variante Sie verwenden wollen, hängt ganz von Ihren persönlichen Vorlieben ab.

Selbstverständlich könnten diese Pfadangaben um Bedingungen erweitert werden:

```
./author[name='Samaschke']/name
```

Intern läuft bei der Überprüfung des XPath-Ausdrucks Folgendes ab: Der Parser versucht, alle Elemente zu ermitteln, die mit dem XPath-Ausdruck selektiert werden – und zwar von links nach rechts. Natürlich können bei den Bedingungen auch wieder Pfadangaben verwendet werden. Allerdings müssen diese relativ zum aktuellen Knoten sein. Nachdem der Parser die Auswertung für das aktuelle Element durchgeführt hat, fügt er es gegebenenfalls zum Ergebnisbaum hinzu und widmet sich dem nächsten Element – so lange, bis er den kompletten Baum durchlaufen hat.

In dieses Durchlaufen kann mit Hilfe der so genannten alternativen oder erweiterten XPath-Syntax eingegriffen werden. Jeder darüber durchgeführte Test hat diesen Aufbau:

```
<Knotentyp>::<Testknoten>[<Bedingungen]
```

Folgende Knotentypen stehen dabei zur Verfügung:

Knotentyp	Beschreibung
`parent`	Elternknoten des aktuellen Elements
`child`	Direktes Kind-Element des aktuellen Elements
`self`	Aktuelles Element
`ancestor`	Vorfahr des aktuellen Elements – also alle übergeordneten Elemente des aktuellen Elements bis hin zum Wurzel-Element
`descendant`	Nachfahr des aktuellen Elements – also alle untergeordneten Elemente des aktuellen Elements, deren untergeordnete Elemente usw.
`ancestor-or-self`	Vorfahr oder aktuelles Element
`descendant-or-self`	Nachfahr oder aktuelles Element
`following`	Alle folgenden Elemente, aber keine untergeordneten Elemente
`following-sibling`	Alle Elemente, die das gleiche Eltern-Element besitzen
`preceding`	Alle Elemente vor dem aktuellen Element auf der gleichen Ebene
`preceding-sibling`	Alle Elemente vor dem aktuellen Element mit dem gleichen Eltern-Element
`attribute`	Alle Attribute des aktuellen Elements

Tabelle 86: Knotentypen beim Einsatz der erweiterten XPath-Syntax

Um beispielsweise alle `author`-Elemente des aktuellen `book`-Elements zu selektieren, können Sie nun folgenden XPath-Ausdruck einsetzen:

```
child::author
```

Um alle untergeordneten Elemente des aktuellen `book`-Elements zu selektieren, können Sie diesen XPath-Ausdruck einsetzen:

```
child::
```

Um alle Bücher des aktuellen `library`-Elements zu selektieren, welche die ISBN-Nummer *3-8273-2176-X* haben, können Sie diesen XPath-Ausdruck einsetzen:

```
child::book[child::isbn='3-8273-2176-X']
```

Um aus dem aktuellen `book`-Element wieder auf das übergeordnete `library`-Element zurückzugreifen und dessen Knoten mit dem Titel `J2EE Codebook` zu selektieren, können Sie diesen Ausdruck verwenden:

```
parent::book[child::title='J2EE Codebook']
```

Um alle Attribute des aktuellen Elements zu selektieren, können Sie diesen Ausdruck verwenden:

```
attribute::
```

Um das `book`-Element mit der Buchnummer `2186` zu selektieren, kann dieser XPath-Ausdruck vom `library`-Element aus zum Einsatz kommen:

```
child::book[attribute::book-number = 2186]
```

Generell ist diese Art der Selektierung von Elementen aufwändiger zu schreiben, dafür aber meist auch schneller und performanter auszuführen. Welche Art der Selektion Sie einsetzen, hängt daher von mehreren Faktoren ab und sollte nicht pauschal beantwortet werden.

289 XPath: mathematischen Funktionen

XPath-Prozessoren können folgende mathematischen Funktionen auswerten:

Operator	Beschreibung	Beispiel	Ergebnis
+	Addition zweier Zahlen	`4 + 5`	9
-	Subtraktion	`3 - 1`	2
*	Multiplikation	`2 * 7`	14
/	Division	`7 / 2`	3.5
`div`	Ganzzahlige Division	`7 div 2`	3
`mod`	Rest einer ganzzahligen Division	`7 mod 2`	1

Tabelle 87: Mathematische Operatoren

Diese Operatoren sind nicht nur auf konstante Werte beschränkt, sondern können auch für die Werte selektierter Knoten zum Einsatz kommen.

Angenommen, ein XML-Dokument beschriebe die Umsätze eines Buches:

```
<?xml version="1.0" encoding="iso-8859-1" ?>
<sales>
   <month id="01/2004">1200</month>
   <month id="02/2004">300</month>
   <month id="03/2004">2400</month>
   <month id="04/2004">4000</month>
   <month id="01/2005">3200</month>
</sales>
```

Nun könnte die Summe der Umsätze in den Quartalen 01/2004 und 02/2004 über diesen XPath-Ausdruck bestimmt werden:

```
number(/sales/month[@id='01/2004']/text()) +
   number(/sales/month[@id='02/2004']/text())
```

Beachten Sie, dass unter Umständen zuvor ein explizites Casting in eine Zahl nötig ist.

290 XPath: Vergleichsoperatoren

Folgende Vergleichsoperatoren sieht die XPath-Spezifikation vor:

Operator	Beschreibung	Beispiel
=	Gleichheit	`book-number = 2186`
!=	Ungleichheit	`book-number != 2186`
<	Kleiner	`book-number < 2186`
<=	Kleiner/gleich	`book-number <= 2186`
>	Größer	`book-number > 2186`
>=	Größer/gleich	`book-number >= 2186`

Tabelle 88: Vergleichsoperatoren

Diese Vergleichsoperatoren führen immer zu einem booleschen Ausdruck, der vom Parser zur weiteren Durchführung seiner Überprüfungen herangezogen wird.

Beachten Sie, dass gegebenenfalls Typkonvertierungen vorgenommen werden müssen:

```
number(/sales/month[@id='01/2004']/text()) > 1200
```

Ebenfalls möglich ist die Auswertung von Ausdrücken, bei denen beide Seiten dynamisch bestimmt werden:

```
number(/sales/month[@id='01/2004']/text()) >
   number(/sales/month[@id='02/2004']/text())
```

Derartige Auswertungen werden gerne beim Einsatz von XSLT-Stylesheets vorgenommen, da sie zur Laufzeit die Reaktion auf bestimmte Fälle erlauben.

Achtung

Wenn Sie die Vergleichsoperatoren in XSLT-Stylesheets einsetzen, müssen Sie die Elemente < und > escapen: Aus < wird < und aus > wird >. Dementsprechend sähe der Ausdruck

```
number(/sales/month[@id='01/2004']/text()) > 1200
```

dann so aus:

```
number(/sales/month[@id='01/2004']/text()) &gt; 1200
```

291 XPath: boolesche Operatoren

XPath unterstützt zwei boolesche Operatoren, um Bedingungen miteinander zu verknüpfen:

Operato r	Beschreibung	Beispiel
`and`	Und-Verknüpfung	`name = 'Samaschke' and first-name = 'Karsten'`
`or`	Oder-Verknüpfung	`book-number != 2186 or book-number != 2185`

Tabelle 89: Boolesche Operatoren

Beide Operatoren sind gleichrangig zueinander. Wenn Sie einen Vorrang erzeugen wollen, müssen Sie dies durch eine Klammerung erreichen:

```
(name = 'Samaschke' and first-name = 'Karsten') or (name = 'Stark')
```

292 XPath: Knoten-Funktionen

XPath unterstützt mehrere Funktionen, die auf Knoten-Ebene arbeiten:

Funktion	Beschreibung	Syntax
`last()`	Ermittelt die Position des letzten Elements einer Liste von Knoten (auch einer Ergebnisliste). Entspricht von der Funktionalität her der Java-Funktion size().	`number=last()`
`position()`	Gibt die Position des aktuellen Elements in der zu verarbeitenden Liste zurück.	`number=position()`
`count()`	Ermittelt die Anzahl von Knoten in einer Knotenmenge oder Liste.	`number=count()`
`id()`	Gibt das Element mit der als Parameter übergebenen ID zurück.	`node-set=id()`
`name()`	Gibt den Namen des übergebenen Knotens inklusive Namensraum zurück.	`string=name(node)`
`local-name()`	Gibt den Namen des übergebenen Knotens ohne Namensraum zurück.	`string=local-name(node)`
`namespace-uri()`	Gibt den Namensraum des übergebenen Knotens zurück.	`string=namespace-uri(node)`

Tabelle 90: Knoten-Funktionen

Um die Anzahl aller Bücher der weiter oben gezeigten Bücherliste ermitteln zu können, wäre dieser XPath-Ausdruck angebracht:

```
count(/library/book)
```

Um innerhalb einer Schleife festzustellen, ob die aktuelle Position ungleich der letzten Position ist, können Sie dieses XPath-Statement einsetzen:

```
position() != last()
```

Derartige Knoten-Operationen machen bei reinen XPath-Statements keinen Sinn – beim Einsatz von XSLT-Stylesheets jedoch sind sie unverzichtbar.

293 XPath: Zeichenketten-Funktionen

Auch Zeichenketten-Funktionen werden von XPath unterstützt:

Funktion	Beschreibung	Syntax
`concat()`	Verknüpft zwei oder mehr Zeichenketten.	`string=concat(s1, s2, ...)`
`contains()`	Überprüft, ob die Zeichenkette s2 in der Zeichenkette s1 enthalten ist.	`boolean=contains(s1, s2)`
`starts-with()`	Überprüft, ob die Zeichenkette s1 mit der Zeichenkette s2 beginnt.	`boolean=starts-with(s1, s2)`
`string()`	Wandelt das übergebene Element in einen String um. Eignet sich, um einen Zahlwert in eine Zeichenkette umzuwandeln.	`string=string(objekt)`
`substring()`	Extrahiert von der Zeichenkette s ab der Position p die in n angegebene Anzahl an Zeichen. Wird n nicht angegeben, werden alle Zeichen ab Position p zurückgegeben.	`string=substring(s, p, n)` oder `string=substring(s, p)`
`substring-after()`	Liefert den Teilstring aus s1, der sich nach dem ersten Auftreten der Zeichenkette s2 in s1 befindet. Kommt s2 nicht in s1 vor, wird eine leere Zeichenkette zurückgegeben.	`string=substring-after(s1, s2)`
`substring-before()`	Liefert den Teilstring aus s1, der sich vor dem ersten Auftreten der Zeichenkette s2 in s1 befindet. Kommt s2 nicht in s1 vor, wird eine leere Zeichenkette zurückgegeben.	`string=substring-before(s1, s2)`
`string-length()`	Gibt die in s enthaltene Anzahl an Zeichen zurück.	`number=string-length(s)`
`normalize-space()`	Gibt die in s übergebene Zeichenkette normalisiert (ohne führende und folgende und mehrfache White-Spaces) zurück.	`string=normalize-space(s)`

Tabelle 91: Zeichenketten-Funktionen

Funktion	Beschreibung	Syntax
translate()	Ersetzt die in s1 enthaltenen Zeichen s2 durch die Zeichen in s3, die an gleicher Stelle wie das Zeichen in s2 stehen. Die beiden Zeichenketten s2 und s3 sind insofern als Listen zu verstehen.	string=translate(s1, s2, s3)

Tabelle 91: Zeichenketten-Funktionen (Forts.)

concat()

Wenn Sie den kompletten Namen eines Buchautors im Format Nachname, Vorname selektieren wollten, würden Sie die Funktion `concat()` einsetzen:

```
concat('Samaschke', ', ', 'Karsten')
```

Die Rückgabe wäre hier `Samaschke, Karsten`.

contains()

Die Überprüfung, ob der Nachname eines Autors die Zeichenkette `Sam` enthält, könnte mit Hilfe der Funktion `contains()` geschehen:

```
contains('Samaschke', 'Sam')
```

Die Rückgabe wäre `true`.

starts-with()

Falls Sie sichergehen wollen, dass der Nachname nicht nur die Zeichenkette `Sam` enthält, sondern auch mit dieser Zeichenkette beginnt, können Sie auf die Funktion `starts-with()` zurückgreifen:

```
starts-with('Samaschke', 'Sam')
```

Die Rückgabe ist `true`.

substring()

Um ab dem dritten Zeichen alle Buchstaben einer Zeichenkette zu extrahieren, setzen Sie die `substring()`-Funktion ein:

```
substring(./author/name, 3)
```

Die Rückgabe ist `maschke`.

Achtung

Anders als bei Java beginnt bei XPath der Zeichenindex nicht bei 0, sondern bei 1. Das dritte Zeichen hat also nicht den Index 2, sondern 3.

Wollten Sie ab dem dritten Zeichen drei Zeichen extrahieren, verwenden Sie die zweite Variante der `substring()`-Funktion:

```
substring('Samaschke', 3, 3)
```

Die Rückgabe ist `mas`.

substring-after()

Um alle Zeichen nach der Zeichenkette `Sam` zu extrahieren, können Sie die Funktion `substring-after()` einsetzen:

```
substring-after('Samaschke', 'Sam')
```

Die Rückgabe ist `aschke`.

substring-before()

Wenn Sie alle Zeichen vor der Zeichenkette `sch` zurückgeben wollen, bietet sich für diesen Zweck ein Einsatz der Funktion `substring-before()` an:

```
substring-before('Samaschke', 'sch')
```

Die Rückgabe lautet `Sama`.

string-length()

Per `string-length()` können Sie die Anzahl der Zeichen in einer Zeichenkette bestimmen:

```
string-length('Samaschke')
```

Die Rückgabe ist 9.

normalize()

Mit Hilfe der Funktion `normalize()` können Sie alle führenden und folgenden White-Spaces (Leerzeichen) entfernen. Gleiches gilt für mehrfache Leerzeichen in einer Zeichenkette, die durch ein einzelnes Leerzeichen ersetzt werden:

```
normalize('     Karsten      Samaschke      ')
```

Die Rückgabe ist `Karsten Samaschke`.

translate()

Um bestimmte Zeichen zu ersetzen, können Sie die Methode `translate()` einsetzen. Dabei wird als zweiter Parameter eine Liste aller zu ersetzenden Zeichen angegeben. Der dritte Parameter bestimmt für jedes Zeichen dieser Liste die Ersetzung. Ersetzt werden alle passenden Zeichen in der ersten Liste:

```
translate('Karsten Samaschke', 'sSrt', '_~__')
```

Die Rückgabe dieses Aufrufs ist: `Ka___en ~ama_chke`.

294 XPath: nummerischen Funktionen

Die XPath-Spezifikation definiert folgende numerische Funktionen:

Funktion	Beschreibung	Syntax
`ceiling()`	Liefert die kleinste ganze Zahl, die nicht kleiner als das übergebene Argument ist.	`number=ceiling(number)`
`floor()`	Liefert die größte ganze Zahl, die nicht größer als das übergebene Argument ist.	`number=floor(number)`
`number()`	Interpretiert ein übergebenes Element als Zahl. Kann das übergebene Element nicht als Zahl interpretiert werden, wird NaN zurückgegeben.	`number=number(object)`
`round()`	Rundet das Argument zur nächsten ganzen Zahl. Dabei wird ab .5 aufgerundet.	`number=round(number)`
`sum()`	Ermittelt die Summe der Elemente des übergebenen Node-Sets. Alle String-Werte werden dabei per `number()` konvertiert.	`number=sum(node-set)`

Tabelle 92: Nummerische Funktionen

ceiling()

Um die kleinste ganze Zahl, die nicht kleiner als das übergebene Argument ist, zu ermitteln, können Sie die Funktion `ceiling()` einsetzen:

```
ceiling(3.2)
```

Die Rückgabe ist 4.

```
ceiling(4)
```

Die Rückgabe ist 4.

```
ceiling(2.999)
```

Die Rückgabe ist 3.

floor()

Um die größte ganze Zahl, die nicht größer als das übergebene Argument ist, zu ermitteln, kann die Funktion `floor()` eingesetzt werden:

```
floor(3.2)
```

Die Rückgabe ist 3.

```
floor(4)
```

Die Rückgabe ist 4.

```
floor(2.999)
```

Die Rückgabe ist 2.

number()

Versucht, das übergebene Element in einen nummerischen Wert zu casten.

```
number(true)
```

Die Rückgabe ist 1.

```
number(false)
```

Die Rückgabe ist 0.

```
number('   12')
```

Die Rückgabe ist 12.

```
number('Keine Nummer')
```

Die Rückgabe ist NaN.

round()

Rundet den übergebenen Zahlenwert.

```
round(1.2)
```

Die Rückgabe ist 1.

```
round(1.51)
```

Die Rückgabe ist 2.

```
round(-3.5)
```

Die Rückgabe ist –3.

sum()

Liefert die Summe aller Elemente des übergebenen Node-Sets.

```
sum(/library/book/price)
```

Gibt für das weiter oben gezeigte XML-Dokument die Summe aller `price`-Elemente zurück. Der Wert lautet `179.70`.

295 XPath: boolesche Funktionen

Die XPath-Spezifikation definiert folgende boolesche Funktionen:

Funktion	Beschreibung	Syntax
`boolean()`	Interpretiert das übergebene Objekt als booleschen Wert.	`boolean=boolean(object)`
`not()`	Negiert das Argument.	`boolean=not(b1)`
`true()`	Liefert immer `true` als Ergebnis.	`boolean=true()`

Tabelle 93: Boolesche Funktionen

Funktion	Beschreibung	Syntax
`false()`	Liefert immer `false` als Ergebnis.	`boolean=false()`
`lang()`	Liefert `true`, wenn sich der aktuelle Knoten innerhalb des angegebenen Sprachbereichs befindet. Dieser Sprachbereich wird per `xml:lang`-Attribut angegeben – entweder auf einem übergeordneten oder dem aktuellen Element.	`boolean=lang(string)`

Tabelle 93: Boolesche Funktionen (Forts.)

boolean()

Mit Hilfe der Funktion `boolean()` können Sie das übergebene Objekt in einen booleschen Wert casten. Folgende Bedingungen müssen erfüllt werden, um die Rückgabe `true` zu erhalten:

- Der übergebene Wert ist eine Zahl und nicht null oder `NaN`.
- Der übergebene Wert ist eine Zeichenkette und hat eine Länge von mindestens einem Zeichen.
- Das übergebene Objekt ist ein Node-Set und nicht leer.
- Das übergebene Objekt ist keiner der obigen Typen und liefert `true` zurück.

Beispiele:

```
boolean(1)
```

Die Rückgabe ist `true`.

```
boolean(102.39)
```

Die Rückgabe ist `true`.

```
boolean(0)
```

Die Rückgabe ist `false`.

```
boolean(-10)
```

Die Rückgabe ist `true`.

```
boolean(number('Karsten Samaschke'))
```

Die Rückgabe ist `false`.

```
boolean('Karsten Samaschke')
```

Die Rückgabe ist `true`.

```
boolean(/library/book[@book-number=1])
```

Die Rückgabe ist `false`.

```
boolean(/library/book[@book-number > 1])
```

Die Rückgabe ist `true`.

not()

Negiert den Wert des übergebenen Elements. Ist das übergebene Element kein boolescher Wert, wird es per `boolean()` konvertiert.

```
not(1)
```

Die Rückgabe ist `false`.

```
not(true())
```

Die Rückgabe ist `false`.

```
not(false())
```

Die Rückgabe ist `true`.

```
not(number('Karsten Samaschke'))
```

Die Rückgabe ist `true`.

```
not(boolean(/library/book[@book-number > 1]))
```

Die Rückgabe ist `false`.

```
not(/library/book[@book-number > 1])
```

Die Rückgabe ist `false`.

lang()

Liefert `true`, wenn sich der aktuelle Knoten innerhalb des angegebenen Sprachbereichs befindet. Dieser Sprachbereich wird per `xml:lang`-Attribut angegeben – entweder auf einem übergeordneten oder dem aktuellen Element.

Die Überprüfung per

```
lang("de")
```

liefert für folgende Knoten den Wert true:

```
<text xml:lang="de">...</text>
<text xml:lang="de-ch">...</text>
<text xml:lang="de"><div><span>...</span></div></text>
<text><div xml:lang="de"><span>...</span></div></text>
<text><div><span xml:lang="de">...</span></div></text>
```

Mit Hilfe dieser Überprüfungen könnte beispielsweise innerhalb von XSLT-Stylesheets eine rudimentäre Internationalisierung eingebaut werden.

296 XSLT: ein einfaches XSLT-Stylesheet

XSLT dient dem Zweck, mit Hilfe eines Templates (in diesem Kontext auch Stylesheet genannt) zugrunde liegende XML-Dokumente umzuwandeln. Dabei werden die zugrunde liegenden Daten aber nicht verändert, sondern lediglich anders dargestellt. Mit Hilfe von XSLT werden also Sichten auf die Daten definiert. In der Regel stellen per XSLT generierte Dokumente auch nur Teilansichten der ursprünglichen Daten dar – was kein Wunder ist, schließlich sollen sie diese auch in spezifischen Kontexten darstellen.

Grundsätzliche Funktionsweise von XSLT

Alle Elemente, die zum XSLT-Kontext gehören, werden durch entsprechende Namensraum-Deklaration gekennzeichnet. Der Namensraum von XSL ist `http://www.w3.org/1999/XSL/Transform`. Per Konvention wird als Namensraum-Präfix für XSLT-Elemente das Kürzel `xsl` verwendet.

Ein XSLT-Prozess benötigt zwei Dokumente, um durchgeführt zu werden:

- Ein Quelldokument, das transformiert werden soll
- Ein Stylesheet, das die Transformationsvorschriften spezifiziert

Beide Dokumente müssen im XML-Format vorliegen.

Der Ablauf der Transformation ist dabei dieser: Der Transformationsprozess selektiert das oberste Element des XML-Dokuments. Anschließend wird das Stylesheet nach einer passenden Transformationsregel durchsucht, die auf das selektierte Quellelement angewendet werden kann und somit für das Wurzel-Element zuständig ist. Sollte eine Transformationsregel gefunden werden, wird diese abgearbeitet. Eine derartige Regel kann ihrerseits wieder auf andere Regeln verweisen, die sich auf andere Elemente des Quelldokuments beziehen. Die Auswahl dieser Elemente aus dem Quelldokument findet dabei per XPath-Syntax statt.

Ein einfaches XSLT-Stylesheet

Um die weiter oben dargestellte Buchliste transformieren zu können, wird ein XSLT-Stylesheet benötigt. Dieses Stylesheet kann folgenden Aufbau haben:

```
<?xml version="1.0" encoding="iso-8859-1"?>
<xsl:stylesheet
   xmlns:xsl="http://www.w3.org/1999/XSL/Transform"
   version="1.0">

   <xsl:output method="html" indent="yes" />

   <!-- Haupt-Template, wird als erstes eingebunden -->
   <xsl:template match="library">
      <html>
         <head>
            <title>Bücher-Liste</title>
         </head>
         <body>
            <h3>Bücherliste</h3>
            <div>
               <strong>Hier finden Sie eine Liste aller
                  unserer Java- und J2EE-Bücher:</strong>
            </div>
            <ul>
```

Listing 635: XSLT-Stylesheet zur Transformation der Bücherliste

```
                <!—Template, um untergeordnete Elemente zu
                    verarbeiten -->
                <xsl:apply-templates />
            </ul>
            <div>
                Weitere Bücher folgen sicher noch! :-)
            </div>
        </body>
    </html>
</xsl:template>

<!-- Wird fuer alle book-Elemente eingebunden -->
<xsl:template match="book">
    <li>
        <!-- Titel ausgeben -->
        <xsl:value-of select="./title" />

        <!-- Wenn vorhanden, dann Autoren-Info ausgeben -->
        <xsl:if test="./author">
            <ul>
                <!-- Alle Autoren durchlaufen -->
                <xsl:for-each select="./author">
                    <xsl:call-template name="displayAuthor" />
                </xsl:for-each>
            </ul>
        </xsl:if>
    </li>
</xsl:template>

<!-- Stellt Vornamen und Nachnamen eines Autors dar -->
<xsl:template name="displayAuthor">
    <li>
        <xsl:value-of
            select="concat(./name, ', ',
                ./first-name)" />
    </li>
</xsl:template>

</xsl:stylesheet>
```

Listing 635: XSLT-Stylesheet zur Transformation der Bücherliste (Forts.)

Die einzelnen Elemente dieses Stylesheets sollen im Folgenden kurz erklärt werden, damit Sie dessen Wirkungsweise besser verstehen:

```
<?xml version="1.0" encoding="iso-8859-1"?>
<xsl:stylesheet
   xmlns:xsl="http://www.w3.org/1999/XSL/Transform"
   version="1.0">
```

```
   ...
</xsl:stylesheet>
```

Am Kopf des Stylesheets befindet sich, wie bei XML-Dokumenten üblich, die XML-Deklaration samt Version und Encoding. Der Wurzelknoten des Stylesheets wird durch ein stylesheet-Element mit dem Namensraum xsl gebildet. Dieser Namensraum verweist auf den Standard-XSLT-Namensraum. Wichtig hier ist auch die Angabe des Attributs version, ohne das die Verarbeitung nicht funktionieren würde.

```
<xsl:output method="html" indent="yes" />
```

Mit Hilfe der output-Deklaration wird der Inhaltstyp des Dokuments festgelegt. Das Attribut indent gibt darüber Auskunft, ob die einzelnen Elemente des generierten HTML-Dokuments eingerückt werden sollen oder nicht. Die Angabe des output-Elements ist nicht zwingend, hilft aber dem Parser und gegebenenfalls auch User-Agenten, das Dokument richtig zu interpretieren.

```
<!-- Haupt-Template, wird als erstes eingebunden -->
<xsl:template match="library">
   <html>
      <head>
         <title>Bücher-Liste</title>
      </head>
      <body>
         <h3>Bücherliste</h3>
         <div>
            <strong>Hier finden Sie eine Liste aller
               unserer Java- und J2EE-Bücher:</strong>
         </div>
         <ul>
            <!—Template, um untergeordnete Elemente zu
                 verarbeiten -->
            <xsl:apply-templates />
         </ul>
         <div>
            Weitere Bücher folgen sicher noch! :-)
         </div>
      </body>
   </html>
</xsl:template>
```

Wie bereits weiter oben beschrieben, ermittelt der Parser zunächst das oberste Element des Quelldokuments und sucht im XSLT-Dokument nach einer anwendbaren Regel. Die hat er hier gefunden: Das Attribut match des template-Elements gibt an, worauf sich die Regel bezieht. Innerhalb von match befindet sich ein XPath-Ausdruck. Dieser kann absolut oder relativ ausgeführt sein. Die relative Ausführung ist aber etwas beschränkt, denn sie kann nur Element-Namen angeben, die ihrerseits in ein Node-Set auflösen. Ein Traversieren nach oben per .. oder überhaupt die Angabe von Suchpfaden per ./ oder // oder . ist hier nicht möglich.

Das Matching erfolgt bei diesem Beispiel anhand des `library`-Tags. Der enthaltene Code wird auf alle `library`-Elemente des Dokuments angewendet und erzeugt ein HTML-Dokument, das den Rahmen für alle folgenden Verarbeitungsschritte bildet.

Das sich innerhalb der Templates befindliche Element `apply-templates` sorgt dafür, dass der Parser das Quelldokument weiter durchläuft und für jedes Element dieses Quelldokuments passende Templates im Zieldokument sucht. Der Inhalt wird an der durch `apply-templates` bezeichneten Stelle eingebunden.

In diesem Fall wären die `book`-Elemente die nächsten Knoten, für die nach einem Template gesucht würde:

```
<xsl:template match="book">
   <li>
      <!-- Titel ausgeben -->
      <xsl:value-of select="./title" />

      <!-- Wenn vorhanden, dann Autoren-Info ausgeben -->
      <xsl:if test="./author">
         <ul>
            <!-- Alle Autoren durchlaufen -->
            <xsl:for-each select="./author">
               <xsl:call-template name="displayAuthor" />
            </xsl:for-each>
         </ul>
      </xsl:if>
   </li>
</xsl:template>
```

Hier erfolgt die Ausgabe des Inhalts des Child-Knotens `title` per `value-of`-Anweisung. Die Selektion des `title`-Elements findet dabei per relativem XPath-Ausdruck statt. Dieser wird ausgehend vom aktuellen Kontext ausgewertet – der Kontext ist derzeit der `book`-Knoten, auf den das Template gerade angewendet wird.

Sollte ein untergeordnetes `author`-Element deklariert worden sein (der Test findet dabei mit Hilfe einer impliziten booleschen Konvertierung statt, die weiter oben in diesem Kapitel beschrieben ist), können alle untergeordneten `author`-Elemente per `for-each`-Schleife durchlaufen werden. Auch deren `select`-Attribut selektiert die zu durchlaufenden Knoten per XPath-Ausdruck relativ zum aktuellen Auswertungskontext.

Für alle gefundenen `author`-Elemente wird ein anderes Template explizit aufgerufen. Dies geschieht per `call-template`-Anweisung, deren `name`-Attribut den Namen des einzubindenden Templates entgegennimmt. Beim Einbinden des benannten Templates wird übrigens der aktuelle Auswertungskontext nicht verschoben.

```
<!-- Stellt Vornamen und Nachnamen eines Autors dar -->
<xsl:template name="displayAuthor">
   <li>
      <xsl:value-of
         select="concat(./name, ', ',
            ./first-name)" />
```

```
    </li>
</xsl:template>
```

Das template-Element verfügt hier über kein match-Attribut. Stattdessen wird das Template über seinen Namen, der per name-Attribut angegeben wird, referenziert und im Kontext des aufrufenden Templates eingebunden. Per value-of-Anweisung wird hier der Name eines Autors ausgegeben, wobei das Template davon ausgeht, dass sich der Auswertungskontext im Quelldokument auf einem author-Element befindet, denn nur dann können die Elemente name und first-name per relativer XPath-Adressierung referenziert werden. Die Werte der beiden Elemente werden mit Hilfe der weiter oben dargestellten concat()-Funktion zusammengefasst.

Um dieses Stylesheet anzuzeigen, gibt es nun zwei Möglichkeiten: Entweder wird per Java eine Transformation eines XML-Dokuments explizit angestoßen, oder das zugrunde liegende XML-Dokument wird um eine Angabe, die einem XSLT-fähigen Lesegerät mitteilt, wo ein XSLT-Stylesheet liegt, das zur Anwendung kommen soll, erweitert.

Letzterer Fall ist sehr einfach umzusetzen:

```
<?xml version="1.0" encoding="iso-8859-1" ?>
<?xml-stylesheet type="text/xsl" href="./style.xsl" ?>
<library>
    ...
</library>
```

Nun kann das XML-Dokument ohne großen Aufwand in jedem XSLT-fähigen Lesegerät angezeigt werden. Beispielsweise im Firefox-Browser:

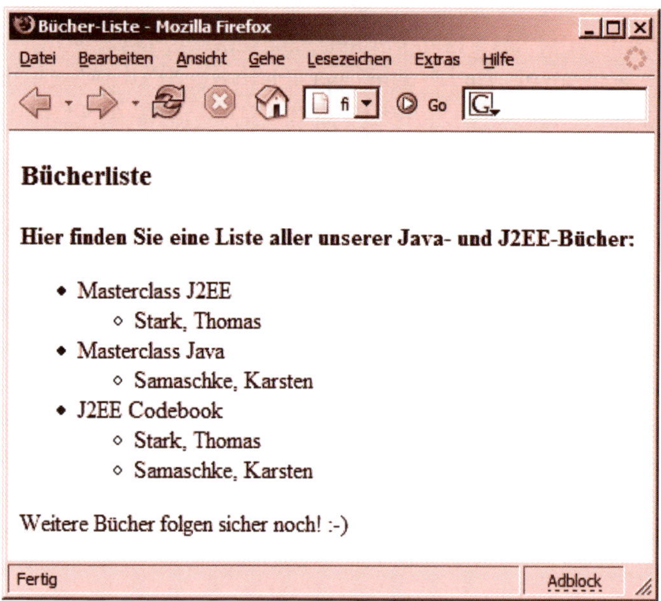

Abbildung 152: Anzeige des transformierten XML-Dokuments im Browser

Wenn Sie einen älteren Internet Explorer (vor Version 6.0) einsetzen, der per se auch XSLT-fähig ist, müssen Sie die Namensraumangabe des Stylesheets leider ändern. Statt der Angabe `http://www.w3.org/1999/XSL/Transform` lautet die Angabe hier

```
xmlns:xsl="http://www.w3.org/TR/WD-xsl"
```

Dabei handelt es sich um eine Working-Draft-Implementierung, die nicht in allen Punkten dem aktuellen XSLT-Standard entspricht.

Noch schlimmer sieht die Sache mit einem den Themen XML und XSLT völlig unverdächtigen Browser wie dem guten alten Netscape 4 aus: Der zeigt die Datei nämlich überhaupt nicht an.

Sollten Sie also aktuelle XSLT-Stylesheets im Browser anwenden wollen, sollten Sie auf den Firefox-Browser oder eine aktuelle Internet Explorer-Version setzen.

297 XSLT: XSLT-Prozessoren

Für die Transformation eines XML-Dokuments wird zunächst ein XSLT-Prozessor benötigt. Es gibt einige gute Lösungen auf dem Markt:

Name	Homepage	Bemerkungen
Apache Xalan	http://xml.apache.org/xalan-j	Xalan ist eine Standardimplementierung des XSLT-Standards und wird aufgrund seiner hohen Standardgenauigkeit gerne auch für Testzwecke verwendet.
Saxon	http://saxon.sourceforge.net	Der Autor von Saxon – Michael Kay – war an der Ausarbeitung des XSLT-Standards beteiligt – entsprechend genau ist seine Implementierung.
Microsoft MSXML	http://msdn.microsoft.com	Sehr umfangreiche XSLT-Implementierung, die ebenfalls gleich einen XML-Parser mitbringt. Leider dauert die Implementierung neuer Features recht lange, da viele Windows-Applikationen das Produkt nutzen und Microsoft entsprechend vorsichtig agiert.
Oracle XDK	http://www.oracle.com/technology/tech/xml	Das Oracle XML Developer Kit ist ähnlich umfangreich wie Microsoft MSXML. Absolut gesehen ist diese Lösung aber die langsamste aller hier vorgestellten Ansätze.

Tabelle 94: XSLT-Prozessoren

Im Folgenden soll die Apache Xalan-Implementierung verwendet werden, da sie im Java-Umfeld (und möglicherweise auch absolut) die breiteste Verwendung findet. Die Installation ist wie üblich sehr einfach: herunterladen, entpacken und die enthaltenen JAR-Dateien in den Classpath einfügen.

298 Per Xalan eine Transformation über die Kommandozeile vornehmen

Die einfachste Möglichkeit, mit Xalan eine Transformation durchzuführen, ist per Kommandozeile. Dabei wird die Xalan-Klasse Process aufgerufen, die sich über verschiedene Parameter steuern lässt:

Parameter	Bedeutung
-IN <XML-Datei>	Gibt Name und Pfad der zu transformierenden XML-Datei an.
-XSL <Stylesheet-Datei>	Gibt Name und Pfad des XSLT-Stylesheets an.
-OUT <Zieldatei>	Gibt Namen und Pfad der zu generierenden Ziel-Datei an.

Tabelle 95: Aufruf-Parameter der Klasse Process beim Aufruf über Kommandozeile

Wollten Sie das XML-Dokument `data.xml` mit dem XSLT-Stylesheet `style.xsl` zur HTML-Datei `output.html` transformieren, sollte der Kommandozeilen-Aufruf so aussehen:

```
java -cp lib/xalan.jar;lib/xercesImpl.jar;lib/xml-apis.jar
org.apache.xalan.xslt.Process -IN data.xml -XSL style.xsl -OUT result.html
```

Wenn sich die Xalan-Libraries im Ordner *lib* unterhalb des aktuellen Ordners, in dem sich ihrerseits die beiden Dateien *data.xml* und *style.xsl* sind, befinden, würde die Datei *result.html* generiert werden:

```
<html>
   <head>
      <META http-equiv="Content-Type" content="text/html; charset=iso-8859-
1">
      <title>B&uuml;cher-Liste</title>
   </head>
   <body>
      <h3>B&uuml;cherliste</h3>
      <div>
         <strong>Hier finden Sie eine Liste aller
                  unserer Java- und J2EE-B&uuml;cher:</strong>
      </div>
      <ul>

         <li>Masterclass J2EE<ul>
               <li>Stark, Thomas</li>
            </ul>
         </li>

         <li>Masterclass Java<ul>
               <li>Samaschke, Karsten</li>
```

Listing 636: Per Transformation generierte HTML-Datei

```
            </ul>
        </li>

        <li>J2EE Codebook<ul>
                <li>Stark, Thomas</li>
                <li>Samaschke, Karsten</li>
            </ul>
        </li>

    </ul>
    <div>
                Weitere B&uuml;cher folgen sicher noch! :-)
            </div>
  </body>
</html>
```

Listing 636: Per Transformation generierte HTML-Datei (Forts.)

Hinweis

Bei Verwendung von Java 5 funktioniert bei der derzeitigen Xalan-Version das `indent`-Feature (also die Einrückung von Elementen) nicht korrekt. Sie können aber Abhilfe schaffen, indem Sie im Wurzel-Element des XSLT-Stylesheets den Xalan-Namensraum explizit mit aufnehmen:

```
<?xml version="1.0" encoding="iso-8859-1"?>
<xsl:stylesheet
   xmlns:xsl="http://www.w3.org/1999/XSL/Transform"
   version="1.0"
   xmlns:xalan="http://xml.apache.org/xslt">
   ...
</xsl:stylesheet>
```

Nun können Sie innerhalb der `output`-Anweisung das Xalan-spezifische Attribut `indent-amount` hinterlegen, mit dem Sie festlegen, wie groß die Einrückung sein soll, die Xalan vornimmt:

```
<xsl:output method="html" encoding="iso-8859-1"
   indent="yes" xalan:indent-amount="3" />
```

Beim Erzeugen des Zieldokuments funktionieren nun auch Einrückungen wieder korrekt.

299 XSLT: eine Transformation per Java-Code durchführen

Die Transformation von Dokumenten wird innerhalb der `Transformation API for XML` (`TrAX`) beschrieben. Diese API steht dem Entwickler innerhalb des Namensraums `javax.xml.transform` zur Verfügung.

Eine Transformation benötigt fünf Elemente, um erfolgreich durchgeführt zu werden:

Element	Beschreibung
`TransformerFactory`	Diese Factory durchsucht den Klassenpfad nach einem geeigneten Prozessor für die Transformation.
`Transformer`	Diese konkrete Implementierung wird von der `TransformerFactory` erzeugt und steuert die eigentliche Umwandlung.
`Source`	Die konkrete Implementierung des Interface `Source` repräsentiert das Quelldokument.
`Result`	Die konkrete Implementierung des Interface `Result` repräsentiert das Zieldokument.
Stylesheet	Das Stylesheet wird ebenso wie das Quelldokument durch eine `Source`-Implementierung repräsentiert.

Tabelle 96: Elemente einer erfolgreichen Transformation

Innerhalb einer Webapplikation könnte nun ein Servlet die Transformation von Daten übernehmen. Meist würde hier gewünscht sein, die Ausgabe direkt in den Ausgabestrom zu schreiben.

Der Ablauf innerhalb des Servlets sieht so aus:

Zunächst wird eine Referenz auf den `PrintWriter` der `HttpServletResponse`-Instanz erzeugt, um über diesen Fehlermeldungen und die generierte Ausgabe darstellen zu können.

Anschließend wird eine `TransformerFactory`-Instanz erzeugt – wie beim `Factory`-Pattern üblich, geschieht dies über eine statische Methode. In diesem Fall handelt es sich um die statische Methode `newInstance()` der `TransformerFactory`-Klasse.

Nun können die beiden Quelldateien per `StreamSource`-Instanz referenziert werden. Da die Applikation eine Webapplikation ist, bietet es sich an, die beiden Quelldateien `style.xsl` und `data.xml` als Ressourcen der Applikation zu verpacken und entsprechend mit Hilfe der Methode `getResourceAsStream()` der aktuellen `ServletContext`-Instanz zu laden. Dies setzt voraus, dass sie sich unterhalb des Wurzelverzeichnisses der Applikation befinden. Die `StreamSource`-Klasse nimmt in ihrem Konstruktor als Parameter unter anderem eine `InputStream`-Instanz entgegen – und genau die wird von der Methode `getResourceAsStream()` auch zurückgegeben.

Nach dem Referenzieren der beiden Quelldateien für die Transformation wird deren Ziel angegeben. In diesem Fall wird die `PrintWriter`-Instanz der aktuellen `HttpServletResponse`-Instanz als Ziel angegeben. Der Konstruktor der Klasse `StreamResult`, die das Ausgabeziel repräsentiert, nimmt unter anderem eine `PrintWriter`-Instanz als Parameter entgegen.

Die `Transformer`-Implementierung, die zuletzt instanziiert werden muss, nimmt als Parameter die `StreamSource`-Instanz des XSLT-Stylesheets entgegen und wird von der Methode `newTransformer()` der `TransformerFactory`-Instanz erzeugt. Diese verwendet dazu den im Classpath hinterlegten XSLT-Prozessor.

Ein Aufruf der Methode `transform()` der `Transformer`-Instanz unter Angabe von Quell- und Ausgabestrom führt die Transformation durch.

```
package codebook.j2ee.xsl;

import javax.servlet.http.HttpServletRequest;
import javax.servlet.http.HttpServletResponse;
import javax.servlet.ServletException;
import javax.servlet.ServletContext;
import javax.xml.transform.*;
import javax.xml.transform.stream.StreamSource;
import javax.xml.transform.stream.StreamResult;
import java.io.*;

public class DisplayServlet extends javax.servlet.http.HttpServlet {

   protected void service(
      HttpServletRequest request, HttpServletResponse response)
      throws ServletException, IOException {

      PrintWriter out = response.getWriter();

      try {
         // Transformer-Factory erzeugen
         TransformerFactory fact = TransformerFactory.newInstance();

         // ServletContext referenzieren
         ServletContext ctx = getServletContext();

         // Stylesheet referenzieren
         InputStream inXsl =
            ctx.getResourceAsStream("/resources/style.xsl");
         Source xsl = new StreamSource(inXsl);

         // Quelldokument referenzieren
         InputStream inXml =
            ctx.getResourceAsStream("/resources/data.xml");
         Source xml = new StreamSource(inXml);

         // Ausgabeziel definieren
         Result output = new StreamResult(out);

         // Transformer erzeugen
         Transformer transformer = fact.newTransformer(xsl);

         // Transformation durchführen
```

Listing 637: Transformation eines XML-Dokuments innerhalb eines Servlets

```
            transformer.transform(xml, output);
        } catch (TransformerException e) {
            out.print("<pre>");
            e.printStackTrace(out);
            out.print("</pre>");
        }
    }
}
```

Listing 637: Transformation eines XML-Dokuments innerhalb eines Servlets (Forts.)

Im Browser betrachtet sieht das Ergebnis ebenso aus, wie dies zuvor bei der clientseitigen Transformation der Fall war, ist aber komplett unabhängig vom verwendeten User-Agent erzeugt worden:

Abbildung 153: Ergebnis der serverseitigen Transformation

Aus diesem Grund kann die Seite auch problemlos mit einem Oldtimer, wie dem Netscape Navigator 4, angezeigt werden:

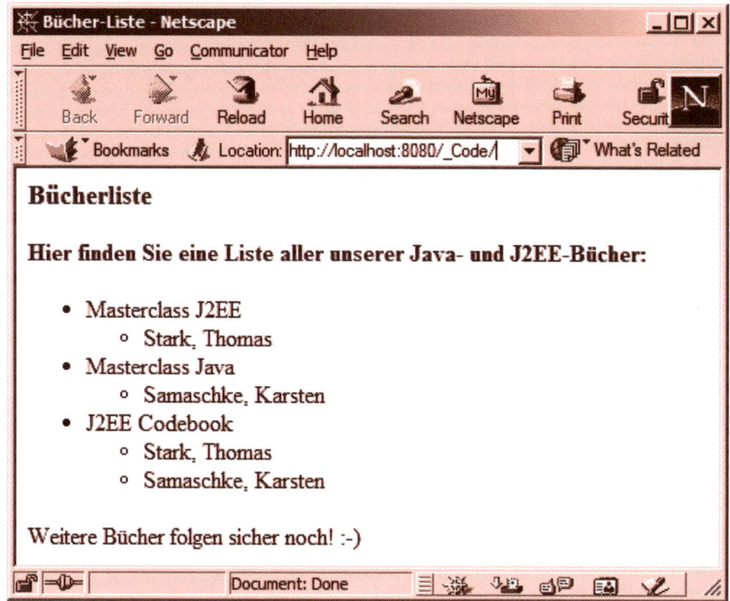

Abbildung 154: Anzeige der Seite im Netscape Navigator

300 XSLT: eine thread-sichere Transformation vornehmen

DIe bisher eingesetzte `Transformer`-Instanz war zwar einfach erzeugt und entspricht auch den meisten Ansprüchen, hat aber einen großen Nachteil: Sie ist nicht thread-sicher. Dies bedeutet, dass eine parallele Verwendung der Quelldokumente nicht gewährleistet ist, was im Webbereich durchaus zu Problemen führen kann.

Die Lösung ist, eine `Templates`-Instanz einzusetzen. Diese `Templates`-Instanz erzeugt ihrerseits die benötigte `Transformer`-Instanz, welche die Transformation durchführen wird. Durch den Zwischenschritt über die `Templates`-Instanz ist sichergestellt, dass die Transformation thread-sicher stattfinden kann:

```
try {
   // Transformer-Factory erzeugen
   TransformerFactory fact = TransformerFactory.newInstance();

   // ServletContext referenzieren
   ServletContext ctx = getServletContext();

   // Stylesheet referenzieren
   InputStream inSource = ctx.getResourceAsStream("/resources/style.xsl");
   Source xsl = new StreamSource(inSource);
```

Listing 638: Verwenden von Templates für eine thread-sichere Ausführung

XSLT/XPath

```
    // Quelldokument referenzieren
    InputStream inXml = ctx.getResourceAsStream("/resources/data.xml");
    Source xml = new StreamSource(inXml);

    // Ausgabeziel definieren
    Result output = new StreamResult(out);

    // Templates-Instanz erzeugen und dabei
    // Stylesheet kompilieren
    Templates templates = fact.newTemplates(xsl);

    // Transformer erzeugen
    Transformer transformer = templates.newTransformer();

    // Transformation durchführen
    transformer.transform(xml, output);
  } catch (TransformerException e) {
    e.printStackTrace();
  }
```

Listing 638: Verwenden von Templates für eine thread-sichere Ausführung (Forts.)

301 XSLT: eine Transformation unter Verwendung von JDOM vornehmen

Statt über `TransformerFactory`, `Templates`, `Source`- und `Transformer`-Implementierungen zu gehen, können Sie auch per `JDOM` Transformationen vornehmen.

Statt `Source`-Implementierung zur Repräsentation der Quelldokumente verwenden Sie JDOM-`Document`-Instanzen, deren Inhalte Sie beispielsweise per SAX laden lassen oder sogar zur Laufzeit erstellen können. Mit Hilfe einer `XSLTransformator`-Instanz kann die Quelldatei in eine JDOM-`Document`-Instanz transformiert werden.

Die Ausgabe oder Speicherung des transformierten Inhalts geschieht mit Hilfe einer `XMLOutputter`-Instanz, deren Konstruktor eine `Format`-Instanz entgegennehmen sollte, die das zu verwendende Encoding spezifiziert – wenn Sie darauf verzichten, werden Umlaute einfach nicht korrekt ausgegeben. Ebenfalls wichtig: die Unterdrückung der Deklaration per `setOmitDeclaration()` auf der `Format`-Instanz. Weisen Sie hier nicht den Wert `true` zu oder verzichten Sie auf die Angabe dieser Eigenschaft, wird im Kopf des generierten Outputs eine XML-Deklaration eingefügt, was den einen oder anderen Browser zumindest irritieren dürfte.

Die `Outputter`-Instanz kann in verschiedene Ziele speichern – hier wird der transformierte Inhalt sowohl ausgegeben, als auch in der Datei `result.html` gespeichert:

```
package codebook.j2ee.xsl;

import org.jdom.JDOMException;
import org.jdom.Document;
import org.jdom.output.XMLOutputter;
import org.jdom.output.Format;
import org.jdom.transform.XSLTransformer;
import org.jdom.input.SAXBuilder;
import javax.servlet.ServletContext;
import javax.servlet.ServletException;
import javax.servlet.http.*;
import java.io.*;

public class DisplayServlet extends HttpServlet {

   protected void service(
      HttpServletRequest request, HttpServletResponse response)
      throws ServletException, IOException {

      // ServletContext ermitteln
      ServletContext ctx = getServletContext();

      // PrintWriter für den Output
      PrintWriter out = response.getWriter();

      try {
         // XML-Dokument laden
         SAXBuilder builder = new SAXBuilder(false);
         FileReader fr = new FileReader(new File(
            ctx.getRealPath("./resources/data.xml")));
         Document xml = builder.build(fr);

         // XSLT-Dokument laden
         fr = new FileReader(new File(
            ctx.getRealPath("./resources/style.xsl")));
         Document xsl = builder.build(fr);

         // JDOM-Transformer erzeugen
         XSLTransformer trans = new XSLTransformer(xsl);

         // Transformation vornehmen
         Document result = trans.transform(xml);

         // Format definieren
         Format format = Format.getPrettyFormat();
         format.setOmitDeclaration(true);
```

Listing 639: Transformation eines XML-Dokuments per JDOM

```
            format.setEncoding("iso-8859-1");

            // Ergebnis ausgeben
            XMLOutputter save = new XMLOutputter(format);
            save.output(result, out);

            // Ergebnis zusätzlich speichern
            save.output(result, new FileWriter(new File(
               ctx.getRealPath("result/result.html"))));
         }
         catch (JDOMException e) {
            e.printStackTrace(out);
         }
      }
   }
```

Listing 639: Transformation eines XML-Dokuments per JDOM (Forts.)

Wenn Sie auf die Angabe des korrekten Speicher-Encodings verzichten, sieht die generierte Ausgabe nicht wirklich gut aus:

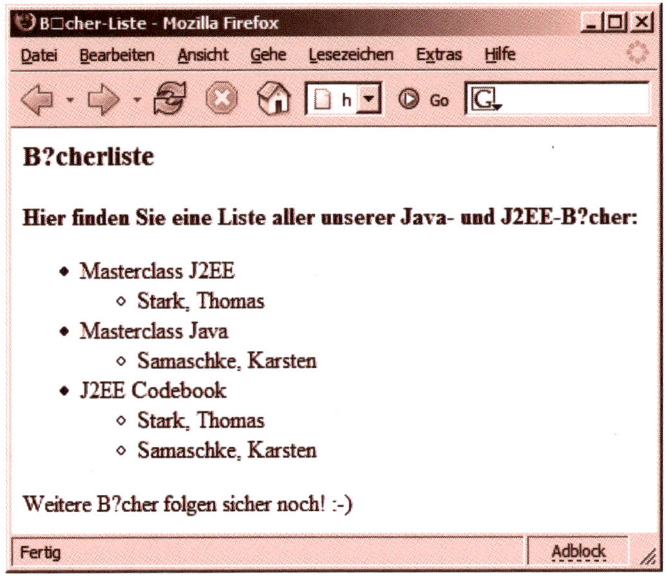

Abbildung 155: Ausgabe von Daten ohne korrektes Encoding

Setzen Sie dagegen das Encoding korrekt, werden auch Umlaute problemlos angezeigt:

```
<html>
  <head>
    <title>Bücher-Liste</title>
  </head>
  <body>
    <h3>Bücherliste</h3>
    <div>
      <strong>Hier finden Sie eine Liste aller
                  unserer Java- und J2EE-Bücher:</strong>
    </div>
    <ul>
      <li>
        Masterclass J2EE
        <ul>
          <li>Stark, Thomas</li>
        </ul>
      </li>
      <li>
        Masterclass Java
        <ul>
          <li>Samaschke, Karsten</li>
        </ul>
      </li>
      <li>
        J2EE Codebook
        <ul>
          <li>Stark, Thomas</li>
          <li>Samaschke, Karsten</li>
        </ul>
      </li>
    </ul>
    <div>Weitere Bücher folgen sicher noch! :-)</div>
  </body>
</html>
```

Listing 640: Generierter HTML-Code mit korrektem Encoding

302 XSLT: Dokumente nach XML transformieren

Um Dokumente von XML nach XML zu transformieren, ist lediglich ein anderes Stylesheet nötig. Angenommen, Sie wollten die tiefe Struktur des XML-Dokuments in eine flachere Struktur überführen, dann könnten Sie ein XSLT-Stylesheet einsetzen, dessen `output`-Methode den Wert `xml` hat. Dadurch wird der Parser angewiesen, ein XML-Dokument zu erzeugen.

Die einzelnen Knoten des Zieldokuments können ebenso deklariert werden, wie dies bei HTML-Dokumenten der Fall war: als Angabe von wohlgeformten Tags. Innerhalb dieser Tags werden dann untergeordnete Elemente angelegt oder Attribute mit Hilfe der attribute-Anweisung deklariert, die als Parameter den Namen des Attributs entgegennimmt. Innerhalb der attribute-Anweisung kann der Wert entweder deklariert oder per value-of-Statement ermittelt werden.

Sollten Bedingungen erforderlich sein – etwa weil geprüft werden muss, ob eine Währungsangabe vorhanden war – kann dies mit Hilfe eines choose-Statements dargestellt werden. Die einzelnen Bedingungen (analog zu if-Statements bei Java) werden per when-Statement deklariert. Eine Fallback-Bedingung kann per otherwise-Anweisung deklariert werden.

Ein Stylesheet, das die weiter oben dargestellte Bücherliste in eine flachere Struktur überführt, könnte danach diesen Aufbau haben:

```
<?xml version="1.0" encoding="iso-8859-1" ?>

 <xsl:stylesheet
    xmlns:xsl="http://www.w3.org/1999/XSL/Transform" version="1.0">

    <xsl:output method="xml" encoding="iso-8859-1" />

    <xsl:template match="/">
       <booklist>
          <xsl:for-each select="library/book">
             <xsl:call-template name="displayBook" />
          </xsl:for-each>
       </booklist>
    </xsl:template>

    <xsl:template name="displayBook">
       <book>
          <xsl:attribute name="id">
             <xsl:value-of
                select="@book-number" />
          </xsl:attribute>
          <xsl:attribute name="isbn">
             <xsl:value-of select="./isbn" /></xsl:attribute>
          <xsl:attribute name="title">
             <xsl:value-of select="./title" /></xsl:attribute>
          <xsl:attribute name="date-format">
             <xsl:value-of select="./publishing-date/@format" />
          </xsl:attribute>
          <xsl:attribute name="published">
             <xsl:value-of select="./publishing-date" /></xsl:attribute>
          <xsl:attribute name="publisher">
             <xsl:value-of select="./publishing-house" /></xsl:attribute>'
          <xsl:attribute name="price">
```

Listing 641: XSLT-Stylesheet zur Transformation eines XML-Dokuments in ein XML-Dokument

```
            <xsl:value-of select="./price" /></xsl:attribute>'
         <xsl:attribute name="currency">
            <xsl:choose>
               <xsl:when test="./price/@currency">
                  <xsl:value-of select="./price/@currency" />
               </xsl:when>
               <xsl:otherwise>EURO</xsl:otherwise>
            </xsl:choose>
         </xsl:attribute>
         <abstract>
            <xsl:value-of select="./abstract" />
         </abstract>
         <xsl:for-each select="./author">
            <author>
               <xsl:attribute name="id">
                  <xsl:value-of select="@author-number" /></xsl:attribute>
               <xsl:attribute name="lastname">
                  <xsl:value-of select="./name" /></xsl:attribute>
               <xsl:attribute name="firstname">
                  <xsl:value-of select="./first-name" /></xsl:attribute>
            </author>
         </xsl:for-each>
      </book>
   </xsl:template>

</xsl:stylesheet>
```

Listing 641: XSLT-Stylesheet zur Transformation eines XML-Dokuments in ein XML-Dokument (Forts.)

Am Ende der Transformation ist ein XML-Dokument erzeugt worden, das diesen Aufbau hat:

```
<?xml version="1.0" encoding="iso-8859-1"?>
<booklist>
   <book id="2184" isbn="3-8273-2184-0" title="Masterclass J2EE"
      date-format="dd.MM.yyyy" published="14.10.2004"
      publisher="Addison-Wesley" price="39.90" currency="EURO">
      <abstract>Eine Einführung in J2EE</abstract>
      <author id="815" lastname="Stark" firstname="Thomas" />
   </book>
   <book id="2185" isbn="3-8273-2180-8" title="Masterclass Java"
      date-format="dd.MM.yyyy" published="14.10.2004"
      publisher="Addison-Wesley" price="39.90" currency="EURO">
      <abstract>Eine Einführung in Java 5</abstract>
      <author id="816" lastname="Samaschke" firstname="Karsten" />
```

Listing 642: Die generierte XML-Datei

```
    </book>
    <book id="2186" isbn="3-8273-2176-X" title="J2EE Codebook"
        date-format="dd.MM.yyyy" published="15.03.2005"
        publisher="Addison-Wesley" price="99.90" currency="EUR">
        <abstract>Das J2EE-Kochbuch!</abstract>
        <author id="815" lastname="Stark" firstname="Thomas" />
        <author id="816" lastname="Samaschke" firstname="Karsten" />
    </book>
</booklist>
```

Listing 642: Die generierte XML-Datei (Forts.)

303 XSLT: Parameter mit Xalan verwenden und setzen

Parameter sind ein mächtiges Hilfsmittel, um Stylesheets dynamischer zu machen. Grundsätzlich sind Stylesheets zwar schon ein Stück weit dynamisch – sie können per XPath über Knoten iterieren und dabei deren Werte auslesen. Leider hilft dies nicht, wenn zur Laufzeit Werte zur Verfügung gestellt werden müssen – etwa eine konkrete Pfadangabe oder die aktuelle Uhrzeit. An dieser Stelle kommen Parameter ins Spiel, die vor der Transformation gesetzt werden und deren Werte im Stylesheet referenziert und ausgewertet werden können.

Das Setzen von Parametern bei Verwendung des Xalan-Prozessors ist sehr einfach: Nach der Erzeugung der `Transformer`-Instanz können Sie dieser per `setParameter()` Name-Wert-Paare übergeben, die an das Stylesheet durchgereicht werden:

```
package codebook.j2ee.xsl;

import javax.xml.transform.*;
import javax.xml.transform.stream.StreamResult;
import javax.xml.transform.stream.StreamSource;
import javax.servlet.ServletContext;
import javax.servlet.ServletException;
import javax.servlet.http.HttpServletResponse;
import javax.servlet.http.HttpServletRequest;
import java.io.*;
import java.util.Date;

public class DisplayServlet extends javax.servlet.http.HttpServlet {

    protected void service(
        HttpServletRequest request, HttpServletResponse response)
        throws ServletException, IOException {

        PrintWriter out = response.getWriter();
```

Listing 643: Zuweisen von Parametern

```
    try {
       // Transformer-Factory erzeugen
       TransformerFactory fact = TransformerFactory.newInstance();

       // ServletContext referenzieren
       ServletContext ctx = getServletContext();

       // Stylesheet referenzieren
       Source xsl = new StreamSource(
          ctx.getResourceAsStream("/resources/style.xsl"));

       // Quelldokument referenzieren
       Source xml = new StreamSource(
          ctx.getResourceAsStream("/resources/data.xml"));

       // Output-Stream erzeugen
       StringWriter sout = new StringWriter();

       // Ausgabeziel definieren
       Result output = new StreamResult(sout);

       // threadsave Templates verwenden
       Templates templates = fact.newTemplates(xsl);

       // Transformer erzeugen
       Transformer transformer = templates.newTransformer();
       transformer.setParameter("date", new Date());
       transformer.setParameter("savePath",
          getServletContext().getRealPath("result.html"));

       // Transformation durchführen
       transformer.transform(xml, output);

       // Ergebnis ausgeben
       out.print(sout.toString());
    } catch (TransformerException e) {
       out.print("<pre>");
       e.printStackTrace(out);
       out.print("</pre>");
    }
  }
}
```

Listing 643: Zuweisen von Parametern (Forts.)

Die so definierten und zugewiesenen Parameter müssen ebenfalls im XSLT-Stylesheet deklariert sein, damit sie dort genutzt werden können. Diese Deklaration erfolgt über param-Deklaration, deren name-Attribut den gleichen Namenswert angibt, wie er auch im Java-Code benutzt worden ist. Die Ausgabe des Parameterwertes geschieht mit Hilfe eines value-of-Statements, dessen select-Attribut auf den Namen des Parameters zeigt. Dieser Name ist hier aber zur Unterscheidung von klassischen XPath-Ausdrücken mit einem führenden Dollarzeichen (»$«) gekennzeichnet – aus date wird also $date:

```
<?xml version="1.0" encoding="iso-8859-1"?>
<xsl:stylesheet
   xmlns:xsl="http://www.w3.org/1999/XSL/Transform"
   version="1.0">

   <xsl:output method="html" indent="yes" />

   <!-- Parameter definieren -->
   <xsl:param name="date" />
   <xsl:param name="savePath" />

   <!-- Haupt-Template, wird als erstes eingebunden -->
   <xsl:template match="library">
      ...
         <div>
            Weitere Bücher folgen sicher noch! :-)
         </div>
         <div> </div>
         <div style="font-weight:800;font-size:.7em;">
            Dokument generiert am:
               <xsl:value-of select="$date" /><br />
            Dokument gespeichert unter:
               <xsl:value-of select="$savePath" />
         </div>
      ...
   </xsl:template>

   <!-- Wird fuer alle book-Elemente eingebunden -->
   <xsl:template match="book">
      ...
   </xsl:template>

   <!-- Stellt Vornamen und Nachnamen eines Autors dar -->
   <xsl:template name="displayAuthor">
      ...
   </xsl:template>

</xsl:stylesheet>
```

Listing 644: Deklaration und Verwendung von Parametern im XSLT-Stylesheet

Werden die beiden Parameter tatsächlich mit Werten gefüllt, ergibt sich folgende Ausgabe im Browser:

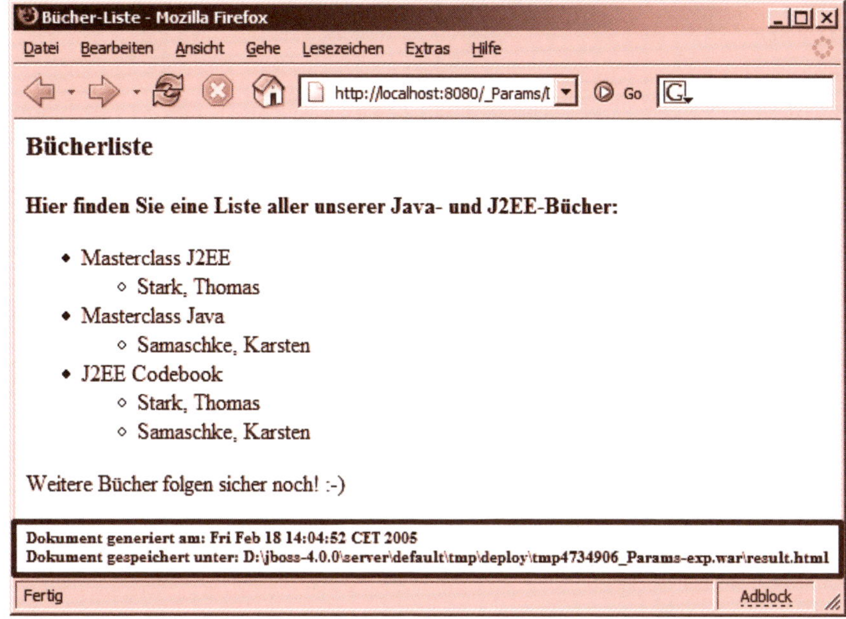

Abbildung 156: Ausgabe der Werte der Parameter

304 XSLT: Parameter mit JDOM verwenden

JDOM erlaubt das Setzen von Parametern leider nicht. Damit könnte dieser Tipp auch schon beendet sein, wenn es nicht doch eine Möglichkeit gäbe: Erweitern Sie das XML-Dokument einfach per Code um einen speziellen Parameterbereich, hinterlegen Sie dort die Parameterwerte, und referenzieren Sie diese anschließend aus dem Stylesheet heraus.

Um den zusätzlichen Parameterbereich zu erzeugen, muss das Quelldokument geladen werden. Anschließend kann mit Hilfe der Methode `getRootElement()` das Wurzel-Element ermittelt und um das Element `parameters` erweitert werden. Dieses Element beinhaltet zwei untergeordnete `param`-Elemente. Beide Elemente verfügen über das Attribut `name`.

In einem Servlet umgesetzt, sieht dies so aus:

```
package codebook.j2ee.xsl;

import org.jdom.*;
import org.jdom.input.SAXBuilder;
import org.jdom.output.Format;
```

Listing 645: Anfügen eines Parameterbereichs an ein existierendes XML-Dokument

```
import org.jdom.output.XMLOutputter;
import org.jdom.transform.XSLTransformer;
import javax.servlet.ServletContext;
import javax.servlet.ServletException;
import javax.servlet.http.*;
import java.io.*;
import java.util.Date;

public class DisplayServletJDOM extends HttpServlet {

   protected void service(
      HttpServletRequest request, HttpServletResponse response)
      throws ServletException, IOException {

      // ServletContext ermitteln
      ServletContext ctx = getServletContext();

      // PrintWriter für den Output
      PrintWriter out = response.getWriter();

      try {
         // XML-Dokument laden
         SAXBuilder builder = new SAXBuilder(false);
         FileReader fr = new FileReader(new File(
            ctx.getRealPath("./resources/data.xml")));
         Document xml = builder.build(fr);

         // Wurzel-Elemente (<library />) ermitteln
         Element rootNode = (Element) xml.getRootElement();

         if(null != rootNode) {
            // Knoten <parameters /> erzeugen
            Element params = new Element("parameters");

            // Knoten <param name="date">...</param>
            params.addContent(
               new Element("param")
                  .setAttribute("name", "date")
                     .setText(new Date().toString()));

            // Knoten <param name="savePath">...</param>
            params.addContent(
               new Element("param")
                  .setAttribute("name", "savePath")
                     .setText(getServletContext()
```

Listing 645: Anfügen eines Parameterbereichs an ein existierendes XML-Dokument (Forts.)

```
                        .getRealPath("result.html")));

            // Knoten an Wurzel-Element des Dokuments
            // anfuegen
            rootNode.addContent(params);
         }

         // XSLT-Dokument laden
         fr = new FileReader(new File(
            ctx.getRealPath("./resources/style_jdom.xsl")));
         Document xsl = builder.build(fr);

         // JDOM-Transformer erzeugen
         XSLTransformer trans = new XSLTransformer(xsl);

         // Transformation vornehmen
         Document result = trans.transform(xml);

         // Format definieren
         Format format = Format.getPrettyFormat();
         format.setOmitDeclaration(true);
         format.setEncoding("iso-8859-1");

         // Ergebnis ausgeben
         XMLOutputter save = new XMLOutputter(format);
         save.output(result, out);
      }
      catch (JDOMException e) {
         e.printStackTrace(out);
      }
   }
}
```

Listing 645: Anfügen eines Parameterbereichs an ein existierendes XML-Dokument (Forts.)

Nachdem die Parameter-Daten im XML-Dokument, das transformiert werden soll, hinterlegt worden sind, muss das XSLT-Stylesheet angepasst werden. Die Verwendung von XSLT-`param`-Elementen ist hier nicht möglich, da keine klassischen Parameter verwendet werden. Stattdessen können globale Variablen deklariert werden, welche die Werte der beiden `param`-Knoten im Quelldokument referenzieren:

```
<?xml version="1.0" encoding="iso-8859-1"?>
<xsl:stylesheet
   xmlns:xsl="http://www.w3.org/1999/XSL/Transform"
```

Listing 646: Stylesheet, das die Parameterwerte als globale Variablen deklariert

```
version="1.0">

<xsl:output method="html" indent="yes" />

<!-- Parameter definieren -->
<xsl:variable name="date">
   <xsl:value-of
      select="//parameters/param[@name='date']" />
</xsl:variable>
<xsl:variable name="savePath">
   <xsl:value-of
      select="//parameters/param[@name='savePath']" />
</xsl:variable>

<!-- Nicht darzustellende Inhalte -->
<xsl:template match="*" />

<!-- Haupt-Template -->
<xsl:template match="library">
   ...
      <div>
         Weitere Bücher folgen sicher noch! :-)
      </div>
      <div> </div>
      <div style="font-weight:800;font-size:.7em;">
         Dokument generiert am:
            <xsl:value-of select="$date" /><br />
         Dokument gespeichert unter:
            <xsl:value-of select="$savePath" /><br />
         Dokument generiert durch: JDOM
      </div>
   ...
</xsl:template>

<!-- Wird fuer alle book-Elemente eingebunden -->
<xsl:template match="book">
   ...
</xsl:template>

<!-- Stellt Vornamen und Nachnamen eines Autors dar -->
<xsl:template name="displayAuthor">
   ...
</xsl:template>

</xsl:stylesheet>
```

Listing 646: Stylesheet, das die Parameterwerte als globale Variablen deklariert (Forts.)

Die Ausgabe der globalen Variablen – die sich übrigens wie bei XSLT üblich nachträglich nicht mehr ändern lassen – erfolgt in der gleichen Syntax, wie dies bei den weiter oben gezeigten Parametern der Fall war: Vor den Variablennamen wird ein Dollar-Zeichen gesetzt, um bei einem `value-of`-Statement eine eindeutige Referenzierung zu erlauben.

Tipp

Wenn Sie zusätzliche Elemente in ein XSLT-Stylesheet integrieren, wollen Sie diese Elemente unter Umständen nicht anzeigen. Sie können dies erreichen, indem Sie ein globales Template definieren, dessen `match`-Attribut den Stern als Wildcard enthält:

```
<xsl:template match="*" />
```

Da dieses Template keine Darstellung definieren soll, benötigt es keinen Rumpf und kann direkt wieder geschlossen werden.

Im Browser ausgeführt, erhalten Sie das gleiche Ergebnis wie beim Zuweisen der Informationen per Parameter:

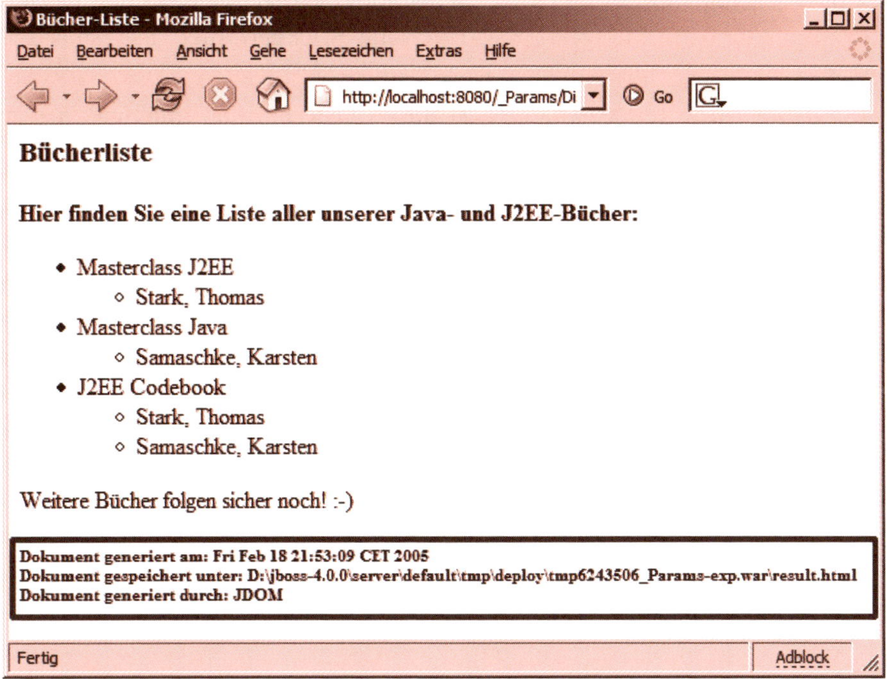

Abbildung 157: Ausgabe der übergebenen Informationen

305 XSLT: Schleifen nutzen

`Result-Nodes` sind Ergebnisse von XPath-Ausdrücken, die mehrere Elemente selektieren. Diese Result-Nodes können mit Hilfe der `for-each`-Schleife durchlaufen werden. Diese Schleife verfügt über das Attribut `select`, das ein XPath-Statement beinhaltet. Das XPath-Statement muss eine Gruppe von Knoten selektieren, über die danach iteriert werden kann. Die Syntax der Anweisung sieht so aus:

```
<xsl:for-each select="<XPath-Ausdruck>">...</xsl:for-each>
```

Um alle Bücher aus einer Liste zu selektieren, können Sie folgendes Konstrukt einsetzen:

```
<xsl:for-each select="//book">
   <xsl:value-of select="title" /><br />
</xsl:for-each>
```

Die Ausgabe hier lautet:

```
Masterclass J2EE
Masterclass Java
J2EE Codebook
```

Innerhalb des Schleifenkörpers bildet das aktuell durchlaufene Element den jeweiligen Auswertungskontext. Die `value-of`-Anweisung selektiert hier also stets das `title`-Element des aktuell durchlaufenen `book`-Elements.

Im Rahmen dieses Auswertungskontextes ist die aktuelle Position innerhalb des zu durchlaufenden Node-Sets bekannt und ermittelbar. Somit kann auch auf die jeweilige Position zurückgegriffen werden:

```
<xsl:for-each select="//book">
   <xsl:value-of select="concat(position(), ': ', title)" /><br />
</xsl:for-each>
```

Hier lautet die Ausgabe:

```
1: Masterclass J2EE
2: Masterclass Java
3: J2EE Codebook
```

Schachtelung von Schleifen

`For-each`-Schleifen können auch ineinander geschachtelt werden. Angenommen, Sie wollten eine Bilder-Galerie ausgeben, in der in jeder Zeile drei Bilder dargestellt werden. Dies könnte mit folgendem Code erreicht werden:

```
<xsl:for-each select="images/image[(position() - 1) mod 3 = 0]">
   <tr>
      <xsl:for-each
         select="self::node() |
            following-sibling::node()[
               local-name() = 'image'][position() &lt; 3]">
         <td>
            <img>
```

```
            <xsl:attribute name="src">
               <xsl:value-of select="@src" />
            </xsl:attribute>
         </img>
      </td>
   </xsl:for-each>
</tr>
</xsl:for-each>
```

Das äußere `for-each`-Statement selektiert alle Knoten, die sich an den Positionen 1, 4, 7, 10 etc. befinden. Erreicht wird dies, indem von der aktuellen Position (die 1 basiert gezählt wird) der Wert 1 subtrahiert wird – der Modulo-Operator `mod` für eine Division durch 3 gibt hier nur für alle Vielfachen von 3 den Wert 0 zurück. Somit ist dafür gesorgt, dass die äußere Schleife stets nur die Elemente selektiert, deren Position einem Vielfachen von 3 plus 1 entspricht.

Die innere Schleife selektiert das in der äußeren Schleife aktuelle Element per `self::node()` und die folgenden `image`-Elemente, deren Position kleiner als 3 ist. Dies sind die Elemente 1, 2, 3 für den ersten Durchlauf der äußeren Schleife sowie 4, 5 und 6 für deren zweiten Durchlauf. Entsprechendes gilt für alle folgenden Durchläufe.

Im Browser betrachtet, sieht das Ergebnis so aus:

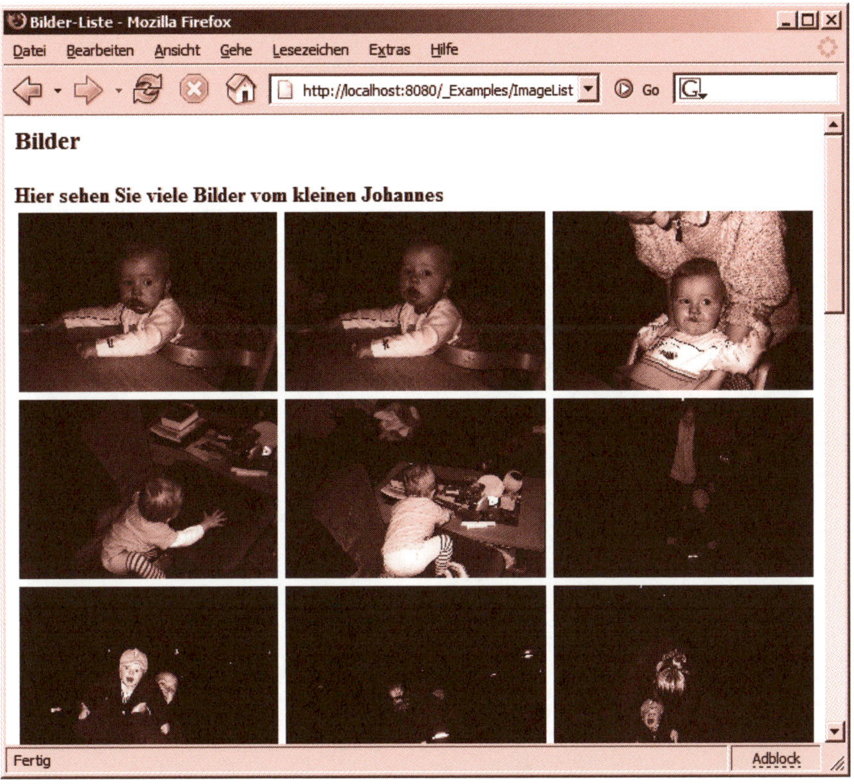

Abbildung 158: Per XSLT-Stylesheet erzeugte Bilderliste

Wechselndes Einfärben von Tabellenzeilen

Etwas einfacher ist das Vorhaben umzusetzen, Tabellenzeilen wechselnd einzufärben. Dies kann mit einer einfachen for-each-Schleife erledigt werden, in der die aktuelle Position abgefragt und per Modulo-Operator ausgewertet wird. Die Abfrage findet innerhalb des Templates displayBook statt, das vom Haupt-Template für jedes book-Element aufgerufen wird.

Die im Template displayBook erzeugte Variable bgColor hält die zu setzende Hintergrundfarbe vor. Je nachdem, ob die Position durch 2 ohne Rest teilbar ist (gerade Zahlen) oder nicht (ungerade Zahlen), wird als Hintergrundfarbe entweder Weiß oder ein leichtes Grau verwendet.

Eine zusätzliche Überprüfung ergibt, ob für die aktuelle Zeile ein oberer Rahmen gesetzt werden soll. Dies darf aber nur beim ersten Durchlauf der Tabelle der Fall sein, was durch die Prüfung auf position() = 1 verifiziert wird. Sollte die Prüfung erfolgreich sein, wird der Variablen topStyle eine entsprechende CSS-border-Angabe zugewiesen, anderenfalls bleibt die Variable einfach leer. Die Werte beider Variablen werden dem HTML-td-Element in Form von Attributen (bgColor und style) zugewiesen:

```
<?xml version="1.0" encoding="iso-8859-1"?>
<xsl:stylesheet
   xmlns:xsl="http://www.w3.org/1999/XSL/Transform"
   version="1.0">

   <xsl:output method="html" indent="yes" />

   <!-- Haupt-Template, wird als erstes eingebunden -->
   <xsl:template match="library">
      <html>
         <head>
            <title>Bücher-Liste</title>
         </head>
         <body style="font-family:Arial;font-size:.9em;">
            <h3>Bücherliste</h3>
            <div>
               <strong>Hier finden Sie eine Liste aller
                  unserer Java- und J2EE-Bücher:</strong>
            </div>
            <div style="margin-top:10px;margin-bottom:10px;">
               <table cellspacing="0" cellpadding="0" border="0" width="100%"
                  style="border-left:1px solid #000;
                     border-right:1px solid #000;">
                  <xsl:for-each select="book">
                     <xsl:call-template name="displayBook" />
                  </xsl:for-each>
               </table>
```

```
            </div>
            <div>
               Weitere Bücher folgen sicher noch! :-)
            </div>
         </body>
      </html>
   </xsl:template>

   <!-- Wird fuer alle book-Elemente eingebunden -->
   <xsl:template name="displayBook">
      <!-- Hintergrundfarbe -->
      <xsl:variable name="bgColor">
         <xsl:choose>
            <xsl:when
               test="position() mod 2 != 0">#efefef</xsl:when>
            <xsl:otherwise>#ffffff</xsl:otherwise>
         </xsl:choose>
      </xsl:variable>

      <!-- Rahmen oben setzen -->
      <xsl:variable name="topStyle">
         <xsl:if test="position() = 1">
            border-top:1px solid black</xsl:if>
      </xsl:variable>

      <tr>
         <td style="padding:3px;">
            <xsl:attribute name="bgColor"><xsl:value-of
               select="$bgColor" /></xsl:attribute>
            <xsl:attribute name="style"><xsl:value-of
               select="concat(
                  'padding:3px;border-bottom:1px solid black',
                  ';', $topStyle)" /></xsl:attribute>
            <xsl:value-of select="title" />
         </td>
      </tr>
   </xsl:template>

</xsl:stylesheet>
```

Im Browser ausgeführt, ergibt sich folgendes Bild:

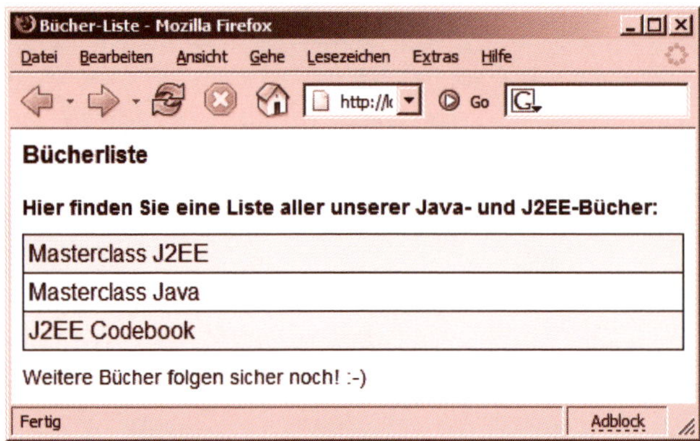

Abbildung 159: Tabelle mit wechselnden Farbwerten

306 XSLT: Bedingungen nutzen

XSLT definiert zwei Bedingungen, von denen in diesem Kapitel auch schon ausgiebig Gebrauch gemacht worden ist: `if` und `choose`.

if-Bedingung

Die `if`-Bedingung wertet den im Attribut `test` angegebenen XPath-Ausdruck aus. Dessen Wert wird zu diesem Zweck entsprechend der Konvertierungsregeln weiter oben in einen booleschen Wert umgewandelt.

Liefert dieser boolesche Wert `true`, wird das Template unterhalb der Bedingung instanziiert, anderenfalls unterbleibt dies. Somit erlaubt die `if`-Bedingung lediglich eine Auswahl nach dem Prinzip alles oder nichts. Die Definition eines Alternativzweiges ist nicht direkt möglich – es ist aber natürlich zulässig, mehrere `if`-Bedingungen nacheinander zu stellen.

Die Syntax der `if`-Bedingung sieht so aus:

```
<xsl:if test="<Boolescher Ausdruck">...</xsl:if>
```

Sollten mehrere Bedingungen abgefragt werden, empfiehlt sich statt der `if`-Bedingung der Einsatz des `choose`-Konstrukts.

Beispiele:

```
<xsl:if test="position() = 1">
   Erstes Element der Schleife
</xsl:if>

<xsl:if test="//library/book">
   Es existiert ein book-Element unterhalb eines libary-Elements
</xsl:if>

<xsl:if test="count(author) &gt; 1">
   Es gibt mehr als einen Autor zu diesem Buch
</xsl:if>
```

choose

Das choose-Konstrukt entspricht der Java-switch-Anweisung: Es erlaubt eine Auswahl aus mehreren Möglichkeiten und bietet eine Fall-Back-Möglichkeit, falls keine der zuvor gestellten Bedingungen erfüllt worden ist.

Die Syntax der choose-Anweisung sieht so aus:

```
<xsl:choose>
   <xsl:when test="<Boolescher Ausdruck">...</xsl:when>[...]
   <xsl:otherwise>...</xsl:otherwise>
</xsl:choose>
```

Die einzelnen per when-Konstrukt angegebenen Bedingungen werden nacheinander abgearbeitet. Sobald eine der Bedingungen zutrifft, wird deren untergeordneter Inhalt ausgeführt. Die weitere Abarbeitung der Bedingungen endet danach – weitere eventuell auch zutreffende Bedingungen werden also nicht mehr berücksichtigt. Sollte keine Bedingung zugetroffen haben, wird der Inhalt des otherwise-Zweiges ausgeführt.

Analog zur if-Bedingung müssen die zu testenden Ausdrücke boolesche Werte zurückgeben. Tun sie das nicht, erfolgt eine Konvertierung des repräsentierten Wertes in einen booleschen Ausdruck.

Beispiele:

```
<xsl:choose>
   <xsl:when test="material/@farbe = 'rot' or material/@farbe = 'blue'">
      Wird ausgeführt, wenn Farbe Rot oder Blau.
   </xsl:when>
   <xsl:when test="material/@farbe='rot'">
      Wird nie ausgeführt.
   </xsl:when>
   <xsl:otherwise>
      Wird für jede andere Farbe als Rot oder Blau ausgeführt.
   </xsl:otherwise>
</xsl:choose>

<xsl:variable name="bgColor">
   <xsl:choose>
      <xsl:when test="position() mod 2 != 0">#efefef</xsl:when>
      <xsl:otherwise>#fff<xsl:otherwise>
   </xsl:choose>
</xsl:variable>

<xsl:variable name="count"><xsl:value-of
   select="count(author)" /></xsl:variable>
<xsl:choose>
   <xsl:when test="$count = 0">Keine Datensätze gefunden</xsl:when>
   <xsl:otherwise>
      Es wurden <xsl:value-of select="$count" /> Datensätze gefunden
   </xsl:otherwise>
</xsl:choose>
```

307 XSLT: Datensätze sortieren

Die Sortierung von Datensätzen (Node-Sets) erfolgt per `sort`-Statement. Dieses wird innerhalb von `apply-templates`- und `for-each`-Konstrukten eingesetzt. Dabei sind auch mehrere Sortierungsanweisungen möglich, die in der Reihenfolge ihres Auftretens abgearbeitet werden. Die Syntax der `sort`-Anweisung lautet:

```
<xsl:sort select="<XPath-Ausdruck>" <Parameter> />
```

Das Ergebnis des XPath-Ausdrucks wird in einen String umgewandelt. Diese Zeichenkette wird in Abhängigkeit der zusätzlichen Parameter als Sortierwert genutzt.

Folgende Parameterattribute stehen zur Verfügung:

Attribut	Beschreibung
`case-order`	Kann die Werte `upper-first` und `lower-first` annehmen und steuert so die Einsortierung von Groß- und Kleinbuchstaben. Wenn `upper-first` angegeben worden ist, werden Groß- vor Kleinbuchstaben sortiert. Bei Angabe von `lower-first` ist dies umgekehrt. Wird das Attribut nicht angegeben, werden die aktuellen Spracheinstellungen zugrunde gelegt.
`data-type`	Legt den Datentyp fest, nach dem sortiert wird. Bisher sind die Datentypen `text` und `number` definiert. Je nachdem, welcher Datentyp ausgewählt worden ist, erfolgt die Sortierung anders. Der Standardwert ist `text`.
`lang`	Gibt an, welche Sprache für die Sortierung genutzt werden soll. Mögliche Werte entsprechen den ISO-Werten, die auch per `xml:lang` angegeben werden können. Wird kein `lang`-Attribut gesetzt, werden die Spracheinstellungen der Umgebung verwendet.
`order`	Gibt an, in welche Richtung sortiert werden soll. Mögliche Werte sind `ascending` (aufsteigend) und `descending` (absteigend). Die Standardeinstellung ist `ascending`.
`select`	Gibt den Knoten an, nach dem sortiert werden soll.

Tabelle 97: Parameter der sort-Anweisung

Angenommen, Sie wollten diese Namensliste sortiert ausgeben:

```
<?xml version="1.0" encoding="iso-8859-1"?>
<customers>
  <customer>
    <id>1</id>
    <name>Samaschke</name>
    <first-name>Karsten</first-name>
    <zip>13156</zip>
    <city>Berlin</city>
    <street>Nordendstrasse 46g</street>
  </customer>
  <customer>
```

Listing 647: Zu sortierende Liste (Ausschnitt)

```
        <id>2</id>
        <name>Müller</name>
        <first-name>Peter</first-name>
        <zip>11212</zip>
        <city>Berlin</city>
        <street>Südtorgasse 11</street>
    </customer>
    ...
</customers>
```

Listing 647: Zu sortierende Liste (Ausschnitt) (Forts.)

Dabei soll dem Nutzer die Möglichkeit eingeräumt werden, das Feld, nach dem sortiert werden soll, selbst zu bestimmen. Dies könnte unter Verwendung von Xalan und XSL-Parametern geschehen, die es erlauben, den Wert eines Request-Parameters in das Stylesheet zu übergeben und dort zu verarbeiten. In diesem Fall wäre dies der Request-Parameter `sortField`. Vor der Übergabe wird geprüft, ob der Parameter tatsächlich einen Wert hat (dann ist dieser Wert durch das Stylesheet erzeugt worden) oder keinen Wert hat – in letzterem Fall wird als Standardsortierung die Sortierung nach dem Nachnamen angenommen.

In einem Servlet umgesetzt, könnte dies dann so aussehen:

```
package codebook.j2ee.xsl;

import javax.servlet.ServletContext;
import javax.servlet.ServletException;
import javax.servlet.http.HttpServletRequest;
import javax.servlet.http.HttpServletResponse;
import javax.xml.transform.*;
import javax.xml.transform.stream.StreamResult;
import javax.xml.transform.stream.StreamSource;
import java.io.*;

public class SortServlet extends javax.servlet.http.HttpServlet {

   protected void service(
      HttpServletRequest request, HttpServletResponse response)
      throws ServletException, IOException {

      PrintWriter out = response.getWriter();

      try {
         // Transformer-Factory erzeugen
         TransformerFactory fact = TransformerFactory.newInstance();
```

Listing 648: Übergabe eines Parameters zur Sortierung der Daten an ein Stylesheet

```
            // ServletContext referenzieren
            ServletContext ctx = getServletContext();

            // Stylesheet referenzieren
            Source xsl = new StreamSource(
               ctx.getResourceAsStream(
                  "/resources/customers.xsl"));

            // Quelldokument referenzieren
            Source xml = new StreamSource(
               ctx.getResourceAsStream(
                  "/resources/customers.xml"));

            // Output-Stream erzeugen
            StringWriter sout = new StringWriter();

            // Ausgabeziel definieren
            Result output = new StreamResult(sout);

            // threadsave Templates verwenden
            Templates templates = fact.newTemplates(xsl);

            // Transformer erzeugen
            Transformer transformer = templates.newTransformer();

            // Parameter für Sortiert-Feld setzen
            transformer.setParameter(
               "sortField",
                  request.getParameter("sortField") == null ?
                     "name" : request.getParameter("sortField"));

            // Transformation durchführen
            transformer.transform(xml, output);

            // Ergebnis ausgeben
            out.print(sout.toString());
         } catch (TransformerException e) {
            out.print("<pre>");
            e.printStackTrace(out);
            out.print("</pre>");
         }
      }
   }
```

Listing 648: Übergabe eines Parameters zur Sortierung der Daten an ein Stylesheet (Forts.)

Innerhalb des XSLT-Stylesheets kann dieser Parameter nun ausgewertet werden. Er kann über die erweiterte XPath-Syntax innerhalb einer `for-each`-Schleife gegen den

Namen der untergeordneten Knoten (XPath: `child::node()[local-name() = <Parameter>]`) geprüft werden – stimmen diese Namen überein, wird nach dem Wert des bezeichneten Elements sortiert. Über die Spaltenköpfe ist die Sortierung änderbar: Zu diesem Zweck sind die einzelnen Spaltenüberschriften jeweils mit einem Link versehen, der die aktuelle Seite mit dem Parameter `sortField=<Sortierfeld>` aufruft, wobei `<Sortierfeld>` dem Namen des Knoten entspricht, nach dem sortiert werden soll:

```
<?xml version="1.0" encoding="iso-8859-1"?>
<xsl:stylesheet
   xmlns:xsl="http://www.w3.org/1999/XSL/Transform"
   version="1.0">

   <xsl:param name="sortField" />

   <!-- Definition eines Attribute-Sets fuer Spaltenkoepfe -->
   <xsl:attribute-set name="head">
      <xsl:attribute name="style">
         border-top:1px solid #666;
         background-color:#ccc;
         padding:3px;
      </xsl:attribute>
   </xsl:attribute-set>

   <!-- Definition eines Attribute-Sets fuer das body-Element -->
   <xsl:attribute-set name="body">
      <xsl:attribute name="style">
         font-family:Arial, Helvetica, sans-serif;
         font-size:.9em;
      </xsl:attribute>
   </xsl:attribute-set>

   <xsl:template match="/">
      <html>
         <head>
            <title>Kundenliste</title>
         </head>
         <style>
            a { color:blue; }
         </style>
         <body xsl:use-attribute-sets="body">
            <h3>Kunden-Liste</h3>
            <p>
               <strong>
                  Hier finden Sie eine Liste aller unserer Kunden. Durch Klick
                  auf den Spaltennamen können Sie diese Liste sortieren.
               </strong>
```

Listing 649: XSLT-Stylesheet zur Sortierung und Ausgabe von Datensätzen

```
        </p>
        <p>
          <table cellspacing="0" cellpadding="0" border="0" width="100%"
            style="border-left:1px solid #666;
              border-right:1px solid #666">
            <!-- Ausgabe der klickbaren Spaltenkoepfe -->
            <tr>
              <td xsl:use-attribute-sets="head">
                <a href="?sortField=id">ID</a>
              </td>
              <td xsl:use-attribute-sets="head">
                <a href="?sortField=name">Name</a>
              </td>
              <td xsl:use-attribute-sets="head">
                <a href="?sortField=first-name">Vorname</a>
              </td>
              <td xsl:use-attribute-sets="head">
                <a href="?sortField=city">Stadt</a>
              </td>
              <td xsl:use-attribute-sets="head">
                <a href="?sortField=zip">PLZ</a>
              </td>
              <td xsl:use-attribute-sets="head">
                <a href="?sortField=street">Adresse</a>
              </td>
            </tr>

            <!-- Durchlaufen aller customer-Elemente -->
            <xsl:for-each select="//customers/customer">
              <!-- Sortieren nach dem übergebenen Sort-Feld -->
              <xsl:sort
                select="child::node()[
                  local-name() = $sortField]"
                lang="de" />
              <!-- Inhalte ausgeben -->
              <xsl:call-template name="showField" />
            </xsl:for-each>
          </table>
        </p>
      </body>
    </html>
  </xsl:template>

  <xsl:template name="showField">
    <xsl:variable name="bgColor">
      <xsl:choose>
```

Listing 649: XSLT-Stylesheet zur Sortierung und Ausgabe von Datensätzen (Forts.)

```
            <xsl:when test="position() mod 2 != 0">#efefef</xsl:when>
            <xsl:otherwise>#fff</xsl:otherwise>
         </xsl:choose>
      </xsl:variable>

      <xsl:variable name="style">
         <xsl:if test="position() = 1">border-top:1px solid #666;</xsl:if>
         border-bottom:1px solid #666;
         background-color:<xsl:value-of select="$bgColor" />;
         padding:3px;
      </xsl:variable>

      <tr>
         <td style="{$style}"><xsl:value-of select="id" /></td>
         <td style="{$style}"><xsl:value-of select="name" /></td>
         <td style="{$style}"><xsl:value-of select="first-name" /></td>
         <td style="{$style}"><xsl:value-of select="city" /></td>
         <td style="{$style}"><xsl:value-of select="zip" /></td>
         <td style="{$style}"><xsl:value-of select="street" /></td>
      </tr>
   </xsl:template>

</xsl:stylesheet>
```

Listing 649: XSLT-Stylesheet zur Sortierung und Ausgabe von Datensätzen (Forts.)

Im Browser ausgeführt, findet zuerst eine Sortierung nach Nachnamen statt:

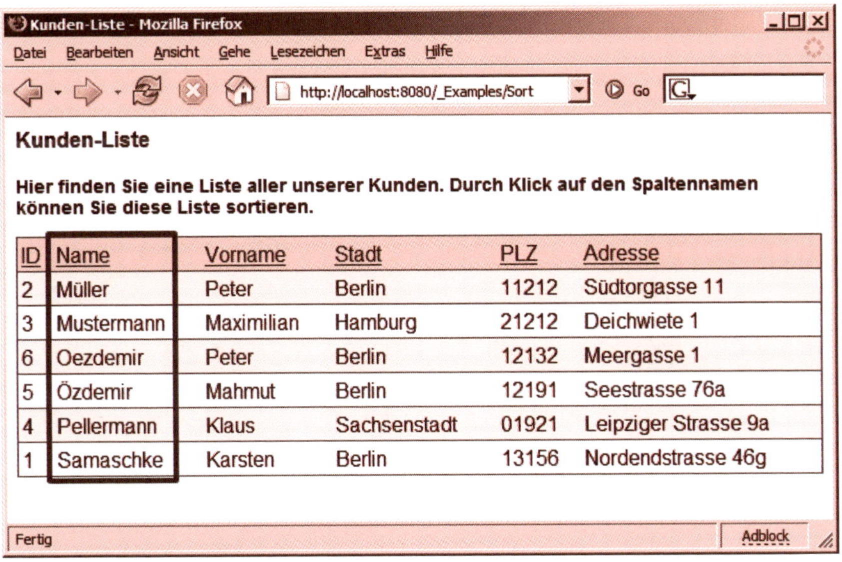

Abbildung 160: Standardsortierung nach dem Nachnamen

Durch Klick auf einen anderen Spaltennamen werden die Daten nach dem Wert dieses Feldes sortiert:

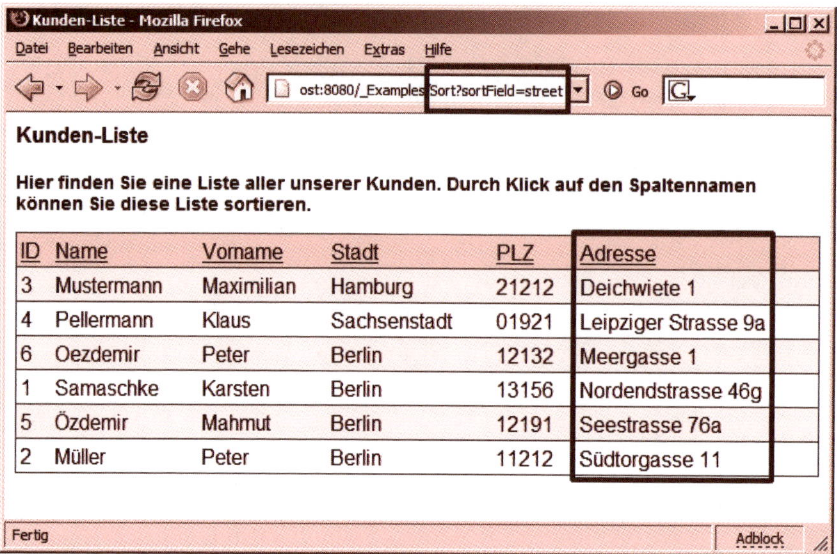

ID	Name	Vorname	Stadt	PLZ	Adresse
3	Mustermann	Maximilian	Hamburg	21212	Deichwiete 1
4	Pellermann	Klaus	Sachsenstadt	01921	Leipziger Strasse 9a
6	Oezdemir	Peter	Berlin	12132	Meergasse 1
1	Samaschke	Karsten	Berlin	13156	Nordendstrasse 46g
5	Özdemir	Mahmut	Berlin	12191	Seestrasse 76a
2	Müller	Peter	Berlin	11212	Südtorgasse 11

Abbildung 161: Sortierung nach Adresse

308 XSLT: Template-Rules sinnvoll einsetzen

Template-Regeln (gerne auch als Template-Rules oder nur Templates bezeichnet) werden mit Hilfe der `template`-Anweisung deklariert:

```
<xsl:template
   match="<Pattern>"
   name="<Name>"
   mode="<Kurzname>">
   ...
</xsl:template>
```

Eine derartige Template-Regel dient zur Formulierung der Transformationsanweisungen für eine Menge von Knoten.

Die verwendeten Parameter haben folgende Bedeutung:

Attribut	Bedeutung
match	Definiert das Muster, das angibt, auf welche Elemente die Regel angewendet werden soll. Das Heraussuchen der passenden Regel geschieht durch den Prozessor während des Traversierens durch das Quelldokument. Für den `match`-Parameter können unterschiedlich komplexe Muster verwendet werden. Hier einige Beispiele: ▶ `match="/"`: Verweist auf die Dokumentenwurzel ▶ `match="library"`: Die Template-Regel passt für alle `library`-Elemente im Dokument. ▶ `match="library/book"`: Die Template-Regel passt auf alle `book`-Elemente, die sich direkt unterhalb eines `library`-Elements befinden. ▶ `match="library/book[1]"`: Die Regel passt auf das erste `book`-Element, das sich direkt unterhalb eines `library`-Elements befindet. ▶ `match="library/book[author]"`: Die Regel kann auf alle `book`-Elemente angewendet werden, die sich direkt unterhalb eines `library`-Elements befinden und denen mindestens ein `author`-Element untergeordnet ist. ▶ `match="*"`: Passt auf alle Elemente, die nicht von einer spezifischen Template-Regel behandelt worden sind. ▶ `match="library | book"`: Passt auf alle library- und book-Elemente. Wird gerne eingesetzt, wenn Elemente gleichartig formatiert werden sollen. Generell können auch komplexere XPath-Ausdrücke eingesetzt werden. Dadurch ergibt sich die Möglichkeit, sehr ausgefeilte Transformationsregeln zu erstellen.
name	Erlaubt das explizite Instanziieren der Template-Regel durch die `call-template`-Anweisung. Ein `match`-Parameter muss in diesem Fall nicht angegeben werden. Die Instanziierung einer benannten Template-Regel kann unabhängig vom aktuellen Kontext erfolgen – Inhalte können also in einem komplett anderen Kontext dargestellt werden.
mode	Gibt einen Kurznamen an, mit dessen Hilfe beim Aufruf von `apply-templates` eine von mehreren möglichen Regeln angesprochen werden kann.

Tabelle 98: Attribute der template-Anweisung

Aufruf unbenannten Templates

Unbenannte Templates werden per `apply-templates`-Anweisung implizit aufgerufen. Diese Anweisung hat folgende Syntax:

```
<xsl:apply-templates
   select="<Pattern>"
   mode="<Kurzname>">
   ...
</xsl:apply-templates>
```

Die verwendeten Parameter haben folgende Bedeutung:

Attribut	Bedeutung
select	XPath-Ausdruck, der angibt, welche Knoten ausgehend vom aktuellen Kontext selektiert werden sollen. Für diese Knoten werden anschließend passende Template-Regeln gesucht und im Erfolgsfall auch angewendet.
mode	Kurzname, welcher der weiteren Auswahl der anzuwendenden Template-Regel dient. Ist der Wert gesetzt, wird das Template mit dem entsprechenden mode-Attribut gesucht und im Erfolgsfall angewendet.

Tabelle 99: Attribute der apply-templates-Anweisung

In der Regel wird die apply-templates-Anweisung ohne Parameter aufgerufen. In diesem Fall wird implizit der XPath-Ausdruck child::* (oder ganz kurz: *) angewendet, der alle untergeordneten Elemente und Attribute selektiert.

Aufruf benannter Templates

Benannte Templates werden per call-template-Anweisung aufgerufen. Diese Anweisung hat folgende Syntax:

```
<xsl:call-template
   name="<Template-Name>">
   ...
</xsl:call-template>
```

Das Attribut name gibt dabei den Namen der einzubindenden Template-Regel an. Beim Einbinden dieser Template-Regel ändert sich der Auswertungskontext nicht. Dies erlaubt es, benannte Templates als wiederverwendbare Baustelle zu verwenden.

Benannte Template-Regeln mit Parametern

Benannte Template-Regeln können mit Parametern versehen werden. Zu diesem Zweck können unterhalb der Template-Deklaration param-Elemente deklariert werden:

```
<xsl:template name="display">
   <xsl:param name="align" select="'left'" />
   ...
</xsl:template>
```

Das untergeordnete param-Element kann zwei Attribute besitzen:

Attribut	Beschreibung
name	Name des Parameters
select	XPath-Ausdruck, der einen Standardwert ausdrückt. Wird verwendet, wenn der Parameter beim Aufruf des Templates nicht angegeben wird. Optional.

Tabelle 100: Attribute der param-Anweisung

Es können beliebig viele untergeordnete param-Elemente deklariert werden. Diese Parameter werden wie Variablen innerhalb des Templates behandelt und angesprochen – also mit einem führenden Dollar-Zeichen vor dem Variablennamen:

```
<xsl:template name="display">
   <xsl:param name="align" select="'left'" />
   Wert des Parameters: <xsl:value-of select="$align" />
</xsl:template>
```

Wenn das Template aufgerufen wird, kann mit Hilfe einer with-param-Anweisung der Wert eines zu übergebenen Parameters gesetzt werden:

```
<xsl:call-template name="display">
   <xsl:with-param name="align" select="'right'" />
</xsl:call-template>
```

Wird ein nicht existenter Parameter übergeben, wird dies ignoriert.

309 XSLT: externe Templates verwenden

XSLT bietet zwei Möglichkeiten, extern ausgelagerte Templates einzubinden: Die import- und die include-Anweisung. Beide Anweisungen erlauben es, Stylesheets modular aufzubauen und somit wiederverwendbarer zu gestalten.

Beide Anweisungen unterscheiden sich weniger hinsichtlich ihrer Wirkungsweise als vielmehr darin, wie sie vom Prozessor behandelt werden: Die per include-Anweisung eingebundenen Templates werden als Bestandteil des ursprünglichen Templates aufgefasst. Dagegen werden per import-Anweisung eingebundene Templates mit einer niedrigeren Priorität behandelt und erst nach den include-Anweisungen ausgeführt. Dies bedeutet: Sollten in per import-Anweisung eingebundenen Stylesheets Template-Regeln mit gleichen Namen oder gleichen XPath-Regeln definiert worden sein wie im einbindenden Stylesheet, so haben die Regeln im einbindenden Stylesheet eine höhere Priorität als die des eingebundenen Stylesheets.

Die import-Anweisung muss stets vor allen anderen Top-Level-Elementen des Stylesheets auftreten – also direkt nach dem öffnenden stylesheet-Tag. Die Anweisung hat folgende Syntax:

```
<xsl:import href="<URI-Referenz>" />
```

Das Attribut href definiert, wo sich das einzubindende Template befindet.

Bevor import-Statements ausgeführt werden, wird der Parser alle include-Statements auswerten, die dort referenzierten Templates laden und in das Ziel-Template einfügen. Die Syntax der include-Anweisung lautet:

```
<xsl:include href="<URI-Referenz>" />
```

Egal auf welche Art die Templates eingebunden werden: Vom Quell-Template werden alle Elemente innerhalb des stylesheet-Wurzel-Elements eingebunden.

> **Achtung**
>
> Zirkelbezüge sind nicht zulässig! Sie können nicht ein Template A schreiben, das ein Template B importiert, das wiederum auf Template A verweist.

310 XSL-FO: Formatting-Objects

`eXtensible Stylesheet Language Formatting Objects` (`XSL-FO`) ist eine weitere XML-Spezifikation, die der grafischen Aufbereitung von XML-Dokumenten dient. Im Gegensatz zu XSLT geht es bei XSL-FO darum, Dokumente in druckbare Formate wie PDF, PostScript oder RTF umzuwandeln.

XSL-FO befasst sich mit der Definition von Layouts. Es ist so möglich, XML-basierte Daten in beliebiger Form auf Druckern auszugeben. Dazu definiert XSL-FO Objekte (Tabellen, Fussnoten, Textcontainer), die mit verschiedenen Attributen versehen werden können.

Die XSL-FO-Spezfikation beschreibt Eigenschaften, die für die Erzeugung von Printmedien wichtig sind. Dazu gehören unter anderem:

- Seitenaufbau (Kopf, Fuß, Inhaltsbereich)
- Größe der Seite
- Größe, Position und Farbe von Rahmen und Tabellen
- Schriftarten und Zeilenabstände

Um Daten eines XML-Dokuments in eine druckfähige Form zu bringen, kommt in aller Regel ein XSLT-Stylesheet zum Einsatz, das seinerseits Formatting Objects definiert, die von einem FO-Renderer verarbeitet werden können. XSLT fungiert hier quasi als Druckvorstufe:

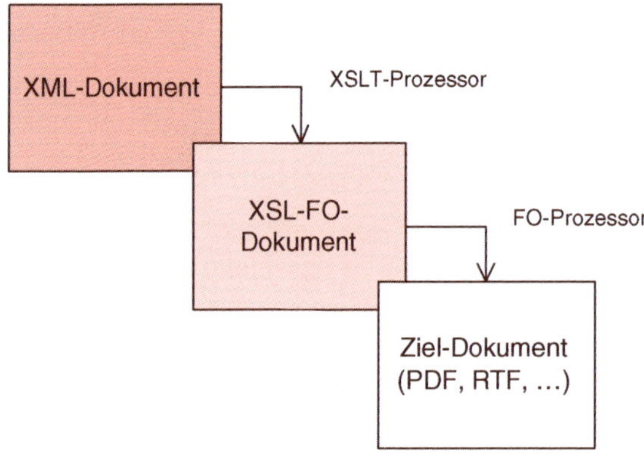

Abbildung 162: Umwandlung eines XML-Dokuments in ein Druckformat

Bei der Wahl des FO-Prozessors stehen – wie in der Java-Welt üblich – mehrere Implementierungen zur Auswahl:

Name	Beschreibung
Apache Formatting Objects Processor FOP	Der FOP ist eine Referenzimplementierung der FO-Spezifikationen. Das Projekt ist derzeit auf dem Versionsstand 0.20.5 und bietet eine teilweise Implementierung des XSL-FO-Standards. Apache FOP ist kostenlos und kann unter der Adresse http://xml.apache.org/fop heruntergeladen werden.
XEP	Der XEP-Prozessor der Firma RenderX ist eine kostenpflichtige Lösung, die Sie unter der Adresse http://www.renderx.com beziehen können. Die Umsetzung der Standards ist hier komplett.
XSL Formatter	Der kommerzielle XSL-FO-Prozessor der japanischen Firma Antenna House Inc. (http://www.antennahouse.com) zeichnet sich insbesondere durch seine hohe Geschwindigkeit aus.

Tabelle 101: XSL-FO-Prozessoren

Bei den weiteren Beispielen wird auf den kostenlosen Apache FOP zurückgegriffen. Dessen Installation beschränkt sich auf den Download des Archivs, das Entpacken und das Einbinden der JAR-Dateien in den Classpath.

311 XSL-FO: Aufbau eines XSL-FO-Dokuments

Der Aufbau eines XSL-FO-Dokuments ist aus schematischer Sicht immer gleich:

- Zunächst werden die einzelnen Seiten und deren Maße definiert. Dies beinhaltet auch Größen- und Randangaben. Diese Definition ist nötig, denn XSL-FO kann prinzipiell jedes Papierformat erzeugen.
- Optional können anschließend Farb- und/oder Schriftartenprofile definiert werden.
- Anschließend wird der eigentliche Seiteninhalt deklariert.

Die Definition der Seiten findet innerhalb eines `layout-master-set`-Elements statt, die optionalen Profile werden innerhalb von `declaration`-Elementen angegeben, und die Inhalte finden in `page-sequence`-Elementen Platz. Die optionalen Profile werden im Folgenden nicht weiter berücksichtigt – dies ist Aufgabe entsprechender XSL-FO-Tutorials.

Ein beispielhaftes XSL-FO-Dokument hat diesen Aufbau:

```
<?xml version="1.0" encoding="iso-8859-1"?>
<fo:root xmlns:fo="http://www.w3.org/1999/XSL/Format">

   <!-- Seitendefinition -->
   <fo:layout-master-set>
      ...
   </fo:layout-master-set>

   <!-- Inhalt -->
```

```
   <fo:page-sequence>
      ...
   </fo:page-sequence>
</fo:root>
```

Per Definition sind ein `layout-master-set`-Element und mehrere `page-sequence`-Elemente erlaubt. Sämtliche Elemente befinden sich innerhalb eines `root`-Elements, das die Wurzel des Dokuments bildet.

Definition einer A4-Seite

Innerhalb eines `layout-master-set`-Elements können beliebige Seiten definiert werden. Für eine A4-Seite, wie sie in Europa üblich ist, könnte diese Definition so aussehen:

```
<fo:simple-page-master master-name="A4"
 page-width="297mm" page-height="210mm"
 margin-top="1cm"   margin-bottom="1cm"
 margin-left="1cm"  margin-right="1cm">

 <fo:region-body background-color="grey" />
</fo:simple-page-master>
```

Hier ist angegeben worden, dass die Seite eine Größe von 29,7 Zentimetern und eine Breite von 21 Zentimetern haben soll. Die `margin`-Angaben bezeichnen die nicht beschreibbaren Ränder oben (`margin-top`), unten (`margin-bottom`), links (`margin-left`) und rechts (`margin-right`). Der Hintergrund des beschreibbaren Bereichs (`region-body`) wird grau (`background-color="grey"`) dargestellt.

Die so definierte Seite hat also folgenden Aufbau:

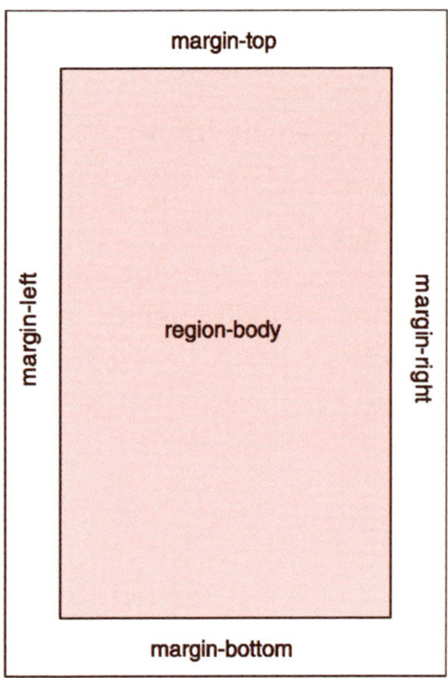

Abbildung 163: Aufbau der definierten A4-Seite

Zusätzlich zur `body`-Region existieren noch weitere Bereiche:

- `region-before`: Kopfzeile
- `region-after`: Fußzeile
- `region-start`: Linker Bereich
- `region-end`: Rechter Bereich

Diese vier Bereiche sind für die Aufnahme von statischen Elementen – etwa Seitenzahlen oder einen Titel – gedacht. Sie können mit Hilfe der entsprechenden Tags erzeugt werden, deren `extend`-Attribut die Breite des Bereichs entgegennimmt:

```
<fo:simple-page-master master-name="A4"
   page-width="297mm" page-height="210mm"
   margin-top="1cm"   margin-bottom="1cm"
   margin-left="1cm"  margin-right="1cm">

   <fo:region-body background-color="grey"
      margin-top="1.5cm" margin-bottom="2cm"
      margin-left="2.5cm" margin-right="2.5cm" />

   <fo:region-before region-name="header" extent="1.3cm" />
   <fo:region-after region-name="footer" extent="2cm" />
   <fo:region-start region-name="left" extent="1cm" />
   <fo:region-end region-name="end" extent="2cm" />
</fo:simple-page-master>
```

Die `region-name`-Attribute definieren die Namen der Elemente, unter denen diese später referenziert werden können.

Die so definierte Seite hat nun diesen Aufbau:

Die `margin`-Attribute innerhalb des `region-body`-Elements steuern, welche Abstände die ausgegebenen Inhalte zu den Rändern des Elements haben sollen.

Bei allen hier gezeigten Elementen gibt es eine Unmenge an weiteren Attributen und Einstellmöglichkeiten. Diese steuern sowohl die Zeichenausrichtung als auch Schreibrichtungen oder generellen Textfluss. Diese Attribute hier zu besprechen würde den Rahmen sprengen, den dieses Buch bietet. Sie finden alle Attribute auf den Webseiten des W3C aufgelistet – Ihr Startpunkt für eine weiterführende Lektüre sollte die Adresse *http://www.w3.org/TR/xsl* sein, wo Sie sowohl Online- als auch Offline-Ressourcen finden können.

Inhalte einfügen

Nach der Deklaration eines Seitenrahmens kann dieser nun mit Inhalten gefüllt werden. Dies geschieht für alle Seiten innerhalb von `page-sequence`-Elementen. Jede dieser Seitensequenzen referenziert eine der zuvor innerhalb des `layout-master-set`-Elements angelegten Seitenvorlagen, was durch das Attribut `master-reference` ausgedrückt wird.

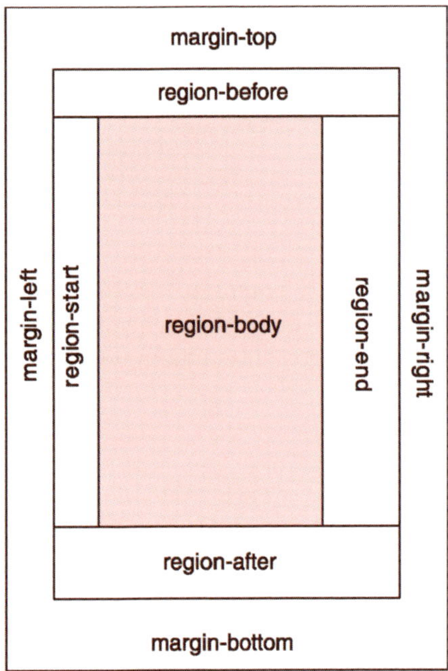

Abbildung 164: A4-Seite mit Kopf- und Fußzeile

Innerhalb eines `page-sequence`-Elements werden die statischen Inhalte mit Hilfe von `static-content`-Elementen gesetzt. Gleiches gilt für die statischen Elemente auf der linken und rechten Seite. Die eigentlichen Inhalte können durch `block`-Elemente, Tabellen oder Listen dargestellt werden.

Die eigentlichen Seiteninhalte werden innerhalb von `flow`-Elementen erfasst, die ihrerseits `block`-Elemente, Tabellen oder andere Elemente beinhalten können. Das Attribut `flow-name` des `flow`-Elements repräsentiert dabei den Bereich, in den Inhalte eingefügt werden sollen. Folgende Werte stehen hier zur Verfügung:

flow-name-Wert	Bedeutung
`xsl-region-body`	Body-Bereich, der per `region-body`-Element deklariert worden ist
`xsl-region-left`	Linker Bereich, der per `region-left`-Element deklariert worden ist
`xsl-region-right`	Rechter Bereich, der per `region-right`-Element deklariert worden ist
`xsl-region-before`	Header-Bereich, der per `region-before`-Element deklariert worden ist
`xsl-region-after`	Footer-Bereich, der per `region-after`-Element deklariert worden ist

Tabelle 102: flow-name-Werte und ihre Bedeutung

Sollte also ein entsprechender Bereich für Fließtext verwendet werden sollen, kann dies über das Setzen des entsprechenden `xsl-region`-Wertes im Attribut `flow-name` des `flow`-Elements definiert werden.

Ein block-Element entspricht dabei einem Absatz. Innerhalb eines derartigen Absatzes können weitere Elemente definiert sein – etwa inline-Elemente, welche die Formatierung von Text innerhalb einer Zeile erlauben, ohne den Textfluss zu unterbrechen, oder page-number-Elemente, welche die aktuelle Seite ausgeben.

Die block-Elemente entsprechen vom Einsatzzweck her den <div />-Containern aus HTML. Das Gegenstück von inline-Elementen dürften <span />-Container sein.

Um eine Seite mit einer Überschrift und einem Text zu definieren, könnte ein derartiges page-sequence-Element so aussehen:

```
<fo:page-sequence master-reference="A4">

   <!--- Header definieren -->
   <fo:static-content flow-name="header" text-align="center">
      <fo:block font-size="12pt">Dies ist der Inhalt der Kopfzeile</fo:block>
   </fo:static-content>

   <!--- Footer definieren -->
   <fo:static-content flow-name="footer" text-align="center">
      <fo:block
         font-size="8pt">(c) by Karsten Samaschke und Thomas Stark</fo:block>
   </fo:static-content>

   <!--- Rechts -->
   <fo:static-content flow-name="right" text-align="center">
      <fo:block font-size="8pt">Seite <fo:page-number />.</fo:block>
   </fo:static-content>

   <!-- Seiteninhalt -->
   <fo:flow flow-name="xsl-region-body">
      <fo:block text-align="center"
         font-size="24pt">Die Überschrift</fo:block>
      <fo:block>Hier kommt der eigentliche Inhalt der Seite.
         Das
         <fo:inline font-weight="800">kann</fo:inline>
         eine Menge werden ...</fo:block>
   </fo:flow>

</fo:page-sequence>
```

Achtung

Der Renderer muss zunächst alle statischen Elemente einer Seite berechnen, bevor die Inhalte dargestellt werden können. Dies bedeutet, dass die statischen Elemente vor den eigentlichen Inhalten definiert werden müssen.

Ziel rendern

Nach dem Zusammenstellen von Inhalt und Layout ergibt sich dieses FO-Dokument:

```
<?xml version="1.0" encoding="iso-8859-1"?>
<fo:root xmlns:fo="http://www.w3.org/1999/XSL/Format">

   <!-- Seiten-Definition -->
   <fo:layout-master-set>
      <fo:simple-page-master master-name="A4"
         page-width="210mm" page-height="297mm"
         margin-top="1cm"   margin-bottom="1cm"
         margin-left="1cm"  margin-right="1cm">

         <fo:region-body
            margin-top="1.5cm" margin-bottom="2cm"
            margin-left="2.5cm" margin-right="2.5cm"/>

         <fo:region-before region-name="header" extent="1.3cm" />
         <fo:region-after region-name="footer" extent="2cm" />
         <fo:region-start region-name="left" extent="1cm" />
         <fo:region-end region-name="right" extent="2cm" />
      </fo:simple-page-master>
   </fo:layout-master-set>

   <!-- Inhalt -->
   <fo:page-sequence master-reference="A4">

      <!--- Header definieren -->
      <fo:static-content flow-name="header" text-align="center">
         <fo:block font-size="12pt">Dies ist der
            Inhalt der Kopfzeile</fo:block>
      </fo:static-content>

      <!--- Footer definieren -->
      <fo:static-content flow-name="footer" text-align="center">
         <fo:block
            font-size="12pt">(c) by Karsten Samaschke
               und Thomas Stark</fo:block>
      </fo:static-content>

      <!--- Rechts -->
      <fo:static-content flow-name="right" text-align="center">
         <fo:block
            font-size="12pt">Seite <fo:page-number />.</fo:block>
      </fo:static-content>

      <!-- Seiten-Inhalt -->
      <fo:flow flow-name="xsl-region-body">
         <fo:block text-align="center"
```

Listing 650: Zu renderndes FO-Dokument

```
         padding-top="2cm" padding-bottom="1cm"
         font-size="24pt">Die Überschrift</fo:block>
      <fo:block>Hier kommt der eigentliche Inhalt der Seite.
         Das
         <fo:inline font-weight="800"
            font-style="italic">kann</fo:inline>
         eine Menge werden ...</fo:block>
   </fo:flow>
  </fo:page-sequence>
</fo:root>
```

Listing 650: Zu renderndes FO-Dokument (Forts.)

Nun kann es per Renderer umgewandelt werden. Apache FOP bringt zu diesem Zweck ein Batch-File (`fop.bat` für Windows, `fop.sh` für Unix-Systeme und Linux) mit, das genau zwei Parameter benötigt: den Namen des Quelldokuments und den Namen des Zieldokuments:

```
fop simpleDoc.fo simpleDoc.pdf
```

Nach dem Render-Vorgang, der recht schnell erfolgt, sollten Sie folgendes PDF-Dokument erhalten:

Abbildung 165: Per XSL-FO erzeugtes PDF-Dokument

312 XSL-FO: die wichtigsten Attribute von block- und inline-Elementen

`Block`- und `inline`-Elemente verfügen über eine Vielzahl von Attributen, welche die Darstellung der Elemente und ihrer enthaltenen Daten beeinflussen. Hier finden Sie eine Übersicht der wichtigsten Attribute:

Attribut	Beschreibung
`font-family`	Dient der Festlegung der zu verwendenden Schriftfamilie.
`font-size`	Gibt die Schriftgröße an. Diese Angabe kann absolut durch eine Zahl und eine Größeneinheit oder relativ durch die Werte `xx-small`, `x-small`, `small`, `medium`, `large`, `x-large`, `xx-large` erfolgen.
`font-stretch`	Gibt an, welche Laufweite die gewählte Schrift haben soll. Mögliche Werte sind: `ultra-condensed`, `extra-condensed`, `condensed`, `semi-condensed`, `normal`, `expanded`, `extra-expanded` und `ultra-expanded`.
`font-style`	Legt den Stil der Schrift fest. Mögliche Werte sind: `normal`, `italic` (kursiv), `oblique` und `backslant`.
`font-variant`	Legt fest, ob der enthaltene Text in Kapitälchen formatiert werden soll. Mögliche Werte sind `normal` und `small-caps`.
`font-weight`	Bestimmt die Stärke der Schrift. Mögliche Werte sind: `lighter`, `normal`, `bolder`, `bold`, 100, 200, 300, 400, 500, 600, 700, 800, 900. Der Standardwert ist `normal`, was dem Wert 400 entspricht. Der Wert von `bold` ist 700. Die beiden Werte von `bolder` und `lighter` sind Abstufungen und beziehen sich relativ auf die aktuelle Einstellung.
`background-attachment`	Gibt an, ob der Hintergrund mitgescrollt werden soll. Mögliche Werte sind `scroll` und `fixed`, der Standardwert ist `scroll`. Bei Zuweisung von `fixed` wird der Hintergrund nicht gescrollt.
`background-color`	Legt die Hintergrundfarbe über einen Farbnamen, ein RGB-Triplet oder den Aufruf von `icc-color()` fest.
`background-image`	Legt ein Hintergrundbild fest.
`background-repeat`	Legt fest, wie der Hintergrund innerhalb des Elements erscheint. Mögliche Werte sind: `repeat` (in x- und y-Richtung wiederholen), `repeat-x` (horizontal wiederholen), `repeat-y` (vertikal wiederholen), `no-repeat` (keine Wiederholung). Der Standardwert ist `repeat`.
`background-position`	Gibt die Position des Hintergrunds an. Mögliche Werte sind: Prozentangaben, absolute und relative Werte, left, center, right, top und bottom.
`border-color`	Legt die Farbe des Rahmens fest.
`border-style`	Legt den Stil des Rahmens fest. Mögliche Werte sind: `none`, `dotted` (gepunktet), `hidden` (versteckt), `dashed` (gestrichelt), `solid` (durchgezogen), `double` (doppelte Linie), `groove` (geht nach hinten), `ridge` (kommt nach vorne), `inset` (ganze Box eingerückt), `outset` (ganze Box herausgestellt). Standardwert ist `none`.
`border-width`	Legt die Breite des Rahmens fest. Mögliche Werte sind `thin`, `medium`, `thick`, absolute und relative Werte.

Tabelle 103: Wichtigste Attribute von block- und inline-Elementen

Attribut	Beschreibung
`padding`	Legt die Auspolsterung um den Bereich fest. Wird in absoluten oder relativen Werten angegeben.
`margin`	Legt den Abstand des Blocks vom umgebenden Element fest. Wird in absoluten oder relativen Werten angegeben.
`space-before, space-after, space-end, space-start`	Legt den Abstand fest, der über, unter, links und rechts vom Block erzeugt wird.

Tabelle 103: Wichtigste Attribute von block- und inline-Elementen (Forts.)

Eine Übersicht aller Attribute von allen Elementen finden Sie unter *http://www.w3.org/TR/xsl/slice6.html#section-N10029-Declarations-and-Pagination-and-Layout-Formatting-Objects*.

313 XSL-FO: PDF- aus XML-Dokumenten per Code erzeugen

Die Erzeugung von PDF- aus XML-Dokumenten per Java-Code erfolgt sinnvoll über den Zwischenschritt einer XSLT-Transformation. Dabei wird der zu rendernde XSL-FO-Code durch ein XSLT-Stylesheet erzeugt. Dieser XSL-FO-Code kann dann per Code in ein Zeilenformat umgewandelt werden.

XSLT-Stylesheet

Ein XSLT-Stylesheet, das die bereits mehrfach verwendete Bücherliste in XSL-FO-Code umwandelt, kann so aussehen:

```
<?xml version="1.0" encoding="iso-8859-1"?>
<xsl:stylesheet
   xmlns:xsl="http://www.w3.org/1999/XSL/Transform" version="1.0"
   xmlns:fo="http://www.w3.org/1999/XSL/Format">

   <!-- Attribute für Zellen in der
        zu generierenden Tabelle -->
   <xsl:attribute-set name="cell-style">
      <xsl:attribute name="border-width">0.5pt</xsl:attribute>
      <xsl:attribute name="border-style">dotted</xsl:attribute>
      <xsl:attribute name="border-color">black</xsl:attribute>
      <xsl:attribute name="padding">.3cm</xsl:attribute>
   </xsl:attribute-set>

   <!-- Attribute für alle Blöcke -->
   <xsl:attribute-set name="content-style">
```

Listing 651: XSLT-Stylesheet zur Generierung des FO-Dokuments

XSLT/XPath

```
    <xsl:attribute name="font-family">sans-serif</xsl:attribute>
    <xsl:attribute name="font-size">12pt</xsl:attribute>
    <xsl:attribute name="line-height">16pt</xsl:attribute>
    <xsl:attribute name="margin-top">5mm</xsl:attribute>
    <xsl:attribute name="margin-bottom">5mm</xsl:attribute>
</xsl:attribute-set>

<!-- Verarbeitung beginnt hier -->
<xsl:template match="/">
   <!-- FO-Wurzel-Element -->
   <fo:root xmlns:fo="http://www.w3.org/1999/XSL/Format">

      <!-- Layout definieren -->
      <xsl:call-template name="layout" />

      <!-- Inhalte ausgeben -->
      <xsl:call-template name="content" />

   </fo:root>
</xsl:template>

<xsl:template name="layout">
   <!-- Seitendefinition -->
   <fo:layout-master-set>
      <fo:simple-page-master master-name="A4"
         page-width="210mm" page-height="297mm"
         margin-top="1cm"   margin-bottom="1cm"
         margin-left="1cm"  margin-right="1cm">

         <fo:region-body
            margin-top="1.5cm" margin-bottom="2cm"
            margin-left="2.5cm" margin-right="2.5cm"/>

         <fo:region-before region-name="header" extent="1.3cm" />
         <fo:region-after region-name="footer" extent="2cm" />
         <fo:region-start region-name="left" extent="1cm" />
         <fo:region-end region-name="right" extent="2cm" />
      </fo:simple-page-master>
   </fo:layout-master-set>
</xsl:template>

<xsl:template name="content">
   <!-- Inhaltselemente -->
   <fo:page-sequence master-reference="A4">
      <!-- Seiteninhalt -->
      <fo:flow flow-name="xsl-region-body">
```

Listing 651: XSLT-Stylesheet zur Generierung des FO-Dokuments (Forts.)

```
            <xsl:call-template name="bodyContent" />
         </fo:flow>
      </fo:page-sequence>
   </xsl:template>

   <!-- Content -->
   <xsl:template name="bodyContent">
      <fo:block font-size="20pt">
         Bestellbare Bücher
      </fo:block>
      <fo:block xsl:use-attribute-sets="content-style">
         <xsl:attribute name="font-weight">900</xsl:attribute>
         <xsl:attribute name="padding-top">0.5cm</xsl:attribute>
         <xsl:attribute name="padding-bottom">0.5cm</xsl:attribute>
         Diese Bücher können Sie bei uns bestellen:
      </fo:block>
      <!-- Tabelle für den Inhalt -->
      <fo:table border-style="solid" table-layout="fixed">
         <!-- Tabellenspalten -->
         <fo:table-column column-width="5cm" />
         <fo:table-column column-width="5cm" />
         <fo:table-column column-width="7cm" />

         <!-- Tabellenkopf ausgeben -->
         <fo:table-header>
            <xsl:call-template name="tableHead" />
         </fo:table-header>

         <!-- Tabelleninhalt ausgeben -->
         <fo:table-body>
            <xsl:for-each select="library/book">
               <xsl:call-template name="displayBook" />
            </xsl:for-each>
         </fo:table-body>
      </fo:table>
   </xsl:template>

   <!-- Kopfzeilen ausgeben -->
   <xsl:template name="tableHead">
      <!-- Tabellenzeile -->
      <fo:table-row>
         <xsl:attribute
            name="background-color">lightgrey</xsl:attribute>

         <!-- Spalte für Titel -->
         <fo:table-cell xsl:use-attribute-sets="cell-style">
```

Listing 651: XSLT-Stylesheet zur Generierung des FO-Dokuments (Forts.)

```
            <fo:block xsl:use-attribute-sets="content-style"
               text-align="center">
            <xsl:attribute name="font-weight">900</xsl:attribute>
               Buchtitel
            </fo:block>
         </fo:table-cell>

         <!-- Spalte für Autoren -->
         <fo:table-cell xsl:use-attribute-sets="cell-style">
            <fo:block xsl:use-attribute-sets="content-style"
               text-align="center">
            <xsl:attribute name="font-weight">900</xsl:attribute>
               Autor
            </fo:block>
         </fo:table-cell>

         <!-- Spalte für Kurzbeschreibung -->
         <fo:table-cell xsl:use-attribute-sets="cell-style">
            <fo:block xsl:use-attribute-sets="content-style"
               text-align="center">
            <xsl:attribute name="font-weight">900</xsl:attribute>
               Kurzbeschreibung
            </fo:block>
         </fo:table-cell>
      </fo:table-row>
   </xsl:template>

   <!-- Einzelnes Buch ausgeben -->
   <xsl:template name="displayBook">
      <!-- Tabellenzeile -->
      <fo:table-row>
         <!-- Titel -->
         <fo:table-cell xsl:use-attribute-sets="cell-style">
            <fo:block xsl:use-attribute-sets="content-style">
               <xsl:value-of select="title" />
            </fo:block>
         </fo:table-cell>

         <!-- Autoren -->
         <fo:table-cell xsl:use-attribute-sets="cell-style">
            <xsl:for-each select="author">
               <fo:block xsl:use-attribute-sets="content-style">
                  <xsl:value-of
                     select="concat(name, ', ', first-name)" />
               </fo:block>
            </xsl:for-each>
```

Listing 651: XSLT-Stylesheet zur Generierung des FO-Dokuments (Forts.)

```
          </fo:table-cell>

          <!-- Kurzbeschreibung -->
          <fo:table-cell xsl:use-attribute-sets="cell-style">
             <fo:block xsl:use-attribute-sets="content-style">
                <xsl:value-of select="abstract" />
             </fo:block>
          </fo:table-cell>
       </fo:table-row>
    </xsl:template>

 </xsl:stylesheet>
```

Listing 651: XSLT-Stylesheet zur Generierung des FO-Dokuments (Forts.)

Dieses Stylesheet ist umfangreich, was dem für die Generierung des PDF-Dokuments benötigten FO-Code geschuldet ist. Neben dem Inhalt muss auch die Darstellung definiert werden, was innerhalb der Template-Rule `layout` erfolgt. Hier wird eine Seite im Format A4 definiert:

```
<xsl:template name="layout">
   <!-- Seiten-Definition -->
   <fo:layout-master-set>
      <fo:simple-page-master master-name="A4"
         page-width="210mm" page-height="297mm"
         margin-top="1cm"   margin-bottom="1cm"
         margin-left="1cm"  margin-right="1cm">

         <fo:region-body
            margin-top="1.5cm" margin-bottom="2cm"
            margin-left="2.5cm" margin-right="2.5cm"/>

         <fo:region-before region-name="header" extent="1.3cm" />
         <fo:region-after region-name="footer" extent="2cm" />
         <fo:region-start region-name="left" extent="1cm" />
         <fo:region-end region-name="right" extent="2cm" />
      </fo:simple-page-master>
   </fo:layout-master-set>
</xsl:template>
```

Diese Definition ist die gleiche, die schon weiter oben verwendet worden ist – nur eben diesmal innerhalb einer XSLT-Template-Rule.

Die Darstellung des Seiteninhalts ist etwas aufwändiger als die Deklaration des Layouts: In der Template-Rule `content` wird nur deklariert, dass der folgende Inhalt innerhalb des `body-result`-Bereichs dargestellt werden soll. Ein entsprechendes `flow`-Element nimmt den darzustellenden Inhalt auf, der innerhalb der Template-Rule `bodyContent` erzeugt wird.

Innerhalb dieser Template-Regel werden die einzelnen Inhaltsblöcke für Überschrift, einleitenden Text und eine Tabelle definiert. Die Tabelle besteht aus drei Spalten, die eine Breite von 5, 5 und 7 Zentimetern haben. Ein `table-head`-Bereich nimmt die Definition der Spaltenköpfe auf. Dieser Bereich wird innerhalb der Template-Rule `tableHead` mit Inhalten gefüllt. Die Template-Rule `displayBook`, die innerhalb eines `table-body`-Bereichs liegt, gibt dann die Inhalte der einzelnen `book`-Elemente aus:

```
<xsl:template name="bodyContent">
   <fo:block font-size="20pt">
      Bestellbare Bücher
   </fo:block>
   <fo:block xsl:use-attribute-sets="content-style">
      <xsl:attribute name="font-weight">900</xsl:attribute>
      <xsl:attribute name="padding-top">0.5cm</xsl:attribute>
      <xsl:attribute name="padding-bottom">0.5cm</xsl:attribute>
      Diese Bücher können Sie bei uns bestellen:
   </fo:block>
   <!-- Tabelle für den Inhalt -->
   <fo:table border-style="solid" table-layout="fixed">
      <!-- Tabellenspalten -->
      <fo:table-column column-width="5cm" />
      <fo:table-column column-width="5cm" />
      <fo:table-column column-width="7cm" />

      <!-- Tabellenkopf ausgeben -->
      <fo:table-header>
         <xsl:call-template name="tableHead" />
      </fo:table-header>

      <!-- Tabelleninhalt ausgeben -->
      <fo:table-body>
         <xsl:for-each select="library/book">
            <xsl:call-template name="displayBook" />
         </xsl:for-each>
      </fo:table-body>
   </fo:table>
</xsl:template>
```

Java-Code zur Generierung des PDF

Eine gute Nachricht: Nach einem derart umfangreichen Stylesheet ist der Code zur eigentlichen Transformation eines XML- in ein PDF-Dokument vergleichsweise gering. In einem Servlet gekapselt könnte dies so aussehen:

```
package codebook.j2ee.xsl;
```

Listing 652: Transformation eines XML- in ein PDF-Dokument

```
import org.apache.fop.apps.Driver;
import javax.servlet.ServletContext;
import javax.servlet.ServletException;
import javax.servlet.http.*;
import javax.xml.transform.*;
import javax.xml.transform.sax.SAXResult;
import javax.xml.transform.stream.StreamSource;
import java.io.IOException;

public class DisplayServlet extends HttpServlet {
   protected void service(
      HttpServletRequest request, HttpServletResponse response)
      throws ServletException, IOException {

      // FO-Treiber erzeugen
      Driver driver = new Driver();
      driver.setRenderer(Driver.RENDER_PDF);

      // Outputstream für die Speicherung des generierten
      // PDF-Dokuments festlegen
      driver.setOutputStream(response.getOutputStream());

      // ServletContext ermitteln
      ServletContext ctx = getServletContext();

      // XML- und XSLT-Dokument laden
      Source xml = new StreamSource(
         ctx.getResourceAsStream("/resources/data.xml"));
      Source xsl = new StreamSource(
         ctx.getResourceAsStream("/resources/style.xsl"));

      // Result-Instanz ist eine SAXResult-Instanz, die an
      // den PDF-Renderer gebunden ist
      Result res = new SAXResult(driver.getContentHandler());

      // Transformation beginnen
      TransformerFactory factory = TransformerFactory.newInstance();
      Templates templates = null;
      try {
         // Templates-Instanz erzeugen
         templates = factory.newTemplates(xsl);

         // Transformer-Instanz erzeugen
         Transformer transformer = templates.newTransformer();

         // Inhalt transformieren, dabei wird auch gleich das PDF
```

Listing 652: Transformation eines XML- in ein PDF-Dokument (Forts.)

```
            // erzeugt
            transformer.transform(xml, res);

            // ContentType setzen, damit das Ergebnis korrekt
            // im Browser dargestellt werden kann
            response.setContentType("application/pdf");

        }  catch (TransformerConfigurationException e) {
            e.printStackTrace();
        } catch (TransformerException e) {
            e.printStackTrace();
        }
    }
}
```

Listing 652: Transformation eines XML- in ein PDF-Dokument (Forts.)

Die Vorgehensweise bei der Transformation eines XML-Dokuments in ein PDF-Dokument unterscheidet sich nicht wesentlich von einer gewöhnlichen Transformation in ein HTML-Dokument. Der Hauptunterschied liegt in der Instanziierung einer FOP-`Driver`-Instanz und im Setzen des Renderers für den gewünschten Ausgabetyp:

```
Driver driver = new Driver();
driver.setRenderer(Driver.RENDER_PDF);
```

Der `Driver`-Instanz kann anschließend eine geeignete `OutputStream`-Instanz für die Ausgabe des PDF-Dokuments zugewiesen werden. Da hier eine direkte Ausgabe an den Client gewünscht ist, wird an den `OutputStream` der übergebenen `HttpServletResponse`-Instanz gebunden:

```
driver.setOutputStream(response.getOutputStream());
```

Statt einer `Result`-Instanz, die das Ergebnis der XSL-Transformation ausgibt, wird eine `SAXResult`-Instanz erzeugt, die ihre Events an den `ContentHandler` der `Driver`-Instanz weiterreicht:

```
Result res = new SAXResult(driver.getContentHandler());
```

Sobald die Transformation des XML-Dokuments mit Hilfe des XSLT-Stylesheets durchgeführt worden ist, wird die Erzeugung des PDF-Dokuments angestoßen. Nach dem Setzen des korrekten `ContentTypes` und dem Fertigstellen der PDF-Erzeugung wird das erzeugte Dokument über den Standard-Ausgabestrom des Servlets ausgegeben.

Im Browser sieht das Ergebnis der Mühen dann so aus:

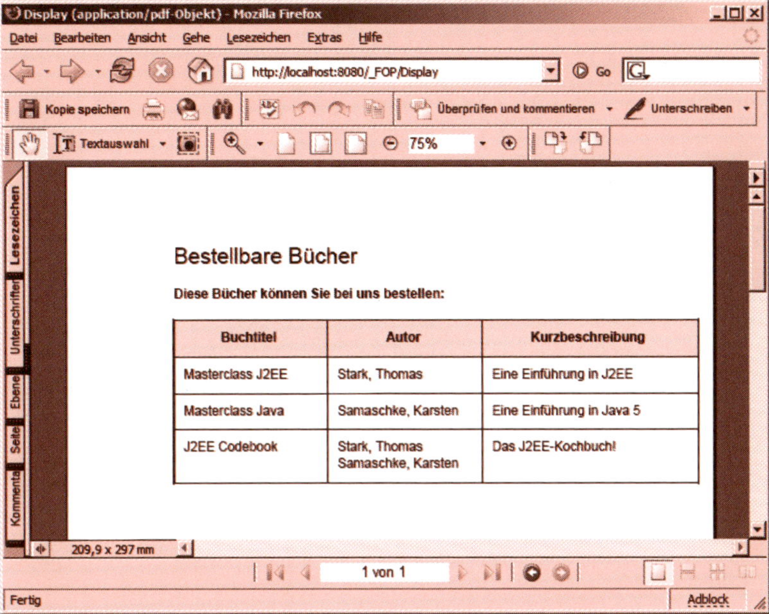

Bestellbare Bücher

Diese Bücher können Sie bei uns bestellen:

Buchtitel	Autor	Kurzbeschreibung
Masterclass J2EE	Stark, Thomas	Eine Einführung in J2EE
Masterclass Java	Samaschke, Karsten	Eine Einführung in Java 5
J2EE Codebook	Stark, Thomas Samaschke, Karsten	Das J2EE-Kochbuch!

Abbildung 166: Erzeugtes PDF-Dokument im Browser

XML Webservices

314 Aufbau eines XML-RPC-Requests

XML-RPC bezeichnet eine Technologie, Methoden auf einem entfernten Rechner ausführen zu lassen und anschließend mit dem von diesen Methoden generierten Ergebnis weiterarbeiten zu können.

XML-RPC basiert darauf, dass die Informationen über die aufzurufende Methode und die zu übergebenen Parameter in einem XML-Dokument verpackt und an den Empfänger versendet werden. Dieser extrahiert die enthaltenen Informationen, führt die entsprechende Operation aus und gibt deren Rückgabe in Form eines XML-Dokuments zurück.

XML-RPC kommuniziert über HTTP und verfolgt den Anspruch, möglichst einfach anzuwenden und dabei gleichzeitig so robust als möglich zu sein. Dabei soll dennoch sichergestellt werden, dass komplexe Datenstrukturen übertragen, verarbeitet und zurückgegeben werden können.

Ein XML-RPC-Request wird per HTTP verschickt. Dabei wird ein XML-Dokument per POST an einen Server übertragen. Als Inhaltstyp muss text/xml gesetzt werden.

Folgende Konventionen und Regeln gelten für das zu übertragene Dokument:

- Das Wurzel-Element ist <methodCall />.
- Der Name der aufzurufenden Methode wird per <methodName />-Element angegeben. Dieses Element ist ein Pflichtfeld!
- Der Name der aufzurufenden Methode besteht nur aus Buchstaben, Zahlen, »_«, ».«, »:« und »/«.
- Parameter werden innerhalb eines <params />-Elements übertragen.
- Einzelne Parameter werden durch ein <param />-Element repräsentiert, das den Wert des Parameters als <value />-Element enthält. Innerhalb des <value />-Elements werden der Datentyp und der zu übergebende Wert übertragen.

Ein beispielhaftes XML-Dokument, das die Methode sampleMethod mit dem Parameter 3 aufruft, hat also folgenden Aufbau:

```
<?xml version="1.0" encoding="iso-8859-1"?>
<methodCall>
   <methodName>sampleMethod</methodName>
   <params>
      <param>
         <value>
```

Listing 653: Beispielhafter XML-RPC-Anforderungsinhalt

```
            <int>3</int>
         </value>
      </param>
   </params>
</methodCall>
```

Listing 653: Beispielhafter XML-RPC-Anforderungsinhalt (Forts.)

Datentypen

XML-RPC unterstützt folgende Datentypen:

Tag	Beschreibung	Beispiel
<int />, <i4 />	Integer-Zahl	<int>3</int> <i4>192</i4>
<double />	Fließkomma-Zahl	<double>182.12</double>
<string />	Zeichenkette	<string>Hello World</ string>
<boolean />	Boolescher Wert. 0=false, 1=true.	<boolean>1</boolean>
<base64 />	Base64-codierte Zeichenkette (etwa zum Übertragen von binären Daten)	<base64>bml4Cg== </base64>
<dateTime.iso8601 />	Datumsangabe im ISO-8601-Format.	<dateTime.iso8601 >20050225T22:01:21</ dateTime.iso8601>

Tabelle 104: Datentypen in XML-RPC

Arrays

Die Verwendung von Arrays im XML-RPC-Format ist sehr transparent gelöst: Statt der Angabe eines Datentyps innerhalb des <value />-Tags wird ein array-Element verwendet. Dieses array-Element enthält seinerseits <value />-Tags, welche die Datentypen und Werte spezifizieren. Anders als bei Java-Arrays können die XML-RPC-Array-Elemente unterschiedliche Datentypen verwenden:

```
<?xml version="1.0" encoding="iso-8859-1"?>
<methodCall>
   <methodName>sampleMethod</methodName>
   <params>
      <param>
         <array>
```

Listing 654: Übergabe eines Arrays

```
            <value><int>3</int></value>
            <value><string>Huhu!</string></value>
            <value><int>17</int></value>
         </array>
      </param>
   </params>
</methodCall>
```

Listing 654: Übergabe eines Arrays (Forts.)

Structs

Structs repräsentieren Eigenschaften von Java-Beans. Ein `struct`-Element gibt Auskunft über Namen (Element `<name />`) und Wert der zu setzenden Eigenschaft (`<member />`-Element). Der Wert wird durch ein `<value />`-Element ausgedrückt, das auch den Datentyp spezifizieren muss:

```
<?xml version="1.0" encoding="iso-8859-1"?>
<methodCall>
   <methodName>sampleMethod</methodName>
   <params>
      <param>
         <struct>
            <member>
               <name>id</name>
               <value><int>3</int></value>
            </member>
            <member>
               <name>text</name>
               <value><string>Huhu!</string></value>
            </member>
            <member>
               <name>age</name>
               <value><int>17</int></value>
            </member>
         </struct>
      </param>
   </params>
</methodCall>
```

Listing 655: Übergabe eines struct-Elements

315 Aufbau einer XML-RPC-Rückgabe

Eine XML-RPC-Rückgabe wird ist ein XML-Dokument, das vom Server generiert worden ist. Der Inhaltstyp einer XML-RPC-Rückgabe ist stets `text/xml`, und die korrekte `content-length`-Angabe muss gesetzt sein (was aber in der Regel Aufgabe des Servers ist).

Für eine XML-RPC-Rückgabe gelten folgende Regeln:

- Der HTTP-Statuscode des Servers ist stets 200, es sei denn, der Server selbst ist von einem Fehler betroffen. Fehler in der Anwendung führen nicht zu einem anderen Statuscode!
- Das Wurzel-Element des Antwort-XML-Dokuments ist `<methodResponse />`.
- Die Rückgabe befindet sich in einem `<params />`-Element, das seinerseits ein `<param />`-Element beinhaltet. Letzteres gibt den Rückgabewert per `<value />`-Element inklusive Datentyp an.
- Tritt ein Fehler auf, wird statt eines `<params />`-Elements ein `<fault />`-Element zurückgegeben. Dieses `<fault />`-Element enthält ein `<struct />`-Element mit den Membern `faultCode` und `faultString`, die Auskunft über den aufgetretenen Fehler geben.

Eine erfolgreiche Rückgabe kann so aussehen:

```
<?xml version="1.0" encoding="iso-8895-1"?>
<methodResponse>
   <params>
      <param><value><string>My Response</string></value></param>
   </params>
</methodResponse>
```

Listing 656: Erfolgreiche Rückgabe einer per XML-RPC eingebundenen Methode

Eine Fehlermeldung sieht dagegen so aus:

```
<?xml version="1.0" encoding="iso-8895-1"?>
<methodResponse>
   <fault>
      <value>
         <struct>
            <member>
               <name>faultCode</name>
               <value><i4>72</i4></value>
            </member>
            <member>
               <name>faultString</name>
               <value><string>NumberFormatException occured!</string></value>
            </member>
         </struct>
      </value>
   </fault>
</methodResponse>
```

Listing 657: Rückgabe einer Fehlermeldung

316 Implementierung von XML-RPC

Prinzipiell kann das XML-RPC-Protokoll händisch implementiert werden – auf Seite des Servers würde ein Servlet ausreichen, das einen Request entgegennimmt, das übergebene XML-Dokument parst, die entsprechende Methode einbindet und deren Rückgabe aufbereitet.

Viel einfacher geht es jedoch mit dem Apache XML-RPC-Projekt. Dieses Projekt stellt eine sehr gut handhabbare Implementierung zur Verfügung, die den Umgang mit XML komplett abstrahiert und einen programmatischen Umgang mit XML-RPC erlaubt. Die aktuelle (und wohl auch letzte) Version 1.2b1 können Sie unter der Adresse *http://ws.apache.org/xmlrpc* finden. Entpacken Sie das ZIP- oder TAR-Archiv, und fügen Sie *xmlrpc-1.2-b1.jar* zum Klassenpfad hinzu.

Der Handler

Die Handler-Klasse ist die Klasse, deren Methode(n) per XML-RPC angesprochen werden soll(en). Die Methoden, die potenziell per XML-RPC eingebunden werden können sollen, müssen als einzige Bedingung über den Zugriffsmodifier `public` verfügen. Ansonsten sind dies gewöhnliche Java-Beans, wie sie auch in anderen Applikationen zum Einsatz kommen können. Als Beispiel dient eine Klasse `Calculator`, deren `calculateSum()`-Methode zwei ganze Zahlen addiert und das Ergebnis zurückgibt:

```
package codebook.j2ee.ws;

public class Calculator {

   public int calculateSum(int first, int second) {
      return first + second;
   }

}
```

Listing 658: Die Methode calculateSum() soll per XML-RPC ansprechbar sein

Die Server-Implementierung

Um die Calculator-Klasse über HTTP verfügbar zu machen, kann ein Servlet verwendet werden. Dieses Servlet erzeugt eine Instanz der Klasse `org.apache.xmlrpc.XmlRpcServer`, bei der die per XML-RPC erreichbaren Klassen registriert werden müssen. Als Parameter werden dabei ein virtueller Klassenname und eine Instanz der Klasse übergeben.

Die Methode `execute()` der `XmlRpcServer`-Instanz nimmt als Parameter eine `InputStream`-Instanz, die den XML-RPC-Request enthält, entgegen. Sie sucht anhand der dort enthaltenen Informationen nach der einzubindenden Methode, wobei auch die Datentypen, deren Reihenfolge und Anzahl in die Suche einbezogen werden. Findet sie die angeforderte Methode, bindet sie sie ein und nimmt ihre Rückgabe entgegen, anderenfalls generiert sie eine Fehlermeldung.

Anschließend wird das XML-RPC-Response-Dokument erzeugt und als Byte-Array zurückgegeben. Nach dem Setzen von Inhaltstyp und Inhaltslänge kann das Response-Dokument ausgegeben werden. Damit ist die Verarbeitung auf dem Server beendet.

Der beschriebene Code sieht so aus:

```
package codebook.j2ee.ws;

import org.apache.xmlrpc.XmlRpcServer;
import javax.servlet.http.*;
import javax.servlet.ServletException;
import java.io.IOException;

public class RpcProcessor extends HttpServlet {

   protected void doPost(
      HttpServletRequest request, HttpServletResponse response)
      throws ServletException, IOException {

      // RPC-Server-Instanz erzeugen
      XmlRpcServer server = new XmlRpcServer();

      // Calculator-Klasse registrieren
      // Der hier angegebene Registrierungsname (virtueller Klassenname)
      // muss später auch vom Client angegeben werden!
      server.addHandler("calculator", new Calculator());

      // Methode ausführen, Rückgabe entgegennehmen
      byte[] output = server.execute(request.getInputStream());

      // Content-Type setzen
      response.setContentType("text/xml");

      // Content-Length setzen
      response.setContentLength(output.length);

      // Ausgabe schreiben
      response.getOutputStream().write(output);

      // Ausgabe senden
      response.flushBuffer();
   }
}
```

Listing 659: Verarbeitung eines XML-RPC-Requests

Die Client-Implementierung

Zuletzt muss noch ein Client geschrieben werden, der den Webservice benutzen soll. Dieser Client wird mit Hilfe der Klasse `org.apache.xmlrpc.XmlRpcClient` implementiert, deren Konstrukor den URL zum zu verwendenden Webservice entgegennimmt.

Die Methode `execute()` der `XmlRpcClient`-Instanz erwartet als Parameter den Namen der anzusprechenden Methode samt vorgestelltem virtuellen Klassennamen und eine Vektor-Instanz mit den zu übergebenden Parametern. Die Rückgabe des Webservices wird als `Object`-Instanz zurückgegeben und sollte vor der weiteren Verarbeitung noch in den korrekten Typ gecastet werden (was bei Java 5 implizit erfolgen kann):

```
package codebook.j2ee.ws;

import org.apache.xmlrpc.XmlRpcClient;
import org.apache.xmlrpc.XmlRpcException;
import java.util.Vector;
import java.net.MalformedURLException;
import java.io.IOException;

public class RpcClient {

   public static void main(String[] args) {
      try {
         // Client instanziieren
         XmlRpcClient xmlrpc = new XmlRpcClient(
            "http://localhost:8080/_XMLRPC/RpcProcessor");

         // Parameter erzeugen
         Vector params = new Vector();
         params.addElement(5);
         params.addElement(3);

         // Webservice einbinden und Rückgabe
         // entgegennehmen
         // Der Methodenname wird im Format
         // <virtuelle Klasse>.<Methode> erwartet!
         int result = (Integer)
           xmlrpc.execute("calculator.calculateSum", params);

         // Weiterer Verarbeitungsschritt
         System.out.println(result);
      } catch (MalformedURLException e) {
         e.printStackTrace();
      } catch (IOException e) {
         e.printStackTrace();
      } catch (XmlRpcException e) {
```

Listing 660: Einbinden eines XML-RPC-Dienstes

```
            e.printStackTrace();
        }
    }
}
```

Listing 660: Einbinden eines XML-RPC-Dienstes (Forts.)

Der eingebundene Dienst arbeitet – solange Server und Applikation verfügbar sind – völlig unspektakulär:

```
C:\WIN2K3\system32\cmd.exe

E:\07_Projekte\Java\J2EE_Codebook\WebServices\02_XMLRPC_Client\classes>D:\jdk5\b
in\java -classpath E:\07_Projekte\Java\J2EE_Codebook\WebServices\02_XMLRPC_Clien
t\classes;E:\12_Lib\02_Java\xmlrpc-1.2-b1\xmlrpc-1.2-b1.jar; codebook.j2ee.ws.Rp
cClient
=============================================================
The WebService returned: 8
=============================================================

E:\07_Projekte\Java\J2EE_Codebook\WebServices\02_XMLRPC_Client\classes>
```

Abbildung 167: Ausgabe des XML-RPC-Clients

317 Was ist SOAP?

Das Akronym SOAP stand in den ersten Versionen der Spezifikationen für Simple Object Access Protocol – und mittlerweile für nichts mehr, denn SOAP ist seit der Version 1.2 keine Abkürzung mehr. SOAP soll den einfachen Austausch von Daten analog zu XML-RPC ermöglichen, aber über wesentlich mehr Fähigkeiten verfügen. SOAP ist mittlerweile eine Spezifikation des W3C. SOAP ist – im Gegensatz zu XML-RPC – ein Industriestandard, der von verschiedenen namhaften Firmen (IBM, Arriba/SAP, Microsoft) entwickelt worden ist und dementsprechend weit unterstützt wird.

Im Gegensatz XML-RPC setzt SOAP nicht zwingend auf HTTP als Transportprotokoll auf, sondern kann verschiedenste Protokolle nutzen. Aus diesem Grund ist eine SOAP-Nachricht auch komplexer aufgebaut als ihr XML-RPC-Pendant, denn sie muss in der Lage sein, mehr Informationen zu übertragen.

318 Aufbau einer SOAP-Nachricht

Eine SOAP-Nachricht besteht aus drei Elementen:

- SOAP-Envelope (Container)
- SOAP-Header (optional)
- SOAP-Body (Nachricht)

Schematisch betrachtet, sieht eine SOAP-Nachricht also so aus:

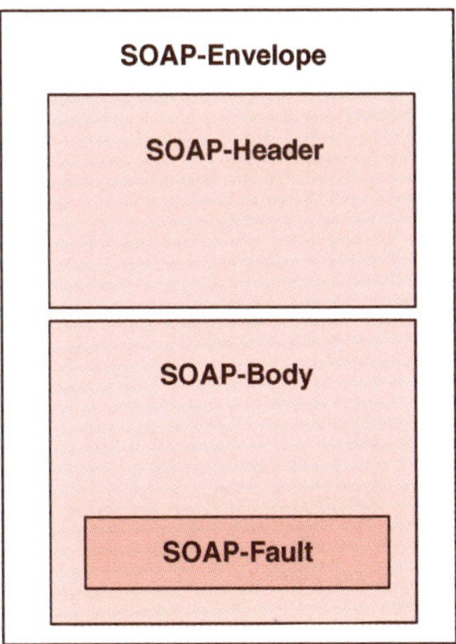

Abbildung 168: Aufbau einer SOAP-Nachricht

Der `SOAP-Envelope` (deutsch: SOAP-Umschlag) erledigt genau die Aufgabe, die ein Umschlag auch im realen Leben zu erfüllen hätte: Er umschließt alle folgenden Elemente. Übertragen auf XML, das die Basis für SOAP bildet, bedeutet dies: Der SOAP-Envelope ist das Wurzel-Element im XML-Dokument.

Der `SOAP-Header` ist optional. Er enthält Verwaltungsinformationen und Daten, die für zwischengeschaltete Instanzen (analog zu Gateways beim Internet-Zugriff) bestimmt sind und von diesen verarbeitet werden können.

Der `SOAP-Body` enthält die eigentlich zu übertragenden und zu verarbeitenden Daten. Bei einer Anforderung wird dies in der Regel der Name der aufzurufenden Methode samt zu übergebender Parameter sein. Bei einem Response ist es die Rückgabe der Methoden. Im Fehlerfall wird innerhalb der SOAP-Body ein `Fault`-Element hinterlegt.

Im Gegensatz zu XML-RPC-Nachrichten verwenden SOAP-Nachrichten Namensräume. Dies macht sie schwieriger lesbar, erhöht andererseits die Sicherheit der Verarbeitung, denn Maschinen können so besser erkennen, welche Informationen wie verarbeitet werden müssen.

Eine beispielhafte SOAP-Anforderung könnte so aussehen:

```
<?xml version="1.0" encoding="utf-8" ?>
<soapenv:Envelope
   xmlns:soapenv="http://schemas.xmlsoap.org/soap/envelope"
   xmlns:xsd="http://www.w3.org/2001/Schema"
   xmlns:xsi="http://www.w3.org/2001/Schema-Instance">

   <soapenv:Header />
```

Listing 661: SOAP-Anforderung

```
   <soapenv:Body>
      <calculateSum xmlns="">
         <arg0 xsi:type="xsd:int">29</arg0>
         <arg1 xsi:type="xsd:int">2</arg1>
      </calculateSum>
   </soapenv:Body>

</soapenv:Envelope>
```

Listing 661: SOAP-Anforderung (Forts.)

Eine SOAP-Antwort auf diese Anforderung könnte so aussehen:

```
<?xml version="1.0" encoding="utf-8" ?>
<soapenv:Envelope
   xmlns:soapenv="http://schemas.xmlsoap.org/soap/envelope"
   xmlns:xsd="http://www.w3.org/2001/Schema"
   xmlns:xsi="http://www.w3.org/2001/Schema-Instance">

   <soapenv:Header />

   <soapenv:Body>
      <calculateSumResponse xmlns="">
         <calculateSumReturn
            xsi:type="xsd:int">31</calculateSumReturn>
      </calculateSumResponse>
   </soapenv:Body>

</soapenv:Envelope>
```

Listing 662: SOAP-Response

Per Definition werden die Rückgaben der zuvor angesprochenen Methode in einem Element, das nach dem Schema `<Methoden-Name>Response` benannt ist, zurückgegeben. Die Werte werden in `<Methoden-Name>Return`-Elementen zurückgegeben. Dabei sollte ein Datentyp angegeben werden, um eine einwandfreie Verarbeitung sicherzustellen.

Sollte ein Fehler aufgetreten sein, enthält der Body ein `fault`-Element, dessen untergeordnete `faultcode`- und `faultstring`-Elemente Aufschluss über den Fehler geben sollen:

```
<?xml version="1.0" encoding="utf-8" ?>
<soapenv:Envelope
   xmlns:soapenv="http://schemas.xmlsoap.org/soap/envelope"
   xmlns:xsd="http://www.w3.org/2001/Schema"
   xmlns:xsi="http://www.w3.org/2001/Schema-Instance">
```

Listing 663: SOAP 1.1-Fehlermeldung

```
   <soapenv:Header />

   <soapenv:Body>
      <soapenv:Fault>
         <faultcode>
            soapenv:Server.numberFormatException
         </faultcode>
         <faultstring>
           Parameters in incorrect format
         </faultstring>
      </soapenv:Fault>
   </soapenv:Body>

</soapenv:Envelope>
```

Listing 663: SOAP 1.1-Fehlermeldung (Forts.)

Mit Version 1.2 von SOAP ändert sich die Syntax an einigen Stellen. So wird eine Fehlermeldung nunmehr so angegeben:

```
<?xml version="1.0" encoding="utf-8" ?>
<env:Envelope
   xmlns:env="http://www.w3.org/2003/05/soap-envelope"
   xmlns:xml="http://www.w3.org/XML/1998/namespace">

   <env:Body>
      <env:Fault>
         <env:Code>
            <env:Value>env:Server</env:Value>
            <env:Subcode>
               <env:Value>numberFormatException</env:Value>
            </env:Subcode>
         </env:Code>
         <env:Reason>
            <env:Text xml:lang="en">
               Parameters in incorrect format
            </env:Text>
            <env:Text xml:lang="de">
               Parameterformat ist nicht korrekt
            </env:Text>
         </env:Reason>
      </env:Fault>
   </env:Body>

</env:Envelope>
```

Listing 664: Ausgabe einer Fehlermeldung bei SOAP 1.2

Hinweis

Bemerkenswert an dieser Stelle: Fehlermeldungen können nunmehr in verschiedenen Sprachen ausgegeben werden!

Jede Fehlermeldung besteht bei SOAP aus einem Haupt- und einem untergeordneten Code. Diese sind bei SOAP 1.1 per Punktnotation miteinander verbunden:

```
<faultcode>
  soapenv:Server.numberFormatException
</faultcode>
```

Bei SOAP 1.2 werden diese Informationen getrennt abgelegt:

```
<env:Code>
  <env:Value>env:Server</env:Value>
  <env:Subcode>
    <env:Value>numberFormatException</env:Value>
  </env:Subcode>
</env:Code>
```

Das Hauptelement muss dabei einem der Elemente aus der folgenden Tabelle entsprechen:

Element	SOAP-Version	Beschreibung
`VersionMismatch`	1.1, 1.2	Die SOAP-Versionen von Sender und Empfänger stimmen nicht überein.
`MustUnderstand`	1.1, 1.2	Ein Element des Headers war mit dem Attribut `mustUnderstand` gekennzeichnet und konnte vom Server nicht verarbeitet werden.
`Client` `Sender`	1.1 1.2	Der Empfänger kann die Nachricht nicht verarbeiten, weil das Format ungültig ist oder nicht die benötigten Informationen enthält.
`Server` `Receiver`	1.1 1.2	Der Empfänger kann die Nachricht nicht verarbeiten. Die Gründe liegen aber nicht im Inhalt der Nachricht selbst, sondern in externen Faktoren.
`DataEncodingUnknown`	1.2	Ein Element ist mit einem Encoding-Attribut ausgezeichnet worden, das der Server nicht versteht.

Tabelle 105: SOAP-Fault-Elemente

319 Erzeugen von SOAP-Messages per SAAJ

Die Abkürzung *SAAJ* steht für *SOAP with Attachments API for Java*. SAAJ definiert ein API, das dem Erstellen und Parsen von SOAP-Nachrichten dient. SAAJ kümmert sich eigentlich nicht um den Versand oder das Empfangen von SOAP-Nachrichten, bietet aber aus Gründen der Abwärtskompatibilität dennoch die rudimentäre Möglichkeit, SOAP-Requests per HTML zu versenden.

SAAJ ist nur eine Interface-Spezifikation. Um per SAAJ SOAP-Messages erzeugen zu können, wird eine Implementation benötigt. Apache Axis liefert eine derartige Implementierung im Archiv *saaj.jar* mit. Die jeweils aktuellste Version von Axis kann unter der Adresse *http://ws.apache.org/axis* heruntergeladen werden. Die Installation ist simpel: Entpacken Sie das Framework in ein Unterverzeichnis Ihrer Wahl, und fügen Sie die JAR-Dateien aus dem */lib*-Verzeichnis zum Klassenpfad hinzu.

Um eine SOAP-Nachricht unabhängig von der tatsächlichen Implementierung erzeugen zu können, muss die Factory-Klasse `MessageFactory` verwendet werden. Deren Methode `newInstance()` erzeugt eine `MessageFactory`-Instanz, mit deren Hilfe die eigentliche Nachricht erzeugt werden kann. Die einzelnen Elemente der SOAP-Nachricht werden von einer `SOAPFactory`-Instanz erzeugt, die deren statische Methode `newInstance()` zurückgibt.

Das Wurzel-Element einer SOAP-Nachricht ist der SOAP-Envelope. Dieser wird ebenso wie ein SOAP-Header und ein SOAP-Body beim Erzeugen der Nachricht schon mit erzeugt. Auf den Body-Part kann per `getSOAPBody()` zugegriffen werden. Wenn der Header nicht benötigt wird, kann er durch `getSOAPHeader().detachNode()` entfernt werden.

Das Zuweisen der untergeordneten Elemente des Bodys geschieht, indem per `createName()` eine `Name`-Instanz erzeugt wird, die einen (auf Wunsch auch mit Namensraum versehenen) XML-Elementen-Namen erzeugt. Das Element wird erzeugt, indem der Name dem Body per `addBodyElement()` zugewiesen wird. Es kann nun seinerseits um untergeordnete Elemente (etwa Parameter) ergänzt werden. Der Wert eines Parameters wird seinem übergeordneten Element durch dessen Methode `addTextNode()` zugewiesen.

```
package codebook.j2ee.ws.soap;

import javax.xml.soap.*;

public class SOAPCreate {

   public static SOAPMessage createMessage() throws SOAPException {

      // Message-Factory instanziieren
      MessageFactory msg = MessageFactory.newInstance();

      // SOAP-Factory instanziieren
      SOAPFactory soap = SOAPFactory.newInstance();

      // SOAPMessage-Instanz erzeugen
      SOAPMessage message = msg.createMessage();

      // Wenn kein SOAP-Header benötigt wird, kann er gleich
      // wieder entfernt werden
```

Listing 665: Erzeugen einer SOAPMessage

Webservices

```
        message.getSOAPHeader().detachNode();

        // SOAP-Body mit Inhalten füllen
        // Name des Haupt-Node inklusive Namespace-Präfix erzeugen
        Name methodName = soap.createName(
           "CalculateSum", "sum",
           "http://services.ksamaschke.de");

        // Element mit dem angegebenenen Namen erzeugen und instanziieren
        SOAPElement method = message.getSOAPBody().
           addBodyElement(methodName);

        // Parameter 1 erzeugen und zuweisen, anschliessend Wert setzen
        Name arg0 = soap.createName(
           "arg0", "sum", "http://services.ksamaschke.de");
        SOAPElement param0 = method.addChildElement(arg0);
        param0.addTextNode("29");

        // Parameter 2 erzeugen und zuweisen, anschliessend Wert setzen
        Name arg1 = soap.createName(
           "arg1", "sum", "http://services.ksamaschke.de");
        SOAPElement param1 = method.addChildElement(arg1);
        param1.addTextNode("2");

        // SOAPMessage zurückgeben
        return message;
    }
}
```

Listing 665: Erzeugen einer SOAPMessage (Forts.)

Die so erzeugte SOAP-Nachricht sieht so aus:

```
<soapenv:Envelope
   xmlns:soapenv="http://schemas.xmlsoap.org/soap/envelope/"
   xmlns:xsd="http://www.w3.org/2001/XMLSchema"
   xmlns:xsi="http://www.w3.org/2001/XMLSchema-instance">

   <soapenv:Body>
      <sum:CalculateSum xmlns:sum="http://services.ksamaschke.de">
         <sum:arg0>29</sum:arg0>
         <sum:arg1>2</sum:arg1>
      </sum:CalculateSum>
   </soapenv:Body>
</soapenv:Envelope>
```

Listing 666: Erzeugte SOAP-Nachricht

Hinweis

Um das Beispiel erfolgreich ausführen zu können, werden folgende JAR-Archive aus der Axis-Distribution benötigt:

- *axis.jar*
- *commons-discovery.jar*
- *commons-logging.jar*
- *jaxrpc.jar*
- *saaj.jar*

320 Parsen von SOAP-Messages per SAAJ

Ebenso, wie die SAAJ-API das Erzeugen von SOAP-Nachrichten unterstützt, kann sie verwendet werden, um derartige SOAP-Messages wieder auszulesen. Zu diesem Zweck können alle untergeordneten Elemente einer `SOAPBody`-Instanz per `Iterator` durchlaufen und analysiert werden. Da die `SOAPElement`-Klasse auf der Klasse `org.w3c.dom.Node` basiert, kann sie wie eine XML-Node untersucht werden. Ebenso verfügen `SOAPElement`-Instanzen über die Methode `getChildElements()`, die alle untergeordneten Elemente – etwa Parameterangaben – per `Iterator` durchlaufbar macht.

Um die zuvor erzeugte `SOAPMessage`-Instanz zu parsen, können Sie diesen Code verwenden:

```
package codebook.j2ee.ws.soap;

import javax.xml.soap.*;
import java.util.Hashtable;
import java.util.Iterator;

public class SOAPParse {

   public static Hashtable<String, Hashtable<String, String>>
      parseMessage(SOAPMessage message) throws SOAPException {

      Hashtable<String, Hashtable<String, String>> result =
         new Hashtable<String, Hashtable<String, String>>();

      SOAPBody body = message.getSOAPBody();

      // Child-Elemente per Iterator referenzieren
      Iterator it = body.getChildElements();
```

Listing 667: Parsen eines SOAP-Elements

```
        // Iterator durchlaufen
        while(it.hasNext()) {
          // Aktuelles Element des Iterators referenzieren
           SOAPElement child = (SOAPElement)it.next();

           // Namen ermitteln
           String methodName = child.getLocalName();

           // Hashtable zum Aufnehmen der Werte
           Hashtable<String, String> params = new Hashtable<String, String>();

           // Parameter durchlaufen
           Iterator parameters = child.getChildElements();
           while(parameters.hasNext()) {
              // Aktuelles Parameter-Element referenzieren
              SOAPElement current = (SOAPElement)parameters.next();

              // Name und Wert in Hashtable übertragen
              params.put(current.getLocalName(), current.getValue());
           }

           // Daten zum Ergebnis hinzufügen
           result.put(methodName, params);
        }

        // Ergebnis zurückgeben
        return result;
     }
  }
```

Listing 667: Parsen eines SOAP-Elements (Forts.)

Die zurückgegebene `Hashtable` kann nun analysiert werden:

```
// Message auswerten
Hashtable<String, Hashtable<String, String>> contents =
   SOAPParse.parseMessage(message);

// Elemente der Nachricht durchlaufen
for(String key : contents.keySet()) {
   System.out.println(String.format("Method: %s", key));

   Hashtable<String, String> current = contents.get(key);
   for(String itemKey : current.keySet()) {
      String value = current.get(itemKey);
      System.out.println(String.format(
         "   --> %s: %s", itemKey, value));
   }
}
```

Die Ausgabe wird diese sein:

```
Method: CalculateSum
   --> arg1: 2
   --> arg0: 29
```

321 Webservice-Kommunikation per JAXM

`JAXM (Java APIs for XML Messaging)` ist eine Bibliothek, die der Kommunikation von SOAP-Nachrichten dient. Ursprünglich beinhaltete JAXM auch die SAAJ-Bibliotheken, jedoch wurden diese aufgrund einer strategischen Entscheidung von Sun aus der JAXM herausgelöst. JAXM ab Version 1.1 ist nur noch für die Übertragung von Daten zuständig.

JAXM setzt voraus, dass die zu sendenden und zu empfangenden Nachrichten selbstständig mit Hilfe einer JAAR-Implementierung codiert und decodiert werden. JAXM ist kein Bestandteil der J2EE-Spezifikationen.

JAXM unterscheidet zwei Möglichkeiten der Kommunikation: `SOAPConnection` und `ProviderConnection`. Ersteres stellt eine einfache Punkt-zu-Punkt-Verbindung zwischen Client und Webserver her, Letzteres erlaubt eine Verbindung über einen zwischengeschalteten Provider. Dieser gestattet eine asynchrone Kommunikation und bietet – je nach Implementierung – weitere Zusatzdienste an, die genutzt werden können.

Eine Kommunikation per `SOAPConnection` findet in der Regel nach folgendem Schema statt:

- Erzeugen einer `Endpoint`-Instanz, die auf die Adresse des Webservices zeigt
- Erzeugen einer `SOAPConnection` über eine `SOAPConnectionFactory`-Instanz
- Erzeugen einer `SOAPMessage`
- Versenden der `SOAPMessage` über die Methode `call()` der `SOAPConnection`-Instanz
- Verarbeiten der Rückgabe

In Code umgesetzt, sieht dies dann so aus:

```
package codebook.j2ee.ws.soap;

import javax.xml.messaging.*;
import javax.xml.soap.*;

public class JAXMClient {

   public static void main(String[] args) {

      try {
```

Listing 668: Kommunikation mit einem Webservice per JAXM

```
            // Endpoint definieren
            String url = "http://localhost:8080/_JAXMServer/Server";
            Endpoint endpoint = new URLEndpoint(url);

            // SOAPConnection erzeugen
            SOAPConnectionFactory fact = SOAPConnectionFactory.newInstance();
            SOAPConnection conn = fact.createConnection();

            // SOAPMessage erzeugen
            SOAPMessage message = SOAPCreate.createMessage();

            // Webservice ansprechen und Rückgabe abrufen
            SOAPMessage result = conn.call(message, endpoint);

            // Rückgabe weiter verarbeiten
            result.writeTo(System.out);
         }
         catch (JAXMException e) {
            e.printStackTrace();
         }
         catch (SOAPException e) {
            e.printStackTrace();
         }
      }
   }
```

Listing 668: Kommunikation mit einem Webservice per JAXM (Forts.)

Das Gegenstück auf dem Server ist eine Ableitung des `JAXMServlets`, das von Sun mit JAXM ausgeliefert wird. Das Servlet implementiert das Interface `javax.xml.messaging.ReqRespListener`, das für einen Webservice mit Rückgabe zum Einsatz kommen soll. Dieses Interface fordert die Implementierung der Methode `onMessage()`, die eine `SOAPMessage`-Instanz zurückgeben soll.

Innerhalb der Methode `onMessage()` wird die übergebene `SOAPMessage`, die vom Client generiert wurde, analysiert, und ihre Inhalte können extrahiert werden. Eine Weiterverarbeitung der Daten kann entweder innerhalb der Klasse oder extern geschehen.

Das Ergebnis dieser Weiterverarbeitung wird in Form einer `SOAPMessage`-Instanz zurückgegeben. Die Ausgabe dieser `SOAPMessage`-Instanz, das Setzen von `ContentType` und `ContentLength` erledigt das zugrunde liegende `JAXMServlet`.

Im Code umgesetzt, sieht dies so aus:

```
package codebook.j2ee.ws.jaxm;

import codebook.j2ee.ws.soap.SOAPParse;
```

Listing 669: JAXM-Servlet-Ableitung zur Verarbeitung von Webservice-Requests

```
import javax.xml.messaging.ReqRespListener;
import javax.xml.messaging.JAXMServlet;
import javax.xml.soap.*;
import java.util.Hashtable;

public class JAXMServer extends JAXMServlet
   implements ReqRespListener {

   public SOAPMessage onMessage(SOAPMessage soapMessage) {

      SOAPMessage message = null;

      try {
         int arg0 = 0;
         int arg1 = 0;

         // Übergebene Nachricht parsen
         Hashtable<String, Hashtable<String, String>>
            msgData = SOAPParse.parseMessage(soapMessage);

         // Parameter auslesen
         Hashtable<String, String> params = msgData.get("CalculateSum");
         if(null != params) {
            try {
               arg0 = Integer.parseInt(params.get("arg0"));
               arg1 = Integer.parseInt(params.get("arg1"));
            } catch (NumberFormatException nfe) {}
         }

         // Ergebnis erzeugen
         int resultData = arg0 + arg1;

         // Message-Factory instanziieren
         MessageFactory msg = MessageFactory.newInstance();

         // SOAP-Factory instanziieren
         SOAPFactory soap = SOAPFactory.newInstance();

         // SOAPMessage-Instanz erzeugen
         message = msg.createMessage();

         // Wenn kein SOAP-Header benötigt wird, kann er gleich
         // wieder entfernt werden
         message.getSOAPHeader().detachNode();

         // SOAP-Body mit Inhalten füllen
```

Listing 669: JAXM-Servlet-Ableitung zur Verarbeitung von Webservice-Requests (Forts.)

```
            // Rückgabe-Node erzeugen
            Name methodName = soap.createName(
               "CalculateSumResponse", "sum",
               "http://services.ksamaschke.de");

            // Element mit dem angegebenenen Namen
            // erzeugen und instanziieren
            SOAPElement method =
               message.getSOAPBody().addBodyElement(methodName);

            // Rückgabewert erzeugen, anschliessend Wert setzen
            Name ret = soap.createName(
               "CalculateSumReturn", "sum",
               "http://services.ksamaschke.de");
            SOAPElement val = method.addChildElement(ret);
            val.addTextNode(String.valueOf(resultData));

            // Datentyp setzen
            Name attribName = soap.createName(
               "type", "xsi",
               "http://www.w3.org/2001/XMLSchema-instance");
            method.addAttribute(attribName, "xsd:int");
         } catch (SOAPException e) {
            e.printStackTrace();
         }

         return message;
      }
   }
```

Listing 669: JAXM-Servlet-Ableitung zur Verarbeitung von Webservice-Requests (Forts.)

Wird der Client ausgeführt und übergibt seine Daten an den Webservice, wird diese Ausgabe generiert:

```
<?xml version="1.0" encoding="UTF-8"?>
<soapenv:Envelope
   xmlns:soapenv="http://schemas.xmlsoap.org/soap/envelope/"
   xmlns:xsd="http://www.w3.org/2001/XMLSchema"
   xmlns:xsi="http://www.w3.org/2001/XMLSchema-instance">
   <soapenv:Body>
      <sum:CalculateSumResponse
         xsi:type="xsd:int"
         xmlns:sum="http://services.ksamaschke.de">
         <sum:CalculateSumReturn>31</sum:CalculateSumReturn>
```

Listing 670: Vom Webservice generierte Rückgabe

```
      </sum:CalculateSumResponse>
   </soapenv:Body>
</soapenv:Envelope>
```

Listing 670: Vom Webservice generierte Rückgabe (Forts.)

322 OneWay-Webservice per JAXM

Nicht jeder Webservice muss eine Rückgabe generieren – so genannte `OneWay`-Webservices nehmen Daten entgegen und verarbeiten sie intern oder leiten sie weiter, geben aber nichts an den Client zurück. Großer Vorteil dieser Lösung: Der Client sendet seinen Request und »vergisst« diesen dann sofort – er muss nicht auf eine Antwort warten, sondern kann direkt seine Verarbeitung fortsetzen.

Die Implementierung eines OneWay-Webservices unterscheidet sich nur in einem Punkt von der Implementierung eines »gewöhnlichen« Webservices: Statt des Interface `ReqRespListener` wird das Interface `javax.xml.messaging.OnewayListener` implementiert. Dieses definiert die Methode `onMessage()`, die im Gegensatz zur `onMessage()`-Methode des `ReqRespListeners` keine Rückgabe hat:

```
package codebook.j2ee.ws.jaxm;

import javax.xml.messaging.OnewayListener;
import javax.xml.messaging.JAXMServlet;
import javax.xml.soap.*;

public class JAXMOnewayServer extends JAXMServlet
   implements OnewayListener {

   public void onMessage(SOAPMessage soapMessage) {
      ...
   }
}
```

Listing 671: Implementierung eines OnewayListeners

323 JAXM-MessageProvider

Statt des Tandems `SOAPConnectionFactory` und `SOAPConnection` kommen in J2EE-Enterprise-Szenarien häufig deren Gegenstücke `ProviderConnectionFactory` und `ProviderConnection` zum Einsatz. Diese erlauben einen Zugriff auf einen im Container administrierten Provider, der die eigentliche Kommunikation mit dem Webservice abwickelt.

Der Zugriff auf die `ProviderConnectionFactory` kann per JNDI oder über deren statische Methode `newInstance()` erfolgen. Nach dem Setzen aller Informationen kann die Nachricht mit Hilfe der Methode `send()` übermittelt werden:

```
InitialContext ctx = new InitialContext();
ProviderConnectionFactory factory =
   (ProviderConnectionFactory)ctx.lookup("provider");
ProviderConnection conn = factory.createConnection();
...
conn.send(message);
```

324 Webservice-Kommunikation per JAX-RPC

JAX-RPC ist die derzeit am häufigsten eingesetzte Technologie, wenn es um Webservices und Java geht. Die Abkürzung `JAX-RPC` steht dabei für `Java APIs for XML - Remote Procedure Call` und beschreibt eigentlich schon sehr treffend, wie sich der Einsatz von XML-WebServices per JAX-RPC gestaltet: so simpel und abstrahiert, wie dies bei RPC-Aufrufen auch ist.

JAX-RPC ist analog zu JAXM eine Schnittstellenbeschreibung. JAX-RPC erlaubt aber im Gegensatz zu JAXM eine weitestgehende Abstraktion der zugrunde liegenden Technologien – beim Einsatz einer JAX-RPC-Implementierung kommt man in der Regel beispielsweise nicht mehr mit SOAP in Berührung und muss die entsprechenden Nachrichten auch nicht selbst generieren und verarbeiten.

Der Einsatz von JAX-RPC folgt stets diesem Muster:

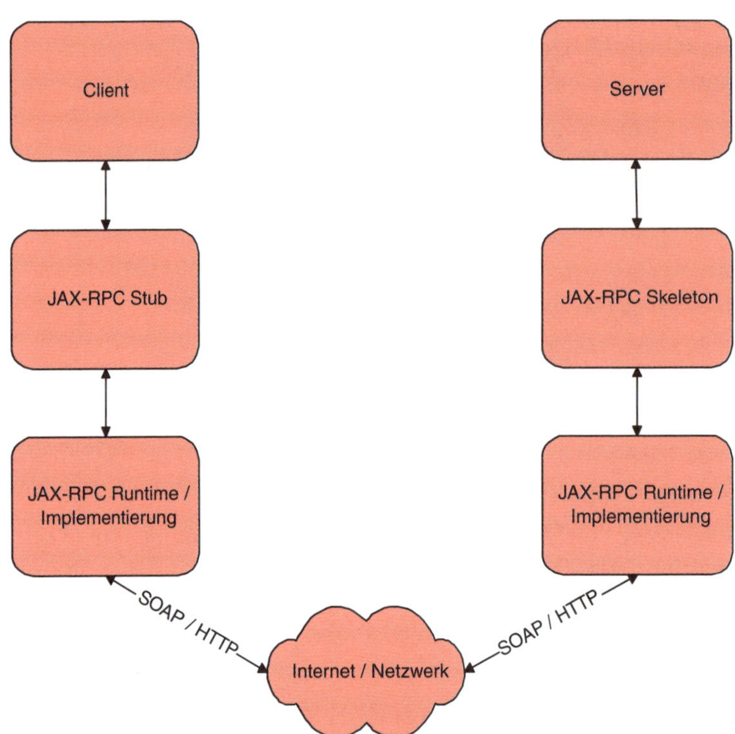

Abbildung 169: Ablauf einer JAX-RPC-Kommunikation

Implementierung

Da JAX-RPC-Calls aus Entwicklersicht analog zu gewöhnlichen RPC-Calls funktionieren, ist auch die Vorgehensweise gleich: Zunächst muss ein Interface erstellt werden, das von `javax.rmi.Remote` ableitet. Für eine Klasse, die zwei Zahlen miteinander addiert, sieht dies dann so aus:

```
package codebook.j2ee.ws.jaxrpc;

import java.rmi.Remote;
import java.rmi.RemoteException;

public interface Calculator extends Remote {

   public int calculate(int arg0, int arg1) throws RemoteException;

}
```

Listing 672: Remote-Interface

Anschließend muss eine Klasse erzeugt werden, die das Interface implementiert:

```
package codebook.j2ee.ws.jaxrpc;

import java.rmi.RemoteException;

public class CalculatorImpl implements Calculator {

   public int calculate(int arg0, int arg1) throws RemoteException {
      return (arg0 + arg1);
   }
}
```

Listing 673: Implementierung des Interface

Build

Der folgende Schritt ist je nach verwendeter JAX-RPC-Implementierung unterschiedlich auszuführen. Im Folgenden soll Suns *Java Web Services Developer Pack (JWSDP)* in der neuesten Version 1.5 verwendet werden, das unter der Adresse *http://java.sun.com/webservices/jwsdp/index.jsp* heruntergeladen werden kann. Dieses Toolkit bringt Referenzimplementierungen der wichtigsten Webservices-Technologien mit und kann mit jedem Servlet-Container verwendet werden. Die Installation ist unkompliziert: die ausführbare Datei herunterladen, ausführen, Pfad angeben.

Vor dem Erzeugen und Kompilieren der Applikation sollten Sie noch die aktuellen Versionen des *Beans Activation Frameworks* (*http://java.sun.com/products/javabeans/glasgow/jaf.html*) und von *Java Mail* (*http://java.sun.com/products/javamail/*

downloads/index.html) herunterladen, extrahieren und die Libraries *activation.jar* sowie *mail.jar* in den Klassenpfad aufnehmen.

Ebenfalls sollten sich folgende Bibliotheken aus dem JWSDP-Installationsordner im Klassenpfad befinden: */saaj/lib/saaj-api.jar*, */saaj/lib/saaj-impl.jar*, */jaxrpc/lib/jaxrpc-api.jar*, */jaxrpc/lib/jaxrpc-spi.jar* und */jaxrpc/lib/jaxrpc-impl.jar*.

Erzeugen Sie nun eine neue Webapplikation mit einem leeren Deployment Descriptor:

```
<?xml version="1.0" encoding="UTF-8"?>

<!DOCTYPE web-app PUBLIC
   "-//Sun Microsystems, Inc.//DTD Web Application 2.3//EN"
   "http://java.sun.com/dtd/web-app_2_3.dtd">
<web-app>
</web-app>
```

Listing 674: Leerer Webapplikation Deployment Descriptor

Der Webservice wird per Web Service Deployment Descriptor konfiguriert. Dieser definiert die Namensräume und den *Endpoint* (also das Ziel) des Webservice-Aufrufs:

```
<?xml version="1.0" encoding="UTF-8"?>

<webServices
   xmlns="http://java.sun.com/xml/ns/jax-rpc/ri/dd"
   version="1.0"
   targetNamespaceBase="http://ws.ksamaschke.de/wsdl"
   typeNamespaceBase="http://ws.ksamaschke.de/types"
   urlPatternBase="/ws">

   <endpoint
      name="Calculator"
      interface="codebook.j2ee.ws.jaxrpc.Calculator"
      implementation="codebook.j2ee.ws.jaxrpc.CalculatorImpl"
   />

   <endpointMapping
      endpointName="Calculator"
      urlPattern="/calculator" />

</webServices>
```

Listing 675: Web Service Deployment Descriptor in Suns JAX-RPC-Implementierung

Die Informationen zu Target-Namespace und Name des Webservices werden später bei der Implementierung des Clients benötigt. Die Angabe zum Endpoint-Mapping wird verwendet werden, um beim folgenden Build-Prozess ein Servlet zu generieren, das den Webservice unter dem angegebenen URL-Pattern bereitstellt.

Nach dem Kompilieren der Anwendung kann nun der zweite Teil des Build-Prozesses stattfinden. Dieser geschieht weitestgehend automatisch und wird mit Hilfe des im Verzeichnis *<JWSDP-Installationspfad>/jaxrpc/bin* befindlichen Kommandozeilen-Skripts *wsdeploy.bat* (unter Windows) durchgeführt.

Die Syntax für das Erstellen der kompletten Webapplikation mit Hilfe von *wsdeploy.bat* sieht so aus:

```
wsdeploy.bat -o <Zielname>.war <Quelle>.war
```

Die Platzhalter `<Zielname>` und `<Quelle>` sind durch die tatsächlichen Pfadangaben von Ziel- und Quell-Webapplikation zu ersetzen. Die so generierte Webapplikation kann nach dem Erstellen im Servlet-Container deployed werden.

Client

Der Client konsumiert den Webservice. Zu diesem Zweck muss er den Webservice lokalisieren und angeben, welche Methode eingebunden werden soll. Die Adresse des Webservices samt angehängtem `?WSDL`-Suffix, das auf das WSDL-Dokument, das den Service beschreibt, verweist, wird mit Hilfe einer `URL`-Instanz repräsentiert. Ein `QName` repräsentiert Namensraum und Namen des Webservices.

Mit Hilfe der `ServiceFactory` kann eine `Service`-Instanz erzeugt werden, deren Methode `getPort()` eine Referenz auf die Implementierung des als Parameter übergebenen Interfaces zurückgibt. Nach dem Casten in den korrekten Typ kann der Webservice genutzt werden:

```
package codebook.j2ee.ws.jaxrpc;

import javax.xml.namespace.QName;
import javax.xml.rpc.*;
import java.net.URL;
import java.net.MalformedURLException;
import java.rmi.RemoteException;

public class CalculatorClient {

   public void test() {
      try {
         // URL erzeugen
         // (muss aufs WSDL-Dokument zeigen)
         URL url = new URL(
            "http://localhost:8080/ws/calculator?WSDL");

         // Service-Namen angeben:
         // <TargetNamespaceBase>/<App-Name>,
         // zweiter Parameter: <LocalName>
```

Listing 676: Webservice-Client

```
            QName name = new QName(
               "http://ws.ksamaschke.de/wsdl/Calculator",
               "Calculator");

            // Service-Factory instanziieren
            ServiceFactory sf = ServiceFactory.newInstance();
            Service service = sf.createService(url, name);

            // Calculator-Instanz erzeugen
            Calculator calculator =
               (Calculator)service.getPort(Calculator.class);

            // Ergebnis berechnen
            int result = calculator.calculate(27, 13);

            System.out.println(
               String.format("Ergebnis des WebServices: %s", result));
         } catch (MalformedURLException e) {
            e.printStackTrace();
         } catch (ServiceException e) {
            e.printStackTrace();
         } catch (RemoteException e) {
            e.printStackTrace();
         }
      }
   }
```

Listing 676: Webservice-Client (Forts.)

325 Automatisches Webservice-Deployment mit Axis

Apache Axis ist ein Framework, mit dessen Hilfe Webservice schnell und einfach erstellt und publiziert werden können. Axis ist Open Source und kann unter der Adresse *http://ws.apache.org/axis* heruntergeladen werden.

Die Installation ist einfach: entpacken und alle JAR-Archive aus dem */lib*-Verzeichnis der Installation zum Klassenpfad hinzufügen. Ebenfalls benötigt werden noch die JAR-Archive vom Beans Activation Framework (*http://java.sun.com/products/javabeans/glasgow/jaf.html*) und von Java Mail (*http://java.sun.com/products/javamail/downloads/index.html*). Nach dem Hinzufügen dieser Komponenten zum Klassenpfad kann Axis genutzt werden.

Die Verwendung von Apache Axis im Tomcat-Servlet-Container ist sehr einfach: Das Kopieren der Axis-Webapplikation in den Ordner */webapps* und das Hinzufügen der Komponenten *activation.jar* und *tools.jar* (aus dem Ordner *%JAVA_HOME%/lib*) sorgen dafür, das nach einem Neustart des Tomcats das Axis-Framework eingesetzt werden kann:

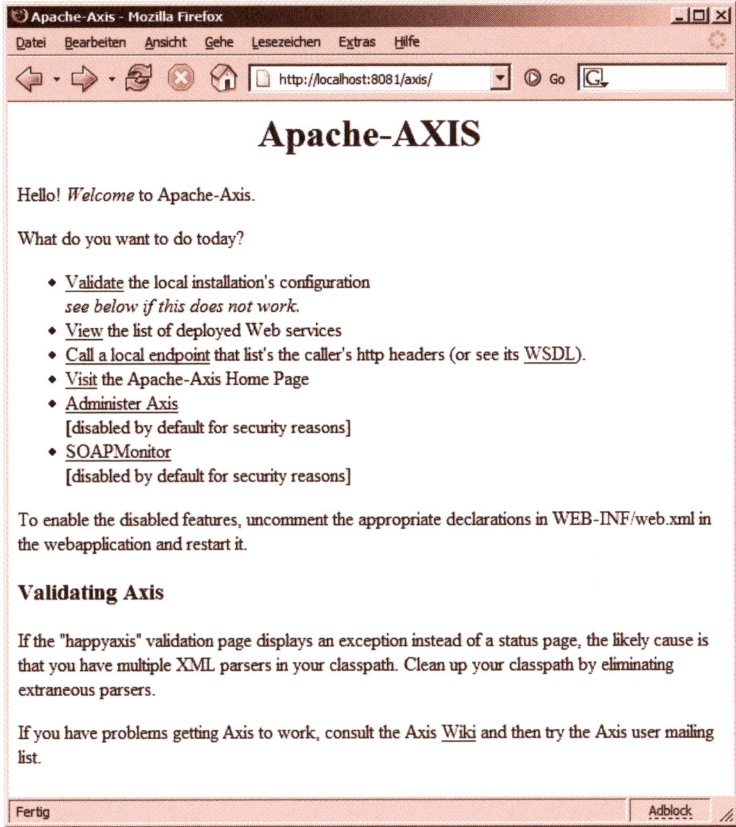

Abbildung 170: Startseite der Apache-Axis-Applikation

Mit Hilfe der `Validate`-Option können Sie sicherstellen, das Ihre Axis-Installation auch funktionieren wird.

Nachdem Sie dies sichergestellt haben, können Sie eine Bean erstellen, die anschließend als Webservice per Axis deployed werden soll:

```
public class CalculatorService {

   public int calculate(int arg0, int arg1) {
      return this.add(arg0, arg1);
   }

   private int add(int arg0, int arg1) {
      return arg0 + arg1;
   }
}
```

Listing 677: Automatisch zu deployender Webservice

Ändern Sie nun die Dateiendung der unkompilierten Daten von *.java* auf *.jws*. Anschließend kopieren Sie die Datei in das Axis-Verzeichnis des Servlet-Containers – beim Tomcat wäre dies *$TOMCAT_HOME/webapps/axis*. Das Axis-Framework wird die Datei nun kompilieren und im Verzeichnis */WEB-INF/jwsClasses* ablegen. Alle als `public` gekennzeichneten Methoden werden dabei öffentlich verfügbar gemacht.

Nach dem Kompilieren können Sie den Webservice über den Namen seiner `jws`-Datei ansprechen. Für obigen Service kann dies unter der Adresse *http://localhost:8081/axis/CalculatorService.jws* erfolgen. Den generierten WSDL-Code, der den Service beschreibt, kann unter der Adresse *http://localhost:8081/axis/CalculatorService.jws?WSDL* abgerufen werden:

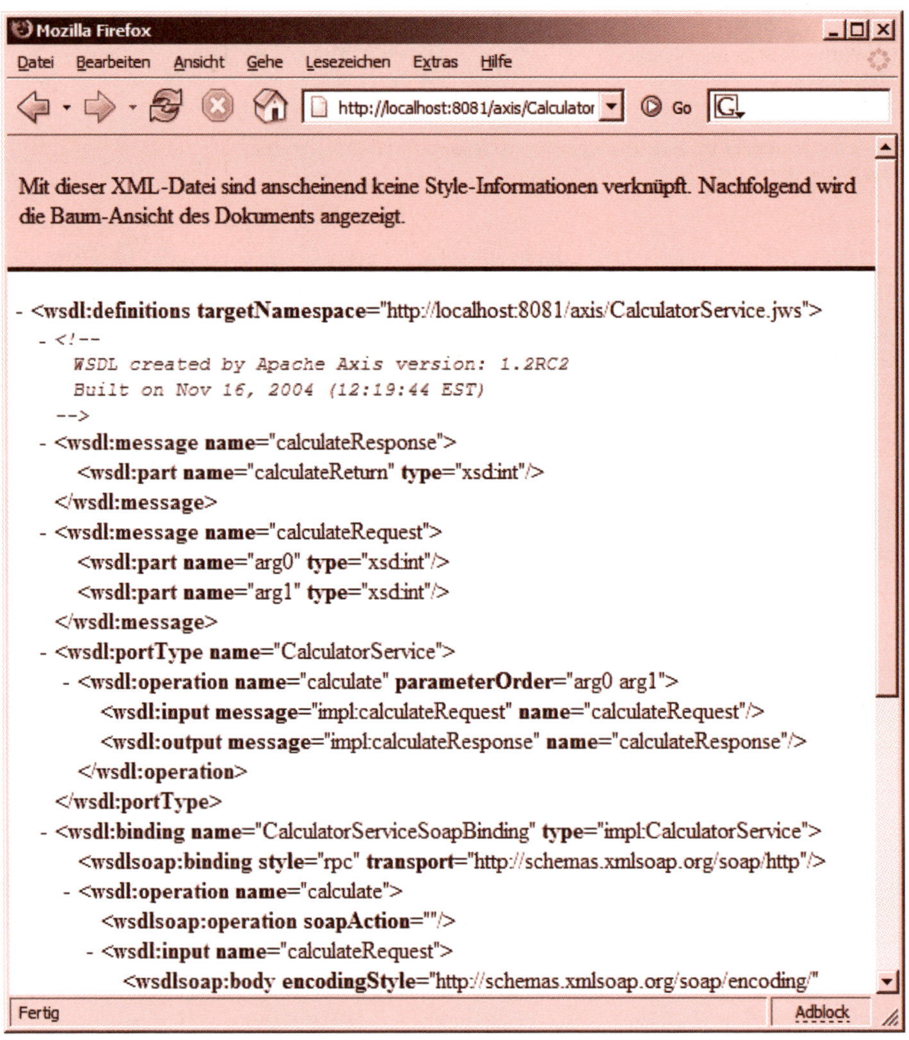

Abbildung 171: Generierte WSDL-Beschreibung des Services

Das Einbinden des Webservices kann nun so erfolgen:

```
package codebook.j2ee.ws.axis;

import org.apache.axis.client.Call;
import org.apache.axis.client.Service;
import javax.xml.rpc.ServiceException;
import java.net.MalformedURLException;
import java.net.URL;
import java.rmi.RemoteException;

public class CalculatorClient {

   public void test() {
      try {
         // URL erzeugen
         // (muss aufs WSDL-Dokument zeigen)
         URL url = new URL(
            "http://localhost:8081/axis/CalculatorService.jws?WSDL");

         // Service-Instanz erzeugen
         Service service = new Service();

         // Call instanziieren
         Call call = (Call) service.createCall();

         // Parameter für Adresse und Methode setzen
         call.setTargetEndpointAddress(url);
         call.setOperationName("calculate");

         // Parameter setzen
         Object[] params = new Object[] {20, 21};

         // Service einbinden, Rückgabe abrufen
         Integer ret = (Integer) call.invoke(params);

         System.out.println(
            String.format("Ergebnis des Webservices: %s", ret));
      } catch (MalformedURLException e) {
         e.printStackTrace();
      } catch (ServiceException e) {
         e.printStackTrace();
      } catch (RemoteException e) {
         e.printStackTrace();
      }
   }
}
```

Listing 678: Webservice-Client

326 Manuelles Webservice-Deployment mit Axis

Das automatische Deployen eines Webservices wird in der Praxis nur vergleichsweise selten eingesetzt, denn sie bietet hinsichtlich Kontrolle zu wenig Eingriffsmöglichkeiten – schließlich ist es nicht immer gewünscht, alle als `public` gekennzeichneten Methoden über einen Webservice verfügbar zu machen. Genau dies geschieht aber beim automatischen Deployment.

Die Lösung dafür liegt beim Axis-Framework in der Verwendung von WebService-Deployment-Descriptor-Dateien (`WSDD`). Diese Dateien definieren, welche Methoden einer Bean per Webservice verfügbar gemacht werden. Im Gegensatz zum automatischen Deployen werden hier bereits fertig kompilierte Klassen als Grundlage verwendet. Diese fertig kompilierten Klassen oder zu verwendenden JAR-Archive müssen sich unterhalb vom */WEB-INF/classes-* (Klassen) oder */WEB-INF/lib*-Verzeichnis (JAR-Archive) der Axis-Webapplikation befinden.

Der Aufbau einer derartiges WSDD-Datei sieht für die weiter oben gezeigte Calculator-Bean so aus:

```
<?xml version="1.0"?>
<deployment
   xmlns="http://xml.apache.org/axis/wsdd/"
   xmlns:java="http://xml.apache.org/axis/wsdd/providers/java">

   <!-- Name des Services definieren -->
   <service
      name="CalculatorService" provider="java:RPC">
      <!-- Klassenname der Bean -->
      <parameter name="className"
         value="codebook.j2ee.ws.axis.CalculatorService" />
      <!-- Zugelassene Methoden -->
      <parameter name="allowedMethods"
         value="calculate" />
   </service>
</deployment>
```

Listing 679: WSDD-Datei für die Veröffentlichung des Calculator-Services

Innerhalb des `deployment`-Elements können die einzelnen Services definiert werden. Deren Attribut `name` gibt an, unter welchem Namen der Service erreichbar sein soll. Die Angabe von `name="CalculatorService"` sorgt dafür, dass der Service unter dem Pfad `/axis/CalculatorService` erreichbar sein wird.

Der Parameter `className` gibt den voll qualifizierten Klassennamen der Bean an, die den Service ausführt. Der Parameter `allowedMethods` gibt an, welche Methoden der Bean verfügbar sein sollen. Mehrere Methoden können durch Kommata voneinander getrennt werden. Das Weglassen der Parameterangabe oder die Zuweisung des Platzhalters * sorgen dafür, dass alle als `public` gekennzeichneten Methoden verfügbar gemacht werden.

Eine Liste aller Parameter und Attribute einer WSDD-Datei erhalten Sie in der Axis-Referenz unter */docs/reference.html#Deployment.*

Nachdem der WSDD-Descriptor erzeugt worden ist, kann er per `AdminClient` deployed werden.

Achtung

Das Deployment per AdminClient setzt voraus, dass das Axis-AdminServlet im Deployment-Descriptor der Axis-Webapplikation aktiviert worden ist. Die Aktivierung kann durch einfaches Entfernen der Kommentare um das Servlet-Mapping für das AdminServlet in der Datei */WEB-INF/web.xml* erreicht werden:

```
<servlet-mapping>
   <servlet-name>AdminServlet</servlet-name>
   <url-pattern>/servlet/AdminServlet</url-pattern>
</servlet-mapping>
```

Leider bedeutet dies auch, dass eine potenzielle Sicherheitslücke erzeugt wird, denn über das `AdminServlet` lassen sich prinzipiell beliebige Webservices veröffentlichen. Sie könnten das URL-Pattern ändern, um das `AdminServlet` zu verbergen. Ebenfalls möglich (und in Kombination anzuwenden) wäre es, das `AdminServlet` für den Zeitraum des Deployment-Prozesses verfügbar zu machen und anschließend wieder auszukommentieren. Leider erfordert dies zwei Neustarts der Axis-Applikation oder des Servlet-Containers.

Das Deployment per `AdminClient` geschieht von der Kommandozeile aus. Dazu müssen alle JAR-Archive, die sich unter */WEB-INF/lib* der Axis-Webapplikation befinden, im Klassenpfad enthalten sein. Der Deployment-Prozess findet dann mit folgender Syntax statt:

```
D:\Tomcat\webapps\axis\WEB-INF\lib>java - org.apache.axis.client.AdminClient
<Parameter> <WSDD-Datei>
```

Achtung

Stellen Sie sicher, dass die Klassen oder Archive sich vor Beginn des Deployments der WSDD-Datei unterhalb von */WEB-INF/classes* oder */WEB-INF/lib* in der Axis-Web-Applikation befinden.

Der `AdminClient` kann über verschiedene Parameter so konfiguriert werden, dass er das zu verwendende `AdminServlet` nicht nur unter *http://localhost:8080/axis/servlet/AdminServlet* erwartet, sondern die Daten zu beliebigen Servern auf beliebigen Ports mit beliebigen Pfaden deployed. Eine Übersicht aller möglichen Parameter erhalten Sie, wenn Sie den `AdminClient` ohne die Angabe einer WSDD-Datei aufrufen:

```
C:\WIN2K3\system32\cmd.exe
jar;./mail.jar;./saaj.jar;./wsdl4j.jar org.apache.axis.client.AdminClient
Usage:  AdminClient [Options] [list | <deployment-descriptor-files>]

Processes a set of administration commands.

The following Options are available:

        -l<url>           sets the AxisServlet URL
        -h<hostName       sets the AxisServlet host
        -p<portNumber>    sets the AxisServlet port
        -s<servletPath>   sets the path to the AxisServlet
        -f<fileName>      specifies that a simple file protocol should be used
        -u<username>      sets the username
        -w<password>      sets the password
        -d                sets the debug flag (for instance, -ddd would set it to
3)
        -t<name>          sets the transport chain touse

Commands:

        list              will list the currently deployed services
        quit              will send a quit message to SimpleAxisServer
        passwd            value changes the admin password

Deployment Descriptor files:
```

Abbildung 172: Ausgabe aller möglichen Parameter des AdminClients

Um die oben gezeigte WSDD-Datei auf die lokale Axis-Applikation auf Port 8081 zu deployen, könnten Sie folgenden Aufruf verwenden:

```
java org.apache.axis.client.AdminClient p8081 ./CalculatorService.wsdd
```

Wenn der Deployment-Prozess funktioniert hat, finden Sie den Webservice in der Dienste-Übersicht von Apache Axis aufgeführt:

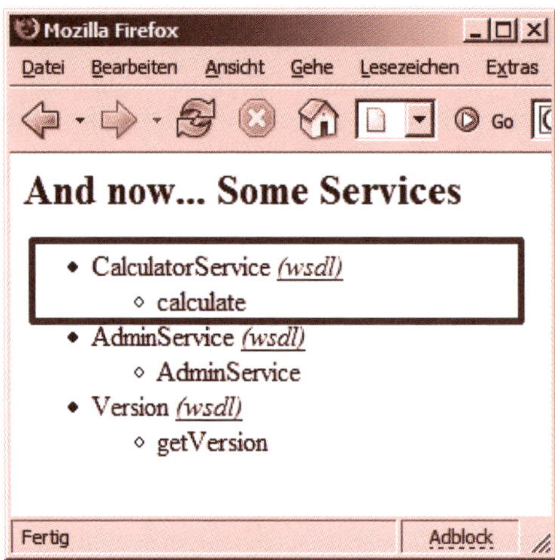

Abbildung 173: Der Webservice ist deployed worden und kann nun verwendet werden

Ein Klick auf den Link zum WSDL-Descriptor zeigt die generierte Beschreibung des Services an:

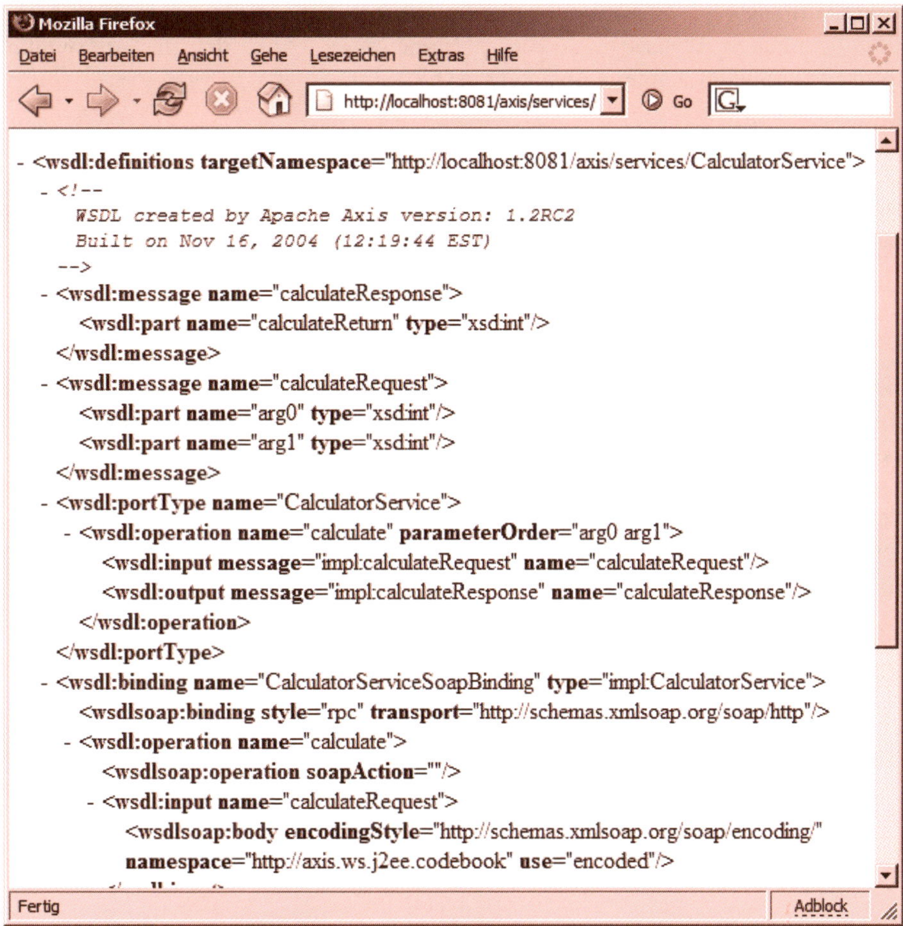

Abbildung 174: WSDL-Ansicht des Webservices

327 Undeployen eines Webservices mit Axis

Mit Hilfe einer WSDD-Descriptor-Datei kann ein Webservice nicht nur veröffentlicht, sondern auch wieder entfernt werden. Statt des Elements `deployment` beinhaltet dieser Descriptor dann ein `undeployment`-Element, das auf den zu entfernenden Service zeigt:

```
<?xml version="1.0"?>
<undeployment name="CalculatorService"
   xmlns="http://xml.apache.org/axis/wsdd/">
   <service name="CalculatorService" />
</undeployment>
```

Listing 680: Undeployment eines Webservices per WSDD-Descriptor

Das untergeordnete service-Element referenziert über sein Attribut name den Namen des zu entfernenden Webservices. Dieser Name muss exakt der im Deployment Descriptor verwendeten Namen entsprechen.

Das Einbinden erfolgt per AdminClient:

```
java org.apache.axiss.client.AdminClient ./CalculatorServiceUndeploy.wsdd
```

Auch hier wird vorausgesetzt, dass sich alle benötigten Libraries im Klassenpfad befinden und dass das AdminServlet über den Standardpfad erreichbar ist.

328 Zugriff auf einen (.NET-)Webservice per Stub

Mit Hilfe des Axis-Frameworks und des dort enthaltenen Tools WSDL2Java können Sie sehr einfach auch auf bereits deployete Webservices zugreifen. Dieses Tool erzeugt aus dem vom Webservice bereitgestellten WSDL-Descriptor eine so genannte Locator-Klasse, mit deren Hilfe Sie den Zugriff auf den Webservice programmatisch durchführen können. Ebenso wird eine Stub-Klasse erzeugt, die den Webservice und dessen Methoden repräsentiert. Dazu kommen noch einige Interfaces, die den Zugriff auf den Service erleichtern sollen.

Das WSDL2Java-Tool können Sie mit folgendem Aufruf einbinden:

```
java org.apache.axis.wsdl.WSDL2Java <Optionen> <WSDL-Datei>
```

Angenommen, Sie wollten auf einen .NET-Webservice zugreifen, der folgenden Aufbau hat:

```
using System;
using System.Web;
using System.Web.Services;

namespace codebook.j2ee.ws.net
{
   [WebService(Namespace="http://services.ksamaschke.de/net/calculator")]
   public class CalculatorService : System.Web.Services.WebService
   {
      public CalculatorService() { }

      [WebMethod()]
      public int Calculate(int arg0, int arg1)
      {
         return arg0 + arg1;
      }
   }
}
```

Listing 681: Auf diesen .NET-Webservice soll zugegriffen werden

Ohne auf die Details der Implementierung einzugehen: Dieser Webservice erledigt genau das Gleiche wie die weiter vorne gezeigten Java-Webservices: Er stellt eine Methode `Calculate()` bereit, die zwei Zahlen addiert.

Die vom Webservice bereitgestellte WSDL-Datei kann mit dem `WSDL2Java`-Tool verwendet werden, um `Locator`- und `Stub`-Implementierungen zu erzeugen:

```
E:\12_Lib\02_Java\axis-1_2RC2\lib>java -cp %AXISCLASSPATH%
org.apache.axis.wsdl.WSDL2Java -o"./stub" ./wsdl/CalculatorService_net.wsdl
```

Die so erzeugten Klassen und Interfaces können nun aus einem Client heraus verwendet werden – und für diesen ist es völlig gleichgültig, ob es sich beim einzubindenden Service um einen Java- oder .NET-Webservice handelt.

Hinweis

Wenn Sie `WSDL2Java` verwenden, ist es meist völlig egal, ob Sie einen Java- oder .NET-basierten Webservice einbinden, da `WSDL2Java` aus der WSDL-Datei ein lokales Interface erzeugt, mit dessen Hilfe auf die tatsächliche Webservice-Implementierung zugegriffen werden kann.

Im Client wird zunächst eine `Locator`-Instanz erzeugt, die alle Informationen zum aufzurufenden URL und Webservice beinhaltet und eine Implementierung des generierten `Stubs` zurückgibt, mit deren Hilfe die Methoden des Webservices ausgeführt werden können:

```
package codebook.j2ee.ws.axis;

import de.ksamaschke.services.net.calculator.CalculatorServiceLocator;
import de.ksamaschke.services.net.calculator.CalculatorServiceSoap;
import javax.xml.rpc.ServiceException;

public class CalculatorServiceClient {

   public void test() {
      // Locator instanziieren
      CalculatorServiceLocator locator =
         new CalculatorServiceLocator();

      try {
         // Webservice-Interface-Implementierung instanziieren
         CalculatorServiceSoap calculator =
           locator.getCalculatorServiceSoap();

         // Webservice ausführen
         System.out.println(calculator.calculate(23, 76));
      } catch (ServiceException e) {
         e.printStackTrace();
```

Listing 682: Verwenden von Locator und Stub

```
      } catch (java.rmi.RemoteException e) {
        e.printStackTrace();
      }
    }
  }
```

Listing 682: Verwenden von Locator und Stub (Forts.)

Der große Vorteil beim Einsatz des `WSDL2Java`-Tools besteht darin, dass durch die generierten Stubs ein typsicherer Zugriff auf den Service möglich wird.

329 Zugriff auf einen geschützten Webservice

Webservices lassen sich am einfachsten über Basic-Authentifizierung schützen. Eine derartige Sicherung lässt sich im Web-Deployment-Descriptor aktivieren.

Beim Zugriff auf einen derartig abgesicherten Webservice müssen die erforderlichen Credentials übergeben werden. Dies kann bei Verwendung einer `Call`-Instanz über deren Methoden `setUsername()` und `setPassword()` erfolgen:

```
Service service = new Service();
Call call = (Call) service.createCall();
call.setUsername("Benutzername");
call.setPassword("Kennwort");
```

Wenn Sie das `WSDL2Java`-Tool des Struts-Frameworks einsetzen, um eine Java-Klasse aus einer WSDL-Datei zu generieren, müssen Sie der so erzeugten Klasse die benötigten Zugriffsinformationen übergeben. Wissend, dass diese Klassen von der abstrakten Basisklasse `Stub` erben, können Sie die generierte Klasse in ihre Basisklasse casten und dort die entsprechenden Werte zuweisen:

```
SecureClass secureClassSoap = new SecurityLocator().getSecureClassSoap();
((Stub) secureClassSoap).setUsername("Benutzername");
((Stub) secureClassSoap).setPassword("Kennwort");
```

Stichwortverzeichnis

A